国家社会科学基金重点项目（15AJL013）最终成果

中国城市规模、空间聚集与管理模式研究

转向服务型政府的理论研究和政策选择

STUDY ON URBAN SCALE, SPATIAL AGGREGATION AND MANAGEMENT MODEL IN CHINA

张自然 等 著

社会科学文献出版社
SOCIAL SCIENCES ACADEMIC PRESS (CHINA)

内容提要

    中国城市化已经进入成熟发展阶段。经济增长动力由城市化初期的产业发展带动城市发展，转变为城市化中后期的以"空间资源配置"推动经济增长的新阶段，空间聚集推动着技术进步、知识溢出和经济结构快速调整。空间聚集的本质，是人口迁移所导致的城市人口密度和经济密度的提高，以及由此产生的内生增长效应。空间聚集效应的有效发挥，需要依托适度的城市规模，以城市化的聚集效应促进技术进步和经济效率内生机制的形成。城市规模与空间聚集引致的资源配置，是中国经济进程的主推动力，也是决定城市化进程成败的关键，更是推动中国城市高质量发展的重要环节。本成果主要包括以下六个方面内容，共计十六个报告。开始部分总报告为中国城市规模、空间聚集与管理模式研究，在综合提炼以下六个部分主要内容及理论观点的基础上，提出转向服务型政府的政策选择：（1）重新定位政府角色，弱化干预并强化协调；（2）创新政府治理模式，建立服务型政府；（3）调整城市规模结构，提高空间聚集水平；（4）持续改进经济效率，推动城市创新和产业结构调整；（5）推进社会保障事业发展，着力改善民生；（6）加强环境保护，增进人民福祉。接下来的六个部分为：第一部分为城市规模与经济增长，探讨要素空间聚集背景下城市规模与经济增长的关系，包括城市规模、空间聚集和经济增长，中国城市全要素生产率（TFP）增长与潜在增长率，区域差距、收敛与增长动力三个分报告；第二部分城市规模与经济效率，探讨城市规模与经济效率的互动关系，包含城市规模、空间聚集与全要素生产率增长，劳动生产率等三个分报告；第三部分为城市规模与发展质量，探讨城市规模与经济发展质量的促进机制，包含城市规模、空间聚集和经济发展质量，环境质量、区域分化和经济增长两个分报告；第四部分为城市规模与管理模式，探讨中国最优城区人口规模、城市规模和空间聚集条件下政府管理模式优化的影响因素，包含城市规模、空间聚集和政府管理模式优化研究，中国最优城区人口规模两个分报告；第五部分为城市经济发展质量报告，主要分析中国城市经济发展质量情况，并从经济增长、增长潜力、政府效率、人民生活和环境质量等五个方面对中国城市经济发展质量进行综合评价；第六部分为城市发展与结构演进，探讨在新形势下经济结构演进与政策改革，包含突破经济增长减速的新要素供给理论、体制与政策选择，增长跨越：经济结构服务化、知识过程和效率模式重塑，结构演进、诱致失灵与效率补偿等四个分报告。

关键词： 城市规模　空间聚集　管理模式　经济增长　经济效率

目 录 ⟩⟩

城市规模与经济增长篇

城市规模与经济效率篇

城市规模与发展质量篇

城市发展与结构演进篇

中国城市规模、空间聚集 与管理模式研究[*]

——转向服务型政府的理论研究和政策选择

张自然**

摘　要： 2019 年中国城市化率为 60.6%，中国城市化已经进入中后期成熟发展阶段。中国城市化水平不断提高，城市规模越来越大，各种资源要素聚集产生空间聚集效应及外溢效应。经济增长动力由城市化初期的产业发展带动城市发展，转变为城市化中后期的以"空间资源配置"推动经济增长的新阶段。在此过程中，城市发展面临诸如交通拥挤、环境污染和公共服务供给不足等问题，政府管理面临公共难题。转变政府职能，增强政府公信力和执行力，建设人民满意的服务型政府，加强政府与非政府部门的合作协调，将成为主要的治理方式。本报告主要包括以下七个方面内容：一是空间聚集条件下的最优城市规模；二是城市规模、空间聚集与经济增长；三是城市规模、空间聚集与经济效率；四是城市规模、空间聚集与发展质量；五是城市规模、空间聚集与管理模式；六是城市规模与发展质量；七是转向服务型政府的政策选择。本报告认为转向服务型政府的政策选择包括重新定位政府角色，弱化干预并强化协调；创新政府治理模式，建立服务型政府；调整城市规模结构，提高空间聚集水平；持续改进经济效

---

   * 本报告得到国家社会科学基金重点课题"中国城市规模、空间聚集与管理模式研究"（批准文号：15AJL013）资助。

 ** 张自然，博士，中国社会科学院经济研究所研究员，主要研究方向为城市化、技术进步与经济增长。

率，推动城市创新和产业结构调整；推进社会保障事业发展，着力改善民生；加强环境保护，增进人民福祉。

关键词： 城市规模　空间聚集　服务型政府　经济增长　经济效率

2019 年中国城市化率为 60.6%，城市化进入中后期成熟发展阶段。经济增长动力由城市化初期的产业发展带动城市发展，转变为城市化中后期的以"空间资源配置"推动经济增长的新阶段，空间聚集推动着技术进步、知识溢出和经济结构快速调整。从发达国家经济增长的历史来看，工业化、城市化和现代化的过程，不仅表现在经济结构的变迁上，而且表现在地理空间的变迁上。空间聚集的本质，是人口迁移所导致的城市人口密度和经济密度的提高，以及由此产生的内生增长效应。空间聚集效应的有效发挥，需要依托适度城市规模，以城市化的聚集效应促进技术进步和经济效率内生机制的形成。城市规模与空间聚集引致的资源配置，是决定中国经济进程的主推动力，也是城市化进程成功与否的关键，更是决定中国城市高质量发展的重要环节。本报告致力于中国城市规模、空间聚集和管理模式研究，主要包括以下七个方面内容。

一是空间聚集条件下的最优城市规模。二是城市规模、空间聚集与经济增长，探讨考虑经济增长情况下的管理模式。三是城市规模、空间聚集与经济效率（包括全要素生产率、劳动生产率），考虑基于经济效率条件下的管理模式。四是城市规模、空间聚集与发展质量，考虑经济发展质量条件下的管理模式。五是城市规模、空间聚集与管理模式，探讨在城市规模和空间聚集条件下政府管理模式优化的影响因素。六是城市经济发展质量报告，分析中国城市经济发展质量情况并评价。这六部分的数据均来自中国城市经济发展质量部分，包括经济发展质量、政府效率、全要素生产率增长、劳动生产率，等等。七是转向服务型政府的政策选择，基于对各部分的结论和建议进行归纳、梳理、提炼和总结得到。

本报告第一部分至第六部分研究结构布局如下：首先介绍本部分的研究背景，接着对本部分研究主题的国内外研究进行综述，在此基础上进行理论分析并建模，最后得出研究结论。在研究方法方面：第一部分主要采用了基于城市规模的成本收益模型来分析最优城市（区）人口规模；第二至第五部分均基于中国264个地级及地级以上城市数据，采用空间计量的分析方法，运用空间杜宾模型（SDM）来分析城市规模等变量对各被解释变量（经济增长、经济效率、发展质量和管理模式）的直接影响和外溢效应；第六部分采用主成分分析法，从经济增长、增长潜力、政府效率、人民生活和环境质量五个方面，对264个地级及地级以上城市经济发展质量进行评价。另外，各分报告采用了DEA Malmquist指数分析法、HP滤波法、泰尔指数分析法、引入知识的生产函数、效率补偿的反事实估计模型等研究方法。

一　空间聚集条件下的最优城市规模

2019年中国城镇化率为60.60%，比2018年增长1.02个百分点，中国将由高速城市化转向中低速城市化。按照每年城市化水平要提高1个百分点左右的速度，相当于每年有1600多万人要转移到城市。城市化水平的不断提高直接引致城市常住人口规模空前巨大，超大、特大和大中型规模城市数量必将快速增加。1996年中国人口在100万以上的"大"城市只有34座，城市化率仅30.48%（王小鲁等，1999）。经过20多年来中国城市化高速发展，按2018年地级市常住人口计算，得出264个地级及地级以上城市覆盖人口为124691.97万人，占全国总人口139538万人的89.36%。其中，城区人口超过2000万的城市有3座，城区人口在1000万~2000万的城市有4座，城区人口在500万~1000万的城市有11座，城区人口在200万~500万的城市有38座，城区人口在100万~200万的城市有90座，城区人口在50万~100万的城市有84座，城区人口在30万~50万的城市有26座，城区人口低于30万的城市有8座。以上数据显示，按城区常住人口衡量的大规模和超大规模城市数量越来越多。

一个城市的人口规模是否达到最优城市规模，决定了各种资源要素的空间聚集效应是否充分发挥。技术的进步使生产分工的精细化水平提升并随之使交易效率提高，交易效率的提高将促进城市规模的扩大（Yang and Hogbin，1990）。大多数学者认为存在最优城市规模（托利、克瑞菲尔德，2001；斯特拉斯蔡姆，2001），但对最优城市规模的范围存在争议。

学者们运用多种研究方法对最优城市规模开展研究。有的学者基于城区人口规模的成本-收益方法研究得出中国的最优城市规模为100万~400万人（王小鲁、夏小林，1999；李秀敏等，2007）。有的学者对经济增长率和城市人口进行回归，得出中国最优城市规模在500万人左右（张应武，2009）。有的学者采用曲线拟合的方式研究城市规模与能源利用关系，综合考虑经济收益、社会效益、环境效应，得出最优城市规模在200万~500万人（张杰、解扬，2015）。还有的学者构建城市规模对居民幸福感与城市规模关系模型，通过不同路径得出中国最优城市规模在500万~780万人（傅红春等，2016）。张自然（2015）采用1990~2011年地级及地级以上城市的常住人口数据，得出中国城市的最优规模在600万人左右，城市规模净收益大于零的区间为65万~3569万人。从以上研究结论可看出，最优城市规模在不断扩大，这与城市数量、经济环境的变化相适应。因此，探讨中国城市目前是否达到最优城市规模及适度城市规模范围很有必要。

中国绝大部分城市的实际规模小于最优规模（柯善咨等，2014），而国外学者认为城市发展存在一个内在驱动力，城市的实际规模大于它的最优规模。Alonso（1971）提出了城市总成本-收益模型，Yezer和Goldfarb（1978）、Harvey（1981）、Richardson（1972）继续完善城市总成本-收益模型，认为城市边际收益和边际成本曲线的交点即为最优城市规模点。Evans（1972）认为最优城市规模是使城市的总生产成本最小化或利润最大化时的城市规模。Arnott（2006）认为最优城市规模应为实现人均社会福利最大化时的城市规模，当城市公共物品支出等于城市总租金时，城市人均社会福利最大。Carlino（1982）发现美国的最优城市规模大约为338.72万人，Camagni（1993）指出应将最优规模提升到网络城市层面，继而Capello和

Camagni（2000）以城市规模、城市功能类型及城市网络聚集程度为解释变量，得到意大利城市平均效益最高的最优城市规模为 36.1 万人，城市平均成本最低的最优城市规模为 5.55 万人，比中国的最优城市规模要小得多。国内外研究结论的不同，主要是由于国内外产业结构变化的差异（Au and Henderson，2006），这导致国内外城市规模扩大的边际收益变化方向不一样。另外，由于大城市的聚集效益更大，吸引大量人口和资源进入大城市，而使小城市规模难以扩大，造成了城市规模的"两极分化"（阿瑟·奥莎利文，2008），这将对经济增长、人民生活幸福指数产生一定的影响。

随着城市规模的扩大，聚集效应引到各种要素、资源向城市集中，同时外溢效应反过来促进城市规模的扩大，并相应产生了城市规模收益。城市规模的扩大也导致人口的过分集中，各种外部成本包括交通拥挤、环境污染、公共服务基础设施不足等负的外部效应逐步显现。因此城市规模扩大伴生着城市规模收益和城市外部成本两个方面。城市规模收益呈倒"U"形：随着城市规模的扩大，城市规模收益逐渐上升，当城市规模达到一定程度，城市规模收益开始逐步下降。当城市规模很小时，维护基本的基础设施、公共服务和环境存在较大的外部成本；当城市规模逐步扩大，城市逐步有足够的财力提供市政基础设施，解决环境污染、交通拥挤和公共服务等外部问题，城市外部成本逐步下降；当城市规模达到一定程度时，人口过分集中，提供各种市政基础设施、解决交通拥挤、环境治理和提供公共服务的能力达到极限，此时外部成本逐渐上升。因此城市外部成本呈"U"形。

我们根据上述理论分析，构建以下城市相对规模收益和外部成本模型。城市相对规模收益函数为（详见"报告 9 中国最优城区人口规模研究"的公式推导）：

$$y_u = 1 - 1/\exp[\gamma_1 \ln U + \gamma_2 (\ln U)^2] \tag{1}$$

其中，y_u 为相对规模收益，即城市规模收益占 GDP 的比值；$y_u = Y_U/Y$，Y 为城市总产出，Y_U 为城市规模收益导致的产出，U 为城市规模。

构建和城市规模相关部分的外部成本模型为：

$$\ln Cost = \ln Cost_c + \beta_1 \ln U + \beta_2 (\ln U)^2 \tag{2}$$

其中，$\ln Cost_c$ 为初始外部成本，$\ln Cost$ 为与城市规模相关的外部成本，U 是城市规模。

式（1）和式（2）按照考虑人力资本、考虑人均受教育年限和不考虑人力资本及人均受教育年限三种情况，由净规模收益最大得到最优城市规模，以及净规模收益大于零的最大和最小城市规模范围。研究结果如图1所示。

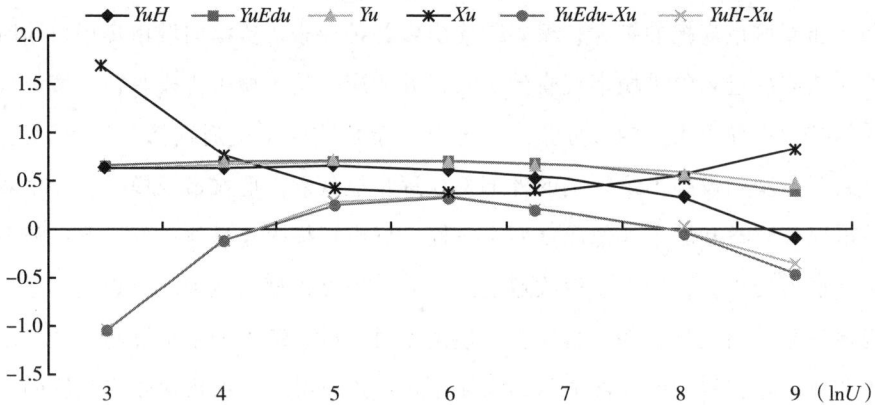

图1 相对规模收益和相对规模外部成本曲线

注：YuH、$YuEdu$ 和 Yu 分别为考虑人力资本、考虑人均受教育年限和不考虑人力资本及人均受教育年限的城市相对规模收益曲线；Xu 为城市相对外部成本；$YuH-Xu$ 为考虑人力资本的城市相对规模净收益。横轴为城区常住人口数的自然对数 $\ln U$。

本研究采用了 264 个地级及地级以上城市 1990～2018 年的数据，分析了城市相对规模收益和城市相对外部成本，得出最优城区规模范围和适度城区规模范围。城市相对规模净收益处于峰值时人口在 290 万～365 万，而相对外部成本最低时人口为 416 万，即最优城区人口规模在 350 万人左右。张自然（2015）基于全部常住人口数得到的最优城市规模为 600 万人，全国城市化率是 60% 左右，折算下来平均最优城区人口规模为 350 万人左右，与本研究基于城区常住人口数得出的最优城区规模 350 万人左右结论接近。将本研究得出的最优城区人口规模折算为常住人口数为583万，张自然（2015）得到的最优城市规模平均值为585万人（相对规模净收益峰值在556万~614万人，相对外部成本最低时城市规模为578万人，最大最小值取平均），两者研究结论基本保持一致。城市（区）相对规模净收益为正的适度城区规模为67万~3294万人，城市规模净收益大于零的适度城市规模为65万~3569万人（张自然，2015），两者范围相当。据此看来，中国的大城市、超大城市数量不像人们想象的那么多。北京、上海、深圳这些超大城市尽管面临交通拥挤、环境污染及其他公共服务供给不足的问题，却远远没有达到按城区人口核算的城市规模饱和区间。目前，亟待解决的问题是：通过创新提高劳动生产率，增进TFP增长对经济增长的贡献率；通过效率创新驱动经济转型升级，提供更多更好的公共服务；通过高质量发展来服务人民，提高人民的幸福感和满意度。同时，基于城区人口规模计算的城市规模本身就是一个相对动态变化的过程，城市规模受自然资源条件、历史条件、地理区位、既有经济发展水平、技术进步等的影响；另外城市规模也将随着人力资本积累、技术进步、城市规划水平的提高、交通设施的改进、环境质量的逐步改善而变化，最优城市规模和适度城市规模的边界也会相应变大。

二 城市规模、空间聚集与经济增长

随着城市化进程的快速推进，城市人口越来越多，城市规模也越来越大，随即产生各种资源要素空间聚集的现象。城市规模和空间聚集到一定程度会产生经济外溢，不但促进本区域经济增长，也推动周边邻近区域发展，被称为空间聚集的外部性。地理经济学第一定律指出，所有事物都相关，较近的事物比远些的事物相关性更强，较好地描述了这种状况（Tobler，1970）。

经济聚集和经济增长之间存在相互促进的关系（Fujita and Krugman，1995）。经济空间聚集与区域经济增长密切相关（Fujita and Thisse，2003）。空间聚集促进经济增长（Crozet and Koenig，2005；Martin and Ottaviano，

2001），并降低区域内和区域间的不平等（Dupont，2007）。Baldwin 和 Forslid（2000）将新经济地理学和内生增长理论结合起来研究，认为增长有利于经济聚集。城市发展的内在驱动力就是城市聚集经济，而人口密度对地区增长具有正效应（Ottaviano and Pinelli，2006）。城市规模偏大不一定会导致效率损失，城市聚集经济的规模效应可以弥补城市规模扩大带来的交通拥挤、环境污染、房价上升、物价上涨、资源约束以及其他生产生活费用上升等方面的负面影响（Henderson，1974）。这一点在低收入国家的人口首位度最高的城市中体现得尤为明显（Henderson，2003）。

早在 1965 年 Williamson 就指出，经济发展初期，由于交通、通信等基础设施比较落后，资本市场不成熟，空间聚集效应会显著提高经济效率。但当经济发展到一定水平，空间聚集导致的负外部性超过其产生的正外部性，就会导致经济活动朝着空间分散的方向发展（Williamson，1965）。经济增长与经济聚集之间存在一个弹性效应（Brülhart and Mathys，2007）。当经济增长达到一个临界水平时，空间聚集才能促进经济增长（Brülhart and Federica，2009）。空间聚集对经济增长的促进作用有一定的范围（Henderson，1986）。空间聚集会促进经济增长，即产生正的外部性，但同时带来拥挤效应，即负的外部性。在经济发展初期，正的外部性大于负的外部性，随着经济的进一步发展，负的外部性超过正的外部性（Bertinelli、Black，2004）。Rizov 等人（2012）利用 1995~2002 年荷兰工业区的数据进行研究，认为空间聚集产生的规模经济被交通拥堵带来的成本所抵消，出现规模不经济。Futagami 和 Ohkusa（2003）发现基于人口数量的市场规模和经济增长之间存在倒"U"形关系，经济规模偏小和过大都不利于经济增长，在中等规模的市场中经济增长率最高。Duranton 和 Puga（2004）将迪克西特-斯蒂格利茨（Dixit-Stiglitz）垄断竞争模型引入单中心城市增长模型，证实最优城市规模与城市聚集效应呈倒"U"形关系。

有学者认为经济聚集具有内生性，对城市经济增长具有显著的促进作用（张艳、刘亮，2007）。城市人口规模通过聚集效应对经济增长产生影响，两者之间存在明显的倒"U"形关系（高健、吴佩林，2016）。有学者利用中国省（区、市）的空间面板数据进行分析和验证后认为，人口密度和经济增长呈倒 "U" 形的关系（曾永明、张利国，2017；梁婧等，2016）。聚集对人均 GDP 的增长和生产率的提高都有显著的正向促进作用，当地区经济发展水平达到一定高度后，聚集的增长效应转变为负向（刘修岩等，2012）。空间聚集对经济增长的正向效应随着经济的快速发展而变弱（孙浦阳等，2011）。空间聚集对中国经济增长的影响表现为明显的时空差异性（覃一冬，2013）。技术外溢效应是导致局部聚集和东西部发展不平衡的原因，技术溢出效应强度减半的距离为 1250 公里（符淼，2009）。城镇化对经济增长具有显著的区域内溢出效应，而忽略空间相关性的城镇化对经济增长的贡献率被低估了（周慧，2016）。城市人口聚集或疏解是一个自然过程，特大城市人口调控在 "疏" 而不在 "控"（曾永明、张利国，2017）。

城市发展涉及最优规模（即净规模收益最大的规模）和适度规模（净规模收益大于零）的问题。随着城市规模扩大，聚集效应引致各种要素、资源向城市集中，产生城市规模收益，同时也导致人口的过分集中，交通拥挤、环境污染、公共服务基础设施不足等负的外部效应逐步显现。因此，城市规模扩大的同时伴生着城市规模收益和城市外部成本问题，城市规模和城市规模收益呈倒 "U" 形，随着城市规模的扩大，城市规模收益逐渐上升，当城市规模达到一定程度，城市规模收益开始逐步减小。城市规模较小时，基本的基础设施、公共服务和环境维护存在较大的外部成本压力；当城市规模扩大时，城市有足够的财力完善市政基础设施，解决环境污染、交通拥堵和提供公共服务等外部问题，城市外部成本压力逐步减小；当城市规模达到一定程度，人口过分集中，完善各种市政基础设施、解决交通拥堵、环境治理以及提供公共服务的能力达到极限，此时外部成本逐渐上升。城市规模收益与城市外部成本曲线相交，它们之间的区域即为净规模收益大于零的区间，而净规模收益最大的城市规模即是最优城市规模。由于城市规模收益是城市规模的倒 "U" 形曲线，可以认为经济增长是城市规模的二次函数，也为倒 "U" 形曲线。

随着城市化进程的深化，人口逐渐向城市，特别是大城市、超大城市集中，产生空间聚集效应和正的外部性，吸引更多的农业人口市民化，参与城市的建设，城市规模进一步扩大，经济快速增长，城市经济总量和人均GDP进一步提高。空间聚集对邻近城市产生外溢效应，促进邻近城市的经济增长。假设地理经济学第一定律成立，即各城市根据距离远近相互影响，距离近的城市相互影响较大，距离远的城市相互影响较小。传统的计量模型不能反映空间地理位置的影响，这里将城市空间聚集效应考虑进模型。空间面板模型有空间杜宾模型（Spatial Dubin Model，SDM）、空间滞后模型（Spatial Lagged Model，SLM）、空间自回归模型（Spatial Autoregressive Model，SAR）和空间误差模型（Spatial Error Model，SEM），这里根据实际情况采用空间杜宾模型（SDM）：

$$y_{i,t} = \alpha_i + \lambda_t + \rho \sum_{j=1}^{N} \omega_{i,j} y_{i,t} + x_{i,t}\beta + \sum_{j=1}^{N} \omega_{i,j} x_{i,j,t}\theta + \varepsilon_{it} \tag{3}$$

本研究构建 SDM 向量模型：

$$y_t = \rho W y_t + x_t\beta + W x_t\theta + \alpha + \lambda_t t_n + \varepsilon_t \tag{4}$$

其中，W 为空间权重矩阵；$\alpha = [a_1, a_2, \cdots, a_n]$；$\varepsilon_t \sim N(0, \sigma_\varepsilon^2 I_n)$，$I_n$ 是（$n \times 1$）的列向量，每个元素均为 1。

$$y_t = \begin{bmatrix} y_{1t} \\ y_{2t} \\ \vdots \\ y_{nt} \end{bmatrix}, x_t = \begin{bmatrix} 1 & x_{21t} & \vdots & x_{k1t} \\ 1 & x_{22t} & \vdots & x_{k2t} \\ \vdots & \vdots & \cdots & \vdots \\ 1 & x_{n1t} & \vdots & x_{knt} \end{bmatrix}$$

$$\beta = [\beta_1, \beta_2, \cdots, \beta_n]', \theta = [\theta_1, \theta_2, \cdots, \theta_n]'$$

ρ 是空间回归系数，表示相邻城市观测值对本城市观测值的影响程度；λ 是空间误差系数，表示相邻城市由于因变量的误差对本城市观测值的影响程度；ε_{it} 都是随机误差项，并服从正态分布。

y_t 为人均 GDP 的对数 $\ln pgdp$；$x_{i,t}$ 分别为城市规模的对数 $\ln p$，城市规模对数的平方 $\ln p^2$，人口密度的对数 $\ln cityPopDens$，人力资本的对数 $\ln HC$，

外国直接投资 *FDI*，财政收入占 GDP 的比重 *rev_ GDP*，第二产业占 GDP 的比重 *GDP2*，第三产业占 GDP 的比重 *GDP3*，第二产业人数占总的就业比重 *L2Rate*，第三产业人数占总的就业比重 *L3Rate*，城市化水平 *urban*，基础设施指数 *infrastruct*，劳动生产率的对数 ln*productivity*，财政支出收入比 *outInFin*，资本产出比 *Koutput*，居民储蓄 *save*，房价收入比指标 *housePRev*，个人拥有财富的对数 ln*perWealth*，经济发展质量 *devQuality*。

经济增长可以用总量 GDP、GDP 增长率和人均 GDP 等指标来表示，考虑到人均 GDP 能更准确地表示经济增长水平，因此本研究用人均 GDP 来表示经济增长。人均 GDP 是以 1990 年为基期价格计算得到的 GDP 除以城市人口数得到的，这里用人均 GDP 的对数 ln*pgdp* 变量表示。按照经验推断，人均 GDP 的对数与城市规模的对数呈倒 "U" 形曲线关系。随着人口密度的增大，空间聚集效应逐步加强，促进人均 GDP 增长。人力资本尤其是高水平人力资本在一定区域的空间聚集能有效促进经济增长。外国直接投资以美元为单位，用当年人民币对美元汇率换算成人民币，除以当年各城市 GDP 现价，一般认为外国直接投资对本国的人力资本水平的提升、经济发展和人均 GDP 的增长有益。政府干预程度用财政收入占 GDP 现价的比重来表示，政府干预越少，经济发展速度越快。产业结构的优化（*GDP2*、*GDP3*、*L2Rate* 和 *L3Rate*）有益于人均 GDP 的增长。城市化水平（*urban*）是城镇常住人口占全市总的常住人口的比重。基础设施由教育基础设施指数、交通基础设施指数、基础设施指数、电信基础设施指数四项几何平均得到。劳动生产率是基期 GDP 除以全部劳动人数。财政支出与财政收入的比（*outInFin*）用行政机制和市场机制的占比来表示，*outInFin* 越大，行政机制对市场机制的替代作用越强，*outInFin* 越小，市场机制越强。资本产出比为以 1990 年的价格为基期的不变价格的 GDP 与固定资本存量的比。居民储蓄是指居民储蓄存款年末余额与国内生产总值现价的比。房价收入比正向化，人均可支配收入越高，房价越低，即房价收入比指标越高，经济发展越好，人均 GDP 也越高。个人拥有财富即个人拥有的储蓄、住房资产等，个人财富越高，人均 GDP 越高。本研究引入经济发展质量指标作为控制变量，主要是由于其涵盖的指标范围较广，更容易发现影响人均 GDP 的关键因素。经济发展质量由"报告 11 中国城市经济发展质量报告"中城市经济发展质量的 61 个具体指标通过主成分分析得出。

本研究基于 264 个地级及地级以上城市的空间面板数据，引入经济发展质量指标作为控制变量，采用空间计量的分析方法，运用空间杜宾模型（SDM）来分析各要素对经济增长的影响。研究发现，在考虑空间权重后，人均 GDP 与城市规模、人口密度和经济发展质量等相关影响因素的关系如下。

（1）考虑空间权重后，人均 GDP 的对数与城市规模的对数由"U"形曲线变为倒"U"形曲线；人均 GDP 的对数与城市规模的对数直接效应为"U"形曲线，而间接效应和总效应为倒"U"形曲线。

（2）人均 GDP 随着人口密度增加而增加，并且人口密度的外溢效应的系数远远大于直接效应，说明人口密度表征的空间聚集对本地的效应远远小于邻近城市的效应，空间溢出效应较大。

（3）经济发展质量的系数由负转正，且都显著，说明 61 个具体指标通过主成分分析法得到的经济发展质量包含其他未被体现出来的变量，虽然经济发展质量的直接效应为负，但间接效应和总效应为正，经济发展质量对邻近城市具有较大的正的外溢性。

（4）人力资本的直接效应、间接效应和总效应均为正，且均显著，并且间接效应大于直接效应。

（5）第三产业占 GDP 的比重、基础设施、财政支出与财政收入的比、资本产出比、房价收入比指标、人均财富的系数和总效应均为正。

（6）城市化的系数由正转负，且均显著，而城市化的直接效应为正，间接效应为负，但总效应为正。说明城市化对本地区的人均 GDP 具有正的贡献，但对邻近城市的人均 GDP 有一定的负的影响，但总效应为正，说明城市化总体有利于人均 GDP 的增长。这一点与空间滞后项的城市化的系数有所不同。

（7）居民储蓄的系数由负转正，但直接效应和总效应均为负，居民储蓄越高，人均 GDP 越低，对经济增长不利。

（8）财政收入占 GDP 的比重的系数为负，且由不显著转为 1% 条件下显著，同时财政收入占 GDP 的比重的系数直接效应为正，间接效应和总效应均为负，说明减少政府干预程度有利于经济增长，促进人均 GDP 的增长。

三　城市规模、空间聚集与经济效率

这里的经济效率包括全要素生产率（TFP）、劳动生产率等。

（一）城市规模、空间聚集与全要素生产率增长

中国进入结构性减速阶段，开始转向高质量发展阶段。高质量发展的本质是以人民为中心，以人民的需求为根本，这就需要促进效率的改进，强调两方面效率的提升：提高劳动生产率和提高全要素生产率。中国人口红利即将消失，将面临老龄化、少子化、人口抚养比增大、劳动力增速下滑等诸多问题，还有投资增速严重下滑和出口面临严峻的中美贸易摩擦等问题，直接导致潜在增长率下滑。在这种错综复杂的国内外经济发展环境下，增强技术创新，提高全要素生产率才是最佳出路。只有提升全要素生产率对经济增长的贡献，才能在供给层面多要素下滑的情况下抑制或者减缓潜在增长率的快速下降。

中国经济增长的主要推动力是要素投入的积累，尤其是固定资产投资引致的经济增长，因而有部分学者质疑中国经济高速增长中存在技术进步，否认中国经济增长中存在的技术创新（Young，1992、1995、2000；Krugman，1994），但越来越多的国内外学者研究认为，中国的经济增长主要依赖全要素生产率增长（郑京海、胡鞍钢，2005；Bosworth and Collins，2008；张自然、王宏淼等，2010；张自然、陆明涛，2013；张自然，2014；张平、张自然，2018；张自然，2019）。

国内外经济学者对城市规模、空间聚集、全要素生产率等方面进行了研究。城市规模与全要素生产率增长呈倒"U"形关系（袁骏毅、乐嘉锦，

2018；孔令乾等，2019）。要素空间聚集对全要素生产率增长的作用表现出阈值效应，经济高速增长阶段的要素空间聚集、制度质量对全要素生产率的影响效应最显著（周璇、陶长琪，2019）。产业聚集推动全要素生产率增长。产业聚集对全要素生产率增长的促进作用存在门槛效应，促进效果随着城镇化水平的提高而显著增强（崔宇明等，2013）。产业协同聚集对全要素生产率呈现负向空间溢出效应（伍先福，2019）。

人力资本积累促进全要素生产率增长（Barro，1991；Benhabib and Spiegel，1994；刘建国等，2012；张浩然、衣保中，2012；王文静等，2014；赵莎莎，2019）。不同阶段人力资本对全要素生产率增长起着不同作用（Krueger and Lindahl，2001；Aghion et al.，2006）。异质性人力资本对全要素生产率的增长效应随着学历层次的提高（专科—本科—硕士）先增大，然后缩小（硕士—博士）（蒋佳等，2019）。也有人认为人力资本对全要素生产率增长有负向作用。中国人力资本对全要素生产率增长存在明显的门槛特征，人力资本对全要素生产率增长具有显著的负向空间溢出效应（魏下海、张建武，2010）。高等教育对全要素生产率增长有益。大学教育对效率改善和技术进步都具有有利影响，而中小学教育对效率改善具有不利影响（华萍，2005）。只有接受高等教育的人力资本对全要素生产率有显著的促进作用，中等教育和初等教育人力资本与生产率增长存在显著负相关（彭国华，2007）。教育支出对全要素生产率增长有正的影响。教育、公共服务及社会保障就业支出与技术进步均具有正相关性，教育和公共服务支出对相邻地区的全要素生产率增长和技术进步会产生明显的正向空间溢出效应（曾淑婉，2013）。科技研发促进全要素生产率增长，基础研究和高校对全要素生产率的空间溢出效应和总效应更强（刘树林、刘奥勇，2019）。

政府干预抑制全要素生产率增长。地方政府干预程度越强，对全要素生产率的抑制越明显（闫雨等，2019）。有的学者意见相反，认为低息贷款对于全样本企业的全要素生产率的提高存在明显的促进效应，政府补助与税收优惠两项政策工具只在非国有企业中显示出显著的正向作用，而政策资源在行业内部的分配越均衡则越有利于全要素生产率的增长（李骏等，2017）。

对外直接投资（OFDI）、FDI、研发经费内部支出、人力资本水平和政府干预能力对全要素生产率起到较强的促进作用（赵鑫磊、何蓉蓉，2019）。财政支出对全要素生产率增长有负面影响。公共财政支出规模对全要素生产率增长具有较强的抑制效应（郝春虹、刁璟璐，2019）。也有研究认为财政支出对全要素生产率增长有正的影响。财政支出与中国全要素生产率、技术效率和技术进步存在着显著的正相关性；财政支出对相邻地区的全要素生产率及其分解项具有空间溢出效应（曾淑婉，2013）。第三产业比重、财政科技教育类支出所占比重、地方财政收支规模能够促进资源型城市全要素生产率提升（宋丽颖等，2017）。预算内财政支出对周围省市全要素生产率增长具有正向外溢性，预算外财政支出对周围地区的技术效率变化具有负向外溢性（周莉、李德刚，2014）。地方政府竞争对城市技术效率的拖累作用大于对技术进步的促进效应，抑制了城市全要素生产率的增长（邓晓兰，2019）。

经济发展水平、贸易开放和科技创新水平对资源环境约束下的全要素生产率增长具有显著的促进作用（刘华军、杨骞，2014）。还有学者研究认为，出口额、对外投资和FDI等因素对全要素生产率增长有影响。进口促进了全要素生产率的增长（吕品、潘沈仁，2014）。出口额对本地区的全要素生产率增长没有显著的影响，但对其他地区的全要素生产率增长有促进作用，对所有地区的全要素生产率增长也有促进作用（叶明确、方莹，2013）。对外投资推动全要素生产率增长，发展中国家和地区通过对技术领先国家直接投资获得的逆向技术溢出对其技术进步有显著促进作用（付海燕，2019）。FDI一定程度上对全要素生产率有促进作用（吕品、潘沈仁，2014）。

另外，人口增长率、全球价值链等因素也影响全要素生产率增长。当全要素生产率小于临界值时，人口增长率的上升对降低政府财政支出规模产生不利的影响；当全要素生产率大于临界值时，人口增长率上升对降低政府财政支出规模具有积极的影响（余锦亮等，2018）。全球价值链嵌入程度会显著促进城市全要素生产率水平的提升（余泳泽等，2019）。产业结构、政府干预和土地投入对全要素生产率的影响为负（刘建国等，2012）。产业结构、能源结构和要素禀赋结构等结构因素对全要素生产率增长存在显著的负向影响（刘华军、杨骞，2014）。研发投入与全要素生产率呈负相关（吕品、潘沈仁，2014）。

随着城市化进程的深化，人口逐渐向城市集中，大量人口向大城市、超大城市集中。首先，城市规模的扩大引致人口和各种要素向城市集中，产生空间聚集效应。同时各种要素空间聚集产生正的外部性，吸引更多的农业人口市民化，参与城市的建设，城市规模进一步扩大，这一点在大城市、超大城市尤其明显。其次，城市规模和空间聚集促进全要素生产率的提升。城市规模不断扩大，人财物等生产要素的空间聚集效应加强，直接促进所在城市的经济增长，进而促进全要素生产率的提升。再次，空间聚集对邻近城市产生外溢效应，促进邻近城市的全要素生产率的提升。一个城市的城市规模扩大产生的空间聚集效应，除了带动本地区城市的全要素生产率的提升，对邻近城市也会产生空间外溢，带动邻近城市全要素生产率提升。根据地理经济学第一定律——空间相关性定律，所有事物都相关，较近的事物比远些的事物相关性更强（Tobler，1970）。

本研究引入空间计量分析来对 264 个地级及地级以上城市的城市规模、空间聚集与全要素生产率增长进行研究。影响全要素生产率的除了城市规模、空间聚集，还包括资本、劳动、人力资本、外商直接投资、产业结构（第二产业占 GDP 的比重、第三产业占 GDP 的比重）、就业结构（第二产业人数占总的就业比重、第三产业人数占总的就业比重）、城市化水平、财政收入占 GDP 的比重、财政支出占 GDP 的比重、财政支出与财政收入的比、基础设施、投入产出率、家庭资产指数、房价收入比指标、劳动生产率、地方财政支出中教育所占比重、地方财政支出中科学所占比重、万人图书馆藏量和经济发展质量等多个方面。

依据上面的分析建立空间杜宾模型如式（4）。其中，y_t 表示 TFP，为全要素生产率增长指数；$x_{i,t}$ 分别表示如下变量：$\ln p$ 为城市规模的对数，$\ln p^2$ 为城市规模对数的平方，$\ln K$ 为固定资本存量的对数，$\ln L$ 为劳动数量的对数，$\ln cityPopDens$ 为人口密度的对数，$\ln HC$ 为人力资本的对数，FDI 为外国直接投资，*finEdu* 为教育支出占地方财政支出的比重，*books* 为万人图书馆藏量，*L2Rate* 为第二产业人数占总的就业比重，*L3Rate* 为第三产业人数占总的就业比重，*urban* 为城市化水平，*outInFin* 为财政支出收入比，*infrastruct* 为基础设施指数，*housePRev* 为房价收入比指标，*IORate* 为投入产出率，ln*productivity* 为劳动生产率的对数，*rev_ GDP* 为财政收入占 GDP 的比重，*sciFin* 为科学支出占地方财政支出的比重，*income* 为工资收入，*devQuality* 为经济发展质量。

本研究基于 264 个地级及地级以上城市的空间面板数据，采用空间计量的分析方法，运用空间杜宾模型（SDM）来分析各要素对全要素生产率增长的影响，发现在考虑空间权重后，全要素生产率增长指数与城市规模、人口密度和经济发展质量等相关影响因素有如下结论。

（1）与之前研究的经济增长与城市规模或城区人口规模的情况相反，本研究在考虑空间权重后，全要素生产率与城市规模的对数的关系由倒"U"形曲线变为"U"形曲线。

（2）固定资本存量、经济发展质量、人口密度、教育支出、投入产出率、城市化水平、万人图书馆藏量、工资收入、房价收入比指标以及劳动生产率的系数为负。

（3）人力资本、基础设施指数、第三产业占总的就业比重、财政收入、科学支出占地方财政支出的比重、财政支出收入比以及劳动的系数为正。

（4）全要素生产率增长指数与城市规模的间接效应呈"U"形曲线，与直接效应和总效应呈倒"U"形曲线；直接效应都显著，间接效应和总效应都不显著。

（5）经济发展质量、财政支出收入比的直接效应、间接效应和总效应都为正，其中经济发展质量的间接效应不显著，直接效应和总效应都显著；财政支出收入比的直接效应、间接效应和总效应都显著。

（6）固定资本存量、投入产出率的直接效应和总效应为正，间接效应为负。其中固定资本存量的间接效应不显著，直接效应和总效应都显著；投入产出率的间接效应不显著，直接效应和总效应都显著。

（7）人力资本、基础设施指数、第三产业人数占总的就业比重、财政收入、科学支出占地方财政支出的比重的直接效应为负，间接效应和总效应为正。其中人力资本的直接效应、间接效应和总效应都显著；基础设施指数的直接效应不显著，间接效应和总效应都显著；第三产业人数占总的就业比重的直接效应和间接效应都显著，总效应大部分显著；财政收入的直接效应不显著，间接效应和总效应都显著；科学支出占地方财政支出的比重的直接效应显著，间接效应大部分显著，总效应不显著。

（8）人口密度、房价收入比指标的直接效应为正，间接效应和总效应为负。其中人口密度的间接效应部分不显著，直接效应和总效应都不显著；房价收入比指标的直接效应不显著，间接效应和总效应都显著。

（9）教育支出、城市化水平、万人图书馆藏量、工资收入、劳动生产率、劳动的直接效应、间接效应和总效应都为负。其中教育支出的直接效应、间接效应和总效应都显著；城市化水平的直接效应不显著，间接效应和总效应都显著；万人图书馆藏量的直接效应不显著，间接效应和总效应都显著；工资收入的直接效应、间接效应和总效应都显著；劳动生产率的直接效应、间接效应和总效应都显著；劳动的间接效应部分不显著，直接效应和总效应都显著。

（二）城市规模、空间聚集与劳动生产率

空间聚集导致的范围经济，是指多元化聚集经济优势。城市化进程中的空间结构调整，具有将不同层次的人力资源、消费群体整合在一起的功能，这种多元化聚集有利于城市市场规模的扩大，拉动内需，并间接带动劳动生产率和经济效率的提升。

中国经济已经转向高质量发展阶段，强调劳动生产率和全要素生产率的提升。高质量发展的核心是有效提升人民的收入和消费水平，这有赖于劳动生产率的提高。劳动生产率的提高需要各方面因素的配合：一是提高人力资本水平，二是提高知识消费的比重，两者都依赖教育水平的提高。此外还包括城市规模的大小、城市人口聚集程度、体制机制等多方面因素，它们都影

响劳动生产率的提升。基于此，本研究采用空间计量方法来探讨影响劳动生产率提升的相关因素。

经济密度越高，综合效率也越高（Ciccone and Hall，1996）。效率提升不仅受空间聚集程度的影响，还受到很多其他因素的影响。空间聚集对产业技术效率有正向作用，当城市规模达到一定程度，将变得规模不经济，降低规模效率（Arup，1999）。经济聚集和改善市场条件对产业生产效率有正面影响，而公共财政转移支付对生产效率的提升有负面影响（Otsuka et al.，2001）。空间聚集效应可以在邻近的城市之间共享，多中心都市圈比单中心都市圈的劳动生产率更高（Meijers et al.，2010）。中国学者基于中国地级及地级以上城市面板数据的研究结果表明，城市就业密度与劳动生产率呈显著正相关，即经济聚集促进劳动生产率增长（范剑勇，2006；陈良文、杨开忠，2007）。还有学者研究了就业密度及空间聚集外部性对工业劳动生产率的影响（杨路英、吴玉鸣，2019）。

城市规模对劳动生产率具有一定的影响（Moomaw，1985），呈显著的正相关，并且这种正相关性在高人力资本城市更强（Glaeser and Resseger，2010）。众多学者以美国为研究对象，研究城市规模扩大一倍劳动生产率提高的百分点，但不同的研究方法得到的结论也不一样，有学者认为是14% ~ 27%（Shefer，1973），有学者认为是6% ~ 7%（Sveikauskas，1975），有学者认为是8%（前提条件是城市人口规模超过200万）（Segal，1976），有学者认为是10%（Fogarty and Garofalo，1978），还有学者认为仅为2.7%（Moomaw，1981）。

地级市的城市规模与劳动生产率呈倒"U"形关系（韩峰、柯善咨，2015；梁婧等，2016；陶爱萍、江鑫，2017）。城市规模与电力强度之间存在倒"U"形的非线性关系（姚昕、潘是英、孙传旺，2017）。专业化聚集对中小规模城市的生产率具有一定的促进作用；多样化聚集与小规模城市的生产率显著负相关，与中等规模城市的生产率不相关，但对较大规模城市的生产率具有十分显著的正向效应（孙晓华、郭玉娇，2013）。也有学者运用GMM、门槛面板模型和空间面板模型等计量方法，实证研究城市规模和产业结构对中国城市劳动生产率的协同影响（陈杰、周倩，2016）。

基础设施存在空间溢出负效应，基础设施的改进有助于提升本地区的竞争优势，抑制周边地区劳动生产率的提高（Cohen and Morrison，2004）。基础设施对地区生产效率具有积极的正向影响（Bronzini and Piselli，2009）。

城市规模和空间聚集促进劳动生产率的提升。城市规模的不断扩大，人财物等生产要素的空间聚集效应加强，直接促进所在城市的经济增长，进而促进劳动生产率的提升。空间聚集对邻近城市产生外溢效应，促进邻近城市的劳动生产率的提升。城市规模扩大产生的空间聚集效应，除了带动本地区的劳动生产率的提升，对邻近城市具有外溢效应，带动邻近城市的劳动生产率提升。影响劳动生产率的除了城市规模和空间聚集，还包括资本、劳动、人力资本、外国直接投资、产业结构（第二产业占 GDP 的比重、第三产业占 GDP 的比重）、就业结构（第二产业人数占总的就业比重、第三产业人数占总的就业比重）、城市化水平、财政支出占 GDP 的比重、财政支出与财政收入的比、资本产出比、投入产出率、居民储蓄、房价收入比指标、个人财富和经济发展质量等多个因素。

依据上面的分析建立空间杜宾模型如式（4）。其中，y_t 表示 lnproductivity 为劳动生产率的对数；$x_{i,t}$ 分别表示如下变量：lnp 为城市规模的对数，lnp^2 为城市规模对数的平方，lnK 为固定资本存量的对数，lnL 为劳动数量的对数，lncityPopDens 为人口密度的对数，lnHC 为人力资本的对数，FDI 为外国直接投资，GDP2 为第二产业占 GDP 的比重，GDP3 为第三产业占 GDP 的比重，L2Rate 为第二产业人数占总的就业比重，L3Rate 为第三产业人数占总的就业比重，urban 为城市化水平，outInFin 为财政支出与财政收入比，Koutput 为资本产出比，housePRev 为房价收入比指标，save 为居民储蓄占 GDP 的比重，lnperWealth 为个人拥有财富的对数，IORate 为投入产出率，fiscExpRate 为财政支出占 GDP 的比重，HAssetsIndex 为家庭资产指数，devQuality 为经济发展质量。

本研究基于 264 个地级及地级以上城市的空间面板数据，采用空间计量的分析方法，运用空间杜宾模型（SDM）来分析各要素对劳动生产率的影响，引入经济发展质量指标作为控制变量进行分析，发现在考虑空间权重后，劳动生产率与城市规模、人口密度和经济发展质量等相关影响因素有如下结论。

（1）考虑空间权重后，劳动生产率的对数与城市规模对数的关系由"U"形曲线变为倒"U"形曲线。

（2）劳动生产率随着人口密度的增加而增加，并且人口密度的直接效应为负，间接效应和总效应均为正，说明人口密度表征的劳动生产率的空间聚集对邻近城市的外溢效应大。

（3）经济发展质量的系数都为正，且都显著，说明 61 个具体指标通过主成分分析法得到的经济发展质量包含其他未被体现出来的变量，同时经济发展质量的直接效应、间接效应和总效应都为正，经济发展质量对本区域的劳动生产率具有推动作用，和对邻近城市的劳动生产率具有较大的正的外溢性。

（4）劳动力、人力资本、第二产业人数占总的就业比重、个人财富、资本产出比、房价收入比指标、第三产业人数占总的就业比重、财政支出占GDP 的比重、财政支出与财政收入的比、家庭资产指数、固定资本存量的系数也为正。

（5）劳动的间接效应、直接效应和总效应为负，劳动数量的增长总体对劳动生产率有负向作用。

（6）人力资本的直接效应、间接效应和总效应均为正，且均在1%条件下显著，并且间接效应远大于直接效应。

（7）外国直接投资的系数为负，直接效应、间接效应和总效应都为负，直接效应部分不显著、间接效应和总效应都显著，和空间滞后项的系数一样为负。外国直接投资在改善我国国际收支、技术升级、增加就业机会、改善就业环境、提高劳动力的素质、促进产业结构的升级和国际贸易等方面发挥着重要作用。外国直接投资对劳动生产率的负向作用的机理有待进一步探讨。

（8）第二产业人数占总的就业比重的直接效应为负，间接效应和总效应为正，直接效应、间接效应和总效应都显著。

（9）人均财富、资本产出比、房价收入比指标的直接效应、间接效应和总效应均为正。

（10）居民储蓄的直接效应为正和为负的模型各为 3 个，间接效应和总效应大部分为负，直接效应、间接效应都显著，总效应大部分显著，说明居民储蓄对劳动生产率有负向作用。

（11）投入产出率的系数为负且都显著，其直接效应、间接效应和总效应均为负。

（12）第三产业人数占总的就业比重的直接效应为负，间接效应和总效应为正，直接效应、间接效应和总效应都显著，说明第三产业人数占总的就业比重对邻近地区有正的外溢效应。

（13）城市化的系数为负，城市化的直接效应为正，间接效应和总效应为负，直接效应、间接效应都显著，总效应部分不显著。说明城市化对本地区的劳动生产率具有正的贡献，但对邻近城市的劳动生产率有一定的负的影响。

（14）第二产业占 GDP 的比重的系数均为负，其直接效应为正，间接效应和总效应为负，直接效应都显著，间接效应和总效应大部分显著，第二产业占 GDP 的比重对本地区劳动生产率有正的效应，而对邻近地区的劳动生产率有负的外部性。

（15）财政支出占 GDP 的比重和财政支出收入比的间接效应为正，直接效应和总效应都为负。

（16）家庭资产指数间接效应为正，直接效应和总效应为负，直接效应、间接效应和总效应大部分显著，家庭资产指数越高，越不利于劳动生产率的提升。

（17）固定资本存量的直接效应、间接效应和总效应都为正，直接效应、间接效应和总效应均显著。

（18）第三产业占 GDP 的比重直接效应为正和为负均有 2 个模型，间接效应和总效应都为正，直接效应都显著，间接效应和总效应大部分显著，说明第三产业占 GDP 的比重对本地区和邻近地区的劳动生产率有正的外溢性。

四 城市规模、空间聚集与发展质量

经济高质量发展的本质是以人民为中心，核心目的是提高人民福祉，有效提升经济发展质量，提高人均可支配收入，改善人民生活质量。

随着城市规模的扩大、人口的聚集，居民的边际收益呈倒"U"形曲线变化，而聚集不经济使居民的边际费用呈"U"形曲线变化，边际收益与边际费用相等时的人口规模为城市最优规模。正的外部性促使生产集中，负的外部性（如土地成本、房价、物价上升和环境污染）促使生产分散，对经济发展质量产生影响（Richardson，1972）。Fujita 和 Thisse（2003）认为交易成本的降低有利于经济聚集和周边区域劳动力收入的提高，经济空间聚集与区域经济质量密切相关。

工资收入、就业和技术外溢程度从某些方面反映了当地经济发展质量。经济聚集的规模效应和技术外溢会降低聚集地区的创新成本并提高经济效益，区域经济的空间聚集能够降低创新成本并促进经济增长（Martin and Ottaviano，2001）。Moreno 等人（2005）选择不同距离阈值的空间权重矩阵来探讨技术外溢的衰减距离后发现，当距离超过 250 公里时，欧洲 17 个国家 175 个地区之间的空间经济技术联系不再显著。Hanson（1998）利用美国 1970~1990 年州县数据分析发现，对特定州县 10% 的正向市场冲击在方圆 200 公里内对工资存在显著的正向影响，而这种影响随着距离的增加而衰减。Crawley 和 Hill（2011）通过研究小型开放经济过去十年的制造业聚集情况发现，制造业聚集导致制造业就业人数下降。

高质量发展核心的两个关键是提高全要素生产率和劳动生产率，提高经济发展质量。由此需要探讨影响经济发展质量的相关因素，包括城市规模的大小、城市人口聚集程度、体制机制等各方面，这就需要结合空间计量方法来探讨影响经济发展质量的相关因素。

　　有些学者从经济发展质量的内涵角度进行研究。郭克莎（1996）认为经济发展质量主要表现在经济增长的效率、国际竞争力、通货膨胀程度以及环境污染状况四个方面。肖红叶和李腊生（1998）从经济增长的稳定性、协调性、持续性和增长潜能四个方面对中国的经济发展质量进行了统计测度。维诺德·托马斯（2001）认为经济发展质量应当包括福利、教育、自然环境、资本市场抵抗外部风险的能力以及廉政等。刘树成（2007）认为经济发展质量应涵盖增长的稳定性、增长方式的可持续性、增长结构的协调性、增长效益的和谐性四个方面。钞小静和任保平（2011）将经济发展质量的外延内涵界定为经济增长的结构、稳定性、福利变化与成果分配以及资源利用和生态环境代价四个维度。魏敏和李书昊（2018）从动力机制转变、经济结构优化、开放稳定共享、生态环境和谐和人民生活幸福等五个方面对我国各省（区市）经济增长质量进行了评价。张自然等人（2019）认为经济发展质量包含经济增长、增长潜力、政府效率、人民生活和环境质量几个部分。

　　有些学者从经济发展质量的影响角度进行研究。Barro（2002）从预期寿命、生育率、社会福利、环境、收入公平、宗教信仰和政治体制等方面出发，对各国经济增长质量进行了实证分析。杨文和刘永功（2015）认为城市发展质量与户籍城市化率线性相关。詹新宇和崔培培（2016）以"五大发展理念"为分析框架进行研究，发现绿色和共享是促进经济增长质量指数提高的重要因素，而创新、协调和开放对部分地区经济增长质量指数具有阻碍作用。陈诗一和陈登科（2018）认为雾霾污染显著降低了中国经济发展质量，城市化与人力资本是雾霾污染影响中国经济发展质量的两个重要传导渠道，政府环境治理能够有效降低雾霾污染，从而促进经济发展质量的提升，雾霾污染对大中城市经济发展质量的负面影响显著高于小城市，且随时间推移，雾霾污染的负面效应越来越显著。刘瑞翔和夏琪琪（2018）对全国 31 个省域 2001~2015 年的数据使用空间杜宾模型分析后认为，各省域的人口城市化率及人力资本水平的提高对于本省域的经济增长质量具有明显的促进作用，但是对周边邻近省域经济增长质量具有负面影响。史丹和李鹏（2019）研究认为创新对我国经济高质量发展的贡献不足，绿色全要素生产率和高科技出口占制成品出口比重仍然偏低，对经济高质量发展的拉动作用不足，研发投入强度、创新人才储备、劳动生产率等与发达国家仍有较大差距。黄永明和姜泽林（2019）认为金融结构指标存在阈值，此时产业专业化聚集对我国经济发展质量的作用较大，合理调整金融结构、加强多样化产业聚集治理、提高专业化产业聚集水平等是促进经济高质量发展的重要路径。鲁永刚和张凯（2019）认为，资源产业依赖通过政府效率影响地区经济发展质量。黄庆华等人（2020）认为，产业聚集促进经济增长并促进了环境保护，同时提升了长江经济带沿线地区经济发展质量。梁志霞和毕胜（2020）研究京津冀城市群 13 个城市的数据后认为，固定资产投资水平、财政支出水平、交通与通信水平、对外开放程度、第二产业和第三产业增加值等对城市发展质量有一定的影响。杨旭等人（2020）认为，金融聚集对经济发展质量的影响随着制度环境的改善由负转正，与西部地区相比，东部沿海地区金融聚集对经济发展绩效及经济发展质量的促进作用更加强烈。

城市规模和空间聚集促进经济发展质量的提升。城市规模的不断扩大，人财物等生产要素的空间聚集效应加强，直接促进所在城市的经济增长，同时带动增长潜力、人民生活、政府效率和环境质量的提高，进而促进经济发展质量的提升。城市规模扩大产生的空间聚集效应，除了带动本地区城市的经济发展质量提升，同时对邻近城市产生外溢效益，带动邻近城市的经济发展质量提升。影响经济发展质量的除了城市规模、空间聚集，还包括资本、劳动、人力资本、外国直接投资、产业结构（第二产业占 GDP 的比重、第三产业占 GDP 的比重）、城市化水平、财政支出占 GDP 的比重、通货膨胀率、社会保险覆盖率、医疗保险覆盖率、财政收入占 GDP 的比重、房价收入比指标、个人财富和经济发展质量等多个方面。

依据上面的分析建立空间杜宾模型如式（4）。其中，y_t 表示 TFP，为全要素生产率增长指数；$x_{i,t}$ 分别表示如下变量：$\ln p$ 为城市规模的对数，$\ln p^2$ 为城市规模对数的平方，$\ln K$ 为固定资本存量的对数，$\ln L$ 为劳动力数量的对数，$\ln cityPopDens$ 为人口密度的对数，$\ln HC$ 为人力资本的对数，FDI 为外国直接投资，$finEdu$ 为教育支出占地方财政支出的比重，$books$ 为万人图书馆藏量，*L2Rate* 为第二产业人数占总的就业比重，*L3Rate* 为第三产业人数占总的就业比重，*urban* 为城市化水平，*outInFin* 为财政支出与财政收入比，*infrastruct* 为基础设施指数，*housePRev* 为房价收入比指标，*IORate* 为投入产出率，*lnproductivity* 为劳动生产率的对数，*rev_ GDP* 为财政收入占 GDP 的比重，*sciFin* 为科学支出占地方财政支出的比重，*income* 为工资总额占 GDP 的比，*devQuality* 为经济发展质量。

本研究基于 264 个地级及地级以上城市的空间面板数据，采用空间计量的分析方法，运用空间杜宾模型（SDM）来分析各要素对经济发展质量的影响，发现在考虑空间权重后，经济发展质量与城市规模、人口密度和经济发展质量等相关影响因素有如下结论。

（1）经济发展质量与城市规模的关系由"U"形曲线变成倒"U"形曲线，间接效应都不显著，直接效应和总效应都显著。

（2）第二产业占 GDP 的比重、第三产业相对劳动生产率、第三产业人数占总的就业比重、固定资本存量、房价收入比指标、人均水供应量的系数为正。

（3）人口密度、资本产出比、基础设施指数、工资收入、居民储蓄、空气质量优良天数、通货膨胀率指标、教育支出、人均可支配收入、外国直接投资、社会保险覆盖率、财政收入占 GDP 的比重、城市化水平的系数为负。

（4）第三产业相对劳动生产率、第三产业人数占总的就业比重、教育支出、固定资本存量、社会保险覆盖率、人均水供应量、城市化水平的直接效应、间接效应和总效应都为正，其中第三产业相对劳动生产率的直接效应、间接效应和总效应都显著；第三产业人数占总的就业比重的直接效应、间接效应和总效应都显著；教育支出的间接效应部分不显著，直接效应和总效应都显著；固定资本存量的直接效应、间接效应和总效应都显著；社会保险覆盖率的直接效应、间接效应和总效应都显著；人均水供应量的直接效应、间接效应和总效应都显著；城市化水平的间接效应大部分显著，直接效应和总效应都显著。

（5）工资收入、空气质量优良天数、通货膨胀率指标、人均可支配收入的直接效应和总效应都为正，间接效应为负，其中工资收入的间接效应都不显著，直接效应和总效应都显著；空气质量优良天数的间接效应都不显著，直接效应和总效应都显著；通货膨胀率指标的间接效应都不显著，直接效应和总效应都显著；人均可支配收入的直接效应都显著，间接效应都不显著，总效应大部分显著。

（6）资本产出比、居民储蓄的直接效应为正，间接效应和总效应为负，其中资本产出比的直接效应部分不显著，间接效应和总效应大部分显著；居民储蓄的直接效应、间接效应和总效应都显著。

（7）房价收入比指标的直接效应和总效应为负，间接效应为正，其中房价收入比指标的直接效应都显著，间接效应和总效应都不显著。

（8）人口密度、第二产业占 GDP 的比重、基础设施指数、外国直接投资的直接效应、间接效应和总效应大部分为负，其中人口密度的间接效应都不显著，直接效应和总效应都显著；第二产业占 GDP 的比重的直接效应都显著，间接效应部分不显著，总效应大部分显著；基础设施指数的直接效应、间接效应和总效应都显著；外国直接投资的直接效应、间接效应和总效应都显著。

五　城市规模、空间聚集与管理模式

城市规模不断扩大，城市人口密度不断增长，各种资源要素在空间上聚集速度加快，促进本区域经济发展，也对邻近区域产生溢出效应。当城市规模进一步扩大，超过最优规模或者接近最大适度规模时，城市发展面临诸如交通拥挤、环境污染和公共服务供给不足等问题，政府管理面临公共难题。高质量发展的本质是以人民为中心，如何解决这些公共难题，从根本上提高人民生活质量、人均可支配收入、全要素生产率和劳动生产率等经济效率，进而提高经济发展质量，是政府面临的一个重要问题。这里基于 1990~2018 年中国 264 个地级及地级以上城市相关数据，探讨城市规模、空间聚集和政府管理模式的关系，运用空间计量模型分析政府效率的主要影响因素，包括城市规模、人力资本、财政收支、全要素生产率、环境保护、教育和科技财政支出、基础设施等多个因素。

城市规模越大，要素聚集性越强，交易效率越高（Yang and Hogbin，1990）。政府治理水平直接影响国家的法律、制度等环境，并对经济增长产生重要影响（Chinn et al.，2007）。当人口增加引起政府提供的公共服务偏离效率点时，将导致政府支出规模不经济；当人口增加降低人均政府总支出或人均各类支出时，说明政府支出达到了规模经济区间（Gabler，1971）。

城市规模扩大，空间聚集效应增强，政府效率与经济社会发展程度具有正相关性（唐天伟，2016）。政府效率具有溢出效应，且逐年加强，政府效率在空间上存在显著的互补效应（解垩，2007）。政府干预的效率在宏观层面和微观层面都呈现先上升后下降的倒"U"形曲线变动趋势（高向飞、高春婷，2009）。城市人口规模通过聚集效应对经济增长产生影响，两者之间存在明显的倒"U"形关系，对政府管理也产生影响（高健、吴佩林，2016）。

城市规模扩大，在资源要素的空间聚集背景下，政府效率受到很多因素的影响。优化上下级政府间的转移支付能够有效地改善非经济性公共物品供给，提高政府管理效率（傅勇，2010）。财政分权可以促进地方政府之间开展竞争，从而提高资源配置效率，提高政府效率（Qian 和 Weingast，1996）。人口规模扩大能够提高公共物品利用率，降低分摊成本，从而降低政府财政支出，提高政府效率（Derksen W.，1988）。而人口规模与人均公共支出存在"U"形关系（Breuning and Rocaboy，2008）。产权制度和对外开放政策对生产率的提高和经济增长做出了贡献，而政府效率低下，管理成本的不断上升对经济产生了副作用，对西部地区影响最大、中部地区次之、东部地区较低（王丽英、刘后平，2010）。制度环境是政府管理效率提升的关键（李文钊、蔡长昆，2012）。政府效率存在外溢效应，财政分权与地方政府效率显著负相关，而转移支付制度与地方政府效率显著正相关（陈晓玲、李晓庆，2013）。

资源丰富程度对中国城市政府效率没有显著影响（方颖等，2011）。资源产业依赖影响政府效率，过度的资源产业依赖抑制城市政府效率的提升，资源依赖的影响存在异质性，在不同制度环境与不同城市规模下，资源依赖产生的影响存在差异（鲁永刚、张凯，2019）。

随着城市化进程的加深，城市规模不断扩大，人口和各种要素向城市集中，聚集效应和辐射带动作用凸显。各种要素聚集产生强烈的正的外部性，吸引更多的农业人口市民化，城市规模进一步扩大，这一点在大城市、超大城市表现得尤为明显；与此同时，负的外部性也在逐步显现，城市规模扩大，尤其是超过最优规模或者接近最大适度规模时，各种资源由适度到拥挤、环境污染严重、公共服务供给不足、政府管理面临公共难题，政府必须不断优化管理模式，改进治理方式，提高工作效率。城市规模扩大，各种要素不断聚集，不仅对本区域政府管理模式和治理效率产生影响，也对邻近区域的政府管理模式优化起到示范作用，产生外溢效应。农业人口市民化水平与本区域及邻近区域的道路、交通密度等多个因素均存在先升后降的倒"U"形关系，目前大多数大型城市已出现明显的资源拥堵，邻近区域政府也亟须优化政府管理模式，提升管理水平。

政府管理模式是一个较为抽象的提法，这里用政府效率来表示政府管理模式。政府效率是中国城市经济发展质量指数的一级指标，政府效率越高，管理理念越先进，管理模式越有益于本区域和邻近区域城市的经济效益和社会效益的提升。城市规模扩大，促进各种要素空间聚集，继而使人力资本、基础设施、空气质量、教育、科学、保险、通货膨胀水平、人均水供应量等多个因素产生外溢效应，对本区域或邻近区域产生正向或负向作用，不同程度地影响政府管理模式的优化。

本研究依据上面的分析建立空间杜宾模型如式（4）。其中，y_t 表示 $govEff_{it}$，是城市 i 在 t 时期的政府效率或管理模式；$x_{i,t}$ 分别为以下 21 个变量：城市规模的对数 $\ln P$ 和城市规模对数的平方 $\ln P^2$，人口密度的对数 $\ln cityPopDens_{it}$，人力资本的对数 $\ln HC_{it}$，城市化水平 $urban$，TFP 增长指数 TFP，空气质量优良天数 $\ln goodAirDays_{it}$，医疗保险覆盖率 $urbanMedicare_{it}$，人均绿地面积lnperGreenArea$_{it}$，科学支出占地方财政支出的比重 sciFin$_{it}$，资本产出比 Koutput$_{it}$，通货膨胀率指标 inflation$_{it}$，投入产出率 IORate$_{it}$，教育支出占地方财政支出的比重finEdu$_{it}$，家庭资产指数 HAssetsIndex$_{it}$，财政收入占 GDP 的比重 rev_ GDP$_{it}$，基础设施指数 infrastruct$_{it}$，第二产业占 GDP 的比重GDP2$_{it}$，绿化率 greenRatio$_{it}$，人均水供应量 lnwaterSupply$_{it}$，经济发展质量指标 devQuality$_{it}$。

本研究基于 264 个地级及地级以上城市的空间面板数据，采用空间计量的分析方法，运用空间杜宾模型（SDM）来分析各要素对政府管理模式的影响，引入经济发展质量指标作为控制变量，研究发现在考虑空间权重后，政府管理模式与城市规模、人口密度、人力资本、TFP 等相关因素的关系如下。

（1）政府效率与城市规模的关系由倒"U"形曲线转为"U"形曲线，且都显著；政府效率与城市规模的直接效应和总效应都为倒"U"形关系，间接效应为"U"形关系，直接效应都显著，间接效应都不显著，总效应部分不显著。

（2）考虑空间权重后，人口密度的对数、经济发展质量、医疗保险覆盖率、空气质量优良天数、第二产业占 GDP 的比重、绿化率、人均水供应量的系数由正转负；人力资本的对数、城市化水平、TFP 增长指数、资本产出比、通货膨胀率指标、科学支出占地方财政支出的比重、教育支出占地方财政支出的比重、家庭资产指数、财政收入系数由负转正；投入产出率和基础设施指数系数前后皆为负。

（3）人均绿地面积、资本产出比的直接效应、间接效应和总效应都为正。

（4）经济发展质量、医疗保险覆盖率、第二产业占 GDP 的比重、绿化率的直接效应和总效应为正，间接效应为负。

（5）人力资本的对数、城市化水平、TFP 增长指数、教育支出、财政收入的直接效应为负，间接效应和总效应都为正。

（6）人口密度的对数、空气质量优良天数、人均水供应量的直接效应为正，间接效应和总效应都为负。

（7）通货膨胀率指标、科学支出占地方财政支出的比重、家庭资产指数的直接效应和总效应为负，间接效应为正。

（8）投入产出率、基础设施指数直接效应、间接效应和总效应都为负。

六 城市经济发展质量报告

在经历了多年的经济结构性减速后，中国已经转向高质量经济发展阶段，中国经济的评价标准从以 GDP 为核心转向以劳动生产率与 TFP 增长为基准注重创新和效率的评估方式，强调可持续性和包容性的增长。经济发展质量本质上是对经济发展的综合评价。经济发展质量评价体系一级指标包括经济增长、增长潜力、政府效率、人民生活和环境质量 5 个部分，产出效率、经济结构、经济稳定、产出消耗、增长可持续性、公共服务效率、社会保障、收入水平、健康保障、生活质量、生态环境、工业及生活排放、空气监测等方面共计 61 个具体指标。本书运用主成分分析法对 264 个地级及地级以上城市（简称地级市）经济发展质量状况进行客观分析。

（一）2018年城市经济发展质量及一级指标排名情况

2018 年城市经济发展质量一级指标排名情况显示，深圳市在经济发展质量方面排在第一位；北京市在经济发展质量方面排在第三位，在政府效率和人民生活两个方面排第一位，增长潜力位于第四位，经济增长排名第六位，但环境质量却排在 264 个地级市中的第 221 位，环境质量亟待大幅度改善。在经济增长、增长潜力和环境质量方面排名第一的分别是包头、珠海和三亚。

需要说明的是，2018 年 264 个地级市中，有两个城市综合排名高于每个一级指标排名，这两个城市为深圳和贵阳；有 11 个城市综合排名低于每个一级指标排名，分别为邯郸、衡水、莱芜、开封、安阳、鹤壁、濮阳、许昌、漯河、商丘、信阳。这是由于城市经济发展质量排名是各一级指标的算术平均，不同指标值不一。在此基础上，本研究将各一级指标进行正向标准化，并利用功效系数法进行处理，结果稍有改进，但仍然有一个城市的综合排名高于每个一级指标排名，即深圳；仍然有 10 个城市综合排名低于每个一级指标的排名，即邯郸、衡水、开封、安阳、鹤壁、濮阳、许昌、漯河、商丘、信阳。为了保持城市经济发展质量和一级指标处理方法的一致性，这里仍然保持采用一级指标加权的方式获取经济发展质量的综合排名（见表 1）。

表 1   2018 年 264 个地级市经济发展质量及一级指标排名情况

城市	经济发展质量	经济增长	增长潜力	政府效率	人民生活	环境质量	城市	经济发展质量	经济增长	增长潜力	政府效率	人民生活	环境质量
北京	3	6	4	1	1	221	沈阳	26	12	91	18	21	144
天津	55	69	37	53	46	208	大连	27	10	80	7	56	150
石家庄	193	55	74	185	173	252	鞍山	68	9	189	70	43	193
唐山	245	60	212	247	174	249	抚顺	110	210	173	71	31	158
秦皇岛	125	40	50	159	106	233	本溪	131	138	218	67	77	171
邯郸	251	98	226	231	209	241	丹东	109	72	217	60	62	174
邢台	253	232	86	232	213	262	锦州	133	211	238	43	96	141
保定	196	199	61	182	127	242	营口	161	81	258	92	91	154
张家口	185	56	94	141	131	259	阜新	107	110	174	98	33	160
承德	246	169	151	210	189	261	辽阳	174	108	263	62	64	183
沧州	249	52	171	249	231	257	盘锦	179	120	262	93	48	194
廊坊	207	118	85	157	108	263	铁岭	69	214	60	90	25	139
衡水	250	158	187	238	192	236	朝阳	65	134	140	47	66	89
太原	36	39	65	27	14	206	葫芦岛	144	147	163	122	83	161
大同	95	105	147	97	23	167	长春	82	86	87	89	159	73
阳泉	166	113	251	63	79	220	吉林	108	13	203	132	147	115
长治	178	150	114	120	128	232	四平	224	146	239	149	255	134
晋城	214	157	240	100	125	239	辽源	244	240	255	183	253	137
朔州	221	71	261	177	87	214	通化	80	237	13	128	142	133
运城	171	109	190	88	116	210	白山	184	92	241	165	133	130
忻州	187	170	103	108	37	264	松原	257	208	264	163	264	142
临汾	189	132	200	80	126	237	白城	199	221	137	195	182	128
呼和浩特	21	2	77	41	63	82	哈尔滨	32	25	143	24	132	22
包头	77	1	236	158	76	125	齐齐哈尔	33	51	138	26	52	56
乌海	81	15	244	105	40	131	鸡西	48	93	150	33	71	68
赤峰	71	47	149	94	90	71	鹤岗	39	194	164	17	13	93
通辽	236	131	228	250	229	122	双鸭山	47	87	184	30	30	96
呼伦贝尔	98	28	161	101	75	151	大庆	54	61	179	45	60	72

续表

城市	经济发展质量	经济增长	增长潜力	政府效率	人民生活	环境质量	城市	经济发展质量	经济增长	增长潜力	政府效率	人民生活	环境质量
伊春	19	196	201	13	2	80	蚌埠	205	144	160	112	247	179
佳木斯	87	30	202	55	163	85	淮南	216	250	101	184	158	202
七台河	41	27	216	16	34	91	马鞍山	119	82	19	161	204	189
牡丹江	44	20	199	23	167	42	淮北	242	249	213	197	188	201
黑河	92	121	230	46	115	65	铜陵	222	263	41	188	228	200
绥化	177	201	185	118	262	55	安庆	126	62	33	147	202	185
上海	5	8	2	11	4	120	黄山	57	65	14	126	49	204
南京	10	33	10	3	11	164	滁州	152	179	24	125	248	195
无锡	50	63	135	22	26	181	阜阳	182	161	59	214	183	156
徐州	173	176	117	61	207	212	宿州	238	178	97	242	257	190
常州	75	102	104	34	67	199	六安	102	53	9	240	249	107
苏州	16	35	26	5	12	169	亳州	223	215	64	236	245	157
南通	100	129	119	48	93	173	宣城	155	152	16	216	218	197
连云港	122	231	88	37	196	172	福州	25	67	71	76	70	7
淮安	148	205	162	40	156	196	厦门	9	42	36	9	15	8
盐城	90	133	21	49	193	198	莆田	116	229	254	160	84	15
扬州	94	195	79	35	99	187	三明	45	100	196	31	157	16
镇江	86	103	84	32	134	180	泉州	73	114	210	127	146	9
泰州	123	206	118	52	143	170	漳州	97	164	157	107	242	14
宿迁	200	175	176	68	233	203	南平	83	220	214	78	129	19
杭州	7	29	11	2	9	64	龙岩	42	163	99	57	109	11
宁波	30	166	46	25	42	63	宁德	79	239	219	74	186	6
温州	23	37	96	10	55	54	南昌	61	126	18	150	82	104
嘉兴	46	228	53	15	103	100	景德镇	127	58	110	170	160	114
湖州	64	143	83	50	85	98	萍乡	143	91	89	191	194	102
绍兴	24	145	25	21	27	83	九江	172	94	90	201	225	113
金华	22	89	45	14	39	69	新余	181	130	130	209	172	123
衢州	34	182	29	28	59	84	鹰潭	169	135	109	215	197	88
舟山	15	43	40	6	20	87	赣州	101	153	17	189	179	112
台州	62	140	148	54	65	67	吉安	128	149	47	218	166	97
丽水	28	142	20	20	28	135	宜春	142	172	15	254	210	109
合肥	37	188	6	86	107	163	上饶	206	227	116	219	222	101
芜湖	175	101	126	123	208	177	济南	40	19	82	12	45	205

续表

城市	经济发展质量	经济增长	增长潜力	政府效率	人民生活	环境质量	城市	经济发展质量	经济增长	增长潜力	政府效率	人民生活	环境质量
青岛	49	14	51	51	112	182	襄阳	195	209	72	217	138	186
淄博	141	22	142	137	92	235	鄂州	208	204	124	234	114	145
枣庄	243	73	257	181	234	224	荆门	192	167	145	196	136	152
东营	129	17	242	106	58	228	孝感	163	259	28	203	137	149
烟台	103	36	73	66	150	209	荆州	132	177	52	154	117	153
潍坊	159	24	128	121	191	225	黄冈	137	251	54	174	118	116
济宁	218	64	194	135	238	222	咸宁	202	207	106	227	135	143
泰安	198	59	224	77	237	218	随州	232	230	229	245	154	108
威海	63	34	35	39	130	207	长沙	29	16	66	81	32	50
日照	217	48	233	131	214	231	株洲	78	45	70	124	161	79
莱芜	225	127	223	155	149	219	湘潭	160	117	159	152	185	99
临沂	220	46	231	145	226	215	衡阳	190	97	208	198	221	78
德州	215	77	178	96	258	230	邵阳	112	159	111	142	140	59
聊城	237	85	256	136	236	229	岳阳	191	79	237	148	250	81
滨州	201	50	136	171	180	226	常德	183	54	232	212	206	75
菏泽	234	155	221	134	244	211	张家界	60	18	166	104	119	46
郑州	140	96	43	156	89	250	益阳	219	141	211	222	232	95
开封	255	202	169	223	227	240	郴州	149	99	177	138	169	105
洛阳	240	66	155	230	201	251	永州	158	115	129	192	153	106
平顶山	231	173	146	220	101	243	怀化	91	106	75	64	187	103
安阳	252	184	192	239	170	246	娄底	210	225	247	133	230	86
鹤壁	262	233	246	260	223	254	广州	8	4	8	69	17	26
新乡	241	154	93	225	198	256	韶关	52	90	44	140	94	49
焦作	258	217	253	229	203	258	深圳	1	7	3	8	5	25
濮阳	259	246	225	237	235	253	珠海	2	75	1	38	7	20
许昌	260	226	193	256	251	244	汕头	157	185	170	241	124	37
漯河	263	253	243	258	199	255	佛山	51	38	112	200	24	38
三门峡	247	78	234	178	224	260	江门	96	186	98	139	148	34
南阳	256	190	167	259	211	227	湛江	167	222	165	213	259	18
商丘	264	245	252	263	220	245	茂名	229	235	197	261	260	23
信阳	254	200	186	235	212	223	肇庆	154	160	125	167	254	51
周口	261	252	156	264	240	248	惠州	56	123	34	168	68	47
驻马店	248	183	133	255	177	247	梅州	53	193	12	187	151	35
武汉	20	41	7	44	44	165	汕尾	162	213	27	262	261	29
黄石	139	165	95	115	141	159	河源	121	234	39	179	184	70
十堰	145	242	127	130	72	147	阳江	156	136	220	221	123	43
宜昌	146	254	100	110	88	166	清远	111	104	69	207	168	53

续表

城市	经济发展质量	经济增长	增长潜力	政府效率	人民生活	环境质量	城市	经济发展质量	经济增长	增长潜力	政府效率	人民生活	环境质量
东莞	12	5	58	85	8	40	贵阳	18	76	22	83	41	27
中山	11	26	5	56	61	62	六盘水	130	116	67	226	219	39
潮州	203	197	141	248	246	45	遵义	72	148	154	58	195	24
揭阳	233	236	207	257	263	31	安顺	170	181	168	228	217	28
云浮	118	216	48	206	252	30	昆明	14	44	42	75	36	4
南宁	59	111	132	119	80	21	曲靖	67	171	62	173	215	5
柳州	135	162	182	172	121	52	玉溪	74	122	134	162	139	13
桂林	66	119	105	99	152	33	保山	117	243	107	253	120	10
梧州	239	258	249	233	256	58	昭通	89	257	122	164	241	3
北海	168	223	195	246	181	17	普洱	85	241	57	252	78	12
防城港	188	74	259	251	105	41	西安	31	32	38	19	22	191
钦州	212	261	205	208	243	36	铜川	114	84	76	144	51	192
贵港	228	212	248	243	239	44	宝鸡	235	256	215	146	165	213
玉林	134	70	139	186	216	57	咸阳	227	192	153	180	144	238
百色	194	264	115	211	162	48	渭南	213	139	158	224	113	188
河池	113	218	55	175	155	60	延安	209	247	183	143	69	217
海口	6	11	172	79	19	2	汉中	211	238	123	169	171	178
三亚	4	21	144	29	16	1	榆林	204	83	180	199	81	234
重庆	138	128	68	190	110	146	安康	153	248	102	202	122	76
成都	35	57	31	65	54	94	兰州	43	31	30	95	47	117
自贡	147	80	191	84	205	132	嘉峪关	76	49	260	129	6	162
攀枝花	150	168	206	109	86	140	金昌	106	189	245	103	10	155
泸州	120	219	78	113	145	121	白银	99	156	81	166	74	77
德阳	180	68	198	151	175	138	天水	58	137	23	204	102	32
绵阳	93	125	113	73	97	124	武威	136	255	56	244	29	127
广元	104	224	152	102	35	129	张掖	88	191	63	91	57	148
遂宁	165	198	235	82	200	92	平凉	105	180	120	114	73	111
内江	186	124	209	153	178	110	酒泉	151	88	222	194	53	136
乐山	124	107	227	87	100	119	西宁	38	23	92	59	50	74
南充	176	203	175	117	111	168	银川	115	112	121	42	104	216
宜宾	164	187	188	111	164	126	石嘴山	197	95	204	205	98	176
雅安	84	151	131	116	38	90	吴忠	230	260	108	193	190	184
巴中	70	262	49	72	95	61	乌鲁木齐	17	3	32	36	18	175
资阳	226	244	250	176	176	118	克拉玛依	13	174	181	4	3	66

（二）2018年城市经济发展质量综合得分和排名变化情况

2018年经济发展质量排名前10位的城市为深圳、珠海、北京、三亚、上海、海口、杭州、广州、厦门、南京；排名后10位的城市为开封、南阳、

松原、焦作、濮阳、许昌、周口、鹤壁、漯河、商丘。2018 年 264 个地级
市经济发展质量综合得分情况见表 2。

表 2 2018 年 264 个地级市经济发展质量综合得分情况

单位：%

城市	权重	城市	权重	城市	权重	城市	权重	城市	权重	城市	权重
深圳	1.001	衢州	0.542	曲靖	0.448	南通	0.400	锦州	0.353	阳泉	0.318
珠海	0.958	成都	0.537	鞍山	0.445	赣州	0.399	玉林	0.352	湛江	0.317
北京	0.950	太原	0.536	铁岭	0.444	六安	0.395	柳州	0.352	北海	0.315
三亚	0.942	合肥	0.529	巴中	0.444	烟台	0.395	武威	0.348	鹰潭	0.314
上海	0.931	西宁	0.529	赤峰	0.443	广元	0.393	黄冈	0.346	安顺	0.314
海口	0.842	鹤岗	0.528	遵义	0.441	平凉	0.392	重庆	0.344	运城	0.314
杭州	0.807	济南	0.528	泉州	0.438	金昌	0.391	黄石	0.344	九江	0.314
广州	0.771	七台河	0.527	玉溪	0.436	阜新	0.388	郑州	0.342	徐州	0.312
厦门	0.748	龙岩	0.525	常州	0.434	吉林	0.388	淄博	0.341	辽阳	0.308
南京	0.725	兰州	0.519	嘉峪关	0.431	丹东	0.387	宜春	0.340	芜湖	0.307
中山	0.702	牡丹江	0.504	包头	0.429	抚顺	0.387	萍乡	0.340	南充	0.307
东莞	0.680	三明	0.501	株洲	0.428	清远	0.387	葫芦岛	0.340	绥化	0.306
克拉玛依	0.674	嘉兴	0.496	宁德	0.428	邵阳	0.386	十堰	0.339	长治	0.304
昆明	0.647	双鸭山	0.493	通化	0.428	河池	0.386	宜昌	0.338	盘锦	0.304
舟山	0.646	鸡西	0.490	乌海	0.428	铜川	0.385	自贡	0.336	德阳	0.302
苏州	0.645	青岛	0.490	长春	0.425	银川	0.378	淮安	0.335	新余	0.301
乌鲁木齐	0.626	无锡	0.483	南平	0.425	莆田	0.378	郴州	0.335	阜阳	0.299
贵阳	0.603	佛山	0.483	雅安	0.423	保山	0.374	攀枝花	0.335	常德	0.297
伊春	0.602	韶关	0.477	普洱	0.423	云浮	0.372	酒泉	0.334	白山	0.296
武汉	0.600	梅州	0.477	镇江	0.422	马鞍山	0.369	滁州	0.331	张家口	0.295
呼和浩特	0.599	大庆	0.477	佳木斯	0.421	泸州	0.366	安康	0.329	内江	0.295
金华	0.596	天津	0.476	张掖	0.420	河源	0.366	肇庆	0.328	忻州	0.295
温州	0.596	惠州	0.475	昭通	0.419	连云港	0.362	宣城	0.327	防城港	0.294
绍兴	0.588	黄山	0.474	盐城	0.417	泰州	0.361	阳江	0.326	临汾	0.293
福州	0.584	天水	0.473	怀化	0.417	乐山	0.361	汕头	0.325	衡阳	0.291
沈阳	0.583	南宁	0.473	黑河	0.415	秦皇岛	0.359	永州	0.325	岳阳	0.290
大连	0.582	张家界	0.466	绵阳	0.414	安庆	0.359	潍坊	0.322	荆门	0.284
丽水	0.575	南昌	0.464	扬州	0.412	景德镇	0.358	湘潭	0.322	石家庄	0.283
长沙	0.574	台州	0.461	大同	0.409	吉安	0.357	营口	0.322	百色	0.283
宁波	0.563	威海	0.461	江门	0.409	东营	0.356	汕尾	0.321	襄阳	0.281
西安	0.558	湖州	0.459	漳州	0.408	六盘水	0.356	孝感	0.319	保定	0.279
哈尔滨	0.554	朝阳	0.456	呼伦贝尔	0.405	本溪	0.355	宜宾	0.318	石嘴山	0.278
齐齐哈尔	0.545	桂林	0.448	白银	0.404	荆州	0.355	遂宁	0.318	泰安	0.277

续表

城市	权重	城市	权重	城市	权重	城市	权重	城市	权重	城市	权重
白城	0.277	娄底	0.266	朔州	0.242	随州	0.225	枣庄	0.187	信阳	0.163
宿迁	0.277	汉中	0.262	铜陵	0.240	揭阳	0.218	辽源	0.187	开封	0.161
滨州	0.275	钦州	0.260	亳州	0.240	菏泽	0.214	唐山	0.186	南阳	0.147
咸宁	0.274	渭南	0.255	四平	0.238	宝鸡	0.209	承德	0.183	松原	0.136
潮州	0.274	晋城	0.255	莱芜	0.236	通辽	0.207	三门峡	0.175	焦作	0.110
榆林	0.272	德州	0.254	资阳	0.235	聊城	0.205	驻马店	0.172	濮阳	0.105
蚌埠	0.272	淮南	0.250	咸阳	0.235	宿州	0.204	沧州	0.170	许昌	0.100
上饶	0.272	日照	0.249	贵港	0.234	梧州	0.201	衡水	0.170	周口	0.091
廊坊	0.271	济宁	0.246	茂名	0.233	洛阳	0.200	邯郸	0.167	鹤壁	0.079
鄂州	0.269	益阳	0.246	吴忠	0.231	新乡	0.198	安阳	0.166	漯河	0.079
延安	0.268	临沂	0.243	平顶山	0.227	淮北	0.189	邢台	0.164	商丘	0.070

和 2017 年相比，2018 年经济发展质量排名上升的城市有 105 个，排名下降的城市有 127 个，其他城市 2018 年排名不变（见表 3）。

表 3　2018 年经济发展质量排名变化情况

排名变化情况	城市
排名上升 （共 105 个）	阜新市（+43）、酒泉市（+42）、营口市（+39）、柳州市（+35）、防城港市（+31）、白银市（+31）、玉溪市（+29）、鞍山市（+26）、北海市（+26）、抚顺市（+24）、宁德市（+23）、曲靖市（+23）、宜昌市（+21）、乌海市（+20）、白山市（+20）、东营市（+20）、昭通市（+20）、金昌市（+18）、哈尔滨市（+17）、本溪市（+16）、通化市（+16）、牡丹江市（+16）、黄石市（+16）、铁岭市（+15）、吉林市（+15）、淄博市（+15）、绥化市（+14）、淮北市（+13）、咸阳市（+13）、安庆市（+12）、泉州市（+12）、铜川市（+12）、萍乡市（+11）、汕头市（+11）、大庆市（+10）、青岛市（+10）、枣庄市（+10）、宜春市（+9）、荆门市（+9）、常德市（+9）、攀枝花市（+9）、承德市（+8）、葫芦岛市（+8）、马鞍山市（+8）、济宁市（+8）、钦州市（+8）、唐山市（+7）、三明市（+7）、鹰潭市（+7）、日照市（+7）、咸宁市（+7）、岳阳市（+7）、湛江市（+7）、朝阳市（+6）、济南市（+6）、滨州市（+6）、乌鲁木齐市（+6）、赤峰市（+5）、辽阳市（+5）、辽源市（+5）、嘉兴市（+5）、福州市（+5）、泰安市（+5）、韶关市（+5）、平凉市（+5）、长春市（+4）、七台河市（+4）、无锡市（+4）、上饶市（+4）、鄂州市（+4）、资阳市（+4）、西宁市（+4）、石家庄市（+3）、舟山市（+3）、台州市（+3）、六安市（+3）、漳州市（+3）、德州市（+3）、贵港市（+3）、玉林市（+3）、普洱市（+3）、运城市（+2）、通辽市（+2）、宁波市（+2）、绍兴市（+2）、衢州市（+2）、临沂市（+2）、聊城市（+2）、鹤壁市（+2）、内江市（+2）、昆明市（+2）、渭南市（+2）、齐齐哈尔市（+1）、

续表

排名变化情况	城市
排名上升 （共 105 个）	双鸭山市（+1）、铜陵市（+1）、龙岩市（+1）、菏泽市（+1）、三门峡市（+1）、荆州市（+1）、阳江市（+1）、揭阳市（+1）、桂林市（+1）、三亚市（+1）、嘉峪关市（+1）、张掖市（+1）
排名不变 （共 32 个）	北京市、秦皇岛市、大连市、松原市、白城市、南京市、杭州市、金华市、合肥市、阜阳市、厦门市、南昌市、九江市、新乡市、焦作市、濮阳市、许昌市、南阳市、周口市、襄阳市、随州市、株洲市、衡阳市、广州市、深圳市、珠海市、东莞市、中山市、河池市、海口市、遂宁市、克拉玛依市
排名下降 （共 127 个）	太原市（-1）、呼和浩特市（-1）、盘锦市（-1）、上海市（-1）、泰州市（-1）、莆田市（-1）、南平市（-1）、漯河市（-1）、商丘市（-1）、武汉市（-1）、黄冈市（-1）、长沙市（-1）、包头市（-2）、沈阳市（-2）、丹东市（-2）、伊春市（-2）、苏州市（-2）、温州市（-2）、湖州市（-2）、黄山市（-2）、安阳市（-2）、驻马店市（-2）、梧州市（-2）、泸州市（-2）、西安市（-2）、榆林市（-2）、天水市（-2）、吴忠市（-2）、长治市（-3）、晋城市（-3）、呼伦贝尔市（-3）、四平市（-3）、宿迁市（-3）、丽水市（-3）、淮南市（-3）、赣州市（-3）、信阳市（-3）、孝感市（-3）、德阳市（-3）、宜宾市（-3）、贵阳市（-3）、邯郸市（-4）、佳木斯市（-4）、烟台市（-4）、洛阳市（-4）、平顶山市（-4）、茂名市（-4）、成都市（-4）、乐山市（-4）、沧州市（-5）、常州市（-5）、宿州市（-5）、威海市（-5）、郑州市（-5）、益阳市（-5）、娄底市（-5）、保山市（-5）、汉中市（-5）、兰州市（-5）、临汾市（-6）、鹤岗市（-6）、潍坊市（-6）、惠州市（-6）、重庆市（-6）、遵义市（-6）、宝鸡市（-6）、鸡西市（-7）、扬州市（-7）、亳州市（-7）、张家界市（-7）、佛山市（-7）、清远市（-7）、云浮市（-7）、自贡市（-7）、巴中市（-7）、天津市（-8）、邢台市（-8）、衡水市（-8）、阳泉市（-8）、南通市（-8）、连云港市（-8）、莱芜市（-8）、石嘴山市（-8）、盐城市（-9）、芜湖市（-9）、吉安市（-9）、六盘水市（-9）、徐州市（-10）、宣城市（-10）、保定市（-11）、景德镇市（-11）、肇庆市（-11）、新余市（-12）、开封市（-12）、南充市（-12）、安康市（-12）、朔州市（-13）、滁州市（-13）、梅州市（-13）、广元市（-13）、张家口市（-14）、镇江市（-14）、十堰市（-14）、汕尾市（-14）、百色市（-14）、大同市（-15）、邵阳市（-15）、河源市（-15）、锦州市（-16）、湘潭市（-16）、永州市（-16）、雅安市（-16）、江门市（-17）、潮州市（-17）、蚌埠市（-18）、黑河市（-19）、绵阳市（-19）、淮安市（-20）、郴州市（-20）、南宁市（-20）、怀化市（-22）、银川市（-22）、安顺市（-24）、忻州市（-25）、延安市（-25）、廊坊市（-26）、武威市（-28）

注：括号里面的加号表示排名上升，减号表示排名下降，下同。

本研究得出 2010 年后经济发展质量指数平均排名前 45 个城市的经济发展质量指数图（以 1990 年为基期）（见图 2）。

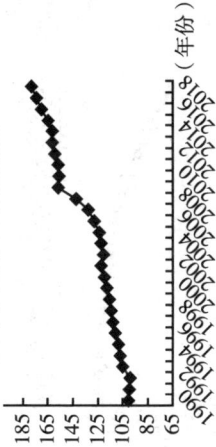

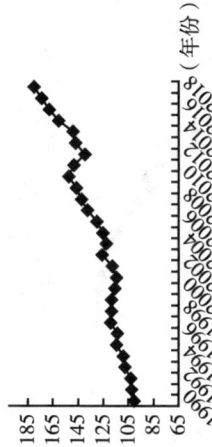

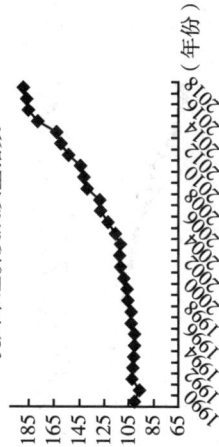

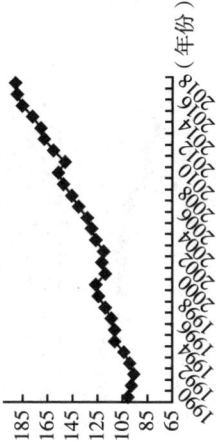

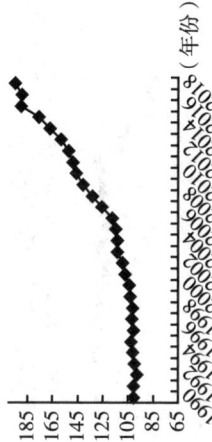

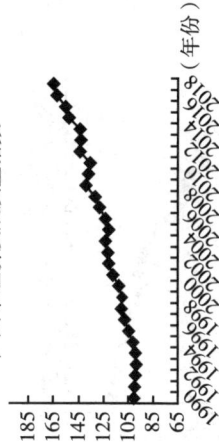

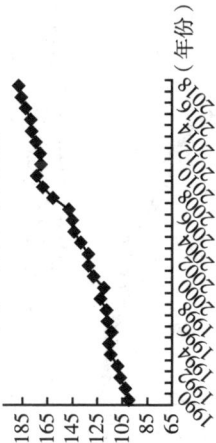

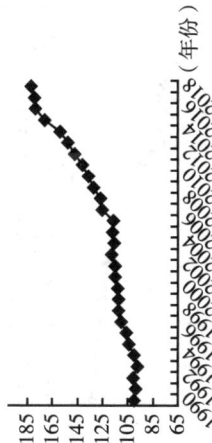

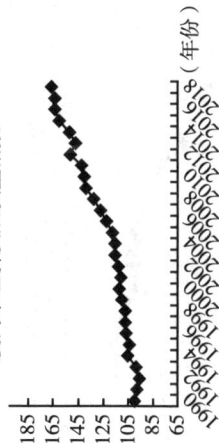

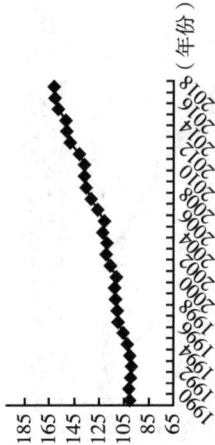

贵阳市经济发展质量指数

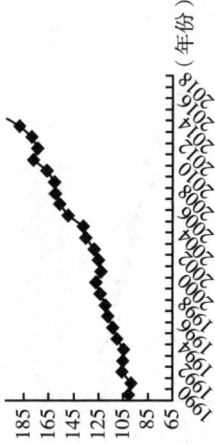

苏州市经济发展质量指数

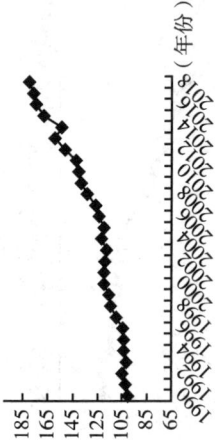

昆明市经济发展质量指数

东莞市经济发展质量指数

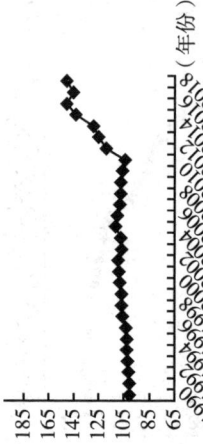

克拉玛依市经济发展质量指数

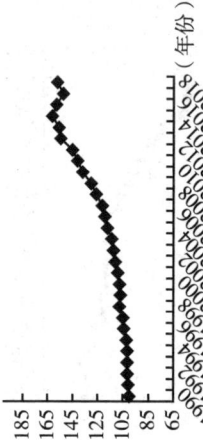

大连市经济发展质量指数

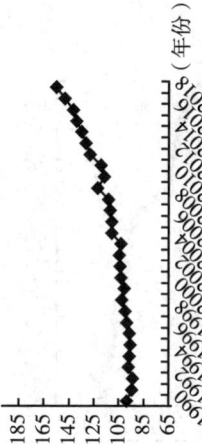

南京市经济发展质量指数

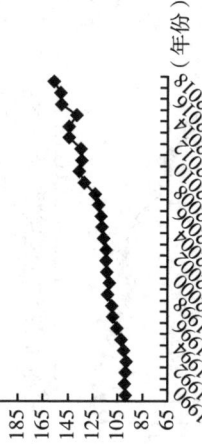

太原市经济发展质量指数

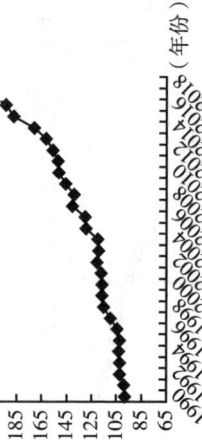

中山市经济发展质量指数

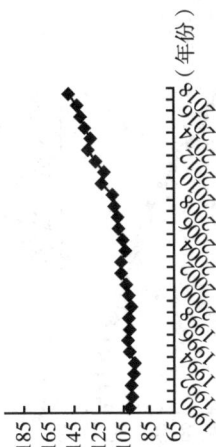

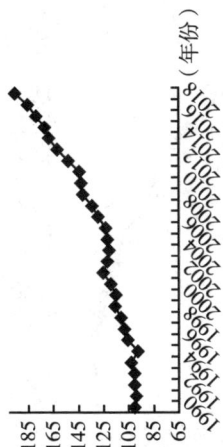

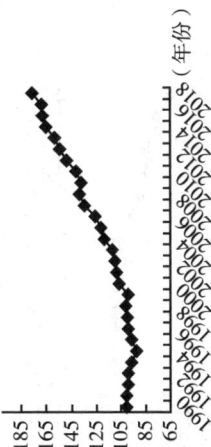

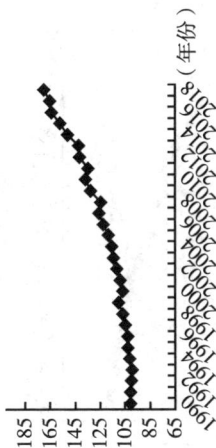

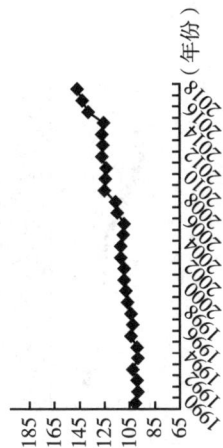

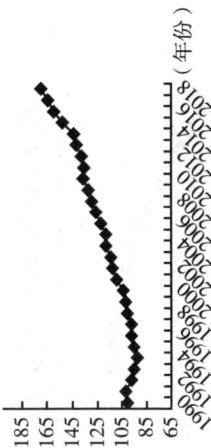

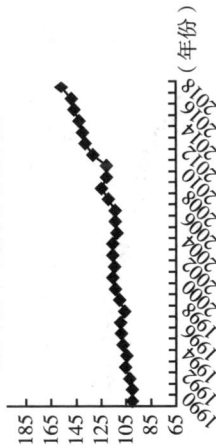

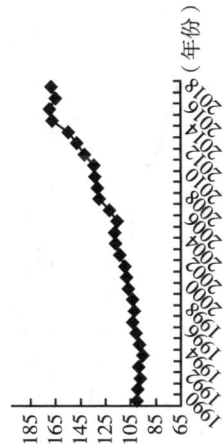

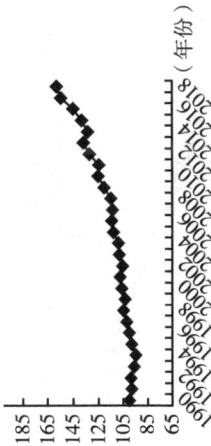

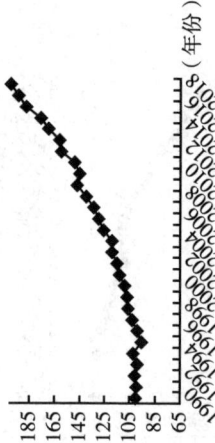

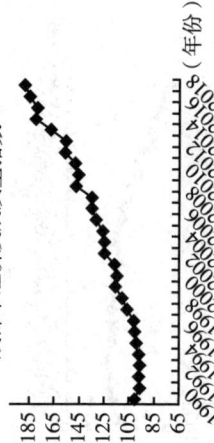

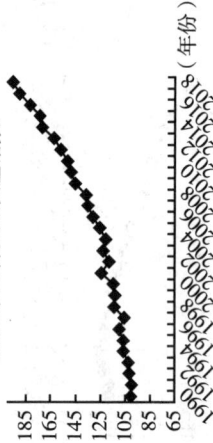

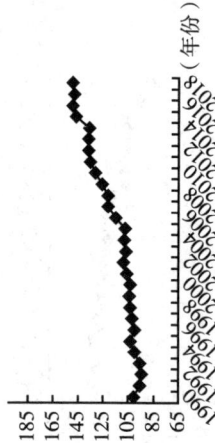

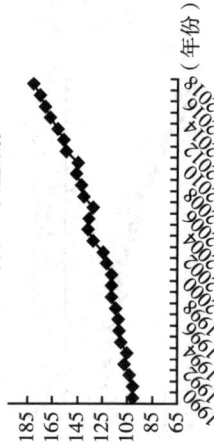

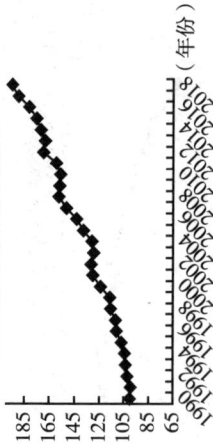

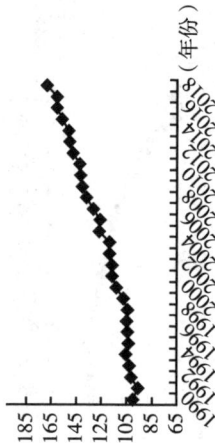

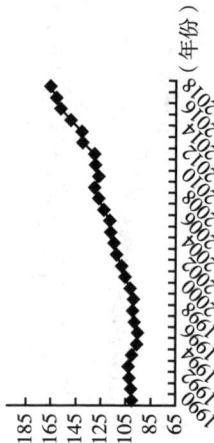

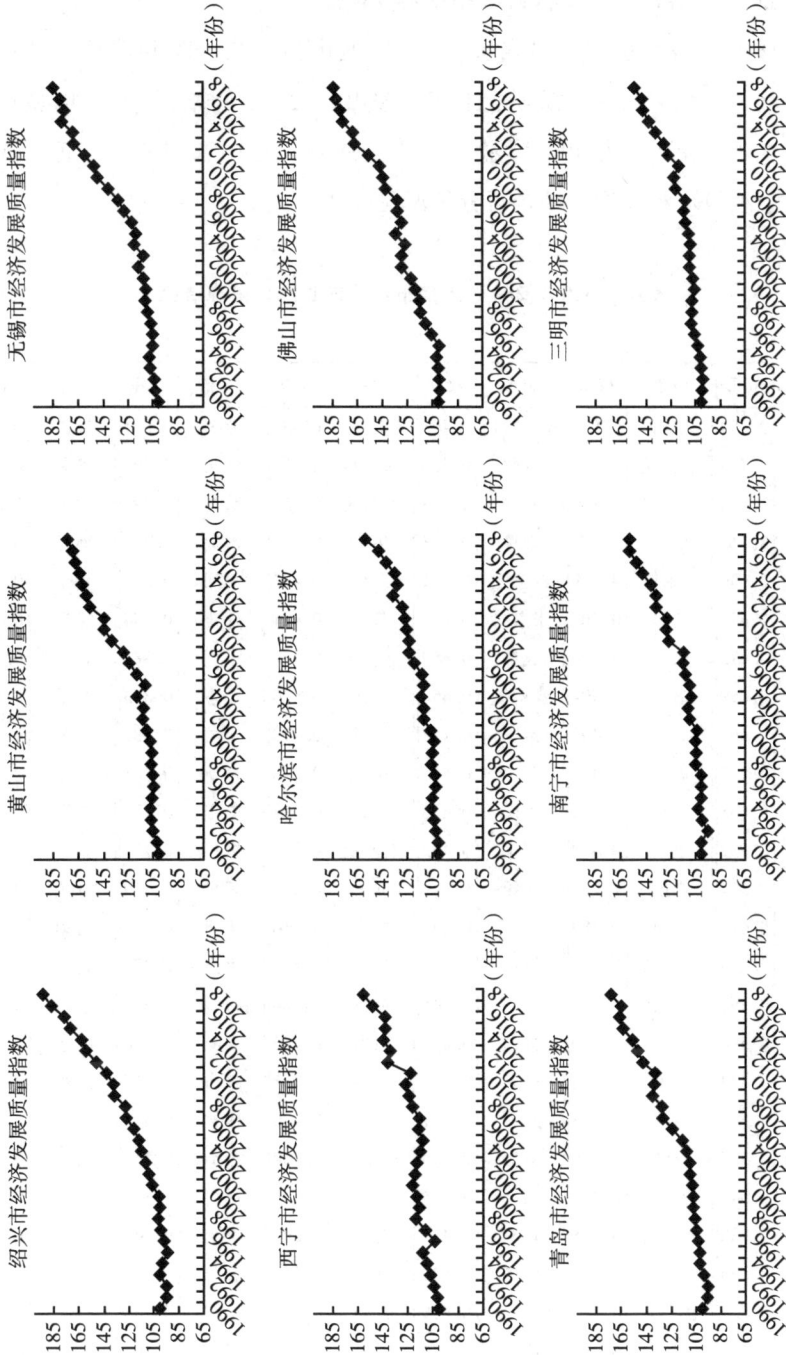

图 2　排名前 45 的城市经济发展质量指数（按 2010 年以后综合排名顺序）

1. 2018 年经济增长综合得分和排名变化情况

2018 年经济增长水平排名前 10 位的城市为包头、呼和浩特、乌鲁木齐、广州、东莞、北京、深圳、上海、鞍山、大连；排名后 10 位的城市为武威、宝鸡、昭通、梧州、孝感、吴忠、钦州、巴中、铜陵、百色。2018 年 264 个地级市经济增长综合得分情况见表 4。

表 4　2018 年 264 个地级市经济增长综合得分情况

单位：%

城市	权重	城市	权重	城市	权重	城市	权重	城市	权重	城市	权重
包头	0.799	中山	0.526	齐齐哈尔	0.468	贵阳	0.428	芜湖	0.391	南昌	0.366
呼和浩特	0.775	七台河	0.522	沧州	0.466	德州	0.427	常州	0.391	莱芜	0.364
乌鲁木齐	0.738	呼伦贝尔	0.511	六安	0.463	三门峡	0.427	镇江	0.390	重庆	0.363
广州	0.713	杭州	0.511	常德	0.463	岳阳	0.426	清远	0.389	南通	0.361
东莞	0.690	佳木斯	0.509	石家庄	0.461	自贡	0.421	大同	0.389	新余	0.360
北京	0.675	兰州	0.506	张家口	0.460	营口	0.421	怀化	0.384	通辽	0.360
深圳	0.675	西安	0.506	成都	0.459	马鞍山	0.420	乐山	0.384	临汾	0.360
上海	0.659	南京	0.504	景德镇	0.458	榆林	0.420	辽阳	0.383	盐城	0.359
鞍山	0.655	威海	0.498	泰安	0.458	铜川	0.419	运城	0.382	朝阳	0.359
大连	0.647	苏州	0.493	唐山	0.455	聊城	0.416	阜新	0.381	鹰潭	0.357
海口	0.638	烟台	0.490	大庆	0.453	长春	0.414	南宁	0.380	阳江	0.357
沈阳	0.632	温州	0.490	安庆	0.452	双鸭山	0.413	银川	0.379	天水	0.357
吉林	0.627	佛山	0.489	无锡	0.449	酒泉	0.411	阳泉	0.379	本溪	0.355
青岛	0.618	太原	0.489	济宁	0.448	金华	0.410	泉州	0.378	渭南	0.354
乌海	0.599	秦皇岛	0.487	黄山	0.446	韶关	0.407	永州	0.377	台州	0.354
长沙	0.592	武汉	0.485	洛阳	0.445	萍乡	0.406	六盘水	0.377	益阳	0.353
东营	0.590	厦门	0.480	福州	0.443	白山	0.406	湘潭	0.376	丽水	0.350
张家界	0.572	舟山	0.479	德阳	0.442	鸡西	0.401	廊坊	0.375	湖州	0.350
济南	0.566	昆明	0.478	天津	0.441	九江	0.400	桂林	0.369	蚌埠	0.350
牡丹江	0.555	株洲	0.476	玉林	0.436	石嘴山	0.400	盘锦	0.368	绍兴	0.350
三亚	0.546	临沂	0.476	朔州	0.434	郑州	0.399	黑河	0.367	四平	0.346
淄博	0.538	赤峰	0.475	丹东	0.431	衡阳	0.399	玉溪	0.366	葫芦岛	0.345
西宁	0.536	日照	0.473	枣庄	0.430	邯郸	0.396	惠州	0.366	遵义	0.343
潍坊	0.535	嘉峪关	0.470	防城港	0.430	郴州	0.394	内江	0.366	吉安	0.343
哈尔滨	0.529	滨州	0.469	珠海	0.429	三明	0.392	绵阳	0.366	长治	0.343

续表

城市	权重	城市	权重	城市	权重	城市	权重	城市	权重	城市	权重
雅安	0.341	忻州	0.321	金昌	0.313	松原	0.292	上饶	0.273	濮阳	0.236
宣城	0.340	曲靖	0.321	南阳	0.313	襄阳	0.292	嘉兴	0.272	延安	0.234
赣州	0.337	宜春	0.320	张掖	0.313	抚顺	0.291	莆田	0.271	安康	0.234
新乡	0.337	平顶山	0.320	咸阳	0.312	锦州	0.291	随州	0.270	淮北	0.230
菏泽	0.335	克拉玛依	0.320	梅州	0.308	贵港	0.289	连云港	0.268	淮南	0.229
白银	0.334	宿迁	0.319	鹤岗	0.308	汕尾	0.289	邢台	0.267	黄冈	0.228
晋城	0.334	徐州	0.319	扬州	0.306	铁岭	0.289	鹤壁	0.267	周口	0.228
衡水	0.332	荆州	0.317	伊春	0.306	亳州	0.288	河源	0.265	漯河	0.222
邵阳	0.331	宿州	0.316	潮州	0.306	云浮	0.287	茂名	0.262	宜昌	0.219
肇庆	0.330	滁州	0.316	遂宁	0.304	焦作	0.287	揭阳	0.260	武威	0.217
阜阳	0.330	平凉	0.315	保定	0.304	河池	0.287	通化	0.258	宝鸡	0.213
柳州	0.328	安顺	0.315	信阳	0.303	泸州	0.286	汉中	0.255	昭通	0.207
龙岩	0.328	衢州	0.315	绥化	0.300	南平	0.284	宁德	0.254	梧州	0.200
漳州	0.327	驻马店	0.314	开封	0.299	白城	0.284	辽源	0.252	孝感	0.193
黄石	0.327	安阳	0.314	南充	0.298	湛江	0.282	普洱	0.251	吴忠	0.183
宁波	0.324	汕头	0.314	鄂州	0.296	北海	0.279	十堰	0.243	钦州	0.180
荆门	0.324	江门	0.314	淮安	0.296	广元	0.279	保山	0.241	巴中	0.155
攀枝花	0.324	宜宾	0.313	泰州	0.295	娄底	0.279	资阳	0.241	铜陵	0.134
承德	0.323	合肥	0.313	咸宁	0.293	许昌	0.273	商丘	0.241	百色	0.045

　　和 2017 年相比，2018 年经济增长排名上升的城市有 111 个，排名下降的城市有 145 个，其他城市 2018 年排名不变（见表 5）。

表 5　2018 年经济增长排名变化情况

排名变化情况	城市
排名上升 （共 111 个）	营口市（+155）、防城港市（+139）、辽阳市（+123）、阜新市（+122）、运城市（+118）、盘锦市（+113）、玉溪市（+107）、柳州市（+92）、丹东市（+91）、舟山市（+86）、铜川市（+84）、承德市（+76）、克拉玛依市（+74）、晋城市（+69）、曲靖市（+67）、咸阳市（+66）、阳泉市（+65）、马鞍山市（+63）、安庆市（+57）、汕头市（+54）、黄石市（+53）、酒泉市（+53）、西安市（+50）、牡丹江市（+48）、唐山市（+47）、宜春市（+47）、阳江市（+45）、太原市（+44）、临汾市（+44）、六安市（+44）、河池市（+41）、安阳市（+40）、昆明市（+36）、白银市（+35）、北海市（+34）、锦州市（+32）、三门峡市（+32）、赣州市（+30）、渭南市（+30）、龙岩市（+29）、枣庄市（+27）、咸宁市（+27）、九江市（+26）、鹰潭市（+26）、大同市（+23）、三明市（+23）、金昌市（+23）、秦皇岛市（+22）、平凉市（+22）、无锡市（+21）、芜湖市（+21）、新乡市（+21）、清远市（+21）、

续表

排名变化情况	城市
排名上升 （共111个）	泉州市（+18）、三亚市（+18）、南通市（+17）、西宁市（+17）、南昌市（+16）、兰州市（+16）、绵阳市（+15）、厦门市（+13）、宁德市（+13）、济宁市（+13）、武汉市（+13）、鄂州市（+13）、汉中市（+13）、葫芦岛市（+12）、淄博市（+12）、东营市（+12）、日照市（+11）、洛阳市（+10）、乌鲁木齐市（+10）、白山市（+9）、七台河市（+9）、南阳市（+9）、黄山市（+8）、玉林市（+8）、长治市（+7）、常州市（+7）、台州市（+7）、淮北市（+7）、徐州市（+6）、韶关市（+6）、银川市（+6）、邯郸市（+5）、乌海市（+5）、吉林市（+5）、福州市（+5）、昭通市（+4）、沈阳市（+3）、常德市（+3）、德阳市（+3）、赤峰市（+2）、长春市（+2）、苏州市（+2）、宿迁市（+2）、合肥市（+2）、滨州市（+2）、肇庆市（+2）、东莞市（+2）、安康市（+2）、吴忠市（+2）、沧州市（+1）、包头市（+1）、铜陵市（+1）、菏泽市（+1）、濮阳市（+1）、信阳市（+1）、驻马店市（+1）、长沙市（+1）、揭阳市（+1）
排名不变 （共8个）	大连市、鞍山市、本溪市、宣城市、株洲市、广州市、珠海市、湛江市
排名下降 （共145个）	呼和浩特市（-1）、宁波市（-1）、荆门市（-1）、深圳市（-1）、钦州市（-1）、百色市（-1）、攀枝花市（-1）、呼伦贝尔市（-2）、通化市（-2）、上饶市（-2）、临沂市（-2）、黄冈市（-2）、北京市（-3）、佳木斯市（-3）、上海市（-3）、泰州市（-3）、济南市（-3）、青岛市（-3）、泰安市（-3）、郑州市（-3）、焦作市（-3）、海口市（-3）、杭州市（-4）、烟台市（-4）、邵阳市（-4）、中山市（-4）、桂林市（-4）、榆林市（-4）、石家庄市（-5）、南京市（-5）、潍坊市（-5）、岳阳市（-5）、南宁市（-5）、孝感市（-6）、张家界市（-6）、成都市（-6）、南充市（-6）、温州市（-7）、佛山市（-7）、宜宾市（-7）、巴中市（-7）、张家口市（-8）、淮南市（-8）、莆田市（-8）、周口市（-8）、宜昌市（-8）、衢州市（-9）、滁州市（-9）、哈尔滨市（-11）、威海市（-11）、绍兴市（-12）、十堰市（-12）、云浮市（-12）、重庆市（-12）、阜阳市（-13）、南平市（-13）、鹤壁市（-13）、吉安市（-14）、德州市（-14）、嘉峪关市（-14）、宝鸡市（-15）、自贡市（-16）、嘉兴市（-17）、荆州市（-17）、贵港市（-17）、雅安市（-17）、齐齐哈尔市（-18）、梧州市（-18）、盐城市（-19）、金华市（-19）、聊城市（-19）、漳州市（-20）、许昌市（-20）、怀化市（-20）、扬州市（-21）、抚顺市（-22）、亳州市（-22）、商丘市（-22）、遵义市（-22）、邢台市（-23）、大庆市（-23）、连云港市（-23）、蚌埠市（-23）、襄阳市（-23）、萍乡市（-24）、益阳市（-24）、广元市（-24）、漯河市（-25）、惠州市（-25）、泸州市（-25）、内江市（-25）、六盘水市（-25）、天水市（-25）、天津市（-26）、遂宁市（-26）、乐山市（-26）、通辽市（-27）、黑河市（-29）、资阳市（-29）、朔州市（-30）、湘潭市（-30）、永州市（-30）、茂名市（-30）、贵阳市（-30）、朝阳市（-32）、衡阳市（-32）、四平市（-33）、保山市（-33）、镇江市（-34）、随州市（-34）、石嘴山市（-34）、宿州市（-35）、景德镇市（-37）、莱芜市（-38）、娄底市（-38）、张掖市（-38）、郴州市（-39）、武威市（-39）、新余市（-40）、忻州市（-43）、平顶山市（-43）、开封市（-44）、双鸭山市（-45）、河源市（-45）、潮州市（-46）、湖州市（-48）、丽水市（-48）、江门市（-49）、汕尾市（-49）、延安市（-49）、保定市（-50）、衡水市（-50）、白城市（-50）、绥化市（-51）、淮安市（-51）、辽源市（-55）、安顺市（-57）、廊坊市（-60）、普洱市（-62）、鹤岗市（-63）、鸡西市（-69）、松原市（-72）、铁岭市（-75）、梅州市（-82）、伊春市（-91）

注：括号里面的加号表示排名上升，减号表示排名下降，下同。

2. 2018 年增长潜力综合得分和排名变化情况

2018 年增长潜力排名前 10 位的城市为珠海、上海、深圳、北京、中山、合肥、武汉、广州、六安、南京；排名后 10 位的城市为辽源、聊城、枣庄、营口、防城港、嘉峪关、朔州、盘锦、辽阳、松原。2018 年 264 个地级市增长潜力综合得分情况见表 6。

表 6　2018 年 264 个地级市增长潜力综合得分情况

单位：%

城市	权重	城市	权重	城市	权重	城市	权重	城市	权重	城市	权重
珠海	1.295	苏州	0.559	青岛	0.498	铜川	0.429	淮南	0.391	芜湖	0.356
上海	1.126	汕尾	0.556	荆州	0.493	呼和浩特	0.428	安康	0.391	十堰	0.352
深圳	1.083	孝感	0.547	嘉兴	0.489	泸州	0.427	忻州	0.390	潍坊	0.352
北京	1.006	衢州	0.545	黄冈	0.484	扬州	0.427	常州	0.389	永州	0.351
中山	0.937	兰州	0.544	河池	0.484	大连	0.426	桂林	0.389	新余	0.348
合肥	0.921	成都	0.544	武威	0.482	白银	0.424	咸宁	0.387	雅安	0.346
武汉	0.785	乌鲁木齐	0.540	普洱	0.477	济南	0.423	保山	0.386	南宁	0.344
广州	0.770	安庆	0.540	东莞	0.471	湖州	0.419	吴忠	0.385	驻马店	0.344
六安	0.731	惠州	0.538	阜阳	0.469	镇江	0.417	鹰潭	0.383	玉溪	0.342
南京	0.700	威海	0.537	铁岭	0.469	廊坊	0.415	景德镇	0.382	无锡	0.342
杭州	0.696	厦门	0.534	保定	0.467	邢台	0.410	邵阳	0.380	滨州	0.341
梅州	0.691	天津	0.533	曲靖	0.467	长春	0.408	佛山	0.379	白城	0.340
通化	0.688	西安	0.527	张掖	0.464	连云港	0.408	绵阳	0.379	齐齐哈尔	0.337
黄山	0.671	河源	0.526	亳州	0.460	萍乡	0.408	长治	0.378	玉林	0.335
宜春	0.664	舟山	0.524	太原	0.456	九江	0.407	百色	0.376	朝阳	0.335
宣城	0.663	铜陵	0.522	长沙	0.448	沈阳	0.403	上饶	0.373	潮州	0.335
赣州	0.654	昆明	0.522	六盘水	0.444	西宁	0.401	徐州	0.372	淄博	0.334
南昌	0.639	郑州	0.522	重庆	0.443	新乡	0.401	泰州	0.371	哈尔滨	0.334
马鞍山	0.630	韶关	0.517	清远	0.439	张家口	0.401	南通	0.368	三亚	0.332
丽水	0.626	金华	0.515	株洲	0.439	黄石	0.401	平凉	0.365	荆门	0.331
盐城	0.602	宁波	0.511	福州	0.439	温州	0.400	银川	0.362	平顶山	0.330
贵阳	0.597	吉安	0.508	襄阳	0.437	宿州	0.399	昭通	0.362	大同	0.329
天水	0.595	云浮	0.503	烟台	0.436	江门	0.395	汉中	0.358	台州	0.329
滁州	0.581	巴中	0.501	石家庄	0.435	龙岩	0.395	鄂州	0.357	赤峰	0.329
绍兴	0.576	秦皇岛	0.500	怀化	0.431	宜昌	0.394	肇庆	0.356	鸡西	0.326

续表

城市	权重	城市	权重	城市	权重	城市	权重	城市	权重	城市	权重
承德	0.325	汕头	0.298	鞍山	0.274	衡阳	0.255	乐山	0.236	鹤壁	0.200
广元	0.324	沧州	0.298	运城	0.272	内江	0.255	通辽	0.235	娄底	0.200
咸阳	0.322	海口	0.294	自贡	0.270	泉州	0.253	随州	0.232	贵港	0.198
遵义	0.321	抚顺	0.293	安阳	0.269	益阳	0.252	黑河	0.230	梧州	0.197
洛阳	0.320	阜新	0.291	许昌	0.269	唐山	0.251	临沂	0.230	资阳	0.196
周口	0.319	南充	0.290	济宁	0.268	淮北	0.250	常德	0.228	阳泉	0.195
漳州	0.317	宿迁	0.289	北海	0.268	南平	0.249	日照	0.228	商丘	0.185
渭南	0.315	郴州	0.288	三明	0.267	宝鸡	0.248	三门峡	0.223	焦作	0.183
湘潭	0.314	德州	0.286	茂名	0.267	七台河	0.247	遂宁	0.219	莆田	0.175
蚌埠	0.313	大庆	0.286	德阳	0.266	丹东	0.247	包头	0.218	辽源	0.175
呼伦贝尔	0.311	榆林	0.284	牡丹江	0.266	本溪	0.247	岳阳	0.216	聊城	0.168
淮安	0.310	克拉玛依	0.283	临汾	0.265	宁德	0.243	锦州	0.214	枣庄	0.166
葫芦岛	0.308	柳州	0.282	伊春	0.264	阳江	0.242	四平	0.214	营口	0.136
鹤岗	0.307	延安	0.281	佳木斯	0.262	菏泽	0.241	晋城	0.207	防城港	0.131
湛江	0.304	双鸭山	0.281	吉林	0.262	酒泉	0.240	白山	0.206	嘉峪关	0.126
张家界	0.303	绥化	0.279	石嘴山	0.261	莱芜	0.239	东营	0.205	朔州	0.125
南阳	0.302	信阳	0.279	钦州	0.259	泰安	0.238	漯河	0.205	盘锦	0.112
安顺	0.301	衡水	0.278	攀枝花	0.257	濮阳	0.238	乌海	0.203	辽阳	0.059
开封	0.300	宜宾	0.276	揭阳	0.256	邯郸	0.237	金昌	0.200	松原	0.035

和 2017 年相比，2018 年增长潜力排名上升的城市有 115 个，排名下降的城市有 136 个，其他城市 2018 年排名不变（见表 7）。

表 7 2018 年增长潜力排名变化情况

排名变化情况	城市
排名上升 （共 115 个）	白银市（+109）、抚顺市（+74）、张掖市（+70）、阜新市（+58）、朝阳市（+58）、鞍山市（+54）、宜昌市（+46）、萍乡市（+42）、平凉市（+42）、铁岭市（+41）、大庆市（+40）、鸡西市（+35）、酒泉市（+35）、葫芦岛市（+32）、淮南市（+31）、普洱市（+31）、哈尔滨市（+26）、阜阳市（+26）、淮北市（+23）、绥化市（+21）、张家口市（+19）、齐齐哈尔市（+19）、平顶山市（+19）、上饶市（+18）、泉州市（+17）、攀枝花市（+16）、白山市（+15）、郑州市（+15）、金昌市（+15）、乌海市（+14）、昭通市（+14）、本溪市（+13）、七台河市（+13）、克拉玛依市（+13）、唐山市（+12）、双鸭山市（+12）、石嘴山市（+12）、漳州市（+11）、兰州市（+11）、赤峰市（+10）、承德市（+9）、呼和浩特市（+9）、

续表

排名变化情况	城市
排名上升 （共 115 个）	通辽市（+9）、吉林市（+9）、伊春市（+9）、安庆市（+9）、龙岩市（+9）、淄博市（+9）、德州市（+9）、宿州市（+8）、滨州市（+8）、云浮市（+8）、玉溪市（+8）、辽源市（+7）、景德镇市（+7）、衡水市（+6）、通化市（+6）、衢州市（+6）、东营市（+6）、随州市（+6）、株洲市（+6）、湛江市（+6）、河源市（+6）、内江市（+6）、曲靖市（+6）、佳木斯市（+5）、烟台市（+5）、岳阳市（+5）、茂名市（+5）、铜川市（+5）、天水市（+5）、沧州市（+4）、威海市（+4）、新乡市（+4）、驻马店市（+4）、黄石市（+4）、鄂州市（+4）、荆门市（+4）、咸宁市（+4）、汕尾市（+4）、玉林市（+4）、榆林市（+4）、邢台市（+3）、保定市（+3）、呼伦贝尔市（+3）、苏州市（+3）、福州市（+3）、开封市（+3）、黄冈市（+3）、邵阳市（+3）、韶关市（+3）、资阳市（+3）、嘉峪关市（+3）、盐城市（+2）、丽水市（+2）、青岛市（+2）、孝感市（+2）、荆州市（+2）、清远市（+2）、桂林市（+2）、防城港市（+2）、贵港市（+2）、银川市（+2）、乌鲁木齐市（+2）、长治市（+1）、临汾市（+1）、金华市（+1）、滁州市（+1）、六安市（+1）、阳江市（+1）、东莞市（+1）、中山市（+1）、柳州市（+1）、乐山市（+1）、西宁市（+1）
排名不变 （共 13 个）	北京市、秦皇岛市、松原市、上海市、扬州市、杭州市、舟山市、武汉市、衡阳市、广州市、深圳市、珠海市、梅州市
排名下降 （共 136 个）	廊坊市（-1）、南京市（-1）、嘉兴市（-1）、绍兴市（-1）、合肥市（-1）、马鞍山市（-1）、黄山市（-1）、宣城市（-1）、南昌市（-1）、赣州市（-1）、宜春市（-1）、肇庆市（-1）、惠州市（-1）、南充市（-1）、巴中市（-1）、贵阳市（-1）、六盘水市（-1）、西安市（-1）、咸阳市（-1）、石家庄市（-2）、朔州市（-2）、包头市（-2）、牡丹江市（-2）、宁波市（-2）、温州市（-2）、枣庄市（-2）、济宁市（-2）、聊城市（-2）、揭阳市（-2）、海口市（-2）、自贡市（-2）、湖州市（-3）、亳州市（-3）、潍坊市（-3）、商丘市（-3）、周口市（-3）、永州市（-3）、娄底市（-3）、汕头市（-3）、佛山市（-3）、江门市（-3）、泸州市（-3）、长春市（-4）、厦门市（-4）、吉安市（-4）、三亚市（-4）、保山市（-4）、忻州市（-5）、蚌埠市（-5）、临沂市（-5）、重庆市（-5）、成都市（-5）、遂宁市（-5）、安顺市（-5）、鹤岗市（-6）、芜湖市（-6）、宁德市（-6）、泰安市（-6）、鹤壁市（-6）、长沙市（-6）、钦州市（-6）、昆明市（-6）、营口市（-7）、白城市（-7）、镇江市（-7）、泰州市（-7）、鹰潭市（-7）、菏泽市（-7）、襄阳市（-7）、武威市（-7）、莆田市（-8）、九江市（-8）、焦作市（-8）、十堰市（-8）、渭南市（-8）、台州市（-9）、新余市（-9）、济南市（-9）、信阳市（-9）、宜宾市（-9）、阳泉市（-10）、南平市（-10）、日照市（-10）、漯河市（-10）、大连市（-11）、辽阳市（-11）、南阳市（-11）、湘潭市（-11）、郴州市（-11）、梧州市（-11）、汉中市（-11）、安阳市（-12）、常德市（-12）、张家界市（-12）、潮州市（-12）、安康市（-12）、怀化市（-13）、遵义市（-13）、太原市（-14）、铜陵市（-14）、晋城市（-15）、南通市（-15）、三明市（-15）、许昌市（-15）、德阳市（-16）、天津市（-17）、邯郸市（-17）、运城市（-17）、徐州市（-17）、常州市（-17）、洛阳市（-17）、三门峡市（-17）、河池市（-17）、吴忠市（-17）、无锡市（-19）、北海市（-19）、连云港市（-21）、濮阳市（-22）、盘锦市（-23）、莱芜市（-23）、益阳市（-23）、百色市（-23）、宝鸡市（-24）、大同市（-25）、南宁市（-26）、淮安市（-27）、四平市（-28）、宿迁市（-31）、广元市（-34）、雅安市（-35）、沈阳市（-36）、延安市（-36）、绵阳市（-43）、黑河市（-44）、丹东市（-56）、锦州市（-111）

注：括号里面的加号表示排名上升，减号表示排名下降，下同。

3.2018年政府效率综合得分和排名变化情况

2018 年政府效率排名前 10 位的城市为北京、杭州、南京、克拉玛依、苏州、舟山、大连、深圳、厦门、温州；排名后 10 位的城市为驻马店、许昌、揭阳、漯河、南阳、鹤壁、茂名、汕尾、商丘、周口。2018 年 264 个地级市政府效率综合得分情况见表 8。

表 8　2018 年 264 个地级市政府效率综合得分情况

单位：%

城市	权重	城市	权重	城市	权重	城市	权重	城市	权重	城市	权重
北京	0.950	齐齐哈尔	0.628	青岛	0.534	福州	0.466	呼伦贝尔	0.426	黄山	0.378
杭州	0.900	太原	0.626	泰州	0.530	泰安	0.465	广元	0.424	泉州	0.375
南京	0.868	衢州	0.625	天津	0.527	南平	0.464	金昌	0.423	通化	0.374
克拉玛依	0.864	三亚	0.623	台州	0.527	海口	0.464	张家界	0.423	嘉峪关	0.373
苏州	0.786	双鸭山	0.617	佳木斯	0.524	临汾	0.462	乌海	0.415	十堰	0.366
舟山	0.737	三明	0.615	中山	0.520	长沙	0.461	东营	0.413	日照	0.365
大连	0.730	镇江	0.603	龙岩	0.517	遂宁	0.460	漳州	0.409	吉林	0.363
深圳	0.722	鸡西	0.602	遵义	0.513	贵阳	0.457	忻州	0.406	娄底	0.359
厦门	0.713	常州	0.601	西宁	0.513	自贡	0.450	攀枝花	0.406	菏泽	0.357
温州	0.711	扬州	0.598	丹东	0.509	东莞	0.447	宜昌	0.404	济宁	0.352
上海	0.711	乌鲁木齐	0.594	徐州	0.507	合肥	0.444	宜宾	0.400	聊城	0.351
济南	0.698	连云港	0.589	辽阳	0.500	乐山	0.443	蚌埠	0.399	淄博	0.350
伊春	0.689	珠海	0.571	阳泉	0.499	运城	0.443	泸州	0.398	郴州	0.349
金华	0.686	威海	0.570	怀化	0.497	长春	0.441	平凉	0.398	江门	0.346
嘉兴	0.677	淮安	0.570	成都	0.497	铁岭	0.441	黄石	0.396	韶关	0.345
七台河	0.674	呼和浩特	0.563	烟台	0.494	张掖	0.438	雅安	0.393	张家口	0.343
鹤岗	0.669	银川	0.558	本溪	0.492	营口	0.438	南充	0.393	邵阳	0.335
沈阳	0.659	锦州	0.554	宿迁	0.491	盘锦	0.437	绥化	0.392	延安	0.335
西安	0.648	武汉	0.552	广州	0.485	赤峰	0.432	南宁	0.391	铜川	0.330
丽水	0.647	大庆	0.550	鞍山	0.484	兰州	0.432	长治	0.390	临沂	0.329
绍兴	0.640	黑河	0.550	抚顺	0.484	德州	0.429	潍坊	0.387	宝鸡	0.327
无锡	0.638	朝阳	0.543	巴中	0.482	大同	0.428	葫芦岛	0.386	安庆	0.325
牡丹江	0.637	南通	0.541	绵阳	0.482	阜新	0.427	芜湖	0.385	岳阳	0.319
哈尔滨	0.632	盐城	0.538	宁德	0.473	桂林	0.427	株洲	0.382	四平	0.315
宁波	0.631	湖州	0.535	昆明	0.470	晋城	0.427	滁州	0.380	南昌	0.315

续表

城市	权重	城市	权重	城市	权重	城市	权重	城市	权重	城市	权重
德阳	0.314	景德镇	0.294	赣州	0.269	钦州	0.244	咸宁	0.180	北海	0.150
湘潭	0.312	滨州	0.290	重庆	0.268	新余	0.243	安顺	0.178	唐山	0.148
内江	0.309	柳州	0.287	萍乡	0.266	承德	0.243	焦作	0.177	潮州	0.144
荆州	0.307	曲靖	0.285	永州	0.264	百色	0.237	洛阳	0.177	沧州	0.143
莱芜	0.306	黄冈	0.283	吴忠	0.263	常德	0.236	邯郸	0.177	通辽	0.130
郑州	0.306	河池	0.283	酒泉	0.263	湛江	0.234	邢台	0.173	防城港	0.129
廊坊	0.305	资阳	0.282	白城	0.262	阜阳	0.232	梧州	0.169	普洱	0.126
包头	0.304	朔州	0.282	荆门	0.261	鹰潭	0.231	鄂州	0.165	保山	0.123
秦皇岛	0.304	三门峡	0.280	淮北	0.259	宣城	0.231	信阳	0.163	宜春	0.119
莆田	0.303	河源	0.280	衡阳	0.259	襄阳	0.221	亳州	0.161	驻马店	0.113
马鞍山	0.302	咸阳	0.279	榆林	0.256	吉安	0.219	濮阳	0.160	许昌	0.086
玉溪	0.301	枣庄	0.279	佛山	0.253	上饶	0.218	衡水	0.159	揭阳	0.086
松原	0.300	保定	0.278	九江	0.248	平顶山	0.206	安阳	0.159	漯河	0.085
昭通	0.299	辽源	0.278	安康	0.248	阳江	0.199	六安	0.159	南阳	0.083
白山	0.299	淮南	0.277	孝感	0.247	益阳	0.197	汕头	0.158	鹤壁	0.077
白银	0.299	石家庄	0.277	天水	0.247	开封	0.190	宿州	0.158	茂名	0.071
肇庆	0.299	玉林	0.276	石嘴山	0.246	渭南	0.189	贵港	0.154	汕尾	0.069
惠州	0.296	梅州	0.275	云浮	0.246	新乡	0.188	武威	0.154	商丘	0.055
汉中	0.294	铜陵	0.271	清远	0.244	六盘水	0.181	随州	0.153	周口	0.027

和2017年相比，2018年政府效率排名上升的城市有132个，排名下降的城市有120个，其他城市2018年排名不变（见表9）。

表9 2018年政府效率排名变化情况

排名变化情况	城市
排名上升 （共132个）	哈尔滨市（+65）、青岛市（+39）、四平市（+26）、福州市（+25）、内江市（+23）、长春市（+22）、枣庄市（+21）、滨州市（+20）、绥化市（+19）、莱芜市（+19）、济南市（+17）、德州市（+16）、松原市（+15）、大庆市（+15）、天津市（+13）、白城市（+13）、合肥市（+13）、淮北市（+13）、荆州市（+13）、宁德市（+12）、自贡市（+12）、资阳市（+12）、宁波市（+11）、南昌市（+11）、淄博市（+11）、遂宁市（+11）、乌鲁木齐市（+11）、辽源市（+10）、九江市（+10）、鄂州市（+10）、西宁市（+10）、莆田市（+9）、景德镇市（+9）、萍乡市（+9）、衡阳市（+9）、攀枝花市（+9）、渭南市（+9）、酒泉市（+9）、朔州市（+8）、营口市（+8）、六安市（+8）、菏泽市（+8）、昆明市（+8）、玉溪市（+8）、昭通市（+8）、

续表

排名变化情况	城市
排名上升 （共132个）	湖州市（+7）、漳州市（+7）、东营市（+7）、潍坊市（+7）、日照市（+7）、辽阳市（+6）、白山市（+6）、佳木斯市（+6）、亳州市（+6）、济宁市（+6）、德阳市（+6）、榆林市（+6）、本溪市（+5）、七台河市（+5）、黑河市（+5）、宿州市（+5）、临沂市（+5）、三门峡市（+5）、信阳市（+5）、咸宁市（+5）、随州市（+5）、常德市（+5）、益阳市（+5）、石家庄市（+4）、赤峰市（+4）、呼伦贝尔市（+4）、鞍山市（+4）、鸡西市（+4）、聊城市（+4）、漯河市（+4）、岳阳市（+4）、重庆市（+4）、泸州市（+4）、广元市（+4）、咸阳市（+4）、廊坊市（+3）、衡水市（+3）、长治市（+3）、大连市（+3）、宿迁市（+3）、绍兴市（+3）、衢州市（+3）、新余市（+3）、赣州市（+3）、许昌市（+3）、荆门市（+3）、孝感市（+3）、铁岭市（+2）、朝阳市（+2）、吉林市（+2）、通化市（+2）、齐齐哈尔市（+2）、双鸭山市（+2）、牡丹江市（+2）、苏州市（+2）、淮安市（+2）、温州市（+2）、舟山市（+2）、丽水市（+2）、泉州市（+2）、泰安市（+2）、威海市（+2）、海口市（+2）、北京市（+1）、通辽市（+1）、沈阳市（+1）、锦州市（+1）、盘锦市（+1）、伊春市（+1）、南京市（+1）、镇江市（+1）、嘉兴市（+1）、台州市（+1）、阜阳市（+1）、吉安市（+1）、宜春市（+1）、上饶市（+1）、平顶山市（+1）、鹤壁市（+1）、黄石市（+1）、襄阳市（+1）、长沙市（+1）、梧州市（+1）、普洱市（+1）、铜川市（+1）、延安市（+1）、平凉市（+1）
排名不变 （共12个）	太原市、鹤岗市、安庆市、南平市、开封市、洛阳市、商丘市、周口市、娄底市、绵阳市、曲靖市、天水市
排名下降 （共120个）	唐山市（-1）、呼和浩特市（-1）、阜新市（-1）、葫芦岛市（-1）、盐城市（-1）、扬州市（-1）、杭州市（-1）、金华市（-1）、黄山市（-1）、龙岩市（-1）、烟台市（-1）、新乡市（-1）、焦作市（-1）、驻马店市（-1）、茂名市（-1）、揭阳市（-1）、保山市（-1）、武威市（-1）、克拉玛依市（-1）、邯郸市（-2）、大同市（-2）、包头市（-2）、上海市（-2）、无锡市（-2）、连云港市（-2）、泰州市（-2）、宣城市（-2）、鹰潭市（-2）、濮阳市（-2）、南阳市（-2）、株洲市（-2）、郴州市（-2）、汕头市（-2）、防城港市（-2）、乐山市（-2）、安顺市（-2）、嘉峪关市（-2）、乌海市（-3）、徐州市（-3）、南通市（-3）、马鞍山市（-3）、厦门市（-3）、郑州市（-3）、宜昌市（-3）、深圳市（-3）、成都市（-3）、宜宾市（-3）、吴忠市（-3）、沧州市（-4）、忻州市（-4）、临汾市（-4）、抚顺市（-4）、常州市（-4）、芜湖市（-4）、十堰市（-4）、湛江市（-4）、汕尾市（-4）、六盘水市（-4）、遵义市（-4）、滁州市（-5）、三明市（-5）、武汉市（-5）、阳江市（-5）、玉林市（-5）、湘潭市（-6）、永州市（-6）、汉中市（-6）、安康市（-6）、邢台市（-7）、丹东市（-7）、邵阳市（-7）、柳州市（-7）、钦州市（-7）、贵港市（-7）、南充市（-7）、雅安市（-7）、宝鸡市（-7）、白银市（-7）、秦皇岛市（-8）、安阳市（-8）、黄冈市（-8）、巴中市（-8）、西安市（-8）、张家口市（-9）、蚌埠市（-9）、韶关市（-9）、北海市（-9）、潮州市（-10）、石嘴山市（-10）、阳泉市（-11）、运城市（-11）、铜陵市（-11）、金昌市（-12）、承德市（-13）、晋城市（-13）、百色市（-13）、三亚市（-14）、江门市（-15）、桂林市（-15）、兰州市（-15）、淮南市（-16）、张家界市（-16）、保定市（-18）、怀化市（-18）、中山市（-18）、惠州市（-19）、银川市（-19）、珠海市（-20）、佛山市（-20）、清远市（-20）、河池市（-20）、张掖市（-21）、东莞市（-22）、肇庆市（-24）、云浮市（-24）、贵阳市（-24）、梅州市（-25）、河源市（-25）、广州市（-26）、南宁市（-44）

注：括号里面的加号表示排名上升，减号表示排名下降，下同。

4. 2018年人民生活综合得分和排名变化情况

2018 年人民生活排名前 10 位的城市为北京、伊春、克拉玛依、上海、深圳、嘉峪关、珠海、东莞、杭州、金昌；排名后 10 位的城市为四平、梧州、宿州、德州、湛江、茂名、汕尾、绥化、揭阳、松原。2018 年 264 个地级市人民生活综合得分情况见表 10。

表 10 2018 年 264 个地级市人民生活综合得分情况

单位：%

城市	权重	城市	权重	城市	权重	城市	权重	城市	权重	城市	权重
北京	1.208	无锡	0.618	铜川	0.541	包头	0.469	平顶山	0.396	临汾	0.356
伊春	1.097	绍兴	0.613	齐齐哈尔	0.539	本溪	0.466	天水	0.395	保定	0.353
克拉玛依	1.096	丽水	0.602	酒泉	0.537	普洱	0.463	嘉兴	0.394	长治	0.351
上海	1.034	武威	0.600	成都	0.531	阳泉	0.462	银川	0.392	南平	0.350
深圳	1.021	双鸭山	0.593	温州	0.525	南宁	0.457	防城港	0.391	威海	0.348
嘉峪关	1.001	抚顺	0.593	大连	0.522	榆林	0.449	秦皇岛	0.390	张家口	0.346
珠海	0.988	长沙	0.591	张掖	0.514	南昌	0.446	合肥	0.386	哈尔滨	0.346
东莞	0.918	阜新	0.586	东营	0.513	葫芦岛	0.442	廊坊	0.385	白山	0.346
杭州	0.824	七台河	0.585	衢州	0.510	莆田	0.439	龙岩	0.384	镇江	0.344
金昌	0.800	广元	0.581	大庆	0.509	湖州	0.439	重庆	0.381	咸宁	0.341
南京	0.776	昆明	0.579	中山	0.506	攀枝花	0.438	南充	0.381	荆门	0.340
苏州	0.763	忻州	0.579	丹东	0.505	朔州	0.437	青岛	0.380	孝感	0.340
鹤岗	0.751	雅安	0.573	呼和浩特	0.501	宜昌	0.435	渭南	0.380	襄阳	0.338
太原	0.736	金华	0.570	辽阳	0.501	郑州	0.434	鄂州	0.379	玉溪	0.337
厦门	0.721	乌海	0.568	台州	0.500	赤峰	0.433	黑河	0.377	邵阳	0.330
三亚	0.718	贵阳	0.565	朝阳	0.500	营口	0.433	运城	0.374	黄石	0.329
广州	0.716	宁波	0.562	常州	0.498	淄博	0.428	荆州	0.373	通化	0.327
乌鲁木齐	0.711	鞍山	0.558	惠州	0.490	南通	0.423	黄冈	0.373	泰州	0.326
海口	0.705	武汉	0.557	延安	0.488	韶关	0.422	张家界	0.371	咸阳	0.326
舟山	0.683	济南	0.555	福州	0.486	巴中	0.412	保山	0.367	泸州	0.324
沈阳	0.666	天津	0.551	鸡西	0.483	锦州	0.411	柳州	0.365	泉州	0.320
西安	0.644	兰州	0.550	十堰	0.482	绵阳	0.406	安康	0.365	吉林	0.318
大同	0.632	盘锦	0.546	平凉	0.481	石嘴山	0.400	阳江	0.363	江门	0.315
佛山	0.630	黄山	0.545	白银	0.477	扬州	0.399	汕头	0.360	莱芜	0.313
铁岭	0.621	西宁	0.542	呼伦贝尔	0.473	乐山	0.397	晋城	0.357	烟台	0.313

续表

城市	权重	城市	权重	城市	权重	城市	权重	城市	权重	城市	权重
梅州	0.312	安阳	0.286	承德	0.247	芜湖	0.210	开封	0.177	潮州	0.141
桂林	0.312	汉中	0.286	吴忠	0.245	邯郸	0.208	铜陵	0.177	蚌埠	0.141
永州	0.308	新余	0.281	潍坊	0.245	宜春	0.205	通辽	0.173	滁州	0.139
随州	0.308	石家庄	0.273	衡水	0.236	南阳	0.203	娄底	0.172	六安	0.138
河池	0.304	唐山	0.272	盐城	0.236	信阳	0.202	沧州	0.169	岳阳	0.135
淮安	0.303	德阳	0.269	萍乡	0.234	邢台	0.201	益阳	0.169	许昌	0.132
三明	0.303	资阳	0.269	遵义	0.229	日照	0.201	宿迁	0.167	云浮	0.131
淮南	0.302	驻马店	0.269	连云港	0.229	曲靖	0.201	枣庄	0.167	辽源	0.131
长春	0.300	内江	0.267	鹰潭	0.228	玉林	0.201	濮阳	0.166	肇庆	0.129
景德镇	0.297	赣州	0.257	新乡	0.227	安顺	0.197	聊城	0.165	四平	0.128
株洲	0.296	滨州	0.257	漯河	0.224	宣城	0.196	泰安	0.163	梧州	0.127
百色	0.296	北海	0.253	遂宁	0.224	六盘水	0.196	济宁	0.162	宿州	0.118
佳木斯	0.296	白城	0.252	洛阳	0.222	商丘	0.194	贵港	0.162	德州	0.102
宜宾	0.296	阜阳	0.251	安庆	0.219	衡阳	0.193	周口	0.158	湛江	0.100
宝鸡	0.295	河源	0.251	焦作	0.219	上饶	0.191	昭通	0.155	茂名	0.078
吉安	0.293	湘潭	0.250	马鞍山	0.217	鹤壁	0.191	漳州	0.154	汕尾	0.060
牡丹江	0.293	宁德	0.250	自贡	0.212	三门峡	0.184	钦州	0.149	绥化	0.046
清远	0.291	怀化	0.249	常德	0.212	九江	0.182	菏泽	0.143	揭阳	0.043
郴州	0.289	淮北	0.248	徐州	0.211	临沂	0.178	亳州	0.143	松原	0.042

和 2017 年相比，2018 年人民生活排名上升的城市有 123 个，排名下降的城市有 118 个，其他城市 2018 年排名不变（见表 11）。

表 11　2018 年人民生活排名变化情况

排名变化情况	城市
排名上升 （共 123 个）	铁岭市（+22）、三明市（+20）、鞍山市（+18）、阜新市（+17）、吉林市（+17）、本溪市（+14）、大庆市（+14）、曲靖市（+13）、呼伦贝尔市（+12）、抚顺市（+12）、锦州市（+12）、安庆市（+12）、天津市（+11）、通辽市（+11）、通化市（+11）、常德市（+11）、邯郸市（+10）、营口市（+10）、朝阳市（+10）、白城市（+10）、景德镇市（+10）、丹东市（+9）、朔州市（+8）、辽阳市（+8）、镇江市（+8）、烟台市（+8）、平顶山市（+8）、咸阳市（+8）、晋城市（+7）、呼和浩特市（+7）、赤峰市（+7）、漳州市（+7）、宁德市（+7）、新余市（+7）、滨州市（+7）、鄂州市（+7）、防城港市（+7）、唐山市（+6）、运城市（+6）、乌海市（+6）、大连市（+6）、双鸭山市（+6）、连云港市（+6）、合肥市（+6）、柳州市（+6）、

续表

排名变化情况	城市
排名上升 （共 123 个）	六盘水市（+6）、石嘴山市（+6）、长治市（+5）、白山市（+5）、七台河市（+5）、苏州市（+5）、芜湖市（+5）、东营市（+5）、威海市（+5）、莱芜市（+5）、黄石市（+5）、张家界市（+5）、渭南市（+5）、盘锦市（+4）、徐州市（+4）、扬州市（+4）、莆田市（+4）、青岛市（+4）、枣庄市（+4）、济宁市（+4）、日照市（+4）、焦作市（+4）、株洲市（+4）、湘潭市（+4）、岳阳市（+4）、北海市（+4）、玉林市（+4）、玉溪市（+4）、延安市（+4）、包头市（+3）、沈阳市（+3）、葫芦岛市（+3）、辽源市（+3）、厦门市（+3）、泉州市（+3）、潍坊市（+3）、聊城市（+3）、鹤壁市（+3）、三门峡市（+3）、襄阳市（+3）、荆州市（+3）、铜川市（+3）、石家庄市（+2）、四平市（+2）、无锡市（+2）、宿迁市（+2）、马鞍山市（+2）、六安市（+2）、龙岩市（+2）、淄博市（+2）、洛阳市（+2）、宜昌市（+2）、衡阳市（+2）、益阳市（+2）、郴州市（+2）、宜宾市（+2）、资阳市（+2）、忻州市（+1）、齐齐哈尔市（+1）、伊春市（+1）、舟山市（+1）、蚌埠市（+1）、南平市（+1）、萍乡市（+1）、菏泽市（+1）、新乡市（+1）、许昌市（+1）、荆门市（+1）、随州市（+1）、深圳市（+1）、惠州市（+1）、揭阳市（+1）、钦州市（+1）、德阳市（+1）、榆林市（+1）、嘉峪关市（+1）、白银市（+1）、乌鲁木齐市（+1）
排名不变 （共 23 个）	北京市、沧州市、太原市、大同市、临汾市、鹤岗市、牡丹江市、绥化市、上海市、南京市、杭州市、绍兴市、淮北市、鹰潭市、济南市、泰安市、德州市、武汉市、湛江市、茂名市、汕尾市、东莞市、金昌市
排名下降 （共 118 个）	廊坊市（-1）、松原市（-1）、常州市（-1）、湖州市（-1）、衢州市（-1）、滁州市（-1）、南昌市（-1）、九江市（-1）、漯河市（-1）、咸宁市（-1）、娄底市（-1）、广州市（-1）、江门市（-1）、桂林市（-1）、三亚市（-1）、泸州市（-1）、克拉玛依市（-1）、保定市（-2）、阳泉市（-2）、佳木斯市（-2）、盐城市（-2）、宁波市（-2）、丽水市（-2）、宿州市（-2）、宣城市（-2）、安阳市（-2）、长沙市（-2）、韶关市（-2）、珠海市（-2）、佛山市（-2）、河源市（-2）、乐山市（-2）、西安市（-2）、天水市（-2）、张家口市（-3）、长春市（-3）、哈尔滨市（-3）、信阳市（-3）、永州市（-3）、潮州市（-3）、梧州市（-3）、攀枝花市（-3）、保山市（-3）、宝鸡市（-3）、安康市（-3）、鸡西市（-4）、泰州市（-4）、嘉兴市（-4）、亳州市（-4）、临沂市（-4）、周口市（-4）、怀化市（-4）、肇庆市（-4）、重庆市（-4）、广元市（-4）、遂宁市（-4）、昆明市（-4）、武威市（-4）、酒泉市（-4）、吴忠市（-4）、邢台市（-5）、承德市（-5）、黑河市（-5）、金华市（-5）、福州市（-5）、濮阳市（-5）、清远市（-5）、百色市（-5）、自贡市（-5）、内江市（-5）、雅安市（-5）、遵义市（-5）、台州市（-6）、吉安市（-6）、宜春市（-6）、开封市（-6）、孝感市（-6）、中山市（-6）、云浮市（-6）、张掖市（-6）、温州市（-7）、黄山市（-7）、赣州市（-7）、上饶市（-7）、贵港市（-7）、海口市（-7）、安顺市（-7）、南通市（-8）、淮安市（-8）、驻马店市（-8）、阳江市（-8）、绵阳市（-8）、昭通市（-8）、银川市（-8）、阜阳市（-9）、南充市（-9）、西宁市（-9）、南阳市（-10）、汕头市（-10）、河池市（-10）、衡水市（-11）、郑州市（-11）、十堰市（-12）、南宁市（-12）、贵阳市（-12）、汉中市（-12）、兰州市（-12）、秦皇岛市（-13）、黄冈市（-13）、普洱市（-14）、商丘市（-15）、梅州市（-15）、巴中市（-15）、铜陵市（-16）、邵阳市（-17）、成都市（-17）、平凉市（-17）、淮南市（-18）

注：括号里面的加号表示排名上升，减号表示排名下降，下同。

5. 2018年环境质量综合得分和排名变化情况

2018 年环境质量排名前 10 位的城市为三亚、海口、昭通、昆明、曲靖、宁德、福州、厦门、泉州、保山；排名后 10 位的城市为漯河、新乡、沧州、焦作、张家口、三门峡、承德、邢台、廊坊、忻州。2018 年 264 个地级市环境质量综合得分情况见表 12。

表 12　2018 年 264 个地级市环境质量综合得分情况

单位：%

城市	权重	城市	权重	城市	权重	城市	权重	城市	权重	城市	权重
三亚	1.449	广州	0.600	肇庆	0.512	安康	0.451	上饶	0.412	宜宾	0.378
海口	1.287	贵阳	0.597	柳州	0.511	白银	0.450	萍乡	0.412	武威	0.377
昭通	0.827	安顺	0.596	清远	0.510	衡阳	0.445	怀化	0.412	白城	0.372
昆明	0.729	汕尾	0.587	温州	0.510	株洲	0.444	南昌	0.411	广元	0.371
曲靖	0.721	云浮	0.581	绥化	0.509	伊春	0.443	郴州	0.407	白山	0.371
宁德	0.717	揭阳	0.579	齐齐哈尔	0.502	岳阳	0.443	永州	0.397	乌海	0.370
福州	0.712	天水	0.572	玉林	0.500	呼和浩特	0.441	六安	0.396	自贡	0.367
厦门	0.701	桂林	0.568	梧州	0.499	绍兴	0.440	随州	0.394	通化	0.364
泉州	0.692	江门	0.560	邵阳	0.499	衢州	0.437	宜春	0.394	四平	0.362
保山	0.682	梅州	0.559	河池	0.498	佳木斯	0.434	内江	0.393	丽水	0.359
龙岩	0.682	钦州	0.547	巴中	0.496	娄底	0.433	平凉	0.392	酒泉	0.357
普洱	0.672	汕头	0.547	中山	0.488	舟山	0.432	赣州	0.392	辽源	0.349
玉溪	0.670	佛山	0.547	宁波	0.482	鹰潭	0.430	九江	0.391	德阳	0.344
漳州	0.658	六盘水	0.542	杭州	0.479	朝阳	0.429	景德镇	0.388	铁岭	0.342
莆田	0.657	东莞	0.535	黑河	0.470	雅安	0.427	吉林	0.387	攀枝花	0.341
三明	0.649	防城港	0.535	克拉玛依	0.467	七台河	0.425	黄冈	0.386	锦州	0.341
北海	0.640	牡丹江	0.532	台州	0.466	遂宁	0.425	兰州	0.386	松原	0.338
湛江	0.634	阳江	0.532	鸡西	0.463	鹤岗	0.425	资阳	0.385	咸宁	0.336
南平	0.629	贵港	0.524	金华	0.460	成都	0.424	乐山	0.383	沈阳	0.333
珠海	0.614	潮州	0.523	河源	0.457	益阳	0.423	上海	0.382	鄂州	0.333
南宁	0.612	张家界	0.521	赤峰	0.456	双鸭山	0.420	泸州	0.382	重庆	0.332
哈尔滨	0.602	惠州	0.519	大庆	0.453	吉安	0.420	通辽	0.382	十堰	0.332
茂名	0.602	百色	0.518	长春	0.452	湖州	0.415	新余	0.381	张掖	0.331
遵义	0.600	韶关	0.515	西宁	0.452	湘潭	0.415	绵阳	0.380	孝感	0.330
深圳	0.600	长沙	0.515	常德	0.451	嘉兴	0.413	包头	0.380	大连	0.326

续表

城市	权重	城市	权重	城市	权重	城市	权重	城市	权重	城市	权重
呼伦贝尔	0.322	泰州	0.295	马鞍山	0.269	天津	0.239	南阳	0.212	安阳	0.177
荆门	0.321	本溪	0.293	宿州	0.269	烟台	0.238	东营	0.211	驻马店	0.176
荆州	0.321	连云港	0.293	西安	0.267	运城	0.236	聊城	0.208	周口	0.176
营口	0.319	南通	0.292	铜川	0.266	菏泽	0.234	德州	0.207	唐山	0.168
金昌	0.318	丹东	0.292	鞍山	0.265	徐州	0.232	日照	0.205	郑州	0.167
阜阳	0.316	乌鲁木齐	0.291	盘锦	0.259	宝鸡	0.231	长治	0.205	洛阳	0.160
亳州	0.316	石嘴山	0.291	滁州	0.257	朔州	0.230	秦皇岛	0.203	石家庄	0.160
抚顺	0.315	芜湖	0.290	淮安	0.256	临沂	0.230	榆林	0.202	濮阳	0.158
黄石	0.314	汉中	0.288	宣城	0.254	银川	0.228	淄博	0.200	鹤壁	0.156
阜新	0.311	蚌埠	0.287	盐城	0.253	延安	0.227	衡水	0.197	漯河	0.154
葫芦岛	0.310	镇江	0.285	常州	0.251	泰安	0.222	临汾	0.195	新乡	0.145
嘉峪关	0.308	无锡	0.283	铜陵	0.251	莱芜	0.218	咸阳	0.192	沧州	0.143
合肥	0.307	青岛	0.283	淮北	0.251	阳泉	0.216	晋城	0.186	焦作	0.139
南京	0.306	辽阳	0.280	淮南	0.249	北京	0.215	开封	0.184	张家口	0.124
武汉	0.306	吴忠	0.278	宿迁	0.247	济宁	0.215	邯郸	0.182	三门峡	0.120
宜昌	0.305	安庆	0.277	黄山	0.243	信阳	0.214	保定	0.179	承德	0.118
大同	0.302	襄阳	0.277	济南	0.242	枣庄	0.213	平顶山	0.179	邢台	0.118
南充	0.299	扬州	0.276	太原	0.241	潍坊	0.212	许昌	0.178	廊坊	0.111
苏州	0.296	渭南	0.272	威海	0.240	滨州	0.212	商丘	0.177	忻州	0.030

和 2017 年相比，2018 年环境质量排名上升的城市有 125 个，排名下降的城市有 106 个，其他城市 2018 年排名不变（见表 13）。

表 13　2018 年环境质量排名变化情况

排名变化情况	城市
排名上升 （共 125 个）	杭州市（+17）、济南市（+17）、西宁市（+15）、本溪市（+14）、湖州市（+13）、成都市（+13）、绍兴市（+12）、衢州市（+12）、宜昌市（+11）、沈阳市（+10）、苏州市（+10）、金华市（+10）、荆州市（+10）、攀枝花市（+10）、资阳市（+10）、无锡市（+9）、武汉市（+9）、襄阳市（+9）、南通市（+8）、连云港市（+8）、泰州市（+8）、抚顺市（+7）、镇江市（+7）、日照市（+7）、聊城市（+7）、滨州市（+7）、黄石市（+7）、荆门市（+7）、内江市（+7）、乐山市（+7）、南充市（+7）、保定市（+6）、鞍山市（+6）、盘锦市（+6）、吉林市（+6）、常州市（+6）、淮安市（+6）、枣庄市（+6）、东营市（+6）、潍坊市（+6）、莱芜市（+6）、长沙市（+6）、北京市（+5）、石家庄市（+5）、呼和浩特市（+5）、南京市（+5）、

续表

排名变化情况	城市
排名上升 （共 125 个）	盐城市（+5）、嘉兴市（+5）、台州市（+5）、淄博市（+5）、烟台市（+5）、济宁市（+5）、泰安市（+5）、威海市（+5）、德州市（+5）、许昌市（+5）、河源市（+5）、柳州市（+5）、广元市（+5）、宜宾市（+5）、西安市（+5）、秦皇岛市（+4）、扬州市（+4）、景德镇市（+4）、临沂市（+4）、菏泽市（+4）、鄂州市（+4）、咸宁市（+4）、韶关市（+4）、梧州市（+4）、钦州市（+4）、贵港市（+4）、太原市（+3）、辽阳市（+3）、黑河市（+3）、宿迁市（+3）、丽水市（+3）、九江市（+3）、孝感市（+3）、哈尔滨市（+2）、宁波市（+2）、上饶市（+2）、三门峡市（+2）、湘潭市（+2）、岳阳市（+2）、永州市（+2）、广州市（+2）、云浮市（+2）、防城港市（+2）、贵阳市（+2）、兰州市（+2）、银川市（+2）、唐山市（+1）、邯郸市（+1）、张家口市（+1）、锦州市（+1）、营口市（+1）、长春市（+1）、四平市（+1）、温州市（+1）、合肥市（+1）、新余市（+1）、平顶山市（+1）、十堰市（+1）、株洲市（+1）、深圳市（+1）、珠海市（+1）、江门市（+1）、汕尾市（+1）、中山市（+1）、南宁市（+1）、桂林市（+1）、北海市（+1）、玉林市（+1）、百色市（+1）、河池市（+1）、自贡市（+1）、泸州市（+1）、德阳市（+1）、绵阳市（+1）、雅安市（+1）、遵义市（+1）、昆明市（+1）、保山市（+1）、金昌市（+1）
排名不变 （共 33 个）	廊坊市、忻州市、呼伦贝尔市、葫芦岛市、辽源市、牡丹江市、福州市、厦门市、莆田市、三明市、泉州市、漳州市、南平市、宁德市、鹰潭市、赣州市、吉安市、宜春市、洛阳市、鹤壁市、新乡市、焦作市、驻马店市、衡阳市、张家界市、揭阳市、海口市、三亚市、遂宁市、玉溪市、昭通市、普洱市、克拉玛依市
排名下降 （共 106 个）	天津市（-1）、邢台市（-1）、赤峰市（-1）、松原市（-1）、舟山市（-1）、龙岩市（-1）、开封市（-1）、安阳市（-1）、濮阳市（-1）、益阳市（-1）、郴州市（-1）、汕头市（-1）、佛山市（-1）、湛江市（-1）、东莞市（-1）、潮州市（-1）、重庆市（-1）、六盘水市（-1）、安顺市（-1）、曲靖市（-1）、承德市（-2）、沧州市（-2）、乌海市（-2）、齐齐哈尔市（-2）、徐州市（-2）、漯河市（-2）、信阳市（-2）、随州市（-2）、常德市（-2）、娄底市（-2）、惠州市（-2）、梅州市（-2）、阳江市（-2）、清远市（-2）、巴中市（-2）、宝鸡市（-2）、嘉峪关市（-2）、阜新市（-3）、铁岭市（-3）、通化市（-3）、白山市（-3）、鹤岗市（-3）、双鸭山市（-3）、大庆市（-3）、佳木斯市（-3）、黄山市（-3）、萍乡市（-3）、茂名市（-3）、大连市（-4）、丹东市（-4）、鸡西市（-4）、伊春市（-4）、淮北市（-4）、南昌市（-4）、郑州市（-4）、商丘市（-4）、肇庆市（-4）、铜川市（-4）、延安市（-4）、酒泉市（-4）、包头市（-5）、白城市（-5）、绥化市（-5）、马鞍山市（-5）、宣城市（-5）、周口市（-5）、怀化市（-5）、石嘴山市（-5）、七台河市（-6）、铜陵市（-6）、滁州市（-6）、青岛市（-6）、黄冈市（-6）、渭南市（-6）、衡水市（-7）、晋城市（-7）、上海市（-7）、宿州市（-7）、南阳市（-7）、邵阳市（-7）、通辽市（-8）、张掖市（-8）、芜湖市（-9）、淮南市（-9）、天水市（-9）、平凉市（-9）、朔州市（-10）、咸阳市（-10）、榆林市（-10）、白银市（-10）、汉中市（-11）、吴忠市（-11）、阳泉市（-12）、运城市（-12）、武威市（-12）、安庆市（-13）、阜新市（-13）、亳州市（-13）、大同市（-14）、长治市（-16）、安康市（-16）、蚌埠市（-17）、乌鲁木齐市（-17）、朝阳市（-18）、临汾市（-20）、六安市（-30）

注：括号里面的加号表示排名上升，减号表示排名下降，下同。

（三）2018年城市经济发展质量分级情况

1.2018年地级及地级以上城市经济发展质量水平分级情况

和2017年相比，2018年在经济发展质量方面，从Ⅱ级上升到Ⅰ级，上升了一级的城市有哈尔滨市、牡丹江市、三明市、嘉兴市、双鸭山市；从Ⅰ级下降到Ⅱ级，下降了一级的城市有鸡西市、佛山市、梅州市、南宁市；从Ⅲ级上升到Ⅱ级，上升了一级的城市有白银市、金昌市、阜新市、吉林市、抚顺市、铜川市；从Ⅱ级下降到Ⅲ级，下降了一级的城市有云浮市、河源市、连云港市、景德镇市、武威市；从Ⅳ级上升到Ⅲ级，上升了一级的城市有酒泉市、营口市、北海市、辽阳市；从Ⅲ级下降到Ⅳ级，下降了一级的城市有长治市、新余市、张家口市、忻州市；从Ⅴ级上升到Ⅳ级，上升了一级的城市有防城港市；从Ⅳ级下降到Ⅴ级，下降了一级的城市有晋城市、朔州市。2018年中国264个地级市经济发展质量的分级情况见表14。

表14　2018年264个地级市经济发展质量等级划分

等级划分	城市
Ⅰ级 （共47个）	深圳市、珠海市、北京市、三亚市、上海市、海口市、杭州市、广州市、厦门市、南京市、中山市、东莞市、克拉玛依市、昆明市、舟山市、苏州市、乌鲁木齐市、贵阳市、伊春市、武汉市、呼和浩特市、金华市、温州市、绍兴市、福州市、沈阳市、大连市、丽水市、长沙市、宁波市、西安市、哈尔滨市、齐齐哈尔市、衢州市、成都市、太原市、合肥市、西宁市、鹤岗市、济南市、七台河市、龙岩市、兰州市、牡丹江市、三明市、嘉兴市、双鸭山市
Ⅱ级 （共70个）	鸡西市、青岛市、无锡市、佛山市、韶关市、梅州市、大庆市、天津市、惠州市、黄山市、天水市、南宁市、张家界市、南昌市、台州市、威海市、湖州市、朝阳市、桂林市、曲靖市、鞍山市、铁岭市、巴中市、赤峰市、遵义市、泉州市、玉溪市、常州市、嘉峪关市、包头市、株洲市、宁德市、通化市、乌海市、长春市、南平市、雅安市、普洱市、镇江市、佳木斯市、张掖市、昭通市、盐城市、怀化市、黑河市、绵阳市、扬州市、大同市、江门市、漳州市、呼伦贝尔市、白银市、南通市、赣州市、六安市、烟台市、广元市、平凉市、金昌市、阜新市、吉林市、丹东市、抚顺市、清远市、邵阳市、河池市、铜川市、银川市、莆田市、保山市

续表

等级划分	城市
Ⅲ级 （共59个）	云浮市、马鞍山市、泸州市、河源市、连云港市、泰州市、乐山市、秦皇岛市、安庆市、景德镇市、吉安市、东营市、六盘水市、本溪市、荆州市、锦州市、玉林市、柳州市、武威市、黄冈市、重庆市、黄石市、郑州市、淄博市、宜春市、萍乡市、葫芦岛市、十堰市、宜昌市、自贡市、淮安市、郴州市、攀枝花市、酒泉市、滁州市、安康市、肇庆市、宣城市、阳江市、汕头市、永州市、潍坊市、湘潭市、营口市、汕尾市、孝感市、宜宾市、遂宁市、阳泉市、湛江市、北海市、鹰潭市、安顺市、运城市、九江市、徐州市、辽阳市、芜湖市、南充市
Ⅳ级 （共35个）	绥化市、长治市、盘锦市、德阳市、新余市、阜阳市、常德市、白山市、张家口市、内江市、忻州市、防城港市、临汾市、衡阳市、岳阳市、荆门市、石家庄市、百色市、襄阳市、保定市、石嘴山市、泰安市、白城市、宿迁市、滨州市、咸宁市、潮州市、榆林市、蚌埠市、上饶市、廊坊市、鄂州市、延安市、娄底市、汉中市
Ⅴ级 （共53个）	钦州市、渭南市、晋城市、德州市、淮南市、日照市、济宁市、益阳市、临沂市、朔州市、铜陵市、亳州市、四平市、莱芜市、资阳市、咸阳市、贵港市、茂名市、吴忠市、平顶山市、随州市、揭阳市、菏泽市、宝鸡市、通辽市、聊城市、宿州市、梧州市、洛阳市、新乡市、淮北市、枣庄市、辽源市、唐山市、承德市、三门峡市、驻马店市、沧州市、衡水市、邯郸市、安阳市、邢台市、信阳市、开封市、南阳市、松原市、焦作市、濮阳市、许昌市、周口市、鹤壁市、漯河市、商丘市

2.2018年城市经济增长水平分级情况

和2017年相比，2018年在经济增长方面，从Ⅱ级上升到Ⅰ级，上升了一级的城市有牡丹江市、西安市、太原市、秦皇岛市、厦门市、昆明市、日照市、六安市、常德市；从Ⅲ级上升到Ⅰ级，上升了两级的城市有舟山市；从Ⅰ级下降到Ⅱ级，下降了一级的城市有石家庄市、张家口市、成都市、景德镇市、大庆市、天津市、朔州市、贵阳市、双鸭山市、鸡西市；从Ⅲ级上升到Ⅱ级，上升了一级的城市有丹东市、马鞍山市、铜川市、酒泉市、大同市、阳泉市、泉州市、绵阳市、南昌市；从Ⅳ级上升到Ⅱ级，上升了两级的城市有防城港市；从Ⅴ级上升到Ⅱ级，上升了三级的城市有营口市、辽阳市、运城市、阜新市、盘锦市、玉溪市；从Ⅱ级下降到Ⅲ级，下降了一级的城市有新余市、通辽市、盐城市、朝阳市、天水市、益阳市、丽水市、湖州市、蚌埠市、四平市、遵义市、衡水市、安顺市；从Ⅳ级上升到Ⅲ级，上升

了一级的城市有白银市、龙岩市、黄石市、宜春市、平凉市、合肥市；从 V
级上升到Ⅲ级，上升了两级的城市有晋城市、柳州市、承德市、曲靖市、克
拉玛依市、安阳市、汕头市；从Ⅲ级下降到Ⅳ级，下降了一级的城市有张掖
市、鹤岗市、扬州市、潮州市、遂宁市、保定市、绥化市、开封市、淮安
市、松原市、汕尾市、铁岭市、白城市；从 V 级上升到Ⅳ级，上升了一级的
城市有咸阳市、咸宁市、锦州市、河池市、湛江市；从Ⅱ级下降到Ⅳ级，下
降了两级的城市有梅州市、伊春市；从Ⅳ级下降到 V 级，下降了一级的城市
有广元市、娄底市、许昌市、嘉兴市、随州市、连云港市、邢台市、河源
市、茂名市、保山市、资阳市、延安市、武威市；从Ⅲ级下降到 V 级，下降
了两级的城市有辽源市、普洱市。2018 年中国 264 个地级市经济增长水平
的分级情况见表 15。

表 15　2018 年 264 个地级市经济增长水平等级划分

等级划分	城市
Ⅰ级 （共 54 个）	包头市、呼和浩特市、乌鲁木齐市、广州市、东莞市、北京市、深圳市、上海市、鞍山市、大连市、海口市、沈阳市、吉林市、青岛市、乌海市、长沙市、东营市、张家界市、济南市、牡丹江市、三亚市、淄博市、西宁市、潍坊市、哈尔滨市、中山市、七台河市、呼伦贝尔市、杭州市、佳木斯市、兰州市、西安市、南京市、威海市、苏州市、烟台市、温州市、佛山市、太原市、秦皇岛市、武汉市、厦门市、舟山市、昆明市、株洲市、临沂市、赤峰市、日照市、嘉峪关市、滨州市、齐齐哈尔市、沧州市、六安市、常德市
Ⅱ级 （共 74 个）	石家庄市、张家口市、成都市、景德镇市、泰安市、唐山市、大庆市、安庆市、无锡市、济宁市、黄山市、洛阳市、福州市、德阳市、天津市、玉林市、朔州市、丹东市、枣庄市、防城港市、珠海市、贵阳市、德州市、三门峡市、岳阳市、自贡市、营口市、马鞍山市、榆林市、铜川市、聊城市、长春市、双鸭山市、酒泉市、金华市、韶关市、萍乡市、白山市、鸡西市、九江市、石嘴山市、郑州市、衡阳市、邯郸市、郴州市、三明市、芜湖市、常州市、镇江市、清远市、大同市、怀化市、乐山市、辽阳市、运城市、阜新市、南宁市、银川市、阳泉市、泉州市、永州市、六盘水市、湘潭市、廊坊市、桂林市、盘锦市、黑河市、玉溪市、惠州市、内江市、绵阳市、南昌市、莱芜市、重庆市
Ⅲ级 （共 60 个）	南通市、新余市、通辽市、临汾市、盐城市、朝阳市、鹰潭市、阳江市、天水市、本溪市、渭南市、台州市、益阳市、丽水市、湖州市、蚌埠市、绍兴市、四平市、葫芦岛市、遵义市、吉安市、长治市、雅安市、宣城市、赣州市、新乡市、菏泽市、白银市、晋城市、衡水市、邵阳市、肇庆市、阜阳市、柳州市、龙岩市、漳州市、黄石市、宁波市、荆门市、攀枝花市、承德市、忻州市、曲靖市、宜春市、平顶山市、克拉玛依市、宿迁市、徐州市、荆州市、宿州市、滁州市、平凉市、安顺市、衢州市、驻马店市、安阳市、汕头市、江门市、宜宾市、合肥市

续表

等级划分	城市
IV级 （共34个）	金昌市、南阳市、张掖市、咸阳市、梅州市、鹤岗市、扬州市、伊春市、潮州市、遂宁市、保定市、信阳市、绥化市、开封市、南充市、鄂州市、淮安市、泰州市、咸宁市、松原市、襄阳市、抚顺市、锦州市、贵港市、汕尾市、铁岭市、亳州市、云浮市、焦作市、河池市、泸州市、南平市、白城市、湛江市
V级 （共42个）	北海市、广元市、娄底市、许昌市、上饶市、嘉兴市、莆田市、随州市、连云港市、邢台市、鹤壁市、河源市、茂名市、揭阳市、通化市、汉中市、宁德市、辽源市、普洱市、十堰市、保山市、资阳市、商丘市、濮阳市、延安市、安康市、淮北市、淮南市、黄冈市、周口市、漯河市、宜昌市、武威市、宝鸡市、昭通市、梧州市、孝感市、吴忠市、钦州市、巴中市、铜陵市、百色市

3. 2018年城市增长潜力水平分级情况

和2017年相比，2018年在增长潜力方面，从Ⅱ级上升到Ⅰ级，上升了一级的城市有郑州市、韶关市；从Ⅰ级下降到Ⅱ级，下降了一级的城市有吉安市、河池市；从Ⅲ级上升到Ⅱ级，上升了一级的城市有张掖市、萍乡市、宜昌市、淮南市、上饶市；从Ⅳ级上升到Ⅱ级，上升了两级的城市有白银市；从Ⅱ级下降到Ⅲ级，下降了一级的城市有徐州市、泰州市、南通市、汉中市、雅安市、南宁市、无锡市；从Ⅳ级上升到Ⅲ级，上升了一级的城市有朝阳市、鸡西市、葫芦岛市；从Ⅴ级上升到Ⅲ级，上升了两级的城市有抚顺市、阜新市；从Ⅴ级上升到Ⅳ级，上升了一级的城市有大庆市、鞍山市、石嘴山市、攀枝花市、泉州市、唐山市、淮北市；从Ⅲ级下降到Ⅳ级，下降了一级的城市有延安市、信阳市、运城市、许昌市、北海市；从Ⅳ级下降到Ⅴ级，下降了一级的城市有宝鸡市、宁德市、菏泽市、莱芜市、濮阳市、邯郸市、黑河市、四平市；从Ⅲ级下降到Ⅴ级，下降了二级的城市有丹东市、锦州市。2018年中国264个地级市增长潜力水平的分级情况见表16。

表 16　2018 年 264 个地级市增长潜力水平等级划分

等级划分	城市
Ⅰ级 （共 46 个）	珠海市、上海市、深圳市、北京市、中山市、合肥市、武汉市、广州市、六安市、南京市、杭州市、梅州市、通化市、黄山市、宜春市、宣城市、赣州市、南昌市、马鞍山市、丽水市、盐城市、贵阳市、天水市、滁州市、绍兴市、苏州市、汕尾市、孝感市、衢州市、兰州市、成都市、乌鲁木齐市、安庆市、惠州市、威海市、厦门市、天津市、西安市、河源市、舟山市、铜陵市、昆明市、郑州市、韶关市、金华市、宁波市
Ⅱ级 （共 70 个）	吉安市、云浮市、巴中市、秦皇岛市、青岛市、荆州市、嘉兴市、黄冈市、河池市、武威市、普洱市、东莞市、阜阳市、铁岭市、保定市、曲靖市、张掖市、亳州市、太原市、长沙市、六盘水市、重庆市、清远市、株洲市、福州市、襄阳市、烟台市、石家庄市、怀化市、铜川市、呼和浩特市、泸州市、扬州市、大连市、白银市、济南市、湖州市、镇江市、廊坊市、邢台市、长春市、连云港市、萍乡市、九江市、沈阳市、西宁市、新乡市、张家口市、黄石市、温州市、宿州市、江门市、龙岩市、宜昌市、淮南市、安康市、忻州市、常州市、桂林市、咸宁市、保山市、吴忠市、鹰潭市、景德镇市、邵阳市、佛山市、绵阳市、长治市、百色市、上饶市
Ⅲ级 （共 61 个）	徐州市、泰州市、南通市、平凉市、银川市、昭通市、汉中市、鄂州市、肇庆市、芜湖市、十堰市、潍坊市、永州市、新余市、雅安市、南宁市、驻马店市、玉溪市、无锡市、滨州市、白城市、齐齐哈尔市、玉林市、朝阳市、潮州市、淄博市、哈尔滨市、三亚市、荆门市、平顶山市、大同市、台州市、赤峰市、鸡西市、承德市、广元市、咸阳市、遵义市、洛阳市、周口市、漳州市、渭南市、湘潭市、蚌埠市、呼伦贝尔市、淮安市、葫芦岛市、鹤岗市、湛江市、张家界市、南阳市、安顺市、开封市、汕头市、沧州市、海口市、抚顺市、阜新市、南充市、宿迁市、郴州市
Ⅳ级 （共 37 个）	德州市、大庆市、榆林市、克拉玛依市、柳州市、延安市、双鸭山市、绥化市、信阳市、衡水市、宜宾市、鞍山市、运城市、自贡市、安阳市、许昌市、济宁市、北海市、三明市、茂名市、德阳市、牡丹江市、临汾市、伊春市、佳木斯市、吉林市、石嘴山市、钦州市、攀枝花市、揭阳市、衡阳市、内江市、泉州市、益阳市、唐山市、淮北市、南平市
Ⅴ级 （共 50 个）	宝鸡市、七台河市、丹东市、本溪市、宁德市、阳江市、菏泽市、酒泉市、莱芜市、泰安市、濮阳市、邯郸市、乐山市、通辽市、随州市、黑河市、临沂市、常德市、日照市、三门峡市、遂宁市、包头市、岳阳市、锦州市、四平市、晋城市、白山市、东营市、漯河市、乌海市、金昌市、鹤壁市、娄底市、贵港市、梧州市、资阳市、阳泉市、商丘市、焦作市、莆田市、辽源市、聊城市、枣庄市、营口市、防城港市、嘉峪关市、朔州市、盘锦市、辽阳市、松原市

4.2018年城市政府效率水平分级情况

和 2017 年相比，2018 年在政府效率方面，从Ⅱ级上升到Ⅰ级，上升了一级的城市有哈尔滨市、乌鲁木齐市、大庆市；从Ⅰ级下降到Ⅱ级，下降了一级的城市有南通市、中山市、怀化市、广州市；从Ⅲ级上升到Ⅱ级，上升了一级的城市有德州市、东营市、漳州市、攀枝花市；从Ⅱ级下降到Ⅲ级，下降了一级的城市有宜昌市、宜宾市、蚌埠市、雅安市、南充市、南宁市；从Ⅳ级上升到Ⅲ级，上升了一级的城市有四平市、内江市、莱芜市、玉溪市、松原市、昭通市、白山市；从Ⅲ级下降到Ⅳ级，下降了一级的城市有惠州市、汉中市、柳州市、黄冈市、河池市、河源市、保定市、淮南市、梅州市；从Ⅴ级上升到Ⅳ级，上升了一级的城市有白城市、淮北市、衡阳市、九江市；从Ⅳ级下降到Ⅴ级，下降了一级的城市有石嘴山市、云浮市、清远市、钦州市、承德市、百色市。中国264个地级市2018年政府效率水平的分级情况见表17。

表17　2018年264个地级市政府效率水平等级划分

等级划分	城市
Ⅰ级（共45个）	北京市、杭州市、南京市、克拉玛依市、苏州市、舟山市、大连市、深圳市、厦门市、温州市、上海市、济南市、伊春市、金华市、嘉兴市、七台河市、鹤岗市、沈阳市、西安市、丽水市、绍兴市、无锡市、牡丹江市、哈尔滨市、宁波市、齐齐哈尔市、太原市、衢州市、三亚市、双鸭山市、三明市、镇江市、鸡西市、常州市、扬州市、乌鲁木齐市、连云港市、珠海市、威海市、淮安市、呼和浩特市、银川市、锦州市、武汉市、大庆市
Ⅱ级（共64个）	黑河市、朝阳市、南通市、盐城市、湖州市、青岛市、泰州市、天津市、台州市、佳木斯市、中山市、龙岩市、遵义市、西宁市、丹东市、徐州市、辽阳市、阳泉市、怀化市、成都市、烟台市、本溪市、宿迁市、广州市、鞍山市、抚顺市、巴中市、绵阳市、宁德市、昆明市、福州市、泰安市、南平市、海口市、临汾市、长沙市、遂宁市、贵阳市、自贡市、东莞市、合肥市、乐山市、运城市、长春市、铁岭市、张掖市、营口市、盘锦市、赤峰市、兰州市、德州市、大同市、阜新市、桂林市、晋城市、呼伦贝尔市、广元市、金昌市、张家界市、乌海市、东营市、漳州市、忻州市、攀枝花市
Ⅲ级（共58个）	宜昌市、宜宾市、蚌埠市、泸州市、平凉市、黄石市、雅安市、南充市、绥化市、南宁市、长治市、潍坊市、葫芦岛市、芜湖市、株洲市、滁州市、黄山市、泉州市、通化市、嘉峪关市、十堰市、日照市、吉林市、娄底市、菏泽市、济宁市、聊城市、淄博市、郴州市、江门市、韶关市、张家口市、邵阳市、延安市、铜川市、临沂市、宝鸡市、安庆市、岳阳市、四平市、南昌市、德阳市、湘潭市、内江市、荆州市、莱芜市、郑州市、廊坊市、包头市、秦皇岛市、莆田市、马鞍山市、玉溪市、松原市、昭通市、白山市、白银市、肇庆市

等级划分	城市
Ⅳ级 （共37个）	惠州市、汉中市、景德镇市、滨州市、柳州市、曲靖市、黄冈市、河池市、资阳市、朔州市、三门峡市、河源市、咸阳市、枣庄市、保定市、辽源市、淮南市、石家庄市、玉林市、梅州市、铜陵市、赣州市、重庆市、萍乡市、永州市、吴忠市、酒泉市、白城市、荆门市、淮北市、衡阳市、榆林市、佛山市、九江市、安康市、孝感市、天水市
Ⅴ级 （共60个）	石嘴山市、云浮市、清远市、钦州市、新余市、承德市、百色市、常德市、湛江市、阜阳市、鹰潭市、宣城市、襄阳市、吉安市、上饶市、平顶山市、阳江市、益阳市、开封市、渭南市、新乡市、六盘水市、咸宁市、安顺市、焦作市、洛阳市、邯郸市、邢台市、梧州市、鄂州市、信阳市、亳州市、濮阳市、衡水市、安阳市、六安市、汕头市、宿州市、贵港市、武威市、随州市、北海市、唐山市、潮州市、沧州市、通辽市、防城港市、普洱市、保山市、宜春市、驻马店市、许昌市、揭阳市、漯河市、南阳市、鹤壁市、茂名市、汕尾市、商丘市、周口市

5. 2018年城市人民生活水平分级情况

和2017年相比，2018年在人民生活方面，从Ⅱ级上升到Ⅰ级，上升了一级的城市有铁岭市、抚顺市、阜新市、乌海市；从Ⅰ级下降到Ⅱ级，下降了一级的城市有宁波市、兰州市、黄山市、西宁市、成都市；从Ⅲ级上升到Ⅱ级，上升了一级的城市有锦州市、平顶山市；从Ⅱ级下降到Ⅲ级，下降了一级的城市有秦皇岛市、廊坊市、重庆市、南充市、黄冈市；从Ⅳ级上升到Ⅲ级，上升了一级的城市有三明市、景德镇市；从Ⅲ级下降到Ⅳ级，下降了一级的城市有佳木斯市、宝鸡市、吉安市、清远市、汉中市；从Ⅳ级下降到Ⅴ级，下降了一级的城市有自贡市、南阳市。2018年中国264个地级市人民生活水平的分级情况见表18。

表18 2018年264个地级市人民生活水平等级划分

等级划分	城市
Ⅰ级 （共41个）	北京市、伊春市、克拉玛依市、上海市、深圳市、嘉峪关市、珠海市、东莞市、杭州市、金昌市、南京市、苏州市、鹤岗市、太原市、厦门市、三亚市、广州市、乌鲁木齐市、海口市、舟山市、沈阳市、西安市、大同市、佛山市、铁岭市、无锡市、绍兴市、丽水市、武威市、双鸭山市、抚顺市、长沙市、阜新市、七台河市、广元市、昆明市、忻州市、雅安市、金华市、乌海市、贵阳市

等级划分	城市
Ⅱ级 （共63个）	宁波市、鞍山市、武汉市、济南市、天津市、兰州市、盘锦市、黄山市、西宁市、铜川市、齐齐哈尔市、酒泉市、成都市、温州市、大连市、张掖市、东营市、衢州市、大庆市、中山市、丹东市、呼和浩特市、辽阳市、台州市、朝阳市、常州市、惠州市、延安市、福州市、鸡西市、十堰市、平凉市、白银市、呼伦贝尔市、包头市、本溪市、普洱市、阳泉市、南宁市、榆林市、南昌市、葫芦岛市、莆田市、湖州市、攀枝花市、朔州市、宜昌市、郑州市、赤峰市、营口市、淄博市、南通市、韶关市、巴中市、锦州市、绵阳市、石嘴山市、扬州市、乐山市、平顶山市、天水市、嘉兴市、银川市
Ⅲ级 （共58个）	防城港市、秦皇岛市、合肥市、廊坊市、龙岩市、重庆市、南充市、青岛市、渭南市、鄂州市、黑河市、运城市、荆州市、黄冈市、张家界市、保山市、柳州市、安康市、阳江市、汕头市、晋城市、临汾市、保定市、长治市、南平市、威海市、张家口市、哈尔滨市、白山市、镇江市、咸宁市、荆门市、孝感市、襄阳市、玉溪市、邵阳市、黄石市、通化市、泰州市、咸阳市、泸州市、泉州市、吉林市、江门市、莱芜市、烟台市、梅州市、桂林市、永州市、随州市、河池市、淮安市、三明市、淮南市、长春市、景德镇市、株洲市、百色市
Ⅳ级 （共39个）	佳木斯市、宜宾市、宝鸡市、吉安市、牡丹江市、清远市、郴州市、安阳市、汉中市、新余市、石家庄市、唐山市、德阳市、资阳市、驻马店市、内江市、赣州市、滨州市、北海市、白城市、阜阳市、河源市、湘潭市、宁德市、怀化市、淮北市、承德市、吴忠市、潍坊市、衡水市、盐城市、萍乡市、遵义市、连云港市、鹰潭市、新乡市、漯河市、遂宁市、洛阳市
Ⅴ级 （共63个）	安庆市、焦作市、马鞍山市、自贡市、常德市、徐州市、芜湖市、邯郸市、宜春市、南阳市、信阳市、邢台市、日照市、曲靖市、玉林市、安顺市、宣城市、六盘水市、商丘市、衡阳市、上饶市、鹤壁市、三门峡市、九江市、临沂市、开封市、铜陵市、通辽市、娄底市、沧州市、益阳市、宿迁市、枣庄市、濮阳市、聊城市、泰安市、济宁市、贵港市、周口市、昭通市、漳州市、钦州市、菏泽市、亳州市、潮州市、蚌埠市、滁州市、六安市、岳阳市、许昌市、云浮市、辽源市、肇庆市、四平市、梧州市、宿州市、德州市、湛江市、茂名市、汕尾市、绥化市、揭阳市、松原市

6. 2018年城市环境质量水平分级情况

和2017年相比，2018年在环境质量方面，从Ⅱ级上升到Ⅰ级，上升了一级的城市有贵港市；从Ⅲ级上升到Ⅱ级，上升了一级的城市有内江市、九江市、景德镇市；从Ⅱ级下降到Ⅲ级，下降了一级的城市有黄冈市、上海市；从Ⅳ级上升到Ⅲ级，上升了一级的城市有武汉市、宜昌市、南充市、苏州市、泰州市、本溪市、连云港市、南通市；从Ⅲ级下降到Ⅳ级，下降了一

级的城市有丹东市、乌鲁木齐市、石嘴山市、芜湖市、汉中市、蚌埠市、安
庆市；从Ⅴ级上升到Ⅳ级，上升了一级的城市有济南市、威海市、烟台市、菏
泽市；从Ⅳ级下降到Ⅴ级，下降了一级的城市有徐州市、朔州市、阳泉市。
2018 年中国 264 个地级市环境质量水平的分级情况见表 19。

表 19　2018 年 264 个地级市环境质量水平等级划分

等级划分	城市
Ⅰ 级 （共 47 个）	三亚市、海口市、昭通市、昆明市、曲靖市、宁德市、福州市、厦门市、泉州市、保山市、龙岩市、普洱市、玉溪市、漳州市、莆田市、三明市、北海市、湛江市、南平市、珠海市、南宁市、哈尔滨市、茂名市、遵义市、深圳市、广州市、贵阳市、安顺市、汕尾市、云浮市、揭阳市、天水市、桂林市、江门市、梅州市、钦州市、汕头市、佛山市、六盘水市、东莞市、防城港市、牡丹江市、阳江市、贵港市、潮州市、张家界市、惠州市
Ⅱ 级 （共 67 个）	百色市、韶关市、长沙市、肇庆市、柳州市、清远市、温州市、绥化市、齐齐哈尔市、玉林市、梧州市、邵阳市、河池市、巴中市、中山市、宁波市、杭州市、黑河市、克拉玛依市、台州市、鸡西市、金华市、河源市、赤峰市、大庆市、长春市、西宁市、常德市、安康市、白银市、衡阳市、株洲市、伊春市、岳阳市、呼和浩特市、绍兴市、衢州市、佳木斯市、娄底市、舟山市、鹰潭市、朝阳市、雅安市、七台河市、遂宁市、鹤岗市、成都市、益阳市、双鸭山市、吉安市、湖州市、湘潭市、嘉兴市、上饶市、萍乡市、怀化市、南昌市、郴州市、永州市、六安市、随州市、宜春市、内江市、平凉市、赣州市、九江市、景德镇市
Ⅲ 级 （共 59 个）	吉林市、黄冈市、兰州市、资阳市、乐山市、上海市、泸州市、通辽市、新余市、绵阳市、包头市、宜宾市、武威市、白城市、广元市、白山市、乌海市、自贡市、通化市、四平市、丽水市、酒泉市、辽源市、德阳市、铁岭市、攀枝花市、锦州市、松原市、咸宁市、沈阳市、鄂州市、重庆市、十堰市、张掖市、孝感市、大连市、呼伦贝尔市、荆门市、荆州市、营口市、金昌市、阜阳市、亳州市、抚顺市、黄石市、阜新市、葫芦岛市、嘉峪关市、合肥市、南京市、武汉市、宜昌市、大同市、南充市、苏州市、泰州市、本溪市、连云港市、南通市
Ⅳ 级 （共 38 个）	丹东市、乌鲁木齐市、石嘴山市、芜湖市、汉中市、蚌埠市、镇江市、无锡市、青岛市、辽阳市、吴忠市、安庆市、襄阳市、扬州市、渭南市、马鞍山市、宿州市、西安市、铜川市、鞍山市、盘锦市、滁州市、淮安市、宣城市、盐城市、常州市、铜陵市、淮北市、淮南市、宿迁市、黄山市、济南市、太原市、威海市、天津市、烟台市、运城市、菏泽市
Ⅴ 级 （共 53 个）	徐州市、宝鸡市、朔州市、临沂市、银川市、延安市、泰安市、莱芜市、阳泉市、北京市、济宁市、信阳市、枣庄市、潍坊市、滨州市、南阳市、东营市、聊城市、德州市、日照市、长治市、秦皇岛市、榆林市、淄博市、衡水市、临汾市、咸阳市、晋城市、开封市、邯郸市、保定市、平顶山市、许昌市、商丘市、安阳市、驻马店市、周口市、唐山市、郑州市、洛阳市、石家庄市、濮阳市、鹤壁市、漯河市、新乡市、沧州市、焦作市、张家口市、三门峡市、承德市、邢台市、廊坊市、忻州市

（四）小结

本研究基于 1990~2018 年中国 264 个地级及地级以上城市经济发展质量评价，得出以下研究结论：在经济高速增长的同时，中国 264 个地级及地级以上城市经济发展质量指数得到改善，经济发展质量能力不断提高。在经济发展质量指数方面，威海市的经济发展质量指数改善最大，白山市的经济发展质量指数改善最小；29 年来邢台市的经济增长指数改善最大，宿迁市的经济增长指数改善最小；珠海市的增长潜力指数改善最大，松原市的增长潜力指数改善最小；随州市的环境质量指数改善最大，盘锦市的环境质量指数改善最小；黑河市的政府效率指数改善最大，柳州市的政府效率指数改善最小；苏州市的人民生活指数改善最大，白山市的人民生活指数改善最小。

1990~2018 年，全国 264 个地级及地级以上城市经济发展质量指数平均上升了 67.12%，东部、中部和西部地区经济发展质量指数分别改善了 71.93%、64.40% 和 63.77%。东部地区城市经济发展质量改善明显优于中部地区城市和西部地区城市，中部地区城市经济发展质量改善优于西部地区城市。

从一级指标方面来看，1990~2018 年，全国 264 个地级及地级以上城市经济增长指数平均上升了 53.76%，东部、中部和西部地区经济增长分别改善了 52.31%、60.70% 和 45.99%。中部地区城市经济增长改善优于东部地区城市和西部地区城市，东部地区城市经济增长改善优于西部地区城市。全国 264 个地级及地级以上城市增长潜力指数平均上升了 41.65%，东部、中部和西部地区增长潜力分别改善了 44.07%、40.69% 和 39.38%。东部地区城市增长潜力改善优于中部地区城市和西部地区城市，中部地区城市增长潜力改善优于西部地区城市。全国 264 个地级及地级以上城市环境质量指数平均上升了 33.10%，东部、中部和西部地区环境质量分别改善了 30.69%、28.53% 和 43.30%。西部地区城市环境质量改善优于东部地区城市和中部地区城市，东部地区城市环境质量改善优于中部地区城市。全国 264 个地级及地级以上城市政府效率指数平均上升了 58.03%，东部、中部和西部地区政府效率分别改善了 62.63%、52.72% 和 58.72%。东部地区城市政府效率改善优于西部地区城市和中部地区城市，西部地区城市政府效率改善优于中部地区城市。全国 264 个地级及地级以上城市人民生活指数平均上升了 65.30%，东部、中部和西部地区人民生活分别改善了 82.31%、56.45% 和 52.34%。东部地区城市人民生活改善优于中部地区城市和西部地区城市，中部地区城市人民生活改善优于西部地区城市。

七　转向服务型政府的政策选择

截至 2019 年年末，中国城市化率达到 60.60%，比上年末提高 1.02 个百分点，预计 2030 年，中国城市化率将达到 70% 左右。城市化水平不断提高，农民工城市化和城市间人口迁移使城市规模越来越大，人口密度增加，各种资源要素产生空间聚集效应及外溢效应。当城市规模逐步扩大，接近或超过最优城市规模时，城市发展面临诸如交通拥挤、环境污染和公共服务供给不足等问题，政府管理面临公共难题。中国共产党第十九届四中全会和党的十九大报告均提出，要转变政府职能，增强政府公信力和执行力，建设人民满意的服务型政府。服务型政府的核心是以人民为中心，创新行政方式，提高行政效能，解决政府管理面临的公共难题，提高人民群众幸福感和满意度。

（一）重新定位政府角色，弱化干预并强化协调

改革开放四十多年来，中国摆脱了"贫困化陷阱"，实现了工业化、城市化、信息化和现代化的快速发展，已经到了跨越"中等收入陷阱"阶段。经济的快速发展，以及与此相配套的政府干预体制及其导致的资源配置扭曲，带来了严重的资源使用效率低下和不可持续发展问题。跨越"中等收入陷阱"，不仅需要考虑生产供给面的效率，也需要考虑消费模式，尤其是知识消费的升级及与生活模式的协同，技术和知识等要素的发展成为新的增长动力。因此政府要重新定位角色，弱化干预并强化协调，资源配置市场

化，加快公共服务部门和事业单位改革，释放新供给要素，培育新型知识生产和消费机制，实现更深层次的制度变革。

1. 打破政府在工业化时期的选择性融资支持机制，促进资源合理配置

不少后发国家通过扭曲资源配置实现工业化。政府干预扭曲了资源配置，继而形成选择性融资支持机制，这是中国工业化大推进的成功经验，但也导致了资源使用效率低下和不可持续发展的严重问题。2019 年中国城市化率已经突破 60%，服务业占比早已超过工业，为了适应城市规模不断扩大的发展趋势，为城市的发展创造条件，亟须打破政府在工业化时期形成的选择性融资支持机制，给企业创造公平的投融资环境，打破国有企业、大型企业的自然垄断和行政垄断优势，给予中小企业在市场竞争和融资上提供便利，提升城市就业能力，增加企业创新活力。把资源配置的权力交给市场，推进政府改革，转变政府职能，尤其是在政府权力集中的国有经济领域，彻底推行政企分开；推动国内资源要素市场的发展，打破人力资源流动，尤其是高层次人才流动的制度障碍，解决资本市场、要素流动、基础设施、信息等领域的割裂问题。打破行政干预所导致的横向、纵向经济分割，切实发挥经济网络的聚集、关联效应，增强城市化的空间配置效率，疏通知识生产部门和知识过程的分工深化、创新外溢渠道。建立健全专利保护体系，鼓励国内创新实践。最大限度减少政府对市场资源的直接配置，推动资源配置依据市场规则、市场价格、市场竞争实现效益最大化和效率最优化。对于适宜由市场配置的公共资源，要让市场机制有效发挥作用，加快整合各类公共资源交易平台，建立公共资源目录清单，完善市场交易机制，提高资源配置效率和效益。

2. 重视资源配置扭曲问题，推进"科教文卫"和公共服务等部门的转型和改革

在工业化推进阶段，政府过度干预导致资源配置扭曲，但在市场的力量下，工业部门可以进行自我矫正，完成生产效率的提升。因此，在大规模工业化时期，中国很多工业部门资源配置扭曲程度较小，而金融、住房和"科教文卫"等非贸易部门资源配置扭曲程度较大。这些部门的扭曲来自非市场化、非开放性因素，难以靠开放与竞争来完成自我矫正，是产业结构服务化瓶颈的根本阻碍。部门资源配置扭曲与要素配置扭曲通过投入产出网络相互增强，阻碍了整个经济投入产出体系的效率提升，需要深化改革才能逐步矫正扭曲。过去四十多年，过分强调工业部门增长发展，忽视了服务业，把服务业置于工业化的辅助部门，进而导致服务业发展只注重规模，不注重质量和效率，工业与服务业劳动生产率差距持续拉大。就现实来看，中国现代服务业，一部分存在于管制较大的"科教文卫"等事业单位；还有一部分存在于电信、金融、铁路、航运以及水电气等公共服务部门。这些部门以其垄断优势吸引了大量高层次人才，却未能提供较高的生产效率，人力资本错配问题严重。为此，需要把事业单位改革与放松管制相结合，盘活人力资本存量，提升服务业的效率及其外部性，推进"科教文卫"和公共服务等部门的转型和改革，培育核心竞争力。

3. 重视科学发展，提高地方财政支出中科学支出的比重

近三年中国科技经费投入力度加大，研究与试验发展（R&D）经费投入保持较快增长，投入强度持续提高（国家统计局、财政部和科学技术部发布的公报），国家财政科技支出增速加快。中国研究与试验发展投入绝对额虽然全球第二，但由于中国市场规模大，导致科技投入过于分散，大多数地方企业、科研机构的科技投入较低。中国科技发展还存在诸多短板，如以半导体为主的基础元器件、零部件、基础材料、检验检测设备，以先进机床为主的制造工艺和装备，以及软件开发等，中国在这些应用领域与发达国家存在较大的差距，并且受到产品进口、技术购买的制约。当前，中国需要通过加大创新实现高质量发展，地方政府尤其应该增加地方财政中科学支出所占比重，在科技研发投入上采取不同的策略，强化短期、中期与长期目标，合理使用资金，提高投入效率，实现技术水平跨越式发展。首先，为了实现科技供应链自主可控、安全高效的目标，应该集中力量实施科技突破工程。集中人才、资金以及诸多部门企业等，解决和防范技术上被"卡脖子"的挑战与风险。其次，采取最严厉的知识产权保护措施，降低科技研发投入的侵权风险，获得创新收益。最后，政府的科学支出投入应该向基础研究集

中，基础研究经费的投入可以提升中国基础研究与应用研究的水平，实现技术创新可持续发展，为中国科技长期持续高质量发展奠定基础。

4. 强化知识的作用，提高人民综合素质

知识是提高人民综合素质内涵，实现高质量发展的最重要元素。综合素质是民族的灵魂，是强国之本、兴国之基，政府应强化知识共享工程建设，加大公共文化基础设施建设力度，提高公共文化基础设施建设质量，加强人文、科技、道德教育的传播与普及，助力人民综合素质的提高。公共文化基础设施建设不仅是提升城市核心竞争力的有效载体，更是增强市民归属感和获得感的惠民工程，图书馆是公共文化基础设施建设的典型代表。图书馆是知识传播的重要载体，提供文献信息服务的社会组织，实现知识共享的重要场所。图书馆在改革发展中逐渐成为人民综合素质教育的基地，为科研、教学和人民素质提升提供各种辅助性的资料。目前图书馆逐渐向数字化和网络化发展，完善图书馆的藏书建设，提高万人图书馆藏书量，加大对图书馆的人力、物力的投入，在服务内容和服务方式上不断进行以人民满意为目标的变革与创新，打破服务对象范围的局限，突破时空和地域的限制，充分有效地利用图书资源，并以图书馆带动周边公共文化基础设施建设，提高整个地区的公共文化服务水平，提高人民综合素质。

5. 加大教育投入，提升人力资本水平

新常态下，中国经济增长动力逐步从"人口红利"向"人才红利"转换，从投资驱动向人力资本驱动转换。人力资本质量正在取代人力资本数量，逐步成为今后中国经济发展新动能的重要支撑。人力资本和教育支出均具有很强的外溢性，加大教育投入，重视人力资本的培育，提升人力资本的质量，尤其是中高端人力资本的水平，增强人力资本和教育资源的聚集性，为社会创新和经济可持续发展提供原动力，是城市经济转向高质量发展的关键。提升人力资本的本质是提高劳动力供给的质量，方向是适应经济社会发展要求，提升人力资本的投资效率和供给质量。加大人力资源供给侧改革，坚持人才引领创新发展，坚持把能力建设作为人力资本提升的主题，健全人力资本投资体制机制，将人才工作作为经济社会发展的重要评价指标，将人

才发展与实施重大国家战略、调整产业布局等同步谋划和推进，在"一带一路""中国制造 2025"等重大国家工程中落实人才项目、人才工程和人才规划等。教育是提升人力资本的关键途径，政府应深入推进产教融合，加快教育领域改革，提高地方财政支出中教育支出所占比重，增加财政教育供给，培养经济高质量增长的新动力，不断提高人力资本投资的效率和效益，实现中国经济持续发展和高质量发展。

（二）创新政府治理模式，建立服务型政府

理想的政府治理方式包括以下几个方面：合法性，即权威和政治秩序被认可和服从；透明性，即政治经济等各种信息的公开透明化；责任性，即治理者对其行为负责；回应性，即治理者（机构和职员）必须对公民的呼吁和要求做出及时负责的回应；有效性，即管理机构设置合理、经济有效。伴随着城市化及公民社会组织的发展，政府治理模式越来越具有治理权利主体多元化趋势，在治理权利向社会回归的情况下，建立服务型政府，加强政府与社会组织的合作协调，将成为主要的治理方式。

1. 由投资型政府转向服务型政府

以投资型为主导的政府，扭曲了资本及各种资源要素配置，亟须转向以服务型为主导的政府。中国资本配置扭曲主要来源于分割的金融体制和垄断的土地供给机制，这与政府的投资型主导模式密切相关。投资型政府主导下的资本配置，更倾向于具有隐形担保的地方投资实体。从货币投放的方式来看，国有银行作为资金获取的上游，与处在下游的城市商业银行和农村商业银行形成了资金滴漏层级，金融中介也形成了监管套利式的利益获取群体，实体经济的资金成本经过层层套利加价而上升。在贷款发放的一侧，国有企业和地方融资平台等公共实体，由于政府隐形担保而能够优先获得资金，民营实体在贷款获取方面则处于绝对劣势，这就在资金层面形成了利益再分配。这种机制一方面使地方债务和地方融资平台债务不断膨胀，另一方面又挤压了实体制造业，进一步放大了扭曲。经济发展的城市化阶段与工业化阶段的本质不同在于，城市社会对公共服务的需求不断扩大，这些服务涵盖了

水、电、气、路、通信、交通工具等有形的物质产品，也包括安全、医疗、教育、娱乐等在内的公共物品和公共服务。公共服务体系的高效运行，需要精心的制度设计和组织安排，这就要求政府由投资型转向服务型，以人民为中心，创新行政方式，提高行政效能，解决资本扭曲问题，提高人民群众幸福感和满意度。

2. 从工业化驱动转向城市化服务

中国政府工业化赶超的运作模式，对资本和劳动进行差别化限制，一定程度上加快了工业化进程，促进了制造业发展，但在工业化后期的城市化阶段，这种政府主导经济的模式加大了资本和劳动要素配置的扭曲程度，不利于经济结构的优化和效率的提升。中国的改革路径应该是顺应城市化的发展规律，政府职能从投资型转向服务型，从高速工业化的驱动者转向高质量城市化服务的提供者，降低现代服务业的进入门槛和垄断性，提升现代服务业的国际竞争力。政府支出应该更多地集中在教育、医疗和养老等福利领域，努力实现公共福利均等化，为人力资本的积累创造基础条件，促进人力资源质量升级。政府的职能转变，一方面可以降低劳动和资本的扭曲，提升要素配置的效率；另一方面可以促进人力资本的再生产，提高经济的内生增长动力，最终实现健康可持续的经济发展。

3. 减少政府干预，降低税费，强化支出预算

服务型政府的建设关键在于转变政府职能，深化简政放权，创新监管方式，建立规范政府权力和责任的"总台账"，进一步推动权责清单制度的健全完善和落地实施；增强政府公信力和执行力，提高行政效能。政府可削减政府规模，减少差异化的政策安排，减少政策干预，减少微观管理事务和具体审批事项，尊重市场作用和企业主体地位；凡是市场机制可以有效调节的事项以及社会组织可以替代的事项，凡是公民法人在法律范围内能够自主决定的事项，原则上都不应设立行政许可，最大限度减少政府对市场资源的直接配置和政府对市场活动的直接干预。创新政府治理，转变政府职能的目的是通过改革实现产权有效激励、要素自由流动、价格反应灵活、竞争公平有序、企业优胜劣汰，让各类市场主体有更多活力和更大空间去发展经济、创

造财富，实现资源配置效益最大化和效率最优化。

另外，政府应该通过降低各项开支成本、减少税费等多种方式来降低政府对经济的干预，增强预算透明度，同时强化支出预算，加强财政预算管理，提高财政预算支出效率，激励经济增长。

（三）调整城市规模结构，提高空间聚集水平

理想的城市规模结构本质是最大化提升不同规模城市的发展能级水平，形成最佳比较优势。城市规模的扩大是一个要素的聚集过程，一方面聚集会带来城市生产效率的提高，并进一步促进城市人口增长；另一方面城市规模的扩大也有利于提高劳动力的就业率，低技能劳动力是最大的受益者。但聚集也会带来交通拥堵以及房价增长等聚集成本效应。

1. 优化城市规模结构

由于要素的聚集效应，城市经济具有规模经济递增的特点。规模较大的城市可以提供良好的基础设施条件，完善的生产、金融、信息、技术服务，集中的、有规模的市场，并且由于企业和人口的集中而在技术、知识、信息传递、人力资源贡献等方面形成溢出效应，产生较高的经济效益。进入大城市的数千万农业转移人口在补充城市劳动力、满足城市需求、完善城市功能结构，以及推动经济增长方面起了重要作用。但目前多数城市政府对农业转移人口向城市迁移仍然是控制和限制多，服务和引导少。城市化方针应当重新定位，把管理与市场对资源配置的主导作用结合起来，同时针对城市化过程中市场失效的情况进行补充，提供包括居住和生活基础设施、职业介绍、培训、就业信息、医疗、子女教育、安全保障及其他公共服务，使迁移农民工有可能在城市安家。本研究得出最优城市城区人口规模为 350 万人左右，城市规模 600 万人左右，而城市（区）相对规模净收益为正的城区人口规模区间为 67 万~3294 万人，与城市规模净收益大于零的区间为 65 万~3569 万人（张自然，2015）的范围相当。目前中国大部分城市尚未达到最优城市规模，且由于城市经济具有正、负外部效应，完全自发的市场活动不能使城市规模和布局结构达到最优。政府应当调整产业结构和布局，加快农业转

移人口和常住人口市民化，有意识地推动一些有条件的中小城市发展成为最优规模城市。

2. 逐步放开对大城市、超大城市人口规模的限制约束

大城市、超大城市正在成为承载人力、资本、科技等资源要素的主要空间形式。在新的发展形势下，适度提高最大、最优城市规模标准，延迟政府效率与城市规模的倒"U"形拐点的到来，完善要素市场化配置机制，促进各类资源要素合理流动和高效聚集，有效提升资源配置效率，加快构建高质量发展的动力系统，增强大城市、超大城市的经济发展优势区域的经济和人口承载能力。在临界阈值内，城市规模越大，空间聚集能力越强，越有益于城市及邻近城市政府效率和管理水平的提升。城乡二元户籍制度和大城市对流入人口的限制政策是放开大城市、超大城市人口规模限制的短板。一方面要深化户籍制度改革，破除城乡二元户籍制度，让劳动力在城市和乡村之间自由流动，全面放开放宽大城市和超大城市落户条件，全面取消重点群体落户限制，加速推进农村人口市民化和户籍人口城镇化，积极推动已在城镇就业的农业转移人口落户，促进常住人口市民化，提供适当的公共服务和社会保障；另一方面，通过取消大城市和超大城市限制人口流入的各种障碍，建立通畅的人才流通通道，实现优秀人才在地区之间的自由流动，推动中高端人才从效率相对较低的部门和地区转向效率更高的部门和地区流动，大幅提升社会生产效率。

3. 适度提高城市的空间聚集度和城市人口密度

城市人口密度对靠近增长前沿的城市的经济增长正效应更大，今后城镇化政策的重点是增加人口密度，同时通过科学规划公共服务设施和交通基础设施的空间布局，有效降低人口聚集的拥挤度，而不是简单限制人口进入或将人口分布在广阔的空间上。放开对大城市、超大城市人口规模的限制，提高城市人口密度具有双面性。一方面，对政府效率和城市发展产生一定的负面效应，加大政府管理的难度，增加政府管理的工作量；另一方面，人口密度增加带来的空间聚集效应增强，城市的空间聚集度增加，对经济增长、技术进步及劳动生产率的提升都有空间外溢效应。因此，适当放松对城市规模、人口密度等空间聚集指标的干预，有利于提升城市高质量发展。提高城市空间聚集度和城市人口密度，关键是提高农业转移人口市民化程度，降低农民的转型成本，使农民成为产业发展，尤其是第三产业发展的劳动力：一是允许农民自由迁徙，减少农民进城的限制，使农民享有在不同地域和不同行业之间自主选择职业的权利；二是要减少各种政策和现实因素对农民工的歧视，给予农民工平等的社会福利保障，农民工的医疗保险、养老保险、工伤保险等都应该随经济发展相应提高保障水平和保障覆盖面。

（四）持续改进经济效率，推动城市创新和产业结构调整

中国经济发展的"结构性减速"已经持续了八年之久，人口结构转型导致的"人口红利"消失直接降低了潜在增长率；产业结构服务化导致的劳动生产率增长下降是大概率事件；城市化率超过60%后固定投资率下降，投资效率降低，导致资本存量增长减速，潜在经济增长率降低。随着经济增长和劳动力供给放缓，要素分配会更趋向于劳动要素，引致劳动要素分配份额上升，也意味着按柯布-道格拉斯生产函数计算的潜在增长率增速下降。因此现阶段应该提高三个生产率：劳动生产率（特别是服务业劳动生产率）、资本效率和TFP，才能平衡"结构性减速"带来的潜在增长率下降。

1. 提高 TFP 增长对经济增长的贡献率

国际经验表明，经济发展阶段越高级，TFP对经济增长的贡献就越大。TFP本质上是一种资源配置效率，企业竞争带来的资源重新配置能够提高TFP。TFP的提高是在要素投入既定的条件下，通过更有效地配置和使用这些要素来实现的，因此它是提高劳动生产率和高质量持续发展的动力源泉。当前，中国经济已进入高质量发展阶段，提高TFP的增长及其对经济增长的贡献率具有战略意义。TFP增长指数和城市化水平对邻近区域的外溢效应大于直接效应，两者对政府效率的提升和管理模式的优化均具有正向作用。从264个地级及地级以上城市1990~2018年的数据来看，TFP增长对于中国经济增长的贡献率正在下降，特别是全球金融危机以来下降明显，宜通过技术进步、提高人才培养质量、制度变革等多种方式提升TFP增长水平，

提高 TFP 增长对经济增长的贡献率，优化资源合理配置，保持经济的中高速持续增长。提高 TFP 增长对经济增长的贡献率，关键在于处理好政府和市场的关系，完善有利于资源优化配置的机制和政策措施。

2.提高劳动生产率和第三产业相对劳动生产率

目前中国第三产业相对劳动生产率约为 0.7，表明第三产业和第二产业之间存在着巨大的效率失衡，这是由于第三产业劳动生产率增长速度普遍低于第二产业劳动生产率，如何缩小两个产业之间的效率差异，并保持两个产业增长质量持续提高，是中国未来面临的关键问题。提高第三产业相对劳动生产率，要以推进第三产业供给侧结构性改革为主线，加大第三产业改革、开放和制度创新的力度，积极引导第三产业集聚、集群、集约发展，努力激发制度红利对提升服务业劳动生产率的促进作用。放松管制，特别是对现代服务业的管制，积极引导民间资金进入，以提升第三产业的相对劳动生产效率。培育第三产业长期发展能力与加强第三产业风险防范机制研究结合起来，促进不同类型第三产业竞争发展、互补发展、共赢发展和整体升级。科学把握第三产业与第一产业、第二产业融合发展的趋势，并因势利导，促进第一、二、三产业发展的整体跃升，提高产业整体劳动生产率。统筹考虑第三产业的发展要求，创新第三产业监管方式，完善行业治理，提高第三产业相对劳动生产率。

3.提升固定资本存量水平和资本产出效率

固定资本存量是一个国家或地区经济总量的重要组成部分。中国东部、中部和西部地区 GDP 增长率与固定资本存量的增长率有正相关性，说明仍然可以通过提高固定资本存量的方式提高 GDP 潜在增长率。中国实行改革开放以来，生产总值规模的快速增长主要得益于投资规模的扩大，然而投资规模扩大的同时投资效率却始终偏低，主要原因是基础设施不完善，技术推广受客观条件的限制，重复性、盲目性建设问题突出，某些行业过度竞争。

在当前发展阶段，资本、劳动力等要素投入依然是中国经济增长的主要支撑，这就要求在发展过程中，必须重点把握要素投入的数量和质量，提高固定资本存量水平；避免重复性、盲目性建设和过度竞争，提高资本使用的有效性和资本的使用效率；不断促进产业结构优化升级，充分发挥市场在资源配置中的决定作用，优化资源配置，重视发展科学技术，促进经济模式由粗放型向集约型转变，切实实现新旧动能转换，提高资本产出效率。

4. 继续提高城市化水平，促进常住人口的市民化

城市化是农业人口向城市集中，劳动力从第一产业向第二、第三产业转移，城市数量和用地规模不断扩大的过程。目前中国的城市化水平落后于经济发展水平，城市化率和城市化速度仍有较大幅度的提高空间。促进常住（包括农业转移）人口市民化是提高城市化水平，促进城市高质量发展的重要途径。常住人口市民化过程就是其获得城市公共服务权益变迁的过程，城市为常住人口提供的公共服务和社会保障是城市高质量发展的评价指标之一。常住人口市民化后，对基本公共服务的关注程度差异明显，公共需求梯次排序分别为：基础教育（义务教育、异地高考、学前教育等），公共就业（就业培训、技能培训、就业扶持、继续教育等），社会保障（最低生活保障、医疗保险、养老保险、失业保险、工伤保险等），住房保障（廉租房、公租房、经济适用房等），公共文化服务等。在城市化的推进过程中，应按照循序渐进、保障基本的原则，推进各城市政府基本公共服务政策分阶段、分步骤地解决农业转移人口同等享有基本公共服务权益的问题，加速提升城市基本公共服务供给能力。

5. 加快发展现代服务业，提高第三产业的就业率

党的十九大把加快发展现代服务业作为转变经济发展方式、推动经济转型跨越发展的战略举措。加快发展现代服务业，完善生产要素市场，打造资源要素聚集区，加快构建生活性服务业繁荣昌盛、生产性服务业支持强劲、公共服务保障有力的现代服务体系，不仅是优化产业结构、推进经济社会转型跨越发展的需要，更是保障就业、改善民生的需要，是中国经济社会转型发展的新引擎、新动力。现代服务业的发展体现了中国经济发展环境、社会文明水平，也体现了政府的治理能力。人才是现代服务业发展的最重要资源，尤其是研发设计、信息咨询、金融证券、互联网等生产性服务业，要着力培养具有专业知识、专业技能的复合型人才和领军人才，着力构建符合人才发展需要的社会氛围和市场环境。

在同样的资本规模下，第三产业较第二产业或第一产业能吸纳更多的就业人口。因此，中国城市化进程速度较慢与大量农村富余劳动力不能顺利转移到城市以及城市劳动力无法顺利就业相关，与中国第三产业发展滞后密切相关。城市具有空间聚集功能，而经济聚集能产生大量的就业机会，有利于第三产业的发展，因此城市化是提高第三产业就业率的主要发展方向和载体。

（五）推进社会保障事业发展，着力改善民生

城市化最大的特征是社会保障制度的健全，大量人口向城市聚集以及人口老龄化的发展趋势，要求在城市化过程中，加强失业保险、养老保险、医疗保险等社会保障网络的构建。未来具有中国特色的保障模式包括以下几个转型：（1）城镇保障向全民保障的转型。这是缩小城乡居民福利差距的重要途径，其中健全对失地农民和农业转移人口的社会保障尤为迫切；（2）差别性保障向公平性保障的转型。这种差别主要存在于城市内部，机关、企业、事业单位之间存在各色各样的保障差别，最重要的是整合现阶段存在的多种退休和养老保险制度，实现机关、企业、事业单位养老保险制度并轨；（3）保障性保障向福利性保障的转型。这是随着城市化、现代化发展，国家经济强盛而来的社会保障待遇提高，在这个愿景下，由保障基本生活升级为增加居民福利。

1. 提高社会保险覆盖率和医疗保险覆盖率

改革开放以来，中国的社会保险事业按照国民经济和社会发展总体规划稳步发展，基本上形成了以基本养老保险、失业保险、基本医疗保险、工伤保险和生育保险为主导的社会保险体系。社会保险力度明显加强，社会保险工作取得了显著成果。基本医疗保障制度建立完成，医保覆盖率达到95%以上，社会保险覆盖也已经突破12亿人。社会保险是保障人民生活、调节社会分配的一项基本制度，要坚持全覆盖、保基本、多层次、可持续方

针，以增强公平性、适应流动性、保证可持续性为重点，通过信息比对、入户调查、数据集中管理和动态更新等措施，对各类群体参加社会保险情况进行记录、核查和规范管理，从而推进职工和城乡居民全面、持续参保，进一步提高医疗保险覆盖率和社会保险覆盖率，降低保障费用中个人缴纳比例，增加保障范围和保障品种，提高赔付额度和比例。

2. 提高医疗提供能力

中国是医疗质量改善幅度最大的国家之一。中国不断增加优质医疗资源供给，深化医疗卫生领域供给侧结构性改革，持续完善医疗质量管理与控制体系建设，实现医疗质量与安全持续改进，医疗技术快速发展，医疗服务能力稳步提升，为实施健康中国战略、构建优质高效医疗卫生服务体系奠定了坚实的基础。但不可忽视的是，人民群众对医疗服务的需求和要求越来越高。2020年初突如其来的新冠肺炎疫情，使医疗提供能力的供给侧和需求侧结构问题凸显，如中国医院数、医生数、床位数绝对总量充足，但当疫情波及范围较大时，医疗提供能力的相对值如万人医院数、万人医生数和万人床位数水平较低，极大程度地影响了人民群众的生命健康。党中央国务院提出"健康中国""质量强国"战略，将医疗卫生工作和医疗质量上升至国家战略层面，下一步要持续扩大优质医疗资源供给，继续深化医疗领域供给侧结构性改革，加大资金投入，聚焦跨省异地就医患者集中的病种和专科，精准开展专科能力建设，推进区域医疗中心建设，增加优质医疗资源总量，更好地维护人民群众健康权益。

3. 加强基础设施建设

基础设施是为社会生产和居民生活提供公共服务的物质工程设施，是保证国家或地区社会经济活动正常进行的公共服务系统，具有典型的不可贸易性和准公共物品性。基础设施包括教育基础设施、交通基础设施、电信基础设施等。政府统筹规划，改善城市的基础设施条件，做好城市总体发展规划。教育基础设施建设是支撑教育工作持续和谐健康发展的重要基础，提高教育基础设施投入，适度引入市场机制，允许多种不同形式的资本进入教育投资，多层次优化地方教育资源布局，推动高等教育及初中级教育均衡发展。做好交通基础设施规划,宏观统筹布局城市交通线路,微观合理规划包括航空、铁路、航运、长途汽车和高速公路等对外交通设施和城市道路、桥梁、隧道、地铁、轻轨高架、公共交通、出租汽车、停车场、轮渡等对内交通设施,引领经济高质量发展。推进光缆线路、移动通信基站等电信基础设施共建共享,提升互联网设施与资源能力,形成技术先进、结构合理、规模适度、协调发展、绿色集约的数据中心新格局,使网络架构进一步优化,国内商业网站、教育科研网站和政府网站全面支持 IPv6,推动"双创""互联网+""大数据""云计算""人工智能"等战略的实施,建设资源节约型、环境友好型社会,增进人民福祉,促进人民的全面发展。

4.扩大就业,建设社会分享机制

扩大就业,建立经济增长的社会分享机制,提高居民收入才能从根本上解决消费投资失衡、内外需失衡的问题。扩大就业,鼓励劳动者参与到经济增长过程中,并通过劳动制度的改革提高劳动者报酬是未来最为重要的以人为本的富民目标。依托城市化,促进农村劳动力的转移,加快发展服务业,特别是增加可贸易服务业的比重,扩大就业,提高收入是这一时期城市化发展的重点。以人为本,从人民的利益出发,构建让人民有获得感的社会分享机制,让民众充分享受自己的劳动产品,公平分享社会的公共成果,平衡各种利益关系,改革收入分配制度,调整收入分配机制,缩小收入差距,实行多元化的分配方式。

5.改变对房屋的各种限购限价政策,改善房价收入比指标

房价迅速上涨,对加快农业转移人口市民化提出新挑战。房价收入比为住房价格与居民家庭年收入之比,是衡量一个国家或城市的房价是否处于居民收入能够支撑的合理水平的综合指标。目前国际上比较流行的说法认为,房价收入比在 3~6 倍为合理区间。近年来,中国房价不断上涨,大部分大中城市,尤其是发展势头良好的超大型城市,如北京、上海的房价收入比都远远超过了 6 倍。大中城市的高房价收入比从居住与消费两方面增加了从农村或中小城镇迁移进大中城市的移民的生活成本,阻碍了劳动力集聚的发展。城市经济增长的关键是劳动力聚集带来的人力资源质量的提升。新型工

业化、信息化、城镇化、农业现代化同步发展也要求加快农业转移人口市民化，而农业转移人口的长期居留意愿又是其市民化的关键内在驱动力，房价收入比是影响流动人口长期居留意愿的重要因素。在当前经济发展中，高速增长成为新常态，城市不断吸引人口、加快农业转移人口市民化，改变以往对房价宏观调控的策略，改变政府限价、限购等措施，让房价回归市场，让住房回归本源，降低房价收入比能更有效地增强流动人口长期居留意愿。

（六）加强环境保护，增进人民福祉

良好的生态环境是实现中华民族永续发展的内在要求，是增进人民福祉的优先领域。要加强环境保护创造高品质生活，提高人均绿地面积和城市绿化率水平，打造独具城市魅力的绿色基础设施。

1.提升城市绿化水平，打造宜居城市环境

城市绿化是城市建设的重要内容，加快城市绿化建设已成为中国城市可持续发展战略的重要举措，是实现城市生态文明、生态宜居的重要途径。城市绿化是一项社会化系统工程，应当遵循科学规划、因地制宜、生态优先、建管并重、政府主导和社会参与的原则，把城市绿化建设纳入国民经济和社会发展计划，完善城市绿化多元化投融资机制，多渠道筹集建设、保护和管理资金，加大对城市绿化的投入。不断提高城市绿化水平，重视城市园林绿化，提高城市绿化建设水平标准，结合地域特点，兴建公园、广场和各种绿地，发挥城市公园、公园绿地、绿道等生态产品的公共服务功能，兴建生态保护园，优化生态空间格局，改善本地及邻近城市居民生活环境和生活质量。全面增加绿色空间总量，实现森林入城，提高人均绿地面积，构建结构清晰、布局均衡、连续贯通的多级绿色空间系统，提高公园绿地500米服务半径，有效净化城市空气，提高城市景观美感，促进"资源节约型、环境友好型"社会建设步伐，打造宜居城市环境。

2.加强空气监测力度，改善城市空气质量

在中国大力推进生态文明建设的背景下，空气污染已经成为大部分大型或超大型城市全面建设现代化城市的短板。政府应科学施策、统筹推进、精

准治污，扎实推进各项空气治理措施高效落地，加强空气监测，改善城市空气质量，降低 $PM_{2.5}$ 等各种污染，提高空气质量优良天数。削减燃煤污染，大力推进城市清洁供暖和燃煤锅炉淘汰治理，深入治理工业污染，继续分类整治"散乱污"。加快治理交通运输领域污染，建设货运车辆绕城通道，提升铁路货运能力和运输比例，强化机动车尾气治理，推广新能源车应用。强化扬尘和面源污染综合防治。深入开展建筑施工、道路、工业企业料场堆场、露天矿山和城乡裸露地面扬尘治理。加强餐饮油烟排放管理，严格管控垃圾焚烧。大力推进植树造林，增加城市造林绿化面积，提高城市绿化率。同时，加强城市及周边地区空气监测力度，加大环境监管执法力度，完善空气监测监控体系建设，增加两参数（$PM_{2.5}$、SO_2）空气质量监测站和国标六参数空气质量自动监测站建设数量，加快空气质量预报预警平台建设，提升重污染天气研判能力。

参考文献

[1] 王小鲁、夏小林：《优化城市规模，推动经济增长》，《经济研究》1999 年第 9 期。

[2] Yang, X., G. Hogbin, "The optimum hierarchy," *China Economic Review* 1 (2) (1990).

[3] 托利、克瑞菲尔德：《城市规模与位置的政策问题》，载米尔斯主编《城市经济学》（区域和城市经济学手册第 2 卷），经济科学出版社，2001。

[4] 斯特拉斯蔡姆：《城市住宅区位理论》，载米尔斯主编《城市经济学》（区域和城市经济学手册第 2 卷），经济科学出版社，2001。

[5] 李秀敏、刘冰、黄雄：《中国城市集聚与扩散的转换规模及最优规模研究》，《城市发展研究》2007 年第 14 卷第 2 期。

[6] 张应武：《基于经济增长视角的中国最优城市规模实证研究》，《上海经济研究》2009 年第 5 期。

[7] 张杰、解扬：《基于能耗视角的我国城市最优规模研究》，《城市规划学刊》2015 年第 6 期。

[8] 傅红春、金俐、金琳：《幸福框架下的最优城市规模》，《城市问题》2016 年第

2 期。

［9］ 张自然：《中国最优与最大城市规模探讨——基于 264 个城市的规模成本-收益法分析》，《金融评论》2015 年第 5 期。

［10］ 柯善咨、赵曜：《产业结构、城市规模与中国城市生产率》，《经济研究》2014 年第 4 期。

［11］ Alonso, W., "The Economics Of Urban Size," *Papers in Regional Science* 26（1）（1971）.

［12］ Yezer, A. M. J., R. S. Goldfarb, "An indirect test of efficient city sizes," *Journal of Urban Economics* 5（1）（1978）.

［13］ Harvey, J., *The economics of real property*（London：Macmillan, 1981）.

［14］ Richardson, H. W., "Optimality in city size, systems of cities and urban policy：a sceptic's view," *Urban Studies* 9（1）（1972）.

［15］ Evans, Alan W., "The Pure Theory of City Size in an Industrial Economy," *Urban Studies* 9（1）（1972）.

［16］ Arnott, R., "Optimal city size in a spatial economy," *Journal of Urban Economics* 6（1）（2006）.

［17］ Carlino, G. A., "Manufacturing agglomeration economies as returns to scale：A production function approach," *Papers of the Regional Science Association* 50（1）（1982）.

［18］ Camagni, R. P., "From city hierarchy to city network：reflections about an emerging paradigm," in *Structure and change in the space economy*（Berlin ：Springer, 1993）.

［19］ Capello, R., R. Camagni, "Beyond optimal city size：an evaluation of alternative urban growth patterns," *Urban Studies* 37（9）（2000）.

［20］ Au, C. – C., J. V. Henderson, "Are Chinese cities too small?" *The Review of Economic Studies* 73（3）（2006）.

［21］ 阿瑟·奥莎利文：《城市经济学》，北京大学出版社，2008。

［22］ Tobler, W. R., "A Computer Movie Simulating Urban Growth in the Detroit Region," *Economic Geography* 46（2）（1970）.

［23］ Fujita, M., P. Krugman, "When is the economy monocentric?：von Thünen and Chamberlin unified," *Regional Science & Urban Economics* 25（4）（1995）.

［24］ Fujita, M., J. –F. o. Thisse, "Does Geographical Agglomeration Foster Economic Growth? And Who Gains and Loses from It?" *The Japanese Economic Review* 54（2）（2003）.

［25］ Crozet, M., P. Koenig, The Cohesion vs Growth Tradeoff-Evidence from EU Regions（1980-2000）（ERSA conference, August 2005）.

［26］ Martin, P., G. I. P. Ottaviano, "Growth and Agglomeration," *International*

Economic Review 42 (2001).

[27] Dupont, V., "Do geographical agglomeration, growth and equity conflict?" *Papers in Regional Science* 86 (2007).

[28] Baldwin, R. E., R. Forslid, "Trade liberalisation and endogenous growth: A q-theory approach," *Journal of International Economics* 50 (2000).

[29] Ottaviano, G. I. P., D. Pinelli, "Market potential and productivity: Evidence from Finnish regions," *Regional Science & Urban Economics* 36 (5) (2006).

[30] Henderson, J. V., "The sizes and types of cities," *The American Economic Review* 64 (4) (1974).

[31] Henderson, V., "The Urbanization Process and Economic Growth: The So-What Question," *Journal of Economic Growth* 8 (2003).

[32] Williamson, J. G., "Regional Inequality and the Process of National Development," *Economic Development and Cultural Change* 4 (1965).

[33] Brülhart, M., N. A. Mathys, "Sectoral agglomeration economies in a panel of European regions," *Regional Science & Urban Economics* 38 (4) (2008).

[34] Brülhart, M., Federica Sbergami, "Agglomeration and growth: Cross-country evidence," *Journal of Urban Economics* 65 (1) (2009).

[35] Henderson, J. V., "Efficiency of resource usage and city size," *Journal of Urban Economics* 19 (1) (1986).

[36] Bertinelli, L., D. Black, "Urbanization and growth," *Journal of Urban Economics* 56 (1) (2004).

[37] Rizov, M., A. Oskam, P. Walsh., "Is there a limit to agglomeration? Evidence from productivity of Dutch firms," *Regional Science and Urban Economics* 42 (4) (2012).

[38] Futagami, K., Y. Ohkusa, "The Quality Ladder and Product Variety: Larger Economies May Not Grow Faster," *The Japanese Economic Review* 54 (2003).

[39] Duranton, G., D. Puga, "Micro-foundations of urban agglomeration economies," *Handbook of regional and urban economics* 4 (2004).

[40] 张艳、刘亮：《经济集聚与经济增长——基于中国城市数据的实证分析》，《世界经济文汇》2007年第1期。

[41] 高健、吴佩林：《城市人口规模对城市经济增长的影响》，《城市问题》2016年第6期。

[42] 曾永明、张利国：《人口分布与经济增长的倒 U 型关系：理论与检验——中国256个城市空间面板数据实证：2001~2014》，《企业经济》2017年第7期。

[43] 梁婧、张庆华、龚六堂：《城市规模与劳动生产率：中国城市规模是否过小?》，《社会观察》2016年第1期。

[44] 刘修岩、邵军、薛玉立：《集聚与地区经济增长：基于中国地级城市数据的再检验》，《南开经济研究》2012 年第 3 期。

[45] 孙浦阳、武力超、张伯伟：《空间集聚是否总能促进经济增长：不同假定条件下的思考》，《世界经济》2011 年第 10 期。

[46] 覃一冬：《空间集聚与中国省际经济增长的实证分析：1991～2010 年》，《金融研究》2013 年第 8 期。

[47] 符淼：《地理距离和技术外溢效应——对技术和经济集聚现象的空间计量学解释》，《经济学（季刊）》2009 年第 4 期。

[48] 周慧：《城镇化、空间溢出与经济增长——基于我国中部地区地级市面板数据的经验证据》，《上海经济研究》2016 年第 2 期。

[49] 张自然、张平、袁富华、楠玉：《中国经济增长报告（2017～2018）：迈向高质量的经济发展》，社会科学文献出版社，2018。

[50] Young, A., "A tale of two cities: factor accumulation and technical change in Hong Kong and Singapore," *NBER Macroeconomics Annual* 7 (1992).

[51] Young, A., "The tyranny of numbers: confronting the statistical realities of the East Asian growth experience," *The Quarterly Journal of Economics* 110 (3) (1995).

[52] Young, A., "The Razor's Edge: Distortions and Incremental Reform in the People Republic of China," *The Quarterly Journal of Economics* CXV (2000).

[53] Krugman, P., "The Myth of Asia's Miracle," *Foreign Affairs* 73 (6) (1994).

[54] 郑京海、胡鞍钢：《中国改革时期省际生产率增长变化的实证分析（1979～2001 年）》，《经济学（季刊）》2005 年第 2 期。

[55] Bosworth, B., S. M. Collins, "Accounting for growth: comparing China and India." *Journal of Economic Perspectives* 22 (1) (2008).

[56] 张自然、王宏淼、袁富华、刘霞辉：《资本化扩张与赶超型经济的技术进步》，《经济研究》2010 年第 5 期。

[57] 张自然、陆明涛：《全要素生产率对中国地区经济增长与波动的影响》，《金融评论》2013 年第 1 期。

[58] 张自然：《TFP 增长对中国城市经济增长与波动的影响——基于 264 个地级及地级以上城市数据》，《金融评论》2014 年第 1 期。

[59] 张平、张自然：《高质量发展本质是以人民为中心》，《经济参考报》2018 年 10 月 10 日。

[60] 张自然：《中国城市 TFP 增长与潜在增长率》，《湖南大学学报》（社会科学版）2019 年第 6 期。

[61] 袁骏毅、乐嘉锦：《空间集聚与企业全要素生产率——基于中国工业企业数据库的考察》，《湘潭大学学报》（哲学社会科学版）2018 年第 6 期。

[62] 孔令乾、付德申、陈嘉浩：《城市行政级别、城市规模与城市生产效率》，《华东经济管理》2019 年第 7 期。

[63] 周璇、陶长琪：《要素空间集聚、制度质量对全要素生产率的影响研究》，《系统工程理论与实践》2019 年第 4 期。

[64] 崔宇明、代斌、王萍萍：《城镇化、产业集聚与全要素生产率增长研究》，《中国人口科学》2013 年第 4 期。

[65] 伍先福：《产业协同集聚影响全要素生产率的空间效应研究——基于 246 个城市的空间杜宾模型实证》，《广西师范大学学报》（哲学社会科学版）2019 年第 3 期。

[66] Barro, R. J., "Economic growth in a cross section of countries," *The Quarterly Journal of Economics* 106 (2) (1991).

[67] Benhabib, J., Spiegel, "The role of human capital in economic development: Evidence from cross-country date," *Journal of Monetary Economics* 34 (1994).

[68] 刘建国、李国平、张军涛、孙铁山：《中国经济效率和全要素生产率的空间分异及其影响》，《地理学报》2012 年第 8 期。

[69] 张浩然、衣保中：《基础设施、空间溢出与区域全要素生产率——基于中国 266 个城市空间面板杜宾模型的经验研究》，《经济学家》2012 年第 2 期。

[70] 王文静、刘彤、李盛基：《人力资本对我国全要素生产率增长作用的空间计量研究》，《经济与管理》2014 年第 2 期。

[71] 赵莎莎：《R&D 资本、异质型人力资本与全要素生产率——基于空间相关性和区域异质性的实证分析》，《现代经济探讨》2019 年第 3 期。

[72] Krueger, A. B., M. Lindahl, "Education for Growth: Why and for Whom?" *Journal of Economic Literature* 39 (4) (2001).

[73] Aghion, P., C. Meghir, J. Vandenbussche, "Growth, Distance to Frontier and Composition of Human Capital," *Journal of Economic Growth* 11 (2) (2006).

[74] 蒋佳、赵晶晶、盛玉雪：《高等教育、异质性人力资本和全要素生产率——基于空间溢出视角的实证研究》，《学海》2019 年第 3 期。

[75] 魏下海、张建武：《人力资本对全要素生产率增长的门槛效应研究》，《中国人口科学》2010 年第 5 期。

[76] 华萍：《不同教育水平对全要素生产率增长的影响——来自中国省份的实证研究》，《经济学（季刊）》2005 年第 4 期。

[77] 彭国华：《我国地区全要素生产率与人力资本构成》，《中国工业经济》2007 年第 2 期。

[78] 曾淑婉：《财政支出、空间溢出与全要素生产率增长——基于动态空间面板模型的实证研究》，《财贸研究》2013 年第 1 期。

[79] 刘树林、刘奥勇：《空间溢出效应视角下 R&D 经费结构对全要素生产率的影

响》，《北京邮电大学学报》（社会科学版）2018 年第 4 期。

[80] 闫雨、李成明、孙博文、李浩民：《政府干预、生产率与高质量发展》，《技术经济与管理研究》2019 年第 6 期。

[81] 李骏、刘洪伟、万君宝：《产业政策对全要素生产率的影响研究——基于竞争性与公平性视角》，《产业经济研究》2017 年第 4 期。

[82] 赵鑫磊、何蓉蓉：《基于空间视角的中国省际 OFDI 对全要素生产率影响研究》，《区域金融研究》2019 年第 4 期。

[83] 郝春虹、刁璟璐：《税收努力度、公共支出规模与全要素生产率增长研究——基于内蒙古自治区 101 个旗县区的空间计量测度》，《经济经纬》2019 年第 1 期。

[84] 曾淑婉：《财政支出对全要素生产率的空间溢出效应研究——基于中国省际数据的静态与动态空间计量分析》，《财经理论与实践》2013 年第 1 期。

[85] 宋丽颖、刘源、张伟亮：《资源型城市全要素生产率及其影响因素研究——基于财政收支的视角》，《当代经济科学》2017 年第 6 期。

[86] 周莉、李德刚：《地方财政支出对全要素生产率的空间溢出效应分析——基于空间面板 Durbin 模型》，《新疆财经》2014 年第 2 期。

[87] 邓晓兰、刘若鸿、许晏君：《经济分权、地方政府竞争与城市全要素生产率》，《财政研究》2019 年第 4 期。

[88] 刘华军、杨骞：《资源环境约束下中国 TFP 增长的空间差异和影响因素》，《管理科学》2014 年第 5 期。

[89] 吕品、潘沈仁：《FDI，进出口贸易对全要素生产率的影响——基于省市数据的空间计量分析》，《浙江理工大学学报》（自然科学版）2014 年第 2 期。

[90] 叶明确、方莹：《出口与我国全要素生产率增长的关系——基于空间杜宾模型》，《国际贸易问题》2013 年第 5 期。

[91] 付海燕：《对外直接投资逆向技术溢出效应研究——基于发展中国家和地区的实证检验》，《世界经济研究》2014 年第 9 期。

[92] 余锦亮、卢洪友、朱耘婵：《人口增长、生产效率与地方政府财政支出规模——理论及来自中国地级市的经验证据》，《财政研究》2018 年第 10 期。

[93] 余泳泽、容开建、苏丹妮、张为付：《中国城市全球价值链嵌入程度与全要素生产率——来自 230 个地级市的经验研究》，《中国软科学》2019 年第 5 期。

[94] Ciccone, A., R. E. Hall, "Productivity and the Density of Economic Activity," *American Economic Review* 86 (1) (1996).

[95] Mitra, Arup, "Agglomeration Economies as Manifested in Technical Efficiency at the Firm Level," *Journal of Urban Economics* 45 (3) (1999).

[96] Otsuka, A., M. Goto, T. Sueyoshi, "Industrial agglomeration effects in Japan: Productive efficiency, market access, and public fiscal transfer," *Papers in*

Regional Science 89（4）（2010）.

[97] Meijers, E., J. Burger, J. Martijn, "Spatial Structure and Productivity in US Metropolitan Areas," *Environment and Planning A* 42（6）（2010）.

[98] 范剑勇：《产业集聚与地区间劳动生产率差异》，《经济研究》2006 年第 11 期。

[99] 陈良文、杨开忠：《生产率、城市规模与经济密度：对城市集聚经济效应的实证研究》，《贵州社会科学》2007 年第 2 期。

[100] 杨路英、吴玉鸣：《就业密度、集聚空间外部性与劳动生产率——基于中国地级城市空间面板数据的分析》，《云南财经大学学报》2019 年第 35（2）期。

[101] Moomaw, R. L., "Firm location and city size: Reduced productivity advantages as a factor in the decline of manufacturing in urban areas," *Journal of Urban Economics* 17（1）（1985）.

[102] Glaeser, E. L., M. G. Resseger, "The Complementarity Between Cities And Skills," *Journal of Regional Science* 50（1）（2010）.

[103] Shefer, D., "Localization Economies in Smsa's: A Production Function Analysis," *Journal of Regional Science* 13（1）（1973）.

[104] Sveikauskas, L., "The Productivity of Cities," *The Quarterly Journal of Economics* 89（3）（1975）.

[105] Segal, D., "Are There Returns to Scale in City Size?" *Review of Economics & Statistics* 58（3）（1976）.

[106] Fogarty, M. S., G. A. Garofalo, "Urban spatial structure and productivity growth in the manufacturing sector of cities," *Journal of Urban Economics* 23（1）（1988）.

[107] Moomaw, R. L., "Productivity and City Size: A review of the Evidence," *The Quarterly Journal of Economics* 96（1981）.

[108] 韩峰、柯善咨：《城市就业密度、市场规模与劳动生产率——对中国地级及以上城市面板数据的实证分析》，《城市与环境研究》2015 年第 1 期。

[109] 陶爱萍、江鑫：《城市规模对劳动生产率的影响——以中国 267 个城市为例》，《城市问题》2017 年第 8 期。

[110] 姚昕、潘是英、孙传旺：《城市规模、空间集聚与电力强度》，《经济研究》2017 年第 11 期。

[111] 孙晓华、郭玉娇：《产业集聚提高了城市生产率吗？——城市规模视角下的门限回归分析》，《财经研究》2013 年第 2 期。

[112] 陈杰、周倩：《中国城市规模和产业结构对城市劳动生产率的协同效应研究》，《财经研究》2016 年第 9 期。

[113] Cohen, J. P., C. J. Morrison Paul, "Public Infrastructure Investment, Interstate Spatial Spillovers, and Manufacturing Costs," *The review of economics and statistics* 86 (2) (2004).

[114] Bronzini, R., P. Piselli, "Determinants of long-run regional productivity with geographical spillovers: The role of R&D, human capital and public infrastructure," *Regional Science and Urban Economics* 39 (2) (2009).

[115] 罗勇、曹丽莉:《中国制造业集聚程度变动趋势实证研究》,《经济研究》2005 年第 8 期。

[116] 潘宇:《经济发展水平、环境质量与结构错配——基于就业结构和产业结构的考察》,《生态经济》2019 年第 5 期。

[117] 潘竟虎、尹君:《中国省会及以上城市发展效率的 DEA-ESDA 分析》,《西北师范大学学报》(自然科学版) 2012 年第 6 期。

[118] 席强敏:《城市效率与城市规模关系的实证分析——基于 2001~2009 年我国城市面板数据》,《经济问题》2010 年第 10 期。

[119] 王业强:《倒"U"型城市规模效率曲线及其政策含义——基于中国地级以上城市经济、社会和环境效率的比较研究》,《财贸经济》2012 年第 11 期。

[120] 郭力:《中国城市规模效率与最优规模的生态考量——基于地级市面板数据的分析》,《城市问题》2018 年第 2 期。

[121] 高健:《人口规模、空间溢出与城市效率关系的实证分析》,《统计决策》2018 年第 2 期。

[122] 杨学成、汪冬梅:《我国不同规模城市的经济效率和经济成长力的实证研究》,《管理世界》2002 年第 3 期。

[123] Moreno, R., P. Raffaele, U. Stefano, "Spatial Spillovers and Innovation Activity in European Regions," *SSRN Electronic Journal* 10 (2005).

[124] Hanson, G. H., "Market potential, increasing returns and geographic concentration," *NBER Working Papers* 67 (1) (1998).

[125] Crawley, A. J., S. Hill, "Is industrial agglomeration increasing? New evidence from a small open economy," *Journal of Economic Studies* 38 (6) (2011).

[126] 郭克莎:《论经济增长的速度与质量》,《经济研究》1996 年第 1 期。

[127] 肖红叶、李腊生:《我国经济增长质量的实证分析》,《统计研究》1998 年第 4 期。

[128] 维诺德·托马斯:《增长的质量》,中国财政经济出版社,2001。

[129] 刘树成:《论又好又快发展》,《经济研究》2007 年第 6 期。

[130] 钞小静、任保平:《中国经济增长质量的时序变化与地区差异分析》,《经济研究》2011 年第 46 (4) 期。

[131] 魏敏、李书昊:《新常态下中国经济增长质量的评价体系构建与测度》,《经

济学家》2018 年第 4 期。

[132] 张自然、张平、袁富华等：《中国经济增长报告（2018~2019）》，社会科学文献出版社，2019。

[133] Barro, R. J., "Quantity and Quality of Economic Growth," *Working Papers Central Bank of Chile* 5（2）（2002）.

[134] 杨文、刘永功：《中国城市发展质量评价》，《城市问题》2015 年第 2 期。

[135] 詹新宇、崔培培：《中国省际经济增长质量的测度与评价——基于"五大发展理念"的实证分析》，《财政研究》2016 年第 8 期。

[136] 陈诗一、陈登科：《雾霾污染、政府治理与经济高质量发展》，《经济研究》2018 年第 2 期。

[137] 刘瑞翔、夏琪琪：《城市化、人力资本与经济增长质量——基于省域数据的空间杜宾模型研究》，《经济问题探索》2018 年第 11 期。

[138] 史丹、李鹏：《我国经济高质量发展测度与国际比较》，《东南学术》2019 年第 5 期。

[139] 黄永明、姜泽林：《金融结构、产业集聚与经济高质量发展》，《科学学研究》2019 年第 10 期。

[140] 鲁永刚、张凯：《资源依赖、政府效率与经济发展质量》，《经济与管理研究》2019 年第 1 期。

[141] 黄庆华、时培豪、胡江峰：《产业集聚与经济高质量发展：长江经济带 107 个地级市例证》，《改革》2020 年第 1 期。

[142] 梁志霞、毕胜：《基于城市功能的城市发展质量及其影响因素研究——以京津冀城市群为例》，《经济问题》2020 年第 1 期。

[143] 杨旭、刘祎、黄茂兴：《金融集聚对经济发展绩效与经济发展质量的影响——基于制度环境视角的研究》，《经济问题》2020 年第 1 期。

[144] 李燕信：《城乡居民收入差距与消费需求关系研究——基于宏观经济视角》，《商业经济研究》2018 年第 24 期。

[145] 李拓、李斌：《中国跨地区人口流动的影响因素——基于 286 个城市面板数据的空间计量检验》，《中国人口科学》2015 年第 2 期。

[146] 张红历、梁银鹤、杨维琼：《市场潜能、预期收入与跨省人口流动——基于空间计量模型的分析》，《数理统计与管理》2016 年第 5 期。

[147] 何文举、刘慧玲、颜建军：《基本公共服务支出、收入水平与城市人口迁移关系——以湖南省市域中心城市为例》，《经济地理》2018 年第 12 期。

[148] 蒋涛、沈正平：《聚集经济与最优城市规模探讨》，《人文地理》2007 年第 6 期。

[149] 左顺根、左挥师：《1994~2008 年湖南城镇居民人均可支配收入增长实证研析——基于与全国和广东之比较》，《金融经济：下半月》2010 年第 3 期。

[150] 王海滋、崔恩泽：《北京人均可支配收入和人均 GDP 与房价关系》，《山东建筑大学学报》2013 年第 4 期。

[151] 洪勇、王万山：《技术创新、市场分割与收入不平等——基于中国省级面板数据的分析》，《商业经济与管理》2019 年第 9 期。

[152] Acemoglu, D., "Technical Change, Inequality, and the Labor Market," *Journal of Economic Literature* 40 (1) (2002).

[153] Acemoglu, D., "Why do New technologies complement skills? Directed technical change and wage inequality," *The Quarterly Journal of Economics* 113 (4) (2012).

[154] Ojha, V. P., B. K. Pradhan, J. Ghosh., "Growth, inequality and innovation: A CGE analysis of India," *Journal of Policy Modeling* 35 (6) (2013).

[155] 李健旋、赵林度：《金融集聚、生产率增长与城乡收入差距的实证分析——基于动态空间面板模型》，《中国管理科学》2018 年第 12 期。

[156] 巴特尔：《金融资源差异配置对城乡居民可支配收入影响分析——基于内蒙古金融发展与收入增长实证分析》，《内蒙古师范大学学报》（哲学社会科学版）2019 年第 5 期。

[157] 范具才、汪萌、王科：《南京城市居民人均可支配收入影响因素实证分析》，《统计科学与实践》2013 年第 4 期。

[158] Chinn, M. D., H. Ito., "Current Account Balances, Financial Development and Institutions: Assaying the World 'Savings Glut'," *Social Science Electronic Publishing* w11761 (2006).

[159] Gabler, L. R., "Population Size as a Determinant of City Expenditures and Employment: Some Further Evidence," *Land Economics* 47 (2) (1971).

[160] 唐天伟：《2016 我国地级市政府效率及特征的定量分析》，《江西师范大学学报》（哲学社会科学版）2017 年第 2 期。

[161] 解垩：《政府效率的空间溢出效应研究》，《财经研究》2007 年第 6 期。

[162] 高向飞、高春婷：《政府干预的效率分析：一个新制度主义视角》，《经济体制改革》2009 年第 6 期。

[163] 傅勇：《财政分权、政府治理与非经济性公共物品供给》，《经济研究》2010 年第 8 期。

[164] Qian, Y., B. R. Weingast, "China's transition to markets: market-preserving federalism, chinese style," *Journal of Economic Policy Reform* 1 (2) (1996).

[165] Derksen, W., "Municipal amalgamation and the doubtful relation between size and performance," *Local Government Studies* 14 (6) (1988).

[166] Breunig, R., Y. Rocaboy, "Per-capita public expenditures and population size: a non-parametric analysis using French data," *Public Choice* 136 (3-4) (2008).

［167］王丽英、刘后平：《制度内生、政府效率与经济增长的分类检验——基于省级面板数据的估计与分析》，《经济学家》2010年第1期。

［168］李文钊、蔡长昆：《政治制度结构、社会资本与公共治理制度选择》，《管理世界》2012年第8期。

［169］陈晓玲、李小庆：《中国省级政府效率研究——基于空间面板数据分析》，《财贸研究》2013年第4期。

［170］方颖、纪衎、赵扬：《中国是否存在"资源诅咒"》，《世界经济》2011年第4期。

城市规模与经济增长篇

报告1
中国城市 TFP 增长与潜在增长率[*]

——基于 264 个地级及地级以上城市数据

张自然[**]

摘　要： 本文利用 1990~2018 年中国 264 个地级及地级以上城市投入产出数据，分析了全要素生产率增长及相关要素对经济增长的贡献，并利用 HP 滤波法分析全要素生产率、要素增长及其波动对经济增长的影响，得出实证结论并提出如下结论：（1）全国和东部、中部、西部地区城市的 GDP 潜在增长率仍处于下降通道，各地区城市的潜在增长率下降的趋势仍然未能得到有效遏制；（2）从 264 个地级及地级以上城市 1990~2018 年全要素生产率增长近些年呈下降趋势的现实来看，宜通过技术研发、提高人力资本水平、制度变革等多种方式提升全要素生产率增长水平，提高全要素生产率增长对经济增长的贡献率，优化资源合理配置，保持经济的中高速持续增长；（3）提高各地区固定资本存量水平和固定资本存量的使用效率。东部、中部和西部地区 GDP 增长率与固定资本存量的增长率有正相关性，说明仍然可以通过提高固定资本存量的方式提高 GDP 潜在增长率；（4）提高劳动增长率和劳动参与率。全国 GDP 增长率趋势值与劳动增长率趋势值高度正相关，提高劳动增长率也可以提高 GDP 潜在增长率。

---

　　[*] 本文受国家社会科学基金重点课题"中国城市规模、空间聚集与管理模式研究"（批准文号：15AJL013）资助。本文发表在《湖南大学学报》（社会科学版）2019 年第 6 期。

　　[**] 张自然，博士，中国社会科学院经济研究所研究员，主要研究方向为技术进步与经济增长。

关键词： TFP 增长　潜在增长率　HP 滤波

一　引言

中国经济经历了 40 多年的高速增长，近十年来潜在增长率开始出现下降趋势，2017 年中国 GDP 增长率为 6.7%，2018 年为 6.6%。今后几年中国潜在增长率继续下降乃是必然趋势。张自然（2014）探讨了 1990~2011 年中国地级及地级以上城市 TFP 增长对经济增长和波动的影响，这一时期是经济的上升期，虽然 2011 年出现掉头的迹象，但从趋势图上看不出明显的拐点。经过 7 年的发展，中国经济结构性减速的趋势已经形成，我们有必要继续探讨中国城市尤其是地级及地级以上城市的经济增长即潜在增长率的问题。

影响潜在增长率的三个要素主要有投资、就业和技术进步。高投资是中国近 40 年增长的主要特色，高投资积累导致今后投资不可能持续保持已有的动辄 20%~30% 的增速；人口老龄化的提前到来也让中国的就业增长率下降并已经面临拐点，由此直接导致潜在增长率的快速下降，而减缓中国城市经济潜在增长率下降只有依靠技术进步和技术创新，即全要素生产率的增长。

关于中国全国、分省份或者分城市的全要素生产率，讨论已经很多了（Sachs and Woo，1997；Young，2000；谢千里等，2001；张军、施少华，2003；Guillaumont and Hua，2003；Zheng and Hu，2004；颜鹏飞、王兵，2004；郑京海、胡鞍钢，2005；孙琳琳、任若恩，2005；郭庆旺、贾俊雪，2005；张自然、陆明涛，2013；张自然，2014），其中不乏认为中国经济增长的主推动力是要素投入的积累，尤其是固定资产投资引致的经济增长，质疑中国经济高速增长存在的技术进步，否认中国经济增长中存在的技术创新（Young，1992、1995 和 2000；Krugman，1994），但越来越多的国内外学者研究认为，中国的经济增长主要依赖全要素生产率增长（郑玉歆，1999；

Ezaki and Sun，1999；Islam and Dai，2004；郑京海、胡鞍钢，2005；Bosworth and Collins，2008；Lee，2009；Ozyurt，2009；Brandt and Zhu，2010；张自然、王宏淼等，2010；张自然、陆明涛，2013；张自然，2014；张平、张自然，2018）。

对中国全要素生产率的研究主要有以下四个方面。一是对具体行业的全要素生产率的研究。这些研究主要集中于工业、农业和服务业的全要素生产率及技术进步方面的研究。二是对中国经济总量全要素生产率的研究。三是对中国省域全要素生产率增长的研究，分析全要素生产率增长及其分解因素，即技术进步、技术效率变化、纯技术效率变化和规模效率变化。四是基于中国各城市来研究全要素生产率增长及其对经济潜在增长率的影响，这方面的研究仍然不多，主要有张自然（2014）研究的 1990～2011 年 TFP 增长对中国地级及地级以上城市的增长和波动的影响。本文在张自然（2014）研究的基础上，将数据从 2011 年延展到2018 年，即用中国 264 个地级及地级以上城市（简称地级市）1990～2018 年的数据从固定资本存量、劳动力和全要素生产率增长几个方面来分析中国地级及地级以上城市的潜在增长率，并探讨生产要素和 TFP 增长对经济增长的贡献及其相关波动性。按 2018 年地级市常住人口计算，本文的 264 个地级及地级以上城市覆盖人口为 124691.97 万人，占全国总人口 139538 万的 89.36%；2018 年 264 个地级市地区生产总值现价883838 亿元，占全国国内生产总值 900309 亿元的 98.11%；2017 年的地区生产总值现价为 819229 亿元，占全国国内生产总值 827122 亿元的99%。考虑到各城市地区生产总值加总可能略大于全国的情况，本文讨论的 264 个地级及地级以上城市代表的国内生产总值占全国的比至少在90%～95%，因此无论常住人口数还是国内生产总值，本文 264 个地级及地级以上城市都具有很大的代表性。

本文第二部分是研究方法和数据处理，第三部分是分地区城市 TFP 增长及各要素的贡献情况，第四部分是 TFP 增长对分地区城市潜在增长率的影响，第五部分是结论及政策建议。

二 研究方法和数据处理

（一）研究方法

TFP 的研究方法主要有基于增长核算法和考虑技术非效率的前沿分析法，包括随机前沿分析法和非参数 DEA Malmquist 生产率指数法（Malmquist 指数法）。增长核算法包含柯布－道格拉斯生产函数法和对偶法，要求市场完全竞争、规模报酬不变、技术进步为希克斯中性。非参数 DEA Malmquist 生产率指数法是用数学规划的方法进行分析，无须对生产函数和无效率项的分布进行假设；没有规模报酬不变、资本和劳动产出弹性相关限制；也不需要对参数进行估计，无须考虑投入产出价格，在存在价格扭曲的情况下仍然适用；生产力指数构建无须考虑诸如成本最小化或利润最大化假设，在经济单位行为未知的情况下仍然适用；生产力指数的可分解性，有利于对全要素生产率增长来源的深化分析；也不需要对市场竞争状况做出假设，它使用数据包络分析的方法构建出最佳实践面；允许技术非效率的存在，并且是确定性分析方法，不考虑随机冲击的影响，优点是所分析结果比较稳定，当数据调整时，只是相关年份会进行变化，其他部分则保持不变。由于 Malmquist 指数法在中国省份面板数据应用中的普遍性，适合应用于中国这样处于经济转型期的国家，我们采用 Fare 等人（1994）构建的基于 DEA 的 Malmquist 指数法来分析中国 264 个地级及地级以上城市的全要素生产率增长情况，同时利用随机前沿方法来分析资本和产出弹性，进而分析资本和劳动对经济增长贡献的份额。

Malmquist 指数在规模报酬不变（CRS）时将全要素生产率增长指数分解为技术进步（TP）和技术效率变化（TEC）。规模报酬可变（VRS）时技术效率变化（TEC）又可以分解为纯技术效率变化（PEC）和规模效率变化（SEC）。本文采用规模报酬可变的 Malmquist 指数法。Malmquist 指数法公式的具体推导过程见张自然和陆明涛的研究（2013）。

（二）数据来源及处理

本文采用 1990~2018 年 264 个地级及地级以上城市的数据，数据均来源于历年《中国城市统计年鉴》、《中国统计年鉴》、中国各省区市统计年鉴和具体城市统计年鉴，以及历年各城市国民经济和社会发展统计公报。2018 年未出国民经济和社会发展统计公报或者政府工作报告的城市则按近三年加权增速进行递推。

1. GDP

产出数据采用 264 个城市全市的地区生产总值（地区 GDP）。由以 1990 年为基期的各市 1990~2018 年的国内生产总值指数和当年 GDP 可以得到以 1990 年为基期的不变价格地区 GDP。

2. 固定资本存量

目前测量固定资本存量的通用方法是永续盘存法（PIM）。永续盘存法是对历年投资形成的固定资产进行重估价后，根据所选折旧方式来确定某个资本消耗，按逐年推算的方法计算历年的资本存量总额。对中国的固定资本存量进行的估算比较典型的有贺菊煌（1992）、邹至庄（Chow，1993）、王小鲁和樊纲（2000）、吴延瑞（Wu，2003）以及张自然和王宏淼等（2010）。

本文也采用永续盘存法来计算固定资本存量，计算方法是将第 i 个城市第 t 年的固定资本存量表示为：

$$K_{it} = K_{i,t-1}(1 - \delta) + I_{it} \tag{1}$$

其中，I_{it} 是第 i 个城市第 t 年的新增固定资产投资；K_{it} 是第 i 个城市第 t 年的固定资本存量；δ 是折旧率。

固定资本存量的确定涉及基年固定资本存量、新增固定资产投资、折旧率和固定资产价格指数等几个方面。1990 年，各市初始固定资本存量由各省区市固定资本存量按当年各市占各省份的全社会固定资产投资的比来确定。把各市的全社会固定资产投资总额按照全国的全社会新增固定资产投资与全社会固定资产投资总额的比换算成各市的全社会新增固定资产投资。各市 1991 年后的固定资产价格指数直接引用《中国统计年鉴》中各省区市的

固定资产价格指数,再将 1990~2018 年的固定资产价格指数换算成以 1990
年为基期的固定资产价格指数。由于中国法定残值率为 3%~5%,且现有文
献中一般选择折旧率为 5%,本文也选取折旧率为 5%。由各市 1990 年的固
定资本存量、全社会新增固定资产投资、以 1990 年为基期的固定资产价格
指数和折旧率,按照永续盘存法,式(1)就可以计算出 264 个地级市
1990~2018 年以 1990 年为基期的固定资本存量。

3.劳动投入

劳动投入有如下三种指标:劳动者报酬;总劳动时间,平均劳动时间乘
以就业人数取得;劳动者人数,通常采用就业人数。如果一个国家或地区产
业结构相对成熟,就业市场化程度很高,劳动的供给和需求保持着较为稳定
的关系,劳动者报酬完全由劳动的数量和质量决定。劳动者报酬是比较理想
的劳动投入指标,应能既反映劳动投入的数量,也要能反映劳动投入的质
量。但劳动者报酬存在变量的选择和数据采集的问题,还存在如何才能准确
反映价格调整的问题。作为劳动投入,总劳动时间比劳动者人数统计得更
细,也更准确,但它无法反映劳动的质量。同时我们国家统计数据并不包括
劳动小时数,有部分研究者用抽样调查的方式获取劳动时间,其结果可能比
采用劳动者人数更不准确。因此多数研究选用劳动者人数即就业人数作为劳
动投入。这是因为它能够简明直接地体现劳动投入量的规模,不存在价格调
整的问题,统计数据也较容易获得。劳动投入采用 1990~2018 年末中国 264
个城市全市就业人口数。

三 分地区城市 TFP 增长及各要素的贡献情况

根据 1990~2018 年中国 264 个城市的面板数据,利用 Coelli 给出的数据包
络分析软件 DEAP 计量软件对中国各省区市的经济进行 TFP 分解,得到
1990~2018 年中国的 Malmquist 生产率指数分解(见表 1)。

(一)中国城市全要素生产率增长的变动

(1)1990~2018 年中国 264 个地级市全要素生产率平均增长 4.3%。

TFP 增长对经济增长的贡献为 38.62%。将 Malmquist 指数分解为技术效率变化和技术进步两个部分，可以发现技术进步年均增长 2.9%，而技术效率变化年均增长为 0.5%。可见，对全要素生产率增长起主要作用的是技术进步，技术效率变化起着补充作用（见表 1）。

表 1　中国城市 Malmquist 生产率指数分解（1990~2018 年）

年份	TE 指数	TP 指数	PE 指数	SE 指数	TFP 指数	TFP 贡献率（%）
1990~1991	1.043	1.012	1.021	1.022	1.056	56.51
1991~1992	1.022	1.078	1.03	0.992	1.102	71.77
1992~1993	0.996	1.102	1.005	0.99	1.097	73.74
1993~1994	0.985	1.106	1.001	0.984	1.089	70.86
1994~1995	1.053	1.005	1.016	1.036	1.058	58.94
1995~1996	1.021	1.063	1.002	1.019	1.085	66.65
1996~1997	1.024	1.04	0.995	1.029	1.065	58.26
1997~1998	1.05	1.004	1.022	1.028	1.055	57.50
1998~1999	1.063	1.001	1.015	1.048	1.064	80.59
1999~2000	1.029	1.04	0.999	1.03	1.07	83.26
2000~2001	1.033	1.022	1.001	1.031	1.055	57.85
2001~2002	1.019	1.038	1.026	0.993	1.058	52.88
2002~2003	1.003	1.057	1.009	0.994	1.061	49.51
2003~2004	1.024	1.053	1.022	1.002	1.077	53.61
2004~2005	0.986	1.076	0.994	0.992	1.06	43.00
2005~2006	1.003	1.049	1.011	0.992	1.053	37.31
2006~2007	1.012	1.039	1.018	0.994	1.051	33.58
2007~2008	1.017	1.014	1.006	1.011	1.031	23.25
2008~2009	1.065	0.94	1.036	1.028	1.001	0.77
2009~2010	1.018	1.004	1.004	1.014	1.022	15.14
2010~2011	1.016	0.994	1.005	1.011	1.01	7.58
2011~2012	1.011	0.988	1.01	1.001	0.999	-0.85
2012~2013	0.983	1.002	0.995	0.988	0.985	-14.66
2013~2014	0.996	1.003	0.983	1.014	0.999	-1.19
2014~2015	1.004	0.997	1.001	1.003	1.001	1.32
2015~2016	0.968	1.03	0.967	1.001	0.997	-4.28
2016~2017	0.957	1.047	0.961	0.995	1.001	1.41
2017~2018	0.979	1.039	0.979	1	1.017	24.11
平均	1.013	1.029	1.005	1.009	1.043	38.62

（2）中国 264 个地级市全要素生产率的平均增长如图 1，264 个地级市 1991~2018 年间全要素生产率平均增长与通过 30 个省区市得到的 1991~2018 年间的全要素生产率平均增长的趋势基本一致。

（3）1991~2018 年间中国 264 个地级市的平均技术进步情况见图 2，全国和东部、中部、西部地区城市分区技术进步情况见图 3。

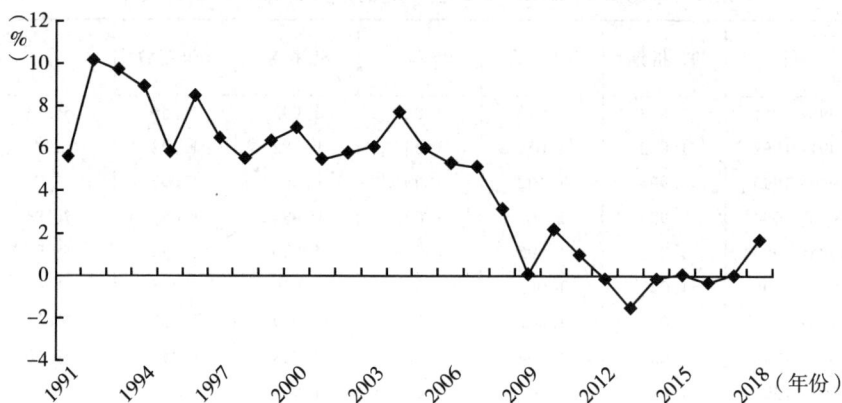

图 1　中国城市全要素生产率平均增长情况

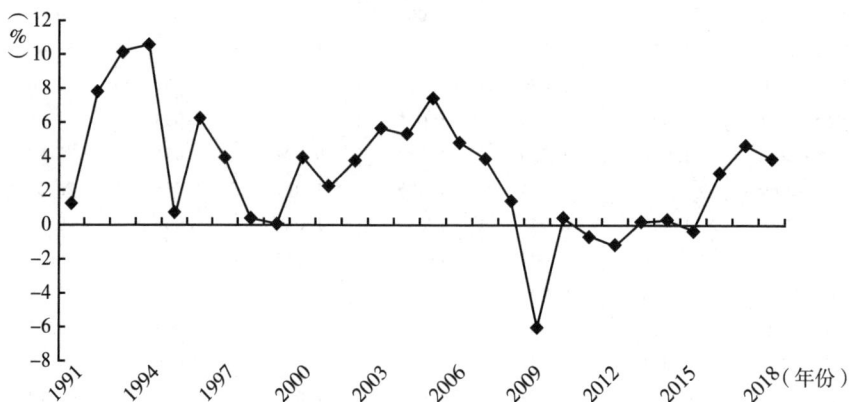

图 2　中国城市平均技术进步情况

（4）1991~2018 年中国 264 个地级市数据显示的全国和东部、中部、西部地区城市平均技术效率变化见图 4。从图 4 可以看出，中国 264 个地级市平

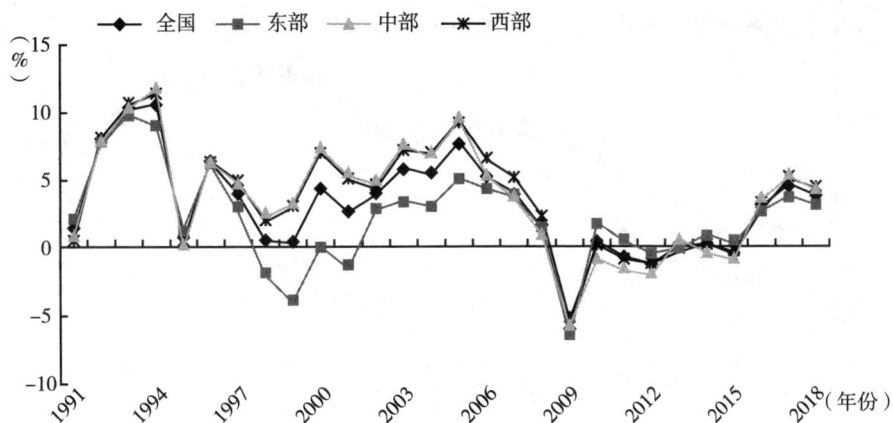

图 3 　中国城市分区技术进步情况

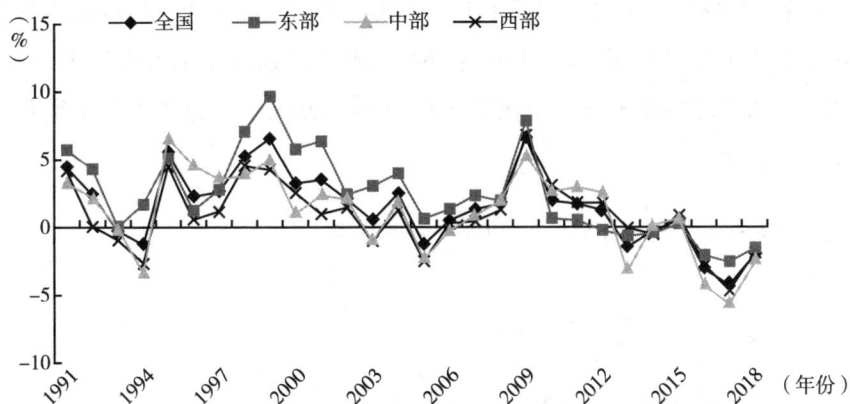

图 4 　中国城市分区平均技术效率变化情况

均技术效率变化波动比较显著，2009 年后技术效率变化总体处于恶化状态。

1990~2018 年中国 264 个地级市数据显示的全国和东部、中部、西部地区城市平均技术效率见图 5。全国和东部、中部、西部地区城市平均技术效率呈上升趋势，2012 年后全国和东部、中部、西部地区的平均技术效率则又呈下降趋势。

（5）1991~2018 年中国 264 个地级市数据显示的全国和东部、中部、西部地区城市平均纯技术效率变化见图 6。从图 6 可以看出，2009 年前中国

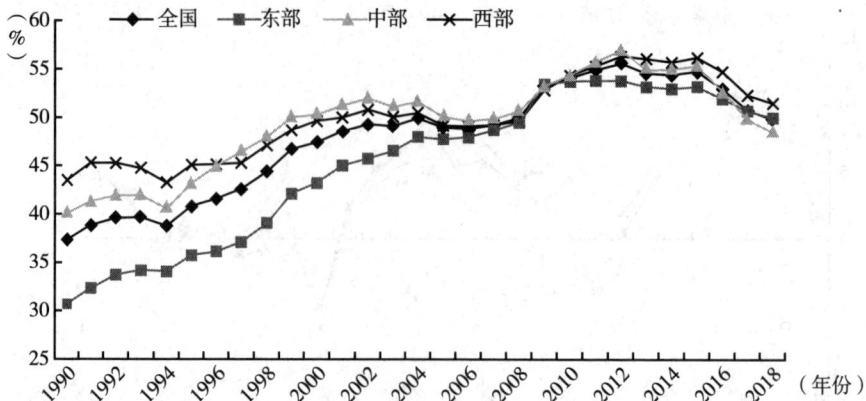

图 5　中国城市分区平均技术效率

264 个地级市数据显示的全国和东部、中部、西部地区城市平均纯技术效率变化基本处于改善状态。2010 年后 264 个地级市数据显示的全国和东部、中部、西部平均纯技术效率变化呈下降趋势，2013 年后纯技术效率变化基本呈恶化趋势。

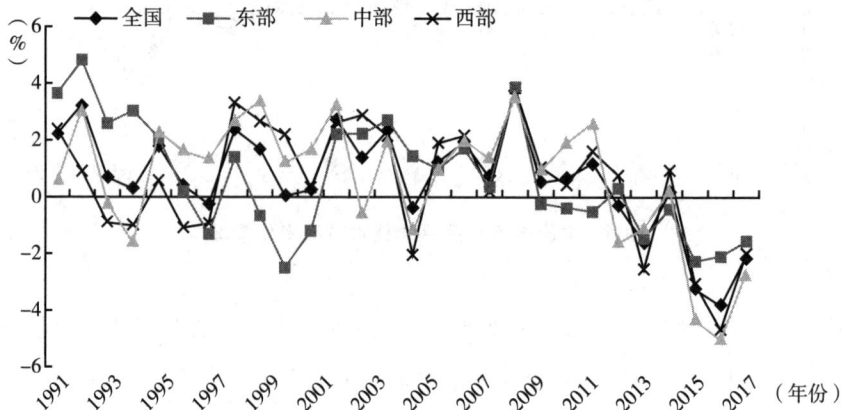

图 6　中国城市分区平均纯技术效率变化情况

（6）1991~2018 年间中国 264 个地级市数据显示的全国和东部、中部、西部地区平均规模效率变化见图 7。从图 7 可以看出，1995~2002 年规模效率变化有一个比较大的增幅，东部和全国在 1999 年、中部和西部在 1995 年达到最大值，除 2014 年略有回升外，2009 年后全国和东部、中部、西部地区规模效率变化呈恶化趋势。

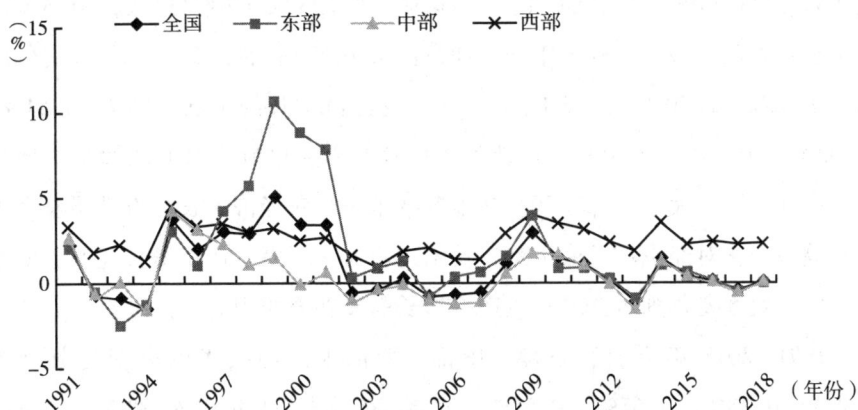

图 7 中国城市分区平均规模效率变化

（二）分地区城市 TFP 的变动

按照东部、中部、西部地区分区分析 264 个地级及地级以上城市的全要素生产率变动情况如表 2。从表 2 可以看出，1991~2018 年全国和东部、中部、西部地区全要素生产率增长分别为 4.56%、4.56%、4.54%、4.57%，对经济增长的贡献分别为 40.93%、38.91%、42.76%、41.65%。从 1991~2018 年平均来看，城市各地区间的差距并不大。

表 2 分地区 TFP 各分项及其对经济增长的贡献率（1991~2018 年）

单位：%

地区	TFPG	TFPG 贡献率	TP	TP 贡献率	TEC	TEC 贡献率	PEC	PEC 贡献率	SEC	SEC 贡献率
全国	4.56	40.93	3.07	27.59	1.62	14.51	0.68	6.15	1.00	9.01
东部	4.56	38.91	2.25	19.23	2.50	21.33	0.78	6.67	1.79	15.29
中部	4.54	42.76	3.50	32.93	1.13	10.59	0.65	6.15	0.50	4.74
西部	4.57	41.65	3.69	33.63	0.99	8.98	0.58	5.32	0.53	4.82

注：TFPG 为 TFP 增长率，TP 为技术进步率，TEC 为技术效率变化，PEC 为纯技术效率变化，SEC 为规模效率变化。

1991~2018 年全国和东部、中部、西部地区技术进步分别为 3.07%、2.25%、3.50%、3.69%，对经济增长的贡献分别为 27.59%、19.23%、32.93%、33.63%，由此可知技术进步为西部地区大于中部地区，中部地区大于东部地区。1991~2018 年全国和东部、中部、西部地区技术效率变化分别为 1.62%、2.50%、1.13%、0.99%，对经济增长的贡献分别为 14.51%、21.33%、10.59%、8.98%，由此可知技术效率变化为东部地区大于中部地区，中部地区又大于西部地区。各地区技术进步对经济增长的贡献明显大于技术效率变化对经济增长的贡献，技术进步对全要素生产率增长起着主要作用，技术效率变化则对全要素生产率增长起着补充作用。

1991~2018 年全国和东部、中部、西部地区纯技术效率变化分别为 0.68%、0.78%、0.65%、0.58%，对经济增长的贡献分别为 6.15%、6.67%、6.15%、5.32%。纯技术效率变化低于技术效率变化，但东部地区略快于中、西部地区，中部地区略快于西部地区。纯技术效率变化对经济增长的贡献也低于技术效率变化对经济增长的贡献。

1991~2018 年全国和东部、中部、西部地区规模效率变化分别为 1.00%、1.79%、0.50%、0.53%，对经济增长的贡献分别为 9.01%、15.29%、4.74%、4.82%。规模效率变化低于技术效率变化，全国和东部地区规模效率变化高于纯技术效率变化，而中部和西部地区规模效率变化则低于纯技术效率变化。且东部地区略快于西部、中部地区，西部地区略快于中部地区。

264 个地级市的平均技术效率从 1990 年的 37.3% 提高到 2018 年的 49.8%，其间改善了 12.5 个百分点，平均每年改善 0.45 个百分点。东部地区平均技术效率从 1990 年的 30.7% 提高到 2018 年的 50.0%，其间改善了 19.3 个百分点，平均每年改善 0.69 个百分点，东部地区平均技术效率改善较大。中部地区平均技术效率从 1990 年的 40.0% 提高到 2018 年的 48.4%，其间改善了 8.4 个百分点，平均每年改善 0.30 个百分点。西部地区平均技术效率从 1990 年的 43.5% 提高到 2018 年的 51.5%，其间改善了 8.0 个百分点，平均每年改善 0.29 个百分点，西部地区平均技术效率改善较小。

　　264 个地级市 1990~2018 年平均 TFP 增长最高的城市是黑河市，增长 11.8%；TFP 增长最低的城市是宿州市，增长为 -6.3%。其中技术效率变化最大的城市是茂名市，为 6.8%；技术效率变化最小的城市是莆田市，为 -2.8%；纯技术效率变化最大的城市是七台河市，为 4.9%；纯技术效率变化最小的城市是宿州市，为 -3.5%；规模效率变化最大的城市是徐州市，为 4.6%；规模效率变化最小的城市是宜昌市，其值为 -0.7%（见表 3）。

表 3　中国城市 TFP 相关项增长最高和最低的城市（1990~2018 年）

单位：%

	TEC	TP	PEC	SEC	TFP 增长
最高城市	茂名市	宣城市	七台河市	徐州市	黑河市
最高值	6.80	8.20	4.90	4.60	11.80
最低城市	莆田市	宿州市	宿州市	宜昌市	宿州市
最低值	-2.80	-3.70	-3.50	-0.70	-6.30

（三）资本、劳动和 TFP 增长对 GDP 的贡献率

　　本文利用随机前沿分析法得到资本和劳动的产出弹性，将 TFP 增长对 GDP 贡献的剩余部分通过资本和劳动的份额平摊得到资本和劳动对 GDP 的贡献率。具体来说，计算出 TFP 贡献之后，将剩余部分根据资本份额与资本增长率之乘积（即 $\alpha\dot{K}$）及劳动份额与劳动增长率之乘积（即 $\beta\dot{L}$）按比例分摊，得到资本和劳动的贡献份额（见图 8）。

　　2004 年以前，中国 264 个城市平均 TFP 增长对经济增长的贡献率约在 50% 以上，此后 TFP 增长对经济增长的贡献率一直下降，直到 2016 年开始 TFP 增长对经济增长的贡献才有所反弹。

　　固定资本存量对经济增长的贡献率持续上升，2005 年后超过 TFP 增长对经济增长的贡献，此后固定资本存量对经济增长的贡献一直高于 50%，高于 TFP 增长的贡献率，并在 2013 年达到最高，贡献率为 74.6%，此后固

定资本存量对经济增长的贡献率开始逐步下降。

劳动对经济增长的贡献率呈不规则 S 形，从 1990 年的 18.7% 持续下降，并在 2004 年降为最低 7.9%，此后劳动对经济增长的贡献率有所回升，并在 2013 年达到最高值，为 32.1%，此后劳动对经济增长的贡献率波动下降，到 2018 年降为 13.9%。

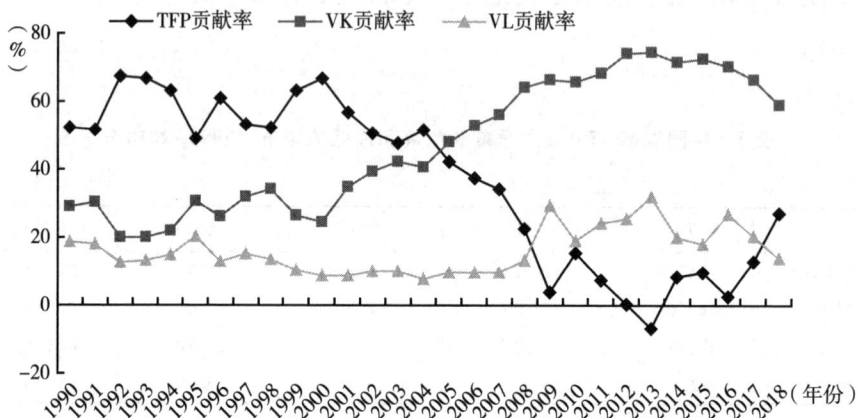

图 8   中国 264 个城市平均 TFP 增长、资本和劳动对 GDP 的贡献率

注：VK 贡献率和 VL 贡献率是将 TFP 增长对 GDP 贡献的剩余部分按资本和劳动的产出弹性和增长率得到的份额进行分配。

四   TFP 增长对分地区城市潜在增长率的影响

（一）TFP 增长、要素增长与 GDP 增长率的 HP 滤波与分解

本文将 264 个地级市 GDP 增长率水平分区域进行 HP 滤波，得到全国、东部、中部和西部地区的去除经济波动的 GDP 增长率趋势值，GDP 增长率的趋势值加上 GDP 增长率的波动值即 GDP 实际增长率，其中 GDP 增长趋势值即是 GDP 的潜在增长率。HP 滤波采用的是年度数据，故取 $\lambda = 100$。同样，将 TFP 增长率、资本增长率、劳动增长率进行 HP 滤波，得到 TFP

增长、资本和劳动的趋势值和波动值，并分区域探讨 TFP 增长率、资本增长率和劳动增长率的趋势值与 GDP 增长率趋势值的相关关系。

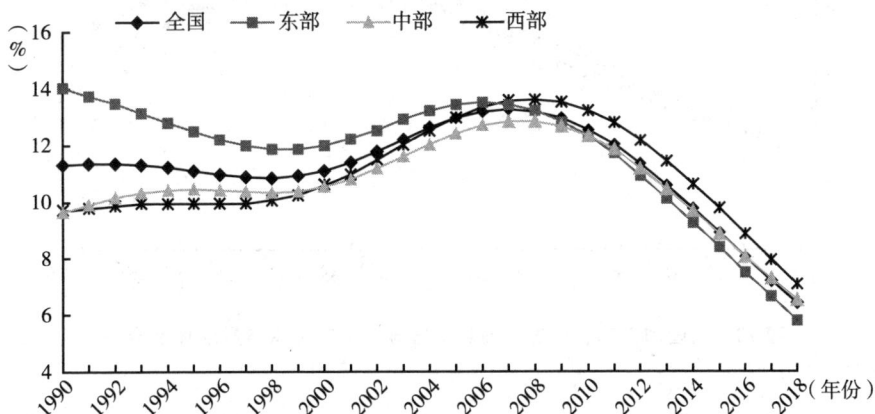

图 9 全国和东部、中部、西部地区城市 GDP 增长率趋势

从图 9 可以看出，1990～1997 年东部地区 GDP 潜在增长率的走势不同于中部和西部，东部地区 GDP 潜在增长率的走势由高到低，至 1998 年降到最低，为 11.9%，此时中部和西部地区 GDP 潜在增长率呈缓慢上升态势。1998 年后，东部、中部和西部地区走势开始变得一致，东部、中部和西部潜在增长率分别在 2006 年、2007 年和 2008 年达到最大值 13.5%、12.9% 和 13.6%，此后重回下降通道。到 2018 年为止，各地区潜在增长率下降的趋势仍然未能得到有效遏制。

全国和东部、中部、西部地区城市固定资本存量增长率经历了先上升后下降的过程，东部、中部和西部地区城市固定资本存量增长率分别于 2009 年、2011 年和 2010 年达到 15.5%、17.9% 和 18.4% 的高值。西部地区固定资本存量增长率基本一直高于东部、中部地区城市和全国平均。中部地区固定资本存量增速在 2005 年和 2006 年分别超过东部地区和全国平均，现在基本已经和西部地区城市持平（见图 10）。

1990～2018 年东部、中部、西部地区城市和全国平均的劳动增长率趋势值曲线呈 S 形，先降后升再降，劳动增长率从 1990 年的 2.4%～2.8% 下降

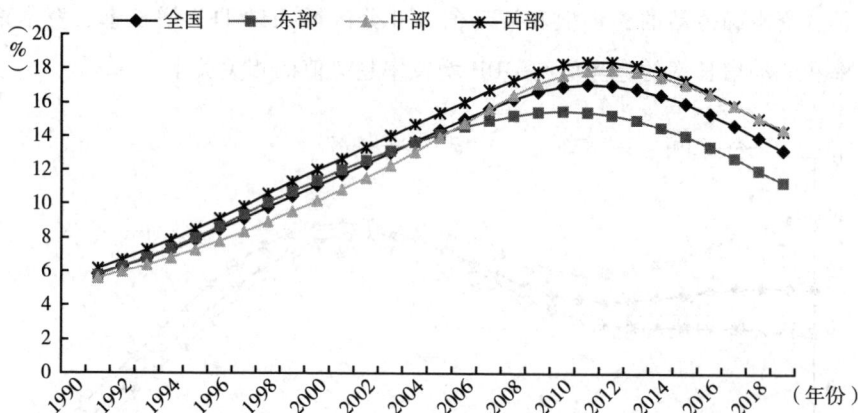

图 10　全国和东部、中部、西部地区城市固定资本存量增长率趋势

到 2000 年的−0.3%、0.4%、−0.9%和−0.5%，此时只有东部地区劳动增长率为正值，并在 2000 年后逐步回升到 2010~2012 年的 2.8%~3.7%，此后持续下降到 2018 年的 0.2%、−0.5%、0.6%和 0.9%，只有东部地区的劳动增长率为负值。2008 年以前东部地区劳动增长率高于西部、中部地区，西部地区的劳动增长率则一直高于中部地区，并在 2008 年后超过东部地区（见图 11）。

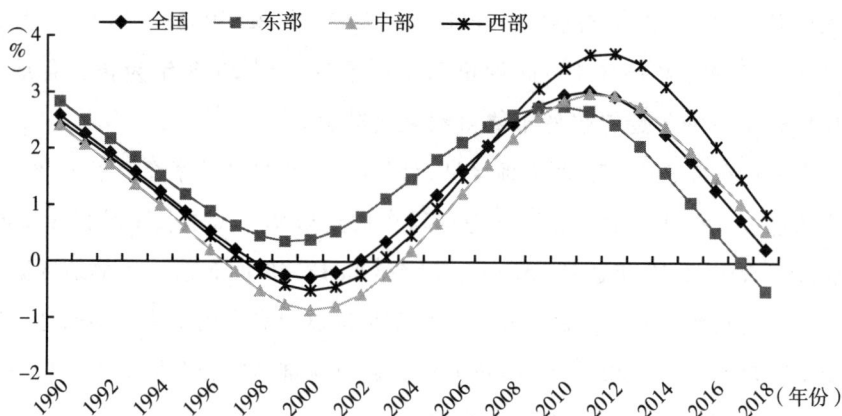

图 11　全国和东部、中部、西部地区城市劳动增长率趋势

　　全国和东部、中部、西部地区城市 TFP 增长总体均呈下降趋势，其中东部地区 TFP 增长持续下降，而中部、西部地区的 TFP 增长从 1990 年到 1997 年、1998 年有一个上升过程，此后和东部地区一样，持续下降，东部地区 TFP 增长下降较为平缓（见图 12）。

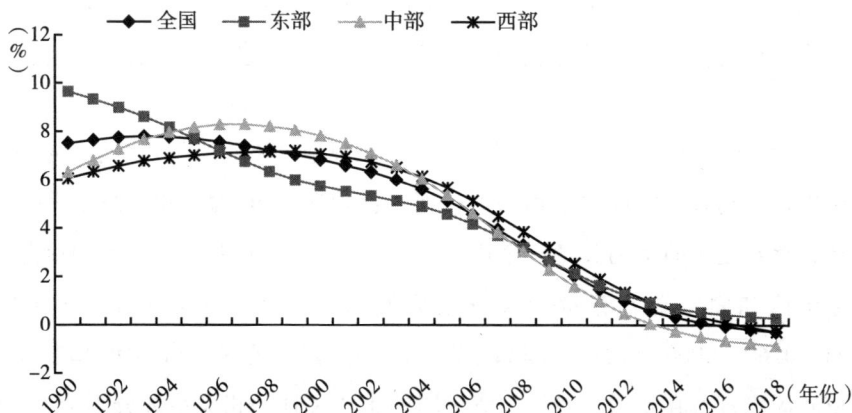

图 12　全国和东部、中部、西部地区城市 TFP 增长趋势

（二）GDP 增长、TFP 增长与要素之间趋势相关性

　　从 1990~2018 年整个阶段来看，东部地区 GDP 增长率与 TFP 增长呈现稍强的正相关，而全国和中部、西部地区 GDP 增长率趋势值与 TFP 增长率趋势值呈较弱的正相关。2000 年后的分区域 GDP 增长率趋势值与 TFP 增长率趋势值相关性略强于 1990~2018 年。

　　将 1990~2018 年划分为三个阶段。第一阶段（1990~1999 年）东部和中部的 GDP 增长趋势与 TFP 增长趋势显著相关，相关度分别为 0.99 和 0.97，全国和西部地区相关系数分别为 0.76 和 0.83；第二阶段（2000~2007 年）全国、东部、中部和西部地区 GDP 增长趋势和 TFP 增长趋势高度负相关，相关系数分别为 -0.95、-0.90、-0.98 和 -0.95；第三阶段（2008~2018 年），全国、东部、中部和西部 GDP 增长趋势与 TFP 增长趋势高度正相关，相关系数分别为 0.91、0.92、0.91 和 0.91（见表 4）。

表 4　GDP 增长趋势与 TFP 增长趋势相关系数（1990~2018 年）

时间段	全国	东部	中部	西部
平均	0.44	0.72	0.28	0.05
2000 年后	0.65	0.79	0.55	0.49
1990~1999 年	0.76	0.99	0.97	0.83
2000~2007 年	-0.95	-0.90	-0.98	-0.95
2008~2018 年	0.91	0.92	0.91	0.91

从 1990~2018 年来看，全国和中部、西部地区 GDP 增长率与固定资本存量增长率具有非常弱的正相关性，而东部地区 GDP 增长率与固定资本存量增长率有极弱的负相关性。全国和东部、中部、西部地区城市 GDP 增长率趋势值和固定资本存量增长率趋势值相关系数分别为 0.12、-0.18、0.24、0.60。2000 年以后全国和东部、中部、西部地区城市 GDP 增长率趋势值和固定资本存量增长率趋势值呈弱的正相关性，相关系数分别为 0.35、0.64、0.15、0.53（见表 5）。

表 5　GDP 增长趋势与固定资本存量增长趋势相关系数（1990~2018 年）

时间段	全国	东部	中部	西部
平均	0.12	-0.18	0.24	0.60
2000 年后	0.35	0.64	0.15	0.53
1990~1999 年	-0.95	-0.98	0.71	0.90
2000~2007 年	0.99	0.98	0.99	1.00
2008~2018 年	0.95	0.98	0.90	0.95

按三阶段考虑固定资本存量增长趋势与 GDP 增长趋势之间的相关情况，第一阶段（1990~1999 年）全国和东部地区城市的固定资本存量增长趋势与 GDP 增长趋势高度负相关，西部地区呈很强的正相关，而中部地区城市则呈现较强的正相关，全国和东部地区、中部地区、西部地区固定资本存量增长趋势与 GDP 增长趋势的相关系数分别为-0.95、-0.98、0.71、0.90；第二阶段（2000~2007 年）全国和东部、中部、西部地区城市 GDP 增长趋

势与固定资本存量增长趋势高度正相关，相关系数分别为 0.99、0.98、0.99、1.00；第三阶段（2008～2018 年）全国和东部、中部、西部地区城市 GDP 增长趋势与固定资本存量增长趋势高度正相关，相关系数分别为 0.95、0.98、0.90、0.95。第二阶段和第三阶段 GDP 增长趋势与固定资本存量增长趋势分别呈高度正相关，说明这两个阶段的中国城市分区域 GDP 增长仍然主要是靠投资带动的。同时，2000 年以后全国和东部、中部、西部地区的 GDP 增长率与固定资本存量增长率之间呈弱正相关性，而 2000 年以后分成 2000～2007 年和 2008～2018 年的两个阶段，全国和东部、中部、西部地区的 GDP 增长率与固定资产存量增长率之间具有高正相关性，说明适当地划分阶段有利于明确 GDP 增长趋势和固定资本存量增长趋势之间的相关关系。

综合来看，TFP 增长与固定资本存量增长对于 GDP 潜在增长率的影响是互补的。当 TFP 增长与 GDP 增长趋势相关系数较高的时候，固定资本存量增长与 GDP 增长趋势的相关系数较低；当 TFP 增长趋势与 GDP 增长趋势相关系数为负时，固定资本存量增长与 GDP 增长趋势相关系数为正，反之亦然。

从 1990～2018 年平均看来，全国和东部、中部、西部地区城市 GDP 增长趋势与劳动增长趋势呈弱的正相关，相关系数分别为 0.27、0.58、0.12、0.30。2000 年后的全国和东部、中部、西部地区的 GDP 增长率趋势与劳动增长趋势也呈弱的正相关，相关系数分别为 0.28、0.62、0.14、0.25。

分阶段来看，第一阶段（1990～1999 年）全国和东部地区的 GDP 增长趋势与劳动增长趋势高度相关，而中部、西部地区城市则呈较强的负相关，相关系数分别为 0.95、1.00、-0.77、-0.89；第二阶段（2000～2007 年）全国和东部、中部、西部地区城市 GDP 增长趋势均和劳动增长趋势高度相关，相关系数分别为 0.96、0.95、0.97、0.96；第三阶段（2008～2018 年）全国和东部、中部、西部地区城市 GDP 增长趋势和劳动增长趋势高度正相关，相关系数分别为 0.91、0.97、0.85、0.81（见表 6）。

表 6　GDP 增长趋势与劳动增长趋势相关系数（1990~2018 年）

时间段	全国	东部	中部	西部
平均	0.27	0.58	0.12	0.30
2000 年后	0.28	0.62	0.14	0.25
1990~1999 年	0.95	1.00	−0.77	−0.89
2000~2007 年	0.96	0.95	0.97	0.96
2008~2018 年	0.91	0.97	0.85	0.81

第二阶段 GDP 增长趋势与固定资本存量增长趋势和劳动增长趋势高度正相关，与 TFP 增长趋势高度负相关，第三阶段 GDP 增长趋势与 TFP 增长趋势、固定资本存量增长趋势和劳动增长趋势相关性趋于一致，都高度正相关。

在 GDP 增长趋势和 TFP 增长趋势相关性方面，1990~2018 年平均来看，相关系数高于 0.9 的城市有 33 个，在 0.8~0.9 之间的城市有 30 个，在 0.7~0.8 之间的城市有 25 个，在 0.6~0.7 之间的城市有 17 个，高度负相关的城市有 13 个，弱负相关的城市有 48 个。

分阶段来看，第一阶段（1990~1999 年）相关度高于 0.9 的城市达 142 个，高度负相关的城市只有 37 个，弱负相关的城市有 16 个。第二阶段（2000~2007 年）相关度高于 0.9 的城市只有 31 个，而高度负相关的城市则有 157 个，弱负相关的城市有 26 个。第三阶段（2008~2018 年）相关度高于 0.9 的城市有 125 个，高度负相关的城市有 53 个，弱负相关的城市则只有 14 个。

在 GDP 增长趋势和固定资本存量增长趋势方面，1990~2018 年平均来看，相关系数不小于 0.9 的城市有 3 个，在 0.8~0.9 之间的城市有 8 个，在 0.7~0.8 之间城市有 14 个，在 0.6~0.7 之间的城市有 11 个，弱正相关的城市有 80 个，高度负相关的城市有 49 个，而弱负相关的城市有 80 个。

分阶段来看，第一阶段（1990~1999 年）相关度高于 0.9 的城市仅 71 个，高度负相关的城市达 109 个，弱负相关的城市有 18 个。第二阶段

（2000~2007 年）相关度高于 0.9 的城市达 170 个，高度负相关的城市有 34 个，弱负相关的城市只有 11 个。第三阶段（2008~2018 年）相关度高于 0.9 的城市达 106 个，高度负相关的城市有 111 个，弱负相关的城市则只有 11 个。

在 GDP 增长趋势和劳动增长趋势方面，1990~2018 年平均来看，相关系数大于 0.9 的城市有 7 个，相关系数在 0.8~0.9 之间的城市有 20 个，在 0.7~0.8 之间的城市有 18 个，在 0.6~0.7 之间的城市仅有 23 个，弱正相关的城市则有 84 个，高度负相关的城市有 15 个，而弱负相关的城市有 69 个。

分阶段来看，第一阶段（1990~1999 年）相关度高于 0.9 的城市有 83 个，高度负相关的城市有 102 个，弱负相关的城市有 23 个。第二阶段（2000~2007 年）相关度高于 0.9 的城市达 129 个，而高度负相关的城市有 28 个，弱负相关的城市有 12 个。第三阶段（2008~2018 年）相关度高于 0.9 的城市达 115 个，高度负相关的城市有 49 个，弱负相关的城市有 13 个。

东部、中部和西部地区潜在增长率分别在 2006 年、2007 年和 2008 年达到最大值 13.5%、12.9% 和 13.6%。

从 264 个地级市 GDP 潜在增长率曲线的形态来看，2006~2018 年以来，东部、中部和西部地区城市的潜在增长率陆续呈现下降趋势，但第三阶段（2008~2018 年）东部、中部和西部地区城市 GDP 增长趋势与固定资本存量增长趋势、劳动增长趋势以及 TFP 增长趋势高度正相关，说明提高 TFP 增长、固定资本存量增长和劳动增长对提高东部、中部和西部地区城市 GDP 潜在增长率有非常显著的正向作用。虽然 TFP 增长、固定资本存量增长和劳动增长都能提高 GDP 潜在增长率，但随着中国经济中资本存量的增加，资本回报率逐渐降低，对于经济增长的推动作用逐渐减弱；东部、中部和西部地区城市均出现劳动增长率下降，东部地区劳动增长率下降快于中部和西部地区，且中国已经开始面临人口老龄化等一系列问题，已经不能靠劳动增长来提高经济的潜在增长率了。宜通过技术研发、提高人力资本水平、制度变革等多种方式提升全要素生产率增长水平，优化资源合理配置，这样才能保持经济的中高速持续增长。

（三）GDP 与 TFP 和要素增长波动相关性

1990~2018 年间全国和东部、中部、西部地区城市平均 GDP 增长率波动与 TFP 增长率波动存在一定的相关性，相关系数分别为 0.64、0.79、0.60 和 0.48，其中东部地区的 GDP 增长率波动与 TFP 增长率波动相关性大于全国平均和中部、西部地区。

分阶段来看，第一阶段（1990~1999 年）全国和东部、中部、西部地区城市 GDP 增长波动与 TFP 增长波动具有相当高的相关性，相关系数分别为 0.86、0.89、0.86 和 0.79；第二阶段（2000~2007 年）全国和东部、中部、西部地区城市 GDP 增长波动与 TFP 增长波动具有一定的正相关性，相关系数为 0.77、0.96、0.55 和 0.34，其中东部的相关系数最高，为 0.96；第三阶段（2008~2018 年）全国和东部、中部、西部地区城市 GDP 增长波动与 TFP 增长波动呈非常弱的相关性，相关系数分别为 0.17、0.20、0.20 和 0.13（见表 7）。

表 7　GDP 增长波动与 TFP 增长波动相关系数（1990~2018 年）

时间段	全国	东部	中部	西部
平均	0.64	0.79	0.60	0.48
2000 年后	0.42	0.69	0.26	0.21
1990~1999 年	0.86	0.89	0.86	0.79
2000~2007 年	0.77	0.96	0.55	0.34
2008~2018 年	0.17	0.20	0.20	0.13

GDP 增长波动与固定资本存量增长波动呈现非常弱的负相关性。全国和东部、中部、西部 GDP 增长率波动与固定资本存量增长率波动相关系数分别为 -0.21、-0.24、-0.08 和 -0.11。

分阶段来看，第一阶段（1990～1999 年）全国和东部、中部、西部地区城市 GDP 增长波动与固定资本存量增长波动相关性均呈弱的负相关，相关系数分别为-0.52、-0.44、-0.37 和-0.70；第二阶段（2000～2007 年）全国和东部、中部、西部地区城市 GDP 增长波动与固定资本存量增长波动相关性呈弱的相关性，相关系数分别为-0.31、0.04、-0.28 和-0.67；第三阶段（2008～2018 年）全国和东部、中部、西部地区城市 GDP 增长波动与固定资本存量增长波动相关性呈较弱的相关性，相关系数分别为 0.09、-0.11、0.11 和 0.45（见表 8）。

表 8　GDP 增长波动与固定资本存量增长波动相关系数（1990～2018 年）

时间段	全国	东部	中部	西部
平均	-0.21	-0.24	-0.08	-0.11
2000 年后	-0.05	-0.07	0.02	0.13
1990～1999 年	-0.52	-0.44	-0.37	-0.70
2000～2007 年	-0.31	0.04	-0.28	-0.67
2008～2018 年	0.09	-0.11	0.11	0.45

全国和东部、中部、西部地区 GDP 增长波动与劳动增长波动呈较弱的正相关性，相关系数分别为 0.50、0.47、0.49 和 0.39。

分阶段来看，第一阶段（1990～1999 年）全国和东部、中部、西部地区城市 GDP 增长波动与劳动增长波动均呈一定的正相关，相关系数分别为 0.51、0.40、0.54 和 0.38；第二阶段（2000～2007 年）全国和东部、中部、西部地区城市 GDP 增长波动与劳动增长波动呈较强的正相关性，相关系数分别为 0.80、0.72、0.85 和 0.52；第三阶段（2008～2018 年）全国和东部、中部、西部地区城市 GDP 增长波动与劳动增长波动呈一定的正相关性，相关系数分别为 0.51、0.59、0.42 和 0.46（见表 9）。

表 9 GDP 增长波动与劳动增长波动相关系数 (1990~2018 年)

时间段	全国	东部	中部	西部
平均	0.50	0.47	0.49	0.39
2000 年后	0.54	0.53	0.53	0.45
1990~1999 年	0.51	0.40	0.54	0.38
2000~2007 年	0.80	0.72	0.85	0.52
2008~2018 年	0.51	0.59	0.42	0.46

在 GDP 增长波动和 TFP 增长波动相关性方面,1990~2018 年平均来看,没有相关系数为负的城市,相关系数高于 0.9 的城市有 8 个,在 0.8~0.9 之间的城市有 26 个,在 0.7~0.8 之间的城市有 54 个,在 0.6~0.7 之间的城市有 51 个。

分三个阶段来说,第一阶段 (1990~1999 年) 除一个城市弱负相关外,其他城市均正相关,其中相关系数高于 0.9 的城市达 74 个,弱负相关的城市有 2 个。第二阶段 (2000~2007 年) GDP 增长波动和 TFP 增长波动相关系数高于 0.9 的城市有 21 个,高度负相关的城市有 7 个,弱负相关的城市有 46 个。第三阶段 (2008~2018 年) 相关度高于 0.9 的城市有 4 个,高度负相关的城市有 9 个,弱负相关的城市有 63 个。

在 GDP 增长波动和固定资本存量增长波动方面,1990~2018 年间平均来看,没有相关系数大于 0.8 的城市,0.7~0.8 城市仅有 2 个,0.6~0.7 的城市有 5 个,弱正相关的城市则有 153 个,高度负相关的城市有 2 个,而弱负相关的城市有 96 个。

按三个阶段来说,第一阶段 (1990~1999 年) 相关系数高于 0.9 的城市仅 1 个,弱正相关的城市有 115 个,高度负相关的城市有 27 个,弱负相关的城市达 106 个。第二阶段 (2000~2007 年) GDP 增长波动和固定资本存量增长波动相关系数高于 0.9 的城市仅 4 个,弱正相关的城市有 77 个,而高度负相关的城市则有 50 个,弱负相关的城市有 72 个。第三阶段 (2008~2018 年) 相关系数高于 0.9 的城市有 2 个,弱正相关的城市有 135 个,高度负相关的城市有 6 个,弱负相关的城市则有 51 个。

在 GDP 增长波动和劳动增长波动方面，1990~2018 年平均来看，没有城市相关系数大于 0.8，0.7~0.8 城市有 0 个，0.6~0.7 的城市有 0 个，弱正相关的城市则有 191 个，高度负相关的城市有 2 个，而弱负相关的城市有 65 个。

按三个阶段来说，第一阶段（1990~1999 年）相关系数高于 0.9 的城市有 0 个，弱正相关的城市有 138 个，高度负相关的城市有 12 个，弱负相关的城市达 87 个。第二阶段（2000~2007 年）相关系数高于 0.9 的城市仅 1 个，弱正相关的城市有 125 个，而高度负相关的城市则只有 13 个，弱负相关的城市有 66 个。第三阶段（2008~2018 年）相关系数高于 0.9 的城市有 1 个，弱正相关的城市有 129 个，高度负相关的城市有 12 个，弱负相关的城市则有 74 个。

五　结论及政策建议

从前面中国 264 个地级市 TFP 增长、各要素增长对经济增长的贡献以及 GDP 增长与各要素增长趋势和波动的关系的分析中可以得出如下结论。

第一，东部、中部和西部地区城市的潜在增长率分别在 2006 年、2007 年和 2008 年达到最大值 13.5%、12.9% 和 13.6%，此后重拾下降通道。到目前为止，各地区的潜在增长率下降的趋势仍然未能得到有效遏制。

第二，全国和东部、中部、西部地区城市 TFP 增长均呈下降趋势。其中东部地区 TFP 增长持续下降，而中部、西部地区的 TFP 增长从 1990 年到 1997 年、1998 年有一个上升过程，此后和东部地区一样，基本持续下降，东部地区 TFP 增长下降较为平缓。2004 年以前中国 264 个地级市平均 TFP 增长对经济增长的贡献率约在 50% 以上，此后 TFP 增长对经济增长的贡献率一直下降，直到 2016 年开始 TFP 增长对经济增长的贡献才有所反弹。

第三，固定资本存量增长对经济增长的贡献率持续上升，2005 年以后固定资本存量增长对经济的贡献率超过 TFP 增长对经济增长的贡献，此后固定资本存量增长对经济增长的贡献一直高于 50%，高于 TFP 增长的贡献率，并在 2013 年达到最高，贡献率为 74.6%，而后固定资本存量增长对经济增长的贡献率逐步下降。说明资本对经济增长促进作用逐步减小，已经不能走以往那种依赖投资来推动经济增长的发展道路。

第四，劳动增长对经济增长的贡献率呈不规则的 S 形，从 1990 年的 18.7%持续下降，在 2004 年降到最低的 7.9%，之后劳动对经济增长的贡献有所回升，并在 2013 年达到最高，贡献率为 32.1%，此后劳动增长的贡献率一直下降。

第五，第三阶段（2008~2018 年）GDP 增长趋势与 TFP 增长趋势、固定资本存量增长趋势和劳动增长趋势相关性趋于一致，都高度正相关，说明提高 TFP 增长、固定资本存量增长和劳动增长对提高 GDP 潜在增长率有非常显著的正向相关作用。全国和东部、中部、西部地区 GDP 增长趋势与 TFP 增长趋势高度正相关，相关系数分别为 0.91、0.92、0.91 和 0.91。全国和东部、中部、西部地区城市 GDP 增长趋势与固定资本存量增长趋势高度正相关，相关系数分别为 0.95、0.98、0.90、0.95。全国和东部、中部、西部地区城市 GDP 增长趋势和劳动增长趋势高度正相关，相关系数分别为 0.91、0.97、0.85、0.81。

第六，1990~2018 年间全国和东部、中部、西部地区城市平均 GDP 增长率波动与 TFP 增长波动存在一定的相关性，相关系数分别为 0.64、0.79、0.60 和 0.48。东部地区的 GDP 增长波动与 TFP 增长波动相关性大于全国平均和中部、西部地区。其中第一阶段（1990~1999 年）全国和东部、中部、西部地区城市 GDP 增长波动与 TFP 增长波动具有相当高的相关性，相关系数分别为 0.86、0.89、0.86 和 0.79；第二阶段（2000~2007 年）全国和东部、中部、西部地区城市 GDP 增长波动与 TFP 增长波动具有一定的正相关性，相关系数为 0.77、0.96、0.55 和 0.34，其中东部的相关系数最高，为 0.96；第三阶段（2008~2018 年）全国和东部、中部、西部地区城市 GDP 增长波动与 TFP 增长波动呈非常弱的相关性，相关系数分别为 0.17、0.20、0.20 和 0.13。三个阶段 GDP 增长波动与 TFP 增长波动从相当高的相关性逐步减弱。

结合研究结论，本文提出如下政策建议。（1）全国和东部、中部、西部地区城市的 GDP 潜在增长率仍处于下降通道，各地区城市的潜在增长率下降的趋势仍然未能得到有效遏制。根据 264 个地级及地级以上城市 1990~2018 年 TFP 增长近些年呈下降趋势的现实，宜通过技术研发、提高人力资本水平、制度变革等多种方式提升 TFP 增长水平，提高 TFP 增长对经济增长的贡献率，优化资源合理配置，保持经济的中高速持续增长。（2）提高各地区固定资本存量水平和使用效率。东部、中部和西部地区 GDP 增长率与固定资本存量增长率有正相关性，说明仍然可以通过提高固定资本存量和使用效率的方式提高 GDP 潜在增长率。（3）提高劳动增长率和劳动参与率。全国 GDP 增长率趋势值与劳动增长率趋势值高度正相关，提高劳动增长率也可以提高 GDP 潜在增长率。

参考文献

［1］张自然：《TFP 增长对中国城市经济增长与波动的影响——基于 264 个地级及地级以上城市数据》，《金融评论》2014 年第 1 期。

［2］谢千里、罗斯基、郑玉歆、王莉：《所有制形式与中国工业生产率变动趋势》，《数量经济技术经济研究》2001 年第 3 期。

［3］张军、施少华：《中国经济全要素生产率变动：1952~1998》，《世界经济文汇》2003 年第 2 期。

［4］Guillaumont Jeanneney S., Hua, P., "Real exchange rate and productivity in China," *CERDI*, *Etudes et Documents* 28 （2003）.

［5］Jinghai Zheng, Angang Hu., "An Empirical Analysis of Provincial Productivity in China （1979 - 2001）," *Journal of Chinese Economics and Business Studies* 4 （3） 2006.

［6］颜鹏飞、王兵：《技术效率、技术进步与生产率增长：基于 DEA 的实证分析》，《经济研究》2004 年第 12 期。

［7］郑京海、胡鞍钢：《中国改革时期省际生产率增长变化的实证分析（1979~2001 年）》，《经济学（季刊）》2005 年第 2 期。

［8］孙琳琳、任若恩：《中国资本投入和全要素生产率的估算》，《世界经济》2005 年第 12 期。

［9］郭庆旺、贾俊雪：《中国全要素生产率的估算：1979~2004》，《经济研究》

2005 年第 6 期。

[10] 张自然、陆明涛:《全要素生产率对中国地区经济增长与波动的影响》,《金融评论》2013 年第 5 (1) 期。

[11] Young, A., "A tale of two cities: factor accumulation and technical change in Hong Kong and Singapore," *NBER Macroeconomics Annual* 7 (1992).

[12] Young, A., "The tyranny of numbers: confronting the statistical realities of the East Asian growth experience," *The Quarterly Journal of Economics* 110 (3) (1995).

[13] Young, A., "The Razor's Edge: Distortions and Incremental Reform in the People Republic of China," *The Quarterly Journal of Economics* CXV (2000).

[14] Krugman, P., "The Myth of Asia's Miracle," *Foreign Affairs* 73 (6) (1994).

[15] 郑玉歆:《全要素生产率的测度及经济增长方式的"阶段性"规律: 由东亚经济增长方式的争论谈起》,《经济研究》1999 年第 5 期。

[16] Ezaki Mitsuo, Sun, L., "Growth accounting in China for national, regional, and provincial economies: 1981-1995," *Asian Economic Journal* 13 (1) (1999).

[17] Islam, N., E. Dai, Alternative Estimates of TFP Growth in Mainland China: An Investigation Using the Dual Approach [the 9th International Convention of the East Asian Economic Association (EAEA), Hong Kong, 2004].

[18] Bosworth, B., S. M. Collins, "Accounting for growth: comparing China and India," *Journal of Economic Perspectives* 22 (1) (2008).

[19] Ozyurt, S., "Total Factor Productivity Growth in Chinese Industry: 1952-2005," *Oxford Development Studies* 37 (1) (2009).

[20] Brandt, L., Xiaodong Zhu, "Accounting for China's Growth," *IZA Discussion Paper* 4764 (2010).

[21] 张自然、王宏森、袁富华、刘霞辉:《资本化扩张与赶超型经济的技术进步》,《经济研究》2010 年第 5 期。

[22] 张平、张自然:《高质量发展本质是以人民为中心》,《经济参考报》2018 年 10 月 10 日。

[23] Fare, R., Grosskopf, S. Norris, M., Zhang, Z., "Productivity growth, technical progress, and efficiency change in industrialized countries," *American Economic Review* 84 (1) (1994).

[24] 张自然:《中国生产性服务业的技术进步研究——基于随机前沿分析法》,《贵州财经学院学报》2010 年第 2 期。

[25] 贺菊煌:《我国资产的估算》,《数量经济技术经济研究》1992 年第 8 期。

[26] Chow, G. C., "Capital formation and economic growth in China," *The Quarterly Journal of Economics* 108 (3) (1993).

［27］　王小鲁、樊纲：《中国经济增长的可持续性》，经济科学出版社，2000。

［28］　Wu, Y., "Has productivity contributed to China's growth?" *Pacific Economic Review* 8 (1) (2003).

［29］　张自然：《考虑人力资本的中国生产性服务业的技术进步》，《经济学》2011 年第 1 期。

报告2
城市规模、空间聚集和经济增长研究[*]

——基于 264 个地级及地级以上城市的空间面板分析

张自然[**]

摘　要： 本文基于 264 个地级及地级以上城市的空间面板数据，运用空间杜宾模型（SDM）进行分析后发现，人均 GDP 与城市规模、人口密度等相关影响因素有如下特点：考虑空间权重后，人均 GDP 的对数与城市规模的对数之间的关系由 "U" 形变为倒 "U" 形；人口密度对数的系数（表示空间聚集）由负转正，表明人均 GDP 随着人口密度增加而增加，并且人口密度的外溢效应远远大于直接效应；人力资本的直接效应、间接效应和总效应均为正，且均显著，并且间接效应大于直接效应；第三产业占 GDP 的比重、基础设施、财政支出与财政收入的比、资本产出比、房价收入比指标和人均财富的系数和总效应均为正；城市化的系数由正转负，城市化的间接效应为负，但直接效应和总效应为正；居民储蓄的系数由负转正，但直接效应、间接效应和总效应均为负；财政收入占 GDP 比重的系数、间接效应和总效应均为负。根据这些特点，本文提出相应的政策建议：放开特大、超大城市人口规模限制，提高空间聚集水平，加快中高端人力资本积累，提高第三产业占 GDP 的比重，稳步提高城市化水平，推进城市基础设施建设，减少政府干预。

　*　本文受国家社会科学基金重点课题 "中国城市规模、空间聚集与管理模式研究"（批准文号：15AJL013）资助。本文发表在《社会科学战线》2020 年第 5 期，有修改。
　**　张自然，博士，中国社会科学院经济研究所研究员，主要研究方向为技术进步与经济增长。

关键词: 城市规模   空间聚集   人均 GDP   空间权重

随着城市化进程的快速推进，城市人口越来越多，城市规模也越来越大，随即产生空间聚集的现象。城市规模和空间聚集到一定程度即产生经济外溢，不但促进本区域经济增长，也对邻近区域带来一定的外溢作用，被称为空间聚集的外部性。地理经济学第一定律认为所有事物相关，较近的事物比远些的事物相关性更强，较好地描述了空间聚集的外部性（Tobler，1970）。本文在分析中国 264 个地级及地级以上城市（简称地级市）相关数据的基础上探讨城市规模、空间聚集和经济增长的关系。

一   理论分析

（一）国内外研究现状

国内外学者关于城市规模、空间聚集、经济增长的研究，代表性的观点认为经济聚集具有内生性，对城市经济增长具有显著的促进作用，而城市人口规模通过聚集效应对经济增长产生影响，二者之间存在明显的倒"U"形关系。在空间发展方面，城市建成区面积的扩张促进了土地利用效率的提升，距离大港口越远的土地利用效率越低，地区经济发展水平达到一定高度后，集聚程度的增加相应转变为负方向，随着距离增加而快速下降的技术外溢效应是导致局部聚集和东西部发展不平衡的原因，城镇化对经济增长具有显著的区域内溢出效应，而忽略空间相关性的城镇化对经济增长的贡献率被低估。

国外学者关于经济聚集和经济增长之间的关系的研究认为，二者互相促进，经济增长有利于经济聚集，经济聚集同时促进发达和欠发达地区的经济增长，但经济活动空间聚集的收益随着城市的扩张逐渐消失。空间聚集对经济增长的促进作用存在一定的范围，随着城市规模的扩大，要素报酬增加，空间聚集引致的拥挤成本快速上升，抵消了集聚产生的规模经济，这说明存在最优城市规模。从产品多样性的角度来看，基于人口数量的市场规模和经济增长之间存在倒"U"形关系，规模偏小和过大都不利于经济增长，中等规模市场的经济增长率最高。Williamson 指出，发展初期，经济的空间聚集会显著提高经济效率水平，随着经济的发展，拥挤效应出现一定的负外部性，当经济发展到一定水平时，空间聚集导致的负外部性超过其产生的正外部性，使经济活动朝着空间分散的方向发展。Fujita 和 Thisse 从人力资本的角度认为，交易成本的降低有利于经济聚集和提高周边区域劳动力收入，经济空间聚集与区域经济增长密切相关。Brülhart 和 Sbergami 利用 105 个国家 1960~2000 年的跨国数据研究发现，经济增长达到一个临界水平，空间聚集才能产生促进作用。

在城市规模、空间聚集和劳动生产率的关系研究上，学者们就人口规模和劳动生产率存在显著的正相关达成共识，认为经济密度越高生产率也越高，空间聚集效应可以在邻近的城市之间共享，而拥挤效应一般发生在城市区域之内，在控制了其他影响因素后多中心都市圈比单中心都市圈的劳动生产率更高。

（二）城市规模、空间聚集促进经济增长的机制

城市发展涉及最优规模（净规模收益最大）和适度规模（净规模收益大于零）的问题。随着城市规模的增大，集聚效应引致各种要素、资源向城市集中，给城市带来外溢效应，产生城市规模收益，同时也导致人口的过分集中，交通拥挤、环境污染、公共服务基础设施不足等负的外部效应逐步显现。因此，城市规模扩大伴生着城市规模收益和城市外部成本问题，城市规模收益与城市规模呈倒"U"形曲线关系：随着城市规模的扩大，城市规模收益逐渐上升，当城市规模达到一定程度，城市规模收益开始逐步下降。城市规模比较小时，基本的基础设施、公共服务和环境维护仍然存在较大的外部成本压力；当城市规模扩大时，城市有足够的财力完善市政基础设施、解决环境污染、交通拥挤和提供公共服务，城市外部成本压力逐步减小；当

城市规模达到一定程度，人口过分集中，完善各种市政基础设施、解决交通拥挤和环境治理问题以及提供公共服务的能力达到极限，此时外部成本逐渐上升。城市规模收益与城市外部成本曲线相交之间的区域即为净规模收益大于零的区间，而净规模收益最大的城市规模即是最优城市规模。由于城市规模收益与城市规模呈倒"U"形曲线关系，我们可以认为经济增长是城市规模的二次函数，呈倒"U"形。

随着城市化进程的深化，人口逐渐向城市，特别是大城市、超大城市集中，产生空间聚集效应和正的外部性，吸引更多的农业人口市民化，参与城市建设，城市规模进一步扩大，经济快速增长，城市经济总量和人均 GDP 进一步提高。空间聚集对邻近城市产生外溢效应，促进邻近城市的经济增长。

本文在中国 264 个地级市空间面板数据的基础上探讨城市规模、空间聚集和经济增长的关系。按 2018 年地级市常住人口计算，本文的 264 个地级市覆盖人口为 124691.97 万人，占全国总人口的 89.36%。2018 年 264 个地级市地区生产总值现价 883838 亿元，占全国国内生产总值的 98.11%，2017 年 264 个地级市的地区生产总值现价为 819229 亿元，占全国国内生产总值的 99%。考虑到各城市地区生产总值加总可能略大于全国的情况，本文 264 个地级市代表的国内生产总值占全国国内生产总值的比至少在 90%~95%，因此无论常住人口数还是国内生产总值，本文选取的 264 个地级市都具有很大的代表性。

二　空间权重矩阵和模型构建

（一）模型构建及变量解释

由上面的理论分析构建以下模型：

$$\ln PGDP_{it} = \beta_1 \ln P_{it} + \beta_2 \ln P_{it}^2 + \beta_3 \ln cityPopDens_{it} + \beta_4 \ln HC_{it}$$
$$+ \beta_5 FDI_{it} + \beta_6 rev\_GDP_{it} + \beta_7 GDP2_{it} + \beta_8 GDP3_{it} + \beta_9 L2Rate_{it} + \beta_{10} L3Rate_{it}$$
$$+ \beta_{11} URBAN_{it} + \beta_{12} infrastruct_{it} + \beta_{13} \ln productivity_{it} + \beta_{14} outInFin_{it} \tag{1}$$
$$+ \beta_{15} Koutput_{it} + \beta_{16} save_{it} + \beta_{17} housePRev_{it} + \beta_{18} \ln perWealth_{it} + \beta_{19} devQuality_{it} + \varepsilon_{it}$$

其中 $\ln PGDP_{it}$ 为城市 i 在 t 时期的人均 GDP 的对数，$\ln P_{it}$ 是以全市人口表示的城市规模的对数，$\ln P_{it}^2$ 是城市规模对数的平方，$\ln cityPopDens_{it}$ 是全市人口密度的对数，$\ln HC_{it}$ 是以支出成本表示的人力资本的对数，FDI_{it} 是外国直接投资占 GDP 的比重，rev_GDP_{it} 是财政收入占 GDP 的比重，表示政府对经济的干预程度，$GDP2_{it}$ 是第二产业占 GDP 的比重，$GDP3_{it}$ 第三产业占 GDP 的比重，$L2Rate_{it}$ 是第二产业人数占总的就业比重，$L3Rate_{it}$ 是第三产业人数占总的就业比重，$URBAN_{it}$ 表示城市化水平，$infrastruct_{it}$ 是基础设施，由教育基础设施指数、交通基础设施指数、基础设施指数、电信基础设施指数四项几何平均得到，$\ln productivity_{it}$ 是劳动生产率的对数，$outInFin_{it}$ 为财政支出与财政收入的比，$Koutput_{it}$ 为资本产出比，$save_{it}$ 为居民储蓄占 GDP 的比，$housePRev_{it}$ 为房价收入比指标，$\ln perWealth_{it}$ 为个人财富取对数，$devQuality_{it}$ 为经济发展质量，ε_{it} 为误差项。

简化为一般模型：

$$y_{i,t} = \alpha_i + \lambda_t + x_{i,t}\beta + \varepsilon_{it} \tag{2}$$

用向量模型表示如下：

$$y_t = x_t\beta + \alpha + \lambda_t t_n + \varepsilon_t \tag{3}$$

其中，$\varepsilon_t \sim \mathrm{N}\,(0,\,\sigma_\varepsilon^2 I_n)$；$\alpha = [a_1,\,a_2,\,\cdots,\,a_n]$；$I_n$ 是 $(n\times1)$ 的列向量，每个元素均为 1。

$$y_t = \begin{bmatrix} y_{1t} \\ y_{2t} \\ \cdots \\ y_{nt} \end{bmatrix}, x_t = \begin{bmatrix} 1 & x_{21t} & \cdots & x_{k1t} \\ 1 & x_{22t} & \cdots & x_{k2t} \\ \cdots & \cdots & \cdots & \cdots \\ 1 & x_{n1t} & \cdots & x_{knt} \end{bmatrix}$$

$$\beta = [\beta_1, \beta_2, \cdots, \beta_n]'$$

假设地理经济学第一定律成立，各城市经济增长根据距离远近相互影响，距离近的城市之间相互影响较大，而距离远的城市之间相互影响较小。传统的计量模型（1）不能反映空间地理位置的影响，本文将城市空间聚集效应考虑进模型（1）。空间面板模型有空间杜宾模型（SDM）、空间滞后模型（SLM）、空间自回归模型（SAR）和空间误差模型（SEM），本文根据实际情况使用 SDM 模型，证明如下文。

SDM 模型：

$$y_{i,t} = \alpha_i + \lambda_t + \rho \sum_{j=1}^{N} \omega_{i,j} y_{i,t} + x_{i,t}\beta + \sum_{j=1}^{N} \omega_{i,j} x_{i,j,t}\theta + \varepsilon_{it} \tag{4}$$

SDM 向量模型：

$$y_t = \rho W y_t + x_t\beta + W x_t\theta + \alpha + \lambda_t t_n + \varepsilon_t \tag{5}$$

其中，W 是空间权重矩阵；$\alpha = [a_1, a_2, \cdots, a_n]$；$\varepsilon_t \sim N(0, \sigma_\varepsilon^2 I_n)$，$I_n$ 是（$n \times 1$）的列向量，每个元素均为 1。

$$y_t = \begin{bmatrix} y_{1t} \\ y_{2t} \\ \vdots \\ y_{nt} \end{bmatrix}, x_t = \begin{bmatrix} 1 & x_{21t} & \cdots & x_{k1t} \\ 1 & x_{22t} & \cdots & x_{k2t} \\ \vdots & \vdots & \cdots & \vdots \\ 1 & x_{n1t} & \cdots & x_{knt} \end{bmatrix}$$

$$\beta = [\beta_1, \beta_2, \cdots, \beta_n]', \theta = [\theta_1, \theta_2, \cdots, \theta_n]'$$

y_t 表示 $\ln PGDP_{it}$，为城市 i 在 t 时期的人均 GDP 的对数；$x_{i,t}$ 分别为 $\ln P_{it}$、$\ln P_{it}^2$、$\ln cityPopDens_{it}$、$\ln HC_{it}$、FDI_{it}、rev_GDP_{it}、$GDP2_{it}$、$GDP3_{it}$、$L2Rate_{it}$、$L3Rate_{it}$、$URBAN_{it}$、$infrastruct_{it}$、$\ln productivity_{it}$、$outInFin_{it}$、$Koutput_{it}$、$save_{it}$、$housePRev_{it}$、$\ln perWealth_{it}$、$devQuality_{it}$ 等变量。

ρ 是空间回归系数，表示相邻城市观测值对本城市观测值的影响程度；λ 是空间误差系数，相邻城市由于因变量的误差对本城市观测值的影响程度；ε_{it} 都是随机误差项，服从正态分布；W 是空间权重矩阵。

按照经验推断，人均 GDP 的对数与城市规模的对数呈倒"U"形曲线关系。随着人口密度的增大，空间聚集效应逐步加强，人均 GDP 增长，人口密度的系数为正；人力资本尤其是高人力资本在一定区域的空间聚集必然促进经济增长，人力资本的系数为正；外国直接投资以美元为单位，用当年人民币对美元汇率换算成人民币，并除以当年各城市 GDP 现价，一般认为外国直接投资对本国人力资本的提升、经济发展和人均 GDP 的增长有益，故假设外国直接投资的系数为正；政府干预程度用财政收入占 GDP 现价的比重（*rev_ GDP*）来表示，政府干预越少，经济发展越快，*rev_ GDP* 的系数为负；第二、三产业占 GDP 比重的系数均为正，第二、三产业人数占总就业人数的比重系数均为正；城市化水平是城镇常住人口占全市总常住人口的比重，系数为正；基础设施由教育基础设施指数、交通基础设施指数、基础设施指数、电信基础设施指数四项几何平均得到，系数为正；劳动生产率是不变价格的 GDP 除以全部劳动人数，系数为正；财政支出与财政收入的比（*outInFin*），用来表示行政机制和市场机制的占比，*outInFin* 越大，表示行政机制对市场机制的替代作用越强；*outInFin* 越小，表明市场机制越强；资本产出比的系数为正；居民储蓄是指居民储蓄存款年末余额与国内生产总值现价的比，系数为正；房价收入比正向化，人均可支配收入越高，房价越低，即房价收入比指标越高，经济发展越好，人均 GDP 也越高，假设房价收入比指标的系数为正；个人拥有财富包括储蓄、住房资产等，用个人财富的对数 ln*PerWealth* 表示，个人财富越高，人均 GDP 越高，假设个人财富的系数为正。引入经济发展质量指标作为控制变量主要是由于其涵盖的指标范围较广，更容易发现影响人均 GDP 的关键因素。报告 11 对经济发展质量进行了分析，由城市经济发展质量的 61 个具体指标通过主成分分析得出，系数为正。

以上数据均来自历年《中国城市统计年鉴》、《中国统计年鉴》、各省区市统计年鉴和各地区国民经济和社会发展统计公报等，选择反距离空间矩阵来计量分析 264 个地级及地级以上城市的人均 GDP。

（二）模型适用性相关检验

空间计量分析的前提是人均 GDP 存在全局空间自相关，通过 Moran's I 指数可以检验全局空间自相关性。如图 1 所示，1990~2018 年人均 GDP 的 Moran's I 指数全部大于 0，且均在 1% 水平上显著，说明中国 264 个地级及地级以上城市的人均 GDP 存在显著的空间依赖性，人均 GDP 存在空间自相关且为正相关。人均 GDP 较高的城市，周边城市的人均 GDP 也较高。由于空间相关性的存在，传统分析的面板数据得出的计量结果是有偏差的，不能真实反映经济增长现状，也不能反映城市人口规模对经济增长的影响，因此本文采用地级市层面的空间数据来进行分析。

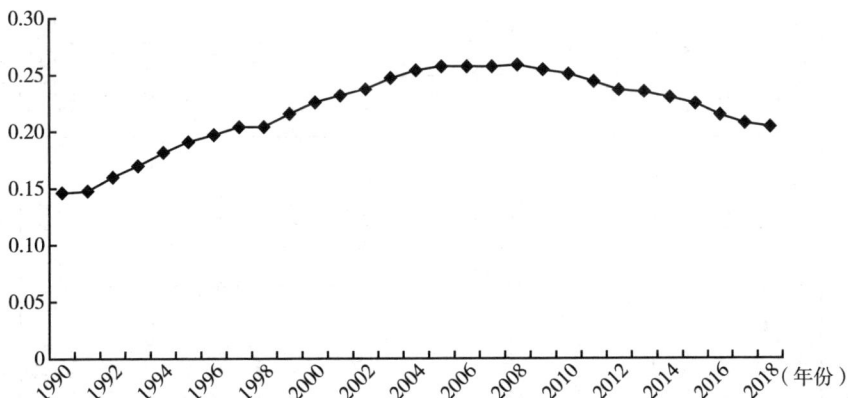

图 1　人均 GDP 的 Moran's I 指数检验

Wald 检验和 LR 检验的结果表明应该选择 SDM 模型。LR 检验拒绝了原假设，说明不应该用 SAR 模型和 SEM 模型进行估计，且 Wald 检验说明 SDM 不会退回为 SAR 或 SEM。豪斯曼检验的结果不能判断是采用固定效应还是随机效应。Mundlak（1978）指出，在一般情况下，应当把个体效应看作随机的，从单纯的操作角度来看，固定效应模型往往需要很大的自由度，特别是面对庞大的面板数据时，随机效应模型更合适，因此本文采用随机效应模型。此时尤其强调模型不宜遗漏重要的解释变量，否则会导致参数估计的非一致性。经检验，所有解释变量和被解释变量的一阶差分均平稳（通过 Levin-Lin-Chu test 和 Im-Pesaran-Shin test 两种单位根检验方式进行检验）。

三　城市规模、空间聚集与经济增长的实证分析

（一）实证分析

表 1 的 8 个模型都是基于空间杜宾模型（SDM），其中模型 1 为人均 GDP

表 1 实证结果（1990~2018 年）

	模型 1	模型 2	模型 3	模型 4	模型 5	模型 6	模型 7	模型 8
lnp	-1.1732***	-1.2764***	-1.2104***	-1.1785***	-1.1813***	-1.0688***	-1.1198***	-1.1304***
lnp²	0.0609***	0.0632***	0.0567***	0.0558***	0.051***	0.0397***	0.0504***	0.0509***
lncityPopDens	-0.0057		-0.0116***	-0.014***	-0.0197***	-0.0084**	-0.0196***	-0.0198***
lnHC	0.0615***				0.0577***	0.0688***	0.0556***	0.054***
FDI	-0.1836***						-0.1201***	-0.1282**
rev_GDP	0.0852*				0.0758			
GDP2	0.2729***				-0.276***	-0.2703***	-0.2351***	-0.2402***
GDP3	0.0305						-0.0306	-0.0321
L2Rate	-0.0166						-0.0306	-0.0321
L3Rate	-0.2478***						-0.1584***	-0.162***
urban	0.6171***						0.5349***	0.5351***
infrastruct	0.1013***					0.1152***		
lnproductivity	0.2966***							
outlnFin	-0.0264***				-0.0198***	-0.0181***	-0.0139***	-0.0141***
Kouput	-0.0071				-0.0053	-0.007	-0.0052	-0.0077
save	-0.2776***				-0.363***	-0.3688***	-0.3542***	-0.36***
housePRev	0.001				0.0024	0.003*	0.0002	0
lnperWealth	0.0643***				0.0855***	0.0799***	0.0613***	0.0592***
devQuality	0.0789***			-0.1506***	0.0276	0.0314*	-0.0295	
_cons	1.8858***	-1.8046***	-2.0942***	-1.6408***	0.8209**	0.0991	0.9768***	0.7109**
Wx	模型 1	模型 2	模型 3	模型 4	模型 5	模型 6	模型 7	模型 8
W*lnp	1.3209***	1.7422***	1.6851***	1.8205***	1.2531***	1.3984***	1.4442***	1.4159***

续表

W_x	模型 1	模型 2	模型 3	模型 4	模型 5	模型 6	模型 7	模型 8
$W^* \ln p^2$	-0.1116***	-0.0819***	-0.0776***	-0.1091***	-0.088***	-0.1172***	-0.1321***	-0.1265***
$W^* IncityPopDens$	0.0567***		0.0646***	0.071***	0.087***	0.0969***	0.0583***	0.0564***
$W^* \ln HC$	0.075***				0.1574***	0.1277***	0.1751***	0.1584***
$W^* FDI$	-0.3449***						-0.841***	-0.9948***
$W^* rev\_GDP$	-0.1708*				-0.4307***			
$W^* GDP2$	0.0246				0.4684***	0.4203***	0.4586***	0.6721***
$W^* GDP3$	0.4824***						0.2882***	0.1913***
$W^* L2Rate$	0.1884***						0.4622***	0.3506***
$W^* L3Rate$	0.2127***							
$W^* urban$	-0.4525***						-0.4455***	-0.3792***
$W^* infrastruct$	-0.0551*					0.0845***		
$W^* \ln productivity$	-0.0957***							
$W^* outlnFin$	0.0046				0.0151**	0.0253***	0.0149***	0.0145**
$W^* Koutput$	0.0429***				0.1555***	0.1583***	0.15***	0.1059***
$W^* save$	0.132***				0.2649***	0.2553***	0.1638***	0.1743***
$W^* housePRev$	0.0179***				0.0177***	0.0207***	0.0259***	0.0274***
$W^* \ln perWealth$	0.1***			0.3636***	0.1353***	0.1503***	0.1697***	0.1907***
$W^* devQuality$	-0.0031				0.1472***	0.1881***	0.2076***	0.6269***
Spatial ρ	0.5437***	0.9695***	0.9697***	0.9332***	0.6478***	0.6465***	0.6119***	
Variance θ	-3.3677***	-3.2503***	-3.2729***	-3.2689***	-3.3544***	-3.4021***	-3.3401***	-3.3293***
σ	0.0065***	0.0121***	0.012***	0.0118***	0.0095***	0.0093***	0.0088***	0.0089***

注：*** 表示在 1% 水平上显著，** 表示在 5% 水平上显著，* 表示在 10% 水平上显著。

的对数与所有变量的回归模型；模型 2 为只考虑人均 GDP 的对数与城市规模的对数 $\ln p$ 和城市规模对数的平方 $\ln p^2$ 的回归模型；模型 3 在模型 2 的基础上加上了人口密度的对数；模型 4 在模型 3 的基础上增加了经济发展质量；模型 5~模型 7 在模型 4 的基础上逐步增加了 $\ln HC$、FDI、rev_GDP、$GDP2$、$GDP3$、$L2Rate$、$L3Rate$、$urban$、$infrastruct$、$\ln productivity$、$outInFin$、$Koutput$、$save$、$housePRev$、$\ln PerWealth$ 等；模型 8 在模型 7 的基础上去掉控制变量 $devQuality$。

结果显示，模型 1 是选取的全部解释变量的回归结果，大部分解释变量显著，但仍然有部分变量不显著，仍需要剔除不显著的变量继续回归。从模型 1 的回归来看，考虑空间权重后的结果与普通面板计量有所不同。考虑空间权重后，人均 GDP 对数与城市规模对数的关系由"U"形曲线变为倒"U"形曲线；人口密度对数的系数由负转正；$\ln HC$ 的系数均为正；FDI 的系数为负，均显著；rev_GDP 的系数由正转为负，均不显著；$GDP2$ 的系数均为正，且不显著；$GDP3$ 的系数均为正，由不显著转为显著；$L2Rate$ 的系数由负转正，由不显著转为显著；$L3Rate$ 的系数由负转正，均显著；和直觉不一样，$urban$、$infrastruct$ 和 $\ln productivity$ 的系数均由正转负，均显著；$outInFin$ 系数由负转正，大部分显著；$Koutput$ 的系数由负转正，由不显著转为显著；$save$ 的系数由负转正，且均显著；$housePRev$ 的系数均为正，由不显著转为显著；$\ln perWealth$ 的系数均为正，且均显著；$devQuality$ 的系数由正转负，由显著转为不显著。模型 2~模型 7 是通过逐步增加解释变量得到回归结果。模型 2 证实了考虑空间权重后人均 GDP 对数与城市规模对数的关系由"U"形曲线变为倒"U"形曲线。模型 3 强化了模型 2 的结论，验证了模型 1 中考虑空间权重后的城区人口密度对数的系数由负转正，表明考虑空间权重的人均 GDP 随着人口密度增加而增加。模型 4 加入经济发展质量指标后，$devQuality$ 的系数由负转正，且都显著，说明通过 61 个具体指标的主成分分析得到的经济发展质量包含有其他未被体现出来的变量。模型 5~模型 7 和开始设想的一样，加入空间权重之后的 $\ln HC$、$outInFin$、$Koutput$、$save$、$housePRev$ 和 $\ln perWealth$ 的系数均为正。考虑空间权重后，模型 5 中 rev_ GDP 的系数由正转负,且由不显著转为 1% 水平上显著,说明减少政府干预程度有利于经济增长,促进人均 GDP 的提高。在模型 5、模型 6 和模型 7 中 GDP3 的系数由负转正,且均显著。模型 6 考虑空间权重后,infrastruct 的系数均为正,且均显著。模型 7 中 L2Rate 和 L3Rate 的系数由负转正,且均显著;FDI 的系数均为负,且均显著;urban 的系数由正转负,且均显著。和直观感觉不一样,考虑空间权重后的 FDI 和 urban 对人均 GDP 产生负的影响。后文将对两者的直接效应、间接效应和总效应再进行分析。对比模型 8 和模型 7 可以发现,减少解释变量 devQuality 后,剩下的解释变量系数的正负没有变化,显著性也基本没有变化,经济含义一致,由此可以认为引入经济发展质量是一种合适的方法。

表 2 显示了直接效应、间接效应和总效应的实证分析结果。模型 1 的直接效应显示人均 GDP 的对数与城市规模对数呈 "U" 形曲线关系,间接效应和总效应显示人均 GDP 对数与城市规模对数呈倒 "U" 形曲线关系;人口密度的直接效应为负,间接效应和总效应均为正,直接效应不显著,间接效应和总效应均显著;lnHC 的直接效应、间接效应和总效应均为正,并都显著,且间接效应大于直接效应;FDI 的直接效应、间接效应和总效应均为负,且都显著;rev_ GDP 的直接效应为正,间接效应和总效应均为负,除直接效应在 10% 水平上显著外,间接效应和总效应均不显著;GDP2 的直接效应、间接效应和总效应均为正,且均显著;GDP3 的直接效应、间接效应和总效应均为正,直接效应在 10% 水平上显著,间接效应和总效应均显著,且间接效应大于直接效应;L2Rate 的直接效应为负,间接效应和总效应均为正,除直接效应不显著外其他都显著;L3Rate 的间接效应为正,直接效应和总效应为负,仅总效应不显著;urban 的间接效应为负,直接效应和总效应为正,且都显著;infrastruct 的间接效应为负,直接效应和总效应为正,除直接效应显著外,其他均不显著;lnproductivity 的直接效应、间接效应和总效应都为正,且都显著,直接效应大于间接效应;outInFin 直接效应、间接效应和总效应为负,都显著;Koutput 直接效应为负,间接效应和总效应均为正,除直接效应不显著外其他均显著;save 的直接效应、间接效应和总

表 2 直接效应、间接效应和总效应 （1990～2018 年）

LR_Direct	模型 1	模型 2	模型 3	模型 4	模型 5	模型 6	模型 7	模型 8
lnp	-1.1303***	-0.9976***	-0.9199***	-0.935***	-1.1374***	-1.0068***	-1.0608***	-1.0723***
lnp²	0.056***	0.0518***	0.0436***	0.0363***	0.0461***	0.0317***	0.0426***	0.0432***
lncityPopDens	-0.0022		0.0185**	0.0056	-0.0131***	-0.0004	-0.0159***	-0.0161***
lnHC	0.0678***				0.0738***	0.0831***	0.0707***	0.0688***
FDI	-0.2101***						-0.1877***	-0.2114***
rev_GDP	0.0804*				0.0439			
GDP2	0.2828***				-0.2504***	-0.2501***	-0.2105***	-0.1985***
GDP3	0.0592*							
L2Rate	-0.0047						-0.0114	-0.0193
L3Rate	-0.2417***						-0.1326***	-0.1438***
urban	0.6088***						0.5282***	0.5338***
infrastruct	0.1024***					0.1296***		
lnproductivity	0.3002***							
outInFin	-0.0268***				-0.0197***	-0.017***	-0.0133***	-0.0135***
Koutput	-0.005				0.0071	0.0055	0.0054	-0.0001
save	-0.279***				-0.3597***	-0.3666***	-0.3574***	-0.3632***
housePRev	0.0023*				0.004**	0.005***	0.002	0.002
lnperWealth	0.0725***				0.1013***	0.0965***	0.0766***	0.0768***
devQuality	0.0818***			-0.0761***	0.0421***	0.0497***	-0.0167	

续表

LR_Indirect	模型 1	模型 2	模型 3	模型 4	模型 5	模型 6	模型 7	模型 8
$\ln p$	1.455***	16.126***	16.8273***	10.6451***	1.3698***	1.9717***	1.9136***	1.865***
$\ln p^2$	-0.1677***	-0.6494*	-0.7524**	-0.847***	-0.1544***	-0.2553***	-0.2552***	-0.248***
$\ln cityPopDens$	0.1146***		1.7375***	0.8481***	0.2063***	0.2532***	0.1147***	0.1129***
$\ln HC$	0.231***				0.5422***	0.4781***	0.5221***	0.501***
FDI	-0.957***						-2.298***	-2.7968***
rev_GDP	-0.2621				-1.0704***			
GDP2	0.3765**							
GDP3	1.0753***				0.8001***	0.6688***	0.7848***	1.3494***
L2Rate	0.384***						0.6733***	0.4468***
L3Rate	0.1787**						0.9104***	0.6443***
urban	-0.2517**						-0.2983**	-0.115
infrastruct	-0.0033					0.4433***		
$\ln productivity$	0.1394***							
$out\ln Fin$	-0.0212*				0.005	0.0366**	0.0159	0.0143
Koutput	0.0844***				0.4191***	0.4222***	0.3674***	0.262***
save	-0.0437				0.0801*	0.0447	-0.1307***	-0.1314***
housePRev	0.0391***				0.0527***	0.0622***	0.0653***	0.0716***
$\ln perWealth$	0.2878***				0.5257***	0.5547***	0.52***	0.5929***
devQuality	0.0871*			3.2818***	0.4534***	0.5736***	0.472***	

续表

LR_Total	模型 1	模型 2	模型 3	模型 4	模型 5	模型 6	模型 7	模型 8
lnp	0.3247	15.1284***	15.9075***	9.7101***	0.2324	0.9648***	0.8528**	0.7927**
lnp²	-0.1117***	-0.5976*	-0.7088*	-0.8107***	-0.1083***	-0.2236***	-0.2126***	-0.2048***
lncityPopDens	0.1125***		1.7561***	0.8536***	0.1932***	0.2528***	0.0989***	0.0969***
lnHC	0.2988***				0.616***	0.5613***	0.5929***	0.5697***
FDI	-1.1671***						-2.4857***	-3.0081***
rev_GDP	-0.1817				-1.0265***			
GDP2	0.6594***							1.1509***
GDP3	1.1345***				0.5497***	0.4187**	0.5743***	0.4275***
L2Rate	0.3793***						0.6619***	0.5006***
L3Rate	-0.063						0.7778***	
urban	0.3571***						0.23*	0.4189***
infrastruct	0.099					0.5728***		
lnproductivity	0.4397***							
outInFin	-0.048***				-0.0147	0.0196	0.0026	0.0008
Koutput	0.0794***				0.4261***	0.4277***	0.3728***	0.2619***
save	-0.3227***				-0.2796***	-0.322***	-0.4881***	-0.4946***
housePRev	0.0414***				0.0567***	0.0672***	0.0674***	0.0736***
lnperWealth	0.3603***				0.627***	0.6512***	0.5966***	0.6698***
devQuality	0.169***			3.2057***	0.4956***	0.6233***	0.4553***	

注：*** 表示在1%水平上显著，** 表示在5%水平上显著，* 表示在10%水平上显著。其中 LR_Direct 表示直接效应，LR_Indirect 表示间接效应，LR_Total 表示总效应。

效应均为负，除间接效应不显著外，其他均显著；*housePRev* 和 ln*perWealth*
直接效应、间接效应和总效应均为正，且都显著；*devQuality* 的直接效应、
间接效应和总效应都为正，且均显著。

　　模型 2 直接效应显示人均 GDP 对数与城市规模对数呈"U"形曲线关
系，间接效应和总效应均为人均 GDP 对数与城市规模对数呈倒"U"形曲
线关系。模型 3 中 ln*cityPopDens* 的直接效应、间接效应和总效应均为正，且
间接效应的系数远远大于直接效应，说明人口密度表示的空间聚集对本地的
效应远远小于邻近城市的效应，空间溢出效应较大。模型 4 加入经济发展质
量指标后，*devQuality* 的直接效应为负，间接效应和总效应为正，经济发展
质量对邻近城市具有较大的正的外溢性。模型 5 中 *rev_ GDP* 的系数直接效
应为正，间接效应和总效应均为负，直接效应不显著，间接效应和总效应在
1% 水平上显著。模型 5 ~ 模型 8 中 ln*HC* 的直接效应、间接效应和总效应均
为正，且均显著，并且间接效应大于直接效应。模型 5 ~ 模型 8 中 *GDP3* 直
接效应均为负，间接效应和总效应都为正，且均显著。模型 5 ~ 模型 8 中
outInFin 的间接效应为正，直接效应均为负，除模型 5 中 *outInFin* 的总效应
为负外，其他的总效应都为正，直接效应 1% 水平上显著，间接效应和总效
应基本不显著，从直接效应显著来看，说明行政机制超过市场机制时对本地
区的经济增长不利。模型 5 ~ 模型 8 中 *Koutput*、*housePRev* 和 ln*perWealth* 的直
接效应、间接效应和总效应均为正，模型 5 ~ 模型 8 的 *Koutput* 的直接效应的
系数不显著，模型 7 和模型 8 中 *housePRev* 直接效应不显著，其他效应均显
著。模型 5 ~ 模型 8 中 *save*，除模型 5 和模型 6 的 *save* 间接效应为正且不显
著，其他间接效应、直接效应和总效应均为负且显著。模型 6 中 *infrastruct*
直接效应、间接效应和总效应均为正，且都显著。模型 7 和模型 8 的 *L2Rate*
的直接效应为负，间接效应和总效应为正，除直接效应不显著外，其他均显
著；模型 7 和模型 8 中 *L3Rate* 的直接效应为负，间接效应和总效应为正，
且都显著。模型 7 和模型 8 中 *FDI* 的直接效应、间接效应和总效应都为负，
且均显著，和空间滞后项的系数一样为负。外国直接投资在我国国际收支得
到有效改善、技术升级、增加就业机会、改善就业环境、提高劳动力的素

质、促进产业结构的升级和国际贸易等方面发挥着重要作用。用外国直接投资占 GDP 比重表示的 FDI 对人均 GDP 的负向作用的机理有待进一步探讨。模型 7 和模型 8 中 *urban* 的间接效应为负，直接效应和总效应为正，除模型 8 的间接效应不显著外，其他均显著，说明城市化对本地区的人均 GDP 具有正的贡献，但对邻近城市的人均 GDP 有一定的负的影响，但总效应为正说明城市化总体有益于人均 GDP 的增长。这一点与空间滞后项的城市化的系数有所不同。

（二）模型稳健性检验

为了验证计量结果的可靠性，必须对模型进行稳健性检验。稳健性检验的方法包括选择不同的解释变量、改变参数取值范围、改变样本范围等。

1. 改变样本范围

本文将样本范围从 1990~2018 年调整为 2000~2018 年，并保持模型的变量不变来检验模型的稳健性。样本范围调整为 2000~2018 年后，和 1990~2018 年结果比较，除了个别变量的系数如 *infrastruct*、*Koutput*、*urban* 和 *rev_ GDP* 的正负性和显著性发生变化，其他变量系数的正负性和显著性基本保持不变。有所变化的如 *infrastruct* 考虑空间权重后的系数和间接效应由正变负，模型 3 中 ln*cityPopDens* 的直接效应、间接效应和总效应由正变负，模型 5 中 *rev_ GDP* 的直接效应仍然为正且由不显著变得显著，模型 7 和模型 8 中 *L2Rate* 和 *L3Rate* 的直接效应由负变正；模型 7 和模型 8 中 *urban* 的总效应由正变负；模型 7 中 *Koutput* 的直接效应由正变负，模型 8 中 *Koutput* 的间接效应和总效应由正变负且不显著。说明模型具有较强的稳健性。具体见附表 1 和附表 2。

2. 采用固定效应进行分析

采用的模型不变，用固定效应分析 1990~2018 年的 SDM 模型，除了模型 3 中 ln*cityPopDens* 的直接效应、间接效应和总效应由正变负，模型 8 中 *urban* 的间接效应由负变正，模型结果的正负性和显著性基本不变。采用固定效应的分析结果说明本文采用随机效应的 SDM 模型具有足够的稳健性，同时说明本文模型采用随机效应或固定效应对结果没有根本性的影响。具体见附表 3 和附表 4。

四　结语

本文基于 264 个地级及地级以上城市的空间面板数据，引入经济发展质量指标作为控制变量。研究发现，在考虑空间权重后，人均 GDP 与城市规模、人口密度和经济发展质量等相关影响因素的关系如下。

（1）考虑空间权重后，人均 GDP 对数与城市规模对数的关系由"U"形曲线变为倒"U"形曲线，人均 GDP 对数与城市规模对数直接效应为"U"形曲线，而间接效应和总效应为倒"U"形曲线。

（2）人均 GDP 随着人口密度增加而增加，并且人口密度的外溢效应的系数远远大于直接效应，说明人口密度表示的空间聚集对本地的效应远远小于邻近城市的效应，空间溢出效应较大。

（3）经济发展质量的系数由负转正，且都显著，说明 61 个具体指标通过主成分分析法得到的经济发展质量包含有其他未被体现出来的变量，虽然经济发展质量的直接效应为负，但间接效应和总效应为正，经济发展质量对邻近城市具有较大的正的外溢性。

（4）人力资本的直接效应、间接效应和总效应均为正，且均显著，并且间接效应大于直接效应。

（5）第三产业占 GDP 的比重、基础设施、财政支出与财政收入的比、资本产出比、房价收入比指标和人均财富的系数和总效应均为正。

（6）城市化的系数由正转负，且均显著，而城市化的直接效应和总效应为正，间接效应为负，说明城市化对本地区的人均 GDP 具有正的贡献，但对邻近城市的人均 GDP 有一定的负向影响，但城市化总体有益于人均 GDP 的增长，这一点与空间滞后项的城市化的系数有所不同。

（7）居民储蓄的系数由负转正，但直接效应和总效应均为负，居民储蓄越高，人均 GDP 越低，对经济增长越不利。

（8）财政收入占 GDP 的比重的系数为负，且由不显著转为 1% 水平上显著，同时财政收入占 GDP 的比重的系数直接效应为正，间接效应和总效应均为负，说明减少政府干预程度有利于经济增长，提高人均 GDP。

由此，本文提出如下政策建议。（1）放开对大城市、超大城市人口规模的限制约束。在临界阈值内，城市规模越大，空间聚集能力越强，越有益于城市及邻近城市的经济增长。提高城市的空间聚集度和城市人口密度。城市的人均 GDP 随着人口密度增加而增加。（2）提升人力资本积累水平，尤其是中高端人力资本水平。人力资本对邻近城市的外溢效应大于直接效应。（3）继续提高第三产业占 GDP 的比重，尤其是要发展现代服务业，提高现代服务贸易水平。（4）继续稳步提高城市化水平，尤其是推进人的城市化。继续推进城市基础设施建设。（5）通过降低政府各项开支和减少税收等多种方式来降低政府对经济的干预，同时加强财政预算管理，提高财政预算支出效率，激励经济增长。

附录：

附表 1　实证结果（2000～2018 年）

	模型 1	模型 2	模型 3	模型 4	模型 5	模型 6	模型 7	模型 8
lnp	-0.3267***	-0.6455***	-0.559***	-0.6544***	-0.3361***	-0.3005***	-0.2054**	-0.2321***
lnp^2	-0.0165**	0.0021	-0.0064	0.0023	-0.0332***	-0.035***	-0.0374***	-0.0348***
IncityPopDens	-0.0162***		-0.0096*	-0.0107*	-0.0109**	-0.0101**	-0.0166**	-0.0178***
lnHC	0.025***				0.0147*	0.0164**	0.0126	0.0125
FDI	-0.4572***						-0.3483***	-0.371***
rev_GDP	0.4031***				0.5302***			
GDP2	0.4206***							
GDP3	0.173***				-0.3014***	-0.2995***	-0.293***	-0.2901***
L2Rate	0.0546*						0.2084***	0.2123***
L3Rate	-0.1633***						0.0871**	0.0904**
urban	0.374***						0.2927***	0.2991***
infrastruct	0.0582***					0.0294*		
lnproductivity	0.1975***							
outlnFin	-0.0128***				-0.005	-0.012***	-0.0117***	-0.0118***
Koutput	-0.0225***				-0.0226***	-0.0244***	-0.0191***	-0.019***
save	-0.245***				-0.3049***	-0.2961***	-0.2888***	-0.2889***
housePRev	0.0021*				0.0045***	0.0048***	0.0036***	0.0037***
lnperWealth	0.0537***				0.078***	0.0786***	0.0668***	0.0667***
devQuality	0.0234***			-0.1542***	0.0083	0.0192	0.002	
_cons	-0.4143	-3.107***	-3.5422***	-2.6085***	-0.732	-0.6946	-1.5444***	-1.8227***

Wx	模型 1	模型 2	模型 3	模型 4	模型 5	模型 6	模型 7	模型 8
W*lnp	1.5493***	1.6066***	1.8678***	1.8581***	1.3491***	1.3386***	1.416***	1.3763***
W*lnp^2	-0.1391***	-0.0688***	-0.1215***	-0.1201***	-0.106***	-0.1064***	-0.123***	-0.1146***

续表

$W^{*}x$	模型 1	模型 2	模型 3	模型 4	模型 5	模型 6	模型 7	模型 8
$W^{*} lncityPopDens$	0.0729***		0.0461***	0.0366**	0.0609***	0.0595***	0.0657***	0.0566***
$W^{*} lnHC$	0.1833***				0.2332***	0.2363***	0.2473***	0.2244***
$W^{*} FDI$	-0.1326				-0.6859***		-0.4597***	-0.6376***
$W^{*} rev\_GDP$	-0.2979**							
$W^{*} GDP2$	-0.1272				0.4012***	0.401***	0.4193***	0.5766***
$W^{*} GDP3$	0.2797***						0.2354***	0.2749***
$W^{*} L2Rate$	0.114						0.2906***	0.3297***
$W^{*} L3Rate$	0.1073							
$W^{*} urban$	-0.2589***					-0.0492	-0.4355***	-0.405***
$W^{*} infrastruct$	-0.0843*							
$W^{*} lnproductivity$	-0.0102							
$W^{*} outInFin$	0.0099*				0.014**	0.0239***	0.024***	0.0227***
$W^{*} Koutput$	-0.0566***				0.045***	0.0455***	0.0195	-0.0051
$W^{*} save$	0.1428***				0.1863***	0.1726***	0.1502***	0.1561***
$W^{*} housePRev$	0.0106***				0.0112***	0.0106***	0.0197***	0.0221***
$W^{*} lnperWealth$	0.0705***				0.0875***	0.0838***	0.1185***	0.1298***
$W^{*} devQuality$	0.0216			0.3299***	0.1536***	0.1446***	0.1248***	
Spatial ρ	0.5745***	0.9779***	1.0116***	0.9455***	0.6945***	0.6895***	0.6751***	0.6906***
Variance θ	-3.6919***	-3.5337***	-3.547***	-3.5699***	-3.7776***	-3.7649***	-3.7117***	-3.6986***
σ	0.003***	0.0055***	0.0053***	0.0053***	0.0039***	0.0039***	0.0038***	0.0038***

注：***表示在 1%水平上显著，**表示在 5%水平上显著，*表示在 10%水平上显著。

附表 2　直接效应、间接效应和总效应（2000～2018 年）

LR_Direct	模型 1	模型 2	模型 3	模型 4	模型 5	模型 6	模型 7	模型 8
lnp	-0.2346***	0.0207	-0.3085	-0.1769	-0.2231**	-0.1877*	-0.0859	-0.1111
lnp²	-0.0266***	-0.0436***	-0.0312	-0.0433***	-0.0462***	-0.048***	-0.0512***	-0.0485***
lncityPopDens	-0.0116***		-0.002	-0.0001	-0.0052	-0.0045	-0.0111**	-0.0131***
lnHC	0.0378***				0.0384***	0.0401***	0.0356***	0.0347***
FDI	-0.4834***						-0.4118***	-0.4567***
rev_GDP	0.4021***				0.4991***			
GDP2	0.428***							
GDP3	0.1969***				-0.2813***	-0.281***	-0.2718***	-0.253***
L2Rate	0.0674**						0.242***	0.2526***
L3Rate	-0.1583***						0.1178***	0.1272***
urban	0.37***						0.2731***	0.282***
infrastruct	0.0559***					0.0279*		
lnproductivity	0.2038***							
outlnFin	-0.0125***				-0.004	-0.0106***	-0.0101***	-0.0103***
Koutput	-0.0274***				-0.02***	-0.0219***	-0.0186***	-0.021***
save	-0.245***			-0.0838***	-0.3067***	-0.2984***	-0.2924***	-0.2925***
housePRev	0.003**				0.006***	0.0062***	0.0055***	0.0059***
lnperWealth	0.0605***				0.0918***	0.0918***	0.0817***	0.0835***
devQuality	0.0258*				0.0243	0.035**	0.0124	

续表

LR_Indirect	模型 1	模型 2	模型 3	模型 4	模型 5	模型 6	模型 7	模型 8
lnp	3.1099***	43.5364***	-114.5492*	22.4873***	3.5917***	3.587***	3.8252***	3.8604***
lnp²	-0.34***	-2.9823***	11.2431***	-2.1459***	-0.4155***	-0.4139***	-0.4444***	-0.4384***
lncityPopDens	0.1454***		-3.1591**	0.4754*	0.1713***	0.1662***	0.1615***	0.1359***
lnHC	0.452***				0.7806***	0.7816***	0.7615***	0.7317***
FDI	-0.9211***				-1.0374**		-2.092***	-2.8075***
rev_GDP	-0.1542							
GDP2	0.2724							
GDP3	0.8809***				0.6106***	0.6033***	0.6557***	1.1702***
L2Rate	0.3457*						1.108***	1.3182***
L3Rate	0.0571						1.0261***	1.221***
urban	-0.1001						-0.7111***	-0.6262***
infrastruct	-0.1206*					-0.084		
lnproductivity	0.2355***							
outInFin	0.0054				0.0325*	0.0482***	0.0483***	0.045***
Koutput	-0.1592***				0.0918*	0.0878*	0.0205	-0.0596
save	0.0017				-0.0824*	-0.0997***	-0.1326***	-0.1344***
housePRev	0.0265***				0.0452***	0.0433***	0.0661***	0.0775***
lnperWealth	0.2311***				0.4495***	0.4309***	0.4905***	0.552***
devQuality	0.082*			3.3333***	0.5062***	0.4949***	0.3759***	

续表

LR_Total	模型 1	模型 2	模型 3	模型 4	模型 5	模型 6	模型 7	模型 8
lnp	2.8754***	43.5571***	-114.8578*	22.3104***	3.3686***	3.3994***	3.7393***	3.7493***
lnp^2	-0.3666***	-3.026***	11.2119***	-2.1892***	-0.4617***	-0.4618***	-0.4956***	-0.4869***
IncityPopDens	0.1338***		-3.161**	0.4753*	0.1661***	0.1617***	0.1504***	0.1228***
$lnHC$	0.4898***				0.819***	0.8217***	0.797***	0.7664***
FDI	-1.4045***				-0.5382		-2.5037***	-3.2643***
rev_GDP	0.2479							
GDP2	0.7004***				0.3293*	0.3222*	0.3839**	0.9172***
GDP3	1.0777***							
L2Rate	0.4131**						1.35***	1.5708***
L3Rate	-0.1012						1.1439***	1.3482***
urban	0.2699**						-0.438**	-0.3443**
infrastruct	-0.0647					-0.0562		
lnproductivity	0.4393***							
outInFin	-0.0071				0.0285	0.0376**	0.0382**	0.0348**
Koutput	-0.1865***				0.0718	0.0659	0.0019	-0.0807
save	-0.2433***				-0.3892***	-0.3981***	-0.4249***	-0.4269***
housePRev	0.0295***				0.0512***	0.0495***	0.0716***	0.0835***
lnperWealth	0.2916***				0.5413***	0.5226***	0.5723***	0.6355***
devQuality	0.1078**			3.2495***	0.5304***	0.53***	0.3883*	

注：***表示在1%水平上显著，**表示在5%水平上显著，*表示在10%水平上显著。其中 LR_ Direct 表示直接效应，LR_ Indirect 表示间接效应，LR_ Total 表示总效应。

附表 3　固定效应的实证结果（1990~2018 年）

	模型 1	模型 2	模型 3	模型 4	模型 5	模型 6	模型 7	模型 8
lnp	-1.212***	-1.3178***	-1.1473***	-1.2065***	-1.2154***	-1.0753***	-1.1636***	-1.1807***
lnp²	0.0576***	0.0591***	0.043***	0.0509***	0.047***	0.0337***	0.0466***	0.0474***
lncityPopDens	-0.0054		-0.0112***	-0.0162***	-0.0219***	-0.0099*	-0.0206***	-0.0208***
lnHC	0.0569***				0.0522***	0.0637***	0.0491***	0.0476***
FDI	-0.1914***						-0.1372***	-0.1459***
rev_GDP	0.1098**				0.0913*			
GDP2	0.2591***							
GDP3	0.0138				-0.2844***	-0.2781***	-0.24***	-0.2446***
L2Rate	-0.0285						-0.0478**	-0.0499**
L3Rate	-0.2515***						-0.1657***	-0.17***
urban	0.5782***						0.4894***	0.4891***
infrastruct	0.1057***					0.1198***		
lnproductivity	0.2947***							
outlnFin	-0.027**				-0.0214***	-0.0196***	-0.0155***	-0.0158***
Koutput	-0.0064				-0.0031	-0.0051	-0.0043	-0.0067
save	-0.2811***				-0.3642***	-0.3697***	-0.3559***	-0.3615***
housePRev	0.0009				0.0018	0.0025	0	-0.0002
lnperWealth	0.0604***				0.0768***	0.0716***	0.0556***	0.0534***
devQuality	0.0805***			-0.1547***	0.0274	0.0318*	-0.0283	
_cons								
Wx	模型 1	模型 2	模型 3	模型 4	模型 5	模型 6	模型 7	模型 8
W*lnp	1.3869***	1.8013***	1.9888***	1.8501***	1.2823***	1.4422***	1.508***	1.4812***

续表

Wx	模型 1	模型 2	模型 3	模型 4	模型 5	模型 6	模型 7	模型 8
W * lnp²	-0.1189***	-0.0782***	-0.1284***	-0.1038***	-0.0854***	-0.1216***	-0.1391***	-0.1326***
W * lncityPopDens	0.0547***		0.0736***	0.0773***	0.089***	0.0984***	0.0494***	0.0481***
W * lnHC	0.0753***				0.1619***	0.129***	0.1802***	0.1632***
W * FDI	-0.3964***				-0.4539***		-0.9393***	-1.0931***
W * rev_GDP	-0.1536*							
W * GDP2	0.0258							
W * GDP3	0.4914***				0.4806***	0.4222***	0.4791***	0.6969***
W * L2Rate	0.2048***						0.3252***	0.2239***
W * L3Rate	0.2289***						0.5051***	0.389***
W * urban	-0.415***						-0.3677***	-0.3008***
W * infrastruct	-0.0196					0.1145***		
W * lnproductivity	-0.0854***							
W * outlnFin	0.0066				0.0169**	0.0282***	0.0172***	0.0168***
W * Kouput	0.0426***				0.1535***	0.161***	0.1591***	0.1122***
W * save	0.1262***				0.2671***	0.2539***	0.1547***	0.1659***
W * housePRev	0.019***				0.018***	0.0215***	0.0268***	0.0282***
W * lnperWealth	0.1123***				0.1432***	0.162***	0.1809***	0.2019***
W * devQuality	0.0049			0.3627***	0.1473***	0.2015***	0.2124***	
Spatial ρ	0.5327***	0.9688***	1.0109***	0.9339***	0.651***	0.6484***	0.6069***	0.6232***
Variance σ	0.0062***	0.0117***	0.0113***	0.0114***	0.0091***	0.009***	0.0085***	0.0085***

注：*** 表示在 1% 水平上显著，** 表示在 5% 水平上显著，* 表示在 10% 水平上显著。

附表 4　固定效应下的直接效应、间接效应和总效应（1990~2018 年）

LR_Direct	模型 1	模型 2	模型 3	模型 4	模型 5	模型 6	模型 7	模型 8
lnp	-1.167***	-1.0199***	-1.0483***	-0.9599***	-1.1719***	-1.0109***	-1.1024***	-1.1212***
lnp²	0.0522***	0.0466***	0.0328**	0.0317***	0.0421***	0.0251***	0.0383***	0.0393***
lncityPopDens	-0.0021		-0.0036	0.0051	-0.0152***	-0.0018	-0.0175***	-0.0176***
lnHC	0.0628***				0.0684***	0.0778***	0.0641***	0.0622***
FDI	-0.22***						-0.211***	-0.2363***
rev_GDP	0.1067**				0.0593			
GDP2	0.268***							
GDP3	0.0413				-0.2583***	-0.2574***	-0.2146***	-0.2015***
L2Rate	-0.0164						-0.0268	-0.0359*
L3Rate	-0.2449***						-0.1374***	-0.1492***
urban	0.5713***						0.4863***	0.4915***
infrastruct	0.1088***					0.1366***		
lnproductivity	0.2986***							
outlnFin	-0.0272***				-0.0211***	-0.0183***	-0.0148***	-0.0151***
Koutput	-0.0043				0.0094	0.0078	0.0069	0.0013
save	-0.2826***				-0.3608***	-0.3678***	-0.3596***	-0.3654***
housePRev	0.0022				0.0034**	0.0045***	0.0019	0.0018
lnperWealth	0.0688***				0.0929***	0.0889***	0.0712***	0.0714***
devQuality	0.0837***			-0.0816***	0.0421**	0.0512***	-0.0151	

续表

LR_Indirect	模型 1	模型 2	模型 3	模型 4	模型 5	模型 6	模型 7	模型 8
lnp	1.5502 ***	17.11 ***	−76.692 ***	10.838 ***	1.3574 ***	2.0506 ***	1.9938 ***	1.916 ***
lnp^2	−0.185 ***	−0.7111 **	7.8453 ***	−0.8433 ***	−0.1516 ***	−0.2747 ***	−0.274 ***	−0.2652 ***
lncityPopDens	0.1085 ***		−5.8375 ***	0.9285 ***	0.2073 ***	0.2534 ***	0.0908 ***	0.0939 ***
lnHC	0.2197 ***				0.5458 ***	0.4711 ***	0.5181 ***	0.4962 ***
FDI	−1.0458 ***						−2.5158 ***	−3.047 ***
rev_GDP	−0.2011				−1.0703 ***			
GDP2	0.3421 **							
GDP3	1.0434 ***				0.8181 ***	0.6864 ***	0.8148 ***	1.4016 ***
L2Rate	0.3963 ***						0.7312 ***	0.4918 ***
L3Rate	0.2005 **						0.9951 ***	0.7295 ***
urban	−0.204 **						−0.1795	0.0071
infrastruct	0.0723					0.5251 ***		
lnproductivity	0.1502 ***							
outlnFin	−0.0165				0.0086	0.0425 ***	0.0186	0.0173
Koutput	0.0827 ***				0.4221 ***	0.4361 ***	0.3859 ***	0.2777 ***
save	−0.051				0.0815 *	0.0352	−0.1485 ***	−0.1523 ***
housePRev	0.0405 ***				0.0536 ***	0.0636 ***	0.0662 ***	0.0726 ***
lnperWealth	0.2991 ***				0.5366 ***	0.576 ***	0.5298 ***	0.6067 ***
devQuality	0.0983 **			3.2347 ***	0.4577 ***	0.6071 ***	0.4882 ***	

154 // 中国城市规模、空间聚集与管理模式研究

续表

LR_Total	模型 1	模型 2	模型 3	模型 4	模型 5	模型 6	模型 7	模型 8
lnp	0.3832	16.0902 ***	−77.7403 **	9.878 ***	0.1855	1.0397 ***	0.8914 ***	0.7949 **
lnp²	−0.1328 ***	−0.6645 *	7.8781 ***	−0.8116 ***	−0.1094 ***	−0.2496 ***	−0.2356 ***	−0.2259 ***
lncityPopDens	0.1064 ***		−5.841 ***	0.9336 ***	0.192 ***	0.2515 ***	0.0732 ***	0.0763 ***
lnHC	0.2825 ***				0.6142 ***	0.5489 ***	0.5823 ***	0.5583 ***
FDI	−1.2659 ***						−2.7268 ***	−3.2833 ***
rev_GDP	−0.0945				−1.011 ***			
GDP2	0.6101 ***				0.5598 ***	0.429 **	0.6002 ***	1.2002 ***
GDP3	1.0847 ***							
L2Rate	0.38 ***						0.7044 ***	0.4559 ***
L3Rate	−0.0444						0.8577 ***	0.5802 ***
urban	0.3673 ***						0.3068 **	0.4986 ***
infrastruct	0.1811 ***					0.6618 ***		
lnproductivity	0.4489 ***							
outInFin	−0.0438 ***				−0.0125	0.0242	0.0037	0.0021
Koutput	0.0784 ***				0.4315 ***	0.444 ***	0.3927 ***	0.2791 ***
save	−0.3336 ***				−0.2793 ***	−0.3326 ***	−0.5081 ***	−0.5177 ***
housePRev	0.0426 ***				0.057 ***	0.0682 ***	0.068 ***	0.0745 ***
lnperWealth	0.3679 ***				0.6296 ***	0.6649 ***	0.601 ***	0.6781 ***
devQuality	0.182 ***			3.1531 ***	0.4998 ***	0.6583 ***	0.4731 ***	

注：*** 表示在1%水平上显著，** 表示在5%水平上显著，* 表示在10%水平上显著。其中LR_ Direct 表示直接效应，LR_ Indirect 表示间接效应，LR_ Total 表示总效应。

参考文献

［1］ Tobler, W. R. , "A Computer Movie Simulating Urban Growth in the Detroit Region," *Economic Geography* 46 （2） （1970）.

［2］ 张艳、刘亮：《经济集聚与经济增长——基于中国城市数据的实证分析》，《世界经济文汇》2007 年第 1 期。

［3］ 高健、吴佩林：《城市人口规模对城市经济增长的影响》，《城市问题》2016 年第 6 期。

［4］ 符淼：《地理距离和技术外溢效应——对技术和经济集聚现象的空间计量学解释》，《经济学（季刊）》2009 年第 4 期。

［5］ 陆铭：《建设用地使用权跨区域再配置：中国经济增长的新动力》，《世界经济》2011 年第 1 期。

［6］ 刘修岩、邵军、薛玉立：《集聚与地区经济增长：基于中国地级城市数据的再检验》，《南开经济研究》2012 年第 3 期。

［7］ 周慧：《城镇化、空间溢出与经济增长——基于我国中部地区地级市面板数据的经验证据》，《上海经济研究》2016 年第 2 期。

［8］ Fujita, M. , P. Krugman, "When is the economy monocentric?: von Thünen and Chamberlin unified," *Regional Science & Urban Economics* 25 （4） （1995）.

［9］ Baldwin, R. E. , R. Forslid, "Trade liberalisation and endogenous growth: A q-theory approach," *Journal of International Economics* 50 （2000）.

［10］ Henderson, J. V. , "Efficiency of resource usage and city size," *Journal of Urban Economics* 19 （1） （1986）.

［11］ Futagami, K. , Y. Ohkusa, "The Quality Ladder and Product Variety: Larger Economies May Not Grow Faster," *The Japanese Economic Review* 54 （2003）.

［12］ Williamson, J. G. , "Regional Inequality and the Process of National Development," *Economic Development and Cultural Change* 4 （1965）.

［13］ Fujita, M. , J. F. o. Thisse, "Does Geographical Agglomeration Foster Economic Growth? And Who Gains and Loses from It?" *CEPR Discussion Papers* 54 （2） （2002）.

［14］ Brülhart, M. , F. Sbergami, "Agglomeration and growth: Cross-country evidence," *Journal of Urban Economics* 65 （1） （2009）.

［15］ Shefer, D. , "Localization Economies in Smsa's: A Production Function Analysis," *Journal of Regional Science* 13 （1） （2010）.

[16] Segal, D., "Are There Returns to Scale in City Size?" *Review of Economics & Statistics* 58 (3) (1976).

[17] Fogarty, M. S., G. A. Garofalo, "Urban spatial structure and productivity growth in the manufacturing sector of cities," *Journal of Urban Economics* 23 (1) (1988).

[18] Moomaw, R. L., "Firm location and city size: Reduced productivity advantages as a factor in the decline of manufacturing in urban areas," *Journal of Urban Economics* 17 (1) (1985).

[19] Glaeser, E. L., M. G. Resseger, "The Complementarity Between Cities And Skills," *Journal of Regional Science* 50 (1) (2010).

[20] Ciccone, A., R. E. Hall, "Productivity and the Density of Economic Activity," *American Economic Review* 86 (1) (1996).

[21] Meijers, E., J. Burger, J. Martijn, "Spatial Structure and Productivity in US Metropolitan Areas," *Environment and Planning A* 42 (6) (2010).

[22] Mundlak, Y., "On the Pooling of Time Series and Cross Section Data," *Econometrica* 46 (1) (1978).

[23] 高翔:《政府治理效率:当代中国公共管理研究中的大问题》,《公共管理与政策评论》2020 年第 1 期。

报告3
区域差距、收敛与增长动力[*]

张自然[**]

摘　要:　中国已经步入中等偏上收入国家行列,但区域之间的差距始终
存在。近年来随着经济结构性减速的出现,区域差距有扩大的
趋势,而区域分化加剧有可能反过来影响经济增长。本文用人
均 GDP、人均可支配收入等经济指标的泰尔指数分析区域分化
情况,并分别用 1990~2016 年和 1978~2016 年的人均 GDP 来
分析区域经济收敛情况,得出区域 β-收敛判定与样本周期长
短有关的结论,并认为经济增长是解决区域差距的根本途径,
此外还分析了经济增长的动力因素,最后得出结论并提出政策
建议。

关键词:　区域差距　泰尔指数　β-收敛　人均 GDP　增长动力

一　引言

改革开放以来,中国经济有了长足的进步,已经成功跨入中等偏上收入
国家行列,但区域差距始终存在,随着经济出现结构性减速,近年来区域差
距有扩大的趋势,区域分化加剧有可能抑制经济的进一步增长。

　　* 本文受国家社会科学基金重点课题"中国城市规模、空间聚集与管理模式研究"(批准文号:
15AJL013) 资助。本文发表在《金融评论》2017 年第 1 期。
　　** 张自然,博士,中国社会科学院经济研究所研究员,主要研究方向为技术进步与经济增长。

改革开放前，中国区域差别并不显著，这一点大家看法较为一致，但对于改革开放后区域差距变化的观点则有所分歧。有学者认为中国的区域差距逐渐变大（Tsui，1991；魏后凯，1996；林毅夫、李周，1998）。Tsui（1991）认为中国区域之间的经济差异在1952~1970年间变化不明显，而在1970~1985年则扩大了；魏后凯（1996）用加权变异系数的人均居民收入分析1985~1995年各省份的状况后认为，区域差距呈扩大趋势；林毅夫和李周（1998）指出改革开放以来区域经济发展差距不仅继续存在，而且呈现扩大的趋势；许召元和李善同（2006）认为改革开放以来中国的区域差距经历了先缩小后变大的过程，2000~2004年中国的区域差距继续扩大，而扩张速度则明显慢于20世纪90年代，2004年区域差距又出现缩小的迹象。

也有学者认为20世纪80年代省级区域之间的发展比较平衡（World Bank，1997；章奇，2001；贾俊雪、郭庆旺，2007）。World Bank（1997）认为1990年以前中国各地区之间的经济发展差异呈缩小趋势，1990年以后则呈扩大趋势。章奇（2001）认为在整个20世纪80年代，各省经济发展是比较平衡的，而到了90年代地区之间发展差距才比较明显。贾俊雪、郭庆旺（2007）认为全国基于基尼系数的人均GDP水平差异主要源于地区间差异，20世纪90年代以来中国区域差异一直在放大，但2001年以后区域差异化速度减缓，到2003年出现了逆转的迹象。张自然和陆明涛（2013）认为我国全要素生产率增长存在显著的区域不平衡，东部地区、中部地区和西部地区的全要素生产率增长存在着显著的不同。

一部分学者认为中国的省级区域之间存在差距，但存在东部、中部和西部三个地区的趋同俱乐部（Chen and Fleisher，1996；Jian et al.，1996；Raiser，1998；Yudon and Weeks，2000；蔡昉、都阳，2000；Fujita and Hu，2001；沈坤荣、马俊，2002；潘文卿，2010），有学者还预测了俱乐部趋同的速度（林毅夫、刘培林，2003；覃成林，2004；董先安，2004；徐现祥、李郇，2004；许召元、李善同，2006）。Tomkins（2004）认为区域经济增长俱乐部趋同现象将成为研究热点。Chen 和 Fleisher（1996）使用 Solow 模型分析了 1952~1993 年中国区域经济增长趋同，得出的结论是中国区域经济增长在改革开放前就出现了差异化趋势，1978~1993 年出现趋同，其中绝对收敛速度为 0.9%，条件收敛速度为 5.7%。Jian 等（1996）研究了 1952~1993 年中国经济增长的区域收敛性后，认为中国经济增长在 1952~1965 年经历了微弱的区域趋同，1965~1978 年区域间出现差异化现象，改革开放后又出现明显的趋同现象。Raiser（1998）分析了 1978~1992 年中国区域经济增长的收敛性，认为中国经济增长在改革开放后区域趋同，收敛速度为 0.8%~4.2%。Yudon 和 Weeks（2000）分析了 1953~1997 年中国区域经济增长趋同问题，认为中国区域经济增长发生了条件趋同，改革开放前收敛速度为 0.414%，改革开放后收敛速度为 2.23%。蔡昉和都阳（2000）认为中国的经济增长存在区域差距，没有普遍的趋同现象，但形成了东部地区、中部地区和西部地区三个趋同俱乐部。Fujita 和 Hu（2001）研究了 1985~1994 年中国经济增长的区域趋同情况，认为 1985~1994 年间中国沿海地区与内地之间的经济增长的异化不断增强，而在沿海地区内部则存在趋同现象。沈坤荣和马俊（2002）认为中国东部地区、中部地区和西部地区分别形成了趋同俱乐部。潘文卿（2010）认为 1990 年之前全国范围内存在显著的 β 绝对收敛特征，并收敛于东部与中西部两大收敛"俱乐部"，但 1990 年后全国范围内不存在 β 绝对收敛，并且形成了东部、中部和西部三大收敛"俱乐部"。林毅夫和刘培林（2003）认为 1981~1999 年我国区域经济增长存在条件趋同，收敛速度为每年 7%~15%。覃成林（2004）认为，中国区域经济增长在 1978~1990 年表现为趋同，收敛速度大于 2.2%，并认为"俱乐部"收敛现象主要集中在低收入群体和高收入群体内部的趋同。董先安（2004）基于 1985~2002 年各省份的数据分析表明，中国区域经济增长有明显的趋同条件，收敛速度为每年 9.6%。徐现祥和李郇（2004）基于中国 216 个地级及地级以上城市的收敛性研究后认为，中国城市的经济增长存在着 σ 收敛和绝对 β 收敛。许召元和李善同（2006）利用 1990~2004 年的以不变价格人均 GDP 数据进行研究后认为，我国的区域经济增长存在显著的条件趋同，趋同速度约为每年 17.6%。彭国华（2005）认为全国和中、西部地区存在着条件趋同，其收敛速度为每年 7.3%。东部地区存在俱乐部趋同，而中部地区、西部地区不存在俱乐部趋同。覃成林、张伟丽（2009）认为在俱乐部收敛的研究中，除了区域分组的方法和俱乐部收敛检验的方法外，还需要选择研究的起始点和时间段。

也有学者认为中国不存在区域收敛现象：马拴友、于红霞（2003）通过对 1995~2000 年的数据进行分析后认为，中国区域差距不但没有趋同效应，而且还以每年 1.2%~2.1% 的速度发散。刘夏明等人（2004）认为1980~2002 年东部地区、中部地区和西部地区内部不存在俱乐部收敛。王志刚（2004）认为中国区域经济增长总体来说不存在条件收敛。其中，马拴友只采用了 1995~2000 年的平均经济增长数据，样本量少（许召元、李善同，2006）。王志刚使用了较长时期的面板数据进行分析，采用的是随机效应模型（许召元、李善同，2006）。刘夏明等人使用的分区方式是沿海地区和内陆地区，和一般按照东部、中部和西部地区的划分方法暂时无法比较。

关于经济发展是否趋同的观点各不相同，对趋同速度的看法也不一致，主要有以下几个原因。第一，分析的经济指标不同，相关研究采用的指标有人均 GDP、人均可支配收入、居民消费水平等，或者用总量经济指标。第二，分析的经济指标是名义值而不是统一为以基年为基期的不变价格，或者用 CPI 价格指数等替代相应指标的不变价格指数，或者用全国的指数来替代地区的指数。第三，分析的时期和样本长短的不一致，导致结果也不一致。第四，某些研究的样本量少，缺乏代表性。第五，不同数据来源造成分析结果的差别。第六，存在着多种衡量区域差别的统计指标，包括基尼系数、泰尔指数、有权重或无权重的变异系数等。第七，分析或建模方法各不一样导致结论不同。

尽管如此，大部分学者认为，中国在经济高速增长的同时，区域经济发展水平逐渐趋同，区域之间的差别越来越小。但 2011 年以来，中国经济出现结构性减速，由此可能再次出现区域分化。我们也已经开始注意到中国省级区域之间可能出现分化现象。《中国经济增长报告（2013~2014）》的副标题就是"TFP 和劳动生产率冲击与区域分化"，里面就提及区域可能出现分化。2011 年以来，大部分省份经济出现结构性减速，中国经济已经进入结构性减速阶段，劳动生产率的增长下降和 TFP 增长对经济的贡献变小，由此可能产生一系列的问题，包括区域分化加剧。近几年关于区域发展前景的研究也认为，区域分化可能越来越明显，有可能影响经济增长，因此我们有必要探讨区域分化这个议题。由于 2010 年前后对 1990 年前的区域分化的议题已经有较多的探讨，本文主要探讨 1990 年后的主要经济指标区域分化情况。

二　中国区域发展现状

衡量区域差距的统计指标有很多，如基尼系数、泰尔指数、有权重或无权重的变异系数等。已有学者利用这些指标进行分析（林毅夫、李周，1998；蔡昉、都阳，2000；章奇，2001；沈坤荣、马俊，2002），结果表明不同指标的效果差别不大。泰尔指数可以度量不同区域间和区域内部的不平衡状态，因此本文用泰尔指数来度量区域分化情况。泰尔指数是衡量个人或地区间收入差距或者不平等程度的指标，最大优点是可以衡量分组内部差距和不同组别之间的差距对总的差距的贡献。泰尔指数和基尼系数互补。基尼系数（GINI）对中等收入水平的变化非常敏感，而泰尔指数对上层收入水平的变化很敏感。泰尔指数推导过程见附录一。这里区分两个概念：区域内分化和区域间分化。我们用 T_1 表示区域间泰尔指数，T_2 表示区域内泰尔指数。

人均 GDP 是反映区域发展状况较常用的指标，它能够综合反映地区经济增长水平。刘夏明等（2004）认为，人均 GDP 看起来是验证地区间收入差距演变趋势的较好指标，但不是反映生活水准的最好指标。人均可支配收入和居民消费水平与人均 GDP 关系密切，由于存在地区间要素转移、转移支付、投资率的差异等情况，人均可支配收入和消费水平与人均 GDP 之间并不完全一致，而人均可支配收入和居民消费水平能更直接地反映居民的收入状况，因此人均可支配收入和居民消费水平也是反映地区差距的重要指标。我们运用泰尔指数对多种指标进行分析，包括人均 GDP、人均可支配收入、居民消费水平、人力资本和劳动生产率等。为了说明区域间和区域内分化的情况，本文运用泰尔指数公式对 30 个省份的相应指标按全国和东部、中部、西部地区的泰尔指数进行测算，所用指标都是以 1990 年为基期的不变价格。其中，人力资本通过各层次受教育人口的不同支出即教育成本法来衡量，具体计算见附录二。劳动生产率及全社会劳动生产率即以 1990 年为基期的 GDP 不变价格除以全部劳动力的数量。人均 GDP 是以 1990 年为基期的 GDP 不变价格除以总人口数得到。人均可支配收入和居民消费水平是利用 GDP 价格指数平减为以 1990 年为基期的不变价格。限于篇幅，本文只列出人均 GDP 和人均可支配收入的泰尔指数的发展现状。

由此我们得到了全国 1990 ~ 2016 年的人均 GDP、人均可支配收入、居民消费水平、人力资本和劳动生产率的泰尔指数，见图 1。我们得到各指标的泰尔指数的大致排列顺序为 $T_{劳动生产率} > T_{人均GDP} > T_{居民消费水平} > T_{人均可支配收入}$。$T_{人力资本}$ 从 1990 年的最高围绕 $T_{人均GDP}$ 和 $T_{居民消费水平}$ 波动，到 2016 年则位于 $T_{人均GDP}$ 和 $T_{居民消费水平}$ 之间。

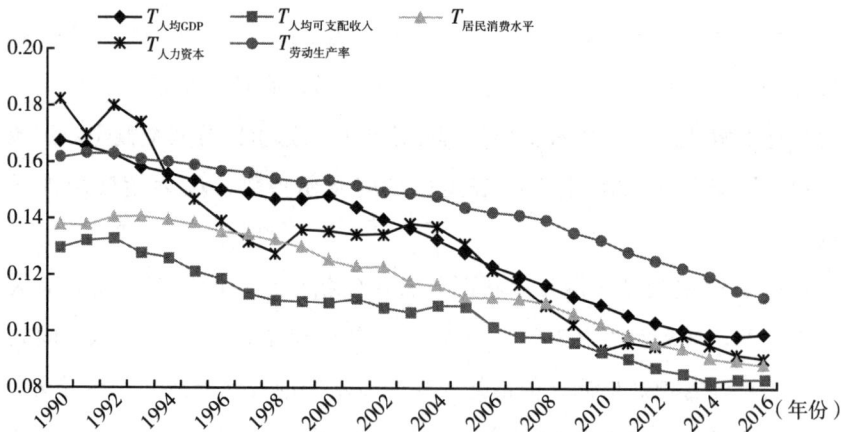

图 1　各个指标的泰尔指数

注：T 表示泰尔指数；$T_{人均GDP}$ 表示人均 GDP 的泰尔指数，其他指标以此类推。

从 1990 年到 2016 年间，$T_{劳动生产率}$、$T_{人均GDP}$、$T_{人力资本}$、$T_{居民消费水平}$ 和 $T_{人均可支配收入}$ 基本呈下降趋势，其中 $T_{人均GDP}$ 和 $T_{人均可支配收入}$ 在 2015 年有抬头的趋势，即人均 GDP 和人均可支配收入两者出现区域分化的趋势。

为了解各个指标的区域内和区域间及东部、中部、西部区域的泰尔指数走势，下面我们将运用各指标的区域内、区域间和总的泰尔指数，以及东部、中部、西部的泰尔指数进行分析。

（一）30个省区市人均 GDP 泰尔指数

区域间人均 GDP 的泰尔指数 T_1 呈 S 形，先上升后下降，然后又上升。1990~2000 年，区域间人均 GDP 的泰尔指数 T_1 从 0.0288 上升到 0.0418，差距有所扩大。2000 年后区域间人均 GDP 的泰尔指数 T_1 有所减小，从 2000 年的 0.0418 下降到 2014 年的 0.0158，此后又反弹到 2016 年的 0.016，区域差距有所扩大。

区域内人均 GDP 的泰尔指数 T_2 持续下降，近年略有反弹。1990~2015 年，区域内人均 GDP 的泰尔指数 T_2 从 0.1388 下降到 0.0826，差距持续缩小。但 2015 年后区域内人均 GDP 的泰尔指数 T_2 有所增大，从 2015 年的 0.0826 增大到 2016 年的 0.0833。

全部区域的人均 GDP 泰尔指数 T 基本持续下降，后略有反弹。1990~2015 年，人均 GDP 泰尔指数 T 从 0.1676 下降到 0.0986，差距持续缩小。但 2015 年后人均 GDP 的泰尔指数 T 有所增大，从 2015 年的 0.0986 上升到 2016 年的 0.0993。

人均 GDP 的区域间泰尔指数 T_1、区域内泰尔指数 T_2 和泰尔指数 T 总的趋势是逐渐变小，但近年均出现区域分化趋势。区域内的泰尔指数 T_2 大于区域间的泰尔指数 T_1，区域内部的不平等远大于区域间的不平等（见图 2）。

东部地区人均 GDP 的泰尔指数持续下降，近年略有反弹。1990~2014 年，东部地区人均 GDP 的泰尔指数从 0.2191 下降到 0.1132，差距持续缩小。但 2014 年后东部地区人均 GDP 的泰尔指数有所增大，从 2014 年的 0.1132 上升到 2016 年的 0.1155。

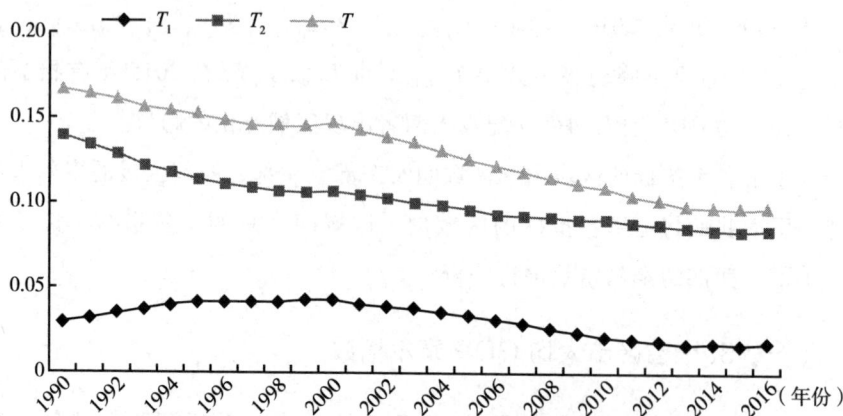

图 2　人均 GDP 的泰尔指数

注：T_1 是区域间人均 GDP 的泰尔指数，T_2 是区域内人均 GDP 的泰尔指数，T 是 T_1 和 T_2 之和，是全部区域的人均 GDP 泰尔指数。

中部地区人均 GDP 的泰尔指数持续下降。1990 ~ 2016 年，中部地区人均 GDP 的泰尔指数从 0.0676 下降到 0.0418，差距持续缩小。

西部地区人均 GDP 的泰尔指数持续下降，近年略有反弹。1990 ~ 2015 年，西部地区人均 GDP 的泰尔指数从 0.1176 下降到 0.0818，差距持续缩小。但 2015 年后西部地区人均 GDP 的泰尔指数略有增大，从 2015 年的 0.0818 上升到 2016 年的 0.083。

除了中部地区人均 GDP 的泰尔指数持续下降外，东部和西部地区人均 GDP 的泰尔指数近年开始出现反弹，说明东部和西部地区的区域分化开始加剧。

东部地区人均 GDP 的泰尔指数 T_e 大于西部地区人均 GDP 的泰尔指数 T_w，也大于中部地区的人均 GDP 的泰尔指数 T_m。说明东部地区人均 GDP 的区域差距大于西部地区，西部地区又大于中部地区（见图 3）。

1990 ~ 2013 年，东部地区与中部地区人均 GDP 的泰尔指数的差距从 223.9% 下降到 144.14%，差距持续缩小。但 2013 年后东部地区与中部地区人均 GDP 的泰尔指数的差距迅速拉大，从 2013 年的 144.14% 迅速拉升到 2016 年的 176.19%。

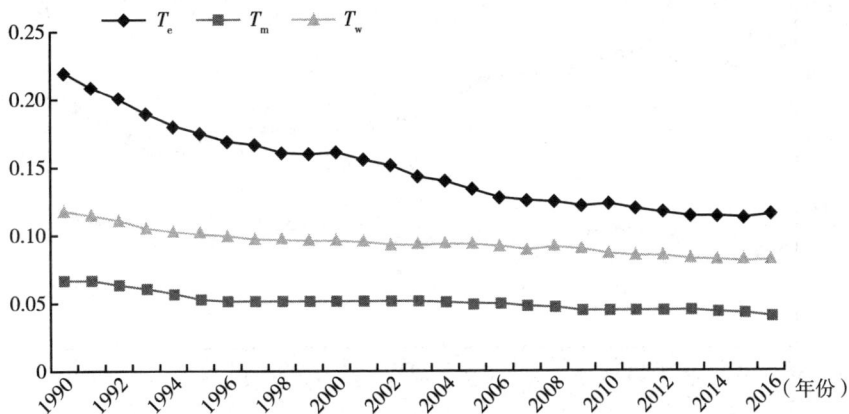

图 3 东部、中部和西部地区人均 GDP 的泰尔指数

注：T_e、T_m 和 T_w 分别是东部地区、中部地区和西部地区人均 GDP 的泰尔指数。

1990~2009 年，西部地区与中部地区人均 GDP 泰尔指数的差距从 69.79% 扩大到 91.6%，差距有所扩大。2009 年后西部地区与中部地区人均 GDP 泰尔指数的差距有所减小，从 2009 年的 91.6% 下降到 2013 年的 77.29%，此后差距又上升到 2016 年的 95.87%。

1990~2008 年，东部地区与西部地区人均 GDP 的泰尔指数的差距从 86.32% 下降到 34.97%，差距持续缩小。但 2008 年后东部地区与西部地区人均 GDP 泰尔指数的差距有所扩大，从 2008 年的 34.97% 扩大到 2016 年的 41.01%。

总体来看，东部、中部和西部区域之间的差距在 2013 年前逐渐缩小，2013 年后东部、中部和西部之间的差距开始拉大，区域分化较为显著（见图 4）。

从对总的泰尔指数的贡献率来看，东部地区大于西部地区，西部地区又大于中部地区，区域间泰尔指数 T_1 在 1992~2008 年大于西部地区的贡献率，其他年份小于西部地区贡献率，在 1990~2016 年大于中部地区泰尔指数的贡献率（见图 5）。

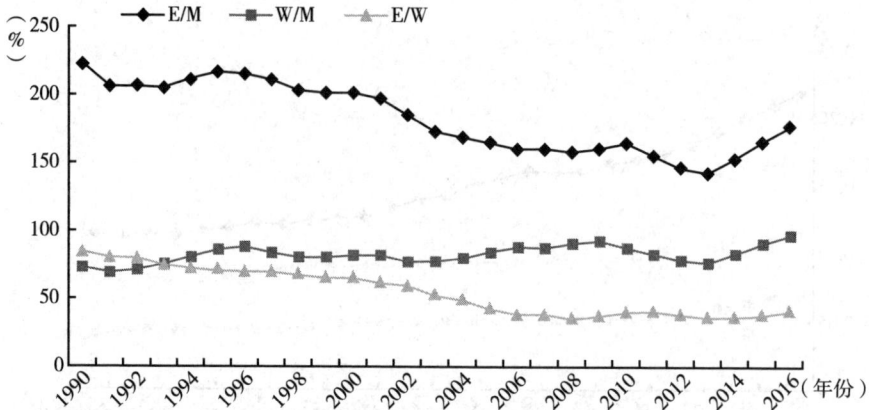

图4　东部、中部和西部地区人均 GDP 的泰尔指数差距

注：E/M、W/M 和 E/W 分别是东部地区与中部地区、西部地区与中部地区、东部地区与西部地区泰尔指数的差距，用百分比来表示。

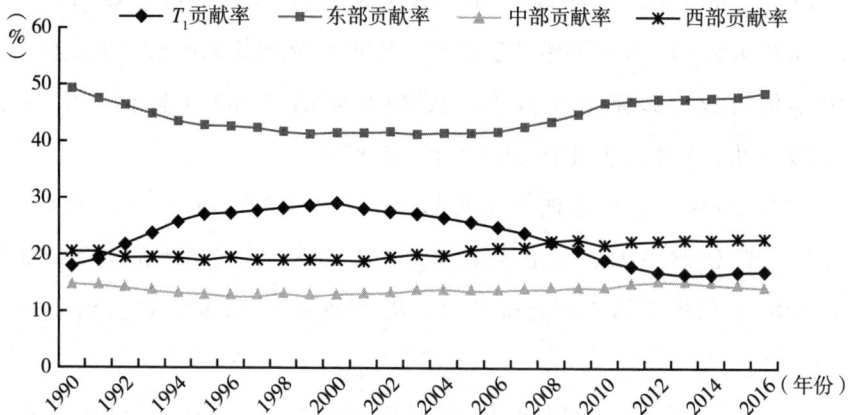

图5　T_1、东部、中部和西部地区对人均 GDP 泰尔指数的贡献率

（二）30个省区市人均可支配收入泰尔指数

区域间人均可支配收入的泰尔指数 T_1 基本保持水平状，先上升后下降。1990~1995 年，区域间人均可支配收入的泰尔指数 T_1 从 0.0149 上升到 0.0207，差距有所扩大。1995 年后区域间人均可支配收入的泰尔指数 T_1 有所减小，从 1995 年的 0.0207 下降到 2016 年的 0.0099。

区域内人均可支配收入的泰尔指数 T_2 持续下降，近年略有反弹。1992~2014 年，区域内人均可支配收入的泰尔指数 T_2 从 0.1155 下降到 0.0719，差距持续缩小。但 2014 年后区域内人均可支配收入的泰尔指数 T_2 有所扩大，从 2014 年的 0.0719 上升到 2016 年的 0.0729。

人均可支配收入的泰尔指数 T 基本持续下降，后略有反弹。1992~2014 年，人均可支配收入的泰尔指数 T 从 0.1333 下降到 0.0828，差距持续缩小。但 2014 年后人均可支配收入的泰尔指数 T 略有扩大，从 2014 年的 0.0828 上升到 2016 年的 0.08282。

人均可支配收入的区域间泰尔指数 T_1、区域内泰尔指数 T_2 和泰尔指数 T 总的趋势是逐渐变小，但近年均出现区域分化趋势。区域内的泰尔指数 T_2 大于区域间的泰尔指数 T_1，区域内部的不平等远大于区域间的不平等（见图 6）。

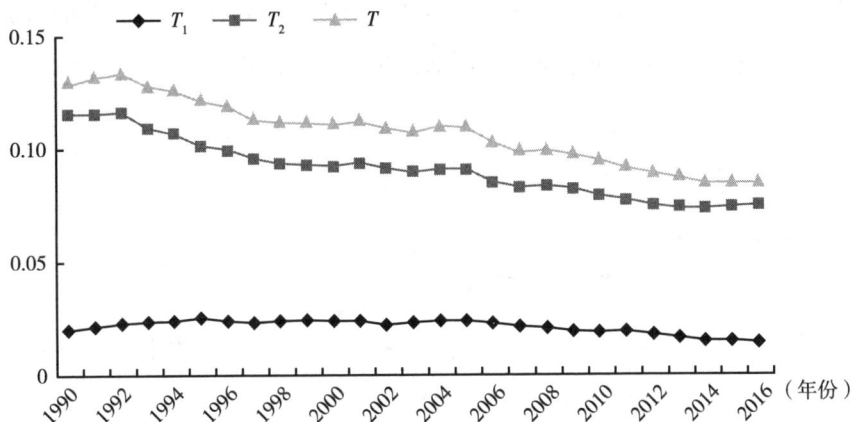

图 6　人均可支配收入的泰尔指数

注：T_1 是区域间人均可支配收入的泰尔指数，T_2 是区域内人均可支配收入的泰尔指数，T 是 T_1 和 T_2 之和，是人均可支配收入的泰尔指数。

东部地区人均可支配收入的泰尔指数 T_e 持续下降，近年略有反弹。1993~2014 年，东部地区人均可支配收入的泰尔指数从 0.1765 下降到

0.1126，差距持续缩小。但 2014 年后东部地区人均可支配收入的泰尔指数有所增大，从 2014 年的 0.1126 上升到 2016 年的 0.1138。

中部地区人均可支配收入的泰尔指数 T_m 持续下降。1991~2016 年，中部地区人均可支配收入的泰尔指数从 0.0571 下降到 0.0344，差距持续缩小。

西部地区人均可支配收入的泰尔指数 T_w 持续下降，近年略有反弹。1992~2012 年，西部地区人均可支配收入的泰尔指数从 0.1106 下降到 0.0492，差距持续缩小。但 2012 年后西部地区人均可支配收入的泰尔指数有所扩大，从 2012 年的 0.0492 上升到 2016 年的 0.055。

除了中部地区人均可支配收入的泰尔指数持续下降外，东部和西部地区的人均可支配收入的泰尔指数近年开始出现反弹，说明东部和西部地区的区域开始有所分化。

东部地区人均可支配收入的泰尔指数 T_e 大于西部地区人均可支配收入的泰尔指数 T_w，也大于中部地区的人均可支配收入的泰尔指数 T_m。说明东部地区人均可支配收入的区域差距大于西部地区，西部地区又大于中部地区（见图 7）。

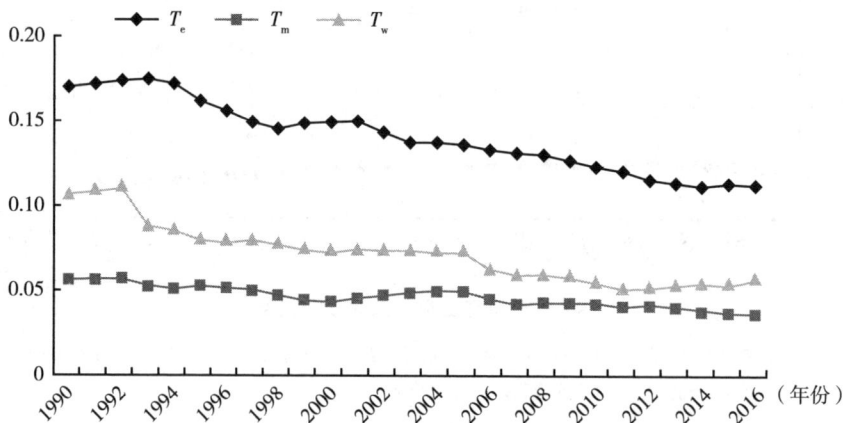

图 7　东部、中部和西部地区人均可支配收入泰尔指数

注：T_e、T_m 和 T_w 分别是东部地区、中部地区和西部地区人均可支配收入的泰尔指数。

1990~2000 年，东部与中部地区人均可支配收入的泰尔指数差距从 200.73% 上升到 263.08%，差距扩大。但 2000 年后东部地区与中部地区人均可支配收入的泰尔指数差距缩小，从 2000 年的 263.08% 下降到 2013 年的 198.12%。此后又有所反弹，2016 年差距反弹到 230.75%。

1990~2011 年，西部地区与中部地区人均可支配收入的泰尔指数差距从 103.99% 下降到 30.13%，差距持续缩小。但 2011 年后西部地区与中部地区人均可支配收入的泰尔指数的差距有所扩大，从 2011 年的 30.13% 扩大到 2016 年的 59.73%。

1990~2011 年，东部地区与西部地区人均可支配收入的泰尔指数的差距上升到 141.85%，差距持续扩大。但 2011 年后东部与西部地区人均可支配收入的泰尔指数的差距有所缩小，从 2011 年的 141.85% 缩小到 2016 年的 107.07%。

总体来看，东部、西部和中部地区的区域间差距在 2011 年前逐渐缩小，2011 年后东部、西部和中部地区之间的差距开始拉大，区域分化较为显著（见图 8）。

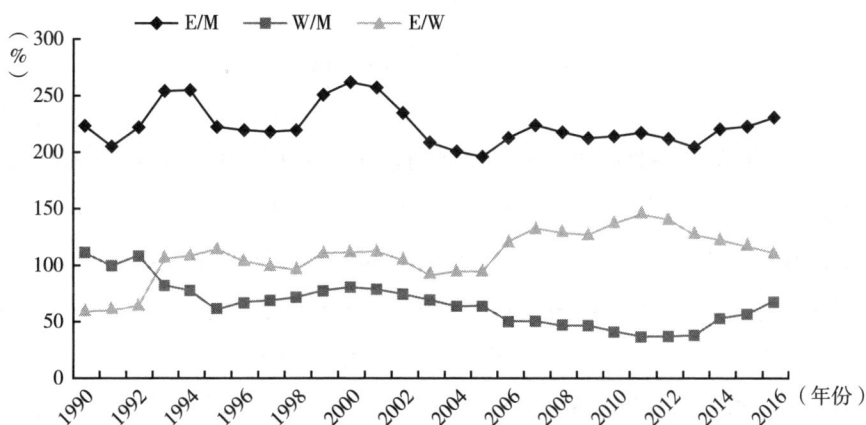

图 8　东部、中部和西部地区人均可支配收入泰尔指数的差距

注：E/M、W/M 和 E/W 分别是东部地区与中部地区、西部地区与中部地区、东部地区与西部地区的泰尔指数差距，用百分比来表示。

从对总的泰尔指数的贡献率来看，东部地区大于西部地区，西部地区又大于中部地区，区域间泰尔指数 T_1 在 1993～2013 年大于中部地区的贡献率，其他年份小于中部地区贡献率，仅在 2006 年至 2012 年间大于西部地区泰尔指数的贡献率，其他年份则低于西部地区泰尔指数的贡献率（见图9）。

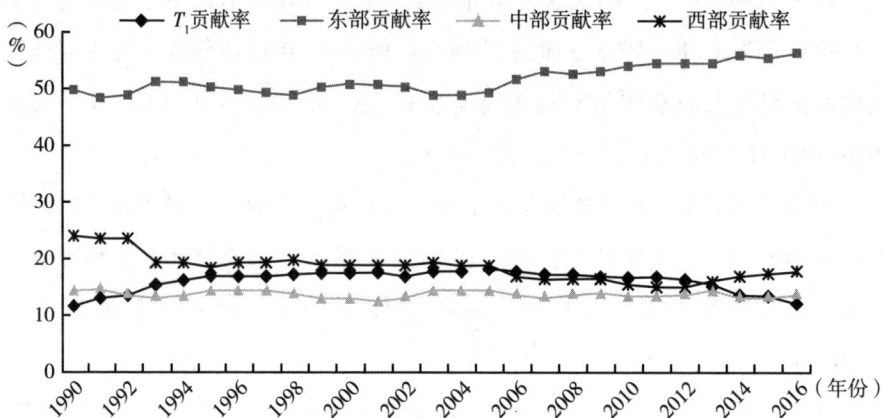

图9 T_1、东部、中部和西部地区对人均可支配收入泰尔指数的贡献率

三　中国区域经济 β-收敛情况

近20年来经济增长的收敛问题得到很多学者的关注，因为区域差距的扩大最终不利于经济增长。经济增长的收敛有 σ-收敛和 β-收敛。σ-收敛指不同经济体之间的人均 GDP 的差异随时间的推移而趋于下降。β-收敛是指初始人均 GDP 较低的经济体的人均 GDP 增速快于初始人均 GDP 较高的经济体，即不同经济体之间的人均 GDP 增长率与初始人均 GDP 负相关。俱乐部趋同是指在经济增长的初始条件和结构特征上相似的区域趋向于收敛（Barro and Sala-I-Martin，1991）。Galor（1996）认为俱乐部收敛与条件收敛不同，俱乐部收敛是指初始的经济发展水平相近并且结构特征相似的经济体在各自内部趋向于收敛，即穷经济体和富经济体各自在内部存在条件收敛，但两个经济体之间并不存在收敛。Barro 和 Sala-I-Martin（1997）认为知识技术在技术领导者和追随者之间的低成本模仿使得经济系统之间产生一定的趋同。说明经济体可能存在趋同"俱乐部"。目前中国区域经济体之间不存在 σ-收敛，但可能存在区域趋同"俱乐部"。下面主要探讨 β-收敛。

β-收敛是观察区域间经济趋同的一种方式，计量模型为：

$$\ln\frac{PGDP_{it}}{PGDP_{i0}} = \alpha + \beta\ln PGDP_{i0} + \varepsilon_{it} \tag{1}$$

其中，$\varepsilon_{it} \sim N(0, \sigma^2)$，$PGDP_{it}$ 是第 i 个省区市在 t 时期的人均 GDP，$PGDP_{i0}$ 是人均 GDP 基期值。β 为负并且显著，说明不同省区市的人均 GDP 的平均增长率在 $0 \sim t$ 时期与基期的人均 GDP 水平呈负相关，即落后省份的经济增长比发达省份的要快，从而存在 β-收敛。由 β 可以估算收敛的稳态值 γ_0 和收敛速度 θ。

$$\gamma_0 = \frac{\alpha}{1 - \beta} \tag{2}$$

$$\theta = -\ln\frac{1 + \beta}{t} \tag{3}$$

（一）基于1990~2016年省区市数据的 β-收敛分析

对 1990~2016 年 30 个省区市按照全国和东部、中部、西部地区[①]归类进行的 β-收敛分析发现，只有东部地区存在 β-收敛。东部地区人均 GDP 增速与初始人均 GDP 的回归方程为：

$$\ln\frac{PGDP_{it}}{PGDP_{i0}} = 3.9393 - 0.3296 \times \ln PGDP_{i0} + \varepsilon_{it}$$
$$t \quad (4.7745) \quad\quad (-3.1227)$$

t 在 1% 水平上显著，R 为 0.0322，调整后的 R 为 0.0289，F 为 9.8114。

---

① 我国的区域大致按照东部、中部和西部地区来划分。本文分析的 30 个省区市（暂不分析西藏自治区、香港、澳门、台湾），按照统计局的划分，东部地区包括 11 个省区市，中部地区包括 8 个省区市，西部地区包括 11 个省区市。

其中，$\alpha = 3.9393$，$\beta = -0.3296$。利用式（3）计算出东部地区的收敛速度为 0.643%。

这和彭国华（2005）的结论类似，用 1990 年为起始点时只有东部地区条件收敛。

（二）基于1978~2016年省区市数据的 β-收敛分析

采用 1978 年为基期的人均 GDP 来看全国和东部地区、中部地区、西部地区的 β-收敛情况。

全国人均 GDP 增速与初始人均 GDP 的回归方程为：

$$\ln\frac{PGDP_{it}}{PGDP_{i0}} = 2.4237 - 0.1367 \times \ln PGDP_{i0} + \varepsilon_{it}$$
$$t \quad (5.6027) \quad (-1.8780)$$

t 在 10% 水平上显著，R 为 0.0030，调整后的 R 为 0.0022，F 为 3.5268。

其中，$\alpha = 2.4237$，$\beta = -0.1367$。利用式（3）计算出全国的收敛速度为 0.164%。

东部地区人均 GDP 增速与初始人均 GDP 的回归方程为：

$$\ln\frac{PGDP_{it}}{PGDP_{i0}} = 3.7004 - 0.3121 \times \ln PGDP_{i0} + \varepsilon_{it}$$
$$t \quad (7.6069) \quad (-4.0640)$$

t 在 1% 水平上显著，R 为 0.0372，调整后的 R 为 0.0350，F 为 16.5160。

其中，$\alpha = 3.7004$，$\beta = -0.3121$。利用式（3）计算出东部地区的收敛速度为 0.417%。

中部地区人均 GDP 增速与初始人均 GDP 的回归方程为：

$$\ln\frac{PGDP_{it}}{PGDP_{i0}} = 3.8382 - 0.3932 \times \ln PGDP_{i0} + \varepsilon_{it}$$
$$t \quad (3.0426) \quad (-1.8001)$$

t 在 10% 水平上显著，R 为 0.0105，调整后的 R 为 0.0073，F 为 3.2830。

其中，$\alpha = 3.8382$，$\beta = -0.3932$。利用式（3）计算出中部地区的收敛速

度为 0.556%。

可以发现，从 1978～2016 年各省区市的人均 GDP 来看，全国和东部、中部地区均 β-收敛，只是收敛的速度不同。而现有数据不支持西部地区的 β-收敛。前面我们分析 1990～2016 年各省区市只有东部地区人均 GDP 存在 β-收敛。我们认为，分析周期的长短对 β-收敛的结果有非常大的影响。以前各学者分析 β-收敛研究结果不一的原因之一就是分析的时期长短不一或者不够长。只要分析的时间足够长，区域分化都将俱乐部收敛，进而区域整体经济收敛，而经济增长是解决区域差距的根本途径，下面探讨经济增长的动力因素。

四 经济增长动力实证分析

不少学者探讨了经济增长的相关动力因素，比如产业结构（魏后凯，1997；沈坤荣、马俊，2002；范剑勇、朱国林，2002），区域政策（贺灿飞、梁进社，2004），物资、资本、人力等要素投入水平（沈坤荣、马俊，2002；王小鲁、樊纲，2004；许召元、李善同，2006），市场化及城市化水平（沈坤荣、马俊，2002；刘夏明等，2004；王小鲁、樊纲，2004；许召元、李善同，2006），基础设施水平（贺灿飞、梁进社，2004；许召元、李善同，2006），对外开放程度（沈坤荣、马俊，2002），地区间固定效应（魏后凯，1997；许召元、李善同，2006；刘夏明等，2004）等。沈坤荣和马俊（2002）研究了人力资本存量、市场化程度、对外开放程度、产业结构、地区虚拟变量等对经济增长因素趋同的影响。许召元和李善同（2006）认为地区间固定效应、平均受教育水平、基础设施水平及城市化水平等是导致区域经济增长差距的因素，而要素投入的边际收益递减及各地区间技术知识的较快扩散等是促进区域经济增长趋同的因素。

（一）经济增长动力模型

人均 GDP 是经济增长的比较合适的经济指标。各省区市人均 GDP 增长

率与影响因素的关系可以用经济增长理论的经典公式来表示 (Sala-I-Martin, 1995):

$$\ln \frac{PGDP_{it}}{PGDP_{i0}} = \alpha + \beta \ln PGDP_{i0} + \sum_{i=1}^{N} \beta_{it} \times FACTOR_{it} + \varepsilon_{it} \qquad (4)$$

其中, $FACTOR_{it}$ 是一组控制变量, 即人均 GDP 的影响因素, 使经济体 i 处于稳定状态; N 是影响因素的数量; $\varepsilon_{it} \sim N\ (0, \sigma^2)$; $PGDP_{it}$ 是第 i 个省区市在 t 时期的人均 GDP; $PGDP_{i0}$ 是人均 GDP 基期值。

影响区域趋同的因素有人均 GDP 的初始值、人力资本、全社会劳动生产率、资本产出率、第二产业占 GDP 的比重、第三产业占 GDP 的比重、城市化率、市场化程度、医疗条件指数、对外开放度、人均可支配收入、地方财政教育事业费支出、全要素生产率指数、技术进步指数、技术效率指数、规模效率指数、纯技术效率指数、技术效率。另外还有投资相关系数、研发（用专利授权量表示）、有效劳动力比例、地方财政科学事业费支出、地方财政卫生事业费支出等。具体指标说明见附录二。

本文还拟探讨区域发展前景相关指标对区域趋同的影响，包括发展前景、经济增长、增长可持续性、政府效率、人民生活几个方面，数据来源于《中国经济增长报告 (2015~2016)》。发展前景指标是由 60 个指标运用主成分分析法得出的结果，比较全面地反映了经济各方面的发展情况。

表 1   人均 GDP 的回归结果

变量	模型 1		模型 2	
	系数	t	系数	t
常数	4.146	7.053[***]	6.718	11.439[***]
人均 GDP 基期值	-1.155	-23.913[***]	-1.226	-23.166[***]
人力资本	3.66E-04	6.514[***]	2.98E-04	5.621[***]
全社会劳动生产率	3.57E-06	1.659[**]	3.68E-06	2.861[***]
资本产出率	0.466	6.028[***]	0.182	2.288[**]
第二产业占 GDP 的比重	1.189	7.189[***]	0.450424	2.841[***]
第三产业占 GDP 的比重	2.403	13.969[***]	1.622	9.524[***]

续表

变量	模型 1		模型 2	
	系数	t	系数	t
城市化率	0.021	13.936***	0.014	9.374***
市场化程度	1.101	14.777***	0.996	14.229***
医疗条件指数	5.14E-04	5.545***	3.75E-04	3.45***
对外开放程度	-2.36E-05	-5.267***	-2.08E-05	-4.763***
人均可支配收入	4.86E-05	4.078***		
地方财政教育事业费支出	8.71E-05	1.319*		
规模效率指数	2.038	4.424***	1.379	3.219***
发展前景			0.183	2.308**
经济增长			0.378	9.146***
增长可持续性			0.244	4.805***
政府效率			-0.079	-2.209**
人民生活			0.201	4.512***

注：* 在10%水平上显著，** 在5%水平上显著，*** 在1%水平上显著。

表1是对人均GDP条件趋同的影响因素进行计量分析的结果。其中模型1是基本影响因素，模型2是除了基本经济影响因素指标外，还加入了发展前景等相关指标。模型1的R为0.933，调整后的R为0.932，F为819.980。模型2的R为0.947，调整后的R为0.946，F为857.645。加了发展前景相关指标后，解释力度有所提高。

从结果来看，人力资本、全社会劳动生产率、资本产出率、第二产业占GDP的比重、第三产业占GDP的比重、城市化率、市场化程度、医疗条件指数、人均可支配收入、地方财政教育事业费支出、规模效率指数对人均GDP的趋同具有正向作用，只有对外开放程度对人均GDP的趋同具有反向作用。对外开放程度的提升，促进了对外交流，在FDI和OFDI方面起到一定的作用。对外开放程度对国内人均GDP的反向作用原因有两方面：一方面是产品输入和产品输出的不对等。对外输出的仅仅是资源、中间产品或低附加值的制造业产品，而输入的是高附加值的产品，国内外交流形成一种失衡，无形中导致经济利益受损；另一方面可能是东部地区与中西部地区对外开放程度的巨大反差造成的。

当考虑发展前景相关指标时，以上因素除人均可支配收入、地方财政教育事业费支出不显著外，其他因素发挥相似的作用，而发展前景、经济增长、增长可持续性、人民生活等几项指标均同时对人均 GDP 的趋同有正向作用，只有政府效率一项对人均 GDP 具有反向作用，其原因也有两方面：一方面是政府效率的提升本身对经济增长质量是有益的，但可能政府支出或者转移支付方面不是特别精准，导致某些地区要素扭曲，最终影响经济增长；另一方面东部地区和中西部地区在政府效率方面的较大差距。

（二）影响因素分析

1. 影响因素趋势向上导致的区域分化

从经济增长影响因素的走势可以看出以下几个方面。第一，符合传统的东部地区>中部地区>西部地区模式的增长因素有：人力资本、城市化率、市场化程度、人均可支配收入、发展前景、经济增长和人民生活。第二，东部地区远远大于中部、西部地区的有：对外开放程度、政府效率和地方财政科学事业费支出。第三，东部地区>西部地区>中部地区的增长因素有：地方财政教育事业费支出、增长可持续性。第四，西部地区>东部地区>中部地区的增长因素有：地方财政卫生事业费支出。第五，西部地区>中部地区>东部地区的增长因素有：医疗条件指数。医疗条件指数的区域差距与一般人的观感不太一样，可能主要是从万人床位数和万人医疗机构数来衡量，只是数量指标，没有考虑医疗机构的质量，比如三甲医院的数量。具体见表 2。

表 2　主要增长因素区域差距程度

经济指标	趋势	区域表现	程度
人力资本	上升	东部>中部>西部	差距较大
城市化率	上升	东部>中部>西部	差距较大
市场化程度	上升	东部>中部>西部	差距较大

续表

经济指标	趋势	区域表现	程度
医疗条件指数	上升	西部>中部>东部	
人均可支配收入	上升	东部>中部>西部	差距较大
地方财政教育事业费支出	上升	东部>西部>中部	
对外开放程度	上升	东部远远大于中西部	差距很大
发展前景	上升	东部>中部>西部	
经济增长	上升	东部>中部>西部	
增长可持续性	上升	东部>西部>中部	
政府效率	上升	东部远远大于中西部	差距很大
人民生活	上升	东部>中部>西部	
地方财政科学事业费支出	上升	东部远远大于中西部	
地方财政卫生事业费支出	上升	西部>东部>中部	

2. 影响因素下行导致的区域分化

（1）全社会劳动生产率增长率下降

2010 年以来中国的全社会劳动生产率增长在持续下降（见图 10）。2010~2016 年中国的全社会劳动生产率仅增长了 8.85%，增长幅度远低于高峰时期，主要原因是第三产业的全社会劳动生产率增长率只有 5% 左右，明显低于第二产业的 7.4%。随着中国第三产业占 GDP 比重的提高，中国相当多的资源转向第三产业，中国的全社会劳动生产率增长也相应下降，因此加速提升第三产业全社会劳动生产率增长是减缓中国整体全社会劳动生产率增长下降的重要方面。当然大幅度提升制造业的全社会劳动生产率更具有积极意义，否则劳动生产要素向第三产业转移将减缓制造业全社会劳动生产率的提升速度，这必然导致中国整体的全社会劳动生产率增长下降。

（2）TFP 增长贡献持续下降

本文分析的结果是规模效率对人均 GDP 具有趋同效应。利用中国近三百个地级及地级以上城市数据分析了全要素生产率增长及相关要素对经济增长的贡献，并分区域分析全要素生产率及要素增长及波动对经济增长的影

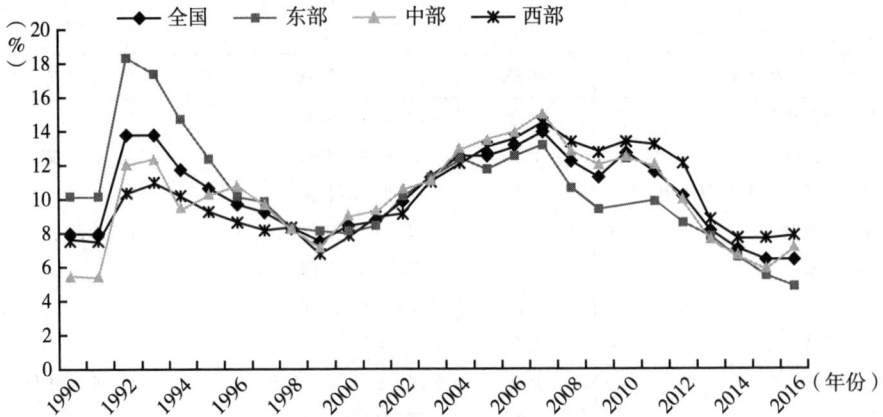

图 10 全国、东部、中部和西部地区全社会劳动生产率增长情况

响，发现全国和东部、中部、西部地区城市 TFP 增长均呈下降趋势，规模效率的下降强化了 TFP 增长贡献的下降。

（3）资本产出率下降

2007 年以来，全国和东部、中部、西部地区的资本产出率逐年下降（见图 11）。全国和中部、西部地区 GDP 增长率与固定资本存量增长率具有很强的正相关性，但东部地区 GDP 增长率与固定资本存量成极弱的负相关性。提高固定资本存量对中部和西部地区具有正的外部效应，同时要提高资本产出率。

（4）要素投入的规模收益呈下降趋势

通过传统的增长方式，要素投入的规模收益下降，不能推动资本和人力资本的深化。没有技术进步，资本回报率快速下降，资本投入也会下降，资本存量难以提升，资本难以深化；没有全社会劳动生产率的提高，人力资本难以得到高回报，人力资本的深化也难以完成。通过计算我们可以看到，要素外延式投入增长速度下降，而且收益都在减速，原因就是规模收益递减。传统的劳动投入要素增长变负，资本投入增长都在下降。所以传统上通过规模来取得增长的要素驱动都在下降，规模收益处于递减的状态，经济减速也是必然的。传统增长方式也是区域分化加剧的重要原因，区域分化导致国内

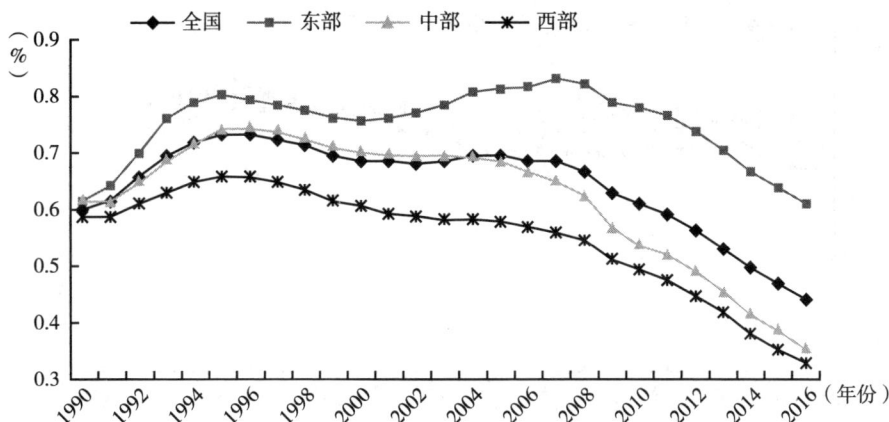

图 11　全国、东部、中部和西部地区资本产出率

区域不均衡程度的加深。

（5）产业结构服务化

产业结构服务化升级是经济结构性减速的主要原因，也是东部、西部和中部地区区域分化加剧的主要原因之一。产业结构服务化，即服务业占GDP 比重上升是必然趋势。2011 年以来，全国和东部、中部、西部地区的第二产业占 GDP 的比重下降（见图 12），同时第三产业占 GDP 的比重上升（见图 13）。服务业占 GDP 比重的上升又导致服务业劳动生产率以及整体经济劳动生产率增长的下降，即第三产业相对第二产业劳动生产率的比重下降。从图 12 和图 13 可以看到，从第三产业占 GDP 的比重来看，东部地区大于西部地区，西部地区又大于中部地区，而第二产业占 GDP 的比重则是中部地区大于西部地区，西部地区大于东部地区。由此导致东部、西部地区的第三产业相对于第二产业的劳动生产率的比重下降快于中部地区，这可能是本文第二部分中人均 GDP 泰尔指数的东部、西部与中部地区的区域分化加剧的主要原因。因此需要发展劳动生产率较高的服务业即现代服务业，提高第三产业的相对劳动生产率，才能解决东部、西部和中部地区的区域分化加剧的问题，进而有效遏制经济减速的趋势。

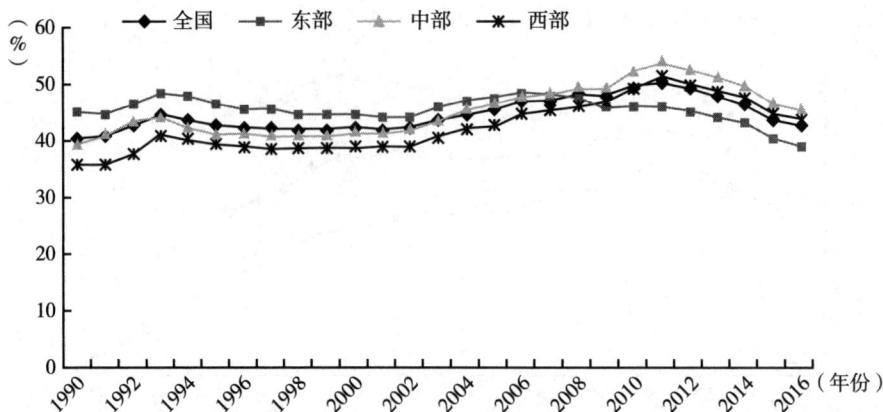

图 12　全国和东部、中部、西部地区第二产业占 GDP 的比重

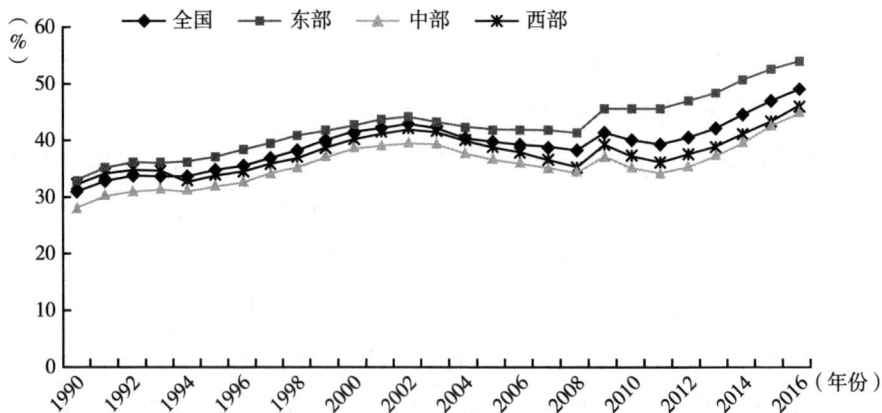

图 13　全国和东部、中部、西部地区第三产业占 GDP 的比重

五　结论和政策建议

（一）结论

本文对 20 世纪 90 年代以来区域差距的经济指标进行分析，发现各主要经济指标泰尔指数的区域分化逐渐下降,但近些年区域分化有扩大的迹象。大致分两种情况:一是总的泰尔指数反弹和东、中、西部地区差距拉大的指标有人均 GDP 和人均可支配收入;二是总的泰尔指数在下降,但具体区域的泰尔指数近年出现反弹、区域差距扩大的指标有居民消费水平、人力资本和劳动生产率。从各指标的泰尔指数层面来看,或多或少出现区域分化加剧的情况,尤其是人均 GDP 和人均可支配收入的分化。而人均 GDP 和人均可支配收入被认为是反映区域差距的最好指标,但由于人均可支配收入中包含转移支付部分,其区域差距已经被人为缩小,为了真实反映区域差别情况,人均 GDP 可能更为合适。

我们分析了人均 GDP 是否具备收敛或者趋同效应,当分析周期不是太长时,比如 1990~2016 年,只有东部地区人均 GDP 具备 β-收敛,全国和中部、西部地区不具备 β-收敛;当把周期延长时,比如 1978~2016 年,全国和东部、中部地区都具备 β-收敛,只有西部地区不具备 β-收敛。可见,全国 30 个省区市是否具备区域 β-收敛和分析的周期长短有关。只要分析的时间足够长,区域分化都将具备 β-收敛,进而区域整体经济收敛,而经济增长是解决区域差距的根本途径。

对经济增长影响因素进行实证分析的结果显示,人力资本、全社会劳动生产率、资本产出率、第二产业占 GDP 的比重、第三产业占 GDP 的比重、城市化率、市场化程度、医疗条件指数、人均可支配收入、地方财政教育事业费支出、规模效率对人均 GDP 的趋同具有正向作用,对外开放程度对人均 GDP 的趋同具有反向作用,其原因一方面是产品输入和产品输出的不对等,另一方面可能是东部与中西部地区对外开放程度的巨大反差。

当考虑发展前景相关指标时,除人均可支配收入、地方财政教育事业费支出不显著外,其他因素发挥相似的作用,而发展前景、经济增长、增长可持续性、人民生活等几项指标均同时对人均 GDP 的趋同有正向作用,只有政府效率一项对人均 GDP 具有反向作用,其原因有二:一是政府支出或者转移支付方面不是特别合适,导致某些地区要素扭曲,最终影响经济增长;二是东部地区和中西部地区的政府效率方面的较大差距。

我们还分析了经济增长影响因素趋势向上和下行两种情况导致的区域分化，基于此我们提出了一些政策建议。

（二）政策建议

我们通过区域经济收敛和影响因素的分析，力图破解区域差距过大和地区分化加剧的难题，实现区域经济协调、稳定增长和挖掘新的增长动力。

1. 提高劳动生产率

中国经济已经进入结构性减速阶段：（1）人口因素的变化会降低经济增速；（2）劳动参与率进一步下降；（3）产业结构服务化，如果第三产业劳动生产率的增长不能得到提高，全社会劳动生产率的增长也会降低；（4）城市化率超过57%后投资率下降、投资效率降低，同时资本存量增长减速同样会降低经济增速；（5）随着经济增长和劳动力供给的放缓，要素分配会更趋向于劳动要素，将会引致劳动要素分配份额上升，这也意味着潜在增长率的继续下降。提高全社会劳动生产率是缓和经济增速过快下降的最有效措施。

2. 提高 TFP 增长对经济增长的贡献率

中国 TFP 增长对经济增长的贡献从以前的接近 30% 下降到现在的 16% 左右，TFP 增长对经济增长的贡献率下降了约 50%。中国经济的潜在增长率要保持在 6% 以上，TFP 增长对经济增长的贡献必须超过 30%。经济增长的要素资本和劳动的正向作用已经不太明显，大力促进技术进步和 TFP 增长，加强技术创新才是经济持续稳定发展的关键。

3. 提高人力资本

注重人力资本对增长的促进作用。劳动力因素在增长较低阶段对增长有显著的促进作用，但由于当前中国劳动力成本上升压力过大，并且劳动力增长和劳动参与率均出现拐点，各省区市应更加注重人力资本投资对经济的拉动作用，形成人力资本和知识拉动型增长模式，实现增长动力机制转换。

4.提高资本效率

中国经济增长中的重复建设和低效率问题的核心是政府主导的低价工业化模式（张平、刘霞辉，2013）所诱致的企业低效率的风险累积。在有利的开放环境下，累积风险通常为高增长所吸收，但是由廉价劳动力和资本等自然资源价格扭曲支撑的高投资不可能持续太长时间。中国经济要完成从高速增长向高效率增长的过渡，建立低效企业市场出清机制将是必由之路。低效企业市场出清机制的重要环节之一，是产业结构的深度调整。产业结构的深度调整意味着制造业部门摆脱高投资驱动、低成本国际竞争的模式，让制造业增长方式逐步转型，走高效率竞争路径，建立经济持续增长的根基，其中关键的一环就是要提高资本效率。

5.建立良好的制度环境

良好的制度环境能产生显著的增长动力。因此要改善政府治理，抑制政府腐败，使地方政府绩效目标向追求经济增长质量转变，为中国各省区市在当前经济减速时期挖掘新的增长动力提供良好的制度环境。

6.构建经济带，区域协调发展

解决区域差距过大的问题除了上面的措施之外，更需要构建经济带，实现区域协调发展。第一，要突破的障碍是政府主导型运行模式，构建经济带必须建立在市场主导的基础上。第二，促进要素的自由充分流动，即人、财、物的自由充分流动，具体障碍包括户籍制度对人员流动阻滞、金融制度对民间信贷融资的壁垒以及各自为政的区域政策对物流畅通的空间壁垒。第三，建立地方政府间新型合作机制，克服多年来"诸侯经济"下的利益本地化，使之有效融入"大区域"发展规划。第四，要形成区域发展的新评价与激励机制，弱化"唯GDP"论的经济增长评价标准，并强化生态环保指标和社会公平指标，强调经济增长的质量与绩效。第五，各级区域要成立区域政府官员综合协调委员会和专家咨询委员会，以落实政府间新型合作机制，并共同制定区域发展规划与产业布局规划。

附录一：

基于中国 30 个省区市[①]的泰尔指数的公式如下：

$$T_j = \sum_{i=1}^{N} \frac{POP_i}{POP_j} \cdot \ln\left(\frac{POP_i}{POP_j} \middle/ \frac{P_i}{P_j}\right) \tag{5}$$

其中，$j=41$，42，43 分别表示东部、中部、西部地区；N 是指 30 个省区市；POP_i 是第 i 个省区市的人口数占全部人口数的比重；POP_j 在 $j=41$，42，43 时分别表示东部、中部、西部地区人口数占全部人口数的比重；P_i 表示第 i 个省区市具体指标占全部指标的比重，具体指标可以是各省区市的人均 GDP、劳动生产率、TFP、资本产出率等；P_j 是指东部、中部、西部地区具体指标占全部地区的比重。

区域间的泰尔指数：

$$T_1 = \sum_{j=41}^{43} POP_j \cdot \ln \frac{POP_j}{P_j} \tag{6}$$

其中，$j=41$，42，43 分别表示东部、中部和西部地区。

区域内的泰尔指数：

$$T_2 = \sum_{j=41}^{43} POP_j \cdot T_j \tag{7}$$

其中，T_j 在 $j=41$，42，43 时分别表示东部、中部、西部地区的泰尔指数。

泰尔指数为：

$$T = T_1 + T_2 \tag{8}$$

---

① 基于数据可得性、可比性，因为部分统计指标的缺失，本文的分析暂时不考虑中国西藏、香港、澳门和台湾地区。

贡献率计算方法:

$$T = T_1 + T_2 = T_1 + \sum_{j=41}^{43} POP_j \cdot T_j \qquad (9)$$

对上式两边除以 T:

$$\frac{T_1}{T} + \sum_{j=41}^{43} POP_j \cdot \frac{T_j}{T} = 1 \qquad (10)$$

其中,$\dfrac{T_1}{T}$为地区间差异对总体差异的贡献率;$POP_j \cdot \dfrac{T_j}{T}$在 $j=41$,42,43 时分别为东部、中部、和西部地区内部差异对总体差异的贡献率。

附录二:

指标说明如下:

全社会劳动生产率=不变价格 GDP/从业人员数;

资本产出率=不变价格 GDP/不变价格固定资本存量;

投资效果系数=不变价格 GDP/不变价格全社会固定资产投资完成额;

GDP2=第二产业增加值(现价)/国内生产总值(现价);

GDP3=第三产业增加值(现价)/国内生产总值(现价);

城市化率=非农人口数量/总人口数量;

对外开放度=进出口总额(现价)/国内生产总值(现价);

专利授权量=(国内发明专利申请授权量×3+国内实用新型专利申请授权量×2+国内外观设计专利申请授权量×1)/6;

地方财政教育事业费支出=不变价格的人均地方财政教育事业费支出;

地方财政科学事业费支出=不变价格的人均地方财政科学事业费支出;

地方财政卫生事业费支出=不变价格的人均地方财政卫生事业费支出;

人力资本=(特殊教育毕业生数×1+小学 H×1+初中 H×1.7+中等职业学

校毕业生数×3.4+高中 H×3.4+高校毕业生数×22）/（特殊教育毕业生数+小学 H+初中 H+中等职业学校毕业生数+高中 H+高校毕业生数）；[①]

有效劳动力比例＝15～64 岁人口数/年末总人口数；

市场化程度＝1-国有及国有控股企业工业总产值/工业总产值；

人均可支配收入＝城镇家庭平均每人可支配收入×城镇人口占比+农村居民家庭人均年纯收入×农村人口占比；

万人卫生机构数＝卫生机构数/年底总人口数；

万人床位数＝卫生机构床位数/年底总人口数；

医疗条件指数＝万人卫生机构数×万人床位数；

参考文献

［1］ 边雅静、沈利生：《人力资本对我国东西部经济增长影响的实证分析》，《数量经济技术经济研究》2004 年第 12 期。

［2］ 蔡昉、都阳：《中国地区经济增长的趋同与差异——对西部开发战略的启示》，《经济研究》2000 年第 10 期。

［3］ 董先安：《浅释中国地区收入差距：1952～2002》，《经济研究》2004 年第 9 期。

［4］ 范剑勇、朱国林：《中国地区差距演变及其结构分解》，《管理世界》2002 年第 7 期。

［5］ 贺灿飞、梁进社：《中国区域经济差异的时空变化：市场化、全球化与城市化》，《管理世界》2004 年第 8 期。

［6］ 贾俊雪、郭庆旺：《中国区域经济趋同与差异分析》，《中国人民大学学报》2007 年第 21 卷第 5 期。

［7］ 李扬主编《中国经济增长报告（2013～2014）》，社会科学文献出版社，2014。

［8］ 林毅夫、李周：《中国经济转型时期的地区差距分析》，《经济研究》1998 年第 6 期。

［9］ 林毅夫、刘培林：《中国的经济发展战略与地区收入差距》，《经济研究》2003 年第 3 期。

---

① 其中小学 H＝小学毕业生人数-小学升入初中的毕业生人数；初中 H＝初中毕业生人数-初中升入高中的毕业生人数；高中 H＝高中毕业生人数-高中升入大学的毕业生人数。

［10］刘夏明、魏英琪、李国平：《收敛还是发散？——中国区域经济发展争论的文献综述》，《经济研究》2004 年第 7 期。

［11］马拴友、于红霞：《转移支付与地区经济收敛》，《经济研究》2003 年第 3 期。

［12］潘文卿：《中国区域经济差异与收敛》，《中国社会科学》2010 年第 1 期。

［13］彭国华：《中国地区收入差距、全要素生产率及其收敛分析》，《经济研究》2005 年第 9 期。

［14］沈坤荣、马俊：《中国经济增长的"俱乐部收敛"特征及其成因研究》，《经济研究》2002 年第 1 期。

［15］覃成林：《中国区域经济增长趋同与分异研究》，《人文地理》2004 年第 19 卷第 3 期。

［16］覃成林、张伟丽：《中国区域经济增长俱乐部趋同检验及因素分析——基于 CART 的区域分组和待检影响因素信息》，《管理世界》2009 年第 3 期。

［17］王小鲁、樊纲：《中国地区差距的变动趋势和影响因素》，《经济研究》2004 年第 1 期。

［18］王志刚：《质疑中国经济增长的条件收敛性》，《管理世界》2004 年第 3 期。

［19］魏后凯：《中国地区间居民收入差异及其分解》，《经济研究》1996 年第 11 期。

［20］魏后凯：《中国地区经济增长及其收敛性》，《中国工业经济》1997 年第 3 期。

［21］徐现祥、李郇：《中国城市经济增长的趋同分析》，《经济研究》2004 年第 5 期。

［22］许召元、李善同：《近年来中国地区差距的变化趋势》，《经济研究》2006 年第 7 期。

［23］张平：《中国经济增长前沿》，中国社会科学出版社，2011。

［24］张平：《"结构性"减速下的中国宏观政策和制度机制选择》，《经济学动态》2012 年第 10 期。

［25］张平、刘霞辉主编《中国经济增长报告（2011~2012）》，社会科学文献出版社，2013。

［26］张自然：《TFP 增长对中国城市经济增长与波动的影响——基于 264 个地级及地级以上城市数据》，《金融评论》2014 年第 1 期。

［27］张自然、陆明涛：《全要素生产率对中国地区经济增长与波动的影响》，《金融评论》2013 年第 1 期。

［28］张自然、张平、刘霞辉等：《1990~2014 年中国各省区市发展前景评价》，载李扬主编《中国经济增长报告（2013~2014）》，社会科学文献出版社，2014。

［29］张自然、张平、刘霞辉等：《1990~2016 年中国各省区市发展前景评价》，载李扬主编《中国经济增长报告（2015~2016）》，社会科学文献出版

社，2016。

[30] 章奇：《中国地区经济发展差距分析》，《管理世界》2001 年第 1 期。

[31] World Bank, *Sharing Rising Incomes Disparities in China* (Washington DC: World Bank, 1997).

[32] Barro, R. J. , X. Sala-I-Martin, "Convergence Across U. S. States and Regions," *Brookings Papers on Economic Activity* 22 (1) (1991).

[33] Chen, J. , B. M. Fleisher, "Regional Income Inequality and Economic Growth in China," *Journal of Comparative Economics* 22 (2) (1996).

[34] Fujita, M. , D. Hu, "Regional disparity in China 1985 – 1994: The effects of globalization and economic liberalization," *The Annals of Regional Science* 35 (1) (2001).

[35] Galor, O. , "Convergence? Inferences from Theoretical Models," *Economic Journal* 106 (437) (1996).

[36] Jian, T. , J. D. Sachs, A. M. Warner, "Trends in regional inequality in China," *China Economic Review* 7 (1) (1996).

[37] Tsui, Kai-yuen, "China's regional inequality, 1952–1985," *Journal of Comparative Economics* 15 (1) (1991).

[38] Raiser, M. , "Subsidising inequality: Economic reforms, fiscal transfers and convergence across Chinese provinces," *The Journal of Development Studies* 34 (3) (1997).

[39] Sala-I-Martin, X. X. , "The Classical Approach to Convergence Analysis," *Economic Journal* 106 (437) (1995).

[40] Tomkins, J. , "Convergence clubs in the regions of Greece," *Applied Economics Letters* 11 (6) (2004).

[41] Yudon, Y. , M. Weeks, "Provincial Income Convergence in China, 1953 – 1997: a Panel Data Approach," Cambridge Working Papers in Economics, 2000.

城市规模与经济效率篇

报告4
城市规模、空间聚集和全要素
生产率增长研究[*]

——基于 264 个地级及地级以上城市的空间面板分析

张自然[**]

摘　要： 本文基于 264 个地级及地级以上城市的空间面板数据，运用空间杜宾模型（SDM）进行分析后发现，考虑空间权重后全要素生产率与城市规模、人口密度等相关影响因素有如下特点：（1）全要素生产率增长指数与城市规模对数的关系由倒"U"形曲线变为"U"形曲线，全要素生产率增长指数与城市规模的间接效应呈"U"形曲线，直接效应和总效应呈倒"U"形曲线；（2）人力资本、基础设施指数、第三产业人数占总的就业比重、财政收入、科学支出占地方财政支出的比重、财政支出收入比、劳动力的系数为正；（3）固定资本存量、经济发展质量、人口密度、教育支出、投入产出率、城市化水平、万人图书馆藏量、工资收入、房价收入比指标、劳动生产率的系数为负；（4）人力资本、基础设施指数、第三产业人数占总的就业比重、财政收入、科学支出占地方财政支出的比重直接效应为负，间接效应和总效应为正；（5）人口密度、房价收入比指标的直接效应为正，间接效应和总效应为负；（6）教育支出占地方财政支出的比重、城

---

　* 本文受国家社会科学基金重点课题"中国城市规模、空间聚集与管理模式研究"（批准文号：15AJL013）资助。本文发表在《湖南大学学报》2021 年第 4 期。

　** 张自然，博士，中国社会科学院经济研究所研究员，主要研究方向为技术进步与经济增长。

市化水平、万人图书馆藏量、工资收入、劳动生产率、劳动力数量的直接效应、间接效应和总效应都为负。本文还提出相应的政策建议：放开特大、超大城市人口规模限制；加快高中、大学以上中高端人力资本积累；加强基础设施建设；提高第三产业就业比重；提高固定资本存量水平、利用率和使用效率；提高地方财政支出中科学支出的比重。

关键词： 全要素生产率　城市规模　空间权重　人力资本　科学支出

从 2012 年起我国就进入结构性减速阶段，2018 年高质量发展的提出标志着我国开始转向高质量发展阶段。高质量发展的本质是以人民为中心，以人民的需求为根本，这就需要促进经济效率的改进，强调劳动生产率和 TFP 的提升。我国人口红利即将消失，紧接着将面临老龄化、少子化、人口抚养比增大、劳动力增速下滑等诸多问题，投资增速严重下滑，中美贸易摩擦不断升级，进出口业务总量减少，直接导致潜在增长率下滑。此时增强技术创新、提高全要素生产率才是最佳出路。提升全要素生产率对经济增长的贡献，才能在供给层面多要素下滑的情况下，有效抑制或者减缓潜在增长率的下降趋势。本文拟结合空间计量方法来分析影响全要素生产率增长的因素，包括城市规模、城市人口聚集程度、人力资本、政府干预、外国直接投资等各方面的影响。在中国 264 个地级及地级以上城市（简称地级市）相关数据的基础上探讨城市规模、空间聚集和全要素生产率增长的关系。本文包括四个方面的内容：第一部分是理论分析；第二部分为空间权重矩阵和模型构建及检验；第三部分是城市规模、空间聚集与全要素生产率增长的实证分析及检验；第四部分是结论和政策建议。

一　理论分析

（一）国内外研究现状

国内外经济学者对城市规模、空间聚集、TFP 等方面进行了研究。国内针对空间聚集与城市规模进行研究主要如下。杨小凯和霍格宾（Yang and Hogbin，1990）在一个分权的分层网络框架中探讨了最优城市规模和城市层级问题，认为最优的城市层级是生产分工水平的增函数，是城市规模和交易效率的递减函数，分工水平提升将增加城市数量，城市规模越大、交易效率越高，城市数量就越少。柯善咨和赵曜（2014）认为随着中国城市规模的扩大，城市人均产出率呈倒"U"形变化，随着产业结构向服务业转变，城市规模扩大的边际收益也随之增加，因此我国大部分地级市的实际规模仍小于最优规模。张自然（2015）采用 1990~2011 年的地级及地级以上城市的常住人口数据，按照不考虑人力资本、考虑人力资本和人均受教育年限几种情况分析了最大最优城市规模问题，得出中国城市的最优规模在 600 万人左右，城市规模净收益大于零的区间为 65 万~3569 万人。以上研究主要是探讨城市空间聚集下的最优城市规模的问题。国外探讨空间聚集与城市规模的有：Alonso（1971）、Evans（1972）、Henderson（1974）、Yezer 和 Goldfarb（1978）、Carlino（1982）、Camagni（1993）、斯特拉斯蔡姆（2001）、Au 和 Henderson（2006）、阿瑟·奥莎利文（2008）、Palivos 和 Wang（1996）等。

空间聚集和城市规模与全要素生产率增长呈倒"U"形关系。袁骏毅和乐嘉锦（2018）对 1998~2007 年的《中国工业企业数据库》和《中国城市统计年鉴》的数据进行分析后认为，空间聚集程度与企业全要素生产率之间存在典型的倒"U"形关系，空间集聚通过增强企业竞争行为提升资源配置效率来促进企业全要素生产率。孔令乾等人（2019）对我国 2005~2016 年 285 个城市的面板数据进行分析后认为，城市规模与城市生产效率存在倒"U"形关系，城市行政级别对城市生产效率具有显著的促进作用，且级别越高的城市促进作用越明显。周璇和陶长琪（2019）运用中国 1997～2016年的省域面板数据，采用空间动态面板数据模型实证检验要素空间集聚、制度质量对全要素生产率的影响后认为，要素空间聚集对全要素生产率增长的作用表现出阈值效应，经济高速增长阶段的要素空间集聚、制度质量对全要素生产率的影响效应最显著。

人力资本积累促进全要素生产率增长。Barro（1991）认为人力资本积累可以促进全要素生产率增长。Benhabib 和 Spiegel（1994）认为 TFP 增长依赖人力资本的水平。刘建国等人（2012）分析 1990～2009 年中国省域数据后认为，经济集聚、人力资本、信息化、基础设施、经济开放度及制度因素对全要素生产率的影响为正。张浩然和衣保中（2012）认为人力资本和交通基础设施对本地区全要素生产率有积极的影响。王文静等人（2014）认为人力资本平均水平对全要素生产率增长起到积极的促进作用。赵莎莎（2019）分析 2000～2016 年省级空间杜宾模型后认为，R&D 资本和中级人力资本对本省市和相邻省市的全要素生产率和技术进步均产生显著的正向促进作用，高级人力资本对本省市的全要素生产率和技术进步均产生显著的正向促进作用，而对相邻省市均产生显著的负面影响。不同阶段人力资本对全要素生产率增长起着不同作用。在教育水平较低的国家，人力资本对全要素生产率增长起到促进作用；而在经济发展较好的国家，人力资本对全要素生产率的作用为负（Krueger and Lindahl，2001）。只有高等教育人力资本才对全要素生产率增长有积极作用，而人力资本平均水平对生产率增长无显著促进作用（Aghion、Meghir and Vandenbussche，2006）。异质性人力资本对全要素生产率的增长效应随着学历层次的提高（专科—本科—硕士）先增大，后减小（硕士—博士）（蒋佳等，2019）。也有人认为人力资本对全要素生产率增长有负向作用。中国人力资本对全要素生产率增长存在明显的门槛特征，人力资本对全要素生产率增长具有显著的负向空间溢出效应（魏下海、张建武，2010）。高等教育对全要素生产率增长有益。大学教育对效率改善和技术进步都具有有利影响，而中小学教育对效率改善具有不利影响（华萍，2005）。只有接受高等教育的人力资本对全要素生产率有显著的促进作用，中等教育和初等教育人力资本与生产率增长存在显著负相关（彭国华，2007）。

在政府干预与全要素生产率增长方面，闫雨等人（2019）分析 1999 ~ 2016 年省级面板数据后认为，地方政府干预程度越强，对全要素生产率的抑制越明显。有学者意见相反。李骏等人（2017）研究 2008 ~ 2012 年中国制造业 830 家上市公司后认为，低息贷款对于全样本企业的全要素生产率的提高存在明显的促进效应，政府补助与税收优惠两项政策工具只在非国有企业中显示出了显著的正向作用，而政策资源在行业内部的分配越均衡则越有利于全要素生产率的增长。赵鑫磊和何蓉蓉（2019）认为 OFDI、FDI、研发经费内部支出、人力资本水平和政府干预能力对全要素生产率起到了较强的促进作用。财政支出对全要素生产率增长有正的影响。曾淑婉（2013）认为财政支出与我国全要素生产率、技术效率和技术进步存在着显著的正相关性，财政支出对相邻地区的全要素生产率及其分解项具有空间溢出效应。曾淑婉（2013）认为财政支出规模的扩大对全要素生产率增长和技术进步率的提高具有积极的推动作用，而教育、公共服务及社会保障就业支出与技术进步均具有正相关性。宋丽颖等人（2017）认为第三产业比重、财政科技教育类支出所占比重、地方财政收支规模能够促进资源型城市全要素生产率提升。周莉和李德刚（2014）认为预算内财政支出对周围省市全要素生产率增长具有正向外溢性，预算外财政支出对周围地区的技术效率变化具有负向外溢性，财政支出对全要素生产率增长有负面影响。郝春虹和刁璟璐（2019）认为公共财政支出规模对全要素生产率增长具有较强的抑制效应。邓晓兰（2019）对 2006 ~ 2016 年全国 285 个地级市的面板数据的空间杜宾模型进行分析后认为，财政分权显著抑制了城市全要素生产率的增长，地方政府竞争对城市技术效率的拖累作用大于对技术进步的促进效应，抑制了城市全要素生产率的增长。

教育支出对全要素生产率增长有正的影响。曾淑婉（2013）认为教育、公共服务及社会保障就业支出与技术进步均具有正相关性，教育和公共服务支出对相邻地区的全要素生产率增长和技术进步会产生明显的正向空间溢出效应。

关于产业聚集与全要素生产率增长的关系，崔宇明等人（2013）分析1986~2011年中国省际数据后认为产业聚集对全要素生产率增长的促进作用存在门槛效应，促进效果随着城镇化水平的提高而显著增强。伍先福（2019）利用2003~2014年中国246个地级及地级以上城市的面板数据的空间杜宾模型分析产业协同聚集对全要素生产率增长的影响，认为产业协同聚集对全要素生产率产生负向空间溢出效应。

刘树林和刘奥勇（2019）研究了研发与TFP增长的关系，认为基础研究和高校对全要素生产率的空间溢出效应和总效应更强。

经济发展水平、贸易开放度和科技创新水平对资源环境约束下全要素生产率增长存在显著的促进作用（刘华军、杨骞，2014）。吕品和潘沈仁（2014）认为进口促进了全要素生产率的增长。叶明确和方莹（2013）认为出口额对本地区的全要素生产率增长没有显著的影响，但对其他地区的全要素生产率增长有促进作用，对所有地区的全要素生产率增长也有促进作用。付海燕（2019）认为发展中国家和地区通过对技术领先国家直接投资获得的逆向技术溢出对其技术进步有显著促进作用。吕品和潘沈仁（2014）认为FDI一定程度上对全要素生产率有促进作用。

余锦亮等人（2018）研究了人口增长率与全要素生产率增长的关系，认为当全要素生产率小于临界值时，人口增长率的上升对降低政府财政支出规模产生不利的影响；当全要素生产率大于临界值时，人口增长率上升对降低政府财政支出规模具有积极的影响。

关于全球价值链与全要素生产率增长的关系，余泳泽等人（2019）分析2002~2013年中国230个地级市数据后认为，全球价值链嵌入程度会显著促进城市全要素生产率水平的提升。

还有学者研究了对全要素生产率增长影响为负的因素。刘建国等人（2012）提出产业结构、政府干预和土地投入对全要素生产率的影响为负。刘华军和杨骞（2014）提出产业结构、能源结构和要素禀赋结构等结构因素对全要素生产率增长存在显著的负向影响。研发投入与全要素生产率增长负向。吕品和潘沈仁（2014）提出研发投入与全要素生产率呈现负相关。

其他关于中国和中国各省区市全要素生产率的研究还有很多（郑玉歆，1999；谢千里等，2001；张军、施少华，2003；颜鹏飞、王兵，2004；郑京海、胡鞍钢，2005；孙琳琳、任若恩，2005；郭庆旺、贾俊雪，2005；张自然、王宏森等，2010；张自然、陆明涛，2013；张自然，2014；张平、张自然，2018；张平等，2019；张自然，2019）。国外学者讨论中国全要素生产率的有：Young（1992）；Krugman（1994）；Young（1995）；Ezaki 和 Sun（1999）；Sachs 和 Woo（2000）；Young（2000）；Guillaumont 和 Hua（2003）；Islam 和 Dai（2004）；Zheng 和 Hu（2006）；Bosworth 和 Collins（2008）；Lee（2009）；Ozyurt（2009）；Brandt 和 Zhu（2010）等。

从上面的研究可以看出，已有的研究集中于研究城市规模与空间聚集、城市规模与全要素生产率，也有专门讨论中国和中国省区市或者地级市的全要素生产率增长及其影响因素，但与空间计量结合起来研究全要素生产率增长的并不多，同时对城市规模、空间聚集和全要素生产率展开研究的较少，对中国地级市层面的相关研究则更少。本文在中国 264 个地级及地级以上城市空间面板数据的基础上探讨城市规模、空间聚集和全要素生产率增长的关系。按 2018 年地级市常住人口计算，本文的 264 个地级及地级以上城市覆盖人口占全国常住人口的 89.36%。2018 年 264 个地级及地级以上城市代表的地区生产总值占全国国内生产总值的比至少在 90%~95% 以上，因此无论常住人口数还是国内生产总值，本文所选取的 264 个地级及地级以上城市具有很大的代表性。

（二）城市规模、空间聚集与全要素生产率增长的机制分析

随着城市化进程的深化，人口逐渐向城市集中，尤其是大量的人口向大城市、超大城市集中。城市规模的扩大引致人口和各种要素向城市集中，产生空间聚集效应。同时各种要素空间聚集产生正的外部性，吸引更多的农业人口市民化，参与城市建设，城市规模进一步扩大，这一点在大城市、超大城市尤其明显。

城市规模和空间聚集促进全要素生产率的提升。城市规模的不断扩大，

各种人财物等生产要素的空间聚集效应加强，直接促进所在城市的经济增长，进而促进全要素生产率的提升。

空间聚集对邻近城市产生外溢效应，促进邻近城市全要素生产率的提升。城市规模扩大产生的空间聚集效应，除了带动本地区城市全要素生产率的提升，同时对邻近城市的全要素生产率产生空间外溢。地理经济学第一定律空间相关性定律指出，所有事物相关，较近的事物比远些的事物相关性更强（Tobler，1970）。这里引入空间计量来对 264 个地级及地级以上城市的城市规模、空间聚集与全要素生产率增长进行研究。引入空间计量的前提是相关变量的 Moran's I 指数大于零，这一点将在后面验证。

影响全要素生产率的有城市规模、空间聚集，还包括资本、劳动力、人力资本、外国直接投资、产业结构（第二产业占 GDP 的比重、第三产业占 GDP 的比重）、就业结构（第二产业人数占总的就业比重、第三产业人数占总的就业比重）、城市化水平、财政收入占 GDP 的比重、财政支出占 GDP 的比重、财政支出与财政收入的比、基础设施、投入产出率、家庭资产指数、房价收入比指标、劳动生产率、教育支出占地方财政支出的比重、科学支出占地方财政支出的比重、万人图书馆藏量和经济发展质量等多个方面。

二 空间权重矩阵和模型构建及检验

（一）模型构建

由上面的理论分析构建以下模型：

$$
\begin{aligned}
TFP_{it} &= \beta_1 \ln P_{it} + \beta_2 \ln P_{it}^2 + \beta_3 \ln K_{it} + \beta_4 \ln L_{it} \\
&+ \beta_5 \ln cityPopDens_{it} + \beta_6 \ln HC_{it} + \beta_7 FDI_{it} + \beta_8 finEdu_{it} + \beta_9 books_{it} \\
&+ \beta_{10} L2Rate_{it} + \beta_{11} L3Rate_{it} + \beta_{12} URBAN_{it} + \beta_{13} outInFin_{it} + \beta_{14} infrastruct_{it} \quad (1) \\
&+ \beta_{15} housePRev_{it} + \beta_{16} IORate_{it} + \beta_{17} lnproductivity_{it} + \beta_{18} rev\_GDP_{it} \\
&+ \beta_{19} sciFin_{it} + \beta_{20} income_{it} + \beta_{21} devQuality_{it} + \varepsilon_{it}
\end{aligned}
$$

其中，TFP_{it} 为城市 i 在 t 时期的全要素生产率增长指数，由 Malmquist DEA

指数法得到；$\ln P_{it}$ 是以全市人口表示的城市规模的对数；$\ln P_{it}^2$ 是城市规模对数的平方；$\ln K_{it}$ 是固定资本存量的对数；$\ln L_{it}$ 为劳动力数量的对数；$\ln cityPopDens_{it}$ 是全市人口密度的对数；$\ln HC_{it}$ 是以支出成本表示的人力资本的对数；FDI_{it} 是外国直接投资占 GDP 的比重；$finEdu_{it}$ 为教育支出占地方财政支出的比重；$books_{it}$ 是万人图书馆藏量；$L2Rate_{it}$ 是第二产业人数占总的就业比重；$L3Rate_{it}$ 是第三产业人数占总的就业比重；$URBAN_{it}$ 表示城市化水平；$outInFin_{it}$ 为财政支出与财政收入的比；$infrastruct_{it}$ 为基础设施指数；$housePRev_{it}$ 为房价收入比指标；$IORate_{it}$ 为投入产出率；$\ln productivity_{it}$ 为劳动生产率的对数；rev_GDP_{it} 为财政收入占 GDP 的比重；$sciFin_{it}$ 为科学支出占地方财政支出的比重；$income_{it}$ 为工资收入，即工资收入占 GDP 的比重；$devQuality_{it}$ 为经济发展质量；ε_{it} 为误差项。

简化为一般模型：

$$y_{i,t} = \alpha_i + \lambda_t + x_{i,t}\beta + \varepsilon_{it} \tag{2}$$

用向量模型表示如下：

$$y_t = x_t\beta + \alpha + \lambda_t t_n + \varepsilon_t \tag{3}$$

其中，$\alpha = [a_1, a_2, \cdots, a_n]$；$\varepsilon_t \sim N(0, \sigma_\varepsilon^2 I_n)$，$I_n$ 是（$n \times 1$）的列向量，每个元素均为 1。

$$y_t = \begin{bmatrix} y_{1t} \\ y_{2t} \\ \cdots \\ y_{nt} \end{bmatrix}, x_t = \begin{bmatrix} 1 & x_{21t} & \cdots & x_{k1t} \\ 1 & x_{22t} & \cdots & x_{k2t} \\ \cdots & \cdots & \cdots & \cdots \\ 1 & x_{n1t} & \cdots & x_{knt} \end{bmatrix}$$

$$\beta = [\beta_1, \beta_2, \cdots, \beta_n]'$$

假设地理经济学第一定律成立，即各城市全要素生产率根据距离远近彼此都会有一定的影响，距离近的城市相互影响较大，距离远的城市相互间影响较小。传统的计量模型（1）不能反映空间地理位置的影响。本文将城市空间聚集效应考虑进模型（1）。空间面板模型有空间杜宾模型（SDM）、空间滞后模型（SLM）、空间自回归模型（SAR）和空间误差模型（SEM），这里根据实际情况考虑空间杜宾模型（SDM）空间面板模型情况，下文将检验 SLM 模型和 SEM 模型不适合本研究。

SDM 模型：

$$y_{i,t} = \alpha_i + \lambda_t + \rho \sum_{j=1}^{N} \omega_{i,j} y_{i,t} + x_{i,t} \beta + \sum_{j=1}^{N} \omega_{i,j} x_{i,j,t} \theta + \varepsilon_{it} \qquad (4)$$

SDM 向量模型：

$$y_t = \rho W y_t + x_t \beta + W x_t \theta + \alpha + \lambda_t t_n + \varepsilon_t \qquad (5)$$

其中，W 是空间权重；$\alpha = [a_1, a_2, \cdots, a_n]$；$\varepsilon_t \sim N(0, \sigma_\varepsilon^2 I_n)$，$I_n$ 是（$n \times 1$）的列向量，每个元素均为 1。

$$y_t = \begin{bmatrix} y_{1t} \\ y_{2t} \\ \cdots \\ y_{nt} \end{bmatrix}, x_t = \begin{bmatrix} 1 & x_{21t} & \cdots & x_{k1t} \\ 1 & x_{22t} & \cdots & x_{k2t} \\ \cdots & \cdots & \cdots & \cdots \\ 1 & x_{n1t} & \cdots & x_{knt} \end{bmatrix}$$

$$\beta = [\beta_1, \beta_2, \cdots, \beta_n]', \theta = [\theta_1, \theta_2, \cdots, \theta_n]'$$

y_t 表示 TFP_{it} 为城市 i 在 t 时期的全要素生产率增长指数；$x_{i,t}$ 分别为 $\ln P_{it}^2$、$\ln K_{it}$、$\ln L_{it}$、$\ln cityPopDens_{it}$、$\ln HC_{it}$、FDI_{it}、$finEdu_{it}$、$books_{it}$、$L2Rate_{it}$、$L3Rate_{it}$、$URBAN_{it}$、$outInFin_{it}$、$infrastruct_{it}$、$housePRev_{it}$、$IORate_{it}$、$\ln productivity_{it}$、rev_GDP_{it}、$sciFin_{it}$、$income_{it}$、$devQuality_{it}$ 等变量。

ρ 是空间回归系数，表示相邻城市观测值对本城市观测值的影响程度；λ 是空间误差系数，表示相邻城市由于因变量的误差对本城市观测值的影响程度；ε_{it} 都是随机误差项，并服从正态分布；W 是空间权重矩阵，常用的有反距离空间权重矩阵和邻近空间权重矩阵两种，由于邻近空间权重矩阵只能反映邻近地级市之间的影响，忽略了不同距离的地级市之间的相互作用，而反距离空间权重矩阵更能体现不同距离地级市之间的空间依赖和相互影响，本文选择反距离空间权重矩阵来对 264 个地级及地级以上城市的全要素生产率进行空间计量分析。

（二）变量解释和统计性描述

（1）全要素生产率增长指数：用 DEA Malmquist 指数法计算得到，详见张自然（2019）。

（2）城市规模：用全市常住人口总数来表示，变量用城市规模的对数 $\ln p$ 和城市规模对数的平方 $\ln p^2$ 来代表。

（3）固定资本存量：以 1990 年为基期，采用永续盘存法来计算，基年的固定资本存量用各省份固定资本存量推得，固定资产投资价格指数直接采用省份值，折旧率采用 5%。

（4）劳动力数量：采用地级市的年末就业人数来表示，用劳动力的对数 $\ln L$ 来表示。

（5）人口密度：用全市每平方公里常住人口总数来表示，具体指标用人口密度的对数 $\ln cityPopDens$ 来表示。

（6）人力资本：用小学、中学和大学的受教育支出成本来表示。具体指标用人力资本的对数 $\ln HC$ 来表示。

（7）外国直接投资：用外国直接投资占 GDP 现价的比重表示，外国直接投资以美元为单位，用当年人民币对美元汇率换算成人民币，并除以当年各城市 GDP 现价，用 FDI 来表示。

（8）教育支出：用地方财政支出中教育支出的比重来表示，具体指标用 $finEdu$ 来表示。

（9）万人图书馆藏量：用 $books$ 表示。

（10）第三产业人数占总的就业人数的比重：用 $L3Rate$ 来表示。

（11）城市化水平：是城镇常住人口占全市总的常住人口的比重，具体指标用 $urban$ 来表示。

（12）财政支出与收入的比：用行政机制和市场机制的占比来表示，具体指标用 $outInFin$ 来表示，$outInFin$ 越大，行政机制对市场机制的替代作用越强，$outInFin$ 越小，市场机制越强。

（13）资本产出比：用 $Koutput$ 来表示。

（14）房价收入比指标：房价收入比正向化，用 *housePRev* 表示。

（15）家庭资产指数：用工资总额和储蓄占 GDP 的比来表示。

（16）基础设施指数：由教育基础设施指数、交通基础设施指数、基础设施指数、电信基础设施指数四项几何平均得到，具体指标用 *infrastruct* 来表示。

（17）投入产出率：用资本产出比与投资效果系数的几何平方来表示，具体指标用 *IORate* 来表示。

（18）财政收入占 GDP 的比重：用地方财政收入占 GDP 的比来表示，具体指标用 *rev_ GDP* 来表示。

（19）科学支出：地方财政支出中科学支出的比重，用 *sciFin* 表示。

（20）劳动生产率：由不变价格的 GDP 除以全部劳动人数，用劳动生产率的对数 ln*productivity* 来表示。

（21）经济发展质量：引入经济发展质量指标作为控制变量主要是由于其涵盖的指标范围较广，更容易发现影响 TFP 增长的关键因素。经济发展质量由城市经济发展质量的一级指标经济增长、增长潜力、政府效率、人民生活和环境质量加权平均和对 61 个具体指标进行主成分分析得出，具体指标用 *devQuality* 表示，经济发展质量是由 61 个正向具体指标而来，其系数理应为正。

以上数据均来自历年《中国城市统计年鉴》、《中国统计年鉴》、各省区市统计年鉴、各地区国民经济和社会发展统计公报等。

（三）模型适用性相关检验

空间计量分析的前提是全要素生产率存在全局空间自相关，通过 Moran's I 指数可以检验全局空间自相关性。如图 1 所示，1990~2018 年 TFP 增长指数的 Moran's I 在 0.1 左右波动，全部大于 0，只在 1994 年和 1997 年出现显著性大于 10% 的情况，其他均在 5% 水平上显著，说明中国 264 个地级及地级以上城市的全要素生产率存在显著的空间依赖性，全要素生产率增长指数存在空间自相关且为正相关。全要素生产率增长指数较高的城市，周边城市的全要素生产率增长指数也较高。由于空间相关性的存在，传统分析的面板数据得出的计量结果是有偏差的，不能真实反映全要素生产率增长情况，也不能反映城市人口规模对全要素生产率增长的影响，因此本文采用地级市层面的空间计量来进行分析。

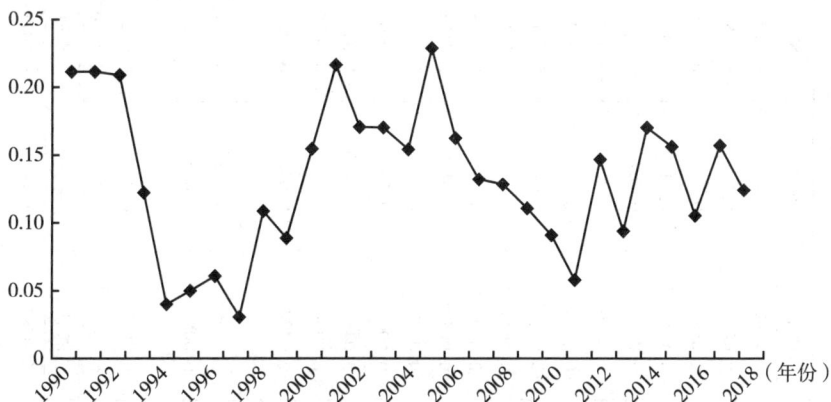

图 1　TFP 增长指数的 Moran's I 指数检验

本文采用 Wald SAR 检验和 LR 检验来选择合适的空间计量模型。Wald 检验说明本文所选取的空间杜宾模型（SDM）不会退化为空间滞后模型（SLM）或空间误差模型（SEM）。LR 检验拒绝了原假设，说明本文采用 SDM 模型进行估计是合理的。豪斯曼检验的结果不能判断采用固定效应或是随机效应（Mundlak，1978）。最后，通过 Levin-Lin-Chu test 和 Im-Pesaran-Shin test 两种单位根检验方式进行检验，所有解释变量和被解释变量的一阶差分均平稳。

三　城市规模、空间聚集与全要素生产率增长的实证分析及检验

（一）实证分析

表 1 的 8 个模型都是基于空间杜宾模型（SDM），其中 $\ln p$、$\ln p^2$、$\ln K$、

表 1　实证结果（1990~2018 年）

	模型 1	模型 2	模型 3	模型 4	模型 5	模型 6	模型 7	模型 8
lnp	0.1119***	0.1218***	0.1177***	0.1116***	0.1207***	0.1077***	0.1108***	0.0792***
lnp²	-0.0088***	-0.0097***	-0.0094***	-0.0087***	-0.0097***	-0.0085***	-0.0087***	-0.0061***
lnK	0.057***	0.0562***	0.0557***	0.0571***	0.0557***	0.0566***	0.0566***	0.0583***
deviQuality	0.1189***	0.1061***	0.1055***	0.1179***	0.1064***	0.1167***	0.1177***	-0.0014
lncityPopDens	0.0019	0.0021	0.0019	0.0022	0.0019	0.002	0.0019	
lnHC	-0.0204***	-0.02***	-0.0201***	-0.0201***	-0.0199***	-0.0202***	-0.02***	-0.0081**
Infrastruct	-0.0123**	-0.0131**	-0.0129**	-0.0135**	-0.0123**	-0.0134**	-0.0127**	-0.0142***
L3Rate	-0.0423***	-0.0414***	-0.0451***	-0.0396***	-0.0434***	-0.043***	-0.0412***	-0.0322***
finEdu	0.5988***	-0.5434***	-0.5624***	-0.583***	-0.5655***	-0.599***	-0.6019***	-0.2888***
IORate	0.0313***	0.0305***	0.0304***	0.0308***	0.0305***	0.0308***	0.0308***	0.033***
urban	-0.0136	-0.0015	-0.0048	-0.009	0.0052	-0.0119	-0.0123	0.0227*
rev_GDP	-0.0132	-0.0434*	-0.023	-0.0308	-0.0237	-0.0124	-0.013	-0.0078
books	0.0011	-0.0005	0.0008	-0.0001	0.0003	0.001	0.0006	0.0103***
income	-0.0489**	-0.0451**	-0.045*	-0.0469*	-0.045*	-0.0469*	-0.0468*	0.0475**
housePRev	0.0006	0.0006		0.0007	0.0006		0.0006	-0.0002
lnproductivity	-0.0301***	-0.0289***	-0.0283***	-0.0308***	-0.0278***	-0.0301***	-0.0297***	-0.0292***
L2Rate	-0.0004							
sciFin	-2.9781***			-3.0045***		-2.8693***	-2.8757***	-0.0442
outInFin	0.0037*		0.0041**		0.004**	0.0038**	0.0037**	0.0038**
FDI	0.0304							
lnL	-0.0672***	-0.0666***	-0.066***	-0.068***	-0.0655***	-0.0673***	-0.0668***	-0.0648***
_cons	0.3511***	0.386***	0.3744***	0.3944***	0.3957***	0.3816***	0.4029***	0.379***
Wx	模型 1	模型 2	模型 3	模型 4	模型 5	模型 6	模型 7	模型 8
W * lnp	-0.0604*	-0.0686**	-0.0697**	-0.0618**	0.0783**	-0.0623*	-0.0711***	-0.0477
W * lnp²	0.0061*	0.0067**	0.0068**	0.006*	0.0074**	0.0061*	0.0066**	0.0038

续表

Wx	模型 1	模型 2	模型 3	模型 4	模型 5	模型 6	模型 7	模型 8
W* lnK	0.0336***	0.0372***	-0.0359***	0.038***	-0.0345***	-0.0362***	-0.0348***	-0.0231***
W* devQuality	-0.0342**	-0.0289**	-0.03**	-0.0418***	-0.0297**	-0.045***	-0.0449**	
W* lncityPopDens	-0.0084**	-0.0069**	-0.0069*	-0.0069*	-0.007*	-0.0069**	-0.007*	-0.007*
W* lnHC	0.0581***	0.0628***	0.0564***	0.0636***	0.0565***	0.0574***	0.0575***	0.0367***
W* infrastruct	0.0784***	0.0662***	0.0762***	0.0667***	0.0732***	0.0754***	0.0724***	0.049***
W* L3Rate	0.0964***	0.0854***	0.0631***	0.0834***	0.0864***	0.0658***	0.089***	0.1027***
W* finEdu	-0.8329***	-0.8574***	-0.8351***	-0.8154***	-0.9455***	-0.7945***	-0.9038***	-0.9668***
W* IORate	0.016***	-0.021***	-0.0209***	-0.0211***	-0.0193***	-0.0207***	-0.0191***	-0.0135***
W* urban	-0.0978***	-0.0726**	-0.0861***	-0.0648***	-0.0853***	-0.0784***	-0.0776***	-0.0773***
W* rev_GDP	0.1875***	0.15***	0.22***	-0.1349***	0.1972***	0.2038***	0.1813***	0.1576***
W* books	0.0148***	-0.0174***	-0.016***	-0.0166***	-0.0165***	-0.0154***	-0.016***	-0.0126***
W* income	-0.1338***	-0.118**	-0.1258***	-0.1185***	-0.1133***	-0.1254***	-0.1129***	-0.1506***
W* housePRev	-0.004***	-0.0032***		-0.0032***	-0.0027***		-0.0027***	-0.0017*
W* lnproductivity	-0.0221***	0.0176**	-0.0224**	-0.0161*	-0.0217**	-0.0217**	-0.0212**	0.0226**
W* L2Rate	0.0672***							
W* sciFin	3.0741**			3.3229**		3.9585***	4.0041***	3.9641***
W* outInFin	0.0075***		0.0073**		0.006*	0.0076**	0.0064**	0.0082**
W* FDI	0.0898							
W* lnL	0.0151	0.0208**	0.0219**	0.0216**	0.0208**	0.0219**	0.0208**	0.0182**
Spatial								
ρ	0.5057***	0.5166***	0.5132***	0.5176***	0.5105***	0.5147***	0.5121***	0.5301***
Variance								
θ	0.7781***	-0.7572***	-0.767***	-0.7525***	-0.765***	-0.7642***	-0.7627***	-0.5632***
σ	0.0022***	0.0022***	0.0022***	0.0022***	0.0022***	0.0022***	0.0022***	0.0022***

注：* 在10%水平上显著，** 在5%水平上显著，*** 在1%水平上显著。

devQuality、ln*cityPopDens*、ln*HC*、*infrastruct*、*L3Rate*、*finEdu*、*IORate*、*urban*、*rev_ GDP*、*books*、*income* 等变量为基本变量，在模型 2~模型 7 的空间滞后项系数均显著。模型 2 在基本变量的基础上增加了 *housePRev*、ln*productivity*、ln*L*；模型 3 在基本变量的基础上增加 ln*productivity*、*outInFin*、ln*L*；模型 4 在基本变量的基础上增加 *housePRev*、ln*productivity*、*sciFin*、ln*L*；模型 5 在基本变量的基础上增加 *housePRev*、ln*productivity*、*outInFin*、ln*L*；模型 6 在基本变量的基础上增加 ln*productivity*、*sciFin*、*outInFin*、ln*L*；模型 7 在基本变量的基础上增加 *housePRev*、ln*productivity*、*sciFin*、*outInFin*、ln*L*；模型 8 在模型 7 的基础上去掉 *devQuality*。

其中，*TFP* 为全要素生产率增长指数；ln*p* 为城市规模的对数；ln*p*^{2} 为城市规模对数的平方；ln*K* 为固定资本存量的对数；ln*L* 为劳动力数量的对数；ln*cityPopDens* 为人口密度的对数；ln*HC* 为人力资本的对数；*FDI* 为外国直接投资；*finEdu* 为教育支出占地方财政支出的比重；*books* 为万人图书馆藏量；*L2Rate* 为第二产业人数占总的就业比重；*L3Rate* 为第三产业人数占总的就业比重；*urban* 为城市化水平；*outInFin* 为财政支出收入比；*infrastruct* 为基础设施指数；*housePRev* 为房价收入比指标；*IORate* 为投入产出率；ln*productivity* 为劳动生产率的对数；*rev_ GDP* 为财政收入占 GDP 的比重；*sciFin* 为科学支出占地方财政支出的比重；*income* 为工资收入；*devQuality* 为经济发展质量。

从空间滞后项来看，模型 1 只有 *FDI* 和 ln*L* 两个变量不显著，其他变量均显著。

与之前研究的经济增长与城市规模或城区人口规模的情况相反，本研究的模型 2~模型 7 考虑空间权重后 TFP 与城市规模对数的关系由倒"U"形曲线变为"U"形曲线。

对比模型 8 和模型 7 可以发现，减少解释变量 *devQuality* 后，剩下的解释变量的系数的正负没有变化，经济含义一致，并且只有 ln*p* 和 ln*p*^{2} 系数变得不显著，由此可以认为引入控制变量 *devQuality* 是一种合适的方法。

表 2 显示了直接效应、间接效应和总效应的实论分析结果。模型 2~模型 8 中 TFP 增长指数与城市规模的间接效应呈"U"形曲线，与直接效应和总

表 2　直接效应、间接效应和总效应（1990～2018 年）

LR_Direct	模型 1	模型 2	模型 3	模型 4	模型 5	模型 6	模型 7	模型 8
lnp	0.1125 ***	0.1224 ***	0.118 ***	0.1122 ***	0.1206 ***	0.1081 ***	0.1108 ***	0.0795 ***
lnp²	-0.0088 ***	-0.0097 ***	-0.0094 ***	-0.0087 ***	-0.0096 ***	-0.0085 ***	-0.0087 ***	-0.0061 ***
lnK	0.0571 ***	0.056 ***	0.0556 ***	0.0569 ***	0.0557 ***	0.0566 ***	0.0566 ***	0.0591 ***
devQuality	0.1201 ***	0.1074 ***	0.1068 ***	0.1189 ***	0.1077 ***	0.1174 ***	0.1185 ***	
lncityPopDens	0.0015	0.0018	0.0016	0.0019	0.0016	0.0016	0.0016	-0.0019
lnHC	-0.0177 ***	-0.017 ***	-0.0175 ***	-0.017 ***	-0.0173 ***	-0.0175 ***	-0.0173 ***	-0.0063 *
infrastruct	-0.0084	-0.0098	-0.009	-0.0101 *	-0.0086	-0.0096	-0.0091	-0.0116 **
L3Rate	-0.0385 ***	-0.0381 ***	-0.0432 ***	-0.0363 ***	-0.0401 ***	-0.0407 ***	-0.0377 ***	-0.0271 ***
finEdu	-0.6487 ***	-0.5952 ***	-0.6128 ***	-0.634 ***	-0.6214 ***	-0.6486 ***	-0.656 ***	-0.3553 ***
IORate	0.0315 ***	0.0304 ***	0.0303 ***	0.0307 ***	0.0305 ***	0.0307 ***	0.0308 ***	0.0334 ***
urban	-0.0194	-0.0058	-0.0099	-0.013	-0.0101	-0.0167	-0.0171	0.0192
rev_GDP	-0.0021	-0.0346	-0.0099	-0.0229	-0.0123	-0.0002	-0.0021	0.0006
books	0.0002	-0.0016	-0.0002	-0.0012	-0.0007	0	-0.0004	0.01 ***
income	-0.0566 ***	-0.0523 **	-0.0526 **	-0.0542 **	-0.0518 **	-0.0544 **	-0.0536 ***	0.0392 *
housePRev	0.0004	0.0004		0.0005	0.0004		0.0005	-0.0002
lnproductivity	-0.0321 ***	-0.0307 ***	-0.0305 ***	-0.0327 ***	-0.0298 ***	-0.0324 ***	-0.0317 ***	-0.0318 ***
L2Rate	0.0037							
sciFin	-2.9153 ***			-2.8451 ***		-2.7276 ***	-2.6765 ***	0.1878
outlnFin	0.0042 **		0.0046 **		0.0047 **	0.0045 **	0.0042 **	0.0045 **
FDI	0.0363							
lnL	-0.0683 ***	-0.0673 ***	-0.0666 ***	-0.069 ***	-0.0663 ***	-0.0682 ***	-0.0676 ***	-0.066 ***

续表

LR_Indirect	模型 1	模型 2	模型 3	模型 4	模型 5	模型 6	模型 7	模型 8
lnp	-0.0072 *	-0.0072	-0.0143	-0.0063	-0.0311	-0.0116	-0.0292	-0.0111
lnp²	0.0031	0.003	0.0037	0.0028	0.0047	0.0032	0.0044	0.0011
lnK	-0.01	-0.0168	-0.0151	-0.0173	-0.0123	-0.0144	-0.0119	0.0161
devQuality	0.0512 *	0.0529 **	0.049 **	0.0385	0.0491 *	0.03	0.0298	
lncityPopDens	-0.0144 *	-0.0118	-0.0119	-0.0119	-0.0122 *	-0.0121	-0.0123	-0.0161 **
lnHC	0.0941 ***	0.1052 ***	0.0916 ***	0.1066 ***	0.0913 ***	0.0935 ***	0.0938 ***	0.0665 ***
infrastruct	0.1433 ***	0.1196 ***	0.139 ***	0.1204 ***	0.1333 ***	0.1376 ***	0.1317 ***	0.0857 ***
L3Rate	0.1531 ***	0.1298 ***	0.0805 ***	0.1292 ***	0.1296 ***	0.0893 ***	0.1363 ***	0.178 ***
finEdu	-2.2634 ***	-2.2991 ***	-2.2551 ***	-2.2657 ***	-2.469 ***	-2.2227 ***	-2.4016 ***	-2.3133 ***
IORate	-0.0005	-0.0105	-0.0106	-0.0103	-0.0074	-0.0095	-0.0059	0.0084
urban	-0.2067 ***	-0.146 ***	-0.1752 ***	-0.1356 ***	-0.1704 ***	-0.1651 ***	-0.1675 ***	-0.1356 ***
rev_GDP	0.3574 ***	0.2705 ***	0.4282 ***	0.2363 ***	0.364 ***	0.3934 ***	0.3475 ***	0.3333 ***
books	-0.0285 ***	-0.0366 ***	-0.0322 ***	-0.0343 ***	-0.0331 ***	-0.0305 ***	-0.0316 ***	-0.0152 *
income	-0.3101 ***	-0.2892 ***	-0.3032 ***	-0.2898 ***	-0.2729 ***	-0.3015 ***	-0.2748 ***	-0.2639 ***
housePRev	-0.0076 ***	-0.0056 ***		-0.0058 ***	-0.0048 ***	-0.0037 **	-0.0048 ***	-0.0037 **
lnproductivity	-0.0731 ***	-0.0656 ***	-0.0735 ***	-0.0649 ***	-0.0714 ***	-0.0747 ***	-0.072 ***	-0.0787 ***
L2Rate	0.1318 ***							
sciFin	3.3157			3.5199		5.0175 *	4.9852 *	8.1043 ***
outlnFin	0.0181 ***		0.0186 ***		0.0156 **	0.019 ***	0.017 ***	0.0213 ***
FDI	0.2112 **							
lnL	-0.0365 **	-0.0276 *	-0.024	-0.0272 *	-0.0248	-0.0254	-0.0257	-0.033 **

续表

LR_Total	模型 1	模型 2	模型 3	模型 4	模型 5	模型 6	模型 7	模型 8
lnp	0.1053	0.1152	0.1037	0.1059	0.0895	0.0965	0.0816	0.0684
lnp²	-0.0058	-0.0067	-0.0058	-0.0059	-0.005	-0.0053	-0.0043	-0.005
lnK	0.0471***	0.0392***	0.0405***	0.0397***	0.0434***	0.0422***	0.0448***	0.0752***
devQuality	0.1713***	0.1603***	0.1557***	0.1574***	0.1568***	0.1474***	0.1483***	
lncityPopDens	-0.0129	-0.0099	-0.0103	-0.01	-0.0106	-0.0104	-0.0106	-0.018**
lnHC	0.0764***	0.0881***	0.0741***	0.0896***	0.074***	0.076***	0.0765***	0.0602***
infrastruct	0.135***	0.1098***	0.13***	0.1103***	0.1246***	0.128***	0.1226***	0.0741***
L3Rate	0.1146***	0.0918**	0.0374	0.093**	0.0895**	0.0485	0.0986***	0.1509***
finEdu	-2.912***	-2.8943***	-2.8679***	-2.8997***	-3.0904***	-2.8713***	-3.0576***	-2.6687***
IORate	0.031***	0.0199**	0.0198***	0.0205***	0.0231***	0.0212***	0.025***	0.0418***
urban	-0.226***	-0.1518***	-0.185***	-0.1486***	-0.1805***	-0.1818***	-0.1846***	-0.1164**
rev_GDP	0.3552***	0.2359***	0.4183***	0.2135***	0.3516***	0.3932***	0.3454***	0.3339***
books	-0.0283***	-0.0382***	-0.0324***	-0.0355***	-0.0338***	-0.0304***	-0.0321	-0.0052
income	-0.3667***	-0.3415***	-0.3558***	-0.344***	-0.3247***	-0.3559***	-0.3284***	-0.2247***
housePRev	-0.0072***	-0.0052***		-0.0054***	-0.0044**		-0.0043**	-0.0039**
lnproductivity	-0.1052***	-0.0963***	-0.104***	-0.0975***	-0.1012***	-0.1071***	-0.1037***	-0.1105***
L2Rate	0.1355***			0.6748				
sciFin	0.4004					2.2899	2.3087	8.2921***
outlnFin	0.0223***		0.0233***		0.0203***	0.0234***	0.0212***	0.0258***
FDI	0.2475**							
lnL	-0.1049***	-0.0949***	-0.0906***	-0.0962***	-0.0911***	-0.0936***	-0.0933***	-0.099***

注：* 在 10% 水平上显著，** 在 5% 水平上显著，*** 在 1% 水平上显著。其中 LR_ Direct 表示直接效应，LR_ Indirect 表示间接效应，LR_ Total 表示总效应。

效应呈倒"U"形曲线；直接效应显著，间接效应和总效应都不显著。

devQuality、*outInFin* 的直接效应、间接效应和总效应都为正。其中，*devQuality* 间接效应部分不显著，直接效应和总效应都显著；*outInFin* 直接效应、间接效应和总效应都显著。

ln*K*、*IORate* 的直接效应和总效应为正，间接效应为负，并且 ln*K*、*IORate* 间接效应不显著，直接效应和总效应都显著。

ln*HC*、*infrastruct*、*L3Rate*、*rev_ GDP*、*sciFin* 的直接效应为负，间接效应和总效应为正。其中，ln*HC* 直接效应、间接效应和总效应都显著；*infrastruct* 直接效应部分不显著，间接效应和总效应都显著；*L3Rate* 直接效应和间接效应都显著，总效应大部分显著；*rev_ GDP* 直接效应都不显著，间接效应和总效应都显著；*sciFin* 直接效应都显著，间接效应部分显著，总效应都不显著。

ln*cityPopDens*、*housePRev* 的直接效应为正，间接效应和总效应为负。其中，ln*cityPopDens* 间接效应部分不显著，直接效应和总效应都不显著；*housePRev* 直接效应都不显著，间接效应和总效应都显著。

finEdu、*urban*、*books*、*income*、ln*productivity*、ln*L* 直接效应、间接效应和总效应都为负。其中，*finEdu* 直接效应、间接效应和总效应都显著；*urban* 直接效应都不显著，间接效应和总效应都显著；*books* 直接效应都不显著，间接效应和总效应都显著；*income* 直接效应、间接效应和总效应都显著；ln*productivity* 直接效应、间接效应和总效应都显著；ln*L* 间接效应部分不显著，直接效应和总效应都显著。

（二）模型稳健性检验

为了验证计量结果的可靠性，必须对模型进行稳健性检验。稳健性检验的方法包括选择不同的解释变量、改变参数取值范围、改变样本范围等。

1. 改变样本范围

本文将样本范围从 1990 ~ 2018 年调整为 2000 ~ 2018 年，并使模型的变量保持不变来检验模型的稳健性。

样本范围调整为 2000~2018 年后，和 1990~2018 年结果比较，考虑空间权重后 *L3Rate*、*rev_ GDP* 和 ln*productivity* 的正负性发生变化。考虑空间权重前 ln*cityPopDens*、*infrastruct*、*urban* 的系数的正负性发生变化。直接效应的 ln*cityPopDens*、*infrastruct*、*urban* 和 *books* 的系数正负性发生变化。间接效应的 *L3Rate*、*rev_ GDP*、ln*productivity* 和 ln*L* 系数的正负性发生变化。总效应的 lnp^2、ln*HC*、*L3Rate*、*rev_ GDP* 和 *books* 系数的正负性发生变化，其他变量系数的正负性和显著性基本保持不变。总体说明模型具有较强的稳健性，具体见附表 1 和附表 2。

2. 采用固定效应进行分析

采用的模型不变，用固定效应分析 1990~2018 年的 SDM 模型，模型考虑空间权重前后的结果正负性和显著性基本不变。考虑空间权重后的 ln*p* 和 ln*cityPopDens* 的正负性发生变化。直接效应的 *rev_ GDP*、*books* 和 *housePRev* 系数的正负性发生变化。间接效应有 ln*p*、lnp^2 和 ln*cityPopDens* 系数的正负性发生变化。总效应的 ln*cityPopDens* 系数正负性发生变化，其他变量的正负性和显著性基本不变。采用固定效应的分析结果说明本文采用随机效应的 SDM 模型具有足够的稳健性，同时说明本文模型采用随机效应或固定效应对结果没有根本性的影响。具体见附表 3 和附表 4。

四 结论和政策建议

（一）结论

本文基于 264 个地级及地级以上城市的空间面板数据，引入经济发展质量指标作为控制变量来分析 TFP 增长的影响因素，发现在考虑空间权重后，TFP 增长指数与城市规模、人口密度和经济发展质量等相关影响因素有如下结论。

（1）与之前研究的经济增长与城市规模或城区人口规模的情况相反，本研究在考虑空间权重后 TFP 与城市规模对数的关系由倒"U"形曲线变为

"U" 形曲线。

（2）固定资本存量、经济发展质量、人口密度、教育支出、投入产出率、城市化水平、万人图书馆藏量、工资收入、房价收入比指标、劳动生产率的系数为负，对 TFP 增长具有遏制作用。

（3）人力资本、基础设施指数、第三产业人数占总的就业比重、财政收入、地方财政支出中科学支出的比重、财政支出收入比、劳动的系数为正，对 TFP 增长具有促进作用。

（4）TFP 增长指数与城市规模的间接效应呈 "U" 形曲线，直接效应和总效应呈倒 "U" 形曲线，直接效应都显著，间接效应和总效应都不显著。

（5）经济发展质量、财政支出收入比的直接效应、间接效应和总效应都为正。其中，经济发展质量的间接效应部分不显著，直接效应和总效应都显著；财政支出收入比的直接效应、间接效应和总效应都显著。

（6）固定资本存量、投入产出率的直接效应和总效应都为正，间接效应为负，并且固定资本存量和投入产出率的间接效应都不显著，直接效应和总效应都显著。

（7）人力资本、基础设施指数、第三产业人数占总的就业比重、财政收入、科学支出占地方财政支出中的比重直接效应为负，间接效应和总效应为正。其中，人力资本的直接效应、间接效应和总效应都显著；基础设施指数的直接效应部分不显著，间接效应和总效应都显著；第三产业人数占总的就业比重的直接效应和间接效应都显著，总效应大部分显著；财政收入的直接效应都不显著，间接效应和总效应都显著；科学支出占地方财政支出中的比重直接效应都显著，间接效应大部分显著，总效应都不显著。

（8）人口密度、房价收入比指标的直接效应为正，间接效应和总效应为负。其中，人口密度的间接效应部分不显著，直接效应和总效应都不显著，房价收入比指标的直接效应都不显著，间接效应和总效应都显著。

（9）教育支出、城市化水平、万人图书馆藏量、工资收入、劳动生产率、劳动力数量的直接效应、间接效应和总效应都为负。其中，教育支出的直接效应、间接效应和总效应都显著；城市化水平的直接效应都不显著，间接效应和总效应都显著；万人图书馆藏量的直接效应都不显著，间接效应和总效应都显著；工资收入的直接效应、间接效应和总效应都显著；劳动生产率的直接效应、间接效应和总效应都显著；劳动力数量的间接效应部分不显著，直接效应和总效应都显著。

（二）政策建议

由以上结论有如下政策建议。

（1）要继续全方位的放开对大城市、超大城市人口规模的限制约束，而不是仅仅限于 300 万以下城市的户籍放开。在临界阈值内，城市规模越大，空间聚集能力越强，越有利于城市及邻近城市 TFP 的增长。

（2）提升人力资本积累水平，尤其是高中、大学以上的中高端人力资本水平。考虑空间权重前后的人力资本的系数均为正，人力资本的直接效应为负，但间接效应和直接效应均为正，表明其对邻近城市 TFP 的外溢效应大于直接效应。

（3）加强基础设施建设。考虑空间权重后，基础设施的系数为正，虽然基础设施的直接效应为负，但间接效应和总效应为正，表明基础设施对邻近城市有很大的外溢作用，促进整体 TFP 的提升。

（4）继续发展服务业，尤其是要发展现代服务业，提高第三产业的就业率。考虑空间权重后，第三产业人数占总的就业比重的系数为正，直接效应为负，但间接效应和总效应为正，说明第三产业人数占总的就业比重对邻近地区有正的外溢效应。

（5）提升固定资本存量水平，提高资本使用的有效性和资本的使用效率。固定资本存量的间接效应为负、直接效应和总效应均为正。

（6）提高地方财政支出中科学支出的比重。科学支出占地方财政支出中的比重直接效应为负、间接效应和总效应为正，其直接效应都显著、间接效应大部分显著。

附录：

附表 1　实证结果（2000～2018 年）

	模型1	模型2	模型3	模型4	模型5	模型6	模型7	模型8
lnp	0.0399*	0.0473**	0.0421*	0.0423*	0.0451*	0.0371	0.0402*	0.0229
lnp^2	-0.0023	-0.003	-0.0026	-0.0025	-0.0029	-0.0021	-0.0024	-0.0013
lnK	0.1022***	0.1013***	0.1009***	0.1021***	0.1011***	0.1018***	0.102***	0.1051***
devQuality	0.094***	0.0836***	0.0832***	0.0925***	0.0837***	0.092***	0.0925***	
IncityPopDens	0.0006	-0.0001	-0.0004	-0.0001	-0.0002	-0.0004	-0.0002	-0.0018
lnHC	-0.0199***	-0.0194***	-0.0193***	-0.0198***	-0.0195***	-0.0197***	-0.0199***	-0.0103***
infrastruct	0.0022	0.0029	0.003	0.0014	0.003	0.0014	0.0015	0.0015
L3Rate	-0.0319	-0.045***	-0.0465***	-0.0423***	-0.0459***	-0.0436***	-0.043***	-0.022*
finEdu	-0.3629***	-0.2958***	-0.3043**	-0.3459***	-0.3011***	-0.355***	-0.3507***	-0.0664
IORate	0.0492***	0.0483***	0.0481***	0.0485***	0.0483***	0.0484***	0.0485***	0.0519***
urban	0.0094	0.0187	0.018	0.0129	0.0171	0.0122	0.0114	0.0387***
rev_GDP	-0.1182***	-0.1353***	-0.1293***	-0.1206***	-0.1282***	-0.1152***	-0.1141***	-0.0911**
books	0.0041	0.0041	0.004	0.0038	0.0042*	0.0038	0.004	0.0104***
income	-0.0886**	-0.0865**	-0.0851**	-0.0861**	-0.0867**	-0.0847**	-0.0862**	0.0369
housePRev	0.0002	0.0001	0.0001	0.0001	0.0001	0.0001	0.0001	-0.0004
lnproductivity	-0.0682***	-0.0655***	0.0652***	-0.0674***	-0.065***	-0.0671***	-0.0669***	-0.0644***
L2Rate	0.0129							0.0207
sciFin	-1.9787***			-1.9356***		-1.9254***	-1.9118***	
outlnFin	0.0007		0.001		0.001	0.0009	0.001	0.0008
FDI	0.0632							
lnL	-0.1132***	-0.1117***	-0.1113***	-0.1127***	-0.1113***	-0.1124***	-0.1123***	-0.1096***
_cons	0.5197***	0.5204***	0.4549***	0.5192***	0.554***	0.4565***	0.5536***	0.4381***

	模型1	模型2	模型3	模型4	模型5	模型6	模型7	模型8
Wx								
W * lnp	-0.042	-0.04	-0.0261	-0.0353	-0.0483	-0.0217	0.0438	0.0049

续表

W_x	模型 1	模型 2	模型 3	模型 4	模型 5	模型 6	模型 7	模型 8
$W * \ln p^2$	0.0062	0.0061	0.0049	0.0055	0.0068	0.0043	0.0062	0.0019
$W * \ln K$	-0.0854***	-0.0882***	-0.0918***	-0.0878***	-0.0863***	-0.0908***	-0.0855***	-0.076***
$W * denQuality$	-0.0184	-0.0049	-0.0071	-0.0203	-0.005	-0.0238	-0.0213	
$W * IncityPopDens$	-0.014**	-0.0123**	-0.0127**	-0.0125**	-0.0121**	-0.0129**	-0.0124**	-0.0144***
$W * \ln HC$	0.0183*	0.018*	0.0199*	0.0196*	0.0157	0.0214**	0.0173	-0.0023
$W * infrastruct$	0.0867***	0.0859***	0.0944***	0.0846***	0.0849***	0.0921***	0.0831***	0.0553**
$W * L3Rate$	-0.0044	-0.0262	-0.0479*	-0.0193	-0.0277	-0.0377	-0.019	0.0104
$W * finEdu$	-1.2105***	-1.2786***	-1.1903***	-1.2467***	-1.2944***	-1.1683***	-1.2683***	-1.5479***
$W * IORate$	-0.0295***	-0.0324***	-0.0333***	-0.0318***	-0.0316***	-0.0325***	-0.0309***	-0.0294***
$W * urban$	-0.045	-0.0379	-0.0433	-0.0318	-0.0448	-0.0375	0.039	-0.0369
$W * rev\_GDP$	-0.0334	-0.0202	0.0385	-0.0587	0.0216	-0.0034	-0.0182	-0.1759*
$W * books$	-0.0009	-0.0022	-0.0027	-0.0017	-0.002	-0.0022	-0.0015	-0.0002
$W * income$	-0.1913**	-0.2016***	-0.1885***	-0.1844**	-0.211***	-0.1678**	-0.1913**	-0.1057
$W * housePRev$	-0.0037***	-0.0033***		-0.0033***	-0.0033***	-0.0033***	0.0033***	-0.0023*
$W * \ln productivity$	0.0415***	0.0434***	0.045***	0.0442***	0.0399***	0.0452***	0.0403***	0.0394***
$W * L2Rate$	0.0326							
$W * sciFin$	3.3944**			3.2338**		3.55**	3.425***	5.0232**
$W * outlnFin$	0.0034		0.0026		0.0026	0.0029	0.0029	0.0043
$W * FDI$	0.0281							
$W * \ln L$	0.0684***	0.0716***	0.0777***	0.0717***	0.0696***	0.0773***	0.0695***	0.0715***
Spatial ρ	0.4735***	0.475***	0.4834***	0.4766***	0.4736***	0.4848***	0.4752***	0.4963***
Variance θ	-0.5927***	-0.6001***	-0.5995***	-0.5882***	-0.6018***	-0.5868***	-0.5895***	-0.4719***
σ	0.0016***	0.0016***	0.0016***	0.0016***	0.0016***	0.0016***	0.0016***	0.0016***

注：*** 表示在 1% 水平上显著，** 表示在 5% 水平上显著，* 表示在 10% 水平上显著。

附表 2　直接效应、间接效应和总效应（2000～2018 年）

LR_Direct	模型 1	模型 2	模型 3	模型 4	模型 5	模型 6	模型 7	模型 8
lnp	0.0396	0.0474*	0.0428*	0.0425*	0.0447*	0.0378	0.0399	0.0241
lnp²	-0.0022	-0.0029	-0.0025	-0.0024	-0.0027	-0.002	-0.0022	-0.0014
lnK	0.1009***	0.0998***	0.0992***	0.1007***	0.0997***	0.1002***	0.1007***	0.1043***
devQuality	0.0951***	0.0851***	0.0847***	0.0935***	0.0852***	0.0928***	0.0934***	
lncityPopDens	-0.0013	-0.0006	-0.001	-0.0007	-0.0007	-0.001	-0.0008	-0.0026
lnHC	-0.0193***	-0.0188***	-0.0186***	-0.0191***	-0.019***	-0.0189***	-0.0193***	-0.0107***
infrastruct	0.0065	0.0072	0.0079	0.0056	0.0072	0.0061	0.0056	0.0048
L3Rate	-0.0333	-0.0475***	-0.0502***	-0.0443***	-0.0483***	-0.0466***	-0.045***	-0.0219*
finEdu	-0.4167***	-0.3513***	-0.3577***	-0.4013***	-0.357***	-0.4087***	-0.406***	-0.1508
IORate	0.0491***	0.0481***	0.0479***	0.0484***	0.0481***	0.0482***	0.0485***	0.052***
urban	0.0072	0.017	0.016	0.0114	0.0152	0.0104	0.0094	0.0381***
rev_GDP	-0.12***	-0.1361***	-0.1273***	-0.1239***	-0.1278***	-0.1159***	-0.115***	-0.1027***
books	0.004	0.0039	0.0039	0.0037	0.0041	0.0037	0.0039	0.0107***
income	-0.0987***	-0.0976***	-0.0959***	-0.0962**	-0.0979***	-0.0943***	-0.0965***	0.0304
housePRev	0	-0.0001		0	-0.0001		0	-0.0005
lnproductivity	-0.0678***	-0.065***	-0.0649***	-0.0669***	-0.0647***	-0.0668***	-0.0666***	-0.0646***
L2Rate	0.0152							
sciFin	-1.8822***			-1.7669***		-1.7921***	-1.7333***	0.2865
outlnFin	0.0009	0.0012	0.0012		0.0014	0.0013	0.0011	0.0012
FDI	0.0662*							
lnL	-0.1128***	-0.1108***	-0.1102***	-0.1121***	-0.1107***	-0.1116***	-0.1117***	-0.1092***

续表

LR_Indirect	模型 1	模型 2	模型 3	模型 4	模型 5	模型 6	模型 7	模型 8
lnp	-0.0435	-0.0288	-0.0067	-0.0269	-0.0484	-0.0054	-0.0472	0.0134
lnp^2	0.0095	0.0084	0.0065	0.0078	0.0099	0.0059	0.0096	0.0022
lnK	-0.0694***	-0.0753***	-0.0821***	-0.0733***	-0.0715***	-0.0789***	-0.0695***	-0.0461***
devQuality	0.0483*	0.0656***	0.0635***	0.0441	0.0642**	0.0389	0.0414	0.0297***
lncityPopDens	-0.0262***	-0.0233**	-0.0246***	-0.0237***	-0.0229**	-0.0251***	-0.0235**	-0.0152
lnHC	0.0165	0.0156	0.0192	0.0178	0.0109	0.0213	0.0142	
infrastruct	0.1633***	0.1625***	0.1814***	0.1585***	0.1598***	0.1751***	0.1558***	0.1079***
L3Rate	-0.0269	-0.0875*	-0.1321***	-0.0707	-0.0896**	-0.1093**	-0.0709	-0.0015
finEdu	-2.6012***	-2.6518***	-2.5399***	-2.6468***	-2.6792***	-2.5524***	-2.6555***	-3.0527***
IORate	-0.0124	-0.0177**	-0.0191**	-0.0161**	-0.0163**	-0.0171**	-0.0139*	-0.0071
urban	-0.0737	-0.0519	-0.0631	-0.0428	-0.0631	-0.055	-0.0624	-0.035
rev_GDP	-0.1734	-0.1328	0.0213	-0.2301	-0.0889	-0.1292	-0.1395	-0.4017**
books	0.0015	-0.0015	-0.0023	-0.0003	-0.0004	-0.0012	0.0005	0.0092
income	-0.4246***	-0.4579***	-0.4404***	-0.4182***	-0.4655***	-0.393***	-0.4313***	-0.1778
housePRev	-0.0069***	-0.006***		-0.0061***	-0.0061***		-0.006***	-0.0049***
lnproductivity	0.0176	0.0229	0.0257	0.0227	0.0174	0.0247	0.0169	0.0144
L2Rate	0.0743							
sciFin	4.7568*			4.2972		4.999**	4.6729*	9.6941***
outInFin	0.0064	0.0064	0.0058		0.0052	0.0058	0.0064	0.0093
FDI	0.1051							
lnL	0.0283	0.0345*	0.045**	0.0341*	0.0319*	0.0439**	0.0315	0.0331*

续表

LR_Total	模型 1	模型 2	模型 3	模型 4	模型 5	模型 6	模型 7	模型 8
lnp	-0.0039	0.0186	0.0361	0.0156	-0.0036	0.0324	-0.0074	0.0375
lnp²	0.0073	0.0055	0.004	0.0054	0.0072	0.0039	0.0073	0.0008
lnK	0.0315**	0.0244*	0.0171	0.0274**	0.0282**	0.0213	0.0312**	0.0582***
devQuality	0.1434***	0.1507***	0.1482***	0.1376***	0.1494***	0.1318***	0.1348***	
lncityPopDens	-0.0274***	-0.0239***	-0.0256***	-0.0244***	-0.0236***	-0.0261***	-0.0243***	-0.0322***
lnHC	-0.0028	-0.0032	0.0007	-0.0013	-0.0081	0.0024	-0.0051	-0.0259
infrastruct	0.1698***	0.1697***	0.1892***	0.1641***	0.167***	0.1812***	0.1614***	0.1127***
L3Rate	-0.0602	-0.1349***	-0.1822***	-0.115**	-0.1379***	-0.1559**	-0.1159**	-0.0233
finEdu	-3.0179***	-3.0031***	-2.8975***	-3.0482***	-3.0362***	-2.9611***	-3.0615***	-3.2035***
IORate	0.0367***	0.0304***	0.0288***	0.0323***	0.0318***	0.0311***	0.0345***	0.0449***
urban	-0.0665	-0.0349	-0.0471	-0.0314	-0.0479	-0.0446	-0.053	0.0031
rev_GDP	-0.2934	-0.2689*	-0.1485	-0.3541**	-0.2167	-0.2452	-0.2546	-0.5043***
books	0.0056	0.0024	0.0015	0.0034	0.0037	0.0025	0.0044	0.0199**
income	-0.5233***	-0.5554***	-0.5363***	-0.5144***	-0.5635***	-0.4873***	-0.5278***	-0.1475
housePRev	-0.0069***	-0.0061***		-0.0061***	-0.0062***		-0.0061***	-0.0054**
lnproductivity	-0.0503***	-0.0421**	-0.0392**	-0.0442**	-0.0473**	-0.0422**	-0.0498***	-0.0501***
L2Rate	0.0895							
sciFin	2.8746			2.5304		3.2069	2.9396	9.9807***
outInFin	0.0073		0.0069		0.0065	0.0071	0.0075	0.0105*
FDI	0.1713							
lnL	-0.0845***	-0.0763***	-0.0653***	-0.078***	-0.0788***	-0.0677***	-0.0803***	-0.076***

注：* 在 10% 水平上显著，** 在 5% 水平上显著，*** 在 1% 水平上显著。其中 LR_Direct 表示直接效应，LR_Indirect 表示间接效应，LR_Total 表示总效应。

附表 3　固定效应的实证结果（1990~2018 年）

	模型 1	模型 2	模型 3	模型 4	模型 5	模型 6	模型 7	模型 8
lnp	0.1936***	0.1775***	0.1833***	0.1676***	0.1813***	0.1734***	0.1712***	0.1183***
lnp²	-0.02***	-0.0191***	-0.0197***	-0.0177***	-0.0195***	-0.0183***	-0.018***	-0.0138***
lnK	0.0516***	0.0511***	0.0505***	0.0516***	0.0506***	0.051***	0.051***	0.0513***
derQuality	0.142***	0.1316***	0.1329***	0.1385***	0.1325***	0.1392***	0.1389***	
lncityPopDens	0.0053***	0.0045**	0.0044**	0.0047**	0.0043**	0.0047**	0.0046**	0.0001
lnHC	-0.0245***	-0.0239***	-0.0239***	-0.0237***	-0.0241***	-0.0236***	-0.0239***	-0.015***
infrastruct	-0.0077	-0.0098	-0.0087	-0.01	-0.0088	-0.0088	-0.0089	-0.0126*
L3Rate	-0.0476***	-0.0449***	-0.0469***	-0.0429***	-0.0458***	-0.0446***	-0.0434***	-0.039***
finEdu	-0.5966***	-0.5724***	-0.5889***	-0.5869***	-0.5908***	-0.602***	-0.6041***	-0.2549**
IORate	0.0321***	0.0313***	0.0311***	0.0314***	0.0312***	0.0313***	0.0314***	0.0342***
urban	-0.0145	-0.0074	-0.009	-0.011	-0.01	-0.0126	-0.0137	0.0143
rev_GDP	-0.0002	-0.0198	-0.0049	-0.014	-0.0054	0.0006	0.0001	-0.0055
books	0.002	0.0013	0.002	0.0013	0.0017	0.0019	0.0016	0.0121***
income	-0.0119	-0.0118	-0.0107	-0.0144	-0.0119	-0.0134	-0.0146	0.087***
housePRev	0	0.0002		0.0002	0.0001		0.0002	-0.0002
lnproductivity	-0.0122*	-0.013**	-0.0121*	-0.0137**	-0.0118*	-0.0127**	-0.0125**	-0.0095
L2Rate	-0.0102							
sciFin	-1.8617**			-1.8**		-1.6828**	-1.7058***	1.622**
outlnFin	0.0027		0.0029		0.0029	0.0028	0.0028	0.0015
FDI	0.0484**							
lnL	-0.0722***	-0.0749***	-0.0731***	-0.0749***	-0.0729***	-0.073***	-0.0727***	-0.0693***
_cons								

	模型 1	模型 2	模型 3	模型 4	模型 5	模型 6	模型 7	模型 8
Wx								
W * lnp	0.0558	0.0282	0.0287	0.0427	0.0292	0.0472	0.0477	0.0319

续表

Wx	模型 1	模型 2	模型 3	模型 4	模型 5	模型 6	模型 7	模型 8
$W^* \ln p^2$	-0.0011	0.0026	0.0017	0.0005	0.0015	-0.001	-0.0012	0.0015
$W^* \ln K$	-0.031***	-0.0331***	-0.034***	-0.0328***	-0.0328***	-0.033***	-0.0317***	-0.008
$W^* devQuality$	-0.0172	-0.0245	-0.0239	-0.0345**	-0.0217	-0.0365**	-0.0345**	0.0107*
$W^* \ln cityPopDens$	0.0126**	0.0112**	0.0094*	0.0111**	0.0092*	0.0096*	0.0094*	0.0526***
$W^* \ln HC$	0.0648***	0.0795***	0.0681***	0.0802***	0.0696***	0.0684***	0.07***	0.0773***
$W^* infrastruct$	0.1349***	0.1014***	0.1132***	0.1017***	0.1093***	0.1133***	0.1094***	0.1105***
$W^* L3Rate$	0.0935***	0.0755***	0.0552***	0.0813***	0.0812***	0.0673***	0.0937***	-0.8594***
$W^* finEdu$	-0.7678***	-0.7872***	-0.7409***	-0.7649***	-0.8711***	-0.7172***	-0.8486***	-0.0125***
$W^* IORate$	-0.0182***	-0.0246***	-0.0247***	-0.024***	-0.0232***	-0.0235***	-0.0219***	-0.1084***
$W^* urban$	-0.1694***	-0.1212***	-0.1369***	-0.1195***	-0.1341***	-0.1371***	-0.1342***	0.1784***
$W^* rev\_GDP$	0.2382***	0.164***	0.2532***	0.1547***	0.2324***	0.2472***	0.2261***	-0.0197***
$W^* books$	-0.0263***	-0.0261***	-0.0256***	-0.0266***	-0.0263***	-0.0265***	-0.0272***	-0.1325***
$W^* income$	-0.1402***	-0.119**	-0.1316***	-0.1147***	-0.1205***	-0.1255***	-0.1143**	-0.0018*
$W^* housePRev$	-0.0045***	-0.0028***		-0.0029***	-0.0022***		-0.0023***	-0.0491***
$W^* \ln productivity$	-0.0364***	-0.0362***	-0.0386***	-0.0365***	-0.0384***	-0.0401***	-0.0399***	4.1861***
$W^* L2Rate$	0.0748***							0.0111***
$W^* sciFin$	2.6984*			3.1164**		4.0834***	4.1198***	
$W^* outInFin$	0.0106***		0.01***		0.0087***	0.011***	0.0097***	
$W^* FDI$	0.1986***							
$W^* \ln L$	0.0034	0.0069	0.0125	0.0053	0.0127	0.01	0.0101	-0.0069
Spatial								
ρ	0.4717***	0.4915***	0.4874***	0.4915***	0.485***	0.4871***	0.4847***	0.5158***
Variance								
σ	0.0021***	0.0021***	0.0021***	0.0021***	0.0021***	0.0021***	0.0021***	0.0021***

注：*** 表示在 1% 水平上显著，** 表示在 5% 水平上显著，* 表示在 10% 水平上显著。

附表 4　固定效应下的直接效应、间接效应和总效应（1990～2018 年）

LR_Direct	模型 1	模型 2	模型 3	模型 4	模型 5	模型 6	模型 7	模型 8
lnp	0.2019***	0.1846***	0.1904***	0.1752***	0.1883***	0.1812***	0.179***	0.1246***
lnp²	-0.0206***	-0.0196***	-0.0202***	-0.0182***	-0.02***	-0.0189***	-0.0187***	-0.0143***
lnK	0.0516***	0.051***	0.0504***	0.0515***	0.0505***	0.0509***	0.051***	0.0527***
devQuality	0.1443***	0.1336***	0.1349***	0.1401***	0.1346***	0.1407***	0.1404***	
lncityPopDens	0.006***	0.0051***	0.005***	0.0053***	0.0049**	0.0053***	0.0052***	0.0007
lnHC	-0.0218***	-0.0204***	-0.0209***	-0.0201***	-0.0211***	-0.0207***	-0.0208***	-0.0126***
infrastruct	-0.0014	-0.0049	-0.0032	-0.0051	-0.0036	-0.0034	-0.0037	-0.0085
L3Rate	-0.0445***	-0.0425***	-0.0456***	-0.0401***	-0.0431***	-0.0425***	-0.04***	-0.034***
finEdu	-0.6347***	-0.6162***	-0.63***	-0.6298***	-0.6377***	-0.642***	-0.6502***	-0.3121***
IORate	0.0321***	0.031***	0.0308***	0.0312***	0.031***	0.0311***	0.0313***	0.0347***
urban	-0.0233	-0.0141	-0.0164	-0.0177	-0.0172	-0.0201	-0.0209	0.0093
rev_GDP	0.0125	-0.0106	0.0091	-0.0048	0.0077	0.0146	0.0127	0.0033
books	0.0006	-0.0001	0.0007	-0.0002	0.0003	0.0005	0.0001	0.0115***
income	-0.0181	-0.0177	-0.0171	-0.02	-0.0176	-0.0194	-0.0199	0.081***
housePRev	-0.0002	0		0	0		0	-0.0003
lnproductivity	-0.0142**	-0.0152**	-0.0146**	-0.0159**	-0.014**	-0.0154**	-0.0148**	-0.013**
L2Rate	-0.0062							
sciFin	-1.7914**			-1.623**		-1.5156***	-1.4768***	1.9035***
outlnFin	0.0033*		0.0035*		0.0036*	0.0037*	0.0033*	0.0023
FDI	0.0592**							
lnL	-0.0738***	-0.0761***	-0.0742***	-0.0768***	-0.0741***	-0.0746***	-0.0742***	-0.0723***

续表

LR_Indirect	模型 1	模型 2	模型 3	模型 4	模型 5	模型 6	模型 7	模型 8
lnp	0.2744***	0.2185**	0.2219**	0.239**	0.2217**	0.2506**	0.249**	0.1859*
lnp²	-0.0198*	-0.0127	-0.0147	-0.0156	-0.0149	-0.0188*	-0.0191*	-0.0113
lnK	-0.0129	-0.0154	-0.0182	-0.0149	-0.0164	-0.0163	-0.0134	0.0361***
devQuality	0.0923***	0.0761***	0.0769***	0.0643***	0.0805***	0.0597***	0.0615**	
lncityPopDens	0.0279**	0.0256***	0.0219**	0.0254**	0.0211**	0.0223**	0.0218**	0.0217**
lnHC	0.0984***	0.129***	0.1065***	0.1303***	0.1087***	0.1072***	0.1094***	0.0893***
infrastruct	0.2428***	0.1839***	0.2058***	0.1839***	0.1973***	0.2058***	0.1988***	0.1408***
L3Rate	0.1327**	0.102**	0.0613*	0.1158***	0.1122**	0.0871**	0.1388***	0.1804**
finEdu	-1.8903***	-2.0509***	-1.9583***	-2.0177***	-2.1904***	-1.9204***	-2.1618***	-1.9839***
IORate	-0.0058	-0.0176**	-0.0181**	-0.0166**	-0.0154**	-0.0159**	-0.0125*	0.0099
urban	-0.3279***	-0.2374***	-0.2667***	-0.2362***	-0.2597***	-0.2688***	-0.2578***	-0.2003***
rev_GDP	0.4358***	0.2966***	0.477***	0.2942***	0.4457***	0.4795***	0.4233***	0.3551***
books	-0.0475***	-0.0477***	-0.0455***	-0.0505***	-0.049***	-0.0492***	-0.0503***	-0.0254***
income	-0.2718***	-0.246***	-0.2667***	-0.2376***	-0.2431***	-0.255***	-0.2287***	-0.1821**
housePRev	-0.0084***	-0.0052***		-0.0053***	-0.0039***		-0.0042***	-0.0039***
lnproductivity	-0.0779***	-0.0815***	-0.0843***	-0.0827***	-0.0834***	-0.0872***	-0.0871***	-0.1073**
L2Rate	0.13***							
sciFin	3.5473			4.1079		6.0154***	6.1047**	9.869***
outInFin	0.0222***		0.0219***		0.0191***	0.0233***	0.0206***	0.0237***
FDI	0.4066***							
lnL	-0.0564**	-0.0576**	-0.0437*	-0.0596**	-0.0422*	-0.0474**	-0.0481**	-0.0841***

续表

LR_Total	模型 1	模型 2	模型 3	模型 4	模型 5	模型 6	模型 7	模型 8
lnp	0.4764***	0.4031***	0.4123***	0.4141***	0.4101***	0.4318***	0.428***	0.3106**
lnp^2	-0.0404***	-0.0323***	-0.0349***	-0.0338***	-0.0349***	-0.0377***	-0.0378***	-0.0256**
lnK	0.0387***	0.0356**	0.0322**	0.0366***	0.034**	0.0347***	0.0377***	0.0888***
devQuality	0.2367***	0.2097***	0.2118***	0.2044***	0.2151***	0.2004***	0.2019***	
lncityPopDens	0.0339***	0.0307***	0.0269***	0.0308***	0.026**	0.0276***	0.027**	0.0224**
lnHC	0.0766***	0.1086***	0.0856***	0.1103***	0.0876***	0.0865***	0.0886***	0.0767***
infrastruct	0.2414***	0.179***	0.2026***	0.1788***	0.1937***	0.2024***	0.1951***	0.1323***
L3Rate	0.0882*	0.0595	0.0157	0.0756*	0.0691*	0.0446	0.0988***	0.1463***
finEdu	-2.5251***	-2.6671***	-2.5882***	-2.6475***	-2.8281***	-2.5624***	-2.812***	-2.296***
IORate	0.0263***	0.0134*	0.0128*	0.0146*	0.0156**	0.0152**	0.0187***	0.0446***
urban	-0.3512***	-0.2515***	-0.2831***	-0.2538***	-0.2769***	-0.2889***	-0.2786***	-0.191***
rev_GDP	0.4482***	0.286***	0.4861***	0.2894***	0.4534***	0.4941***	0.436***	0.3584***
books	-0.0469***	-0.0478***	-0.0448***	-0.0507***	-0.0487***	-0.0487***	-0.0502***	-0.0139
income	-0.2899***	-0.2637***	-0.2838***	-0.2576***	-0.2607***	-0.2744***	-0.2486***	-0.1011
housePRev	-0.0086***	-0.0052***		-0.0052***	-0.0039**		-0.0042***	-0.0042**
lnproductivity	-0.0921***	-0.0967***	-0.0989***	-0.0986***	-0.0975***	-0.1026***	-0.1019***	-0.1204***
L2Rate	0.1237							
sciFin	1.7558			2.4849		4.4998*	4.6279***	11.7725***
outlnFin	0.0255***		0.0254***		0.0227***	0.027***	0.024***	0.0261***
FDI	0.4658***							
lnL	-0.1302***	-0.1338***	-0.1179***	-0.1364***	-0.1162***	-0.1221***	-0.1222***	-0.1563***

注：* 在 10% 水平上显著，** 在 5% 水平上显著，*** 在 1% 水平上显著。其中 LR_Direct 表示直接效应，LR_Indirect 表示间接效应，LR_Total 表示总效应。

参考文献

［1］张自然、张平、袁富华、楠玉：《中国经济增长报告（2017～2018）：迈向高质量的经济发展》，社会科学文献出版社，2018。

［2］Yang, X., G. Hogbin, "The optimum hierarchy," *China Economic Review* 1（2）（1990）.

［3］柯善咨、赵曜：《产业结构、城市规模与中国城市生产率》，《经济研究》2014年第49（4）期。

［4］张自然：《中国最优与最大城市规模探讨——基于264个城市的规模成本-收益法分析》，《金融评论》2015年第5期。

［5］Alonso, W., "The Economics Of Urban Size," *Papers in Regional Science* 26（1）（1971）.

［6］Evans, Alan W., "The Pure Theory of City Size in an Industrial Economy," *Urban Studies* 9（1）（1972）.

［7］Henderson, J. V., "The sizes and types of cities," *The American Economic Review* 64（4）（1974）.

［8］Yezer, A. M. J., R. S. Goldfarb, "An indirect test of efficient city sizes," *Journal of Urban Economics* 5（1）（1978）.

［9］Carlino, G. A., "Manufacturing agglomeration economies as returns to scale: A production function approach," *Papers of the Regional Science Association* 50（1）（1982）.

［10］Camagni, R. P., "From city hierarchy to city network: reflections about an emerging paradigm," in *Structure and Change in the Space Economy* (Berlin Heidelberg: Springer, 1993).

［11］斯特拉斯蔡姆：《城市住宅区位理论》，载米尔斯主编《城市经济学》（区域和城市经济学手册第2卷），经济科学出版社，2001。

［12］Au, C. -C., J. V. Henderson, "Are Chinese cities too small?" *The Review of Economic Studies* 73（3）（2006）.

［13］阿瑟·奥莎利文：《城市经济学》，北京大学出版社，2008。

［14］Palivos, T., P. Wang, "Spatial agglomeration and endogenous growth," *Regional Science & Urban Economics* 26（6）（1996）.

［15］袁骏毅、乐嘉锦：《空间集聚与企业全要素生产率——基于中国工业企业数据库的考察》，《湘潭大学学报》（哲学社会科学版）2018年第6期。

[16] 孔令乾、付德申、陈嘉浩：《城市行政级别、城市规模与城市生产效率》，
　　　《华东经济管理》2019 年第 7 期。

[17] 周璇、陶长琪：《要素空间集聚、制度质量对全要素生产率的影响研究》，
　　　《系统工程理论与实践》2019 年第 4 期。

[18] Barro, R. J., "Economic growth in a cross section of countries," *The Quarterly Journal of Economics* 106 (2) (1991).

[19] Benhabib, J., Spiegel, "The role of human capital in economic development: evidence from cross-country date," *Journal of Monetary Economics* (34) (1994).

[20] 刘建国、李国平、张军涛、孙铁山：《中国经济效率和全要素生产率的空间分异及其影响》，《地理学报》2012 年第 8 期。

[21] 张浩然、衣保中：《基础设施、空间溢出与区域全要素生产率——基于中国 266 个城市空间面板杜宾模型的经验研究》，《经济学家》2012 年第 2 期。

[22] 王文静、刘彤、李盛基：《人力资本对我国全要素生产率增长作用的空间计量研究》，《经济与管理》2014 年第 2 期。

[23] 赵莎莎：《R&D 资本、异质型人力资本与全要素生产率——基于空间相关性和区域异质性的实证分析》，《现代经济探讨》2019 年第 3 期。

[24] Krueger, A. B., M. Lindahl, "Education for Growth: Why and for Whom?" *Journal of Economic Literature* 39 (4) (2001).

[25] Aghion, P., C. Meghir, J. Vandenbussche, "Growth, Distance to Frontier and Composition of Human Capital," *Journal of Economic Growth* 11 (2) (2006).

[26] 蒋佳、赵晶晶、盛玉雪：《高等教育、异质性人力资本和全要素生产率——基于空间溢出视角的实证研究》，《学海》2019 年第 3 期。

[27] 魏下海、张建武：《人力资本对全要素生产率增长的门槛效应研究》，《中国人口科学》2010 年第 5 期。

[28] 华萍：《不同教育水平对全要素生产率增长的影响——来自中国省份的实证研究》，《经济学（季刊）》2005 年第 4 期。

[29] 彭国华：《我国地区全要素生产率与人力资本构成》，《中国工业经济》2007 年第 2 期。

[30] 闫雨、李成明、孙博文、李浩民：《政府干预、生产率与高质量发展》，《技术经济与管理研究》2019 年第 6 期。

[31] 李骏、刘洪伟、万君宝：《产业政策对全要素生产率的影响研究——基于竞争性与公平性视角》，《产业经济研究》2017 年第 4 期。

[32] 赵鑫磊、何蓉蓉：《基于空间视角的中国省际 OFDI 对全要素生产率影响研究》，《区域金融研究》2019 年第 4 期。

[33] 曾淑婉：《财政支出对全要素生产率的空间溢出效应研究——基于中国省际数据的静态与动态空间计量分析》，《财经理论与实践》2013 年第 34 (1) 期。

［34］曾淑婉:《财政支出、空间溢出与全要素生产率增长——基于动态空间面板模型的实证研究》,《财贸研究》2013 年第 24（1）期。

［35］宋丽颖、刘源、张伟亮:《资源型城市全要素生产率及其影响因素研究——基于财政收支的视角》,《当代经济科学》2017 年第 6 期。

［36］周莉、李德刚:《地方财政支出对全要素生产率的空间溢出效应分析——基于空间面板 Durbin 模型》,《新疆财经》2014 年第 2 期。

［37］郝春虹、刁璟璐:《税收努力度、公共支出规模与全要素生产率增长研究——基于内蒙古自治区 101 个旗县区的空间计量测度》,《经济经纬》2019 年第 36（1）期。

［38］邓晓兰、刘若鸿、许晏君:《经济分权、地方政府竞争与城市全要素生产率》,《财政研究》2019 年第 434（4）期。

［39］崔宇明、代斌、王萍萍:《城镇化、产业集聚与全要素生产率增长研究》,《中国人口科学》2013 年第 4 期。

［40］伍先福:《产业协同集聚影响全要素生产率的空间效应研究——基于 246 个城市的空间杜宾模型实证》,《广西师范大学学报》（哲学社会科学版）2019 年第 55（3）期。

［41］刘树林、刘奥勇:《空间溢出效应视角下 R&D 经费结构对全要素生产率的影响》,《北京邮电大学学报》（社会科学版）2019 年第 4 期。

［42］刘华军、杨骞:《资源环境约束下中国 TFP 增长的空间差异和影响因素》,《管理科学》2014 年第 5 期。

［43］吕品、潘沈仁:《FDI,进出口贸易对全要素生产率的影响——基于省市数据的空间计量分析》,《浙江理工大学学报》（自然科学版）2014 年第 2 期。

［44］叶明确、方莹:《出口与我国全要素生产率增长的关系——基于空间杜宾模型》,《国际贸易问题》2013 年第 5 期。

［45］付海燕:《对外直接投资逆向技术溢出效应研究——基于发展中国家和地区的实证检验》,《世界经济研究》2014 年第 9 期。

［46］余锦亮、卢洪友、朱耘婵:《人口增长、生产效率与地方政府财政支出规模——理论及来自中国地级市的经验证据》,《财政研究》2018 年第 10 期。

［47］余泳泽、容开建、苏丹妮、张为付:《中国城市全球价值链嵌入程度与全要素生产率——来自 230 个地级市的经验研究》,《中国软科学》2019 年第 341（5）期。

［48］郑玉歆:《全要素生产率的测度及经济增长方式的"阶段性"规律:由东亚经济增长方式的争论谈起》,《经济研究》1999 年第 5 期。

［49］谢千里、罗斯基、郑玉歆、王莉:《所有制形式与中国工业生产率变动趋势》,《数量经济技术经济研究》2001 年第 3 期。

［50］张军、施少华:《中国经济全要素生产率变动:1952—1998》,《世界经济文

汇》2003 年第 2 期。

[51] 颜鹏飞、王兵：《技术效率，技术进步与生产率增长：基于 DEA 的实证分析》，《经济研究》2004 年第 12 期。

[52] 郑京海、胡鞍钢：《中国改革时期省际生产率增长变化的实证分析（1979~2001 年）》，《经济学（季刊）》2005 年第 2 期。

[53] 孙琳琳、任若恩：《中国资本投入和全要素生产率的估算》，《世界经济》2005 年第 12 期。

[54] 郭庆旺、贾俊雪：《中国全要素生产率的估算：1979~2004》，《经济研究》2005 年第 6 期。

[55] 张自然、王宏森、袁富华、刘霞辉：《资本化扩张与赶超型经济的技术进步》，《经济研究》2010 年第 5 期。

[56] 张自然、陆明涛：《全要素生产率对中国地区经济增长与波动的影响》，《金融评论》2013 年第 1 期。

[57] 张自然：《TFP 增长对中国城市经济增长与波动的影响——基于 264 个地级及地级以上城市数据》，《金融评论》2014 年第 1 期。

[58] 张平、张自然：《高质量发展本质是以人民为中心》，《经济参考报》2018 年 10 月 10 日。

[59] 张平、张自然、袁富华：《高质量增长与增强经济韧性的国际比较和体制安排》，《社会科学战线》2019 年第 8 期。

[60] 张自然：《中国城市 TFP 增长与潜在增长率》，《湖南大学学报》（社会科学版）2019 年第 6 期。

[61] Young, A. , "A tale of two cities: factor accumulation and technical change in Hong Kong and Singapore," *NBER Macroeconomics Annual* 7 （1992）.

[62] Krugman, P. , "The Myth of Asia's Miracle," *Foreign Affairs* 73 （6）（1994）.

[63] Young, A. , "The tyranny of numbers: confronting the statistical realities of the East Asian growth experience," *The Quarterly Journal of Economics* 110 （3）（1995）.

[64] Ezaki Mitsuo, Sun, L. , "Growth accounting in China for national, regional, and provincial economies: 1981–1995," *Asian Economic Journal* 13 （1）（1999）.

[65] Sachs, J. D. , W. T. Woo, "Understanding China's economic performance," *Journal of Economic Policy Reform* 4 （1）（2000）.

[66] Young, A. , "The Razor's Edge: Distortions and Incremental Reform in the People Republic of China," *The Quarterly Journal of Economics* CXV （2000）.

[67] Guillaumont Jeanneney S. , Hua, P. , "Real exchange rate and productivity in China," *CERDI, Etudes et Documents* 28 （2003）.

[68] Islam, N. , E. Dai, Alternative Estimates of TFP Growth in Mainland China: An

Investigation Using the Dual Approach, paper represented at the 9th International Convention of the East Asian Economic Association, EAEA (2004).

[69] Jinghai Zheng, Angang Hu., "An Empirical Analysis of Provincial Productivity in China (1979-2001)," *Journal of Chinese Economics and Business Studies* 4 (3) (2006).

[70] Bosworth, B., S. M. Collins, "Accounting for growth: comparing China and India," *Journal of Economic Perspectives* 22 (1) (2008).

[71] Lee, D., Determinants of the Chinese TFP: National & Regional (paper represented at Annual RCIE Conference, Beijing, 2009).

[72] Ozyurt, S., "Total Factor Productivity Growth in Chinese Industry: 1952-2005," *Oxford Development Studies* 37 (1) (2009).

[73] Brandt, L., Xiaodong Zhu., "Accounting for China's Growth," *IZA Discussion Paper* 4764 (2010).

[74] Tobler, W. R., "A Computer Movie Simulating Urban Growth in the Detroit Region," *Economic Geography* 46 (2) (1970).

[75] 高翔:《政府治理效率:当代中国公共管理研究中的大问题》,《公共管理与政策评论》2020 年第 1 期。

[76] Mundlak, Y., "On the Pooling of Time Series and Cross Section Data," *Econometrica* 46 (1) (1978).

报告5
城市规模、空间聚集和劳动生产率研究[*]

——基于 264 个地级及地级以上城市的空间面板分析

张自然^{**}

摘　要： 本文基于 264 个地级及地级以上城市的空间面板数据，运用空间杜宾模型（SDM）进行分析后发现，劳动生产率与城市规模、人口密度等相关影响因素有如下特点：（1）考虑空间权重后劳动生产率对数与城市规模对数的关系由"U"形曲线变为倒"U"形曲线；（2）劳动生产率随着人口密度的增加而增加，人口密度的直接效应为负，间接效应和总效应均为正，说明人口密度表示的空间聚集对邻近城市具有外溢效应；（3）人力资本、固定资本存量、人均财富、资本产出比、房价收入比指标的直接效应、间接效应和总效应均为正，且均在 1% 水平上显著，并且间接效应远大于直接效应；（4）第二产业人数占总的就业比重和第三产业人数占总的就业比重的直接效应为负，间接效应和总效应为正；（5）居民储蓄和家庭资产指数总效应为负且显著，说明家庭资产指数和居民储蓄越高，越不利于劳动生产率的提升；（6）财政支出占 GDP 的比重和财政支出收入比的间接效应为正，直接效应和总效应都为负。本文还提出相应的政策建议：减少政府干预，放开特大、超大城市人口规模限制，提高空间聚

---

* 本文受国家社会科学基金重点课题"中国城市规模、空间聚集与管理模式研究"（批准文号：15AJL013）资助。

** 张自然，博士，中国社会科学院经济研究所研究员，主要研究方向为技术进步与经济增长。

集水平，加快中高端人力资本积累，提高第三产业占 GDP 的比重，提高固定资本存量水平和使用效率。

关键词： 劳动生产率　城市规模　空间聚集　空间权重　人力资本

　　我国经济已经转向高质量发展阶段，强调劳动生产率和 TFP 的提升。高质量发展的核心是有效提升人民的收入和消费水平，这有赖于劳动生产率的提高。劳动生产率的提高需要各方面因素的配合，提高人力资本水平和知识消费的比重，两者都依赖教育水平的提高。此外还有其他影响因素，包括城市规模的大小、城市人口聚集程度、体制机制各方面的因素等都影响劳动生产率的提升，这就需要结合空间计量方法来探讨影响劳动生产率提升的相关因素。本文在中国 264 个地级及地级以上城市（简称地级市）相关数据的基础上探讨城市规模、空间聚集和劳动生产率的关系，包括六个方面的内容：第一部分是理论综述；第二部分是理论分析；第三部分为空间权重矩阵和模型构建及检验；第四部分是城市规模、空间聚集与劳动生产率的实证分析；第五部分是模型稳健性检验；第六部分是政策建议。

一　理论综述

　　国内外经济学者对城市规模、空间聚集、经济增长与劳动生产率、生产效率等方面进行了研究。

　　国内针对空间聚集与城市规模的研究主要有：杨小凯和霍格宾（Yang and Hogbin，1990）在一个分权的分层网络框架中探讨了最优城市规模和城市层级问题，认为最优的城市层级是生产分工水平的增函数，是城市规模和交易效率的递减函数，分工水平提升将增加城市数量，城市规模越大、交易效率越高，城市数量就越少；柯善咨等（2014）认为随着中国城市规模的扩大，城市人均产出率呈倒"U"形变化，随着产业结构向服务业转变，城市规模扩大的边际收益也随之增加，因此我国大部分地级市的实际规模仍小于最优规模；张自然（2015）采用 1990~2011 年的地级及地级以上城市的常住人口数据，按照不考虑人力资本、考虑人力资本和人均受教育年限几种情况分析了最大最优城市规模问题，得出中国城市的最优规模在 600 万人左右，城市规模净收益大于零的区间为 65 万~3569 万人。以上研究主要是探讨城市空间聚集下的最优城市规模的问题。

研究城市规模、空间聚集和劳动生产率的关系有：范剑勇（2006）利用中国 2004 年地级市层面的数据，研究了就业密度与劳动生产率的关系，结果表明城市就业密度与劳动生产率显著正相关，即经济聚集促进劳动生产率增长；陈良文和杨开忠（2007）利用中国地级市数据分析了城市生产率与城市规模和经济密度的关系，认为城市规模和城市经济密度对城市生产率具有显著的正向影响，城市聚集效应存在，但要弱于美国；梁婧等（2016）基于新经济地理学模型推导出城市规模与劳动生产率之间的关系，并利用 2003~2009 年地级及地级以上城市数据进行估计，认为地级市的城市规模与劳动生产率呈显著的倒"U"形关系；韩峰和柯善咨（2015）运用市场区位理论和集聚经济理论，基于中国 284 个地级及地级以上城市的面板数据，分析了城市就业密度和市场规模对城市劳动生产率的影响，认为中国城市劳动生产率、就业密度和城市规模存在先升后降的倒"U"形关系；陈杰和周倩（2016）基于我国 281 个地级及地级以上城市 2000~2013 年的面板数据，运用 GMM、门槛面板模型和空间面板模型等计量方法，实证研究了城市规模和产业结构对中国城市劳动生产率的协同影响；姚昕等（2017）采用 267 个地级市相关数据，研究了城市规模、空间集聚和电力强度的关系，认为城市规模与电力强度之间存在倒"U"形的非线性关系，即随着城市规模的扩大，电力强度出现先升后降的现象；陶爱萍和江鑫（2017）利用中国 267 个城市的面板数据，分析了城市规模对劳动生产率的影响，认为城市规模和劳动生产率存在倒"U"形关系；杨路英和吴玉鸣（2019）利用 2003~2013 年中国度假酒店就业面板数据，建立动态空间面板模型，考察了就业密度及集聚空间外部性对工业劳动生产率的影响，认为全国范围就业密度对劳动生产率呈倒"U"形变化规律。

国外对空间聚集与城市规模进行研究的有：Alonso（1971），Evans（1972），Henderson（1974），Yezer 和 Goldfarb（1978）、Carlino（1982），Camagni（1993）、斯特拉斯蔡姆（2001）、Au 和 Henderson（2006），阿瑟·奥莎利文（2008）、Palivos 和 Wang（1996）等。

研究城市规模与劳动生产率关系的有：Shefer（1973）利用美国城市分行业数据对劳动生产率和城市规模的关系进行研究，发现城市规模扩大一倍，劳动生产率将提高 14%~27%；Sveikauskas（1975）认为美国城市规模每扩大一倍，劳动生产率仅提高 6%~7%；Segal（1976）利用美国城市数据通过对城市人口聚集效应的研究，认为城市人口超过 200 万时，城市规模扩大一倍将使城市生产率提高约 8%；Fogarty 和 Garofalo（1978）认为城市人口翻倍时，劳动生产率提高约 10%；Moomaw（1981）则认为城市规模扩大一倍时劳动生产率仅提高 2.7%；Moomaw（1985）通过分析美国产业数据后认为，城市人口规模对产业劳动生产率具有一定的影响；Glaeser 和 Resseger（2010）的研究表明美国城市人口规模与劳动生产率存在着显著的正相关，并且在高人力资本城市这种正相关性更强。

研究空间聚集与劳动生产率或生产效率关系的有：Ciccone 和 Hall（1996）利用城市每平方公里的就业数量和美国各州的产出数据研究了生产率和经济密度的关系，认为经济密度越高生产率也越高；Meijers 等人（2010）认为空间聚集效应可以在邻近城市之间共享，而拥挤效应一般在城市区域之内，在控制了其他影响因素后，多中心都市圈比单中心都市圈的劳动生产率更高；Arup（1999）利用印度的电气设备和棉花纺织产业数据探讨了空间聚集与产业效率，认为空间聚集对产业技术效率有正向作用，当城市规模达到一定程度，将变得规模不经济；Otsuka 等人（2010）通过研究日本的产业聚集效应，探讨了聚集效应、市场准入和公共财政转移支付对日本的区域产业劳动生产率的影响，认为经济聚集和改善市场条件对日本的制造业和非制造业的生产率有正面影响，而公共财政转移支付对生产效率的提升有负面影响。

　　研究基础设施与劳动生产率关系的有：Boarnet（1998）认为基础设施存在空间溢出负效应，基础设施的改进有助于提升本地区的竞争优势，但会抑制周边地区劳动生产率的提高；Cohen 和 Morrison（2004）研究认为基础设施能够降低地区间的交易成本，从而对周边地区的生产率有显著促进作用；Bronzini 和 Piselli（2009）的研究认为基础设施对地区生产效率具有积极的正向影响。

　　从上面的研究可以看出，已有的研究主要对城市规模与空间聚集的关系、城市规模与劳动生产率的关系分别进行分析，对城市规模、空间聚集和劳动生产率同时展开研究的不太常见，对中国地级市层面的相关研究则更少。本文在中国 264 个地级及地级以上城市空间面板数据的基础上探讨城市规模、空间聚集和劳动生产率的关系。按 2018 年地级市常住人口计算，本文的 264 个地级及地级以上城市覆盖人口占全国常住人口的 89.36%。2018年 264 个地级及地级以上城市代表的国内生产总值占全国国内生产总值的比至少在 90%~95%以上，因此无论常住人口数还是国内生产总值，本文所选取的 264 个地级及地级以上城市具有很强的代表性。

二　理论分析

　　随着城市化进程的深化，人口逐渐向城市集中，而且大量的人口向大城市、超大城市集中。城市规模的扩大引致人口和各种要素向城市集中，产生空间聚集效应。同时各种要素空间聚集产生正的外部性，吸引更多的农业人口市民化，参与城市建设，城市规模进一步扩大，这一点在大城市、超大城市尤其明显。

　　城市规模和空间聚集促进劳动生产率的提升。城市规模的不断扩大，各种生产要素的空间聚集效应加强，直接促进所在城市的经济增长，进而促进劳动生产率的提升。

　　空间聚集对邻近城市产生外溢效应，促进邻近城市的劳动生产率的提升。城市规模扩大产生的空间聚集效应，除了带动本地区的城市劳动生产率的提升，同时对邻近城市的劳动生产率产生空间外溢。地理经济学第一定律空间相关性定律指出，所有事物相关，较近的事物比远些的相关性更强（Tobler，1970）。这里引入空间计量来对 264 个地级及地级以上城市的城市规模、空间聚集与劳动生产率进行研究。引入空间计量的前提是相关变量的 Moran's I 指数大于零，这一点后面将得到验证。

影响劳动生产率的除了城市规模、空间聚集，还包括资本、劳动力、人力资本、外国直接投资、产业结构（第二产业占 GDP 的比重、第三产业占 GDP 的比重）、就业结构（第二产业人数占总的就业比重、第三产业人数占总的就业比重）、城市化水平、财政支出占 GDP 的比重、财政支出与财政收入的比、资本产出比、投入产出率、居民储蓄、房价收入比指标、个人财富和经济发展质量等多个方面。

三 空间权重矩阵和模型构建及检验

（一）模型构建

由上面的理论分析构建以下模型：

$$
\begin{aligned}
\ln productivity_{it} = & \beta_1 \ln P_{it} + \beta_2 \ln P_{it}^2 + \beta_3 \ln K_{it} + \beta_4 \ln L_{it} \\
& + \beta_5 \ln cityPopDens_{it} + \beta_6 \ln HC_{it} + \beta_7 FDI_{it} + \beta_8 GDP2_{it} + \beta_9 GDP3_{it} \\
& + \beta_{10} L2Rate_{it} + \beta_{11} L3Rate_{it} + \beta_{12} URBAN_{it} + \beta_{13} outInFin_{it} + \beta_{14} Koutput_{it} \\
& + \beta_{15} housePRev_{it} + \beta_{16} save_{it} + \beta_{17} \ln perWealth_{it} + \beta_{18} IORate_{it} + \beta_{19} fiscExpRate_{it} \\
& + \beta_{20} HAssetsIndex_{it} + \beta_{21} devQuality_{it} + \varepsilon_{it}
\end{aligned} \tag{1}
$$

其中，$\ln productivity_{it}$ 为城市 i 在 t 时期的劳动生产率的对数；$\ln P_{it}$ 是以全市人口表示的城市规模的对数；$\ln P_{it}^2$ 是城市规模对数的平方；$\ln K_{it}$ 是固定资本存量的对数；$\ln L_{it}$ 为劳动力数量的对数；$\ln cityPopDens_{it}$ 是全市人口密度的对数；$\ln HC_{it}$ 是以支出成本表示的人力资本的对数；FDI_{it} 是外国直接投资占 GDP 的比重；$GDP2_{it}$ 是第二产业占 GDP 的比重；$GDP3_{it}$ 第三产业占 GDP 的比重；$L2Rate_{it}$ 是第二产业人数占总的就业比重；$L3Rate_{it}$ 是第三产业人数占总的就业比重；$URBAN_{it}$ 表示城市化水平；$outInFin_{it}$ 为财政支出与财政收入的比；$Koutput_{it}$ 为资本产出比；$housePRev_{it}$ 为房价收入比指标；$save_{it}$ 为居民储蓄占 GDP 的比重；$lnperWealth_{it}$ 为个人财富取对数；$IORate_{it}$ 为投入产出率；$fiscExpRate_{it}$ 为地方财政支出占 GDP 的比重；$HAssetsIndex_{it}$ 为家庭资产指数，即家庭资产占 GDP 的比重；$devQuality_{it}$ 为经济发展质量；ε_{it} 为误差项。

简化为一般模型：

$$y_{i,t} = \alpha_i + \lambda_t + x_{i,t}\beta + \varepsilon_{it} \tag{2}$$

用向量模型表示如下：

$$y_t = x_t\beta + \alpha + \lambda_t t_n + \varepsilon_t \tag{3}$$

其中，$\alpha = [a_1, a_2, \cdots, a_n]$；$\varepsilon_t \sim N(0, \sigma_\varepsilon^2 I_n)$，$I_n$ 是（$n\times1$）的列向量，每个元素均为 1。

$$y_t = \begin{bmatrix} y_{1t} \\ y_{2t} \\ \cdots \\ y_{nt} \end{bmatrix}, x_t = \begin{bmatrix} 1 & x_{21t} & \cdots & x_{k1t} \\ 1 & x_{22t} & \cdots & x_{k2t} \\ \cdots & \cdots & \cdots & \cdots \\ 1 & x_{n1t} & \cdots & x_{knt} \end{bmatrix}$$
$$\beta = [\beta_1, \beta_2, \cdots, \beta_n]'$$

假设地理经济学第一定律成立，即各城市劳动生产率根据距离远近彼此都会有一定的影响，距离近的城市相互影响较大，距离远的城市相互间影响较小。传统的计量模型（1）不能反映空间地理位置的影响，本文将城市空间聚集效应考虑进模型（1）。空间面板模型有空间杜宾模型（SDM）、空间滞后模型（SLM）、空间自回归模型（SAR）和空间误差模型（SEM），这里根据实际情况考虑空间杜宾模型（SDM）空间面板模型情况，下文将检验 SLM 模型和 SEM 模型不适合本研究。

SDM 模型：

$$y_{i,t} = \alpha_i + \lambda_t + \rho \sum_{j=1}^{N} \omega_{i,j} y_{i,t} + x_{i,t}\beta + \sum_{j=1}^{N} \omega_{i,j} x_{i,j,t}\theta + \varepsilon_{it} \tag{4}$$

SDM 向量模型：

$$y_t = \rho W y_t + x_t \beta + W x_t \theta + \alpha + \lambda_t t_n + \varepsilon_t \qquad (5)$$

其中，W 是空间权重矩阵 $\alpha = [a_1, a_2, \cdots, a_n]$；$\varepsilon_t \sim N (0, \sigma_s^2 I_n)$，$I_n$ 是 $(n \times 1)$ 的列向量，每个元素均为 1。

$$y_t = \begin{bmatrix} y_{1t} \\ y_{2t} \\ \cdots \\ y_{nt} \end{bmatrix}, x_t = \begin{bmatrix} 1 & x_{21t} & \cdots & x_{k1t} \\ 1 & x_{22t} & \cdots & x_{k2t} \\ \cdots & \cdots & \cdots & \cdots \\ 1 & x_{n1t} & \cdots & x_{knt} \end{bmatrix}$$

$$\beta = [\beta_1, \beta_2, \cdots, \beta_n]', \theta = [\theta_1, \theta_2, \cdots, \theta_n]'$$

y_t 表示 $\ln productivity_{it}$，为城市 i 在 t 时期劳动生产率的对数；$x_{i,t}$ 分别为 $\ln P_{it}$、$\ln P_{it}^2$、$\ln K_{it}$、$\ln L_{it}$、$\ln cityPopDens_{it}$、$\ln HC_{it}$、FDI_{it}、$GDP2_{it}$、$GDP3_{it}$、$L2Rate_{it}$、$L3Rate_{it}$、$URBAN_{it}$、$outInFin_{it}$、$Koutput_{it}$、$housePRev_{it}$、$save_{it}$、$\ln perWealth_{it}$、$IORate_{it}$、$fiscExpRate_{it}$、$HAssetsIndex_{it}$、$devQuality_{it}$ 等变量。

ρ 是空间回归系数，表示相邻城市观测值对本城市观测值的影响程度；λ 是空间误差系数，表示相邻城市由于因变量的误差对本城市观测值的影响程度；ε_{it} 都是随机误差项，并服从正态分布；W 是空间权重矩阵，常用的有反距离空间权重矩阵和邻近空间权重矩阵两种，由于邻近空间权重矩阵只能反映邻近地级市之间的影响，忽略了不同距离的地级市之间的相互作用，而反距离空间权重矩阵更能体现不同距离地级市之间的空间依赖和相互影响，本文选择反距离空间权重矩阵来对 264 个地级及地级以上城市的劳动生产率进行空间计量分析。

（二）变量解释及统计性描述

（1）劳动生产率

劳动生产率表示单位劳动的生产效率，以 1990 年为基期的不变价格的 GDP 除以劳动力数量；用劳动生产率的对数 $\ln productivity$ 来表示具体指标。

（2）城市规模

城市规模用全市常住人口总数来表示，变量用城市规模的对数 $\ln p$ 和城市规模对数的平方 $\ln p^2$ 来代表。按照经验推断，劳动生产率的对数与城市规模的对数呈倒"U"型曲线的关系。

（3）固定资本存量

固定资本存量以 1990 年为基期，采用永续盘存法来计算，基年的固定资本存量用各省份固定资本存量推得，固定资产投资价格指数直接采用省份值，折旧率采用 5%，具体指标用固定资本存量的对数 lnK 来表示。

（4）劳动力

劳动力采用地级市的年末就业人数来表示，具体指标用劳动力的对数 lnL 表示。

（5）人口密度

人口密度用全市每平方公里常住人口总数来表示，具体指标用人口密度的对数 $lncityPopDens$ 来表示。随着人口密度的增大，空间聚集效应逐步加强，劳动生产率相应得到增长，人口密度的系数为正。

（6）人力资本

人力资本用小学、中学和大学的受教育支出成本的比来表示，具体指标用人力资本的对数 $lnHC$ 来表示。人力资本尤其是高人力资本在一定区域的空间聚集必然促进劳动生产率的提升，人力资本的系数应该为正。

（7）外国直接投资

外国直接投资用外国直接投资占 GDP 现价的比重表示，外国直接投资以美元为单位，用当年人民币对美元汇率换算成人民币，并除以当年各城市 GDP 现价，用 FDI 来表示。一般认为外国直接投资有助于本国人力资本的提升，能够促进本国经济的发展，有益于劳动生产率的增长。这里假设外国直接投资的系数为正。

（8）第二产业占 GDP 的比重

第二产业占 GDP 的比重用 $GDP2$ 表示。第二产业占 GDP 的比重的系数为正。

（9）第三产业占 GDP 的比重

第三产业占 GDP 的比重用 $GDP3$ 表示。第三产业占 GDP 的比重的系数为正。

（10）第二产业人数占总的就业人数的比重

第二产业人数占总的就业人数的比重用 *L2Rate* 来表示。第二产业人数占总的就业比重的系数为正。

（11）第三产业人数占总的就业人数的比重

第三产业人数占总的就业人数的比重，用 *L3Rate* 来表示。第三产业人数占总的就业比重的系数为正。

（12）城市化水平

城市化水平是城镇常住人口占全市总的常住人口的比重，用 *urban* 来表示。一般而言，城市化水平越高，越能促进当地的经济增长，劳动生产率也相应增长。这里假定城市化水平的系数为正。

（13）财政支出与收入的比

财政支出与财政收入的比用来表示行政机制和市场机制的占比，具体指标用 *outInFin* 来表示。*outInFin* 越大，行政机制对市场机制的替代作用越强；*outInFin* 越小，市场机制越强。

（14）资本产出比

资本产出比用 *Koutput* 来表示。资本产出比的系数为正。

（15）房价收入比指标

房价收入比正向化，具体指标用 *housePRev* 表示。人均可支配收入越高，房价越低，房价收入比指标越高，经济增长也越好，劳动生产率提升也就越快。假设房价收入比指标的系数为正。

（16）居民储蓄

居民储蓄是指居民储蓄存款年末余额与国内生产总值现价的比，用 *save* 表示。

（17）个人拥有财富

个人拥有财富指个人拥有的储蓄、住房资产等财富，用个人财富的对数 *lnPerWealth* 表示。个人财富越多，劳动生产率越高。假设个人财富的系数为正。

（18）投入产出率

投入产出率用资本产出比与投资效果系数的几何平方来表示，具体指标用 *IORate* 表示。

（19）财政支出占 GDP 的比重

用地方财政支出占 GDP 的比来表示，具体指标用 *fiscExpRate* 表示。

（20）家庭资产指数

家庭资产指数用工资总额和储蓄占 GDP 的比来表示，具体指标用 *HAssetsIndex* 表示。

（21）经济发展质量

引入经济发展质量指标作为控制变量主要是由于其涵盖的指标范围较广，更容易发现影响劳动生产率的关键因素。经济发展质量由城市经济发展质量的一级指标经济增长、增长潜力、政府效率、人民生活和环境质量加权平均和对 61 个具体指标进行主成分分析得出。经济发展质量用 *devQuality* 表示。经济发展质量是由 61 个正向具体指标而来，其系数理应为正。

以上数据均来自历年《中国城市统计年鉴》、《中国统计年鉴》、各省区市统计年鉴、各地区国民经济和社会发展统计公报等。

（三）模型适用性相关检验

空间计量分析的前提是劳动生产率存在全局空间自相关，通过 Moran's I 指数可以检验全局空间自相关性。如图 1 所示，1990～2018 年劳动生产率的 Moran's I 指数在 0.3 左右波动，全部大于 0，且均在 1% 水平上显著，说明中国 264 个地级及地级以上城市的劳动生产率存在显著的空间依赖性，劳动生产率存在空间自相关且为正相关。劳动生产率较高的城市，周边城市的劳动生产率也较高。由于空间相关性的存在，传统分析的面板数据得出的计量结果是有偏差的，不能真实反映劳动生产率增长情况，也不能反映城市人口规模对劳动生产率的影响，因此本文采用地级市层面的空间计量来进行分析。

本文采用 Wald SAR 检验和 LR 检验来选择合适的空间计量模型。Wald

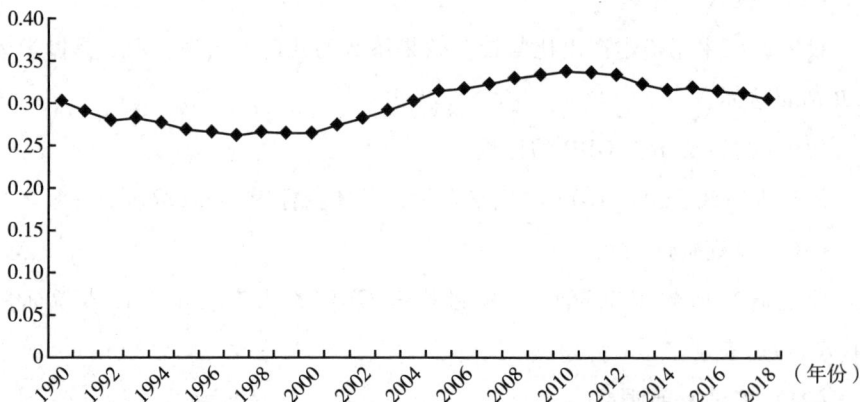

图1 劳动生产率的 Moran's I 指数检验

检验说明本文所选取的空间杜宾模型（SDM）不会退化为空间滞后模型（SLM）或空间误差模型（SEM）。LR 检验拒绝了原假设，说明本文采用SDM 模型进行估计是合理的。接着通过进一步进行豪斯曼检验得到卡方值为 73.361，大于 0，且在 1% 水平上显著，说明本文的空间面板数据适合采用固定效应进行分析。最后，通过 Levin-Lin-Chu test 和 Im-Pesaran-Shin test两种单位根检验方式进行检验，所有解释变量和被解释变量的一阶差分均平稳。

四 城市规模、空间聚集与劳动生产率的实证分析

表 1 的 8 个模型都是基于空间杜宾模型（SDM），模型 1 为劳动生产率的对数与所有变量的回归，其中 $\ln p$、$\ln p^2$、$devQuality$、$\ln cityPopDens$、$\ln L$、$\ln HC$、FDI、$L2Rate$、$\ln perWealth$、$Koutput$、$housePRev$、$save$、$IORate$、$L3Rate$为基本变量，在 8 个模型中空间滞后项系数均显著。模型 2 在基本变量的基础上增加 $GDP2$、$outInFin$、$GDP3$；模型 3 在基本变量的基础上增加 $fiscExpRate$、$\ln K$、$GDP3$；模型 4 在基本变量的基础上增加 $outInFin$、$HAssetsIndex$ 和 $GDP3$；模型 5 在基本变量的基础上增加 $urban$、$GDP2$、$fiscExpRate$、$HAssetsIndex$；模

表 1　固定效应的实证结果（1990~2018 年）

	模型 1	模型 2	模型 3	模型 4	模型 5	模型 6	模型 7	模型 8
lnp	-0.0572	-0.1853**	-0.1061	-0.0985	-0.0251	-0.1032	-0.0305	-0.0829
lnp²	0.0218***	0.0346***	0.0184**	0.0293***	0.0303***	0.0337***	0.0304***	0.0356***
devQuality	0.0827***	0.0166	0.0085	0.0837***	0.1089***	0.0047	0.0989***	
lncityPopDens	-0.0192***	-0.0261***	-0.0127***	-0.0167***	-0.0253***	-0.0271***	-0.0265***	-0.0294***
lnL	-0.8891***	-0.8531***	-0.8926***	-0.8265***	-0.8499***	-0.8783***	-0.8513***	-0.852***
lnHC	0.0271***	0.0552***	0.0294***	0.0351***	0.044***	0.0542***	0.0466***	0.0522***
FDI	0.0026	-0.0176	-0.0844*	0.0306	0.0289	-0.0218	0.0468	0.0216
L2Rate	-0.0663***	-0.1719***	-0.0895***	0.032	-0.0573***	-0.175***	-0.0643***	-0.0655***
lnperWealth	0.0203***	0.0556***	0.0401***	0.0485***	0.0263***	0.0432***	0.0291***	0.0293***
Koutput	0.1435***	-0.0171*	0.1405***	-0.0074	-0.0048	-0.0174*	-0.0022	-0.0089
housePRev	-0.0016	0.0011	0.0005	0.0003	-0.0029*	-0.0015	-0.0021	-0.0022
save	0.5644***	-0.3376***	-0.2628***	0.6625***	0.726***	-0.3225***	0.7237***	0.6603***
IORate	0.0633***	0.0036	0.0719***	-0.0065*	-0.0039	0.0029	-0.0035	-0.0008
L3Rate	-0.1795***	-0.2041***	-0.1416***	-0.159**	-0.1791***	-0.1711***	-0.197***	-0.1948***
urban	0.298***				0.4364***	0.4069***	0.4457***	0.4715***
GDP2	0.2116***	0.3936***			0.3463***	0.3985***	0.3321***	0.2998***
fiscExpRate	-0.1898***		-0.1772***		-0.1818***	-0.1775***		
outInFin	-0.014*	-0.0129**		-0.0144**			-0.0169***	-0.0187***
HAssetsIndex	-0.776***			-0.9611***	-0.992***		-1.0039***	-0.9317***
lnK	0.2699***		0.2902***					
GDP3						0.0973***		
_cons	0.0132	0.107***	-0.1513***	-0.1735***				
Wx	模型 1	模型 2	模型 3	模型 4	模型 5	模型 6	模型 7	模型 8
W*lnp	0.3933***	0.8129***	0.7057***	0.6665***	0.5779***	0.7188***	0.5636***	0.5894***
W*lnp²	-0.063***	-0.1204***	-0.0839***	-0.1106***	-0.1082***	-0.1174***	-0.1067***	-0.1055***

续表

W_x	模型 1	模型 2	模型 3	模型 4	模型 5	模型 6	模型 7	模型 8
$W * devQuality$	0.1873 ***	0.2512 **	0.199 ***	0.1987 ***	0.182 ***	0.2639 ***	0.1841 ***	
$W * lncityPopDens$	0.022 **	0.0681 ***	0.0174 *	0.0508 ***	0.0639 ***	0.0718 ***	0.0639 ***	0.0621 ***
$W * lnL$	0.4251 ***	0.4892 ***	0.3856 ***	0.4844 ***	0.5396 ***	0.5174 ***	0.5437 ***	0.5279 ***
$W * lnHC$	0.172 **	0.1672 ***	0.1425 ***	0.1837 ***	0.1804 **	0.1691 *	0.1781 **	0.152 ***
$W * FDI$	-0.6581 ***	-1.11 ***	-0.5959 ***	-1.122 ***	-1.0998 ***	-1.0847 ***	-1.1529 ***	-1.37 ***
$W * L2Rate$	0.2928 ***	0.315 ***	0.212 ***	0.1544 ***	0.2743 ***	0.316 ***	0.2981 ***	0.2597 ***
$W * lnperWealth$	0.1228 **	0.184 ***	0.1132 ***	0.1818 ***	0.1932 ***	0.1947 ***	0.1868 ***	0.2141 ***
$W * Koutput$	0.4184 ***	0.3181 ***	0.3564 ***	0.3024 ***	0.2823 ***	0.3134 ***	0.2749 ***	0.1582 ***
$W * housePRev$	0.0199 ***	0.027 ***	0.0201 ***	0.0263 ***	0.0281 ***	0.0293 ***	0.0279 ***	0.029 ***
$W * save$	-0.3398 ***	0.1619 ***	0.1322 ***	-0.6686 ***	-0.6863 ***	0.152 ***	-0.6897 ***	-0.9546 ***
$W * IORate$	-0.0697 ***	-0.0542 ***	-0.068 ***	-0.0423 ***	-0.045 ***	-0.0561 ***	-0.0431 ***	-0.0203 ***
$W * L3Rate$	0.478 ***	0.5 **	0.4181 ***	0.4614 ***	0.5047 ***	0.4496 ***	0.5313 ***	0.4799 ***
$W * urban$	-0.6674 ***				-0.457 ***	-0.4477 ***	-0.4539 ***	-0.2828 ***
$W * GDP2$	-0.3115 ***	-0.3873 ***			-0.5266 ***	-0.3924 ***	-0.5258 ***	-0.7147 ***
$W * fiscExpRate$	0.2276 ***		0.1667 ***	0.012 *	0.1128 *	0.1302 **		
$W * outInFin$	0.0091	0.013 *					0.0159 **	0.0184 ***
$W * HAssetsIndex$	0.4373 ***			0.7977 ***	0.7911 ***		0.8015 ***	1.0284 ***
$W * lnK$	0.0221		-0.04 *			0.1868 *		
$W * GDP3$	-0.1399	0.1947 *	0.1544 ***	0.4439 ***				
Spatial								
ρ	0.4512 ***	0.5832 ***	0.4775 ***	0.5912 ***	0.6098 ***	0.5912 ***	0.6104 ***	0.648 ***
Variance								
θ								
σ	0.0063 ***	0.0089 ***	0.0068 ***	0.0087 ***	0.0082 ***	0.0086 ***	0.0082 ***	0.0083 ***

注：***表示在 1% 水平上显著，**表示在 5% 水平上显著，*表示在 10% 水平上显著。

型 6 在基本变量的基础上增加 *urban*、*GDP2*、*fiscExpRate*、*GDP3*；模型 7 在基本变量的基础上增加 *urban*、*GDP2*、*outInFin*、*HAssetsIndex*；模型 8 在模型 7 的基础上去掉控制变量 *devQuality*。

其中，ln*p* 是城市规模的对数；ln*p*^{2} 是城市规模对数的平方；*devQuality* 是经济发展质量；ln*cityPopDens* 是人口密度的对数；ln*L* 是劳动力数量的对数，ln*HC* 是人力资本的对数；FDI 是外国直接投资；*L2Rate* 是第二产业人数占总的就业比重；ln*perWealth* 是个人财富的对数；*Koutput* 是资本产出比；*housePRev* 是房价收入比指标；*save* 是居民储蓄；*IORate* 是投入产出率；*L3Rate* 是第三产业人数占总的就业比重；*urban* 是城市化；*GDP2* 是第二产业占 GDP 的比重；*fiscExpRate* 是财政支出占 GDP 的比重；*outInFin* 是财政支出与财政收入的比；*HAssetsIndex* 是家庭资产指数；ln*K* 是固定资本存量的对数；*GDP3* 是第三产业占 GDP 的比重。

从空间滞后项来看，模型 1 中只有 *outInFin*、ln*K* 和 *GDP3* 不显著，其他变量均显著。

模型 2~模型 6 证实了考虑空间权重后劳动生产率对数与城市规模对数的关系由"U"形曲线变为倒"U"形曲线，劳动生产率随着人口密度的增加而增加。经济发展质量、劳动力数量、人力资本、第二产业人数占总的就业比重、个人拥有财富、资本产出比、房价收入比指标、第三产业人数占总的就业比重、财政支出占 GDP 的比重、财政支出与财政收入的比、家庭资产指数、固定资本存量、第三产业占 GDP 的比重的系数为正且都显著。

外国直接投资、城市化水平和第二产业占 GDP 的比重的系数为负，且都显著。

居民储蓄比较特殊，其系数有 3 个为正和 3 个为负的模型，且都显著。

对比模型 8 和模型 7 可以发现，减少解释变量经济发展质量后，剩下的解释变量的系数正负性没有变化，且系数的显著性基本没有变化，经济含义一致，由此可以认为引入经济发展质量是一种合适的方法。

表 2 显示了直接效应、间接效应和总效应的实证分析结果。模型 2~模型 8 直接效应劳动生产率的对数与城市规模的对数呈"U"形曲线关系，间

表 2　固定效应的直接效应、间接效应和总效应（1990~2018 年）

LR_Direct	模型 1	模型 2	模型 3	模型 4	模型 5	模型 6	模型 7	模型 8
lnp	-0.0385	-0.1353*	-0.0725	-0.054	0.0186	-0.0551	0.0121	-0.0358
lnp²	0.0192***	0.0275***	0.0145**	0.0226***	0.0234***	0.0267***	0.0237***	0.0284***
devQuality	0.0924***	0.0338**	0.0178	0.1005***	0.1268***	0.0227	0.1166***	
lncityPopDens	-0.0186***	-0.0226***	-0.0122***	-0.0139***	-0.0218***	-0.0233***	-0.023***	-0.0259***
lnL	-0.8873***	-0.8528***	-0.8938***	-0.826***	-0.8475***	-0.8776***	-0.8487***	-0.8531***
lnHC	0.0356***	0.0689***	0.0372***	0.0496***	0.0595***	0.0685***	0.062***	0.0676***
FDI	-0.026	-0.0927*	-0.1144***	-0.0453	-0.0498	-0.0971*	-0.0352	-0.0881*
L2Rate	-0.0553***	-0.1585***	-0.0822***	0.0431**	-0.0405*	-0.1612***	-0.0461***	-0.0475***
lnperWealth	0.0267***	0.0708***	0.0471***	0.0637***	0.0422***	0.0591***	0.0447***	0.0482***
Koutput	0.1651***	0.0042	0.1612***	0.0138	0.0162*	0.004	0.0183*	0.0047
housePRev	-0.0007	0.003**	0.0015	0.0021	-0.0009	0.0005	-0.0001	0.0001
save	0.5637***	-0.3391***	-0.2618***	0.6473***	0.7126***	-0.3242***	0.71***	0.6166***
IORate	0.0613***	-0.0001	0.0701***	-0.0099***	-0.0076**	-0.0011	-0.0071**	-0.0026
L3Rate	-0.1614***	-0.1778***	-0.124***	-0.1331***	-0.1498***	-0.1465***	-0.1664***	-0.1658***
urban	0.2728***				0.4205***	0.3902***	0.4305***	0.4741***
GDP2	0.2024***	0.3821***			0.3233***	0.3884***	0.3085***	0.256***
fiscExpRate	-0.1805***		-0.1748***	-0.0143***	-0.1782***	-0.1732***		
outInFin	-0.014***	-0.0124***					-0.0161***	-0.0181***
HAssetsIndex	-0.7752***			-0.9485***	-0.983***		-0.9944***	-0.8957***
lnK	0.2759***		0.2948***					
GDP3	0.007	0.1263***	-0.1452***	-0.1469***		0.1131***		

续表

LR_Indirect	模型 1	模型 2	模型 3	模型 4	模型 5	模型 6	模型 7	模型 8
lnp	0.6551***	1.6382***	1.2161***	1.4394***	1.3974***	1.5635***	1.3568***	1.4771***
lnp^2	-0.095***	-0.2335***	-0.1398***	-0.2216***	-0.2232***	-0.2317***	-0.2195***	-0.2277***
$devQuality$	0.3991***	0.6073***	0.378***	0.5891***	0.6177***	0.6345***	0.6092***	0.5942***
$lncityPopDens$	0.0238	0.1234***	0.0213	0.0976***	0.12***	0.1322***	0.1184***	0.1178***
lnL	0.0406	-0.0194	-0.0746**	-0.0108	0.0526	-0.0057	0.0596	-0.0661
$lnHC$	0.3285***	0.4636***	0.2906***	0.4852***	0.5136***	0.4762***	0.5125***	0.512***
FDI	-1.1741***	-2.6228***	-1.1922***	-2.6364***	-2.7013***	-2.6173***	-2.8092***	-3.7498***
$L2Rate$	0.4724***	0.4945***	0.3111***	0.4053***	0.5961***	0.5056***	0.6451***	0.5942***
$lnperWealth$	0.2378***	0.5048***	0.2469***	0.501***	0.5207***	0.5237***	0.5098***	0.6429***
$Koutput$	0.8565***	0.7212***	0.7904***	0.7117***	0.696***	0.7221***	0.683***	0.421***
$housePRev$	0.0342***	0.0646***	0.0381***	0.0631***	0.0658***	0.0677***	0.0665***	0.0761***
$save$	-0.1598	-0.0805*	0.0133	-0.6594***	-0.5803***	-0.0856*	-0.5913**	-1.4534***
$IORate$	-0.0734***	-0.1207***	-0.0615***	-0.1094***	-0.1188***	-0.1305***	-0.1138***	-0.0571***
$L3Rate$	0.7073***	0.8782***	0.6515***	0.8644***	0.9724***	0.8159***	1.0123***	0.9868***
$urban$	-0.9511***				-0.4727***	-0.4987***	-0.4516***	0.0714
$GDP2$	-0.3954***	-0.3565			-0.7895***	-0.3726*	-0.8096***	-1.4356***
$fiscExpRate$	0.2415**		0.1525*	0.0085				
$outInFin$	0.0057	0.0129			-0.0012	0.0518	0.0128	0.0172
$HAssetsIndex$	0.1626			0.547**	0.439**		0.4454	1.1658***
lnK	0.2531***		0.1849***					
$GDP3$	-0.2427	0.6077**	0.1433	0.8095***		0.5734**		

续表

LR_Total	模型 1	模型 2	模型 3	模型 4	模型 5	模型 6	模型 7	模型 8
lnp	0.6166***	1.5029***	1.1437***	1.3854***	1.416***	1.5085***	1.3689***	1.4413***
lnp²	-0.0759***	-0.206***	-0.1252***	-0.199***	-0.1998***	-0.205***	-0.1958***	-0.1993***
devQuality	0.4915***	0.6411***	0.3958***	0.6896***	0.7445***	0.6572***	0.7258***	
lncityPopDens	0.0052	0.1008***	0.0091	0.0838***	0.0982***	0.1089***	0.0953***	0.0918***
lnL	-0.8467***	-0.8721***	-0.9684***	-0.8368***	-0.7949***	-0.8833***	-0.7891***	-0.9192***
lnHC	0.3641***	0.5325***	0.3278***	0.5348***	0.5731***	0.5446***	0.5745***	0.5796***
FDI	-1.2001***	-2.7154***	-1.3066***	-2.6817***	-2.7511***	-2.7144***	-2.8445***	-3.8379***
L2Rate	0.4171***	0.336**	0.2289***	0.4484***	0.5556***	0.3444***	0.599***	0.5467***
lnperWealth	0.2645***	0.5756***	0.294***	0.5647***	0.563***	0.5828***	0.5545***	0.6912***
Koutput	1.0216***	0.7254***	0.9516***	0.7255***	0.7122***	0.7261***	0.7013***	0.4256***
housePRev	0.0335***	0.0676***	0.0396***	0.0652***	0.0649***	0.0682***	0.0664***	0.0761***
save	-0.4039***	-0.4196***	-0.2486***	-0.0121	0.1324	-0.4097***	0.1188	-0.8368***
IORate	-0.0121	-0.1208***	0.0086	-0.1193***	-0.1264***	-0.1316***	-0.1209***	-0.0597***
L3Rate	0.5458***	0.7004***	0.5276***	0.7313***	0.8226***	0.6694***	0.8459***	0.821***
urban	-0.6783***				-0.0521	-0.1085	-0.0211	0.5456***
GDP2	-0.193	0.0257			-0.4662***	0.0158	-0.5012***	-1.1796***
fiscExpRate	0.0609				0.1794	-0.1214		
outInFin	-0.0084	0.0005	-0.0223	-0.0058			-0.0033	-0.0009
HAssetsIndex	-0.6127***			-0.4015*	-0.544**		-0.5491***	
lnK	0.529***	0.734***	0.4797***	0.6626***				
GDP3	-0.2357		-0.0019			0.6864***		0.2701

注：*** 表示在 1% 水平上显著，** 表示在 5% 水平上显著，* 表示在 10% 水平上显著。其中 LR_ Direct 表示直接效应，LR_ Indirect 表示间接效应，LR_ Total 表示总效应。

接效应和总效应均为劳动生产率对数与城市规模的对数呈倒"U"形曲线关系。

人口密度的直接效应为负，间接效应和总效应均为正，直接效应都显著，间接效应和总效应大部分显著，说明人口密度表示的劳动生产率的空间聚集对邻近城市的外溢效应较大。

经济发展质量的直接效应、间接效应和总效应都为正，直接效应大部分显著，间接效应和总效应都显著，经济发展质量对本区域和邻近城市都具有较大的正的外溢性。

劳动力数量的直接效应和总效应均为负，间接效应大部分为负，劳动力数量的增长总体对劳动生产率有负向作用。

人力资本的直接效应、间接效应和总效应均为正，且均在1%水平上显著，并且间接效应远大于直接效应。

外国直接投资的直接效应、间接效应和总效应都为负，直接效应部分不显著，间接效应和总效应都显著。外国直接投资在改善我国国际收支、技术升级、增加就业机会、改善就业环境、提高劳动力素质、促进产业结构升级和国际贸易等方面发挥着重要作用。外国直接投资对劳动生产率负向作用的机理有待进一步探讨。

第二产业人数占总的就业比重的直接效应为负，间接效应和总效应为正，直接效应、间接效应和总效应都显著。

个人拥有财富、资本产出比的直接效应、间接效应和总效应均为正；房价收入比指标的直接效应大部分为正，间接效应和总效应均为正。

居民储蓄直接效应为正和为负的模型各为3个，间接效应和总效应大部分为负，直接效应、间接效应都显著，总效应大部分显著，说明居民储蓄对劳动生产率有负向作用。

投入产出率的直接效应、间接效应和总效应大部分为负。

第三产业人数占总的就业比重的直接效应为负，间接效应和总效应为正，直接效应、间接效应和总效应都显著，说明第三产业人数占总的就业比重对邻近地区有正的外溢效应。

城市化的直接效应为正，间接效应和总效应为负，直接效应、间接效应都显著，总效应部分不显著，说明城市化对本地区的劳动生产率具有正的贡献，但对邻近城市的劳动生产率有一定的负的影响。

第二产业占 GDP 的比重直接效应为正，间接效应和总效应为负，直接效应都显著，间接效应和总效应大部分显著，第二产业占 GDP 的比重对本地区劳动生产率有正的效应，而对邻近地区的劳动生产率有负的外部性。

财政支出占 GDP 的比重的间接效应为正，直接效应和总效应都为负，直接效应显著，间接效应和总效应不显著。

财政支出收入比的间接效应大部分为正，直接效应和总效应都为负，直接效应显著，间接效应和总效应不显著，说明行政机制超过市场机制时对本地区的经济增长不利。

家庭资产指数间接效应为正，直接效应和总效应为负，直接效应、间接效应和总效应大部分显著，说明家庭资产指数越高，越不利于劳动生产率的提升。

固定资本存量的直接效应、间接效应和总效应都为正，直接效应、间接效应和总效应均显著。

第三产业占 GDP 的比重的直接效应为正和为负均有 2 个模型，间接效应和总效应大部分为正，直接效应都显著，间接效应和总效应大部分显著，说明第三产业占 GDP 的比重对本地区和邻近地区的劳动生产率有正的外溢性。

五　模型稳健性检验

为了验证计量结果的可靠性，必须对模型进行稳健性检验。稳健性检验的方法包括选择不同的解释变量、改变参数取值范围、改变样本范围等。

（一）改变样本范围

本文将样本范围从 1990~2018 年调整为 2000~2018 年，并保持模型的变量不变来检验模型的稳健性。

样本范围调整为 2000~2018 年后，和 1990~2018 年结果比较，空间滞后项除了个别变量的系数显著性有所变化（固定资本存量对数的系数变为正），直接效应、间接效应和总效应个别正负性发生变化，其他变量的系数正负性和显著性基本保持不变，说明模型具有较强的稳健性。见附表 1 和附表 2。

（二）采用随机效应进行分析

保持模型不变，用随机效应分析 1990~2018 年的 SDM 模型，模型结果的正负性和显著性基本不变。采用随机效应的分析结果说明本文采用固定效应的 SDM 模型具有足够的稳健性，同时说明本文模型采用固定效应或随机效应对结果没有根本性的影响。见附表 3 和附表 4。

六 政策建议

本文基于 264 个地级及地级以上城市的空间面板数据，引入经济发展质量指标作为控制变量进行分析，发现在考虑空间权重后，劳动生产率与城市规模、人口密度和经济发展质量等相关影响因素有如下结论。

（1）考虑空间权重后劳动生产率的对数与城市规模的对数由"U"形曲线关系变为倒"U"形曲线关系。

（2）劳动生产率随着人口密度的增加而增加，并且人口密度的直接效应为负，间接效应和总效应均为正，说明人口密度表示的劳动生产率的空间聚集对邻近城市的外溢效应较大。

（3）经济发展质量的系数都为正，且都显著，说明对 61 个具体指标通过主成分分析法得到的经济发展质量包含有其他未被体现出来的变量，同时经济发展质量的直接效应、间接效应和总效应都为正，经济发展质量对本区域和邻近城市的劳动生产率具有较大的正的外溢性。

（4）劳动力数量、人力资本、第二产业人数占总的就业比重、个人拥有财富、资本产出比、房价收入比指标、第三产业人数占总的就业比重、财政支出占 GDP 的比重、财政支出与财政收入的比、家庭资产指数、固定资本存量的系数也为正。

（5）劳动力数量的间接效应、直接效应和总效应为负，劳动力数量的增长总体对劳动生产率有负向作用。

（6）人力资本的直接效应、间接效应和总效应均为正，且均在 1% 水平上显著，并且间接效应远大于直接效应。

（7）外国直接投资的系数为负，直接效应、间接效应和总效应都为负，直接效应部分不显著，间接效应和总效应都显著。外国直接投资在有效改善我国国际收支、技术升级、增加就业机会、改善就业环境、提高劳动力素质、促进产业结构的升级和国际贸易等方面发挥着重要作用。外国直接投资对劳动生产率的负向作用的机理有待进一步探讨。

（8）第二产业人数占总的就业比重（$L2Rate$）的直接效应为负，间接效应和总效应为正，直接效应、间接效应和总效应都显著。

（9）个人拥有财富（$lnperWealth$）、资本产出比（$Koutput$）的直接效应、间接效应和总效应都为正；房价收入比指标（$housePRev$）的直接效应大部分为正，间接效应和总效应均为正。

（10）居民储蓄直接效应为正和为负的模型各为 3 个，间接效应和总效应大部分为负，直接效应、间接效应都显著，总效应大部分显著，说明居民储蓄对劳动生产率有负向作用。

（11）投入产出率的系数为负且都显著，其直接效应、间接效应和总效应大部分为负。

（12）第三产业人数占总的就业比重（$L3Rate$）的直接效应为负，间接效应和总效应为正，直接效应、间接效应和总效应都显著，说明第三产业占总的就业比重对邻近地区有正的外溢效应。

（13）城市化的系数为负，城市化（$urban$）的直接效应为正，间接效应和总效应为负，直接效应、间接效应都显著，总效应部分不显著。说明城市化对本地区的劳动生产率具有正的贡献，但对邻近城市的劳动生产率有一定的负的影响。

（14）第二产业占 GDP 的比重（GDP2）的系数均为负，其直接效应为正，间接效应和总效应为负，直接效应都显著，间接效应和总效应大部分显著，第二产业占 GDP 的比重对本地区劳动生产率有正的效应，而对邻近地区的劳动生产率有负的外部性。

（15）财政支出占 GDP 的比重和财政支出收入比的间接效应为正，直接效应和总效应都为负。

（16）家庭资产指数间接效应为正，直接效应和总效应为负，直接效应、间接效应和总效应大部分显著，说明家庭资产指数越高，越不利于劳动生产率的提升。

（17）固定资本存量的直接效应、间接效应和总效应都为正，直接效应、间接效应和总效应显著。

（18）第三产业占 GDP 的比重（GDP3）的直接效应为正和为负均有 2 个模型，间接效应和总效应都为正，直接效应都显著，间接效应和总效应大部分显著，说明第三产业占 GDP 的比重对本地区和邻近地区的劳动生产率有正的外溢性。

由前面的结论我们有如下政策建议。

（1）要放开对大城市、超大城市的人口规模限制约束。在临界阈值内，城市规模越大，空间聚集能力越强，越有益于城市及邻近城市劳动生产率的提升。

（2）提高城市的空间聚集度和城市人口密度。城市的劳动生产率随着人口密度增加而增加。人口密度的直接效应为负，间接效应和总效应均为正，说明人口密度表示的劳动生产率的空间聚集对邻近城市具有外溢效应。

（3）提升人力资本积累水平，尤其是中高端人力资本水平。考虑空间权重前后的人力资本的系数均为正，人力资本的直接效应、间接效应和总效应均为正，且均在 1% 水平上显著，同时对邻近城市劳动生产率的外溢效应大于直接效应。

（4）继续提高第三产业占 GDP 的比重，尤其是要发展现代服务业，提高现代服务贸易水平。第三产业占 GDP 的比重对本地区和邻近地区的劳动生产率有正的外溢性。

（5）降低政府对经济的干预。财政支出占 GDP 的比重和财政支出收入比的间接效应为正，直接效应和总效应都为负。

（6）提升固定资本存量水平，提高资本使用的有效性和资本的使用效率。固定资本存量的直接效应、间接效应和总效应均为正，说明固定资本存量对本地区和邻近地区的劳动生产率都有正向作用。

附录：

附表 1　固定效应的实证结果（2000～2018 年）

	模型 1	模型 2	模型 3	模型 4	模型 5	模型 6	模型 7	模型 8
lnp	0.5633***	0.8145***	0.5988***	0.7544***	0.76***	0.7885***	0.8017***	0.7131***
lnp^2	-0.0329***	-0.0556***	-0.0416***	-0.0498***	-0.0464***	-0.0502***	-0.0498***	-0.0425***
$devQuality$	0.0651***	0.0249	0.018	0.066***	0.0933***	0.0347**	0.082***	
$lncityPopDens$	-0.018***	-0.0152***	-0.0155***	-0.0094***	-0.0118***	-0.0152***	-0.0141***	-0.0164***
lnL	-0.9302***	-0.9052***	-0.9382***	-0.884***	-0.8945***	-0.9176***	-0.894***	-0.8958***
$lnHC$	0.0106	0.0158**	0.0089	0.0067	0.0106	0.0133*	0.0116	0.0152**
FDI	-0.2092***	-0.2535***	-0.2238***	-0.2527***	-0.2688***	-0.2563***	-0.2609***	-0.2969***
$L2Rate$	0.1044***	0.1013***	0.1443***	0.212***	0.1506***	0.1127***	0.128***	0.1311***
$lnperWealth$	0.0309***	0.0582***	0.0412***	0.0506***	0.0411***	0.0529***	0.0435***	0.045***
$Koutput$	0.121***	-0.0582***	0.1335***	-0.0588***	-0.0519***	-0.0539***	-0.0516***	-0.0593***
$housePRev$	0.0007	0.0042**	0.002	0.0021	0.0005	0.0021	0.0014	0.0014
$save$	0.4993***	-0.2756***	-0.2262***	0.7503***	0.6611***	-0.2514***	0.6702***	0.5807***
$IORate$	0.0398***	0.0134**	0.0429***	0.0064	0.0081*	0.0106***	0.0106***	0.0143***
$L3Rate$	0.0106	0.0951**	0.0999***	0.0419	0.0433	0.122***	0.0105	0.0232
$urban$	0.1405***				0.171***	0.1981***	0.1761***	0.1959***
$GDP2$	0.3002***	0.5273***			0.3816***	0.5657***	0.3591***	0.3305***
$fiscExpRate$	-0.2051***		0.1672***		-0.2029***	-0.233***		
$outInFin$	-0.0117***	-0.0161***		0.0142***			-0.0181***	-0.0196***
$HAssetsIndex$	-0.6834***			-0.9924***	-0.8764***		-0.904***	-0.8102***
lnK	0.2023***		0.2287***					
$GDP3$	0.0746*	0.1897***	-0.2244***	-0.2362***		0.2183***		
_cons								

	模型 1	模型 2	模型 3	模型 4	模型 5	模型 6	模型 7	模型 8
$W * lnp$	0.3547**	0.8456***	0.4547***	0.9805***	0.8913***	0.8425***	0.8275***	0.8685***
$W * lnp^2$	0.0664***	-0.1213***	-0.0721***	-0.1338***	-0.1271***	-0.123***	-0.1234***	-0.1216***

254 // 中国城市规模、空间聚集与管理模式研究

续表

W_x	模型 1	模型 2	模型 3	模型 4	模型 5	模型 6	模型 7	模型 8
$W*denQuality$	0.1165***	0.116***	0.1193***	0.09***	0.1011***	0.1176***	0.1074***	0.0585***
$W*lncityPopDens$	0.0499***	0.0651***	0.0371***	0.0608***	0.0688***	0.065***	0.0724***	
$W*lnL$	0.3153***	0.4966***	0.329***	0.4788***	0.5214***	0.5132***	0.5239***	0.5194***
$W*lnHC$	0.2114***	0.2108***	0.1708***	0.222***	0.2393***	0.2283***	0.2313***	0.2168***
$W*FDI$	-1.0019***	-1.0211***	-1.0205***	-1.1419***	-1.0875***	-0.9673***	-1.0912***	-1.2699***
$W*L2Rate$	0.1251	0.1865**	0.0192	0.1682*	0.2114**	0.2238***	0.2254***	0.1876**
$W*lnperWealth$	0.1062***	0.1331***	0.0767***	0.1361***	0.149***	0.1462***	0.1483***	0.1484***
$W*Koutput$	0.3782***	0.1388***	0.3051***	0.1366***	0.1375***	0.1488***	0.1341***	0.0672**
$W*housePRev$	0.0189***	0.0202***	0.0161***	0.0216***	0.0232***	0.0233***	0.0223***	0.0231***
$W*save$	-0.2927*	0.1591***	0.1273***	-0.5111***	-0.2121	0.1347***	-0.2638	-0.749***
$W*IORate$	-0.0744**	-0.0609***	-0.0606***	-0.0569***	-0.065***	-0.0661***	-0.0648***	-0.0569***
$W*L3Rate$	0.107	0.1251	0.0141	0.1761*	0.1243	0.1375	0.1539*	0.1787*
$W*urban$	-0.5056***				-0.3469***	-0.3602***	-0.3387***	-0.175***
$W*GDP2$	-0.3479***	-0.4526***			-0.5659***	-0.4582***	-0.5431***	-0.6529***
$W*fiscExpRate$	0.3314***		0.2212***	0.0149***	0.2251***	0.268***	0.0232***	0.0229**
$W*outlnFin$	0.0036	0.02***		0.6495***			0.4043***	0.8399***
$W*HAssetsIndex$	0.389***				0.3377**	0.1436		
$W*lnK$	0.1255**		0.0761***					
$W*GDP3$	-0.1432	0.1099	0.1303***	0.4699***				
Spatial								
ρ	0.4215***	0.656***	0.4646***	0.6586***	0.6574***	0.6496***	0.6585***	0.6948***
Variance								
θ								
σ	0.0029***	0.0036***	0.0031***	0.0036***	0.0034***	0.0035***	0.0034***	0.0035***

注：*** 表示在 1% 水平上显著，** 表示在 5% 水平上显著，* 表示在 10% 水平上显著。

附表 2　直接效应、间接效应和总效应（2000～2018 年）

LR_Direct	模型 1	模型 2	模型 3	模型 4	模型 5	模型 6	模型 7	模型 8
lnp	0.59***	0.9354***	0.6356***	0.8848***	0.8819***	0.9045***	0.921***	0.849***
lnp²	0.0365***	0.0694***	-0.0461***	-0.0645***	-0.0602***	-0.0635***	-0.0635***	-0.0576***
devQuality	0.0708***	0.036**	0.0237*	0.0773***	0.1071***	0.0462***	0.0958***	
lncityPopDens	-0.0163***	-0.0105**	-0.0141***	-0.0047	-0.0066	-0.0106**	-0.0087*	-0.0119**
lnL	-0.9326***	-0.9127***	-0.9423***	-0.8921***	-0.8994***	-0.9237***	-0.8988***	-0.9049***
lnHC	0.0196***	0.035**	0.0173**	0.0265***	0.032**	0.0334***	0.0324***	0.0374***
FDI	-0.2519***	-0.3542***	-0.2749***	-0.3649***	-0.3764***	-0.3502***	-0.3688***	-0.437***
L2Rate	0.1104***	0.1216***	0.1472***	0.2373***	0.1762***	0.1364***	0.1537***	0.1582***
lnperWealth	0.0364***	0.0735***	0.0463***	0.0659***	0.0569***	0.0686***	0.0593***	0.0622***
Koutput	0.1384***	-0.049**	0.1509***	-0.0498***	-0.0424***	-0.0438***	-0.0424***	-0.0558***
housePRev	0.0015	0.0062***	0.0028**	0.0042***	0.0025**	0.0043***	0.0034***	0.0037***
save	0.5006***	0.2767***	-0.2245***	0.754***	0.6868***	-0.2529***	0.6922***	0.5461***
IORate	0.0372***	0.0087**	0.0408***	0.0017	0.0027	0.0053	0.0053	0.0097**
L3Rate	0.0151	0.1113***	0.1031***	0.059	0.0557	0.1405***	0.0238	0.0422
urban	0.1207***				0.1488***	0.1766***	0.1548***	0.1932***
GDP2	0.2918***	0.5171***	-0.1621***		0.3543***	0.5595***	0.3324***	0.2888***
fiscExpRate	-0.1926***			-0.0138***	-0.1919***	-0.2212***		
outInFin	-0.0119***	-0.0152**					-0.0168***	-0.0187***
HAssetsIndex	-0.6839***			-0.9973***	-0.9037***		-0.9269***	-0.7816***
lnK	0.2103***		0.237***					
GDP3	0.0704*	0.2112***	-0.2209***	-0.206**		0.2419***		

续表

LR_Indirect	模型 1	模型 2	模型 3	模型 4	模型 5	模型 6	模型 7	模型 8
$\ln p$	1.0006***	3.8938***	1.3305***	4.2041***	3.9299***	3.7446***	3.8437***	4.3425***
$\ln p^2$	-0.136***	-0.4457***	-0.1664***	-0.4745***	-0.4455***	-0.4304***	-0.4433***	-0.4816***
devQuality	0.2425***	0.3723***	0.232***	0.3786***	0.4598***	0.3881***	0.4585***	
lncityPopDens	0.0715***	0.1557***	0.0545***	0.1558***	0.1721***	0.1518***	0.1784***	0.1486***
$\ln L$	-0.1315***	-0.2761***	-0.1947***	-0.2971***	-0.1902***	-0.231***	-0.1854***	-0.3278***
$\ln HC$	0.3653***	0.6228***	0.3176***	0.6433***	0.6955***	0.6539***	0.6768***	0.7226***
FDI	-1.8444***	-3.3703***	-2.057***	-3.7437***	-3.5975***	-3.1539***	-3.6042***	-4.7122***
L2Rate	0.2913**	0.706***	0.153	0.8686***	0.8785***	0.8212***	0.8796***	0.8786***
lnperWealth	0.2047***	0.4841***	0.1747***	0.4831***	0.4991***	0.5004***	0.5032***	0.5712***
Koutput	0.7211***	0.2862***	0.6692***	0.2807***	0.2945***	0.3172***	0.2863***	0.0824
housePRev	0.0325***	0.065***	0.0312***	0.0658***	0.0669***	0.0687***	0.0663***	0.0766***
save	-0.1415	-0.0602	0.0411	-0.0432	0.6875	-0.0721	0.5638	-1.1043***
IORate	-0.0979***	-0.1451***	-0.0725***	-0.1485***	-0.1703***	-0.1654***	0.1657***	-0.1484***
L3Rate	0.1893	0.5135**	0.1037	0.5596**	0.4121	0.5935**	0.4364*	0.632**
urban	-0.761***				-0.6666***	-0.6462***	-0.6362***	-0.1107
GDP2	-0.3886***	-0.2887			-0.9042***	-0.2433	-0.8828***	-1.3404***
fiscExpRate	0.4066***		0.2598***		0.2554*	0.311**		
outInFin	-0.0013	0.0267**		0.0158			0.0313*	0.0289*
HAssetsIndex	0.1717		0.3329***	-0.0176	-0.7299*		-0.599	0.8832**
$\ln K$	0.3527***							
GDP3	-0.1927	0.6718**	0.039	0.8948***		0.7919***		

续表

LR_Total	模型 1	模型 2	模型 3	模型 4	模型 5	模型 6	模型 7	模型 8
lnp	1.5906***	4.8292***	1.9661***	5.0889***	4.8117***	4.6491***	4.7647***	5.1915***
lnp²	-0.1725***	-0.5151***	-0.2125***	-0.539***	-0.5057***	-0.4939***	-0.5068***	-0.5392***
dervQuality	0.3133***	0.4083***	0.2557***	0.4559***	0.5669***	0.4343***	0.5542***	
lncityPopDens	0.0552**	0.1452***	0.0404*	0.1511***	0.1655***	0.1412***	0.1697***	0.1367***
lnL	-1.0641***	-1.1887***	-1.1371***	-1.1892***	-1.0896***	-1.1547***	-1.0841***	-1.2328***
lnHC	0.3849***	0.6578***	0.3349***	0.6699***	0.7275***	0.6873***	0.7091***	0.76***
FDI	-2.0963***	-3.7245***	-2.3319***	-4.1086***	-3.9738***	-3.5041***	-3.973***	-5.1492***
L2Rate	0.4017***	0.8276***	0.3002*	1.1059***	1.0547***	0.9576***	1.0332***	1.0368***
lnperWealth	0.2411***	0.5576***	0.221***	0.549***	0.556***	0.5691***	0.5625***	0.6334***
Kouput	0.8596***	0.2373***	0.8201***	0.2309***	0.2521***	0.2735***	0.2439***	0.0265
housePRev	0.034***	0.0712***	0.034***	0.07***	0.0695***	0.073***	0.0697***	0.0804***
save	0.3591	-0.3368***	-0.1834***	0.7108	1.3743***	-0.325***	1.256***	-0.5582
IORate	-0.0607***	-0.1364***	-0.0317**	-0.1468***	-0.1676***	-0.16***	-0.1604***	-0.1388***
L3Rate	0.2044	0.6248**	0.2068	0.6186**	0.4678*	0.734***	0.4601*	0.6742**
urban	-0.6402***				-0.5178***	-0.4695***	-0.4814***	0.0825
GDP2	-0.0968	0.2285			-0.5499***	0.3162	-0.5504***	-1.0516***
fiscExpRate	0.214**		0.0977	0.0019	0.0635	0.0898		
outlnFin	-0.0132	0.0115					0.0145	0.0102
HAssetsIndex	-0.5123**			-1.0149**	-1.6336***		-1.5259***	0.1016
lnK	0.563***	0.883***	0.5699***	0.6888***				
GDP3	-0.1223		-0.1819*			1.0339***		

注：***表示在 1% 水平上显著，**表示在 5% 水平上显著，*表示在 10% 水平上显著。其中 LR_Direct 表示直接效应，LR_Indirect 表示间接效应，LR_Total 表示总效应。

附表 3 随机效应下的实证结果（1990~2018 年）

	模型 1	模型 2	模型 3	模型 4	模型 5	模型 6	模型 7	模型 8
lnp	0.0191	-0.1451*	-0.0523	-0.0736	0.022	-0.0494	0.016	-0.0375
lnp²	0.0241***	0.0383***	0.0211***	0.0339***	0.0343***	0.0373***	0.0346***	0.0399***
devQuality	0.0854***	0.0176	0.0072	0.0891***	0.115***	0.0028	0.1051***	
lncityPopDens	-0.0188***	-0.0255***	-0.0115***	-0.0155***	-0.0247***	-0.0267***	-0.0258***	-0.0287***
lnL	-0.885***	-0.8464***	-0.8874***	-0.8193***	-0.8456***	-0.8745***	-0.8467***	-0.8465***
lnHC	0.0342***	0.0621***	0.0352***	0.0416***	0.0508***	0.061***	0.0539***	0.06***
FDI	0.0217	-0.0015	-0.0657	0.048	0.0501	-0.0007	0.065	0.0404
L2Rate	-0.0444**	-0.1584***	-0.0697***	0.0556***	-0.0352	-0.1613***	-0.0429**	-0.044**
lnperWealth	0.0249***	0.0615***	0.046***	0.0543***	0.0308***	0.0484***	0.0336***	0.0343***
Koutput	0.1515***	-0.016	0.1479***	-0.0056	-0.0022	-0.0159	0.0002	-0.0063
housePRev	-0.0013	0.0015	0.001	0.0006	-0.0028*	-0.0013	-0.002	-0.0021
save	0.6258***	-0.3347***	-0.2573***	0.713***	0.7865***	-0.3193***	0.7828***	0.7172***
IORate	0.0647***	0.003	0.0739***	-0.0076**	-0.005	0.0022	-0.0047	-0.0019
L3Rate	-0.172***	-0.2006***	-0.133***	-0.1544***	-0.1724***	-0.1651***	-0.1904***	-0.187***
urban	0.3447***				0.4844***	0.4506***	0.4938***	0.5211***
GDP2	0.2265***	0.4146***			0.3578***	0.419***	0.343***	0.309***
fiscExpRate	-0.1925***		-0.1766***		-0.1812***	-0.1778***		
outlnFin	-0.0121***	-0.0112***		-0.0129***			-0.0154***	-0.0171***
HAssetsIndex	-0.8285***			-1.0074***	-1.0466***		-1.0572***	-0.982***
lnK	0.2799***		0.301***			0.1174***		
GDP3	0.0343	0.1289***	-0.1431***	-0.1679***				
_cons	-1.8396***	-2.3572***	-2.5283***	-2.0556***	-1.9765***	-2.3403***	-1.8998***	-2.0914***
W'x	模型 1	模型 2	模型 3	模型 4	模型 5	模型 6	模型 7	模型 8
W'lnp	0.3124***	0.7686***	0.6546***	0.6231***	0.5035***	0.6489***	0.4901***	0.5112***

续表

W_x	模型 1	模型 2	模型 3	模型 4	模型 5	模型 6	模型 7	模型 8
$W*\ln p^2$	-0.0581***	-0.1145***	-0.0794***	-0.1035***	-0.099***	-0.1095***	-0.0975***	-0.0968***
$W*devQuality$	0.1764***	0.2376***	0.187***	0.1871***	0.1677***	0.254***	0.1705***	
$W*\ln cityPopDens$	0.0245***	0.0766***	0.0219**	0.0582***	0.0726***	0.082***	0.0728***	0.0708***
$W*\ln L$	0.404***	0.4794***	0.369***	0.4761***	0.5331***	0.513***	0.5362***	0.5253***
$W*\ln HC$	0.1632***	0.1603***	0.1339***	0.1791***	0.1748***	0.1631***	0.1729***	0.1477***
$W*FDI$	-0.5809***	-1.0102***	-0.4969***	-1.0219***	-0.9918***	-0.9774***	-1.0432***	-1.2542***
$W*L2Rate$	0.2727***	0.2837***	0.1799***	0.118**	0.2404***	0.2855***	0.264***	0.2251***
$W*\ln perWealth$	0.1105***	0.1725***	0.0988***	0.169***	0.1824***	0.1838***	0.1757***	0.2021***
$W*Koutput$	0.4134***	0.2974***	0.3488***	0.2779***	0.2559***	0.2912***	0.2492***	0.1378***
$W*housePRev$	0.0189***	0.0259***	0.0187***	0.0251***	0.0271***	0.0282***	0.0269***	0.0278***
$W*save$	-0.3559***	0.1684***	0.136***	-0.6404***	-0.6722***	0.1596***	-0.6704***	-0.917***
$W*IORate$	-0.0649***	-0.0495***	-0.0633***	-0.0367***	-0.0396***	-0.0518***	-0.0379***	-0.016*
$W*L3Rate$	0.4342***	0.4612***	0.3818***	0.4159***	0.4472***	0.4039***	0.4738***	0.4262***
$W*urban$	-0.7363***	-0.407***			-0.528***	-0.5127***	-0.5238***	-0.3602***
$W*GDP2$	-0.3084***				-0.5219***	-0.4119***	-0.5183***	-0.703***
$W*fiscExpRate$	0.231***		0.1593***		0.1094*	0.1249*	0.0126*	0.0153**
$W*out\ln Fin$	0.0058	0.0104		0.0089				
$W*HAssetsIndex$	0.455***			0.7779***	0.7842***		0.7902***	0.9987***
$W*\ln K$	0.0303	0.156	-0.0343*	0.4101***		0.1479		
$W*GDP3$	-0.1701*		0.1157*					
Spatial ρ	0.4444***	0.588***	0.4731***	0.5946***	0.6137***	0.5972***	0.6144***	0.6506***
Variance θ	-2.9543***	-3.3151***	-3.1264***	-3.297***	-3.17***	-3.2321***	-3.1763***	-3.1659***
σ	0.0066***	0.0092***	0.007***	0.009***	0.0085***	0.009***	0.0085***	0.0086***

注：*** 表示在 1% 水平上显著，** 表示在 5% 水平上显著，* 表示在 10% 水平上显著。

附表 4 随机效应下的直接效应、间接效应和总效应（1990~2018 年）

LR_Direct	模型 1	模型 2	模型 3	模型 4	模型 5	模型 6	模型 7	模型 8
lnp	0.0353	-0.0955	-0.0199	-0.0303	0.0632	-0.0029	0.056	0.0065
lnp²	0.0218***	0.0317***	0.0176***	0.0278***	0.0282***	0.0308***	0.0286***	0.0336***
devQuality	0.0945***	0.0341*	0.0159	0.1055***	0.1324***	0.0204	0.1223***	
lncityPopDens	-0.0181***	-0.0213***	-0.0108***	-0.0121***	-0.0205***	-0.0221***	-0.0216***	-0.0244***
lnL	-0.8838***	-0.8468***	-0.8891***	-0.8193***	-0.8437***	-0.8743***	-0.8446***	-0.8479***
lnHC	0.0422***	0.0758***	0.0426***	0.0561***	0.0664***	0.0754***	0.0695***	0.0756***
FDI	-0.0023	-0.07	-0.0902**	-0.0207	-0.0207	-0.0689	-0.0092	-0.0594
L2Rate	-0.0338*	-0.1463***	-0.0635***	0.0654***	-0.0196	-0.1488***	-0.0258	-0.0277
lnperWealth	0.0308***	0.0764***	0.0523***	0.069***	0.0464***	0.0641***	0.0489***	0.0527***
Koutput	0.1726***	0.0041	0.1681***	0.014	0.0173*	0.0045	0.0194**	0.0059
housePRev	-0.0005	0.0034**	0.0019	0.0024	-0.0008	0.0007	-0.0001	0.0001
save	0.6256***	-0.3356***	-0.2559***	0.7026***	0.7757***	-0.3208***	0.7719***	0.6796***
IORate	0.0629***	-0.0005	0.0723***	-0.0108**	-0.0084**	-0.0016	-0.008**	-0.0034
L3Rate	-0.156***	-0.1766***	-0.1173***	-0.1314***	-0.1466***	-0.1428***	-0.1633***	-0.1625***
urban	0.3178***				0.4652***	0.4311***	0.4753***	0.5201***
GDP2	0.2181***	0.4023***			0.3355***	0.4082***	0.3202***	0.2665***
fiscExpRate	-0.1829***		-0.1746***		-0.1776***	-0.1734***		-0.0167***
outlnFin	-0.0123***	-0.0108***		-0.013***			-0.0147***	
HAssetsIndex	-0.8279***			-0.9989***	-1.0397***		-1.0501***	-0.951***
lnK	0.2864***		0.306***					
GDP3	0.0275	0.1463***	-0.1385***	-0.143***		0.1318***		

续表

LR_Indirect	模型 1	模型 2	模型 3	模型 4	模型 5	模型 6	模型 7	模型 8
lnp	0.5642***	1.6208***	1.1721***	1.3965***	1.3072***	1.5024***	1.2676***	1.3752***
lnp^2	-0.0834***	-0.2176***	-0.1289***	-0.2002***	-0.1972***	-0.2117***	-0.1934***	-0.1988***
$derQuality$	0.377***	0.5843***	0.3527***	0.574***	0.5989***	0.6168***	0.5922***	
$lncityPopDens$	0.0292*	0.1451***	0.0305*	0.1172***	0.1443***	0.1591***	0.1431***	0.1452***
lnL	0.0172	-0.0445	-0.0955***	-0.028	0.0353	-0.0224	0.04	-0.0738
$lnHC$	0.3137***	0.4616***	0.2772***	0.4861***	0.5163***	0.4792***	0.5173***	0.5173***
FDI	-1.0005***	-2.3896***	-0.9826***	-2.3866***	-2.4234***	-2.3625***	-2.5337***	-3.4206***
$L2Rate$	0.4587***	0.4492***	0.2721***	0.3621***	0.5559***	0.4609***	0.6045***	0.5419***
$lnperWealth$	0.2129***	0.492***	0.2235***	0.4822***	0.5068***	0.5136***	0.4955***	0.6248***
$Koutput$	0.8446***	0.6798***	0.7746***	0.658***	0.6439***	0.6833***	0.6322***	0.3736***
$housePRev$	0.032***	0.0633***	0.0357***	0.0613***	0.0646**	0.067***	0.0653***	0.0737***
$save$	-0.1439	-0.0604	0.0304	-0.4954**	-0.4944**	-0.079	-0.4956***	-1.2508***
$IORate$	-0.0629***	-0.1133***	-0.0531***	-0.0997***	-0.1083***	-0.1228***	-0.104***	-0.0465**
$L3Rate$	0.6311***	0.7974***	0.5817***	0.7637***	0.8542***	0.7309***	0.8933***	0.8372***
$urban$	-1.0337***				-0.586***	-0.5907***	-0.5617***	-0.0506
$GDP2$	-0.3702***	-0.3814*			-0.7653***	-0.3939**	-0.7796***	-1.3913***
$fiscExpRate$	0.2553***	0.0082	0.138	0.0028	-0.0022	0.0487	0.0077	0.0114
$outlnFin$	0.0013							
$HAssetsIndex$	0.1572		0.199***	0.4067*	0.3691*		0.3672*	0.9978***
lnK	0.2731***							
$GDP3$	-0.2683	0.5382**	0.0821	0.7452***		0.5203**		

续表

LR_Total	模型 1	模型 2	模型 3	模型 4	模型 5	模型 6	模型 7	模型 8
lnp	0.5994***	1.5253***	1.1522***	1.3662***	1.3704***	1.4995***	1.3236***	1.3818***
lnp²	-0.0616***	-0.1859***	-0.1114***	-0.1725***	-0.1689***	-0.1809***	-0.1648***	-0.1652***
devQuality	0.4715***	0.6184***	0.3686***	0.6795***	0.7313***	0.6372***	0.7145***	
lncityPopDens	0.0111	0.1238***	0.0197	0.1051***	0.1238***	0.1371***	0.1215***	0.1208***
lnL	-0.8666***	-0.8913***	-0.9845***	-0.8473***	-0.8084***	-0.8967***	-0.8046***	-0.9216***
lnHC	0.3559***	0.5375***	0.3198***	0.5422***	0.5827***	0.5546***	0.5868***	0.5929***
FDI	-1.0027***	-2.4596***	-1.0729***	-2.4073***	-2.4441***	-2.4314***	-2.5429***	-3.48***
L2Rate	0.4248***	0.3029**	0.2086***	0.4274***	0.5363***	0.3121**	0.5788***	0.5142***
lnperWealth	0.2436***	0.5684***	0.2758***	0.5512***	0.5532***	0.5776***	0.5444***	0.6775***
Koutput	1.0171***	0.6839***	0.9427***	0.672***	0.6612***	0.6878***	0.6516***	0.3795***
housePRev	0.0315***	0.0666***	0.0376***	0.0637***	0.0638***	0.0677***	0.0653***	0.0738
save	0.4816***	-0.396***	-0.2255***	0.2072	0.2813	-0.3998***	0.2763	-0.5713**
IORate	0	-0.1137***	0.0191	-0.1105***	-0.1167***	-0.1244***	-0.112***	-0.0499**
L3Rate	0.4751***	0.6209***	0.4644***	0.6323***	0.7077***	0.5881***	0.73***	0.6747***
urban	-0.716***				-0.1208	-0.1596	-0.0864	0.4694***
GDP2	-0.1521	0.0209			-0.4298***	0.0143	-0.4594***	-1.1247***
fiscExpRate	0.0724		-0.0366		-0.1797	-0.1248		
outlnFin	-0.011	-0.0026		-0.0102			-0.007	-0.0053
HAssetsIndex	-0.6707***			-0.5922***	-0.6706***		-0.6829***	0.0469
lnK	0.5594***		0.505***					
GDP3	-0.2408	0.6845**	-0.0564	0.6021***		0.6521***		

注：*** 表示在 1% 水平上显著，** 表示在 5% 水平上显著，* 表示在 10% 水平上显著。其中 LR_ Direct 表示直接效应，LR_ Indirect 表示间接效应，LR_ Total 表示总效应。

参考文献

[1] Yang, X., G. Hogbin, "The optimum hierarchy," *China Economic Review* 1 (2) (1990).

[2] 柯善咨、赵曜:《产业结构、城市规模与中国城市生产率》,《经济研究》2014 年第 4 期。

[3] 张自然:《中国最优与最大城市规模探讨——基于 264 个城市的规模成本-收益法分析》,《金融评论》2015 年第 5 期。

[4] 范剑勇:《产业集聚与地区间劳动生产率差异》,《经济研究》2006 年第 11 期。

[5] 陈良文、杨开忠:《生产率、城市规模与经济密度:对城市集聚经济效应的实证研究》,《贵州社会科学》2007 年第 2 期。

[6] 梁婧、张庆华、龚六堂:《城市规模与劳动生产率:中国城市规模是否过小?》,《社会观察》2016 年第 1 期。

[7] 韩峰、柯善咨:《城市就业密度、市场规模与劳动生产率——对中国地级及以上城市面板数据的实证分析》,《城市与环境研究》2015 年第 1 期。

[8] 陈杰、周倩:《中国城市规模和产业结构对城市劳动生产率的协同效应研究》,《财经研究》2016 年第 9 期。

[9] 姚昕、潘是英、孙传旺:《城市规模、空间集聚与电力强度》,《经济研究》2017 年第 11 期。

[10] 杨路英、吴玉鸣:《就业密度、集聚空间外部性与劳动生产率——基于中国地级城市空间面板数据的分析》,《云南财经大学学报》2019 年第 2 期。

[11] 陶爱萍、江鑫:《城市规模对劳动生产率的影响——以中国 267 个城市为例》,《城市问题》2017 年第 8 期。

[12] Alonso, W., "The Economics Of Urban Size," *Papers in Regional Science* 26 (1) (1971).

[13] Evans, Alan W., "The Pure Theory of City Size in an Industrial Economy," *Urban Studies* 9 (1) (1972).

[14] Henderson, J. V., "The sizes and types of cities," *The American Economic Review* 64 (4) (1974).

[15] Yezer, A. M. J., R. S. Goldfarb, "An indirect test of efficient city sizes," *Journal of Urban Economics* 5 (1) (1978).

[16] Carlino, G. A., "Manufacturing agglomeration economies as returns to scale: A production function approach," *Papers of the Regional Science Association* 50

（1）1982.

[17] Camagni, R. P. , "From city hierarchy to city network: reflections about an emerging paradigm," in *Structure and Change in the Space Economy* (Berlin Heidelberg: Springer, 1993).

[18] 斯特拉斯蔡姆：《城市住宅区位理论》，载米尔斯主编《城市经济学》（区域和城市经济学手册第2卷），经济科学出版社，2001。

[19] Au, C. -C. , J. V. Henderson, "Are Chinese cities too small?" *The Review of Economic Studies* 73（3）（2006）.

[20] 阿瑟·奥莎利文：《城市经济学》，北京大学出版社，2008。

[21] Palivos, T. , P. Wang, "Spatial agglomeration and endogenous growth," *Regional Science & Urban Economics* 26（6）（1996）.

[22] Shefer, D. , "Localization Economies in Smsa's: A Production Function Analysis," *Journal of Regional Science* 13（1）（2010）.

[23] Sveikauskas, L. , "The Productivity of Cities," *The Quarterly Journal of Economics* 89（3）（1975）.

[24] Segal, D. , "Are There Returns to Scale in City Size?" *Review of Economics & Statistics* 58（3）（1976）.

[25] Fogarty, M. S. , G. A. Garofalo, "Urban spatial structure and productivity growth in the manufacturing sector of cities," *Journal of Urban Economics*23（1）（1988）.

[26] Moomaw, R. L. , "Productivity and City Size: A review of the Evidence," *The Quaterly Journal of Economics* 96（1981）.

[27] Moomaw, R. L. , "Firm location and city size: Reduced productivity advantages as a factor in the decline of manufacturing in urban areas," *Journal of Urban Economics* 17（1）（1985）.

[28] Glaeser, E. L. , M. G. Resseger, "The Complementarity Between Cities And Skills," *Journal of Regional Science* 50（1）（2010）.

[29] Ciccone, A. , R. E. Hall, "Productivity and the Density of Economic Activity," *American Economic Review* 86（1）（1996）.

[30] Meijers, E. , J. Burger, J. Martijn, "Spatial Structure and Productivity in US Metropolitan Areas," *Environment and Planning* 42（6）（2010）.

[31] Mitra, A. , "Agglomeration Economies as Manifested in Technical Efficiency at the Firm Level," *Journal of Urban Economics* 45（3）（1999）.

[32] Otsuka, A. , M. Goto, T. Sueyoshi, "Industrial agglomeration effects in Japan: Productive efficiency, market access, and public fiscal transfer," *Papers in Regional Science* 89（4）（2010）.

[33] Cohen, J. P. , C. J. Morrison Paul, "Public Infrastructure Investment, Interstate

Spatial Spillovers, and Manufacturing Costs," *The review of economics and statistics* 86 (2) (2004).

[34] Bronzini, R., P. Piselli, "Determinants of long-run regional productivity with geographical spillovers: The role of R&D, human capital and public infrastructure," *Regional Science and Urban Economics* 39 (2) (2009).

[35] Tobler, W. R., "A Computer Movie Simulating Urban Growth in the Detroit Region," *Economic Geography* 46 (2) (1970).

[36] 高翔：《政府治理效率：当代中国公共管理研究中的大问题》，《公共管理与政策评论》2020 年第 1 期。

报告6
货物、服务贸易与第二、第三产业间
劳动生产率差异*

——基于平滑过渡回归模型（STR）的实证分析

李芳芳**

摘　要： 后工业化时期的到来，使服务业在国民生产总值中越来越占据举足轻重的地位。其效率的高低在新常态经济下显得尤为重要。从发达国家经验来看，第二、第三产业的劳动生产率存在着明显的趋同趋势。而我国第三产业和第二产业的劳动生产率比值近几年一直在 0.6 左右，即相对于第二产业来说，服务业的劳动生产率偏低。第二、第三产业在最终产品形态上存在的明显差异直接导致了货物贸易和服务贸易的不同，这种不同是第二、第三产业劳动生产率差异产生的原因之一吗？本文在建立李嘉图连续统理论模型的基础上，利用平滑转换自回归模型（STR）来对上述问题进行检验和阐释。研究结果表明，货物贸易差额、服务贸易差额均在不同程度上对第二、第三产业劳动生产率差异产生了影响。服务业可贸易程度的提高和服务贸易长期逆差现象的改善对于服

---

* 感谢国家自然科学基金应急项目"'十三五'时期我国经济社会发展若干重大问题的政策研究"（项目号：71441031）、国家社会科学基金重点项目"中国城市规模、空间聚集与管理模式研究"（项目号：15AJL013）、第 58 批中国博士后科学基金项目"'一带一路'沿线国家工业化进程与产能合作研究"（编号：159231）的资助。感谢评审专家给予的建设性意见，但文责自负。

** 李芳芳，中国社会科学院工业经济研究所，邮政编码：100836，电子邮箱：liff0602@163.com。

务业劳动生产率的提高具有深远意义。

关键词：　货物贸易　服务贸易　劳动生产率　STR 模型

一　引言

随着生产要素的不断稀缺，资本、劳动力等生产要素对经济增长的贡献份额不断下降，依靠投入数量的增长来推动经济增长的方式俨然已经过时，科学技术水平的不断提高使集约型经济增长方式逐渐成为主流，要素生产率的提高成为带动经济增长的主要源泉。在所有的生产要素中，劳动投入自始至终都是焦点所在，劳动生产率是衡量一个国家生产力水平和经济增长效率的核心指标，是生产率序列中最基本的因素。随着时间的推移，各经济部门的劳动生产率不断发生变化，产业间劳动生产率的差异，推动着劳动力在产业间的转移，引致资源在产业间的配置，从而影响着产业结构的升级及经济的可持续发展。

从发达国家的经验来看，第三产业和第二产业的劳动生产率比值都在 1 左右，即第三产业劳动生产率和第二产业劳动生产率存在着明显的趋同趋势，而对于我国来讲，第三产业和第二产业的劳动生产率比值近几年一直在 0.6 左右，即第二、第三产业的劳动生产率存在着明显的差异，这与发达国家的状态具有较大的差距。相对于第二产业来说，我国服务业的劳动生产率偏低，服务业规模的扩张是在效率比较低的状态下运行的，而这种状态造成我国服务业发展的扭曲及空壳现象，不利于服务业健康发展。后工业化时期的到来，服务业在国民生产总值中越来越占据举足轻重的地位，服务业增长效率低下，不仅影响服务业部门，而且影响一个国家总体的经济增长水平。那么是何种因素导致第二、第三产业的劳动生产率存在这种差异呢？回答对这个问题将有助于为提高服务业劳动生产率提供思路和方法。

二　文献综述

劳动生产率这个指标蕴含着丰富的经济信息，对劳动生产率指标进行各种形式的分解，分析分解出来的各个指标对劳动生产率的影响，是目前研究劳动生产率影响因素的最主要方法。相关分解方法主要有以下几种。一是以增长核算法为基础。根据 Solow 的增长核算方法，经济合作与发展组织（OECD）统计局将劳动生产率的变动分解为人均资本的变动和全要素生产率的变动。二是以数据包络分析或前沿生产理论为基础。以 Nordhaus（2001）、Kumar 和 Russell（2002）等为主要代表的一组研究借助 DEA 或 SFA 来估计生产前沿，将劳动生产率的变化分解为三到四个部分，之后运用核密度估计或趋同测试来分析这几部分对劳动生产率变化所产生的影响及其大小，这种方法在国内也一直得到延续并逐渐成为主流。高帆（2007）和邹民乐（2009）利用指数方法，沿用 Nordhaus 的分解方法，将劳动生产率的变动分解为纯生产率效应（初始产出或投入份额不变的情况下提高各产业劳动生产率对全社会平均劳动生产率的贡献）、丹尼森效应（各产业生产率不变情况下，仅由要素流动或投入权重变动所引起的生产率变化）、鲍默效应（各产业生产率变化和期初产出或投入份额变动所产生的交互影响对整体劳动生产率的作用效果），对改革开放以来我国劳动生产率的增长因素进行分析，并认为我国劳动生产率增长主要来自纯生产率效应，劳动配置结构变化的贡献度较小；杨文举（2006）沿用 Kumar 和 Russell 的分解方法，将劳动生产率的变化解释为技术效率、技术进步和资本深化三个方面；梁俊（2012）将劳动生产率的变化分为技术效率、技术进步、资本深化和人力资本积累四个部分，并利用 2000~2009 年我国 17 个高技术产业的数据得出结论，认为技术效率、技术进步及人力资本积累促进了高技术产业劳动生产率的提高，而资本深化则对劳动生产率的提高产生障碍。三是以偏离-份额法为基础。Esteban（2000）首先提出，可以用该方法来分析劳动生产率的变动，并将其分解为产业结构效应、纯生产率效应和配置效应等，李小平

（2008）、曲玥（2010）和赖永剑（2011）都用该方法对制造业或地区劳动生产率的影响因素进行了分析。四是运用空间关联统计或空间计量。这些文献主要从空间聚集经济角度来探讨劳动生产率的空间差异，如 Ciccone 和 Hall（1996）、Meijers 等人（2009）、刘修岩（2009）、袁富华（2011）、柯蓉和秦莉（2013）等。纵观这些对劳动生产率影响因素的研究，以制造业为研究对象的文献占了很大比例，而对服务业劳动生产率的研究则相对较少，对第二、第三产业的劳动生产率差异的关注则更少。

众所周知，第二、第三产业在最终产品形态上存在着明显的差异，即第二产业的产品易于储藏，具有耐用品（durable goods）的特性，而第三产业的产品是即时消费的，往往无法积累。现有文献的缺陷在于，服务业和制造业劳动生产率影响因素的研究使用了相同的分析方法，忽视了第二、第三产业在产出方面的这种异质性。值得注意的是，正是这种异质性造就了第二、第三产业产品的可贸易程度不同，在通常情况下，人们会将第二产业界定为可贸易部门，而将第三产业界定为不可贸易部门，随着服务业可贸易程度的增加，可贸易部门和不可贸易部门的差异逐渐转变为货物贸易和服务贸易之间的差异。据此，本文的贡献在于，考虑第二、第三产业在最终产品形态上的异质性，从货物贸易和服务贸易的不同对第二、第三产业劳动生产率差异的影响这个视角来探究服务业劳动生产率低下的原因。

三　模型及数据说明

本文借鉴周燕和黄建忠（2009）所采用的两国开放经济的李嘉图连续统模型（DFS），并进行相应形式的变形，来分析货物贸易、服务贸易与两部门劳动生产率差异之间的关系。DFS 模型是研究多种产品情况下比较优势的代表，是在连续商品集条件下对李嘉图的比较优势理论的模型化。该模型的核心思想为，通过比较两国商品集的相对劳动生产率和两国相对工资水平，来确定两国各自的比较优势。在本文中，从理论上来讲，制成品和服务作为相应的商品集，在两个国家内相对劳动生产率的变化，同样会引起两国第二、第三产业比较优势的变化，进而导致货物贸易和服务贸易差额的分化，反之亦然。具体的传导机制如下所示，当然在整个传导过程中，工资率起着极其重要的作用。

（一）若服务不可贸易

假设有两个国家 A（一般为发展中国家）和 B（一般为发达国家），两个国家都只使用劳动力这一种生产要素生产两类产品：n 种制成品 X_i（$i=1$，$\cdots$，n）和一种服务 X_θ。按照数量从少到多排序，制成品在 A 国的单位劳动投入依次为（α_1，α_2，$\cdots$，α_n），服务为 α_θ；在 B 国的单位劳动投入依次为（α_1^*，α_2^*，$\cdots$，α_n^*），服务为 α_θ^*。生产符合规模报酬不变，且相对于制成品的生产，服务产品的生产工艺更为复杂（Melvin，1989），两国参与生产的劳动力数量分别为 L 和 L^*，两个国家消费者偏好基本相同，且效用函数满足：$U = X_\theta^\theta \prod_i^x X_i^{\alpha i}$。

$$\omega = A(\tilde{z}) \tag{1}$$

令 A 国在本国制成品上的支出份额为 $v(\tilde{z})$，在 B 国生产的制成品上的支出份额为 $v^*(\tilde{z})$，可以得到如下两个等式：

$$v(\tilde{z}) = \int_0^x b(z)\,\mathrm{d}z \tag{2}$$

$$v^*(\tilde{z}) = \int_x^1 b(z)\,\mathrm{d}z = 1 - \theta - \int_0^x b(z)\,\mathrm{d}z = 1 - \theta - v(\tilde{z}) \tag{3}$$

贸易平衡要求下式成立：

$$wL \times (1 - \theta) = v(\tilde{z}) \times (wL + w^*L^*) \tag{4}$$

结合式（1）有：

$$\omega = \frac{v(\tilde{z}) \times L^*}{(1 - \theta)L - v(\tilde{z})L} = \frac{v(\tilde{z})}{(1 - \theta) - v(\tilde{z})} \times \frac{L^*}{L} = B(\tilde{z}, \frac{L^*}{L}) \tag{5}$$

即在开放经济下，均衡工资和临界产品由 $A\left(\tilde{z}\right)$ 和 $B\left(\tilde{z}, \dfrac{L^*}{L}\right)$ 两者来决定。在这个均衡过程中，A 国制成品部门和服务产品部门劳动生产率快于 B 国、慢于 B 国或与 B 国同比例提高，两者从制成品贸易中获利都有所不同，由于本节的最终目的是要得出本文所使用的计量模型，因此针对均衡结果的讨论在此不再赘述。

（二）若服务完全可贸易

若服务产品成为可以自由贸易的对象，且假定 B 国服务产品的劳动生产率比 A 国要高，具有潜在的比较优势，那么各国制成品支出份额仍然满足式（2）、式（3）。

贸易平衡要求下式成立：

$$wL = v(\tilde{z})(1-\theta) \times (wL + w^* L^*) \tag{6}$$

结合式（1）有：

$$\omega = \frac{v(\tilde{z})(1-\theta) \times L^*}{L - v(\tilde{z})(1-\theta) \times L} = \frac{v(\tilde{z})(1-\theta)}{1 - v(\tilde{z})(1-\theta)} \times \frac{L^*}{L} = B\left(\tilde{z}, \frac{L^*}{L}\right) \tag{7}$$

此时，均衡工资和临界产品同样由 $A\left(\tilde{z}\right)$ 和 $B\left(\tilde{z}, \dfrac{L^*}{L}\right)$ 两者来决定。

（三）计量模型

以上两种都是比较极端的情况，由于服务业可贸易程度比较低，因此在通常情况下，服务产品中只有一定的比重可以进入两个国家的贸易中，我们设这个比重为 β，且 $\beta \sim (0, \theta)$。结合式（5）、式（7）有：

$$\omega = \frac{v(\tilde{z})(1+\beta-\theta) \times L^*}{1 - v(\tilde{z})(1+\beta-\theta) \times L} = \frac{v(\tilde{z})(1+\beta-\theta)}{1 - v(\tilde{z})(1+\beta-\theta)} \times \frac{L^*}{L} = B\left(\tilde{z}, \frac{L^*}{L}\right) \tag{8}$$

当服务业完全不可贸易时，$\beta = 0$，得到式（5），当服务业逐渐进入国际贸易时，β 逐渐从 0 趋向于 θ，最终得到式（7），式（8）反映了相对工资与制造业的比较优势大小、服务业可贸易程度及劳动力相对数量之间的关系。

本文选取 A 国（一般为发展中国家）为我国，选取 B 国（一般为发达国家）为美国，针对式（8）进行模型检验，检验模型如下：

$$dif = \alpha + \beta_1 bopm + \beta_2 bops + \beta_2 rw + \varepsilon \tag{9}$$

其中，$bopm$ 是指中国对美国货物贸易差额，即中国对美国的货物贸易出口减去中国对美国的货物贸易进口，用公式表示为：$bopm = CUgexport - CUgimport$；$bops$ 是指中国对美国的服务贸易差额，即中国对美国的服务贸易出口减去中国对美国的服务贸易进口，用公式表示为：$bops = CUsexport - CUsimport$；$dif$ 是指中美相对劳动生产率的差异，$dif = Crpl/Urpl$；rw 是指中美相对工资水平，$rw = Cwage/Uwage$。在这里需要特别说明的是，在计算中美相对劳动生产率变化差异（dif）时，我们采用两个国家第二产业和第三产业的劳动生产率比值来代表相对劳动生产率（$Crpl/Urpl$），由于对美国来讲，第二产业和第三产业的劳动生产率趋同，因此相对劳动生产率为 1，$Urpl = 1$，因此 $dif \approx Crpl$，这意味着，计量模型不仅反映出各国劳动生产率不同于货物贸易、服务贸易差额的关系，同时也反映了我国第二、第三产业劳动生产率差异与货物贸易、服务贸易差额之间的关系，这也是本文之所以选取美国作为发达国家代表的原因。

接下来，本文采用平滑转换回归模型（STR）来检验各个自变量对因变量的影响。同马尔科夫区制转换模型类似，STR 模型也是可以考虑不同形式的机制转换行为的模型，但马尔科夫暗含了这样一个假定，即时间序列的变动是在几种机制之间跳跃，且这种跳跃是离散型的，但在实际生活中，有一些机制的转换会呈现出连续且逐渐变化的状态，这正是平滑转换模型的最主要特征。标准的 STR 模型为：

$$y = \varphi' z_t + \delta' z_t G(\gamma, c, s_t) + u_t = \{\varphi' + \delta' G(\gamma, c, s_t)\} z_t + u_t \tag{10}$$

其中，s_t 是过渡变量；$G(\gamma, c, s_t)$ 是关于过渡变量 s_t 的连续有界函数；γ 是斜率参数，它控制区制过渡的形态；$c = (c_1, \cdots, c_K)'$ 是位置参数，是区制过渡的临界值。STR 模型通常分为 logistic 型和指数型两种，根据分析问题的类型，本研究选用 logistic 型，其过渡函数的形式为：

$$G(\gamma, c, s_t) = \left\{1 + \exp\left[-\gamma \prod_{k=1}^{K}(s_t - c_k)\right]\right\}^{-1} \tag{11}$$

模型的检验过程分为线性检验（即考察所要分析的问题适不适合做 STR 模型）、STR 模型类型的选择（通常分为 LSTR1 和 LSTR2 两种类型）、参数估计及模型诊断（包含自相关、正态性和异方差性检验等）四个步骤，整个检验过程利用 EViews 和 JMulTi 软件来实现。

（四）数据说明

本研究利用 1999 年第 1 季度至 2013 年第 4 季度中国对美国服务贸易差额（亿美元）、货物贸易差额（亿美元）、相对工资水平及我国相对劳动生产率的季度数据来分别计量变量 bops、bopm、rw 及 dif，中国对美国服务贸易差额、货物贸易差额数据来源于美国经济分析局，美国工资水平数据来源于 OECD 统计数据库，中国工资水平根据单位从业人员劳动报酬和单位从业人数计算而得，相关数据来源于 Wind，以人民币计价，我们利用历年中国对美国的汇率水平将人民币换算为美元，历年中国对美国的汇率水平数据来自《中国统计年鉴 2014》。另外，在计算我国相对劳动生产率季度数据时，第二、第三产业产值季度数据来源于国家统计局网站，由于第二、第三产业就业人数季度数据没有统计，我们利用总就业人数季度数据乘以相应季度中第二、第三产业就业占比（就业结构）推算获得，而某个季度的就业结构则通过该季度对应的年度就业结构来获得（假定一年内就业结构不会发生改变），如此推算的季度就业数据并不改变原年度数据的性质。我们先将数据进行描述如表 1 所示。

表1 主要变量的数据统计特征

变量名称	均值	标准差	最大值	最小值	观察值
bops	-16.12967	18.90611	0.250000	-64.39000	60
bopm	503.2232	219.3198	817.9800	163.0200	60
rw	1.664379	1.192397	5.878610	0.425022	60
dif	0.735158	0.060835	0.849216	0.630208	60

资料来源：EViews 输出结果。

四　实证结果及分析

（一）数据平稳性检验

将 *bops*、*bopm*、*dif*、*rw* 四个变量做统一处理之后取自然对数，并对对数值做季节性调整，检验各变量的平稳性，结果如表2所示。

表2 平稳性检验结果

	变量	ADF 检验统计量	T-Statistic	临界值	结论
原序列	ln*bops*	-1.998562	-2.594027(10%)	0.2867	不平稳
	ln*bopm_sa*	-1.897886	-2.594027(10%)	0.3311	不平稳
	ln*rw_sa*	3.014061	-3.178578(10%)	1.0000	不平稳
	ln*dif*	-0.416602	-2.596116(1%)	0.8986	不平稳
一阶差分	Δln*bops*	-14.02098	-3.548208(1%)	0.0000	平稳
	Δln*bopm_sa*	-4.358684	-3.548208(1%)	0.0009	平稳
	Δln*rw_sa*	-3.728613	-3.498692(5%)	0.0291	平稳
	Δln*dif*	-3.925118	-3.557472(1%)	0.0035	平稳

资料来源：EViews 输出结果。

平稳性检验的结果显示，原序列的差分序列都是平稳序列，几个变量都是同阶单整序列。

（二）Granger 因果关系检验

为了检验计量模型的正确性并更好地揭示各变量之间的内在联系，在建立 STR 模型之前，我们要先利用 Granger 因果关系检验来了解解释变量和被解释变量之间的相互决定关系。根据 AIC 和 SIC 准则，选定因果检验的最佳滞后阶数为 2，因果关系检验结果如表 3 所示。

表 3　Granger 因果关系检验结果

原假设	F 统计值	p 值
$\Delta \ln bopm\_sa$ does not Granger Cause $\Delta \ln dif$	3.56338	0.0353
$\Delta \ln dif$ does not Granger Cause $\Delta \ln bopm\_sa$	0.95404	0.3917
$\Delta \ln bops$ does not Granger Cause $\Delta \ln dif$	1.54767	0.0222
$\Delta \ln dif$ does not Granger Cause $\Delta \ln bops$	4.26794	0.0191
$\Delta \ln rw\_sa$ does not Granger Cause $\Delta \ln dif$	7.38956	0.0015
$\Delta \ln dif$ does not Granger Cause $\Delta \ln rw\_sa$	0.09821	0.9066
$\Delta \ln bops$ does not Granger Cause $\Delta \ln bopm\_sa$	0.58092	0.0563
$\Delta \ln bopm\_sa$ does not Granger Cause $\Delta \ln bops$	0.93411	0.0399

资料来源：EViews 输出结果。

Granger 因果检验的结果表明：（1）在 5% 的显著性水平上，存在 $\Delta \ln bopm\_sa$ 到 $\Delta \ln dif$ 的单向因果关系，即中美货物贸易差额是影响我国相对劳动生产率的原因；（2）在 5% 的显著性水平上，存在 $\Delta \ln bops$ 和 $\Delta \ln dif$ 的双向因果关系，即中美服务贸易差额和我国相对劳动生产率之间相互影响；（3）在 1% 的显著性水平上，存在 $\Delta \ln rw\_sa$ 到 $\Delta \ln dif$ 的单向因果关系，即中美相对工资水平是影响我国相对劳动生产率的原因；（4）分别在 10% 和 5% 的显著性水平上，存在 $\Delta \ln hops$ 和 $\Delta \ln bopm\_sa$ 的双向因果关系，即中美服务贸易差额和货物贸易差额之间相互影响，这肯定了模型设定的正确性，也在一定程度上说明了服务贸易差额和货物贸易差额之间存在着某种关系。我们对世界主要国家货物贸易差额和服务贸易差额数据进行统计，发现各个国家都存在货物贸易差额和服务贸易差额顺逆差状况相反的现象，即对一国而言，当其货物贸易为顺差时，其服务贸易一般为逆差，且货物贸易顺差越大，服务贸易逆差也就越大，反之亦然。从时间序列的角度来考察货物贸易差额和服务贸易差额的关系，也能得到两者状态相反的结论。对于该结论的论证，理论界已经研究了很多，并一致认为服务贸易的发展和货物贸易的发展有着密切的关系，如 Melvin（1989）等。

（三）非线性检验

在模型设定过程中，我们首先要检验模型的非线性，以此来确定 STR 模型的建立，根据 AIC 和 SIC 准则，我们确定模型的自变量为一阶滞后，因变量为二阶滞后，并得到表 4 非线性检验结果。

表 4　非线性检验结果

转换变量	F	$F4$	$F3$	$F2$	模型形式
$lnbopm\_sa\_d1(t)$	1.3495e-02	1.2951e-02	3.1660e-01	1.7343e-01	LSTR1
$lndif\_d1(t-2)$	2.9285e-02	2.9449e-01	3.3502e-01	2.9291e-03	LSTR1

资料来源：JMulTi 输出结果。

由表 4 的检验结果可看出，模型存在多种转换变量和非线性形式，将 F 的 p 值最小作为转换变量选取的原则，我们选取 $lnbopm\_sa\_d1$（t）作为转换变量，其所对应的转换函数的形式为 LSTR1，即我们可以使用 STR 模型来检验各自变量对因变量的影响，可以用非线性的估计方法来估计模型的参数。

（四）STR 模型的参数估计

利用条件极大似然方法对 STR 模型进行参数估计，JMulTi 使用的是迭代 BFGS 算法，需要找到合适的初始值来进行迭代，而初始值的选取是非线性模型建立的关键环节。位置参数的构造区间为 [-0.1052, 0.1211]，我们采用二维格点搜索方法得到平滑参数和位置参数的初始估计值 γ = 10.0000，c_1 = 0.05024，此时回归方程的残差平方和达到最小，为 0.0891，且初始值落入位置参数的构造区间内，然后绘出二维格点（100×100）下位置参数及平滑参数所对应的平面图（该平面图显示了最大化残差的相反数）如图 1 所示。

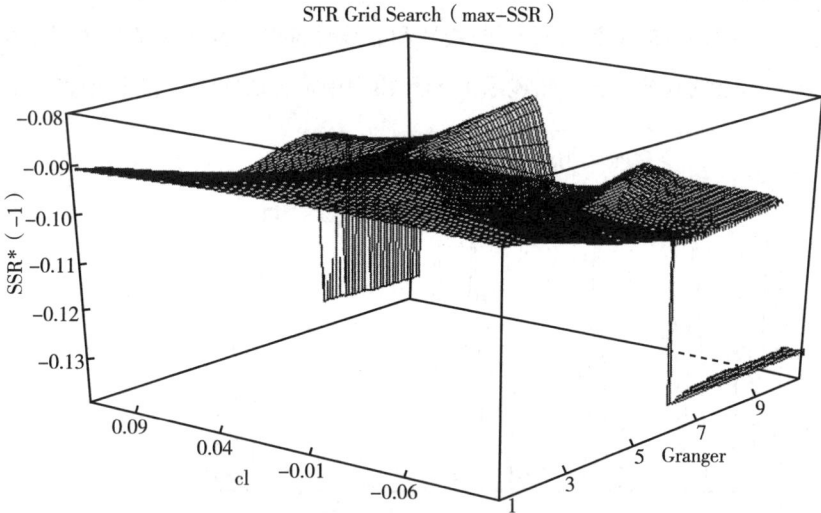

STR Grid Search（max-SSR）

图 1 格点搜索平面图

资料来源：JMulTi 软件绘制。

进一步得到最终的估计结果如表 5 所示。

表 5 LSTR1 模型的估计结果

	变量	初始值	估计值	p 值
线性部分	ln$dif\_d1(t-1)$	-0.64732	-0.66585	0.0000
	ln$dif\_d1(t-2)$	-0.51758	-0.52741	0.0002
	ln$bopm\_sa\_d1(t)$	-0.63466	-0.59873	0.0276
	ln$bops\_d1(t-1)$	0.02768	0.02111	0.0004
非线性部分	ln$dif\_d1(t-1)$	1.15875	0.94110	0.0011
	ln$rw\_sa\_d1(t-1)$	-0.49094	0.01857	0.0978
	γ	10.00000	13.4695	0.0000
	c_1	0.05024	0.04790	0.0098
$R^2(\bar{R}^2)$		\multicolumn{3}{c}{$R^2 = 6.3147e-01, \bar{R}^2 = 0.6379$}	

资料来源：JMulTi 输出结果。

可以看出，对于转换变量 $st = \ln bopm\_sa\_d1\ (t)$ 来说，存在 $c_1 = 0.04790$ 这样一个阈值。而这个阈值也在位置参数的构造区间内，模型设定合理，该阈值将自变量与因变量之间的关系分为线性和非线性两种状态，下面两个图为转换变量和转换函数的走势及 $\ln dif$ 的线性和非线性部分，其中图 2 显示了整个考察期经济状态的划分，图 3 则显示了 STR 模型中拟合值的线性和非线性特征。

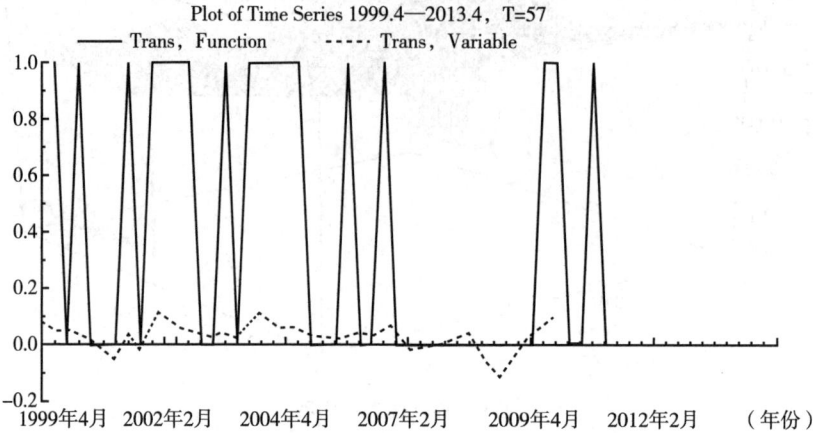

Plot of Time Series 1999.4—2013.4，T=57

图 2　转换变量及转换函数 G 的走势

资料来源：JMulTi 软件绘制。

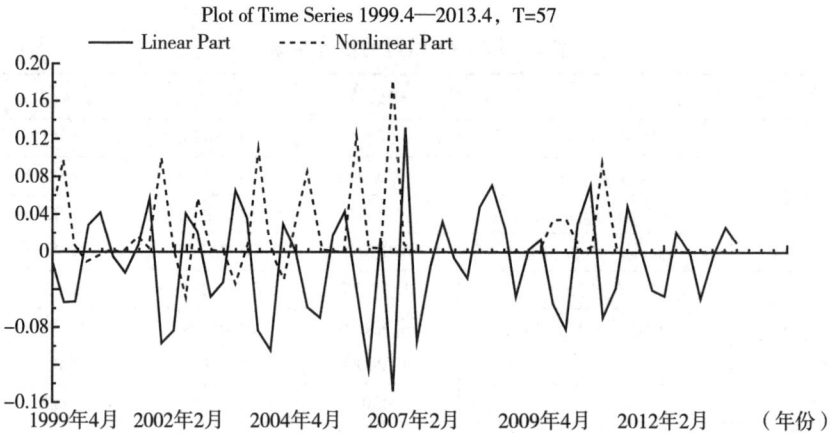

Plot of Time Series 1999.4—2013.4，T=57

图 3　$\ln dif$ 的线性和非线性部分

资料来源：JMulTi 软件绘制。

　　模型的估计结果显示，各个自变量对我国相对劳动生产率差异大小存在着一种长期效应，且每种变量表现出的影响形式完全不同，根据 $\ln bopm\_sa\_d1$ 当期的大小，可以将整体的效应分为线性（当处于 $\ln bopm\_sa\_d1 < 0.04790$ 的区制时）和非线性（当处于 $\ln bopm\_sa\_d1 > 0.04790$ 的区制时）两个部分，当中美货物贸易一阶差分值小于位置参数 0.04790 时，各个变量对我国劳动生产率差异的影响为线性，具体而言如下。

　　第一，在 1% 的显著性水平上，$\ln dif\_d1(t-1)$ 和 $\ln dif\_d1(t-2)$ 对 $\ln dif\_d1(t)$ 有着负向的影响，从系数值来看，若 $\ln dif\_d1(t-1)$ 上升一个百分点，会导致 $\ln dif\_d1(t)$ 下降 0.66585 个百分点，而若 $\ln dif\_d1(t-2)$ 上升一个百分点，则会导致 $\ln dif\_d1(t)$ 下降 0.52741 个百分点。

　　第二，在 5% 的显著性水平上，$\ln bopm\_sa\_d1(t)$ 对 $\ln dif\_d1(t)$ 有着负向的影响，根据本文的变量设定，这意味着中美货物贸易差额提高时（此时货物贸易顺差增大，根据货物贸易和服务贸易的关系，服务贸易逆差也增大），我国第三产业相对于第二产业的劳动生产率比就会下降，从系数值来看，中美货物贸易顺差每增加一个百分点，就会使第三产业对第二产业的劳动生产率比下降 0.59873 个百分点，这说明了货物贸易对于第二产业劳动生产率提高的重要性。

　　第三，在 1% 的显著性水平上，$\ln bops\_d1(t-1)$ 对 $\ln dif\_d1(t)$ 有着正向的影响，这意味着上一期的中美服务贸易差额提高时（此时货物贸易逆差减少，根据货物贸易和服务贸易的关系，服务贸易逆差也减少），当期我国第三产业对于第二产业的劳动生产率比就会上升，从系数值来看，中美服务贸易逆差每减少一个百分点，就会使第三产业对第二产业的劳动生产率比上升 0.02111 个百分点，这说明了服务贸易对于第三产业劳动生产率提高的重要性，且从关系式中可以看出，服务贸易对第三产业劳动生产率的提高作用存在着滞后影响的现象。

　　一般来说，随着经济全球化的不断加快及全球分工的不断深化，依靠全球产业价值链形成产业转移和升级进程，由于技术转移、技术外溢和知识共享效应的存在，制成品部门往往会得到更快、更直接的进步，尤其对于发展中国家来讲。货物贸易的扩大，使我国制成品更多地暴露在国际竞争环境之下，通过全球产业价值链的融入，其劳动生产率得到快速提高，这种提高是直观且明显的。但对于服务部门来讲，服务产品是一种相对复杂的产品，会更多地与本国的要素禀赋、人力资本等相互结合，难以进行国际学习和转移，可贸易程度的增加（服务贸易的扩大）会增强服务产品参与全球产业价值链的机会，其劳动生产率的提高速度也会向制成品部门的劳动生产率提高速度靠拢。但目前来看，由于我国较低的服务可贸易程度，贸易给服务部门劳动生产率增长所带来的效应是滞后的，且很难观测，正如实证结果所显示的那样。因此，我国服务产品劳动生产率的提高很难达到制成品劳动生产率提高的速度。而制成品和服务产品在中美两国之间以劳动生产率增速的相对优势为基础所形成的不同比较优势，也与传统李嘉图模型以劳动生产率本身的相对优势为基础一脉相承。

另外，在 Granger 因果关系检验中我们已经得出中美服务贸易差额和货物贸易差额之间相互影响的结论，从 STR 模型结论中又可以看出，服务贸易差额和货物贸易差额对我国产业间劳动生产率的作用正好相反，这进一步验证了前文我们所说的服务贸易差额和货物贸易差额之间的关系所呈现出来的规律性。

当中美货物贸易一阶差分值大于位置参数 0.04790 时，各个变量对我国产业间劳动生产率差异的影响呈现非线性的特征，且只有相对工资水平变量的结果比较显著，具体来说如下。

第一，在 1% 的显著性水平上，$\ln dif\_d1\ (t-1)$ 会对 $\ln dif\_d1\ (t)$ 产生正向影响，从系数值来看，若 $\ln dif\_d1\ (t-1)$ 上升一个百分点，会导致 $\ln dif\_d1\ (t)$ 上升 0.941 个百分点。

第二，在 10% 的显著性水平上，$\ln rw\_sa\_d1\ (t-1)$ 会对 $\ln dif\_d1$ (t) 产生正向影响，这意味着上一期的中美工资水平提高时，当期我国第三产业对于第二产业的劳动生产率比就会上升，从系数值来看，中美工资水平每提高一个百分点，就会带来我国第三产业对于第二产业的劳动生产率比值上升 0.01857 个百分点。

（五）模型检验结果

最后我们需要对模型所得到的结果进行检验，检验结果显示，自相关 LM 检验值和异方差 ARCH-LM 检验值分别为 16.4837（p 值 = 0.8062）和 11.8860（p 值 = 0.1564），正态性 J–B 检验值为 0.3111（p 值 = 0.8559），可以看出，本文所建立的 LSTR1 模型残差符合序列无关、同方差及正态性的假设，模型设定具有合意性。

五　结论及启示

（一）主要结论

第二产业和第三产业在其产品是否可贸易方面存在着重大的差别，这种差别直观呈现为货物贸易和服务贸易之间的不同。那么货物贸易和服务贸易的差别会不会使贸易对第二、第三产业劳动生产率的影响不同，从而造成产业间劳动生产率的差异性呢？带着这样的疑问，本文建立了李嘉图连续统模型，以此推导出货物贸易差额、服务贸易差额、相对工资水平和产业间劳动生产率差异的关系式，建立相应的计量模型。在计量模型的检验中，我们使用 1999 年第 1 季度至 2013 年第 4 季度中美服务贸易差额、中美货物贸易差额、中美相对工资水平及我国第二产业和第三产业相对劳动生产率差异的季度数据，利用平滑转换自回归模型（STR）来检验前三个变量对我国第二、第三产业相对劳动生产率差异的影响。研究结果表明：根据中美货物贸易量的不同，模型被分为线性相关和非线性相关两种状态，其中在线性相关状态下，中美货物贸易差额提高时（顺差增大），我国第三产业相对于第二产业的劳动生产率比就会下降；上一期的中美服务贸易差额提高时（逆差减少），当期我国第三产业对于第二产业的劳动生产率比就会上升；而在非线性状态下，上一期的中美相对工资水平上升时，当期我国第三产业对于第二产业的劳动生产率比就会上升。由此我们可以看出货物贸易差额和服务贸易差额在影响我国第三产业相对第二产业的劳动生产率大小的差异性，这进一步看出服务贸易对于第三产业劳动生产率提高的重要性，提高我国第三产业的可贸易程度、改善服务贸易长期逆差的状态有利于服务业劳动生产率的提高。

（二）启示

对于发展中国家来讲，制成品部门的劳动生产率往往在国际资本流动、技术交流、知识共享等过程中得到较快的提升，而服务产品较为复杂且其可贸易程度较低，会更多地与本国的要素禀赋和人力资本相结合，进行国际交流和转移的难度相对较大，因此服务部门的劳动生产率很难达到货物部门那样的劳动生产率。从这个角度上来讲，提高服务产品的可贸易程度是使其更多地接受国际先进技术熏陶、实现国际先进技术交流的有效手段。我国服务贸易一直呈现逆差的状态，可贸易程度的提升也会相应改善这种状态。具体来讲，要提高服务业发展水平和出口服务的附加值，培养服务贸易的国际竞争力；积极开放服务市场，降低对服务贸易领域市场准入的门槛，鼓励承接服务外包业务，并给予服务外包企业相应的低息信贷优惠；充分利用国内外资企业新型服务贸易部门所产生的技术外溢和劳动力流动，提高我国新型服务贸易部门的技术水平和管理手段，从而提高新型服务贸易产品的出口，优化我国服务贸易的结构；积极引进国外先进服务贸易产品技术和人才，并培养更多熟悉服务贸易的专业人才，同时完善人才的激励机制，防止国内专业服务贸易人才的流失；另外还要加强服务贸易的立法工作，完善服务贸易相关的法律法规，使服务贸易在法制化的轨道上进行。

参考文献

[1] 高帆：《中国劳动生产率的增长及其因素分解》，《经济理论与经济管理》2007年第 4 期。

[2] 柯蓉、秦莉：《长三角制造业劳动生产率空间差异研究——基于 ESDA 分析的证据》，《区域经济评论》2013 年第 2 期。

[3] 赖永剑：《地区劳动生产率差异分解与条件收敛——基于产业经济的结构分析》，《产经评论》2011 年第 1 期。

[4] 李小平：《中国制造业劳动生产率增长的源泉及其特征——基于"结构红利假说"》，《当代财经》2008 年第 3 期。

[5] 梁俊：《中国高技术产业的劳动生产率差异——基于 DEA 的实证分析》，《上海经济研究》2012 年第 3 期。

[6] 刘修岩：《集聚经济与劳动生产率：基于中国城市面板数据的实证研究》，《数量经济技术经济研究》2009 年第 7 期。

[7] 曲玥：《制造业劳动生产率变动及其源泉——基于中国 2000～2007 年规模以上制造业企业数据的估算》，《经济理论与经济管理》2010 年第 12 期。

[8] 邬民乐：《改革以来中国劳动生产率的增长因素：基于产业结构的分析》，《西北人口》2009 年第 2 期。

[9] 杨文举：《技术效率、技术进步、资本深化与经济增长——基于 DEA 的经验分析》，《世界经济》2006 年第 5 期。

[10] 袁富华：《劳动生产率：关联与差异——基于 GWR 模型的分析》，《经济学（季刊）》2011 年第 10 卷第 2 期。

[11] 周燕、黄建忠：《服务贸易、货物贸易和劳动生产率变动：理论和实证——基于李嘉图连续统模型的贸易差额分析》，《国际商务——对外经济贸易大学学报》2009 年第 4 期。

[12] Ciccone, A., R. E. Hall, "Productivity and the Density of Economic Activity," *American Economic Review* 86（1996）.

[13] Esteban, J., "Regional Convergence in Europe and Industry Mix：A Shift-share Analysis," *Regional Science and Urban Economics* 30（2000）.

[14] Kumar, S., R. R. Russell, "Technological Change, Technological Catch-up, and Capital Deepening：Relative Contributions to Growth and Convergences," *American Economic Review* 92（3）（2002）.

[15] Meijers, E., J. Burger, J. Martijn., "Urban Spatial Structure and Labor Productivity in US Metropolitan Areas," *Environment and Planning* 42（6）（2010）.

[16] Melvin, "Trade in Producer Services：H-O Approach," *Journal of Political Economics* 97（5）（1989）.

[17] Nordhaus, W. D., "Alternative Methods for Measuring Productivity Growth," *NBER Working Paper* w8095（2001）.

城市规模与发展质量篇

报告7
城市规模、空间聚集和经济发展质量研究[*]

——基于 264 个地级及地级以上城市的空间面板分析

张自然[**]

摘　要： 本文基于 264 个地级及地级以上城市的空间面板数据，运用空间杜宾模型（SDM）进行分析后发现，考虑空间权重后，经济发展质量与城市规模等相关影响因素有如下特点：（1）经济发展质量与城市规模的关系由"U"形曲线变成倒"U"形曲线，直接效应、间接效应和总效应都为经济发展质量与城市规模成"U"形曲线关系；（2）第二产业占 GDP 的比重、第三产业相对劳动生产率、第三产业人数占总的就业比重、固定资本存量、房价收入比指标、人均水供应量的系数为正；（3）人口密度、资本产出比、基础设施指数、工资收入、居民储蓄、空气质量优良天数、通货膨胀率指标、教育支出、人均可支配收入、外国直接投资、社会保险覆盖率、财政收入占 GDP 的比重、城市化水平的系数为负；（4）第三产业相对劳动生产率、第三产业人数占总的就业比重、教育支出、固定资本存量、社会保险覆盖率、人均水供应量、城市化水平的直接效应、间接效应和总效应都为正；（5）工资收入、空气质量优良天数、通货膨胀率指标、

---

　* 本文受国家社会科学基金重点课题"中国城市规模、空间聚集与管理模式研究"（批准文号：15AJL013）资助。

　** 张自然，博士，中国社会科学院经济研究所研究员，主要研究方向为技术进步与经济增长。

人均可支配收入的直接效应和总效应都为正，间接效应为负；
（6）资本产出比、居民储蓄的直接效应大部分为正，间接效应
和总效应为负；（7）房价收入比指标的直接效应和总效应为负，
间接效应为正；（8）人口密度、第二产业占 GDP 的比重、基础
设施指数、外国直接投资的直接效应、间接效应和总效应大部分
为负。本文还提出相应的政策建议：放开特大、超大城市人口规
模限制；提高第三产业相对劳动生产率，提高第三产业人数占总
的就业比重；提高教育支出；提高固定资本存量水平和使用效
率；提高社会保险覆盖率；提高城市化水平；提高人民工资收入
和人均可支配收入；改善空气质量，提高空气质量优良天数；改
善通货膨胀率指标，消费者价格指数控制在合理水平上。

关键词： 经济发展质量　城市规模　空间聚集　空间权重　第三产业相对
劳动生产率

我国经济已经转向高质量发展阶段，高质量发展的本质是以人民为中
心，高质量发展的核心是有效地提升经济发展质量。由此需要探讨影响经
济发展质量的相关因素，包括城市规模的大小、城市人口聚集程度以及体
制机制各方面，这就需要结合空间计量方法来探讨影响经济发展质量的相
关因素。本文在中国 264 个地级及地级以上城市（简称地级市）相关数据
的基础上探讨城市规模、空间聚集和经济发展质量的关系，包括五个方面
的内容：第一部分是理论综述；第二部分是理论分析；第三部分为空间权
重矩阵和模型构建及检验；第四部分是城市规模、空间聚集与经济发展质
量的实证分析和检验；第五部分是政策建议。

一　理论综述

国内外经济学者对城市规模、空间聚集、经济发展质量等方面进行了研

究。国内针对空间聚集与城市规模研究主要有：杨小凯和霍格宾（Yang & Hogbin，1990）在一个分权的分层网络框架中探讨了最优城市规模和城市层级问题，认为最优的城市层级是生产分工水平的增函数，是城市规模和交易效率的递减函数，分工水平提升将增加城市数量，城市规模越大、交易效率越高，城市数量就越少；柯善咨等人（2014）认为随着中国城市规模的扩大，城市人均产出率呈倒"U"形变化，随着产业结构向服务业转变，城市规模扩大的边际收益也随着增加，因此我国大部分地级市的实际规模仍小于最优规模；张自然（2015）采用1990~2011年的地级及地级以上城市的常住人口数据，按照不考虑人力资本、考虑人力资本和人均受教育年限几种情况分析了最大最优城市规模问题，得出中国城市的最优规模在600万人左右，城市规模净收益大于零的区间为65万~3569万人。以上研究主要是探讨城市空间聚集下的最优城市规模的问题。国外对空间聚集与城市规模研究的有：Alonso（1971），Evans（1972），Henderson（1974），Yezer和Goldfarb（1978），Carlino（1982），Camagni（1993）、斯特拉斯蔡姆（2001）、Au和Henderson（2006），阿瑟·奥莎利文（2008）、Palivos和Wang（1996）等。

国内研究城市规模与经济增长关系的有：张艳和刘亮（2007）利用1999~2004年的中国城市面板数据分析了经济聚集对城市人均GDP的影响后认为，经济聚集具有内生性，对城市经济增长具有显著的促进作用；高健和吴佩林（2016）利用2001~2013年我国291个地级及地级以上城市数据，采用广义矩估计（GMM）方法实证分析了城市经济增长的影响因素，阐述了城市人口规模与经济增长之间的关系，城市人口规模通过聚集经济效应对经济增长产生影响，两者之间存在明显的倒"U"形关系。

研究空间聚集与经济增长的关系的有：符淼（2009）对省区市空间面板数据进行分析后认为，随着距离增加而快速下降的技术外溢效应是导致局部聚集和东西部发展不平衡的原因，技术溢出效应强度减半的距离为1250公里；陆铭（2011）认为在2006年距离大港口（香港、上海或天津）450公里范围内，城市建成区面积的扩张促进了土地利用效率的提升，距离大港口越远，土地的利用效率越低；刘修岩等人（2012）基于中国地级市数据研究了聚集与地区经济增长，认为聚集对人均 GDP 的增长和生产率的增长都有显著的正向促进作用，当地区经济发展水平达到一定高度后，聚集的增长效应转变为负方向；周慧（2016）则基于 2009~2013 年我国中部地区 80 个地级市空间面板数据，通过引入省级虚拟变量将城镇化和其他影响因素对经济增长的空间溢出进行分解，认为城镇化对经济增长具有显著的区域内溢出效应，而忽略空间相关性的城镇化对经济增长的贡献率被低估。

国外研究城市规模、空间聚集与经济增长的关系的有：Henderson（1986）利用 20 世纪 70 年代美国和巴西的数据以城市规模构建模型，研究发现经济活动空间聚集的收益随着城市的扩张会逐渐消失，认为空间聚集对经济增长的促进作用有一定的范围，即随着城市规模的扩大，要素报酬也在增加，空间聚集引致的拥挤成本快速上升会抵消聚集产生的规模经济，说明存在最优城市规模；Fujita 和 Krugman（1995）认为企业利润随着市场潜力上升，企业将向市场潜力较大的地区集中，企业的集中又反过来提高该地区的市场潜力，经济聚集和经济增长之间存在相互促进的关系；Martin 和 Ottaviano（1999）认为当存在区域内外溢时，富裕地区的空间聚集和经济增长将会随着企业的集中而增加，空间聚集有利于促进区域经济增长；Baldwin 和 Forslid（2000）将新经济地理学和内生增长理论结合起来研究后认为，增长有利于经济聚集，经济聚集同时促进发达和欠发达地区的经济增长；Martin 和 Ottaviano（2001）构建了一个经济空间聚集与经济增长的自我强化模型，认为由于贸易成本和规模报酬递增的作用，厂商会在需求强劲、技术创新活跃的地区聚集，而经济聚集的规模效应和技术外溢会降低聚集地区的创新成本并提高经济效益，证实区域经济的空间聚集能够降低创新成本并促进经济增长；Futagami 和 Ohkusa（2003）从产品多样性的角度研究城市规模和经济增长的关系，发现基于人口数量的市场规模和经济增长之间存在倒"U"形关系，城市规模偏小和过大都不利于经济增长，中等规模的城市经济增长率最高；Baldwin 和 Martin（2004）分别从资本流动性和知识外溢两个方面来分析空间聚集和经济增长的关系，认为在交易成本很低的情况下空间聚集有利于促进经济增长，并认为城市人口规模扩大存在的正外部性和聚集效应对经济增长具有推动作用。

从经济发展质量内涵角度研究的有：郭克莎（1996）认为经济发展质量主要表现在经济增长的效率、国际竞争力、通货膨胀程度以及环境污染状况四个方面；肖红叶和李腊生（1998）从经济增长的稳定性、协调性、持续性和增长潜能四个方面对我国的经济发展质量进行了统计测度；维诺德·托马斯（2001）认为经济发展质量应当包括福利、教育、自然环境、资本市场抵抗外部风险的能力以及腐败等；刘树成（2007）认为经济发展质量应涵盖增长的稳定性、增长方式的可持续性、增长结构的协调性、增长效益的和谐性四个方面；钞小静和任保平（2011）将经济发展质量的外延内涵界定为经济增长的结构、稳定性、福利变化与成果分配以及资源利用和生态环境代价四个维度；魏敏和李书昊（2018）从动力机制转变、经济结构优化、开放稳定共享、生态环境和谐和人民生活幸福五个方面对我国各省经济增长质量进行了评价；张自然等人（2019）认为经济发展质量包含经济增长、增长潜力、政府效率、人民生活和环境质量五个部分。

从经济发展质量的影响角度研究的有：Barro（2002）从预期寿命、生育率、社会福利、环境、收入公平、宗教信仰和政治体制等方面出发对各国经济增长质量进行了实证分析；杨文和刘永功（2015）认为城市发展质量与户籍城市化率线性相关；郝颖等人（2014）从微观视角研究了企业投资活动对地区经济增长质量的影响，认为在经济规模较小的地区，企业固定资产与权证投资降低了经济增长质量，技术投资则提升了经济增长质量。

詹新宇和崔培培（2016）以"五大发展理念"为分析框架，研究发现绿色和共享是促进经济增长质量指数提高的重要因素，而创新、协调和开放对部分地区经济增长质量指数具有阻碍作用；杨孟禹和张可云（2016）利用2000~2013年中国省际面板数据的空间杜宾模型研究服务业集聚及其空间溢出对经济增长质量的影响，认为多样化服务业集聚对本省份和邻近省份的经济增长质量作用为正；赵可等人（2016）认为人力资本、城市化、产业结构升级、基础设施等变量对经济增长质量有正影响；陈诗一和陈登科

（2018）认为雾霾污染显著降低了中国经济发展质量，城市化与人力资本是雾霾污染影响中国经济发展质量的两个重要传导渠道，政府环境治理能够有效降低雾霾污染，从而促进经济发展质量的提升，雾霾污染对大中城市经济发展质量的负面影响显著高于小城市，且随时间推移雾霾污染的负面效应越来越显著；刘瑞翔和夏琪琪（2018）对全国 31 个省域 2001~2015 年空间杜宾模型分析后认为，各省域的人口城市化率及人力资本水平的提高对于本省域的经济增长质量具有明显的促进作用，但是对周边省域经济增长质量具有负面影响；史丹和李鹏（2019）认为创新对经济高质量发展的贡献不足，绿色全要素生产率和高科技出口占制成品出口比重仍然偏低，对经济高质量发展的拉动作用不足，研发投入强度、创新人才储备、劳动生产率等与发达国家仍有较大差距；黄永明和姜泽林（2019）认为金融结构指标存在阈值，此时产业专业化集聚对我国经济发展质量的作用较大，合理调整金融结构、加强多样化产业集聚治理、提高专业化产业集聚水平等是促进经济高质量发展的重要路径；鲁永刚和张凯（2019）认为资源产业依赖通过政府效率影响地区经济发展质量；黄庆华等人（2020）认为产业集聚促进经济增长并促进了环境保护，同时提升了长江经济带沿线地区经济发展质量；梁志霞和毕胜（2020）研究京津冀城市群 13 个城市的数据后认为，固定资产投资水平、财政支出水平、交通与通信水平、对外开放度、第二产业和第三产业增加值等对城市发展质量水平有一定的影响；杨旭等（2020）认为金融集聚对经济发展质量的影响随着制度环境的改善而由负转正，与西部地区相比，东部沿海地区金融集聚对经济发展绩效及经济发展质量的促进作用更加强烈。

从上面的研究可以看出，已有的研究集中于研究最优城市规模、城市规模与空间聚集、城市规模与经济发展质量，但同时对城市规模、空间聚集和经济发展质量展开研究的不太常见，中国地级市层面的相关研究则更少。本文在中国 264 个地级及地级以上城市空间面板数据的基础上探讨城市规模、空间聚集和经济发展质量的关系。按 2018 年地级市常住人口计算，本文的 264 个地级及地级以上城市覆盖人口占全国常住人口的 89.36%。2018 年 264 个地级及地级以上城市代表的国内生产总值占全国国内生产总值的比至少在 90% ~ 95%，因此无论常住人口数还是国内生产总值，本文所选取的 264 个地级及地级以上城市具有很大的代表性。

二　理论分析

随着城市化进程的深化，人口逐渐向城市集中，而且大量的人口向大城市、超大城市集中。城市规模的扩大引致人口和各种要素向城市集中，产生空间聚集效应。同时各种要素空间聚集产生正的外部性，吸引更多的农业人口市民化，参与城市建设，城市规模进一步扩大，这一点在大城市、超大城市尤其明显。

城市规模和空间聚集促进经济发展质量的增长。城市规模的不断扩大，各种生产要素的空间聚集效应加强，直接促进所在城市的经济增长，进而促进经济发展质量的增长。

空间聚集对邻近城市产生外溢效应，促进邻近城市的经济发展质量的提升。城市规模扩大产生的空间聚集效应，除了带动本地区的城市经济发展质量的增长，同时对邻近城市的经济发展质量产生空间外溢。地理经济学第一定律空间相关性定律指出，所有事物相关，较近的事物比远些的相关性更强（Tobler，1970）。这里引入空间计量来对 264 个地级及地级以上城市的城市规模、空间聚集与经济发展质量进行研究。引入空间计量的前提是相关变量的 Moran's I 指数大于零，这一点后面将得到验证。

影响经济发展质量的除了城市规模、空间聚集，还包括资本、劳动、人力资本、外国直接投资、产业结构（第二产业占 GDP 的比重、第三产业占 GDP 的比重）、城市化水平、财政支出占 GDP 的比重、通货膨胀率、社会保险覆盖率、医疗保险覆盖率、财政收入占 GDP 的比重、房价收入比指标、个人财富和经济发展质量等多个方面。

三 空间权重矩阵和模型构建及检验

（一）模型构建

由上面的理论分析构建以下模型：

$$
\begin{aligned}
devQuality_{it} &= \beta_1 \ln P_{it} + \beta_2 \ln P_{it}^2 + \beta_3 \ln ncityPopDens_{it} + \beta_4 \ln K_{it} \\
&+ \beta_5 GDP2_{it} + \beta_6 L3Rate_{it} + \beta_7 URBAN_{it} + \beta_8 Koutput_{it} + \beta_9 infrastruct_{it} + \beta_{10} income_{it} \\
&+ \beta_{11} prod3\_2_{it} + \beta_{12} save_{it} + \beta_{13} \ln goodAirDays_{it} + \beta_{14} inflation_{it} + \beta_{15} finEdu_{it} \quad (1) \\
&+ \beta_{16} \ln pIncome_{it} + \beta_{17} FDI_{it} + \beta_{18} socInsurance_{it} + \beta_{19} housePRev_{it} \\
&+ \beta_{20} rev\_GDP_{it} + \beta_{21} \ln waterSupply_{it} + \varepsilon_{it}
\end{aligned}
$$

其中，$devQuality_{it}$ 为城市 i 在 t 时期的经济发展质量的对数；$\ln P_{it}$ 是以全市人口表示的城市规模的对数；$\ln P_{it}^2$ 是城市规模对数的平方；$\ln ncityPopDens_{it}$ 是全市人口密度的对数；$\ln K_{it}$ 是固定资本存量的对数；$GDP2_{it}$ 是第二产业占 GDP 的比重；$L3Rate_{it}$ 是第三产业人数占总的就业比重；$URBAN_{it}$ 表示城市化水平；$Koutput_{it}$ 为资本产出比；$infrastruct_{it}$ 为基础设施指数；$income_{it}$ 为工资收入；$prod3\_2_{it}$ 为第三产业相对劳动生产率；$save_{it}$ 为居民储蓄；$\ln goodAirDays_{it}$ 为空气质量优良天数的对数；$inflation_{it}$ 为通货膨胀率指标；FDI_{it} 为外国直接投资；$finEdu_{it}$ 为地方财政中教育支出的比重；$\ln pIncome_{it}$ 为人均可支配收入的对数；$socInsurance_{it}$ 为社会保险覆盖率；$housePRev_{it}$ 为房价收入比指标；rev_GDP_{it} 为财政收入占 GDP 的比重；$\ln waterSupply_{it}$ 为人均水供应量的对数；ε_{it} 为误差项。

简化为一般模型：

$$
y_{i,t} = \alpha_i + \lambda_t + x_{i,t}\beta + \varepsilon_{it} \quad\quad (2)
$$

用向量模型表示如下：

$$
y_t = x_{it}\beta + \alpha + \lambda_t t_n + \varepsilon_t \quad\quad (3)
$$

其中，$\alpha = [a_1, a_2, \cdots, a_n]$；$\varepsilon_t \sim N(0, \sigma_\varepsilon^2 I_n)$，$I_n$ 是（$n×1$）的列向量，每个元素均为 1。

$$y_t = \begin{bmatrix} y_{1t} \\ y_{2t} \\ \cdots \\ y_{nt} \end{bmatrix}, x_t = \begin{bmatrix} 1 & x_{21t} & \cdots & x_{k1t} \\ 1 & x_{22t} & \cdots & x_{k2t} \\ \cdots & \cdots & \cdots & \cdots \\ 1 & x_{n1t} & \cdots & x_{knt} \end{bmatrix}$$

$$\beta = [\beta_1, \beta_2, \cdots, \beta_n]'$$

假设地理经济学第一定律成立，即各城市经济发展质量根据距离远近彼此都会有一定的影响，距离近的城市相互影响较大，距离远的城市相互间影响较小。传统的计量模型（1）不能反映空间地理位置的影响，本文考虑将城市空间聚集效应考虑进模型（1）。空间面板模型有空间杜宾模型（SDM）、空间滞后模型（SLM）、空间自回归模型（SAR）和空间误差模型（SEM），这里根据实际情况考虑空间杜宾模型（SDM）空间面板模型情况，下文将检验 SLM 模型和 SEM 模型不适合本研究。

SDM 模型：

$$y_{i,t} = \alpha_i + \lambda_t + \rho \sum_{j=1}^{N} \omega_{i,j} y_{i,t} + x_{i,t}\beta + \sum_{j=1}^{N} \omega_{i,j} x_{i,j,t}\theta + \varepsilon_{it} \tag{4}$$

SDM 向量模型：

$$y_t = \rho W y_t + x_t\beta + W x_t\theta + \alpha + \lambda_t t_n + \varepsilon_t \tag{5}$$

其中，$\alpha = [a_1, a_2, \cdots, a_n]$；$\varepsilon_t \sim N(0, \sigma_\varepsilon^2 I_n)$，$I_n$ 是（$n×1$）的列向量，每个元素均为 1。

$$y_t = \begin{bmatrix} y_{1t} \\ y_{2t} \\ \cdots \\ y_{nt} \end{bmatrix}, x_t = \begin{bmatrix} 1 & x_{21t} & \cdots & x_{k1t} \\ 1 & x_{22t} & \cdots & x_{k2t} \\ \cdots & \cdots & \cdots & \cdots \\ 1 & x_{n1t} & \cdots & x_{knt} \end{bmatrix}$$

$$\beta = [\beta_1, \beta_2, \cdots, \beta_n]', \theta = [\theta_1, \theta_2, \cdots, \theta_n]'$$

y_t 表示 $devQuality_{it}$，为城市 i 在 t 时期经济发展质量；$x_{i,t}$ 分别为

$\ln P_{it}$、$\ln P_{it}{}^2$、$\ln cityPopDens_{it}$、$\ln K_{it}$、$GDP2_{it}$、$L3Rate_{it}$、$URBAN_{it}$、$Koutput_{it}$、$infrastruct_{it}$、$income_{it}$、$prod3\_2_{it}$、$save_{it}$、$\ln goodAirDays_{it}$、$inflation_{it}$、$finEdu_{it}$、$\ln pIncome_{it}$、FDI_{it}、$socInsurance_{it}$、$housePRev_{it}$、rev_GDP_{it}、$\ln waterSupply_{it}$ 等变量。

ρ 是空间回归系数，表示相邻城市观测值对本城市观测值的影响程度；λ 是空间误差系数，相邻城市由于因变量的误差对本城市观测值的影响程度；ε_{it} 都是随机误差项，并服从正态分布；W 为空间权重矩阵。

（二）变量解释

（1）经济发展质量

经济发展质量由 1990~2018 年的中国地级及地级以上城市经济发展质量的一级指标经济增长、增长潜力、政府效率、人民生活和环境质量加权平均和对产出效率、经济结构、经济稳定、产出消耗、增长可持续性、公共服务效率、社会保障、收入水平、健康保障、生活质量、生态环境、工业及生活排放、空气监测等方面共计 61 个具体指标进行主成分分析得出。经济发展质量的具体指标用 $devQuality$ 表示。

（2）城市规模

城市规模用全市常住人口总数来表示，变量用城市规模的对数 $\ln p$ 和城市规模对数的平方 $\ln p^2$ 来代表。一般而言，被解释变量与城市规模呈倒 "U" 形曲线关系。

（3）人口密度

人口密度用全市每平方公里常住人口总数来表示，具体指标用人口密度的对数 $\ln cityPopDens$ 来表示。

（4）固定资本存量

固定资本存量以 1990 年为基期，采用永续盘存法来计算，基年的固定资本存量用各省份固定资本存量推得，固定资产投资价格指数直接采用省份值，折旧率采用 5%，具体指标用固定资本存量的对数 $\ln K$ 来表示。

（5）第二产业占 GDP 的比重

具体指标用 *GDP2* 表示。

（6）第三产业人数占总的就业比重

具体指标用 *L3Rate* 来表示。

（7）城市化水平

用城镇常住人口占全市总的常住人口的比重来表示，具体指标用 *urban* 来表示。

（8）资本产出比

由不变价格表示的单位固定资本存量的 GDP 产出，具体指标用 *Koutput* 来表示。

（9）基础设施指数

基础设施由教育基础设施指数、交通基础设施指数、基础设施指数、电信基础设施指数四项几何平均得到，具体指标用 *infrastruct* 来表示。

（10）工资收入

工资总额占 GDP 的比，具体指标用 *income* 来表示。

（11）第三产业相对劳动生产率

即第三产业的劳动生产率与第二产业劳动生产率的比，衡量第三产业与第二产业生产的相对劳动效率，具体指标用 *prod3_ 2* 表示。

（12）居民储蓄

居民储蓄是指居民储蓄存款年末余额与国内生产总值现价的比，具体指标用 *save* 表示。

（13）空气质量优良天数

空气质量优良天数的对数，具体指标用 ln*goodAirDays* 来表示。

（14）通货膨胀率指标

已正向化，消费者价格指数的倒数，具体指标用 *inflation* 来表示。

（15）教育支出

地方财政支出中教育支出的比重，具体指标用 *finEdu* 来表示。

（16）人均可支配收入

具体指标用人均可支配收入的对数 lnpIncome 来表示。

（17）外国直接投资

外国直接投资即外国直接投资占 GDP 现价的比重，外国直接投资以美元为单位，用当年人民币对美元汇率换算成人民币，并除以当年各城市 GDP 现价，具体指标用 FDI 来表示。

（18）社会保险覆盖率

城镇社会保险覆盖率，具体指标用 SocInsurance 来表示。

（19）房价收入比指标

房价收入比正向化，具体指标用 housePRev 表示。

（20）财政收入

地方财政收入占 GDP 的比重，具体指标用 rev_ GDP 来表示。

（21）人均水供应量

人均水供应量的对数，具体指标用 lnwaterSupply 来表示。

以上数据均来自历年《中国城市统计年鉴》、《中国统计年鉴》、各省区市统计年鉴、各城市国民经济和社会发展统计公报等。

（三）构建空间权重矩阵

空间权重矩阵有以下几种类型：邻近空间权重矩阵、反距离空间权重矩阵、反距离平方空间矩阵、二进制空间权重矩阵、距离衰减空间权重矩阵、经济距离空间矩阵、反经济距离空间矩阵、社会网络空间矩阵、社会经济空间矩阵、K 空间矩阵。常用的有反距离空间权重矩阵和邻近空间权重矩阵两种。由于邻近空间权重矩阵只能反映邻近地级市之间的影响，忽略了不同距离的地级市之间的相互作用，而反距离空间权重矩阵更能体现不同距离地级市之间的空间依赖和相互影响，本文选择反距离空间权重矩阵来对 264 个地级及地级以上城市的经济发展质量进行空间计量分析。

（四）模型适用性相关检验

空间计量分析的前提是经济发展质量存在全局空间自相关，通过

Moran's I 指数可以检验全局空间自相关性。如图 1 所示，1990~2018 年经济发展质量的 Moran's I 指数在 0.3 左右波动，全部大于 0，且均在 1% 条件下显著，说明中国 264 个地级及地级以上城市的经济发展质量存在显著的空间依赖性，经济发展质量存在空间自相关且为正相关。经济发展质量较高的城市，周边城市的经济发展质量也较高。由于空间相关性的存在，传统分析的面板数据得出的计量结果是有偏差的，不能真实反映经济发展质量情况，也不能反映城市人口规模对经济发展质量的影响，因此本文采用地级市层面的空间计量来进行分析。

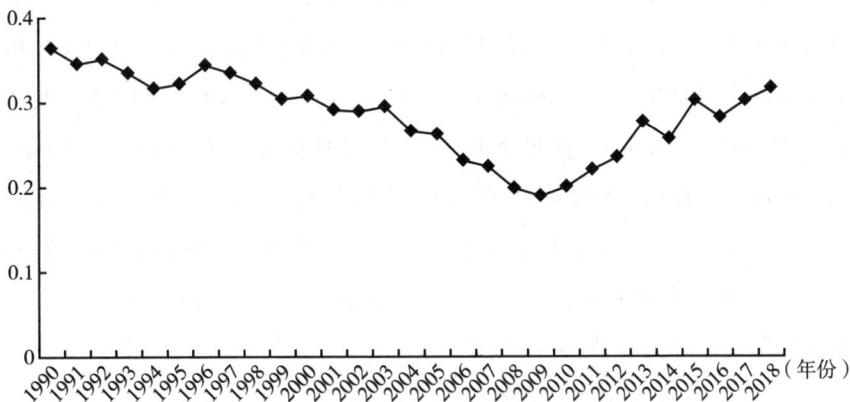

图 1 经济发展质量的 Moran's I 指数检验

本文采用 Wald SAR 检验和 LR 检验来选择合适的空间计量模型。Wald 检验说明本文所选取的空间杜宾模型（SDM）不会退化为空间滞后模型（SLM）或空间误差模型（SEM）。LR 检验拒绝了原假设，说明本文采用 SDM 模型进行估计是合理的。豪斯曼检验的结果不能判断采用固定效应或是随机效应（Mundlak，1978）。最后，通过 Levin-Lin-Chu test 和 Im-Pesaran-Shin test 两种单位根检验方式进行检验，所有解释变量和被解释变量的一阶差分均平稳。

四 城市规模、空间聚集与经济发展质量的实证分析和检验

（一）实证分析

表 1 的 8 个模型都是基于空间杜宾模型（SDM），模型 1 为经济发展质量与所有变量的回归，其中，lnp、lnp^2、$lncityPopDens$、$GDP2$、$Koutput$、$infrastruct$、$income$、$prod3\_2$、$save$、$lngoodAirDays$、$inflation$、$L3Rate$、$finEdu$、$lnpIncome$ 等变量为基本变量，在模型 2~模型 7 的空间滞后项系数均显著。模型 3 在基本变量的基础上增加 lnK、$lnwaterSupply$、$urban$；模型 4 在基本变量的基础上增加 FDI、$socInsurance$、$urban$；模型 5 在基本变量的基础上增加 lnK、rev_GDP、$lnwaterSupply$、$urban$；模型 6 在基本变量的基础上增加 FDI、$socInsurance$、$housePRev$、$urban$；模型 2 在模型 6 的基础上去掉了 $lncityPopDens$；模型 7 在基本变量的基础上增加 FDI、$socInsurance$、$housePRev$、rev_GDP、$urban$；模型 8 在模型 7 的基础上去掉 $lncityPopDens$。

其中，$devQuality$ 为经济发展质量；lnp 为城市规模的对数；lnp^2 为城市规模对数的平方；$lncityPopDens$ 为人口密度的对数；lnK 为固定资本存量的对数；$GDP2$ 为第二产业占 GDP 的比重；$L3Rate$ 为第三产业人数占总的就业比重；$urban$ 为城市化水平；$Koutput$ 为资本产出比；$infrastruct$ 为基础设施指数；$income$ 为工资收入；$prod3\_2$ 为第三产业相对劳动生产率；$save$ 为居民储蓄；$lngoodAirDays$ 为空气质量优良天数的对数；$inflation$ 为通货膨胀率指标；$finEdu$ 为教育支出占地方财政支出的比重；$lnpIncome$ 为人均可支配收入的对数；FDI 为外国直接投资；$socInsurance$ 为社会保险覆盖率；$housePRev$ 为房价收入比指标；rev_GDP 为财政收入占 GDP 的比重；$lnwaterSupply$ 为人均水供应量的对数。

从空间滞后项来看，模型 1 的 rev_GDP、$lnwaterSupply$ 和 $urban$ 三个变量不显著，其他变量均显著。

表 1　实证结果（1990~2018 年）

	模型 1	模型 2	模型 3	模型 4	模型 5	模型 6	模型 7	模型 8
lnp	-0.3494***	-0.3646***	-0.3741***	-0.3556***	-0.3931***	-0.3641***	-0.3793***	-0.3807***
lnp²	0.0345***	0.0357***	0.0387***	0.0363***	0.04***	0.0366***	0.0377***	0.0368***
lncityPopDens	-0.0179***		-0.0207***	-0.0186***	-0.0205***	-0.018***	-0.018***	
GDP2	-0.3661***	-0.344***	-0.3869***	-0.3204***	-0.3823***	-0.3258***	-0.3235***	-0.3417***
Koutput	0.0173***	0.0048	0.0297***	0.0062*	0.0301***	0.0062*	0.0071**	0.0057
infrastruct	-0.0664***	-0.0379***	-0.0644***	-0.0518***	-0.0659***	-0.0553***	-0.0566***	-0.0392***
income	0.5851***	0.629***	0.6377***	0.6294***	0.5997***	0.6334***	0.6051***	0.5988***
prod3_2	0.0134***	0.0149***	0.0128***	0.0183***	0.0147***	0.0174***	0.0189***	0.0165***
save	0.0657***	0.069***	0.0695***	0.0696***	0.0687***	0.0664***	0.0657***	0.0683***
lngoodAirDays	0.0843***	0.0863***	0.0835***	0.0868***	0.0836***	0.0863***	0.0863***	0.0863***
inflation	0.2884***	0.2805***	0.2815***	0.2826***	0.2874***	0.2822***	0.2869***	0.2851***
L3Rate	0.0568***	0.0601***	0.05***	0.0659***	0.0533***	0.0664***	0.0687***	0.0626***
finEdu	1.5486***	1.5793***	1.4473***	1.543***	1.3918***	1.5561***	1.5105***	1.5303***
lnpIncome	0.069***	0.0833***	0.0416***	0.0573***	0.0395***	0.0776***	0.0755***	0.081***
lnK	0.0074**		0.008**		0.0079**			
FDI	-0.229***	-0.2526***		-0.2484***		-0.2475***	-0.2345***	-0.2396***
soclnsurance	0.2923***	0.3167***		0.3091***		0.3069***	0.2995***	0.3088***
housePRev	-0.0044***	-0.0049***				-0.0046***	-0.0046***	-0.0048***
rev_GDP	0.1317***		0.0237***		0.1897***		0.1428***	0.1503***
lnwaterSupply	0.0206***				0.0232***			
urban	0.201***	0.2295***	0.2028***	0.2327***	0.1942***	0.2343***	0.2273***	0.2223***
_cons	0.3487*	0.3095	0.0789	0.6086***	0.0695	0.5963***	0.5934***	0.3078
W_x	模型 1	模型 2	模型 3	模型 4	模型 5	模型 6	模型 7	模型 8
W*lnp	0.1778***	0.1837***	0.2616***	0.1393***	0.2808***	0.1519**	0.1687***	0.2006***
W*lnp²	-0.0131**	-0.0201***	-0.0246***	-0.0132***	-0.026***	-0.0139***	-0.0152***	-0.0214***

续表

W×x	模型 1	模型 2	模型 3	模型 4	模型 5	模型 6	模型 7	模型 8
W* lncityPopDens	-0.0231***		-0.0241***	-0.0242***	-0.0226***	-0.0244***	-0.0235***	-0.0231***
W* GDP2	0.2714***	0.1866***	0.3669***	0.1917***	0.3628***	0.199***	0.1951***	0.1857***
W* Koutput	-0.0949***	-0.0581***	-0.0218*	-0.0553***	-0.0241*	-0.0546***	-0.0565***	-0.0605***
W* infrastruct	-0.1419***	-0.0989***	-0.1273***	-0.1391***	-0.1216***	-0.1353***	-0.133***	-0.096***
W* income	-0.4709***	-0.4533***	-0.4288***	-0.4379***	-0.4001***	-0.4483***	-0.4205***	-0.4296***
W* prod3_2	0.0415***	0.0314***	0.0598***	0.0371***	0.0572***	0.0387***	0.0366***	0.0298***
W* save	-0.1126***	-0.117***	-0.0962***	-0.1236***	-0.0947***	-0.1211***	-0.1203***	-0.1161***
W* lngoodAirDays	-0.0682***	-0.0691***	-0.0621***	-0.0717***	-0.0622***	-0.0717***	-0.0719***	-0.0692***
W* inflation	-0.2172***	-0.2095***	-0.2185***	-0.212***	-0.2256***	-0.2122***	-0.2179***	-0.2151***
W* L3Rate	0.1245***	0.1041***	0.0905***	0.1223***	0.0857***	0.1251***	0.1198***	0.1016***
W* finEdu	-0.776***	-0.7278***	-0.4928*	-0.9033***	-0.4388*	-0.8816***	-0.8139***	-0.6945***
W* lnpIncome	-0.0353***	-0.0588***	-0.0368***	-0.0352***	-0.0345***	-0.0547***	-0.0524***	-0.0561***
W* lnK	-0.0241***		0.0204***		0.0209***			-0.0819
W* FDI	-0.1864***	-0.0606		-0.1771**		-0.1692**	-0.1841**	-0.0628
W* socInsurance	-0.1019***	-0.0687*		-0.1059**		-0.1065***	-0.098**	
W* housePRev	0.0033***	0.004**				0.0043***	0.0042***	0.004**
W* ren_GDP	-0.1012				-0.178***		-0.165***	-0.1387**
W* lnwaterSupply	0.0058		0.0206***		0.0213***			
W* urban	-0.0239	-0.0834**	-0.0961**	-0.0636*	-0.0929**	-0.0723**	-0.0654*	-0.079**
Spatial ρ	0.6871***	0.6965***	0.7211***	0.6883***	0.7215***	0.6896***	0.6897***	0.6969***
Variance θ	-2.1177***	-2.1602***	-2.1645***	-2.24***	-2.1556***	-2.1936***	-2.1877***	-2.1532***
σ	0.0033***	0.0034***	0.0034***	0.0033***	0.0034***	0.0033***	0.0033***	0.0033***

注：*** 表示在 1%水平上显著，** 表示在 5%水平上显著，* 表示在 10%水平上显著。

从模型 2~模型 7 经济发展质量与城市规模的关系由"U"形曲线变成倒"U"形曲线。第二产业占 GDP 的比重、第三产业相对劳动生产率、第三产业人数占总的就业比重、固定资本存量、房价收入比指标、人均水供应量的系数为正。

人口密度、资本产出比、基础设施指数、工资收入、居民储蓄、空气质量优良天数、通货膨胀率指标、教育支出、人均可支配收入、外国直接投资、社会保险覆盖率、财政收入占 GDP 的比重、城市化水平的系数为负。

表 2 显示了直接效应、间接效应和总效应的实证分析结果。模型 2~模型 8 经济发展质量与城市规模呈"U"形曲线关系，间接效应都不显著，直接效应和总效应都显著。

第三产业相对劳动生产率、第三产业人数占总的就业比重、教育支出、固定资本存量、社会保险覆盖率、人均水供应量、城市化水平的直接效应、间接效应和总效应都为正。其中，第三产业相对劳动生产率的直接效应、间接效应和总效应都显著；第三产业人数占总的就业比重的直接效应、间接效应和总效应都显著；教育支出的间接效应部分不显著，直接效应和总效应都显著；固定资本存量的直接效应、间接效应和总效应都显著；社会保险覆盖率的直接效应、间接效应和总效应都显著；人均水供应量的直接效应、间接效应和总效应都显著；城市化水平的间接效应大部分显著，直接效应和总效应都显著。

工资收入、空气质量优良天数、通货膨胀率指标、人均可支配收入的直接效应和总效应为正，间接效应为负。其中，工资收入的间接效应都不显著，直接效应和总效应都显著；空气质量优良天数的间接效应都不显著，直接效应和总效应都显著；通货膨胀率指标的间接效应都不显著，直接效应和总效应都显著；人均可支配收入的直接效应都显著，间接效应都不显著，总效应大部分显著。

资本产出比、居民储蓄的直接效应大部分为正，间接效应和总效应为负。其中，资本产出比的直接效应部分不显著，间接效应和总效应大部分显

表 2 直接效应、间接效应和总效应（1990~2018 年）

LR_Direct	模型 1	模型 2	模型 3	模型 4	模型 5	模型 6	模型 7	模型 8
lnp	-0.3538***	-0.3697***	-0.3732***	-0.3639***	-0.3917***	-0.372***	-0.3868***	-0.3855***
lnp^2	0.0354***	0.0359***	0.0389***	0.0373***	0.0401***	0.0375***	0.0385***	0.037***
lncityPopDens	-0.0209***		-0.0246***	-0.0219***	-0.0242***	-0.0213***	-0.0212***	
GDP2	-0.3647***	-0.3478***	-0.3779***	-0.3235***	-0.3736***	-0.3287***	-0.3267***	-0.3454***
Koutput	0.0096*	-0.0005	0.0297***	0.0014	0.03***	0.0013	0.0021	0.0002
infrastruct	-0.0834***	-0.0499***	-0.0823***	-0.0678***	-0.0834***	-0.0712***	-0.0724***	-0.0512***
income	0.5786***	0.6287***	0.6407***	0.6286***	0.6032***	0.6322***	0.6047***	0.5988***
prod3_2	0.0182***	0.0191***	0.02***	0.0229***	0.0219***	0.0222***	0.0235***	0.0206***
save	0.0598***	0.0621***	0.0652***	0.063***	0.0644***	0.0598***	0.0592***	0.0615***
lngoodAirDays	0.0836***	0.0862***	0.0836***	0.086***	0.0837***	0.0855***	0.0855***	0.0862***
inflation	0.2858***	0.2799***	0.2792***	0.2803***	0.2851***	0.28***	0.284***	0.2844***
L3Rate	0.073***	0.0742***	0.0642***	0.0825***	0.067***	0.0832***	0.085***	0.0772***
finEdu	1.5649***	1.6248***	1.4935***	1.5456***	1.4399***	1.5624***	1.5207***	1.5715***
lnpIncome	0.0707***	0.0827***	0.0414***	0.0583***	0.0395***	0.0781***	0.0761***	0.0806***
lnK	0.0056		0.0108***		0.0106***			
FDI	-0.2602***	-0.2746***		-0.2826*		-0.2814***	-0.2689***	-0.2629***
sochnsurance	0.3041***	0.3311***		0.32***		0.3176***	0.3105***	0.3233***
housePRev	-0.0044***	-0.0048***				-0.0045***	-0.0044***	-0.0048***
rev_GDP	0.1299***		0.0278***		0.1853***			
lnwaterSupply	0.0225***				0.0275***		0.1347***	0.1504***
urban	0.2109***	0.2386***	0.2099***	0.2435***	0.1981***	0.2419***	0.2359***	0.2287***

续表

LR_Indirect	模型 1	模型 2	模型 3	模型 4	模型 5	模型 6	模型 7	模型 8
lnp	-0.1902	-0.2134	-0.0161	-0.3194	-0.0024	-0.3065	0.2936	-0.2011
lnp^2	0.0325*	0.0142	0.0106	0.036*	0.0088	0.0348*	0.0339*	0.0129
$lncityPopDens$	-0.1093***		-0.1359***	-0.1154***	-0.13***	-0.115***	-0.1125***	
$GDP2$	0.0621	-0.1717	0.3085**	-0.0879	0.3012**	-0.0833	-0.0911	-0.1683
$Koutput$	-0.2545***	-0.175***	-0.0026	-0.1594***	-0.0084	-0.1581***	-0.1623***	-0.1817***
$infrastruct$	-0.5779***	-0.3995***	-0.6058***	-0.5443***	-0.5908***	-0.5433***	-0.5368***	-0.3965***
$income$	-0.2057	-0.0523	0.1036	-0.0175	0.1169	-0.0325	-0.0045	-0.0424
$prod3\_2$	0.1601***	0.1322***	0.2405***	0.1549***	0.2376***	0.1595***	0.1549***	0.133***
$save$	-0.2133***	-0.22***	-0.1597***	-0.235***	0.1582***	-0.2366***	-0.2343***	-0.2183***
$lngoodAirDays$	-0.033	-0.0286	-0.0056	-0.0363	-0.0057	-0.0375	-0.036	-0.0289
$inflation$	-0.0589	-0.0439	-0.0492	-0.0505	-0.0525	-0.0467	-0.0682	-0.0507
$L3Rate$	0.5141***	0.4636***	0.4478***	0.5287***	0.4306***	0.5357***	0.519***	0.4772***
$finEdu$	0.9168	1.2699*	1.8997**	0.4759	1.9566**	0.5997	0.7224	1.1249
$lnpIncome$	0.0364	0.003	-0.0255	0.0117	-0.0217	-0.0053	-0.0022	0.001
lnK	-0.0579**		0.0915***		0.0928***			
FDI	-1.0529***	-0.7597***		-1.0786***		-1.0688***	-1.0843***	-0.8004***
$socInsurance$	0.3057***	0.4872***		0.3378***		0.3298***	0.3398***	0.4901***
$housePRev$	0.001	0.0022				0.0036	0.0032	0.0015
rev_GDP	-0.038				-0.1544		-0.212	-0.1025
$lnwaterSupply$	0.0612***		0.1326***		0.1308***			
$urban$	0.3539***	0.2443**	0.1762	0.3***	0.1711	0.2858***	0.2926***	0.2445**

续表

LR_Total	模型 1	模型 2	模型 3	模型 4	模型 5	模型 6	模型 7	模型 8
lnp	-0.544***	-0.5831**	-0.3892	-0.6832***	-0.3941	-0.6785***	-0.6804***	-0.5866**
lnp²	0.0679***	0.0502*	0.0495**	0.0733***	0.0489*	0.0723***	0.0724***	0.05**
lncityPopDens	-0.1302***		-0.1604***	-0.1372***	-0.1543***	-0.1362***	0.1337***	
GDP2	-0.3026**	-0.5195***	-0.0694	-0.4114***	-0.0724	-0.412***	0.4179***	-0.5137**
Koutput	-0.2449***	-0.1755***	0.0271	-0.158***	0.0216	-0.1568***	-0.1602***	-0.1815**
infrastruct	-0.6613***	-0.4495***	-0.6881***	-0.612***	-0.6742***	-0.6145***	-0.6091***	-0.4477***
income	0.373***	0.5764***	0.7444***	0.6111***	0.7201***	0.5997***	0.6002***	0.5565***
prod3_2	0.1782***	0.1513***	0.2605***	0.1778***	0.2594***	0.1817***	0.1784***	0.1537**
save	-0.1534***	-0.1579***	-0.0945***	-0.172***	-0.0938***	-0.1768***	-0.1751***	-0.1568**
lngoodAirDays	0.0506**	0.0576***	0.078***	0.0497***	0.0781***	0.048**	0.0495***	0.0573**
inflation	0.2269***	0.236**	0.23**	0.2298***	0.2326***	0.2333***	0.2159***	0.2337**
L3Rate	0.5871***	0.5378***	0.512***	0.6113***	0.4976***	0.6189***	0.604***	0.5543***
finEdu	2.4817***	2.8947***	3.3931***	2.0215***	3.3964***	2.1621***	2.2431***	2.6964***
lnpIncome	0.1071***	0.0798***	0.0159	0.0701***	0.0177	0.0728***	0.0738***	0.0816***
lnK	-0.0523*		0.1023***		0.1035***			
FDI	-1.3131***	-1.0344***		-1.3612***		-1.3502***	-1.3532***	-1.0633**
socInsurance	0.6098***	0.8183***		0.6578***		0.6474***	0.6504***	0.8133***
housePRev	-0.0034	-0.0026				-0.0008	-0.0012	-0.0033
rev_GDP	0.0919				0.0309		-0.0773	0.0478
lnwaterSupply	0.0837***		0.1604***		0.1583***			
urban	0.5649***	0.483***	0.3861***	0.5435***	0.3692***	0.5277***	0.5285***	0.4732***

注: *** 表示在 1% 水平上显著, ** 表示在 5% 水平上显著, * 表示在 10% 水平上显著。其中 LR_ Direct 表示直接效应, LR_ Indirect 表示间接效应, LR_ Total 表示总效应。

著；居民储蓄的直接效应、间接效应和总效应都显著。

房价收入比指标的直接效应和总效应为负，间接效应为正，其中房价收入比指标的直接效应都显著，间接效应和总效应都不显著。

人口密度、第二产业占 GDP 的比重、基础设施指数、外国直接投资的直接效应、间接效应和总效应大部分为负。其中，人口密度的直接效应、间接效应和总效应都显著；第二产业占 GDP 的比重的直接效应都显著，间接效应部分不显著，总效应大部分显著；基础设施指数的直接效应、间接效应和总效应都显著；外国直接投资的直接效应、间接效应和总效应都显著。

（二）模型稳健性检验

为了验证计量结果的可靠性，必须对模型进行稳健性检验。稳健性检验的方法包括选择不同的解释变量、改变参数取值范围、改变样本范围等。

1. 改变样本范围

本文将样本范围从 1990 ~ 2018 年调整为 2000 ~ 2018 年，并保持模型的变量不变来检验模型的稳健性。

样本范围调整为 2000 ~ 2018 年后，和 1990 ~ 2018 年结果比较，考虑空间权重前正负性没发生变化，考虑空间权重后 $\ln K$ 的系数发生变化，直接效应系数正负性未发生变化，总效应有 $GDP2$、$finEdu$、$housePRev$ 和个别模型的 $Koutput$、rev_GDP 系数的正负性发生了变化，间接效应的系数发生变化的较多，其他变量系数的正负性和显著性基本保持不变。说明模型具有较强的稳健性，具体见附表 1 和附表 2。

2. 采用固定效应进行分析

采用的模型不变，用固定效应分析 1990 ~ 2018 年的 SDM 模型，除总效应的 $housePRev$ 和个别模型的 rev_GDP 的正负性发生变化外，模型其他系数的正负性和显著性基本不变。采用固定效应的分析结果说明本文采用随机效应的 SDM 模型具有足够的稳健性，同时说明本文模型采用固定效应或随机效应对结果没有根本性的影响，具体见附表 3 和附表 4。

五 政策建议

由上面分析和检验的结论有如下政策建议。

（1）要放开对大城市、超大城市的人口规模限制。在临界阈值内，城市规模越大，空间聚集能力越强，越有益于城市及邻近城市的经济发展质量的提高。

（2）提高第三产业相对劳动生产率。

（3）提高第三产业人数占总的就业比重。

（4）提高教育支出占地方财政支出的比。

（5）提升固定资本存量水平，提高资本使用的有效性和资本的使用效率。固定资本存量的直接效应、间接效应和总效应均为正，说明固定资本存量对本地区和邻近地区的经济发展质量都有正向作用。

（6）提高社会保险覆盖率，其直接效应、间接效应和总效应均为正且都显著。

（7）继续提高城市化水平，促进常住人口的市民化。

（8）提高人民工资收入和人均可支配收入。

（9）改善空气质量，提高空气质量优良天数。

（10）改善通货膨胀率指标，使消费者价格指数控制在合理水平。

附录：

附表 1　实证结果（2000~2018 年）

	模型 1	模型 2	模型 3	模型 4	模型 5	模型 6	模型 7	模型 8
lnp	-0.4949***	-0.6239***	-0.5704***	-0.6066***	-0.57***	-0.6238***	-0.6213***	-0.6216***
lnp²	0.043***	0.0553***	0.0504***	0.0548***	0.0501***	0.0559***	0.0554***	0.0548***
lncityPopDens	-0.0056	-0.0062	-0.0062	-0.0036	-0.0058	-0.0039	-0.0035	
GDP2	-0.3157***	-0.2645***	-0.3371***	-0.2517***	-0.329***	-0.2628***	-0.2577***	-0.2594***
Koutput	0.0369***	0.0061	0.0512***	0.006	0.0506***	0.0057	0.0077	0.0081
infrastruct	-0.0157	-0.0024	-0.0086	-0.0015	-0.0118	-0.0047	-0.0087	-0.0067
income	0.8099***	0.8195***	0.9124***	0.8168***	0.8668***	0.8163***	0.7711***	0.7739***
prod3_2	0.0388***	0.0406***	0.0386***	0.0417***	0.0404***	0.0409***	0.0427***	0.0425***
save	0.0542***	0.0572***	0.0543***	0.0589***	0.0514***	0.0569***	0.0537***	0.0539***
lngoodAirDays	0.0794***	0.0813***	0.0817***	0.081***	0.0807***	0.0801***	0.0791***	0.0803***
inflation	0.3832***	0.3658***	0.3791***	0.3731***	0.3923***	0.368***	0.3831***	0.3808***
L3Rate	0.2604***	0.2358***	0.2687***	0.232***	0.2643***	0.2349***	0.2317***	0.2327***
finEdu	1.6503***	1.7411***	1.6636***	1.7653***	1.5587***	1.7338***	1.623***	1.6287***
lnpIncome	0.0866***	0.1042***	0.0648***	0.0754***	0.0591***	0.1004***	0.0932***	0.0969***
lnK	0.0278***		0.0325***		0.0306***			
FDI	-0.2186***	-0.2823***		0.2875***		-0.2851***	-0.28***	-0.2771***
socInsurance	0.1825***	0.1914***		0.1915***		0.1915***	0.1843***	0.1842***
housePRev	-0.005***	-0.005***				-0.0049***	-0.0048***	-0.0049***
rev_GDP	0.3531***		0.0377***		0.3809***		0.406***	0.4105***
lnwater Supply	0.0352***		0.151***		0.036***			
urban	0.1662***	0.2189***		0.2046***	0.1465***	0.2142***	0.2056***	0.2107***
_cons	-0.7734**	-0.2326	-0.5058	0.201	-0.5379	0.0042	-0.0448	-0.28
Wx	模型 1	模型 2	模型 3	模型 4	模型 5	模型 6	模型 7	模型 8
W*lnp	0.4433***	0.4104***	0.3715***	0.3207***	0.3771***	0.4059***	0.4051***	0.4106***

续表

W*x	模型 1	模型 2	模型 3	模型 4	模型 5	模型 6	模型 7	模型 8
$W * \ln p^2$	-0.0313***	-0.0373***	-0.0267**	-0.0245**	-0.0271***	-0.0312***	-0.0309***	-0.0372***
$W * lncityPopDens$	-0.0519***		-0.0516***	-0.0535***	-0.0523***	-0.0534***	-0.054***	
$W * GDP2$	0.4863***	0.3396***	0.533***	0.3154***	0.5256***	0.361***	0.3525***	0.331***
$W * Koutput$	-0.0851***	-0.055***	-0.0723***	-0.0587***	-0.0653***	-0.0537***	-0.0485***	-0.0504***
$W * infrastruct$	-0.169***	-0.1013***	-0.1266***	-0.1466***	-0.1346***	-0.1456***	-0.1574***	-0.1119***
$W * income$	-0.1619	-0.2101	-0.1454	-0.2116	-0.0399	-0.1888	-0.0654	-0.0915
$W * prod3\_2$	0.0759***	0.0532***	0.0895***	0.059***	0.0884***	0.0605***	0.0603***	0.0528***
$W * save$	-0.1088***	-0.1206***	-0.1064***	-0.1358***	-0.1036***	-0.131***	-0.1274***	-0.117***
$W * lngoodAirDays$	-0.0706***	-0.0713***	-0.0617***	-0.074**	-0.0614***	-0.0723***	-0.0717***	-0.0707***
$W * inflation$	-0.1788***	-0.1795***	-0.2007***	-0.1686***	-0.2064***	-0.1661***	-0.1693***	-0.1835***
$W * L3Rate$	0.3213***	0.2853***	0.3416***	0.3331***	0.3232***	0.3173***	0.2957***	0.2645***
$W * finEdu$	-2.5303***	-2.5853***	-2.3254***	-2.8102***	-2.2166***	-2.6873***	-2.5563***	-2.4506***
$W * lnpIncome$	-0.037	-0.0632***	-0.0304	-0.0349***	-0.0177	-0.0659***	-0.0476***	-0.0455**
$W * \ln K$	-0.0283*		-0.0168		-0.0144			
$W * FDI$	-0.6015***	-0.5807***		0.5532***		-0.6173***	-0.5589***	-0.5251***
$W * sochnsurance$	-0.2143***	-0.1479***		-0.1694***		-0.1649***	-0.1472***	-0.1306***
$W * housePRev$	0.0065***	0.0078***				0.0084***	0.0071***	0.0065***
$W * rev\_GDP$	-0.6261**				-0.6937***		-0.8408***	-0.8238***
$W * InwaterSuppl$	0.013		0.0172***		0.0157**			
$W * urban$	0.0822	0.0371	0.0045	0.0566	0.0087	0.0678	0.0673	0.0363
Spatial ρ	0.6673***	0.6976***	0.6795***	0.6865***	0.6774***	0.6883***	0.6828***	0.6926***
Variance θ	-1.8501***	-2.0355***	-1.9208***	-2.1217***	-1.903***	-2.0637***	-2.0444***	-2.0143***
σ	0.0029***	0.003***	0.003***	0.003***	0.0029***	0.003***	0.0029***	0.003***

注: *** 表示在 1% 水平上显著, ** 表示在 5% 水平上显著, * 表示在 10% 水平上显著。

附表 2　直接效应、间接效应和总效应（2000~2018 年）

LR_Direct	模型 1	模型 2	模型 3	模型 4	模型 5	模型 6	模型 7	模型 8
lnp	-0.4826***	-0.6235***	-0.5691***	-0.6127***	-0.5683***	-0.6234***	-0.6209***	-0.6211***
lnp²	0.0426***	0.0552***	0.0508***	0.0557***	0.0505***	0.0564***	0.0558***	0.0546***
lncityPopDens	-0.01**	-0.0046***	-0.0109***	-0.0084**	-0.0105***	-0.0088**	-0.0083**	
GDP2	-0.2917***	-0.247***	-0.3093***	-0.2384***	-0.3018***	-0.2461***	-0.2416***	-0.2423***
Koutput	0.0318***	0.0012	0.0478***	0.0009	0.0479***	0.001	0.0037	0.0038
infrastruct	-0.0305**	-0.0124	-0.0198	-0.0144	-0.0239*	-0.0179	-0.0229*	-0.0179
income	0.8435***	0.8582***	0.9555***	0.8492***	0.9168***	0.8514***	0.8141***	0.8201***
prod3_2	0.0477***	0.0488***	0.0491***	0.0499***	0.0508***	0.0491***	0.0509***	0.0507***
save	0.0484***	0.049***	0.0487***	0.0507***	0.0459***	0.049***	0.046***	0.046***
lngoodAirDays	0.0782***	0.0808***	0.0815***	0.0797***	0.0805***	0.0788***	0.0779***	0.0797***
inflation	0.3888***	0.3746***	0.3835***	0.3806***	0.397***	0.3756***	0.3904***	0.3899***
L3Rate	0.305***	0.2806***	0.318***	0.2795***	0.3107***	0.2809***	0.2742***	0.2754***
finEdu	1.5087***	1.622***	1.5353***	1.5954***	1.4365***	1.5762***	1.4717***	1.5099***
lnpIncome	0.0892***	0.1044***	0.0667***	0.0777***	0.0618***	0.1015***	0.0955***	0.0983***
lnK	0.0269***		0.0329**		0.0311***			
FDI	-0.2827***	-0.3569***		-0.3614***		-0.3649***	-0.352***	-0.3447***
socInsurance	0.1768***	0.1894***		0.1884***		0.189***	0.1828***	0.1832***
housePRev	-0.0048***	-0.0046***				-0.0044***	-0.0043***	-0.0046***
rev_GDP	0.3171***				0.3413***		0.3511***	0.3645***
lnwaterSupply	0.0385***		0.0418***		0.04***			
urban	0.1827***	0.2399***	0.1632***	0.2258***	0.1549***	0.2334***	0.2244***	0.2274

续表

LR_Indirect	模型 1	模型 2	模型 3	模型 4	模型 5	模型 6	模型 7	模型 8
lnp	0.3346	-0.0629	-0.0309	-0.279	-0.0152	-0.0628	-0.0611	-0.0588
lnp^2	-0.0082	0.0026	0.0213	0.0388	0.0192	0.0216	0.0213	0.0018
lncityPopDens	-0.162 ***		-0.1695 ***	-0.1739 ***	-0.1686 ***	-0.1742 ***	-0.1727 ***	
GDP2	0.8021 ***	0.4915 ***	0.9235 ***	0.4443 ***	0.9082 ***	0.5568 ***	0.5359 ***	0.4785 ***
Koutput	-0.1729 **	-0.1625 ***	-0.1158 *	-0.1696 ***	-0.0935	-0.1556 ***	-0.1328 **	-0.1427 ***
infrastruct	-0.5187 ***	-0.3286 ***	-0.4002 ***	-0.4573 ***	-0.429 ***	-0.4641 ***	-0.4967 ***	-0.3701 ***
income	1.1165 ***	1.147 ***	1.4241 ***	1.0718 ***	1.6494 ***	1.1633 ***	1.4247 ***	1.3937 ***
prod3_2	0.2994 ***	0.2589 ***	0.3512 ***	0.2725 ***	0.3486 ***	0.2764 ***	0.2733 ***	0.2613 ***
save	-0.2168 ***	-0.2573 ***	-0.2089 ***	-0.2942 ***	-0.2076 ***	-0.287 ***	-0.2776 ***	-0.2497 ***
lngoodAirDays	-0.053 **	-0.0462 *	-0.018	-0.0562 **	-0.0194	-0.0527 **	-0.051 **	-0.0476 *
inflation	0.2217 *	0.2456 *	0.1797	0.28 **	0.1937	0.286 *	0.2761 **	0.2572 *
L3Rate	1.4525 ***	1.4313 ***	1.5992 ***	1.5395 ***	1.5059 ***	1.4876 ***	1.3754 ***	1.3654 ***
finEdu	-4.1548 ***	-4.275 ***	-3.6809 ***	-5.0232 ***	-3.4921 ***	-4.6181 ***	-4.4272 ***	-4.2666 ***
lnphcome	0.0598	0.0299	0.0406	0.0509	0.0651	0.0078	0.0488	0.0677 *
lnK	-0.0277		0.0159		0.0198			
FDI	-2.1657 ***	-2.5112 ***		-2.3443 **		-2.535 ***	-2.2831 ***	-2.2842 ***
socInsurance	-0.2737 **	-0.0455		-0.1192	-0.1007	-0.0682	-0.0112	
housePRev	0.0095	0.0138 *				0.0154 **	0.0119 **	0.0095
rev_GDP	-1.1558 ***				-1.3214 ***		-1.7139 ***	-1.6936 ***
lnwaterSupply	0.1055 ***		0.1299 ***		0.119 ***			
urban	0.5712 ***	0.6083 ***	0.3287 **	0.6183 ***	0.332 ***	0.6768 ***	0.6372 ***	0.5856 ***

续表

LR_Total	模型 1	模型 2	模型 3	模型 4	模型 5	模型 6	模型 7	模型 8
lnp	-0.148	-0.6864	-0.6001	-0.8917**	-0.5835	-0.6862	-0.682*	-0.6799
lnp²	0.0343	0.0578	0.0721**	0.0946**	0.0697*	0.0779**	0.077**	0.0564
lncityPopDens	-0.172***		-0.1804***	-0.1823***	-0.1791***	-0.183***	-0.181***	
GDP2	0.5103***	0.2445	0.6141***	0.2059	0.6064***	0.3107*	0.2943	0.2361
Koutput	-0.1411*	-0.1614***	-0.068	-0.1687***	-0.0455	-0.1546***	-0.1291***	-0.1389***
infrastruct	-0.5491***	-0.3409***	-0.42***	-0.4717***	-0.4529***	-0.482***	-0.5196***	-0.388***
income	1.9601***	2.0052***	2.3796***	1.921***	2.5662***	2.0147***	2.2388***	2.2138***
prod3_2	0.3471***	0.3076***	0.4003***	0.3223***	0.3995***	0.3255***	0.3242***	0.312***
save	-0.1683***	-0.2083***	-0.1602***	-0.2436***	-0.1617***	-0.238***	-0.2316***	-0.2037***
lngoodAirDays	0.0252	0.0346	0.0635***	0.0235	0.0611***	0.0261	0.0269	0.0321
inflation	0.6105***	0.6202***	0.5632***	0.6606***	0.5907***	0.6617***	0.6665***	0.6472***
L3Rate	1.7574***	1.7119***	1.9172***	1.819***	1.8166***	1.7685***	1.6496***	1.6408***
finEdu	-2.646**	-2.6531***	-2.1456*	-3.4278***	-2.0556***	-3.042***	-2.9555***	-2.7567**
lnpIncome	0.1491***	0.1343***	0.1074***	0.1286***	0.1269***	0.1093***	0.1443***	0.166***
lnK	-0.0008		0.0488		0.051			
FDI	-2.4484***	-2.8681***		-2.7057***		-2.8999***	-2.6351***	-2.6289***
socInsurance	-0.0969	0.1439		0.0692		0.0883	0.1146	0.172
housePRev	0.0047	0.0092				0.011*	0.0075	0.0049
rev_GDP	-0.8387**				-0.9802**		-1.3628***	-1.329***
lnwater Supply	0.144***		0.1717***		0.159***			
urban	0.754***	0.8482***	0.492***	0.8441***	0.4869***	0.9102***	0.8616***	0.813***

注：*** 表示在 1% 水平上显著，** 表示在 5% 水平上显著，* 表示在 10% 水平上显著。其中 LR_ Direct 表示直接效应，LR_ Indirect 表示间接效应，LR_ Total 表示总效应。

附表 3　固定效应的实证结果（1990~2018 年）

	模型 1	模型 2	模型 3	模型 4	模型 5	模型 6	模型 7	模型 8
lnp	-0.3069***	-0.3126***	-0.3056***	-0.3063***	-0.3316***	-0.3126***	-0.3326***	-0.3368***
lnp²	0.0343***	0.0354***	0.0377***	0.035***	0.0392***	0.0354***	0.0367***	0.036***
lncityPopDens	-0.0195***	-0.0199***	-0.0219***	-0.0203***	-0.0218***	-0.0199***	-0.02***	
GDP2	-0.3574***	-0.3258***	-0.3752***	-0.3222***	-0.3715***	-0.3258***	-0.3241***	-0.3434***
Koutput	0.0122**	0.0043	0.0235***	0.0044	0.0239***	0.0043	0.0052	0.0039
infrastruct	-0.0622***	-0.052***	-0.0603***	-0.0495***	-0.0617***	-0.052***	-0.0533***	-0.0345***
income	0.5605***	0.606***	0.598***	0.604***	0.566***	0.606***	0.5824***	0.5742***
prod3_2	0.015***	0.0184***	0.0155***	0.0189***	0.0171***	0.0184***	0.0195***	0.0169***
save	0.0645***	0.0649***	0.0685***	0.067***	0.0674***	0.0649***	0.0641***	0.0675***
lngoodAirDays	0.0822***	0.0844***	0.0816***	0.0848***	0.0818***	0.0844***	0.0844***	0.0842***
inflation	0.291***	0.2856***	0.2855***	0.286***	0.2907***	0.2856***	0.2897***	0.2878***
L3Rate	0.0565***	0.0652***	0.0542***	0.0651***	0.0562***	0.0652***	0.0665***	0.059***
finEdu	1.6033***	1.6269***	1.5006***	1.6172***	1.4507***	1.6269***	1.587***	1.6***
lnpIncome	0.0459***	0.0521***	0.0269***	0.0391***	0.0247**	0.0521***	0.05***	0.0545***
lnK	0.0048		0.005		0.0047			
FDI	-0.252***	-0.2686***		-0.2681***		-0.2686***	-0.2571***	-0.2627***
socInsurance	0.2758***	0.2895***		0.2913***		0.2895***	0.2837***	0.2972***
housePRev	-0.0028***	-0.0031***				-0.0031***	-0.003***	-0.0032***
rev_GDP	0.1138***				0.1679***		0.1244***	0.1321***
lnwaterSupply	0.018***		0.0212***		0.0208***			
urban	0.1686***	0.1953***	0.1753***	0.1941***	0.166***	0.1953***	0.1881***	0.1805***
_cons								

	模型 1	模型 2	模型 3	模型 4	模型 5	模型 6	模型 7	模型 8
Wx								
W * lnp	0.1276*	0.0917	0.2043***	0.0826	0.2267***	0.0917	0.1109*	0.1461**

续表

Wx	模型 1	模型 2	模型 3	模型 4	模型 5	模型 6	模型 7	模型 8
W*lnp²	-0.0095	-0.0098	-0.0225***	-0.0096	-0.0237***	-0.0098	-0.0108*	-0.0143**
W*lncityPopDens	-0.0261***	-0.028***	-0.0259***	-0.0276***	-0.0245***	-0.028***	-0.0273***	
W*GDP2	0.2613***	0.1948***	0.3586***	0.186***	0.3529***	0.1948***	0.1892***	0.1892***
W*Koutput	-0.0875***	-0.052***	-0.0123	-0.0521***	-0.0139	-0.052***	-0.0538***	-0.0601***
W*infrastruct	-0.1667***	-0.1505***	-0.1526***	-0.1514***	-0.1487***	-0.1505***	-0.15***	-0.1179***
W*income	-0.4376***	-0.4178***	-0.3863***	-0.4088***	-0.3591***	-0.4178***	-0.3908***	-0.4142***
W*prod3_2	0.037***	0.0343***	0.0549***	0.0334***	0.0525***	0.0343***	0.0321***	0.0265***
W*save	-0.1084***	-0.1167***	-0.0933***	-0.1194***	-0.0919***	-0.1167***	-0.1161***	-0.109***
W*lngoodAirDays	-0.0661***	-0.0696***	-0.0609***	-0.07***	-0.0612***	-0.0696***	-0.0699***	-0.0666***
W*inflation	-0.2211***	-0.2156***	-0.2231***	-0.2141***	-0.2302***	-0.2156***	-0.221***	-0.2203***
W*L3Rate	0.1172***	0.114***	0.0884***	0.1164***	0.0832**	0.114***	0.1084***	0.0905***
W*finEdu	-1.0219***	-1.1095***	-0.7997***	-1.1267***	-0.7341***	-1.1095***	-1.024***	-0.9551***
W*lnpIncome	-0.0177	-0.033***	-0.0253***	-0.0187*	-0.0235**	-0.033***	-0.0311***	-0.0372***
W*lnK	-0.0215**		0.0226***		0.0237***			
W*FDI	-0.1601***	-0.1575***		-0.1597**		-0.1575***	-0.1665**	-0.0102
W*socInsurance	-0.0791*	-0.0876***		-0.0917**		-0.0876***	-0.0784**	-0.0289
W*housePRev	0.0025	0.0036***				0.0036***	0.0034***	0.0033**
W*rev_GDP	-0.1104*		0.0271***		-0.1785***		-0.1699***	-0.1447***
W*lnwaterSupply	0.0103				0.0274***			
W*urban	0.0415	-0.0132	-0.038	-0.0112	-0.0329	-0.0132	-0.004	-0.0221
Spatial ρ	0.686***	0.6902***	0.7226***	0.6896***	0.7225***	0.6902***	0.6897***	0.6955***
Variance θ								
σ	0.0031***	0.0032***	0.0033***	0.0032***	0.0033***	0.0032***	0.0032***	0.0032***

注：＊＊＊表示在 1% 水平上显著，＊＊表示在 5% 水平上显著，＊表示在 10% 水平上显著。

316 // 中国城市规模、空间聚集与管理模式研究

附表 4 随机效应下的直接效应、间接效应和总效应（1990～2018 年）

LR_Direct	模型 1	模型 2	模型 3	模型 4	模型 5	模型 6	模型 7	模型 8
lnp	-0.3131***	-0.3228***	-0.3059***	-0.3172***	-0.3312***	-0.3228***	-0.3421***	-0.3436***
lnp^2	0.0355***	0.0366***	0.038***	0.0362***	0.0395***	0.0366***	0.0378***	0.0368***
IncityPopDens	-0.023***	-0.0237***	-0.0261***	-0.024***	-0.0259***	-0.0237***	-0.0236***	
GDP2	-0.3565***	-0.3291***	-0.3665***	-0.3263***	-0.3629***	-0.3291***	-0.3279***	-0.347***
Koutput	0.0048	-0.0005	0.0241***	-0.0003	0.0243***	-0.0005	0.0004	-0.0017
infrastruct	-0.0812***	-0.0692***	-0.0806***	-0.0665***	-0.0819***	-0.0692***	-0.0705***	-0.0481***
income	0.5555***	0.6059***	0.6026***	0.6044***	0.5711***	0.6059***	0.5834***	0.5739***
prod3_2	0.0194***	0.0228***	0.0225***	0.0232***	0.0239***	0.0228***	0.0238***	0.0207***
save	0.0592***	0.0586***	0.0643***	0.0606***	0.0634***	0.0586***	0.0578***	0.0613***
lngoodAirDays	0.0815***	0.0836***	0.0817***	0.0839***	0.0818***	0.0836***	0.0836***	0.0841***
inflation	0.2881***	0.2832***	0.283***	0.2837***	0.2879***	0.2832***	0.2874***	0.2866***
L3Rate	0.0715***	0.0812***	0.0683***	0.0809***	0.0703***	0.0812***	0.0815***	0.0718***
finEdu	1.5991***	1.6151***	1.5234***	1.6077***	1.4713***	1.6151***	1.5822***	1.6249***
lnpIncome	0.0477***	0.053***	0.0268***	0.0405***	0.0246***	0.053***	0.051***	0.054***
lnK	0.0031		0.0077**		0.0075**			
FDI	-0.2829***	-0.3026***		-0.3022***		-0.3026***	-0.2913***	-0.2806***
socInsurance	0.2885***	0.301***		0.3023***		0.301***	0.2953***	0.3142***
housePRev	-0.0028***	-0.0029***				-0.0029***	-0.0028***	-0.0031***
rev_GDP	0.1103***				0.1625***		0.1144***	0.1296***
lnwaterSupply	0.0201***		0.0259***		0.0255***			
urban	0.1825***	0.2059***	0.1864***	0.2072***	0.1741***	0.2059***	0.1997***	0.1894***

续表

LR_Indirect	模型 1	模型 2	模型 3	模型 4	模型 5	模型 6	模型 7	模型 8
lnp	-0.2548	-0.3887*	-0.0626	-0.4088**	-0.0408	-0.3887*	-0.3662*	-0.2759
lnp²	0.043*	0.0457**	0.0166	0.0459**	0.0157	0.0457**	0.0443**	0.0335
lncityPopDens	-0.1226***	-0.1314***	-0.1452***	-0.1293***	-0.1417***	-0.1314***	-0.1282***	-0.1618
GDP2	0.0455	-0.0939	0.3007**	-0.1177	0.2975**	-0.0939	-0.1092	
Koutput	-0.2438***	-0.1542***	0.0168	-0.1533***	0.011	-0.1542***	-0.1574***	-0.1828***
infrastruct	-0.6449***	-0.5869***	-0.6853***	-0.5796***	-0.6795***	-0.5869***	-0.584***	-0.4522***
income	-0.1606	-0.0006	0.1562	0.0198	0.1696	-0.0006	0.0365	-0.051
prod3_2	0.1464***	0.1478***	0.2298***	0.1437***	0.2279***	0.1478***	0.1431***	0.1206***
save	-0.1944***	-0.2251***	-0.1541***	-0.2294***	-0.1507***	-0.2251***	-0.2258***	-0.1975***
lngoodAirDays	-0.0303	-0.0354	-0.0063	-0.0359	-0.007	-0.0354	-0.0359	-0.0261
inflation	-0.0702	-0.0551	-0.0564	-0.0511	-0.067	-0.0551	-0.0521	-0.0636
L3Rate	0.4769***	0.5086***	0.444***	0.5018***	0.4446***	0.5086***	0.4781***	0.4184***
finEdu	0.2409	-0.0021	1.1328	0.0697	1.0553	-0.0021	0.224	0.5934
lnpIncome	0.0409	0.0076	-0.0211	0.0251	-0.0218	0.0076	0.0113	0.0015
lnK	-0.055*		0.0909***		0.0947***			
FDI	-1.043***	-1.072***		-1.0766***		-1.072***	-1.082***	-0.6206***
socInsurance	0.336***	0.3549***		0.3399***		0.3549***	0.3615***	0.5692***
housePRev	0.0019	0.0042				0.0042	0.0038	0.0036
rev_GDP	-0.0936				-0.1871		-0.2722	-0.1839
lnwaterSupply	0.0675***		0.1495***		0.1485***			
urban	0.4851***	0.3861***	0.3094**	0.3804***	0.3101***	0.3861***	0.3935***	0.3317***

续表

LR_Total	模型 1	模型 2	模型 3	模型 4	模型 5	模型 6	模型 7	模型 8
lnp	-0.5679**	-0.7116***	-0.3685	-0.7259***	-0.3719	-0.7116***	-0.7083***	-0.6195***
lnp²	0.0785***	0.0823***	0.0547**	0.0822***	0.0552**	0.0823***	0.0821***	0.0703***
lncityPopDens	-0.1456***	-0.155***	-0.1713***	-0.1532***	-0.1676***	-0.155***	-0.1518***	
GDP2	-0.311**	-0.423***	-0.0658	-0.444***	-0.0654	-0.423***	-0.437***	-0.5088***
Koutput	-0.239***	-0.1547***	0.0409	-0.1536***	0.0353	-0.1547***	-0.157***	-0.1845***
infrastruct	-0.7261***	-0.6562***	-0.7659***	-0.6461***	-0.7614***	-0.6562***	-0.6545***	-0.5003***
income	0.3948***	0.6052***	0.7588***	0.6243***	0.7407***	0.6052***	0.6199***	0.5229***
prod3_2	0.1658***	0.1705***	0.2522***	0.1669***	0.2518***	0.1705***	0.1669***	0.1413***
save	-0.1352***	-0.1665***	-0.0898*	-0.1688***	-0.0873*	-0.1665***	-0.168***	-0.1362***
lngoodAirDays	0.0512**	0.0482**	0.0754***	0.048**	0.0749***	0.0482**	0.0477***	0.0581***
inflation	0.2179**	0.2281**	0.2266**	0.2326***	0.2209**	0.2281**	0.2353**	0.2231**
L3Rate	0.5483***	0.5898***	0.5123***	0.5827***	0.5149***	0.5898***	0.5597***	0.4902***
finEdu	1.84**	1.613**	2.6563***	1.6774**	2.5266***	1.613**	1.8062***	2.2184***
lnpIncome	0.0886***	0.0606***	0.0058	0.0656***	0.0029	0.0606***	0.0623***	0.0555***
lnK	-0.0519*		0.0985***		0.1022***			
FDI	-1.3259***	-1.3746***		-1.3788***		-1.3746***	-1.3733***	-0.9012***
socInsurance	0.6245***	0.6559***		0.6422***		0.6559***	0.6568***	0.8834***
housePRev	-0.0009	0.0014				0.0014	0.001	0.0005
rev_GDP	0.0167				-0.0246		-0.1578	-0.0543
lnwaterSupply	0.0876***		0.1753***		0.174***			
urban	0.6676***	0.592***	0.4958***	0.5876***	0.4842***	0.592***	0.5932***	0.5211***

注: *** 表示在 1% 水平上显著, ** 表示在 5% 水平上显著, * 表示在 10% 水平上显著。其中 LR_ Direct 表示直接效应, LR_ Indirect 表示间接效应, LR_ Total 表示总效应。

参考文献

［1］ Yang, X., G. Hogbin, "The optimum hierarchy," *China Economic Review* 1 （2）
（1990）.

［2］ 柯善咨、赵曜：《产业结构、城市规模与中国城市生产率》，《经济研究》2014
年第 4 期。

［3］ 张自然：《中国最优与最大城市规模探讨——基于 264 个城市的规模成本-收益
法分析》，《金融评论》2015 年第 5 期。

［4］ Alonso, W., "The Economics Of Urban Size," *Papers in Regional Science* 26 （1）
（1971）.

［5］ Evans, Alan W., "The Pure Theory of City Size in an Industrial Economy," *Urban
Studies* 9 （1） （1972）.

［6］ Henderson, J. V., "The sizes and types of cities," *The American Economic Review*
64 （4） （1974）.

［7］ Yezer, A. M. J., R. S. Goldfarb, "An indirect test of efficient city sizes," *Journal
of Urban Economics* 5 （1） （1978）.

［8］ Carlino, G. A., "Manufacturing agglomeration economies as returns to scale： A
production function approach," *Papers of the Regional Science Association* 50
（1） 1982.

［9］ Camagni, R. P., "From city hierarchy to city network： reflections about an emerging
paradigm," in *Structure and Change in the Space Economy* （Berlin Heidelberg：
Springer, 1993）.

［10］ 斯特拉斯蔡姆：《城市住宅区位理论》，载米尔斯主编《城市经济学》（区域
和城市经济学手册第 2 卷），经济科学出版社，2001。

［11］ Au, C. -C., J. V. Henderson, "Are Chinese cities too small?" *The Review of
Economic Studies* 73 （3） （2006）.

［12］ 阿瑟·奥莎利文：《城市经济学》，北京大学出版社，2008。

［13］ Palivos, T., P. Wang, "Spatial agglomeration and endogenous growth," *Regional
Science & Urban Economics* 26 （6） （1996）.

［14］ 张艳、刘亮：《经济集聚与经济增长——基于中国城市数据的实证分析》，
《世界经济文汇》2007 年第 1 期。

［15］ 高健、吴佩林：《城市人口规模对城市经济增长的影响》，《城市问题》2016
年第 6 期。

[16] 符森:《地理距离和技术外溢效应——对技术和经济集聚现象的空间计量学解释》,《经济学(季刊)》2009年第4期。

[17] 陆铭:《建设用地使用权跨区域再配置:中国经济增长的新动力》,《世界经济》2011年第1期。

[18] 刘修岩、邵军、薛玉立:《集聚与地区经济增长:基于中国地级城市数据的再检验》,《南开经济研究》2012年第3期。

[19] 周慧:《城镇化、空间溢出与经济增长——基于我国中部地区地级市面板数据的经验证据》,《上海经济研究》2016年第2期。

[20] Henderson, J. V., "Efficiency of resource usage and city size," *Journal of Urban Economics* 19 (1) (1986).

[21] Fujita, M., P. Krugman, "When is the economy monocentric?: von Thünen and Chamberlin unified," *Regional Science & Urban Economics* 25 (4) (1995).

[22] Martin, P., G. Ip Ottaviano, "Growing locations: Industry location in a model of endogenous growth," *European Economic Review* 43 (2) (1999).

[23] Baldwin, R. E., R. Forslid, "Trade liberalisation and endogenous growth: A q-theory approach," *Journal of International Economics* 50 (2000).

[24] Martin, P., G. I. P. Ottaviano, "Growth and Agglomeration," *International Economic Review* 42 (2001).

[25] Futagami, K., Y. Ohkusa, "The Quality Ladder and Product Variety: Larger Economies May Not Grow Faster," *The Japanese Economic Review* 54 (2003).

[26] Baldwin, R. E., P. Martin, "Agglomeration and regional growth," *Handbook of Regional & Urban Economics* 4 (04) (2004).

[27] 郭克莎:《论经济增长的速度与质量》,《经济研究》1996年第1期。

[28] 肖红叶、李腊生:《我国经济增长质量的实证分析》,《统计研究》1998年第4期。

[29] 维诺德·托马斯:《增长的质量》,中国财政经济出版社,2001。

[30] 刘树成:《论又好又快发展》,《经济研究》2007年第6期。

[31] 钞小静、任保平:《中国经济增长质量的时序变化与地区差异分析》,《经济研究》2011年第4期。

[32] 魏敏、李书昊:《新常态下中国经济增长质量的评价体系构建与测度》,《经济学家》2018年第4期。

[33] 张平、刘霞辉主编《中国经济增长报告(2018~2019)》,社会科学文献出版社,2019。

[34] Barro, R. J., "Quantity and Quality of Economic Growth," *Working Papers Central Bank of Chile* 5 (2) (2002).

[35] 杨文、刘永功:《中国城市发展质量评价》,《城市问题》2015年第2期。

[36] 郝颖、辛清泉、刘星：《地区差异、企业投资与经济增长质量》，《经济研究》2014 年第 3 期。

[37] 詹新宇、崔培培：《中国省际经济增长质量的测度与评价——基于"五大发展理念"的实证分析》，《财政研究》2016 年第 8 期。

[38] 杨孟禹、张可云：《服务业集聚、空间溢出与经济增长质量——基于中国省际空间面板杜宾模型的经验研究》，《财经论丛（浙江财经大学学报）》2016 年第 3 期。

[39] 赵可、徐唐奇、张安录：《城市用地扩张、规模经济与经济增长质量》，《自然资源学报》2016 年第 3 期。

[40] 陈诗一、陈登科：《雾霾污染、政府治理与经济高质量发展》，《经济研究》2018 年第 2 期。

[41] 刘瑞翔、夏琪琪：《城市化、人力资本与经济增长质量——基于省域数据的空间杜宾模型研究》，《经济问题探索》2018 年第 11 期。

[42] 史丹、李鹏：《我国经济高质量发展测度与国际比较》，《东南学术》2019 年第 5 期。

[43] 黄永明、姜泽林：《金融结构、产业集聚与经济高质量发展》，《科学学研究》2019 年第 10 期。

[44] 鲁永刚、张凯：《资源依赖、政府效率与经济发展质量》，《经济与管理研究》2019 年第 1 期。

[45] 黄庆华、时培豪、胡江峰：《产业集聚与经济高质量发展：长江经济带 107 个地级市例证》，《改革》2020 年第 1 期。

[46] 梁志霞、毕胜：《基于城市功能的城市发展质量及其影响因素研究——以京津冀城市群为例》，《经济问题》2020 年第 1 期。

[47] 杨旭、刘祎、黄茂兴：《金融集聚对经济发展绩效与经济发展质量的影响——基于制度环境视角的研究》，《经济问题》2020 年第 1 期。

[48] Tobler, W. R., "A Computer Movie Simulating Urban Growth in the Detroit Region," *Economic Geography* 46 (2) (1970).

[49] Mundlak, Y., "On the Pooling of Time Series and Cross Section Data," *Econometrica* 46 (1) (1978).

报告8
环境质量、区域分化和经济增长[*]

潘 闽 张自然[**]

摘 要： 中国经济增长已经转到以质量和效益为中心的基调上。经济增长质量的内涵包括了不能以环境为代价换取经济增长。有关中国区域分化的研究没有将环境纳入其中。而近年来我国区域分化呈现出扩大的趋势，必将对经济增长造成不利影响。本文选取18个环境质量的指标，分析了2003～2016年中国东部、中部、西部和东北地区四个板块的区域环境质量分化、区域经济分化和纳入环境因素的区域经济分化情况，并使用1990～2016年的数据检验了环境质量对区域经济增长的影响，提出了相关政策建议。

关键词： 环境质量 区域分化 泰尔指数 人均GDP

一 引言

中国经过近三十年的经济高速增长，成功迈入了中等偏上收入国家的行列，但是快速发展也带来了区域分化，这必将对经济增长造成不利的影响。

* 本报告受国家社会科学基金重点课题"中国城市规模、空间聚集与管理模式研究"（批准文号：15AJL013）资助。本文发表在《经济与管理研究》2019年第3期，被人大报刊复印资料全文转载。

** 潘闽，贵州师范学院副教授；张自然，博士，中国社会科学院经济研究所研究员，主要研究方向为城市化、技术进步与经济增长。

区域分化与经济增长的关系早就被相关研究所认识，而对于中国的实证研究则主要集中于以下几个方面。一是区域分化的变化趋势。从结论看，多数研究对于改革开放前中国的区域差距没有太多争议，但是对改革开放后区域差距的变化却没有形成统一的看法。一些研究认为改革开放后中国的区域差距逐渐变大。例如，Tsui（1991）指出中国区域差距在 1970~1985 年间呈现扩大趋势；魏后凯（1996）认为 1985~1995 年中国人均收入差距不断扩大；章奇（2001）认为在改革开放的早期，区域发展比较平衡，但后期区域差距逐渐增大；贾俊雪和郭庆旺（2007）则进一步指出，尽管 20 世纪 90 年代以来中国区域差异整体上是在扩大，但不同时段扩大的速度有所不同。另一些研究则认为改革开放以来中国区域差距的变化趋势较为复杂，不是简单的"扩大"。例如，许召元和李善同（2006）认为，中国地区差距呈现反复多变的现象。二是区域差距的构成。魏后凯（1996）指出，中国区域收入差距具有两个大的来源，即东部、中部、西部地区区域间的收入差距和东部地区内部的收入差距；蔡昉和都阳（2000）指出，对整体地区差距贡献最大的是东部地区内部差距；潘文卿（2010）指出，20 世纪 90 年代之前，中国整体区域差距中贡献最大的是东部、中部、西部三大区域内部的差距，但 90 年代之后三大区域间的差距代替三大区域内部的差距，成为中国整体区域差距最大的贡献者。三是趋同的研究。一些研究指出我国各省份之间存在显著的差异。例如，张自然和陆明涛（2013）测算了 1978~2011 年各省份的全要素生产率水平，指出我国全要素生产率增长存在着显著的区域不平衡。一些研究认为尽管存在这些差异，但改革开放前后却发生了趋同或收敛。例如，Chen 和 Fleisher（1996）认为 1978~1993 年间我国区域经济同时存在条件收敛和绝对收敛；Jian 等（1996）认为中国经济增长在改革开放前经历了"异化—趋同—再异化"的过程，而改革开放后又出现了明显的趋同现象。另一些研究认为改革开放后中国区域差距没有出现普遍的趋同现象，但存在俱乐部趋同。例如，蔡昉和都阳（2000）认为东部地区、中部地区和西部地区出现了俱乐部趋同。但是也有一些研究认为中国不存在区域趋同，持这种观点的包括马拴友和于红霞（2003）、刘夏明等（2004）、王志刚（2004）。还有一些研究认为部分地区存在俱乐部趋同。例如，彭国华（2005）认为东部地区存在俱乐部趋同，而中部地区、西部地区不存在俱乐部趋同。Fujita 和 Hu（2001）则认为只有沿海地区内部才存在趋同。上述研究为理解中国区域分化和经济增长提供了丰富的经验资料，但由于这些研究测算区域分化使用的都是传统的经济指标，而没有将环境纳入进去，因此对于中国区域分化及其与经济增长关系的分析是不完整的。

中国经济发展一直伴随着严重的生态环境破坏。据统计，全国 500 个城市多数都达不到世界卫生组织的标准。在全国 500 个河流监测断面中，只有 28% 达到饮用水标准，多达 33% 的水体受到严重污染以至于不适用于任何用途。环境污染反过来对经济增长造成了重大的影响。改革开放刚开始的十年间，由于生态退化和环境污染，造成的经济损失相当于 GDP 的 8%，进入新世纪后这一比例虽然有所降低，但如果将生态退化和环境污染的损失计算到经济增长当中，也会使中国的真实经济增长速度降至 5% 左右。

本文统计发现，有关中国区域分化的研究多数集中在 2010 年以前。这一方面是因为 2010 年以前人们直观上能够感觉到区域差距扩大，另一方面则是因为 2010 年以后中西部地区的收入有了较快的增长，特别是 2011 年以后，中国经济进入结构性减速，东部沿海地区的经济增长速度下降幅度较大，反倒是中西部地区的一些省份保持了较高的增长，从而给人以东西部区域差距缩小的印象。但是，近年来区域发展的研究发现，中国区域分化并没有缩小，而是越来越明显，这表明区域分化的影响仍然不可忽视。如前所述，区域分化的研究没有考虑环境质量及其对经济增长的影响，目前中国经济增长已经转到以质量和效益为核心的基调上，经济增长质量的内涵包括了不能以环境为代价换取经济增长，因此有必要将环境质量纳入区域分化和经济增长研究。那么，中国区域环境质量和经济分化的情况是怎样的呢？如果将环境纳入进来，区域经济分化又会呈现什么不一样的特点？环境质量改善是否能够促进经济增长？收敛又是否存在？下文将一一讨论：第一部分分析中国区域环境质量分化和经济分化的情况，第二部分分析纳入环境因素后的中国区域经济分化及环境因素影响的情况，第三部分讨论环境质量、收敛与经济增长的关系，最后是结论和政策建议。

二　中国区域环境质量分化和经济分化分析

测量区域差距的常用方法包括基尼系数、泰尔指数、有权重或无权重的变异系数等。相比其他指标，泰尔指数能够有效地体现出区域之间和区域内部的分化状况，因此本文使用泰尔指数研究中国区域环境分化和经济分化，并在下文中用 T 表示总的泰尔指数，用 T_1 表示区域间泰尔指数，用 T_2 表示区域内泰尔指数。

区域间泰尔指数的计算公式可用式（1）表示：

$$T_1 = \sum_{j=1}^{4} POP_j \cdot \ln(POP_j/P_j) \tag{1}$$

其中，下标 j 代表东部、中部、西部和东北四个地区，取值为 $1 \sim 4$；POP_j 表示东部、中部、西部和东北地区人口占所有区域人口总和的比重；P_j 是相关经济指标或环保指标占所有区域该指标总和的比重，为考察区域环境质量分化、经济分化和纳入环境因素后的经济分化，分别使用 PM_{10}、$PM_{2.5}$、人均 GDP、人均收入、单位 PM_{10} 人均 GDP 和单位 $PM_{2.5}$ 人均 GDP 表示 P_j 进行计算。

区域内泰尔指数的计算公式为：

$$T_2 = \sum_{j=1}^{4} POP_j \cdot T_j \tag{2}$$

泰尔指数的计算公式为：

$$T = T_1 + T_2 \tag{3}$$

贡献率计算如下：

$$T = T_1 + T_2 = T_1 + \sum_{j=1}^{4} POP_j \cdot T_j \tag{4}$$

对上式两边除以 T：

$$\frac{T_1}{T} = \sum_{j=1}^{4} POP_j \cdot \frac{T_j}{T} = 1 \qquad (5)$$

其中，$\frac{T_1}{T}$ 为地区间差异对总体差异的贡献率；$POP_j \cdot \frac{T_j}{T}$ 为东部、中部、西部和东北地区内部差异对总体差异的贡献率。

在环保指标选取上，我们综合了环境资源、能源消耗、工业排放、环保产值、空气质量和环保投资 6 个方面的要素，选取了 18 个二级指标，并使用主成分分析法确定了每个指标的权重。在所有指标中，权重最高的是工业排放，空气质量指标的权重与其较为接近。考虑到空气质量对居民身心健康影响更大，近年来受到广泛的关注，下文首先以空气质量中的 PM_{10}、$PM_{2.5}$ 代表环境污染重要的方面，利用这两个指标测算东部、中部、西部和东北四个区域板块（简称"四板块"）的环境泰尔指数，来分析区域环境质量分化的情况，这样可以给人更为直观的感受，本部分只是描述分析。第四部分讨论环境质量、收敛和经济增长的关系时我们将 18 个指标进行加权，以便在定量分析中更全面、更准确地反映各省市的环境质量。其次，分别以人均 GDP 和人均收入表示经济发展的两个重要方面——产出增长和收入增长，测算上述四个区域板块的产出和收入泰尔指数，分析区域经济分化的情况。上述区域环境分化和区域经济分化以及本文第三部分纳入环境因素后的中国区域经济分化及环境因素影响分析主要从四个方面进行：一是总体情况的分析，二是每个区域板块情况的分析，三是区域之间分化的比较分析，最后是各区域板块对整体的贡献分析。这四个方面的情况分别用附图 1 至附图 4 表示，而每个图都包括了环境质量分化、经济分化和纳入环境因素后的经济分化三种情况，分别用附图 1 至附图 4（a）、（b）、（c）表示。需要说明的是，下文中的环保指标数据来源于各省区市的环境统计年鉴，经济指标数据来源于《中国统计年鉴》和各省区市的统计年鉴，数据覆盖的年份为 1990~2016 年，由于篇幅限制，以下描述分析中只列出了 2003~2016 年的情况，2003 年以前的结果感兴趣的读者可以向作者索取。

（一）区域环境质量分化情况

1.四板块总体区域环境质量分化变化情况

附图 1（a）显示了用 PM_{10} 指标和 $PM_{2.5}$ 指标的泰尔指数表示的四板块环境质量区域分化的总体情况和区域内、区域间分化的变化情况。区域间 PM_{10} 指标的泰尔指数 T_1 先降后升。而区域间 $PM_{2.5}$ 指标的泰尔指数 T_1 呈下降趋势。

区域内 PM_{10} 指标的泰尔指数 T_2 呈 V 字形，先降后升。区域内 $PM_{2.5}$ 指标的泰尔指数 T_2 持续下降，2015 年后略有反弹。

区域内 PM_{10} 指标的泰尔指数 T 也呈 V 字形。$PM_{2.5}$ 指标的泰尔指数 T 持续下降，2015 年后略有反弹。

总体上看，PM_{10} 指标的区域间泰尔指数 T_1、区域内泰尔指数 T_2 和泰尔指数 T 呈缩小趋势，2011 年后有所扩大。$PM_{2.5}$ 指标的区域间泰尔指数 T_1、区域内泰尔指数 T_2 和泰尔指数 T 也是先缩小，后扩大。不论 PM_{10} 指标还是 $PM_{2.5}$ 指标，区域内的泰尔指数 T_2 都比区域间的泰尔指数 T_1 大。

2.四板块各区域环境质量分化变化情况

附图 2（a）显示了四板块用 PM_{10} 指标和 $PM_{2.5}$ 指标的泰尔指数表示的每个区域环境质量分化的变化情况。

东部地区 PM_{10} 指标的泰尔指数 T_e 呈 V 字形，先降后升。东部地区 $PM_{2.5}$ 指标的泰尔指数 T_e 先升后降，2013 年开始波动反弹。

中部地区 PM_{10} 指标的泰尔指数 T_m 持续扩大，2015 年略有下降。中部地区 $PM_{2.5}$ 指标的泰尔指数 T_m 持续下降，2013 年开始略有反弹。

西部地区 PM_{10} 指标的泰尔指数 T_w 持续下降，2015 年开始略有反弹。西部地区 $PM_{2.5}$ 指标的泰尔指数 T_w 持续下降，2015 年开始略有反弹。

东北地区 PM_{10} 指标的泰尔指数 T_{en} 呈 W 形，先降后升再降又升。东北地区 $PM_{2.5}$ 指标的泰尔指数 T_{en} 先升后降，2014 年开始反弹。

总体上看，东部、西部地区 PM_{10} 指标的泰尔指数近年有所反弹，而中部地区近年有所下降。东部、中部、西部和东北地区的 $PM_{2.5}$ 指标的泰尔指数持续走低，但在 2014 年和 2015 年也出现反弹。PM_{10} 指标的泰尔指数和 $PM_{2.5}$ 指标的泰尔指数均为 $T_e > T_w > T_m > T_{en}$，说明东部地区各省区市环境质量区域差距大于西部地区，西部地区又大于中部地区，中部地区则大于东北地区。

3. 四板块各区域之间区域环境质量分化差距的变化情况

附图 3（a）显示了四板块 PM_{10} 指标的泰尔指数和 $PM_{2.5}$ 指标的泰尔指数的比值表示的区域环境质量分化差距的变化情况。

2003~2015 年，东部与中部地区 PM_{10} 指标的泰尔指数的差距从 11.46 倍下降到 2.63 倍，但 2015 年后迅速拉大，2016 年扩大到 3.3 倍。2003~2010 年，东部与中部地区 $PM_{2.5}$ 指标的泰尔指数的差距从 1.36 倍上升到 3.73 倍，但 2010 年后差距缩小，2015 年下降到 2.58 倍，后有所反弹，2016 年反弹至 3.21 倍。

2004~2015 年，西部与中部地区 PM_{10} 指标的泰尔指数的差距从 3.44 倍下降到 0.39 倍，但 2015 年后迅速拉大，2015 年为 0.39 倍，2016 年扩大至 0.7 倍。2004~2010 年，西部与中部地区 $PM_{2.5}$ 指标的泰尔指数的差距从 0.92 倍上升到 2 倍，但 2010 年后缩小，2015 年下降到 0.92 倍。后有所反弹，2016 年反弹到 1.33 倍。

2003~2008 年，东部与西部地区 PM_{10} 指标的泰尔指数的差距从 2 倍下降到 0.8 倍，但 2008 年后差距迅速拉大，2014 年上升到 1.69 倍，2016 年略降到 1.53 倍。2003~2014 年，东部与西部地区 $PM_{2.5}$ 指标的泰尔指数的差距从 0.14 倍上升到 0.93 倍，但 2014 年后差距缩小，2016 年下降到 0.81 倍。

2004~2013 年，中部与东北地区 PM_{10} 指标的泰尔指数的差距从 0.37 倍上升到 10.57 倍，此后到 2016 年下降到 1.99 倍。2003~2004 年，中部与东北地区 $PM_{2.5}$ 指标的泰尔指数的差距从 16.7 倍下降到 8.29 倍，此后到 2010 年上升到 20.24 倍，2016 年又降到 2.38 倍。

总体上看，区域之间的差距呈现缩小趋势，而近年东部、西部与中部的差距开始反转。

4. 四板块各区域对整体区域环境质量分化的贡献

附图 4（a）显示了 PM_{10} 指标的泰尔指数和 $PM_{2.5}$ 指标的泰尔指数 T_1 以及东部、中部、西部、东北四个区域板块对总的泰尔指数的贡献率的情况，总体是东部大于西部，西部大于区域间泰尔指数 T_1，T_1 又大于中部，中部大于东北地区。

（二）区域经济分化情况

1. 四板块总体区域经济分化变化情况

附图 1（b）显示了用人均 GDP 和人均可支配收入的泰尔指数表示的四板块区域经济分化总体情况和区域内、区域间分化的变化情况。

区域间人均 GDP 的泰尔指数 T_1 呈持续下降趋势。区域间人均可支配收入的泰尔指数 T_1 持续下降，2015 年略有反弹。

区域内人均 GDP 的泰尔指数 T_2 持续下降，2015 年略有反弹。区域内人均可支配收入的泰尔指数 T_2 呈现下降趋势，2015 年来被反弹趋势所取代。

人均 GDP 的泰尔指数 T 持续下降。人均可支配收入的泰尔指数 T 先下降，后有所反弹。

总体上看，人均 GDP 和人均可支配收入的区域间泰尔指数 T_1、区域内泰尔指数 T_2 和泰尔指数 T 之间的差距呈现缩小趋势，近几年有所扩大。区域内的泰尔指数 T_2 比区域间的泰尔指数 T_1 大。

2. 四板块各区域经济分化变化情况

附图 2（b）显示了四板块用人均 GDP 和人均可支配收入的泰尔指数表示的每个区域经济分化的变化情况。

东部地区人均 GDP 的泰尔指数 T_e 呈现下降趋势，但 2015 年被反弹趋势所取代。人均可支配收入的泰尔指数 T_e 持续下降。

中部地区人均 GDP 的泰尔指数 T_m 持续下降。人均可支配收入的泰尔指数 T_m 呈下降趋势，后逐渐回升。

西部地区人均 GDP 的泰尔指数 T_w 持续下降。人均可支配收入的泰尔指数 T_w 持续下降，后略有变大。

东北地区人均 GDP 的泰尔指数 T_{en} 呈现持续扩大趋势。人均可支配收入的泰尔指数 T_{en} 总体呈现下降趋势。

总体上看，除中部地区和西部地区人均 GDP 的泰尔指数呈现下降趋势外，东部地区人均 GDP 的泰尔指数下降趋势 2015 年被向上反弹所取代，而东北地区人均 GDP 的泰尔指数则持续走高，开始有所分化。除东北地区人均可支配收入的泰尔指数呈现下降趋势外，东部、中部和西部地区的人均可支配收入的泰尔指数近年开始出现反弹。人均 GDP 和人均可支配收入泰尔指数由大到小的顺序均为：$T_e > T_w > T_m > T_{en}$，说明东部地区人均 GDP 的区域差距最大，其次为西部地区，接下来是中部地区，东北地区最小。

3. 四板块各区域经济分化变化情况

附图 3（b）显示了四板块用人均 GDP 和人均可支配收入的泰尔指数的比值表示的区域经济分化差距的变化情况。

2005 年后东部与中部地区人均 GDP 的泰尔指数的差距迅速拉大，2016 年拉升至 4.81 倍。2003～2006 年，东部与中部地区人均可支配收入的泰尔指数的差距从 3.76 倍下降至 3.57 倍，但 2006 年后差距拉大，2011 年拉大至 4.32 倍，2016 年又下降至 3.62 倍。

2003～2009 年，西部与中部地区人均 GDP 的泰尔指数的差距从 1.96 倍扩大到 2.7 倍，2009 年后差距有所缩小，2013 年下降至 2.4 倍，2016 年又上升至 2.8 倍。2003 年西部与中部地区人均可支配收入的泰尔指数的差距为 1.34 倍，2016 年下降至 1.06 倍。

2003～2008 年，东部与西部地区人均 GDP 的泰尔指数的差距从 0.676 倍下降到 0.469 倍，但 2008 年后差距有所扩大，2016 年扩大到 0.528 倍。2003 年东部与西部地区人均可支配收入的泰尔指数的差距为 1.02 倍，2011 年上升到 1.63 倍，但 2011 年后差距有所缩小，2016 年缩小至 1.24 倍。

2003～2016 年，中部与东北地区人均 GDP 的泰尔指数的差距从 5.79 倍下降到 1.18 倍。2003～2016 年，中部与东北地区人均可支配收入的泰尔指数的差距从 5.33 倍跃升至 19.6 倍。

总体来看，人均 GDP 泰尔指数区域之间的差距先缩小，后拉大。人均可支配收入泰尔指数除中部与东北地区之间的差距扩大之外，其余区域之间的差距都有所缩小。

4.四板块各区域对整体区域经济分化的贡献

附图 4（b）显示了人均 GDP 和人均可支配收入泰尔指数 T_1 以及东部、中部、西部、东北地区对总的泰尔指数的贡献率的情况，总体是东部地区大于西部地区，西部地区又大于中部地区，中部地区大于东北地区。西部地区的贡献率接近区域间泰尔指数 T_1 的贡献率。

三　纳入环境因素后的中国区域经济分化及环境因素影响分析

以下将环境指标和经济指标结合起来，使用单位 PM_{10} 的人均 GDP 和单位 $PM_{2.5}$ 的人均 GDP 测算泰尔指数，分析纳入环境因素后的中国区域经济分化的情况，并通过与没有纳入环境因素的结果进行对比，考察环境因素的影响。

（一）总体区域经济分化及环境影响分析

附图 1（c）显示了用单位 PM_{10} 的人均 GDP 和单位 $PM_{2.5}$ 的人均 GDP 测算的泰尔指数表示的四板块区域经济分化总体情况和区域内、区域间分化的变化情况。

区域间单位 PM_{10} 的人均 GDP 的泰尔指数 T_1 呈弱 W 形，先降后升再降又升。区域间单位 $PM_{2.5}$ 的人均 GDP 的泰尔指数 T_1 呈下降趋势。

区域内单位 PM_{10} 的人均 GDP 的泰尔指数 T_2 持续下降，后略有反弹。区域内单位 $PM_{2.5}$ 的人均 GDP 的泰尔指数 T_2 持续下降，后略有反弹。

单位 PM_{10} 的人均 GDP 的泰尔指数 T 持续下降，后略有反弹。单位 $PM_{2.5}$ 的人均 GDP 的泰尔指数 T 也是先下降，后略有反弹。

总体上看，单位 PM_{10} 的人均 GDP 和单位 $PM_{2.5}$ 的人均 GDP 的区域间泰尔指数 T_1、区域内泰尔指数 T_2 和泰尔指数 T 之间的差距呈现变小趋势，但近年来有所反弹。区域内的泰尔指数 T_2 比区域间的泰尔指数 T_1 大。

对比附图 1 的（b）和（c）可以发现，没有纳入环境因素的人均 GDP 泰尔指数 T、区域间经济分化泰尔指数 T_1 和区域内经济分化泰尔指数 T_2 整体呈下降趋势，而以单位 PM_{10} 的人均 GDP 表示的区域经济分化泰尔指数 T、区域间经济分化泰尔指数 T_1 和区域内经济分化泰尔指数 T_2 初始时呈下降趋势，2011 年以后开始反转。

（二）各区域经济分化及环境影响分析

附图 2（c）显示了四板块用单位 PM_{10} 的人均 GDP 和单位 $PM_{2.5}$ 的人均 GDP 测算的泰尔指数表示的每个区域经济分化的变化情况。

东部地区单位 PM_{10} 的人均 GDP 的泰尔指数 T_e 持续下降，后略有反弹。单位 $PM_{2.5}$ 的人均 GDP 的泰尔指数 T_e 持续下降，后略有反弹。

中部地区单位 PM_{10} 的人均 GDP 的泰尔指数 T_m 持续上升。单位 $PM_{2.5}$ 的人均 GDP 的泰尔指数 T_m 持续下降，后略有反弹。

西部地区单位 PM_{10} 的人均 GDP 的泰尔指数 T_w 持续下降，后略有反弹。单位 $PM_{2.5}$ 的人均 GDP 的泰尔指数 T_w 持续下降，后略有反弹。

东北地区单位 PM_{10} 的人均 GDP 的泰尔指数 T_{en} 呈 W 形，先降后升再降又升。单位 $PM_{2.5}$ 的人均 GDP 的泰尔指数 T_{en} 先升后降，后开始反弹。

总体上看，除了中部地区单位 PM_{10} 的人均 GDP 的泰尔指数持续上升外，东部、西部地区单位 PM_{10} 的人均 GDP 的泰尔指数都是先下降，后反弹，而东北地区单位 PM_{10} 的人均 GDP 的泰尔指数多次反复，开始出现分化。东部、中部、西部和东北地区单位 $PM_{2.5}$ 的人均 GDP 的泰尔指数也是先下降，后反弹，开始有所分化。单位 PM_{10} 的人均 GDP 和单位 $PM_{2.5}$ 的人均 GDP 的泰尔指数由大到小的顺序均为：$T_e > T_w > T_m > T_{en}$，表明东部地区单位 PM_{10} 和单位 $PM_{2.5}$ 的人均 GDP 的区域差距最大，其次是西部地区，接下来是中部地区，东北地区最小。

对比附图 2 的（b）和（c）可以发现，没有纳入环境因素的东部地区人均 GDP 泰尔指数整体呈下降趋势，后期略有上升，以单位 PM_{10} 的人均

GDP 表示的东部地区泰尔指数在经历了一段下降趋势之后整体呈明显上升的趋势。没有纳入环境因素的中部地区人均 GDP 泰尔指数整体呈下降趋势，以单位 PM_{10} 的人均 GDP 表示的中部地区的泰尔指数整体呈上升趋势。没有纳入环境因素的西部地区人均 GDP 泰尔指数和以单位 PM_{10} 的人均 GDP 表示的西部地区的泰尔指数的变化趋势大致相同。没有纳入环境因素的东北地区人均 GDP 泰尔指数整体呈平缓上升趋势，以单位 PM_{10} 的人均 GDP 表示的东北地区的泰尔指数则平缓波动。

（三）各区域经济分化差距及环境影响分析

附图 3（c）显示了四板块用单位 PM_{10} 的人均 GDP 和单位 $PM_{2.5}$ 的人均 GDP 泰尔指数的比值表示的区域经济分化差距的变化情况。

2003~2015 年，东部与中部地区单位 PM_{10} 的人均 GDP 的泰尔指数的差距从 12.64 倍下降到 2.98 倍，但 2015 年开始拉大，2016 年扩大到 3.21 倍。2004~2010 年，东部与中部地区单位 $PM_{2.5}$ 的人均 GDP 的泰尔指数的差距从 1.58 倍上升到 3.67 倍，但 2010 年后差距缩小，从 3.67 倍迅速下降到 2.94 倍，2012 年后有所反弹，2016 年反弹到 3.1 倍。

2004~2015 年，西部与中部地区单位 PM_{10} 的人均 GDP 的泰尔指数的差距从 3.57 倍下降到 0.16 倍，但 2015 年后拉大，扩大到 2016 年的 0.41 倍。2004~2013 年，西部与中部地区单位 $PM_{2.5}$ 的人均 GDP 的泰尔指数的差距从 0.44 倍上升到 1.71 倍，但 2013 年后差距缩小，2015 年下降到 0.85 倍，2016 年又反弹到 1.13 倍。

2003~2008 年，东部与西部地区单位 PM_{10} 的人均 GDP 的泰尔指数的差距从 2.37 倍下降到 0.7 倍。但 2008 年后迅速拉大，2014 年扩大到 2.55 倍，2016 年下降到 1.98 倍。2003 年东部与西部地区单位 $PM_{2.5}$ 的人均 GDP 的泰尔指数的差距为 0.74 倍，2011 年扩大到 1.22 倍，但 2011 年后差距缩小，2016 年下降到 0.92 倍。

2004~2014 年，中部与东北地区单位 PM_{10} 的人均 GDP 的泰尔指数的差距从 0.54 倍上升到 16.12 倍，2016 年差距降到 7.78 倍。2003~2009 年，中

部与东北地区单位 $PM_{2.5}$ 的人均 GDP 的泰尔指数的差距从 3.9 倍下降到
1.19 倍，2014 年上升到 9.32 倍，2016 年又降到 1.6 倍。

总体来看，单位 PM_{10} 的人均 GDP 的泰尔指数除中部与东北区域的差距
先扩大，后缩小外，其他区域之间的差距均先缩小，后扩大。总体来看，单
位 $PM_{2.5}$ 的人均 GDP 的泰尔指数东部与中部地区、西部与中部地区之间的
区域差距先下降，后反弹；单位 $PM_{2.5}$ 的人均 GDP 的泰尔指数东部与西部
地区、西部与东北地区之间的区域差距近年来均下降。

对比附图 3 的（b）和（c）可以发现，没有纳入环境因素的东部与中
部地区、西部与中部地区人均 GDP 泰尔指数的差距持续扩大，以单位 PM_{10}
的人均 GDP 表示的东部与中部地区、西部与中部地区泰尔指数的差距则持
续缩小。没有纳入环境因素的东部与西部地区人均 GDP 泰尔指数的差距整
体呈缩小趋势，以单位 PM_{10} 的人均 GDP 表示的东部与西部地区泰尔指数的
差距则先缩小，后扩大。没有纳入环境因素的中部与东北地区人均 GDP 泰
尔指数的差距持续缩小，以单位 PM_{10} 的人均 GDP 表示的中部与东北地区泰
尔指数的差距 2013 年前呈先上升后下降再上升的趋势，2014 年迅速扩大，
2015 年和 2016 年则快速缩小。

（四）各区域对整体区域经济分化的贡献及环境影响分析

附图 4（c）显示了单位 PM_{10} 的人均 GDP 和单位 $PM_{2.5}$ 的人均 GDP 泰
尔指数 T_1 以及东部、中部、西部、东北地区对总的泰尔指数的贡献率的情
况，总体是东部地区大于区域间泰尔指数 T_1，T_1 大于西部地区，西部地区
又大于中部地区，中部地区大于东北地区。

对比附图 4 的（b）和（c）可以发现，以单位 PM_{10} 的人均 GDP 表示
的各地区的贡献率与没有纳入 PM_{10} 和 $PM_{2.5}$ 的各地区的贡献率的顺序大体
一致，都是东部地区>西部地区>中部地区>东北地区。

四 环境质量、收敛与经济增长

环境与经济增长的关系早已得到相关研究关注。但是，这类研究大多数

都是从环境的负面影响（即污染方面）展开，讨论其对经济增长的影响。例如，Keeler 等人（1972）、Forster（1973）、Becker（1982）将环境污染引入新古典增长模型，Bovenberg 和 Smulders（1995）、Stokey（1998）把环境污染引入内生增长模型，研究了环境污染对经济长期增长的影响。而 Lopez（1994）、Chichilinsky（1994）将环境质量作为一种生产要素引入新古典模型，证明了环境的正面影响与经济增长的关系。根据上述研究，本文通过经济增长理论的经典公式检验中国各省区市环境质量与经济增长的关系，同时讨论区域分化是否存在收敛。

（一）模型设定

区域经济收敛包括 σ-收敛和 β-收敛以及俱乐部收敛。σ-收敛是指不同经济体之间人均 GDP 差距的下降趋势。β-收敛是指人均 GDP 较低的经济体增速快于人均 GDP 较高的经济体。而俱乐部收敛是指在经济增长的初始条件和结构特征上相似的区域趋向于收敛。本文讨论 β-收敛，其模型为：

$$\ln \frac{PGDP_{it}}{PGDP_{i0}} = \alpha + \beta \ln PGDP_{i0} + \varepsilon_{it} \tag{6}$$

其中，$\varepsilon_{it} \sim N(0, \sigma^2)$；$PGDP_{it}$ 是第 i 个省区市在 t 时期的人均 GDP；$PGDP_{i0}$ 是基期人均 GDP。当 β 为负并且显著，说明存在 β-收敛，并可估算收敛的稳态值 γ_0 和收敛速度 θ。

$$\gamma_0 = \frac{\alpha}{1 - \beta} \tag{7}$$

$$\theta = -\ln \frac{1 + \beta}{t} \tag{8}$$

因为本文能够得到的环境数据最早到 1990 年，下面使用 1990~2016 年省区市[①]的数据考察环境质量因素在中国经济增长中的作用及收敛情况。

[①] 因为数据可得性、可比性或者部分统计指标的缺失，没有包括西藏、香港、澳门和台湾的数据。

在式（6）中加入影响人均 GDP 的各种因素，就得到了经济增长理论的经典公式，可以用其来分析增长动力、收敛和经济增长的关系：

$$\ln\frac{PGDP_{it}}{PGDP_{i0}} = \alpha + \beta\ln PGDP_{i0} + \sum_{i=1}^{N}\beta_{it} \times FACTOR_{it} + \varepsilon_{it} \tag{9}$$

其中，$PGDP_{it}$ 是第 i 个省区市在 t 时期的人均 GDP；$PGDP_{i0}$ 是人均 GDP 基期值；$FACTOR_{it}$ 是一组控制变量，即影响人均 GDP 的各种因素。这些因素数据均来源于《中国统计年鉴》和各省市的统计年鉴。

前述分析表明仅将 PM_{10} 和 $PM_{2.5}$ 包括进来就会影响区域经济分化和经济增长的结果。因此，在式（9）中加入由前述多个指标加权得到的环境质量，以便能够更全面地反映环境质量的影响。这些指标包括自然保护区面积、万人城市园林绿地面积、人均水资源量、万元 GDP 能耗、万元 GDP 电力消耗、工业废水排放量、工业烟尘排放量、工业二氧化硫排放量、工业粉尘排放量、工业"三废"综合利用产品产值比、PM_{10}、$PM_{2.5}$、二氧化硫、二氧化氮、臭氧、空气质量良好天数、环境污染治理投资占 GDP 的比重、治理工业污染项目投资占 GDP 的比重，共计 18 个。上述指标均转化为正向指标。表 1 给出了使用主成分分析法确定每个指标的权重。

表 1　环境质量指标权重

要素	指标	权重
环境资源	万人城市园林绿地面积	0.0666
	自然保护区面积	0.0480
	人均水资源量	0.0424
能源消耗	万元 GDP 能耗	0.0241
	万元 GDP 电力消耗	0.0056
工业排放	工业废水排放量	0.1000
	工业烟尘排放量	0.0999
	工业二氧化硫排放量	0.0852
	工业粉尘排放量	0.0852
环保产值	工业"三废"综合利用产品产值比	0.0028

续表

要素	指标	权重
空气质量	PM_{10}	0.0777
	二氧化氮	0.0748
	二氧化硫	0.0652
	臭氧	0.0514
	$PM_{2.5}$	0.0334
	空气质量良好天数	0.0263
环保投资	治理工业污染项目投资占 GDP 比重	0.0535
	环境污染治理投资占 GDP 比重	0.0528

（二）回归结果

表 2 显示了使用经济增长动力模型得到的区域分化与经济增长关系的回归结果。其中，模型 1 是基本影响因素，模型 2 除了基本经济影响因素外，加入了发展前景相关指标。其中，发展前景指标取自《中国经济增长报告（2015~2016）》。模型 1 的 R 为 0.933，调整后的 R 为 0.932，F 为 819.980。模型 2 的 R 为 0.9478，调整后的 R 为 0.9466，F 为 816.518。加入发展前景和环境质量等经济和环境发展质量相关指标后，解释力度有所提高。

其中，环境质量系数为 0.205，对经济发展的作用略低于经济增长[①]（0.376）、人民生活（0.221），但高于增长可持续性（0.175）。β 值为负且显著，表明存在 β-收敛。

其他因素的影响中只有对外开放程度对人均 GDP 的趋同具有异化作用。对外开放度的提升，促进了对外交流，在 FDI 和 OFDI 方面起到一定的作用。对国内人均 GDP 起着异化作用的原因有两个：一是产品输入和产品输出的不对等。对外输出的仅仅是资源、中间产品或低附加值的制造业产品，而输入的是高附加值产品，此时国内外交流形成一种失衡，无形中导致经济利益受损；二是东部与中西部地区对外开放程度的巨大反差造成的。

---

① 此处的经济增长不同于被解释变量的经济增长，此处为前景指标，由多个指标加权得到。

表 2　区域分化与经济增长关系的回归结果

变量	模型 1		模型 2	
	系数	t	系数	t
常数	4.146	7.0530 ***	6.491	11.5950 ***
基期人均 GDP	-1.155	-23.9130 ***	-1.183	-24.9010 ***
人力资本	3.66E-04	6.5140 ***	3.03E-04	5.8350 ***
全社会劳动生产率	3.57E-06	1.6590 **	3.70E-06	2.9540 ***
资本产出率	0.466	6.0280 ***	0.14	1.8550 **
第二产业占 GDP 的比重	1.189	7.1890 ***	0.649	4.2070 ***
第三产业占 GDP 的比重	2.403	13.9690 ***	1.567	9.4840 ***
城市化率	0.021	13.9360 ***	0.012	8.1870 ***
市场化程度	1.101	14.7770 ***	1.02	15.4460 ***
医疗条件指数	5.14E-04	5.5450 ***	0	3.8450 ***
对外开放程度	-2.36E-05	-5.2670 ***	0	-3.2930 ***
人均可支配收入	4.86E-05	4.0780 ***		
教育占财政支出比重	8.71E-05	1.3190 *		
规模效率	2.038	4.4240 ***	1.312	3.0970 ***
发展前景			0.211	2.7330 ***
经济增长			0.376	9.2350 ***
增长可持续性			0.175	3.3720 ***
政府效率			-0.121	-3.4090 ***
人民生活			0.221	5.0570 ***
环境质量			0.205	6.2760 ***

注：* 在 10% 水平上显著，** 在 5% 水平上显著，*** 在 1% 水平上显著。

当考虑发展前景相关因素时，只有政府效率一项对人均 GDP 具有异化作用，其原因也有两个：一是政府效率的提升本身对经济增长质量是有益的，但政府支出或者转移支付可能不是特别精准，导致某些地区要素扭曲，最终影响经济增长；二是东部和中西部地区在政府效率方面存在较大差距。

五　结论和政策建议

（一）结论

本文对中国区域分化的各项指标（包括区域环境指标、区域经济指标和纳入环境因素后的区域经济指标）进行了分析，主要发现有以下几点。第一，各指标所表示的总体区域环境分化、没有纳入环境因素的经济分化和纳入了环境因素的经济分化整体上呈下降趋势，但近年来有扩大的迹象；区域内差距对总的差距的贡献较大。第二，各指标所表示的各区域环境分化、没有纳入环境因素的经济分化和纳入了环境因素的经济分化多数的变化趋势也是下降，且近年来有所扩大。第三，各区域环境分化、没有纳入环境因素的经济分化和纳入了环境因素的经济分化的差距在用不同指标表示时有所不同，某些差距呈现扩大的趋势，某些差距呈现缩小的趋势；而差异最大的区域也不同，如东部和中部地区的差距、中部和东北地区的差距，特别是在以$PM_{2.5}$表示时，中部和东北地区的环境分化差距远远高于其他区域之间的差距。第四，在区域环境分化、没有纳入环境因素的经济分化和纳入了环境因素的经济分化的比较中，东部地区的贡献都是最高的，且呈上升趋势，其后依次是西部地区、中部地区和东北地区。第五，纳入环境因素后的区域经济分化与没有纳入的结果某些方面有所不同。

本文进一步将环境质量纳入经济增长动力模型对经济增长影响因素及收敛进行了实证分析，结果显示环境质量系数为正，表明提高环境质量有利于促进经济增长；β值为负且显著，存在β-收敛。当考虑发展前景和环境质量等相关因素时，除部分不显著外，其他因素发挥相似的作用，只有政府效率一项对人均GDP具有异化作用，其原因有二：一是政府支出或者转移支付导致某些地区要素扭曲，最终影响经济增长；二是东部和中西部地区在政府效率方面存在较大差距。

对外开放程度对人均GDP的趋同具有异化作用，其原因有二：一是产品输入和产品输出的不对等；二是东部与中西部地区对外开放程度的巨大反差。

（二）政策建议

1.构建经济带，区域协调发展

要解决区域差距过大的问题就需要构建经济带，实现区域协调发展。第一，要突破政府主导型运行模式，在市场主导的基础上建立经济带。第二，促进要素的自由充分流动，即人、财、物的自由充分流动。第三，建立地方政府间的合作机制，克服多年来区域政策下的利益本地化，使之有效融入"大区域"发展。第四，要形成新的区域发展的评价与激励机制，弱化唯GDP的评价标准，并强化生态环保指标和社会公平指标。第五，各级区域要成立区域政府官员综合协调委员会和专家咨询委员会，落实政府间新型合作机制，共同制定区域发展规划与产业布局规划。

2.不同区域实施不同的环境政策

东部地区环境质量好的，保持现有环境规制政策不变，设为东部环境质量标杆地区；东部地区环境质量差的，参考东部地区环境质量标杆的环保标准，加大环保排放的整治力度和投入。西部地区环境质量好的，仍然保持现有环境规制政策不变，设立为西部环境质量标杆地区；西部地区环境质量较差的，参照西部地区经济发展水平和财政承受能力，梯次提升环保质量标准。中部地区和东北地区，财力较好的参照东部地区环境质量标杆地区标准执行，经济和财政状况差的，参照西部地区的环境质量标杆地区标准执行。

3.避免区域环境管制差别导致污染转移

考虑不同地区实际情况设置环境规制政策，要防止高污染企业从环境规制严的地区流向环境规制稍松的地区。

附录:

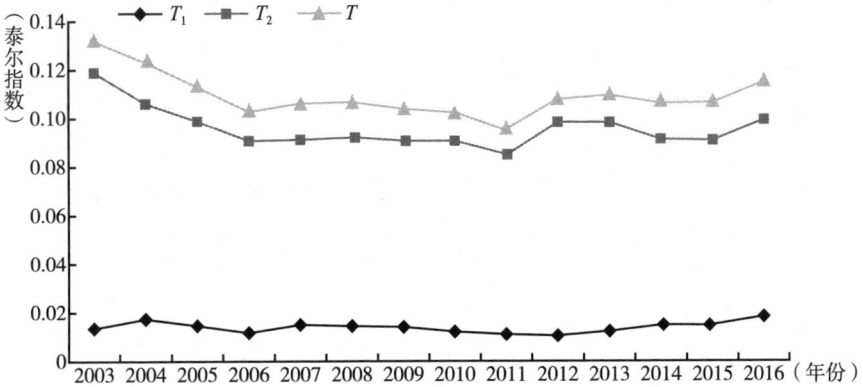

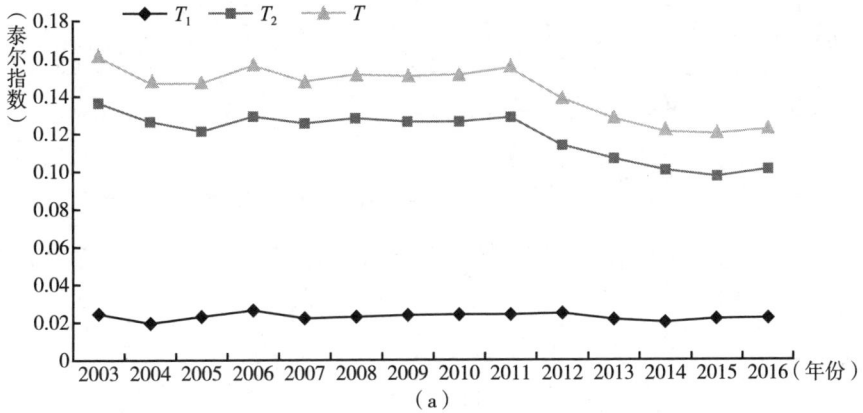

(a)

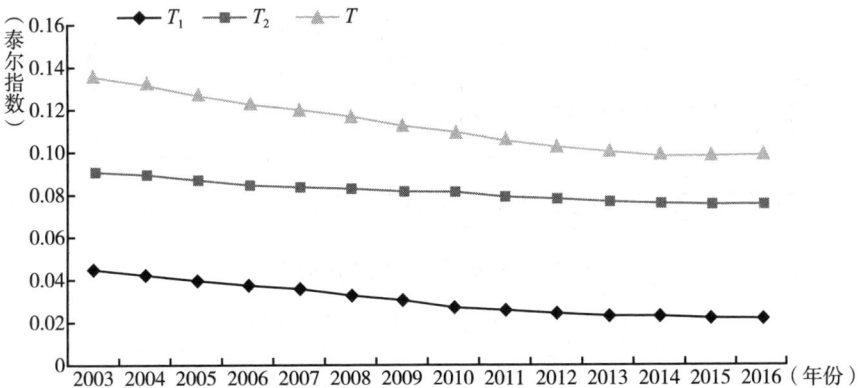

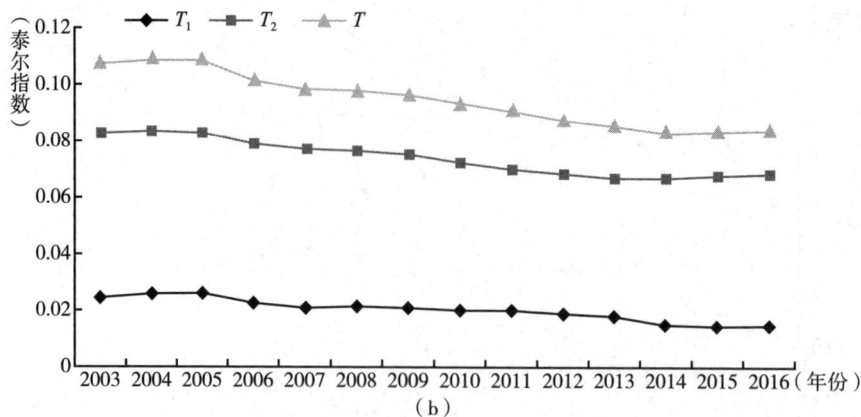

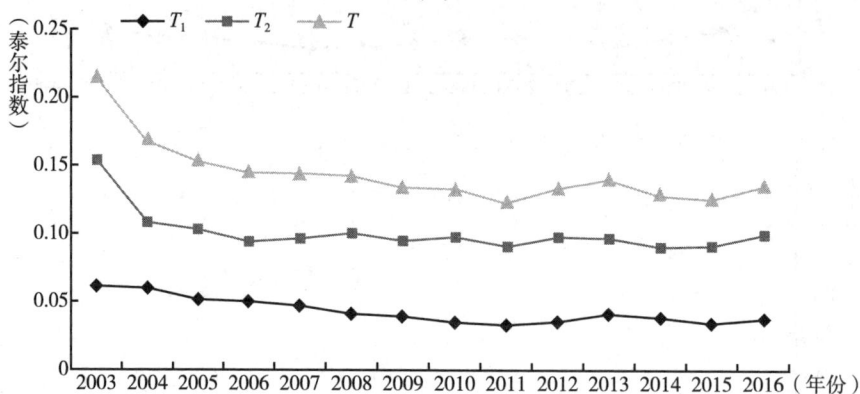

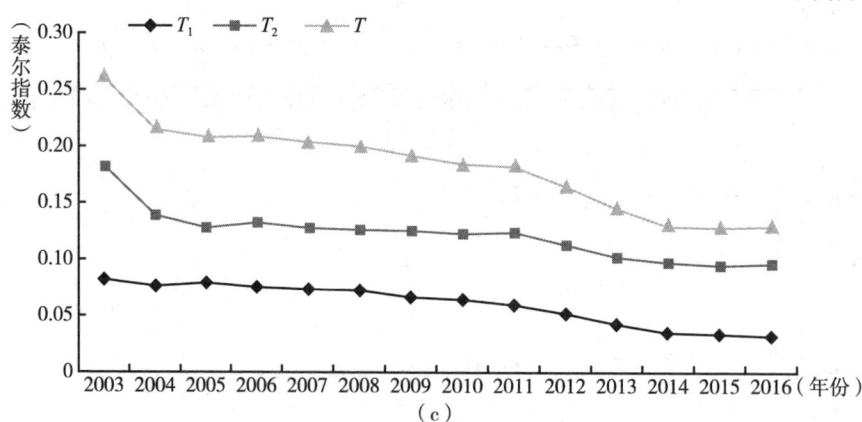

附图 1　中国区域分化总体情况

注：(a) 表示区域环境分化的情况，(b) 和 (c) 分别表示没有纳入环境因素和纳入环境因素之后的区域经济分化情况。(a) 上图使用的是 PM_{10}，下图使用的是 $PM_{2.5}$。(b) 上图使用的是人均 GDP，下图使用的是人均可支配收入。(c) 上图使用的是单位 PM_{10} 的人均 GDP，下图使用的是单位 $PM_{2.5}$ 的人均 GDP。

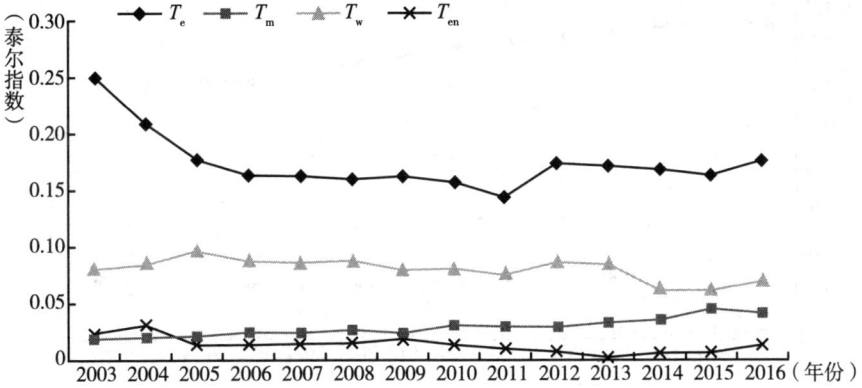

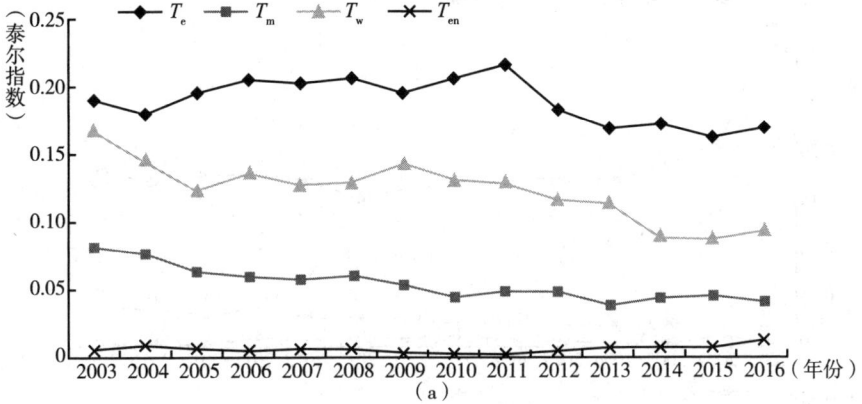

(a)

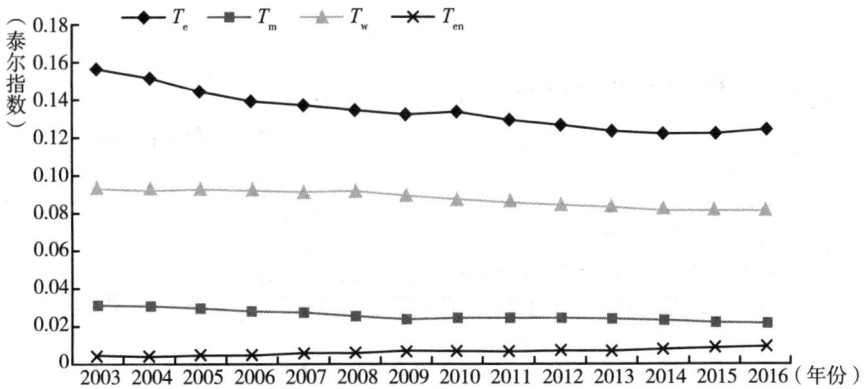

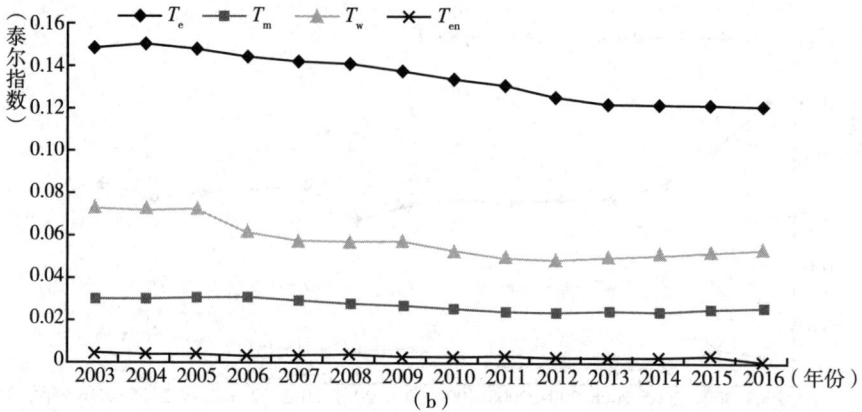

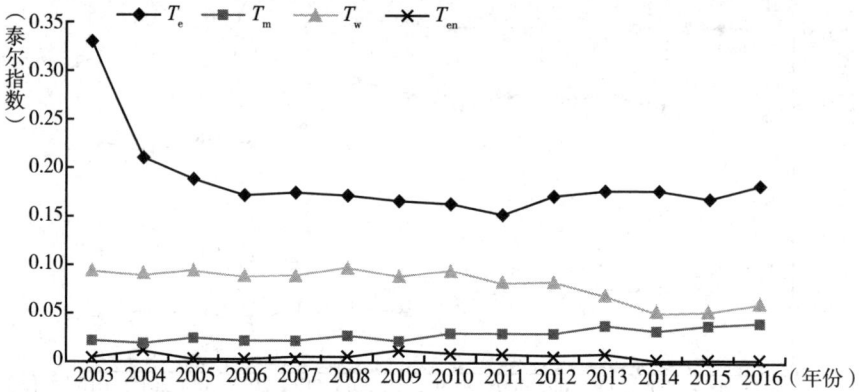

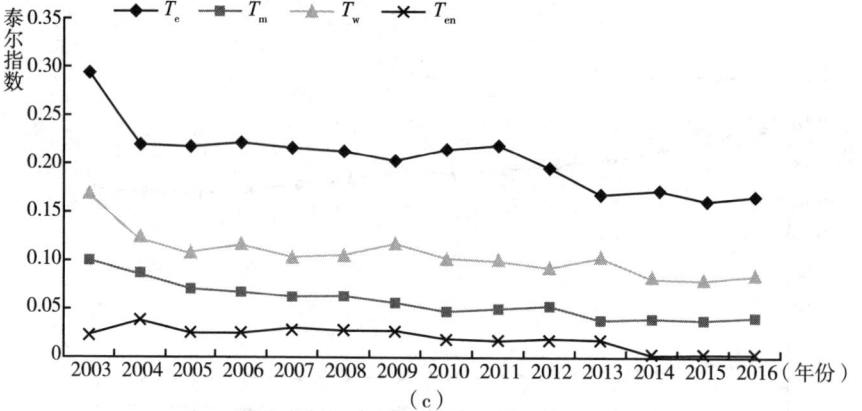

附图 2　各区域经济分化的情况

注：（a）表示区域环境分化的情况，（b）和（c）分别表示没有纳入环境因素和纳入环境因素之后每个区域经济分化的情况。（a）上图使用的是 PM_{10}，下图使用的是 $PM_{2.5}$。（b）上图使用的是人均 GDP，下图使用的是人均可支配收入。（c）上图使用的是单位 PM_{10} 的人均 GDP，下图使用的是单位 $PM_{2.5}$ 的人均 GDP。

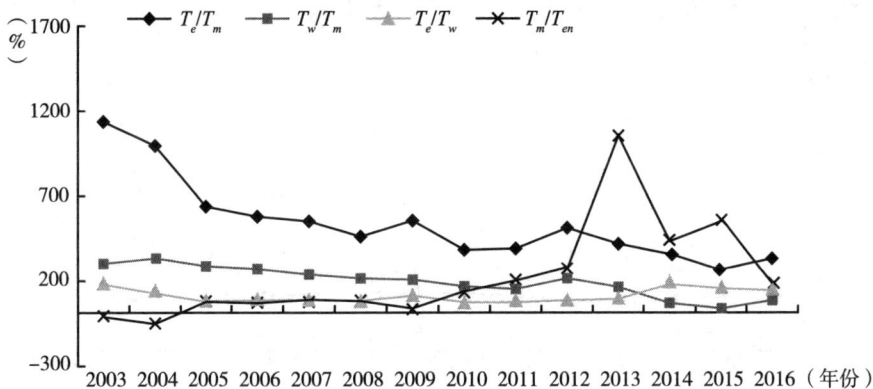

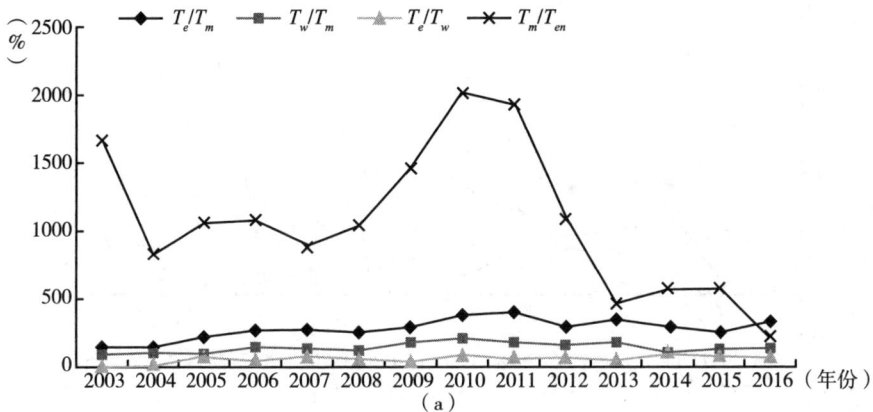

(a)

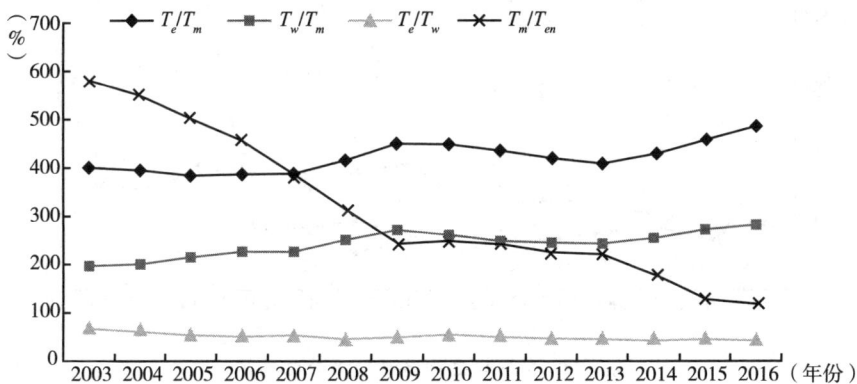

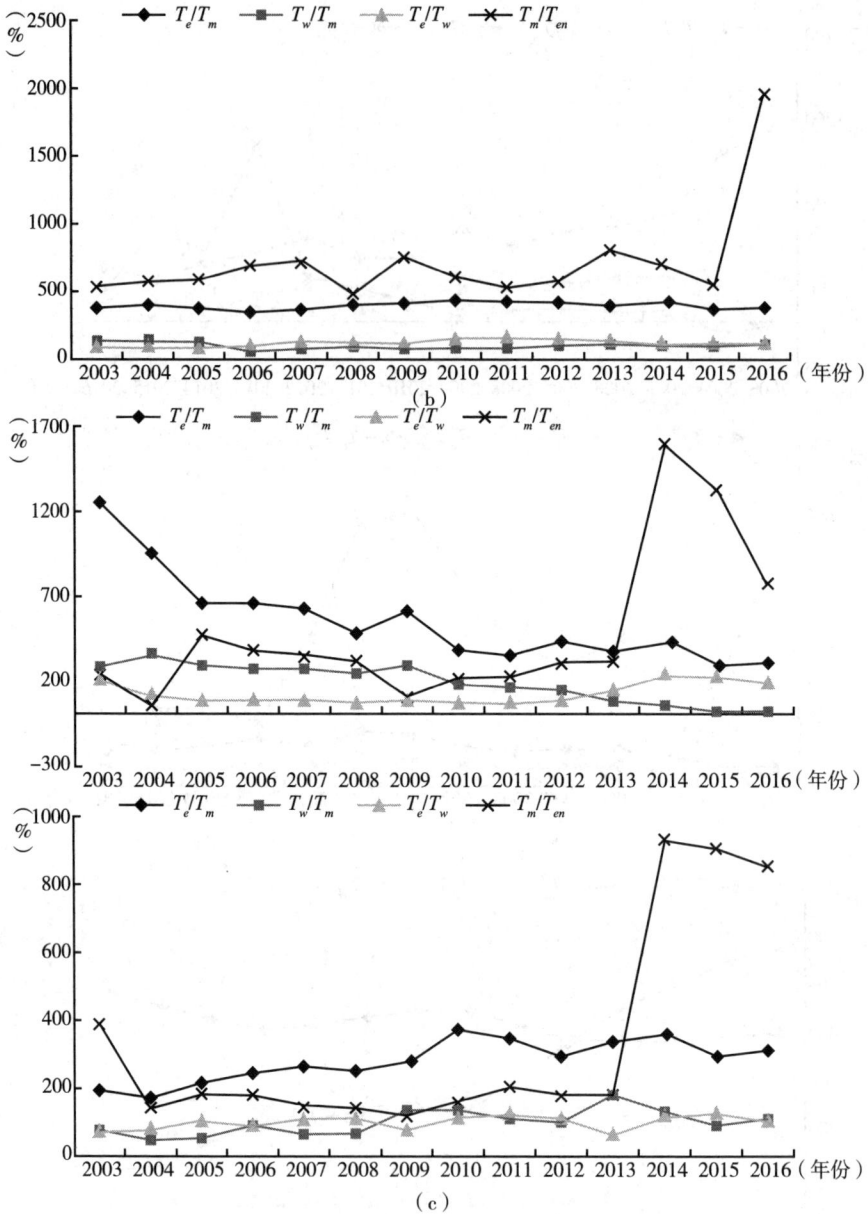

(b)

(c)

附图 3 各区域之间区域经济分化差距

注：（a）表示区域环境分化的情况，（b）和（c）分别表示没有纳入环境因素和纳入环境因素之后每个区域之间区域经济分化差距的情况。（a）上图使用的是 PM_{10}，下图使用的是 $PM_{2.5}$。（b）上图使用的是人均 GDP，下图使用的是人均可支配收入。（c）上图使用的是单位 PM_{10} 的人均 GDP，下图使用的是单位 $PM_{2.5}$ 的人均 GDP。

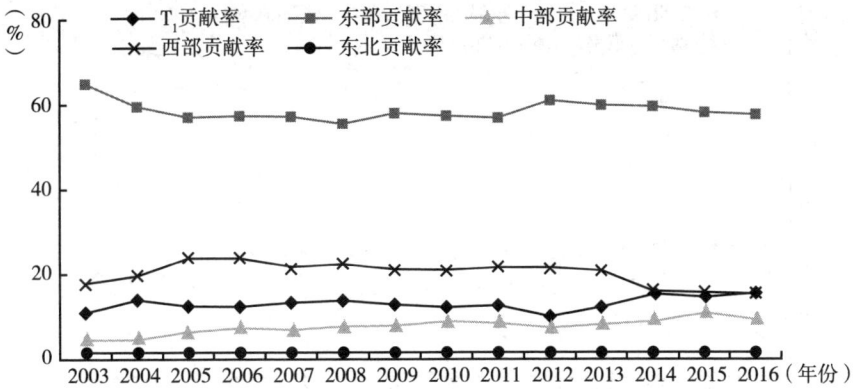

（a）

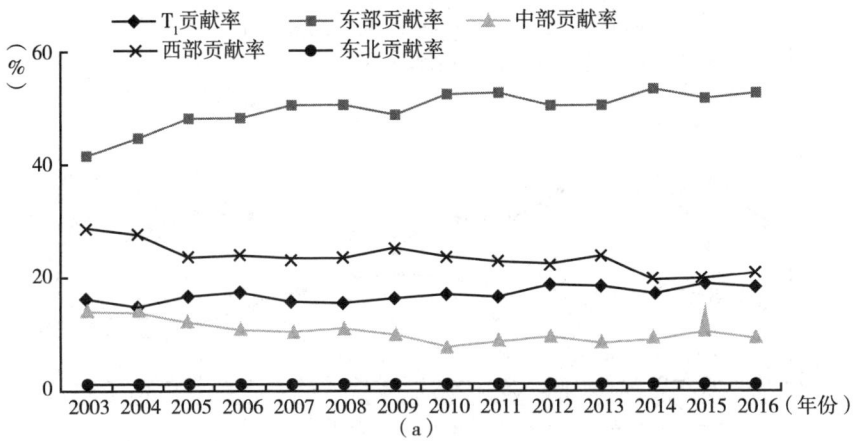

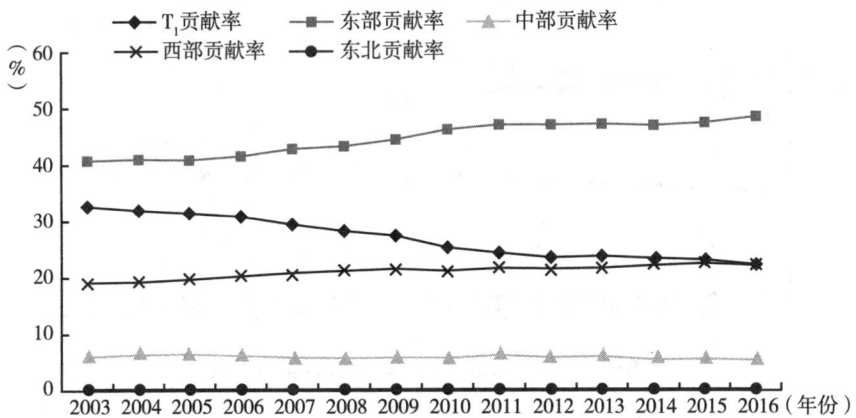

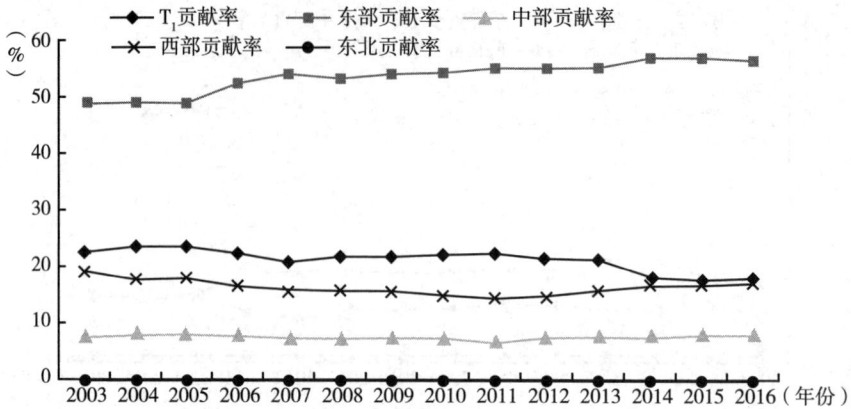

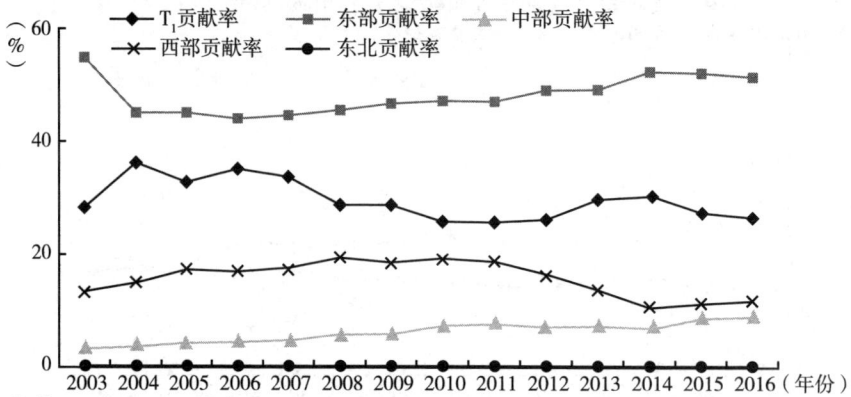

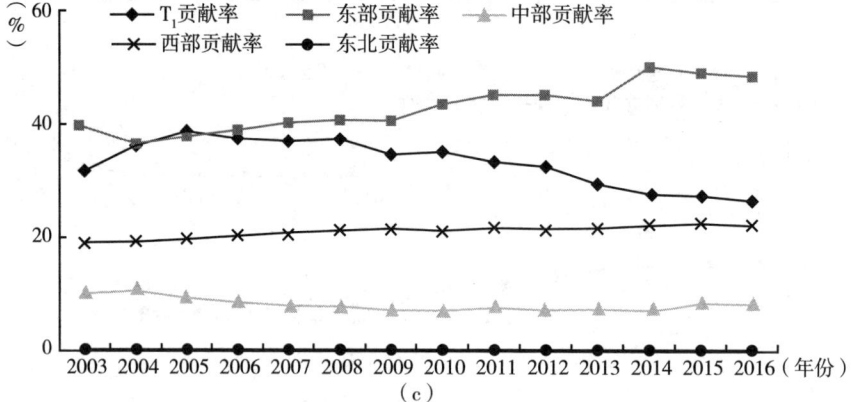

附图 4　各区域对整体区域经济分化的贡献

注：（a）表示区域环境分化的情况，（b）和（c）分别表示没有纳入环境因素和纳入环境因素之后每个区域对整体区域经济分化的贡献的情况。（a）上图使用的是 PM_{10}，下图使用的是 $PM_{2.5}$。（b）上图使用的是人均 GDP，下图使用的是人均可支配收入。（c）上图使用的是单位 PM_{10} 的人均 GDP，下图使用的是单位 $PM_{2.5}$ 的人均 GDP。

参考文献

［1］　Tusi，Kai-yuen，"China's regional inequality，1952-1985，" *Journal of Comparative Economics* 15（1）（1991）.

［2］　魏后凯：《中国地区间居民收入差异及其分解》，《经济研究》1996 年第 11 期。

［3］　章奇：《中国地区经济发展差距分析》，《管理世界》2001 年第 1 期。

［4］　贾俊雪、郭庆旺：《中国区域经济趋同与差异分析》，《中国人民大学学报》2007 年第 21 卷第 5 期。

［5］　许召元、李善同：《近年来中国地区差距的变化趋势》，《经济研究》2006 年第 7 期。

［6］　蔡昉、都阳：《中国地区经济增长的趋同与差异——对西部开发战略的启示》，《经济研究》2000 年第 10 期。

［7］　潘文卿：《中国区域经济差异与收敛》，《中国社会科学》2010 年第 1 期。

［8］　张自然、陆明涛：《全要素生产率对中国地区经济增长与波动的影响》，《金融评论》2013 年第 1 期。

［9］　Chen，J.，B. M. Fleisher，"Regional Income Inequality and Economic Growth in China，" *Journal of Comparative Economics* 22（2）（1996）.

［10］　Jian T，Sachs J D，Warner A M.，"Trends in regional inequality in China，" *China Economic Review* 7（1）（1996）.

［11］　马拴友、于红霞：《转移支付与地区经济收敛》，《经济研究》2003 年第 3 期。

［12］　刘夏明、魏英琪、李国平：《收敛还是发散？——中国区域经济发展争论的文献综述》，《经济研究》2004 年第 7 期。

［13］　王志刚：《质疑中国经济增长的条件收敛性》，《管理世界》2004 年第 3 期。

［14］　彭国华：《中国地区收入差距、全要素生产率及其收敛分析》，《经济研究》2005 年第 9 期。

［15］　Fujita，M.，D. Hu，"Regional disparity in China 1985-1994：The effects of globalization and economic liberalization，" *The Annals of Regional Science* 35（1）（2001）.

［16］　Keeler E，Spence M，Zeckhauser R.，"The optimal control of pollution，" *Journal of Economic Theory* 4（1）（1972）.

［17］　Forster B A.，"Optimal capital accumulation in a polluted environment，" *Southern Economic Journal* 4（1973）.

［18］　Becker R A.，"Intergenerational equity：the capital-environment trade-off，" *Journal of Environmental Economics and Management* 9（2）（1982）.

[19] Bovenberg, A. L. , S. Smulders, "Environmental quality and pollution-augmenting technological change in a two-sector endogenous growth model," *Journal of Public Economics* 57 (3) (1995).

[20] Stokey, N L. , "Are there limits to growth?" *International economic review* 1 (1998).

[21] Lopez R. , "The environment as a factor of production: the effects of economic growth and trade liberalization," *Journal of Environmental Economics and management* 27 (2) (1994).

[22] Chichilnisky G. , "North-south trade and the global environment," *The American Economic Review* 84 (4) 1994.

城市规模与管理模式篇

报告9
中国最优城区人口规模研究*

——基于 1990~2018 年 264 个城市的成本-收益分析

张自然**

摘　要： 本文选取 1990~2018 年中国 264 个地级及地级以上城市城区（市辖区）常住人口数据采用成本-收益法来研究中国城市的最大和最优城区人口规模问题。按不考虑人力资本和人均受教育年限、考虑人力资本及考虑人均受教育年限三种情况来分析 264 个城市（区）规模收益情况，外部成本则考虑政府成本、企业工资成本、通货膨胀成本、住房成本和环境成本等，得出城区人口规模范围和最优城区人口规模范围，最优城区人口规模即净规模收益峰值在 290 万~365 万人；外部相对成本最低时的城区人口规模为 416 万人，最优城区人口规模在 350 万人左右。城市相对规模净收益大于 0.3 的城区人口规模为 189 万~765 万人。城市相对规模净收益为正的城区人口规模区间为 67 万~3294 万人。中国像北京、上海这样的超大城市仍然相对较少，虽然存在交通拥挤、环境污染尤其是严重雾霾之类的问题，但只要大城市、超大城市的空间聚集带来的相对规模收益大于相对成本，就不应该人为限制大城市、超大城市的发展。目前亟须解决的是以效率创新驱动经济转型升级，转变经济增长方式，提高人

---

　*　本文受国家社会科学基金重点课题"中国城市规模、空间聚集与管理模式研究"（批准文号：15AJL013）资助。

　**　张自然，博士，中国社会科学院经济研究所研究员，主要研究方向为技术进步与经济增长。

民的福利水平。

关键词： 最优城市（区）规模　成本-收益法　城区人口规模

2018 年中国常住人口城镇化率为 59.58%，增速 1.06 个百分点，2019 年城镇化率为 60.60%，增速为 1.02 个百分点，中国由高速城市化转向中低速城市化。如果每年提高城市化水平 1 个百分点左右，那就相当于每年有 1600 多万人转移到城市。快速城市化直接导致城市常住人口规模空前巨大，超大、特大和中等规模城市必将快速增加。

1996 年中国人口在 100 万以上的"大"城市只有 34 个，城市化率仅 30.48%（王小鲁等，1999）。20 多年来中国城市化迅猛发展，按 2018 年地级市常住人口计算的 264 个地级及地级以上城市覆盖人口为 124691.97 万，占全国总人口 139538 万的 89.36%。264 个地级及地级以上城市（简称地级市）中城区人口超过 2000 万的城市有 3 个，城区人口在 1000 万~2000 万的城市有 4 个，城区人口在 500 万~1000 万的城市有 11 个，城区人口在 200 万~500 万的城市有 38 个，城区人口在 100 万~200 万的城市有 90 个，城区人口在 50 万~100 万的城市有 84 个，城区人口在 30 万~50 万的城市有 26 个，城区人口低于 30 万的城市有 8 个。以上数据显示，按城区常住人口衡量的大规模和超大规模城市数量越来越多。

随着城市规模的扩大，人口等各种要素的聚集将产生一定的范围经济和规模收益，同时也可能会带来一定的规模成本，即城市规模过大造成的外部效应，包括城市交通更拥挤、环境污染加剧、资源压力加大（个别城市水资源不足）、市政基础设施及其他公共服务短缺，还有商品房价格上涨、通货膨胀加剧和企业成本增加。城市规模收益和成本之间的平衡区间即是城市人口规模的合适范围，城区人口规模决定了城市的规模收益和各种成本。本文基于城市规模的成本-收益法来探讨 264 个地级及地级以上城市的最优和适度城区人口规模区间。本文包括六个部分，第一部分为文献综述，第二部分为最优城区人口规模形成机制分析，第三部分为城区人口规模收益-成本模型构建，第四部分为主要数据来源及处理，第五部分为最优城区人口规模的实证分析，第六部分为结论及建议。

一　文献综述

国内外学者对最优城市规模的存在性及探讨最优城市规模的方法做了开拓性的研究。研究最优城市规模使用最多的是城市规模成本-收益模型，即认为城市规模收益呈倒"U"形曲线，而成本呈"U"形曲线，收益和成本之间的最大差值即为最优城市规模（Alonso，1971；Evans，1972；Richardson，1972；Yezer and Goldfarb，1978；Harvey，1981；王小鲁、夏小林，1999；Au and Henderson，2006；李秀敏等，2007；杨波，2008；张自然，2015）。

其他探讨最优城市规模的方法有：通过聚集效应和规模报酬来解释城市规模（Henderson，1974；Carlino，1982；阿瑟·奥莎利文，2008）；在一个分权的分层网络框架中探讨最优城市规模和城市层级问题（Yang and Hogbin，1990）；从城市效益最大化和城市负担最小化两个方面研究最优城市规模问题，认为最优城市规模是城市平均效益最大化或城市平均成本最小化时的人口规模（Capello and Camgni，2000）；将迪克西特-斯蒂格利茨（Dixit-Stiglitz）垄断竞争模型引入单中心城市增长模型，得出最优城市规模与城市聚集经济的关系（Duranton and Puga，2004）；构建社会福利函数从人均社会福利最大化来分析最优城市规模，并认为最优城市规模应为实现人均社会福利最大化时的城市规模，当城市公共物品支出等于城市总租金时，城市人均社会福利最大（Arnott，2006）；利用聚集经济与最小成本法研究最优城市规模（金相郁，2004）；通过对经济增长率和城市人口进行回归求城市最优规模（张应武，2009）；认为城市人均产出率与城市规模呈倒"U"形曲线，并确定最优城市规模（柯善咨等，2014）；通过城市规模与能源利用的关系求最优城市人口规模（张杰、解扬，2015）；利用居民幸福感与城市规模关系来求最优城市规模（傅红春等，2016）。

从已有的研究来看，大多数学者认为城市有一个最优规模，其中采用城市规模收益-成本法来探讨最优城市规模的比较多，其他方法也各有特色。张自然（2015）采用1990~2011年地级及地级以上城市的常住人口数据，按照不考虑人力资本、考虑人力资本和人均受教育年限几种情况分析了最大最优城市规模问题，得出中国城市的最优规模在600万人左右，城市规模净收益大于零的区间为65万~3569万人。本文在张自然（2015）的基础上以城区常住人口数作为研究对象，采用城市规模成本-收益法来探讨中国264个地级及地级以上城市的最优和适度城区人口规模问题。按不考虑人力资本和人均受教育年限、考虑人力资本及考虑人均受教育年限三种情况来分析264个城市规模收益情况，外部成本则考虑政府成本、企业工资成本、通货膨胀成本、住房成本和环境成本等，探讨最大和最小城区人口规模范围与最优城区人口规模范围。最优城区人口规模即净规模收益峰值在290万~365万人，外部相对成本最低时的城区人口规模为416万人，即最优城区人口规模大约在350万人左右。合理的城市相对规模净收益大于0.3的城区人口规模为189万~765万人，此时的外部相对成本大部分不超过0.5。城市相对规模净收益为正的城区人口规模区间为67万~3294万人。前面已经基于城市常住人口作为研究对象来研究最优城市规模，本研究拟采用城区常住人口来研究中国地级市的最大最优城市规模（这里城市规模即指城区人口规模或城区规模），城区人口规模即城区常住人口，采用市辖区常住人口来表示。

二 最优城区人口规模形成机制分析

随着城市（区）规模的增大，集聚效应使各种要素、资源向城市（区）集中，同时给城市带来外溢效应，反过来促进城市（区）规模的扩大，并相应产生了城市规模收益。同时城市（区）规模的扩大也导致人口的过分集中，交通拥挤、环境污染、公共服务基础设施不足等负的外部效应逐步显现。因此，城市（区）规模同时产生城市（区）规模收益和城市（区）外部成本。城市（区）规模收益呈倒"U"形，随着城市（区）规模的扩大，城市（区）规模收益逐渐增加，当城市（区）规模达到一定程度，城市（区）规模收益开始逐步减少。在城市（区）规模比较小时，基本的基础设施、公共服务和环境维护仍然存在较大的外部成本；当城市（区）规模逐步扩大时，城市有足够的财力提供市政基础设施，解决环境污染、交通拥挤和公共服务等外部问题，城市外部成本逐步降低。当城市（区）规模达到一定程度，人口过分集中，提供市政基础设施和解决交通拥挤、环境治理及提供公共服务的能力达到极限，此时外部成本逐渐上升。因此，城市外部成本呈"U"形。

三　城区人口规模收益-成本模型构建

依据上面的理论分析，本文参考王小鲁和夏小林（1999）构建城市（区）规模模型：

$$Y = Y_u(U) \tag{1}$$

$$X = X_u(U) \tag{2}$$

其中，Y 为城市（区）的规模收益；X 为外部成本，U 为城区人口规模。

（一）城区规模收益模型

假定资本存量 K 与人力资本 H 和劳动力 L 的规模报酬不变，不考虑城市（区）规模收益的柯布-道格拉斯函数为：

$$Y_N = AK^\alpha(HL)^{1-\alpha} \tag{3}$$

对上式两边取对数有：

$$\ln\frac{Y_N}{HL} = C + gT + \alpha\ln\frac{K}{HL} \tag{4}$$

其中，Y_N 为不考虑城市（区）规模收益的产出。

考虑城市（区）规模收益的城市生产函数：

$$Y = AK^{\alpha}(HL)^{1-\alpha}U^{\gamma} \tag{5}$$

其中，Y、K、H、L 和 U 分别表示国内生产总值 GDP，固定资本存量，人力资本存量，劳动力和用城区常住人口总数表示的城区人口规模；α 和 $1-\alpha$ 分别表示资本和考虑人力资本的劳动的产出弹性；γ 代表城区规模效应。

A 生产率水平为：

$$A = A_0 e^{gT} \tag{6}$$

其中，A_0 是初始生产率水平；g 是生产率增长率；T 是时间。

式（5）两边取对数，为了反映规模收益之间可能的对数非线性关系，该函数在取对数形式时还加入了 U 的对数二次项：

$$\ln\frac{Y}{HL} = C + gT + \alpha\ln\frac{K}{HL} + \gamma_1\ln U + \gamma_2(\ln U)^2 \tag{7}$$

其中，$C = \ln A_0$；T 是时间趋势（$t = 0, 1, 2\cdots$）。式（7）与城市（区）规模有关的部分是 $f(u) = \gamma_1\ln U + \gamma_2(\ln U)^2$。

由式（4）和式（7）有：

$$\ln\frac{Y}{HL} = \ln\frac{Y_N}{HL} + f(u) \tag{8}$$

即：

$$\ln Y = \ln Y_N + f(u) \tag{9}$$

其中，Y 为城市总产出；Y_N 为不考虑城市（区）规模收益的产出。

城市总的产出等于不考虑城市（区）规模收益的产出和城市（区）规模收益导致的产出之和，即：

$$Y = Y_N + Y_U \tag{10}$$

其中，Y 为城市总产出；Y_N 为不考虑城市（区）规模收益的产出；Y_U

为城市（区）规模收益导致的产出。

由式（9）和式（10）有：

$$\ln(Y) = \ln(Y - Y_U) + f(u) \tag{11}$$

$$\ln\frac{Y - Y_U}{Y} = -f(u) \tag{12}$$

$$\frac{Y_U}{Y} = 1 - \exp[-f(u)] \tag{13}$$

设 y_u 为相对规模收益，即城市（区）规模收益占 GDP 的比值，$y_u = Y_U/Y$，有：

$$y_u = 1 - \frac{1}{\exp[\gamma_1 \ln U + \gamma_2 (\ln U)^2]} \tag{14}$$

（二）城区规模成本模型

构建和城市（区）规模相关的部分的外部成本模型：

$$\ln Cost = \ln Cost_c + \beta_1 \ln U + \beta_2 (\ln U)^2 \tag{15}$$

其中，$\ln Cost_c$ 为初始外部成本；$\ln Cost$ 为与城市（区）规模相关的外部成本；U 是城区人口规模。

四　主要数据来源及处理

采用 1990~2018 年间 264 个地级及地级以上城市的数据，GDP、固定资本存量、劳动投入、人力资本、城区人口规模、政府成本、企业工资成本、通货膨胀成本、住房成本和环境成本等数据均来源于历年《中国城市统计年鉴》、《中国统计年鉴》、《中国环境统计年鉴》、中国各省区市统计年鉴、各城市统计年鉴及各城市国民经济和社会发展统计公报。

（一）GDP

产出数据采用 264 个地级市的地区生产总值（GDP）。由以 1990 年为基期的各市 1990~2018 年的国内生产总值指数和当年 GDP，可以得到以 1990 年为基期的不变价格 GDP。

（二）固定资本存量

资本投入是一个流量的概念。资本投入量为直接或间接构成生产能力的资本存量，它包括直接生产和提供各种物质产品和劳务的各种固定资产和流动资产，也包括为生活过程服务的各种服务和福利设施的资产。但资本的使用者往往是资本的所有者，不存在一个市场化的资本租赁价格对资本的实际使用进行准确度量。因此通常的做法是用资本存量数据替代资本的流量数据。目前测量资本存量的通用方法是永续盘存法（PIM）。永续盘存法是对历年投资形成的固定资产重新估价后，根据所选折旧方式来确定某个资本消耗，按逐年推算的方法计算历年的资本存量总额。对中国的固定资本存量进行的估算比较典型的有贺菊煌（1992）、邹至庄（Chow，1993）、王小鲁和樊纲（2000）和吴延瑞（Wu，2003）。

本文也采用永续盘存法来计算固定资本存量，计算方法是将第 i 个城市第 t 年的固定资本存量表示为：

$$K_{it} = K_{i,t-1}(1 - \delta) + I_{it} \qquad (16)$$

其中，I_{it} 是第 i 个城市第 t 年的新增固定资产投资；K_{it} 是第 i 个城市第 t 年的固定资本存量；δ 是折旧率。

固定资本存量的确定涉及基年固定资本存量、折旧率、新增固定资产投资和固定资产价格指数等几个方面。本文根据各省区市固定资本存量以及当年各市占其所在省区的全社会固定资产投资的比来确定 1990 年各市的固定资本存量。根据各市的全社会固定资产投资总额，按照全国的全社会新增固定资产投资与全社会固定资产投资总额的比，计算各市的全社会新增固定资产投资。1991 年后各市的固定资产价格指数直接引用 2012 年《中国统计年鉴》中各省区市的固定资产价格指数，再将 1990～2018 年的固定资产价格指数换算成以 1990 年为基期的固定资产价格指数。由于中国法定残值率为 3%～5%，且现有文献中一般选择 5% 为折旧率，本文也选取 5% 为折旧率。由各市 1990 年的固定资本存量、全社会新增固定资产投资、以 1990 年为基期的固定资产价格指数和折旧率，按照永续盘存法式（16）就可以计算出 264 个地级市 1990～2018 年以 1990 年为基期的固定资本存量。

（三）劳动投入

在全要素生产率分析中，投入数据应当是一定时期内要素提供的"服务流量"，它不仅取决于要素投入量，而且还与要素的利用效率、要素的质量等有关。劳动投入有如下三种指标：一是劳动者报酬；二是总劳动时间，通过平均劳动时间乘以就业人数取得；三是劳动者人数，通常采用就业人数。理想的劳动投入指标应既能反映劳动投入的数量，也能反映劳动投入的质量。从这个角度来说，劳动者报酬是比较理想的指标。如果一个国家或地区的产业结构相对成熟，就业市场化程度很高，劳动的供给和需求保持较为稳定的关系，那么劳动报酬完全由劳动的数量和质量决定。但劳动报酬存在变量选择和数据采集的问题，还存在如何才能准确反映价格调整的问题。作为劳动投入，总劳动时间比劳动者人数统计得更细，也更准确，但它不能反映劳动的质量。我们国家统计数据不包括劳动小时数，有部分研究者用抽样调查的方法获取关于劳动时间的数据，结果可能比采用劳动者人数更不准确。因此多数研究选用劳动者人数即就业人数作为劳动投入。这是因为它能够简明直接地体现劳动投入量的规模，不存在价格调整的问题，统计数据也较容易获得。故本文采用中国 264 个地级市 1990～2018 年的全市就业人数作为劳动投入。

（四）人力资本

采用各地级及地级以上城市小学、中学和大学的在校生数量来衡量。人力资本的衡量有以下三种方式：教育年限、劳动者的收入水平和受教育水平的不同支出。第一种是教育年限。教育年限承认不同等级教育的就业人口具备不同的人力资本水平，按受教育年限将就业人口进行分类，分为特殊教育、小学教育、初中教育（包含职业初中）、高中教育、中专教育（包含职中）、大专及以上教育（含本科生和研究生）。受教育年限分别设定为特殊教育6年、小学教育6年、初中教育9年、高中教育12年、中专教育12年、大专及以上教育为16年。

蔡昉和都阳（2003）用每年新增劳动者的人力资本数量作为一个社会的新增人力资本。每年新增的人力资本等于各教育阶段毕业的学生中没有继续接受教育的人数乘以他们完成的学习年数，计算式为：$h_i = \sum (g_i - r_{i+1}) y_i$。其中，$g_i$ 表示某教育阶段的毕业生人数；r_{i+1} 表示下一个教育阶段的招生数；y_i 表示完成的受教育年限，具体用6，9，12，16，分别代表我国小学、初中、高中、大学的教育年限。与此类似，罗凯（2006）用平均受教育年限来度量人力资本，黄永兴（2007）采用受教育年限累积法来计算人力资本，可以认为小学：中学：大学 = 6：12：16。

第二种是以劳动者的收入水平来衡量人力资本。其理论依据是在规模报酬不变的情况下，要素报酬刚好将劳动产出分配完，劳动者的报酬刚好反映其边际产出。但我国各省市劳动者的收入情况很难获得，而且没有对应的劳动者收入指数，并且劳动者收入并不能反映其边际产出，所以这一方法不适合使用。

第三种方法是通过受教育水平的不同支出来衡量人力资本，教育成本法则主要是从成本和收益的角度来观察人力资本水平的高低。

本文将通过不考虑人力资本和人均受教育年限、考虑人力资本及考虑人均受教育年限三种情况来估算城市（区）规模收益情况。

五　最优城区人口规模的实证分析

（一）城区相对规模收益函数

下面分别计算不考虑人力资本和人均受教育年限、考虑人力资本及考虑人均受教育年限三种情况的规模收益函数和相对规模收益。

1. 不考虑人力资本和人均受教育年限的相对规模收益

$$\ln\frac{Y}{HL}=-1.0185+0.0218\times T+0.6538\times\ln\frac{K}{HL}+0.4668\times\ln U-0.0444\times(\ln U)^2$$

$$t\qquad -10.22\qquad 25.02\qquad 116.64\qquad 11.11\qquad -10.30$$

R 为 0.8535，调整后的 R 为 0.8534，F 为 11142.97。t 均在 1% 水平上显著。

其中，$\gamma_1=0.4668$，$\gamma_2=-0.0444$。

由式（14）有城市（区）相对规模收益函数为：

$$y_u = 1 - \frac{1}{\exp[0.4668\times\ln U - 0.0444\times(\ln U)^2]} \qquad (17)$$

式（17）表示城市的相对规模收益，从图 1 的三角点曲线可以看出，城市（区）的相对规模收益曲线呈倒"U"形，表明随着城市（区）规模扩大，城市（区）相对规模收益递增。当城市（区）规模扩大超过城市（区）的最优规模时，城市（区）的相对规模收益开始递减。[①]

2. 考虑人力资本的相对规模收益

$$\ln\frac{Y}{HL}=-1.0628+0.0089\times T+0.6806\times\ln\frac{K}{HL}+0.4946\times\ln U-0.0559\times(\ln U)^2$$

$$t\qquad -10.35\qquad 11.60\qquad 119.78\qquad 11.41\qquad -12.52$$

R 为 0.7929，调整后的 R 为 0.7928，F 为 7323.23。t 均在 1% 水平上显著。

其中，$\gamma_1=0.4946$，$\gamma_2=-0.0559$。

由式（14）有城市（区）相对规模收益函数为：

$$y_u = 1 - \frac{1}{\exp[0.4946\times\ln U - 0.0560\times(\ln U)^2]} \qquad (18)$$

---

① 王小鲁、李秀敏和杨波计算的规模收益只包含 $(\ln U)^2$ 部分，最终结果都是规模收益随着城市规模上升到占 GDP 的 100%，即 $y_u=\dfrac{Y_u}{Y}=1$，这与现实经济不符。

式（18）表示城市的相对规模收益，从图 1 的菱形点曲线可以看出，城市（区）的相对规模收益曲线呈倒"U"形，表明随着城市（区）规模扩大，城市（区）相对规模收益递增。当城市（区）规模扩大到超过城市（区）的最优规模时，城市（区）的相对规模收益开始递减。

3. 考虑人均受教育年限的相对规模收益

$$\ln\frac{Y}{HL} = -1.7339 + 0.0192 \times T + 0.6502 \times \ln\frac{K}{HL} + 0.4816 \times \ln U - 0.0475 \times (\ln U)^2$$

t 　　　-17.22　　　23.08　　　116.10　　　11.50　　　-11.06

R 为 0.8372，调整后的 R 为 0.8371，F 为 9837.15。t 均在 1% 水平上显著。其中，$\gamma_1 = 0.4816$，$\gamma_2 = -0.0475$。

由式（14）有城市（区）相对规模收益函数为：

$$y_u = 1 - 1/\exp[0.4816 \times \ln U - 0.0475 \times (\ln U)^2] \tag{19}$$

式（19）表示城市的相对规模收益，从图 1 的方块点曲线可以看出，城市（区）的相对规模收益曲线呈倒"U"形，表明随着城市（区）规模扩大，城市（区）相对规模收益递增。当城市（区）规模扩大到超过城市（区）的最优规模时，城市（区）的相对规模收益开始递减。

（二）城区相对规模外部成本

除了企业和个人承担城市（区）规模外部成本外，政府作为市场的监督者也有义务承担城市（区）规模扩大过程中的相当大一部分成本。城市（区）相对规模外部成本包括政府成本、企业工资成本、通货膨胀成本、住房成本和环境成本等几个部分。

1. 政府成本函数

政府成本主要包括城市公共基础设施投资、公共服务管理成本，这部分成本由政府通过税收等其他方式筹集，用地方财政预算内收入占 GDP 现价的比来表示。

可以建立城市相对地方政府支出函数为：

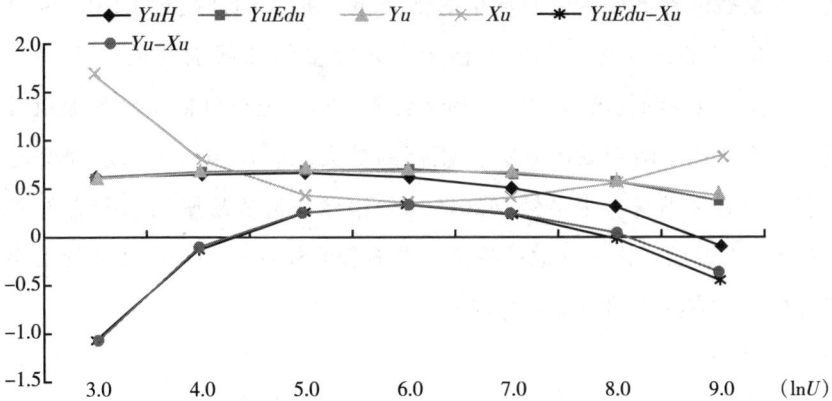

图1　相对规模收益和相对规模外部成本曲线

注：YuH、$YuEdu$ 和 Yu 分别为考虑人力资本、考虑人均受教育年限和不考虑人力资本及人均受教育年限的城市相对规模收益曲线；Xu 为城市外部相对成本；$YuH-Xu$ 为考虑人力资本的城市相对规模净收益。横轴为城区常住人口数的自然对数 $\ln U$。

$$\ln g = \ln g_c + a_1 \ln U + a_2 (\ln U)^2 \tag{20}$$

其中，$g = G/Y$ 是财政收入占 GDP 的比重；g_c 是财政收入的初始值。

设 g_U 表示由政府负担的城市相对外部成本占 GDP 的比重，由式（20）可以导出政府成本，本文认为政府相对外部成本即是财政收入比重。从而可以得出政府负担的城市相对外部成本函数，即政府成本函数：

$$g_U = g = \exp[\ln g_c + a_1 \ln U + a_2 (\ln U)^2] \tag{21}$$

用 264 个地级及地级以上城市 1990~2018 年的数据回归的结果为：

$$\ln g_U = \ln g = -2.415 - 0.3457 \times \ln U + 0.0508 \times (\ln U)^2$$
$$t \qquad\quad -19.17 \qquad -6.55 \qquad\quad 9.38$$

t 均在 1% 水平上显著。

$g_U = g = \exp[-2.415 - 0.3457 \times \ln U + 0.0508 \times (\ln U)^2] \ln g_c = -2.415$

$g_c = 0.089$

2. 个人和企业的外部规模成本

鉴于王小鲁等人（1999）、李秀敏等人（2007）和杨波等人（2007）计算的个人消费的外部成本随着城市（区）规模扩大远远超过 GDP，说明采用大、中城市和农村商品零售价格指数来衡量的外部消费成本不是太合适[1]。而李秀敏等和杨波（2007）用工资成本和房地产价格得到的地租成本来表示的企业成本随着城市（区）规模的扩大先有所增长，随后却变为负数，和现实意义不符。张自然（2015）采用标识通货膨胀的消费者价格指数（CPI）来表示，比较好地反映了个人消费的外部成本。本文继续采用消费者价格指数来衡量消费者外部成本。

（1）企业承担的工资成本

企业的工资成本用工资总额与 GDP 现价的比值来表示。

$$\ln W = \ln W_c + a_1 \ln U + a_2 (\ln U)^2$$
$$\ln W = -1.4195 - 0.3953 \times \ln U + 0.0442 \times (\ln U)^2$$
$$t \qquad -14.29 \qquad -9.50 \qquad 10.35$$

t 均在 1% 水平上显著。

$$W = \exp[-1.4195 - 0.3953 \times \ln U + 0.0442 \times (\ln U)^2]$$

（2）个人承担的物价成本

用消费价格指数来衡量物价成本。物价上升为消费者个人承担的城市（区）规模成本。

物价成本为：

$$P = \exp[0.0607 - 0.0117 \times \ln U + 0.0008 \times (\ln U)^2] - 1$$
$$t \qquad 5.65 \qquad -2.59 \qquad 1.84$$

t 在 10% 水平上显著。

（3）住房成本

住房成本用房地产投资与 GDP 现价的比表示。

住房成本：

---

[1] 例如，当城市规模到 1096 万人时，王小鲁、李秀敏和杨波计算的个人消费的外部成本超过 GDP 的 50%，而目前已经达到这一城市规模的上海和北京的个人外部成本显然远远没有这么高。

$$HO = \exp[-6.3536 + 0.8270 \times \ln U - 0.0281 \times (\ln U)^2]$$
$$t \qquad\qquad -25.91 \qquad 8.05 \qquad\quad -2.664$$

t 在1%水平上显著。

（4）共同承担的环境成本

环境成本用全市工业烟尘排放未达标率（1-全市工业烟尘排放达标率）、工业二氧化硫排放未达标率（1-工业二氧化硫排放达标率）和城镇生活污水未处理率（1-城镇生活污水处理率）的加权平均来表示。这一点与基于全部常住人口的最优城市规模一文有所不同。由于统计部门2016年起不再公布全市工业废水排放，本文调整了环境成本的计算方法。

环境成本为：

$$EC = \exp[2.5028 - 0.5423 \times \ln U - 0.0542 \times (\ln U)^2]$$
$$t \qquad 9.04 \qquad\quad -4.58 \qquad\qquad -4.32$$

t 在1%水平上显著。

（三）三种不同情况下的中国最优城区规模范围

考虑人力资本、考虑人均受教育年限和不考虑人力资本及人均受教育年限的城区人口规模范围见表1，限制外部相对成本的城区人口规模见表2。

1.考虑人均受教育年限的城区人口规模范围

考虑人均受教育年限的城市相对规模净收益大于0的城区人口规模范围为67万~2951万人；只考虑城市相对规模净收益最大时的最优城区人口规模为351万人；限定城市规模净收益大于0.3时，城区人口规模范围为192万~679万人。

2.考虑人力资本的城区人口规模范围

考虑人力资本的城市相对规模净收益大于0的城区人口规模范围为72万~1572万人；只考虑城市相对规模净收益最大时的最优城区人口规模为290万人。

3.不考虑人力资本及人均受教育年限的城区人口规模范围

不考虑人力资本及人均受教育年限的城市相对规模净收益大于0的城区

人口规模范围为 67 万~3294 万人；只考虑城市相对规模净收益最大时的城市城区人口规模为 365 万人；限定城市规模净收益大于 0.3 时，城区人口规模范围为 189 万~765 万人。

此外，限定外部相对成本范围时的城区人口规模为：外部相对成本最低时，城区人口规模为 416 万人；限定外部相对成本不超过 0.45 时，城区人口规模范围为 145 万~1510 万人；限定外部相对成本不超过 0.5 时，城区人口规模范围为 116 万~2122 万人；限定外部相对成本不超过 0.6 时，城区人口规模范围为 84 万~3605 万人。

城市相对规模净收益大于 0 时，城市规模最小的人力资本应该相对比较低，此时采用不考虑人力资本及人均受教育年限的最小城区人口规模为 67 万人；城区规模较大时人力资本相对较高，最大城区规模采用考虑人均受教育年限的城区人口规模为 2951 万人。城市相对规模净收益大于 0.3 时，不考虑人力资本及人均受教育年限的城区人口规模为 189 万人，考虑人均受教育年限的城区人口规模为 679 万人。最优城区人口规模为：考虑人力资本为 351 万人，考虑人均受教育年限为 290 万人，不考虑人力资本及人均受教育年限为 365 万人。这是在相对规模净收益为峰值的情况下，结合具体情况的实际最优城区规模范围。

综合三种情况来看，最优城市规模（城区人口规模）即相对规模净收益峰值在 351 万~365 万人，外部相对成本最低时的城区人口规模为 416 万人。合理的城市相对规模净收益大于 0.3 的城区人口规模为 189 万~679 万人，145 万~1510 万人时外部相对成本不超过 0.45，小于 2122 万人时外部相对成本不超过 0.5，城区人口规模 679 万~2122 万人的外部相对成本不超过 0.5。城市相对规模净收益为正的城区人口规模区间为 67 万~3294 万人。王小鲁等（1998）的最优城市规模（城区人口规模）区间在 100 万~400 万人，张自然（2015）测算的全市常住人口最优城市规模在 600 万人左右，净收益为正的区间为 65 万~3569 万人。三种情况城区规模范围见表 1，限定成本范围见表 2。

表 1 三种情况城市相对规模净收益情况

YuEdu-Xu	*YuEdu*	净规模收益大于 0		最优规模
	指标	最小规模	最大规模	最优
	$x = \ln U$	4.2	7.99	5.86
	U(万人)	67	2951	351
YuH-Xu	*YuH*	净规模收益大于 0		
	指标	最小规模	最大规模	最优
	$x = \ln U$	4.27	7.36	5.67
	U(万人)	72	1572	290
Yu-Xu	*Yu*	净规模收益大于 0		
	指标	最小规模	最大规模	最优
	$x = \ln U$	4.21	8.1	5.90
	U(万人)	67	3294	365

注:*YuH*、*YuEdu* 和 *Yu* 分别为考虑人力资本、考虑人均受教育年限和不考虑人力资本及人均受教育年限的城区规模收益。

表 2 限定外部相对成本范围时的城区人口规模

外部成本	最低成本	外部成本不超 0.45		外部成本不超 0.5		外部成本不超 0.6	
指标	规模	最小规模	最大规模	最小规模	最大规模	最小规模	最大规模
$x = \ln U$	6.03	4.98	7.32	4.75	7.66	4.43	8.19
U(万人)	416	145	1510	116	2122	84	3605

六 结论及建议

本文采用了 264 个地级及地级以上城市 1990～2018 年的数据分析了城市相对规模收益和城市相对外部成本,得出了最小和最大城区人口规模范围与最优城区人口规模范围。最优城区人口规模即相对规模净收益峰值在 290 万～365 万人之间,外部相对成本最低时城区人口规模为 416 万人,综合起来看最优城区人口规模在 350 万人左右。张自然（2015）得到的基于全部常住人口数的最优城市规模 600 万人，从全国层面看城市化率是 60% 左右，折算最优城区人口规模为 350 万人左右，和本文得出的基于城区常住人口数的最优城区规模为 350 万人左右接近。两者研究结论基本保持一致，印证了结论的正确性。

城市相对规模净收益为正的城区人口规模区间为 67 万 ~ 3294 万人，与城市规模净收益大于零的城市常住人口规模区间为 65 万 ~ 3569 万人（张自然，2015）的范围相当。

中国像北京和上海这样的超大城市数量仍然相对较少，虽然面临交通拥挤、环境污染，尤其是严重雾霾之类的问题，但按城区人口核算的城市规模远远没有达到饱和区间。只要大城市、超大城市的空间聚集带来的收益大于成本，就不应该人为限制大城市、超大城市的发展。目前亟须解决的是提高劳动生产率、增进全要素生产率增长对经济增长的贡献率，通过效率创新驱动经济转型升级，提供更多更好的公共服务，通过高质量发展来服务人民。

同时，基于城区人口规模的城市规模本身就是一个动态变化的过程，城市规模受自然资源条件、历史条件、地理区位、既有经济发展水平、技术进步等的影响。随着人力资本积累、技术进步、城市规划水平的提高、交通设施的改进、环境质量等因素的逐步改善，城市最优适度规模的边界也会相应扩大。

参考文献

［1］王小鲁、夏小林：《优化城市规模，推动经济增长》，《经济研究》1999 年第 9 期。

［2］Alonso, W., "The Economics Of Urban Size," *Papers in Regional Science* 26（1）（1971）.

［3］Evans, Alan W., "The Pure Theory of City Size in an Industrial Economy," *Urban Studies* 9（1）（1972）.

［4］ Richardson, H. W., "Optimality in city size, systems of cities and urban policy: a sceptic's view," *Urban Studies* 9 (1) (1972).

［5］ Henderson, J. V., "The sizes and types of cities," *The American Economic Review* 64 (4) (1974).

［6］ Yezer, A. M. J., R. S. Goldfarb, "An indirect test of efficient city sizes," *Journal of Urban Economics* 5 (1) (1978).

［7］ Harvey, J., *The economics of real property* (London: Macmillan, 1981).

［8］ Carlino, G. A., "Manufacturing agglomeration economies as returns to scale: A production function approach," *Papers of the Regional Science Association* 50 (1) 1982.

［9］ Camagni, R. P., "From city hierarchy to city network: reflections about an emerging paradigm," in *Structure and Change in the Space Economy* (Berlin Heidelberg: Springer, 1993).

［10］ Capello, R., R. Camagni, "Beyond optimal city size: an evaluation of alternative urban growth patterns," *Urban Studies* 37 (9) (2000).

［11］ 托利、克瑞菲尔德:《城市规模与位置的政策问题》,载米尔斯主编《城市经济学》(区域和城市经济学手册第2卷),经济科学出版社,2001。

［12］ 斯特拉斯蔡姆:《城市住宅区位理论》,载米尔斯主编《城市经济学》(区域和城市经济学手册第2卷),经济科学出版社,2001。

［13］ Duranton, G., D. Puga, "Micro-foundations of urban agglomeration economies," *Handbook of regional and urban economics* 4 (2004).

［14］ Au, C. -C., J. V. Henderson, "Are Chinese cities too small?" *The Review of Economic Studies* 73 (3) (2006).

［15］ Arnott, R., "Optimal city size in a spatial economy," *Journal of Urban Economics* 6 (1) (2006).

［16］ 阿瑟·奥莎利文:《城市经济学》,北京大学出版社,2008。

［17］ 李秀敏、刘冰、黄雄:《中国城市集聚与扩散的转换规模及最优规模研究》,《城市发展研究》2007年第2期。

［18］ 杨波、李秀敏:《中国城市集聚与扩散转换规模的实证研究》,第七届中国青年经济学者论坛,2007。

［19］ 张自然:《中国最优与最大城市规模探讨——基于264个城市的规模成本-收益法分析》,《金融评论》2015年第5期。

［20］ Yang, X., G. Hogbin, "The optimum hierarchy," *China Economic Review* 1 (2) (1990).

［21］ 金相郁:《最佳城市规模理论与实证分析:以中国三大直辖市为例》,《上海经济研究》2004年第7期。

［22］张应武：《基于经济增长视角的中国最优城市规模实证研究》，《上海经济研究》2009 年第 5 期。

［23］柯善咨、赵曜：《产业结构、城市规模与中国城市生产率》，《经济研究》2014 年第 4 期。

［24］张杰、解扬：《基于能耗视角的我国城市最优规模研究》，《城市规划学刊》2015 年第 6 期。

［25］傅红春、金俐、金琳：《幸福框架下的最优城市规模》，《城市问题》2016 年第 2 期。

［26］张自然：《中国生产性服务业的技术进步研究——基于随机前沿分析法》，《贵州财经学院学报》2010 年第 2 期。

［27］贺菊煌：《我国资产的估算》，《数量经济技术经济研究》1992 年第 8 期。

［28］Chow, G. C., "Capital formation and economic growth in China," *The Quarterly Journal of Economics* 108（3）（1993）.

［29］王小鲁、樊纲：《中国经济增长的可持续性》，经济科学出版社，2000。

［30］Wu, Y., "Has productivity contributed to China's growth?" *Pacific Economic Review* 8（1）（2003）.

［31］蔡昉、都阳：《"文化大革命"对物质资本和人力资本的破坏》，《经济学（季刊）》2003 年第 4 期。

［32］罗凯：《健康人力资本与经济增长：中国分省数据证据》，《经济科学》2006 年第 4 期。

［33］黄永兴：《中国经济增长因素的计量分析》，《安徽工业大学学报》2007 年第 1 期。

［34］边雅静、沈利生：《人力资本对我国东西部经济增长影响的实证分析》，《数量经济技术经济研究》2004 年第 12 期。

报告10
城市规模、空间聚集和
政府管理模式优化研究*

张自然**

摘　要：　本文基于 1990~2018 年中国 264 个地级及地级以上城市的空间
面板数据，运用空间杜宾模型（SDM）分析城市规模、空间聚
集和政府管理模式的关系。实证结果显示了考虑空间权重后，
政府效率与城市规模以及人口密度、人力资本、全要素生产率
等变量的间接效应、直接效应和总效应。在此基础上，本文提
出相应的政策建议：逐步放开对大城市、超大城市人口规模的
限制约束，适度提升人口密度；提高人均绿地面积和城市绿化
率水平；提升人力资本水平，提高地方财政支出中教育支出所
占的比重；提高全要素生产率的增长速度及其对经济增长的贡
献率，促进城市化水平的提高；适度减少政府干预。

关键词：　政府管理模式　城市规模　空间聚集　空间权重

　　当前，中国经济由高速增长阶段转向高质量发展阶段。城市规模不断扩
大，人口密度不断增长，各种资源要素在空间上加速聚集，这不仅促进本区

＊　本文受国家社会科学基金重点课题"中国城市规模、空间聚集与管理模式研究"（批准文号：
15AJL013）资助。本文发表在《经济纵横》2021年第3期。
＊＊　张自然，博士，中国社会科学院经济研究所研究员，主要研究方向为技术进步与经济增长。

域经济发展，也对邻近区域产生溢出效应。当城市规模进一步扩大，超过最优规模或者接近最大适度规模时，城市发展面临诸如交通拥挤、环境污染和公共服务供给不足等问题，政府管理面临公共难题。高质量发展的本质是以人民为中心，如何解决这些公共难题，从根本上提高人民生活质量，是政府面临的一个重要问题。

本文基于1990~2018年中国264个地级及地级以上城市相关数据，探讨城市规模、空间聚集和政府管理模式的关系，运用空间计量模型分析政府效率的主要影响因素，包括城市规模、人力资本、财政收支、全要素生产率、环境保护、教育和科技财政支出、基础设施等多个因素，并在此基础上，提出优化政府管理模式和有效解决城市发展难题的政策建议。

一 理论分析

（一）国内外研究现状

国内学者关于城市规模、空间聚集和政府管理模式关系的研究，代表性的观点认为城市规模越大、要素聚集性越强，则交易效率越高，边际收益也随之增加，城市规模与城市人均产出率呈倒"U"形关系，中国大部分地级市的实际规模仍小于最优规模。中国城市的最优规模在600万人左右，城市规模净收益大于零的区间为65万~3569万人（张自然，2015）。中国城市存在聚集经济效应，聚集具有内生性，对城市经济增长具有显著的促进作用。空间聚集在一定范围内促进经济增长，对人均GDP和生产率都有显著的正向促进作用，但到达临界点后，聚集的增长效应转变为负方向。随着城市规模增大，空间聚集效应增强，政府效率与经济社会发展程度具有一定的正相关性。政府效率具有空间溢出作用，且逐年加强。政府效率在本区域与邻近区域空间上存在显著的互补效应。同时，政府管理成本的不断上升和政府效率的低下对经济发展产生负向作用，对西部地区影响最大、中部地区次之、东部地区较低。政府干预效率在宏观和微观层面上都呈现先上升后下降的倒"U"形曲线变动趋势。

　　国外学者普遍认为存在最优城市规模。最优城市规模是总生产成本最小化、利润最大化时的城市规模。根据总成本-收益模型测算，成本和收益的边际效应曲线的交点即为最优城市规模点。Martin 和 Ottaviano 指出，当存在区域内外溢效应时，空间聚集有利于促进区域经济增长。但空间聚集对经济增长的促进作用有一定的范围，即随着城市规模的扩大，空间聚集导致拥挤成本快速上升，会抵消聚集产生的规模经济。要素空间聚集效应随着城市规模扩大而急剧上升，在达到峰值之后缓慢下降，因此与城市规模之间的关系呈倒 "U" 形变化。Palivos 和 Wang 认为，人力资本是要素空间聚集的向心力，交通成本是城市规模扩大的主要离心力。城市人口规模扩大能够提高公共品利用率，降低分摊成本，从而降低政府财政支出，提高政府工作效率。但当城市规模扩大到一定程度，公共服务偏离效率点时，将导致政府支出规模不经济，政府支出和政府管理效率存在一个规模经济区间。政府管理水平直接影响国家的法律、制度等环境，较高的政府治理水平有助于其吸收国际资本，对经济增长产生重要影响。

（二）城市规模、空间聚集与政府管理模式优化的机制分析

　　随着城市化进程的加深，城市规模不断扩大，人口和各种要素向城市集中，空间聚集效应和辐射带动作用凸显。各种要素聚集产生强烈的正的外部效应，吸引更多的农业人口市民化，城市规模进一步扩大，这一点在大城市、超大城市表现得尤为明显；与此同时，负的外部效应也在逐步显现，城市规模扩大，尤其是超过最优规模或者接近最大适度规模时，各种资源由适度到拥挤，环境污染严重，公共服务供给不足，政府管理面临公共难题，政府必须不断优化管理模式，改进治理方式，提高工作效率。同时城市规模扩大，各种要素不断聚集，不仅对本区域政府管理模式和治理效率产生影响，也对邻近区域的政府管理模式优化起到示范作用，产生空间外溢效应。农业人口市民化水平与本区域及邻近区域的道路、交通密度等多个因素均存在先升后降的倒 "U" 形关系，目前大多数大型城市已出现明显的资源拥堵效应，邻近区域政府也亟须优化政府管理模式，提升管理水平。

政府管理模式是一个较为抽象的提法，本文用政府效率来表示政府管理模式。政府效率是中国城市经济发展质量指数的一级指标，政府效率越高，管理理念越先进，管理模式越有益于本区域和邻近区域城市的经济效益和社会效益的提升。城市规模扩大，促进各种要素空间聚集，继而使人力资本、基础设施、空气质量、教育、科学、保险、通货膨胀水平、人均水供应量等多个因素产生空间外溢效应，对本区域或邻近区域产生正向或负向作用，从不同程度影响政府管理模式的优化。

本文基于 1990~2018 年中国 264 个地级及地级以上城市（简称地级市）的数据，探讨城市规模、空间聚集和政府管理模式优化的关系。本文的研究范围是 264 个地级及地级以上城市，该研究范围具有代表性。从常住人口数占比来看，按 2018 年全国地级市常住人口计算，本文的研究范围覆盖人口占全国常住人口的 89.36%；从国内生产总值占比来看，264 个地级及地级以上城市 2018 年国内生产总值占全国国内生产总值的 90% 以上，因此本研究很有现实意义。

二　空间权重矩阵和模型构建

（一）模型构建

基于以上理论分析，本文构建以下模型：

$$
\begin{aligned}
govEff_{it} = {} & \beta_1 \ln P_{it} + \beta_2 \ln P_{it}^2 + \beta_3 \ln cityPopDens_{it} + \beta_4 \ln HC_{it} \\
& + \beta_5 urban_{it} + \beta_6 TFP_{it} + \beta_7 \ln goodAirDays_{it} + \beta_8 urbanMedicare_{it} \\
& + \beta_9 \ln perGreenArea_{it} + \beta_{10} sciFin_{it} + \beta_{11} Koutput_{it} + \beta_{12} infation_{it} \\
& + \beta_{13} IORate_{it} + \beta_{14} finEdu_{it} + \beta_{15} HAssetsIndex_{it} + \beta_{16} rev\_GDP_{it} \\
& + \beta_{17} infrastruct_{it} + \beta_{18} GDP2_{it} + \beta_{19} greenRatio_{it} + \beta_{20} \ln waterSupply_{it} \\
& + \beta_{21} devQuality_{it} + \varepsilon_{it}
\end{aligned} \tag{1}
$$

其中，$govEff_{it}$ 为城市 i 在 t 时期的政府效率；$\ln P_{it}$ 是以全市人口表示的城市规模的对数；$\ln P_{it}^2$ 是城市规模对数的平方；$\ln cityPopDens_{it}$ 是全市人口密度的对数；$\ln HC_{it}$ 是以支出成本表示的人力资本的对数；$urban_{it}$ 为城市化水平；TFP_{it} 为全要素生产率增长指数；$\ln goodAirDays_{it}$ 为空气质量良好天数的对数；$urbanMedicare_{it}$ 为城镇医疗保险覆盖率；$\ln perGreenArea_{it}$ 为人均绿化面积的对数；$sciFin_{it}$ 为科学支出占地方财政支出的比重；$Koutput_{it}$ 为资本产出比；$inflation_{it}$ 为通货膨胀率指标（已正向化）；$IORate_{it}$ 为投入产出率；$finEdu_{it}$ 为教育支出占地方财政支出的比重；$HAssetsIndex_{it}$ 为家庭资产指数；rev_GDP_{it} 为财政收入占 GDP 的比重；$infrastruct_{it}$ 为基础设施；$GDP2_{it}$ 为第二产业占 GDP 的比重；$greenRatio_{it}$ 为绿化率；$\ln waterSupply_{it}$ 为人均水供应量的对数；$devQuality_{it}$ 为经济发展质量；ε_{it} 为误差项。

将式（1）简化为一般模型，表示为式（2）：

$$y_{i,t} = \alpha_i + \lambda_t + x_{i,t}\beta + \varepsilon_{it} \tag{2}$$

用向量模型表示为式（3）：

$$y_t = x_t\beta + \alpha + \lambda_t t_n + \varepsilon_t \tag{3}$$

其中，$\alpha = [a_1, a_2, \ldots, a_n]$；$\varepsilon_t \sim N(0, \sigma_\varepsilon^2 I_n)$，$I_n$ 是（$n \times 1$）的列向量，每个元素均为 1。

$$y_t = \begin{bmatrix} y_{1t} \\ y_{2t} \\ \cdots \\ y_{nt} \end{bmatrix}, x_t = \begin{bmatrix} 1 & x_{21t} & \cdots & x_{k1t} \\ 1 & x_{22t} & \cdots & x_{k2t} \\ \vdots & \vdots & \vdots & \vdots \\ 1 & x_{n1t} & \cdots & x_{knt} \end{bmatrix}$$

$$\beta = [\beta_1, \beta_2, \cdots, \beta_n]'$$

根据地理经济学第一定律推断，各城市政府管理模式由于距离远近不同，相互会有一定的影响，距离近的城市相互影响较大，距离远的城市相互影响较小。传统的计量模型（1）不能反映空间地理位置的影响。本文运用空间杜宾模型（SDM）将城市空间聚集效应考虑进模型（1）。空间杜宾模型（SDM）是空间面板模型的一种，下文将验证选择空间杜宾模型（SDM）的合理性。

SDM 模型表示为式（4）：

$$y_{i,t} = \alpha_i + \lambda_t + \rho \sum_{j=1}^{N} \omega_{i,j} y_{i,t} + x_{i,t}\beta + \sum_{j=1}^{N} \omega_{i,j} x_{i,j,t}\theta + \varepsilon_{it} \tag{4}$$

SDM 向量模型表示为式（5）：

$$y_t = \rho W y_t + x_t \beta + W x_t \theta + \alpha + \lambda_t t_n + \varepsilon_t \tag{5}$$

其中，W 为空间权重矩阵；$\varepsilon_t \sim N(0, \sigma_\varepsilon^2 I_n)$；$\alpha = [a_1, a_2, \cdots, a_n]$；$I_n$ 是 $(n \times 1)$ 的列向量，每个元素均为 1。

$$y_t = \begin{bmatrix} y_{1t} \\ y_{2t} \\ \vdots \\ y_{nt} \end{bmatrix}, x_t = \begin{bmatrix} 1 & x_{21t} & \cdots & x_{k1t} \\ 1 & x_{22t} & \cdots & x_{k2t} \\ \vdots & \vdots & \vdots & \vdots \\ 1 & x_{n1t} & \cdots & x_{knt} \end{bmatrix}$$

$$\beta = [\beta_1, \beta_2, \cdots, \beta_n]', \theta = [\theta_1, \theta_2, \cdots, \theta_n]'$$

ρ 是空间回归系数，表示相邻城市观测值对本城市观测值的影响程度；λ 是空间误差系数，相邻城市由于因变量的误差对本城市观测值的影响程度；ε_{it} 都是随机误差项，并服从正态分布，W 是空间权重矩阵。

（二）变量解释与统计性描述

本文选取 1990~2018 年我国 264 个地级及地级以上城市的空间面板数据，探讨城市规模、人力资本、基础设施、空气质量、教育、科学、保险、通货膨胀水平、人均水供应量等多个因素，共 21 个变量对政府管理模式优化的影响。

本文构建的模型中，y_t 表示 $govEff_{it}$，是城市 i 在 t 时期的政府效率或管理模式；$x_{i,t}$ 分别为 21 个变量。政府效率与城市规模一般呈倒 "U" 形关系，城市规模用全市常住人口总数来表示，变量用 $\ln P_{it}$ 和 $\ln P_{it}^2$ 代表；人口密度用全市每平方公里常住人口总数来表示，变量用 $\ln cityPopDens_{it}$ 代表；人力资本用小学、中学和大学的受教育支出成本比来表示，变量用 $\ln HC_{it}$ 代表；城市化水平是城镇常住人口占全市总的常住人口的比重，用 $urban$ 表示；全要素生产率增长指数由 DEA Malmquist 指数法得到，用 TFP 表示；空气质量优良天数用 $\ln goodAirDays_{it}$ 代表；医疗保险覆盖率是指城镇医疗保险覆盖率，变量用 $urbanMedicare_{it}$ 代表；人均绿地面积用

ln*perGreenArea*$_{it}$ 代表；科学支出用科学支出占地方财政支出的比重表示，变量用 *sciFin*$_{it}$ 代表；资本产出比指不变价格表示的单位固定资本存量的 GDP 产出，变量用 *Koutput*$_{it}$ 代表；通货膨胀率指标已正向化，用消费者价格指数的倒数表示，变量用 *inflation*$_{it}$ 代表；投入产出率指资本产出比与投资效果系数的几何平方，用 *IORate*$_{it}$ 代表；教育支出用教育支出占地方财政支出的比重表示，变量用 *finEdu*$_{it}$ 代表；家庭资产指数用工资总额和储蓄占 GDP 的比重表示，变量用 *HAssetsIndex*$_{it}$ 代表；财政收入用地方财政收入占 GDP 的比重表示，变量用 *rev_ GDP*$_{it}$ 代表；基础设施指数由教育基础设施指数、交通基础设施指数、基础设施指数、电信基础设施指数四项几何平均得到，变量用 *infrastruct*$_{it}$ 代表；第二产业占 GDP 的比重用 *GDP2*$_{it}$ 代表；绿化率用建成区绿化覆盖率表示，变量用 *greenRatio*$_{it}$ 代表；人均水供应量用人均水供应量的对数来表示，变量用 ln*waterSupply*$_{it}$ 代表；经济发展质量指标为控制变量，数据来源于 1990~2018 年的中国地级及地级以上城市的经济发展质量报告，选取经济增长、增长潜力等 5 个城市经济发展质量的一级指标，由产出效率、经济结构、经济稳定、产出消耗等 61 个具体指标通过主成分方法分析得出，变量用 *devQuality*$_{it}$ 代表。

（三）模型适用性相关检验

本文构建空间权重矩阵和模型的前提是政府效率存在全局空间自相关，Moran's I 指数可以检验全局空间自相关性。图 1 是本文所选取的 264 个地级及地级以上城市 1990~2018 年政府效率的 Moran's I 指数折线图。1990 年政府效率的 Moran's I 指数值为 0.069，此后逐年上升，2018 年的值为 0.359，1990~2018 年政府效率的 Moran's I 指数值全部大于 0，且均在 1% 水平上显著，说明中国 264 个地级及地级以上城市的政府效率空间依赖性逐年增强，政府效率存在全局空间正向自相关，政府效率较高的城市，周边城市的政府效率也较高。由于存在空间自相关性，普通面板数据得出的计量结果不能真实反映政府效率情况，也不能反映城市人口规模等因素对政府管理模式优化的影响，因此本文采用地级市层面的空间计量模型来进行分析。

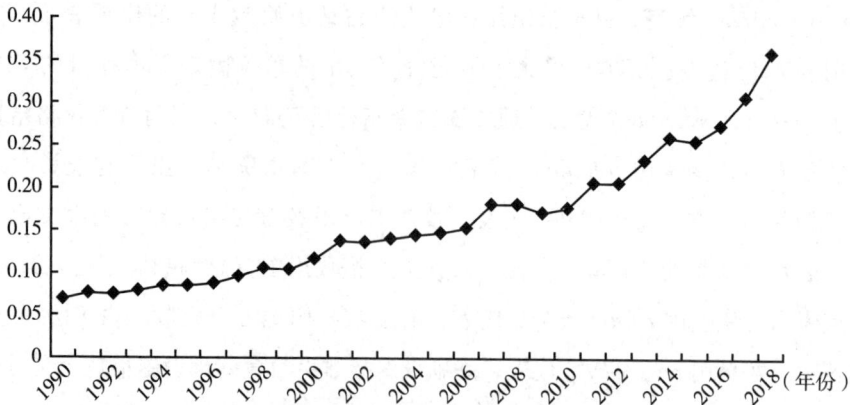

图1 政府效率的 Moran's I 指数检验

本文采用 Wald SAR 检验和 LR 检验来选择合适的空间计量模型。Wald 检验说明本文所选取的空间杜宾模型（SDM）不会退化为空间滞后模型（SLM）或空间误差模型（SEM）。LR 检验拒绝了原假设，说明本文采用 SDM 模型进行估计是合理的。接着，通过进一步进行豪斯曼检验得到卡方值为 213.74，大于 0，且在 1% 水平上显著，说明本文的空间面板数据适合采用固定效应进行分析。最后，通过 Levin-Lin-Chu test 和 Im-Pesaran-Shin test 两种单位根检验方式进行检验，所有解释变量和被解释变量的一阶差分均平稳。

三 城市规模、空间聚集和政府管理模式关系的实证结果

（一）实证分析

本文基于空间杜宾模型（SDM）构建模型 1~模型 8，选择 $\ln p$、$\ln p^2$、$\ln cityPopDens$、$devQuality$、$\ln HC$、$urban$、$urbanMedicare$、$\ln goodAirDays$、$\ln perGreenArea$、TFP、$IORate$、$Koutput$、$inflation$、$sciFin$ 等变量为基本变量，其中模型 1 为政府效率与所有变量的回归，模型 2~模型 8 分别在基本变量的基础上增加其他变量，与政府效率回归。

表 1 的实证结果显示，普通面板计量结果中，模型 1~模型 8 均有不显著变量。从空间滞后项来看，模型 1 只有 lnwaterSupply 变量不显著，模型 8 存在少量变量不显著情况，模型 2~模型 7 所有变量均显著，且高显著性变量增多，说明考虑空间权重后，实证结果更理想，构建空间矩阵模型分析城市规模、空间聚集与政府管理模式的关系是有意义的。另外，模型 8 在模型 7 的基础上，减少控制变量经济发展质量，对比模型 7 和模型 8，可以发现，减少控制变量经济发展质量后，剩下的解释变量系数的正负没有变化，且系数的显著性发生变化的只有 lnp、sciFin、findEdu、rev_ GDP 和 GDP2 少数几个变量，经济含义一致，由此认为引入经济发展质量作为控制变量是一种合适的方法。

考虑空间权重后，政府效率与城市规模由倒 "U" 形关系转为 "U" 形关系，且都显著；人口密度的对数、经济发展质量、医疗保险覆盖率、空气质量优良天数、第二产业占 GDP 的比重、绿化率、人均水供应量的系数由正转负，以上因素对政府效率的影响由正向转为负向；人力资本的对数、城市化水平、全要素生产率增长指数、资本产出比、通货膨胀率指标、科学支出占地方财政支出的比重、教育支出占地方财政支出的比重、家庭资产指数、财政收入系数由负转正，以上因素对政府效率的影响由负向转为正向；投入产出率和基础设施指数系数前后皆为负，说明不管在哪种情形下，这两种因素对政府效率均产生负向影响。

表 2 显示了直接效应、间接效应和总效应的实证结果。模型 2~模型 8 显示，从直接效应和总效应看，政府效率与城市规模呈倒 "U" 形关系，从间接效应看政府效率与城市规模呈 "U" 形关系，直接效应都显著，间接效应都不显著，总效应部分显著。

模型 1 包含了所有变量，为对比模型，模型 8 主要考察经济发展质量作为控制变量的意义。

模型 2~模型 7 的实证结果显示，人均绿地面积、资本产出比的直接效应、间接效应和总效应都为正。

其中，人均绿地面积的直接效应部分显著，间接效应和总效应都显著；资本产出比的直接效应都不显著，间接效应和总效应都显著。经济发展质量、医疗保险覆盖率、第二产业占 GDP 的比重、绿化率的直接效应和总效

表 1 固定效应的实证结果（1990~2018 年）

	模型 1	模型 2	模型 3	模型 4	模型 5	模型 6	模型 7	模型 8
lnp	0.7933***	0.7472***	0.8887***	0.8879***	0.8131***	0.8584***	0.7771***	0.4168***
lnp²	-0.0966***	-0.0959***	-0.1065***	-0.107***	-0.1009***	-0.1022***	-0.0956***	-0.0619***
lncityPopDens	0.0226***	0.0317***	0.0339***	0.0354***	0.0351***	0.026***	0.0234***	0.0016
devQuality	1.4433***	1.4132***	1.3359***	1.4223***	1.4117***	1.4263***	1.4559***	
lnHC	-0.1461***	-0.1257***	-0.1675***	-0.1408***	-0.1268***	-0.1552***	-0.1491***	-0.0525***
urban	-0.1763***	-0.1775***	-0.1039***	-0.1846***	-0.2107***	-0.1402***	-0.1623***	0.2717***
urbanMedicare	0.5916***	0.6019***	0.5925***	0.5926***	0.5977***	0.5875***	0.5879***	0.7798***
lngoodAirDays	0.1005***	0.1241***	0.1029***	0.1185***	0.1067***	0.0996***	0.1***	0.1937***
lnperGreenArea	0.0007	0.002	0.0148***	0.008	0.0016	0.009*	0.0024	0.0255***
TFP	-0.2275***	-0.2228***	-0.1941***	-0.2217***	-0.219***	-0.2176***	-0.2297***	0.0709***
IORate	-0.0096**	-0.0057	-0.0131***	-0.0062	-0.0081*	-0.0081**	-0.01**	0.0056
Koutput	-0.0016	-0.0084	-0.0107	-0.0115	-0.0054	-0.0066	-0.003	-0.0181
inflation	-0.4827***	-0.4683***	-0.4634***	-0.4795***	-0.4858***	-0.4851***	-0.4882***	-0.0836***
sciFin	-30.9671***	-31.6899***	-28.2437***	-30.5297***	-30.3121***	-29.9399***	-30.839***	6.3581***
finEdu	-1.7697***		-1.1845***	-1.6142***	-2.3511***	-1.6585***	-1.8102***	1.03***
HAssetsIndex	-0.0832***	-0.1279***	-0.1026***	-0.0866***		-0.0776***	-0.0833***	0.1029***
rev_GDP	-0.2736***		-0.2066***	-0.251***	-0.3219***	-0.2366***	-0.2665***	-0.0547
infrastruct	-0.0984**		-0.1053***			-0.0958***	-0.0932***	-0.1005***
GDP2	0.3472***	0.3292***		0.3539***	0.3925***	0.3611***	0.3644***	-0.0814***
greenRatio	0.1712***	0.1637***			0.1742***		0.1772***	
lnwaterSupply	0.0132**	0.0079*		0.0103**	0.0079*			-0.0287

续表

W_x	模型 1	模型 2	模型 3	模型 4	模型 5	模型 6	模型 7	模型 8
$W*\ln p$	-0.2611*	-0.3133**	-0.3589**	-0.4181***	-0.2958*	-0.3691***	-0.2427*	-0.2498
$W*\ln p^2$	0.0716***	0.0569***	0.0802***	0.066***	0.0538***	0.0804***	0.0698***	0.0854***
$W*lncityPopDens$	-0.1647***	-0.1456***	-0.1788***	-0.1512***	-0.1448***	-0.1715***	-0.1659***	-0.1772***
$W*devQuality$	-1.0675***	-0.9211***	-0.9554***	-0.956***	-0.9315***	-1.042***	-1.0714***	
$W*\ln HC$	0.1356***	0.1438***	0.1564***	0.1748***	0.149***	0.1421***	0.1373***	0.1045***
$W*urban$	0.4418***	0.2134***	0.3926***	0.258***	0.2151***	0.4044***	0.4232***	0.4184***
$W*urbanMedicare$	-0.2995***	-0.2866***	-0.2834***	-0.2695***	-0.2742***	-0.2961***	-0.2957***	-0.3311***
$W*lngoodAirDays$	-0.1073***	-0.1397***	-0.1104***	-0.129***	-0.1119***	-0.1062***	-0.1074***	-0.1666***
$W*lnperGreenArea$	0.1014***	0.1366***	0.0781***	0.124***	0.1301***	0.0929***	0.0995***	0.1333***
$W*TFP$	0.4501***	0.2777***	0.4136***	0.303***	0.2967***	0.4404***	0.4519***	0.3782***
$W*IORate$	-0.0866***	-0.0815***	-0.0869***	-0.0824***	-0.0832***	-0.086***	-0.0866***	-0.0745***
$W*Koutput$	0.2938***	0.2564***	0.3092***	0.2726***	0.2668***	0.2981***	0.2993***	0.2233***
$W*inflation$	0.2772***	0.2601***	0.2428***	0.3018***	0.2828***	0.2754***	0.2803***	0.133*
$W*sciFin$	20.7052***	20.6549***	17.9894***	16.5677***	18.0672***	19.193***	20.1999***	-2.2104
$W*finEdu$	2.5889***		2.2013***	2.6233***	3.0039***	2.4838***	2.6274***	1.0602
$W*HAssetsIndex$	0.0905***	0.0721***	0.099***	0.0425***		0.0844***	0.0891***	-0.108***
$W*rev\_GDP$	0.5266***		0.4575***	0.6815***	0.8254***	0.4914***	0.5229***	0.0748
$W*infrastruct$	-0.2847***		-0.2757***			-0.2834***	-0.2841***	-0.3542***
$W*GDP2$	-0.3023***	-0.3018***		-0.3746***	-0.3561***	-0.3142***	-0.32***	-0.0838

续表

W_x	模型 1	模型 2	模型 3	模型 4	模型 5	模型 6	模型 7	模型 8
$W*greenRatio$	-0.2012***	-0.1287*			-0.1281*		-0.2017***	-0.2615***
$W*lnwaterSupply$	-0.0105	-0.0615***		-0.0496***	-0.0458***			
Spatial								
ρ	0.3837***	0.4218***	0.3745***	0.4004***	0.4***	0.3817***	0.3839***	0.3607***
Variance								
σ	0.0132***	0.0135***	0.0136***	0.0135***	0.0135***	0.0133***	0.0132***	0.0189***

注：*** 表示在 1% 水平上显著，** 表示在 5% 水平上显著，* 表示在 10% 水平上显著。

表 2　固定效应的直接效应、间接效应和总效应（1990~2018 年）

LR_Direct	模型 1	模型 2	模型 3	模型 4	模型 5	模型 6	模型 7	模型 8
lnp	0.7983***	0.7507***	0.8913***	0.8891***	0.8178***	0.8605***	0.7823***	0.4177***
lnp^2	-0.0958***	-0.0956***	-0.1056***	-0.1065***	-0.1008***	-0.1011***	-0.0948***	-0.0603***
lncityPopDens	0.0177***	0.0269***	0.0288***	0.0308***	0.0307***	0.0208***	0.0184***	-0.0035
devQuality	1.4253***	1.4002***	1.3207***	1.408***	1.3982***	1.4091***	1.4379***	
lnHC	-0.1433***	-0.1222***	-0.1643***	-0.1364***	-0.1233***	-0.1524***	-0.1463***	-0.0499***
urban	-0.1614***	-0.1702***	-0.0904**	-0.1761***	-0.2041***	-0.1264***	-0.148***	0.2884***
urbanMedicare	0.5892***	0.6008***	0.5906***	0.5916***	0.5966***	0.5852***	0.5857***	0.7797***
lngoodAirDays	0.0974***	0.1198***	0.0998***	0.1147***	0.1034***	0.0965***	0.0969***	0.1903***
lnperGreenArea	0.0048	0.008	0.0181***	0.0132***	0.007	0.0129**	0.0064	0.0299***
TFP	-0.2139***	-0.2144***	-0.1816***	-0.2128***	-0.2101***	-0.2041***	-0.2156***	0.0868***
IORate	-0.0129***	-0.0092**	-0.0164***	-0.0095***	-0.0115***	-0.0114***	-0.0134***	0.0034
Koutput	0.0096	0.0027	0.0006	-0.0007	0.0053	0.0045	0.0084	-0.0116
inflation	-0.4822***	-0.4686***	-0.4639***	-0.4781***	-0.4852***	-0.4846***	-0.4876***	-0.0774
sciFin	-30.555***	-31.2868***	-27.8841***	-30.2524***	-29.9796***	-29.559***	-30.4393***	6.2938***
finEdu	-1.7144***		-1.1357***	-1.5522***	-2.2831***	-1.6054***	-1.753***	1.0913***
HAssetsIndex	-0.0806***		-0.1***	-0.0856***		-0.0751***	-0.0807***	0.0997***
rev_GDP	-0.2533***	-0.1275***	-0.1884***	-0.224***	-0.2956***	-0.2173***	-0.2464***	-0.0506
infrastruct	-0.1101***		-0.1165***			-0.1074***	-0.105***	-0.1107***
GDP2	0.3408***	0.3224***		0.3442***	0.3875***	0.3546***	0.3577***	-0.0875***
greenRatio	0.1657***	0.163***			0.1704***		0.172***	-0.0379
lnwaterSupply	0.0127***	0.0052		0.0085**	0.0061			

续表

LR_Indirect	模型 1	模型 2	模型 3	模型 4	模型 5	模型 6	模型 7	模型 8
lnp	0.0739	0.0061	-0.0383	-0.0936	0.0552	-0.058	0.083	-0.1465
lnp²	0.0542 **	0.0276	0.0629 ***	0.0368	0.021	0.0647 ***	0.0532 **	0.0958 ***
lncityPopDens	-0.2485 ***	-0.2247 ***	-0.2607 ***	-0.2236 ***	-0.2134 ***	-0.256 ***	-0.2496 ***	-0.2709 ***
devQuality	-0.816 ***	-0.5469 ***	-0.7122 ***	-0.6287 ***	-0.596 ***	-0.7863 ***	-0.8158 ***	
lnHC	0.1264 ***	0.1522 ***	0.1455 ***	0.1925 ***	0.1598 ***	0.1305 ***	0.1259 ***	0.1311 ***
urban	0.5978 ***	0.231 *	0.5514 ***	0.2973 ***	0.2114 *	0.5526 ***	0.5735 ***	0.7935 ***
urbanMedicare	-0.1135 **	-0.0557	-0.0976 *	-0.0515	-0.056	-0.1126 *	-0.1092 *	-0.0782
lngoodAirDays	-0.1076 ***	-0.1471 ***	-0.1119 ***	-0.1317 ***	-0.1115 ***	-0.1065 ***	-0.1085 ***	-0.148 ***
lnperGreenArea	0.1651 ***	0.2328 ***	0.1313 ***	0.2079 ***	0.2137 ***	0.153 ***	0.1601 ***	0.2193 ***
TFP	0.5723 ***	0.3116 ***	0.534 ***	0.3519 ***	0.3434 ***	0.5683 ***	0.5941 ***	0.6181 ***
IORate	-0.1439 ***	-0.1416 ***	-0.1436 ***	-0.1371 ***	-0.1396 ***	-0.1397 ***	-0.1449 ***	-0.1109 ***
Koutput	0.4677 ***	0.4315 ***	0.4814 ***	0.4337 ***	0.4281 ***	0.464 ***	0.4753 ***	0.3378 ***
inflation	0.1469	0.1046	0.1071	0.1805 *	0.1464	0.1448	0.1515	0.1521
sciFin	13.6158 **	12.2757 ***	11.5869 **	7.1698	9.6304 *	12.3103 **	13.1581 **	0.4843
finEdu	2.9932 ***		2.7905 ***	3.207 ***	3.3528 ***	2.9156 ***	3.0804 ***	2.2358 ***
HAssetsIndex	0.0902 **	0.0317	0.0945 ***	0.0151		0.0884 **	0.09 **	-0.107 ***
rev_GDP	0.6622 ***		0.5818 ***	0.933 ***	1.1249 ***	0.6228 ***	0.6516 ***	0.0719
infrastruct	-0.5086 ***		-0.497 ***			-0.507 ***	-0.5104 ***	-0.6041 ***
GDP2	-0.2714 ***	-0.2746 ***		-0.3746 ***	-0.3225 ***	-0.2702 ***	-0.2858 *	-0.177 *
greenRatio	-0.2271 **	-0.1031			-0.0922		-0.2106 **	
lnwaterSupply	-0.0091	-0.0994 ***		-0.075 ***	-0.0699 ***			-0.4171 ***

续表

LR_Total	模型 1	模型 2	模型 3	模型 4	模型 5	模型 6	模型 7	模型 8
lnp	0.8722***	0.7568***	0.853***	0.7956***	0.8729***	0.8025***	0.8653***	0.2712
lnp²	-0.0416	-0.068**	-0.0426	-0.0696***	-0.0797***	-0.0364	-0.0416	0.0355
lncityPopDens	-0.2308***	-0.1978***	-0.2319***	-0.1928***	-0.1827***	-0.2351***	-0.2312***	-0.2744***
devQuality	0.6093***	0.8534***	0.6085***	0.7794***	0.8022***	0.6228***	0.6221***	
lnHC	-0.017	0.03	-0.0188	0.056**	0.0365	-0.0219	-0.0204	0.0811**
urban	0.4364***	0.0607	0.461***	0.1212	0.0074	0.4262***	0.4255***	1.0818***
urbanMedicare	0.4757***	0.545***	0.493***	0.5401***	0.5406***	0.4726***	0.4765***	0.7015***
lngoodAirDays	-0.0102	-0.0273	-0.0121	-0.017	-0.0081	-0.01	-0.0115	0.0423*
lnperGreenArea	0.1699***	0.2408***	0.1495***	0.2212***	0.2207***	0.1659***	0.1665***	0.2492***
TFP	0.3584***	0.0971	0.3524***	0.1391	0.1332	0.3642***	0.3785***	0.7049***
IORate	-0.1568***	-0.1508***	-0.16***	-0.1465***	-0.1512***	-0.1511***	-0.1582***	-0.1075***
Koutput	0.4773***	0.4342***	0.482***	0.4331***	0.4334***	0.4685***	0.4837***	0.3262***
inflation	-0.3353***	-0.364***	-0.3568***	-0.2976***	-0.3388***	-0.3399***	-0.3361***	0.0747
sciFin	-16.9392***	-19.011***	-16.2971***	-23.0826***	-20.3491***	-17.2487***	-17.2812***	6.7781
finEdu	1.2788		1.6549***	1.6548*	1.0697	1.3102	1.3274	3.3271***
HAssetsIndex	0.0096	-0.0958***	-0.0054	-0.0705***		0.0134	0.0093	-0.0073
rev_GDP	0.4088**		0.3934**	0.7089***	0.8293***	0.4054**	0.4052**	0.0213
infrastruct	-0.6187***		-0.6136***			-0.6144***	-0.6153***	-0.7148***
GDP2	0.0695	0.0477		-0.0304	0.065	0.0844	0.0718	-0.2645**
greenRatio	-0.0614	0.0599			0.0781		-0.0386	
lnwaterSupply	0.0037	-0.0941***		-0.0665***	-0.0638***			-0.455***

注：*** 表示在 1% 水平上显著，** 表示在 5% 水平上显著，* 表示在 10% 水平上显著。其中 LR_Direct 表示直接效应，LR_Indirect 表示间接效应，LR_Total 表示总效应。

应为正，间接效应为负。其中，经济发展质量的直接效应、间接效应和总效应都显著；医疗保险覆盖率的间接效应部分显著，直接效应和总效应都显著；第二产业占 GDP 的比重的直接效应和间接效应都显著，总效应都不显著。绿化率的直接效应都显著，间接效应部分显著，总效应都不显著。人力资本的对数、城市化水平、全要素生产率增长指数、教育支出占地方财政支出的比重、财政收入的直接效应为负，间接效应和总效应为正。其中，人力资本的对数的直接效应和间接效应都显著，总效应大部分显著；城市化水平的直接效应和间接效应都显著，总效应部分显著；全要素生产率增长指数的直接效应和间接效应都显著，总效应部分显著；教育支出占地方财政支出的比重的直接效应和间接效应都显著，总效应部分显著；财政收入的直接效应、间接效应和总效应都显著。人口密度的对数、空气质量优良天数、人均水供应量的直接效应为正，间接效应和总效应为负。其中，人口密度对数的直接效应、间接效应和总效应都显著；空气质量优良天数的直接效应和间接效应都显著，总效应基本都不显著；人均水供应量的直接效应部分不显著，间接效应和总效应都显著。通货膨胀率指标、科学支出占地方财政支出的比重、家庭资产指数的直接效应和总效应为负，间接效应为正。其中，通货膨胀率指标的间接效应大部分显著，直接效应和总效应都显著；科学支出占地方财政支出的比重的间接效应大部分显著，直接效应和总效应都显著；家庭资产指数的直接效应都显著，间接效应大部分显著，总效应大部分不显著。投入产出率、基础设施指数的直接效应、间接效应和总效应都为负。其中，投入产出率和基础设施指数的直接效应、间接效应和总效应都显著。

（二）稳健性检验

为了验证计量结果的可靠性，必须对模型进行稳健性检验。稳健性检验的方法包括选择不同效应模型、改变参数取值范围、改变样本范围等。本文选择改变样本范围和采用不同效应的模型进行分析两种方法来检验稳健性。

1. 改变样本范围

本文将样本范围从 1990~2018 年调整为 2000~2018 年，并保持模型的变量不变来检验模型的稳健性。样本范围调整后的实证结果显示，除了个别模型有少数变量系数正负性发生变化外，其他变量系数的正负性和显著性基本保持不变。说明模型具有较强的稳健性（见附表 1 和附表 2）。

　　2. 采用随机效应进行分析

　　本文在空间矩阵模型不变的前提下，采用随机效应进行分析，实证结果显示模型结果的正负性及显著性基本不变。采用随机效应的分析结果说明本文采用固定效应的 SDM 模型具有足够的稳健性（见附表 3 和附表 4）。

四　结语

　　本文基于 264 个地级及地级以上城市的空间面板数据，引入经济发展质量指标作为控制变量，研究发现在考虑空间权重后，政府管理模式与城市规模、人口密度、人力资本、全要素生产率等相关因素的关系如下。

　　（1）政府效率与城市规模由倒"U"形关系转为"U"形关系且都显著，政府效率与城市规模的直接效应和总效应都为倒"U"形关系，间接效应为"U"形关系，直接效应都显著，间接效应都不显著，总效应部分显著。

　　（2）考虑空间权重后，人口密度的对数、经济发展质量、医疗保险覆盖率、空气质量优良天数、第二产业占 GDP 的比重、绿化率、人均水供应量的系数由正转负；人力资本的对数、城市化水平、全要素生产率增长指数、资本产出比、通货膨胀率指标、科学支出占地方财政支出的比重、教育支出占地方财政支出的比重、家庭资产指数、财政收入系数由负转正；投入产出率和基础设施指数系数前后皆为负。

　　（3）人均绿地面积、资本产出比的直接效应、间接效应和总效应都为正。

　　（4）经济发展质量、医疗保险覆盖率、第二产业占 GDP 的比重、绿化率的直接效应和总效应为正，间接效应为负。

　　（5）人力资本的对数、城市化水平、全要素生产率增长指数、教育支出占地方财政支出的比重、财政收入的直接效应为负，间接效应和总效应都为正。

　　（6）人口密度的对数、空气质量优良天数、人均水供应量的直接效应为正，间接效应和总效应都为负。

（7）通货膨胀率指标、科学支出、家庭资产指数的直接效应和总效应为负，间接效应为正。

（8）投入产出率、基础设施指数的直接效应、间接效应和总效应都为负。

基于此，本文提出如下政策建议。

（1）逐步放开对大城市、超大城市人口规模的限制约束，适度提升人口密度。人口密度对政府效率有一定的负面效应，但人口密度带来的空间聚集对经济增长、技术进步及劳动生产率的提升有显著的空间外溢效应。提高最优城市规模标准，重视政府效率与城市规模的倒"U"形拐点的临界值。在临界阈值内，城市规模越大，空间聚集能力越强，越有益于城市及邻近城市政府效率和管理水平的提升。

（2）提高人均绿地面积和城市绿化率水平。不断提高城市公园开放率，提高公园绿地、绿道等生态产品的服务功能，兴建生态保护园，优化生态空间格局，是改善本地及邻近城市居民生活环境和生活质量的直接举措。

（3）提升人力资本水平，提高地方财政支出中教育支出所占比重。人力资本和教育支出均具有很强的外溢性，加大教育投入，重视人力资本的培育，提升人力资本的质量，尤其是中高端人力资本的水平，增强人力资本的聚集性，为社会创新和经济可持续发展提供原动力，是本地和邻近城市经济转向高质量发展的关键。

（4）提高全要素生产率的增长及其对经济增长的贡献率，促进城市化水平的提高。全要素生产率增长指数和城市化水平对邻近区域的外溢效应大于直接效应，两者对政府效率的提升和管理模式的优化均具有正向作用，应大力提高全要素生产率的增长及其对邻近区域经济增长的贡献率，继续提高城市化水平，促进常住人口的市民化，为其提供适当的公共服务和社会保障。

（5）适度减少政府干预。基础设施指数、科学支出、通货膨胀、家庭财产指数等对政府效率的直接效应均为负，间接效应和总效应大部分为负。说明不当的干预会造成管理效率低下，政府应适当减少对基础设施建设的干预，减少对地方财政支出中科学支出的干预，减少政府部门对通货膨胀的干预。

附录：

附表 1　固定效应的实证结果（2000~2018 年）

	模型 1	模型 2	模型 3	模型 4	模型 5	模型 6	模型 7	模型 8
lnp	1.6948***	1.7308***	1.6332***	1.7618***	1.7507***	1.6383***	1.6174***	0.7364***
lnp²	-0.1725***	-0.1777***	-0.1703***	-0.1793***	-0.1791***	-0.1691***	-0.1678***	-0.1027***
lncityPopDens	0.0106	0.019**	0.0135	0.0194**	0.0174**	0.0126	0.0118	0.009
devQuality	1.3769***	1.316***	1.318***	1.3437***	1.3834***	1.3657***	1.3949***	
lnHC	-0.1002***	-0.0755**	-0.1143***	-0.0965***	-0.0919***	-0.1089***	-0.1033***	-0.0222
urban	-0.0364	-0.003	0.0185	-0.0204	-0.0432	0.0053	-0.0183	0.2199***
urbanMedicare	0.5204***	0.5445***	0.5126***	0.5217***	0.5229***	0.5147***	0.5149***	0.6579***
lngoodAirDays	0.0723***	0.0838***	0.0704***	0.0876***	0.0851***	0.072***	0.0696***	0.1668***
lnperGreenArea	0.0081	0.0091	0.0211***	0.016**	0.0071	0.0196***	0.0116*	0.0358***
TFP	-0.24***	-0.2378***	-0.2156***	-0.2371***	-0.2491***	-0.2322***	-0.2415***	0.0531
IORate	-0.0046	0.0014	-0.0044	-0.0014	-0.0031	-0.0001	-0.0025	0.0375***
Koutput	0.0008	-0.0039	-0.0097	-0.0042	-0.0022	-0.0077	-0.0039	-0.0561***
inflation	-0.6817***	-0.6573***	-0.6678***	-0.6667***	-0.6763***	-0.6888***	-0.6985***	-0.15**
sciFin	-25.7045**	-25.6739**	-24.0573**	-25.1575**	-25.9803**	-25.0066**	-25.5747**	5.5381***
finEdu	-3.0021***		-2.7255***	-2.7803***	-2.7885***	-2.8682***	-3.0423***	0.105
HAssetsIndex	0.0263	-0.0345**	0.0139	0.025		0.0282	0.0259	0.1465***
rev_GDP	-0.4886***		-0.4216***	-0.4642***	-0.4769***	-0.4298***	-0.459***	-0.0383
infrastruct	-0.1054**		-0.111***			-0.1074***	-0.1011***	-0.0278
GDP2	0.2166***	0.1968***		0.2113***	0.2156***	0.227***	0.2416***	-0.2827***
greenRatio	0.1484***	0.1348***			0.1668***		0.1496***	
lnwaterSupply	0.0242***	0.0207***		0.0219***	0.0211***			-0.0848**
_cons								

续表

W_x	模型 1	模型 2	模型 3	模型 4	模型 5	模型 6	模型 7	模型 8
$W * lnp$	-0.855***	-1.0194***	-0.715**	-0.885***	-0.9456***	-0.878***	-0.8203***	-0.5444
$W * lnp2$	0.138***	0.1375***	0.1286***	0.1296***	0.1348***	0.1419***	0.136***	0.1422***
$W * lncityPopDens$	-0.0953***	-0.0802***	-0.1007***	-0.0821***	-0.0889***	-0.101***	-0.0973***	-0.137***
$W * denQuality$	-1.0248***	-0.937***	-0.9147***	-0.9409***	-0.9725***	-1.0085***	-1.0305***	
$W * lnHC$	0.1352***	0.1225***	0.1365***	0.1488***	0.1417***	0.1501***	0.1401***	0.1609***
$W * urban$	0.4254***	0.3828***	0.391***	0.4069***	0.4068***	0.4062***	0.3961***	0.4958***
$W * urbanMedicare$	-0.169***	-0.1448***	-0.1704***	-0.1324***	-0.1353***	-0.1673***	-0.1634***	-0.1741***
$W * lngoodAirDays$	-0.1034***	-0.124***	-0.0989***	-0.1165***	-0.1232***	-0.103***	-0.1023***	-0.1817***
$W * lnperGreenArea$	0.0427***	0.0378*	0.0345**	0.053**	0.0325	0.0472**	0.0404**	0.0964**
$W * TFP$	0.3953***	0.316***	0.3556***	0.283***	0.3099***	0.3989***	0.4***	0.4089***
$W * IORate$	-0.1117***	-0.1137***	-0.1056***	-0.1155***	-0.1059***	-0.1178***	-0.1148***	-0.1599***
$W * Koutput$	0.383***	0.3758***	0.4065***	0.387***	0.3588***	0.4158***	0.396***	0.4297***
$W * inflation$	0.3359***	0.2995***	0.3227***	0.3022***	0.331***	0.3454***	0.3528***	0.0464
$W * sciFin$	15.959***	17.1927***	12.1808***	12.8811***	11.5761***	14.7408***	15.2422***	1.8472
$W * finEdu$	1.4883*		0.988	1.4786***	1.7972***	1.4979***	1.607***	-1.0267
$W * HAssetsIndex$	0.0501	0.084***	0.0771**	0.038		0.0462	0.0441	-0.0819***
$W * rev\_GDP$	0.746***		0.6461***	0.9303***	1.0554***	0.6329***	0.7159***	-0.433
$W * infrastruct$	-0.1545**		-0.1749***			-0.1713***	-0.1511***	-0.3916***
$W * GDP2$	-0.3728***	-0.4112***		-0.3663***	-0.437***	-0.3869***	-0.409***	-0.2271**
$W * greenRatio$	-0.0012	0.074			0.0852		-0.0025	0.1744
$W * lnwaterSupply$	0.0178	-0.0418**		-0.0381**	-0.0426**			
Spatial								
ρ	0.3917***	0.4005***	0.3923***	0.3926***	0.3986***	0.3905***	0.3915***	0.3622***
Variance								
θ								
σ	0.0113***	0.0116***	0.0115***	0.0115***	0.0114***	0.0114***	0.0114***	0.0158***

注：*** 表示在 1%水平上显著，** 表示在 5%水平上显著，* 表示在 10%水平上显著。

附表 2　固定效应的直接效应、间接效应和总效应（2000~2018 年）

LR_Direct	模型 1	模型 2	模型 3	模型 4	模型 5	模型 6	模型 7	模型 8
lnp	1.694***	1.7245***	1.6364***	1.7611***	1.7477***	1.6359***	1.6162***	0.7343***
lnp²	-0.1706***	-0.1758***	-0.1687***	-0.1778***	-0.1774***	-0.167***	-0.1658***	-0.1001***
lncityPopDens	0.0083	0.0172**	0.0109	0.0176**	0.0153*	0.0101	0.0093	0.0057
devQuality	1.3592***	1.3006***	1.3035***	1.3286***	1.3677***	1.3484***	1.3772***	
lnHC	-0.0967***	-0.0722***	-0.111***	-0.0925***	-0.0881***	-0.105***	-0.0998***	-0.0176
urban	-0.0193	0.0134	0.035	-0.0038	-0.0265	0.022	-0.0021	0.2386***
urbanMedicare	0.5219***	0.5475***	0.514***	0.5247***	0.5259***	0.5162***	0.5165***	0.6616***
lngoodAirDays	0.069***	0.0798***	0.0672***	0.084***	0.0811***	0.0687***	0.0663***	0.1628***
lnperGreenArea	0.0104*	0.0111*	0.0231***	0.0186***	0.0089	0.022***	0.0137***	0.0391***
TFP	-0.2279***	-0.2283***	-0.2045***	-0.2288***	-0.2399***	-0.2197***	-0.2287***	0.0707***
IORate	-0.009	-0.0031	-0.0086	-0.0059	-0.0073	-0.0046	-0.0071	0.0329***
Koutput	0.0161	0.0117	0.0065	0.0111	0.0124	0.0085	0.0119	-0.0434*
inflation	-0.6829***	-0.6596***	-0.6693***	-0.669***	-0.6777***	-0.6898***	-0.6991***	-0.1451*
sciFin	-25.3821**	-25.3026**	-23.8445**	-24.9355**	-25.8226**	-24.7161**	-25.2812**	5.5859***
finEdu	-3.0061***		-2.7421***	-2.7811***	-2.7746***	-2.8691***	-3.0409***	0.0927
HAssetsIndex	0.0291*	-0.0324**	0.0176	0.0275		0.0309*	0.0285	0.1441***
rev_GDP	-0.4579***		-0.394***	-0.4262***	-0.4434***	-0.4024***	-0.4292***	-0.0482
infrastruct	-0.1132***		-0.1199***			-0.116***	-0.109***	-0.0373
GDP2	0.2061***	0.1845***		0.1998***	0.2065***	0.2164***	0.2302***	-0.2963***
greenRatio	0.1493***	0.1418***			0.1705***		0.1509***	-0.0917***
lnwaterSupply	0.0236***	0.019***		0.0206***	0.0196***			

续表

LR_Indirect	模型 1	模型 2	模型 3	模型 4	模型 5	模型 6	模型 7	模型 8
lnp	-0.3032	-0.5341	-0.1203	-0.2981	-0.3954	-0.3742	-0.3168	-0.4197
lnp²	0.1128**	0.1087**	0.0999**	0.0939**	0.1022**	0.1208***	0.1146***	0.1601***
lncityPopDens	-0.148***	-0.1205***	-0.1555***	-0.1201***	-0.1335***	-0.1543***	-0.1501***	-0.2057***
devQuality	-0.7818***	-0.6665***	-0.6396***	-0.664***	-0.6829***	-0.7622***	-0.7814***	0.2345
lnHC	0.1542***	0.1489***	0.1458***	0.1773***	0.1702***	0.1713***	0.158***	0.8857***
urban	0.6653***	0.6182***	0.6364***	0.6387***	0.6309***	0.6505***	0.6246***	0.0963
urbanMedicare	0.0579	0.119*	0.0474	0.1186*	0.1209*	0.055	0.063	-0.1861***
lngoodAirDays	-0.1192***	-0.1473***	-0.1142***	-0.1309***	-0.144***	-0.119***	-0.1195***	0.1689***
lnperGreenArea	0.0785**	0.0683*	0.0698**	0.096***	0.0584*	0.0886***	0.0734*	0.6579***
TFP	0.4805***	0.36***	0.4368***	0.3104***	0.3468**	0.4995***	0.5136***	-0.2246***
IORate	-0.1833***	-0.184***	-0.1722***	-0.1848***	-0.1718***	-0.1866***	-0.1883***	0.6358***
Koutput	0.6189***	0.6149***	0.6525***	0.6146***	0.5761***	0.6554***	0.6362***	-0.021
inflation	0.1088	0.0602	0.0974	0.062	0.0981	0.1207	0.1329	6.2839
sciFin	9.2178	11.249*	4.3825	4.6988	1.8744	7.8355	8.0152	-1.453
finEdu	0.4512		-0.0801	0.6321	1.1066	0.6217	0.6983	-0.044
HAssetsIndex	0.0935*	0.1158**	0.1316**	0.0753		0.09**	0.0853*	-0.7048
rev_GDP	0.8813**		0.7521*	1.2019***	1.4054***	0.7449*	0.8472**	-0.6307***
infrastruct	-0.3137***		-0.361***			-0.3473***	-0.3141***	-0.5123***
GDP2	-0.4696***	-0.5434***		-0.4524***	-0.5678***	-0.4692***	-0.508***	-0.3169*
greenRatio	0.0685	0.2081			0.245		0.0912	
lnwaterSupply	-0.0136	-0.0553**		-0.0491*	-0.0569**			

续表

LR_Total	模型 1	模型 2	模型 3	模型 4	模型 5	模型 6	模型 7	模型 8
$\ln p$	1.3908***	1.1904**	1.5161***	1.463***	1.3523**	1.2617**	1.2994**	0.3146
$\ln p^2$	-0.0578	-0.0672	-0.0688	-0.0839	-0.0752	-0.0462	-0.0512	0.0601
$\ln cityPopDens$	-0.1397***	-0.1033**	-0.1445***	-0.1025***	-0.1183***	-0.1442***	-0.1408***	-0.2***
$devQuality$	0.5774***	0.6341***	0.664***	0.6646***	0.6848***	0.5862***	0.5958***	
$\ln HC$	0.0575	0.0767	0.0348	0.0847*	0.0821	0.0663	0.0583	0.2169***
$urban$	0.646**	0.6316***	0.6714***	0.6349***	0.6044***	0.6725***	0.6226***	1.1243***
$urbanMedicare$	0.5798***	0.6665***	0.5613***	0.6432***	0.6467***	0.5712***	0.5795***	0.7579***
$\ln goodAirDays$	-0.0502**	-0.0675***	-0.047**	-0.047**	-0.0629***	-0.0503**	-0.0531**	-0.0233
$\ln perGreenArea$	0.0889**	0.0794**	0.0929***	0.1146**	0.0674*	0.1106***	0.0872***	0.2081***
TFP	0.2525*	0.1317	0.2323	0.0816	0.1069	0.2798*	0.2849*	0.7286***
$lORate$	-0.1923***	-0.1871***	-0.1808***	-0.1907***	-0.1792***	-0.1912***	-0.1953***	-0.1916***
$Koutput$	0.6351***	0.6266***	0.659***	0.6257***	0.5886***	0.6639***	0.6481***	0.5924***
$inflation$	-0.5741***	-0.5994***	-0.5719***	-0.6069***	-0.5796***	-0.569***	-0.5662***	-0.1661
$sciFin$	-16.1643**	-14.0536**	-19.462***	-20.2367***	-23.9482**	-16.8806**	-17.2659***	11.8698*
$finEdu$	-2.5548**		-2.8222**	-2.149*	-1.668	-2.2474**	-2.3426**	-1.3602
$HAssetsIndex$	0.1226**	0.0834**	0.1492***	0.1027**		0.1209***	0.1138***	0.1001***
rev_GDP	0.4235		0.3581	0.7757*	0.962**	0.3424	0.418	-0.753
$infrastruct$	-0.4269***		-0.4809***			-0.4633***	-0.4231***	-0.668***
$GDP2$	-0.2635*	-0.3588***		-0.2526*	-0.3613***	-0.2528*	-0.2778**	-0.8086***
$greenRatio$	0.2178	0.35**			0.4155**		0.2421	-0.4086**
$\ln waterSupply$	0.0099	-0.0363		-0.0285	-0.0373			

注：***表示在 1% 水平上显著，**表示在 5% 水平上显著，*表示在 10% 水平上显著。其中 LR_Direct 表示直接效应，LR_Indirect 表示间接效应，LR_Total 表示总效应。

附表 3　随机效应下的实证结果（1990~2018 年）

	模型 1	模型 2	模型 3	模型 4	模型 5	模型 6	模型 7	模型 8
lnp	0.8472***	0.7797***	0.8928***	0.9083***	0.8332***	0.8888***	0.8237***	0.4597***
lnp²	-0.075***	-0.0717***	-0.0834***	-0.0822***	-0.0753***	-0.0799***	-0.0739***	-0.0443***
lncityPopDens	0.026***	0.0361***	0.0387***	0.0397***	0.0386***	0.03***	0.0273***	0.0057
devQuality	1.4733***	1.4392***	1.3579***	1.4492***	1.4452***	1.4614***	1.4935***	
lnHC	-0.1122***	-0.0921***	-0.1393***	-0.1073***	-0.0937***	-0.1236***	-0.1169***	-0.0168
urban	-0.0187	-0.0174	0.0683*	-0.0228	-0.0468	0.0269	0.0048	0.4575***
urbanMedicare	0.607***	0.6193***	0.6059***	0.6087***	0.6138***	0.6003***	0.6014***	0.8031***
lngoodAirDays	0.1***	0.1264***	0.1023***	0.1207***	0.1106***	0.0985***	0.0987***	0.1952***
lnperGreenArea	0.0088	0.0108**	0.0247***	0.0172***	0.0106*	0.0186***	0.0113**	0.0329***
TFP	-0.207***	-0.1988***	-0.1712***	-0.199***	-0.198***	-0.1975***	-0.2104***	0.095***
IORate	-0.0153***	-0.0106***	-0.019***	-0.0111**	-0.0134***	-0.0137***	-0.0159***	0.0007
Koutput	0.0068	-0.0016	-0.0026	-0.0048	0.0009	0.0014	0.0051	-0.0097
inflation	-0.4961***	-0.4773***	-0.4761***	-0.4918***	-0.4982***	-0.5012***	-0.5047***	-0.0907*
sciFin	-37.3685***	-38.2769***	-33.9112***	-36.7369***	-36.812***	-36.0025***	-37.1089***	2.111
finEdu	-1.7541***		-1.1659***	-1.6132***	-2.299***	-1.6724***	-1.8284***	1.1248***
HAssetsIndex	-0.0725***	-0.1205***	-0.0955***	-0.077***		-0.0664***	-0.0725***	0.1177***
rev_GDP	-0.3582***		-0.2736***	-0.3352***	-0.4061***	-0.3122***	-0.3477***	-0.1175
infrastruct	-0.1076***		-0.115***			-0.1028***	-0.0998***	-0.1048***
GDP2	0.3802***	0.3663***		0.3913***	0.4267***	0.4066***	0.4088***	-0.0495
greenRatio	0.1863***	0.1751***			0.1896***		0.1957***	0.0165
lnwaterSupply	0.0206***	0.0152***		0.0178***	0.0151***			
_cons	-0.8017*	-0.5635	-0.8206*	-0.8518*	-0.9046***	-0.7456*	-0.7801*	-1.1894***

续表

W_x	模型 1	模型 2	模型 3	模型 4	模型 5	模型 6	模型 7	模型 8
$W^*\ln p$	-0.4149 ***	-0.5032 ***	-0.4321 ***	-0.6064 ***	-0.5183 ***	-0.4784 ***	-0.3906 ***	-0.2691
$W^*\ln p^2$	0.0534 ***	0.0518 ***	0.0602 ***	0.0618 ***	0.0525 ***	0.0607 ***	0.052 ***	0.0553 ***
$W^*\ln cityPopDens$	-0.1623 ***	-0.1359 ***	-0.1809 ***	-0.1422 ***	-0.1349 ***	-0.1711 ***	-0.1646 ***	-0.1779 ***
$W^*devQuality$	-1.0683 ***	-0.9776 ***	-0.9637 ***	-1.0083 ***	-0.992 ***	-1.0521 ***	-1.0768 ***	
$W^*\ln HC$	0.1153 ***	0.1217 ***	0.1404 ***	0.1523 ***	0.1265 ***	0.1236 ***	0.116 **	0.0852 ***
W^*urban	0.1983 **	-0.0149	0.1672 **	0.0201	-0.0268	0.1692 ***	0.1754 **	0.2258 ***
$W^*urbanMedicare$	-0.3365 ***	-0.2956 ***	-0.3076 ***	-0.2812 ***	-0.2856 ***	-0.3268 ***	-0.3281 ***	-0.3578 ***
$W^*\ln goodAirDays$	-0.1118 ***	-0.1432 ***	-0.1135 ***	-0.1305 ***	-0.1162 ***	-0.109 ***	-0.1114 ***	-0.1702 ***
$W^*\ln perGreenArea$	0.0924 ***	0.1361 ***	0.0711 ***	0.1267 ***	0.1316 ***	0.0867 ***	0.0904 ***	0.121 ***
W^*TFP	0.4143 ***	0.2697 ***	0.3863 ***	0.2841 ***	0.2823 ***	0.4095 ***	0.4213 ***	0.3466 ***
$W^*IORate$	-0.0833 ***	-0.0742 ***	-0.085 ***	-0.0759 ***	-0.0756 ***	-0.0835 ***	-0.0831 ***	-0.0719 ***
$W^*Koutput$	0.2923 ***	0.2315 ***	0.3111 ***	0.2485 ***	0.24 **	0.3011 ***	0.3001 ***	0.2265 ***
$W^*inflation$	0.2795 ***	0.2774 ***	0.2499 ***	0.326 ***	0.3069 ***	0.2866 ***	0.2848 ***	0.1439 *
$W^*sciFin$	29.486 ***	29.7269 ***	26.0145 ***	24.8218 ***	26.2488 ***	27.5558 ***	28.5643 ***	6.5824
$W^*finEdu$	2.5358 ***		2.2101 ***	2.3198 ***	2.6365 ***	2.463 ***	2.5779 ***	1.3559 **
$W^*HAssetsIndex$	0.0957 ***	0.0676 ***	0.1022 ***	0.0387		0.088 ***	0.0923 ***	-0.1077 ***
W^*rev_GDP	0.6188 ***		0.5174 ***	0.8015 ***	0.9485 ***	0.5625 ***	0.6128 ***	0.1202
$W^*infrastruct$	-0.2855 ***		-0.2789 ***			-0.286 ***	-0.2844 ***	-0.34 ***
W^*GDP2	-0.3016 ***	-0.3406 ***		-0.4046 ***	-0.3869 ***	-0.3363 ***	-0.3338 ***	-0.1225 *
$W^*greenRatio$	-0.1781 **	-0.1246 *			-0.1238 *		-0.1801 ***	-0.2602 ***
$W^*\ln waterSupply$	-0.0136	-0.0642 ***		-0.053 ***	-0.0487 ***			
Spatial								
ρ	0.3718 ***	0.4195 ***	0.3616 ***	0.3998 ***	0.4007 ***	0.3699 ***	0.3722 ***	0.3506 ***
Variance								
θ	-1.913 ***	-1.9837 ***	-2.1257 ***	-1.9886 ***	-1.9273 ***	-2.0032 ***	-1.9615 ***	-2.2826 ***
σ	0.014 ***	0.0144 ***	0.0144 ***	0.0143 ***	0.0143 ***	0.0141 ***	0.014 ***	0.0198

注：*** 表示在 1% 水平上显著，** 表示在 5% 水平上显著，* 表示在 10% 水平上显著。

附表 4 随机效应下的直接效应、间接效应和总效应（1990~2018 年）

LR_Direct	模型 1	模型 2	模型 3	模型 4	模型 5	模型 6	模型 7	模型 8
lnp	0.8468***	0.7758***	0.8924***	0.9022***	0.8292***	0.8867***	0.824***	0.46***
lnp²	-0.0744***	-0.0712***	-0.0828***	-0.0815***	-0.0748***	-0.0791***	-0.0734***	-0.0435***
lncityPopDens	0.0214***	0.0318***	0.0338***	0.0355***	0.0346***	0.0251***	0.0226***	0.0008
devQuality	1.4559***	1.4243***	1.3428***	1.4333***	1.4298***	1.4444***	1.476***	
lnHC	-0.1098***	-0.0889***	-0.1365***	-0.1034***	-0.0906***	-0.1211***	-0.1145***	-0.0146
urban	-0.0107	-0.0167	0.0759**	-0.0208	-0.0468	0.0344	0.0123	0.4694***
urbanMedicare	0.6035***	0.618***	0.6032***	0.6075***	0.6125***	0.597***	0.5981***	0.8023***
lngoodAirDays	0.0968***	0.1221***	0.0991***	0.1169***	0.1072***	0.0954***	0.0955***	0.1918***
lnperGreenArea	0.0124**	0.0169***	0.0278***	0.0227***	0.0162***	0.0221***	0.015***	0.0368***
TFP	-0.1947***	-0.1903***	-0.1597***	-0.1901***	-0.1891***	-0.1851***	-0.198***	0.1098***
IORate	-0.0185***	-0.0139***	-0.0222***	-0.0143***	-0.0166***	-0.0169***	-0.0191***	-0.0014
Koutput	0.0175	0.0084	0.0083	0.0053	0.0108	0.0125	0.0162	-0.0035
inflation	-0.4957***	-0.4772***	-0.4766***	-0.4899***	-0.4971***	-0.5007***	-0.5042***	-0.0842
sciFin	-36.7399***	-37.6211***	-33.3537***	-36.2517***	-36.2755***	-35.421***	-36.5111***	2.2604
finEdu	-1.7024***		-1.1193***	-1.5618***	-2.2433***	-1.6213***	-1.7755***	1.1925***
HAssetsIndex	-0.0696***	-0.1202***	-0.0928***	-0.0761***		-0.0638***	-0.0699***	0.1147***
rev_GDP	-0.3358***		-0.2546***	-0.3049***	-0.3763***	-0.292***	-0.3258***	-0.1127
infrastruct	-0.1189***		-0.1258***			-0.1141***	-0.111***	-0.114***
GDP2	0.3743***	0.3585***		0.3806***	0.4206***	0.3997***	0.402***	-0.056*
greenRatio	0.1822***	0.175***			0.1861***		0.1913***	-0.0249
lnwaterSupply	0.0202***	0.0126***		0.016***	0.0133***			

续表

LR_Indirect	模型 1	模型 2	模型 3	模型 4	模型 5	模型 6	模型 7	模型 8
lnp	-0.1535	-0.2904	-0.1609	-0.3975*	-0.3049	-0.2346	-0.1215	-0.1659
lnp²	0.0395**	0.0358	0.0454**	0.0473**	0.0369*	0.0487**	0.0372*	0.0603**
lncityPopDens	-0.2382***	-0.2029***	-0.2559***	-0.2063***	-0.1955***	-0.2489***	-0.2412***	-0.2661***
devQuality	-0.8107***	-0.6292***	-0.7248***	-0.7005***	-0.6757***	-0.797***	-0.8139***	
lnHC	0.1157***	0.139***	0.1375***	0.1772***	0.1444***	0.1202***	0.1134***	0.1189***
urban	0.2965**	-0.041	0.2912**	0.0194	-0.0722	0.2793***	0.2802***	0.5814***
urbanMedicare	-0.1703***	-0.0596	-0.1348**	-0.0582	-0.0617	-0.1602***	-0.1606***	-0.1152**
lngoodAirDays	-0.1124***	-0.1506***	-0.1162***	-0.1327***	-0.116***	-0.1115***	-0.1148***	-0.1522***
lnperGreenArea	0.1472***	0.2364***	0.123***	0.2184***	0.2227***	0.146***	0.1505***	0.2005***
TFP	0.5197***	0.3149***	0.4984***	0.3459***	0.3441***	0.5355***	0.5272***	0.5756***
IORate	-0.1383***	-0.1308***	-0.1401***	-0.1325***	-0.1337***	-0.1393***	-0.1395***	-0.1065***
Koutput	0.4557***	0.3837***	0.4726***	0.4033***	0.394***	0.471***	0.4725***	0.3318***
inflation	0.1486	0.1246	0.1146	0.2078**	0.173*	0.1559***	0.1508*	0.16
sciFin	24.0849***	23.0733***	21.186***	16.3578***	18.646***	22.0497***	22.7038***	11.1652***
finEdu	2.8728***		2.7488***	2.7322***	2.8008***	2.8732***	2.9201***	2.5921***
HAssetsIndex	0.1069***	0.031	0.1047***	0.0112		0.0977***	0.099*	-0.098**
rev_GDP	0.7656***		0.6252***	1.0698***	1.2767***	0.6763***	0.7468***	0.1083
infrastruct	-0.505***		-0.4912***			-0.5064***	-0.4979***	-0.5725***
GDP2	-0.2524***	-0.3131***		-0.4112***	-0.3661***	-0.2915***	-0.288***	-0.1999*
greenRatio	-0.1651	-0.0787			-0.0799		-0.1789*	-0.387***
lnwaterSupply	-0.0088	-0.0979***		-0.0754***	-0.0699***			

续表

LR_Total	模型 1	模型 2	模型 3	模型 4	模型 5	模型 6	模型 7	模型 8
lnp	0.6933***	0.4853*	0.7315***	0.5047*	0.5243**	0.6521***	0.7025***	0.2941
lnp²	-0.0349	-0.0354	-0.0374	-0.0342	-0.0379	-0.0304	-0.0362	0.0168
lncityPopDens	-0.2168***	-0.1711***	-0.2221***	-0.1709***	-0.1608***	-0.2238***	-0.2185***	-0.2653***
devQuality	0.6452***	0.7952***	0.618***	0.7328***	0.7541***	0.6474***	0.6621***	
lnHC	0.0059	0.05*	0.0011	0.0738*	0.0539*	-0.0009	-0.001	0.1044***
urban	0.2858**	-0.0578	0.3671***	-0.0014	-0.1189	0.3137**	0.2925**	1.0508***
urbanMedicare	0.4332***	0.5584***	0.4684***	0.5493***	0.5509***	0.4369***	0.4374***	0.6871***
lngoodAirDays	-0.0156	-0.0285	-0.0171	-0.0157	-0.0088	-0.0161	-0.0193	0.0397
lnperGreenArea	0.1596***	0.2532***	0.1508***	0.2411***	0.2388***	0.1681***	0.1655***	0.2373***
TFP	0.325***	0.1245	0.3388***	0.1558	0.155	0.3505***	0.3292***	0.6855***
IORate	-0.1568***	-0.1447***	-0.1623***	-0.1468***	-0.1503***	-0.1562***	-0.1587***	-0.1079**
Koutput	0.4732***	0.3921***	0.4809***	0.4086***	0.4047***	0.4835***	0.4887***	0.3282***
inflation	-0.3471***	-0.3526***	-0.362***	-0.2821***	-0.3241***	-0.3447***	-0.3534***	0.0758
sciFin	-12.655**	-14.5478**	-12.1677**	-19.894**	-17.6296***	-13.3713**	-13.8073**	13.4256**
finEdu	1.1704		1.6294**	1.1704	0.5575	1.2519	1.1446	3.7846***
HAssetsIndex	0.0373	-0.0892***	0.012	-0.0649*		0.0339	0.0291	0.0167
rev_GDP	0.4298**		0.3706**	0.7648***	0.9004***	0.3844**	0.421**	-0.0044
infrastruct	-0.6239***		-0.617***			-0.6205***	-0.6089***	-0.6865***
GDP2	0.1219	0.0454		-0.0306	0.0545	0.1082	0.114	-0.2558**
greenRatio	0.0171	0.0964			0.1062		0.0125	-0.4119***
lnwaterSupply	0.0114	-0.0853***		-0.0594**	-0.0566***			

注：***表示在 1% 水平上显著，**表示在 5% 水平上显著，*表示在 10% 水平上显著。其中 LR_Direct 表示直接效应，LR_Indirect 表示间接效应，LR_Total 表示总效应。

参考文献

［1］ Yang, X., G. Hogbin, "The optimum hierarchy," *China Economic Review* 1（2）（1990）.

［2］ 陈良文、杨开忠:《生产率、城市规模与经济密度:对城市集聚经济效应的实证研究》,《贵州社会科学》2007 年第 2 期。

［3］ 张自然:《中国最优与最大城市规模探讨——基于 264 个城市的规模成本-收益法分析》,《金融评论》2015 年第 5 期。

［4］ 张艳、刘亮:《经济集聚与经济增长——基于中国城市数据的实证分析》,《世界经济文汇》2007 年第 1 期。

［5］ 刘修岩、邵军、薛玉立:《集聚与地区经济增长:基于中国地级城市数据的再检验》,《南开经济研究》2012 年第 3 期。

［6］ 唐天伟:《2016 我国地级市政府效率及特征的定量分析》,《江西师范大学学报》(哲学社会科学版) 2017 年第 2 期。

［7］ 解垩:《政府效率的空间溢出效应研究》,《财经研究》2007 年第 6 期。

［8］ 王丽英、刘后平:《制度内生、政府效率与经济增长的分类检验——基于省级面板数据的估计与分析》,《经济学家》2010 年第 1 期。

［9］ 高向飞、高春婷:《政府干预的效率分析:一个新制度主义视角》,《经济体制改革》2009 年第 6 期。

［10］ 斯特拉斯蔡姆:《城市住宅区位理论》,载米尔斯主编《城市经济学》(区域和城市经济学手册第 2 卷),经济科学出版社,2001。

［11］ Alan, W. E., "The Pure Theory of City Size in an Industrial Economy," *Urban Studies* 9（1）（1972）.

［12］ Alonso, W., "The Economics Of Urban Size," *Papers in Regional Science* 26（1）（1971）.

［13］ Martin, P., G. Ip Ottaviano, "Growing locations: Industry location in a model of endogenous growth," *European Economic Review* 43（2）（1999）.

［14］ Henderson, J. V., "Efficiency of resource usage and city size," *Journal of Urban Economics* 19（1）（1986）.

［15］ Au, C. -C., J. V. Henderson, "Are Chinese cities too small?" *The Review of Economic Studies* 73（3）（2006）.

［16］ Palivos, T., P. Wang, "Spatial agglomeration and endogenous growth," *Regional Science & Urban Economics* 26（6）（1996）.

[17] Derksen, Wim, "Municipal amalgamation and the doubtful relation between size and performance," *Local Government Studies* 14 (6) (1988).

[18] Gabler, L. R., "Population Size as a Determinant of City Expenditures and Employment: Some Further Evidence," *Land Economics* 47 (2) (1971).

[19] Gruber, J. W., S. B. Kamin, "Explaining the Global Pattern of Current Account Imbalances," *Social Science Electronic Publishing* 26 (4) (2007).

[20] Chinn, M. D., H. Ito., "Current Account Balances, Financial Development and Institutions: Assaying the World 'Savings Glut'," *Social Science Electronic Publishing* w11761 (2006).

城市经济发展质量篇

报告11
中国城市经济发展质量报告[*]

张自然^{**}

摘　要： 在中国城市可持续发展报告的基础上，本文设计了一套地级及地级以上城市经济发展质量评价体系。这一评价体系的一级指标包括经济增长、增长潜力、政府效率、人民生活和环境质量五个部分，产出效率、经济结构、经济稳定、产出消耗、增长可持续性、公共服务效率、社会保障、收入水平、健康保障、生活质量、生态环境、工业及生活排放、空气监测等方面共计61个具体指标。本文运用主成分分析法对264个地级及地级以上城市（简称地级市）经济发展质量状况进行客观分析，得出了中国264个地级及地级以上城市1990~2018年的经济发展质量排名、增长指数和以1990年为基期的增长指数，并对264个地级及地级以上城市分别按2010年以来、2000年以来、1990年以来三个阶段以及2015~2018年四个年份，依照3∶3∶2∶1∶1的权重对264个地级及地级以上城市的经济发展质量状况划分了5个级别。此外，还分析了经济发展质量各具体指标的权重，并绘制了2018年主要城市以经济增长、增长潜力、政府效率、人民生活和环境质量为一级指标的经济发展质量雷达图。

---

* 本文受国家社会科学基金重点课题"中国城市规模、空间聚集与管理模式研究"（批准文号：15AJL013）资助。

** 张自然，博士，中国社会科学院经济研究所研究员，主要研究方向为城市化、技术进步与经济增长。

关键词： 经济发展质量　评价体系　主成分分析法

一　引言

　　我国已经由单纯追求数量的经济高速增长转向高质量发展。数量型经济增长方式的特征是依靠增加生产要素，诸如投资、劳动、资源等要素投入来促进经济增长。高质量经济发展方式的特征是依靠生产要素的有效配置来促进经济增长。经济增长不仅要有数量的增长，还要有质量的增长，更要高质量发展。我们依据经济发展质量的本质和基本特征，参考国际上相关五大指标体系和省域经济高质量发展指标，构建了地级及地级以上城市的经济发展质量评价指标体系。

　　在1990~2011年中国城市可持续发展报告中，为了客观评价1990~2011年中国264个地级及地级以上城市经济发展质量和可持续发展水平，提出了一套地级及地级以上城市可持续发展即经济发展质量评价体系。此可持续发展评价体系的一级指标包括经济增长、增长可持续性、环境质量、政府效率和人民生活五个部分，通过产出效率、经济结构、经济稳定、产出消耗、增长潜力、居住环境、环境质量、政府效率、人民生活等方面42个具体指标，运用主成分分析法对264个地级及地级以上城市经济发展质量状况进行客观分析，得出了中国264个地级市1990~2011年间的经济发展质量排名。并对264个地级及地级以上城市分别按1990年以来、2000年以来两个阶段以及2009年、2010年和2011年三个年份，依照3：3：2：1：1的权重对264个地级市的经济发展质量状况划分了5个级别。此外，还分析了一些地级市经济发展质量的影响因素，包括一级指标权重与其主要影响因素，并绘制了1990年以来、2000年以来、2009年、2010年和2011年264个地级及地级以上城市以经济增长、增长可持续性、环境质量、政府效率和人民生活为指标的可持续发展和经济发展质量雷达图，并列出了各具体指标的权重。

　　我们认为中国经济应该从以GDP为核心的评价标准转向以劳动生产率

与 TFP 增长为基准的创新和效率评估方式，强调可持续性和包容性的增长，其评估结果对区域经济发展质量水平和发展方向有一定的指导意义。可持续发展指标亦即经济发展质量指标，本质上是评估高质量发展的指标，本文在 1990~2011 年中国城市可持续发展和经济发展质量评价的基础上将经济发展质量评价指标分为三级，其中一级指标共分为五项：经济增长、增长潜力、政府效率、人民生活和环境质量。

每个一级指标包含若干二级指标。其中经济增长包括产出效率、经济结构、经济稳定；增长潜力包括产出消耗和增长可持续性；政府效率包括公共服务效率和社会保障；人民生活包括收入水平、健康保障、生活质量等；环境质量包括生态环境、工业及生活排放、空气监测等。二级指标再下设相应的 61 个具体指标，比 1990~2011 年中国城市经济发展质量的具体指标多了 19 个，主要在环境质量方面增加了人民密切关注的 $PM_{2.5}$、PM_{10}、二氧化硫、二氧化氮、臭氧、空气质量优良天数等，以及工业废水排放量（替代工业废水排放达标率）、工业二氧化硫排放量（替代工业二氧化硫排放达标率），去掉了工业三废综合利用产品产值比。

在经济增长的产出效率方面增加了投资效果系数，经济稳定方面增加了人均 GDP 增长率（原来在人民生活指标下）、房价收入比指标。

在增长潜力的增长可持续性方面增加了教育基础设施指数（万人学校数和万人教师数，替换原来的万人教师数）、人口增长率、可用土地面积。

在政府效率的社会保障方面增加了城镇基本医疗保险覆盖率、城镇失业保险覆盖率、农村社会养老保险覆盖率、社会保障和就业财政支出比。

在人民生活的收入水平方面增加了城镇家庭平均每人可支配收入、人均财富，健康保障方面增加了万人医院数、万人床位数（替代卫生设施指数），生活质量方面增加了人均生活用电量、人均供水量、城镇人均住房建筑面积、人口密度（负向指标，原来在环境质量中），减少了万人影剧院数（由于数据获得性）。

本文还对评估方法进行了优化，即分别用主成分分析法对经济增长、增长潜力、政府效率、人民生活和环境质量五个一级指标进行分析，利用五个一级指标的结果加权平均得出 264 个地级及地级以上城市的经济发展质量水平。这样五个一级指标的权重一致，避免个别一级指标权重过大造成指标间的不平衡，造成评估失真。

按 2018 年地级市常住人口计算本文的 264 个地级及地级以上城市覆盖人口为 124691.97 万，占全国总人口 139538 万的 89.36%。2018 年 264 个地级及地级以上城市地区生产总值现价 883838 亿元，占全国国内生产总值 900309 亿元的 98.17%，2017 年的地区生产总值现价为 819229 亿元，占全国国内生产总值 827122 亿元的 99%。考虑到各城市地区生产总值加总可能略大于全国的情况，本文 264 个地级及地级以上城市代表的国内生产总值占比至少在 90%~95%，因此无论常住人口数还是国内生产总值，本文 264 个地级及地级以上城市具有很大的代表性。

本文第二部分为中国城市经济发展质量评价结果，第三部分为中国城市经济发展质量分级情况，第四部分为中国城市经济发展质量的影响因素分析，第五部分为结论。附录一为指标设计及数据处理，附录二为评价过程，附录三为评价结果相关图表。下面将通过 61 个指标运用主成分分析法对 264 个地级及地级以上城市 1990~2018 年的经济发展质量情况进行分析，并按权重将 264 个地级及地级以上城市分为五级，进而对影响经济发展质量的相关因素进行分析。

二　中国城市经济发展质量评价结果

中国 264 个城市经济发展质量评价指标设计、数据来源及处理和中国 264 个城市经济发展质量评价过程见附录一和附录二。

（一）2018 年经济发展质量及一级指标排名情况

2018 年城市经济发展质量及一级指标排名情况见表 1。可以发现，深圳市在经济发展质量方面排在第一位，北京市在经济发展质量方面排在第三位，但在政府效率和人民生活两个方面排第一位，增长潜力位于第四位，经济增长排名第六位，但环境质量却排在 264 个城市中的第 221 位，环境质量亟待大幅度改善。经济增长、增长潜力和环境质量排名第一的分别是包头、珠海和三亚三个城市。

需要说明的是，2018 年 264 个地级及地级以上城市中，有两个城市综合排名高于每个一级指标排名，这两个城市为深圳和贵阳；有 11 个城市综合排名低于每个一级指标排名，分别为邯郸、衡水、莱芜、开封、安阳、鹤壁、濮阳、许昌、漯河、商丘、信阳。这是由于城市经济发展质量排名是各一级指标的算术平均，不同指标值不一。将各一级指标进行正向标准化并利用功效系数法进行处理，结果稍有改进，则有一个城市排名高于每个一级指标，即深圳；仍然有 10 个城市综合排名低于每个一级指标的排名，即邯郸、衡水、开封、安阳、鹤壁、濮阳、许昌、漯河、商丘、信阳。为了保持城市经济发展质量和一级指标处理方法的一致性，本文仍然采用一级指标加权的方式获取经济发展质量的综合排名。

表 1　2018 年城市经济发展质量及一级指标排名情况

城市	经济发展质量	经济增长	增长潜力	政府效率	人民生活	环境质量	城市	经济发展质量	经济增长	增长潜力	政府效率	人民生活	环境质量
北京	3	6	4	1	1	221	阳泉	166	113	251	63	79	220
天津	55	69	37	53	46	208	长治	178	150	114	120	128	232
石家庄	193	55	74	185	173	252	晋城	214	157	240	100	125	239
唐山	245	60	212	247	174	249	朔州	221	71	261	177	87	214
秦皇岛	125	40	50	159	106	233	运城	171	109	190	88	116	210
邯郸	251	98	226	231	209	241	忻州	187	170	103	108	37	264
邢台	253	232	86	232	213	262	临汾	189	132	200	80	126	237
保定	196	199	61	182	127	242	呼和浩特	21	2	77	41	63	82
张家口	185	56	94	141	131	259	包头	77	1	236	158	76	125
承德	246	169	151	210	189	261	乌海	81	15	244	105	40	131
沧州	249	52	171	249	231	257	赤峰	71	47	149	94	90	71
廊坊	207	118	85	157	108	263	通辽	236	131	228	250	229	122
衡水	250	158	187	238	192	236	呼伦贝尔	98	28	161	101	75	151
太原	36	39	65	27	14	206	沈阳	26	12	91	18	21	144
大同	95	105	147	97	23	167	大连	27	10	80	7	56	150

续表

城市	经济发展质量	经济增长	增长潜力	政府效率	人民生活	环境质量	城市	经济发展质量	经济增长	增长潜力	政府效率	人民生活	环境质量
鞍山	68	9	189	70	43	193	南通	100	129	119	48	93	173
抚顺	110	210	173	71	31	158	连云港	122	231	88	37	196	172
本溪	131	138	218	67	77	171	淮安	148	205	162	40	156	196
丹东	109	72	217	60	62	174	盐城	90	133	21	49	193	198
锦州	133	211	238	43	96	141	扬州	94	195	79	35	99	187
营口	161	81	258	92	91	154	镇江	86	103	84	32	134	180
阜新	107	110	174	98	33	160	泰州	123	206	118	52	143	170
辽阳	174	108	263	62	64	183	宿迁	200	175	176	68	233	203
盘锦	179	120	262	93	48	194	杭州	7	29	11	2	9	64
铁岭	69	214	60	90	25	139	宁波	30	166	46	25	42	63
朝阳	65	134	140	47	66	89	温州	23	37	96	10	55	54
葫芦岛	144	147	163	122	83	161	嘉兴	46	228	53	15	103	100
长春	82	86	87	89	159	73	湖州	64	143	83	50	85	98
吉林	108	13	203	132	147	115	绍兴	24	145	25	21	27	83
四平	224	146	239	149	255	134	金华	22	89	45	14	39	69
辽源	244	240	255	183	253	137	衢州	34	182	29	28	59	84
通化	80	237	13	128	142	133	舟山	15	43	40	6	20	87
白山	184	92	241	165	133	130	台州	62	140	148	54	65	67
松原	257	208	264	163	264	142	丽水	28	142	20	20	28	135
白城	199	221	137	195	182	128	合肥	37	188	6	86	107	163
哈尔滨	32	25	143	24	132	22	芜湖	175	101	126	123	208	177
齐齐哈尔	33	51	138	26	52	56	蚌埠	205	144	160	112	247	179
鸡西	48	93	150	33	71	68	淮南	216	250	101	184	158	202
鹤岗	39	194	164	17	13	93	马鞍山	119	82	19	161	204	189
双鸭山	47	87	184	30	30	96	淮北	242	249	213	197	188	201
大庆	54	61	179	45	60	72	铜陵	222	263	41	188	228	200
伊春	19	196	201	13	2	80	安庆	126	62	33	147	202	185
佳木斯	87	30	202	55	163	85	黄山	57	65	14	126	49	204
七台河	41	27	216	16	34	91	滁州	152	179	24	125	248	195
牡丹江	44	20	199	23	167	42	阜阳	182	161	59	214	183	156
黑河	92	121	230	46	115	65	宿州	238	178	97	242	257	190
绥化	177	201	185	118	262	55	六安	102	53	9	240	249	107
上海	5	8	2	11	4	120	亳州	223	215	64	236	245	157
南京	10	33	10	3	11	164	宣城	155	152	16	216	218	197
无锡	50	63	135	22	26	181	福州	25	67	71	76	70	7
徐州	173	176	117	61	207	212	厦门	9	42	36	9	15	8
常州	75	102	104	34	67	199	莆田	116	229	254	160	84	15
苏州	16	35	26	5	12	169	三明	45	100	196	31	157	16

续表

城市	经济发展质量	经济增长	增长潜力	政府效率	人民生活	环境质量	城市	经济发展质量	经济增长	增长潜力	政府效率	人民生活	环境质量
泉州	73	114	210	127	146	9	临沂	220	46	231	145	226	215
漳州	97	164	157	107	242	14	德州	215	77	178	96	258	230
南平	83	220	214	78	129	19	聊城	237	85	256	136	236	229
龙岩	42	163	99	57	109	11	滨州	201	50	136	171	180	226
宁德	79	239	219	74	186	6	菏泽	234	155	221	134	244	211
南昌	61	126	18	150	82	104	郑州	140	96	43	156	89	250
景德镇	127	58	110	170	160	114	开封	255	202	169	223	227	240
萍乡	143	91	89	191	194	102	洛阳	240	66	155	230	201	251
九江	172	94	90	201	225	113	平顶山	231	173	146	220	101	243
新余	181	130	130	209	172	123	安阳	252	184	192	239	170	246
鹰潭	169	135	109	215	197	88	鹤壁	262	233	246	260	223	254
赣州	101	153	17	189	179	112	新乡	241	154	93	225	198	256
吉安	128	149	47	218	166	97	焦作	258	217	253	229	203	258
宜春	142	172	15	254	210	109	濮阳	259	246	225	237	235	253
上饶	206	227	116	219	222	101	许昌	260	226	193	256	251	244
济南	40	19	82	12	45	205	漯河	263	253	243	258	199	255
青岛	49	14	51	51	112	182	三门峡	247	78	234	178	224	260
淄博	141	22	142	137	92	235	南阳	256	190	167	259	211	227
枣庄	243	73	257	181	234	224	商丘	264	245	252	263	220	245
东营	129	17	242	106	58	228	信阳	254	200	186	235	212	223
烟台	103	36	73	66	150	209	周口	261	252	156	264	240	248
潍坊	159	24	128	121	191	225	驻马店	248	183	133	255	177	247
济宁	218	64	194	135	238	222	武汉	20	41	7	44	44	165
泰安	198	59	224	77	237	218	黄石	139	165	95	115	141	159
威海	63	34	35	39	130	207	十堰	145	242	127	130	72	147
日照	217	48	233	131	214	231	宜昌	146	254	100	110	88	166
莱芜	225	127	223	155	149	219	襄阳	195	209	72	217	138	186

续表

城市	经济发展质量	经济增长	增长潜力	政府效率	人民生活	环境质量	城市	经济发展质量	经济增长	增长潜力	政府效率	人民生活	环境质量
鄂州	208	204	124	234	114	145	江门	96	186	98	139	148	34
荆门	192	167	145	196	136	152	湛江	167	222	165	213	259	18
孝感	163	259	28	203	137	149	茂名	229	235	197	261	260	23
荆州	132	177	52	154	117	153	肇庆	154	160	125	167	254	51
黄冈	137	251	54	174	118	116	惠州	56	123	34	168	68	47
咸宁	202	207	106	227	135	143	梅州	53	193	12	187	151	35
随州	232	230	229	245	154	108	汕尾	162	213	27	262	261	29
长沙	29	16	66	81	32	50	河源	121	234	39	179	184	70
株洲	78	45	70	124	161	79	阳江	156	136	220	221	123	43
湘潭	160	117	159	152	185	99	清远	111	104	69	207	168	53
衡阳	190	97	208	198	221	78	东莞	12	5	58	85	8	40
邵阳	112	159	111	142	140	59	中山	11	26	5	56	61	62
岳阳	191	79	237	148	250	81	潮州	203	197	141	248	246	45
常德	183	54	232	212	206	75	揭阳	233	236	207	257	263	31
张家界	60	18	166	104	119	46	云浮	118	216	48	206	252	30
益阳	219	141	211	222	232	95	南宁	59	111	132	119	80	21
郴州	149	99	177	138	169	105	柳州	135	162	182	172	121	52
永州	158	115	129	192	153	106	桂林	66	119	105	99	152	33
怀化	91	106	75	64	187	103	梧州	239	258	249	233	256	58
娄底	210	225	247	133	230	86	北海	168	223	195	246	181	17
广州	8	4	8	69	17	26	防城港	188	74	259	251	105	41
韶关	52	90	44	140	94	49	钦州	212	261	205	208	243	36
深圳	1	7	3	8	5	25	贵港	228	212	248	243	239	44
珠海	2	75	1	38	7	20	玉林	134	70	139	186	216	57
汕头	157	185	170	241	124	37	百色	194	264	115	211	162	48
佛山	51	38	112	200	24	38	河池	113	218	55	175	155	60

续表

城市	经济发展质量	经济增长	增长潜力	政府效率	人民生活	环境质量	城市	经济发展质量	经济增长	增长潜力	政府效率	人民生活	环境质量
海口	6	11	172	79	19	2	昭通	89	257	122	164	241	3
三亚	4	21	144	29	16	1	普洱	85	241	57	252	78	12
重庆	138	128	68	190	110	146	西安	31	32	38	19	22	191
成都	35	57	31	65	54	94	铜川	114	84	76	144	51	192
自贡	147	80	191	84	205	132	宝鸡	235	256	215	146	165	213
攀枝花	150	168	206	109	86	140	咸阳	227	192	153	180	144	238
泸州	120	219	78	113	145	121	渭南	213	139	158	224	113	188
德阳	180	68	198	151	175	138	延安	209	247	183	143	69	217
绵阳	93	125	113	73	97	124	汉中	211	238	123	169	171	178
广元	104	224	152	102	35	129	榆林	204	83	180	199	81	234
遂宁	165	198	235	82	200	92	安康	153	248	102	202	122	76
内江	186	124	209	153	178	110	兰州	43	31	30	95	47	117
乐山	124	107	227	87	100	119	嘉峪关	76	49	260	129	6	162
南充	176	203	175	117	111	168	金昌	106	189	245	103	10	155
宜宾	164	187	188	111	164	126	白银	99	156	81	166	74	77
雅安	84	151	131	116	38	90	天水	58	137	23	204	102	32
巴中	70	262	49	72	95	61	武威	136	255	56	244	29	127
资阳	226	244	250	176	176	118	张掖	88	191	63	91	57	148
贵阳	18	76	22	83	41	27	平凉	105	180	120	114	73	111
六盘水	130	116	67	226	219	39	酒泉	151	88	222	194	53	136
遵义	72	148	154	58	195	24	西宁	38	23	92	59	50	74
安顺	170	181	168	228	217	28	银川	115	112	121	42	104	216
昆明	14	44	42	75	36	4	石嘴山	197	95	204	205	98	176
曲靖	67	171	62	173	215	5	吴忠	230	260	108	193	190	184
玉溪	74	122	134	162	139	13	乌鲁木齐	17	3	32	36	18	175
保山	117	243	107	253	120	10	克拉玛依	13	174	181	4	3	66

（二）2018年经济发展质量综合得分和排名变化情况

经济发展质量水平排名前 10 位的城市有深圳、珠海、北京、三亚、上海、海口、杭州、广州、厦门、南京；排名后 10 位的城市有开封、南阳、松原、焦作、濮阳、许昌、周口、鹤壁、漯河、商丘。

2018 年 264 个地级及地级以上城市经济发展质量综合得分情况见表 2。

表2 2018年城市经济发展质量综合得分情况

单位：%

城市	权重	城市	权重	城市	权重	城市	权重	城市	权重	城市	权重
深圳	1.001	衢州	0.542	曲靖	0.448	南通	0.400	锦州	0.353	阳泉	0.318
珠海	0.958	成都	0.537	鞍山	0.445	赣州	0.399	玉林	0.352	湛江	0.317
北京	0.950	太原	0.536	铁岭	0.444	六安	0.395	柳州	0.352	北海	0.315
三亚	0.942	合肥	0.529	巴中	0.444	烟台	0.395	武威	0.348	鹰潭	0.314
上海	0.931	西宁	0.529	赤峰	0.443	广元	0.393	黄冈	0.346	安顺	0.314
海口	0.842	鹤岗	0.528	遵义	0.441	平凉	0.392	重庆	0.344	运城	0.314
杭州	0.807	济南	0.528	泉州	0.438	金昌	0.391	黄石	0.344	九江	0.314
广州	0.771	七台河	0.527	玉溪	0.436	阜新	0.388	郑州	0.342	徐州	0.312
厦门	0.748	龙岩	0.525	常州	0.434	吉林	0.388	淄博	0.341	辽阳	0.308
南京	0.725	兰州	0.519	嘉峪关	0.431	丹东	0.387	宜春	0.340	芜湖	0.307
中山	0.702	牡丹江	0.504	包头	0.429	抚顺	0.387	萍乡	0.340	南充	0.307
东莞	0.680	三明	0.501	株洲	0.428	清远	0.387	葫芦岛	0.340	绥化	0.306
克拉玛依	0.674	嘉兴	0.496	宁德	0.428	邵阳	0.386	十堰	0.339	长治	0.304
昆明	0.647	双鸭山	0.493	通化	0.428	河池	0.386	宜昌	0.338	盘锦	0.304
舟山	0.646	鸡西	0.490	乌海	0.428	铜川	0.385	自贡	0.336	德阳	0.302
苏州	0.645	青岛	0.490	长春	0.425	银川	0.378	淮安	0.335	新余	0.301
乌鲁木齐	0.626	无锡	0.483	南平	0.425	莆田	0.378	郴州	0.335	阜阳	0.299
贵阳	0.603	佛山	0.483	雅安	0.423	保山	0.374	攀枝花	0.335	常德	0.297
伊春	0.602	韶关	0.477	普洱	0.423	云浮	0.372	酒泉	0.334	白山	0.296
武汉	0.600	梅州	0.477	镇江	0.422	马鞍山	0.369	滁州	0.331	张家口	0.295
呼和浩特	0.599	大庆	0.477	佳木斯	0.421	泸州	0.366	安康	0.329	内江	0.295
金华	0.596	天津	0.476	张掖	0.420	河源	0.366	肇庆	0.328	忻州	0.295
温州	0.596	惠州	0.475	昭通	0.419	连云港	0.362	宣城	0.327	防城港	0.294
绍兴	0.588	黄山	0.474	盐城	0.417	泰州	0.361	阳江	0.326	临汾	0.293
福州	0.584	天水	0.473	怀化	0.417	乐山	0.361	汕头	0.325	衡阳	0.291
沈阳	0.583	南宁	0.473	黑河	0.415	秦皇岛	0.359	永州	0.325	岳阳	0.290
大连	0.582	张家界	0.466	绵阳	0.414	安庆	0.359	潍坊	0.322	荆门	0.284
丽水	0.575	南昌	0.464	扬州	0.412	景德镇	0.358	湘潭	0.322	石家庄	0.283
长沙	0.574	台州	0.461	大同	0.409	吉安	0.357	营口	0.322	百色	0.283
宁波	0.563	威海	0.461	江门	0.409	东营	0.356	汕尾	0.321	襄阳	0.281
西安	0.558	湖州	0.459	漳州	0.408	六盘水	0.356	孝感	0.319	保定	0.279
哈尔滨	0.554	朝阳	0.456	呼伦贝尔	0.405	本溪	0.355	宜宾	0.318	石嘴山	0.278
齐齐哈尔	0.545	桂林	0.448	白银	0.404	荆州	0.355	遂宁	0.318	泰安	0.277

续表

城市	权重	城市	权重	城市	权重	城市	权重	城市	权重	城市	权重
白城	0.277	娄底	0.266	朔州	0.242	随州	0.225	枣庄	0.187	信阳	0.163
宿迁	0.277	汉中	0.262	铜陵	0.240	揭阳	0.218	辽源	0.187	开封	0.161
滨州	0.275	钦州	0.260	亳州	0.240	菏泽	0.214	唐山	0.186	南阳	0.147
咸宁	0.274	渭南	0.255	四平	0.238	宝鸡	0.209	承德	0.183	松原	0.136
潮州	0.274	晋城	0.255	莱芜	0.236	通辽	0.207	三门峡	0.175	焦作	0.110
榆林	0.272	德州	0.254	资阳	0.235	聊城	0.205	驻马店	0.172	濮阳	0.105
蚌埠	0.272	淮南	0.250	咸阳	0.235	宿州	0.204	沧州	0.170	许昌	0.100
上饶	0.272	日照	0.249	贵港	0.234	梧州	0.201	衡水	0.170	周口	0.091
廊坊	0.271	济宁	0.246	茂名	0.233	洛阳	0.200	邯郸	0.167	鹤壁	0.079
鄂州	0.269	益阳	0.246	吴忠	0.231	新乡	0.198	安阳	0.166	漯河	0.079
延安	0.268	临沂	0.243	平顶山	0.227	淮北	0.189	邢台	0.164	商丘	0.070

　　和 2017 年相比，2018 年经济发展质量排名上升的城市有 105 个，排名下降的城市有 127 个，其他城市 2018 年排名不变（见表 3）。

表 3　2018 年经济发展质量排名变化情况

排名变化情况	城市
排名上升 （共 105 个）	阜新市(+43)、酒泉市(+42)、营口市(+39)、柳州市(+35)、防城港市(+31)、白银市(+31)、玉溪市(+29)、鞍山市(+26)、北海市(+26)、抚顺市(+24)、宁德市(+23)、曲靖市(+23)、宜昌市(+21)、乌海市(+20)、白山市(+20)、东营市(+20)、昭通市(+20)、金昌市(+18)、哈尔滨市(+17)、本溪市(+16)、通化市(+16)、牡丹江市(+16)、黄石市(+16)、铁岭市(+15)、吉林市(+15)、淄博市(+15)、绥化市(+14)、淮北市(+13)、咸阳市(+13)、安庆市(+12)、泉州市(+12)、铜川市(+12)、萍乡市(+11)、汕头市(+11)、大庆市(+10)、青岛市(+10)、枣庄市(+10)、宜春市(+9)、荆门市(+9)、常德市(+9)、攀枝花市(+9)、承德市(+8)、葫芦岛市(+8)、马鞍山市(+8)、济宁市(+8)、钦州市(+8)、唐山市(+7)、三明市(+7)、鹰潭市(+7)、日照市(+7)、咸宁市(+7)、岳阳市(+7)、湛江市(+7)、朝阳市(+6)、济南市(+6)、滨州市(+6)、乌鲁木齐市(+6)、赤峰市(+5)、辽阳市(+5)、辽源市(+5)、嘉兴市(+5)、福州市(+5)、泰安市(+5)、韶关市(+5)、平凉市(+5)、长春市(+4)、七台河市(+4)、无锡市(+4)、上饶市(+4)、鄂州市(+4)、资阳市(+4)、西宁市(+4)、石家庄市(+3)、舟山市(+3)、台州市(+3)、六安市(+3)、漳州市(+3)、德州市(+3)、贵港市(+3)、玉林市(+3)、普洱市(+3)、运城市(+2)、通辽市(+2)、宁波市(+2)、绍兴市(+2)、衢州市(+2)、临沂市(+2)、聊城市(+2)、鹤壁市(+2)、内江市(+2)、昆明市(+2)、渭南市(+2)、齐齐哈尔市(+1)、双鸭山市(+1)、铜陵市(+1)、龙岩市(+1)、菏泽市(+1)、三门峡市(+1)、荆州市(+1)、阳江市(+1)、揭阳市(+1)、桂林市(+1)、三亚市(+1)、嘉峪关市(+1)、张掖市(+1)

续表

排名变化情况	城市
排名不变 （共 32 个）	北京市、秦皇岛市、大连市、松原市、白城市、南京市、杭州市、金华市、合肥市、阜阳市、厦门市、南昌市、九江市、新乡市、焦作市、濮阳市、许昌市、南阳市、周口市、襄阳市、随州市、株洲市、衡阳市、广州市、深圳市、珠海市、东莞市、中山市、河池市、海口市、遂宁市、克拉玛依市
排名下降 （共 127 个）	太原市(-1)、呼和浩特市(-1)、盘锦市(-1)、上海市(-1)、泰州市(-1)、莆田市(-1)、南平市(-1)、漯河市(-1)、商丘市(-1)、武汉市(-1)、黄冈市(-1)、长沙市(-1)、包头市(-2)、沈阳市(-2)、丹东市(-2)、伊春市(-2)、苏州市(-2)、温州市(-2)、湖州市(-2)、黄山市(-2)、安阳市(-2)、驻马店市(-2)、梧州市(-2)、泸州市(-2)、西安市(-2)、榆林市(-2)、天水市(-2)、吴忠市(-2)、长治市(-3)、晋城市(-3)、呼伦贝尔市(-3)、四平市(-3)、宿迁市(-3)、丽水市(-3)、淮南市(-3)、赣州市(-3)、信阳市(-3)、孝感市(-3)、德阳市(-3)、宜宾市(-3)、贵阳市(-3)、邯郸市(-4)、佳木斯市(-4)、烟台市(-4)、洛阳市(-4)、平顶山市(-4)、茂名市(-4)、成都市(-4)、乐山市(-4)、沧州市(-5)、常州市(-5)、宿州市(-5)、威海市(-5)、郑州市(-5)、益阳市(-5)、娄底市(-5)、保山市(-5)、汉中市(-5)、兰州市(-5)、临汾市(-6)、鹤岗市(-6)、潍坊市(-6)、惠州市(-6)、重庆市(-6)、遵义市(-6)、宝鸡市(-6)、鸡西市(-7)、扬州市(-7)、亳州市(-7)、张家界市(-7)、佛山市(-7)、清远市(-7)、云浮市(-7)、自贡市(-7)、巴中市(-7)、天津市(-8)、邢台市(-8)、衡水市(-8)、阳泉市(-8)、南通市(-8)、连云港市(-8)、莱芜市(-8)、石嘴山市(-8)、盐城市(-9)、芜湖市(-9)、吉安市(-9)、六盘水市(-9)、徐州市(-10)、宣城市(-10)、保定市(-11)、景德镇市(-11)、肇庆市(-11)、新余市(-12)、开封市(-12)、南充市(-12)、安康市(-12)、朔州市(-13)、滁州市(-13)、梅州市(-13)、广元市(-13)、张家口市(-14)、镇江市(-14)、十堰市(-14)、汕尾市(-14)、百色市(-14)、大同市(-15)、邵阳市(-15)、河源市(-15)、锦州市(-16)、湘潭市(-16)、永州市(-16)、雅安市(-16)、江门市(-17)、潮州市(-17)、蚌埠市(-18)、黑河市(-19)、绵阳市(-19)、淮安市(-20)、郴州市(-20)、南宁市(-20)、怀化市(-22)、银川市(-22)、安顺市(-24)、忻州市(-25)、延安市(-25)、廊坊市(-26)、武威市(-28)

注：括号里面的加号表示排名上升，减号表示排名下降，下同。

1. 2018 年经济增长综合得分和排名变化情况

经济增长水平排名前 10 位的城市有包头、呼和浩特、乌鲁木齐、广州、东莞、北京、深圳、上海、鞍山、大连；排名后 10 位的城市有武威、宝鸡、昭通、梧州、孝感、吴忠、钦州、巴中、铜陵、百色。2018 年 264 个地级及地级以上城市经济增长综合得分情况见表 4。

表4　2018年城市经济增长综合得分情况

单位：%

城市	权重	城市	权重	城市	权重	城市	权重	城市	权重	城市	权重
包头	0.799	威海	0.498	福州	0.443	三明	0.392	盐城	0.359	宁波	0.324
呼和浩特	0.775	苏州	0.493	德阳	0.442	芜湖	0.391	朝阳	0.359	荆门	0.324
乌鲁木齐	0.738	烟台	0.490	天津	0.441	常州	0.391	鹰潭	0.357	攀枝花	0.324
广州	0.713	温州	0.490	玉林	0.436	镇江	0.390	阳江	0.357	承德	0.323
东莞	0.690	佛山	0.489	朔州	0.434	清远	0.389	天水	0.357	忻州	0.321
北京	0.675	太原	0.489	丹东	0.431	大同	0.389	本溪	0.355	曲靖	0.321
深圳	0.675	秦皇岛	0.487	枣庄	0.430	怀化	0.384	渭南	0.354	宜春	0.320
上海	0.659	武汉	0.485	防城港	0.430	乐山	0.384	台州	0.354	平顶山	0.320
鞍山	0.655	厦门	0.480	珠海	0.429	辽阳	0.383	益阳	0.353	克拉玛依	0.320
大连	0.647	舟山	0.479	贵阳	0.428	运城	0.382	丽水	0.350	宿迁	0.319
海口	0.638	昆明	0.478	德州	0.427	阜新	0.381	湖州	0.350	徐州	0.319
沈阳	0.632	株洲	0.476	三门峡	0.427	南宁	0.380	蚌埠	0.350	荆州	0.317
吉林	0.627	临沂	0.476	岳阳	0.426	银川	0.379	绍兴	0.350	宿州	0.316
青岛	0.618	赤峰	0.475	自贡	0.421	阳泉	0.379	四平	0.346	滁州	0.316
乌海	0.599	日照	0.473	营口	0.421	泉州	0.378	葫芦岛	0.345	平凉	0.315
长沙	0.592	嘉峪关	0.470	马鞍山	0.420	永州	0.377	遵义	0.343	安顺	0.315
东营	0.590	滨州	0.469	榆林	0.420	六盘水	0.377	吉安	0.343	衢州	0.315
张家界	0.572	齐齐哈尔	0.468	铜川	0.419	湘潭	0.376	长治	0.343	驻马店	0.314
济南	0.566	沧州	0.466	聊城	0.416	廊坊	0.375	雅安	0.341	安阳	0.314
牡丹江	0.555	六安	0.463	长春	0.414	桂林	0.369	宣城	0.340	汕头	0.314
三亚	0.546	常德	0.463	双鸭山	0.413	盘锦	0.368	赣州	0.337	江门	0.314
淄博	0.538	石家庄	0.461	酒泉	0.411	黑河	0.367	新乡	0.337	宜宾	0.313
西宁	0.536	张家口	0.460	金华	0.410	玉溪	0.366	菏泽	0.335	合肥	0.313
潍坊	0.535	成都	0.459	韶关	0.407	惠州	0.366	白银	0.334	金昌	0.313
哈尔滨	0.529	景德镇	0.458	萍乡	0.406	内江	0.366	晋城	0.334	南阳	0.313
中山	0.526	泰安	0.458	白山	0.406	绵阳	0.366	衡水	0.332	张掖	0.313
七台河	0.522	唐山	0.455	鸡西	0.401	南昌	0.366	邵阳	0.331	咸阳	0.312
呼伦贝尔	0.511	大庆	0.453	九江	0.400	莱芜	0.364	肇庆	0.330	梅州	0.308
杭州	0.511	安庆	0.452	石嘴山	0.400	重庆	0.363	阜阳	0.330	鹤岗	0.308
佳木斯	0.509	无锡	0.449	郑州	0.399	南通	0.361	柳州	0.328	扬州	0.306
兰州	0.506	济宁	0.448	衡阳	0.399	新余	0.360	龙岩	0.328	伊春	0.306
西安	0.506	黄山	0.446	邯郸	0.396	通辽	0.360	漳州	0.327	潮州	0.306
南京	0.504	洛阳	0.445	郴州	0.394	临汾	0.360	黄石	0.327	遂宁	0.304

城市	权重	城市	权重	城市	权重	城市	权重	城市	权重	城市	权重
保定	0.304	抚顺	0.291	白城	0.284	邢台	0.267	保山	0.241	宜昌	0.219
信阳	0.303	锦州	0.291	湛江	0.282	鹤壁	0.267	资阳	0.241	武威	0.217
绥化	0.300	贵港	0.289	北海	0.279	河源	0.265	商丘	0.241	宝鸡	0.213
开封	0.299	汕尾	0.289	广元	0.279	茂名	0.262	濮阳	0.236	昭通	0.207
南充	0.298	铁岭	0.289	娄底	0.279	揭阳	0.260	延安	0.234	梧州	0.200
鄂州	0.296	亳州	0.288	许昌	0.273	通化	0.258	安康	0.234	孝感	0.193
淮安	0.296	云浮	0.287	上饶	0.273	汉中	0.255	淮北	0.230	吴忠	0.183
泰州	0.295	焦作	0.287	嘉兴	0.272	宁德	0.254	淮南	0.229	钦州	0.180
咸宁	0.293	河池	0.287	莆田	0.271	辽源	0.252	黄冈	0.228	巴中	0.155
松原	0.292	泸州	0.286	随州	0.270	普洱	0.251	周口	0.228	铜陵	0.134
襄阳	0.292	南平	0.284	连云港	0.268	十堰	0.243	漯河	0.222	百色	0.045

和 2017 年相比，2018 年经济增长排名上升的城市有 111 个，排名下降的城市有 145 个，其他城市 2018 年排名不变（见表 5）。

表 5　2018 年经济增长排名变化情况

排名变化情况	城市
排名上升 （共 111 个）	营口市（+155）、防城港市（+139）、辽阳市（+123）、阜新市（+122）、运城市（+118）、盘锦市（+113）、玉溪市（+107）、柳州市（+92）、丹东市（+91）、舟山市（+86）、铜川市（+84）、承德市（+76）、克拉玛依市（+74）、晋城市（+69）、曲靖市（+67）、咸阳市（+66）、阳泉市（+65）、马鞍山市（+63）、安庆市（+57）、汕头市（+54）、黄石市（+53）、酒泉市（+53）、西安市（+50）、牡丹江市（+48）、唐山市（+47）、宜春市（+47）、阳江市（+45）、太原市（+44）、临汾市（+44）、六安市（+44）、河池市（+41）、安阳市（+40）、昆明市（+36）、白银市（+35）、北海市（+34）、锦州市（+32）、三门峡市（+32）、赣州市（+30）、渭南市（+30）、龙岩市（+29）、枣庄市（+27）、咸宁市（+27）、九江市（+26）、鹰潭市（+26）、大同市（+23）、三明市（+23）、金昌市（+23）、秦皇岛市（+22）、平凉市（+22）、无锡市（+21）、芜湖市（+21）、新乡市（+21）、清远市（+21）、泉州市（+18）、三亚市（+18）、南通市（+17）、西宁市（+17）、南昌市（+16）、兰州市（+16）、绵阳市（+15）、厦门市（+13）、宁德市（+13）、济宁市（+13）、武汉市（+13）、鄂州市（+13）、汉中市（+13）、葫芦岛市（+12）、淄博市（+12）、东营市（+12）、日照市（+11）、洛阳市（+10）、乌鲁木齐市（+10）、白山市（+9）、七台河市（+9）、南阳市（+9）、黄山市（+8）、玉林市（+8）、长治市（+7）、常州市（+7）、台州市（+7）、淮北市（+7）、徐州市（+6）、韶关市（+6）、银川市（+6）、邯郸市（+5）、乌海市（+5）、吉林市（+5）、福州市（+5）、昭通市（+4）、沈阳市（+3）、常德市（+3）、德阳市（+3）、赤峰市（+2）、长春市（+2）、苏州市（+2）、宿迁市（+2）、合肥市（+2）、滨州市（+2）、肇庆市（+2）、东莞市（+2）、安康市（+2）、吴忠市（+2）、沧州市（+1）、包头市（+1）、铜陵市（+1）、菏泽市（+1）、濮阳市（+1）、信阳市（+1）、驻马店市（+1）、长沙市（+1）、揭阳市（+1）

续表

排名变化情况	城市
排名不变 （共 8 个）	大连市、鞍山市、本溪市、宣城市、株洲市、广州市、珠海市、湛江市
排名下降 （共 145 个）	呼和浩特市(-1)、宁波市(-1)、荆门市(-1)、深圳市(-1)、钦州市(-1)、百色市(-1)、攀枝花市(-1)、呼伦贝尔市(-2)、通化市(-2)、上饶市(-2)、临沂市(-2)、黄冈市(-2)、北京市(-3)、佳木斯市(-3)、上海市(-3)、泰州市(-3)、济南市(-3)、青岛市(-3)、泰安市(-3)、郑州市(-3)、焦作市(-3)、海口市(-3)、杭州市(-4)、烟台市(-4)、邵阳市(-4)、中山市(-4)、桂林市(-4)、榆林市(-4)、石家庄市(-5)、南京市(-5)、潍坊市(-5)、岳阳市(-5)、南宁市(-5)、孝感市(-6)、张家界市(-6)、成都市(-6)、南充市(-6)、温州市(-7)、佛山市(-7)、宜宾市(-7)、巴中市(-7)、张家口市(-8)、淮南市(-8)、莆田市(-8)、周口市(-8)、宜昌市(-8)、衢州市(-9)、滁州市(-9)、哈尔滨市(-11)、威海市(-11)、绍兴市(-12)、十堰市(-12)、云浮市(-12)、重庆市(-12)、阜阳市(-13)、南平市(-13)、鹤壁市(-13)、吉安市(-14)、德州市(-14)、嘉峪关市(-14)、宝鸡市(-15)、自贡市(-16)、嘉兴市(-17)、荆州市(-17)、贵港市(-17)、雅安市(-17)、齐齐哈尔市(-18)、梧州市(-18)、盐城市(-19)、金华市(-19)、聊城市(-19)、漳州市(-20)、许昌市(-20)、怀化市(-20)、扬州市(-21)、抚顺市(-22)、亳州市(-22)、商丘市(-22)、遵义市(-22)、邢台市(-23)、大庆市(-23)、连云港市(-23)、蚌埠市(-23)、襄阳市(-23)、萍乡市(-24)、益阳市(-24)、广元市(-24)、漯河市(-25)、惠州市(-25)、泸州市(-25)、内江市(-25)、六盘水市(-25)、天水市(-25)、天津市(-26)、遂宁市(-26)、乐山市(-26)、通辽市(-27)、黑河市(-29)、资阳市(-29)、朔州市(-30)、湘潭市(-30)、永州市(-30)、茂名市(-30)、贵阳市(-30)、朝阳市(-32)、衡阳市(-32)、四平市(-33)、保山市(-33)、镇江市(-34)、随州市(-34)、石嘴山市(-34)、宿州市(-35)、景德镇市(-37)、莱芜市(-38)、娄底市(-38)、张掖市(-38)、郴州市(-39)、武威市(-39)、新余市(-40)、忻州市(-43)、平顶山市(-43)、开封市(-44)、双鸭山市(-45)、河源市(-45)、潮州市(-46)、湖州市(-48)、丽水市(-48)、江门市(-49)、汕尾市(-49)、延安市(-49)、保定市(-50)、衡水市(-50)、白城市(-50)、绥化市(-51)、淮安市(-51)、辽源市(-55)、安顺市(-57)、廊坊市(-60)、普洱市(-62)、鹤岗市(-63)、鸡西市(-69)、松原市(-72)、铁岭市(-75)、梅州市(-82)、伊春市(-91)

注：括号里面的加号表示排名上升，减号表示排名下降，下同。

2. 2018 年增长潜力综合得分和排名变化情况

增长潜力排名前 10 位的城市有珠海、上海、深圳、北京、中山、合肥、武汉、广州、六安、南京；排名后 10 位的城市有辽源、聊城、枣庄、营口、防城港、嘉峪关、朔州、盘锦、辽阳、松原。

2018 年 264 个地级及地级以上城市增长潜力综合得分情况见表 6。

表6 2018年城市增长潜力综合得分情况

单位：%

城市	权重	城市	权重	城市	权重	城市	权重	城市	权重	城市	权重
珠海	1.295	惠州	0.538	六盘水	0.444	宜昌	0.394	驻马店	0.344	张家界	0.303
上海	1.126	威海	0.537	重庆	0.443	淮南	0.391	玉溪	0.342	南阳	0.302
深圳	1.083	厦门	0.534	清远	0.439	安康	0.391	无锡	0.342	安顺	0.301
北京	1.006	天津	0.533	株洲	0.439	忻州	0.390	滨州	0.341	开封	0.300
中山	0.937	西安	0.527	福州	0.439	常州	0.389	白城	0.340	汕头	0.298
合肥	0.921	河源	0.526	襄阳	0.437	桂林	0.389	齐齐哈尔	0.337	沧州	0.298
武汉	0.785	舟山	0.524	烟台	0.436	咸宁	0.387	玉林	0.335	海口	0.294
广州	0.770	铜陵	0.522	石家庄	0.435	保山	0.386	朝阳	0.335	抚顺	0.293
六安	0.731	昆明	0.522	怀化	0.431	吴忠	0.385	潮州	0.335	阜新	0.291
南京	0.700	郑州	0.522	铜川	0.429	鹰潭	0.383	淄博	0.334	南充	0.290
杭州	0.696	韶关	0.517	呼和浩特	0.428	景德镇	0.382	哈尔滨	0.334	宿迁	0.289
梅州	0.691	金华	0.515	泸州	0.427	邵阳	0.380	三亚	0.332	郴州	0.288
通化	0.688	宁波	0.511	扬州	0.427	佛山	0.379	荆门	0.331	德州	0.286
黄山	0.671	吉安	0.508	大连	0.426	绵阳	0.379	平顶山	0.330	大庆	0.286
宜春	0.664	云浮	0.503	白银	0.424	长治	0.378	大同	0.329	榆林	0.284
宣城	0.663	巴中	0.501	济南	0.423	百色	0.376	台州	0.329	克拉玛依	0.283
赣州	0.654	秦皇岛	0.500	湖州	0.419	上饶	0.373	赤峰	0.329	柳州	0.282
南昌	0.639	青岛	0.498	镇江	0.417	徐州	0.372	鸡西	0.326	延安	0.281
马鞍山	0.630	荆州	0.493	廊坊	0.415	泰州	0.371	承德	0.325	双鸭山	0.281
丽水	0.626	嘉兴	0.489	邢台	0.410	南通	0.368	广元	0.324	绥化	0.279
盐城	0.602	黄冈	0.484	长春	0.408	平凉	0.365	咸阳	0.322	信阳	0.279
贵阳	0.597	河池	0.484	连云港	0.408	银川	0.362	遵义	0.321	衡水	0.278
天水	0.595	武威	0.482	萍乡	0.408	昭通	0.362	洛阳	0.320	宜宾	0.276
滁州	0.581	普洱	0.477	九江	0.407	汉中	0.358	周口	0.319	鞍山	0.274
绍兴	0.576	东莞	0.471	沈阳	0.403	鄂州	0.357	漳州	0.317	运城	0.272
苏州	0.559	阜阳	0.469	西宁	0.401	肇庆	0.356	渭南	0.315	自贡	0.270
汕尾	0.556	铁岭	0.469	新乡	0.401	芜湖	0.356	湘潭	0.314	安阳	0.269
孝感	0.547	保定	0.467	张家口	0.401	十堰	0.352	蚌埠	0.313	许昌	0.269
衢州	0.545	曲靖	0.467	黄石	0.401	潍坊	0.352	呼伦贝尔	0.311	济宁	0.268
兰州	0.544	张掖	0.464	温州	0.400	永州	0.351	淮安	0.310	北海	0.268
成都	0.544	亳州	0.460	宿州	0.399	新余	0.348	葫芦岛	0.308	三明	0.267
乌鲁木齐	0.540	太原	0.456	江门	0.395	雅安	0.346	鹤岗	0.307	茂名	0.267
安庆	0.540	长沙	0.448	龙岩	0.395	南宁	0.344	湛江	0.304	德阳	0.266

城市	权重	城市	权重	城市	权重	城市	权重	城市	权重	城市	权重
牡丹江	0.266	泉州	0.253	菏泽	0.241	常德	0.228	漯河	0.205	莆田	0.175
临汾	0.265	益阳	0.252	酒泉	0.240	日照	0.228	乌海	0.203	辽源	0.175
伊春	0.264	唐山	0.251	莱芜	0.239	三门峡	0.223	金昌	0.200	聊城	0.168
佳木斯	0.262	淮北	0.250	泰安	0.238	遂宁	0.219	鹤壁	0.200	枣庄	0.166
吉林	0.262	南平	0.249	濮阳	0.238	包头	0.218	娄底	0.200	营口	0.136
石嘴山	0.261	宝鸡	0.248	邯郸	0.237	岳阳	0.216	贵港	0.198	防城港	0.131
钦州	0.259	七台河	0.247	乐山	0.236	锦州	0.214	梧州	0.197	嘉峪关	0.126
攀枝花	0.257	丹东	0.247	通辽	0.235	四平	0.214	资阳	0.196	朔州	0.125
揭阳	0.256	本溪	0.247	随州	0.232	晋城	0.207	阳泉	0.195	盘锦	0.112
衡阳	0.255	宁德	0.243	黑河	0.230	白山	0.206	商丘	0.185	辽阳	0.059
内江	0.255	阳江	0.242	临沂	0.230	东营	0.205	焦作	0.183	松原	0.035

和 2017 年相比，2018 年增长潜力排名上升的城市有 115 个，排名下降的城市有 136 个，其他城市 2018 年排名不变（见表 7）。

表 7　2018 年增长潜力排名变化情况

排名变化情况	城市
排名上升 （共 115 个）	白银市（+109）、抚顺市（+74）、张掖市（+70）、阜新市（+58）、朝阳市（+58）、鞍山市（+54）、宜昌市（+46）、萍乡市（+42）、平凉市（+42）、铁岭市（+41）、大庆市（+40）、鸡西市（+35）、酒泉市（+35）、葫芦岛市（+32）、淮南市（+31）、普洱市（+31）、哈尔滨市（+26）、阜阳市（+26）、淮北市（+23）、绥化市（+21）、张家口市（+19）、齐齐哈尔市（+19）、平顶山市（+19）、上饶市（+18）、泉州市（+17）、攀枝花市（+16）、白山市（+15）、郑州市（+15）、金昌市（+15）、乌海市（+14）、昭通市（+14）、本溪市（+13）、七台河市（+13）、克拉玛依市（+13）、唐山市（+12）、双鸭山市（+12）、石嘴山市（+12）、漳州市（+11）、兰州市（+11）、赤峰市（+10）、承德市（+9）、呼和浩特市（+9）、通辽市（+9）、吉林市（+9）、伊春市（+9）、安庆市（+9）、龙岩市（+9）、淄博市（+9）、德州市（+9）、宿州市（+8）、滨州市（+8）、云浮市（+8）、玉溪市（+8）、辽源市（+7）、景德镇市（+7）、衡水市（+6）、通化市（+6）、衢州市（+6）、东营市（+6）、随州市（+6）、株洲市（+6）、湛江市（+6）、河源市（+6）、内江市（+6）、曲靖市（+6）、佳木斯市（+5）、烟台市（+5）、岳阳市（+5）、茂名市（+5）、铜川市（+5）、天水市（+5）、沧州市（+4）、威海市（+4）、新乡市（+4）、驻马店市（+4）、黄石市（+4）、鄂州市（+4）、荆门市（+4）、咸宁市（+4）、汕尾市（+4）、玉林市（+4）、榆林市（+4）、邢台市（+3）、保定市（+3）、呼伦贝尔市（+3）、苏州市（+3）、福州市（+3）、开封市（+3）、黄冈市（+3）、邵阳市（+3）、韶关市（+3）、资阳市（+3）、嘉峪关市（+3）、盐城市（+2）、丽水市（+2）、青岛市（+2）、孝感市（+2）、荆州市（+2）、清远市（+2）、桂林市（+2）、防城港市（+2）、贵港市（+2）、银川市（+2）、乌鲁木齐市（+2）、长治市（+1）、临汾市（+1）、金华市（+1）、滁州市（+1）、六安市（+1）、阳江市（+1）、东莞市（+1）、中山市（+1）、柳州市（+1）、乐山市（+1）、西宁市（+1）

续表

排名变化情况	城市
排名不变 （共13个）	北京市、秦皇岛市、松原市、上海市、扬州市、杭州市、舟山市、武汉市、衡阳市、广州市、深圳市、珠海市、梅州市
排名下降 （共136个）	廊坊市（-1）、南京市（-1）、嘉兴市（-1）、绍兴市（-1）、合肥市（-1）、马鞍山市（-1）、黄山市（-1）、宜城市（-1）、南昌市（-1）、赣州市（-1）、宜春市（-1）、肇庆市（-1）、惠州市（-1）、南充市（-1）、巴中市（-1）、贵阳市（-1）、六盘水市（-1）、西安市（-1）、咸阳市（-1）、石家庄市（-2）、朔州市（-2）、包头市（-2）、牡丹江市（-2）、宁波市（-2）、温州市（-2）、枣庄市（-2）、济宁市（-2）、聊城市（-2）、揭阳市（-2）、海口市（-2）、自贡市（-2）、湖州市（-3）、亳州市（-3）、潍坊市（-3）、商丘市（-3）、周口市（-3）、永州市（-3）、娄底市（-3）、汕头市（-3）、佛山市（-3）、江门市（-3）、泸州市（-3）、长春市（-4）、厦门市（-4）、吉安市（-4）、三亚市（-4）、保山市（-4）、忻州市（-5）、蚌埠市（-5）、临沂市（-5）、重庆市（-5）、成都市（-5）、遂宁市（-5）、安顺市（-5）、鹤岗市（-6）、芜湖市（-6）、宁德市（-6）、泰安市（-6）、鹤壁市（-6）、长沙市（-6）、钦州市（-6）、昆明市（-6）、营口市（-7）、白城市（-7）、镇江市（-7）、泰州市（-7）、鹰潭市（-7）、菏泽市（-7）、襄阳市（-7）、武威市（-7）、莆田市（-8）、九江市（-8）、焦作市（-8）、十堰市（-8）、渭南市（-8）、台州市（-9）、新余市（-9）、济南市（-9）、信阳市（-9）、宜宾市（-9）、阳泉市（-10）、南平市（-10）、日照市（-10）、漯河市（-10）、大连市（-11）、辽阳市（-11）、南阳市（-11）、湘潭市（-11）、郴州市（-11）、梧州市（-11）、汉中市（-11）、安阳市（-12）、常德市（-12）、张家界市（-12）、潮州市（-12）、安康市（-12）、怀化市（-13）、遵义市（-13）、太原市（-14）、铜陵市（-14）、晋城市（-15）、南通市（-15）、三明市（-15）、许昌市（-15）、德阳市（-16）、天津市（-17）、邯郸市（-17）、运城市（-17）、徐州市（-17）、常州市（-17）、洛阳市（-17）、三门峡市（-17）、河池市（-17）、吴忠市（-17）、无锡市（-19）、北海市（-19）、连云港市（-21）、濮阳市（-22）、盘锦市（-23）、莱芜市（-23）、益阳市（-23）、百色市（-23）、宝鸡市（-24）、大同市（-25）、南宁市（-26）、淮安市（-27）、四平市（-28）、宿迁市（-31）、广元市（-34）、雅安市（-35）、沈阳市（-36）、延安市（-36）、绵阳市（-43）、黑河市（-44）、丹东市（-56）、锦州市（-111）

注：括号里面的加号表示排名上升，减号表示排名下降，下同。

3. 2018年政府效率综合得分和排名变化情况

政府效率排名前10位的城市有北京、杭州、南京、克拉玛依、苏州、舟山、大连、深圳、厦门、温州；排名后10位的城市有驻马店、许昌、揭阳、漯河、南阳、鹤壁、茂名、汕尾、商丘、周口。

2018年264个地级及地级以上城市政府效率综合得分情况见表8。

表8 2018年城市政府效率综合得分情况

单位：%

城市	权重	城市	权重	城市	权重	城市	权重	城市	权重	城市	权重
北京	0.950	常州	0.601	本溪	0.492	晋城	0.427	娄底	0.359	白银	0.299
杭州	0.900	扬州	0.598	宿迁	0.491	呼伦贝尔	0.426	菏泽	0.357	肇庆	0.299
南京	0.868	乌鲁木齐	0.594	广州	0.485	广元	0.424	济宁	0.352	惠州	0.296
克拉玛依	0.864	连云港	0.589	鞍山	0.484	金昌	0.423	聊城	0.351	汉中	0.294
苏州	0.786	珠海	0.571	抚顺	0.484	张家界	0.423	淄博	0.350	景德镇	0.294
舟山	0.737	威海	0.570	巴中	0.482	乌海	0.415	郴州	0.349	滨州	0.290
大连	0.730	淮安	0.570	绵阳	0.482	东营	0.413	江门	0.346	柳州	0.287
深圳	0.722	呼和浩特	0.563	宁德	0.473	漳州	0.409	韶关	0.345	曲靖	0.285
厦门	0.713	银川	0.558	昆明	0.470	忻州	0.406	张家口	0.343	黄冈	0.283
温州	0.711	锦州	0.554	福州	0.466	攀枝花	0.406	邵阳	0.335	河池	0.283
上海	0.711	武汉	0.552	泰安	0.465	宜昌	0.404	延安	0.335	资阳	0.282
济南	0.698	大庆	0.550	南平	0.464	宜宾	0.400	铜川	0.330	朔州	0.282
伊春	0.689	黑河	0.550	海口	0.464	蚌埠	0.399	临沂	0.329	三门峡	0.280
金华	0.686	朝阳	0.543	临汾	0.462	泸州	0.398	宝鸡	0.327	河源	0.280
嘉兴	0.677	南通	0.541	长沙	0.461	平凉	0.398	安庆	0.325	咸阳	0.279
七台河	0.674	盐城	0.538	遂宁	0.460	黄石	0.396	岳阳	0.319	枣庄	0.279
鹤岗	0.669	湖州	0.535	贵阳	0.457	雅安	0.393	四平	0.315	保定	0.278
沈阳	0.659	青岛	0.534	自贡	0.450	南充	0.393	南昌	0.315	辽源	0.278
西安	0.648	泰州	0.530	东莞	0.447	绥化	0.392	德阳	0.314	淮南	0.277
丽水	0.647	天津	0.527	合肥	0.444	南宁	0.391	湘潭	0.312	石家庄	0.277
绍兴	0.640	台州	0.527	乐山	0.443	长治	0.390	内江	0.309	玉林	0.276
无锡	0.638	佳木斯	0.524	运城	0.443	潍坊	0.387	荆州	0.307	梅州	0.275
牡丹江	0.637	中山	0.520	长春	0.441	葫芦岛	0.386	莱芜	0.306	铜陵	0.271
哈尔滨	0.632	龙岩	0.517	铁岭	0.441	芜湖	0.385	郑州	0.306	赣州	0.269
宁波	0.631	遵义	0.513	张掖	0.438	株洲	0.382	廊坊	0.305	重庆	0.268
齐齐哈尔	0.628	西宁	0.513	营口	0.438	滁州	0.380	包头	0.304	萍乡	0.266
太原	0.626	丹东	0.509	盘锦	0.437	黄山	0.378	秦皇岛	0.304	永州	0.264
衢州	0.625	徐州	0.507	赤峰	0.432	泉州	0.375	莆田	0.303	吴忠	0.263
三亚	0.623	辽阳	0.500	兰州	0.432	通化	0.374	马鞍山	0.302	酒泉	0.263
双鸭山	0.617	阳泉	0.499	德州	0.429	嘉峪关	0.373	玉溪	0.301	白城	0.262
三明	0.615	怀化	0.497	大同	0.428	十堰	0.366	松原	0.300	荆门	0.261
镇江	0.603	成都	0.497	阜新	0.427	日照	0.365	昭通	0.299	淮北	0.259
鸡西	0.602	烟台	0.494	桂林	0.427	吉林	0.363	白山	0.299	衡阳	0.259

续表

城市	权重	城市	权重	城市	权重	城市	权重	城市	权重	城市	权重
榆林	0.256	承德	0.243	阳江	0.199	邢台	0.173	贵港	0.154	宜春	0.119
佛山	0.253	百色	0.237	益阳	0.197	梧州	0.169	武威	0.154	驻马店	0.113
九江	0.248	常德	0.236	开封	0.190	鄂州	0.165	随州	0.153	许昌	0.086
安康	0.248	湛江	0.234	渭南	0.189	信阳	0.163	北海	0.150	揭阳	0.086
孝感	0.247	阜阳	0.232	新乡	0.188	亳州	0.161	唐山	0.148	漯河	0.085
天水	0.247	鹰潭	0.231	六盘水	0.181	濮阳	0.160	潮州	0.144	南阳	0.083
石嘴山	0.246	宣城	0.231	咸宁	0.180	衡水	0.159	沧州	0.143	鹤壁	0.077
云浮	0.246	襄阳	0.221	安顺	0.178	安阳	0.159	通辽	0.130	茂名	0.071
清远	0.244	吉安	0.219	焦作	0.177	六安	0.159	防城港	0.129	汕尾	0.069
钦州	0.244	上饶	0.218	洛阳	0.177	汕头	0.158	普洱	0.126	商丘	0.055
新余	0.243	平顶山	0.206	邯郸	0.177	宿州	0.158	保山	0.123	周口	0.027

　　和 2017 年相比，2018 年政府效率排名上升的城市有 132 个，排名下降的城市有 120 个，其他城市 2018 年排名不变（见表 9）。

表 9　2018 年政府效率排名变化情况

排名变化情况	城市
排名上升 （共 132 个）	哈尔滨市（+65）、青岛市（+39）、四平市（+26）、福州市（+25）、内江市（+23）、长春市（+22）、枣庄市（+21）、滨州市（+20）、绥化市（+19）、莱芜市（+19）、济南市（+17）、德州市（+16）、松原市（+15）、大庆市（+15）、天津市（+13）、白城市（+13）、合肥市（+13）、淮北市（+13）、荆州市（+13）、宁德市（+12）、自贡市（+12）、资阳市（+12）、宁波市（+11）、南昌市（+11）、淄博市（+11）、遂宁市（+11）、乌鲁木齐市（+11）、辽源市（+10）、九江市（+10）、鄂州市（+10）、西宁市（+10）、莆田市（+9）、景德镇市（+9）、萍乡市（+9）、衡阳市（+9）、攀枝花市（+9）、渭南市（+9）、酒泉市（+9）、朔州市（+8）、营口市（+8）、六安市（+8）、菏泽市（+8）、昆明市（+8）、玉溪市（+8）、昭通市（+8）、湖州市（+7）、漳州市（+7）、东营市（+7）、潍坊市（+7）、日照市（+7）、辽阳市（+6）、白山市（+6）、佳木斯市（+6）、亳州市（+6）、济宁市（+6）、德阳市（+6）、榆林市（+6）、本溪市（+5）、七台河市（+5）、黑河市（+5）、宿州市（+5）、临沂市（+5）、三门峡市（+5）、信阳市（+5）、咸宁市（+5）、随州市（+5）、常德市（+5）、益阳市（+5）、石家庄市（+4）、赤峰市（+4）、呼伦贝尔市（+4）、鞍山市（+4）、鸡西市（+4）、聊城市（+4）、漯河市（+4）、岳阳市（+4）、重庆市（+4）、泸州市（+4）、广元市（+4）、咸阳市（+4）、廊坊市（+3）、衡水市（+3）、长治市（+3）、大连市（+3）、宿迁市（+3）、绍兴市（+3）、衢州市（+3）、新余市（+3）、赣州市（+3）、许昌市（+3）、荆门市（+3）、孝感市（+3）、铁岭市（+2）、朝阳市（+2）、吉林市（+2）、通化市（+2）、齐齐哈尔市（+2）、双鸭山市（+2）、牡丹江市（+2）、苏州市（+2）、淮安市（+2）、温州市（+2）、舟山市（+2）、丽水市（+2）、泉州市（+2）、泰安市（+2）、威海市（+2）、海口市（+2）、北京市（+1）、通辽市（+1）、沈阳市（+1）、锦州市（+1）、盘锦市（+1）、伊春市（+1）、南京市（+1）、镇江市（+1）、嘉兴市（+1）、台州市（+1）、阜阳市（+1）、吉安市（+1）、宜春市（+1）、上饶市（+1）、平顶山市（+1）、鹤壁市（+1）、黄石市（+1）、襄阳市（+1）、长沙市（+1）、梧州市（+1）、普洱市（+1）、铜川市（+1）、延安市（+1）、平凉市（+1）

续表

排名变化情况	城市
排名不变 （共 12 个）	太原市、鹤岗市、安庆市、南平市、开封市、洛阳市、商丘市、周口市、娄底市、绵阳市、曲靖市、天水市
排名下降 （共 120 个）	唐山市（-1）、呼和浩特市（-1）、阜新市（-1）、葫芦岛市（-1）、盐城市（-1）、扬州市（-1）、杭州市（-1）、金华市（-1）、黄山市（-1）、龙岩市（-1）、烟台市（-1）、新乡市（-1）、焦作市（-1）、驻马店市（-1）、茂名市（-1）、揭阳市（-1）、保山市（-1）、武威市（-1）、克拉玛依市（-1）、邯郸市（-2）、大同市（-2）、包头市（-2）、上海市（-2）、无锡市（-2）、连云港市（-2）、泰州市（-2）、宣城市（-2）、鹰潭市（-2）、濮阳市（-2）、南阳市（-2）、株洲市（-2）、郴州市（-2）、汕头市（-2）、防城港市（-2）、乐山市（-2）、安顺市（-2）、嘉峪关市（-2）、乌海市（-3）、徐州市（-3）、南通市（-3）、马鞍山市（-3）、厦门市（-3）、郑州市（-3）、宜昌市（-3）、深圳市（-3）、成都市（-3）、宜宾市（-3）、吴忠市（-3）、沧州市（-4）、忻州市（-4）、临汾市（-4）、抚顺市（-4）、常州市（-4）、芜湖市（-4）、十堰市（-4）、湛江市（-4）、汕尾市（-4）、六盘水市（-4）、遵义市（-4）、滁州市（-5）、三明市（-5）、武汉市（-5）、阳江市（-5）、玉林市（-5）、湘潭市（-6）、永州市（-6）、汉中市（-6）、安康市（-6）、邢台市（-7）、丹东市（-7）、邵阳市（-7）、柳州市（-7）、钦州市（-7）、贵港市（-7）、南充市（-7）、雅安市（-7）、宝鸡市（-7）、白银市（-7）、秦皇岛市（-8）、安阳市（-8）、黄冈市（-8）、巴中市（-8）、西安市（-8）、张家口市（-9）、蚌埠市（-9）、韶关市（-9）、北海市（-9）、潮州市（-10）、石嘴山市（-10）、阳泉市（-11）、运城市（-11）、铜陵市（-11）、金昌市（-12）、承德市（-13）、晋城市（-13）、百色市（-13）、三亚市（-14）、江门市（-15）、桂林市（-15）、兰州市（-15）、淮南市（-16）、张家界市（-16）、保定市（-18）、怀化市（-18）、中山市（-18）、惠州市（-19）、银川市（-19）、珠海市（-20）、佛山市（-20）、清远市（-20）、河池市（-20）、张掖市（-21）、东莞市（-22）、肇庆市（-24）、云浮市（-24）、贵阳市（-24）、梅州市（-25）、河源市（-25）、广州市（-26）、南宁市（-44）

注：括号里面的加号表示排名上升，减号表示排名下降，下同。

4. 2018 年人民生活综合得分和排名变化情况

人民生活排名前 10 位的城市有北京、伊春、克拉玛依、上海、深圳、嘉峪关、珠海、东莞、杭州、金昌；排名后 10 位的城市有四平、梧州、宿州、德州、湛江、茂名、汕尾、绥化、揭阳、松原。

2018 年 264 个地级及地级以上城市人民生活综合得分情况见表 10。

表10　2018年城市人民生活综合得分情况

单位：%

城市	权重	城市	权重	城市	权重	城市	权重	城市	权重	城市	权重
北京	1.208	七台河	0.585	常州	0.498	乐山	0.397	白山	0.346	吉安	0.293
伊春	1.097	广元	0.581	惠州	0.490	平顶山	0.396	镇江	0.344	牡丹江	0.293
克拉玛依	1.096	昆明	0.579	延安	0.488	天水	0.395	咸宁	0.341	清远	0.291
上海	1.034	忻州	0.579	福州	0.486	嘉兴	0.394	荆门	0.340	郴州	0.289
深圳	1.021	雅安	0.573	鸡西	0.483	银川	0.392	孝感	0.340	安阳	0.286
嘉峪关	1.001	金华	0.570	十堰	0.482	防城港	0.391	襄阳	0.338	汉中	0.286
珠海	0.988	乌海	0.568	平凉	0.481	秦皇岛	0.390	玉溪	0.337	新余	0.281
东莞	0.918	贵阳	0.565	白银	0.477	合肥	0.386	邵阳	0.330	石家庄	0.273
杭州	0.824	宁波	0.562	呼伦贝尔	0.473	廊坊	0.385	黄石	0.329	唐山	0.272
金昌	0.800	鞍山	0.558	包头	0.469	龙岩	0.384	通化	0.327	德阳	0.269
南京	0.776	武汉	0.557	本溪	0.466	重庆	0.381	泰州	0.326	资阳	0.269
苏州	0.763	济南	0.555	普洱	0.463	南充	0.381	咸阳	0.326	驻马店	0.269
鹤岗	0.751	天津	0.551	阳泉	0.462	青岛	0.380	泸州	0.324	内江	0.267
太原	0.736	兰州	0.550	南宁	0.457	渭南	0.380	泉州	0.320	赣州	0.257
厦门	0.721	盘锦	0.546	榆林	0.449	鄂州	0.379	吉林	0.318	滨州	0.257
三亚	0.718	黄山	0.545	南昌	0.446	黑河	0.377	江门	0.315	北海	0.253
广州	0.716	西宁	0.542	葫芦岛	0.442	运城	0.374	莱芜	0.313	白城	0.252
乌鲁木齐	0.711	铜川	0.541	莆田	0.439	荆州	0.373	烟台	0.313	阜阳	0.251
海口	0.705	齐齐哈尔	0.539	湖州	0.439	黄冈	0.373	梅州	0.312	河源	0.251
舟山	0.683	酒泉	0.537	攀枝花	0.438	张家界	0.371	桂林	0.312	湘潭	0.250
沈阳	0.666	成都	0.531	朔州	0.437	保山	0.367	永州	0.308	宁德	0.250
西安	0.644	温州	0.525	宜昌	0.435	柳州	0.365	随州	0.308	怀化	0.249
大同	0.632	大连	0.522	郑州	0.434	安康	0.365	河池	0.304	淮北	0.248
佛山	0.630	张掖	0.514	赤峰	0.433	阳江	0.363	淮安	0.303	承德	0.247
铁岭	0.621	东营	0.513	营口	0.433	汕头	0.360	三明	0.303	吴忠	0.245
无锡	0.618	衢州	0.510	淄博	0.428	晋城	0.357	淮南	0.302	潍坊	0.245
绍兴	0.613	大庆	0.509	南通	0.423	临汾	0.356	长春	0.300	衡水	0.236
丽水	0.602	中山	0.506	韶关	0.422	保定	0.353	景德镇	0.297	盐城	0.236
武威	0.600	丹东	0.505	巴中	0.412	长治	0.351	株洲	0.296	萍乡	0.234
双鸭山	0.593	呼和浩特	0.501	锦州	0.411	南平	0.350	百色	0.296	遵义	0.229
抚顺	0.593	辽阳	0.501	绵阳	0.406	威海	0.348	佳木斯	0.296	连云港	0.229
长沙	0.591	台州	0.500	石嘴山	0.400	张家口	0.346	宜宾	0.296	鹰潭	0.228
阜新	0.586	朝阳	0.500	扬州	0.399	哈尔滨	0.346	宝鸡	0.295	新乡	0.227

续表

城市	权重	城市	权重	城市	权重	城市	权重	城市	权重	城市	权重
漯河	0.224	宜春	0.205	衡阳	0.193	益阳	0.169	钦州	0.149	肇庆	0.129
遂宁	0.224	南阳	0.203	上饶	0.191	宿迁	0.167	菏泽	0.143	四平	0.128
洛阳	0.222	信阳	0.202	鹤壁	0.191	枣庄	0.167	亳州	0.143	梧州	0.127
安庆	0.219	邢台	0.201	三门峡	0.184	濮阳	0.166	潮州	0.141	宿州	0.118
焦作	0.219	日照	0.201	九江	0.182	聊城	0.165	蚌埠	0.141	德州	0.102
马鞍山	0.217	曲靖	0.201	临沂	0.178	泰安	0.163	滁州	0.139	湛江	0.100
自贡	0.212	玉林	0.201	开封	0.177	济宁	0.162	六安	0.138	茂名	0.078
常德	0.212	安顺	0.197	铜陵	0.177	贵港	0.162	岳阳	0.135	汕尾	0.060
徐州	0.211	宣城	0.196	通辽	0.173	周口	0.158	许昌	0.132	绥化	0.046
芜湖	0.210	六盘水	0.196	娄底	0.172	昭通	0.155	云浮	0.131	揭阳	0.043
邯郸	0.208	商丘	0.194	沧州	0.169	漳州	0.154	辽源	0.131	松原	0.042

和 2017 年相比，2018 年人民生活排名上升的城市有 123 个，排名下降的城市有 118 个，其他城市 2018 年排名不变（见表 11）。

表 11　2018 年人民生活排名变化情况

排名变化情况	城市
排名上升 （共 123 个）	铁岭市（+22）、三明市（+20）、鞍山市（+18）、阜新市（+17）、吉林市（+17）、本溪市（+14）、大庆市（+14）、曲靖市（+13）、呼伦贝尔市（+12）、抚顺市（+12）、锦州市（+12）、安庆市（+12）、天津市（+11）、通辽市（+11）、通化市（+11）、常德市（+11）、邯郸市（+10）、营口市（+10）、朝阳市（+10）、白城市（+10）、景德镇市（+10）、丹东市（+9）、朔州市（+8）、辽阳市（+8）、镇江市（+8）、烟台市（+8）、平顶山市（+8）、咸阳市（+8）、晋城市（+7）、呼和浩特市（+7）、赤峰市（+7）、漳州市（+7）、宁德市（+7）、新余市（+7）、滨州市（+7）、鄂州市（+7）、防城港市（+7）、唐山市（+6）、运城市（+6）、乌海市（+6）、大连市（+6）、双鸭山市（+6）、连云港市（+6）、合肥市（+6）、柳州市（+6）、六盘水市（+6）、石嘴山市（+6）、长治市（+5）、白山市（+5）、七台河市（+5）、苏州市（+5）、芜湖市（+5）、东营市（+5）、威海市（+5）、莱芜市（+5）、黄石市（+5）、张家界市（+5）、渭南市（+5）、盘锦市（+4）、徐州市（+4）、扬州市（+4）、莆田市（+4）、青岛市（+4）、枣庄市（+4）、济宁市（+4）、日照市（+4）、焦作市（+4）、株洲市（+4）、湘潭市（+4）、岳阳市（+4）、北海市（+4）、玉林市（+4）、玉溪市（+4）、延安市（+4）、包头市（+3）、沈阳市（+3）、葫芦岛市（+3）、辽源市（+3）、厦门市（+3）、泉州市（+3）、潍坊市（+3）、聊城市（+3）、鹤壁市（+3）、三门峡市（+3）、襄阳市（+3）、荆州市（+3）、铜川市（+3）、石家庄市（+2）、四平市（+2）、无锡市（+2）、宿迁市（+2）、马鞍山市（+2）、六安市（+2）、龙岩市（+2）、淄博市（+2）、洛阳市（+2）、宜昌市（+2）、衡阳市（+2）、益阳市（+2）、郴州市（+2）、宜宾市（+2）、资阳市（+2）、忻州市（+1）、齐齐哈尔市（+1）、伊春市（+1）、舟山市（+1）、蚌埠市（+1）、南平市（+1）、萍乡市（+1）、菏泽市（+1）、新乡市（+1）、许昌市（+1）、荆门市（+1）、随州市（+1）、深圳市（+1）、惠州市（+1）、揭阳市（+1）、钦州市（+1）、德阳市（+1）、榆林市（+1）、嘉峪关市（+1）、白银市（+1）、乌鲁木齐市（+1）

排名变化情况	城市
排名不变 （共23个）	北京市、沧州市、太原市、大同市、临汾市、鹤岗市、牡丹江市、绥化市、上海市、南京市、杭州市、绍兴市、淮北市、鹰潭市、济南市、泰安市、德州市、武汉市、湛江市、茂名市、汕尾市、东莞市、金昌市
排名下降 （共118个）	廊坊市（-1）、松原市（-1）、常州市（-1）、湖州市（-1）、衢州市（-1）、滁州市（-1）、南昌市（-1）、九江市（-1）、漯河市（-1）、咸宁市（-1）、娄底市（-1）、广州市（-1）、江门市（-1）、桂林市（-1）、三亚市（-1）、泸州市（-1）、克拉玛依市（-1）、保定市（-2）、阳泉市（-2）、佳木斯市（-2）、盐城市（-2）、宁波市（-2）、丽水市（-2）、宿州市（-2）、宣城市（-2）、安阳市（-2）、长沙市（-2）、韶关市（-2）、珠海市（-2）、佛山市（-2）、河源市（-2）、乐山市（-2）、西安市（-2）、天水市（-2）、张家口市（-3）、长春市（-3）、哈尔滨市（-3）、信阳市（-3）、永州市（-3）、潮州市（-3）、梧州市（-3）、攀枝花市（-3）、保山市（-3）、宝鸡市（-3）、安康市（-3）、鸡西市（-4）、泰州市（-4）、嘉兴市（-4）、亳州市（-4）、临沂市（-4）、周口市（-4）、怀化市（-4）、肇庆市（-4）、重庆市（-4）、广元市（-4）、遂宁市（-4）、昆明市（-4）、武威市（-4）、酒泉市（-4）、吴忠市（-4）、邢台市（-5）、承德市（-5）、黑河市（-5）、金华市（-5）、福州市（-5）、濮阳市（-5）、清远市（-5）、百色市（-5）、自贡市（-5）、内江市（-5）、雅安市（-5）、遵义市（-5）、台州市（-6）、吉安市（-6）、宜春市（-6）、开封市（-6）、孝感市（-6）、中山市（-6）、云浮市（-6）、张掖市（-6）、温州市（-7）、黄山市（-7）、赣州市（-7）、上饶市（-7）、贵港市（-7）、海口市（-7）、安顺市（-7）、南通市（-8）、淮安市（-8）、驻马店市（-8）、阳江市（-8）、绵阳市（-8）、昭通市（-8）、银川市（-8）、阜阳市（-9）、南充市（-9）、西宁市（-9）、南阳市（-10）、汕头市（-10）、河池市（-10）、衡水市（-11）、郑州市（-11）、十堰市（-12）、南宁市（-12）、贵阳市（-12）、汉中市（-12）、兰州市（-12）、秦皇岛市（-13）、黄冈市（-13）、普洱市（-14）、商丘市（-15）、梅州市（-15）、巴中市（-15）、铜陵市（-16）、邵阳市（-17）、成都市（-17）、平凉市（-17）、淮南市（-18）

注：括号里面的加号表示排名上升，减号表示排名下降，下同。

5. 2018年环境质量综合得分和排名变化情况

环境质量排名前10位的城市有三亚、海口、昭通、昆明、曲靖、宁德、福州、厦门、泉州、保山；排名后10位的城市有漯河、新乡、沧州、焦作、张家口、三门峡、承德、邢台、廊坊、忻州。

2018年264个地级及地级以上城市环境质量综合得分情况见表12。

表 12　2018 年城市环境质量综合得分情况

单位：%

城市	权重	城市	权重	城市	权重	城市	权重	城市	权重	城市	权重
三亚	1.449	江门	0.560	台州	0.466	嘉兴	0.413	通化	0.364	宜昌	0.305
海口	1.287	梅州	0.559	鸡西	0.463	上饶	0.412	四平	0.362	大同	0.302
昭通	0.827	钦州	0.547	金华	0.460	萍乡	0.412	丽水	0.359	南充	0.299
昆明	0.729	汕头	0.547	河源	0.457	怀化	0.412	酒泉	0.357	苏州	0.296
曲靖	0.721	佛山	0.547	赤峰	0.456	南昌	0.411	辽源	0.349	泰州	0.295
宁德	0.717	六盘水	0.542	大庆	0.453	郴州	0.407	德阳	0.344	本溪	0.293
福州	0.712	东莞	0.535	长春	0.452	永州	0.397	铁岭	0.342	连云港	0.293
厦门	0.701	防城港	0.535	西宁	0.452	六安	0.396	攀枝花	0.341	南通	0.292
泉州	0.692	牡丹江	0.532	常德	0.451	随州	0.394	锦州	0.341	丹东	0.292
保山	0.682	阳江	0.532	安康	0.451	宜春	0.394	松原	0.338	乌鲁木齐	0.291
龙岩	0.682	贵港	0.524	白银	0.450	内江	0.393	咸宁	0.336	石嘴山	0.291
普洱	0.672	潮州	0.523	衡阳	0.445	平凉	0.392	沈阳	0.333	芜湖	0.290
玉溪	0.670	张家界	0.521	株洲	0.444	赣州	0.392	鄂州	0.333	汉中	0.288
漳州	0.658	惠州	0.519	伊春	0.443	九江	0.391	重庆	0.332	蚌埠	0.287
莆田	0.657	百色	0.518	岳阳	0.443	景德镇	0.388	十堰	0.332	镇江	0.285
三明	0.649	韶关	0.515	呼和浩特	0.441	吉林	0.387	张掖	0.331	无锡	0.283
北海	0.640	长沙	0.515	绍兴	0.440	黄冈	0.386	孝感	0.330	青岛	0.283
湛江	0.634	肇庆	0.512	衢州	0.437	兰州	0.386	大连	0.326	辽阳	0.280
南平	0.629	柳州	0.511	佳木斯	0.434	资阳	0.385	呼伦贝尔	0.322	吴忠	0.278
珠海	0.614	清远	0.510	娄底	0.433	乐山	0.383	荆门	0.321	安庆	0.277
南宁	0.612	温州	0.510	舟山	0.432	上海	0.382	荆州	0.321	襄阳	0.277
哈尔滨	0.602	绥化	0.509	鹰潭	0.430	泸州	0.382	营口	0.319	扬州	0.276
茂名	0.602	齐齐哈尔	0.502	朝阳	0.429	通辽	0.382	金昌	0.318	渭南	0.272
遵义	0.600	玉林	0.500	雅安	0.427	新余	0.381	阜阳	0.316	马鞍山	0.269
深圳	0.600	梧州	0.499	七台河	0.425	绵阳	0.380	亳州	0.316	宿州	0.269
广州	0.600	邵阳	0.499	遂宁	0.425	包头	0.380	抚顺	0.315	西安	0.267
贵阳	0.597	河池	0.498	鹤岗	0.425	宜宾	0.378	黄石	0.314	铜川	0.266
安顺	0.596	巴中	0.496	成都	0.424	武威	0.377	阜新	0.311	鞍山	0.265
汕尾	0.587	中山	0.488	益阳	0.423	白城	0.372	葫芦岛	0.310	盘锦	0.259
云浮	0.581	宁波	0.482	双鸭山	0.420	广元	0.371	嘉峪关	0.308	滁州	0.257
揭阳	0.579	杭州	0.479	吉安	0.420	白山	0.371	合肥	0.307	淮安	0.256
天水	0.572	黑河	0.470	湖州	0.415	乌海	0.370	南京	0.306	宣城	0.254
桂林	0.568	克拉玛依	0.467	湘潭	0.415	自贡	0.367	武汉	0.306	盐城	0.253

续表

城市	权重	城市	权重	城市	权重	城市	权重	城市	权重	城市	权重
常州	0.251	运城	0.236	北京	0.215	长治	0.205	平顶山	0.179	鹤壁	0.156
铜陵	0.251	菏泽	0.234	济宁	0.215	秦皇岛	0.203	许昌	0.178	漯河	0.154
淮北	0.251	徐州	0.232	信阳	0.214	榆林	0.202	商丘	0.177	新乡	0.145
淮南	0.249	宝鸡	0.231	枣庄	0.213	淄博	0.200	安阳	0.177	沧州	0.143
宿迁	0.247	朔州	0.230	潍坊	0.212	衡水	0.197	驻马店	0.176	焦作	0.139
黄山	0.243	临沂	0.230	滨州	0.212	临汾	0.195	周口	0.176	张家口	0.124
济南	0.242	银川	0.228	南阳	0.212	咸阳	0.192	唐山	0.168	三门峡	0.120
太原	0.241	延安	0.227	东营	0.211	晋城	0.186	郑州	0.167	承德	0.118
威海	0.240	泰安	0.222	聊城	0.208	开封	0.184	洛阳	0.160	邢台	0.118
天津	0.239	莱芜	0.218	德州	0.207	邯郸	0.182	石家庄	0.160	廊坊	0.111
烟台	0.238	阳泉	0.216	日照	0.205	保定	0.179	濮阳	0.158	忻州	0.030

和 2017 年相比，2018 年环境质量排名上升的城市有 125 个，排名下降的城市有 106 个，其他城市 2018 年排名不变（见表 13）。

表 13　2018 年环境质量排名变化情况

排名变化情况	城市
排名上升 （共 125 个）	杭州市(+17)、济南市(+17)、西宁市(+15)、本溪市(+14)、湖州市(+13)、成都市(+13)、绍兴市(+12)、衢州市(+12)、宜昌市(+11)、沈阳市(+10)、苏州市(+10)、金华市(+10)、荆州市(+10)、攀枝花市(+10)、资阳市(+10)、无锡市(+9)、武汉市(+9)、襄阳市(+9)、南通市(+8)、连云港市(+8)、泰州市(+8)、抚顺市(+7)、镇江市(+7)、日照市(+7)、聊城市(+7)、滨州市(+7)、黄石市(+7)、荆门市(+7)、内江市(+7)、乐山市(+7)、南充市(+7)、保定市(+6)、鞍山市(+6)、盘锦市(+6)、吉林市(+6)、常州市(+6)、淮安市(+6)、枣庄市(+6)、东营市(+6)、潍坊市(+6)、莱芜市(+6)、长沙市(+6)、北京市(+5)、石家庄市(+5)、呼和浩特市(+5)、南京市(+5)、盐城市(+5)、嘉兴市(+5)、台州市(+5)、淄博市(+5)、烟台市(+5)、济宁市(+5)、泰安市(+5)、威海市(+5)、德州市(+5)、许昌市(+5)、河源市(+5)、柳州市(+5)、广元市(+5)、宜宾市(+5)、西安市(+5)、秦皇岛市(+4)、扬州市(+4)、景德镇市(+4)、临沂市(+4)、菏泽市(+4)、鄂州市(+4)、咸宁市(+4)、韶关市(+4)、梧州市(+4)、钦州市(+4)、贵港市(+4)、太原市(+3)、辽阳市(+3)、黑河市(+3)、宿迁市(+3)、丽水市(+3)、九江市(+3)、孝感市(+3)、哈尔滨市(+2)、宁波市(+2)、上饶市(+2)、三门峡市(+2)、湘潭市(+2)、岳阳市(+2)、永州市(+2)、广州市(+2)、云浮市(+2)、防城港市(+2)、贵阳市(+2)、兰州市(+2)、银川市(+2)、唐山市(+1)、邯郸市(+1)、张家口市(+1)、锦州市(+1)、营口市(+1)、长春市(+1)、四平市(+1)、温州市(+1)、合肥市(+1)、新余市(+1)、平顶山市(+1)、十堰市(+1)、株洲市(+1)、深圳市(+1)、珠海市(+1)、江门市(+1)、汕尾市(+1)、中山市(+1)、南宁市(+1)、桂林市(+1)、北海市(+1)、玉林市(+1)、百色市(+1)、河池市(+1)、自贡市(+1)、泸州市(+1)、德阳市(+1)、绵阳市(+1)、雅安市(+1)、遵义市(+1)、昆明市(+1)、保山市(+1)、金昌市(+1)

续表

排名变化情况	城市
排名不变 （共 33 个）	廊坊市、忻州市、呼伦贝尔市、葫芦岛市、辽源市、牡丹江市、福州市、厦门市、莆田市、三明市、泉州市、漳州市、南平市、宁德市、鹰潭市、赣州市、吉安市、宜春市、洛阳市、鹤壁市、新乡市、焦作市、驻马店市、衡阳市、张家界市、揭阳市、海口市、三亚市、遂宁市、玉溪市、昭通市、普洱市、克拉玛依市
排名下降 （共 106 个）	天津市（-1）、邢台市（-1）、赤峰市（-1）、松原市（-1）、舟山市（-1）、龙岩市（-1）、开封市（-1）、安阳市（-1）、濮阳市（-1）、益阳市（-1）、郴州市（-1）、汕头市（-1）、佛山市（-1）、湛江市（-1）、东莞市（-1）、潮州市（-1）、重庆市（-1）、六盘水市（-1）、安顺市（-1）、曲靖市（-1）、承德市（-2）、沧州市（-2）、乌海市（-2）、齐齐哈尔市（-2）、徐州市（-2）、漯河市（-2）、信阳市（-2）、随州市（-2）、常德市（-2）、娄底市（-2）、惠州市（-2）、梅州市（-2）、阳江市（-2）、清远市（-2）、巴中市（-2）、宝鸡市（-2）、嘉峪关市（-2）、阜新市（-3）、铁岭市（-3）、通化市（-3）、白山市（-3）、鹤岗市（-3）、双鸭山市（-3）、大庆市（-3）、佳木斯市（-3）、黄山市（-3）、萍乡市（-3）、茂名市（-3）、大连市（-4）、丹东市（-4）、鸡西市（-4）、伊春市（-4）、淮北市（-4）、南昌市（-4）、郑州市（-4）、商丘市（-4）、肇庆市（-4）、铜川市（-4）、延安市（-4）、酒泉市（-4）、包头市（-5）、白城市（-5）、绥化市（-5）、马鞍山市（-5）、宣城市（-5）、周口市（-5）、怀化市（-5）、石嘴山市（-5）、七台河市（-6）、铜陵市（-6）、滁州市（-6）、青岛市（-6）、黄冈市（-6）、渭南市（-6）、衡水市（-7）、晋城市（-7）、上海市（-7）、宿州市（-7）、南阳市（-7）、邵阳市（-7）、通辽市（-8）、张掖市（-8）、芜湖市（-9）、淮南市（-9）、天水市（-9）、平凉市（-9）、朔州市（-10）、咸阳市（-10）、榆林市（-10）、白银市（-10）、汉中市（-11）、吴忠市（-11）、阳泉市（-12）、运城市（-12）、武威市（-12）、安庆市（-13）、阜阳市（-13）、亳州市（-13）、大同市（-14）、长治市（-16）、安康市（-16）、蚌埠市（-17）、乌鲁木齐市（-17）、朝阳市（-18）、临汾市（-20）、六安市（-30）

注：括号里面的加号表示排名上升，减号表示排名下降，下同。

（三）中国城市经济发展质量指数及排名情况

通过主成分分析法得出中国城市经济发展质量排名情况、264 个地级市 1990~2018 年经济发展质量指数（上一年 = 100）和 264 个地级市 1990~2018 年经济发展质量指数（以 1990 年为基期）。

264 个地级市经济发展质量近五年排名情况见附表 5。

264 个地级市近五年经济发展质量指数（上一年 = 100）见附表 6。

264 个地级市近六年经济发展质量指数（以 1990 年为基期）见附表 7。

2010 年后平均排名前 45 的城市的经济发展质量指数（以 1990 年为基期）见附图 2。

可以看出，29 年间威海市的经济发展质量指数改善最大，白山市的经济发展质量指数改善最小。

从 1990 到 2018 年，全国 264 个地级市经济发展质量指数平均上升了 67.12%，东部、中部和西部地区经济发展质量指数分别改善了 71.93%、64.40% 和 63.77%。东部地区城市经济发展质量改善优于中部地区城市和西部地区城市，中部地区城市经济发展质量改善优于西部地区城市。

（四）中国城市一级指标指数及排名情况

264 个地级市经济发展质量的一级指标经济增长、增长潜力、政府效率、人民生活和环境质量的增长指数及排名状况。

1. 中国城市经济增长指数及排名情况

通过主成分分析法得出按中国经济增长排名情况、264 个地级市 1990~2018 年经济增长指数（上一年 = 100）和 264 个地级市 1990~2018 年经济增长指数（以 1990 年为基期）。

264 个地级市经济增长近五年排名情况见附表 8。

264 个地级市近五年经济增长指数（上一年 = 100）见附表 9。

264 个地级市近六年经济增长指数（以 1990 年为基期）见附表 10。

2010 年后经济增长平均排名前 45 的城市的经济增长指数（以 1990 年为基期）见附图 3。

可以看出，29 年间邢台市的经济增长指数改善最大，宿迁市的经济增长指数改善最小。

从 1990 到 2018 年，全国 264 个地级市经济增长指数平均上升了 53.76%，东部、中部和西部地区经济增长分别改善了 52.31%、60.70% 和 45.99%。中部地区城市经济增长改善优于东部地区城市和西部地区城市，东部地区城市经济增长改善优于西部地区城市。

2. 中国城市增长潜力增长指数及排名情况

通过主成分分析法得出中国城市增长潜力排名情况、264 个地级市 1990~2018 年城市增长潜力指数（上一年 = 100）和 264 个地级市 1990 ~ 2018 年城市增长潜力指数（以 1990 年为基期）。

264 个地级市增长潜力近五年排名情况见附表 11。

264 个地级市近五年增长潜力指数（上一年 = 100）见附表 12。

264 个地级市近六年增长潜力指数（以 1990 年为基期）见附表 13。

2010 年后增长潜力平均排名前 45 的城市的增长潜力指数（以 1990 年为基期）见附图 4。

可以看出，29 年间珠海市的增长潜力指数改善最大，松原市的增长潜力指数改善最小。

从 1990 到 2018 年，全国 264 个地级市增长潜力指数平均上升了 41.65%，东部、中部和西部地区增长潜力分别改善了 44.07%、40.69% 和 39.38%。东部地区城市增长潜力改善优于中部地区城市和西部地区城市，中部地区城市增长潜力改善优于西部地区城市。

3. 中国城市政府效率增长指数及排名情况

通过主成分分析法得出中国城市政府效率排名情况、264 个地级市 1990~2018 年城市政府效率指数（上一年 = 100）和 264 个地级市 1990 ~ 2018 年城市政府效率指数（以 1990 年为基期）。

264 个地级市政府效率近五年排名情况见附表 14。

264 个地级市近五年政府效率指数（上一年 = 100）见附表 15。

264 个地级市近六年政府效率指数（以 1990 年为基期）见附表 16。

2010 年后政府效率平均排名前 45 的城市的政府效率指数（以 1990 年为基期）见附图 5。

可以看出，29 年间黑河市的政府效率指数改善最大，柳州市的政府效率指数改善最小。

从 1990 到 2018 年，全国 264 个地级市政府效率指数平均上升了 58.03%，东部、中部和西部地区政府效率分别改善了 62.63%、52.72% 和

58.72%。东部地区城市政府效率改善优于西部地区城市和中部地区城市，西部地区城市政府效率改善优于中部地区城市。

4. 中国城市人民生活增长指数及排名情况

通过主成分分析法得出中国城市人民生活排名情况、264 个地级市 1990~2018 年城市人民生活指数（上一年 = 100）和 264 个地级市 1990~2018 年城市人民生活指数（以 1990 年为基期）。

264 个地级市人民生活近五年排名情况见附表 17。

264 个地级市近五年人民生活指数（上一年 = 100）见附表 18。

264 个地级市近六年人民生活指数（以 1990 年为基期）见附表 19。

2010 年后人民生活平均排名前 45 的城市的人民生活指数（以 1990 年为基期）见附图 6。

可以看出，29 年间苏州市的人民生活指数改善最大，白山市的人民生活指数改善最小。

从 1990 到 2018 年，全国 264 个地级市人民生活指数平均上升了 65.30%，东部、中部和西部地区人民生活分别改善了 82.31%、56.45% 和 52.34%。东部地区城市人民生活改善优于中部地区城市和西部地区城市，中部地区城市人民生活改善优于西部地区城市。

5. 中国城市环境质量增长指数及排名情况

通过主成分分析法得出中国城市环境质量排名情况、264 个地级市 1990~2018 年城市环境质量指数（上一年 = 100）和 264 个地级市 1990~2018 年城市环境质量指数（以 1990 年为基期）。

264 个地级市环境质量近五年排名情况见附表 20。

264 个地级市近五年环境质量指数（上一年 = 100）见附表 21。

264 个地级市近六年环境质量指数（以 1990 年为基期）见附表 22。

2010 年后环境质量平均排名前 45 的城市的环境质量指数（以 1990 年为基期）见附图 7。

可以看出，29 年间随州市的环境质量指数改善最大，盘锦市的环境质量指数改善最小。

从 1990 到 2018 年，全国 264 个地级市环境质量指数平均上升了 33.10%，东部、中部和西部地区环境质量分别改善了 30.69%、28.53% 和 43.30%。西部地区城市环境质量改善优于东部地区城市和中部地区城市，东部地区城市环境质量改善优于中部地区城市。

三　中国城市经济发展质量分级情况

（一）城市经济发展质量分级情况

将 264 个地级市经济发展质量情况按 2010 年以来、2000 年以来、1990 年以来和 2018 年、2017 年、2016 年和 2015 年这几个时间进行分级。

1.2010年以来城市平均经济发展质量水平分级情况

将 2010~2018 年各地级及地级以上城市经济发展质量水平综合得分按权重比 3∶3∶2∶1∶1 分为五级。

和 2000~2018 年相比，2010~2018 年经济发展质量方面从 Ⅱ 级上升到 Ⅰ 级，上升了一级的城市有绍兴市、黄山市、无锡市、青岛市、南宁市。从 Ⅰ 级下降到 Ⅱ 级，下降了一级的城市有龙岩市、银川市、黑河市；从 Ⅲ 级上升到 Ⅱ 级，上升了一级的城市有威海市、烟台市、连云港市、扬州市、盐城市、雅安市、巴中市、张掖市、大庆市、淮安市、马鞍山市、泰州市、云浮市、河源市、平凉市、昭通市、芜湖市。从 Ⅱ 级下降到 Ⅲ 级，下降了一级的城市有白银市、鞍山市、铁岭市、株洲市、阜新市、锦州市、本溪市、吉林市、辽阳市、铜陵市、保山市、营口市、柳州市、安顺市；从 Ⅳ 级上升到 Ⅲ 级，上升了一级的城市有赣州市、乐山市、玉林市、宿迁市、滁州市、泸州市、运城市、永州市、德阳市、晋城市、临汾市；从 Ⅴ 级上升到 Ⅲ 级，上升了二级的城市有黄冈市。从 Ⅲ 级下降到 Ⅳ 级，下降了一级的城市有湛江市、汉中市、南充市、吴忠市、绥化市、白山市、衡阳市、防城港市；从 Ⅴ 级上升到 Ⅳ 级，上升了一级的城市有宜昌市、孝感市、廊坊市、遂宁市、钦州市、临沂市、济宁市、荆门市、滨州市、德州市。从 Ⅳ 级下降到 Ⅴ 级，下降了一级的城市有承德市、咸阳市、益阳市、淮北市、宿州市、四平市、辽源市。中国 264 个地级市 2010 年以来经济发展质量的分级情况见表 14。

表 14   264 个地级市 2010 年以来平均经济发展质量等级划分

等级划分	城市
Ⅰ级 （共 46 个）	北京市、深圳市、上海市、珠海市、三亚市、海口市、厦门市、广州市、杭州市、南京市、东莞市、贵阳市、太原市、克拉玛依市、苏州市、中山市、大连市、昆明市、乌鲁木齐市、武汉市、福州市、西安市、沈阳市、舟山市、伊春市、呼和浩特市、宁波市、长沙市、温州市、兰州市、济南市、天津市、金华市、丽水市、合肥市、成都市、绍兴市、黄山市、无锡市、西宁市、哈尔滨市、佛山市、青岛市、南宁市、三明市、鹤岗市
Ⅱ级 （共 71 个）	天水市、龙岩市、韶关市、嘉兴市、银川市、衢州市、黑河市、常州市、齐齐哈尔市、牡丹江市、威海市、梅州市、惠州市、南昌市、镇江市、张家界市、大同市、南通市、台州市、嘉峪关市、南平市、泉州市、烟台市、包头市、江门市、绵阳市、佳木斯市、乌海市、连云港市、鸡西市、湖州市、桂林市、扬州市、秦皇岛市、遵义市、长春市、忻州市、七台河市、盐城市、河池市、雅安市、莆田市、丹东市、宁德市、广元市、巴中市、普洱市、汕头市、重庆市、张掖市、赤峰市、大庆市、金昌市、抚顺市、清远市、淮安市、马鞍山市、泰州市、双鸭山市、云浮市、漳州市、呼伦贝尔市、河源市、郑州市、朝阳市、平凉市、昭通市、阳泉市、通化市、怀化市、芜湖市
Ⅲ级 （共 60 个）	白银市、鞍山市、安康市、铁岭市、宣城市、玉溪市、株洲市、铜川市、徐州市、阜新市、邵阳市、赣州市、锦州市、攀枝花市、本溪市、六安市、阜阳市、吉林市、辽阳市、肇庆市、葫芦岛市、安庆市、曲靖市、铜陵市、保山市、东营市、乐山市、石嘴山市、景德镇市、酒泉市、潍坊市、湘潭市、吉安市、武威市、淄博市、盘锦市、蚌埠市、营口市、郴州市、玉林市、宿迁市、滁州市、潮州市、十堰市、柳州市、石家庄市、黄石市、黄冈市、淮南市、百色市、北海市、安顺市、泸州市、运城市、永州市、六盘水市、九江市、德阳市、晋城市、临汾市
Ⅳ级（共 37 个）	阳江市、张家口市、湛江市、汉中市、汕尾市、宜宾市、宜昌市、南充市、萍乡市、吴忠市、绥化市、白山市、长治市、自贡市、衡阳市、榆林市、宜春市、荆州市、上饶市、鹰潭市、防城港市、莱芜市、贵港市、孝感市、廊坊市、遂宁市、常德市、钦州市、新余市、白城市、临沂市、延安市、济宁市、宝鸡市、荆门市、滨州市、德州市
Ⅴ级 （共 50 个）	咸宁市、保定市、承德市、岳阳市、茂名市、咸阳市、泰安市、益阳市、渭南市、洛阳市、淮北市、襄阳市、娄底市、宿州市、日照市、朔州市、四平市、内江市、亳州市、菏泽市、鄂州市、梧州市、聊城市、揭阳市、资阳市、新乡市、随州市、平顶山市、三门峡市、通辽市、辽源市、沧州市、唐山市、邢台市、信阳市、安阳市、衡水市、南阳市、邯郸市、枣庄市、开封市、焦作市、驻马店市、松原市、许昌市、商丘市、濮阳市、周口市、鹤壁市、漯河市

2.2000年以来城市平均经济发展质量分级情况

和1990~2018年相比，2000~2018年经济发展质量方面从Ⅱ级上升到Ⅰ级，上升了一级的城市有苏州市、成都市、金华市、黑河市、佛山市。从Ⅰ级下降到Ⅱ级，下降了一级的城市有南宁市、抚顺市、南平市、南昌市、齐齐哈尔市、丹东市；从Ⅲ级上升到Ⅱ级，上升了一级的城市有镇江市、忻州市、湖州市、秦皇岛市、株洲市、重庆市、怀化市、绵阳市。从Ⅱ级下降到Ⅲ级，下降了一级的城市有酒泉市、马鞍山市、河源市、葫芦岛市、芜湖市、蚌埠市、淮南市、白山市；从Ⅳ级上升到Ⅲ级，上升了一级的城市有盐城市、淮安市、淄博市、北海市、潍坊市、十堰市、郴州市、东营市。从Ⅲ级下降到Ⅳ级，下降了一级的城市有阳江市、自贡市、白城市、长治市、上饶市、四平市、萍乡市、辽源市；从Ⅴ级上升到Ⅳ级，上升了一级的城市有乐山市、荆州市、莱芜市、咸阳市。从Ⅳ级下降到Ⅴ级，下降了一级的城市有：岳阳市、洛阳市、梧州市、通辽市。中国264个地级市2000年以来经济发展质量的分级情况见表15。

表15 264个地级市2000年以来平均经济发展质量等级划分

等级划分	城市
Ⅰ级 （共44个）	北京市、深圳市、上海市、珠海市、广州市、海口市、厦门市、三亚市、杭州市、南京市、贵阳市、东莞市、克拉玛依市、大连市、乌鲁木齐市、沈阳市、太原市、昆明市、福州市、兰州市、伊春市、武汉市、呼和浩特市、长沙市、济南市、中山市、西安市、天津市、丽水市、舟山市、西宁市、合肥市、哈尔滨市、宁波市、银川市、温州市、苏州市、鹤岗市、三明市、成都市、金华市、黑河市、佛山市、龙岩市
Ⅱ级 （共70个）	南宁市、抚顺市、青岛市、天水市、南平市、黄山市、嘉峪关市、牡丹江市、南昌市、齐齐哈尔市、衢州市、韶关市、丹东市、佳木斯市、绍兴市、无锡市、梅州市、张家界市、包头市、桂林市、鸡西市、长春市、惠州市、阳泉市、汕头市、本溪市、乌海市、大同市、嘉兴市、阜新市、遵义市、江门市、台州市、常州市、普洱市、鞍山市、泉州市、锦州市、镇江市、朝阳市、呼伦贝尔市、忻州市、郑州市、七台河市、湖州市、辽阳市、秦皇岛市、莆田市、保山市、铜陵市、河池市、安顺市、吉林市、清远市、广元市、株洲市、南通市、重庆市、白银市、铁岭市、赤峰市、漳州市、双鸭山市、营口市、柳州市、金昌市、怀化市、通化市、绵阳市、宁德市

续表

等级划分	城市
III级 (共59个)	肇庆市、威海市、连云港市、扬州市、烟台市、大庆市、酒泉市、铜川市、马鞍山市、河源市、云浮市、葫芦岛市、芜湖市、蚌埠市、雅安市、巴中市、张掖市、湘潭市、淮南市、昭通市、攀枝花市、平凉市、曲靖市、阜阳市、景德镇市、石嘴山市、安康市、玉溪市、安庆市、盘锦市、绥化市、六安市、武威市、徐州市、吉安市、汉中市、邵阳市、盐城市、白山市、宣城市、潮州市、百色市、泰州市、九江市、石家庄市、淮安市、淄博市、吴忠市、黄石市、北海市、防城港市、衡阳市、潍坊市、十堰市、六盘水市、郴州市、东营市、湛江市、南充市
IV级 (共37个)	阳江市、赣州市、自贡市、白城市、长治市、玉林市、上饶市、张家口市、泸州市、运城市、宜春市、德阳市、四平市、永州市、晋城市、滁州市、宝鸡市、萍乡市、榆林市、贵港市、辽源市、延安市、乐山市、鹰潭市、淮北市、临汾市、宜宾市、汕尾市、新余市、宿州市、常德市、宿迁市、荆州市、承德市、莱芜市、益阳市、咸阳市
V级 (共54个)	岳阳市、临沂市、保定市、宜昌市、茂名市、廊坊市、黄冈市、渭南市、遂宁市、娄底市、钦州市、洛阳市、梧州市、通辽市、荆门市、泰安市、三门峡市、咸宁市、济宁市、内江市、亳州市、揭阳市、新乡市、襄阳市、日照市、菏泽市、朔州市、鄂州市、滨州市、聊城市、孝感市、德州市、沧州市、资阳市、信阳市、枣庄市、平顶山市、唐山市、开封市、邢台市、安阳市、邯郸市、随州市、松原市、衡水市、焦作市、周口市、南阳市、许昌市、驻马店市、商丘市、鹤壁市、濮阳市、漯河市

3. 1990年以来城市平均经济发展质量分级情况

中国264个地级市1990年以来经济发展质量的分级情况见表16。

表16　264个地级市1990年以来平均经济发展质量等级划分

等级划分	城市
I级 (共45个)	北京市、上海市、深圳市、珠海市、海口市、广州市、厦门市、三亚市、克拉玛依市、南京市、乌鲁木齐市、杭州市、贵阳市、沈阳市、大连市、昆明市、福州市、太原市、兰州市、东莞市、伊春市、武汉市、西宁市、哈尔滨市、天津市、呼和浩特市、鹤岗市、济南市、丽水市、西安市、三明市、银川市、合肥市、长沙市、中山市、抚顺市、舟山市、宁波市、南平市、丹东市、南宁市、龙岩市、温州市、南昌市、齐齐哈尔市
II级 (共69个)	佳木斯市、嘉峪关市、长春市、阜新市、苏州市、本溪市、普洱市、黑河市、黄山市、牡丹江市、青岛市、天水市、呼伦贝尔市、成都市、佛山市、桂林市、乌海市、鞍山市、汕头市、金华市、辽阳市、鸡西市、锦州市、梅州市、安顺市、柳州市、保山市、无锡市、张家界市、营口市、七台河市、大同市、阳泉市、衢州市、铜陵市、韶关市、包头市、吉林市、常州市、双鸭山市、绍兴市、泉州市、江门市、郑州市、南通市、朝阳市、通化市、惠州市、遵义市、嘉兴市、台州市、莆田市、漳州市、白山市、清远市、芜湖市、淮南市、白银市、酒泉市、金昌市、葫芦岛市、河池市、蚌埠市、马鞍山市、广元市、赤峰市、铁岭市、河源市、宁德市

续表

等级划分	城市
Ⅲ级 (共 59 个)	铜川市、肇庆市、湖州市、镇江市、秦皇岛市、株洲市、重庆市、平凉市、大庆市、张掖市、湘潭市、武威市、绥化市、石嘴山市、忻州市、曲靖市、昭通市、攀枝花市、盘锦市、怀化市、扬州市、景德镇市、连云港市、防城港市、六盘水市、云浮市、安庆市、百色市、烟台市、阜阳市、巴中市、四平市、九江市、绵阳市、黄石市、宣城市、辽源市、潮州市、安康市、雅安市、威海市、白城市、吴忠市、湛江市、衡阳市、玉溪市、汉中市、邵阳市、六安市、吉安市、萍乡市、泰州市、长治市、徐州市、石家庄市、上饶市、阳江市、自贡市、南充市
Ⅳ级 (共 37 个)	潍坊市、淄博市、宿州市、北海市、淮北市、宝鸡市、延安市、郴州市、盐城市、宿迁市、玉林市、德阳市、运城市、晋城市、新余市、鹰潭市、通辽市、赣州市、梧州市、汕尾市、临汾市、十堰市、常德市、宜春市、张家口市、贵港市、滁州市、榆林市、益阳市、东营市、承德市、泸州市、洛阳市、淮安市、宜宾市、岳阳市、永州市
Ⅴ级 (共 54 个)	遂宁市、茂名市、渭南市、三门峡市、咸阳市、莱芜市、保定市、乐山市、揭阳市、内江市、钦州市、荆州市、亳州市、宜昌市、新乡市、咸宁市、鄂州市、朔州市、娄底市、临沂市、荆门市、松原市、黄冈市、泰安市、襄阳市、济宁市、廊坊市、孝感市、平顶山市、聊城市、德州市、日照市、开封市、枣庄市、沧州市、信阳市、滨州市、唐山市、菏泽市、资阳市、邯郸市、安阳市、焦作市、许昌市、周口市、邢台市、衡水市、随州市、商丘市、鹤壁市、驻马店市、南阳市、濮阳市、漯河市

4. 2018 年城市经济发展质量分级情况

和 2017 年相比，2018 年经济发展质量方面从Ⅱ级上升到Ⅰ级，上升了一级的城市有哈尔滨市、牡丹江市、三明市、嘉兴市、双鸭山市。从Ⅰ级下降到Ⅱ级，下降了一级的城市有鸡西市、佛山市、梅州市、南宁市；从Ⅲ级上升到Ⅱ级，上升了一级的城市有白银市、金昌市、阜新市、吉林市、抚顺市、铜川市。从Ⅱ级下降到Ⅲ级，下降了一级的城市有云浮市、河源市、连云港市、景德镇市、武威市；从Ⅳ级上升到Ⅲ级，上升了一级的城市有酒泉市、营口市、北海市、辽阳市。从Ⅲ级下降到Ⅳ级，下降了一级的城市有长治市、新余市、张家口市、忻州市；从Ⅴ级上升到Ⅳ级，上升了一级的城市有防城港市。从Ⅳ级下降到Ⅴ级，下降了一级的城市有：晋城市、朔州市。

中国 264 个城市 2018 年经济发展质量的分级情况见表 17。

表 17　264 个地级市 2018 年经济发展质量等级划分

等级划分	城市
Ⅰ级 （共 47 个）	深圳市、珠海市、北京市、三亚市、上海市、海口市、杭州市、广州市、厦门市、南京市、中山市、东莞市、克拉玛依市、昆明市、舟山市、苏州市、乌鲁木齐市、贵阳市、伊春市、武汉市、呼和浩特市、金华市、温州市、绍兴市、福州市、沈阳市、大连市、丽水市、长沙市、宁波市、西安市、哈尔滨市、齐齐哈尔市、衢州市、成都市、太原市、合肥市、西宁市、鹤岗市、济南市、七台河市、龙岩市、兰州市、牡丹江市、三明市、嘉兴市、双鸭山市
Ⅱ级 （共 70 个）	鸡西市、青岛市、无锡市、佛山市、韶关市、梅州市、大庆市、天津市、惠州市、黄山市、天水市、南宁市、张家界市、南昌市、台州市、威海市、湖州市、朝阳市、桂林市、曲靖市、鞍山市、铁岭市、巴中市、赤峰市、遵义市、泉州市、玉溪市、常州市、嘉峪关市、包头市、株洲市、宁德市、通化市、乌海市、长春市、南平市、雅安市、普洱市、镇江市、佳木斯市、张掖市、昭通市、盐城市、怀化市、黑河市、绵阳市、扬州市、大同市、江门市、漳州市、呼伦贝尔市、白银市、南通市、赣州市、六安市、烟台市、广元市、平凉市、金昌市、阜新市、吉林市、丹东市、抚顺市、清远市、邵阳市、河池市、铜川市、银川市、莆田市、保山市
Ⅲ级 （共 59 个）	云浮市、马鞍山市、泸州市、河源市、连云港市、泰州市、乐山市、秦皇岛市、安庆市、景德镇市、吉安市、东营市、六盘水市、本溪市、荆州市、锦州市、玉林市、柳州市、武威市、黄冈市、重庆市、黄石市、郑州市、淄博市、宜春市、萍乡市、葫芦岛市、十堰市、宜昌市、自贡市、淮安市、郴州市、攀枝花市、酒泉市、滁州市、安康市、肇庆市、宜城市、阳江市、汕头市、永州市、潍坊市、湘潭市、营口市、汕尾市、孝感市、宜宾市、遂宁市、阳泉市、湛江市、北海市、鹰潭市、安顺市、运城市、九江市、徐州市、辽阳市、芜湖市、南充市
Ⅳ级 （共 35 个）	绥化市、长治市、盘锦市、德阳市、新余市、阜阳市、常德市、白山市、张家口市、内江市、忻州市、防城港市、临汾市、衡阳市、岳阳市、荆门市、石家庄市、百色市、襄阳市、保定市、石嘴山市、泰安市、白城市、宿迁市、滨州市、咸宁市、潮州市、榆林市、蚌埠市、上饶市、廊坊市、鄂州市、延安市、娄底市、汉中市
Ⅴ级 （共 53 个）	钦州市、渭南市、晋城市、德州市、淮南市、日照市、济宁市、益阳市、临沂市、朔州市、铜陵市、亳州市、四平市、莱芜市、资阳市、咸阳市、贵港市、茂名市、吴忠市、平顶山市、随州市、揭阳市、菏泽市、宝鸡市、通辽市、聊城市、宿州市、梧州市、洛阳市、新乡市、淮北市、枣庄市、辽源市、唐山市、承德市、三门峡市、驻马店市、沧州市、衡水市、邯郸市、安阳市、邢台市、信阳市、开封市、南阳市、松原市、焦作市、濮阳市、许昌市、周口市、鹤壁市、漯河市、商丘市

5.2017年城市经济发展质量分级情况

　　和 2016 年相比，2017 年经济发展质量方面从Ⅱ级上升到Ⅰ级，上升了一级的城市有兰州市、南宁市、梅州市、鸡西市、西宁市、龙岩市、七台河市。从Ⅰ级下降到Ⅱ级，下降了一级的城市有天津市、嘉兴市、三明市、黄山市、天水市、青岛市、嘉峪关市；从Ⅲ级上升到Ⅱ级，上升了一级的城市有株洲市、曲靖市、呼伦贝尔市、漳州市、六安市、武威市、昭通市、保山市、景德镇市。从Ⅳ级上升到Ⅲ级，上升了一级的城市有泸州市、肇庆市、汕尾市、淄博市、宜宾市、南充市、遂宁市、新余市、张家口市、九江市、长治市；从Ⅱ级下降到Ⅲ级，下降了一级的城市有泰州市、金昌市、秦皇岛市、马鞍山市、淮安市、白银市、抚顺市、安康市、阜新市；从Ⅴ级上升到Ⅲ级，上升了二级的城市有自贡市。从Ⅲ级下降到Ⅳ级，下降了一级的城市有盘锦市、辽阳市、百色市、阜阳市、临汾市、延安市、潮州市、酒泉市、北海市、营口市、汉中市；从Ⅴ级上升到Ⅳ级，上升了一级的城市有内江市、常德市、岳阳市、泰安市、朔州市。从Ⅲ级下降到Ⅴ级，下降了二级的城市有淮南市；从Ⅳ级下降到Ⅴ级，下降了一级的城市有莱芜市、钦州市、铜陵市、贵港市、宿州市。

中国 264 个地级市 2017 年经济发展质量的分级情况见表 18。

表 18　264 个地级市 2017 年经济发展质量等级划分

等级划分	城市
Ⅰ级（共 46 个）	深圳市、珠海市、北京市、上海市、三亚市、海口市、杭州市、广州市、厦门市、南京市、中山市、东莞市、克拉玛依市、苏州市、贵阳市、昆明市、伊春市、舟山市、武汉市、呼和浩特市、温州市、金华市、乌鲁木齐市、沈阳市、丽水市、绍兴市、大连市、长沙市、西安市、福州市、成都市、宁波市、鹤岗市、齐齐哈尔市、太原市、衢州市、合肥市、兰州市、南宁市、梅州市、鸡西市、西宁市、龙岩市、佛山市、七台河市、济南市
Ⅱ级（共 70 个）	天津市、双鸭山市、哈尔滨市、惠州市、嘉兴市、三明市、张家界市、无锡市、黄山市、天水市、韶关市、威海市、青岛市、牡丹江市、南昌市、湖州市、巴中市、大庆市、台州市、遵义市、桂林市、雅安市、怀化市、常州市、朝阳市、镇江市、黑河市、绵阳市、包头市、赤峰市、嘉峪关市、株洲市、江门市、大同市、盐城市、南平市、佳木斯市、铁岭市、泉州市、长春市、扬州市、普洱市、张掖市、曲靖市、广元市、南通市、银川市、鞍山市、呼伦贝尔市、通化市、邵阳市、赣州市、烟台市、漳州市、乌海市、宁德市、玉溪市、清远市、六安市、河源市、丹东市、武威市、昭通市、平凉市、云浮市、保山市、河池市、连云港市、莆田市、景德镇市

等级划分	城市
Ⅲ级 （共60个）	锦州市、泸州市、吉安市、乐山市、六盘水市、泰州市、吉林市、金昌市、秦皇岛市、铜川市、马鞍山市、淮安市、郴州市、白银市、十堰市、重庆市、荆州市、抚顺市、郑州市、黄冈市、玉林市、安庆市、滁州市、自贡市、安康市、永州市、肇庆市、湘潭市、宣城市、安顺市、本溪市、汕尾市、东营市、阜新市、宜春市、葫芦岛市、潍坊市、萍乡市、黄石市、淄博市、阳江市、阳泉市、攀枝花市、孝感市、宜宾市、忻州市、徐州市、南充市、遂宁市、芜湖市、宜昌市、汕头市、新余市、柳州市、张家口市、九江市、运城市、湛江市、长治市、鹰潭市
Ⅳ级 （共36个）	德阳市、盘锦市、辽阳市、百色市、廊坊市、阜阳市、临汾市、延安市、保定市、潮州市、蚌埠市、内江市、石嘴山市、衡阳市、绥化市、常德市、酒泉市、北海市、襄阳市、石家庄市、宿迁市、岳阳市、白城市、营口市、荆门市、榆林市、泰安市、白山市、娄底市、汉中市、滨州市、朔州市、咸宁市、上饶市、晋城市、鄂州市
Ⅴ级 （共52个）	淮南市、益阳市、渭南市、亳州市、莱芜市、德州市、防城港市、钦州市、四平市、临沂市、铜陵市、日照市、茂名市、济宁市、平顶山市、吴忠市、宝鸡市、资阳市、贵港市、随州市、宿州市、揭阳市、菏泽市、洛阳市、梧州市、通辽市、聊城市、咸阳市、新乡市、衡水市、开封市、沧州市、邢台市、驻马店市、邯郸市、三门峡市、辽源市、安阳市、信阳市、唐山市、枣庄市、承德市、淮北市、南阳市、松原市、焦作市、濮阳市、许昌市、周口市、漯河市、商丘市、鹤壁市

6. 2016年城市经济发展质量分级情况

和2015年相比，2016年经济发展质量方面从Ⅱ级上升到Ⅰ级，上升了一级的城市有沈阳市、齐齐哈尔市、衢州市、嘉峪关市、嘉兴市、鹤岗市、天水市。从Ⅰ级下降到Ⅱ级，下降了一级的城市有兰州市、韶关市、无锡市、秦皇岛市；从Ⅲ级上升到Ⅱ级，上升了一级的城市有朝阳市、大庆市、丹东市、马鞍山市、佳木斯市、怀化市、邵阳市、通化市、长春市、白银市、宁德市、安康市、普洱市、抚顺市；从Ⅴ级上升到Ⅱ级，上升了三级的城市有鞍山市；从Ⅳ级上升到Ⅱ级，上升了二级的城市有阜新市、铁岭市。从Ⅳ级上升到Ⅲ级，上升了一级的城市有辽阳市、六盘水市、酒泉市、延安市、本溪市、锦州市、荆州市、宜昌市、北海市、黄石市、东营市、潍坊市、淮南市、盘锦市、宜春市、安顺市、鹰潭市、汉中市、临汾市；从Ⅱ级下降到Ⅲ级，下降了一级的城市有吉安市、汕头市、郑州市、阜阳市、重庆市、宣城市、徐州市、呼伦贝尔市、芜湖市、攀枝花市、忻州市；从V级上升到Ⅲ级，上升了二级的城市有营口市。从Ⅲ级下降到Ⅳ级，下降了一级的城市有泸州市、南充市、张家口市、蚌埠市、上饶市、肇庆市、石家庄市、九江市、宿迁市、宜宾市、晋城市、贵港市、德阳市、钦州市、石嘴山市；从V级上升到Ⅳ级，上升了一级的城市有长治市、莱芜市、宿州市、衡阳市、娄底市、绥化市、保定市、滨州市、襄阳市、鄂州市。从Ⅲ级下降到V级，下降了二级的城市有自贡市；从Ⅳ级下降到V级，下降了一级的城市有吴忠市、防城港市、常德市、承德市、茂名市、咸阳市。

中国 264 个地级市 2016 年经济发展质量的分级情况见表 19。

表 19　264 个地级市 2016 年经济发展质量等级划分

等级划分	城市
Ⅰ级 （共46个）	深圳市、珠海市、北京市、三亚市、上海市、杭州市、海口市、厦门市、广州市、南京市、克拉玛依市、东莞市、中山市、苏州市、贵阳市、西安市、武汉市、太原市、乌鲁木齐市、大连市、舟山市、昆明市、呼和浩特市、金华市、丽水市、宁波市、沈阳市、福州市、温州市、伊春市、天津市、长沙市、齐齐哈尔市、衢州市、绍兴市、济南市、成都市、嘉峪关市、合肥市、三明市、嘉兴市、佛山市、鹤岗市、天水市、青岛市、黄山市
Ⅱ级 （共70个）	南宁市、兰州市、韶关市、龙岩市、张家界市、无锡市、牡丹江市、金昌市、威海市、惠州市、梅州市、哈尔滨市、巴中市、双鸭山市、烟台市、张掖市、鸡西市、镇江市、常州市、黑河市、台州市、大同市、朝阳市、南通市、河池市、秦皇岛市、乌海市、西宁市、盐城市、南昌市、大庆市、南平市、丹东市、赣州市、江门市、泉州市、银川市、赤峰市、清远市、鞍山市、河源市、马鞍山市、佳木斯市、怀化市、阜新市、绵阳市、平凉市、包头市、扬州市、七台河市、雅安市、邵阳市、广元市、连云港市、遵义市、通化市、桂林市、长春市、玉溪市、白银市、湖州市、泰州市、宁德市、安康市、云浮市、铁岭市、普洱市、淮安市、抚顺市、莆田市
Ⅲ级 （共60个）	辽阳市、铜川市、吉安市、昭通市、漳州市、阳江市、汕头市、黄冈市、安庆市、六盘水市、郑州市、株洲市、阜阳市、曲靖市、十堰市、重庆市、酒泉市、宣城市、延安市、滁州市、本溪市、玉林市、徐州市、锦州市、呼伦贝尔市、六安市、孝感市、荆州市、宜昌市、保山市、运城市、郴州市、芜湖市、葫芦岛市、攀枝花市、吉林市、萍乡市、乐山市、北海市、黄石市、东营市、永州市、忻州市、武威市、潍坊市、淮南市、阳泉市、盘锦市、百色市、宜春市、营口市、安顺市、景德镇市、鹰潭市、柳州市、汉中市、潮州市、临汾市、湘潭市、湛江市

等级划分	城市
IV级 （共36个）	白山市、泸州市、南充市、张家口市、蚌埠市、长治市、上饶市、铜陵市、肇庆市、廊坊市、石家庄市、九江市、宿迁市、宜宾市、遂宁市、晋城市、淄博市、汕尾市、莱芜市、贵港市、咸宁市、宿州市、德阳市、荆门市、衡阳市、钦州市、娄底市、新余市、绥化市、保定市、榆林市、石嘴山市、白城市、滨州市、襄阳市、鄂州市
V级 （共52个）	自贡市、吴忠市、防城港市、日照市、德州市、临沂市、益阳市、常德市、宝鸡市、渭南市、岳阳市、朔州市、洛阳市、资阳市、泰安市、亳州市、济宁市、淮北市、揭阳市、承德市、内江市、菏泽市、随州市、茂名市、平顶山市、安阳市、梧州市、辽源市、咸阳市、唐山市、新乡市、信阳市、四平市、开封市、聊城市、沧州市、通辽市、南阳市、邢台市、邯郸市、驻马店市、三门峡市、衡水市、枣庄市、松原市、焦作市、濮阳市、许昌市、周口市、商丘市、鹤壁市、漯河市

7. 2015年城市经济发展质量分级情况

中国 264 个地级市 2015 年经济发展质量的分级情况见表 20。

表 20　264 个地级市 2015 年经济发展质量等级划分

等级划分	城市
I 级 （共43个）	深圳市、北京市、珠海市、上海市、三亚市、杭州市、厦门市、海口市、东莞市、广州市、南京市、克拉玛依市、太原市、西安市、苏州市、中山市、贵阳市、乌鲁木齐市、昆明市、武汉市、宁波市、成都市、舟山市、福州市、呼和浩特市、天津市、兰州市、无锡市、丽水市、温州市、金华市、济南市、合肥市、佛山市、伊春市、韶关市、长沙市、绍兴市、大连市、青岛市、秦皇岛市、三明市、黄山市
II 级 （共67个）	龙岩市、梅州市、南通市、大同市、南宁市、常州市、齐齐哈尔市、牡丹江市、沈阳市、嘉兴市、天水市、连云港市、西宁市、南昌市、鹤岗市、镇江市、威海市、衢州市、惠州市、盐城市、张家界市、江门市、银川市、台州市、绵阳市、扬州市、哈尔滨市、巴中市、黑河市、嘉峪关市、泰州市、芜湖市、烟台市、七台河市、河池市、乌海市、泉州市、南平市、双鸭山市、忻州市、河源市、广元市、湖州市、淮安市、汕头市、桂林市、平凉市、张掖市、遵义市、攀枝花市、云浮市、莆田市、阜阳市、雅安市、包头市、金昌市、宣城市、呼伦贝尔市、徐州市、清远市、玉溪市、重庆市、赣州市、郑州市、吉安市、赤峰市、鸡西市
III 级 （共59个）	普洱市、阳泉市、佳木斯市、长春市、铜川市、马鞍山市、肇庆市、漳州市、蚌埠市、宁德市、景德镇市、保山市、乐山市、邵阳市、安庆市、昭通市、潮州市、滁州市、玉林市、大庆市、安康市、泸州市、株洲市、通化市、十堰市、黄冈市、石家庄市、晋城市、宜宾市、宿迁市、怀化市、六安市、柳州市、白银市、朝阳市、上饶市、孝感市、萍乡市、曲靖市、九江市、运城市、武威市、贵港市、抚顺市、德阳市、葫芦岛市、永州市、南充市、丹东市、郴州市、湘潭市、张家口市、湛江市、石嘴山市、吉林市、钦州市、百色市、阳江市、自贡市

续表

等级划分	城市
IV级 （共 38 个）	潍坊市、铁岭市、汕尾市、宜春市、六盘水市、铜陵市、阜新市、汉中市、鹰潭市、酒泉市、新余市、北海市、淄博市、辽阳市、安顺市、防城港市、宜昌市、本溪市、遂宁市、荆州市、茂名市、淮南市、东营市、廊坊市、临汾市、荆门市、白城市、咸阳市、盘锦市、黄石市、榆林市、锦州市、延安市、常德市、承德市、白山市、吴忠市、咸宁市
V级 （共 57 个）	日照市、内江市、洛阳市、资阳市、长治市、淮北市、宝鸡市、鞍山市、襄阳市、渭南市、滨州市、衡阳市、亳州市、梧州市、济宁市、岳阳市、临沂市、益阳市、德州市、保定市、莱芜市、营口市、绥化市、娄底市、随州市、开封市、宿州市、泰安市、揭阳市、安阳市、南阳市、邢台市、辽源市、三门峡市、朔州市、衡水市、邯郸市、聊城市、信阳市、四平市、沧州市、鄂州市、平顶山市、新乡市、焦作市、松原市、菏泽市、枣庄市、许昌市、唐山市、通辽市、驻马店市、濮阳市、商丘市、周口市、鹤壁市、漯河市

（二）中国城市经济增长分级情况

将 264 个地级市经济增长情况按照 2010 年以来、2000 年以来、1990 年以来和 2018 年、2017 年、2016 年和 2015 年这几个时间进行分级。

1.2010 年以来城市平均经济增长水平分级情况

和 2000～2018 年相比，2010～2018 年经济增长方面从 II 级上升到 I 级，上升了一级的城市有威海市、烟台市、嘉峪关市、温州市、临沂市、金华市、沧州市；从 III 级上升到 I 级，上升了二级的城市有东营市。从 I 级下降到 II 级，下降了一级的城市有郑州市、营口市、南宁市、汕头市；从 III 级上升到 II 级，上升了一级的城市有济宁市、南通市、洛阳市、双鸭山市、清远市、景德镇市、七台河市、聊城市、徐州市、莱芜市、廊坊市、泰州市、石嘴山市、芜湖市、岳阳市、德阳市、酒泉市、龙岩市、马鞍山市、扬州市、六安市；从 IV 级上升到 II 级，上升了二级的城市有萍乡市；从 V 级上升到 II 级，上升了三级的城市有大庆市。从 II 级下降到 III 级，下降了一级的城市有自贡市、漳州市、防城港市、茂名市、汕尾市、辽阳市、南平市、云浮市、肇庆市、伊春市、荆门市、抚顺市、阳江市、绥化市、锦州市、邵阳市、襄阳市、通辽市；从Ⅰ级下降到Ⅲ级，下降了二级的城市有怀化市；从Ⅳ级上升到Ⅲ级上升了一级的城市有松原市、连云港市、淮安市、朔州市、绵阳市、榆林市、三门峡市、新余市、衡水市、滁州市；从Ⅴ级上升到Ⅲ级，上升了二级的城市有运城市、菏泽市、乐山市、南阳市、金昌市、玉溪市。从Ⅱ级下降到Ⅳ级，下降了二级的城市有合肥市；从Ⅲ级下降到Ⅳ级，下降了一级的城市有保定市、铜川市、开封市、荆州市、桂林市、鄂州市、宁德市、阜新市、辽源市、揭阳市、上饶市、北海市；从Ⅴ级上升到Ⅳ级，上升了一级的城市有安阳市、忻州市、临汾市、平顶山市、晋城市、六盘水市、攀枝花市、平凉市、信阳市、邢台市、许昌市、承德市。从Ⅳ级下降到Ⅴ级，下降了一级的城市有铁岭市、钦州市、葫芦岛市、咸宁市、宜昌市、宜春市、渭南市、黄冈市、安康市、保山市、孝感市、咸阳市、柳州市、梧州市、铜陵市；从Ⅲ级下降到Ⅴ级下降了二级的城市有克拉玛依市。

中国264个地级市2010年以来经济增长水平的分级情况见表21。

表21 264个地级市2010年以来平均经济增长水平等级划分

等级划分	城市
Ⅰ级 （共51个）	东莞市、呼和浩特市、深圳市、北京市、广州市、包头市、上海市、乌鲁木齐市、海口市、青岛市、济南市、张家界市、鞍山市、中山市、三亚市、大连市、佛山市、哈尔滨市、沈阳市、厦门市、杭州市、西安市、乌海市、苏州市、南京市、长沙市、淄博市、威海市、太原市、东营市、佳木斯市、潍坊市、吉林市、珠海市、秦皇岛市、武汉市、烟台市、兰州市、天津市、无锡市、嘉峪关市、昆明市、福州市、贵阳市、温州市、成都市、临沂市、牡丹江市、呼伦贝尔市、金华市、沧州市
Ⅱ级 （共73个）	石家庄市、西宁市、唐山市、日照市、泰安市、镇江市、滨州市、三明市、韶关市、常州市、鸡西市、黄山市、常德市、江门市、郑州市、黑河市、大同市、营口市、张家口市、惠州市、长春市、舟山市、齐齐哈尔市、南宁市、德州市、赤峰市、济宁市、梅州市、本溪市、宁波市、南通市、湖州市、泉州市、重庆市、株洲市、洛阳市、枣庄市、双鸭山市、玉林市、清远市、银川市、南昌市、景德镇市、盐城市、七台河市、聊城市、潮州市、徐州市、莱芜市、台州市、阜阳市、廊坊市、汕头市、绍兴市、丹东市、泰州市、石嘴山市、芜湖市、岳阳市、四平市、德阳市、衡阳市、永州市、酒泉市、龙岩市、马鞍山市、扬州市、天水市、白山市、湘潭市、六安市、萍乡市、大庆市

续表

等级划分	城市
III 级 （共 60 个）	九江市、自贡市、漳州市、怀化市、邯郸市、防城港市、茂名市、衢州市、贵港市、汕尾市、松原市、辽阳市、南平市、嘉兴市、连云港市、淮安市、益阳市、丽水市、云浮市、安庆市、赣州市、运城市、宣城市、河源市、肇庆市、遵义市、伊春市、朔州市、荆门市、绵阳市、黄石市、抚顺市、郴州市、蚌埠市、湛江市、宿迁市、阳江市、菏泽市、鹤岗市、绥化市、榆林市、三门峡市、锦州市、莆田市、随州市、邵阳市、阳泉市、焦作市、白城市、新余市、衡水市、通化市、滁州市、乐山市、南阳市、鹰潭市、金昌市、襄阳市、通辽市、玉溪市
IV 级 （共 35 个）	合肥市、保定市、铜川市、开封市、荆州市、张掖市、安顺市、桂林市、安阳市、忻州市、亳州市、临汾市、鄂州市、平顶山市、朝阳市、宿州市、晋城市、六盘水市、宁德市、攀枝花市、平凉市、新乡市、阜新市、吉安市、辽源市、揭阳市、汉中市、信阳市、邢台市、淮南市、广元市、上饶市、北海市、许昌市、承德市
V 级 （共 45 个）	雅安市、铁岭市、钦州市、葫芦岛市、内江市、咸宁市、遂宁市、驻马店市、白银市、克拉玛依市、娄底市、商丘市、宜昌市、宜春市、长治市、渭南市、黄冈市、安康市、盘锦市、保山市、孝感市、十堰市、宜宾市、泸州市、曲靖市、河池市、咸阳市、周口市、淮北市、柳州市、宝鸡市、漯河市、鹤壁市、南充市、资阳市、梧州市、吴忠市、武威市、普洱市、巴中市、铜陵市、延安市、濮阳市、昭通市、百色市

2. 2000 年以来城市平均经济增长水平分级情况

和 1990~2018 年相比，2000~2018 年经济增长方面从 II 级上升到 I 级，上升了一级的城市有牡丹江市、怀化市、淄博市、郑州市。从 I 级下降到 II 级，下降了一级的城市有黄山市、肇庆市、长春市、防城港市；从 III 级上升到 II 级，上升了一级的城市有韶关市、威海市、临沂市、抚顺市、泰安市、盐城市、绥化市、南平市、伊春市、湖州市、绍兴市、赤峰市、台州市、滨州市、德州市、邵阳市；从 IV 级上升到 II 级，上升了二级的城市有张家口市。从 II 级下降到 III 级，下降了一级的城市有辽源市、南通市、赣州市、贵港市、扬州市、宁德市、清远市、龙岩市、酒泉市、莱芜市、鹤岗市、湛江市、通化市、芜湖市、揭阳市、莆田市、上饶市；从 IV 级上升到 III 级，上升了一级的城市有遵义市、阜新市、七台河市、阳泉市、保定市、马鞍山市、双鸭山市、焦作市、桂林市、白城市、石嘴山市；从 I 级下降到 III 级，下降了二级的城市有宿迁市；从 V 级上升到 III 级，上升了二级的城市有东营市、开封市。从Ⅲ级下降到Ⅳ级，下降了一级的城市有铜陵市、连云港市、黄冈市、淮南市、三门峡市、新余市、柳州市、宿州市、梧州市、安康市；从Ⅴ级上升到Ⅳ级，上升了一级的城市有绵阳市、松原市、葫芦岛市、淮安市。从Ⅲ级下降到Ⅴ级，下降了二级的城市有平凉市、信阳市、内江市、遂宁市、资阳市；从Ⅳ级下降到Ⅴ级，下降了一级的城市有南充市、武威市。

中国264个地级市2000年以来经济增长水平的分级情况见表22。

表22　264个地级市2000年以来平均经济增长水平等级划分

等级划分	城市
Ⅰ级 （共48个）	东莞市、深圳市、北京市、广州市、呼和浩特市、乌鲁木齐市、上海市、海口市、济南市、佛山市、包头市、大连市、沈阳市、中山市、青岛市、鞍山市、西安市、哈尔滨市、张家界市、武汉市、长沙市、三亚市、珠海市、厦门市、南京市、杭州市、佳木斯市、成都市、秦皇岛市、吉林市、太原市、贵阳市、昆明市、福州市、无锡市、兰州市、乌海市、呼伦贝尔市、牡丹江市、苏州市、潍坊市、天津市、南宁市、怀化市、汕头市、营口市、淄博市、郑州市
Ⅱ级 （共72个）	潮州市、茂名市、石家庄市、三明市、温州市、沧州市、鸡西市、黄山市、肇庆市、本溪市、长春市、丹东市、银川市、镇江市、西宁市、唐山市、烟台市、日照市、防城港市、嘉峪关市、齐齐哈尔市、常德市、舟山市、黑河市、南昌市、泉州市、衡阳市、韶关市、威海市、株洲市、江门市、梅州市、临沂市、宁波市、湘潭市、金华市、常州市、四平市、汕尾市、永州市、合肥市、云浮市、重庆市、漳州市、荆门市、抚顺市、惠州市、玉林市、泰安市、盐城市、绥化市、南平市、伊春市、白山市、枣庄市、天水市、自贡市、辽阳市、锦州市、通辽市、阳江市、湖州市、张家口市、绍兴市、阜阳市、赤峰市、台州市、襄阳市、滨州市、大同市、德州市、邵阳市
Ⅲ级 （共60个）	黄石市、辽源市、南通市、赣州市、徐州市、贵港市、扬州市、宁德市、河源市、荆州市、济宁市、清远市、益阳市、九江市、龙岩市、岳阳市、廊坊市、遵义市、聊城市、酒泉市、宣城市、莱芜市、景德镇市、北海市、衢州市、鹤岗市、阜新市、七台河市、湛江市、通化市、蚌埠市、芜湖市、嘉兴市、揭阳市、德阳市、洛阳市、阳泉市、保定市、丽水市、邯郸市、郴州市、泰州市、莆田市、马鞍山市、安庆市、双鸭山市、宿迁市、铜川市、焦作市、鄂州市、桂林市、克拉玛依市、六安市、随州市、东营市、开封市、鹰潭市、白城市、石嘴山市、上饶市
Ⅳ级 （共36个）	朝阳市、铜陵市、安顺市、连云港市、榆林市、黄冈市、新乡市、宜昌市、滁州市、淮南市、绵阳市、三门峡市、宜春市、萍乡市、铁岭市、汉中市、松原市、葫芦岛市、广元市、淮安市、吉安市、衡水市、新余市、保山市、渭南市、亳州市、朔州市、孝感市、柳州市、宿州市、梧州市、咸宁市、安康市、钦州市、咸阳市、张掖市

续表

等级划分	城市
V级 （共48个）	娄底市、平凉市、信阳市、运城市、承德市、南阳市、大庆市、内江市、玉溪市、遂宁市、金昌市、六盘水市、雅安市、乐山市、十堰市、攀枝花市、白银市、资阳市、邢台市、巴中市、菏泽市、晋城市、安阳市、宝鸡市、忻州市、商丘市、淮北市、许昌市、平顶山市、南充市、泸州市、武威市、驻马店市、河池市、临汾市、宜宾市、鹤壁市、曲靖市、漯河市、普洱市、周口市、长治市、昭通市、吴忠市、延安市、盘锦市、濮阳市、百色市

3. 1990年以来城市平均经济增长分级情况

中国264个地级市1990年以来经济增长水平的分级情况见表23。

表23　264个地级市1990年以来平均经济增长水平等级划分

等级划分	城市
I级 （共49个）	东莞市、深圳市、北京市、广州市、乌鲁木齐市、呼和浩特市、上海市、海口市、沈阳市、珠海市、佛山市、大连市、武汉市、济南市、哈尔滨市、西安市、青岛市、中山市、南京市、张家界市、长沙市、厦门市、包头市、无锡市、太原市、南宁市、鞍山市、杭州市、乌海市、汕头市、天津市、秦皇岛市、佳木斯市、成都市、昆明市、呼伦贝尔市、福州市、三亚市、潍坊市、苏州市、兰州市、防城港市、吉林市、营口市、贵阳市、黄山市、宿迁市、长春市、肇庆市
II级 （共72个）	潮州市、常州市、茂名市、三明市、郑州市、丹东市、温州市、怀化市、鸡西市、泉州市、牡丹江市、石家庄市、南昌市、江门市、汕尾市、南通市、烟台市、唐山市、舟山市、本溪市、常德市、淄博市、西宁市、永州市、玉林市、银川市、白山市、衡阳市、宁波市、辽阳市、日照市、镇江市、四平市、贵港市、辽源市、芜湖市、云浮市、龙岩市、齐齐哈尔市、沧州市、阜阳市、嘉峪关市、梅州市、襄阳市、湛江市、酒泉市、枣庄市、惠州市、阳江市、漳州市、天水市、金华市、鹤岗市、黑河市、清远市、湘潭市、重庆市、锦州市、赣州市、扬州市、莆田市、揭阳市、荆门市、上饶市、株洲市、通化市、通辽市、莱芜市、合肥市、自贡市、宁德市、大同市
III级 （共60个）	鄂州市、克拉玛依市、泰州市、铜川市、绥化市、伊春市、河源市、南平市、聊城市、六安市、益阳市、景德镇市、绍兴市、黄冈市、岳阳市、台州市、嘉兴市、郴州市、荆州市、廊坊市、湖州市、韶关市、济宁市、赤峰市、邵阳市、铜陵市、临沂市、滨州市、德州市、蚌埠市、安庆市、衢州市、宿州市、威海市、徐州市、抚顺市、黄石市、丽水市、九江市、德阳市、安康市、盐城市、洛阳市、遂宁市、连云港市、梧州市、随州市、泰安市、邯郸市、柳州市、内江市、鹰潭市、宣城市、信阳市、淮南市、平凉市、资阳市、三门峡市、北海市、新余市

等级划分	城市
IV级 （共36个）	阜新市、保定市、榆林市、武威市、萍乡市、白城市、双鸭山市、安顺市、石嘴山市、铁岭市、钦州市、渭南市、保山市、咸宁市、张掖市、马鞍山市、张家口市、桂林市、广元市、宜昌市、朝阳市、吉安市、遵义市、亳州市、七台河市、南充市、孝感市、朔州市、汉中市、焦作市、新乡市、滁州市、咸阳市、宜春市、阳泉市、衡水市
V级 （共47个）	淮安市、宜宾市、商丘市、开封市、乐山市、巴中市、河池市、淮北市、漯河市、驻马店市、金昌市、许昌市、平顶山市、攀枝花市、葫芦岛市、泸州市、六盘水市、忻州市、普洱市、大庆市、临汾市、松原市、南阳市、延安市、菏泽市、十堰市、娄底市、曲靖市、安阳市、东营市、绵阳市、晋城市、运城市、承德市、昭通市、白银市、宝鸡市、周口市、玉溪市、雅安市、长治市、鹤壁市、邢台市、盘锦市、濮阳市、百色市、吴忠市

4. 2018年城市经济增长水平分级情况

和2017年相比，2018年经济增长方面从Ⅱ级上升到Ⅰ级，上升了一级的城市有牡丹江市、西安市、太原市、秦皇岛市、厦门市、昆明市、日照市、六安市、常德市；从Ⅲ级上升到Ⅰ级，上升了二级的城市有舟山市。从Ⅰ级下降到Ⅱ级，下降了一级的城市有石家庄市、张家口市、成都市、景德镇市、大庆市、天津市、朔州市、贵阳市、双鸭山市、鸡西市；从Ⅲ级上升到Ⅱ级，上升了一级的城市有丹东市、马鞍山市、铜川市、酒泉市、大同市、阳泉市、泉州市、绵阳市、南昌市；从Ⅳ级上升到Ⅱ级，上升了二级的城市有防城港市；从Ⅴ级上升到Ⅱ级，上升了三级的城市有营口市、辽阳市、运城市、阜新市、盘锦市、玉溪市。从Ⅱ级下降到Ⅲ级，下降了一级的城市有新余市、通辽市、盐城市、朝阳市、天水市、益阳市、丽水市、湖州市、蚌埠市、四平市、遵义市、衡水市、安顺市；从Ⅳ级上升到Ⅲ级，上升了一级的城市有白银市、龙岩市、黄石市、宜春市、平凉市、合肥市；从Ⅴ级上升到Ⅲ级，上升了二级的城市有晋城市、柳州市、承德市、曲靖市、克拉玛依市、安阳市、汕头市。从Ⅲ级下降到Ⅳ级，下降了一级的城市有张掖市、鹤岗市、扬州市、潮州市、遂宁市、保定市、绥化市、开封市、淮安市、松原市、汕尾市、铁岭市、白城市；从Ⅴ级上升到Ⅳ级，上升了一级的城市有咸阳市、咸宁市、锦州市、河池市、湛江市；从Ⅱ级下降到Ⅳ级，下

降了二级的城市有梅州市、伊春市。从Ⅳ级下降到Ⅴ级，下降了一级的城市
有广元市、娄底市、许昌市、嘉兴市、随州市、连云港市、邢台市、河源
市、茂名市、保山市、资阳市、延安市、武威市；从Ⅲ级下降到Ⅴ级，下降
了二级的城市有辽源市、普洱市。

中国 264 个地级市 2018 年经济增长水平的分级情况见表 24。

表 24　264 个地级市 2018 年经济增长水平等级划分

等级划分	城市
Ⅰ级 （共 54 个）	包头市、呼和浩特市、乌鲁木齐市、广州市、东莞市、北京市、深圳市、上海市、鞍山市、大连市、海口市、沈阳市、吉林市、青岛市、乌海市、长沙市、东营市、张家界市、济南市、牡丹江市、三亚市、淄博市、西宁市、潍坊市、哈尔滨市、中山市、七台河市、呼伦贝尔市、杭州市、佳木斯市、兰州市、西安市、南京市、威海市、苏州市、烟台市、温州市、佛山市、太原市、秦皇岛市、武汉市、厦门市、舟山市、昆明市、株洲市、临沂市、赤峰市、日照市、嘉峪关市、滨州市、齐齐哈尔市、沧州市、六安市、常德市
Ⅱ级 （共 74 个）	石家庄市、张家口市、成都市、景德镇市、泰安市、唐山市、大庆市、安庆市、无锡市、济宁市、黄山市、洛阳市、福州市、德阳市、天津市、玉林市、朔州市、丹东市、枣庄市、防城港市、珠海市、贵阳市、德州市、三门峡市、岳阳市、自贡市、营口市、马鞍山市、榆林市、铜川市、聊城市、长春市、双鸭山市、酒泉市、金华市、韶关市、萍乡市、白山市、鸡西市、九江市、石嘴山市、郑州市、衡阳市、邯郸市、郴州市、三明市、芜湖市、常州市、镇江市、清远市、大同市、怀化市、乐山市、辽阳市、运城市、阜新市、南宁市、银川市、阳泉市、泉州市、永州市、六盘水市、湘潭市、廊坊市、桂林市、盘锦市、黑河市、玉溪市、惠州市、内江市、绵阳市、南昌市、莱芜市、重庆市
Ⅲ级 （共 60 个）	南通市、新余市、通辽市、临汾市、盐城市、朝阳市、鹰潭市、阳江市、天水市、本溪市、渭南市、台州市、益阳市、丽水市、湖州市、蚌埠市、绍兴市、四平市、葫芦岛市、遵义市、吉安市、长治市、雅安市、宣城市、赣州市、新乡市、菏泽市、白银市、晋城市、衡水市、邵阳市、肇庆市、阜阳市、柳州市、龙岩市、漳州市、黄石市、宁波市、荆门市、攀枝花市、承德市、忻州市、曲靖市、宜春市、平顶山市、克拉玛依市、宿迁市、徐州市、荆州市、宿州市、滁州市、平凉市、安顺市、衢州市、驻马店市、安阳市、汕头市、江门市、宜宾市、合肥市
Ⅳ级 （共 34 个）	金昌市、南阳市、张掖市、咸阳市、梅州市、鹤岗市、扬州市、伊春市、潮州市、遂宁市、保定市、信阳市、绥化市、开封市、南充市、鄂州市、淮安市、泰州市、咸宁市、松原市、襄阳市、抚顺市、锦州市、贵港市、汕尾市、铁岭市、亳州市、云浮市、焦作市、河池市、泸州市、南平市、白城市、湛江市
Ⅴ级 （共 42 个）	北海市、广元市、娄底市、许昌市、上饶市、嘉兴市、莆田市、随州市、连云港市、邢台市、鹤壁市、河源市、茂名市、揭阳市、通化市、汉中市、宁德市、辽源市、普洱市、十堰市、保山市、资阳市、商丘市、濮阳市、延安市、安康市、淮北市、淮南市、黄冈市、周口市、漯河市、宜昌市、武威市、宝鸡市、昭通市、梧州市、孝感市、吴忠市、钦州市、巴中市、铜陵市、百色市

5. 2017年城市经济增长水平分级情况

和2016年相比，2017年经济增长方面从Ⅱ级上升到Ⅰ级，上升了一级的城市有景德镇市、呼伦贝尔市、齐齐哈尔市、大庆市、西宁市、朔州市、临沂市、株洲市、兰州市、张家口市、石家庄市、成都市、沧州市；从Ⅲ级上升到Ⅰ级，上升了二级的城市有七台河市。从Ⅰ级下降到Ⅱ级，下降了一级的城市有厦门市、泰安市、日照市、秦皇岛市、牡丹江市、镇江市、福州市、珠海市、西安市、太原市、无锡市、唐山市；从Ⅲ级上升到Ⅱ级，上升了一级的城市有郴州市、德阳市、榆林市、永州市、怀化市、新余市、丽水市、六安市、邯郸市、梅州市、四平市、益阳市、银川市、遵义市；从Ⅳ级上升到Ⅱ级，上升了二级的城市有自贡市、伊春市、桂林市；从Ⅴ级上升到Ⅱ级，上升了三级的城市有乐山市、内江市、衡水市。从Ⅳ级上升到Ⅲ级，上升了一级的城市有忻州市、舟山市、鹤岗市、铁岭市、绵阳市、保定市、潮州市、邵阳市、白城市、新乡市、临汾市、宿迁市、驻马店市；从Ⅱ级下降到Ⅲ级，下降了一级的城市有大同市、泉州市、松原市、酒泉市、南昌市、宿州市、马鞍山市、南通市、阜阳市、绥化市、宣城市、张掖市、淮安市、丹东市、宁波市、阳江市、徐州市；从Ⅴ级上升到Ⅲ级，上升了二级的城市有雅安市、长治市、葫芦岛市、肇庆市、汕尾市、攀枝花市、渭南市、遂宁市、普洱市、宜宾市。从Ⅴ级上升到Ⅳ级，上升了一级的城市有抚顺市、河源市、泸州市、南充市、广元市、茂名市、邢台市、保山市、武威市；从Ⅲ级下降到Ⅳ级，下降了一级的城市有合肥市、龙岩市、贵港市、随州市、南阳市、信阳市、平凉市、南平市、连云港市、嘉兴市、金昌市、防城港市、焦作市、资阳市、黄石市；从Ⅱ级下降到Ⅳ级，下降了二级的城市有泰州市。从Ⅲ级下降到Ⅴ级，下降了二级的城市有莆田市、安阳市、上饶市、晋城市、运城市、玉溪市、咸宁市、淮南市、克拉玛依市、河池市；从Ⅱ级下降到Ⅴ级，下降了三级的城市有辽阳市、阜新市；从Ⅳ级下降到Ⅴ级，下降了一级的城市有通化市、营口市、曲靖市、汕头市、承德市、安康市、宁德市、柳州市、淮北市。

中国264个地级市2017年经济增长水平的分级情况见表25。

表 25 264 个地级市 2017 年经济增长水平等级划分

等级划分	城市
I 级 (共 54 个)	呼和浩特市、包头市、北京市、广州市、上海市、深圳市、东莞市、海口市、鞍山市、大连市、青岛市、张家界市、乌鲁木齐市、哈尔滨市、沈阳市、济南市、长沙市、吉林市、潍坊市、乌海市、景德镇市、中山市、威海市、鸡西市、杭州市、呼伦贝尔市、佳木斯市、南京市、东营市、温州市、佛山市、烟台市、齐齐哈尔市、淄博市、嘉峪关市、七台河市、苏州市、大庆市、三亚市、西宁市、朔州市、双鸭山市、天津市、临沂市、株洲市、贵阳市、兰州市、张家口市、赤峰市、石家庄市、成都市、滨州市、沧州市、武汉市
II 级 (共 72 个)	厦门市、泰安市、常德市、廊坊市、日照市、郴州市、石嘴山市、秦皇岛市、德州市、自贡市、衡阳市、聊城市、萍乡市、牡丹江市、镇江市、金华市、德阳市、福州市、黄山市、岳阳市、珠海市、洛阳市、济宁市、玉林市、榆林市、昆明市、乐山市、西安市、太原市、无锡市、永州市、怀化市、湘潭市、长春市、莱芜市、新余市、六盘水市、黑河市、郑州市、丽水市、湖州市、韶关市、六安市、惠州市、内江市、枣庄市、白山市、朝阳市、邯郸市、通辽市、伊春市、南宁市、唐山市、衡水市、常州市、三门峡市、梅州市、天水市、四平市、盐城市、桂林市、重庆市、益阳市、银川市、安庆市、九江市、蚌埠市、芜湖市、三明市、安顺市、清远市、遵义市
III 级 (共 59 个)	忻州市、大同市、舟山市、平顶山市、鹤岗市、泉州市、绍兴市、雅安市、吉安市、松原市、江门市、本溪市、铁岭市、绵阳市、酒泉市、南昌市、宿州市、漳州市、马鞍山市、南通市、台州市、阜阳市、保定市、绥化市、潮州市、宣城市、张掖市、淮安市、邵阳市、菏泽市、长治市、开封市、葫芦岛市、荆州市、鹰潭市、肇庆市、丹东市、汕尾市、宁波市、荆门市、攀枝花市、铜川市、渭南市、滁州市、白城市、遂宁市、衢州市、扬州市、新乡市、临汾市、宿迁市、阳泉市、普洱市、宜宾市、阳江市、徐州市、赣州市、驻马店市、辽源市
IV 级 (共 34 个)	襄阳市、娄底市、抚顺市、河源市、合肥市、白银市、龙岩市、亳州市、泸州市、贵港市、随州市、南充市、延安市、南阳市、广元市、信阳市、平凉市、泰州市、云浮市、茂名市、许昌市、南平市、连云港市、邢台市、保山市、嘉兴市、金昌市、防城港市、焦作市、资阳市、武威市、鄂州市、黄石市、宜春市
V 级 (共 45 个)	鹤壁市、莆田市、湛江市、商丘市、安阳市、上饶市、晋城市、运城市、漯河市、玉溪市、十堰市、辽阳市、阜新市、盘锦市、咸宁市、通化市、营口市、揭阳市、曲靖市、汕头市、梧州市、宝鸡市、淮南市、锦州市、周口市、承德市、宜昌市、濮阳市、克拉玛依市、黄冈市、安康市、汉中市、宁德市、孝感市、柳州市、巴中市、淮北市、北海市、咸阳市、河池市、钦州市、昭通市、吴忠市、百色市、铜陵市

6. 2016 年城市经济增长水平分级情况

和 2015 年相比，2016 年经济增长方面从 II 级上升到 I 级，上升了一级的城市有鞍山市、贵阳市、泰安市、滨州市、温州市、唐山市、赤峰市、鸡西市。从Ⅲ级上升到Ⅱ级，上升了一级的城市有大庆市、酒泉市、德州市、黑河市、白山市、马鞍山市、安庆市、绥化市、张掖市、蚌埠市、衡阳市、朝阳市；从Ⅳ级上升到Ⅱ级，上升了二级的城市有莱芜市、阳江市、丹东市、朔州市、宿州市、通辽市、三门峡市；从Ⅰ级下降到Ⅱ级，下降了一级的城市有昆明市、兰州市、金华市、郑州市、石家庄市、宁波市、成都市；从Ⅴ级上升到Ⅱ级上升了三级的城市有阜新市、六盘水市、安顺市。从Ⅴ级上升到Ⅲ级，上升了二级的城市有金昌市、资阳市；从Ⅰ级下降到Ⅲ级，下降了二级的城市有本溪市、七台河市；从Ⅱ级下降到Ⅲ级，下降了一级的城市有防城港市、四平市、新余市、阳泉市、衢州市、嘉兴市、扬州市、江门市、德阳市、绍兴市、邯郸市、漳州市、荆门市、台州市、运城市、焦作市、连云港市；从Ⅳ级上升到Ⅲ级，上升了一级的城市有榆林市、克拉玛依市、平凉市、银川市、淮南市、铜川市、吉安市、黄石市、咸宁市。从Ⅱ级下降到Ⅳ级，下降了二级的城市有鹤岗市、营口市、舟山市、白城市；从Ⅴ级上升到Ⅳ级，上升了一级的城市有云浮市、襄阳市、安康市、保定市、桂林市、曲靖市、柳州市、白银市、延安市、宁德市、铁岭市；从Ⅲ级下降到Ⅳ级，下降了一级的城市有亳州市、承德市、邵阳市、伊春市、汕头市、临汾市、淮北市、忻州市、许昌市、自贡市、新乡市。从Ⅳ级下降到Ⅴ级，下降了一级的城市有河源市、北海市、黄冈市、周口市、内江市、汕尾市、保山市、钦州市、锦州市、咸阳市；从Ⅲ级下降到Ⅴ级，下降了二级的城市有攀枝花市、抚顺市、湛江市、茂名市、衡水市、肇庆市。

中国264个地级市2016年经济增长水平的分级情况见表26。

表26　264个地级市2016年经济增长水平等级划分

等级划分	城市
Ⅰ级 （共52个）	呼和浩特市、北京市、深圳市、包头市、广州市、东莞市、上海市、嘉峪关市、乌海市、鞍山市、青岛市、乌鲁木齐市、济南市、西安市、大连市、哈尔滨市、海口市、长沙市、张家界市、苏州市、三亚市、杭州市、中山市、南京市、厦门市、潍坊市、佳木斯市、威海市、太原市、东营市、贵阳市、天津市、沈阳市、佛山市、武汉市、吉林市、淄博市、烟台市、无锡市、牡丹江市、泰安市、珠海市、滨州市、温州市、唐山市、双鸭山市、赤峰市、鸡西市、秦皇岛市、日照市、福州市、镇江市

续表

等级划分	城市
Ⅱ级 (共73个)	大庆市、韶关市、莱芜市、沧州市、昆明市、黄山市、酒泉市、三明市、兰州市、大同市、齐齐哈尔市、金华市、南通市、郑州市、阳江市、石家庄市、德州市、枣庄市、黑河市、廊坊市、株洲市、天水市、洛阳市、白山市、玉林市、常州市、阜新市、盐城市、马鞍山市、九江市、安庆市、芜湖市、常德市、呼伦贝尔市、丹东市、清远市、徐州市、临沂市、朔州市、岳阳市、济宁市、西宁市、南昌市、六盘水市、泉州市、萍乡市、南宁市、宁波市、泰州市、绥化市、阜阳市、成都市、张掖市、长春市、惠州市、淮安市、辽阳市、宜城市、聊城市、重庆市、湘潭市、张家口市、蚌埠市、衡阳市、宿州市、景德镇市、松原市、朝阳市、湖州市、通辽市、安顺市、石嘴山市、三门峡市
Ⅲ级 (共59个)	六安市、金昌市、本溪市、滁州市、七台河市、防城港市、榆林市、丽水市、四平市、克拉玛依市、平凉市、郴州市、新余市、合肥市、菏泽市、永州市、辽源市、贵港市、怀化市、银川市、阳泉市、平顶山市、衢州市、嘉兴市、安阳市、扬州市、江门市、晋城市、德阳市、绍兴市、邯郸市、淮南市、漳州市、益阳市、龙岩市、资阳市、铜川市、赣州市、吉安市、上饶市、荆门市、南平市、遵义市、开封市、随州市、黄石市、梅州市、南阳市、咸宁市、台州市、运城市、鹰潭市、河池市、信阳市、玉溪市、荆州市、焦作市、莆田市、连云港市
Ⅳ级 (共34个)	鹤岗市、云浮市、襄阳市、宜春市、营口市、亳州市、承德市、宿迁市、舟山市、绵阳市、娄底市、潮州市、安康市、邵阳市、伊春市、保定市、桂林市、通化市、鄂州市、曲靖市、汕头市、临汾市、柳州市、淮北市、驻马店市、忻州市、许昌市、自贡市、新乡市、白银市、延安市、宁德市、白城市、铁岭市
Ⅴ级 (共46个)	河源市、攀枝花市、抚顺市、十堰市、宜昌市、乐山市、北海市、黄冈市、汉中市、商丘市、揭阳市、湛江市、盘锦市、周口市、遂宁市、长治市、葫芦岛市、孝感市、内江市、茂名市、鹤壁市、宜宾市、汕尾市、雅安市、普洱市、广元市、衡水市、濮阳市、肇庆市、保山市、渭南市、钦州市、漯河市、南充市、锦州市、昭通市、梧州市、泸州市、邢台市、宝鸡市、巴中市、吴忠市、咸阳市、铜陵市、武威市、百色市

7. 2015年城市经济增长水平分级情况

中国264个地级市2015年经济增长水平的分级情况见表27。

表27 264个地级市2015年经济增长水平等级划分

等级划分	城市
Ⅰ级 (共53个)	东莞市、呼和浩特市、深圳市、北京市、广州市、上海市、乌鲁木齐市、包头市、海口市、济南市、西安市、青岛市、杭州市、兰州市、张家界市、厦门市、三亚市、七台河市、南京市、大连市、淄博市、佛山市、太原市、苏州市、中山市、武汉市、长沙市、哈尔滨市、牡丹江市、珠海市、天津市、嘉峪关市、无锡市、乌海市、威海市、佳木斯市、昆明市、吉林市、金华市、双鸭山市、成都市、东营市、宁波市、郑州市、秦皇岛市、日照市、石家庄市、烟台市、沈阳市、镇江市、福州市、潍坊市、本溪市

续表

等级划分	城市
Ⅱ级 （共73个）	大同市、张家口市、常州市、泰安市、三明市、贵阳市、呼伦贝尔市、济宁市、鸡西市、洛阳市、芜湖市、滨州市、温州市、松原市、防城港市、徐州市、南通市、阜阳市、枣庄市、天水市、南宁市、四平市、长春市、湖州市、泰州市、邯郸市、唐山市、玉林市、江门市、齐齐哈尔市、辽阳市、重庆市、鞍山市、景德镇市、韶关市、沧州市、常德市、惠州市、萍乡市、德阳市、盐城市、九江市、泉州市、石嘴山市、清远市、白城市、台州市、营口市、黄山市、阳泉市、岳阳市、湘潭市、舟山市、衢州市、嘉兴市、西宁市、运城市、连云港市、新余市、绍兴市、南昌市、赤峰市、廊坊市、漳州市、淮安市、鹤岗市、株洲市、宣城市、临沂市、聊城市、扬州市、荆门市、焦作市
Ⅲ级 （共58个）	平顶山市、永州市、湛江市、怀化市、蚌埠市、德州市、马鞍山市、南阳市、许昌市、安阳市、龙岩市、丽水市、益阳市、贵港市、赣州市、自贡市、合肥市、衡阳市、衡水市、黑河市、上饶市、张掖市、亳州市、酒泉市、茂名市、辽源市、开封市、伊春市、汕头市、滁州市、南平市、邵阳市、临汾市、随州市、抚顺市、承德市、菏泽市、白山市、忻州市、大庆市、莆田市、信阳市、六安市、鹰潭市、安庆市、玉溪市、郴州市、荆州市、绥化市、遵义市、肇庆市、晋城市、攀枝花市、淮北市、河池市、朝阳市、梅州市、新乡市
Ⅳ级 （共34个）	内江市、通辽市、绵阳市、宿州市、朔州市、宿迁市、平凉市、潮州市、通化市、榆林市、克拉玛依市、丹东市、银川市、鄂州市、三门峡市、驻马店市、吉安市、河源市、锦州市、咸宁市、娄底市、淮南市、宜春市、咸阳市、铜川市、周口市、黄石市、莱芜市、阳江市、保山市、汕尾市、黄冈市、钦州市、北海市
Ⅴ级 （共46个）	柳州市、金昌市、乐山市、汉中市、安康市、六盘水市、商丘市、雅安市、襄阳市、宜昌市、十堰市、宁德市、广元市、安顺市、云浮市、邢台市、阜新市、泸州市、濮阳市、孝感市、漯河市、遂宁市、宜宾市、保定市、鹤壁市、盘锦市、资阳市、南充市、梧州市、曲靖市、桂林市、揭阳市、葫芦岛市、渭南市、延安市、铜陵市、昭通市、长治市、宝鸡市、武威市、吴忠市、白银市、铁岭市、巴中市、普洱市、百色市

（三）中国城市增长潜力分级情况

将264个地级市增长潜力情况按2010年以来、2000年以来、1990年以来和2018年、2017年、2016年和2015年这几个时间进行分级。

1. 2010年以来城市平均增长潜力水平分级情况

和2000~2018年相比，2010~2018年增长潜力方面从Ⅱ级上升到Ⅰ级，上升了一级的城市有宣城市、盐城市、赣州市、通化市、衢州市、威海市、铜陵市、昆明市、嘉兴市。从 I 级下降到 II 级，下降了一级的城市有安康市、青岛市、济南市、巴中市、石家庄市、忻州市、哈尔滨市；从 III 级上升到 II 级，上升了一级的城市有惠州市、铜川市、荆州市、泰州市、潍坊市、株洲市、银川市、邵阳市；从 IV 级上升到 II 级，上升了二级的城市有东莞市。从 II 级下降到 III 级，下降了一级的城市有景德镇市、曲靖市、呼伦贝尔市、张家口市、齐齐哈尔市、白城市、承德市；从 IV 级上升到 III 级，上升了一级的城市有新余市、鹰潭市、萍乡市、郴州市、佛山市、汕头市、滨州市、葫芦岛市、驻马店市、南阳市、德阳市、玉溪市、莱芜市；从 V 级上升到 III 级，上升了二级的城市有襄阳市。从 III 级下降到 IV 级，下降了一级的城市有安阳市、贵港市、鹤岗市、晋城市、柳州市、佳木斯市、益阳市、菏泽市、抚顺市、伊春市、朝阳市；从 V 级上升到 IV 级，上升了一级的城市有钦州市、漳州市、荆门市、德州市、南平市、泉州市、乐山市。从 IV 级下降到 V 级，下降了一级的城市有鸡西市、包头市、泰安市、本溪市；从 III 级下降到 V 级，下降了二级的城市有丹东市。

中国 264 个地级市 2010 年以来增长潜力水平的分级情况见表 28。

表 28　264 个地级市 2010 年以来平均增长潜力水平等级划分

等级划分	城市
I 级 （共 46 个）	上海市、北京市、珠海市、深圳市、合肥市、南京市、武汉市、杭州市、天津市、贵阳市、广州市、宣城市、黄山市、厦门市、中山市、太原市、丽水市、梅州市、天水市、马鞍山市、苏州市、盐城市、六安市、绍兴市、宁波市、河池市、南昌市、舟山市、赣州市、兰州市、河源市、通化市、大连市、长沙市、西安市、成都市、衢州市、郑州市、威海市、连云港市、金华市、乌鲁木齐市、沈阳市、铜陵市、昆明市、嘉兴市
II 级 （共 69 个）	安康市、安庆市、青岛市、镇江市、重庆市、滁州市、吉安市、宜春市、济南市、巴中市、云浮市、韶关市、常州市、石家庄市、黄冈市、秦皇岛市、宿迁市、普洱市、绵阳市、淮安市、广元市、忻州市、无锡市、阜阳市、桂林市、哈尔滨市、汕尾市、保山市、南通市、百色市、扬州市、孝感市、湖州市、汉中市、西宁市、张掖市、清远市、呼和浩特市、吴忠市、惠州市、武威市、烟台市、福州市、芜湖市、徐州市、三亚市、上饶市、铜川市、雅安市、东莞市、荆州市、长春市、九江市、温州市、铁岭市、邢台市、肇庆市、泰州市、宿州市、黑河市、南宁市、廊坊市、潍坊市、新乡市、保定市、海口市、株洲市、银川市、邵阳市

等级划分	城市
Ⅲ级 （共61个）	湘潭市、泸州市、江门市、淮南市、白银市、景德镇市、咸宁市、曲靖市、呼伦贝尔市、怀化市、张家口市、亳州市、牡丹江市、永州市、齐齐哈尔市、台州市、昭通市、六盘水市、蚌埠市、白城市、黄石市、平凉市、十堰市、长治市、潮州市、洛阳市、承德市、渭南市、玉林市、大同市、新余市、周口市、鹰潭市、许昌市、萍乡市、遵义市、宜宾市、郴州市、宜昌市、南充市、佛山市、龙岩市、汕头市、滨州市、运城市、阜新市、葫芦岛市、咸阳市、张家界市、淄博市、驻马店市、南阳市、安顺市、德阳市、锦州市、襄阳市、延安市、信阳市、赤峰市、玉溪市、莱芜市
Ⅳ级 （共38个）	济宁市、三明市、开封市、安阳市、贵港市、湛江市、鹤岗市、晋城市、柳州市、宝鸡市、濮阳市、钦州市、吉林市、北海市、佳木斯市、邯郸市、益阳市、菏泽市、焦作市、临汾市、漳州市、淮北市、平顶山市、三门峡市、自贡市、绥化市、抚顺市、荆门市、梧州市、衡水市、德州市、攀枝花市、伊春市、朝阳市、南平市、沧州市、泉州市、乐山市
Ⅴ级 （共50个）	揭阳市、榆林市、衡阳市、鸡西市、丹东市、遂宁市、包头市、鄂州市、商丘市、娄底市、茂名市、四平市、阳江市、石嘴山市、莆田市、泰安市、乌海市、唐山市、临沂市、通辽市、本溪市、鹤壁市、白山市、随州市、内江市、阳泉市、酒泉市、常德市、克拉玛依市、辽阳市、宁德市、双鸭山市、岳阳市、漯河市、资阳市、七台河市、日照市、盘锦市、聊城市、大庆市、营口市、东营市、鞍山市、辽源市、金昌市、朔州市、枣庄市、防城港市、嘉峪关市、松原市

2. 2000年以来城市平均增长潜力水平分级情况

和1990～2018年相比，2000～2018年增长潜力方面从Ⅱ级上升到Ⅰ级，上升了一级的城市有六安市、中山市、金华市。从Ⅰ级下降到Ⅱ级，下降了一级的城市有宣城市、通化市、秦皇岛市、桂林市、保山市、昆明市、西宁市、普洱市、百色市、白城市、曲靖市；从Ⅲ级上升到Ⅱ级，上升了一级的城市有宿州市、海口市、徐州市。从Ⅱ级下降到Ⅲ级，下降了一级的城市有湘潭市、邵阳市、周口市、泰州市、锦州市、长治市、赤峰市、昭通市、安顺市、蚌埠市、咸阳市、阜新市、抚顺市、运城市、晋城市；从Ⅳ级上升到Ⅲ级，上升了一级的城市有十堰市、益阳市、宜宾市；从Ⅴ级上升到Ⅲ级，上升了二级的城市有贵港市。从Ⅲ级下降到Ⅳ级，下降了一级的城市有开封市、莱芜市、萍乡市、濮阳市、绥化市、玉溪市、吉林市、湛江市、临汾市、葫芦岛市、平顶山市、沧州市、佛山市、衡水市、鸡西市；从Ⅴ级上升到Ⅳ级，上升了一级的城市有新余市、北海市、东莞市。从Ⅳ级下降到Ⅴ级，下降了一级的城市有钦州市、漳州市、衡阳市、阳泉市、莆田市、白山市、阳江市、通辽市、泉州市、随州市、辽源市、营口市；从Ⅲ级下降到Ⅴ级，下降了二级的城市有四平市。

中国264个地级市2000年以来增长潜力水平的分级情况见表29。

表29　264个地级市2000年以来平均增长潜力水平等级划分

等级划分	城市
Ⅰ级 （共44个）	上海市、北京市、珠海市、深圳市、南京市、武汉市、合肥市、天津市、杭州市、厦门市、广州市、贵阳市、丽水市、天水市、梅州市、太原市、长沙市、沈阳市、兰州市、大连市、南昌市、济南市、河池市、宁波市、舟山市、苏州市、郑州市、绍兴市、安康市、成都市、忻州市、河源市、西安市、六安市、黄山市、马鞍山市、中山市、金华市、连云港市、青岛市、哈尔滨市、巴中市、乌鲁木齐市、石家庄市
Ⅱ级 （共69个）	衢州市、宣城市、通化市、盐城市、秦皇岛市、吉安市、桂林市、保山市、昆明市、西宁市、赣州市、重庆市、呼和浩特市、普洱市、安庆市、汉中市、百色市、韶关市、威海市、嘉兴市、吴忠市、铜陵市、广元市、镇江市、黄冈市、宿迁市、芜湖市、黑河市、清远市、宜春市、上饶市、阜阳市、福州市、铁岭市、云浮市、武威市、常州市、绵阳市、长春市、白城市、张掖市、保定市、淮安市、曲靖市、湖州市、肇庆市、雅安市、呼伦贝尔市、齐齐哈尔市、廊坊市、扬州市、滁州市、三亚市、南通市、汕尾市、温州市、烟台市、张家口市、无锡市、新乡市、承德市、九江市、宿州市、孝感市、海口市、邢台市、南宁市、景德镇市、徐州市
Ⅲ级 （共60个）	湘潭市、邵阳市、株洲市、周口市、银川市、泰州市、牡丹江市、白银市、淮南市、潍坊市、荆州市、南充市、锦州市、铜川市、长治市、赤峰市、昭通市、安顺市、怀化市、咸宁市、张家界市、永州市、平凉市、玉林市、蚌埠市、台州市、咸阳市、渭南市、许昌市、菏泽市、六盘水市、泸州市、大同市、阜新市、惠州市、朝阳市、抚顺市、十堰市、江门市、黄石市、淄博市、洛阳市、潮州市、运城市、延安市、信阳市、丹东市、佳木斯市、宜昌市、晋城市、柳州市、安阳市、龙岩市、益阳市、贵港市、亳州市、鹤岗市、遵义市、宜宾市、伊春市
Ⅳ级 （共38个）	开封市、莱芜市、萍乡市、濮阳市、德阳市、绥化市、玉溪市、滨州市、吉林市、湛江市、驻马店市、临汾市、郴州市、攀枝花市、鹰潭市、葫芦岛市、平顶山市、邯郸市、新余市、三明市、沧州市、北海市、济宁市、三门峡市、南阳市、焦作市、包头市、佛山市、宝鸡市、自贡市、东莞市、衡水市、淮北市、泰安市、鸡西市、本溪市、汕头市、梧州市
Ⅴ级 （共53个）	钦州市、乐山市、襄阳市、四平市、榆林市、漳州市、商丘市、娄底市、衡阳市、南平市、阳泉市、揭阳市、德州市、莆田市、茂名市、遂宁市、临沂市、白山市、内江市、荆门市、阳江市、克拉玛依市、通辽市、泉州市、辽阳市、随州市、七台河市、辽源市、鄂州市、唐山市、鹤壁市、双鸭山市、酒泉市、营口市、聊城市、资阳市、常德市、乌海市、东营市、漯河市、日照市、岳阳市、石嘴山市、宁德市、鞍山市、盘锦市、大庆市、枣庄市、朔州市、金昌市、防城港市、松原市、嘉峪关市

3.1990年以来城市平均增长潜力分级情况

中国264个地级市1990年以来增长潜力水平的分级情况见表30。

表30 264个地级市1990年以来平均增长潜力水平等级划分

等级划分	城市
I级 （共52个）	上海市、北京市、珠海市、深圳市、南京市、武汉市、天津市、合肥市、广州市、厦门市、杭州市、贵阳市、梅州市、丽水市、天水市、长沙市、南昌市、沈阳市、太原市、大连市、济南市、保山市、绍兴市、兰州市、河池市、西安市、苏州市、安康市、郑州市、忻州市、成都市、马鞍山市、宁波市、连云港市、河源市、通化市、舟山市、哈尔滨市、百色市、石家庄市、昆明市、桂林市、秦皇岛市、黄山市、普洱市、巴中市、白城市、青岛市、乌鲁木齐市、西宁市、曲靖市、宣城市
II级 （共73个）	金华市、重庆市、六安市、中山市、吉安市、呼和浩特市、上饶市、芜湖市、吴忠市、盐城市、安庆市、威海市、呼伦贝尔市、武威市、汉中市、齐齐哈尔市、福州市、黑河市、清远市、宿迁市、韶关市、赣州市、长春市、保定市、铁岭市、嘉兴市、镇江市、承德市、衢州市、铜陵市、锦州市、黄冈市、昭通市、肇庆市、张掖市、张家口市、抚顺市、广元市、烟台市、赤峰市、雅安市、晋城市、扬州市、绵阳市、新乡市、常州市、三亚市、南通市、温州市、滁州市、周口市、孝感市、九江市、淮安市、咸阳市、泰州市、邢台市、湘潭市、云浮市、阜阳市、长治市、蚌埠市、安顺市、阜新市、宜春市、廊坊市、湖州市、运城市、汕尾市、邵阳市、无锡市、景德镇市、南宁市
III级 （共60个）	平凉市、南充市、徐州市、许昌市、咸宁市、朝阳市、牡丹江市、大同市、潍坊市、丹东市、铜川市、宿州市、菏泽市、张家界市、白银市、渭南市、海口市、株洲市、开封市、潮州市、淮南市、玉林市、惠州市、泸州市、怀化市、台州市、永州市、六盘水市、洛阳市、佳木斯市、黄石市、荆州市、银川市、四平市、亳州市、江门市、绥化市、宜昌市、沧州市、淄博市、安阳市、鹤岗市、濮阳市、葫芦岛市、临汾市、萍乡市、鸡西市、吉林市、佛山市、柳州市、龙岩市、湛江市、莱芜市、平顶山市、信阳市、延安市、伊春市、玉溪市、遵义市、衡水市
IV级 （共35个）	三明市、邯郸市、滨州市、包头市、通辽市、泰安市、本溪市、益阳市、自贡市、郴州市、辽源市、济宁市、宝鸡市、宜宾市、驻马店市、鹰潭市、淮北市、汕头市、德阳市、三门峡市、漳州市、钦州市、阳泉市、莆田市、梧州市、攀枝花市、十堰市、衡阳市、营口市、白山市、焦作市、阳江市、随州市、南阳市、泉州市
V级 （共44个）	辽阳市、贵港市、七台河市、娄底市、襄阳市、酒泉市、东莞市、内江市、南平市、唐山市、德州市、乐山市、茂名市、北海市、临沂市、新余市、商丘市、荆门市、揭阳市、遂宁市、资阳市、克拉玛依市、鞍山市、聊城市、双鸭山市、鹤壁市、漯河市、岳阳市、常德市、东营市、鄂州市、乌海市、日照市、石嘴山市、盘锦市、榆林市、宁德市、防城港市、松原市、枣庄市、大庆市、朔州市、金昌市、嘉峪关市

4.2018年城市增长潜力水平分级情况

和 2017 年相比，2018 年增长潜力方面从Ⅱ级上升到Ⅰ级，上升了一级的城市有郑州市、韶关市。从Ⅰ级下降到Ⅱ级，下降了一级的城市有吉安市、河池市；从Ⅲ级上升到Ⅱ级，上升了一级的城市有张掖市、萍乡市、宜昌市、淮南市、上饶市；从Ⅳ级上升到Ⅱ级，上升了二级的城市有白银市。从Ⅱ级下降到Ⅲ级，下降了一级的城市有徐州市、泰州市、南通市、汉中市、雅安市、南宁市、无锡市；从Ⅳ级上升到Ⅲ级，上升了一级的城市有朝阳市、鸡西市、葫芦岛市；从Ⅴ级上升到Ⅲ级，上升了二级的城市有抚顺市、阜新市。从Ⅴ级上升到Ⅳ级，上升了一级的城市有大庆市、鞍山市、石嘴山市、攀枝花市、泉州市、唐山市、淮北市；从Ⅲ级下降到Ⅳ级，下降了一级的城市有延安市、信阳市、运城市、许昌市、北海市。从Ⅳ级下降到Ⅴ级，下降了一级的城市有宝鸡市、宁德市、菏泽市、莱芜市、濮阳市、邯郸市、黑河市、四平市；从Ⅲ级下降到Ⅴ级，下降了二级的城市有丹东市、锦州市。中国 264 个地级市 2018 年增长潜力水平的分级情况见表 31。

表 31　264 个地级市 2018 年增长潜力水平等级划分

等级划分	城市
Ⅰ级 （共46个）	珠海市、上海市、深圳市、北京市、中山市、合肥市、武汉市、广州市、六安市、南京市、杭州市、梅州市、通化市、黄山市、宜春市、宣城市、赣州市、南昌市、马鞍山市、丽水市、盐城市、贵阳市、天水市、滁州市、绍兴市、苏州市、汕尾市、孝感市、衢州市、兰州市、成都市、乌鲁木齐市、安庆市、惠州市、威海市、厦门市、天津市、西安市、河源市、舟山市、铜陵市、昆明市、郑州市、韶关市、金华市、宁波市
Ⅱ级 （共70个）	吉安市、云浮市、巴中市、秦皇岛市、青岛市、荆州市、嘉兴市、黄冈市、河池市、武威市、普洱市、东莞市、阜阳市、铁岭市、保定市、曲靖市、张掖市、亳州市、太原市、长沙市、六盘水市、重庆市、清远市、株洲市、福州市、襄阳市、烟台市、石家庄市、怀化市、铜川市、呼和浩特市、泸州市、扬州市、大连市、白银市、济南市、湖州市、镇江市、廊坊市、邢台市、长春市、连云港市、萍乡市、九江市、沈阳市、西宁市、新乡市、张家口市、黄石市、温州市、宿州市、江门市、龙岩市、宜昌市、淮南市、安康市、忻州市、常州市、桂林市、咸宁市、保山市、吴忠市、鹰潭市、景德镇市、邵阳市、佛山市、绵阳市、长治市、百色市、上饶市

续表

等级划分	城市
Ⅲ级 （共61个）	徐州市、泰州市、南通市、平凉市、银川市、昭通市、汉中市、鄂州市、肇庆市、芜湖市、十堰市、潍坊市、永州市、新余市、雅安市、南宁市、驻马店市、玉溪市、无锡市、滨州市、白城市、齐齐哈尔市、玉林市、朝阳市、潮州市、淄博市、哈尔滨市、三亚市、荆门市、平顶山市、大同市、台州市、赤峰市、鸡西市、承德市、广元市、咸阳市、遵义市、洛阳市、周口市、漳州市、渭南市、湘潭市、蚌埠市、呼伦贝尔市、淮安市、葫芦岛市、鹤岗市、湛江市、张家界市、南阳市、安顺市、开封市、汕头市、沧州市、海口市、抚顺市、阜新市、南充市、宿迁市、郴州市
Ⅳ级 （共37个）	德州市、大庆市、榆林市、克拉玛依市、柳州市、延安市、双鸭山市、绥化市、信阳市、衡水市、宜宾市、鞍山市、运城市、自贡市、安阳市、许昌市、济宁市、北海市、三明市、茂名市、德阳市、牡丹江市、临汾市、伊春市、佳木斯市、吉林市、石嘴山市、钦州市、攀枝花市、揭阳市、衡阳市、内江市、泉州市、益阳市、唐山市、淮北市、南平市
Ⅴ级 （共50个）	宝鸡市、七台河市、丹东市、本溪市、宁德市、阳江市、菏泽市、酒泉市、莱芜市、泰安市、濮阳市、邯郸市、乐山市、通辽市、随州市、黑河市、临沂市、常德市、日照市、三门峡市、遂宁市、包头市、岳阳市、锦州市、四平市、晋城市、白山市、东营市、漯河市、乌海市、金昌市、鹤壁市、娄底市、贵港市、梧州市、资阳市、阳泉市、商丘市、焦作市、莆田市、辽源市、聊城市、枣庄市、营口市、防城港市、嘉峪关市、朔州市、盘锦市、辽阳市、松原市

5. 2017年城市增长潜力水平分级情况

和2016年相比，2017年增长潜力方面从Ⅱ级上升到Ⅰ级，上升了一级的城市有汕尾市、惠州市、兰州市、安庆市、金华市。从Ⅰ级下降到Ⅱ级，下降了一级的城市有太原市、荆州市、阜阳市、宿州市；从Ⅲ级上升到Ⅱ级，上升了一级的城市有亳州市、怀化市、襄阳市、株洲市、扬州市、雅安市、黄石市、铁岭市、南宁市、龙岩市、佛山市、泰州市、张家口市、邵阳市、景德镇市。从Ⅱ级下降到Ⅲ级，下降了一级的城市有广元市、潍坊市、潮州市、萍乡市、淮南市、张掖市、上饶市、三亚市、宜昌市、海口市；从Ⅴ级上升到Ⅲ级，上升了二级的城市有大同市、鹤岗市；从Ⅳ级上升到Ⅲ级，上升了一级的城市咸阳市、周口市、蚌埠市、赤峰市、丹东市、平凉市、安顺市、平顶山市、漳州市、开封市、运城市、沧州市、许昌市。从Ⅲ级下降到Ⅳ级，下降了一级的城市有宜宾市、德阳市、黑河市、宝鸡市、克拉玛依市、揭阳市、邯郸市；从 V 级上升到 IV 级，上升了一级的城市有鸡西市、自贡市、双鸭山市、朝阳市、临汾市、佳木斯市、伊春市、四平市、吉林市、宁德市、内江市；从 II 级下降到 IV 级，下降了二级的城市有白银市。从 IV 级下降到 V 级，下降了一级的城市有阳江市、临沂市、泉州市、阜新市、淮北市、酒泉市；从 III 级下降到 V 级，下降了二级的城市有贵港市。中国 264 个地级市 2017 年增长潜力的分级情况见表 32。

表 32　264 个地级市 2017 年增长潜力等级划分

等级划分	城市
I 级 （共 46 个）	珠海市、上海市、深圳市、北京市、合肥市、中山市、武汉市、广州市、南京市、六安市、杭州市、梅州市、黄山市、宜春市、宣城市、赣州市、南昌市、马鞍山市、通化市、天津市、贵阳市、丽水市、盐城市、绍兴市、滁州市、成都市、铜陵市、天水市、苏州市、孝感市、汕尾市、厦门市、惠州市、乌鲁木齐市、衢州市、昆明市、西安市、河池市、威海市、舟山市、兰州市、安庆市、吉安市、宁波市、河源市、金华市
II 级 （共 71 个）	韶关市、巴中市、武威市、秦皇岛市、太原市、嘉兴市、青岛市、荆州市、沈阳市、云浮市、黄冈市、郑州市、东莞市、长沙市、亳州市、怀化市、重庆市、保定市、襄阳市、六盘水市、连云港市、曲靖市、大连市、绵阳市、清远市、石家庄市、济南市、福州市、泸州市、株洲市、镇江市、烟台市、扬州市、湖州市、铜川市、九江市、长春市、廊坊市、阜阳市、呼和浩特市、常州市、普洱市、邢台市、安康市、吴忠市、百色市、西宁市、温州市、江门市、雅安市、新乡市、忻州市、黄石市、徐州市、铁岭市、鹰潭市、保山市、南通市、宿州市、南宁市、桂林市、龙岩市、佛山市、咸宁市、泰州市、汉中市、张家口市、邵阳市、长治市、无锡市、景德镇市
III 级 （共 61 个）	广元市、十堰市、芜湖市、新余市、大同市、银川市、肇庆市、潍坊市、永州市、锦州市、鄂州市、潮州市、白城市、萍乡市、淮南市、张掖市、上饶市、淮安市、昭通市、驻马店市、洛阳市、台州市、三亚市、遵义市、玉溪市、玉林市、滨州市、宿迁市、宜昌市、延安市、湘潭市、荆门市、渭南市、淄博市、咸阳市、周口市、张家界市、蚌埠市、南阳市、齐齐哈尔市、鹤岗市、赤峰市、承德市、丹东市、平凉市、安顺市、呼伦贝尔市、平顶山市、郴州市、汕头市、漳州市、哈尔滨市、海口市、湛江市、开封市、运城市、南充市、沧州市、北海市、信阳市、许昌市
IV 级 （共 37 个）	宜宾市、安阳市、三明市、德阳市、柳州市、榆林市、鸡西市、黑河市、德州市、益阳市、自贡市、白银市、宝鸡市、济宁市、衡水市、克拉玛依市、葫芦岛市、双鸭山市、牡丹江市、朝阳市、钦州市、莱芜市、临汾市、茂名市、濮阳市、南平市、揭阳市、绥化市、佳木斯市、衡阳市、邯郸市、伊春市、四平市、吉林市、宁德市、菏泽市、内江市

等级划分	城市
V级 （共49个）	石嘴山市、三门峡市、泰安市、大庆市、常德市、阳江市、攀枝花市、日照市、唐山市、晋城市、临沂市、泉州市、乐山市、七台河市、遂宁市、本溪市、阜新市、漯河市、包头市、随州市、淮北市、通辽市、梧州市、盘锦市、鹤壁市、阳泉市、岳阳市、鞍山市、娄底市、焦作市、莆田市、抚顺市、东营市、商丘市、贵港市、营口市、辽阳市、资阳市、聊城市、枣庄市、白山市、酒泉市、乌海市、朔州市、金昌市、防城港市、辽源市、嘉峪关市、松原市

6.2016年城市增长潜力水平分级情况

和2015年相比，2016年增长潜力方面从Ⅱ级上升到Ⅰ级，上升了一级的城市有中山市、通化市、乌鲁木齐市、荆州市、南昌市、昆明市、滁州市；从Ⅲ级上升到Ⅰ级，上升了二级的城市有宿州市。从Ⅰ级下降到Ⅱ级，下降了一级的城市有兰州市、郑州市、黄冈市、韶关市、连云港市、云浮市、长沙市、青岛市、上饶市；从Ⅲ级上升到Ⅱ级，上升了一级的城市有清远市、三亚市、大连市、邢台市、六盘水市、吴忠市、福州市、鹰潭市、淮南市、宜昌市、忻州市、咸宁市、海口市、新乡市、温州市、白银市；从V级上升到Ⅱ级，上升了三级的城市有长治市；从Ⅳ级上升到Ⅱ级，上升了二级的城市有曲靖市。从Ⅱ级下降到Ⅲ级，下降了一级的城市有邵阳市、淮安市、宿迁市、哈尔滨市、玉林市、株洲市、泰州市、扬州市、景德镇市、台州市、南宁市、芜湖市、亳州市、黑河市、肇庆市、呼伦贝尔市、龙岩市、贵港市、齐齐哈尔市；从V级上升到Ⅲ级，上升了二级的城市有延安市、鄂州市、北海市、张家界市、克拉玛依市、锦州市；从Ⅳ级上升到Ⅲ级，上升了一级的城市有怀化市、黄石市、驻马店市、玉溪市、南阳市、信阳市、揭阳市、淄博市、宝鸡市、邯郸市。从Ⅱ级下降到Ⅳ级，下降了二级的城市有蚌埠市；从Ⅲ级下降到Ⅳ级，下降了一级的城市有平凉市、德州市、三明市、葫芦岛市、周口市、许昌市、钦州市、安顺市、柳州市、开封市、牡丹江市；从V级上升到Ⅳ级，上升了一级的城市有泉州市、益阳市、丹东市、菏泽市、赤峰市、淮北市、衡阳市、平顶山市、阳江市。从Ⅳ级下降到V

级，下降了一级的城市有包头市、吉林市、遂宁市、佳木斯市、随州市、乌海市、莆田市、内江市、鹤岗市；从Ⅲ级下降到Ⅴ级，下降了二级的城市有自贡市、大同市、乐山市、梧州市、焦作市、晋城市。中国 264 个地级市 2016 年增长潜力水平的分级情况见表 33。

表 33　264 个地级市 2016 年增长潜力水平等级划分

等级划分	城市
Ⅰ级 （共 45 个）	珠海市、上海市、北京市、深圳市、合肥市、武汉市、南京市、天津市、赣州市、杭州市、贵阳市、广州市、河源市、中山市、马鞍山市、宣城市、厦门市、盐城市、丽水市、黄山市、西安市、梅州市、通化市、宜春市、河池市、苏州市、宁波市、成都市、吉安市、天水市、孝感市、绍兴市、太原市、六安市、乌鲁木齐市、宿州市、衢州市、荆州市、舟山市、铜陵市、威海市、南昌市、昆明市、阜阳市、滁州市
Ⅱ级 （共 68 个）	秦皇岛市、兰州市、郑州市、安庆市、汕尾市、沈阳市、巴中市、石家庄市、清远市、嘉兴市、惠州市、黄冈市、东莞市、韶关市、金华市、三亚市、连云港市、济南市、云浮市、镇江市、长沙市、大连市、百色市、重庆市、武威市、烟台市、常州市、青岛市、邢台市、安康市、广元市、六盘水市、呼和浩特市、绵阳市、保定市、吴忠市、福州市、桂林市、无锡市、鹰潭市、长春市、廊坊市、徐州市、汉中市、张掖市、湖州市、上饶市、萍乡市、铜川市、长治市、泸州市、南通市、九江市、淮南市、宜昌市、普洱市、潍坊市、忻州市、西宁市、咸宁市、江门市、海口市、保山市、曲靖市、新乡市、温州市、潮州市、白银市
Ⅲ级 （共 59 个）	邵阳市、延安市、淮安市、宿迁市、怀化市、襄阳市、哈尔滨市、黄石市、雅安市、洛阳市、玉林市、株洲市、泰州市、张家口市、扬州市、银川市、铁岭市、渭南市、汕头市、永州市、鄂州市、湘潭市、景德镇市、白城市、承德市、十堰市、佛山市、台州市、南宁市、湛江市、驻马店市、北海市、玉溪市、芜湖市、亳州市、南阳市、新余市、信阳市、黑河市、揭阳市、张家界市、荆门市、遵义市、郴州市、滨州市、德阳市、肇庆市、克拉玛依市、淄博市、锦州市、宝鸡市、呼伦贝尔市、龙岩市、邯郸市、贵港市、昭通市、齐齐哈尔市、宜宾市、南充市
Ⅳ级 （共 37 个）	运城市、蚌埠市、安阳市、平凉市、莱芜市、德州市、泉州市、三明市、济宁市、益阳市、沧州市、葫芦岛市、丹东市、榆林市、临沂市、周口市、菏泽市、咸阳市、许昌市、赤峰市、阜新市、钦州市、安顺市、淮北市、绥化市、柳州市、开封市、衡水市、衡阳市、牡丹江市、漳州市、南平市、平顶山市、茂名市、濮阳市、阳江市、酒泉市
Ⅴ级 （共 55 个）	日照市、包头市、自贡市、临汾市、大同市、吉林市、乐山市、遂宁市、朝阳市、梧州市、鹤壁市、唐山市、抚顺市、佳木斯市、辽阳市、鸡西市、泰安市、漯河市、石嘴山市、常德市、通辽市、宁德市、白山市、三门峡市、随州市、乌海市、焦作市、莆田市、岳阳市、娄底市、资阳市、大庆市、内江市、金昌市、鹤岗市、攀枝花市、晋城市、辽源市、营口市、本溪市、双鸭山市、聊城市、东营市、四平市、商丘市、盘锦市、鞍山市、阳泉市、嘉峪关市、枣庄市、伊春市、朔州市、防城港市、七台河市、松原市

7. 2015年城市增长潜力水平分级情况

中国264个地级市2015年增长潜力水平的分级情况见表34。

表34　264个地级市2015年增长潜力水平等级划分

等级划分	城市
I级 （共46个）	北京市、上海市、珠海市、合肥市、深圳市、南京市、武汉市、杭州市、天津市、贵阳市、梅州市、太原市、宣城市、黄山市、盐城市、河源市、丽水市、广州市、厦门市、天水市、西安市、吉安市、宁波市、韶关市、绍兴市、成都市、苏州市、赣州市、兰州市、马鞍山市、河池市、连云港市、六安市、云浮市、舟山市、青岛市、孝感市、威海市、郑州市、长沙市、衢州市、黄冈市、宜春市、阜阳市、铜陵市、上饶市
II级 （共68个）	东莞市、滁州市、安庆市、乌鲁木齐市、南昌市、石家庄市、金华市、淮安市、中山市、嘉兴市、镇江市、通化市、绵阳市、巴中市、常州市、广元市、昆明市、南通市、重庆市、汕尾市、宿迁市、桂林市、潮州市、九江市、景德镇市、无锡市、普洱市、湖州市、济南市、百色市、安康市、台州市、徐州市、汉中市、黑河市、武威市、惠州市、铜川市、西宁市、潍坊市、长春市、荆州市、哈尔滨市、扬州市、沈阳市、南宁市、亳州市、泸州市、保山市、玉林市、邵阳市、萍乡市、江门市、芜湖市、呼和浩特市、秦皇岛市、烟台市、廊坊市、贵港市、蚌埠市、呼伦贝尔市、齐齐哈尔市、泰州市、张掖市、龙岩市、保定市、肇庆市、株洲市
III级 （共58个）	白银市、新余市、咸宁市、雅安市、张家口市、福州市、邢台市、三亚市、温州市、鹰潭市、清远市、许昌市、宜宾市、钦州市、六盘水市、平凉市、十堰市、吴忠市、海口市、宜昌市、洛阳市、淮南市、佛山市、晋城市、铁岭市、永州市、周口市、承德市、大连市、渭南市、大同市、德州市、荆门市、汕头市、湘潭市、湛江市、宿州市、忻州市、三明市、自贡市、滨州市、梧州市、遵义市、白城市、柳州市、牡丹江市、银川市、葫芦岛市、昭通市、乐山市、安顺市、焦作市、襄阳市、郴州市、南充市、德阳市、新乡市、开封市
IV级 （共36个）	信阳市、咸阳市、淄博市、玉溪市、济宁市、濮阳市、绥化市、南阳市、乌海市、衡水市、内江市、莆田市、驻马店市、包头市、榆林市、南平市、怀化市、茂名市、黄石市、临沂市、曲靖市、安阳市、酒泉市、揭阳市、遂宁市、宝鸡市、随州市、邯郸市、沧州市、莱芜市、吉林市、鹤岗市、漳州市、阜新市、佳木斯市、运城市
V级 （共56个）	通辽市、泉州市、日照市、长治市、泰安市、赤峰市、张家界市、攀枝花市、鹤壁市、资阳市、延安市、益阳市、衡阳市、菏泽市、阳江市、北海市、三门峡市、聊城市、常德市、石嘴山市、双鸭山市、辽源市、白山市、淮北市、克拉玛依市、商丘市、平顶山市、宁德市、娄底市、丹东市、四平市、伊春市、七台河市、枣庄市、唐山市、锦州市、漯河市、金昌市、鄂州市、鸡西市、嘉峪关市、临汾市、抚顺市、朝阳市、岳阳市、大庆市、盘锦市、辽阳市、阳泉市、朔州市、防城港市、东营市、松原市、鞍山市、本溪市、营口市

（四）中国城市政府效率分级情况

将264个地级市政府效率情况按2010年以来、2000年以来、1990年以来和 2018 年、2017 年、2016 年和 2015 年这几个时间进行分级。

1.2010 年以来城市平均政府效率水平分级情况

和 2000~2018 年相比，2010~2018 年政府效率方面从 Ⅱ 级上升到 Ⅰ 级，上升了一级的城市有连云港市、绍兴市、伊春市、镇江市、牡丹江市、扬州市、威海市。从 Ⅰ 级下降到 Ⅱ 级，下降了一级的城市有东莞市、抚顺市、兰州市、长沙市、桂林市、合肥市；从 Ⅲ 级上升到 Ⅱ 级，上升了一级的城市有盐城市、齐齐哈尔市、乐山市、宿迁市、黑河市、巴中市、芜湖市、葫芦岛市、雅安市、赤峰市、金昌市、临汾市、张家界市、晋城市。从 Ⅱ 级下降到 Ⅲ 级，下降了一级的城市有自贡市、南昌市、泸州市、包头市、株洲市、通化市、宝鸡市、江门市、惠州市、吉林市、广元市、柳州市、景德镇市；从 Ⅳ 级上升到 Ⅲ 级，上升了一级的城市有忻州市、宜昌市、滁州市、张掖市、娄底市、济宁市、运城市、泰安市、淄博市；从 Ⅴ 级上升到 Ⅲ 级，上升了二级的城市有平凉市。从 Ⅲ 级下降到 Ⅳ 级，下降了一级的城市有九江市、廊坊市、辽源市、衡阳市、保定市、清远市、萍乡市、百色市、玉溪市；从 Ⅴ 级上升到 Ⅳ 级，上升了一级的城市有莱芜市、绥化市、松原市、安康市、资阳市、四平市、宣城市。从 Ⅳ 级下降到 Ⅴ 级，下降了一级的城市有湛江市、吉安市、鹰潭市、新余市、北海市、洛阳市、汕头市；从 Ⅲ 级下降到 Ⅴ 级，下降了二级的城市有梧州市。中国 264 个地级市 2010 年以来政府效率水平的分级情况见表 35。

表 35　264 个地级市 2010 年以来平均政府效率水平等级划分

等级划分	城市
Ⅰ 级 （共 44 个）	北京市、深圳市、杭州市、克拉玛依市、上海市、南京市、厦门市、大连市、苏州市、珠海市、沈阳市、银川市、西安市、广州市、舟山市、太原市、济南市、温州市、无锡市、嘉兴市、武汉市、常州市、宁波市、丹东市、三亚市、成都市、丽水市、连云港市、鹤岗市、绍兴市、三明市、呼和浩特市、伊春市、海口市、西宁市、乌鲁木齐市、镇江市、阳泉市、牡丹江市、金华市、扬州市、贵阳市、威海市、天津市

续表

等级划分	城市
II级 （共63个）	东莞市、中山市、淮安市、南通市、抚顺市、兰州市、长沙市、衢州市、锦州市、南宁市、泰州市、桂林市、福州市、烟台市、徐州市、青岛市、盘锦市、绵阳市、佳木斯市、辽阳市、鸡西市、南平市、七台河市、长春市、怀化市、双鸭山市、遵义市、朝阳市、盐城市、湖州市、大庆市、本溪市、哈尔滨市、昆明市、龙岩市、宁德市、鞍山市、合肥市、铁岭市、齐齐哈尔市、大同市、台州市、黄山市、乐山市、攀枝花市、宿迁市、阜新市、营口市、乌海市、黑河市、秦皇岛市、宜宾市、巴中市、蚌埠市、芜湖市、葫芦岛市、南充市、雅安市、赤峰市、金昌市、临汾市、张家界市、晋城市
III级 （共58个）	韶关市、自贡市、忻州市、南昌市、遂宁市、泸州市、包头市、株洲市、通化市、黄石市、宝鸡市、漳州市、江门市、十堰市、惠州市、吉林市、德州市、东营市、广元市、张家口市、嘉峪关市、泉州市、郴州市、柳州市、宜昌市、铜陵市、湘潭市、潍坊市、肇庆市、滁州市、长治市、张掖市、佛山市、邵阳市、景德镇市、呼伦贝尔市、临沂市、德阳市、河池市、马鞍山市、郑州市、铜川市、咸阳市、石家庄市、娄底市、重庆市、白银市、承德市、济宁市、运城市、石嘴山市、岳阳市、平凉市、聊城市、三门峡市、延安市、泰安市、淄博市
IV级 （共38个）	九江市、廊坊市、菏泽市、辽源市、衡阳市、保定市、清远市、莆田市、天水市、河源市、日照市、萍乡市、榆林市、百色市、永州市、安庆市、酒泉市、莱芜市、吴忠市、荆门市、云浮市、常德市、赣州市、梅州市、荆州市、玉林市、绥化市、玉溪市、松原市、安康市、内江市、淮南市、资阳市、曲靖市、白山市、汉中市、四平市、宣城市
V级 （共61个）	湛江市、襄阳市、益阳市、枣庄市、吉安市、滨州市、黄冈市、鹰潭市、新余市、孝感市、梧州市、昭通市、北海市、朔州市、洛阳市、上饶市、潮州市、淮北市、邯郸市、平顶山市、白城市、钦州市、新乡市、阳江市、六盘水市、咸宁市、汕头市、普洱市、邢台市、随州市、阜阳市、防城港市、沧州市、焦作市、六安市、唐山市、安阳市、通辽市、衡水市、鄂州市、安顺市、武威市、渭南市、开封市、贵港市、信阳市、濮阳市、宿州市、宜春市、茂名市、亳州市、驻马店市、南阳市、鹤壁市、保山市、许昌市、汕尾市、漯河市、商丘市、揭阳市、周口市

2. 2000年以来城市平均政府效率水平分级情况

和1990~2018年相比，2000~2018年政府效率方面从II级上升到I级，上升了一级的城市有舟山市、东莞市、三明市、三亚市、嘉兴市、金华市。从I级下降到II级，下降了一级的城市有本溪市、昆明市、福州市、哈尔滨市、柳州市；从III级上升到II级，上升了一级的城市有淮安市、龙岩市、鸡西市、泰州市、遵义市、宁德市、怀化市、乌海市、黄山市。从II级下降到III级，下降了一级的城市有芜湖市、郑州市、齐齐哈尔市、葫芦岛市、德阳

市、铜陵市、重庆市、马鞍山市；从Ⅳ级上升到Ⅲ级，上升了一级的城市有
雅安市、巴中市、晋城市、漳州市、临沂市、张家界市、郴州市、廊坊市、
聊城市、金昌市、岳阳市。从Ⅲ级下降到Ⅳ级，下降了一级的城市有内江
市、宜昌市、新余市、北海市、淮南市、淄博市、白山市、梅州市、洛阳
市、汕头市、安庆市；从Ⅴ级上升到Ⅳ级，上升了一级的城市有莆田市、荆
门市、榆林市、张掖市、天水市、永州市。从Ⅳ级下降到Ⅴ级，下降了一级
的城市有四平市、益阳市、潮州市、防城港市、宣城市、枣庄市、襄阳市、
宿州市；从Ⅲ级下降到Ⅴ级，下降了二级的城市有新乡市。中国 264 个城市
2000 年以来政府效率水平的分级情况见表 36。

表 36　264 个地级市 2000 年以来平均政府效率水平等级划分

等级划分	城市
Ⅰ级 （共 43 个）	北京市、上海市、深圳市、南京市、杭州市、大连市、珠海市、广州市、厦门市、沈阳市、克拉玛依市、银川市、苏州市、济南市、西宁市、乌鲁木齐市、丹东市、西安市、太原市、天津市、武汉市、长沙市、海口市、成都市、兰州市、抚顺市、丽水市、舟山市、阳泉市、鹤岗市、贵阳市、温州市、东莞市、宁波市、呼和浩特市、合肥市、无锡市、桂林市、三明市、三亚市、常州市、嘉兴市、金华市
Ⅱ级 （共 63 个）	连云港市、牡丹江市、衢州市、本溪市、中山市、伊春市、辽阳市、青岛市、昆明市、福州市、扬州市、镇江市、南宁市、佳木斯市、绵阳市、锦州市、威海市、南平市、盘锦市、南通市、长春市、哈尔滨市、鞍山市、蚌埠市、绍兴市、七台河市、南昌市、湖州市、柳州市、徐州市、阜新市、朝阳市、攀枝花市、烟台市、包头市、大庆市、宜宾市、营口市、淮安市、南充市、双鸭山市、台州市、铁岭市、景德镇市、泸州市、龙岩市、鸡西市、大同市、泰州市、遵义市、株洲市、宁德市、自贡市、宝鸡市、吉林市、怀化市、秦皇岛市、乌海市、黄山市、广元市、通化市、惠州市、江门市
Ⅲ级 （共 59 个）	芜湖市、郑州市、齐齐哈尔市、葫芦岛市、德阳市、韶关市、乐山市、十堰市、东营市、铜陵市、重庆市、盐城市、湘潭市、马鞍山市、黄石市、遂宁市、长治市、肇庆市、宿迁市、雅安市、嘉峪关市、赤峰市、佛山市、承德市、河池市、临汾市、黑河市、铜川市、泉州市、张家口市、巴中市、呼伦贝尔市、清远市、玉溪市、石家庄市、晋城市、潍坊市、白银市、漳州市、延安市、九江市、临沂市、德州市、三门峡市、张家界市、萍乡市、咸阳市、郴州市、廊坊市、辽源市、石嘴山市、梧州市、聊城市、金昌市、岳阳市、邵阳市、衡阳市、百色市、保定市
Ⅳ级 （共 38 个）	内江市、宜昌市、新余市、菏泽市、酒泉市、娄底市、北海市、汉中市、吉安市、淮南市、淄博市、忻州市、白山市、济宁市、梅州市、洛阳市、玉林市、运城市、日照市、赣州市、湛江市、汕头市、荆州市、云浮市、滁州市、河源市、安庆市、莆田市、泰安市、荆门市、榆林市、曲靖市、鹰潭市、张掖市、常德市、吴忠市、天水市、永州市

等级划分	城市
V级 （共61个）	四平市、新乡市、资阳市、松原市、莱芜市、上饶市、益阳市、潮州市、六安市、防城港市、宣城市、枣庄市、安康市、襄阳市、平凉市、咸宁市、阳江市、绥化市、白城市、邯郸市、滨州市、邢台市、淮北市、安顺市、宜春市、朔州市、沧州市、黄冈市、安阳市、宿州市、唐山市、焦作市、阜阳市、平顶山市、衡水市、孝感市、渭南市、钦州市、普洱市、通辽市、贵港市、昭通市、随州市、鄂州市、开封市、六盘水市、武威市、信阳市、茂名市、南阳市、鹤壁市、汕尾市、漯河市、濮阳市、许昌市、周口市、商丘市、驻马店市、保山市、亳州市、揭阳市

3.1990年以来城市平均政府效率分级情况

中国264个地级市1990年以来政府效率水平的分级情况见表37。

表37 264个地级市1990年以来平均政府效率水平等级划分

等级划分	城市
I级 （共42个）	北京市、上海市、深圳市、珠海市、杭州市、大连市、南京市、沈阳市、广州市、厦门市、乌鲁木齐市、银川市、西宁市、天津市、济南市、兰州市、武汉市、克拉玛依市、丹东市、西安市、太原市、抚顺市、海口市、贵阳市、桂林市、合肥市、丽水市、阳泉市、成都市、苏州市、宁波市、呼和浩特市、福州市、长沙市、常州市、鹤岗市、本溪市、柳州市、昆明市、哈尔滨市、温州市、无锡市
II级 （共63个）	三明市、青岛市、鞍山市、舟山市、辽阳市、南宁市、南通市、东莞市、南昌市、金华市、蚌埠市、牡丹江市、七台河市、长春市、三亚市、衢州市、佳木斯市、镇江市、南平市、伊春市、锦州市、绵阳市、盘锦市、双鸭山市、中山市、景德镇市、阜新市、扬州市、威海市、嘉兴市、营口市、连云港市、攀枝花市、大同市、宝鸡市、台州市、郑州市、广元市、大庆市、绍兴市、南充市、朝阳市、湖州市、吉林市、齐齐哈尔市、德阳市、自贡市、重庆市、株洲市、徐州市、芜湖市、江门市、泸州市、包头市、通化市、宜宾市、烟台市、铜陵市、铁岭市、惠州市、秦皇岛市、马鞍山市、葫芦岛市
III级 （共61个）	黄山市、乌海市、怀化市、黄石市、长治市、十堰市、韶关市、鸡西市、泰州市、宁德市、梧州市、遵义市、淮安市、湘潭市、龙岩市、东营市、承德市、遂宁市、三门峡市、呼伦贝尔市、盐城市、铜川市、玉溪市、九江市、乐山市、洛阳市、北海市、佛山市、萍乡市、肇庆市、淮南市、石家庄市、潍坊市、赤峰市、张家口市、德州市、汕头市、保定市、嘉峪关市、新余市、宿迁市、延安市、白银市、宜昌市、泉州市、白山市、临汾市、辽源市、石嘴山市、新乡市、清远市、咸阳市、百色市、梅州市、淄博市、河池市、安庆市、邵阳市、黑河市、衡阳市、内江市

续表

等级划分	城市
Ⅳ级 （共40个）	晋城市、临沂市、玉林市、雅安市、潮州市、岳阳市、漳州市、日照市、四平市、河源市、汉中市、巴中市、张家界市、济宁市、益阳市、娄底市、吴忠市、宣城市、郴州市、滁州市、防城港市、赣州市、廊坊市、泰安市、鹰潭市、聊城市、忻州市、运城市、湛江市、常德市、荆州市、枣庄市、金昌市、吉安市、云浮市、菏泽市、襄阳市、曲靖市、酒泉市、宿州市
Ⅴ级 （共58个）	莆田市、张掖市、邢台市、荆门市、莱芜市、榆林市、阜阳市、天水市、平顶山市、六安市、松原市、永州市、淮北市、安阳市、资阳市、咸宁市、邯郸市、安康市、渭南市、白城市、安顺市、开封市、通辽市、焦作市、唐山市、阳江市、上饶市、宜春市、茂名市、滨州市、沧州市、六盘水市、绥化市、普洱市、孝感市、钦州市、鄂州市、平凉市、衡水市、朔州市、鹤壁市、南阳市、许昌市、贵港市、周口市、随州市、汕尾市、黄冈市、漯河市、昭通市、商丘市、信阳市、武威市、保山市、濮阳市、亳州市、揭阳市、驻马店市

4.2018年城市政府效率水平分级情况

和2017年相比，2018年政府效率方面从Ⅱ级上升到Ⅰ级，上升了一级的城市有哈尔滨市、乌鲁木齐市、大庆市。从Ⅰ级下降到Ⅱ级，下降了一级的城市有南通市、中山市、怀化市、广州市；从Ⅲ级上升到Ⅱ级，上升了一级的城市有德州市、东营市、漳州市、攀枝花市。从Ⅱ级下降到Ⅲ级，下降了一级的城市有宜昌市、宜宾市、蚌埠市、雅安市、南充市、南宁市；从Ⅳ级上升到Ⅲ级，上升了一级的城市有四平市、内江市、莱芜市、玉溪市、松原市、昭通市、白山市。从Ⅲ级下降到Ⅳ级，下降了一级的城市有惠州市、汉中市、柳州市、黄冈市、河池市、河源市、保定市、淮南市、梅州市；从Ⅴ级上升到Ⅳ级，上升了一级的城市有白城市、淮北市、衡阳市、九江市。从Ⅳ级下降到Ⅴ级，下降了一级的城市有石嘴山市、云浮市、清远市、钦州市、承德市、百色市。中国264个地级市2018年政府效率水平的分级情况见表38。

表38　264个地级市2018年政府效率水平等级划分

等级划分	城市
Ⅰ级 （共45个）	北京市、杭州市、南京市、克拉玛依市、苏州市、舟山市、大连市、深圳市、厦门市、温州市、上海市、济南市、伊春市、金华市、嘉兴市、七台河市、鹤岗市、沈阳市、西安市、丽水市、绍兴市、无锡市、牡丹江市、哈尔滨市、宁波市、齐齐哈尔市、太原市、衢州市、三亚市、双鸭山市、三明市、镇江市、鸡西市、常州市、扬州市、乌鲁木齐市、连云港市、珠海市、威海市、淮安市、呼和浩特市、银川市、锦州市、武汉市、大庆市

续表

等级划分	城市
Ⅱ级 （共64个）	黑河市、朝阳市、南通市、盐城市、湖州市、青岛市、泰州市、天津市、台州市、佳木斯市、中山市、龙岩市、遵义市、西宁市、丹东市、徐州市、辽阳市、阳泉市、怀化市、成都市、烟台市、本溪市、宿迁市、广州市、鞍山市、抚顺市、巴中市、绵阳市、宁德市、昆明市、福州市、泰安市、南平市、海口市、临汾市、长沙市、遂宁市、贵阳市、自贡市、东莞市、合肥市、乐山市、运城市、长春市、铁岭市、张掖市、营口市、盘锦市、赤峰市、兰州市、德州市、大同市、阜新市、桂林市、晋城市、呼伦贝尔市、广元市、金昌市、张家界市、乌海市、东营市、漳州市、忻州市、攀枝花市
Ⅲ级 （共58个）	宜昌市、宜宾市、蚌埠市、泸州市、平凉市、黄石市、雅安市、南充市、绥化市、南宁市、长治市、潍坊市、葫芦岛市、芜湖市、株洲市、滁州市、黄山市、泉州市、通化市、嘉峪关市、十堰市、日照市、吉林市、娄底市、菏泽市、济宁市、聊城市、淄博市、郴州市、江门市、韶关市、张家口市、邵阳市、延安市、铜川市、临沂市、宝鸡市、安庆市、岳阳市、四平市、南昌市、德阳市、湘潭市、内江市、荆州市、莱芜市、郑州市、廊坊市、包头市、秦皇岛市、莆田市、马鞍山市、玉溪市、松原市、昭通市、白山市、白银市、肇庆市
Ⅳ级 （共37个）	惠州市、汉中市、景德镇市、滨州市、柳州市、曲靖市、黄冈市、河池市、资阳市、朔州市、三门峡市、河源市、咸阳市、枣庄市、保定市、辽源市、淮南市、石家庄市、玉林市、梅州市、铜陵市、赣州市、重庆市、萍乡市、永州市、吴忠市、酒泉市、白城市、荆门市、淮北市、衡阳市、榆林市、佛山市、九江市、安康市、孝感市、天水市
Ⅴ级 （共60个）	石嘴山市、云浮市、清远市、钦州市、新余市、承德市、百色市、常德市、湛江市、阜阳市、鹰潭市、宣城市、襄阳市、吉安市、上饶市、平顶山市、阳江市、益阳市、开封市、渭南市、新乡市、六盘水市、咸宁市、安顺市、焦作市、洛阳市、邯郸市、邢台市、梧州市、鄂州市、信阳市、亳州市、濮阳市、衡水市、安阳市、六安市、汕头市、宿州市、贵港市、武威市、随州市、北海市、唐山市、潮州市、沧州市、通辽市、防城港市、普洱市、保山市、宜春市、驻马店市、许昌市、揭阳市、漯河市、南阳市、鹤壁市、茂名市、汕尾市、商丘市、周口市

5. 2017年城市政府效率水平分级情况

和2016年相比，2017年政府效率方面从Ⅱ级上升到Ⅰ级，上升了一级的城市有淮安市、南通市。从Ⅰ级下降到Ⅱ级，下降了一级的城市有阳泉市、丹东市；从Ⅲ级上升到Ⅱ级，上升了一级的城市有泰安市、呼伦贝尔市、广元市。从Ⅱ级下降到Ⅲ级，下降了一级的城市有芜湖市、葫芦岛市、嘉峪关市；从Ⅳ级上升到Ⅲ级，上升了一级的城市有黄冈市、荆州市、淮南市、莆田市。从Ⅲ级下降到Ⅳ级，下降了一级的城市有铜陵市、佛山市、云浮市、咸阳市；从Ⅴ级上升到Ⅳ级，上升了一级的城市有枣庄市、酒泉市。

从Ⅳ级下降到Ⅴ级，下降了一级的城市有宣城市、阳江市。中国 264 个地级市 2017 年政府效率水平的分级情况见表 39。

表 39　264 个地级市 2017 年政府效率水平等级划分

等级划分	城市
Ⅰ级 （共 46 个）	杭州市、北京市、克拉玛依市、南京市、深圳市、厦门市、苏州市、舟山市、上海市、大连市、西安市、温州市、金华市、伊春市、三亚市、嘉兴市、鹤岗市、珠海市、沈阳市、无锡市、七台河市、丽水市、银川市、绍兴市、牡丹江市、三明市、太原市、齐齐哈尔市、济南市、常州市、衢州市、双鸭山市、镇江市、扬州市、连云港市、宁波市、鸡西市、中山市、武汉市、呼和浩特市、威海市、淮安市、广州市、锦州市、南通市、怀化市
Ⅱ级 （共 65 个）	乌鲁木齐市、盐城市、朝阳市、泰州市、黑河市、阳泉市、丹东市、遵义市、台州市、龙岩市、湖州市、徐州市、贵阳市、大庆市、佳木斯市、成都市、东莞市、巴中市、烟台市、天津市、抚顺市、辽阳市、西宁市、张掖市、宿迁市、本溪市、绵阳市、鞍山市、南宁市、临汾市、运城市、南平市、泰安市、兰州市、海口市、长沙市、昆明市、桂林市、乐山市、宁德市、晋城市、张家界市、哈尔滨市、青岛市、金昌市、铁岭市、遂宁市、盘锦市、大同市、自贡市、阜新市、赤峰市、合肥市、营口市、福州市、乌海市、蚌埠市、忻州市、呼伦贝尔市、广元市、宜昌市、宜宾市、雅安市、南充市、长春市
Ⅲ级 （共 58 个）	德州市、东营市、漳州市、平凉市、黄石市、泸州市、攀枝花市、芜湖市、滁州市、葫芦岛市、株洲市、长治市、江门市、黄山市、十堰市、嘉峪关市、潍坊市、泉州市、通化市、韶关市、张家口市、娄底市、吉林市、邵阳市、郴州市、绥化市、日照市、宝鸡市、聊城市、济宁市、菏泽市、肇庆市、延安市、铜川市、湘潭市、安庆市、淄博市、惠州市、临沂市、秦皇岛市、岳阳市、郑州市、河源市、河池市、包头市、德阳市、马鞍山市、白银市、廊坊市、南昌市、梅州市、汉中市、保定市、柳州市、黄冈市、荆州市、淮南市、莆田市
Ⅳ级 （共 37 个）	玉溪市、白山市、昭通市、曲靖市、莱芜市、四平市、内江市、铜陵市、松原市、景德镇市、佛山市、玉林市、云浮市、三门峡市、咸阳市、朔州市、永州市、清远市、资阳市、石家庄市、吴忠市、滨州市、赣州市、辽源市、重庆市、石嘴山市、安康市、承德市、百色市、荆门市、萍乡市、钦州市、枣庄市、酒泉市、天水市、榆林市、孝感市
Ⅴ级 （共 58 个）	衡阳市、白城市、湛江市、淮北市、九江市、新余市、鹰潭市、宣城市、阜阳市、阳江市、常德市、襄阳市、吉安市、上饶市、平顶山市、六盘水市、开封市、新乡市、邢台市、安顺市、益阳市、焦作市、邯郸市、洛阳市、安阳市、咸宁市、渭南市、梧州市、濮阳市、贵港市、北海市、潮州市、汕头市、信阳市、衡水市、亳州市、武威市、鄂州市、沧州市、唐山市、宿州市、六安市、防城港市、随州市、通辽市、保山市、普洱市、驻马店市、宜春市、揭阳市、南阳市、汕尾市、许昌市、茂名市、鹤壁市、漯河市、商丘市、周口市

6. 2016 年城市政府效率水平分级情况

和 2015 年相比，2016 年政府效率方面从Ⅱ级上升到Ⅰ级，上升了一级的城市有伊春市、鹤岗市、齐齐哈尔市、牡丹江市、七台河市、双鸭山市、怀化市、衢州市、锦州市、鸡西市。从 I 级下降到 II 级，下降了一级的城市有淮安市、贵阳市、东莞市、成都市、南通市、泰州市、徐州市、海口市；从 III 级上升到 II 级，上升了一级的城市有张掖市、金昌市、营口市、自贡市、遂宁市；从 IV 级上升到 II 级，上升了二级的城市有宜昌市。从 II 级下降到 III 级，下降了一级的城市有攀枝花市、株洲市、郴州市、邵阳市、肇庆市、南昌市；从 I 级下降到 III 级，下降了二级的城市有秦皇岛市；从 V 级上升到 III 级，上升了二级的城市有泰安市、绥化市；从 IV 级上升到 III 级，上升了一级的城市有安庆市、铜陵市、日照市、汉中市、菏泽市。从 V 级上升到 IV 级，上升了一级的城市有淮南市、朔州市、玉溪市、玉林市、昭通市、榆林市、阳江市；从 III 级下降到 IV 级，下降了一级的城市有安康市、石家庄市、石嘴山市、曲靖市、永州市、承德市、三门峡市、吴忠市。从 IV 级下降到 V 级，下降了一级的城市有淮北市、衡阳市、六盘水市、枣庄市、襄阳市、阜阳市、九江市、吉安市、邢台市、益阳市；从 III 级下降到 V 级，下降了二级的城市有常德市。

中国 264 个地级市 2016 年政府效率水平的分级情况见表 40。

表 40 264 个地级市 2016 年政府效率水平等级划分

等级划分	城市
I 级 （共 46 个）	北京市、杭州市、克拉玛依市、深圳市、南京市、厦门市、苏州市、上海市、珠海市、大连市、银川市、西安市、舟山市、太原市、三亚市、金华市、温州市、沈阳市、中山市、伊春市、呼和浩特市、鹤岗市、嘉兴市、齐齐哈尔市、三明市、无锡市、济南市、广州市、丽水市、牡丹江市、宁波市、绍兴市、阳泉市、武汉市、常州市、镇江市、七台河市、双鸭山市、连云港市、扬州市、威海市、丹东市、怀化市、衢州市、锦州市、鸡西市
II 级 （共 65 个）	乌鲁木齐市、淮安市、朝阳市、贵阳市、东莞市、成都市、抚顺市、南通市、遵义市、泰州市、西宁市、临汾市、天津市、运城市、辽阳市、鞍山市、龙岩市、本溪市、巴中市、徐州市、兰州市、南宁市、晋城市、张掖市、盐城市、黑河市、大同市、烟台市、金昌市、大庆市、绵阳市、台州市、盘锦市、张家界市、佳木斯市、阜新市、湖州市、海口市、桂林市、昆明市、铁岭市、青岛市、乐山市、忻州市、宿迁市、福州市、长沙市、南平市、哈尔滨市、营口市、宁德市、乌海市、葫芦岛市、长春市、合肥市、宜昌市、芜湖市、嘉峪关市、南充市、雅安市、赤峰市、宜宾市、自贡市、蚌埠市、遂宁市

等级划分	城市
Ⅲ级 （共 58 个）	广元市、长治市、东营市、黄山市、江门市、攀枝花市、株洲市、黄石市、漳州市、泸州市、平凉市、滁州市、十堰市、秦皇岛市、张家口市、韶关市、延安市、德州市、吉林市、宝鸡市、娄底市、泉州市、郴州市、邵阳市、铜川市、呼伦贝尔市、通化市、肇庆市、保定市、潍坊市、泰安市、湘潭市、河池市、惠州市、包头市、安庆市、咸阳市、河源市、铜陵市、聊城市、济宁市、马鞍山市、日照市、南昌市、郑州市、汉中市、柳州市、德阳市、白银市、梅州市、菏泽市、临沂市、云浮市、岳阳市、佛山市、绥化市、廊坊市、淄博市
Ⅳ级 （共 37 个）	淮南市、黄冈市、安康市、朔州市、石家庄市、清远市、石嘴山市、莆田市、曲靖市、莱芜市、白山市、永州市、承德市、三门峡市、松原市、吴忠市、景德镇市、重庆市、玉溪市、百色市、钦州市、内江市、荆州市、四平市、赣州市、玉林市、昭通市、萍乡市、荆门市、资阳市、孝感市、榆林市、辽源市、阳江市、滨州市、天水市、宣城市
Ⅴ级 （共 58 个）	淮北市、衡阳市、湛江市、六盘水市、酒泉市、鹰潭市、枣庄市、白城市、襄阳市、北海市、阜阳市、九江市、常德市、吉安市、安阳市、新余市、平顶山市、邢台市、新乡市、开封市、上饶市、梧州市、潮州市、洛阳市、焦作市、邯郸市、安顺市、渭南市、咸宁市、益阳市、濮阳市、汕头市、贵港市、亳州市、唐山市、沧州市、衡水市、鄂州市、信阳市、六安市、防城港市、宿州市、武威市、普洱市、随州市、保山市、通辽市、驻马店市、南阳市、鹤壁市、汕尾市、揭阳市、茂名市、宜春市、许昌市、商丘市、漯河市、周口市

7. 2015 年城市政府效率水平分级情况

中国 264 个地级市 2015 年政府效率水平的分级情况见表 41。

表 41　264 个地级市 2015 年政府效率水平等级划分

等级划分	城市
Ⅰ级 （共 45 个）	北京市、克拉玛依市、杭州市、深圳市、珠海市、南京市、苏州市、厦门市、上海市、银川市、中山市、大连市、舟山市、成都市、太原市、西安市、无锡市、广州市、温州市、沈阳市、镇江市、嘉兴市、三亚市、连云港市、常州市、秦皇岛市、贵阳市、三明市、丽水市、扬州市、东莞市、绍兴市、济南市、武汉市、呼和浩特市、威海市、泰州市、宁波市、淮安市、南通市、海口市、阳泉市、徐州市、金华市、丹东市
Ⅱ级 （共 67 个）	鹤岗市、盐城市、桂林市、乌鲁木齐市、宿迁市、牡丹江市、伊春市、怀化市、福州市、盘锦市、龙岩市、西宁市、天津市、巴中市、烟台市、衢州市、抚顺市、双鸭山市、湖州市、南平市、铁岭市、南宁市、乐山市、锦州市、青岛市、遵义市、大同市、绵阳市、兰州市、朝阳市、台州市、七台河市、大庆市、辽阳市、忻州市、乌海市、鞍山市、蚌埠市、攀枝花市、黑河市、本溪市、昆明市、郴州市、阜新市、鸡西市、邵阳市、合肥市、佳木斯市、宜宾市、临汾市、芜湖市、株洲市、南昌市、赤峰市、葫芦岛市、哈尔滨市、宁德市、张家界市、晋城市、长沙市、齐齐哈尔市、雅安市、嘉峪关市、南充市、肇庆市、运城市、长春市

续表

等级划分	城市
Ⅲ级 (共58个)	岳阳市、漳州市、韶关市、泸州市、湘潭市、十堰市、江门市、金昌市、长治市、东营市、营口市、张家口市、泉州市、黄山市、三门峡市、惠州市、佛山市、广元市、自贡市、宝鸡市、吉林市、黄石市、延安市、滁州市、遂宁市、张掖市、石嘴山市、通化市、潍坊市、呼伦贝尔市、包头市、柳州市、平凉市、承德市、德阳市、德州市、郑州市、临沂市、永州市、石家庄市、河源市、保定市、铜川市、娄底市、安康市、咸阳市、济宁市、云浮市、廊坊市、马鞍山市、聊城市、淄博市、吴忠市、河池市、梅州市、曲靖市、常德市、白银市
Ⅳ级 (共38个)	莆田市、宜昌市、重庆市、百色市、景德镇市、黄冈市、益阳市、铜陵市、襄阳市、莱芜市、日照市、菏泽市、孝感市、白山市、荆门市、萍乡市、六盘水市、衡阳市、资阳市、赣州市、松原市、荆州市、安庆市、辽源市、枣庄市、淮北市、九江市、宣城市、钦州市、内江市、清远市、天水市、吉安市、滨州市、四平市、阜阳市、汉中市、邢台市
Ⅴ级 (共56个)	泰安市、昭通市、淮南市、北海市、玉林市、安阳市、平顶山市、梧州市、潮州市、邯郸市、上饶市、绥化市、白城市、开封市、汕头市、鹰潭市、湛江市、榆林市、沧州市、阳江市、唐山市、新余市、咸宁市、新乡市、玉溪市、洛阳市、安顺市、六安市、鄂州市、防城港市、焦作市、普洱市、衡水市、朔州市、贵港市、酒泉市、茂名市、武威市、宿州市、亳州市、渭南市、濮阳市、随州市、保山市、汕尾市、南阳市、宜春市、信阳市、揭阳市、鹤壁市、通辽市、驻马店市、商丘市、许昌市、周口市、漯河市

（五）中国城市人民生活分级情况

将264个地级市人民生活情况按2010年以来、2000年以来、1990年以来和2018年、2017年、2016年和2015年这几个时间进行分级。

1.2010年以来城市平均人民生活水平分级情况

和2000~2018年相比，2010~2018年人民生活方面从Ⅱ级上升到Ⅰ级，上升了一级的城市有苏州市、温州市、武威市、长沙市、金华市、成都市、中山市、武汉市、沈阳市。从Ⅰ级下降到Ⅱ级，下降了一级的城市有雅安市、阳泉市、铜川市、张掖市、汕头市、普洱市、攀枝花市、保山市；从Ⅲ级上升到Ⅱ级，上升了一级的城市有南通市、淄博市、湖州市、莆田市、秦皇岛市、嘉兴市、鞍山市、青岛市、重庆市、运城市。从Ⅱ级下降到Ⅲ级，下降了一级的城市有南充市、晋城市、本溪市、白山市、淮南市、朝阳市、柳州市、百色市、汉中市；从Ⅳ级上升到Ⅲ级，上升了一级的城市有烟台市、廊坊市、黄冈市、泉州市、泰州市、孝感市、荆门市、荆州市、玉溪市、平顶山市、咸宁市、保定市、随州市、襄阳市。从Ⅲ级下降到Ⅳ级，下降了一级的城市有吉安市、铜陵市、三明市、清远市、通化市、怀化市、石家庄市、承德市、湘潭市、河源市、白城市、安顺市；从Ⅴ级上升到Ⅳ级，上升了一级的城市有淮安市、潍坊市、滨州市、唐山市、遵义市、宁德市、邢台市、临沂市、驻马店市、盐城市。从Ⅳ级下降到Ⅴ级，下降了一级的城市有萍乡市、安庆市、新乡市、上饶市、云浮市、九江市、衡阳市、辽源市。中国 264 个地级市 2010 年以来人民生活水平的分级情况见表 42。

表 42　264 个地级市 2010 年以来平均人民生活水平等级划分

等级划分	城市
Ⅰ级 （共 41 个）	珠海市、北京市、克拉玛依市、伊春市、上海市、深圳市、嘉峪关市、东莞市、太原市、广州市、杭州市、忻州市、海口市、乌鲁木齐市、厦门市、三亚市、鹤岗市、金昌市、西安市、南京市、贵阳市、昆明市、大同市、舟山市、丽水市、苏州市、佛山市、兰州市、广元市、温州市、武威市、长沙市、金华市、乌海市、成都市、黄山市、西宁市、酒泉市、中山市、武汉市、沈阳市
Ⅱ级 （共 65 个）	宁波市、雅安市、七台河市、济南市、无锡市、绍兴市、阳泉市、铜川市、张掖市、台州市、齐齐哈尔市、汕头市、普洱市、攀枝花市、平凉市、榆林市、福州市、东营市、天津市、盘锦市、大连市、十堰市、鸡西市、衢州市、韶关市、南宁市、抚顺市、延安市、大庆市、巴中市、银川市、常州市、绵阳市、石嘴山市、惠州市、包头市、郑州市、南通市、黑河市、阜新市、南昌市、白银市、淄博市、湖州市、呼和浩特市、莆田市、双鸭山市、乐山市、秦皇岛市、葫芦岛市、辽阳市、呼伦贝尔市、嘉兴市、丹东市、鞍山市、天水市、龙岩市、安康市、青岛市、重庆市、防城港市、朔州市、运城市、张家界市、保山市
Ⅲ级 （共 59 个）	南充市、合肥市、晋城市、本溪市、白山市、长治市、淮南市、朝阳市、扬州市、临汾市、宜昌市、威海市、莱芜市、江门市、赤峰市、哈尔滨市、渭南市、河池市、柳州市、南平市、百色市、汉中市、烟台市、廊坊市、长春市、黄冈市、铁岭市、镇江市、淮北市、梅州市、鄂州市、营口市、泉州市、泰州市、孝感市、荆门市、邵阳市、佳木斯市、黄石市、荆州市、锦州市、牡丹江市、宝鸡市、玉溪市、张家口市、平顶山市、泸州市、咸宁市、永州市、保定市、德阳市、株洲市、吉林市、阳江市、咸阳市、北海市、随州市、襄阳市、吴忠市
Ⅳ级 （共 39 个）	郴州市、吉安市、铜陵市、三明市、清远市、衡水市、通化市、怀化市、石家庄市、桂林市、淮安市、阜阳市、潍坊市、赣州市、承德市、资阳市、景德镇市、滨州市、宜宾市、湘潭市、河源市、新余市、白城市、唐山市、遵义市、安顺市、宜春市、安阳市、自贡市、宁德市、遂宁市、马鞍山市、邢台市、内江市、临沂市、玉林市、驻马店市、宣城市、盐城市

等级划分	城市
V级 (共 60 个)	萍乡市、漯河市、洛阳市、济宁市、安庆市、南阳市、新乡市、信阳市、芜湖市、日照市、徐州市、上饶市、云浮市、连云港市、鹰潭市、九江市、常德市、泰安市、商丘市、潮州市、贵港市、三门峡市、衡阳市、焦作市、曲靖市、钦州市、六安市、枣庄市、鹤壁市、聊城市、蚌埠市、开封市、六盘水市、濮阳市、菏泽市、亳州市、昭通市、邯郸市、滁州市、娄底市、周口市、益阳市、宿迁市、沧州市、肇庆市、辽源市、宿州市、通辽市、漳州市、梧州市、湛江市、德州市、岳阳市、四平市、许昌市、汕尾市、茂名市、松原市、绥化市、揭阳市

2. 2000 年以来城市平均人民生活水平分级情况

和 1990~2018 年相比，2000~2018 年人民生活方面从 Ⅱ 级上升到 Ⅰ 级，上升了一级的城市有杭州市、厦门市、舟山市、阳泉市、雅安市、汕头市；从 Ⅲ 级上升到 Ⅰ 级，上升了二级的城市有佛山市。从 Ⅰ 级下降到 Ⅱ 级，下降了一级的城市有抚顺市、武威市、呼伦贝尔市、平凉市、白银市、白山市；从 Ⅲ 级上升到 Ⅱ 级，上升了一级的城市有金华市、宁波市、衢州市、苏州市、绍兴市、绵阳市、郑州市、惠州市、台州市、常州市、无锡市、南充市、巴中市。从 Ⅱ 级下降到 Ⅲ 级，下降了一级的城市有赤峰市、临汾市、南平市、佳木斯市、河池市、宝鸡市、运城市、吉林市、铜陵市、锦州市、黄石市；从 Ⅳ 级上升到 Ⅲ 级，上升了一级的城市有重庆市、泸州市、株洲市、宜昌市、扬州市、清远市、永州市、怀化市、阳江市、威海市；从 Ⅴ 级上升到 Ⅲ 级，上升了二级的城市有莆田市、镇江市。从 Ⅲ 级下降到 Ⅳ 级，下降了一级的城市有荆门市、咸宁市、新余市、九江市、桂林市、马鞍山市、萍乡市、上饶市、辽源市；从 Ⅴ 级上升到 Ⅳ 级，上升了一级的城市有泰州市、阜阳市、泉州市、襄阳市、衡水市。从 Ⅳ 级下降到 Ⅴ 级，下降了一级的城市有洛阳市、肇庆市、鹤壁市、通辽市、六盘水市。中国 264 个地级市 2000 年以来人民生活水平的分级情况见表 43。

表 43　264 个地级市 2000 年以来平均人民生活水平等级划分

等级划分	城市
Ⅰ级 （共 40 个）	克拉玛依市、珠海市、北京市、嘉峪关市、伊春市、深圳市、上海市、广州市、乌鲁木齐市、忻州市、太原市、金昌市、东莞市、海口市、鹤岗市、杭州市、西安市、丽水市、酒泉市、厦门市、大同市、昆明市、三亚市、普洱市、贵阳市、南京市、兰州市、铜川市、广元市、舟山市、西宁市、乌海市、阳泉市、佛山市、黄山市、攀枝花市、张掖市、雅安市、保山市、汕头市
Ⅱ级 （共 65 个）	温州市、抚顺市、武威市、沈阳市、石嘴山市、榆林市、武汉市、呼伦贝尔市、盘锦市、平凉市、大庆市、银川市、中山市、鸡西市、天津市、白银市、成都市、长沙市、韶关市、齐齐哈尔市、七台河市、延安市、本溪市、金华市、阜新市、淮南市、宁波市、大连市、东营市、黑河市、济南市、十堰市、南宁市、福州市、衢州市、汉中市、乐山市、张家界市、辽阳市、苏州市、绍兴市、双鸭山市、绵阳市、包头市、龙岩市、白山市、葫芦岛市、郑州市、安康市、南昌市、天水市、呼和浩特市、惠州市、台州市、柳州市、百色市、常州市、朔州市、无锡市、朝阳市、南充市、晋城市、防城港市、丹东市、巴中市
Ⅲ级 （共 58 个）	长治市、赤峰市、临汾市、南平市、淄博市、佳木斯市、河池市、秦皇岛市、哈尔滨市、宝鸡市、鄂州市、湖州市、运城市、吉林市、铜陵市、淮北市、南通市、吴忠市、江门市、鞍山市、重庆市、嘉兴市、锦州市、莱芜市、牡丹江市、渭南市、通化市、张家口市、莆田市、青岛市、梅州市、营口市、合肥市、长春市、咸阳市、白城市、吉安市、铁岭市、三明市、湘潭市、黄石市、泸州市、邵阳市、承德市、株洲市、北海市、宜昌市、扬州市、德阳市、清远市、永州市、怀化市、镇江市、安顺市、阳江市、河源市、威海市、石家庄市
Ⅳ级 （共 39 个）	随州市、郴州市、荆门市、咸宁市、烟台市、新余市、资阳市、玉溪市、九江市、保定市、桂林市、平顶山市、荆州市、泰州市、廊坊市、宜宾市、阜阳市、景德镇市、泉州市、襄阳市、黄冈市、孝感市、自贡市、云浮市、赣州市、马鞍山市、内江市、玉林市、安阳市、宜春市、遂宁市、衡阳市、宣城市、萍乡市、安庆市、衡水市、新乡市、上饶市、辽源市
Ⅴ级 （共 62 个）	遵义市、唐山市、三门峡市、信阳市、潍坊市、邢台市、洛阳市、宁德市、淮安市、濮阳市、肇庆市、娄底市、蚌埠市、鹤壁市、滨州市、贵港市、常德市、连云港市、焦作市、益阳市、鹰潭市、潮州市、岳阳市、芜湖市、六安市、徐州市、曲靖市、枣庄市、通辽市、六盘水市、钦州市、滁州市、商丘市、菏泽市、临沂市、漯河市、泰安市、湛江市、四平市、开封市、昭通市、济宁市、驻马店市、邯郸市、聊城市、日照市、梧州市、沧州市、盐城市、南阳市、宿州市、亳州市、漳州市、周口市、德州市、绥化市、许昌市、汕尾市、宿迁市、松原市、茂名市、揭阳市

3. 1990 年以来城市平均人民生活分级情况

中国 264 个地级市 1990 年以来人民生活水平的分级情况见表 44。

表 44　264 个城市 1990 年以来平均人民生活水平等级划分

等级划分	城市
I 级 （共 39 个）	克拉玛依市、伊春市、嘉峪关市、北京市、珠海市、金昌市、深圳市、乌鲁木齐市、鹤岗市、太原市、上海市、普洱市、忻州市、广州市、丽水市、海口市、酒泉市、兰州市、乌海市、西宁市、攀枝花市、大同市、铜川市、广元市、呼伦贝尔市、三亚市、昆明市、西安市、贵阳市、抚顺市、南京市、保山市、黄山市、平凉市、张掖市、东莞市、白银市、白山市、武威市
II 级 （共 63 个）	本溪市、淮南市、雅安市、舟山市、阳泉市、石嘴山市、杭州市、阜新市、厦门市、沈阳市、榆林市、鸡西市、延安市、齐齐哈尔市、七台河市、大庆市、百色市、天津市、佳木斯市、武汉市、葫芦岛市、乐山市、银川市、盘锦市、汕头市、黑河市、韶关市、双鸭山市、大连市、柳州市、汉中市、包头市、辽阳市、天水市、朔州市、南宁市、临汾市、南昌市、吉林市、张家界市、南平市、东营市、济南市、十堰市、赤峰市、呼和浩特市、中山市、丹东市、防城港市、长沙市、温州市、宝鸡市、龙岩市、朝阳市、铜陵市、河池市、运城市、锦州市、晋城市、成都市、福州市、安康市、黄石市
III 级 （共 58 个）	吴忠市、佛山市、长治市、淄博市、哈尔滨市、绵阳市、牡丹江市、淮北市、通化市、郑州市、鞍山市、南充市、鄂州市、白城市、长春市、张家口市、衢州市、宁波市、秦皇岛市、三明市、湘潭市、承德市、河源市、营口市、金华市、莱芜市、湖州市、巴中市、九江市、嘉兴市、绍兴市、吉安市、安顺市、咸宁市、惠州市、台州市、渭南市、马鞍山市、咸阳市、常州市、北海市、梅州市、荆门市、铁岭市、邵阳市、南通市、无锡市、合肥市、德阳市、苏州市、新余市、青岛市、桂林市、江门市、上饶市、萍乡市、辽源市、石家庄市
IV 级 （共 40 个）	株洲市、随州市、内江市、清远市、怀化市、六盘水市、重庆市、资阳市、阳江市、自贡市、景德镇市、遂宁市、泸州市、平顶山市、荆州市、宜宾市、永州市、赣州市、通辽市、郴州市、洛阳市、黄冈市、保定市、云浮市、宜春市、宜昌市、衡阳市、威海市、鹤壁市、新乡市、烟台市、玉溪市、安阳市、安庆市、廊坊市、肇庆市、扬州市、宣城市、玉林市、孝感市
V 级 （共 64 个）	镇江市、芜湖市、三门峡市、莆田市、邢台市、泰州市、濮阳市、蚌埠市、焦作市、唐山市、绥化市、湛江市、四平市、遵义市、衡水市、邯郸市、鹰潭市、襄阳市、潍坊市、曲靖市、滨州市、阜阳市、宁德市、岳阳市、枣庄市、开封市、连云港市、泉州市、娄底市、常德市、贵港市、松原市、沧州市、梧州市、信阳市、益阳市、钦州市、聊城市、徐州市、昭通市、潮州市、滁州市、泰安市、六安市、菏泽市、济宁市、商丘市、漳州市、临沂市、淮安市、驻马店市、漯河市、日照市、德州市、盐城市、亳州市、汕尾市、茂名市、周口市、宿州市、许昌市、揭阳市、宿迁市、南阳市

4. 2018 年城市人民生活水平分级情况

　　和 2017 年相比，2018 年人民生活方面从 II 级上升到 I 级，上升了一级的城市有铁岭市、抚顺市、阜新市、乌海市。从 I 级下降到 II 级，下降了一级的城市有宁波市、兰州市、黄山市、西宁市、成都市；从 III 级上升到 II 级，上升了一级的城市有锦州市、平顶山市。从 II 级下降到 III 级，下降了一级的城市有秦皇岛市、廊坊市、重庆市、南充市、黄冈市；从Ⅳ级上升到Ⅲ级，上升了一级的城市有三明市、景德镇市。从Ⅲ级下降到Ⅳ级，下降了一级的城市有佳木斯市、宝鸡市、吉安市、清远市、汉中市。从Ⅳ级下降到Ⅴ级，下降了一级的城市有自贡市、南阳市。中国 264 个地级市 2018 年人民生活水平的分级情况见表 45。

表 45　264 个地级市 2018 年人民生活水平等级划分

等级划分	城市
Ⅰ 级 （共 41 个）	北京市、伊春市、克拉玛依市、上海市、深圳市、嘉峪关市、珠海市、东莞市、杭州市、金昌市、南京市、苏州市、鹤岗市、太原市、厦门市、三亚市、广州市、乌鲁木齐市、海口市、舟山市、沈阳市、西安市、大同市、佛山市、铁岭市、无锡市、绍兴市、丽水市、武威市、双鸭山市、抚顺市、长沙市、阜新市、七台河市、广元市、昆明市、忻州市、雅安市、金华市、乌海市、贵阳市
Ⅱ 级 （共 63 个）	宁波市、鞍山市、武汉市、济南市、天津市、兰州市、盘锦市、黄山市、西宁市、铜川市、齐齐哈尔市、酒泉市、成都市、温州市、大连市、张掖市、东营市、衢州市、大庆市、中山市、丹东市、呼和浩特市、辽阳市、台州市、朝阳市、常州市、惠州市、延安市、福州市、鸡西市、十堰市、平凉市、白银市、呼伦贝尔市、包头市、本溪市、普洱市、阳泉市、南宁市、榆林市、南昌市、葫芦岛市、莆田市、湖州市、攀枝花市、朔州市、宜昌市、郑州市、赤峰市、营口市、淄博市、南通市、韶关市、巴中市、锦州市、绵阳市、石嘴山市、扬州市、乐山市、平顶山市、天水市、嘉兴市、银川市
Ⅲ 级 （共 58 个）	防城港市、秦皇岛市、合肥市、廊坊市、龙岩市、重庆市、南充市、青岛市、渭南市、鄂州市、黑河市、运城市、荆州市、黄冈市、张家界市、保山市、柳州市、安康市、阳江市、汕头市、晋城市、临汾市、保定市、长治市、南平市、威海市、张家口市、哈尔滨市、白山市、镇江市、咸宁市、荆门市、孝感市、襄阳市、玉溪市、邵阳市、黄石市、通化市、泰州市、咸阳市、泸州市、泉州市、吉林市、江门市、莱芜市、烟台市、梅州市、桂林市、永州市、随州市、河池市、淮安市、三明市、淮南市、长春市、景德镇市、株洲市、百色市
Ⅳ 级 （共 39 个）	佳木斯市、宜宾市、宝鸡市、吉安市、牡丹江市、清远市、郴州市、安阳市、汉中市、新余市、石家庄市、唐山市、德阳市、资阳市、驻马店市、内江市、赣州市、滨州市、北海市、白城市、阜阳市、河源市、湘潭市、宁德市、怀化市、淮北市、承德市、吴忠市、潍坊市、衡水市、盐城市、萍乡市、遵义市、连云港市、鹰潭市、新乡市、漯河市、遂宁市、洛阳市
Ⅴ 级 （共 63 个）	安庆市、焦作市、马鞍山市、自贡市、常德市、徐州市、芜湖市、邯郸市、宜春市、南阳市、信阳市、邢台市、日照市、曲靖市、玉林市、安顺市、宣城市、六盘水市、商丘市、衡阳市、上饶市、鹤壁市、三门峡市、九江市、临沂市、开封市、铜陵市、通辽市、娄底市、沧州市、益阳市、宿迁市、枣庄市、濮阳市、聊城市、泰安市、济宁市、贵港市、周口市、昭通市、漳州市、钦州市、菏泽市、亳州市、潮州市、蚌埠市、滁州市、六安市、岳阳市、许昌市、云浮市、辽源市、肇庆市、四平市、梧州市、宿州市、德州市、湛江市、茂名市、汕尾市、绥化市、揭阳市、松原市

5. 2017年城市人民生活水平分级情况

和 2016 年相比，2017 年人民生活方面从Ⅱ级上升到Ⅰ级，上升了一级的城市有无锡市、双鸭山市、七台河市。从Ⅰ级下降到Ⅱ级，下降了一级的城市有抚顺市、阜新市、盘锦市、平凉市；从Ⅲ级上升到Ⅱ级，上升了一级的城市有呼伦贝尔市、赤峰市、天水市、石嘴山市、廊坊市。从Ⅱ级下降到Ⅲ级，下降了一级的城市有锦州市、黑河市、汕头市、阳江市、邵阳市、临汾市；从Ⅳ级上升到Ⅲ级，上升了一级的城市有桂林市、咸阳市、吉林市。从Ⅲ级下降到Ⅳ级，下降了一级的城市有牡丹江市、安阳市、赣州市、阜阳市、德阳市；从Ⅴ级上升到Ⅳ级，上升了一级的城市有白城市、宁德市、潍坊市、鹰潭市、连云港市。从Ⅳ级下降到Ⅴ级，下降了一级的城市有宜春市、商丘市、马鞍山市、邢台市、信阳市、铜陵市、上饶市。中国 264 个地级市 2017 年人民生活水平的分级情况见表 46。

表 46　264 个地级市 2017 年人民生活水平等级划分

等级划分	城市
Ⅰ级 （共 42 个）	北京市、克拉玛依市、伊春市、上海市、珠海市、深圳市、嘉峪关市、东莞市、杭州市、金昌市、南京市、海口市、鹤岗市、太原市、三亚市、广州市、苏州市、厦门市、乌鲁木齐市、西安市、舟山市、佛山市、大同市、沈阳市、武威市、丽水市、绍兴市、无锡市、贵阳市、长沙市、广元市、昆明市、雅安市、金华市、兰州市、双鸭山市、成都市、忻州市、七台河市、宁波市、西宁市、黄山市
Ⅱ级 （共 65 个）	抚顺市、武汉市、济南市、乌海市、铁岭市、温州市、酒泉市、阜新市、张掖市、盘锦市、齐齐哈尔市、铜川市、中山市、平凉市、天津市、衢州市、台州市、十堰市、鞍山市、大连市、东营市、普洱市、福州市、常州市、鸡西市、南宁市、惠州市、呼和浩特市、丹东市、辽阳市、延安市、大庆市、白银市、朝阳市、阳泉市、郑州市、包头市、巴中市、南昌市、榆林市、攀枝花市、湖州市、南通市、葫芦岛市、呼伦贝尔市、莆田市、绵阳市、宜昌市、本溪市、韶关市、秦皇岛市、淄博市、朔州市、银川市、赤峰市、乐山市、嘉兴市、天水市、营口市、南充市、扬州市、石嘴山市、黄冈市、重庆市、廊坊市
Ⅲ级 （共 58 个）	锦州市、平顶山市、黑河市、龙岩市、防城港市、合肥市、汕头市、阳江市、青岛市、保山市、渭南市、安康市、荆州市、鄂州市、运城市、邵阳市、张家界市、保定市、临汾市、柳州市、张家口市、哈尔滨市、南平市、孝感市、晋城市、长治市、咸宁市、威海市、梅州市、荆门市、白山市、泰州市、淮南市、襄阳市、镇江市、玉溪市、泸州市、河池市、黄石市、江门市、淮安市、泉州市、永州市、桂林市、咸阳市、通化市、莱芜市、随州市、长春市、百色市、烟台市、汉中市、吉安市、佳木斯市、宝鸡市、清远市、吉林市、株洲市

续表

等级划分	城市
Ⅳ级 （共38个）	宜宾市、牡丹江市、安阳市、驻马店市、景德镇市、郴州市、赣州市、内江市、阜阳市、石家庄市、德阳市、三明市、资阳市、新余市、唐山市、衡水市、河源市、怀化市、承德市、北海市、吴忠市、滨州市、淮北市、湘潭市、遵义市、盐城市、白城市、宁德市、潍坊市、萍乡市、遂宁市、鹰潭市、漯河市、新乡市、自贡市、南阳市、连云港市、洛阳市
Ⅴ级 （共61个）	宜春市、商丘市、马鞍山市、焦作市、邢台市、信阳市、安顺市、徐州市、铜陵市、芜湖市、安庆市、上饶市、宣城市、常德市、日照市、邯郸市、玉林市、开封市、临沂市、衡阳市、九江市、六盘水市、鹤壁市、三门峡市、曲靖市、娄底市、濮阳市、沧州市、贵港市、昭通市、益阳市、宿迁市、周口市、泰安市、枣庄市、聊城市、通辽市、亳州市、济宁市、潮州市、钦州市、菏泽市、云浮市、滁州市、蚌埠市、漳州市、肇庆市、六安市、许昌市、梧州市、岳阳市、宿州市、辽源市、四平市、德州市、湛江市、茂名市、汕尾市、绥化市、松原市、揭阳市

6.2016年城市人民生活水平分级情况

和2015年相比，2016年人民生活方面从Ⅱ级上升到Ⅰ级，上升了一级的城市有沈阳市、抚顺市、盘锦市、阜新市、宁波市。从Ⅰ级下降到Ⅱ级，下降了一级的城市有中山市、张掖市、七台河市、无锡市；从Ⅲ级上升到Ⅱ级，上升了一级的城市有鞍山市、辽阳市、铁岭市、本溪市、锦州市、营口市、阳江市、黄冈市；从Ⅴ级上升到Ⅱ级，上升了三级的城市有邵阳市。从Ⅱ级下降到Ⅲ级，下降了一级的城市有石嘴山市、天水市、运城市、长治市、龙岩市、晋城市、防城港市、南平市、哈尔滨市；从Ⅳ级上升到Ⅲ级，上升了一级的城市有淮安市、安阳市、株洲市、通化市。从Ⅴ级上升到Ⅳ级，上升了一级的城市有铜陵市、萍乡市、信阳市、洛阳市、新乡市；从Ⅲ级下降到Ⅳ级，下降了一级的城市有石家庄市、淮北市、桂林市、南阳市、资阳市。从Ⅳ级下降到Ⅴ级，下降了一级的城市有鹰潭市、宁德市、宣城市、安庆市、芜湖市、六安市。中国264个地级市2016年人民生活水平的分级情况见表47。

表 47   264 个城市 2016 年人民生活水平等级划分

等级划分	城市
I 级 (共 43 个)	克拉玛依市、北京市、伊春市、珠海市、嘉峪关市、深圳市、上海市、东莞市、杭州市、海口市、太原市、鹤岗市、广州市、金昌市、南京市、三亚市、厦门市、乌鲁木齐市、西安市、苏州市、佛山市、大同市、贵阳市、沈阳市、丽水市、舟山市、昆明市、长沙市、广元市、武威市、成都市、抚顺市、兰州市、绍兴市、黄山市、雅安市、金华市、平凉市、盘锦市、阜新市、忻州市、宁波市、西宁市
II 级 (共 65 个)	武汉市、中山市、鞍山市、济南市、温州市、酒泉市、十堰市、辽阳市、铜川市、台州市、张掖市、七台河市、双鸭山市、衢州市、丹东市、朝阳市、无锡市、齐齐哈尔市、普洱市、延安市、福州市、乌海市、大连市、南宁市、鸡西市、巴中市、葫芦岛市、东营市、郑州市、常州市、阳泉市、攀枝花市、南通市、天津市、绵阳市、榆林市、南昌市、白银市、大庆市、秦皇岛市、惠州市、铁岭市、本溪市、银川市、包头市、湖州市、韶关市、锦州市、营口市、南充市、嘉兴市、汕头市、莆田市、宜昌市、淄博市、呼和浩特市、扬州市、乐山市、朔州市、阳江市、黄冈市、临汾市、黑河市、邵阳市、重庆市
III 级 (共 59 个)	石嘴山市、渭南市、合肥市、天水市、荆州市、青岛市、运城市、长治市、安康市、龙岩市、张家口市、孝感市、鄂州市、泰州市、晋城市、防城港市、廊坊市、呼伦贝尔市、淮南市、梅州市、莱芜市、南平市、哈尔滨市、张家界市、河池市、咸宁市、保定市、荆门市、汉中市、保山市、赤峰市、柳州市、黄石市、威海市、白山市、泸州市、百色市、襄阳市、江门市、淮安市、赣州市、镇江市、长春市、玉溪市、永州市、泉州市、随州市、吉安市、阜阳市、牡丹江市、佳木斯市、宝鸡市、平顶山市、安阳市、烟台市、株洲市、清远市、德阳市、通化市
IV 级 (共 38 个)	宜宾市、铜陵市、石家庄市、衡水市、淮北市、桂林市、承德市、郴州市、驻马店市、唐山市、吴忠市、怀化市、内江市、宜春市、咸阳市、河源市、遵义市、景德镇市、北海市、吉林市、三明市、南阳市、新余市、滨州市、盐城市、湘潭市、邢台市、遂宁市、商丘市、漯河市、自贡市、萍乡市、上饶市、马鞍山市、资阳市、信阳市、洛阳市、新乡市
V 级 (共 59 个)	白城市、鹰潭市、潍坊市、宁德市、宣城市、安庆市、焦作市、安顺市、徐州市、芜湖市、连云港市、九江市、临沂市、日照市、开封市、玉林市、常德市、亳州市、潮州市、娄底市、贵港市、衡阳市、三门峡市、邯郸市、周口市、濮阳市、云浮市、昭通市、沧州市、鹤壁市、钦州市、泰安市、菏泽市、滁州市、枣庄市、六盘水市、宿迁市、济宁市、蚌埠市、益阳市、聊城市、六安市、曲靖市、肇庆市、梧州市、漳州市、宿州市、许昌市、岳阳市、德州市、四平市、辽源市、通辽市、湛江市、茂名市、汕尾市、绥化市、揭阳市、松原市

7.2015年城市人民生活水平分级情况

中国 264 个地级市 2015 年人民生活水平的分级情况见表 48。

表 48　264 个地级市 2015 年人民生活水平等级划分

等级划分	城市
I 级 （共 42 个）	克拉玛依市、北京市、伊春市、珠海市、上海市、深圳市、忻州市、东莞市、杭州市、广州市、太原市、嘉峪关市、海口市、三亚市、鹤岗市、西安市、金昌市、厦门市、苏州市、乌鲁木齐市、南京市、贵阳市、大同市、佛山市、昆明市、武威市、丽水市、成都市、广元市、舟山市、兰州市、长沙市、金华市、平凉市、黄山市、无锡市、西宁市、七台河市、绍兴市、雅安市、中山市、张掖市
II 级 （共 66 个）	双鸭山市、十堰市、南通市、武汉市、温州市、台州市、宁波市、汕头市、酒泉市、沈阳市、济南市、乌海市、大庆市、攀枝花市、鸡西市、齐齐哈尔市、阳泉市、福州市、衢州市、秦皇岛市、延安市、巴中市、郑州市、普洱市、榆林市、铜川市、银川市、常州市、东营市、绵阳市、南宁市、大连市、南昌市、黑河市、白银市、抚顺市、葫芦岛市、天津市、包头市、阜新市、韶关市、盘锦市、石嘴山市、淄博市、嘉兴市、湖州市、惠州市、扬州市、南充市、乐山市、长治市、莆田市、朔州市、重庆市、防城港市、宜昌市、丹东市、晋城市、龙岩市、临汾市、运城市、朝阳市、哈尔滨市、南平市、天水市、呼和浩特市
III 级 （共 59 个）	阳江市、青岛市、张家界市、梅州市、孝感市、合肥市、莱芜市、安康市、泰州市、鞍山市、河池市、呼伦贝尔市、渭南市、黄冈市、柳州市、荆州市、辽阳市、汉中市、白山市、江门市、赤峰市、鄂州市、泉州市、荆门市、威海市、淮北市、长春市、张家口市、泸州市、铁岭市、百色市、保定市、吉安市、保山市、襄阳市、廊坊市、本溪市、平顶山市、佳木斯市、赣州市、黄石市、镇江市、宝鸡市、永州市、牡丹江市、淮南市、烟台市、资阳市、咸宁市、石家庄市、桂林市、锦州市、德阳市、阜阳市、清远市、玉溪市、随州市、南阳市、营口市
IV 级 （共 38 个）	淮安市、株洲市、安阳市、景德镇市、咸阳市、衡水市、承德市、安庆市、宜宾市、宜春市、通化市、吴忠市、北海市、宣城市、遂宁市、吉林市、三明市、怀化市、盐城市、郴州市、唐山市、河源市、邢台市、滨州市、马鞍山市、湘潭市、新余市、漯河市、遵义市、驻马店市、自贡市、鹰潭市、上饶市、商丘市、芜湖市、六安市、内江市、宁德市
V 级 （共 59 个）	萍乡市、潮州市、新乡市、洛阳市、信阳市、白城市、玉林市、九江市、安顺市、徐州市、临沂市、日照市、连云港市、邵阳市、潍坊市、钦州市、三门峡市、贵港市、蚌埠市、昭通市、云浮市、常德市、焦作市、周口市、铜陵市、开封市、泰安市、衡阳市、滁州市、宿迁市、济宁市、鹤壁市、邯郸市、娄底市、沧州市、枣庄市、濮阳市、梧州市、六盘水市、亳州市、益阳市、聊城市、曲靖市、菏泽市、肇庆市、漳州市、宿州市、湛江市、德州市、许昌市、辽源市、汕尾市、茂名市、四平市、岳阳市、松原市、绥化市、揭阳市、通辽市

（六）中国城市环境质量分级情况

将 264 个地级市环境质量情况按 2010 年以来、2000 年以来、1990 年以来和 2018 年、2017 年、2016 年和 2015 年这几个时间进行分级。

1. 2010 年以来城市平均环境质量水平分级情况

和 2000~2018 年相比，2010~2018 年环境质量方面从 II 级上升到 I 级，上升了一级的城市有茂名市、汕尾市、北海市、南宁市、阳江市。从 I 级下降到 II 级，下降了一级的城市有齐齐哈尔市、哈尔滨市、白银市、阜阳市、宿州市；从 III 级上升到 II 级，上升了一级的城市有安康市、玉林市、邵阳市、长沙市、梧州市、舟山市、金华市、上海市、克拉玛依市、巴中市、南昌市、吉安市、常德市、上饶市、通辽市、杭州市、郴州市。从 II 级下降到 III 级，下降了一级的城市有长春市、张掖市、衢州市、铁岭市、淮南市、宣城市、葫芦岛市、吴忠市、淮北市、马鞍山市、株洲市、抚顺市、阜新市、营口市、四平市、银川市、沈阳市；从 I 级下降到 III 级，下降了二级的城市有亳州市；从 IV 级上升到 III 级，上升了一级的城市有赣州市、黄冈市、遂宁市、内江市、绵阳市、攀枝花市、青岛市、大同市；从 V 级上升到 III 级，上升了二级的城市有资阳市、泸州市。从 III 级下降到 IV 级，下降了一级的城市有丹东市、南京市、镇江市、丽水市、本溪市、运城市、太原市、阳泉市、鞍山市；从 V 级上升到 IV 级，上升了一级的城市有乐山市、宜宾市、广元市、德阳市、成都市、咸宁市、鄂州市、孝感市、自贡市；从 II 级下降到 IV 级，下降了二级的城市有盘锦市。从 IV 级下降到 V 级，下降了一级的城市有济南市、信阳市、临汾市、武汉市、晋城市、北京市、延安市、泰安市、临沂市、长治市、驻马店市、潍坊市、周口市。中国 264 个地级市 2010 年以来环境质量水平的分级情况见表 49。

表 49　264 个地级市 2010 年以来平均环境质量水平等级划分

等级划分	城市
I 级 （共 41 个）	三亚市、海口市、昭通市、福州市、泉州市、厦门市、宁德市、莆田市、龙岩市、漳州市、曲靖市、三明市、玉溪市、昆明市、深圳市、南平市、天水市、安顺市、遵义市、绥化市、保山市、茂名市、揭阳市、普洱市、黑河市、汕尾市、珠海市、汕头市、云浮市、六盘水市、贵阳市、北海市、广州市、湛江市、梅州市、惠州市、江门市、佛山市、南宁市、阳江市、清远市

续表

等级划分	城市
Ⅱ级 (共65个)	钦州市、潮州市、齐齐哈尔市、贵港市、东莞市、哈尔滨市、牡丹江市、防城港市、肇庆市、伊春市、桂林市、白银市、张家界市、韶关市、河池市、百色市、温州市、阜阳市、朝阳市、平凉市、大庆市、赤峰市、中山市、安康市、柳州市、玉林市、宁波市、佳木斯市、六安市、河源市、七台河市、鸡西市、台州市、邵阳市、长沙市、芜湖市、鹰潭市、鹤岗市、金昌市、梧州市、安庆市、双鸭山市、合肥市、衡阳市、呼和浩特市、舟山市、金华市、上海市、克拉玛依市、蚌埠市、巴中市、石嘴山市、武威市、南昌市、吉安市、兰州市、常德市、大连市、上饶市、通辽市、宜春市、杭州市、郴州市、铜陵市、宿州市
Ⅲ级 (共59个)	长春市、张掖市、西宁市、亳州市、怀化市、衢州市、铁岭市、岳阳市、娄底市、雅安市、淮南市、萍乡市、酒泉市、益阳市、嘉兴市、宣城市、葫芦岛市、吴忠市、淮北市、马鞍山市、株洲市、赣州市、乌海市、景德镇市、白城市、黄冈市、抚顺市、白山市、阜新市、绍兴市、连云港市、新余市、资阳市、湘潭市、辽源市、重庆市、遂宁市、呼伦贝尔市、营口市、滁州市、九江市、内江市、嘉峪关市、包头市、绵阳市、黄山市、攀枝花市、松原市、四平市、锦州市、通化市、青岛市、大同市、银川市、吉林市、沈阳市、辽阳市、湖州市、泸州市
Ⅳ级 (共37个)	丹东市、永州市、烟台市、南京市、南通市、渭南市、镇江市、丽水市、乐山市、扬州市、本溪市、乌鲁木齐市、宜宾市、盘锦市、运城市、铜川市、泰州市、广元市、德阳市、成都市、咸宁市、苏州市、无锡市、太原市、淮安市、朔州市、黄石市、盐城市、徐州市、鄂州市、阳泉市、汉中市、孝感市、鞍山市、自贡市、常州市、宿迁市
Ⅴ级 (共62个)	宜昌市、济南市、荆门市、信阳市、随州市、十堰市、临汾市、武汉市、咸阳市、南阳市、宝鸡市、晋城市、荆州市、天津市、襄阳市、北京市、南充市、威海市、西安市、日照市、秦皇岛市、德州市、延安市、泰安市、菏泽市、临沂市、开封市、长治市、莱芜市、东营市、洛阳市、许昌市、榆林市、聊城市、商丘市、济宁市、驻马店市、承德市、潍坊市、枣庄市、平顶山市、滨州市、濮阳市、安阳市、漯河市、郑州市、新乡市、鹤壁市、沧州市、周口市、衡水市、淄博市、邯郸市、忻州市、焦作市、三门峡市、保定市、张家口市、石家庄市、唐山市、廊坊市、邢台市

2. 2000年以来城市平均环境质量水平分级情况

和1990~2018年相比，2000~2018年环境质量方面从Ⅱ级上升到Ⅰ级，上升了一级的城市有佛山市。从Ⅲ级上升到Ⅱ级，上升了一级的城市有茂名市、北海市、宜春市、呼和浩特市、张掖市；从Ⅰ级下降到Ⅱ级，下降了一级的城市有双鸭山市、四平市。从Ⅱ级下降到Ⅲ级，下降了一级的城市有锦州市、酒泉市、辽阳市、巴中市、松原市；从Ⅳ级上升到Ⅲ

级，上升了一级的城市有安康市、雅安市、玉林市。从Ⅲ级下降到Ⅳ级，下降了一级的城市有盐城市、扬州市；从Ⅴ级上升到Ⅳ级，上升了一级的城市有赣州市、绵阳市、黄冈市、武汉市、攀枝花市、潍坊市。从Ⅳ级下降到Ⅴ级，下降了一级的城市有东营市、许昌市、平顶山市、三门峡市、开封市。中国264个地级市2000年以来环境质量水平的分级情况见表50。

表50　264个地级市2000年以来平均环境质量水平等级划分

等级划分	城市
Ⅰ级 （共42个）	三亚市、海口市、昭通市、厦门市、福州市、安顺市、漳州市、莆田市、龙岩市、泉州市、遵义市、绥化市、三明市、曲靖市、昆明市、六盘水市、南平市、宁德市、黑河市、贵阳市、保山市、普洱市、天水市、深圳市、玉溪市、广州市、揭阳市、汕头市、阜阳市、梅州市、珠海市、清远市、哈尔滨市、云浮市、惠州市、江门市、齐齐哈尔市、白银市、湛江市、亳州市、佛山市、宿州市
Ⅱ级 （共66个）	汕尾市、东莞市、伊春市、茂名市、贵港市、阳江市、平凉市、朝阳市、韶关市、金昌市、大庆市、双鸭山市、安庆市、钦州市、河池市、潮州市、合肥市、牡丹江市、六安市、台州市、中山市、温州市、肇庆市、铜陵市、武威市、宁波市、桂林市、赤峰市、张家界市、南宁市、七台河市、芜湖市、鸡西市、石嘴山市、阜新市、防城港市、鹰潭市、鹤岗市、大连市、四平市、柳州市、葫芦岛市、铁岭市、百色市、吴忠市、佳木斯市、河源市、蚌埠市、淮北市、银川市、淮南市、北海市、衡阳市、沈阳市、兰州市、营口市、马鞍山市、抚顺市、宣城市、株洲市、宜春市、衢州市、长春市、呼和浩特市、盘锦市、张掖市
Ⅲ级 （共57个）	金华市、通辽市、郴州市、锦州市、滁州市、上海市、杭州市、酒泉市、舟山市、克拉玛依市、辽阳市、岳阳市、常德市、巴中市、长沙市、辽源市、萍乡市、邵阳市、嘉兴市、西宁市、松原市、乌海市、上饶市、白山市、鞍山市、绍兴市、嘉峪关市、丹东市、湘潭市、湖州市、益阳市、吉安市、娄底市、本溪市、南昌市、怀化市、安康市、九江市、重庆市、梧州市、南京市、景德镇市、白城市、新余市、包头市、运城市、吉林市、通化市、连云港市、雅安市、阳泉市、黄山市、太原市、丽水市、呼伦贝尔市、镇江市、玉林市
Ⅳ级 （共39个）	烟台市、徐州市、盐城市、南通市、扬州市、青岛市、无锡市、大同市、苏州市、济南市、淮安市、朔州市、乌鲁木齐市、渭南市、信阳市、内江市、铜川市、黄石市、汉中市、常州市、泰州市、临沂市、遂宁市、赣州市、晋城市、永州市、北京市、长治市、绵阳市、临汾市、宿迁市、延安市、泰安市、黄冈市、周口市、武汉市、攀枝花市、潍坊市、驻马店市

续表

等级划分	城市
V级 （共 60 个）	东营市、自贡市、宜宾市、许昌市、菏泽市、商丘市、济宁市、莱芜市、聊城市、鄂州市、枣庄市、宜昌市、平顶山市、三门峡市、开封市、天津市、威海市、滨州市、泸州市、咸宁市、南阳市、荆州市、日照市、榆林市、资阳市、忻州市、成都市、孝感市、淄博市、洛阳市、德阳市、广元市、德州市、宝鸡市、郑州市、十堰市、襄阳市、咸阳市、秦皇岛市、濮阳市、安阳市、鹤壁市、西安市、荆门市、承德市、乐山市、新乡市、衡水市、沧州市、漯河市、焦作市、南充市、邯郸市、随州市、张家口市、保定市、石家庄市、唐山市、邢台市、廊坊市

3. 1990年以来城市平均环境质量分级情况

中国 264 个地级市 1990 年以来环境质量水平的分级情况见表 51。

表 51　264 个地级市 1990 年以来平均环境质量水平等级划分

等级划分	城市
I 级 （共 43 个）	三亚市、海口市、昭通市、厦门市、安顺市、福州市、漳州市、莆田市、龙岩市、遵义市、泉州市、绥化市、三明市、六盘水市、南平市、曲靖市、昆明市、贵阳市、宁德市、黑河市、保山市、普洱市、天水市、深圳市、揭阳市、广州市、清远市、玉溪市、阜阳市、亳州市、宿州市、汕头市、梅州市、哈尔滨市、珠海市、白银市、云浮市、齐齐哈尔市、江门市、双鸭山市、四平市、惠州市、湛江市
II 级 （共 65 个）	阜新市、佛山市、金昌市、伊春市、武威市、葫芦岛市、铜陵市、大庆市、安庆市、朝阳市、鹤岗市、台州市、平凉市、阳江市、吴忠市、河池市、合肥市、七台河市、石嘴山市、中山市、沈阳市、大连市、贵港市、汕尾市、银川市、温州市、宁波市、鸡西市、张家界市、河源市、韶关市、盘锦市、肇庆市、营口市、牡丹江市、六安市、铁岭市、东莞市、钦州市、鹰潭市、淮北市、芜湖市、赤峰市、宣城市、抚顺市、松原市、兰州市、巴中市、淮南市、衢州市、桂林市、长春市、衡阳市、潮州市、佳木斯市、柳州市、百色市、株洲市、防城港市、酒泉市、马鞍山市、蚌埠市、锦州市、辽阳市、南宁市
III 级 （共 56 个）	白山市、宜春市、茂名市、通辽市、克拉玛依市、郴州市、杭州市、舟山市、张掖市、金华市、鞍山市、辽源市、上海市、呼和浩特市、丹东市、常德市、滁州市、嘉峪关市、湖州市、岳阳市、嘉兴市、西宁市、绍兴市、萍乡市、湘潭市、乌海市、益阳市、白城市、北海市、吉林市、本溪市、怀化市、吉安市、通化市、邵阳市、九江市、南昌市、娄底市、上饶市、重庆市、包头市、新余市、长沙市、南京市、丽水市、梧州市、黄山市、阳泉市、运城市、连云港市、盐城市、太原市、呼伦贝尔市、景德镇市、扬州市、镇江市

等级划分	城市
IV级 （共 39 个）	南通市、苏州市、徐州市、信阳市、雅安市、安康市、无锡市、渭南市、淮安市、朔州市、长治市、烟台市、泰州市、济南市、常州市、黄石市、玉林市、汉中市、乌鲁木齐市、临沂市、周口市、青岛市、晋城市、宿迁市、延安市、大同市、三门峡市、许昌市、铜川市、北京市、遂宁市、永州市、泰安市、临汾市、内江市、开封市、驻马店市、平顶山市、东营市
V级 （共 61 个）	赣州市、榆林市、绵阳市、自贡市、商丘市、武汉市、菏泽市、潍坊市、孝感市、聊城市、荆州市、洛阳市、南阳市、天津市、郑州市、莱芜市、宜宾市、宜昌市、鄂州市、济宁市、枣庄市、濮阳市、宝鸡市、淄博市、滨州市、咸宁市、忻州市、日照市、攀枝花市、鹤壁市、广元市、威海市、十堰市、漯河市、泸州市、安阳市、德州市、黄冈市、德阳市、襄阳市、咸阳市、秦皇岛市、新乡市、成都市、焦作市、邯郸市、资阳市、承德市、西安市、衡水市、沧州市、荆门市、张家口市、南充市、保定市、石家庄市、唐山市、邢台市、乐山市、廊坊市、随州市

4.2018 年城市环境质量水平分级情况

和 2017 年相比，2018 年环境质量方面从 II 级上升到 I 级，上升了一级的城市有贵港市。从 III 级上升到 II 级，上升了一级的城市有内江市、九江市、景德镇市。从 II 级下降到 III 级，下降了一级的城市有黄冈市、上海市；从 IV 级上升到 III 级，上升了一级的城市有武汉市、宜昌市、南充市、苏州市、泰州市、本溪市、连云港市、南通市。从 III 级下降到 IV 级，下降了一级的城市有丹东市、乌鲁木齐市、石嘴山市、芜湖市、汉中市、蚌埠市、安庆市；从 V 级上升到 IV 级，上升了一级的城市有济南市、威海市、烟台市、菏泽市。从 IV 级下降到 V 级，下降了一级的城市有徐州市、朔州市、阳泉市。中国 264 个地级市 2018 年环境质量水平的分级情况见表 52。

表 52　264 个地级市 2018 年环境质量水平等级划分

等级划分	城市
I 级 （共 47 个）	三亚市、海口市、昭通市、昆明市、曲靖市、宁德市、福州市、厦门市、泉州市、保山市、龙岩市、普洱市、玉溪市、漳州市、莆田市、三明市、北海市、湛江市、南平市、珠海市、南宁市、哈尔滨市、茂名市、遵义市、深圳市、广州市、贵阳市、安顺市、汕尾市、云浮市、揭阳市、天水市、桂林市、江门市、梅州市、钦州市、汕头市、佛山市、六盘水市、东莞市、防城港市、牡丹江市、阳江市、贵港市、潮州市、张家界市、惠州市

等级划分	城市
Ⅱ级 （共67个）	百色市、韶关市、长沙市、肇庆市、柳州市、清远市、温州市、绥化市、齐齐哈尔市、玉林市、梧州市、邵阳市、河池市、巴中市、中山市、宁波市、杭州市、黑河市、克拉玛依市、台州市、鸡西市、金华市、河源市、赤峰市、大庆市、长春市、西宁市、常德市、安康市、白银市、衡阳市、株洲市、伊春市、岳阳市、呼和浩特市、绍兴市、衢州市、佳木斯市、娄底市、舟山市、鹰潭市、朝阳市、雅安市、七台河市、遂宁市、鹤岗市、成都市、益阳市、双鸭山市、吉安市、湖州市、湘潭市、嘉兴市、上饶市、萍乡市、怀化市、南昌市、郴州市、永州市、六安市、随州市、宜春市、内江市、平凉市、赣州市、九江市、景德镇市
Ⅲ级 （共59个）	吉林市、黄冈市、兰州市、资阳市、乐山市、上海市、泸州市、通辽市、新余市、绵阳市、包头市、宜宾市、武威市、白城市、广元市、白山市、乌海市、自贡市、通化市、四平市、丽水市、酒泉市、辽源市、德阳市、铁岭市、攀枝花市、锦州市、松原市、咸宁市、沈阳市、鄂州市、重庆市、十堰市、张掖市、孝感市、大连市、呼伦贝尔市、荆门市、荆州市、营口市、金昌市、阜阳市、亳州市、抚顺市、黄石市、阜新市、葫芦岛市、嘉峪关市、合肥市、南京市、武汉市、宜昌市、大同市、南充市、苏州市、泰州市、本溪市、连云港市、南通市
Ⅳ级 （共38个）	丹东市、乌鲁木齐市、石嘴山市、芜湖市、汉中市、蚌埠市、镇江市、无锡市、青岛市、辽阳市、吴忠市、安庆市、襄阳市、扬州市、渭南市、马鞍山市、宿州市、西安市、铜川市、鞍山市、盘锦市、滁州市、淮安市、宣城市、盐城市、常州市、铜陵市、淮北市、淮南市、宿迁市、黄山市、济南市、太原市、威海市、天津市、烟台市、运城市、菏泽市
Ⅴ级 （共53个）	徐州市、宝鸡市、朔州市、临沂市、银川市、延安市、泰安市、莱芜市、阳泉市、北京市、济宁市、信阳市、枣庄市、潍坊市、滨州市、南阳市、东营市、聊城市、德州市、日照市、长治市、秦皇岛市、榆林市、淄博市、衡水市、临汾市、咸阳市、晋城市、开封市、邯郸市、保定市、平顶山市、许昌市、商丘市、安阳市、驻马店市、周口市、唐山市、郑州市、洛阳市、石家庄市、濮阳市、鹤壁市、漯河市、新乡市、沧州市、焦作市、张家口市、三门峡市、承德市、邢台市、廊坊市、忻州市

5. 2017年城市环境质量水平分级情况

　　和2016年相比，2017年环境质量方面从Ⅱ级上升到Ⅰ级，上升了一级的城市有哈尔滨市、遵义市、广州市、贵阳市、桂林市。从Ⅰ级下降到Ⅱ级，下降了一级的城市有贵港市、百色市、邵阳市、齐齐哈尔市、赤峰市；从Ⅲ级上升到Ⅱ级，上升了一级的城市有长沙市、常德市、株洲市、岳阳市、呼和浩特市、绍兴市、南昌市、湘潭市、成都市、上海市；从Ⅳ级上升到Ⅱ级，上升了二级的城市有西宁市、湖州市。从Ⅱ级下降到Ⅲ

级，下降了一级的城市有通辽市、武威市、景德镇市、白城市、白山市、乌海市、酒泉市、攀枝花市、金昌市；从Ⅳ级上升到Ⅲ级，上升了一级的城市有兰州市、包头市、泸州市、自贡市、德阳市、锦州市、沈阳市、乌鲁木齐市、荆州市、南京市、石嘴山市。从Ⅲ级下降到Ⅳ级，下降了一级的城市有吴忠市、泰州市、连云港市、南通市、宿州市、马鞍山市、本溪市、滁州市、扬州市；从Ⅱ级下降到Ⅳ级，下降了二级的城市有青岛市；从Ⅴ级上升到Ⅳ级，上升了一级的城市有无锡市、西安市、常州市、宿迁市、天津市、阳泉市、太原市、徐州市。从Ⅳ级下降到Ⅴ级，下降了一级的城市有延安市、咸阳市、秦皇岛市；从Ⅱ级下降到Ⅴ级，下降了三级的城市有烟台市。中国 264 个地级市 2017 年环境质量水平的分级情况见表 53。

表 53　264 个地级市 2017 年环境质量水平等级划分

等级划分	城市
Ⅰ级 （共 46 个）	三亚市、海口市、昭通市、曲靖市、昆明市、宁德市、福州市、厦门市、泉州市、龙岩市、保山市、普洱市、玉溪市、漳州市、莆田市、三明市、湛江市、北海市、南平市、茂名市、珠海市、南宁市、天水市、哈尔滨市、遵义市、深圳市、安顺市、广州市、贵阳市、汕尾市、揭阳市、云浮市、梅州市、桂林市、江门市、汕头市、佛山市、六盘水市、东莞市、钦州市、阳江市、牡丹江市、防城港市、潮州市、惠州市、张家界市
Ⅱ级 （共 67 个）	肇庆市、贵港市、百色市、绥化市、清远市、邵阳市、韶关市、齐齐哈尔市、温州市、长沙市、柳州市、玉林市、巴中市、安康市、河池市、梧州市、中山市、鸡西市、宁波市、克拉玛依市、白银市、黑河市、大庆市、赤峰市、朝阳市、台州市、常德市、长春市、河源市、伊春市、六安市、衡阳市、金华市、株洲市、杭州市、佳木斯市、岳阳市、娄底市、七台河市、舟山市、呼和浩特市、鹰潭市、西宁市、鹤岗市、雅安市、遂宁市、双鸭山市、益阳市、绍兴市、衢州市、吉安市、怀化市、萍乡市、南昌市、湘潭市、平凉市、上饶市、郴州市、嘉兴市、随州市、成都市、永州市、宜春市、黄冈市、湖州市、赣州市、上海市
Ⅲ级 （共 59 个）	通辽市、武威市、九江市、内江市、景德镇市、兰州市、包头市、吉林市、泸州市、白城市、新余市、绵阳市、乐山市、白山市、资阳市、乌海市、通化市、宜宾市、酒泉市、自贡市、广元市、四平市、铁岭市、辽源市、丽水市、德阳市、张掖市、松原市、锦州市、阜阳市、亳州市、重庆市、大连市、咸宁市、十堰市、鄂州市、攀枝花市、呼伦贝尔市、孝感市、大同市、沈阳市、营口市、金昌市、阜新市、乌鲁木齐市、荆门市、嘉峪关市、葫芦岛市、蚌埠市、荆州市、合肥市、抚顺市、黄石市、汉中市、芜湖市、南京市、丹东市、石嘴山市、安庆市

续表

等级划分	城市
IV级 （共 38 个）	吴忠市、武汉市、南充市、青岛市、宜昌市、泰州市、苏州市、连云港市、南通市、渭南市、宿州市、马鞍山市、本溪市、辽阳市、镇江市、铜川市、滁州市、无锡市、扬州市、宣城市、淮南市、铜陵市、襄阳市、西安市、淮北市、运城市、鞍山市、盘锦市、黄山市、淮安市、盐城市、朔州市、常州市、宿迁市、天津市、阳泉市、太原市、徐州市
V级 （共 54 个）	宝鸡市、威海市、延安市、烟台市、菏泽市、长治市、临汾市、银川市、临沂市、南阳市、信阳市、济南市、泰安市、榆林市、莱芜市、北京市、济宁市、咸阳市、衡水市、枣庄市、潍坊市、晋城市、滨州市、东营市、德州市、聊城市、秦皇岛市、日照市、开封市、淄博市、商丘市、邯郸市、周口市、平顶山市、安阳市、郑州市、驻马店市、保定市、许昌市、唐山市、洛阳市、濮阳市、漯河市、鹤壁市、沧州市、新乡市、石家庄市、焦作市、承德市、张家口市、邢台市、三门峡市、廊坊市、忻州市

6.2016年城市环境质量水平分级情况

和 2015 年相比，2016 年环境质量方面从 II 级上升到 I 级，上升了一级的城市有南宁市、六盘水市、钦州市、防城港市、赤峰市、邵阳市、百色市。从 I 级下降到 II 级，下降了一级的城市有韶关市、肇庆市、遵义市、清远市、中山市；从 III 级上升到 II 级，上升了一级的城市有台州市、贵阳市、金华市、鹤岗市、双鸭山市、娄底市、哈尔滨市、益阳市、怀化市、郴州市、通辽市、永州市、长春市、酒泉市、黄冈市、青岛市、乌海市、白山市；从 IV 级上升到 II 级，上升了二级的城市有衢州市、嘉兴市、随州市。从 II 级下降到 III 级，下降了一级的城市有南昌市、常德市、内江市、长沙市、大同市、阜阳市、资阳市、芜湖市、连云港市、呼和浩特市、蚌埠市、呼伦贝尔市、绵阳市、宜宾市、安庆市、合肥市、滁州市；从 V 级上升到 III 级，上升了二级的城市有丽水市、阜新市、十堰市、鄂州市、成都市、荆门市；从 IV 级上升到 III 级，上升了一级的城市有吉林市、株洲市、营口市、绍兴市、孝感市、本溪市、丹东市、四平市、南通市、泰州市、黄石市、湘潭市。从 II 级下降到 IV 级，下降了二级的城市有铜陵市、淮南市、泸州市、渭南市、铜川市；从 III 级下降到 IV 级，下降了一级的城市有宣城市、秦皇岛市、自贡市、淮北市、乌鲁木齐市、石嘴山市、德阳市、南充市、西宁市、

黄山市、兰州市、朔州市、咸阳市；从Ⅴ级上升到Ⅳ级，上升了一级的城市
有延安市、沈阳市、武汉市、盘锦市、鞍山市、淮安市、荆州市。从Ⅳ级下
降到Ⅴ级，下降了一级的城市有开封市、天津市、无锡市、信阳市、徐州
市、济南市、临汾市、榆林市、晋城市、银川市；从Ⅲ级下降到Ⅴ级，下降
了二级的城市有宝鸡市、太原市、西安市、阳泉市。中国 264 个地级市
2016 年环境质量水平的分级情况见表 54。

表 54　264 个地级市 2016 年环境质量水平等级划分

等级划分	城市
Ⅰ级 （共 46 个）	三亚市、海口市、昭通市、宁德市、龙岩市、玉溪市、福州市、漳州市、保山市、三明市、莆田市、天水市、普洱市、曲靖市、厦门市、南平市、泉州市、珠海市、深圳市、湛江市、茂名市、汕头市、北海市、汕尾市、揭阳市、云浮市、安顺市、昆明市、南宁市、梅州市、六盘水市、钦州市、江门市、齐齐哈尔市、东莞市、牡丹江市、佛山市、防城港市、阳江市、惠州市、赤峰市、邵阳市、潮州市、贵港市、百色市、张家界市
Ⅱ级 （共 66 个）	韶关市、安康市、白银市、肇庆市、遵义市、清远市、玉林市、黑河市、大庆市、六安市、河池市、巴中市、梧州市、舟山市、台州市、中山市、朝阳市、伊春市、金昌市、广州市、贵阳市、佳木斯市、金华市、七台河市、绥化市、鹤岗市、杭州市、温州市、衡阳市、桂林市、克拉玛依市、双鸭山市、柳州市、平凉市、娄底市、哈尔滨市、鹰潭市、衢州市、河源市、鸡西市、攀枝花市、益阳市、宁波市、嘉兴市、怀化市、雅安市、遂宁市、吉安市、郴州市、萍乡市、武威市、上饶市、通辽市、烟台市、永州市、随州市、宜春市、长春市、酒泉市、黄冈市、白城市、赣州市、青岛市、景德镇市、乌海市、白山市
Ⅲ级 （共 58 个）	上海市、南昌市、常德市、通化市、内江市、长沙市、新余市、大连市、丽水市、大同市、阜阳市、铁岭市、资阳市、张掖市、亳州市、乐山市、芜湖市、吉林市、马鞍山市、岳阳市、辽源市、连云港市、松原市、广元市、呼和浩特市、株洲市、蚌埠市、呼伦贝尔市、营口市、绍兴市、嘉峪关市、阜新市、绵阳市、重庆市、宜宾市、九江市、咸宁市、安庆市、吴忠市、葫芦岛市、十堰市、鄂州市、孝感市、本溪市、成都市、抚顺市、丹东市、四平市、汉中市、南通市、合肥市、宿州市、荆门市、泰州市、黄石市、滁州市、湘潭市、扬州市
Ⅳ级 （共 36 个）	铜陵市、镇江市、淮南市、辽阳市、宣城市、秦皇岛市、自贡市、泸州市、延安市、淮北市、渭南市、乌鲁木齐市、南京市、石嘴山市、德阳市、锦州市、南充市、苏州市、铜川市、包头市、西宁市、黄山市、沈阳市、宜昌市、武汉市、运城市、盘锦市、湖州市、盐城市、鞍山市、兰州市、襄阳市、淮安市、荆州市、朔州市、咸阳市
Ⅴ级 （共 58 个）	宿迁市、开封市、天津市、无锡市、宝鸡市、威海市、信阳市、常州市、南阳市、菏泽市、徐州市、日照市、济南市、临汾市、太原市、临沂市、西安市、北京市、衡水市、榆林市、莱芜市、晋城市、滨州市、德州市、东营市、平顶山市、聊城市、商丘市、周口市、驻马店市、许昌市、潍坊市、洛阳市、枣庄市、济宁市、阳泉市、长治市、银川市、漯河市、濮阳市、邯郸市、鹤壁市、泰安市、安阳市、沧州市、三门峡市、新乡市、承德市、唐山市、张家口市、郑州市、保定市、焦作市、邢台市、廊坊市、淄博市、石家庄市、忻州市

7. 2015年城市环境质量水平分级情况

2015 年中国 264 个地级市环境质量水平的分级情况见表 55。

表 55　2015 年 264 个地级市环境质量水平等级划分

等级划分	城市
Ⅰ级 （共 44 个）	三亚市、海口市、昭通市、玉溪市、曲靖市、厦门市、宁德市、福州市、深圳市、泉州市、保山市、昆明市、莆田市、普洱市、汕头市、茂名市、龙岩市、漳州市、三明市、揭阳市、汕尾市、清远市、湛江市、云浮市、江门市、东莞市、遵义市、北海市、佛山市、珠海市、安顺市、梅州市、阳江市、贵港市、韶关市、潮州市、齐齐哈尔市、牡丹江市、天水市、惠州市、张家界市、南平市、肇庆市、中山市
Ⅱ级 （共 69 个）	芜湖市、广州市、玉林市、六盘水市、防城港市、钦州市、南宁市、赤峰市、百色市、攀枝花市、河池市、巴中市、金昌市、阜阳市、河源市、白银市、桂林市、梧州市、南昌市、克拉玛依市、温州市、大同市、柳州市、朝阳市、平凉市、鹰潭市、伊春市、绵阳市、吉安市、资阳市、绥化市、宁波市、安庆市、六安市、遂宁市、大庆市、黑河市、宜宾市、宜春市、鸡西市、萍乡市、铜陵市、蚌埠市、合肥市、呼伦贝尔市、常德市、泸州市、邵阳市、渭南市、佳木斯市、景德镇市、衡阳市、长沙市、七台河市、白城市、雅安市、安康市、武威市、赣州市、呼和浩特市、铜川市、烟台市、内江市、连云港市、滁州市、淮南市、上饶市、舟山市、杭州市
Ⅲ级 （共 58 个）	鹤岗市、吴忠市、青岛市、西宁市、上海市、新余市、通辽市、张掖市、白山市、双鸭山市、重庆市、哈尔滨市、九江市、宿州市、乌海市、酒泉市、黄山市、宣城市、台州市、秦皇岛市、广元市、岳阳市、南充市、乐山市、阳泉市、德阳市、益阳市、淮北市、娄底市、郴州市、通化市、自贡市、咸阳市、辽源市、大连市、松原市、金华市、亳州市、永州市、乌鲁木齐市、葫芦岛市、汉中市、朔州市、贵阳市、兰州市、抚顺市、马鞍山市、石嘴山市、嘉峪关市、黄冈市、宝鸡市、咸宁市、西安市、怀化市、扬州市、太原市、铁岭市、长春市
Ⅳ级 （共 36 个）	随州市、湘潭市、衢州市、本溪市、运城市、株洲市、包头市、泰州市、南通市、嘉兴市、榆林市、吉林市、晋城市、绍兴市、南京市、孝感市、天津市、苏州市、四平市、黄石市、镇江市、银川市、盐城市、营口市、开封市、宜昌市、丹东市、辽阳市、锦州市、信阳市、无锡市、临汾市、济南市、徐州市、襄阳市、湖州市
Ⅴ级 （共 57 个）	鄂州市、日照市、成都市、阜新市、延安市、常州市、盘锦市、淮安市、十堰市、洛阳市、宿迁市、荆门市、丽水市、南阳市、长治市、沈阳市、武汉市、威海市、荆州市、北京市、泰安市、临沂市、漯河市、商丘市、承德市、聊城市、邯郸市、东营市、莱芜市、德州市、许昌市、衡水市、驻马店市、沧州市、菏泽市、潍坊市、滨州市、濮阳市、鹤壁市、新乡市、三门峡市、鞍山市、济宁市、石家庄市、安阳市、焦作市、张家口市、枣庄市、邢台市、廊坊市、平顶山市、忻州市、郑州市、保定市、唐山市、周口市、淄博市

四　中国城市经济发展质量的影响因素分析

（一）城市经济发展质量雷达图

根据 264 个地级市一级指标的权重情况可以得出 2010 年以来、2000 年以来、1990 年以来、2015～2018 年主要城市经济发展质量雷达图，篇幅限制，本文仅列出 2018 年主要城市雷达图（见附录三）。从这些雷达图可以看出影响城市经济发展质量的一级指标经济增长、增长潜力、政府效率、人民生活和环境质量五个方面的权重情况，从而可以对城市之间及自身发展状况进行比较。

（二）一级指标具体指标权重

1. 经济增长具体指标权重

经济增长权重最高的具体指标为 GDP3，其次是通货膨胀率指标、城市化率、对外开放稳定性和全社会劳动生产率（见表 56）。

表 56　经济增长具体指标权重

单位：%

指标名称	指标权重
GDP3	13. 324
通货膨胀率指标	12. 738
城市化率	12. 435
对外开放稳定性	10. 294
全社会劳动生产率	9. 867
非农就业比重	7. 751
经济增长波动指标	7. 647
失业率指标	6. 747
资本产出率	5. 519
人均 GDP 增长率	5. 140

续表

指标名称	指标权重
TFP	4.687
投资效果系数	3.463
GDP2	0.388

2.增长潜力具体指标权重

在增长潜力具体指标中，地方财政科学事业费支出权重达 26.014%，其次是地方财政教育事业费支出比、劳动力受教育水平和劳动投入弹性指标（见表 57）。

表 57　增长潜力具体指标权重

单位：%

指标名称	指标权重
地方财政科学事业费支出	26.014
地方财政教育事业费支出比	19.093
劳动力受教育水平	18.006
劳动投入弹性指标	10.662
城市建设用地占市辖区面积比重	9.752
万元 GDP 电力消耗指标	6.617
人口增长率	4.352
资本投入弹性指标	3.109
可用土地面积	2.116
教育基础设施指数	0.280

3.政府效率具体指标权重

政府效率具体指标中权重最高的指标为每公共汽电车客运总数，其次是万人公共图书馆藏书量、基础设施指数、电信基础设施指数和交通基础设施指数等（见表 58）。

表 58　政府效率具体指标权重

单位：%

指标名称	指标权重
每公共汽电车客运总数	12.168
万人公共图书馆藏书量	12.102
基础设施指数	12.024
电信基础设施指数	11.717
交通基础设施指数	9.714
农村社会养老保险覆盖率	9.162
城镇基本养老保险覆盖率	8.313
城镇医疗保险覆盖率	8.194
地方财政预算内支出收入比	6.862
城镇失业保险覆盖率	5.124
社会保障和就业财政支出	4.620

4. 人民生活具体指标权重

人民生活具体指标权重最高的是储蓄占 GDP 的比，其次是万人床位数、人均生活用电量、人口密度和城镇人均可支配收入等（见表 59）。

表 59　人民生活具体指标权重

单位：%

指标名称	指标权重
储蓄占 GDP 的比	9.389
万人床位数	9.045
人均生活用电量	8.336
人口密度	8.273
城镇人均可支配收入	8.112
工资收入占 GDP 的比	8.090
人均财富	8.033
万人医院数	7.772
人均 GDP	7.438
人均液化石油气家庭用量	6.695
万人拥有医生数	6.619
人均供水量	5.215
城镇人均住房建筑面积	4.709
房价收入比指标	2.275

5. 环境质量具体指标权重

环境质量部分的具体指标权重最高的是 PM$_{2.5}$，其次是臭氧、PM$_{10}$、二氧化氮、工业废水排放量等（见表 60）。

表 60 环境质量具体指标权重

单位：%

指标名称	指标权重
PM$_{2.5}$	13.996
臭氧	11.381
PM$_{10}$	11.101
二氧化氮	10.202
工业废水排放量	10.165
二氧化硫	9.173
工业二氧化硫排放达标率	7.715
空气质量优良天数	7.210
工业烟尘排放达标率	7.009
城镇生活污水处理率	5.335
绿地提供指数	4.409
工业固体废弃物综合利用率	2.246
建成区绿化覆盖率	0.059

从上面各一级指标的各具体指标的权重可以看出，GDP3、通货膨胀率指标、城市化率、全社会劳动生产率、地方财政科学事业费支出、地方财政教育事业费支出、劳动力受教育水平、每公共汽电车客运总数、万人公共图书馆藏书量、基础设施指数、电信基础设施指数、交通基础设施指数、储蓄占 GDP 的比、万人床位数、人均生活用电量、人口密度、城镇人均可支配收入、PM$_{2.5}$、臭氧、PM$_{10}$、工业废水排放量等分别在各一级指标中占有比较大的权重，对每个一级指标具有重要影响。随着城市化进程的深化，这些具体指标关系到各城市经济发展质量的关键以及今后发展的方向。

五　结论

中国 264 个地级及地级以上城市 1990~2018 年经济发展质量评价的基本结论是，在经济高速增长的同时，中国 264 个地级及地级以上城市经济发展质量指数得到改善，经济发展质量能力不断提高。在发展质量指数方面，威海市的经济发展质量指数改善最大，白山市的经济发展质量指数改善最小。邢台市的经济增长指数改善最大，宿迁市的经济增长指数改善最小；珠海市的增长潜力指数改善最大，松原市的增长潜力指数改善最小；随州市的环境质量指数改善最大，盘锦市的环境质量指数改善最小；黑河市的政府效率指数改善最大，柳州市的政府效率指数改善最小；苏州市的人民生活指数改善最大，白山市的人民生活指数改善最小。

1990~2018 年，全国 264 个地级及地级以上城市经济发展质量指数平均上升了 67.12%，东部、中部和西部地区经济发展质量指数分别改善了 71.93%、64.40% 和 63.77%。东部地区城市经济发展质量改善优于中部地区城市和西部地区城市，中部地区城市经济发展质量改善优于西部地区城市。

从一级指标方面来看，1990~2018 年，全国 264 个地级及地级以上城市经济增长指数平均上升了 53.76%，东部、中部和西部地区经济增长分别改善了 52.31%、60.70% 和 45.99%。中部地区城市经济增长改善优于东部地区城市和西部地区城市，东部地区城市经济增长改善优于西部地区城市。全国 264 个地级及地级以上城市增长潜力指数平均上升了 41.65%，东部、中部和西部地区增长潜力分别改善了 44.07%、40.69% 和 39.38%。东部地区城市增长潜力改善优于中部地区城市和西部地区城市，中部地区城市增长潜力改善优于西部地区城市。全国 264 个地级及地级以上城市环境质量指数平均上升了 33.10%，东部、中部和西部地区环境质量分别改善了 30.69%、28.53% 和 43.30%。西部地区城市环境质量改善优于东部地区城市和中部地区城市，东部地区城市环境质量改善优于中部地区城市。全国 264 个地级及地级以上城市政府效率指数平均上升了 58.03%，东部、中部和西部地区政府效率分别改善了 62.63%、52.72% 和 58.72%。东部地区城市政府效率改善优于西部地区城市和中部地区城市，西部地区城市政府效率改善优于中部地区城市。全国 264 个地级及地级以上城市人民生活指数平均上升了 65.30%，东部、中部和西部地区人民生活分别改善了 82.31%、56.45% 和 52.34%。东部地区城市人民生活改善优于中部地区城市和西部地区城市，中部地区城市人民生活改善优于西部地区城市。

从上面各一级指标的各具体指标的权重可以看出，随着城市化进程的深入展开，GDP3、通货膨胀率指标、城市化率、全社会劳动生产率、地方财政科学事业费支出、地方财政教育事业费支出、劳动力受教育水平等具体指标关系到各城市经济发展质量的关键以及今后发展的方向。

本文将 2010 年后、2000 年后和 1990 年后平均，以及 2015 ~ 2018 年按 3∶3∶2∶1∶1 的权重将 264 个城市分为五级，还绘制了 2018 年影响主要城市经济发展质量雷达图，从中可以看出各城市一级指标在全部城市中的地位及其自身一级指标发展的均衡情况，有助于发现城市发展的短板，促进经济持续健康高质量发展。

参考文献

［1］ United Nations Development Programme, *Human Development Report* (Oxford: Oxford University Press, 1999).

［2］ World Bank, *The World Bank public information center annual report FY95* (Washington, DC: World Bank, 1995).

［3］ 中国科学院可持续发展战略研究组：《中国可持续发展战略报告——探索中国特色的低碳道路》，科学出版社，2009。

［4］ 叶文虎、仝川：《联合国可持续发展指标体系述评》，《中国人口资源与环境》1997 年第 9 期。

［5］ 联合国环境规划署：《21 世纪议程》，中国环境科学出版社，1994。

［6］ 边雅静、沈利生：《人力资本对我国东西部经济增长影响的实证分析》，《数量经济技术经济研究》2004 年第 12 期。

附录一 指标设计及数据处理

（一）中国城市经济发展质量评价指标设计

经济发展质量评价指标分为三级，其中一级指标包括经济增长、增长潜力、政府效率、人民生活和环境质量五个部分。每个一级指标包含若干二级指标，其中经济增长包括产出效率、经济结构、经济稳定；增长潜力包括产出消耗和增长可持续性；政府效率包括公共服务效率和社会保障；人民生活包括收入水平、健康保障、生活质量；环境质量包括生态环境、工业及生活排放、空气监测。二级指标再下设相应的 61 个具体指标。通过这一完整的指标体系我们可以了解各地级及地级以上城市经济发展质量情况，见附表 1。

附表 1　中国 264 个地级及地级以上城市发展前景评价指标设计

一级指标	二级指标	具体指标
经济增长	产出效率	TFP
		全社会劳动生产率
		资本产出率
		投资效果系数
	经济结构	GDP2（第二产业增加值占 GDP 比重）
		GDP3（第三产业增加值占 GDP 比重）
		非农就业比重
		城市化率
	经济稳定	经济增长波动指标*
		对外开放稳定性*
		人均 GDP 增长率
		通货膨胀率指标*
		失业率指标*
		房价收入比指标*
增长潜力	产出消耗	劳动投入弹性指标*
		资本投入弹性指标*
		万元 GDP 电力消耗指标*

续表

一级指标	二级指标	具体指标
增长潜力	增长可持续性	教育基础设施指数
		地方财政教育事业费支出比
		劳动力受教育水平（用人力资本表示）
		地方财政科学事业费支出比
		人口增长率
		城市建设用地占市辖区面积比重
		可用土地面积
政府效率	公共服务效率	基础设施指数
		交通基础设施指数
		电信基础设施指数
		万人公共图书馆藏书量
		每公共汽电车客运总数
		地方财政预算内支出收入比
	社会保障	城镇基本养老保险覆盖率
		城镇医疗保险覆盖率
		城镇失业保险覆盖率
		农村社会养老保险覆盖率
		社会保障和就业财政支出比
人民生活	收入水平	人均 GDP
		城镇人均可支配收入
		工资收入占 GDP 的比
		储蓄占 GDP 的比
		人均财富
	健康保障	万人医院数
		万人拥有医生数
		万人床位数
	生活质量	人均液化石油气家庭用量
		人均生活用电量
		人均供水量
		城镇人均住房建筑面积
		人口密度*
环境质量	生态环境	建成区绿化覆盖率
		绿地提供指数

续表

一级指标	二级指标	具体指标
环境质量	工业及生活排放	工业固体废弃物综合利用率
		工业废水排放量*
		工业二氧化硫排放量*
		工业烟尘排放达标率
		城镇生活污水处理率
	空气监测	PM$_{10}$*
		PM$_{2.5}$*
		二氧化硫*
		二氧化氮*
		臭氧*
		空气质量良好天数

注：其中 * 表示该项指标为负向指标，已经正向化。

（二）数据来源及处理

1. 数据来源

所有数据均来源于《中国城市年鉴》、《中国统计年鉴》、各省区市及城市统计年鉴、各地级及地级以上城市国民经济和社会发展统计公报等。

2. 指标的处理

附表 2　指标处理

具体指标	指标解释
TFP	TFP 由 Malmquist 指数方法通过 1990~2018 年 264 个地级市的不变价格 GDP、固定资本存量和年末就业人数计算得到。TFP 指标采用 TFP 指数,所得结果和用 TFP 增长率完全一致
全社会劳动生产率	全社会劳动生产率=不变价格 GDP/从业人员数
资本产出率	资本产出率=不变价格 GDP/不变价格固定资本存量
投资效果系数	投资效果系数=不变价格 GDP/不变价格全社会固定资产投资完成额

续表

具体指标	指标解释
GDP2（第二产业增加值占 GDP 比重）	GDP2=第二产业增加值（现价）/国内生产总值（现价）
GDP3（第三产业增加值占 GDP 比重）	GDP3=第三产业增加值（现价）/国内生产总值（现价）
非农就业比重	非农就业比重=第二产业从业人员比重+第三产业从业人员比重；第二产业从业人员比重=第二产业就业人员数/总的从业人员数；第三产业从业人员比重=第三产业就业人员数/总的从业人员数
城市化率	城市化率=非农业人口数/总人口数
经济增长波动指标*	经济增长波动率=ABS（本年经济增长率−上年经济增长率）/［1+ABS（上年经济增长率）］；经济增长波动指标=1/（1+经济增长波动率）
对外开放稳定性*	对外开放稳定性=1/［1+ABS（进出口总额波动率）］
人均 GDP 增长率	人均 GDP 增长率=人均 GDP 指数（上一年=100）−1
通货膨胀率指标*	通货膨胀率指标=1/（1+|居民消费价格变动率|）
失业率指标*	失业率指标=1/城市登记失业率
房价收入比指标*	房价收入比指标=1/房价收入比；房价收入比=平均房价/人均可支配收入
劳动投入弹性指标*	劳动投入弹性系数=劳动投入增长率/经济增长率；劳动弹性指标=1/［1+ABS（劳动弹性系数）］
资本投入弹性指标*	资本投入弹性系数=资本投入增长率/经济增长率；资本弹性指标=1/［1+ABS（资本弹性系数）］
万元 GDP 电力消耗指标*	万元 GDP 电力消耗量=电力消费总量/不变价格 GDP；万元 GDP 电力消耗指标=1/万元 GDP 电力消耗量
教育基础设施指数	教育基础设施指数=POWER（万人学校数×万人教师数，1/2）；万人学校数=（普通小学学校数+普通中学学校数+高校学校数）/年末常住人口数；万人学校教师数=（普通小学专任教师数+普通中学专任教师数+高校专任教师数）/年末常住人口数
地方财政教育事业费支出比	地方财政教育事业费支出比=地方财政教育事业费支出/国内生产总值（现价）
劳动力受教育水平（用人力资本表示）	地级市人力资本=［（小学在校学生数）×1+（中学在校学生数）×2.55+高校在校学生数×22］/（小学在校学生数+中学在校学生数+高校在校学生数）
地方财政科学事业费支出比	地方财政科学事业费支出比=地方财政科学事业费支出/国内生产总值（现价）
人口增长率	人口增长率=常住人口增长率
城市建设用地占市辖区面积比重	城市建设用地占市辖区面积比重
可用土地面积	可用土地面积=1−建成区土地占市辖区面积比

续表

具体指标	指标解释
基础设施指数	基础设施指数=POWER(人均铺装道路面积×房地产投资占 GDP 的比,1/2);人均铺装道路面积=铺装道路面积/年末常住人口数;房地产投资占 GDP 的比=房地产投资占地区生产总值(现价)
交通基础设施指数	交通基础设施指数=POWER(万人公共汽车数×万人拥有出租车数,1/2);万人公共电汽车数量=公共电汽车数/年末常住人口数;万人实有出租车=年末实有出租车数/年末常住人口数
电信基础设施指数	电信基础设施指数=POWER(人均电信用户数×万人邮电局数量×邮电业务总量,1/3);人均电信用户数=(电话+手机+互联网用户)/年末常住人口数;万人邮电局数量=邮电局数量/年末常住人口数;邮电业务总量比=(邮政业务总量+电信业务总量)/GDP 现价
万人公共图书馆藏书量	万人公共图书馆藏书量=公共图书馆总藏量/年末常住人口数
每公共汽电车客运总数	每公共汽电车客运总数=公共汽电车客运总数/年末实有公共营运汽电车
地方财政预算内支出收入比	地方财政预算内支出收入比=全市地方财政预算内支出/全市地方财政预算内收入
城镇基本养老保险覆盖率	城镇基本养老保险覆盖率=城镇基本医疗保险人口数/常住人口数
城镇医疗保险覆盖率	城镇医疗保险覆盖率=城镇医疗保险覆盖人数/常住人口数
城镇失业保险覆盖率	城镇失业保险覆盖率=城镇失业保险覆盖人数/常住人口数
农村社会养老保险覆盖率	农村社会养老保险覆盖率=农村社会养老保险参保人数/常住人口数
社会保障和就业财政支出比	社会保障和就业财政支出比=社会保障和就业财政支出/财政支出
人均 GDP	人均 GDP=不变价格 GDP/年末常住人口数
城镇人均可支配收入	城镇人均可支配收入=城镇家庭平均每人可支配收入
工资收入占 GDP 的比	工资收入占 GDP 的比=全市在岗职工工资总额/GDP 现价
储蓄占 GDP 的比	储蓄占 GDP 的比=城乡居民储蓄存款年末余额/地级市 GDP(现价)
人均财富	人均财富=人均住房财富+人均储蓄
万人医院数	万人医院数=医院总数/常住人口数
万人拥有医生数	万人医生人数=医生人数/常住人口数
万人床位数	万人床位数=医院床位数/常住人口数
人均液化石油气家庭用量	人均液化石油气家庭用量=液化石油气家庭用量/常住人口数
人均生活用电量	人均生活用电量=生活用电量/常住人口数
人均供水量	人均供水量=供水量/常住人口数
城镇人均住房建筑面积	人均住房建筑面积=住房建筑面积/常住人口数
人口密度*	人口密度指标=1/人口密度;人口密度=市辖区每平方公里常住人口数

续表

具体指标	指标解释
建成区绿化覆盖率	建成区绿化覆盖率=绿化面积/建成区面积
绿地提供指数	绿地提供指数=POWER（人均绿地面积×人均园林绿地面积，1/2）；人均绿地面积=绿地面积/年末常住人口数；人均园林绿地面积/年末常住人口数
工业固体废弃物综合利用率	工业固体废弃物综合利用率=综合利用的工业固体废弃物/全部工业固体废弃物
工业废水排放量*	工业废水排放量指标=1/人均工业废水排放量
工业二氧化硫排放量*	工业二氧化硫排放达标率=全市工业二氧化硫去除量/（全市工业二氧化硫排放量+全市工业二氧化硫去除量）
工业烟尘排放达标率	工业烟尘排放达标率=工业烟尘去除量/工业烟尘排放量
城镇生活污水处理率	城镇生活污水处理率=经处理的污水/全部污水
PM_{10}*	PM_{10} 指标=$1/PM_{10}$
$PM_{2.5}$*	$PM_{2.5}$ 指标=$1/PM_{2.5}$
二氧化硫*	二氧化硫指标=1/二氧化硫
二氧化氮*	二氧化氮指标=1/二氧化氮
臭氧*	臭氧指标=1/臭氧
空气质量良好天数	空气质量优良天数=全年空气质量优良天数

附录二　中国地级市经济发展质量评价过程

经济发展质量的评价方法主要有德尔菲法、主成分分析法、因子分析法、层次分析法等。德尔菲法和层次分析法评价结果的可靠性主要依赖所建概念模型的水平和打分人的专业水平，主观性较强。而主成分分析法和因子分析法评价结果的可靠性主要依赖分析过程和结果的可解释性以及主成分和公因子的方差贡献率，主成分分析法和因子分析法较为客观。本文采用主成分分析法来评价中国各地级市经济发展质量情况。

主成分分析法（principal component analysis）是将分散在一组变量上的信息，集中到某几个综合指标（主成分）上的一种探索性统计分析方法。它利用"降维"的思想，将多个变量转化为少数几个互不相关的主成分，简化整个分析过程。主成分分析的目的是通过线性变换，将原来的多个具有一定相关性的指标组合成相对独立的少数几个能充分反映总体信息的指标，从而在不丢掉主要信息的前提下避开变量间的共线性问题，并进而简化分析。

主成分分析法包括以下七步：第一步，选取指标，建立评价的指标体系；第二步，收集和整理数据；第三步，将数据进行正向化处理（并对数据进行标准化处理，标准化过程由 SPSS 软件自动执行）；第四步，指标数据之间的 KMO 和 Bartlett's 检验；第五步，确定主成分个数；第六步，确定权重；第七步，计算主成分综合评价值。最后得出各地级市的经济发展质量指数和排名。

主成分分析法采用 SPSS16 软件进行分析。按特征值大于 1，只能提取少数几个主成分，此时主成分的累计贡献比较低。本文提取主成分个数的标准是，累计贡献率为 90% 左右，这样可以对所选择变量进行解释，从而达到主成分分析法的要求。

（一）KMO 和 Bartlett 球形检验结果

KMO 检验用于检查变量间的偏相关性，取值在 0~1 之间。KMO 统计量越接近 1，变量间的偏相关性越强，主成分分析法的效果越好。一般 KMO 统计大于 0.7 时效果比较好；当 KMO 统计量小于 0.5 时，不适合应用主成分分析法。本文各一级指标的 KMO 统计量均远远超过这一要求，检验效果良好，适合进行主成分分析法，见附表 3。

Bartlett 球形检验是判断相关阵是否单位阵。从 Bartlett 检验可以看出，应拒绝各变量独立的假设及变量间具有较强的相关性。

附表 3　KMO 和 Bartlett 球形检验结果

经济发展质量：

KMO 抽样适度测定值		0.902
Bartlett 球形检验	近似卡方	313525.889
	自由度	1830
	显著性水平	0.000

续表

经济增长：

KMO and Bartlett's Test

Kaiser-Meyer-Olkin Measure of Sampling Adequacy.		0.557
Bartlett's Test of Sphericity	Approx. Chi-Square	26674.931
	df	78
	Sig.	0.000

增长潜力：

KMO and Bartlett's Test

Kaiser-Meyer-Olkin Measure of Sampling Adequacy.		0.590
Bartlett's Test of Sphericity	Approx. Chi-Square	13958.679
	df	45
	Sig.	0.000

政府效率：

KMO and Bartlett's Test

Kaiser-Meyer-Olkin Measure of Sampling Adequacy.		0.795
Bartlett's Test of Sphericity	Approx. Chi-Square	37802.222
	df	55
	Sig.	0.000

人民生活：

KMO and Bartlett's Test

Kaiser-Meyer-Olkin Measure of Sampling Adequacy.		0.765
Bartlett's Test of Sphericity	Approx. Chi-Square	63650.431
	df	91
	Sig.	0.000

环境质量：

KMO and Bartlett's Test

Kaiser-Meyer-Olkin Measure of Sampling Adequacy.		0.687
Bartlett's Test of Sphericity	Approx. Chi-Square	30700.630
	df	78
	Sig.	0.000

（二）变量共同度

变量共同度表示各变量中所含原始信息能被提取的公因子所表示的程度，从附表 4 可以看到所有变量共同度都在 75% 以上，提取的这些公因子对各变量的解释能力非常强。

附表 4　变量共同度

变量名称	提取比例	变量名称	提取比例
TFP	0.8874	城镇失业保险覆盖率	0.9416
全社会劳动生产率	0.9635	农村社会养老保险覆盖率	0.9319
资本产出率	0.8968	社会保障和就业财政支出	0.9975
投资效果系数	0.8627	人均 GDP	0.8649
GDP2	0.9510	城镇人均可支配收入	0.9484
GDP3	0.9360	工资收入占 GDP 的比	0.8172
非农就业比重	0.9118	储蓄占 GDP 的比	0.8558
城市化率	0.9000	人均财富	0.9244
经济增长波动指标	0.9887	万人医院数	0.9885
对外开放稳定性	0.9996	万人拥有医生数	0.9031
人均 GDP 增长率	0.9040	万人床位数	0.8474
通货膨胀率指标	0.9928	人均液化石油气家庭用量	0.9927
失业率指标	0.9328	人均生活用电量	0.8259
劳动投入弹性指标	0.9994	人均供水量	0.9173
资本投入弹性指标	0.9956	城镇人均住房建筑面积	0.7842
万元 GDP 电力消耗指标	0.9978	人口密度	0.9497
教育基础设施指数	0.9772	房价收入比指标	0.9001
地方财政教育事业费支出比	0.8904	建成区绿化覆盖率	0.9948
劳动力受教育水平	0.9236	绿地提供指数	0.9804
地方财政科学事业费支出	0.8180	工业固体废弃物综合利用率	0.9422
人口增长率	0.9974	工业废水排放量	0.9960
城市建设用地占市辖区面积比重	0.8737	工业二氧化硫排放量	0.9275
可用土地面积	0.8768	工业烟尘排放达标率	0.9881
基础设施指数	0.8759	城镇生活污水处理率	0.8196
交通基础设施指数	0.8536	PM_{10}	0.8808
电信基础设施指数	0.9957	$PM_{2.5}$	0.8595
万人公共图书馆藏书量	0.8843	二氧化硫	0.9690
每公共汽电车客运总数	0.9972	二氧化氮	0.9466
地方财政预算内支出收入比	0.9138	臭氧	0.8935
城镇基本养老保险覆盖率	0.9291	空气质量优良天数	0.9140
城镇医疗保险覆盖率	0.8615		

注：初始值均为 1。以上是通过主成分分析法提取的。

附录三 评价结果相关图表

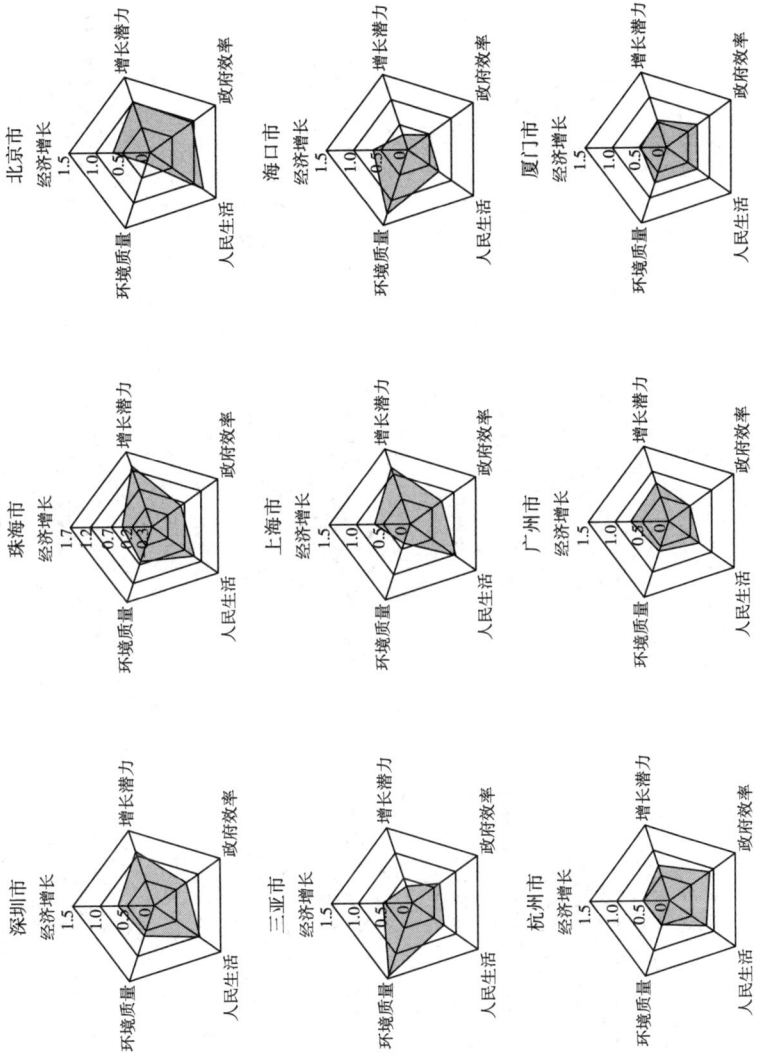

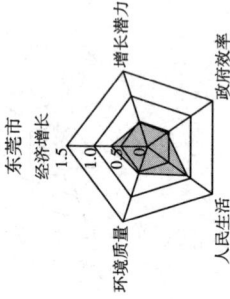

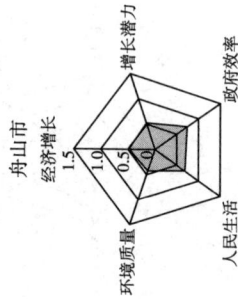

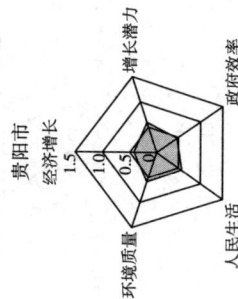

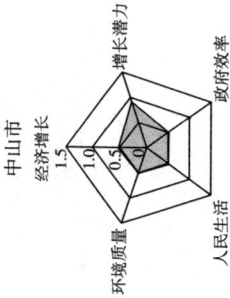

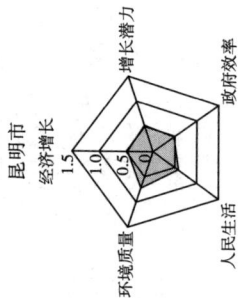

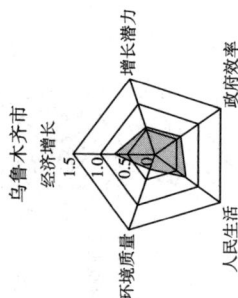

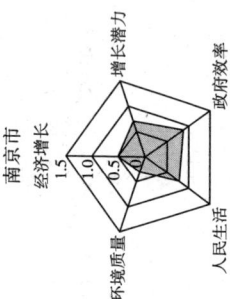

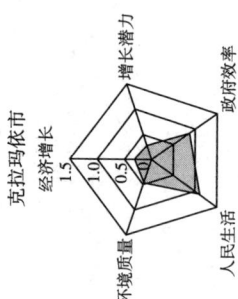

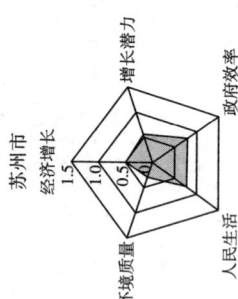

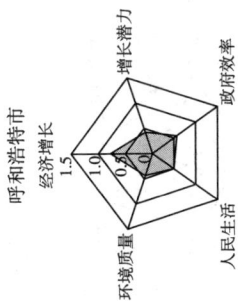

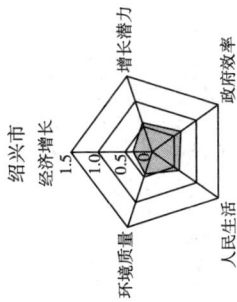

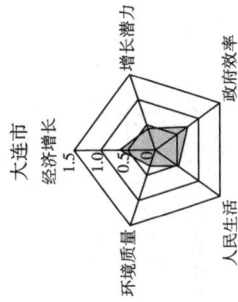

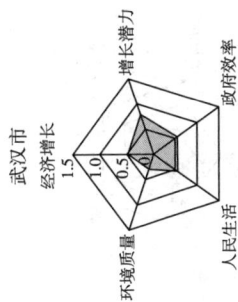

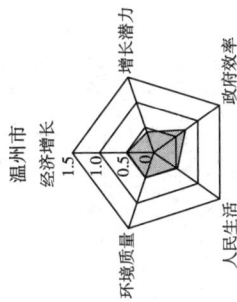

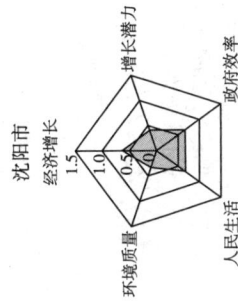

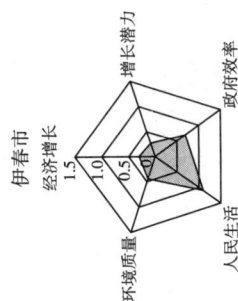

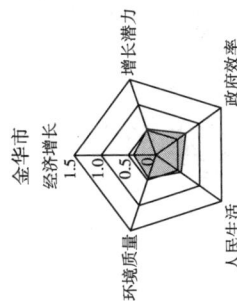

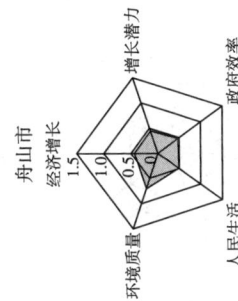

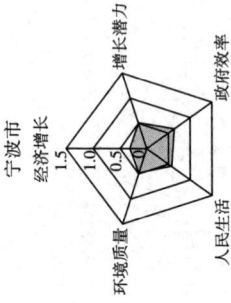

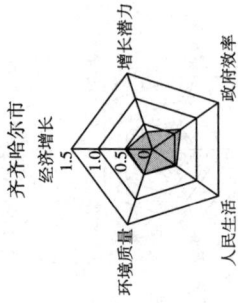

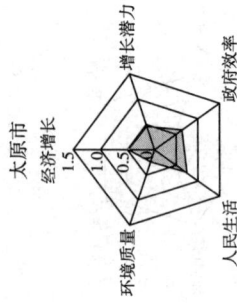

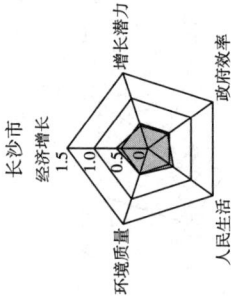

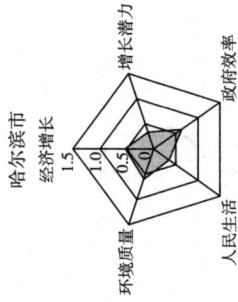

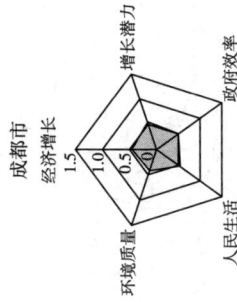

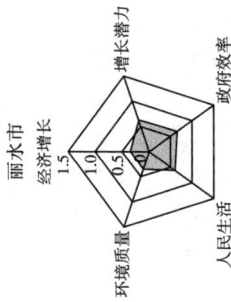

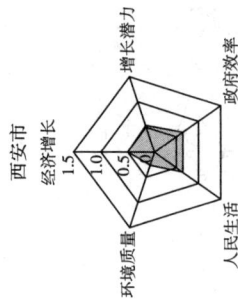

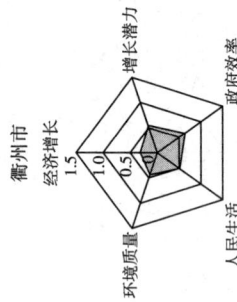

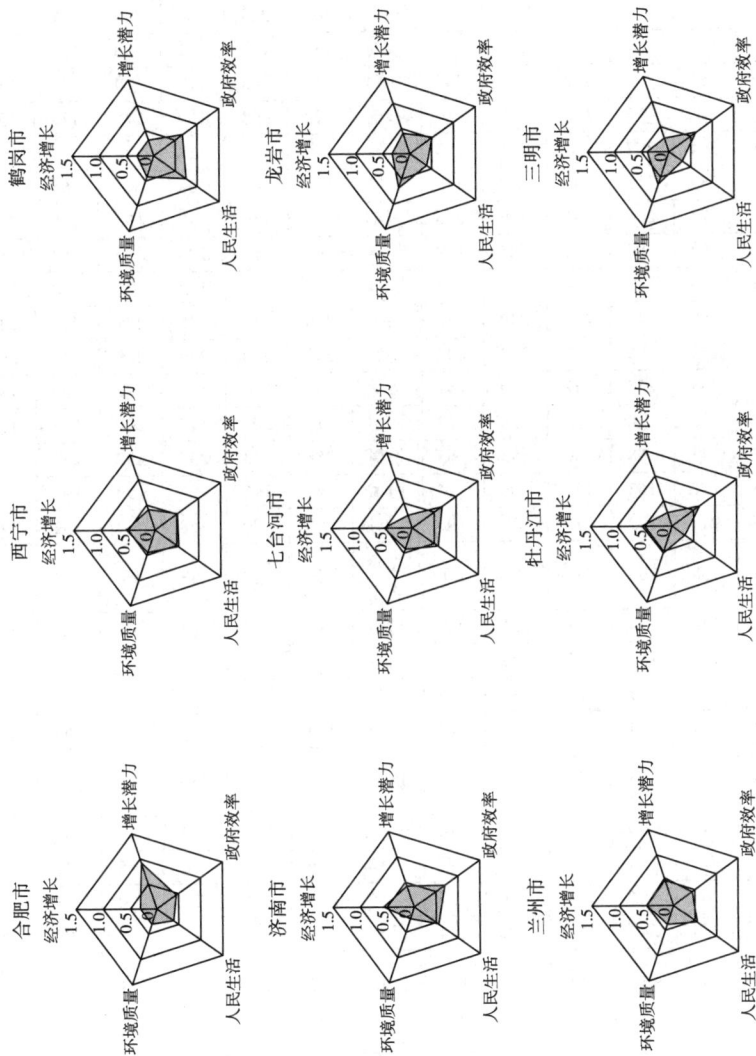

附图 1　2018 年主要城市雷达图

附表5　近五年城市经济发展质量排名

城市	2014年	2015年	2016年	2017年	2018年	2010年后	城市	2014年	2015年	2016年	2017年	2018年	2010年后
北京	1	2	3	3	3	1	锦州	114	201	140	117	133	130
天津	44	26	31	47	55	32	营口	201	229	167	200	161	155
石家庄	152	137	187	196	193	163	阜新	177	176	91	150	107	127
唐山	250	257	242	252	245	247	辽阳	145	183	117	179	174	136
秦皇岛	58	41	72	125	125	80	盘锦	172	198	164	178	179	153
邯郸	243	244	252	247	251	253	铁岭	149	171	112	84	69	121
邢台	229	239	251	245	253	248	朝阳	118	145	69	71	65	111
保定	230	227	206	185	196	216	葫芦岛	125	156	150	152	144	138
张家口	209	162	180	171	185	179	长春	96	114	104	86	82	82
承德	206	204	232	254	246	217	吉林	127	165	152	123	108	135
沧州	242	248	248	244	249	246	四平	246	247	245	221	224	231
廊坊	219	193	186	181	207	202	辽源	255	240	240	249	244	245
衡水	251	243	255	242	250	251	通化	157	134	102	96	80	115
太原	11	13	18	35	36	13	白山	210	205	177	204	184	189
大同	57	47	68	80	95	63	松原	258	253	257	257	257	258
阳泉	89	112	163	158	166	114	白城	221	196	209	199	199	207
长治	199	212	182	175	178	190	哈尔滨	53	70	58	49	32	41
晋城	105	138	192	211	214	176	齐齐哈尔	51	50	33	34	33	55
朔州	228	242	224	208	221	230	鸡西	98	110	63	41	48	76
运城	171	151	147	173	171	171	鹤岗	43	58	43	33	39	46
忻州	79	83	159	162	187	83	双鸭山	143	82	60	48	47	105
临汾	192	194	174	183	189	177	大庆	123	130	77	64	54	98
呼和浩特	34	25	23	20	21	26	伊春	36	35	30	17	19	25
包头	84	98	94	75	77	70	佳木斯	86	113	89	83	87	73
乌海	75	79	73	101	81	74	七台河	66	77	96	45	41	84
赤峰	110	109	84	76	71	97	牡丹江	85	51	53	60	44	56
通辽	254	258	249	238	236	244	黑河	60	72	66	73	92	53
呼伦贝尔	100	101	141	95	98	108	绥化	252	230	205	191	177	188
沈阳	28	52	27	24	26	23	上海	3	4	5	4	5	3
大连	15	39	20	27	27	17	南京	13	11	10	10	10	10
鞍山	156	215	86	94	68	119	无锡	38	28	52	54	50	39
抚顺	111	154	115	134	110	100	徐州	93	102	139	163	173	126
本溪	147	187	137	147	131	132	常州	48	49	65	70	75	54
丹东	109	159	79	107	109	89	苏州	14	15	14	14	16	15

续表

城市	2014年	2015年	2016年	2017年	2018年	2010年后	城市	2014年	2015年	2016年	2017年	2018年	2010年后
南通	49	46	70	92	100	64	厦门	6	7	8	9	9	7
连云港	56	55	100	114	122	75	莆田	68	95	116	115	116	88
淮安	81	87	114	128	148	102	三明	45	42	40	52	45	45
盐城	74	63	75	81	90	85	泉州	72	80	82	85	73	68
扬州	78	69	95	87	94	79	漳州	117	118	121	100	97	107
镇江	55	59	64	72	86	61	南平	108	81	78	82	83	67
泰州	88	74	108	122	123	104	龙岩	67	44	50	43	42	48
宿迁	116	140	189	197	200	158	宁德	103	120	109	102	79	90
杭州	7	6	6	7	7	9	南昌	46	57	76	61	61	60
宁波	23	21	26	32	30	27	景德镇	151	121	169	116	127	146
温州	24	30	29	21	23	29	萍乡	170	148	153	154	143	186
嘉兴	54	53	41	51	46	50	九江	130	150	188	172	172	174
湖州	91	86	107	62	64	77	新余	183	180	204	169	181	206
绍兴	41	38	35	26	24	37	鹰潭	165	178	170	176	169	197
金华	30	31	24	22	22	33	赣州	106	106	80	98	101	129
衢州	62	61	34	36	34	52	吉安	99	108	119	119	128	150
舟山	20	23	21	18	15	24	宜春	189	173	166	151	142	194
台州	82	67	67	65	62	65	上饶	188	146	183	210	206	196
丽水	40	29	25	25	28	34	济南	33	32	36	46	40	31
合肥	35	33	39	37	37	35	青岛	42	40	45	59	49	43
芜湖	87	75	149	166	175	117	淄博	194	182	193	156	141	152
蚌埠	136	119	181	187	205	154	枣庄	261	255	256	253	243	254
淮南	140	191	162	213	216	166	东营	124	192	157	149	129	143
马鞍山	126	116	88	127	119	103	烟台	65	76	61	99	103	69
淮北	169	213	230	255	242	225	潍坊	176	170	161	153	159	148
铜陵	115	175	184	223	222	141	济宁	208	222	229	226	218	210
安庆	133	125	125	138	126	139	泰安	224	235	227	203	198	221
黄山	29	43	46	55	57	38	威海	50	60	55	58	63	57
滁州	135	128	136	139	152	159	日照	215	208	216	224	217	229
阜阳	159	96	129	182	182	134	莱芜	179	228	195	217	225	199
宿州	239	234	198	233	238	228	临沂	203	224	218	222	220	208
六安	168	142	142	105	102	133	德州	220	226	217	218	215	214
亳州	248	220	228	216	223	233	聊城	235	245	247	239	237	237
宣城	107	100	134	145	155	122	滨州	226	218	210	207	201	213
福州	25	24	28	30	25	21	菏泽	233	254	234	235	234	234

续表

城市	2014年	2015年	2016年	2017年	2018年	2010年后	城市	2014年	2015年	2016年	2017年	2018年	2010年后
郑州	90	107	127	135	140	110	益阳	225	225	219	214	219	222
开封	241	233	246	243	255	255	郴州	146	160	148	129	149	156
洛阳	186	210	225	236	240	224	永州	148	157	158	142	158	172
平顶山	222	250	237	227	231	242	怀化	121	141	90	69	91	116
安阳	240	237	238	250	252	250	娄底	245	231	203	205	210	227
鹤壁	264	263	263	264	262	263	广州	8	10	9	8	8	8
新乡	223	251	243	241	241	240	韶关	63	36	49	57	52	49
焦作	237	252	258	258	258	256	深圳	2	1	1	1	1	2
濮阳	260	260	259	259	259	261	珠海	4	3	2	2	2	4
许昌	257	256	260	260	260	259	汕头	76	88	123	168	157	94
漯河	262	264	264	262	263	264	佛山	39	34	42	44	51	42
三门峡	227	241	254	248	247	243	江门	61	65	81	79	96	71
南阳	253	238	250	256	256	252	湛江	193	163	176	174	167	180
商丘	259	261	262	263	264	260	茂名	207	190	236	225	229	219
信阳	234	246	244	251	254	249	肇庆	139	117	185	143	154	137
周口	263	262	261	261	261	262	惠州	71	62	56	50	56	59
驻马店	256	259	253	246	248	257	梅州	69	45	57	40	53	58
武汉	21	20	17	19	20	20	汕尾	175	172	194	148	162	182
黄石	144	199	156	155	139	164	河源	95	84	87	106	121	109
十堰	141	135	131	131	145	161	阳江	216	168	122	157	156	178
宜昌	187	186	145	167	146	184	清远	77	103	85	104	111	101
襄阳	214	216	211	195	195	226	东莞	10	9	12	12	12	11
鄂州	244	249	212	212	208	235	中山	22	16	13	11	11	16
荆门	196	195	200	201	192	212	潮州	113	127	173	186	203	160
孝感	197	147	143	160	163	201	揭阳	236	236	231	234	233	238
荆州	205	189	144	133	132	195	云浮	104	94	111	111	118	106
黄冈	150	136	124	136	137	165	南宁	52	48	47	39	59	44
咸宁	217	207	197	209	202	215	柳州	155	143	171	170	135	162
随州	231	232	235	232	232	241	桂林	120	89	103	67	66	78
长沙	26	37	32	28	29	28	梧州	238	221	239	237	239	236
株洲	154	133	128	78	78	124	北海	163	181	155	194	168	168
湘潭	162	161	175	144	160	149	防城港	164	185	215	219	188	198
衡阳	204	219	201	190	190	192	钦州	161	166	202	220	212	205
邵阳	167	124	98	97	112	128	贵港	185	153	196	231	228	200
岳阳	232	223	223	198	191	218	玉林	166	129	138	137	134	157
常德	198	203	220	192	183	204	百色	137	167	165	180	194	167
张家界	64	64	51	53	60	62	河池	83	78	71	113	113	86

续表

城市	2014年	2015年	2016年	2017年	2018年	2010年后	城市	2014年	2015年	2016年	2017年	2018年	2010年后
海口	9	8	7	6	6	6	昭通	173	126	120	109	89	113
三亚	5	5	4	5	4	5	普洱	112	111	113	88	85	93
重庆	94	105	132	132	138	95	西安	19	14	16	29	31	22
成都	31	22	37	31	35	36	铜川	132	115	118	126	114	125
自贡	213	169	213	140	147	191	宝鸡	178	214	221	229	235	211
攀枝花	73	93	151	159	150	131	咸阳	200	197	241	240	227	220
泸州	160	132	178	118	120	170	渭南	195	217	222	215	213	223
德阳	174	155	199	177	180	175	延安	202	202	135	184	209	209
绵阳	59	68	92	74	93	72	汉中	181	177	172	206	211	181
广元	92	85	99	91	104	91	榆林	158	200	207	202	204	193
遂宁	212	188	191	165	165	203	安康	138	131	110	141	153	120
内江	249	209	233	188	186	232	兰州	37	27	48	38	43	30
乐山	153	123	154	120	124	144	嘉峪关	70	73	38	77	76	66
南充	218	158	179	164	176	185	金昌	122	99	54	124	106	99
宜宾	191	139	190	161	164	183	白银	142	144	106	130	99	118
雅安	102	97	97	68	84	87	天水	47	54	44	56	58	47
巴中	80	71	59	63	70	92	武威	190	152	160	108	136	151
资阳	247	211	226	230	226	239	张掖	97	91	62	89	88	96
贵阳	12	17	15	15	18	12	平凉	119	90	93	110	105	112
六盘水	211	174	126	121	130	173	酒泉	134	179	133	193	151	147
遵义	101	92	101	66	72	81	西宁	27	56	74	42	38	40
安顺	184	184	168	146	170	169	银川	32	66	83	93	115	51
昆明	18	19	22	16	14	18	石嘴山	129	164	208	189	197	145
曲靖	180	149	130	90	67	140	吴忠	182	206	214	228	230	187
玉溪	128	104	105	103	74	123	乌鲁木齐	16	18	19	23	17	19
保山	131	122	146	112	117	142	克拉玛依	17	12	11	13	13	14

附表 6 近五年经济发展质量指数（上一年=100）

城市	2014年	2015年	2016年	2017年	2018年	2010年后	城市	2014年	2015年	2016年	2017年	2018年	2010年后
北京	101.9	100.2	102.5	101.6	101.1	101.2	呼伦贝尔	106.2	104.8	99.2	106.2	103.1	103.2
天津	99.3	107.8	101.9	99.1	101.1	102.0	沈阳	100.1	99.3	109.6	103.3	103.0	101.8
石家庄	103.7	106.0	98.7	100.6	102.6	101.9	大连	100.0	96.1	108.5	100.7	103.4	101.9
唐山	101.1	100.7	107.5	98.1	104.5	102.6	鞍山	101.8	97.7	118.6	100.5	106.5	102.9
秦皇岛	105.8	107.1	98.2	95.5	102.6	102.5	抚顺	103.3	100.2	107.6	99.0	106.1	101.7
邯郸	114.4	103.4	101.3	100.9	101.8	102.2	本溪	100.3	100.7	108.3	100.0	104.9	101.7
邢台	108.8	101.7	100.8	101.2	101.0	102.1	丹东	102.1	99.7	112.0	98.2	103.4	102.4
保定	103.5	104.6	107.0	103.4	101.2	102.2	锦州	104.8	95.4	110.2	103.4	101.5	102.1
张家口	101.8	109.1	101.3	102.1	101.7	101.8	营口	96.0	100.1	111.2	98.3	106.7	102.2
承德	100.6	103.9	99.5	95.3	104.5	101.4	阜新	99.7	104.2	112.9	94.7	108.2	102.4
沧州	101.4	102.3	103.0	99.8	101.6	101.7	辽阳	102.8	100.8	110.2	95.4	103.3	102.1
廊坊	101.8	107.2	104.3	102.0	100.1	102.3	盘锦	100.7	101.2	107.1	100.1	102.9	102.5
衡水	103.0	105.0	99.9	104.4	99.9	101.6	铁岭	107.8	102.5	109.7	104.5	105.0	103.6
太原	100.8	103.5	98.1	96.4	103.2	102.2	朝阳	102.8	101.9	112.6	101.1	104.3	103.7
大同	105.4	106.0	99.9	99.8	101.6	102.6	葫芦岛	102.0	102.0	104.2	100.5	104.1	102.1
阳泉	105.0	101.9	98.1	101.7	102.5	101.0	长春	103.6	102.8	104.7	103.0	103.8	102.6
长治	108.2	102.1	107.3	102.1	102.6	102.7	吉林	107.7	101.4	104.7	103.9	105.0	102.2
晋城	112.3	101.0	98.6	98.5	102.5	102.2	四平	103.4	102.9	103.9	106.1	102.0	102.3
朔州	104.4	101.2	106.5	103.8	100.6	102.8	辽源	102.7	108.5	103.3	98.1	104.1	101.4
运城	107.7	105.9	104.3	98.5	103.4	102.5	通化	95.9	106.6	107.6	101.6	105.1	103.1
忻州	96.2	103.5	95.1	101.1	100.7	101.5	白山	98.7	104.2	106.3	98.7	105.1	102.5
临汾	101.8	103.6	105.3	100.7	102.3	102.4	松原	99.2	108.0	101.0	99.0	102.5	102.0
呼和浩特	101.5	106.1	104.6	102.8	103.2	102.8	白城	100.5	107.6	102.0	102.7	102.4	102.9
包头	102.0	102.3	103.8	103.4	102.7	102.1	哈尔滨	97.5	101.6	105.0	104.2	107.4	102.9
乌海	103.4	103.8	104.0	98.1	105.7	102.2	齐齐哈尔	103.1	104.5	106.4	102.8	103.3	103.7
赤峰	106.7	104.9	106.1	102.4	104.0	103.0	鸡西	101.9	103.8	108.6	106.1	101.7	103.4
通辽	100.8	101.9	106.8	102.5	102.9	102.2	鹤岗	106.1	101.5	105.1	104.9	102.0	102.9

续表

城市	2014年	2015年	2016年	2017年	2018年	2010年后	城市	2014年	2015年	2016年	2017年	2018年	2010年后
双鸭山	110.3	111.9	106.3	104.6	102.5	104.2	湖州	103.6	105.5	101.1	106.9	103.1	102.8
大庆	101.0	104.2	109.6	103.4	104.8	104.0	绍兴	101.9	105.4	103.1	105.6	103.8	103.9
伊春	97.8	103.7	104.6	106.9	102.0	103.1	金华	105.6	103.5	106.5	103.0	103.1	103.5
佳木斯	101.6	101.0	106.1	102.0	103.1	101.8	衢州	103.7	105.0	107.8	101.8	104.1	103.8
七台河	104.8	102.8	101.1	109.4	105.0	105.0	舟山	104.0	102.0	104.0	103.7	105.3	103.7
牡丹江	98.2	109.0	102.8	100.8	106.1	103.0	台州	101.5	106.4	102.8	101.8	103.7	103.3
黑河	99.5	102.0	104.2	100.3	101.5	101.2	丽水	100.7	105.9	105.7	102.4	102.7	102.7
绥化	99.4	108.0	108.1	103.0	104.0	101.5	合肥	103.2	103.8	102.3	102.3	103.2	102.7
上海	100.1	101.9	103.3	102.6	102.1	101.5	芜湖	106.8	105.7	95.8	99.2	102.3	102.0
南京	97.0	109.2	103.3	101.5	101.8	103.0	蚌埠	105.2	106.1	97.6	101.1	100.7	101.3
无锡	100.2	105.1	99.0	101.9	102.9	103.1	淮南	104.0	99.8	106.3	96.0	102.1	101.1
徐州	101.8	103.6	99.3	98.9	102.4	102.8	马鞍山	99.5	105.7	107.0	97.1	103.7	103.4
常州	99.1	104.2	100.4	101.0	102.3	103.0	淮北	113.4	99.0	101.1	95.1	105.2	101.4
苏州	102.5	103.5	103.1	101.0	102.9	103.9	铜陵	104.0	98.5	102.6	96.6	102.3	100.7
南通	101.7	105.0	99.3	98.6	102.5	103.1	安庆	106.7	105.2	103.8	99.7	104.2	102.7
连云港	99.1	104.5	97.6	99.2	101.9	102.9	黄山	102.3	101.1	102.2	101.2	102.2	102.6
淮安	98.6	103.4	100.2	99.7	100.8	103.6	滁州	108.4	105.3	102.7	100.9	101.9	103.3
盐城	99.2	106.1	101.5	100.7	102.3	104.6	阜阳	99.7	111.3	99.9	96.2	102.8	102.0
扬州	99.0	105.7	99.9	101.9	102.9	103.5	宿州	103.5	104.8	109.5	95.1	101.18	102.0
镇江	99.9	104.2	101.6	100.3	101.9	103.4	六安	105.7	106.9	103.6	105.0	103.5	103.4
泰州	97.2	106.0	100.0	99.2	102.7	103.7	亳州	105.2	108.7	102.0	103.0	101.7	102.4
宿迁	97.2	101.9	98.9	100.6	102.1	102.9	宣城	101.3	105.8	99.5	100.1	102.1	102.7
杭州	102.1	109.2	104.0	100.8	101.2	103.5	福州	98.3	103.8	102.2	102.2	104.7	103.1
宁波	102.5	104.2	101.7	100.6	104.2	102.7	厦门	103.4	105.0	102.2	100.1	101.8	102.1
温州	106.0	101.0	104.7	104.8	103.0	103.4	莆田	106.9	100.7	101.1	101.1	103.4	102.5
嘉兴	102.3	104.5	105.1	100.7	103.3	103.5	三明	105.2	104.1	103.2	100.6	103.9	102.8

续表

城市	2014年	2015年	2016年	2017年	2018年	2010年后	城市	2014年	2015年	2016年	2017年	2018年	2010年后
泉州	102.7	103.0	103.0	101.2	104.7	103.2	临沂	104.4	101.2	103.8	101.2	102.6	102.4
漳州	101.9	104.1	103.3	103.7	104.0	103.2	德州	100.9	102.9	104.4	101.4	103.1	103.1
南平	99.6	108.0	103.4	101.2	103.4	102.5	聊城	107.1	102.2	103.2	102.1	102.8	102.0
龙岩	102.3	108.5	101.7	103.4	104.6	103.6	滨州	106.7	105.1	104.9	101.3	103.7	102.6
宁德	102.5	102.5	105.6	101.6	105.9	103.9	菏泽	106.9	100.0	108.2	99.8	103.2	102.2
南昌	108.1	102.6	100.0	104.0	102.9	102.7	郑州	103.9	102.9	101.2	100.3	102.2	102.1
景德镇	103.5	107.3	99.1	106.5	101.8	103.0	开封	109.2	105.2	101.0	99.8	100.6	102.4
萍乡	108.0	106.2	103.3	100.7	104.1	103.7	洛阳	110.3	100.9	101.4	98.5	102.0	102.3
九江	104.5	102.9	99.9	102.6	103.4	102.8	平顶山	108.0	98.9	105.5	103.9	101.8	103.6
新余	105.6	104.3	101.3	104.6	102.0	103.7	安阳	105.4	103.9	103.4	97.7	102.1	102.3
鹰潭	109.5	102.7	104.3	100.9	103.5	103.6	鹤壁	105.4	103.5	101.9	99.9	101.7	102.1
赣州	108.0	105.0	106.1	99.6	102.9	104.2	新乡	105.0	98.8	104.7	101.1	102.7	102.4
吉安	107.3	104.1	102.1	101.1	101.9	103.3	焦作	107.2	101.2	98.2	99.8	101.7	101.5
宜春	109.2	105.7	104.0	102.3	104.2	103.2	濮阳	107.9	103.6	102.4	99.7	101.5	102.9
上饶	102.0	108.1	100.0	98.0	103.9	102.5	许昌	107.4	104.0	98.8	100.7	101.3	101.6
济南	100.5	103.9	102.6	99.9	105.0	102.1	漯河	104.9	100.2	103.6	101.6	100.7	102.5
青岛	103.1	104.6	101.7	99.3	104.9	102.4	三门峡	103.8	101.3	100.6	100.9	102.7	101.7
淄博	100.2	104.9	102.8	104.4	104.5	102.7	南阳	100.0	106.7	101.2	98.4	101.6	102.7
枣庄	100.3	107.6	101.9	101.9	104.7	102.1	商丘	102.7	101.6	101.7	99.4	100.5	101.4
东营	103.5	98.5	107.4	101.1	105.3	102.9	信阳	110.4	101.9	103.7	98.7	101.8	102.3
烟台	102.0	102.8	105.1	97.2	102.7	102.8	周口	103.0	103.5	102.7	99.9	101.9	101.8
潍坊	100.4	104.6	104.0	101.9	102.6	102.5	驻马店	105.3	103.1	105.9	101.3	101.9	102.4
济宁	102.4	101.6	102.2	102.0	103.5	102.8	武汉	106.1	104.0	104.6	100.7	102.8	102.8
泰安	105.9	101.7	105.1	105.3	102.9	102.8	黄石	107.1	99.1	108.5	100.7	104.6	103.0
威海	103.1	103.3	103.2	101.7	102.2	103.3	十堰	107.2	105.3	104.2	100.9	101.6	103.3
日照	110.9	104.5	102.9	99.7	103.6	102.4	宜昌	105.7	104.1	107.8	98.9	105.1	103.6
莱芜	104.1	97.6	108.7	98.1	101.4	102.3	襄阳	110.0	103.0	104.7	103.3	102.4	103.9

续表

城市	2014年	2015年	2016年	2017年	2018年	2010年后	城市	2014年	2015年	2016年	2017年	2018年	2010年后
鄂州	105.2	102.4	110.6	101.0	103.8	103.6	江门	105.0	104.1	100.4	101.9	101.6	103.0
荆门	108.1	104.0	102.8	101.4	103.4	103.0	湛江	104.4	107.2	101.7	101.7	103.7	103.1
孝感	109.4	108.9	104.1	99.5	102.7	104.1	茂名	106.6	105.6	97.8	102.6	102.2	102.2
荆州	106.4	105.4	108.3	102.1	103.2	103.7	肇庆	103.1	106.5	97.0	105.3	101.9	101.9
黄冈	107.3	105.9	104.8	100.1	102.7	103.5	惠州	101.0	105.8	103.4	103.7	101.6	102.9
咸宁	106.4	105.4	105.1	99.2	104.0	103.2	梅州	102.3	108.2	100.9	105.1	100.5	103.2
随州	108.0	103.4	103.8	101.2	102.8	102.7	汕尾	109.3	104.3	101.5	105.2	102.0	103.2
长沙	102.2	102.2	103.4	104.7	103.2	102.6	河源	107.9	106.2	102.8	99.0	101.4	103.4
株洲	104.6	106.5	104.2	106.8	103.1	102.7	阳江	103.0	109.4	108.3	97.6	103.2	102.8
湘潭	103.9	104.3	101.6	104.3	101.5	102.5	清远	105.5	101.1	105.2	99.4	102.6	103.7
衡阳	104.6	101.8	106.0	102.8	102.5	102.5	东莞	105.6	108.8	99.9	99.6	102.0	103.0
邵阳	101.7	108.4	107.0	101.3	101.7	103.3	中山	106.1	109.3	103.4	106.1	101.6	104.1
岳阳	104.4	106.2	103.3	105.0	103.6	103.2	潮州	108.7	102.7	99.0	100.5	100.7	101.9
常德	105.9	103.3	101.1	105.6	103.3	103.3	揭阳	103.8	104.1	104.9	99.6	103.4	102.8
张家界	105.8	104.8	105.1	101.9	101.6	102.7	云浮	103.4	106.1	101.7	100.9	102.3	102.6
益阳	101.8	104.1	104.0	101.9	102.1	102.6	南宁	102.9	105.0	103.2	103.5	99.9	102.5
郴州	106.4	103.4	104.8	102.8	101.0	103.0	柳州	104.2	105.6	100.7	101.2	106.7	102.2
永州	106.7	103.7	103.5	102.4	101.6	102.9	桂林	97.7	108.6	102.1	105.7	102.8	102.2
怀化	101.9	102.8	109.4	104.0	100.7	103.5	梧州	102.2	107.3	100.0	101.1	102.1	103.0
娄底	101.5	106.1	108.4	100.9	102.3	102.3	北海	103.0	101.9	106.7	97.5	105.3	102.6
广州	100.1	106.2	101.8	104.6	101.4	102.0	防城港	106.5	101.9	100.3	100.5	107.0	102.4
韶关	101.9	110.2	100.0	100.9	103.0	102.5	钦州	111.1	103.4	100.0	98.8	103.9	103.0
深圳	101.3	103.9	104.8	102.2	100.6	102.6	贵港	104.7	107.4	99.5	96.0	103.5	102.6
珠海	103.7	108.1	104.4	100.3	101.3	103.6	玉林	103.5	108.0	102.6	101.2	103.5	103.5
汕头	103.5	102.9	99.2	96.7	104.0	101.6	百色	104.7	101.7	103.7	100.1	101.1	101.8
佛山	100.9	104.9	100.9	101.9	101.4	102.9	河池	106.0	104.5	104.1	96.3	103.8	102.9

续表

城市	2014年	2015年	2016年	2017年	2018年	2010年后	城市	2014年	2015年	2016年	2017年	2018年	2010年后
海口	101.3	107.8	104.5	103.7	103.2	102.4	昭通	99.0	108.4	104.3	102.4	106.1	102.8
三亚	105.6	105.3	107.8	99.6	103.1	103.7	普洱	105.8	104.6	103.4	103.9	103.9	103.1
重庆	99.9	103.4	100.6	101.1	102.1	102.4	西安	104.7	108.1	101.2	97.1	102.4	102.9
成都	107.8	107.3	98.9	103.6	102.2	102.8	铜川	108.0	106.6	103.2	100.2	105.1	103.2
自贡	104.3	108.7	98.8	108.7	102.4	103.7	宝鸡	104.8	99.5	102.5	99.9	100.7	101.5
攀枝花	110.5	101.6	97.5	100.2	104.1	102.7	咸阳	107.6	104.2	96.5	101.0	106.2	102.2
泸州	102.9	107.0	98.8	107.4	102.7	103.9	渭南	109.3	100.9	102.8	102.1	103.1	103.9
德阳	103.0	105.8	99.2	103.6	102.5	102.9	延安	111.3	103.9	110.7	96.9	100.1	102.6
绵阳	102.2	103.2	99.9	103.2	101.5	103.2	汉中	105.1	104.2	103.9	97.6	102.4	102.3
广元	101.6	105.6	101.9	101.8	101.8	102.6	榆林	109.0	99.6	103.4	101.9	102.3	102.5
遂宁	101.1	106.5	103.4	103.3	103.3	104.6	安康	105.7	105.3	106.3	97.4	101.9	101.8
内江	103.9	110.3	100.1	107.7	102.9	104.3	兰州	102.2	105.7	98.5	104.3	102.7	102.0
乐山	103.1	107.3	100.9	104.3	102.3	103.9	嘉峪关	101.4	103.5	110.1	94.6	103.2	102.8
南充	99.9	111.0	101.2	102.6	102.1	102.8	金昌	101.3	107.8	109.1	93.3	105.3	103.2
宜宾	107.8	109.1	98.9	103.7	102.8	103.5	白银	100.7	104.5	108.0	98.3	107.2	102.4
雅安	104.0	105.6	103.5	105.2	100.9	102.9	天水	101.8	103.4	104.8	100.4	102.3	102.4
巴中	104.8	105.0	105.1	100.9	102.2	103.6	武威	99.5	107.8	102.5	106.7	100.1	102.5
资阳	103.8	109.6	101.1	100.7	103.5	103.4	张掖	106.2	105.4	107.1	98.1	103.8	103.6
贵阳	101.6	100.8	103.9	101.6	100.4	102.0	平凉	101.1	108.2	103.2	99.2	103.8	103.5
六盘水	101.5	108.1	108.3	101.7	102.0	103.7	酒泉	104.7	100.2	108.3	95.8	107.0	102.3
遵义	101.3	105.9	102.9	105.5	102.1	102.6	西宁	104.0	98.9	100.3	107.1	104.8	103.0
安顺	101.4	104.0	105.2	103.2	101.1	101.7	银川	104.9	97.9	100.6	100.2	100.7	101.5
昆明	102.6	102.9	102.2	104.7	104.5	102.7	石嘴山	98.9	101.7	99.1	103.4	101.4	102.0
曲靖	99.1	106.8	105.8	105.5	106.1	104.5	吴忠	101.8	101.0	102.6	98.8	102.7	101.7
玉溪	108.4	107.7	103.5	101.3	106.6	103.2	乌鲁木齐	101.5	101.7	103.0	101.3	105.6	102.6
保山	104.2	105.6	101.5	104.3	102.8	102.6	克拉玛依	103.4	111.2	104.9	96.5	103.6	104.0

附表 7　近六年经济发展质量指数（以 1990 年为基期）

城市	2013年	2014年	2015年	2016年	2017年	2018年	城市	2013年	2014年	2015年	2016年	2017年	2018年
北京	174.4	177.8	178.2	182.6	185.5	187.5	呼伦贝尔	121.2	128.8	135.0	133.8	142.2	146.6
天津	136.6	135.6	146.2	148.9	147.7	149.2	沈阳	126.4	126.5	125.7	137.7	142.2	146.5
石家庄	158.1	164.0	173.8	171.5	172.6	177.1	大连	145.4	145.5	139.8	151.6	152.7	157.9
唐山	141.7	143.2	144.2	154.9	152.0	158.9	鞍山	126.6	128.9	125.9	149.3	150.0	159.8
秦皇岛	149.4	158.0	169.2	166.1	158.6	162.8	抚顺	120.6	124.6	124.9	134.4	133.1	141.3
邯郸	119.6	136.9	141.5	143.3	144.6	147.2	本溪	126.9	127.3	128.2	138.9	138.9	145.8
邢台	151.8	165.3	168.1	169.4	171.4	173.2	丹东	124.9	127.5	127.2	142.4	139.8	144.5
保定	138.7	143.6	150.2	160.7	166.2	168.1	锦州	122.6	128.4	122.5	135.1	139.7	141.8
张家口	153.0	155.8	169.9	172.1	175.8	178.8	营口	119.7	115.0	115.1	128.0	125.9	134.3
承德	145.0	145.9	151.6	150.8	143.8	150.2	阜新	120.4	120.0	125.0	141.2	133.6	144.5
沧州	146.4	148.4	151.8	157.6	157.4	159.9	辽阳	122.9	126.4	127.3	140.9	134.4	138.9
廊坊	175.5	178.7	191.5	199.7	203.6	203.8	盘锦	136.4	137.3	139.0	148.8	148.9	153.2
衡水	156.7	161.4	169.4	169.2	176.7	176.6	铁岭	131.4	141.7	145.2	159.3	166.4	174.8
太原	154.2	155.4	160.9	157.8	152.1	157.0	朝阳	138.5	142.4	145.2	163.5	165.3	172.4
大同	150.3	158.4	167.9	167.5	167.2	169.9	葫芦岛	135.1	137.7	140.5	146.3	147.0	153.1
阳泉	140.6	147.7	150.4	147.6	150.0	153.8	长春	130.4	135.1	138.8	145.4	149.8	155.5
长治	131.8	142.7	145.7	156.3	159.6	163.7	吉林	130.0	139.9	141.9	148.6	154.4	162.1
晋城	139.4	156.6	158.1	156.0	153.6	157.4	四平	115.8	119.8	123.3	128.0	135.8	138.5
朔州	146.8	153.3	155.1	165.2	171.5	172.6	辽源	111.6	114.6	124.4	128.5	126.0	131.1
运城	144.7	155.9	165.1	172.2	169.6	175.4	通化	134.1	128.5	137.0	147.4	149.8	157.4
忻州	181.1	174.2	180.3	171.6	173.5	174.7	白山	106.4	105.0	109.5	116.3	114.8	120.7
临汾	151.8	154.5	160.1	168.6	169.9	173.8	松原	114.4	113.5	122.6	123.9	122.7	125.7
呼和浩特	141.4	143.6	152.4	159.4	163.9	169.2	白城	136.1	136.8	147.2	150.1	154.1	157.8
包头	145.1	147.9	151.4	157.1	162.5	166.9	哈尔滨	136.2	132.9	135.0	141.7	147.7	158.6
乌海	128.8	133.2	138.3	143.8	141.0	149.0	齐齐哈尔	129.8	133.9	139.9	148.9	153.0	158.0
赤峰	137.3	146.6	153.8	163.1	167.0	173.8	鸡西	135.5	138.1	143.3	155.7	165.2	168.0
通辽	112.4	113.4	115.5	123.4	126.5	130.2	鹤岗	129.0	136.8	138.9	145.9	153.1	156.1

城市	2013年	2014年	2015年	2016年	2017年	2018年	城市	2013年	2014年	2015年	2016年	2017年	2018年
双鸭山	114.0	125.7	140.6	149.5	156.4	160.3	湖州	143.5	148.7	156.9	158.6	169.6	174.8
大庆	146.7	148.2	154.4	169.3	175.0	183.5	绍兴	159.4	162.4	171.1	176.4	186.2	193.3
伊春	136.3	133.3	138.2	144.5	154.5	157.5	金华	161.5	170.6	176.6	188.1	193.8	199.8
佳木斯	133.4	135.6	136.9	145.2	148.1	152.7	衢州	154.9	160.6	168.6	181.8	185.1	192.6
七台河	133.5	139.9	143.8	145.4	159.2	167.1	舟山	161.7	168.2	171.6	178.6	185.2	194.9
牡丹江	146.1	143.5	156.4	160.8	162.0	171.8	台州	140.8	142.9	152.0	156.3	159.2	165.1
黑河	167.7	166.8	170.1	177.3	177.7	180.4	丽水	139.3	140.3	148.6	157.0	160.7	165.1
绥化	108.7	108.1	116.7	126.2	130.0	135.2	合肥	155.8	160.8	166.9	170.8	174.7	180.3
上海	160.8	161.0	164.1	169.6	174.0	177.6	芜湖	132.5	141.4	149.5	143.2	142.1	145.4
南京	158.8	154.0	168.2	173.8	176.3	179.4	蚌埠	130.1	136.9	145.3	141.8	143.4	144.4
无锡	168.6	168.9	177.6	175.7	179.1	184.3	淮南	129.7	135.0	134.7	143.2	137.4	140.3
徐州	171.8	174.8	181.2	179.9	177.9	182.1	马鞍山	134.6	134.0	141.6	151.6	147.1	152.7
常州	163.4	162.0	168.7	169.3	171.0	174.9	淮北	125.9	142.8	141.4	142.9	136.0	143.1
苏州	181.4	185.9	192.4	198.3	200.2	206.0	铜陵	128.1	133.3	131.3	134.7	130.2	133.2
南通	143.5	145.9	153.3	152.1	150.1	153.8	安庆	131.8	140.6	148.0	153.6	153.2	159.6
连云港	172.6	171.0	178.7	174.4	172.9	176.2	黄山	158.6	162.1	164.0	167.6	169.5	173.3
淮安	187.2	184.6	190.9	191.3	190.7	192.3	滁州	153.7	166.6	175.4	180.1	181.6	185.1
盐城	191.8	190.3	201.8	204.8	206.3	211.1	阜阳	149.9	149.5	166.4	166.2	159.8	164.3
扬州	161.9	160.2	169.4	169.2	172.5	177.4	宿州	121.7	126.0	132.1	144.7	137.5	140.0
镇江	174.6	174.4	181.6	184.5	185.1	188.7	六安	155.1	163.9	175.2	181.5	190.7	197.3
泰州	175.5	170.6	180.8	180.8	179.3	184.0	亳州	128.8	135.5	147.3	150.2	154.6	157.2
宿迁	145.0	140.9	143.6	142.1	142.9	145.9	宣城	149.8	151.8	160.6	159.9	159.9	163.3
杭州	159.6	163.0	178.0	185.2	186.7	189.0	福州	133.5	131.2	136.1	139.2	142.2	148.9
宁波	154.1	158.0	164.7	167.6	168.5	175.5	厦门	146.9	151.9	159.5	162.9	163.1	166.0
温州	162.0	171.7	173.3	181.5	190.3	195.9	莆田	137.9	147.4	148.4	150.0	151.6	156.8
嘉兴	163.3	167.0	174.5	183.5	184.8	190.9	三明	130.5	137.2	142.9	147.5	148.3	154.1

续表

城市	2013年	2014年	2015年	2016年	2017年	2018年	城市	2013年	2014年	2015年	2016年	2017年	2018年
泉州	144.1	148.0	152.4	156.9	158.8	166.2	莱芜	156.4	162.8	159.0	172.7	169.4	171.7
漳州	131.9	134.3	139.9	144.5	149.8	155.8	临沂	161.5	168.7	170.6	177.1	179.2	183.8
南平	128.5	128.0	138.2	142.8	144.6	149.4	德州	157.3	158.7	163.3	170.5	172.9	178.3
龙岩	137.0	140.2	152.2	154.7	159.9	167.3	聊城	143.0	153.2	156.6	161.6	165.0	169.7
宁德	133.1	136.5	139.9	147.7	150.1	158.9	滨州	155.2	165.6	174.1	182.7	185.0	191.8
南昌	132.0	142.8	146.5	146.6	152.5	157.0	菏泽	148.6	158.8	158.8	171.9	171.5	176.9
景德镇	135.0	139.8	150.0	148.6	158.3	161.0	郑州	147.5	153.2	157.6	159.5	159.9	163.5
萍乡	125.0	135.0	143.4	148.1	149.1	155.3	开封	132.1	144.3	151.9	153.3	153.1	154.0
九江	140.1	146.4	150.7	150.6	154.5	159.7	洛阳	127.9	141.1	142.3	144.3	142.2	145.0
新余	139.3	147.1	153.4	155.4	162.6	165.8	平顶山	131.2	141.7	140.1	147.9	153.6	156.4
鹰潭	148.5	162.5	167.0	174.1	175.7	181.9	安阳	144.3	152.0	158.0	163.4	159.7	163.0
赣州	157.1	169.7	178.2	189.0	188.3	193.8	鹤壁	132.4	139.6	144.5	147.3	147.1	149.6
吉安	165.2	177.2	184.4	188.2	190.2	193.8	新乡	138.6	145.6	143.9	150.7	152.4	156.4
宜春	145.2	158.5	167.5	174.2	178.2	185.6	焦作	138.1	148.0	149.8	147.1	146.8	149.3
上饶	148.7	151.7	163.9	164.0	160.8	167.0	濮阳	141.4	152.5	158.1	161.9	161.4	163.8
济南	150.0	150.8	156.7	160.8	160.6	168.7	许昌	128.4	137.9	143.5	141.7	142.7	144.5
青岛	151.3	156.0	163.2	166.0	164.8	172.9	漯河	139.5	146.3	146.6	151.9	154.4	155.5
淄博	152.4	152.7	160.2	164.7	171.9	179.6	三门峡	136.6	141.8	143.7	144.5	145.7	149.7
枣庄	132.5	132.9	143.0	145.7	148.5	155.4	南阳	169.9	169.8	181.2	183.5	180.5	183.5
东营	171.9	177.9	175.1	188.1	190.3	200.4	商丘	145.1	149.0	151.4	154.0	153.1	153.9
烟台	172.7	176.1	181.0	190.2	184.8	189.7	信阳	137.7	152.1	155.0	160.7	158.7	161.6
潍坊	148.7	149.3	156.2	162.6	165.6	169.9	周口	132.0	135.9	140.7	144.4	144.3	147.0
济宁	151.8	155.5	158.0	161.4	164.7	170.5	驻马店	142.9	150.4	155.1	164.3	166.5	169.6
泰安	156.1	165.2	168.1	176.7	186.0	191.4	武汉	141.6	150.3	156.3	163.5	164.6	169.2
威海	198.3	204.4	211.2	217.9	221.6	226.5	黄石	125.5	134.4	133.2	144.5	145.6	152.4
日照	149.2	165.5	172.8	177.8	177.3	183.7	十堰	172.2	184.5	194.3	202.4	204.3	207.7

续表

城市	2013年	2014年	2015年	2016年	2017年	2018年	城市	2013年	2014年	2015年	2016年	2017年	2018年
宜昌	145.8	154.0	160.3	172.8	170.8	179.6	佛山	166.9	168.3	176.5	178.2	181.6	184.1
襄阳	151.5	166.7	171.7	179.8	185.6	190.1	江门	146.3	153.6	159.8	160.5	163.5	166.1
鄂州	139.8	147.0	150.6	166.6	168.2	174.6	湛江	127.7	133.3	142.9	145.4	147.9	153.4
荆门	147.0	158.8	165.2	169.9	172.2	178.0	茂名	143.2	152.7	161.2	157.6	161.7	165.2
孝感	136.8	149.6	162.9	169.6	168.7	173.2	肇庆	138.7	143.0	152.3	147.7	155.6	158.6
荆州	156.8	166.9	175.9	190.6	194.6	200.9	惠州	155.5	157.0	166.1	171.8	178.1	181.0
黄冈	157.0	168.4	178.4	186.8	187.0	192.0	梅州	152.0	155.4	168.1	169.6	178.2	179.1
咸宁	129.5	137.8	145.3	152.7	151.5	157.5	汕尾	137.2	149.9	156.4	158.7	166.9	170.2
随州	136.0	146.9	152.0	157.7	159.6	164.1	河源	134.4	145.0	154.0	158.3	156.8	158.9
长沙	167.6	171.3	175.0	181.0	189.5	195.6	阳江	133.9	137.9	150.8	163.3	159.3	164.3
株洲	141.4	148.0	157.5	164.2	175.4	180.7	清远	147.3	155.4	157.1	165.2	164.2	168.5
湘潭	137.6	142.9	149.1	151.5	158.1	160.4	东莞	178.2	188.2	204.8	204.5	203.7	207.8
衡阳	138.8	145.2	147.8	156.8	161.2	165.2	中山	163.1	172.9	189.0	195.5	207.4	210.8
邵阳	153.0	155.6	168.7	180.4	182.7	185.9	潮州	133.7	145.4	149.3	147.8	148.5	149.6
岳阳	137.9	144.0	152.9	157.9	165.8	171.8	揭阳	123.6	128.3	133.6	140.1	139.6	144.3
常德	133.1	140.9	145.6	147.1	155.4	160.5	云浮	146.1	151.1	160.3	163.0	164.5	168.3
张家界	143.3	151.6	158.9	167.0	170.1	172.7	南宁	136.9	140.8	147.8	152.6	157.9	157.7
益阳	138.2	140.7	146.5	152.4	155.4	158.6	柳州	116.0	120.9	127.6	128.5	130.0	138.8
郴州	153.0	162.8	168.3	176.5	181.4	183.2	桂林	140.3	137.0	148.8	151.9	160.6	165.2
永州	158.2	168.9	175.2	181.4	185.7	188.6	梧州	118.3	120.9	129.7	129.7	131.2	133.9
怀化	150.2	153.1	157.3	172.1	179.0	180.3	北海	141.1	145.3	148.1	158.0	154.1	162.2
娄底	146.7	148.9	158.0	171.2	172.7	176.7	防城港	121.1	128.9	131.3	131.7	132.4	141.6
广州	143.3	143.4	152.3	155.1	162.2	164.5	钦州	133.6	148.4	153.5	153.5	151.7	157.6
韶关	167.8	171.0	188.4	188.4	190.2	196.0	贵港	143.2	150.0	161.1	160.3	153.9	159.3
深圳	167.7	170.0	176.6	185.1	189.2	190.4	玉林	135.2	140.0	151.2	155.0	156.9	162.4
珠海	152.5	158.1	171.0	178.5	179.0	181.3	百色	122.6	128.4	130.5	135.3	135.4	136.9
汕头	142.9	147.9	152.2	151.0	146.1	152.0	河池	143.1	151.7	158.6	165.1	159.0	165.1

续表

城市	2013年	2014年	2015年	2016年	2017年	2018年	城市	2013年	2014年	2015年	2016年	2017年	2018年
海口	146.8	148.8	160.4	167.7	174.0	179.6	昭通	142.5	141.1	153.0	159.6	163.5	173.5
三亚	158.2	167.0	175.8	189.6	188.8	194.6	普洱	117.8	124.6	130.4	134.8	140.0	145.5
重庆	157.3	157.2	162.5	163.5	165.3	168.8	西安	147.7	154.6	167.1	169.1	164.3	168.2
成都	155.6	167.7	180.0	178.1	184.6	188.6	铜川	126.9	137.0	146.1	150.9	151.2	158.8
自贡	136.0	141.8	154.1	152.2	165.4	169.4	宝鸡	136.8	143.3	142.7	146.3	146.1	147.2
攀枝花	136.8	151.1	153.5	149.7	150.1	156.1	咸阳	141.5	152.3	158.7	153.1	154.6	164.1
泸州	153.8	158.3	169.4	167.3	179.6	184.4	渭南	141.0	154.2	155.5	159.9	163.2	168.2
德阳	157.7	162.4	171.8	170.5	176.7	181.0	延安	125.3	139.5	144.9	160.5	155.5	155.6
绵阳	171.8	175.6	181.3	181.2	187.0	189.8	汉中	138.9	145.9	152.1	158.0	154.2	157.9
广元	145.0	147.2	155.4	158.3	161.1	164.1	榆林	146.0	159.1	158.6	163.9	167.0	170.8
遂宁	142.6	144.1	153.5	158.7	164.0	169.3	安康	147.9	156.3	164.0	174.9	170.3	173.5
内江	137.0	142.3	157.0	157.1	169.3	174.2	兰州	135.2	138.2	146.1	143.9	150.2	154.3
乐山	168.8	174.1	186.9	188.5	196.7	201.3	嘉峪关	146.4	148.4	153.6	169.0	160.0	165.1
南充	151.9	151.7	168.4	170.4	174.8	178.6	金昌	149.9	151.9	163.7	178.6	166.6	175.4
宜宾	147.8	159.3	173.8	171.9	178.3	183.2	白银	142.8	143.8	150.3	162.3	159.5	171.0
雅安	168.6	175.3	185.1	191.6	201.5	203.2	天水	157.4	160.2	165.6	173.6	174.2	178.3
巴中	162.4	170.2	178.8	187.9	189.7	193.8	武威	128.1	127.5	137.5	140.9	150.3	150.5
资阳	150.6	156.3	171.3	173.2	174.4	180.5	张掖	132.3	140.5	148.0	158.6	155.6	161.5
贵阳	148.0	150.4	151.7	157.5	160.1	160.8	平凉	136.7	138.1	149.5	154.2	153.1	158.9
六盘水	116.9	118.6	128.2	138.8	141.2	144.0	酒泉	135.2	141.6	141.9	153.6	147.2	157.5
遵义	153.1	155.0	164.2	169.0	178.3	182.1	西宁	138.6	144.2	142.5	142.9	153.1	160.4
安顺	120.3	122.0	126.9	133.5	137.7	139.2	银川	143.1	150.0	146.5	147.6	148.0	149.1
昆明	132.9	136.4	140.3	143.5	150.2	157.0	石嘴山	140.9	139.4	141.8	140.5	145.3	147.3
曲靖	134.7	133.4	142.5	150.7	159.0	168.7	吴忠	139.9	142.3	143.8	147.6	145.8	149.7
玉溪	153.1	165.9	178.8	185.1	187.5	199.9	乌鲁木齐	137.4	139.5	141.9	146.2	148.0	156.4
保山	124.8	130.1	137.3	139.4	145.4	149.4	克拉玛依	124.6	128.8	143.2	150.2	145.0	150.3

上海市经济发展质量指数

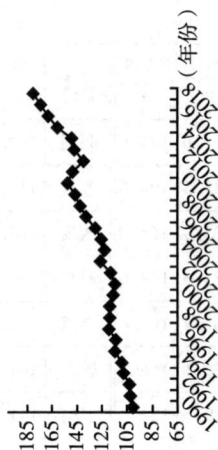

海口市经济发展质量指数

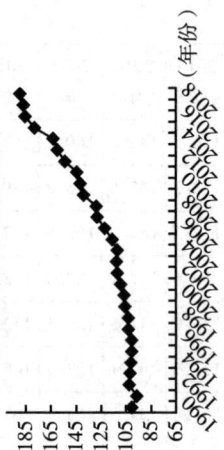

杭州市经济发展质量指数

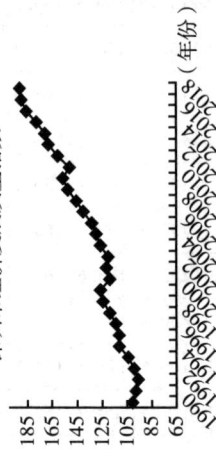

深圳市经济发展质量指数

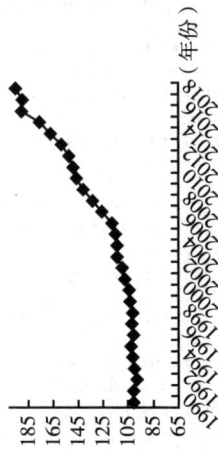

三亚市经济发展质量指数

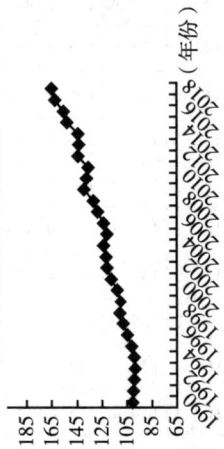

广州市经济发展质量指数

北京市经济发展质量指数

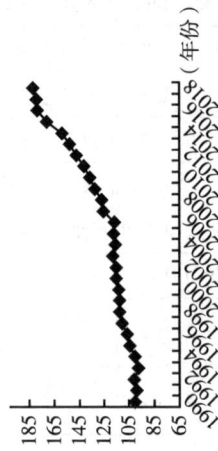

珠海市经济发展质量指数

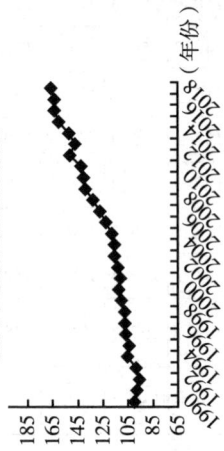

厦门市经济发展质量指数

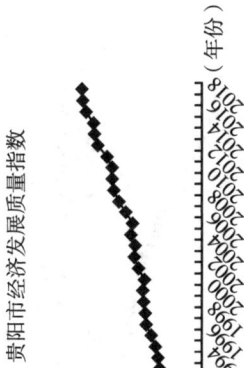

贵阳市经济发展质量指数

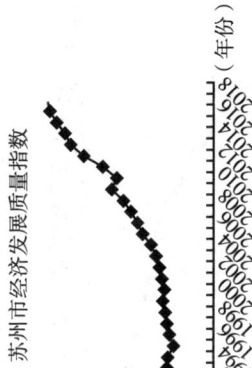

东莞市经济发展质量指数

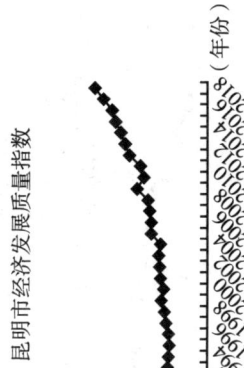

南京市经济发展质量指数

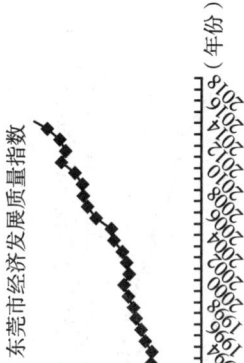

苏州市经济发展质量指数

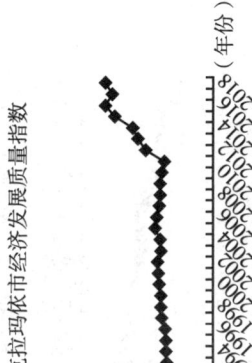

克拉玛依市经济发展质量指数

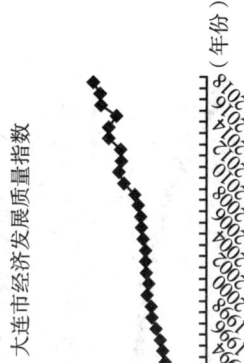

太原市经济发展质量指数

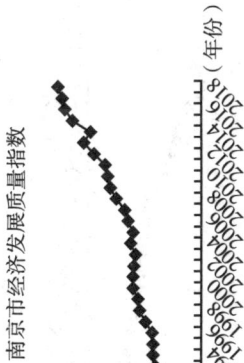

昆明市经济发展质量指数

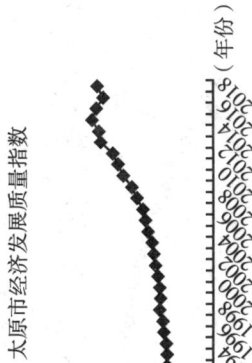

大连市经济发展质量指数

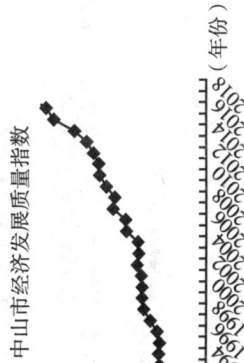

中山市经济发展质量指数

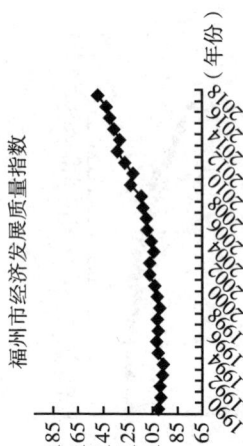

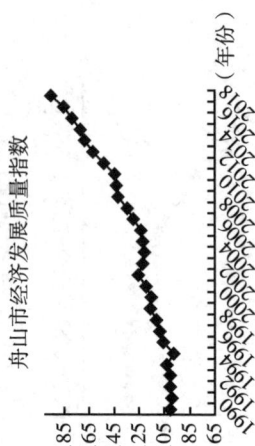

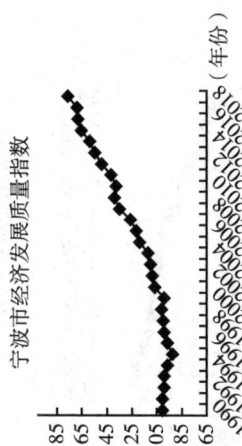

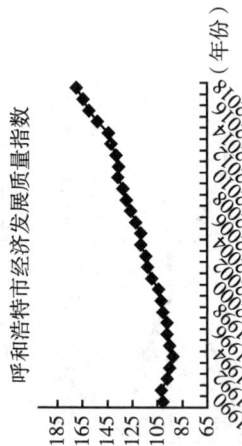

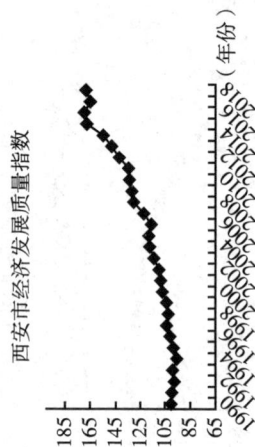

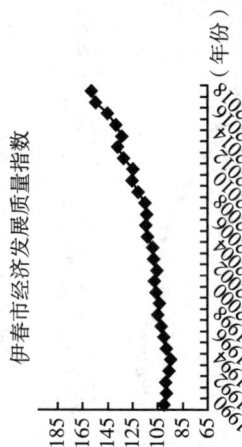

兰州市经济发展质量指数

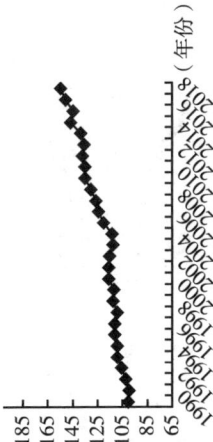

金华市经济发展质量指数

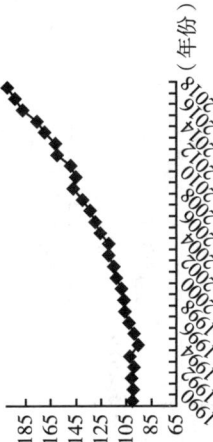

成都市经济发展质量指数

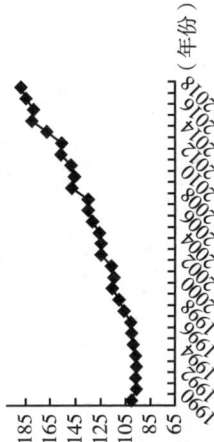

温州市经济发展质量指数

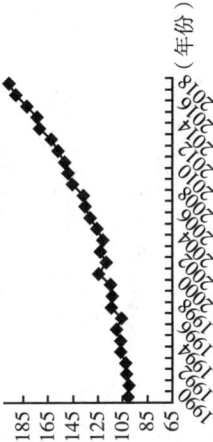

天津市经济发展质量指数

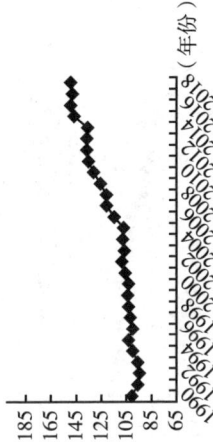

合肥市经济发展质量指数

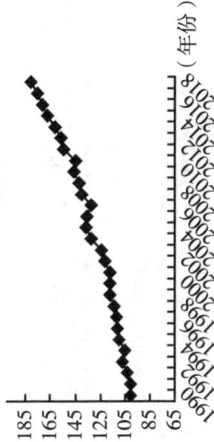

长沙市经济发展质量指数

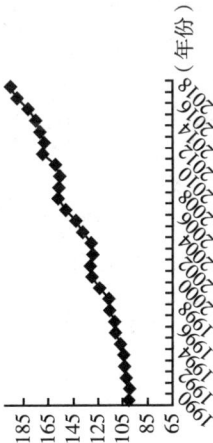

济南市经济发展质量指数

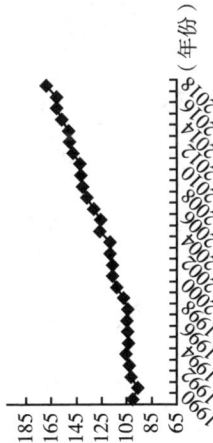

丽水市经济发展质量指数

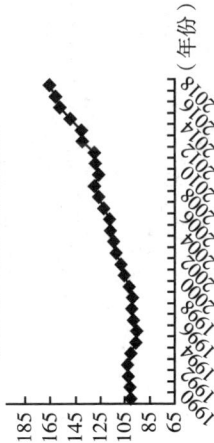

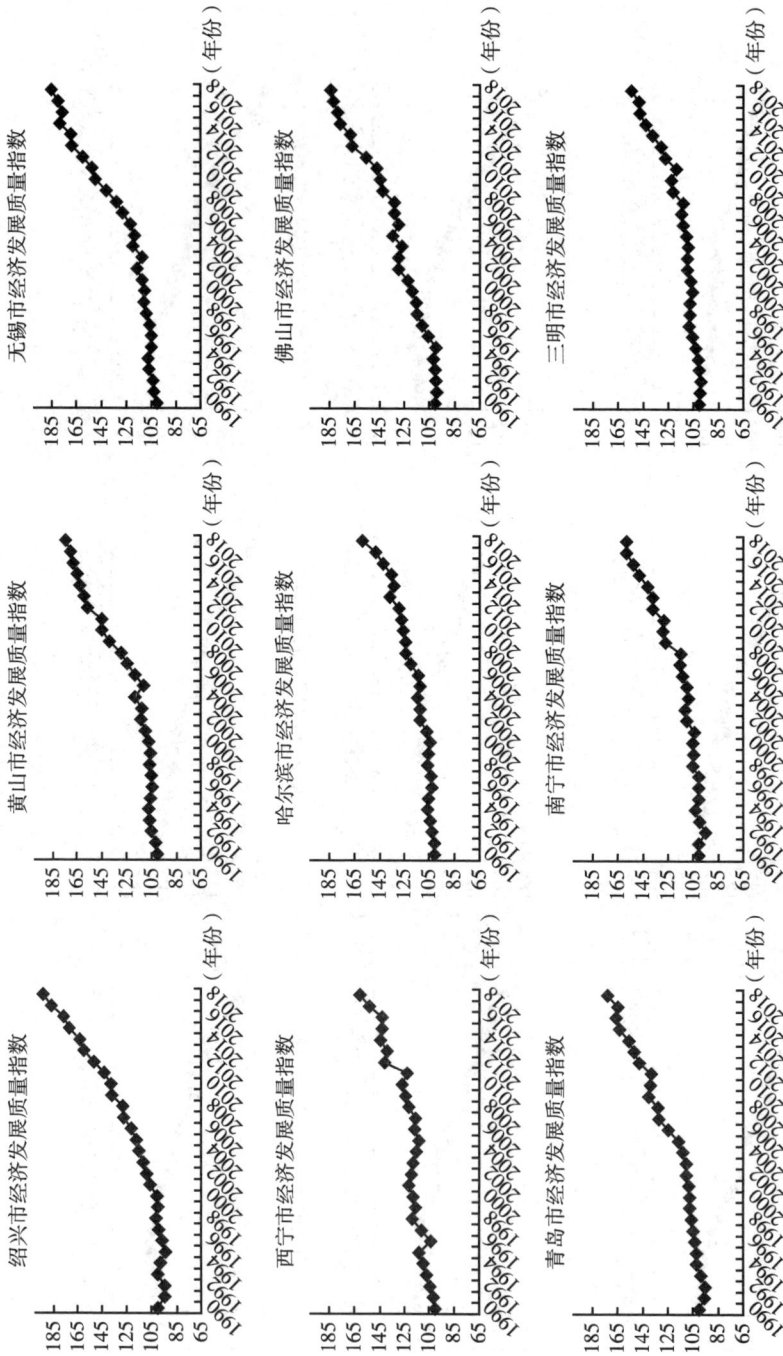

附图 2 排名前 45 的城市经济发展质量指数

附表 8　近五年城市经济增长排名

城市	2014年	2015年	2016年	2017年	2018年	2010年后	城市	2014年	2015年	2016年	2017年	2018年	2010年后
北京	3	4	2	3	6	4	呼伦贝尔	75	60	86	26	28	49
天津	47	31	32	43	69	39	沈阳	59	49	33	15	12	19
石家庄	44	47	68	50	55	52	大连	21	20	15	10	10	16
唐山	45	80	45	107	60	54	鞍山	50	86	10	9	9	13
秦皇岛	39	45	49	62	40	35	抚顺	112	161	221	188	210	156
邯郸	156	79	156	103	98	129	本溪	101	53	128	138	138	80
邢台	123	234	257	209	232	213	丹东	110	196	87	163	72	106
保定	94	242	200	149	199	186	锦州	71	203	253	243	211	167
张家口	77	55	114	48	56	70	营口	26	101	189	236	81	69
承德	242	162	191	245	169	219	阜新	229	235	79	232	110	207
沧州	49	89	56	53	52	51	辽阳	137	84	109	231	108	136
廊坊	118	116	72	58	118	103	盘锦	227	244	231	233	120	238
衡水	142	145	245	108	158	175	铁岭	189	261	218	139	214	221
太原	46	23	29	83	39	29	朝阳	177	182	120	102	134	199
大同	28	54	62	128	105	68	葫芦岛	210	251	235	159	147	223
阳泉	111	103	146	178	113	171	长春	121	76	106	88	86	72
长治	224	256	234	157	150	234	吉林	60	38	36	18	13	33
晋城	93	178	153	226	157	201	四平	146	75	134	113	146	111
朔州	178	189	91	41	71	辽源	217	152	142	185	240	209	152
运城	182	110	176	227	109	146	通化	168	193	202	235	237	176
忻州	218	165	210	127	170	194	白山	141	164	76	101	92	120
临汾	213	159	206	176	132	196	松原	132	67	119	136	208	135
呼和浩特	4	2	1	1	2	2	白城	226	99	217	171	221	173
包头	5	8	4	2	1	6	哈尔滨	20	28	16	14	25	18
乌海	13	34	9	20	15	23	齐齐哈尔	143	83	63	33	51	74
赤峰	145	115	47	49	47	77	鸡西	105	62	48	24	93	62
通辽	212	186	122	104	131	183	鹤岗	220	119	185	131	194	163

续表

城市	2014年	2015年	2016年	2017年	2018年	2010年后	城市	2014年	2015年	2016年	2017年	2018年	2010年后
双鸭山	195	40	46	42	87	89	湖州	88	77	121	95	143	83
大庆	187	166	53	38	61	124	绍兴	90	113	155	133	145	105
伊春	256	154	199	105	196	151	金华	52	39	64	70	89	50
佳木斯	16	36	27	27	30	31	衢州	120	107	148	173	182	132
七台河	95	18	130	36	27	96	舟山	41	106	193	129	43	73
牡丹江	153	29	40	68	20	48	台州	68	100	175	147	140	101
黑河	84	146	71	92	121	67	丽水	163	138	133	94	142	142
绥化	190	175	102	150	201	164	合肥	176	143	139	190	188	185
上海	7	6	7	5	8	7	芜湖	164	64	84	122	101	109
南京	17	19	24	28	33	25	蚌埠	222	131	115	121	144	158
无锡	61	33	39	84	63	40	淮南	191	206	157	242	250	214
徐州	83	69	89	182	176	99	马鞍山	152	133	81	145	82	117
常州	72	56	78	109	102	61	淮北	194	180	208	256	249	248
苏州	10	24	20	37	35	24	铜陵	236	254	262	264	263	260
南通	85	70	65	146	129	82	安庆	181	171	83	119	62	144
连云港	92	111	184	208	231	139	黄山	78	102	58	73	65	63
淮安	104	118	108	154	205	140	滁州	203	156	129	170	179	177
盐城	82	94	80	114	133	95	阜阳	149	71	103	148	161	102
扬州	140	124	151	174	195	118	宿州	239	188	117	143	178	200
镇江	80	50	52	69	103	57	六安	161	169	126	97	53	122
泰州	97	78	101	203	206	107	亳州	232	149	190	193	215	195
宿迁	173	190	192	177	175	160	宣城	174	121	110	152	152	147
杭州	23	13	22	25	29	21	福州	48	51	51	72	67	43
宁波	65	43	100	165	166	81	厦门	9	16	25	55	42	20
温州	43	66	44	30	37	45	莆田	150	167	183	221	229	168
嘉兴	100	108	149	211	228	138	三明	63	58	60	123	100	59

续表

城市	2014年	2015年	2016年	2017年	2018年	2010年后	城市	2014年	2015年	2016年	2017年	2018年	2010年后
泉州	86	96	97	132	114	84	临沂	24	122	90	44	46	47
漳州	102	117	158	144	164	127	德州	64	132	69	63	77	76
南平	144	157	167	207	220	137	聊城	79	123	111	66	85	97
龙岩	122	137	160	192	163	116	滨州	76	65	43	52	50	58
宁德	185	230	216	252	239	203	菏泽	98	163	140	156	155	162
南昌	67	114	95	142	126	93	郑州	54	44	66	93	96	66
景德镇	133	87	118	21	58	94	开封	135	153	169	158	202	188
萍乡	117	92	98	67	91	123	洛阳	38	63	75	76	66	87
九江	131	95	82	120	94	125	平顶山	107	127	147	130	173	198
新余	138	112	138	90	130	174	安阳	91	136	150	224	184	193
鹰潭	158	170	177	161	135	180	鹤壁	248	243	239	220	233	252
赣州	147	141	163	183	153	145	新乡	175	184	213	175	154	206
吉安	202	201	164	135	149	208	焦作	155	126	182	214	217	172
宜春	206	207	188	219	172	233	濮阳	255	237	246	247	246	262
上饶	171	147	165	225	227	216	许昌	199	135	211	206	226	218
济南	11	10	13	16	19	11	漯河	245	239	251	228	253	251
青岛	14	12	11	11	14	10	三门峡	196	199	125	110	78	166
淄博	35	21	37	34	22	27	南阳	151	134	173	199	190	179
枣庄	113	72	70	100	73	88	商丘	233	225	228	223	245	231
东营	18	42	30	29	17	30	信阳	214	168	179	201	200	212
烟台	40	48	38	32	36	37	周口	240	210	232	244	252	247
潍坊	31	52	26	19	24	32	驻马店	188	200	209	184	183	227
济宁	70	61	93	77	64	78	武汉	51	26	35	54	41	36
泰安	62	57	41	56	59	56	黄石	136	211	171	218	165	155
威海	29	35	28	23	34	28	十堰	225	229	222	230	242	241
日照	34	46	50	59	48	55	宜昌	211	228	223	246	254	232
莱芜	81	212	55	89	127	100	襄阳	115	227	187	186	209	182

城市	2014年	2015年	2016年	2017年	2018年	2010年后	城市	2014年	2015年	2016年	2017年	2018年	2010年后
鄂州	162	198	203	217	204	197	江门	55	82	152	137	186	65
荆门	109	125	166	166	167	153	湛江	124	129	230	222	222	159
孝感	219	238	236	253	259	240	茂名	128	151	238	205	235	131
荆州	184	174	181	160	177	189	肇庆	160	177	247	162	160	149
黄冈	204	216	226	249	251	236	惠州	114	91	107	98	123	71
咸宁	237	204	174	234	207	225	梅州	126	183	172	111	193	79
随州	119	160	170	196	230	169	汕尾	130	215	241	164	213	134
长沙	25	27	18	17	16	26	河源	169	202	219	189	234	148
株洲	99	120	73	45	45	86	阳江	228	213	67	181	136	161
湘潭	69	105	113	87	117	121	清远	87	98	88	125	104	91
衡阳	127	144	116	65	97	113	东莞	1	1	6	7	5	1
邵阳	172	158	198	155	159	170	中山	15	25	23	22	26	14
岳阳	134	104	92	74	79	110	潮州	129	192	196	151	197	98
常德	73	90	85	57	54	64	揭阳	201	250	229	237	236	210
张家界	19	15	19	12	18	12	云浮	165	233	186	204	216	143
益阳	139	139	159	117	141	141	南宁	116	74	99	106	111	75
郴州	154	173	137	60	99	157	柳州	234	219	207	254	162	249
永州	103	128	141	85	115	114	桂林	254	249	201	115	119	192
怀化	180	130	144	86	106	128	梧州	258	247	255	240	258	255
娄底	216	205	195	187	225	230	北海	230	218	225	257	223	217
广州	6	5	5	4	4	5	防城港	56	68	131	213	74	130
韶关	57	88	54	96	90	60	钦州	108	217	250	260	261	222
深圳	2	3	3	6	7	3	贵港	159	140	143	195	212	133
珠海	36	30	42	75	75	34	玉林	125	81	77	78	70	90
汕头	96	155	205	239	185	104	百色	259	264	264	263	264	264
佛山	12	22	34	31	38	17	河池	244	181	178	259	218	245

续表

城市	2014年	2015年	2016年	2017年	2018年	2010年后	城市	2014年	2015年	2016年	2017年	2018年	2010年后
海口	32	9	17	8	11	9	昭通	260	255	254	261	257	263
三亚	22	17	21	39	21	15	普洱	262	263	243	179	241	258
重庆	66	85	112	116	128	85	西安	27	11	14	82	32	22
成都	53	41	104	51	57	46	铜川	241	209	162	168	84	187
自贡	208	142	212	64	80	126	宝鸡	170	257	258	241	256	250
攀枝花	166	179	220	167	168	204	咸阳	238	208	261	258	192	246
泸州	247	236	256	194	219	243	渭南	179	252	249	169	139	235
德阳	193	93	154	71	68	112	延安	200	253	215	198	247	261
绵阳	205	187	194	140	125	154	汉中	183	222	227	251	238	211
广元	235	231	244	200	224	215	榆林	209	194	132	79	83	165
遂宁	250	240	233	172	198	226	安康	197	223	197	250	248	237
内江	253	185	237	99	124	224	兰州	42	14	61	47	31	38
乐山	223	221	224	81	107	178	嘉峪关	33	32	8	35	49	41
南充	263	246	252	197	203	253	金昌	221	220	127	212	189	181
宜宾	243	241	240	180	187	242	白银	251	260	214	191	156	228
雅安	261	226	242	134	151	220	天水	89	73	74	112	137	119
巴中	249	262	259	255	262	259	武威	257	258	263	216	255	257
资阳	264	245	161	215	244	254	张掖	186	148	105	153	191	190
贵阳	58	59	31	46	76	44	平凉	157	191	136	202	180	205
六盘水	215	224	96	91	116	202	酒泉	148	150	59	141	88	115
遵义	207	176	168	126	148	150	西宁	30	109	94	40	23	53
安顺	192	232	123	124	181	191	银川	74	197	145	118	112	92
昆明	37	37	57	80	44	42	石嘴山	106	97	124	61	95	108
曲靖	252	248	204	238	171	244	吴忠	246	259	260	262	260	256
玉溪	167	172	180	229	122	184	乌鲁木齐	8	7	12	13	3	8
保山	198	214	248	210	243	239	克拉玛依	231	195	135	248	174	229

附表 9　近五年经济增长指数（上一年＝100）

城市	2014年	2015年	2016年	2017年	2018年	2010年后	城市	2014年	2015年	2016年	2017年	2018年	2010年后
北京	101.8	97.9	103.7	96.4	100.8	99.9	呼伦贝尔	101.8	106.9	96.5	110.5	103.2	103.1
天津	100.4	106.9	99.3	97.8	101.5	102.5	沈阳	93.4	105.7	102.5	105.1	109.0	101.2
石家庄	103.3	103.4	95.5	103.6	104.3	101.4	大连	104.5	103.7	103.7	101.7	106.8	101.5
唐山	101.1	98.0	105.4	92.6	111.2	103.2	鞍山	97.0	97.9	119.6	98.4	107.2	102.1
秦皇岛	98.9	102.8	98.7	98.3	108.5	101.3	抚顺	110.4	101.0	93.5	102.7	104.9	100.8
邯郸	111.7	111.9	93.0	105.2	105.6	102.9	本溪	94.1	112.1	91.0	98.9	106.1	100.2
邢台	106.5	94.8	91.8	110.2	104.7	102.0	丹东	99.7	97.7	109.4	92.7	115.8	101.8
保定	109.1	90.2	105.2	104.3	102.1	101.0	锦州	107.3	93.3	90.1	102.8	113.1	100.3
张家口	101.7	108.0	92.7	108.7	104.1	102.1	营口	105.8	93.4	92.2	94.0	124.0	102.4
承德	100.1	116.2	96.7	91.0	117.9	101.9	阜新	101.0	104.9	115.3	85.8	118.7	103.0
沧州	104.1	97.7	104.2	100.5	105.2	101.1	辽阳	102.2	109.2	96.9	89.1	118.8	102.5
廊坊	100.7	105.3	103.6	102.4	98.4	101.6	盘锦	100.2	100.9	102.8	99.4	117.9	106.3
衡水	99.6	104.7	87.6	116.7	100.6	101.9	铁岭	111.1	89.6	112.9	107.1	100.2	102.3
太原	91.4	107.9	99.8	91.0	111.4	102.1	朝阳	104.9	104.6	104.4	102.2	102.2	102.5
大同	106.6	98.8	98.3	93.6	107.6	102.5	葫芦岛	101.2	97.3	103.8	107.9	107.4	101.1
阳泉	110.0	105.9	95.6	96.6	112.4	102.9	长春	107.8	109.3	96.5	102.2	105.6	101.5
长治	109.4	96.7	106.5	107.6	107.0	103.5	吉林	101.0	107.5	100.8	105.0	108.9	102.1
晋城	114.6	97.3	101.7	92.4	113.5	103.7	四平	105.2	111.0	94.0	102.0	102.6	100.8
朔州	102.0	103.8	108.4	107.4	100.5	104.0	辽源	106.7	112.7	99.5	96.0	100.9	101.6
运城	100.5	111.8	93.5	94.5	118.3	102.2	通化	98.7	102.6	98.5	95.4	107.3	100.5
忻州	92.5	111.0	95.2	107.9	101.4	103.8	白山	100.8	102.4	107.7	97.7	106.3	102.2
临汾	103.2	111.1	94.8	102.3	110.3	102.4	松原	92.9	111.5	94.2	98.1	100.3	100.8
呼和浩特	105.8	104.0	101.5	99.6	102.5	101.5	白城	93.3	118.2	89.4	103.7	102.8	101.5
包头	104.6	98.3	107.4	102.6	104.7	103.0	哈尔滨	100.7	102.4	104.5	99.1	101.0	101.7
乌海	106.7	97.7	111.4	92.9	108.6	103.6	齐齐哈尔	93.1	109.7	101.6	106.8	101.2	102.3
赤峰	103.4	107.3	107.7	99.6	105.4	102.7	鸡西	101.4	110.5	101.5	105.4	94.4	101.2
通辽	97.7	108.6	104.6	102.2	102.5	101.6	鹤岗	107.1	115.9	93.6	104.7	100.8	101.8

续表

城市	2014年	2015年	2016年	2017年	2018年	2010年后	城市	2014年	2015年	2016年	2017年	2018年	2010年后
双鸭山	104.8	123.8	98.8	100.4	99.2	103.4	湖州	99.2	105.7	95.2	103.3	100.5	100.6
大庆	97.8	106.9	111.4	103.2	101.2	105.3	绍兴	101.2	103.0	95.4	101.9	104.8	100.7
伊春	81.5	121.3	95.2	108.8	97.9	101.9	金华	102.6	105.3	94.8	100.2	103.3	100.9
佳木斯	103.0	98.4	103.0	99.0	103.5	101.0	衢州	105.0	106.2	95.7	97.1	106.0	102.2
七台河	102.0	118.6	85.2	112.9	106.3	106.4	舟山	106.0	95.7	92.2	105.6	115.7	102.0
牡丹江	91.9	120.6	97.6	95.5	115.4	103.2	台州	101.7	101.3	93.1	102.3	106.7	102.0
黑河	92.7	99.5	106.0	98.4	101.7	101.0	丽水	100.3	107.7	98.9	104.5	100.5	101.2
绥化	101.0	106.7	105.3	95.9	101.8	100.2	合肥	99.2	108.5	99.3	95.0	107.3	102.7
上海	100.6	105.1	98.2	102.4	100.5	101.7	芜湖	101.8	115.5	97.1	96.3	107.4	102.7
南京	100.0	102.0	101.2	97.2	103.2	101.1	蚌埠	101.3	115.4	99.8	100.0	103.4	100.8
无锡	94.3	109.5	98.8	93.3	107.9	101.5	淮南	96.3	103.7	103.5	89.8	106.7	100.5
徐州	97.7	106.3	97.3	91.4	107.0	102.0	马鞍山	104.4	106.4	104.0	93.7	112.5	104.1
常州	95.1	107.1	97.0	97.1	105.8	102.2	淮北	122.4	106.7	96.5	87.8	114.7	101.6
苏州	102.6	98.2	103.5	94.0	104.3	101.4	铜陵	104.7	100.0	90.6	89.7	122.1	99.6
南通	96.8	106.0	99.9	92.6	107.2	102.1	安庆	106.5	106.0	107.3	96.5	112.4	103.3
连云港	99.5	103.3	93.0	97.2	104.6	102.6	黄山	106.1	102.2	104.9	98.2	106.5	100.8
淮安	101.3	104.2	99.7	95.7	102.4	102.8	滁州	101.5	110.2	101.1	95.9	105.8	101.1
盐城	98.6	103.6	101.1	96.6	103.7	102.7	阜阳	96.2	111.7	96.2	96.2	104.4	100.6
扬州	94.3	106.4	96.7	97.2	105.2	102.1	宿州	97.5	112.6	105.4	97.6	103.0	101.9
镇江	98.6	109.6	98.6	97.8	101.5	102.5	六安	104.3	104.3	102.4	103.6	110.7	103.4
泰州	96.1	107.1	97.2	90.8	107.0	101.9	亳州	98.8	115.4	95.3	99.0	105.1	100.8
宿迁	93.2	103.4	99.4	100.3	106.7	102.8	宣城	101.4	110.2	99.5	96.4	105.9	100.9
杭州	97.4	107.7	98.9	97.3	103.0	101.0	福州	97.5	103.3	98.7	97.6	106.1	101.8
宁波	99.9	108.9	92.0	93.8	106.3	100.3	厦门	101.6	99.6	99.9	92.4	106.7	100.6
温州	107.0	100.5	102.7	103.6	102.1	102.3	莆田	100.8	102.8	97.7	95.5	106.7	101.6
嘉兴	101.6	104.8	95.7	94.0	105.4	100.5	三明	98.5	105.0	99.1	93.7	107.6	100.5

城市	2014年	2015年	2016年	2017年	2018年	2010年后	城市	2014年	2015年	2016年	2017年	2018年	2010年后
泉州	99.7	103.8	99.5	96.7	107.1	102.1	临沂	111.5	91.9	102.0	106.8	104.4	102.5
漳州	98.9	104.1	95.7	100.8	104.0	101.9	德州	104.8	98.4	104.7	101.5	103.6	102.2
南平	95.4	103.4	98.1	96.0	106.1	100.9	聊城	112.8	101.0	99.6	105.1	103.7	102.2
龙岩	93.1	104.1	96.8	96.7	108.8	102.7	滨州	106.0	106.6	103.0	98.5	105.3	101.7
宁德	101.7	100.3	100.7	91.1	113.7	99.9	菏泽	115.4	100.1	101.0	98.0	106.1	102.5
南昌	105.4	100.3	100.9	95.3	107.4	100.9	郑州	110.4	105.4	95.2	98.0	104.7	102.1
景德镇	99.9	108.9	96.6	115.0	98.4	104.3	开封	110.8	103.3	97.5	100.2	103.0	101.4
萍乡	104.7	107.2	98.8	103.5	102.8	104.0	洛阳	117.4	100.0	97.9	99.9	107.0	103.6
九江	103.8	108.2	100.8	96.4	107.9	102.8	平顶山	110.9	103.9	97.3	101.6	101.7	104.9
新余	105.8	107.3	96.8	104.8	101.1	103.4	安阳	116.2	101.3	97.7	92.4	111.5	102.2
鹰潭	110.1	104.1	98.2	100.8	108.7	103.1	鹤壁	110.9	106.4	99.6	102.9	105.8	102.5
赣州	103.7	105.1	96.9	97.8	108.8	102.1	新乡	108.7	104.3	96.6	102.7	108.1	102.7
吉安	103.8	105.8	102.2	102.3	104.7	102.1	焦作	108.7	108.0	94.1	96.6	107.1	101.6
宜春	108.0	105.5	101.0	96.5	110.8	102.7	濮阳	115.0	110.8	96.1	98.9	109.4	104.9
上饶	102.1	107.9	97.0	93.7	107.4	102.2	许昌	111.8	111.7	92.5	99.8	104.9	102.2
济南	98.9	106.7	97.9	97.7	104.0	101.2	漯河	108.1	107.3	95.5	104.7	102.6	101.7
青岛	101.6	105.6	102.4	98.0	105.3	101.3	三门峡	101.0	105.1	105.4	102.1	109.0	102.5
淄博	102.2	107.0	97.1	100.4	107.0	102.8	南阳	106.4	106.0	95.6	97.0	108.4	102.4
枣庄	101.9	109.0	99.8	97.6	108.1	102.2	商丘	101.2	107.1	98.5	100.0	104.2	101.7
东营	106.8	98.0	103.0	99.6	109.9	103.7	信阳	107.3	110.5	98.0	97.4	107.4	102.1
烟台	99.2	102.7	101.6	101.0	102.9	102.3	周口	114.5	110.4	96.4	96.6	107.0	102.1
潍坊	106.2	100.0	105.3	101.7	102.8	102.3	驻马店	112.9	103.9	98.1	101.9	106.7	102.3
济宁	104.3	106.3	95.8	102.0	107.3	103.6	武汉	101.5	108.4	98.1	96.2	107.0	101.0
泰安	107.5	104.9	102.9	97.4	105.1	102.5	黄石	106.8	97.8	102.8	95.3	111.5	100.8
威海	100.5	102.4	102.6	99.9	101.9	102.6	十堰	104.2	105.3	100.0	98.4	104.9	102.1
日照	113.8	102.1	98.5	98.9	106.9	101.6	宜昌	103.7	103.8	99.7	94.0	107.4	101.3
莱芜	105.6	93.4	115.8	95.9	101.4	103.1	襄阳	110.4	94.6	103.6	99.2	104.8	101.7

续表

城市	2014年	2015年	2016年	2017年	2018年	2010年后	城市	2014年	2015年	2016年	2017年	2018年	2010年后
鄂州	105.4	101.6	98.9	97.8	108.4	101.2	江门	101.2	99.2	93.8	100.6	102.4	101.5
荆门	106.3	104.2	95.3	99.0	106.5	101.0	湛江	100.5	104.8	89.4	100.5	108.1	101.8
孝感	104.9	103.0	98.6	93.8	107.9	100.0	茂名	97.1	103.4	89.5	104.3	103.9	99.3
荆州	103.7	105.9	98.2	101.2	105.0	101.1	肇庆	102.3	103.4	89.8	111.0	106.2	100.7
黄冈	106.7	104.6	97.6	93.3	109.8	101.7	惠州	94.0	107.1	97.9	101.4	102.3	100.4
咸宁	99.0	110.5	101.6	93.4	110.6	103.1	梅州	88.9	100.0	99.9	105.6	99.0	100.2
随州	111.1	101.5	98.1	97.2	103.7	100.4	汕尾	102.9	97.4	94.5	109.0	102.7	100.8
长沙	102.0	104.1	104.4	98.9	106.0	102.9	河源	94.2	102.2	97.3	102.3	102.7	102.4
株洲	102.9	103.8	103.7	104.3	105.0	101.8	阳江	94.2	107.6	112.9	89.7	110.6	101.6
湘潭	113.0	101.1	98.1	103.3	102.3	102.5	清远	99.7	103.5	100.4	96.7	107.5	103.1
衡阳	104.4	103.7	100.9	105.7	102.0	101.6	东莞	104.9	98.0	96.8	95.8	105.0	99.9
邵阳	99.6	106.7	95.8	102.8	105.7	101.3	中山	99.7	100.4	102.2	98.2	103.7	101.3
岳阳	104.2	107.3	100.6	102.3	105.0	103.2	潮州	95.4	99.2	99.1	103.6	102.5	99.6
常德	106.0	102.9	100.4	103.7	105.7	102.7	揭阳	98.0	96.5	104.9	97.8	108.5	101.4
张家界	103.8	105.7	100.3	101.9	101.9	100.7	云浮	96.7	98.3	104.1	97.5	106.3	100.3
益阳	102.1	104.9	97.3	103.7	103.4	101.6	南宁	98.2	109.1	96.8	99.8	104.6	100.3
郴州	104.7	103.2	102.1	108.6	100.5	104.2	柳州	100.1	108.1	100.2	88.9	123.8	102.1
永州	102.8	103.4	97.8	105.7	102.2	101.4	桂林	90.2	106.6	107.8	107.8	104.7	101.0
怀化	97.7	110.1	97.5	105.9	102.8	100.9	梧州	103.1	109.5	97.1	103.6	103.5	102.1
娄底	100.9	107.1	100.2	99.9	103.6	100.8	北海	97.7	107.7	98.3	89.0	120.3	102.5
广州	99.1	103.4	102.2	97.7	104.2	101.2	防城港	115.7	101.4	93.3	92.5	120.9	101.8
韶关	100.4	99.2	104.2	95.2	105.7	100.8	钦州	112.0	95.7	92.7	92.3	111.6	101.3
深圳	100.0	100.3	99.4	95.0	103.6	100.0	贵港	99.6	106.9	98.6	95.1	105.4	101.8
珠海	99.6	105.3	97.2	95.2	105.5	100.4	玉林	100.9	108.6	100.4	100.2	106.3	102.2
汕头	96.6	100.5	94.4	94.7	114.4	99.3	百色	101.2	94.5	98.9	102.7	102.6	99.2
佛山	96.7	99.7	97.7	100.5	102.7	100.2	河池	118.8	114.3	99.3	84.3	122.3	103.6

续表

城市	2014年	2015年	2016年	2017年	2018年	2010年后	城市	2014年	2015年	2016年	2017年	2018年	2010年后
海口	87.9	114.3	96.1	103.6	104.4	101.4	昭通	98.8	110.3	99.6	92.9	116.0	101.2
三亚	96.3	105.1	101.3	94.3	108.7	100.8	普洱	93.0	105.2	108.8	108.0	100.5	102.6
重庆	99.4	102.4	96.8	100.1	104.2	102.6	西安	100.2	111.0	98.9	86.7	112.7	101.3
成都	103.4	105.5	91.3	107.2	104.3	100.8	铜川	99.5	110.7	103.3	98.8	115.4	103.6
自贡	98.8	112.3	93.0	115.4	103.2	102.7	宝鸡	107.6	90.5	99.6	105.1	104.9	100.6
攀枝花	107.7	103.6	95.5	104.1	106.5	102.3	咸阳	102.5	109.9	83.7	103.7	123.9	102.0
泸州	98.7	108.3	93.0	111.1	105.0	101.9	渭南	114.7	93.6	100.9	110.3	109.3	104.4
德阳	97.2	114.6	94.2	108.5	106.0	103.4	延安	118.8	95.6	107.6	100.8	100.8	103.3
绵阳	96.9	107.2	99.0	104.1	107.3	102.3	汉中	102.8	100.9	98.4	92.9	113.1	101.8
广元	98.0	106.9	95.7	106.4	105.1	101.1	榆林	92.0	107.2	104.3	105.6	105.3	104.2
遂宁	90.9	108.2	99.7	106.0	104.9	103.8	安康	111.0	102.7	102.1	89.9	110.7	101.1
内江	95.9	116.9	92.6	116.0	102.4	105.4	兰州	102.7	111.5	89.6	102.5	107.7	102.3
乐山	93.5	105.8	98.9	114.6	102.3	104.3	嘉峪关	107.5	104.8	110.3	90.0	101.7	104.0
南充	94.0	114.7	98.7	108.2	106.7	102.4	金昌	101.9	105.9	107.5	92.5	109.4	102.2
宜宾	99.1	106.9	98.1	107.2	106.4	103.9	白银	93.9	98.6	113.3	101.6	109.3	101.7
雅安	94.0	119.4	95.8	112.9	104.0	101.7	天水	106.6	106.2	99.7	96.1	103.4	102.4
巴中	99.9	97.2	102.1	99.2	105.4	99.4	武威	91.6	102.9	92.6	119.0	100.4	101.5
资阳	94.5	115.7	110.6	95.0	102.7	101.5	张掖	109.8	109.1	102.3	95.5	103.8	102.0
贵阳	103.2	103.4	105.9	96.2	101.1	100.2	平凉	111.2	101.8	104.1	93.6	108.9	103.0
六盘水	103.4	104.7	111.7	100.7	102.6	104.0	酒泉	101.1	104.7	107.9	91.7	111.4	102.8
遵义	102.2	108.6	99.9	103.8	103.4	100.7	西宁	107.7	93.3	100.7	108.4	108.0	103.8
安顺	97.4	100.8	109.5	100.2	100.7	102.3	银川	108.0	93.9	103.8	102.5	105.9	101.1
昆明	101.4	104.2	96.5	96.9	110.2	101.4	石嘴山	105.3	106.2	96.6	107.6	101.0	103.2
曲靖	102.7	106.0	107.5	94.3	115.0	103.2	吴忠	99.4	97.9	97.8	97.8	113.5	101.6
玉溪	106.6	104.7	98.2	94.6	117.0	101.8	乌鲁木齐	93.3	106.9	94.8	99.6	114.6	102.4
保山	105.2	103.8	92.9	106.4	102.4	101.1	克拉玛依	103.3	110.2	104.4	85.8	119.2	103.3

附表 10 近六年经济增长指数（以 1990 年为基期）

城市	2013年	2014年	2015年	2016年	2017年	2018年	城市	2013年	2014年	2015年	2016年	2017年	2018年
北京	141.7	144.2	141.1	146.3	141.0	142.0	呼伦贝尔	126.8	129.0	137.8	133.0	146.9	151.6
天津	124.3	124.8	133.4	132.4	129.5	131.5	沈阳	129.5	120.9	127.8	131.0	137.6	150.0
石家庄	161.7	167.0	172.7	165.0	170.9	178.4	大连	134.3	140.4	145.6	151.0	153.6	164.1
唐山	150.1	151.7	148.7	156.6	145.0	161.3	鞍山	175.7	170.4	166.8	199.4	196.3	210.4
秦皇岛	132.8	131.4	135.1	133.3	131.1	142.2	抚顺	158.8	175.2	177.0	165.6	170.1	178.5
邯郸	110.5	123.4	138.2	128.5	135.1	142.8	本溪	152.2	143.3	160.6	146.0	144.5	153.3
邢台	242.4	258.2	244.8	224.7	247.7	259.4	丹东	128.5	128.1	125.1	136.8	126.9	146.9
保定	140.9	153.8	138.7	145.9	152.2	155.4	锦州	132.1	141.8	132.3	119.2	122.5	138.6
张家口	208.7	212.3	229.2	212.4	230.8	240.3	营口	131.6	139.2	130.1	119.9	112.7	139.7
承德	146.5	146.7	170.4	164.8	150.0	176.9	阜新	158.0	159.7	167.6	193.2	165.8	196.9
沧州	147.1	153.1	149.6	155.8	156.6	164.8	辽阳	125.4	128.2	140.0	135.7	120.9	143.7
廊坊	149.6	150.7	158.6	164.2	168.2	165.6	盘锦	136.9	137.2	138.4	142.2	141.4	166.8
衡水	170.9	170.2	178.2	156.1	182.2	183.2	铁岭	125.1	138.9	124.5	140.5	150.4	150.6
太原	158.7	145.1	156.6	156.2	142.2	158.3	朝阳	130.2	136.6	142.9	149.2	152.6	155.9
大同	169.9	181.1	178.8	175.9	164.7	177.2	葫芦岛	165.5	167.5	162.9	169.2	182.6	196.0
阳泉	151.6	166.7	176.5	168.8	163.1	183.2	长春	119.0	128.3	140.2	135.3	138.3	146.1
长治	128.4	140.4	135.8	144.6	155.5	166.5	吉林	167.8	169.5	182.2	183.6	192.8	209.8
晋城	171.9	197.1	191.7	194.9	180.1	204.4	四平	137.2	144.3	160.3	150.7	153.7	157.7
朔州	160.4	163.5	169.8	184.0	197.7	198.7	辽源	110.0	117.4	132.3	131.6	126.4	127.5
运城	184.4	185.2	207.1	193.6	182.9	216.4	通化	123.2	121.6	124.8	122.9	117.2	125.8
忻州	145.8	134.9	149.7	142.6	153.8	156.0	白山	119.9	120.8	123.8	133.3	130.2	138.4
临汾	152.0	156.8	174.4	165.3	169.1	186.5	松原	162.1	150.6	167.9	158.2	155.2	155.7
呼和浩特	143.4	151.7	157.8	160.2	159.6	163.6	白城	163.1	152.1	179.8	160.9	166.8	171.6
包头	152.1	159.1	156.4	168.0	172.4	180.5	哈尔滨	136.8	137.7	141.0	147.4	146.0	147.5
乌海	118.7	126.6	123.7	137.8	128.0	139.0	齐齐哈尔	153.9	143.3	157.2	159.8	170.6	172.6
赤峰	139.7	144.5	155.0	167.0	166.3	175.4	鸡西	135.7	137.6	152.1	154.3	162.7	153.5
通辽	109.9	107.3	116.5	121.9	124.5	127.6	鹤岗	112.9	121.0	140.2	131.3	137.4	138.5

续表

城市	2013年	2014年	2015年	2016年	2017年	2018年	城市	2013年	2014年	2015年	2016年	2017年	2018年
双鸭山	142.9	149.8	185.3	183.1	183.9	182.4	湖州	130.6	129.6	137.0	130.5	134.7	135.5
大庆	141.7	138.5	148.1	164.9	170.2	172.2	绍兴	143.4	145.2	149.5	142.7	145.3	152.3
伊春	167.1	136.2	165.3	157.3	171.2	167.6	金华	150.4	154.3	162.5	154.1	154.4	159.4
佳木斯	175.3	180.6	177.7	182.9	181.2	187.6	衢州	139.2	146.1	155.1	148.4	144.1	152.7
七台河	208.1	212.3	251.7	214.4	242.1	257.4	舟山	127.6	135.2	129.4	119.4	126.0	145.8
牡丹江	152.1	139.8	168.6	164.6	157.1	181.3	台州	130.9	133.1	134.8	125.5	128.4	136.9
黑河	209.7	194.5	193.6	205.2	202.0	205.5	丽水	144.3	144.6	155.8	154.1	161.0	161.8
绥化	119.7	120.9	129.0	135.8	130.3	132.7	合肥	174.1	172.7	187.3	185.9	176.6	189.4
上海	143.2	144.0	151.4	148.7	152.2	153.0	芜湖	126.7	129.0	149.1	144.8	139.4	149.6
南京	149.2	149.3	152.2	154.1	149.8	154.6	蚌埠	126.1	127.7	147.4	147.0	147.1	152.1
无锡	156.6	147.7	161.8	159.8	149.1	161.0	淮南	152.1	146.4	151.7	157.1	141.1	150.5
徐州	162.2	158.4	168.4	163.9	149.8	160.3	马鞍山	144.8	151.2	161.0	167.4	156.9	176.5
常州	144.1	137.0	146.7	142.2	138.1	146.1	淮北	112.2	137.3	146.6	141.4	124.1	142.3
苏州	137.7	141.3	138.8	143.7	135.1	140.9	铜陵	118.5	124.2	124.1	112.5	100.9	123.2
南通	116.0	112.3	119.0	118.9	110.1	118.1	安庆	124.5	132.6	140.6	150.9	145.7	163.8
连云港	134.1	133.5	137.9	128.3	124.6	130.4	黄山	127.8	135.5	138.5	145.2	142.6	151.8
淮安	162.5	164.7	171.6	171.1	163.7	167.6	滁州	165.2	167.8	184.9	187.1	179.5	189.8
盐城	194.9	192.2	199.0	201.1	194.2	201.5	阜阳	126.1	121.3	135.4	130.2	125.3	130.9
扬州	142.1	134.0	142.5	137.8	133.9	140.9	宿州	98.5	96.0	108.1	114.0	111.3	114.6
镇江	160.6	158.3	173.6	171.2	167.4	169.9	六安	121.5	126.7	132.2	135.3	140.1	155.1
泰州	141.1	135.7	145.2	141.2	128.1	137.3	亳州	132.7	131.2	151.3	144.3	142.8	150.0
宿迁	88.0	82.0	84.8	84.3	84.6	90.2	宣城	162.2	164.4	181.3	180.4	173.9	184.2
杭州	133.9	130.4	140.5	138.9	135.2	139.3	福州	136.0	132.6	137.0	135.3	132.1	140.1
宁波	126.0	125.8	137.1	126.1	118.2	125.7	厦门	146.2	148.6	148.0	147.8	136.5	145.6
温州	133.5	142.8	143.5	147.4	152.7	155.9	莆田	103.4	104.2	107.1	104.7	100.0	106.7
嘉兴	148.6	151.0	158.3	151.5	142.4	150.1	三明	151.6	149.4	156.8	155.5	145.7	156.8

城市	2013年	2014年	2015年	2016年	2017年	2018年	城市	2013年	2014年	2015年	2016年	2017年	2018年
泉州	127.3	127.0	131.8	131.1	126.7	135.7	临沂	156.7	174.7	160.6	163.8	174.9	182.6
漳州	131.1	129.6	134.9	129.1	130.2	135.4	德州	155.4	162.9	160.2	167.7	170.2	176.4
南平	152.0	145.0	150.0	147.2	141.3	149.8	聊城	113.6	128.1	129.4	128.9	135.5	140.4
龙岩	122.4	114.0	118.7	114.9	111.0	120.8	滨州	147.2	156.1	166.4	171.4	168.9	177.9
宁德	106.3	108.2	108.5	109.2	99.5	113.1	菏泽	123.3	142.2	142.3	143.7	140.8	149.4
南昌	116.9	123.2	123.6	124.7	118.9	127.7	郑州	152.4	168.3	177.4	168.9	165.6	173.4
景德镇	145.8	145.6	158.5	153.1	176.1	173.3	开封	151.4	167.6	173.2	168.9	169.3	174.5
萍乡	135.6	142.0	152.2	150.5	155.7	160.1	洛阳	146.5	172.0	172.1	168.5	168.3	180.0
九江	142.7	148.2	160.4	161.7	155.9	168.1	平顶山	128.7	142.7	148.3	144.2	146.4	148.9
新余	119.0	125.9	135.1	130.8	137.1	138.7	安阳	151.7	176.3	178.5	174.4	161.1	179.6
鹰潭	137.5	151.3	157.5	154.7	156.0	169.6	鹤壁	146.6	162.6	173.0	172.4	177.4	187.7
赣州	135.7	140.7	147.9	143.4	140.3	152.7	新乡	141.6	153.9	160.5	155.1	159.3	172.2
吉安	158.1	164.2	173.7	177.5	181.7	190.2	焦作	142.4	154.9	167.3	157.4	152.0	162.9
宜春	128.5	138.8	146.4	147.9	142.7	158.2	濮阳	134.7	155.0	171.8	165.0	163.2	178.5
上饶	121.6	124.1	133.9	129.9	121.8	130.8	许昌	139.1	155.4	173.6	160.6	160.3	168.2
济南	148.3	146.6	156.5	153.1	149.6	155.7	漯河	115.2	124.6	133.7	127.7	133.9	137.3
青岛	128.6	130.6	138.0	141.3	138.5	145.8	三门峡	131.5	132.7	139.5	147.0	150.1	163.6
淄博	159.4	162.8	174.2	169.3	169.9	181.8	南阳	165.7	176.3	186.9	178.6	173.3	187.8
枣庄	128.4	130.9	142.6	142.3	138.8	150.1	商丘	124.7	126.2	135.1	133.1	133.1	138.6
东营	193.0	206.1	202.0	208.1	207.4	228.0	信阳	103.1	110.6	122.2	119.8	116.8	125.4
烟台	143.7	142.5	146.4	148.7	150.3	154.6	周口	108.8	124.6	137.6	132.6	128.1	137.1
潍坊	125.3	133.1	133.1	140.1	142.5	146.4	驻马店	103.8	117.1	121.8	119.4	121.7	129.9
济宁	138.5	144.5	153.6	147.1	149.9	161.0	武汉	123.7	125.6	136.1	133.5	128.4	137.4
泰安	199.4	214.3	224.8	231.3	225.3	236.8	黄石	145.4	155.2	151.8	156.0	148.6	165.7
威海	210.1	211.1	216.2	221.8	221.4	225.6	十堰	147.3	153.5	161.6	161.6	159.0	166.7
日照	136.6	155.5	158.7	156.3	154.6	165.2	宜昌	143.8	149.1	154.8	154.4	145.2	155.9
莱芜	121.6	128.4	119.9	138.8	133.2	135.1	襄阳	133.8	147.7	139.7	144.8	143.7	150.6

续表

城市	2013年	2014年	2015年	2016年	2017年	2018年	城市	2013年	2014年	2015年	2016年	2017年	2018年
鄂州	119.0	125.5	127.5	126.1	123.3	133.7	江门	127.4	129.0	127.9	120.0	120.7	123.6
荆门	129.8	137.9	143.6	136.9	135.6	144.4	湛江	102.0	102.5	107.5	96.1	96.6	104.4
孝感	120.9	126.9	130.7	128.9	120.8	130.4	茂名	139.6	135.5	140.0	125.4	130.7	135.8
荆州	136.1	141.2	149.5	146.9	148.7	156.1	肇庆	107.5	109.9	113.6	102.1	113.4	120.4
黄冈	95.8	102.3	107.0	104.4	97.4	106.9	惠州	123.4	116.0	124.3	121.7	123.4	126.3
咸宁	118.4	117.2	129.5	131.6	123.0	136.0	梅州	136.6	121.4	121.4	121.3	128.1	126.8
随州	110.5	122.7	124.5	122.2	118.8	123.2	汕尾	107.1	110.2	107.3	101.4	110.5	113.5
长沙	143.0	145.9	151.9	158.6	156.9	166.2	河源	133.5	125.7	128.5	125.1	127.9	131.3
株洲	157.0	161.4	167.7	173.9	181.4	190.4	阳江	128.9	121.4	130.6	147.5	132.3	146.4
湘潭	151.7	171.4	173.2	170.0	175.6	179.6	清远	128.4	128.0	132.5	133.1	128.7	138.3
衡阳	137.1	143.1	148.5	149.9	158.5	161.7	东莞	138.3	145.0	142.1	137.5	131.6	138.2
邵阳	165.2	164.5	175.5	168.1	172.9	182.6	中山	134.0	133.6	134.2	137.2	134.7	139.7
岳阳	146.1	152.2	163.4	164.3	168.1	176.5	潮州	124.5	118.8	117.8	116.7	120.9	124.0
常德	123.0	130.4	134.1	134.6	139.5	147.4	揭阳	103.2	101.2	97.6	102.3	100.1	108.6
张家界	130.0	135.0	142.7	143.2	145.9	148.7	云浮	113.4	109.6	107.7	112.2	109.3	116.2
益阳	123.4	126.0	132.2	128.7	133.5	138.1	南宁	119.3	117.1	127.7	123.7	123.4	129.2
郴州	129.6	135.6	139.9	142.9	155.2	155.9	柳州	103.9	104.0	112.4	112.6	100.1	123.9
永州	119.6	123.0	127.1	124.3	131.3	134.2	桂林	149.5	134.8	143.6	154.9	167.0	174.8
怀化	130.4	127.4	140.2	136.7	144.8	148.9	梧州	88.0	90.8	99.4	96.5	100.0	103.5
娄底	153.5	155.0	166.0	166.4	166.3	172.3	北海	119.3	116.5	125.5	123.3	109.8	132.0
广州	117.7	116.6	120.6	123.3	120.4	125.5	防城港	91.9	106.3	107.9	100.6	93.1	112.5
韶关	184.8	185.5	184.0	191.8	182.6	193.1	钦州	103.6	116.0	111.1	103.0	95.1	106.1
深圳	136.9	136.8	137.3	136.5	129.7	134.4	贵港	109.3	108.8	116.3	114.7	109.1	115.0
珠海	105.0	104.6	110.1	107.1	101.9	107.5	玉林	97.6	98.5	106.9	107.4	107.6	114.4
汕头	123.1	118.9	119.4	112.7	106.7	122.1	百色	108.2	109.5	103.5	102.4	105.1	107.9
佛山	143.4	138.6	138.1	135.0	135.7	139.3	河池	91.4	108.6	124.1	123.3	103.9	127.0

城市	2013年	2014年	2015年	2016年	2017年	2018年	城市	2013年	2014年	2015年	2016年	2017年	2018年
海口	156.5	137.6	157.2	151.1	156.5	163.4	昭通	123.8	122.4	135.0	134.5	124.9	144.9
三亚	157.6	151.7	159.4	161.5	152.3	165.6	普洱	110.1	102.5	107.8	117.3	126.7	127.3
重庆	149.8	148.8	152.4	147.6	147.7	153.9	西安	124.1	124.4	138.0	136.5	118.4	133.4
成都	132.0	136.5	144.1	131.5	141.0	147.1	铜川	117.7	117.1	129.6	133.8	132.2	152.6
自贡	134.8	133.3	149.7	139.2	160.6	165.8	宝鸡	145.4	156.5	141.6	141.1	148.3	155.6
攀枝花	118.4	127.5	132.0	126.0	131.2	139.7	咸阳	117.1	120.2	132.0	110.2	114.5	141.9
泸州	127.5	125.8	136.2	126.7	140.7	147.8	渭南	120.8	138.5	129.6	130.8	144.3	157.8
德阳	137.6	133.8	153.4	144.4	156.7	166.1	延安	95.3	113.2	108.1	116.4	117.3	118.2
绵阳	150.1	145.4	155.8	154.2	160.5	172.2	汉中	109.8	112.9	113.9	112.1	104.2	117.9
广元	117.5	115.2	123.1	117.8	125.4	131.8	榆林	142.3	130.9	140.4	146.5	154.7	162.9
遂宁	110.5	100.4	108.6	108.3	114.8	120.4	安康	95.6	106.2	109.0	111.3	100.0	110.7
内江	120.8	115.8	135.4	125.4	145.6	149.0	兰州	154.1	158.3	176.4	158.1	161.1	174.5
乐山	140.7	131.6	139.2	137.7	157.8	161.4	嘉峪关	136.1	146.3	153.3	169.1	152.1	154.7
南充	102.5	96.4	110.6	109.2	118.1	126.1	金昌	138.2	140.8	149.2	160.4	148.3	162.3
宜宾	115.9	114.9	122.9	120.6	129.2	137.5	白银	169.0	158.7	156.5	177.3	180.1	196.9
雅安	160.3	150.7	180.0	172.4	194.5	202.3	天水	113.8	121.3	128.9	128.5	123.5	127.7
巴中	124.1	124.0	120.6	123.1	122.1	128.6	武威	106.5	97.6	100.4	92.9	110.6	111.1
资阳	107.7	101.8	117.7	130.2	123.6	126.9	张掖	109.8	120.6	131.6	134.6	128.5	133.4
贵阳	139.9	144.4	149.3	158.1	152.1	153.8	平凉	112.4	124.9	127.2	132.4	123.9	134.9
六盘水	124.6	128.9	135.0	150.8	151.9	155.8	酒泉	124.3	125.7	131.6	141.9	130.1	145.0
遵义	182.0	185.9	201.9	201.8	209.4	216.4	西宁	152.3	164.0	153.0	154.0	167.0	180.4
安顺	141.0	137.3	138.3	151.5	151.8	152.9	银川	125.3	135.3	127.0	131.8	135.1	143.0
昆明	142.0	144.0	150.0	144.8	140.3	154.6	石嘴山	138.2	145.5	154.5	149.2	160.6	162.2
曲靖	124.6	128.0	135.7	145.9	137.6	158.3	吴忠	166.5	165.5	161.9	158.4	154.9	175.8
玉溪	175.3	186.9	195.7	192.2	181.8	212.7	乌鲁木齐	125.4	117.0	125.0	118.6	118.1	135.4
保山	122.4	128.8	133.8	124.3	132.2	135.3	克拉玛依	99.3	102.5	112.9	117.8	101.1	120.5

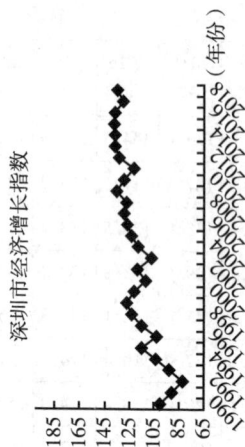

深圳市经济增长指数

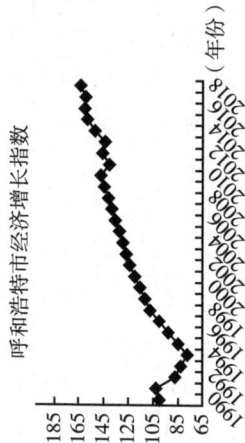

包头市经济增长指数

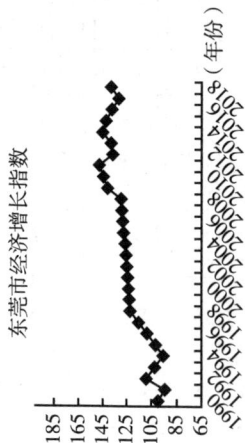

海口市经济增长指数

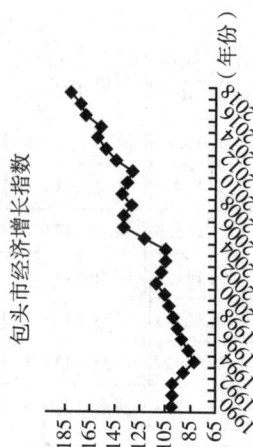

呼和浩特市经济增长指数

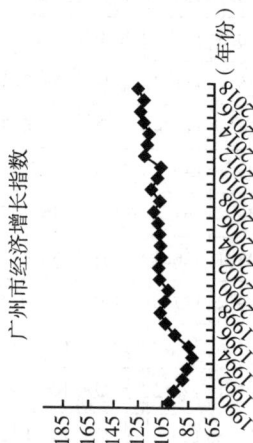

广州市经济增长指数

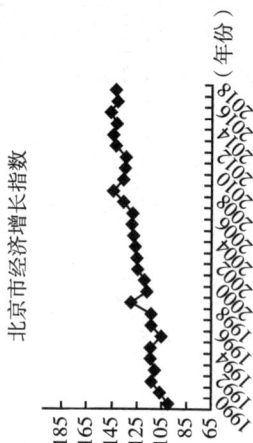

乌鲁木齐市经济增长指数

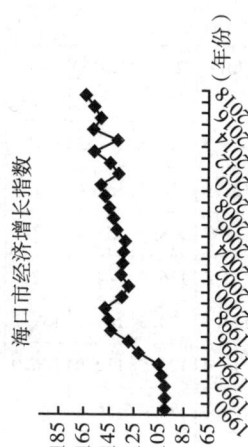

东莞市经济增长指数

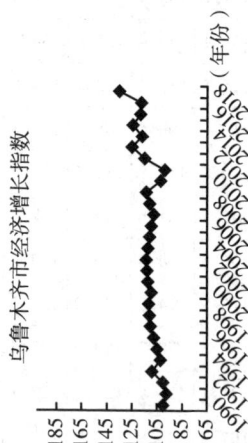

北京市经济增长指数

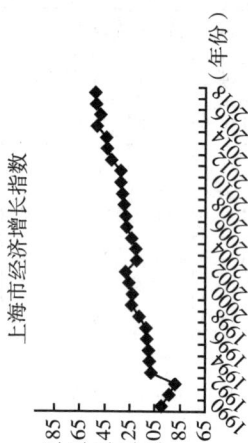

上海市经济增长指数

张家界市经济增长指数

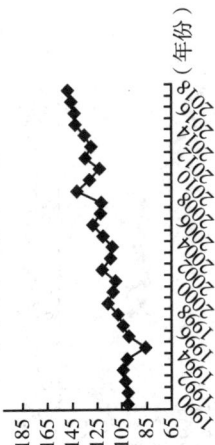

济南市经济增长指数

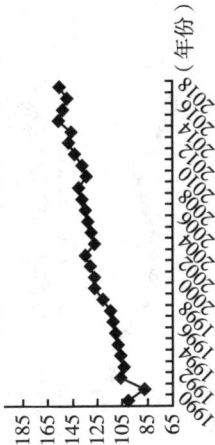

青岛市经济增长指数

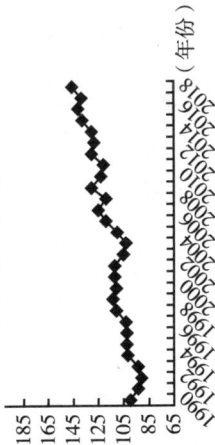

三亚市经济增长指数

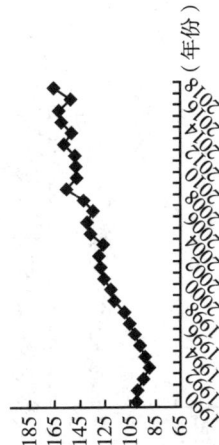

中山市经济增长指数

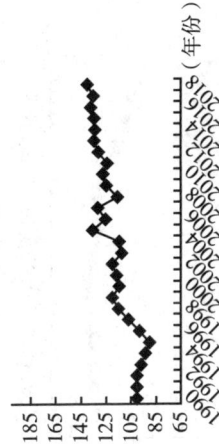

鞍山市经济增长指数

哈尔滨市经济增长指数

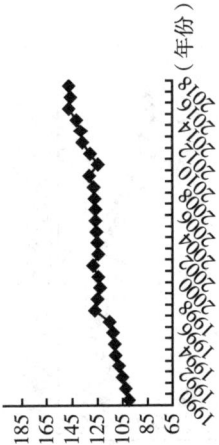

佛山市经济增长指数

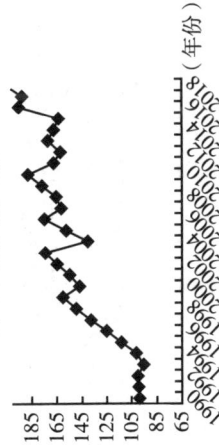

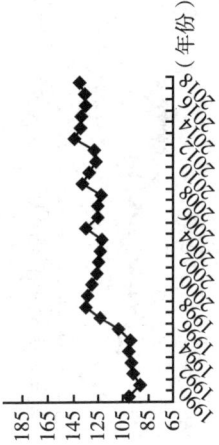

大连市经济增长指数

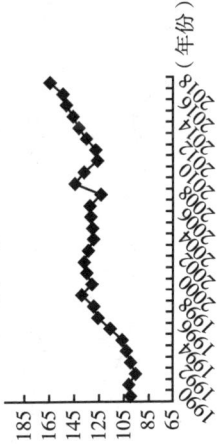

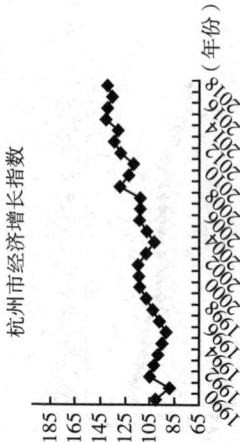

沈阳市经济增长指数

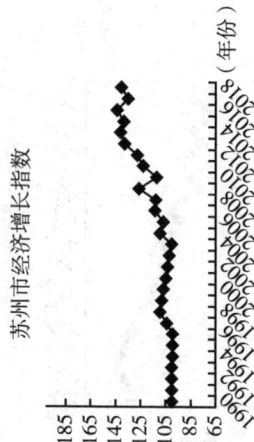

厦门市经济增长指数

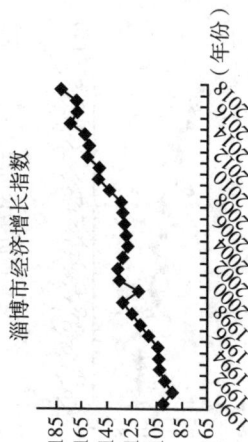

杭州市经济增长指数

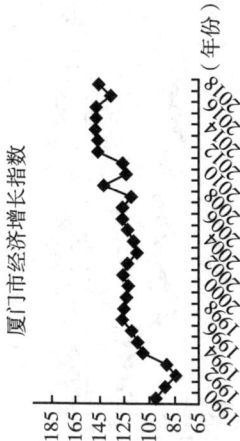

西安市经济增长指数

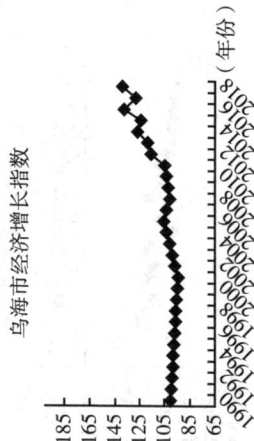

乌海市经济增长指数

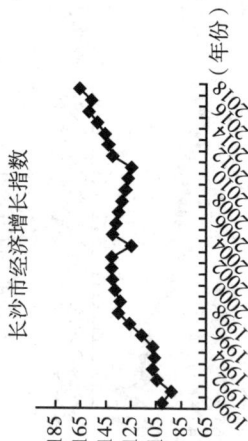

苏州市经济增长指数

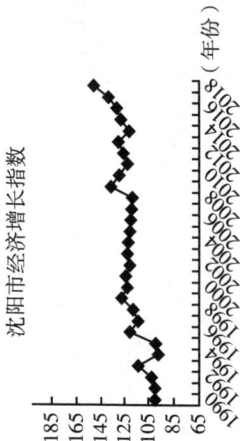

南京市经济增长指数

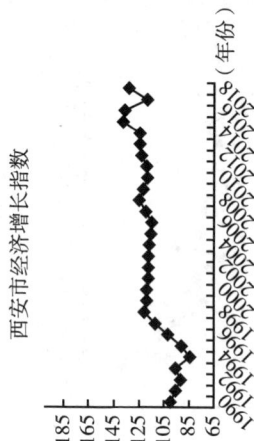

长沙市经济增长指数

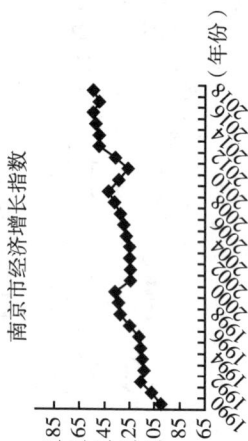

淄博市经济增长指数

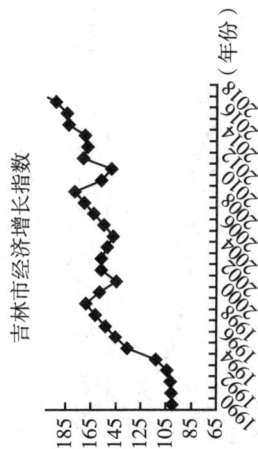

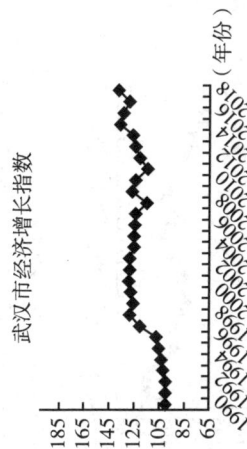

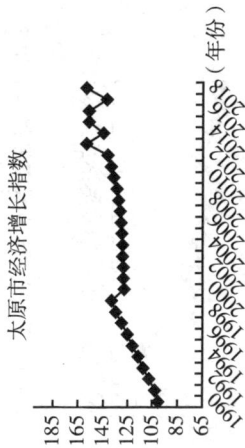

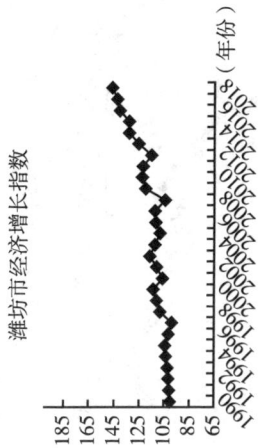

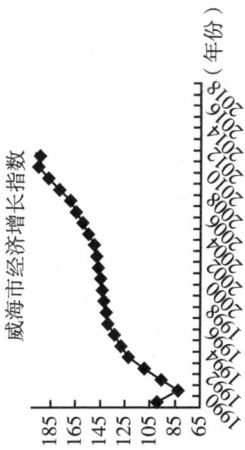

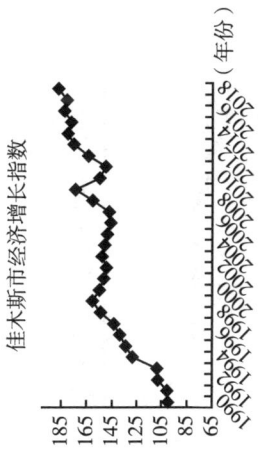

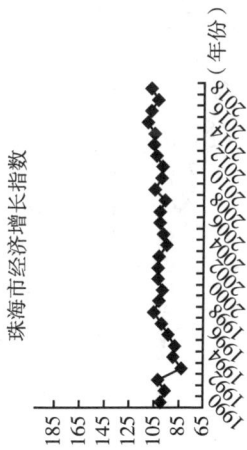

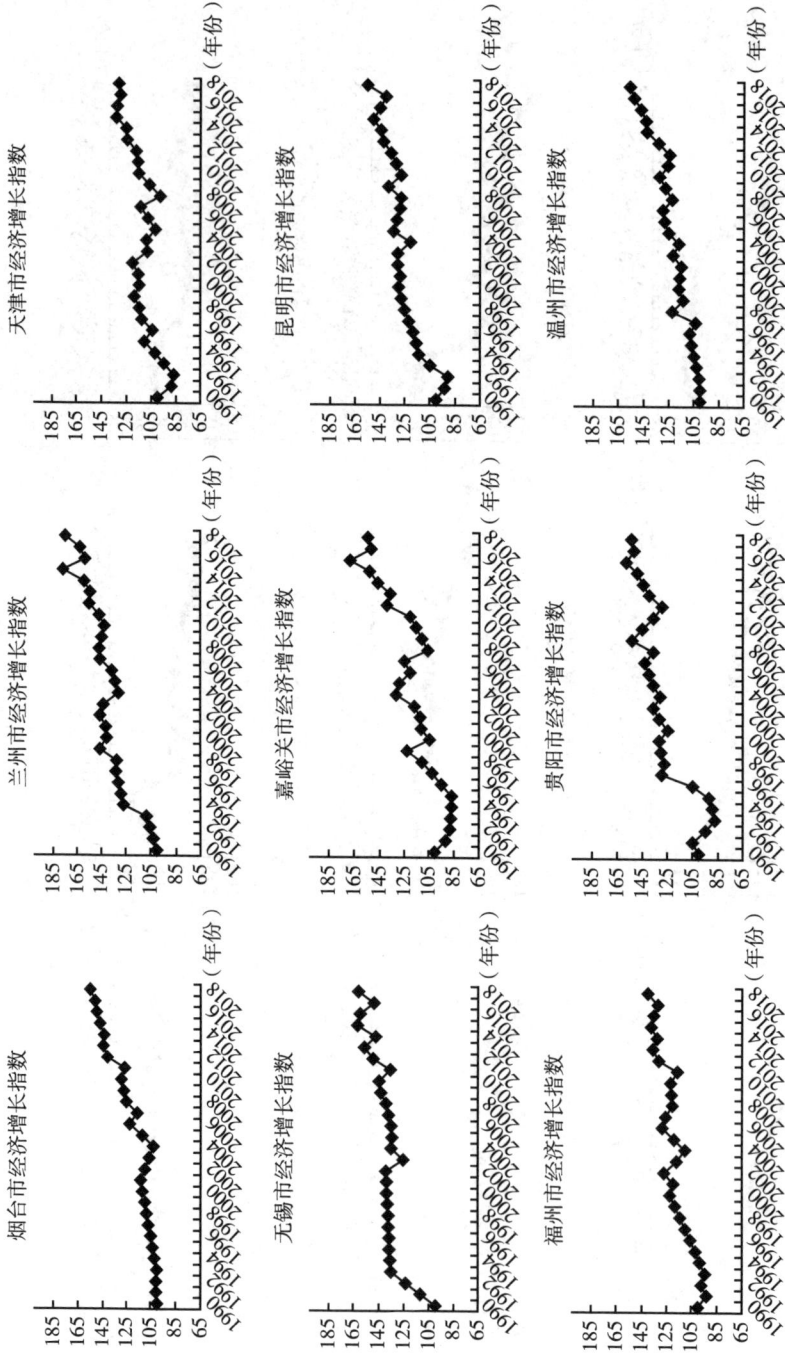

附图3 排名前45的城市经济增长指数

附表 11　近五年城市增长潜力排名

城市	2014年	2015年	2016年	2017年	2018年	2010年后	城市	2014年	2015年	2016年	2017年	2018年	2010年后
北京	1	1	3	4	4	2	呼伦贝尔	101	107	165	164	161	124
天津	5	9	8	20	37	9	沈阳	27	91	51	55	91	43
石家庄	72	52	53	72	74	60	大连	30	143	67	69	80	33
唐山	245	243	221	224	212	232	鞍山	223	262	256	243	189	257
秦皇岛	57	102	46	50	50	62	抚顺	203	251	222	247	173	203
邯郸	114	200	167	209	226	192	本溪	228	263	249	231	218	235
邢台	90	121	74	89	86	102	丹东	241	238	185	161	217	219
保定	179	112	80	64	61	111	锦州	139	244	163	127	238	170
张家口	164	119	127	113	94	126	营口	264	264	248	251	258	255
承德	166	142	138	160	151	142	阜新	197	206	193	232	174	161
沧州	204	201	183	175	171	212	辽阳	243	256	224	252	263	244
廊坊	174	104	87	84	85	108	盘锦	248	255	255	239	262	252
衡水	190	182	200	193	187	206	铁岭	200	139	130	101	60	101
太原	8	12	33	51	65	16	朝阳	198	252	218	198	140	210
大同	225	145	214	122	147	145	葫芦岛	133	162	184	195	163	162
阳泉	191	257	257	241	251	240	长春	88	87	86	83	87	98
长治	187	212	95	115	114	139	吉林	126	203	215	212	203	189
晋城	117	138	246	225	240	184	四平	184	239	253	211	239	226
朔州	257	258	261	259	261	260	辽源	254	230	247	262	255	258
运城	120	208	173	173	190	160	通化	56	58	23	19	13	32
忻州	135	152	103	98	103	68	白山	217	231	232	256	241	237
临汾	240	250	213	201	200	196	松原	263	261	264	264	264	264
呼和浩特	84	101	78	86	77	84	白城	109	158	137	130	137	135
包头	231	186	211	234	236	221	哈尔滨	58	89	120	169	143	72
乌海	220	181	235	258	244	231	齐齐哈尔	143	108	170	157	138	130
赤峰	173	214	192	159	149	174	鸡西	232	248	225	185	150	218
通辽	246	209	230	237	228	234	鹤岗	108	204	244	158	164	183

续表

城市	2014年	2015年	2016年	2017年	2018年	2010年后	城市	2014年	2015年	2016年	2017年	2018年	2010年后
双鸭山	226	229	250	196	184	246	湖州	85	74	91	80	83	79
大庆	250	254	241	219	179	254	绍兴	24	25	32	24	25	24
伊春	193	240	260	210	201	209	金华	43	53	60	46	45	41
佳木斯	215	207	223	207	202	191	衢州	34	41	37	35	29	37
七台河	195	241	263	229	216	250	舟山	37	35	39	40	40	28
牡丹江	110	160	202	197	199	128	台州	136	78	141	139	148	131
黑河	74	81	152	186	230	106	丽水	19	17	19	22	20	17
绥化	239	179	197	206	185	202	合肥	6	4	5	5	6	5
上海	2	2	2	2	2	1	芜湖	89	100	147	120	126	90
南京	4	6	7	9	10	6	蚌埠	112	106	174	155	160	134
无锡	53	72	84	116	135	69	淮南	122	136	99	132	101	119
徐州	73	79	88	100	117	91	马鞍山	47	30	15	18	19	20
常州	45	61	72	87	104	59	淮北	167	232	196	236	213	198
苏州	25	27	26	29	26	21	铜陵	44	45	40	27	41	44
南通	63	64	97	104	119	75	安庆	52	49	49	42	33	48
连云港	23	32	62	67	88	40	黄山	15	14	20	13	14	13
淮安	38	54	116	135	162	66	滁州	61	48	45	25	24	52
盐城	17	15	18	23	21	22	阜阳	150	44	44	85	59	70
扬州	83	90	128	79	79	77	宿州	155	151	36	105	97	105
镇江	41	57	65	77	84	50	六安	48	33	34	10	9	23
泰州	115	109	126	111	118	104	亳州	199	93	148	61	64	127
宿迁	28	67	117	145	176	63	宣城	14	13	16	15	16	12
杭州	9	8	10	11	11	8	福州	86	120	82	74	71	89
宁波	21	23	27	44	46	25	厦门	12	19	17	32	36	14
温州	113	123	111	94	96	100	莆田	175	184	237	246	254	229
嘉兴	55	56	55	52	53	46	三明	130	153	180	181	196	178

续表

城市	2014年	2015年	2016年	2017年	2018年	2010年后	城市	2014年	2015年	2016年	2017年	2018年	2010年后
泉州	209	210	179	227	210	213	临沂	233	192	187	226	231	233
漳州	205	205	203	168	157	197	德州	170	146	178	187	178	207
南平	206	188	204	204	214	211	聊城	221	226	251	254	256	253
龙岩	169	111	166	108	99	157	滨州	131	155	158	144	136	159
宁德	255	236	231	213	219	245	菏泽	160	222	189	214	221	194
南昌	26	51	42	17	18	27	郑州	49	39	48	58	43	38
景德镇	134	71	136	117	110	121	开封	142	172	199	172	169	179
萍乡	128	98	93	131	89	150	洛阳	87	135	123	138	155	141
九江	78	70	98	82	90	99	平顶山	180	235	205	165	146	199
新余	121	116	150	121	130	146	安阳	188	194	175	180	192	180
鹰潭	97	124	85	102	109	148	鹤壁	229	217	220	240	246	236
赣州	22	28	9	16	17	29	新乡	79	171	110	97	93	110
吉安	18	22	29	43	47	53	焦作	96	166	236	245	253	195
宜春	46	43	24	14	15	54	濮阳	156	178	207	203	225	187
上饶	67	46	92	134	116	93	许昌	91	126	191	178	193	149
济南	59	75	63	73	82	55	漯河	219	245	227	233	243	248
青岛	42	36	73	53	51	49	三门峡	129	225	233	217	234	200
淄博	171	175	162	151	142	165	南阳	196	180	149	156	167	167
枣庄	261	242	259	255	257	261	商丘	201	234	254	249	252	223
东营	238	260	252	248	242	256	信阳	154	173	151	177	186	173
烟台	77	103	71	78	73	88	周口	125	141	188	153	156	147
潍坊	124	86	102	125	128	109	驻马店	208	185	144	137	133	166
济宁	119	177	181	192	194	177	武汉	3	7	6	7	7	7
泰安	189	213	226	218	224	230	黄石	151	191	121	99	95	136
威海	33	38	41	39	35	39	十堰	94	131	139	119	127	138
日照	242	211	210	223	233	251	宜昌	182	134	100	146	100	154
莱芜	118	202	177	200	223	176	襄阳	222	167	119	65	72	171

城市	2014年	2015年	2016年	2017年	2018年	2010年后	城市	2014年	2015年	2016年	2017年	2018年	2010年后
鄂州	251	247	134	128	124	222	江门	132	99	106	95	98	118
荆门	185	147	155	149	145	204	湛江	211	150	143	171	165	182
孝感	103	37	31	30	28	78	茂名	230	190	206	202	197	225
荆州	100	88	38	54	52	97	肇庆	98	113	160	124	125	103
黄冈	70	42	57	57	54	61	惠州	106	83	56	33	34	86
咸宁	105	117	105	110	106	122	梅州	40	11	22	12	12	18
随州	235	199	234	235	229	238	汕尾	123	66	50	31	27	73
长沙	29	40	66	60	66	34	河源	13	16	13	45	39	31
株洲	111	114	125	76	70	113	阳江	244	223	208	221	220	227
湘潭	159	149	135	148	159	116	清远	99	125	54	71	69	83
衡阳	212	221	201	208	208	217	东莞	158	47	58	59	58	96
邵阳	144	97	114	114	111	115	中山	54	55	14	6	5	15
岳阳	237	253	238	242	237	247	潮州	186	69	112	129	141	140
常德	224	227	229	220	232	242	揭阳	227	196	153	205	207	215
张家界	165	215	154	154	166	164	云浮	75	34	64	56	48	57
益阳	168	220	182	188	211	193	南宁	107	92	142	106	132	107
郴州	127	168	157	166	177	153	柳州	138	159	198	183	182	185
永州	137	140	133	126	129	129	桂林	51	68	83	107	105	71
怀化	157	189	118	62	75	125	梧州	176	156	219	238	249	205
娄底	202	237	239	244	247	224	北海	141	224	145	176	195	190
广州	36	18	12	8	8	11	防城港	252	259	262	261	259	262
韶关	92	24	59	47	44	58	钦州	148	128	194	199	205	188
深圳	16	5	4	3	3	4	贵港	152	105	168	250	248	181
珠海	7	3	1	1	1	3	玉林	140	96	124	143	139	144
汕头	192	148	132	167	170	158	百色	35	76	68	92	115	76
佛山	214	137	140	109	112	156	河池	11	31	25	38	55	26

续表

城市	2014年	2015年	2016年	2017年	2018年	2010年后	城市	2014年	2015年	2016年	2017年	2018年	2010年后
海口	116	133	107	170	172	112	昭通	218	163	169	136	122	132
三亚	145	122	61	140	144	92	普洱	76	73	101	88	57	64
重庆	64	65	69	63	68	51	西安	31	21	21	37	38	35
成都	66	26	28	26	31	36	铜川	95	84	94	81	76	94
自贡	213	154	212	189	191	201	宝鸡	178	198	164	191	215	186
攀枝花	181	216	245	222	206	208	咸阳	161	174	190	152	153	163
泸州	149	94	96	75	78	117	渭南	102	144	131	150	158	143
德阳	183	170	159	182	198	169	延安	210	219	115	147	183	172
绵阳	50	59	79	70	113	65	汉中	71	80	89	112	123	80
广元	81	62	76	118	152	67	榆林	194	187	186	184	180	216
遂宁	253	197	217	230	235	220	安康	60	77	75	90	102	47
内江	260	183	242	215	209	239	兰州	39	29	47	41	30	30
乐山	249	164	216	228	227	214	嘉峪关	262	249	258	263	260	263
南充	236	169	172	174	175	155	金昌	256	246	243	260	245	259
宜宾	162	127	171	179	188	152	白银	172	115	113	190	81	120
雅安	93	118	122	96	131	95	天水	20	20	30	28	23	19
巴中	65	60	52	48	49	56	武威	146	82	70	49	56	87
资阳	259	218	240	253	250	249	张掖	62	110	90	133	63	82
贵阳	10	10	11	21	22	10	平凉	216	130	176	162	120	137
六盘水	207	129	77	66	67	133	酒泉	147	195	209	257	222	241
遵义	177	157	156	141	154	151	西宁	80	85	104	93	92	81
安顺	153	165	195	163	168	168	银川	104	161	129	123	121	114
昆明	68	63	43	36	42	45	石嘴山	247	228	228	216	204	228
曲靖	234	193	109	68	62	123	吴忠	82	132	81	91	108	85
玉溪	163	176	146	142	134	175	乌鲁木齐	32	50	35	34	32	42
保山	69	95	108	103	107	74	克拉玛依	258	233	161	194	181	243

附表12 近五年增长潜力指数（上一年=100）

城市	2014年	2015年	2016年	2017年	2018年	2010年后	城市	2014年	2015年	2016年	2017年	2018年	2010年后
北京	104.6	97.7	95.8	106.5	100.2	101.1	呼伦贝尔	113.2	102.8	93.4	99.7	101.5	100.3
天津	101.5	100.4	99.6	94.3	93.9	100.3	沈阳	104.1	89.4	110.9	98.9	93.3	99.7
石家庄	104.4	106.7	102.0	94.9	101.2	101.2	大连	95.7	84.1	112.9	99.4	100.0	99.9
唐山	93.5	98.4	108.5	99.7	103.5	101.6	鞍山	115.3	83.7	110.2	106.2	109.9	102.0
秦皇岛	102.8	95.2	113.8	98.4	102.1	102.8	抚顺	98.2	88.2	111.1	95.8	113.9	101.1
邯郸	121.1	91.8	106.3	93.5	99.4	100.5	本溪	97.0	83.3	116.6	104.3	104.1	100.4
邢台	104.3	100.1	106.8	98.1	101.7	102.2	丹东	97.3	98.5	113.5	102.8	93.8	101.1
保定	94.5	112.5	104.5	103.2	103.7	102.4	锦州	104.7	84.3	119.4	104.3	86.1	99.9
张家口	98.1	109.1	100.5	100.9	104.1	100.0	营口	82.2	99.0	121.8	97.3	95.9	99.4
承德	102.2	105.6	101.9	96.2	102.8	100.9	阜新	90.3	100.5	103.0	93.4	110.0	100.8
沧州	100.4	101.5	103.8	100.6	101.4	102.1	辽阳	99.4	91.8	113.7	93.2	85.4	98.0
廊坊	102.1	112.7	103.3	100.6	101.4	102.1	盘锦	100.1	94.1	106.9	104.1	88.1	99.8
衡水	102.9	102.7	98.8	100.9	101.7	100.6	铁岭	98.9	110.8	101.7	103.9	110.0	102.8
太原	102.8	98.5	93.7	95.1	97.9	101.2	朝阳	100.1	87.7	113.0	103.0	109.5	101.7
大同	95.0	113.3	91.4	113.8	98.0	100.7	葫芦岛	102.5	98.3	98.3	98.3	105.5	102.6
阳泉	103.9	85.2	101.8	109.3	99.2	99.8	长春	105.6	103.9	101.2	100.7	100.4	101.4
长治	101.9	98.9	118.5	97.3	101.7	101.8	吉林	112.8	92.5	98.8	100.2	103.0	99.8
晋城	106.3	101.2	84.6	104.1	98.2	100.1	四平	109.3	90.7	100.5	108.2	96.9	100.9
朔州	91.6	96.3	98.1	105.2	99.0	100.1	辽源	104.6	106.0	99.5	89.4	109.7	99.6
运城	107.3	91.6	106.0	99.9	98.1	100.5	通化	90.2	102.7	112.1	103.8	106.9	104.0
忻州	83.4	100.8	107.8	100.3	101.1	100.5	白山	96.2	96.0	102.3	91.1	109.4	100.9
临汾	88.3	94.2	112.7	102.0	101.5	100.8	松原	99.0	104.3	97.5	90.4	103.8	98.6
呼和浩特	109.9	100.1	103.9	99.4	103.0	100.9	白城	104.6	97.0	104.6	100.1	100.3	100.7
包头	103.2	107.5	98.2	95.9	100.7	99.7	哈尔滨	98.8	96.8	97.3	92.9	105.0	99.5
乌海	102.6	106.0	92.2	91.6	109.4	100.1	齐齐哈尔	95.2	107.9	92.8	101.1	103.9	100.6
赤峰	109.8	96.9	104.3	103.7	103.1	100.9	鸡西	94.5	94.2	108.2	106.8	106.7	102.0
通辽	109.5	109.3	96.5	99.1	103.9	100.6	鹤岗	106.2	91.1	93.4	114.8	100.5	101.1

续表

城市	2014年	2015年	2016年	2017年	2018年	2010年后	城市	2014年	2015年	2016年	2017年	2018年	2010年后
双鸭山	122.1	97.9	98.5	110.3	102.6	103.1	湖州	100.1	104.9	97.9	101.7	101.2	101.3
大庆	101.8	96.8	108.1	104.7	107.2	101.7	绍兴	101.3	103.7	99.7	102.3	101.6	102.7
伊春	97.2	91.1	93.5	117.3	102.7	100.2	金华	100.8	101.4	99.4	103.8	102.6	101.3
佳木斯	97.8	102.4	97.2	103.5	101.9	100.3	衢州	101.8	102.3	103.3	100.5	101.6	102.3
七台河	109.0	90.7	89.3	119.5	104.0	101.6	舟山	98.1	104.2	101.1	100.4	100.7	101.6
牡丹江	101.3	97.0	95.0	100.5	101.0	99.3	台州	101.4	112.1	92.1	99.6	100.3	100.9
黑河	100.8	101.3	90.9	95.3	95.2	98.6	丽水	102.6	105.7	101.3	100.3	103.3	101.7
绥化	93.8	111.0	98.2	98.4	104.0	100.5	合肥	101.5	105.7	106.3	105.9	101.2	104.7
上海	97.0	99.2	105.5	102.5	102.8	100.1	芜湖	99.3	102.2	94.1	104.0	100.6	100.1
南京	99.9	101.9	99.4	99.6	100.1	101.7	蚌埠	103.6	104.9	91.8	102.1	100.9	100.9
无锡	98.6	99.6	98.1	96.0	98.1	100.6	淮南	101.8	101.7	105.7	95.3	106.1	101.7
徐州	99.8	101.3	99.3	97.9	99.6	101.7	马鞍山	94.3	108.6	107.4	100.4	101.9	103.6
常州	96.0	99.6	98.7	97.5	99.0	101.4	淮北	109.8	90.3	109.7	93.6	105.0	100.4
苏州	96.4	103.2	101.6	99.5	101.7	102.0	铜陵	103.6	103.5	103.4	103.3	97.8	102.7
南通	99.5	102.5	95.4	98.8	99.6	101.0	安庆	106.8	104.2	102.6	102.5	102.3	102.3
连云港	99.3	101.2	93.7	98.1	98.1	101.8	黄山	106.2	102.9	99.2	106.4	101.5	103.7
淮安	98.3	99.8	91.0	97.1	97.4	101.0	滁州	108.1	105.3	103.4	105.4	102.3	104.0
盐城	103.1	103.7	100.1	99.5	102.0	104.8	阜阳	91.3	122.4	102.0	90.9	107.0	103.0
扬州	99.5	101.4	97.0	106.4	101.6	102.3	宿州	99.9	103.0	124.2	86.2	102.8	102.1
镇江	99.8	99.9	99.2	97.9	100.2	101.6	六安	101.3	107.8	101.2	115.1	103.3	104.9
泰州	98.0	104.6	99.4	101.4	100.4	101.3	亳州	98.9	117.3	93.3	113.9	102.3	103.2
宿迁	97.0	93.8	93.5	95.8	96.4	99.6	宣城	100.0	103.5	99.1	103.9	102.0	105.0
杭州	101.2	107.2	97.8	101.2	101.4	102.3	福州	96.1	98.6	105.4	102.2	101.8	101.9
宁波	100.3	104.1	100.0	97.1	99.9	101.2	厦门	103.0	98.9	102.6	94.9	100.2	100.2
温州	99.2	103.4	102.5	101.5	101.5	101.3	莆田	107.1	100.2	92.3	99.1	97.9	99.2
嘉兴	99.0	103.0	101.9	101.0	101.3	102.6	三明	105.5	99.8	97.3	99.2	98.9	100.4

续表

城市	2014年	2015年	2016年	2017年	2018年	2010年后	城市	2014年	2015年	2016年	2017年	2018年	2010年后
泉州	94.9	101.4	105.3	92.6	104.2	101.3	临沂	104.2	107.0	102.6	93.4	101.1	101.7
漳州	99.0	101.1	101.1	104.9	102.8	101.1	德州	104.7	105.7	96.7	98.4	101.9	102.6
南平	104.1	103.1	99.3	99.7	99.8	100.3	聊城	115.6	97.8	97.7	96.7	101.5	99.7
龙岩	109.1	110.9	93.4	108.1	102.8	102.8	滨州	114.9	99.5	100.4	101.7	102.2	101.8
宁德	94.5	105.1	103.9	103.2	100.8	101.9	菏泽	111.5	92.4	107.7	95.5	100.7	100.0
南昌	113.8	96.9	103.8	112.8	100.3	103.3	郑州	103.0	105.9	100.2	97.4	105.7	102.0
景德镇	101.8	113.1	91.8	102.2	102.6	101.6	开封	109.4	98.7	97.2	103.5	101.3	101.0
萍乡	107.0	106.8	102.0	94.4	107.9	103.6	洛阳	118.0	97.2	102.4	96.9	99.3	101.1
九江	97.3	104.7	96.2	102.4	100.2	102.4	平顶山	109.1	91.2	109.2	105.1	103.9	101.6
新余	100.5	104.7	95.3	104.1	99.8	102.9	安阳	102.1	101.1	103.9	99.0	99.0	100.3
鹰潭	108.0	101.2	105.3	97.5	101.1	102.8	鹤壁	103.2	103.2	100.0	96.5	99.8	101.3
赣州	109.7	102.5	112.6	97.8	101.3	104.2	新乡	109.4	90.4	110.4	101.0	102.0	102.0
吉安	105.0	102.2	99.4	97.5	99.5	103.3	焦作	113.8	93.9	89.6	99.3	98.8	99.7
宜春	119.6	103.9	107.5	107.8	101.8	105.1	濮阳	111.4	99.3	96.8	100.1	98.3	100.6
上饶	97.1	107.7	91.8	94.1	104.4	101.8	许昌	109.1	99.7	91.8	101.1	98.7	99.9
济南	102.2	100.0	103.4	97.8	100.0	100.4	漯河	110.3	92.5	107.4	99.6	99.0	101.2
青岛	110.0	104.8	93.1	105.4	102.3	102.0	三门峡	106.7	88.6	99.4	103.8	98.6	100.1
淄博	105.4	101.9	102.8	100.9	102.5	101.4	南阳	95.3	103.3	105.7	98.8	99.7	101.5
枣庄	107.5	106.2	95.4	102.6	102.3	100.1	商丘	99.6	93.9	98.1	100.1	101.5	99.3
东营	102.3	86.6	113.4	99.6	103.7	100.6	信阳	106.4	99.6	103.6	96.4	99.8	100.6
烟台	103.6	98.9	106.2	98.9	102.4	102.7	周口	100.1	101.0	94.7	103.8	101.3	101.1
潍坊	98.5	108.8	98.7	96.5	100.8	101.5	驻马店	96.1	103.5	107.9	100.0	101.9	101.7
济宁	112.2	95.7	100.5	98.0	100.4	100.6	武汉	112.5	100.3	104.4	100.3	101.2	103.2
泰安	111.3	98.9	97.4	102.2	100.7	100.5	黄石	108.8	96.5	112.2	102.2	102.5	102.4
威海	103.0	102.3	101.2	101.3	101.9	103.3	十堰	108.2	99.5	99.4	102.0	100.0	101.3
日照	109.7	107.1	100.9	97.3	100.4	101.0	宜昌	107.5	109.8	105.2	93.4	108.6	102.3
莱芜	107.5	92.1	104.7	96.4	98.2	100.0	襄阳	110.1	109.1	108.4	107.7	100.9	103.8

续表

城市	2014年	2015年	2016年	2017年	2018年	2010年后	城市	2014年	2015年	2016年	2017年	2018年	2010年后
鄂州	94.6	100.2	124.7	100.3	101.9	103.7	江门	99.4	107.4	100.6	101.0	101.0	103.2
荆门	107.8	107.5	99.7	100.7	101.9	102.6	湛江	101.6	110.6	102.0	95.7	101.7	102.0
孝感	113.1	117.8	104.6	100.1	100.7	104.1	茂名	102.1	106.9	99.3	100.2	101.7	101.2
荆州	109.5	105.2	114.3	95.7	101.9	103.6	肇庆	100.9	102.3	94.3	104.7	101.1	100.5
黄冈	103.6	108.9	97.9	100.9	101.6	101.4	惠州	108.0	107.5	107.0	106.5	100.9	104.5
咸宁	108.6	102.9	102.4	99.0	102.2	101.9	梅州	99.3	117.7	95.1	108.4	102.2	103.7
随州	106.4	106.4	94.5	101.1	102.6	100.5	汕尾	102.9	112.5	106.5	104.4	102.0	103.8
长沙	103.2	100.2	94.7	102.2	99.5	100.1	河源	118.9	101.0	104.0	90.6	101.5	102.9
株洲	108.2	104.0	99.7	106.7	102.3	101.7	阳江	98.9	103.8	104.9	97.2	101.8	101.1
湘潭	95.9	103.9	103.1	97.5	99.9	100.4	清远	98.3	101.1	114.2	95.0	101.6	103.2
衡阳	99.4	98.6	105.2	98.7	101.5	101.2	东莞	100.4	123.3	97.8	100.2	101.6	105.6
邵阳	100.5	109.8	98.9	99.9	101.9	101.1	中山	103.3	102.8	116.2	123.8	103.0	106.8
岳阳	107.2	92.6	108.3	100.3	102.3	101.1	潮州	102.3	121.6	94.8	96.6	99.6	102.1
常德	112.5	98.0	101.9	102.1	99.9	101.2	揭阳	100.1	106.1	107.1	92.9	100.9	101.1
张家界	97.3	95.6	109.4	99.6	99.5	101.1	云浮	99.8	113.1	94.0	102.7	103.1	103.3
益阳	102.9	93.9	108.0	98.2	98.3	100.4	南宁	102.8	106.0	94.8	104.7	97.2	101.1
郴州	104.8	96.9	102.6	98.6	99.2	100.1	柳州	113.8	99.8	95.8	101.5	101.0	100.4
永州	100.8	102.7	101.6	100.3	101.1	101.4	桂林	103.8	100.2	97.6	96.8	102.1	100.5
怀化	98.2	97.0	112.2	108.0	99.8	103.0	梧州	96.5	105.2	91.8	96.9	99.0	100.2
娄底	99.7	93.0	102.0	99.8	100.7	98.9	北海	98.9	89.9	114.3	95.6	98.4	101.0
广州	94.1	110.3	105.0	109.6	102.6	103.3	防城港	101.3	92.0	98.8	104.8	101.3	100.9
韶关	98.5	121.2	92.0	103.5	102.8	102.9	钦州	110.2	106.5	91.7	98.8	100.3	100.7
深圳	93.8	115.3	113.3	111.7	101.3	103.5	贵港	105.2	109.3	92.8	84.9	104.2	99.6
珠海	96.4	120.5	117.0	105.6	101.5	106.8	玉林	104.8	109.0	98.0	96.4	101.5	101.2
汕头	95.8	108.4	103.3	95.1	100.4	102.2	百色	107.1	95.1	101.8	95.7	98.9	100.9
佛山	97.0	113.4	100.3	104.1	101.2	103.1	河池	103.6	94.9	102.6	97.3	97.0	101.8

续表

城市	2014年	2015年	2016年	2017年	2018年	2010年后	城市	2014年	2015年	2016年	2017年	2018年	2010年后
海口	96.1	101.9	104.4	91.1	100.4	100.4	昭通	87.6	109.0	100.4	104.0	103.6	101.5
三亚	93.2	107.1	110.5	88.1	100.7	100.3	普洱	101.6	103.8	96.4	102.0	108.4	102.6
重庆	97.3	102.3	100.0	100.6	101.1	101.3	西安	108.8	106.5	102.7	95.0	100.7	102.3
成都	105.7	113.1	101.3	100.9	99.1	102.2	铜川	110.9	105.6	99.4	101.8	102.5	102.4
自贡	96.8	110.3	92.2	103.5	100.5	101.7	宝鸡	100.7	99.2	106.4	95.8	98.0	100.6
攀枝花	105.2	97.4	94.8	104.6	104.0	100.3	咸阳	104.4	100.5	99.0	104.5	101.3	101.5
泸州	96.8	110.5	101.1	103.3	101.0	102.6	渭南	105.4	98.5	102.5	97.2	100.1	101.5
德阳	99.1	103.8	102.6	96.5	98.9	100.7	延安	99.9	99.5	117.6	95.2	95.8	100.5
绵阳	98.5	101.2	96.3	102.1	95.3	101.0	汉中	100.7	100.9	99.2	96.7	99.5	100.3
广元	90.8	106.7	97.9	94.6	96.4	99.3	榆林	108.7	102.1	102.1	99.5	101.3	101.6
遂宁	84.9	113.5	97.9	97.6	100.4	100.2	安康	100.2	99.7	100.2	98.2	99.8	99.7
内江	95.2	120.7	91.4	105.5	102.4	101.6	兰州	103.0	107.5	96.9	102.2	102.6	101.4
乐山	97.0	117.1	93.9	97.6	102.4	101.0	嘉峪关	95.9	106.5	97.8	92.0	107.4	100.2
南充	92.4	111.3	100.6	99.8	100.3	99.9	金昌	104.5	102.8	104.6	91.6	110.4	102.1
宜宾	101.7	108.1	94.2	98.4	99.7	100.9	白银	100.2	111.4	101.4	88.8	119.2	102.2
雅安	100.6	100.6	100.6	103.1	96.0	101.0	天水	101.1	104.9	98.8	100.6	104.4	100.9
巴中	97.8	103.5	104.3	100.3	101.6	101.5	武威	98.1	112.6	103.0	105.8	99.9	102.0
资阳	96.6	113.8	95.8	95.6	104.8	100.7	张掖	108.3	95.2	103.6	94.0	114.3	102.6
贵阳	105.3	105.8	96.0	97.6	99.9	101.5	平凉	88.4	114.9	93.8	101.9	107.4	101.9
六盘水	97.6	113.5	107.3	102.2	101.6	103.1	酒泉	117.6	96.0	99.5	86.5	114.3	101.4
遵义	98.9	105.1	101.0	101.9	99.7	101.3	西宁	101.1	102.1	98.6	101.0	101.6	100.7
安顺	104.1	100.3	97.5	103.9	100.2	101.2	银川	98.9	96.1	105.4	100.7	101.7	101.2
昆明	96.1	103.2	107.0	102.1	100.1	102.0	石嘴山	94.9	103.6	102.0	102.7	103.4	101.5
曲靖	86.1	107.3	114.3	105.8	104.1	103.5	吴忠	107.7	96.6	107.1	98.7	99.7	100.6
玉溪	108.8	100.3	104.5	100.8	102.1	102.6	乌鲁木齐	103.1	98.6	105.9	100.5	101.2	102.2
保山	94.1	97.8	99.7	100.0	101.3	100.9	克拉玛依	100.7	108.0	115.3	95.3	102.4	101.3

附表 13　近六年增长潜力指数（以 1990 年为基期）

城市	2013年	2014年	2015年	2016年	2017年	2018年	城市	2013年	2014年	2015年	2016年	2017年	2018年
北京	194.5	203.5	198.9	190.5	202.8	203.2	呼伦贝尔	109.4	123.8	127.3	118.9	118.6	120.3
天津	170.4	173.0	173.6	172.9	163.0	153.0	沈阳	145.4	151.4	135.4	150.2	148.5	138.6
石家庄	131.3	137.1	146.3	149.1	141.5	143.1	大连	153.2	146.5	123.3	139.2	138.4	138.4
唐山	110.9	103.8	102.1	110.8	110.4	114.3	鞍山	96.6	111.4	93.2	102.7	109.1	119.9
秦皇岛	128.3	131.9	125.6	143.0	140.6	143.5	抚顺	106.4	104.5	92.2	102.4	98.1	111.8
邯郸	105.0	127.1	116.8	124.1	116.0	115.3	本溪	122.8	119.1	99.2	115.7	120.6	125.5
邢台	115.4	120.3	120.4	128.5	126.2	128.3	丹东	114.3	111.2	109.6	124.5	127.9	120.0
保定	112.1	106.0	119.2	124.6	128.6	133.3	锦州	100.4	105.1	88.6	105.9	110.4	95.0
张家口	118.5	116.2	126.8	127.4	128.5	133.8	营口	98.8	81.1	80.3	97.9	95.3	91.3
承德	120.3	122.9	129.8	132.3	127.2	130.7	阜新	125.7	113.4	114.0	117.5	109.8	120.7
沧州	107.4	107.8	109.4	113.6	114.3	116.3	辽阳	108.7	108.0	99.1	112.7	105.1	89.8
廊坊	129.1	131.8	148.6	153.4	154.3	156.5	盘锦	116.2	116.3	109.4	116.9	121.8	107.3
衡水	118.2	121.7	125.0	123.6	124.7	126.8	铁岭	118.0	116.8	129.3	131.6	136.7	150.4
太原	171.7	176.5	173.9	163.0	155.0	151.6	朝阳	111.0	111.1	97.5	110.2	113.6	124.9
大同	128.9	122.4	138.7	126.7	144.1	141.2	葫芦岛	117.6	120.5	118.5	116.4	114.4	120.7
阳泉	121.8	126.6	107.8	109.7	119.9	119.0	长春	116.9	123.5	128.3	129.9	130.9	131.4
长治	109.6	111.6	110.4	131.2	127.6	129.8	吉林	112.3	126.7	117.2	115.8	116.0	119.4
晋城	94.5	100.5	101.7	86.1	89.6	88.0	四平	100.7	110.1	99.8	100.3	108.5	105.1
朔州	125.8	115.3	111.0	108.9	114.6	113.4	辽源	96.8	101.2	107.3	106.8	95.5	104.7
运城	106.6	114.3	104.7	110.9	110.4	108.7	通化	143.0	129.0	132.5	148.6	154.2	164.9
忻州	156.9	130.8	131.9	142.1	142.6	144.1	白山	113.4	109.1	104.8	107.2	97.6	106.8
临汾	129.9	114.8	108.1	121.8	124.3	126.1	松原	85.4	84.6	88.2	86.0	77.8	80.7
呼和浩特	130.9	143.9	144.1	149.7	148.9	153.3	白城	110.5	115.6	112.1	117.3	117.4	117.8
包头	112.8	116.4	125.1	122.9	117.8	118.7	哈尔滨	139.5	137.9	133.4	129.8	120.6	126.6
乌海	121.4	124.6	132.1	121.8	111.5	122.0	齐齐哈尔	111.0	105.7	114.0	105.8	106.9	111.1
赤峰	100.3	110.2	106.8	111.4	115.5	119.1	鸡西	111.3	105.2	99.1	107.2	114.5	122.2
通辽	97.1	106.4	116.2	112.1	111.1	115.4	鹤岗	133.7	142.0	129.4	120.8	138.7	139.4

续表

城市	2013年	2014年	2015年	2016年	2017年	2018年	城市	2013年	2014年	2015年	2016年	2017年	2018年
双鸭山	93.5	114.1	111.7	110.1	121.4	124.6	湖州	138.5	138.6	145.5	142.4	144.7	146.4
大庆	127.3	129.7	125.5	135.7	142.0	152.3	绍兴	139.1	140.9	146.0	145.7	149.0	151.3
伊春	117.2	113.9	103.8	97.0	113.8	116.9	金华	151.3	152.4	154.5	153.7	159.4	163.6
佳木斯	116.2	113.6	116.3	113.0	117.0	119.2	衢州	152.0	154.7	158.3	163.5	164.4	167.1
七台河	100.1	109.0	98.9	88.3	105.6	109.8	舟山	161.7	158.5	165.1	167.0	167.6	168.7
牡丹江	134.2	135.9	131.8	125.2	125.9	127.1	台州	126.6	128.4	144.0	132.7	132.2	132.6
黑河	139.9	141.1	142.9	129.9	123.8	117.9	丽水	152.5	156.6	165.6	167.8	168.3	174.0
绥化	115.0	107.9	119.7	117.6	115.7	120.2	合肥	170.2	172.8	182.7	194.2	205.7	208.2
上海	192.3	186.5	185.0	195.2	200.0	205.6	芜湖	127.9	127.1	129.9	122.3	127.3	128.0
南京	175.3	175.1	178.4	177.2	176.5	176.7	蚌埠	121.9	126.4	132.5	121.4	124.2	125.3
无锡	148.3	146.3	145.7	142.9	137.3	134.6	淮南	147.8	150.4	153.0	161.7	154.1	163.5
徐州	150.1	149.8	151.7	150.6	147.4	146.8	马鞍山	153.3	144.5	156.9	168.4	169.0	172.3
常州	159.7	153.4	152.7	150.8	147.0	145.6	淮北	115.5	126.8	114.6	125.7	117.7	123.6
苏州	156.0	150.3	155.1	157.7	156.8	159.6	铜陵	144.4	149.6	154.9	160.2	165.4	161.7
南通	141.5	140.8	144.3	137.7	136.0	135.5	安庆	139.0	148.4	154.7	158.7	162.6	166.4
连云港	161.5	160.3	162.3	152.1	149.3	146.5	黄山	174.4	185.1	190.5	189.0	201.1	204.1
淮安	151.7	149.2	148.9	135.4	131.5	128.2	滁州	130.4	141.0	148.4	153.5	161.7	165.5
盐城	179.3	184.8	191.6	191.8	190.9	194.6	阜阳	157.8	144.0	176.4	179.9	163.5	174.9
扬州	140.9	140.2	142.2	138.0	146.8	149.2	宿州	135.2	135.0	139.1	172.8	149.0	153.2
镇江	154.9	154.6	154.5	153.2	150.0	150.3	六安	164.8	167.0	179.9	182.0	209.4	216.4
泰州	128.6	126.0	131.8	131.0	132.8	133.3	亳州	116.8	115.5	135.5	126.4	144.0	147.3
宿迁	159.1	154.2	144.7	135.2	129.5	124.9	宣城	162.2	162.2	167.9	166.5	173.0	176.5
杭州	152.7	154.5	165.6	161.9	163.8	166.0	福州	129.7	124.7	122.9	129.6	132.5	134.9
宁波	155.6	156.1	162.5	162.5	157.7	157.7	厦门	144.8	149.2	147.5	151.4	143.6	143.8
温州	132.6	131.6	136.0	139.4	141.4	143.6	莆田	116.1	124.3	124.7	115.0	114.0	111.6
嘉兴	149.2	147.7	152.1	154.9	156.4	158.5	三明	126.6	133.5	133.3	129.7	128.7	127.2

续表

城市	2013年	2014年	2015年	2016年	2017年	2018年	城市	2013年	2014年	2015年	2016年	2017年	2018年
泉州	119.1	113.0	114.6	120.7	111.8	116.5	临沂	121.5	126.6	135.5	139.0	129.8	131.3
漳州	117.8	116.6	117.8	119.1	125.0	128.5	德州	127.2	133.2	140.8	136.1	133.9	136.5
南平	120.0	124.9	128.7	127.8	127.5	127.3	聊城	109.2	126.3	123.5	120.7	116.7	118.5
龙岩	117.0	127.6	141.5	132.2	143.0	147.0	滨州	121.3	139.3	138.5	139.1	141.4	144.6
宁德	116.7	110.3	116.0	120.5	124.3	125.4	菏泽	114.6	127.8	118.0	127.2	121.4	122.3
南昌	133.2	151.6	147.0	152.5	172.0	172.5	郑州	142.5	146.9	155.5	155.8	151.7	160.4
景德镇	129.7	132.1	149.4	137.1	140.2	143.9	开封	103.5	113.1	111.6	108.5	112.3	113.8
萍乡	121.7	130.3	139.1	141.9	133.9	144.5	洛阳	110.6	130.5	126.9	130.0	125.9	125.0
九江	144.9	140.9	147.6	141.9	145.3	145.6	平顶山	108.0	117.8	107.4	117.3	123.6	128.4
新余	146.5	147.2	154.1	146.9	153.0	152.7	安阳	114.1	116.5	117.8	122.3	121.2	119.9
鹰潭	137.3	148.2	150.0	157.9	154.0	155.6	鹤壁	116.9	126.0	124.4	124.4	120.0	119.8
赣州	151.6	166.3	170.5	192.1	187.9	190.3	新乡	131.5	143.9	130.0	143.6	145.0	148.0
吉安	174.3	183.0	187.0	186.0	181.4	180.5	焦作	120.5	137.1	128.8	115.4	114.6	113.2
宜春	136.9	163.7	170.1	182.8	197.1	200.5	濮阳	110.6	123.2	122.3	118.4	118.5	116.5
上饶	149.3	144.9	156.2	143.3	134.8	140.7	许昌	119.6	130.5	130.2	119.4	120.7	119.2
济南	130.0	132.9	132.9	137.3	134.3	134.4	漯河	111.1	122.5	113.3	121.7	121.2	120.1
青岛	133.2	146.6	153.7	143.1	150.8	154.3	三门峡	132.8	141.7	125.5	124.8	129.6	127.8
淄博	135.0	142.2	144.9	149.0	150.2	154.1	南阳	148.6	141.6	146.2	154.5	152.7	152.3
枣庄	94.1	101.3	107.6	102.7	105.4	107.8	商丘	138.7	138.1	129.7	127.2	127.3	129.2
东营	122.8	125.6	108.8	123.4	122.9	127.4	信阳	133.3	141.9	141.3	146.5	141.2	140.9
烟台	132.0	136.7	135.2	143.6	142.0	145.3	周口	131.5	131.7	133.0	126.0	130.8	132.6
潍坊	139.4	137.4	149.4	147.5	142.3	143.5	驻马店	131.6	126.5	131.0	141.4	141.4	144.0
济宁	110.7	124.1	118.8	119.4	116.9	117.4	武汉	150.1	168.8	169.3	176.7	177.2	179.3
泰安	112.4	125.1	123.8	120.5	123.2	124.0	黄石	115.8	126.0	121.6	136.4	139.4	143.0
威海	149.2	153.7	157.2	159.1	161.2	164.3	十堰	149.7	161.9	161.2	160.1	163.4	163.4
日照	109.6	120.3	128.8	130.0	126.5	127.0	宜昌	110.6	118.9	130.5	137.2	128.2	139.3
莱芜	138.7	149.1	137.2	143.6	138.5	135.9	襄阳	107.1	117.8	128.6	139.4	150.1	151.5

续表

城市	2013年	2014年	2015年	2016年	2017年	2018年	城市	2013年	2014年	2015年	2016年	2017年	2018年
鄂州	130.2	123.2	123.4	153.8	154.2	157.1	江门	139.4	138.6	148.8	149.6	151.1	152.6
荆门	119.0	128.3	137.9	137.5	138.4	141.1	湛江	118.9	120.9	133.6	136.4	130.4	132.7
孝感	118.0	133.5	157.3	164.5	164.6	165.8	茂名	120.3	122.8	131.3	130.3	130.5	132.8
荆州	138.5	151.7	159.5	182.3	174.5	177.9	肇庆	137.1	138.3	141.4	133.3	139.6	141.2
黄冈	150.8	156.3	170.2	166.6	168.0	170.8	惠州	123.4	133.3	143.3	153.3	163.2	164.7
咸宁	117.1	127.1	130.9	134.0	132.7	135.5	梅州	153.5	152.4	179.4	170.7	185.0	189.0
随州	102.8	109.3	116.3	109.9	111.1	114.1	汕尾	133.0	137.0	154.1	164.1	171.2	174.6
长沙	140.7	145.2	145.5	137.7	140.7	140.1	河源	154.4	183.6	185.5	192.9	174.8	177.3
株洲	136.3	147.4	153.4	153.0	163.3	167.1	阳江	115.5	114.3	118.6	124.5	121.1	123.2
湘潭	131.8	126.4	131.3	135.3	132.0	131.9	清远	139.9	137.5	138.9	158.6	150.7	153.1
衡阳	121.5	120.8	119.1	125.2	123.5	125.4	东莞	141.3	141.9	174.9	171.0	171.3	174.1
邵阳	127.4	128.1	140.7	139.1	139.0	141.7	中山	158.0	163.2	167.7	195.0	241.5	248.7
岳阳	114.4	122.5	113.4	122.8	123.2	126.0	潮州	119.3	122.0	148.3	140.6	135.8	135.3
常德	110.1	123.9	121.4	123.7	126.3	126.2	揭阳	124.6	124.8	132.4	141.8	131.7	132.9
张家界	133.3	129.8	124.1	135.7	135.2	134.5	云浮	150.3	149.9	169.6	159.4	163.7	168.8
益阳	136.5	140.5	131.9	142.4	139.8	137.4	南宁	120.5	123.9	131.3	124.4	130.3	126.6
郴州	139.0	145.7	141.2	144.9	142.9	141.7	柳州	127.8	145.4	145.1	139.0	141.1	142.5
永州	142.5	143.6	147.5	149.9	150.4	152.0	桂林	146.8	152.4	152.7	149.0	144.3	147.4
怀化	135.5	133.1	129.0	144.9	156.5	156.1	梧州	129.2	124.6	131.1	120.3	116.6	115.5
娄底	128.7	128.3	119.4	121.7	121.5	122.3	北海	139.2	137.6	123.6	141.4	135.2	133.1
广州	140.6	132.3	146.0	153.3	168.0	172.4	防城港	105.5	106.8	98.3	97.1	101.7	103.0
韶关	138.7	136.6	165.6	152.3	157.7	161.1	钦州	112.0	123.4	131.3	120.4	119.0	119.4
深圳	167.8	157.5	181.5	205.6	229.7	232.8	贵港	126.6	133.1	145.4	134.9	114.6	119.4
珠海	191.8	184.9	222.8	260.7	275.3	279.3	玉林	122.8	128.7	140.2	137.4	132.4	134.4
汕头	133.2	127.6	138.3	142.8	135.8	136.3	百色	129.2	138.4	131.7	134.1	128.4	126.9
佛山	115.5	112.1	127.0	127.4	132.5	134.2	河池	165.9	171.9	163.1	167.4	162.8	157.9

续表

城市	2013年	2014年	2015年	2016年	2017年	2018年	城市	2013年	2014年	2015年	2016年	2017年	2018年
海口	143.1	137.6	140.1	146.2	133.3	133.8	昭通	123.0	107.8	117.4	117.9	122.6	127.0
三亚	138.8	129.4	138.6	153.1	134.9	135.8	普洱	129.4	131.4	136.4	131.5	134.1	145.3
重庆	143.7	139.8	143.0	143.0	143.8	145.3	西安	131.8	143.3	152.7	156.8	148.9	149.9
成都	128.5	135.8	153.5	155.5	156.9	155.5	铜川	117.7	130.5	137.8	137.0	139.5	143.0
自贡	128.0	123.9	136.6	126.0	130.4	131.0	宝鸡	118.9	119.7	118.8	126.3	121.0	118.5
攀枝花	125.4	131.9	128.5	121.7	127.3	132.4	咸阳	115.7	120.8	121.4	120.1	125.5	127.2
泸州	127.4	123.3	136.3	137.7	142.2	143.7	渭南	132.3	139.5	137.3	140.8	136.9	137.0
德阳	135.4	134.2	139.3	142.9	138.0	136.4	延安	138.5	138.3	137.6	161.7	154.0	147.6
绵阳	158.9	156.6	158.5	152.6	155.9	148.6	汉中	148.6	149.7	151.0	149.9	144.9	144.1
广元	166.1	150.9	160.9	157.5	149.1	143.8	榆林	143.0	155.5	158.8	162.2	161.4	163.5
遂宁	137.0	116.3	132.0	129.2	126.1	126.6	安康	139.6	139.9	139.4	139.8	137.3	137.0
内江	114.1	108.7	131.2	119.9	126.6	129.7	兰州	149.0	153.5	165.1	159.9	163.4	167.7
乐山	125.8	122.0	142.9	134.1	130.9	134.1	嘉峪关	132.0	126.6	134.8	131.9	121.3	130.3
南充	132.8	122.7	136.6	137.5	137.2	137.6	金昌	144.8	151.2	155.5	162.6	148.9	164.4
宜宾	140.7	143.1	154.7	145.8	143.4	143.0	白银	132.5	132.8	147.9	150.0	133.2	158.7
雅安	138.1	139.0	139.8	140.7	145.0	139.1	天水	169.2	171.1	179.5	177.3	178.3	186.2
巴中	149.0	145.7	150.8	157.4	157.9	160.4	武威	133.1	130.6	147.0	151.4	160.3	160.1
资阳	110.5	106.8	121.5	116.4	111.3	116.6	张掖	130.6	141.5	134.7	139.5	131.2	149.9
贵阳	162.0	170.5	180.4	173.2	169.1	169.0	平凉	128.2	113.3	130.2	122.1	124.4	133.6
六盘水	127.7	124.6	141.5	151.7	155.1	157.5	酒泉	107.9	126.9	121.9	121.3	104.9	119.8
遵义	131.5	130.1	136.7	138.0	140.6	140.1	西宁	135.7	140.0	140.0	139.8	139.4	141.6
安顺	126.3	131.5	131.9	128.6	133.6	133.9	银川	160.1	158.4	152.2	160.5	161.7	164.4
昆明	130.7	125.7	129.8	138.8	141.8	141.9	石嘴山	125.1	118.8	123.1	125.6	129.0	133.3
曲靖	116.8	100.5	107.9	123.4	130.5	135.8	吴忠	123.8	133.3	128.8	137.9	136.1	135.8
玉溪	124.5	135.5	135.9	142.0	143.2	146.1	乌鲁木齐	144.3	148.8	146.6	155.3	156.1	157.9
保山	133.1	125.3	122.5	122.2	122.2	123.9	克拉玛依	120.6	121.4	131.1	151.2	144.0	147.4

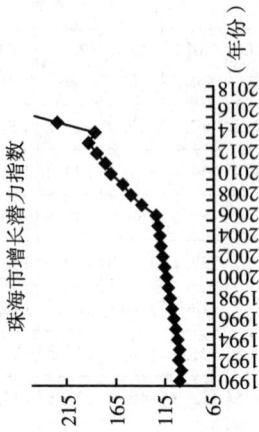

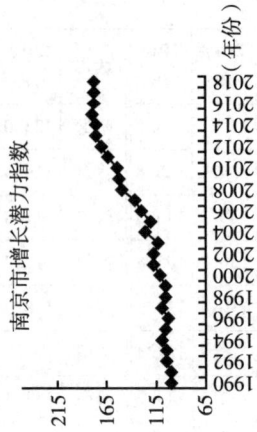

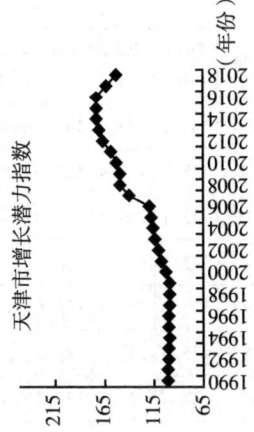

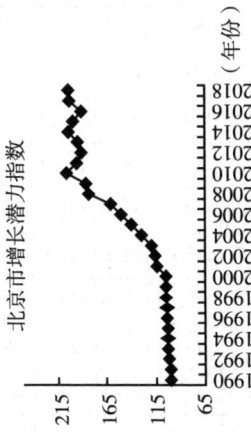

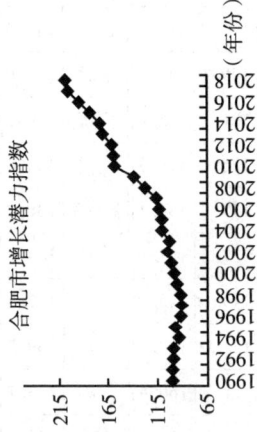

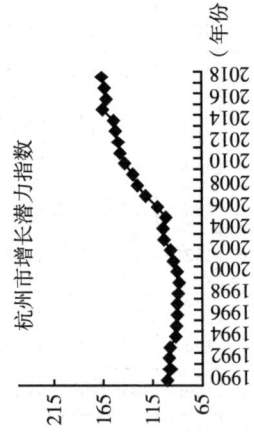

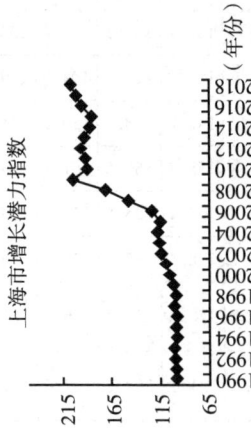

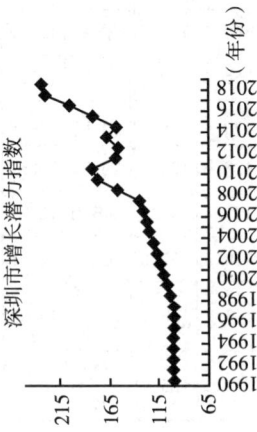

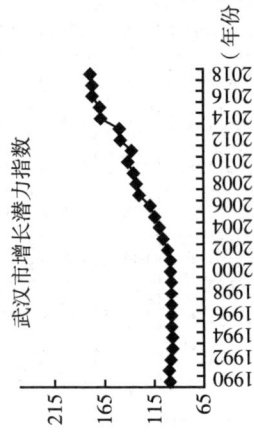

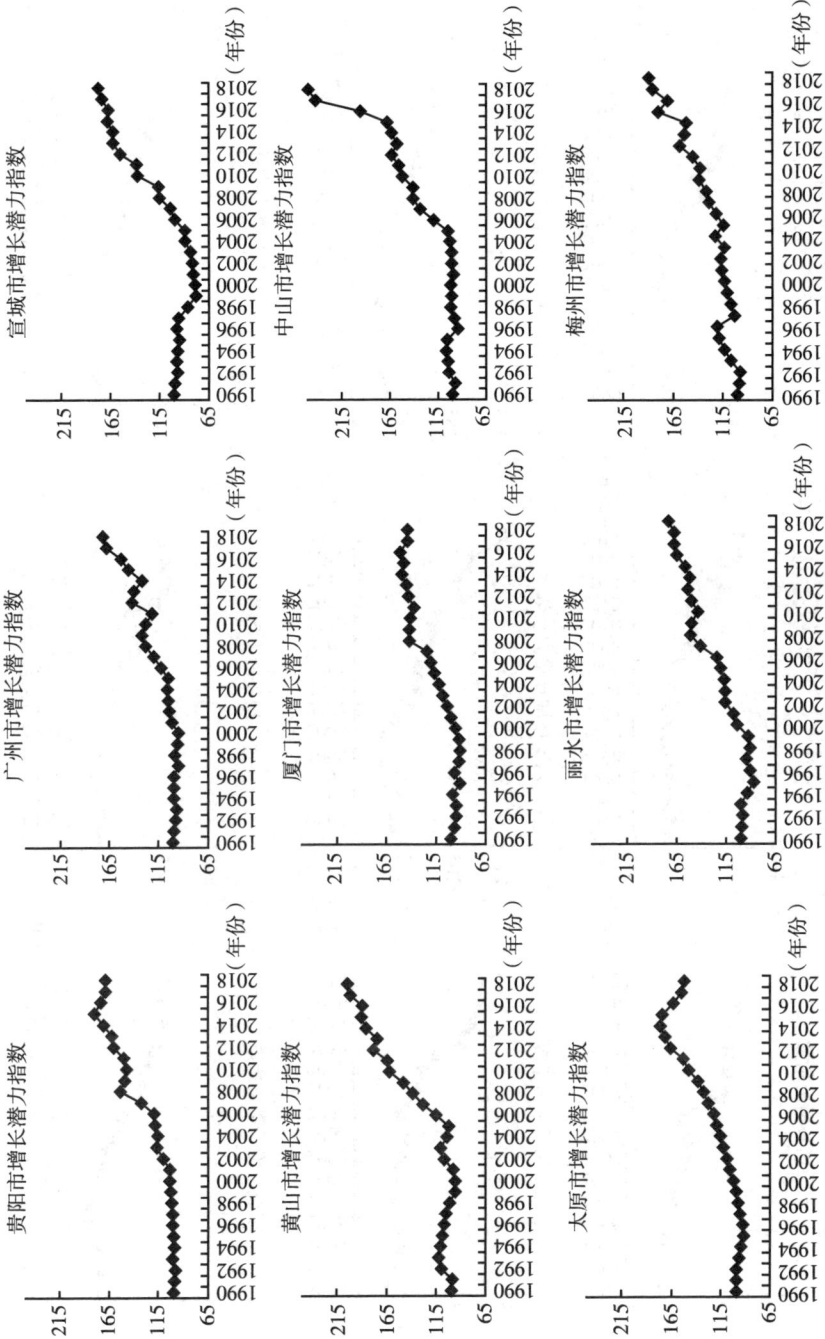

宣城市增长潜力指数

中山市增长潜力指数

梅州市增长潜力指数

广州市增长潜力指数

厦门市增长潜力指数

丽水市增长潜力指数

贵阳市增长潜力指数

黄山市增长潜力指数

太原市增长潜力指数

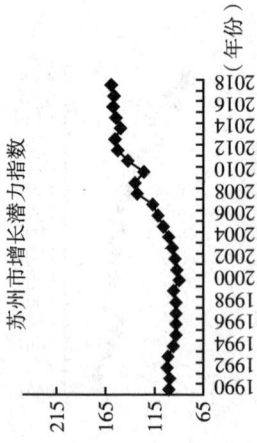

苏州市增长潜力指数

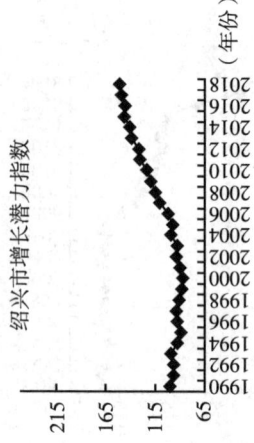

绍兴市增长潜力指数

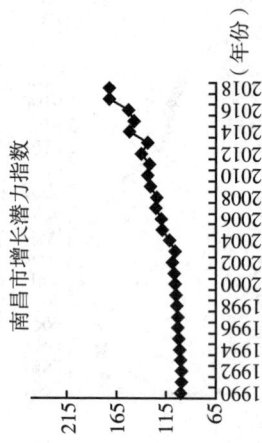

南昌市增长潜力指数

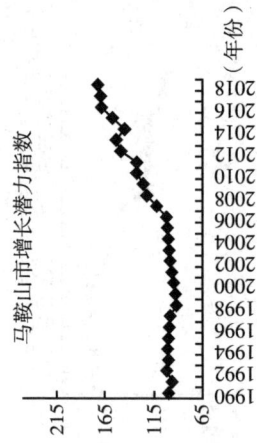

马鞍山市增长潜力指数

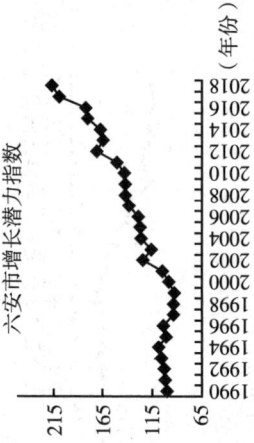

六安市增长潜力指数

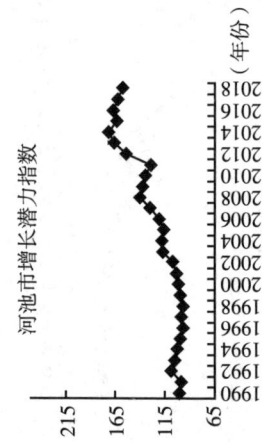

河池市增长潜力指数

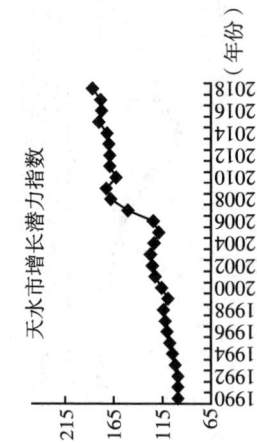

天水市增长潜力指数

盐城市增长潜力指数

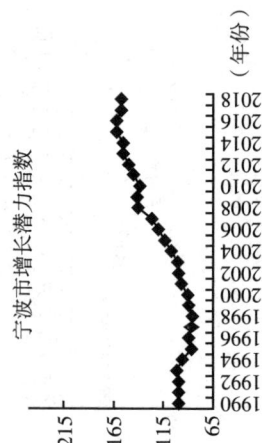

宁波市增长潜力指数

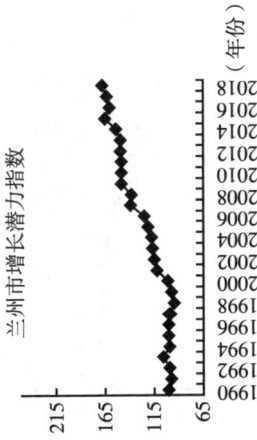

兰州市增长潜力指数

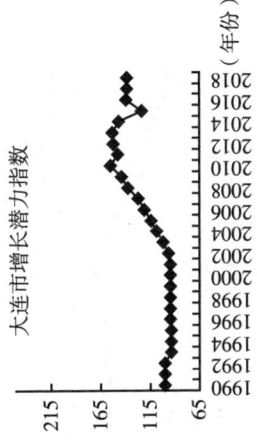

大连市增长潜力指数

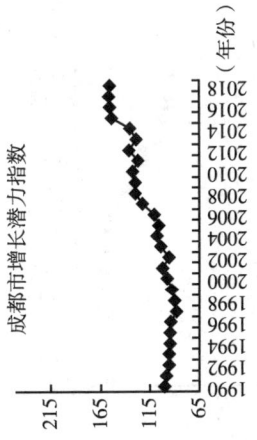

成都市增长潜力指数

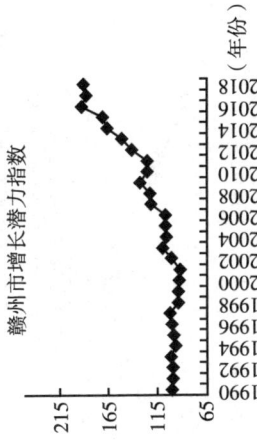

赣州市增长潜力指数

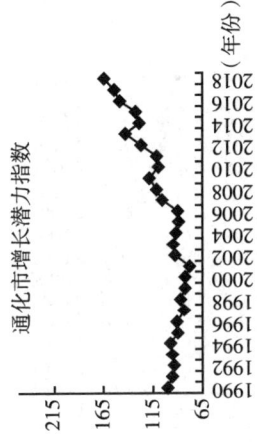

通化市增长潜力指数

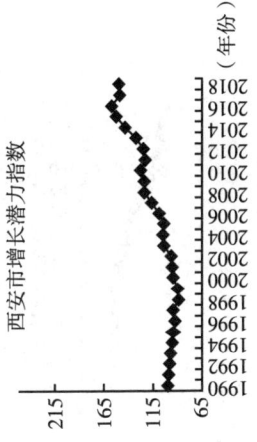

西安市增长潜力指数

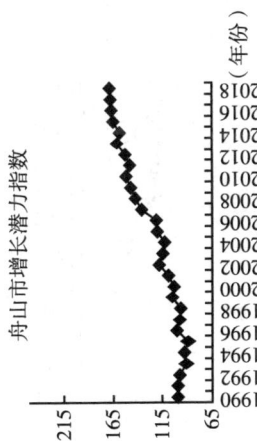

舟山市增长潜力指数

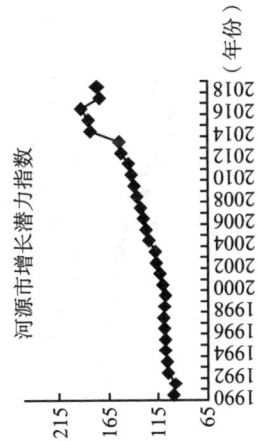

河源市增长潜力指数

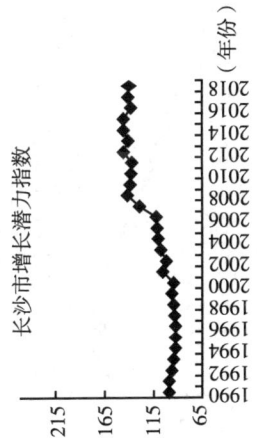

长沙市增长潜力指数

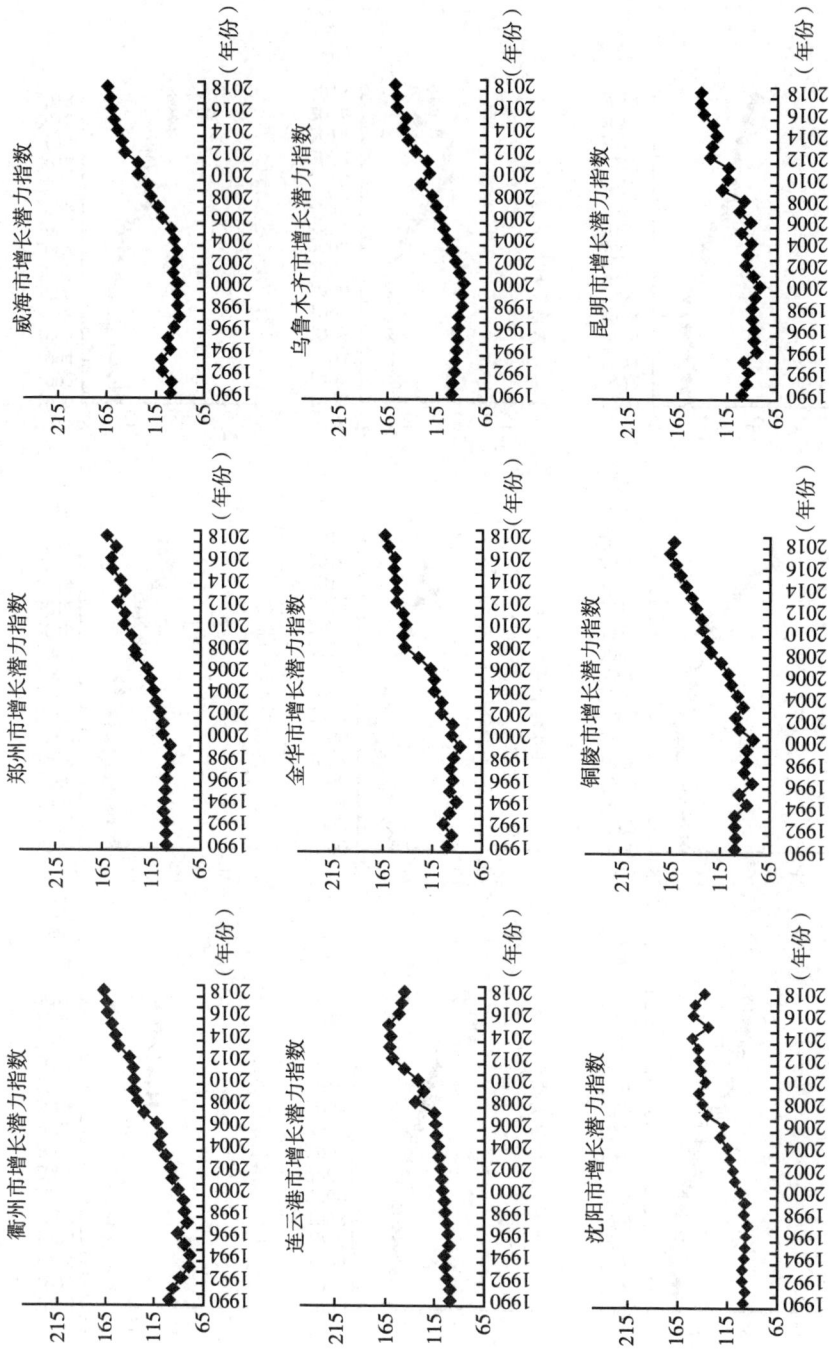

附图 4 排名前 45 的城市增长潜力指数

附表 14 近五年城市政府效率排名

城市	2014年	2015年	2016年	2017年	2018年	2010年后	城市	2014年	2015年	2016年	2017年	2018年	2010年后
北京	1	1	1	2	1	1	呼伦贝尔	136	142	137	105	101	143
天津	108	58	59	66	53	44	沈阳	11	20	18	19	18	11
石家庄	114	152	174	189	185	151	大连	9	12	10	10	7	8
唐山	226	229	241	246	247	239	鞍山	81	82	62	74	70	81
秦皇岛	79	26	125	151	159	95	抚顺	51	62	53	67	71	49
邯郸	190	218	232	229	231	222	本溪	57	86	64	72	67	76
邢台	228	208	224	225	232	232	丹东	22	45	42	53	60	24
保定	156	154	140	164	182	171	锦州	32	69	45	44	43	53
张家口	130	124	126	132	141	127	营口	113	123	96	100	92	92
承德	131	146	182	197	210	155	阜新	67	89	82	97	98	91
沧州	223	227	242	245	249	236	辽阳	54	79	61	68	62	64
廊坊	159	161	168	160	157	167	盘锦	52	55	79	94	93	61
衡水	242	241	243	241	238	242	铁岭	65	66	87	92	90	83
太原	16	15	14	27	27	16	朝阳	69	75	49	49	47	72
大同	59	72	73	95	97	85	葫芦岛	85	100	99	121	122	100
阳泉	36	42	33	52	63	38	长春	63	112	100	111	89	68
长治	128	121	113	123	120	138	吉林	135	133	130	134	132	123
晋城	116	104	69	87	100	107	四平	210	205	193	175	149	202
朔州	212	242	173	185	177	217	辽源	194	194	202	193	183	169
运城	208	111	60	77	88	157	通化	141	140	138	130	128	116
忻州	58	80	90	104	108	110	白山	202	184	180	171	165	200
临汾	97	95	58	76	80	105	松原	184	191	184	178	163	194
呼和浩特	74	35	21	40	41	32	白城	232	221	214	208	195	224
包头	100	143	146	156	158	114	哈尔滨	86	101	95	89	24	77
乌海	101	81	98	102	105	93	齐齐哈尔	83	106	24	28	26	84
赤峰	98	99	107	98	94	103	鸡西	88	90	46	37	33	65
通辽	225	259	253	251	250	241	鹤岗	34	46	22	17	17	29

城市	2014年	2015年	2016年	2017年	2018年	2010年后	城市	2014年	2015年	2016年	2017年	2018年	2010年后
双鸭山	75	63	38	32	30	70	湖州	70	64	83	57	50	74
大庆	77	78	76	60	45	75	绍兴	28	32	32	24	21	30
伊春	56	52	20	14	13	33	金华	53	44	16	13	14	40
佳木斯	84	93	81	61	55	63	衢州	66	61	44	31	28	52
七台河	64	77	37	21	16	67	舟山	13	13	13	8	6	15
牡丹江	44	51	30	25	23	39	台州	93	76	78	55	54	86
黑河	87	85	72	51	46	94	丽水	23	29	29	22	20	27
绥化	215	220	167	137	118	192	合肥	95	92	101	99	86	82
上海	6	9	8	9	11	5	芜湖	96	96	103	119	123	99
南京	17	6	5	4	3	6	蚌埠	90	83	110	103	112	98
无锡	18	17	26	20	22	19	淮南	207	211	170	168	184	197
徐州	49	43	66	58	61	59	马鞍山	180	162	153	158	161	147
常州	24	25	35	30	34	22	淮北	219	196	207	210	197	221
苏州	10	7	7	7	5	9	铜陵	148	178	150	177	188	133
南通	43	40	54	45	48	48	安庆	222	193	147	147	147	181
连云港	31	24	39	35	37	28	黄山	110	126	115	125	126	87
淮安	41	39	48	42	40	47	滁州	146	136	123	120	125	137
盐城	62	47	71	48	49	73	阜阳	240	206	217	215	214	234
扬州	39	30	40	34	35	41	宿州	254	247	248	247	242	251
镇江	25	21	36	33	32	37	六安	250	236	246	248	240	238
泰州	33	37	56	50	52	55	亳州	249	248	240	242	236	254
宿迁	72	50	91	71	68	90	宣城	214	198	206	214	216	203
杭州	4	3	2	1	2	3	福州	42	54	92	101	76	57
宁波	26	38	31	36	25	23	厦门	8	8	6	6	9	7
温州	12	19	17	12	10	18	莆田	165	171	177	169	160	173
嘉兴	21	22	23	16	15	20	三明	19	28	25	26	31	31

续表

城市	2014年	2015年	2016年	2017年	2018年	2010年后	城市	2014年	2015年	2016年	2017年	2018年	2010年后
泉州	126	125	133	129	127	129	临沂	147	150	163	150	145	144
漳州	103	114	120	114	107	119	德州	137	148	129	112	96	124
南平	102	65	94	78	78	66	聊城	170	163	151	140	136	161
龙岩	78	56	63	56	57	79	滨州	216	204	204	191	171	209
宁德	55	102	97	86	74	80	菏泽	185	182	162	142	134	168
南昌	99	98	155	161	150	111	郑州	151	149	156	153	156	148
景德镇	162	175	186	179	170	142	开封	255	222	226	223	223	247
萍乡	177	186	197	200	191	177	洛阳	231	234	230	230	230	218
九江	152	197	218	211	201	166	平顶山	203	215	223	221	220	223
新余	217	230	222	212	209	212	安阳	233	214	221	231	239	240
鹰潭	201	224	212	213	215	211	鹤壁	253	258	256	261	260	257
赣州	221	190	194	192	189	188	新乡	227	232	225	224	225	226
吉安	205	203	220	219	218	208	焦作	239	239	231	228	229	237
宜春	259	255	260	255	254	252	濮阳	247	250	237	235	237	250
上饶	246	219	227	220	219	219	许昌	262	262	261	259	256	259
济南	27	33	27	29	12	17	漯河	263	264	263	262	258	261
青岛	45	70	88	90	51	60	三门峡	149	127	183	183	178	162
淄博	174	164	169	148	137	165	南阳	260	254	255	257	259	256
枣庄	195	195	213	202	181	207	商丘	261	261	262	263	263	262
东营	117	122	114	113	106	125	信阳	248	256	245	240	235	249
烟台	80	60	74	65	66	58	周口	258	263	264	264	264	264
潍坊	139	141	141	128	121	135	驻马店	257	260	254	254	255	255
济宁	150	159	152	141	135	156	武汉	29	34	34	39	44	21
泰安	209	209	142	79	77	164	黄石	92	134	119	116	115	117
威海	30	36	41	41	39	43	十堰	143	118	124	126	130	121
日照	204	181	154	138	131	176	宜昌	138	172	102	107	110	132
莱芜	175	180	179	174	155	183	襄阳	179	179	215	218	217	205

续表

城市	2014年	2015年	2016年	2017年	2018年	2010年后	城市	2014年	2015年	2016年	2017年	2018年	2010年后
鄂州	236	237	244	244	234	243	江门	112	119	116	124	139	120
荆门	163	185	198	199	196	185	湛江	220	225	209	209	213	204
孝感	193	183	200	206	203	213	茂名	245	245	259	260	261	253
荆州	167	192	192	167	154	190	肇庆	142	110	139	143	167	136
黄冈	186	176	171	166	174	210	惠州	119	128	145	149	168	122
咸宁	211	231	235	232	227	229	梅州	171	167	161	162	187	189
随州	178	251	251	250	245	233	汕尾	251	253	257	258	262	260
长沙	82	105	93	82	81	51	河源	188	153	149	154	179	175
株洲	121	97	118	122	124	115	阳江	229	228	203	216	221	227
湘潭	134	117	143	146	152	134	清远	153	201	175	187	207	172
衡阳	181	188	208	207	198	170	东莞	50	31	51	63	85	45
邵阳	133	91	135	135	142	141	中山	60	11	19	38	56	46
岳阳	172	113	165	152	148	159	潮州	118	217	229	238	248	220
常德	198	169	219	217	212	187	揭阳	264	257	258	256	257	263
张家界	144	103	80	88	104	106	云浮	187	160	164	182	206	186
益阳	213	177	236	227	222	206	南宁	40	67	68	75	119	54
郴州	132	88	134	136	138	130	柳州	111	144	158	165	172	131
永州	155	151	181	186	192	180	桂林	91	48	85	84	99	56
怀化	61	53	43	46	64	69	梧州	191	216	228	234	233	214
娄底	192	156	132	133	133	152	北海	197	212	216	237	246	216
广州	14	18	28	43	69	14	防城港	238	238	247	249	251	235
韶关	94	115	127	131	140	108	钦州	173	199	190	201	208	225
深圳	2	4	4	5	8	2	贵港	235	243	239	236	243	248
珠海	5	5	9	18	38	10	玉林	200	213	195	181	186	191
汕头	189	223	238	239	241	230	百色	176	174	189	198	211	179
佛山	105	129	166	180	200	140	河池	154	166	144	155	175	146

续表

城市	2014年	2015年	2016年	2017年	2018年	2010年后	城市	2014年	2015年	2016年	2017年	2018年	2010年后
海口	47	41	84	81	79	34	昭通	237	210	196	172	164	215
三亚	38	23	15	15	29	25	普洱	196	240	250	253	252	231
重庆	158	173	187	194	190	153	西安	15	16	12	11	19	13
成都	20	14	52	62	65	26	铜川	145	155	136	145	144	149
自贡	107	131	109	96	84	109	宝鸡	129	132	131	139	146	118
攀枝花	76	84	117	118	109	89	咸阳	140	158	148	184	180	150
泸州	115	116	121	117	113	113	渭南	252	249	234	233	224	246
德阳	123	147	159	157	151	145	延安	182	135	128	144	143	163
绵阳	68	73	77	73	73	62	汉中	234	207	157	163	169	201
广元	127	130	112	106	102	126	榆林	218	226	201	205	199	178
遂宁	120	137	111	93	82	112	安康	224	157	172	196	202	195
内江	169	200	191	176	153	196	兰州	71	74	67	80	95	50
乐山	89	68	89	85	87	88	嘉峪关	106	108	104	127	129	128
南充	109	109	105	110	117	101	金昌	157	120	75	91	103	104
宜宾	125	94	108	108	111	96	白银	160	170	160	159	166	154
雅安	122	107	106	109	116	102	天水	183	202	205	204	204	174
巴中	124	59	65	64	72	97	武威	244	246	249	243	244	245
资阳	199	189	199	188	176	198	张掖	166	138	70	70	91	139
贵阳	37	27	50	59	83	42	平凉	164	145	122	115	114	160
六盘水	206	187	210	222	226	228	酒泉	230	244	211	203	194	182
遵义	73	71	55	54	58	71	西宁	46	57	57	69	59	35
安顺	241	235	233	226	228	244	银川	7	10	11	23	42	12
昆明	48	87	86	83	75	78	石嘴山	104	139	176	195	205	158
曲靖	168	168	178	173	173	199	吴忠	161	165	185	190	193	184
玉溪	243	233	188	170	162	193	乌鲁木齐	35	49	47	47	36	36
保山	256	252	252	252	253	258	克拉玛依	3	2	3	3	4	4

附表 15　近五年政府效率指数（上一年＝100）

城市	2014年	2015年	2016年	2017年	2018年	2010年后	城市	2014年	2015年	2016年	2017年	2018年	2010年后
北京	100.4	99.9	101.3	99.2	100.4	100.5	呼伦贝尔	105.0	100.9	103.5	106.3	102.6	103.7
天津	91.9	110.2	102.7	100.3	105.2	101.1	沈阳	102.2	95.8	103.3	101.4	103.2	101.5
石家庄	105.6	95.3	98.5	98.7	101.6	101.5	大连	101.4	97.5	103.3	101.3	103.0	102.3
唐山	104.5	98.9	99.0	98.0	99.6	100.5	鞍山	102.7	100.7	107.1	99.5	102.3	102.2
秦皇岛	103.2	115.9	83.0	95.2	99.5	101.2	抚顺	104.0	99.5	105.6	98.1	101.4	100.5
邯郸	103.8	96.4	98.7	99.9	99.5	100.7	本溪	108.3	96.2	107.6	99.8	102.8	102.1
邢台	104.7	103.3	99.6	98.3	98.4	101.1	丹东	105.9	95.9	103.5	98.2	100.7	101.2
保定	110.3	101.6	104.5	96.8	98.1	100.5	锦州	110.9	93.5	109.7	100.6	102.8	102.8
张家口	104.6	102.2	102.4	99.9	99.0	102.1	营口	98.1	100.5	106.8	100.7	102.9	101.8
承德	107.2	99.7	96.0	98.0	99.0	100.4	阜新	109.0	97.6	105.3	97.9	101.1	101.4
沧州	106.3	99.1	98.4	98.3	98.8	100.4	辽阳	105.0	97.0	106.6	100.2	103.0	103.0
廊坊	101.2	101.2	101.2	101.5	100.8	101.6	盘锦	103.8	101.9	98.8	97.9	101.6	100.8
衡水	99.4	101.3	101.5	100.1	99.4	100.7	铁岭	108.2	100.7	100.6	99.1	101.9	101.9
太原	99.5	103.4	101.9	97.2	103.0	103.0	朝阳	106.7	99.9	110.0	100.5	102.6	103.4
大同	103.6	98.3	104.0	96.9	100.8	102.8	葫芦岛	105.0	99.4	101.9	98.2	101.2	101.6
阳泉	99.5	102.2	104.6	96.1	99.6	100.9	长春	101.5	93.2	104.3	99.7	105.3	101.3
长治	109.1	102.7	103.4	99.8	101.8	102.9	吉林	103.3	102.1	103.0	100.0	101.4	101.2
晋城	106.7	103.7	109.6	97.7	99.4	102.6	四平	101.0	100.6	105.8	103.5	103.8	102.7
朔州	104.2	93.8	116.9	99.4	101.4	103.2	辽源	99.1	101.5	101.1	102.3	102.3	100.4
运城	107.2	118.5	112.1	98.3	99.4	104.5	通化	99.7	102.4	102.5	101.7	102.0	100.9
忻州	108.4	97.2	102.5	97.9	100.5	104.4	白山	101.4	104.0	103.4	101.6	101.8	101.7
临汾	110.6	101.5	109.3	98.9	100.5	103.3	松原	103.2	100.4	103.7	101.9	102.2	102.6
呼和浩特	91.8	112.0	105.8	96.8	101.0	102.9	白城	105.5	102.4	103.4	102.8	102.6	102.5
包头	101.6	94.8	100.3	98.9	100.3	99.6	哈尔滨	101.3	99.4	103.4	102.4	119.6	104.0
乌海	103.9	104.1	100.0	100.8	101.2	101.2	齐齐哈尔	111.8	97.6	122.4	100.7	103.6	106.0
赤峰	105.4	101.4	100.6	103.5	101.6	101.8	鸡西	106.7	100.9	112.9	104.3	103.4	103.9
通辽	101.5	88.4	102.3	102.2	100.9	100.9	鹤岗	106.9	100.1	110.0	103.9	103.0	103.2

城市	2014年	2015年	2016年	2017年	2018年	2010年后	城市	2014年	2015年	2016年	2017年	2018年	2010年后
双鸭山	112.7	102.6	110.5	103.9	103.2	104.4	湖州	105.4	102.0	100.9	105.1	104.1	103.1
大庆	102.0	100.4	104.6	103.8	105.7	103.2	绍兴	103.5	102.2	101.4	104.3	103.4	104.7
伊春	98.8	103.0	112.1	104.7	103.4	104.1	金华	104.1	105.2	111.1	104.5	101.9	104.7
佳木斯	104.6	99.7	106.0	104.1	103.8	101.5	衢州	103.3	101.8	107.9	105.7	103.8	104.1
七台河	105.9	98.3	113.6	106.3	105.2	105.7	舟山	109.0	101.7	101.3	106.1	102.8	105.1
牡丹江	103.8	100.0	108.8	103.3	103.5	103.3	台州	105.9	103.4	104.3	104.6	103.1	104.1
黑河	108.0	101.3	106.5	104.8	104.1	104.3	丽水	106.2	101.6	101.8	104.1	103.1	103.4
绥化	108.9	99.7	111.8	106.4	105.3	103.7	合肥	100.0	101.6	102.6	101.0	102.8	100.6
上海	99.6	99.6	99.0	100.2	101.3	99.9	芜湖	100.7	101.3	100.8	99.3	100.7	101.7
南京	92.6	121.3	100.5	103.4	100.7	103.8	蚌埠	102.0	101.5	98.7	102.6	99.8	101.6
无锡	106.5	103.2	98.3	104.1	101.6	103.7	淮南	104.5	99.3	110.3	100.6	99.0	101.7
徐州	106.0	104.8	96.6	102.9	101.6	103.2	马鞍山	94.6	104.4	103.6	99.6	100.2	101.7
常州	105.7	102.5	99.3	103.5	101.4	103.0	淮北	103.8	105.1	99.6	101.7	102.3	103.2
苏州	107.3	105.2	98.7	103.8	101.8	104.2	铜陵	97.8	95.8	107.0	97.1	98.9	100.6
南通	103.8	104.5	97.2	103.4	102.0	103.7	安庆	97.2	105.8	109.7	100.3	101.1	102.3
连云港	101.3	105.5	98.2	102.8	101.9	102.3	黄山	84.9	99.5	104.3	99.5	101.2	102.1
淮安	105.4	104.5	99.3	103.6	101.8	104.1	滁州	106.2	103.5	104.2	102.0	100.4	104.2
盐城	105.9	105.2	98.4	105.5	102.1	104.7	阜阳	99.8	106.2	101.0	101.5	101.0	102.6
扬州	103.2	106.6	99.1	103.9	102.0	103.4	宿州	104.4	106.5	101.2	100.5	101.4	102.4
镇江	107.6	104.2	98.5	103.0	102.3	104.1	六安	98.3	106.8	98.3	99.8	101.7	100.2
泰州	106.2	103.3	95.8	103.5	101.8	103.9	亳州	109.0	102.2	105.0	99.1	100.1	103.6
宿迁	107.8	105.8	96.0	103.9	102.6	104.0	宣城	103.5	103.7	100.8	99.3	100.8	101.5
杭州	105.3	104.5	103.8	101.5	96.2	104.1	福州	107.2	99.1	96.6	98.4	106.0	103.0
宁波	102.0	100.5	103.2	101.1	105.5	103.0	厦门	103.2	103.3	102.7	101.3	96.3	102.2
温州	108.3	97.3	103.0	104.9	103.6	104.9	莆田	102.7	100.8	101.4	101.4	102.0	103.5
嘉兴	100.8	101.8	101.9	105.0	103.1	104.7	三明	111.9	99.6	102.9	101.5	101.7	103.6

续表

城市	2014年	2015年	2016年	2017年	2018年	2010年后	城市	2014年	2015年	2016年	2017年	2018年	2010年后
泉州	101.0	101.5	101.8	101.0	101.9	102.9	临沂	103.0	101.4	99.1	102.2	102.1	101.4
漳州	105.0	99.3	101.6	102.3	102.4	103.7	德州	99.6	100.2	105.4	103.9	104.1	103.1
南平	97.1	107.4	99.2	102.2	102.2	102.3	聊城	105.0	103.2	104.0	102.5	102.2	102.2
龙岩	105.9	105.6	101.1	102.6	102.3	103.6	滨州	101.5	101.8	104.1	102.8	103.3	102.3
宁德	107.9	94.2	103.1	103.3	103.7	103.6	菏泽	103.4	101.6	105.8	104.0	103.1	102.3
南昌	102.4	101.6	92.3	99.7	101.9	100.4	郑州	100.0	102.1	99.3	101.3	100.0	100.7
景德镇	96.9	99.4	101.3	101.9	101.7	99.8	开封	103.4	115.4	101.3	100.5	98.7	102.7
萍乡	103.9	99.7	100.5	100.9	102.1	100.4	洛阳	97.5	99.1	102.3	99.5	99.6	100.8
九江	100.8	94.3	97.7	102.9	101.8	100.2	平顶山	105.6	98.6	100.5	101.2	99.7	102.3
新余	99.9	97.8	103.6	103.1	102.1	101.3	安阳	104.2	103.2	100.7	97.1	97.5	101.4
鹰潭	103.0	97.2	104.3	100.6	100.8	101.8	鹤壁	103.0	99.7	99.4	98.8	98.8	100.4
赣州	98.3	106.0	101.6	101.7	101.4	101.4	新乡	98.1	98.5	103.7	99.8	99.1	101.1
吉安	99.4	100.7	99.0	101.3	100.6	100.4	焦作	99.7	99.4	103.7	100.0	99.4	101.4
宜春	91.6	105.2	97.0	102.6	102.3	99.3	濮阳	100.7	100.5	107.1	99.9	98.3	101.9
上饶	93.0	109.4	100.3	102.4	100.7	100.0	许昌	104.7	101.1	103.2	100.4	100.0	100.6
济南	101.4	102.2	102.9	101.7	109.4	103.0	漯河	94.4	96.8	106.3	102.6	101.5	100.9
青岛	106.3	95.7	101.5	100.0	110.2	102.5	三门峡	101.2	105.0	93.4	100.5	101.1	102.1
淄博	103.3	103.2	101.4	103.5	103.9	103.0	南阳	96.0	105.3	98.5	99.0	99.3	100.7
枣庄	102.2	101.5	98.7	103.4	103.8	102.2	商丘	101.8	101.4	99.6	98.9	98.2	100.7
东营	104.9	101.2	103.2	101.7	102.6	102.8	信阳	104.0	98.0	106.6	102.2	99.7	101.7
烟台	100.5	104.4	101.6	102.0	102.0	102.3	周口	99.2	95.2	99.9	99.2	99.0	100.0
潍坊	105.5	101.4	101.4	104.0	102.9	102.6	驻马店	104.7	101.6	102.8	101.7	99.5	100.5
济宁	103.8	99.4	103.2	102.6	102.5	103.3	武汉	102.3	102.2	101.9	100.6	100.0	101.1
泰安	102.4	100.2	114.8	112.9	102.3	104.5	黄石	105.7	94.9	104.8	101.9	101.3	102.4
威海	105.1	102.4	99.9	102.3	101.8	103.0	十堰	98.7	106.0	101.0	100.6	100.5	101.4
日照	102.8	104.4	106.8	103.8	103.2	102.6	宜昌	101.8	95.7	114.7	101.1	100.7	103.0
莱芜	102.2	100.3	103.1	101.4	102.8	102.9	襄阳	101.0	101.0	96.6	100.5	100.3	102.1

城市	2014年	2015年	2016年	2017年	2018年	2010年后	城市	2014年	2015年	2016年	2017年	2018年	2010年后
鄂州	106.0	98.7	99.5	100.5	100.9	101.4	江门	104.3	101.2	102.7	99.8	97.7	100.8
荆门	105.9	98.0	100.2	101.0	101.4	101.5	湛江	103.3	99.8	105.1	101.8	99.3	100.6
孝感	105.7	102.7	99.8	100.4	100.6	103.1	茂名	107.9	100.5	93.5	99.5	97.9	100.2
荆州	107.9	97.6	102.5	104.0	102.2	102.2	肇庆	104.1	107.3	96.7	100.0	97.1	100.1
黄冈	109.0	102.7	103.4	101.2	99.3	102.8	惠州	102.8	100.1	98.5	99.8	98.3	100.2
咸宁	104.7	96.4	100.7	100.5	100.3	100.5	梅州	107.2	102.8	102.8	100.6	97.6	102.2
随州	104.0	86.0	100.3	101.9	102.4	100.7	汕尾	111.4	100.9	97.3	99.4	97.2	99.7
长沙	94.6	97.6	105.9	101.9	102.1	100.2	河源	101.9	107.7	102.5	99.6	97.2	101.6
株洲	101.9	105.7	98.9	100.6	101.0	101.6	阳江	103.7	99.7	108.2	98.2	97.2	100.9
湘潭	101.1	104.4	97.3	99.8	99.5	101.4	清远	101.7	93.5	106.2	99.3	97.3	101.1
衡阳	98.5	100.1	98.8	102.0	102.0	100.6	东莞	100.6	109.6	97.1	99.5	97.4	100.6
邵阳	104.3	108.4	96.1	100.1	99.1	103.4	中山	105.5	123.5	94.3	97.3	96.5	102.4
岳阳	100.6	112.5	93.6	102.1	101.4	102.6	潮州	123.0	85.5	99.3	97.5	97.0	100.6
常德	94.5	106.2	93.1	102.2	101.8	101.6	揭阳	102.7	109.6	98.8	101.0	98.3	101.4
张家界	99.4	108.3	107.7	99.1	99.2	103.2	云浮	105.3	105.8	101.5	98.3	96.8	100.4
益阳	94.0	106.6	91.3	101.1	101.8	101.2	南宁	103.1	95.5	103.7	100.2	93.6	101.3
郴州	104.3	108.6	95.8	99.9	100.7	102.1	柳州	104.4	97.2	98.5	99.9	99.4	100.3
永州	107.8	102.1	97.1	100.1	99.4	101.5	桂林	94.9	109.6	96.8	100.2	99.2	100.7
怀化	104.1	103.8	105.3	100.0	98.3	104.2	梧州	101.5	97.1	99.0	98.7	99.0	100.6
娄底	97.7	107.9	107.7	100.3	100.9	102.5	北海	100.8	98.1	102.0	94.5	97.6	99.9
广州	101.3	99.6	99.1	97.8	95.3	99.1	防城港	101.5	99.3	98.8	98.4	99.3	99.9
韶关	106.9	98.0	100.7	100.2	99.0	101.1	钦州	116.4	97.6	103.9	99.3	99.5	103.7
深圳	104.2	95.2	100.1	97.6	92.9	100.8	贵港	108.0	96.3	103.8	99.9	98.1	102.1
珠海	118.8	104.8	90.6	95.6	95.1	101.1	玉林	101.1	98.4	106.1	103.3	100.3	101.9
汕头	103.9	95.6	98.1	99.3	99.0	100.2	百色	105.2	101.4	100.6	99.2	98.4	101.3
佛山	104.7	97.8	95.9	98.5	97.6	100.9	河池	102.4	99.0	105.5	98.8	97.6	101.1

城市	2014年	2015年	2016年	2017年	2018年	2010年后	城市	2014年	2015年	2016年	2017年	2018年	2010年后
海口	100.1	106.1	93.1	100.3	102.4	99.7	昭通	108.4	104.7	105.3	104.4	101.9	103.2
三亚	102.3	107.9	104.5	102.7	98.6	103.3	普洱	101.3	92.7	96.3	99.2	100.8	99.7
重庆	97.6	98.6	100.3	99.5	101.5	100.4	西安	101.5	101.8	103.8	101.8	98.4	102.4
成都	107.2	105.3	91.7	98.1	101.5	101.1	铜川	105.4	99.7	106.5	97.7	101.1	102.3
自贡	102.7	97.9	106.2	103.8	103.0	102.9	宝鸡	100.8	100.8	102.9	98.1	99.6	100.9
攀枝花	103.6	99.2	97.8	101.5	102.4	101.9	咸阳	107.4	98.1	103.8	95.5	101.0	101.4
泸州	103.6	101.4	101.5	102.4	101.6	102.2	渭南	99.9	103.5	107.1	99.9	101.4	102.4
德阳	107.0	98.1	98.7	100.8	101.6	100.7	延安	103.9	110.6	103.3	97.3	101.1	102.2
绵阳	100.3	99.9	103.9	101.3	102.1	102.3	汉中	103.4	104.2	111.3	100.1	99.9	102.5
广元	104.4	101.0	105.2	102.5	102.6	103.1	榆林	101.3	98.9	107.5	100.5	101.5	100.2
遂宁	104.0	99.2	106.2	104.8	103.8	104.4	安康	103.9	112.4	99.7	96.8	99.7	101.5
内江	110.6	96.9	103.6	103.3	103.2	102.5	兰州	101.1	100.0	105.1	98.2	99.2	101.0
乐山	105.1	104.4	101.0	100.6	100.9	102.6	嘉峪关	103.2	101.3	102.6	97.6	101.3	102.2
南充	99.1	102.4	102.7	100.5	100.3	102.2	金昌	87.8	108.1	111.5	97.9	99.6	104.2
宜宾	105.6	106.7	100.3	101.2	100.6	101.0	白银	101.7	100.2	103.3	100.7	100.1	100.9
雅安	104.8	104.0	102.4	100.7	100.2	101.9	天水	99.0	97.8	102.4	101.3	100.4	101.2
巴中	105.5	112.9	102.4	101.1	100.7	103.0	武威	104.9	99.7	100.9	102.0	99.3	101.0
资阳	100.9	102.6	100.7	103.3	101.8	102.4	张掖	103.5	107.3	115.1	100.6	97.7	105.7
贵阳	96.0	107.1	96.5	98.3	97.1	101.9	平凉	105.1	106.0	105.6	102.8	101.4	104.2
六盘水	101.0	103.9	98.5	97.5	97.5	102.4	酒泉	93.1	95.5	110.9	102.6	102.2	100.5
遵义	100.5	100.5	107.2	101.2	101.6	103.3	西宁	95.5	98.7	102.5	99.7	104.3	101.1
安顺	100.5	101.6	102.0	100.5	99.3	100.2	银川	109.0	100.4	97.8	95.3	96.1	102.7
昆明	103.2	94.3	104.4	100.4	103.3	101.5	石嘴山	109.3	96.5	95.4	97.9	99.1	101.4
曲靖	106.1	102.0	100.4	101.3	100.3	102.6	吴忠	101.8	101.1	99.4	99.9	100.0	102.5
玉溪	95.1	103.6	111.8	103.1	101.8	101.3	乌鲁木齐	101.3	99.0	104.2	100.5	107.0	102.5
保山	100.9	105.7	99.7	100.9	100.1	102.5	克拉玛依	101.6	104.8	101.2	97.8	97.9	104.9

附表 16　近六年政府效率指数（以 1990 年为基期）

城市	2013年	2014年	2015年	2016年	2017年	2018年	城市	2013年	2014年	2015年	2016年	2017年	2018年
北京	143.3	143.9	143.8	145.7	144.6	145.1	呼伦贝尔	124.9	131.2	132.3	136.9	145.5	149.2
天津	104.7	96.2	106.1	108.9	109.3	114.9	沈阳	122.5	125.2	119.9	123.9	125.6	129.7
石家庄	161.3	170.4	162.4	160.0	157.8	160.3	大连	133.0	134.8	131.5	135.7	137.4	141.6
唐山	136.4	142.5	141.0	139.6	136.8	136.3	鞍山	115.9	119.0	119.9	128.5	127.9	130.8
秦皇岛	149.7	154.5	179.0	148.6	141.5	140.7	抚顺	124.1	129.1	128.4	135.6	133.0	134.8
邯郸	155.7	161.6	155.7	153.8	153.6	152.8	本溪	120.3	130.2	125.3	134.8	134.6	138.3
邢台	133.9	140.3	144.9	144.3	141.9	139.6	丹东	130.2	137.9	132.3	136.9	134.5	135.3
保定	131.3	144.8	147.1	153.7	148.7	145.9	锦州	142.8	158.3	148.1	162.4	163.3	168.0
张家口	146.1	152.9	156.2	160.1	159.9	158.3	营口	127.4	125.0	125.6	134.2	135.2	139.1
承德	131.1	140.5	140.1	134.5	131.8	130.5	阜新	121.4	132.4	129.2	136.1	133.3	134.7
沧州	156.1	165.9	164.5	161.9	159.2	157.2	辽阳	130.1	136.7	132.6	141.3	141.6	145.9
廊坊	194.1	196.3	198.6	201.0	204.1	205.8	盘锦	147.1	152.7	155.6	153.7	150.5	152.9
衡水	146.9	145.9	147.8	150.0	150.3	149.4	铁岭	147.3	159.3	160.4	161.3	159.9	163.0
太原	131.8	131.2	135.6	138.3	134.4	138.4	朝阳	148.1	157.9	157.7	173.5	174.4	179.0
大同	133.9	138.7	136.3	142.3	137.8	138.9	葫芦岛	160.3	168.3	167.3	170.4	167.4	169.4
阳泉	136.8	136.1	139.1	145.5	139.8	139.2	长春	143.7	145.8	136.0	141.9	141.5	149.0
长治	142.7	155.7	160.0	165.5	165.2	168.2	吉林	133.5	137.9	140.9	145.1	145.1	147.1
晋城	167.3	178.6	185.1	202.9	198.3	197.1	四平	128.5	129.8	130.5	138.1	142.9	148.4
朔州	166.8	173.7	163.0	190.6	189.4	192.0	辽源	131.5	130.3	132.3	133.7	136.8	140.0
运城	149.9	160.7	190.4	213.5	209.9	208.7	通化	130.8	130.5	133.6	137.0	139.3	142.2
忻州	184.8	200.3	194.7	199.6	195.3	196.2	白山	126.6	128.4	133.5	138.1	140.2	142.8
临汾	155.9	172.4	174.9	191.1	189.0	190.0	松原	171.8	177.3	178.1	184.6	188.2	192.3
呼和浩特	133.1	122.2	136.9	144.8	140.2	141.6	白城	144.4	152.3	155.9	161.2	165.7	170.0
包头	153.5	156.0	147.9	148.4	146.8	147.2	哈尔滨	114.8	116.3	115.6	119.6	122.4	146.4
乌海	159.7	165.8	172.6	172.6	173.9	176.0	齐齐哈尔	113.9	127.3	124.3	152.1	153.2	158.7
赤峰	161.5	170.1	172.5	173.6	179.7	182.5	鸡西	175.5	187.3	189.0	213.5	222.6	230.3
通辽	127.0	128.9	114.0	116.5	119.1	120.2	鹤岗	137.6	147.2	147.3	162.0	168.3	173.3

续表

城市	2013年	2014年	2015年	2016年	2017年	2018年	城市	2013年	2014年	2015年	2016年	2017年	2018年
双鸭山	112.1	126.3	129.6	143.1	148.7	153.4	湖州	154.7	163.1	166.3	167.8	176.5	183.7
大庆	152.6	155.7	156.2	163.5	169.7	179.3	绍兴	161.9	167.7	171.3	173.8	181.3	187.4
伊春	156.6	154.7	159.3	178.6	186.9	193.4	金华	132.0	137.4	144.5	160.6	167.8	171.0
佳木斯	133.6	139.7	139.3	147.6	153.7	159.6	衢州	150.1	155.0	157.8	170.2	179.9	186.7
七台河	117.5	124.4	122.3	138.9	147.7	155.4	舟山	173.2	188.7	191.9	194.3	206.2	211.9
牡丹江	140.7	146.1	146.1	159.0	164.3	170.1	台州	117.0	123.9	128.1	133.6	139.7	144.0
黑河	189.2	204.3	207.0	220.4	231.0	240.4	丽水	122.0	129.5	131.6	133.9	139.4	143.7
绥化	150.0	163.4	162.8	182.0	193.6	203.8	合肥	113.0	113.0	114.8	115.9	118.9	122.2
上海	123.0	122.6	122.1	120.7	121.1	122.7	芜湖	130.1	131.0	132.8	133.9	132.9	133.8
南京	131.4	121.7	147.6	148.4	153.4	154.5	蚌埠	124.5	127.0	129.0	127.2	130.5	130.2
无锡	134.6	143.3	148.1	145.4	151.3	153.7	淮南	109.8	114.7	113.9	125.6	126.3	125.1
徐州	179.3	190.1	199.3	192.6	198.2	201.3	马鞍山	121.3	114.7	119.7	124.0	123.5	123.8
常州	127.3	134.5	137.9	137.0	141.8	143.8	淮北	143.1	148.5	156.0	155.5	158.0	161.7
苏州	179.2	192.2	202.1	199.5	207.1	210.9	铜陵	127.1	124.3	119.1	127.5	123.7	122.4
南通	122.9	127.6	133.3	129.5	133.9	136.5	安庆	115.3	112.0	118.5	130.1	130.5	131.9
连云港	196.6	199.1	210.0	206.1	211.8	215.9	黄山	191.3	162.4	161.7	168.7	167.9	170.0
淮安	179.8	189.5	198.1	196.8	203.9	207.6	滁州	148.1	157.3	162.7	169.6	173.1	173.8
盐城	167.1	177.0	186.2	183.3	193.3	197.4	阜阳	122.3	122.1	129.6	130.9	132.8	134.2
扬州	146.2	150.9	160.8	159.3	165.6	168.9	宿州	106.2	110.9	118.1	119.5	120.1	121.7
镇江	145.8	156.9	163.5	161.0	165.8	169.6	六安	149.2	146.7	156.7	154.0	153.8	156.4
泰州	190.9	202.7	209.4	200.5	207.5	211.3	亳州	135.1	147.2	150.5	158.0	156.6	156.8
宿迁	193.9	208.9	220.9	212.1	220.4	226.2	宣城	122.4	126.6	131.4	132.4	131.4	132.5
杭州	140.8	148.3	155.0	161.0	163.4	157.2	福州	113.5	121.6	120.5	116.4	114.6	121.5
宁波	128.6	131.1	131.9	136.0	137.6	145.2	厦门	138.6	143.1	147.8	151.8	153.8	148.1
温州	163.4	176.9	172.1	177.3	186.0	192.7	莆田	177.0	181.8	183.3	185.8	188.4	192.1
嘉兴	178.6	180.1	183.2	186.8	196.1	202.1	三明	131.7	147.5	146.9	151.2	153.5	156.0

续表

城市	2013年	2014年	2015年	2016年	2017年	2018年	城市	2013年	2014年	2015年	2016年	2017年	2018年
泉州	178.4	180.2	182.9	186.2	188.0	191.6	临沂	155.1	159.8	162.0	160.6	164.2	167.7
漳州	178.9	187.8	186.5	189.5	194.0	198.7	德州	148.7	148.0	148.3	156.3	162.4	169.1
南平	144.7	140.4	150.8	149.6	152.8	156.2	聊城	182.1	191.1	197.2	205.1	210.3	215.0
龙岩	191.9	203.1	214.5	216.9	222.5	227.6	滨州	168.0	170.5	173.5	180.6	185.6	191.8
宁德	162.0	174.8	164.8	169.9	175.5	182.0	菏泽	177.5	183.6	186.5	197.4	205.3	211.8
南昌	116.1	118.9	120.8	111.5	111.2	113.3	郑州	108.4	108.4	110.7	109.9	111.3	111.3
景德镇	114.2	110.7	110.0	111.4	113.5	115.5	开封	114.0	117.9	136.0	137.8	138.5	136.7
萍乡	125.1	129.9	129.5	130.2	131.4	134.1	洛阳	111.0	108.2	107.2	109.8	109.2	108.8
九江	127.2	128.2	120.9	118.2	121.5	123.7	平顶山	123.7	130.5	128.9	129.5	131.0	130.6
新余	137.0	136.9	134.0	138.8	143.0	146.0	安阳	130.1	135.6	140.0	141.0	136.8	133.4
鹰潭	154.1	158.7	154.2	160.8	161.8	163.1	鹤壁	119.2	122.8	122.4	121.6	120.2	118.7
赣州	147.4	144.9	153.6	156.0	158.7	160.1	新乡	113.9	111.5	109.9	114.0	113.7	112.7
吉安	151.7	150.8	151.8	150.3	152.3	153.3	焦作	123.4	123.1	122.4	126.9	126.9	126.1
宜春	153.0	140.1	147.5	143.1	146.7	150.1	濮阳	168.7	169.9	170.7	182.9	182.8	179.7
上饶	177.9	165.4	181.0	181.6	185.9	187.2	许昌	97.5	102.1	103.3	106.6	107.0	107.0
济南	131.7	133.5	136.4	140.3	142.7	156.1	漯河	135.7	128.0	124.0	131.8	135.2	137.2
青岛	130.1	138.3	132.4	134.4	134.4	148.1	三门峡	131.5	133.0	139.6	130.4	131.1	132.5
淄博	132.0	136.3	140.6	142.6	147.7	153.5	南阳	115.6	111.0	116.8	115.0	113.9	113.0
枣庄	131.7	134.6	136.6	134.9	139.4	144.8	商丘	118.3	120.4	122.1	121.7	120.3	118.1
东营	160.2	168.0	170.1	175.6	178.5	183.3	信阳	151.3	157.4	154.2	164.4	168.0	167.5
烟台	173.4	174.2	181.9	184.8	188.4	192.1	周口	131.9	130.8	124.5	124.3	123.4	122.1
潍坊	133.7	141.0	142.9	144.9	150.6	155.0	驻马店	163.8	171.5	174.2	179.0	182.1	181.2
济宁	153.8	159.7	158.8	163.8	168.0	172.2	武汉	118.7	121.5	124.1	126.5	127.2	127.2
泰安	135.3	138.5	138.8	159.3	179.8	183.9	黄石	121.6	128.5	122.0	127.9	130.2	131.9
威海	168.7	177.2	181.4	181.3	185.5	188.9	十堰	157.7	155.7	165.0	166.6	167.7	168.6
日照	148.3	152.5	159.2	170.0	176.4	182.0	宜昌	120.9	123.1	117.7	135.1	136.6	137.5
莱芜	167.0	170.7	171.2	176.5	178.9	183.9	襄阳	154.8	156.3	157.9	152.5	153.2	153.7

续表

城市	2013年	2014年	2015年	2016年	2017年	2018年	城市	2013年	2014年	2015年	2016年	2017年	2018年
鄂州	144.8	153.5	151.5	150.8	151.6	152.9	江门	126.6	132.1	133.6	137.2	136.9	133.9
荆门	158.7	168.0	164.7	165.0	166.7	169.0	湛江	154.4	159.5	159.1	167.3	170.3	169.1
孝感	139.7	147.7	151.7	151.4	152.0	153.0	茂名	114.8	124.0	124.6	116.5	115.9	113.4
荆州	166.1	179.2	175.0	179.3	186.5	190.7	肇庆	161.1	167.7	180.0	174.1	174.1	169.0
黄冈	190.9	208.1	213.7	221.0	223.6	222.0	惠州	157.1	161.6	161.7	159.2	158.9	156.2
咸宁	131.4	137.6	132.6	133.5	134.2	134.5	梅州	131.3	140.7	144.6	148.6	149.5	145.9
随州	145.4	151.3	130.1	130.4	132.9	136.1	汕尾	124.3	138.4	139.6	135.8	135.0	131.2
长沙	159.4	150.8	147.2	155.9	158.8	162.2	河源	131.1	133.5	143.8	147.4	146.8	142.6
株洲	127.7	130.1	137.5	136.1	136.9	138.3	阳江	146.8	152.3	151.9	164.3	161.3	156.7
湘潭	134.0	135.4	141.4	137.6	137.2	136.5	清远	169.0	172.0	160.9	170.9	169.7	165.2
衡阳	150.2	147.9	148.1	146.4	149.3	152.3	东莞	161.8	162.7	178.5	173.3	168.7	164.2
邵阳	140.5	146.5	158.8	152.5	152.7	151.1	中山	167.3	176.5	217.9	205.6	200.1	193.0
岳阳	148.9	149.8	168.6	157.8	161.0	163.2	潮州	115.9	142.5	121.9	121.0	118.0	114.5
常德	148.7	140.5	149.2	138.9	142.0	144.6	揭阳	137.1	140.8	154.3	152.5	154.1	151.4
张家界	160.4	159.4	172.7	185.9	184.3	182.8	云浮	172.0	181.1	191.6	194.6	191.3	185.2
益阳	131.1	123.2	131.3	119.9	121.2	123.3	南宁	127.2	131.1	125.2	129.9	130.1	121.8
郴州	161.5	168.5	183.0	175.3	175.1	176.3	柳州	97.3	101.5	98.7	97.3	97.1	96.5
永州	169.4	182.7	186.5	181.1	181.2	180.0	桂林	115.6	109.7	120.3	116.4	116.6	115.7
怀化	153.7	160.0	166.0	174.8	174.7	171.7	梧州	108.2	109.9	106.7	105.6	104.3	103.2
娄底	137.9	134.7	145.4	156.0	156.4	157.8	北海	117.9	118.7	116.4	118.8	112.3	109.5
广州	133.8	135.5	135.0	133.7	130.7	124.7	防城港	131.3	133.3	132.3	130.7	128.7	127.8
韶关	160.1	171.1	167.7	168.9	169.2	167.5	钦州	156.2	181.8	177.4	184.3	182.9	182.0
深圳	155.7	162.1	154.4	154.6	150.8	140.2	贵港	167.2	180.6	173.9	180.5	180.2	176.8
珠海	106.8	126.9	133.0	120.4	115.2	109.5	玉林	135.7	137.2	135.1	143.3	148.1	148.5
汕头	120.8	125.5	120.0	117.7	116.9	115.8	百色	129.5	136.3	138.2	139.1	138.0	135.8
佛山	153.8	161.0	157.4	151.0	148.7	145.1	河池	174.5	178.8	176.9	186.6	184.3	179.9

续表

城市	2013年	2014年	2015年	2016年	2017年	2018年	城市	2013年	2014年	2015年	2016年	2017年	2018年
海口	140.1	140.3	148.8	138.5	138.9	142.2	昭通	155.5	168.6	176.5	185.9	194.2	197.8
三亚	146.8	150.1	162.0	169.4	173.9	171.4	普洱	152.9	154.9	143.6	138.3	137.2	138.3
重庆	123.6	120.6	118.9	119.3	118.7	120.4	西安	130.7	132.6	135.1	140.2	142.8	140.6
成都	129.0	138.3	145.7	133.6	131.1	133.1	铜川	130.9	138.0	137.6	146.6	143.1	144.7
自贡	129.8	133.3	130.5	138.5	143.8	148.2	宝鸡	128.1	129.2	130.2	134.0	131.4	130.9
攀枝花	134.2	139.0	137.8	134.7	136.8	140.1	咸阳	144.6	155.4	152.5	158.3	151.2	152.7
泸州	129.2	133.8	135.7	137.7	141.0	143.3	渭南	120.8	120.7	124.9	133.8	133.7	135.6
德阳	144.0	154.2	151.2	149.3	150.5	152.9	延安	151.2	157.0	173.7	179.3	174.5	176.3
绵阳	150.6	151.0	150.8	156.7	158.6	161.9	汉中	144.6	149.2	155.7	173.3	173.4	173.3
广元	125.2	130.7	132.0	138.8	142.4	146.0	榆林	161.2	163.3	161.5	173.6	174.5	177.1
遂宁	176.0	183.1	181.7	192.9	202.1	209.7	安康	165.5	171.9	193.2	192.5	186.4	185.7
内江	137.9	152.4	147.8	153.2	158.1	163.2	兰州	111.3	112.6	112.6	118.4	116.3	115.3
乐山	174.3	183.2	191.3	193.3	194.4	196.1	嘉峪关	166.1	171.5	173.8	178.4	174.0	176.3
南充	153.2	151.8	155.4	159.5	160.4	160.9	金昌	226.0	198.5	214.5	239.3	234.2	233.2
宜宾	150.2	158.6	169.1	169.7	171.8	172.9	白银	159.9	162.6	162.9	168.3	169.5	169.7
雅安	187.8	196.8	204.6	209.4	211.0	211.5	天水	192.3	190.4	186.2	190.7	193.2	193.9
巴中	184.9	195.1	220.2	225.6	228.1	229.7	武威	151.1	158.5	158.0	159.4	162.6	161.5
资阳	179.2	180.7	185.5	186.7	192.9	196.3	张掖	150.6	156.0	167.4	192.7	193.8	189.4
贵阳	136.3	130.9	140.1	135.2	132.9	129.1	平凉	195.6	205.6	217.8	230.0	236.6	239.9
六盘水	134.8	136.2	141.5	139.3	135.7	132.3	酒泉	187.0	174.1	166.4	184.5	189.4	193.5
遵义	169.7	170.6	171.4	183.7	186.0	189.1	西宁	133.6	127.6	125.9	129.1	128.7	134.3
安顺	141.9	142.7	145.0	147.9	148.6	147.5	银川	136.7	149.0	149.7	146.3	139.5	134.0
昆明	118.1	121.8	114.9	119.9	120.4	124.4	石嘴山	151.9	166.1	160.3	152.9	149.6	148.3
曲靖	151.3	160.5	163.8	164.4	166.8	167.2	吴忠	132.5	134.9	136.4	135.5	135.4	135.5
玉溪	134.1	127.5	132.1	147.6	152.3	155.0	乌鲁木齐	118.3	119.8	118.7	123.6	124.2	132.9
保山	142.9	144.3	152.5	152.1	153.5	153.7	克拉玛依	217.9	221.5	232.0	234.8	229.6	224.9

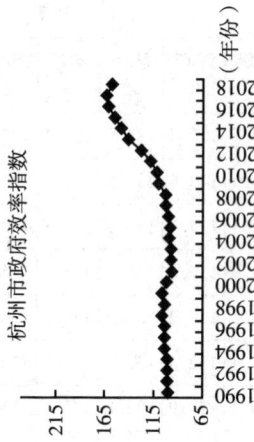

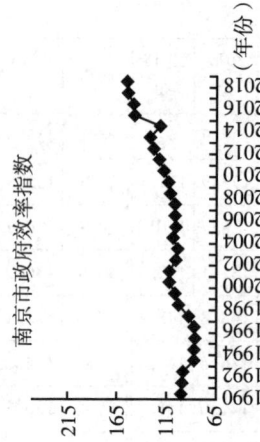

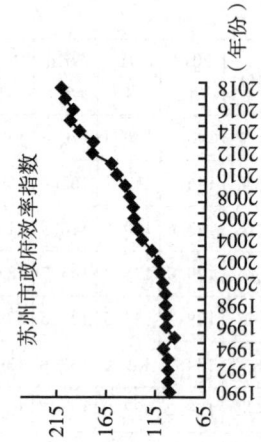

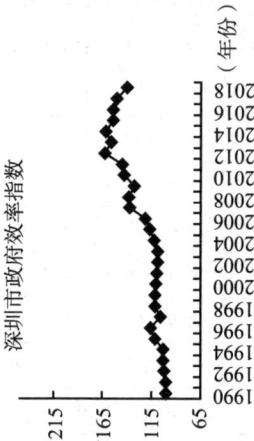

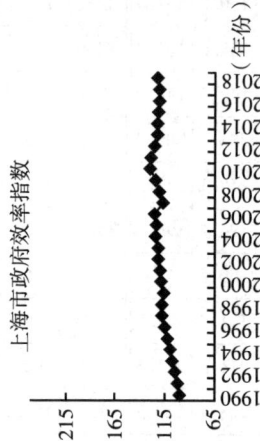

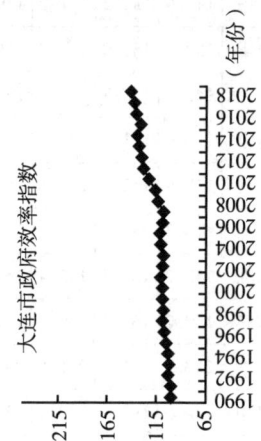

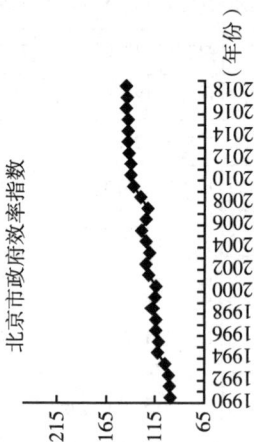

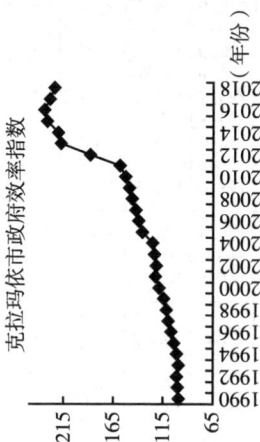

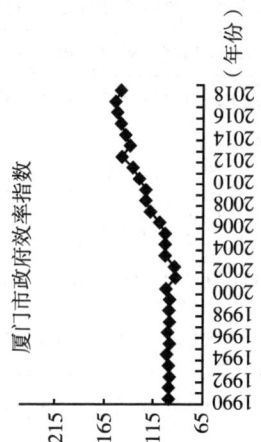

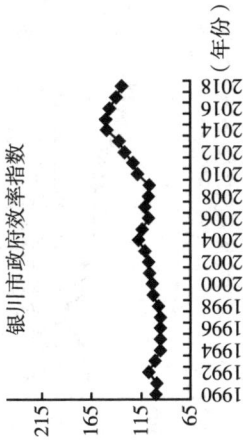

银川市政府效率指数

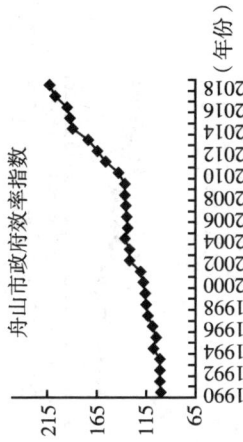

舟山市政府效率指数

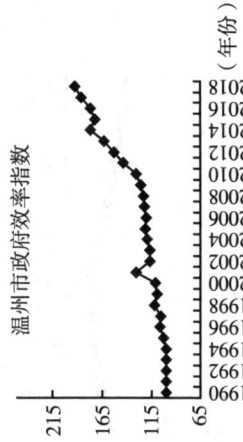

温州市政府效率指数

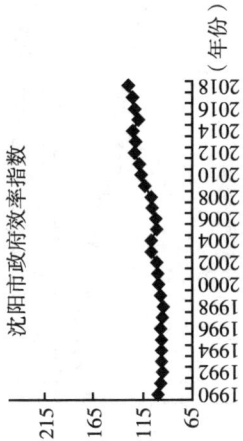

沈阳市政府效率指数

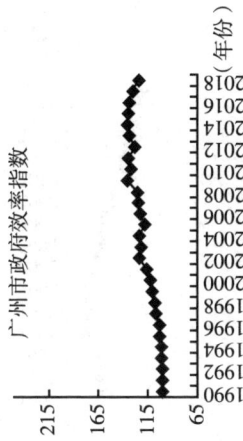

广州市政府效率指数

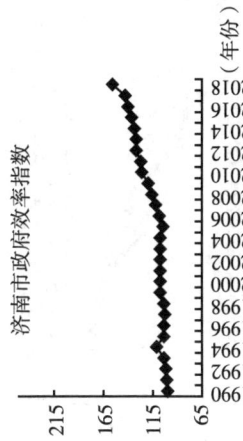

济南市政府效率指数

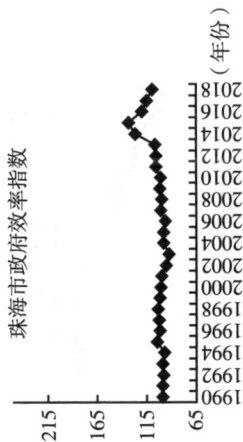

珠海市政府效率指数

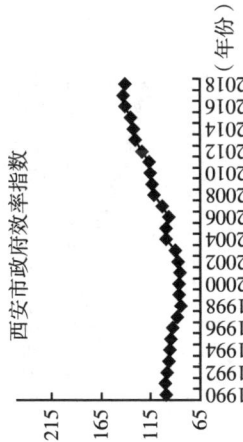

西安市政府效率指数

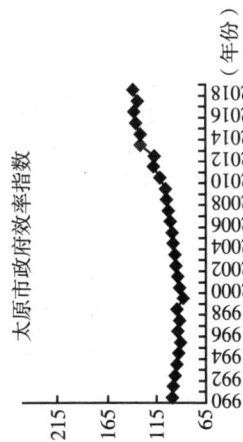

太原市政府效率指数

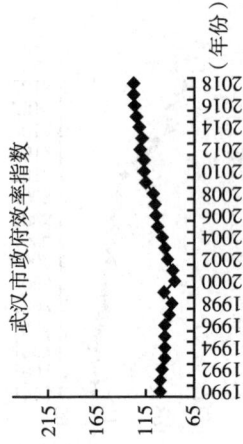

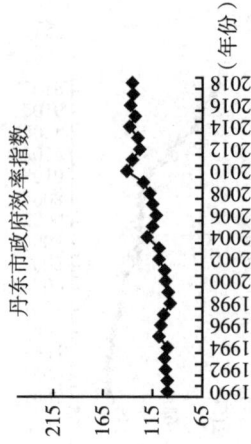

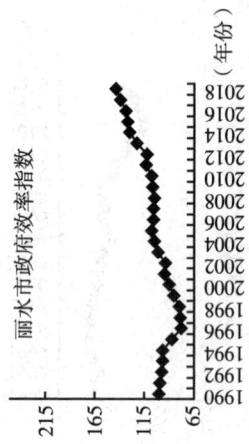

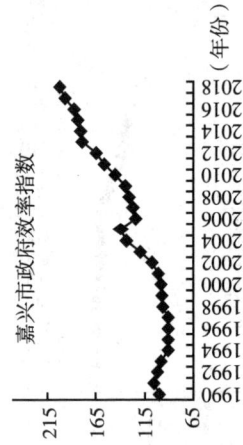

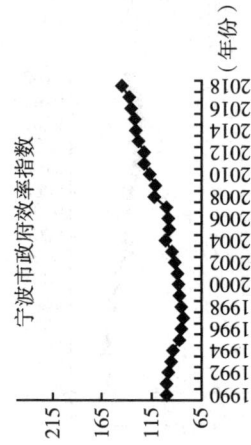

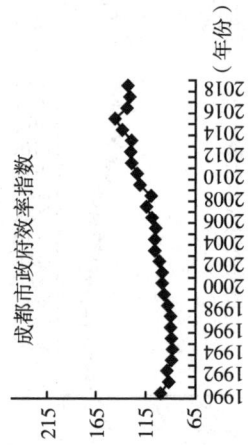

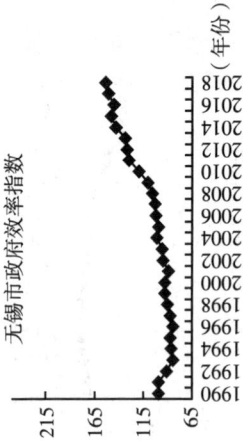

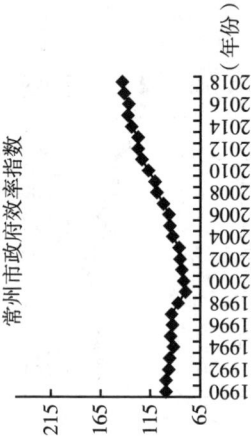

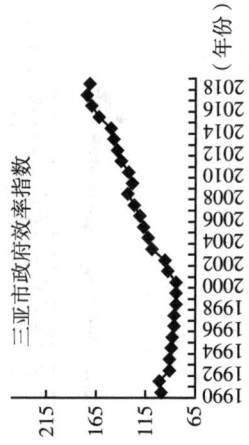

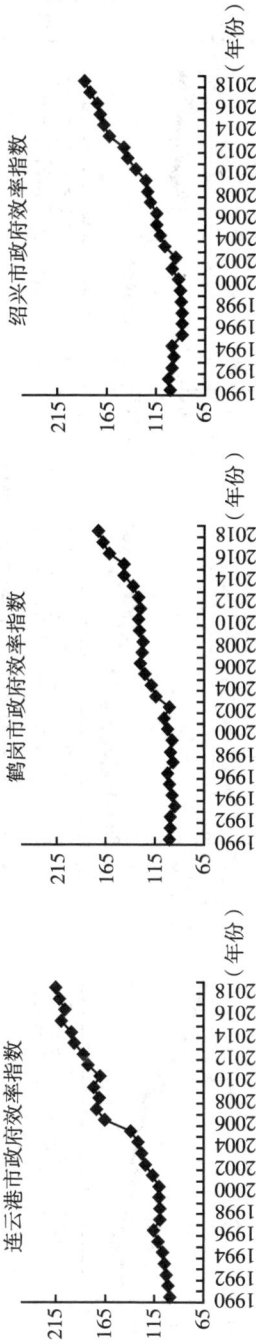

绍兴市政府效率指数

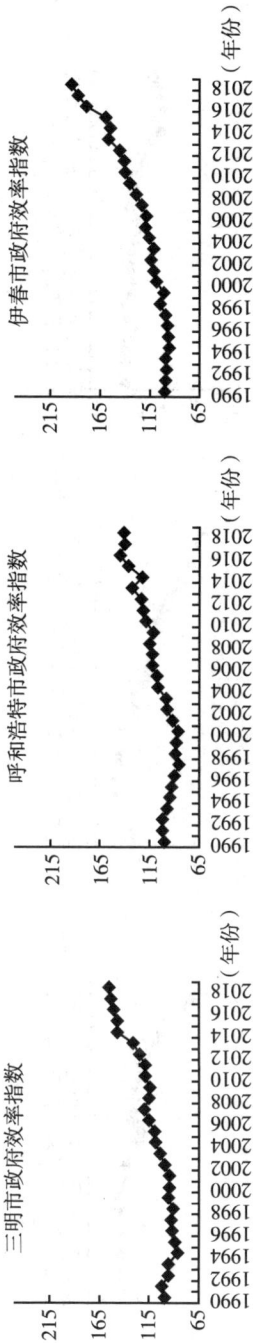

伊春市政府效率指数

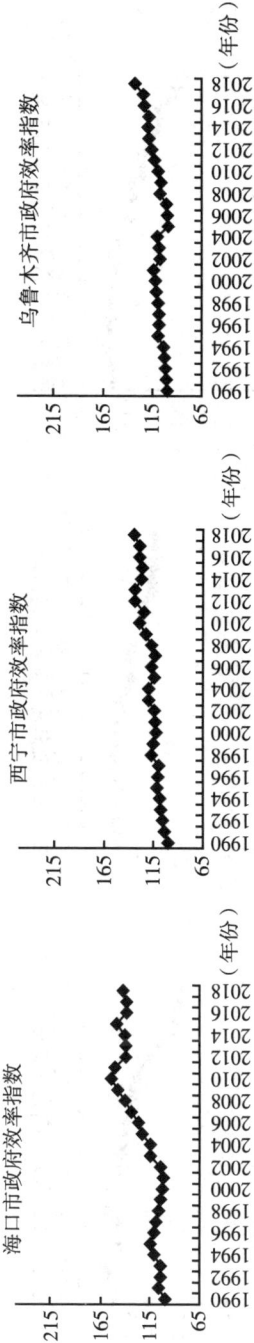

乌鲁木齐市政府效率指数

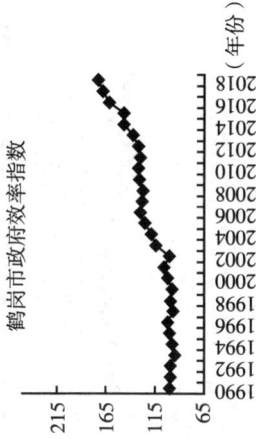

鹤岗市政府效率指数

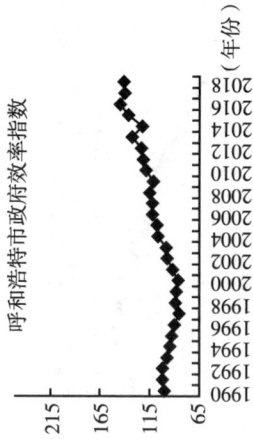

呼和浩特市政府效率指数

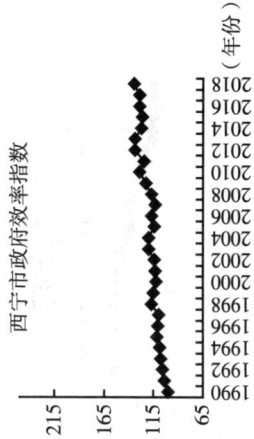

西宁市政府效率指数

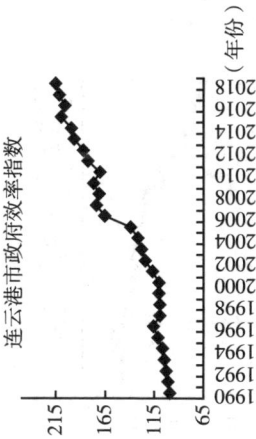

连云港市政府效率指数

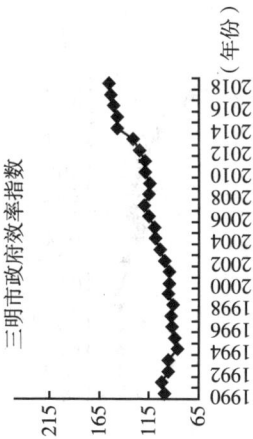

三明市政府效率指数

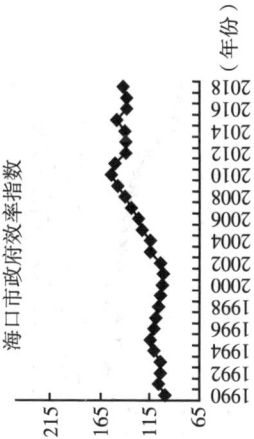

海口市政府效率指数

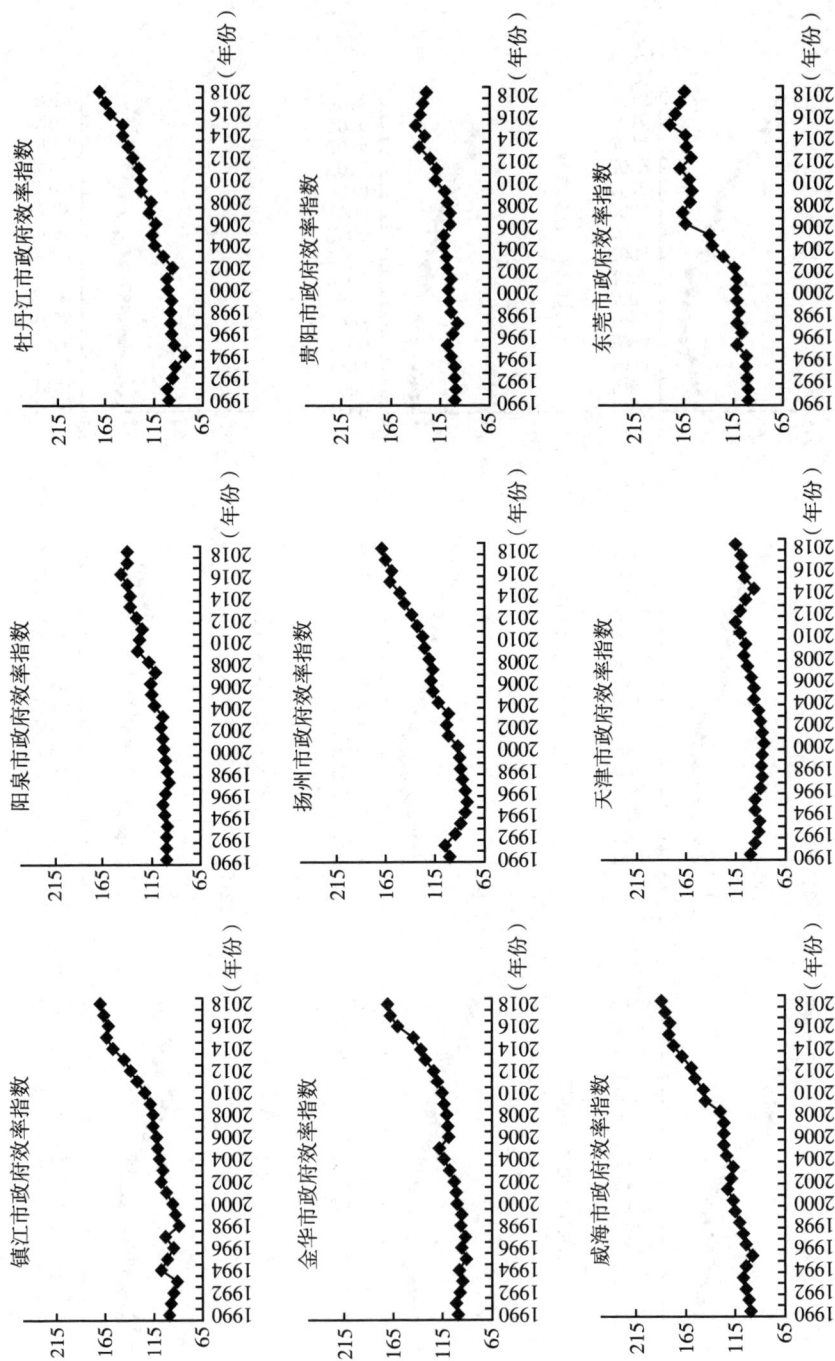

附图 5 排名前 45 的城市政府效率指数

附表 17 近五年人民生活排名

城市	2014年	2015年	2016年	2017年	2018年	2010年后	城市	2014年	2015年	2016年	2017年	2018年	2010年后
北京	2	2	2	1	1	2	大连	66	74	66	62	56	62
天津	78	80	77	57	46	60	鞍山	124	118	46	61	43	96
石家庄	174	158	170	175	173	174	抚顺	84	78	32	43	31	68
唐山	192	188	177	180	174	189	本溪	129	145	86	91	77	110
秦皇岛	65	62	83	93	106	90	丹东	106	99	58	71	62	95
邯郸	247	238	229	219	209	242	锦州	175	160	91	108	96	147
邢台	184	190	194	208	213	198	营口	181	167	92	101	91	138
保定	161	140	135	125	127	156	阜新	121	82	40	50	33	81
张家口	162	136	119	128	131	151	辽阳	108	125	51	72	64	92
承德	179	174	174	184	189	180	盘锦	83	84	39	52	48	61
沧州	243	240	234	231	231	248	铁岭	172	138	85	47	25	133
廊坊	132	144	125	107	108	130	朝阳	146	104	59	76	66	114
衡水	147	173	171	181	192	171	葫芦岛	94	79	70	86	83	91
太原	8	11	11	14	14	9	长春	140	135	151	156	159	131
大同	26	23	22	23	23	23	吉林	152	183	187	164	147	159
阳泉	55	59	74	77	79	48	四平	261	259	256	257	255	258
长治	87	93	116	133	128	112	辽源	253	256	257	256	253	250
晋城	88	100	123	132	125	109	通化	201	178	167	153	142	172
朔州	126	95	102	95	87	103	白山	133	127	143	138	133	111
运城	96	103	115	122	116	104	松原	264	261	264	263	264	262
忻州	9	7	41	38	37	12	白城	220	211	206	192	182	188
临汾	115	102	105	126	126	116	哈尔滨	111	105	131	129	132	122
呼和浩特	95	108	99	70	63	86	齐齐哈尔	53	58	61	53	52	52
包头	77	81	88	79	76	77	鸡西	64	57	68	67	71	64
乌海	49	54	65	46	40	34	鹤岗	14	15	12	13	13	17
赤峰	143	129	139	97	90	121	双鸭山	151	43	56	36	30	88
通辽	240	264	258	240	229	252	大庆	86	55	82	74	60	70
呼伦贝尔	113	120	126	87	75	93	伊春	4	3	3	3	2	4
沈阳	58	52	24	24	21	41	佳木斯	141	147	159	161	163	144

续表

城市	2014年	2015年	2016年	2017年	2018年	2010年后	城市	2014年	2015年	2016年	2017年	2018年	2010年后
七台河	39	38	55	39	34	44	马鞍山	180	192	201	206	204	197
牡丹江	153	153	158	167	167	148	淮北	105	134	172	188	188	135
黑河	82	76	106	110	115	80	铜陵	176	230	169	212	228	168
绥化	263	262	262	262	262	263	安庆	205	175	211	214	202	209
上海	6	5	7	4	4	5	黄山	37	35	35	42	49	36
南京	22	21	15	11	11	20	滁州	235	234	239	247	248	243
无锡	36	36	60	28	26	46	阜阳	171	162	157	174	183	177
徐州	203	215	214	211	207	215	宿州	244	252	252	255	257	251
常州	75	70	73	66	67	73	六安	228	203	247	251	249	231
苏州	21	19	20	17	12	26	亳州	237	245	223	241	245	240
南通	57	45	76	85	93	79	宣城	200	181	210	216	218	203
连云港	215	218	216	202	196	218	福州	59	60	64	65	70	58
淮安	164	168	148	148	156	176	厦门	16	18	17	18	15	15
盐城	204	186	192	191	193	204	莆田	28	94	96	88	84	87
扬州	98	90	100	103	99	115	三明	166	184	188	177	157	169
镇江	136	150	150	142	134	134	泉州	127	131	154	149	146	139
泰州	97	117	122	139	143	140	漳州	246	251	251	249	242	253
宿迁	232	235	242	235	233	247	南平	134	106	130	130	129	126
杭州	12	9	9	9	9	11	龙岩	120	101	118	111	109	98
宁波	52	49	42	40	42	42	宁德	196	205	209	193	186	195
温州	46	47	48	48	55	30	南昌	79	75	80	81	82	82
嘉兴	99	87	94	99	103	94	景德镇	170	171	185	170	160	182
湖州	89	88	89	84	85	85	萍乡	209	206	199	195	194	205
绍兴	47	39	34	27	27	47	九江	211	213	217	224	225	220
金华	24	33	37	34	39	33	新余	182	194	190	179	172	187
衢州	72	61	57	58	59	65	鹰潭	221	199	207	197	197	219
舟山	29	30	26	21	20	24	赣州	148	148	149	172	179	179
台州	51	48	53	59	65	51	吉安	154	141	156	160	166	167
丽水	31	27	25	26	28	25	宜春	190	177	181	204	210	192
合肥	101	114	111	113	107	108	上饶	210	200	200	215	222	216
芜湖	202	202	215	213	208	213	济南	60	53	47	45	45	45
蚌埠	241	224	244	248	247	235	青岛	117	110	114	116	112	100
淮南	104	154	127	140	158	113	淄博	80	86	98	94	92	84

续表

城市	2014年	2015年	2016年	2017年	2018年	2010年后	城市	2014年	2015年	2016年	2017年	2018年	2010年后
枣庄	238	241	240	238	234	232	十堰	45	44	50	60	72	63
东营	68	71	71	63	58	59	宜昌	102	98	97	90	88	117
烟台	137	155	163	158	150	129	襄阳	130	143	146	141	138	164
潍坊	193	220	208	194	191	178	鄂州	131	130	121	121	114	137
济宁	226	236	243	242	238	208	荆门	118	132	136	137	136	142
泰安	227	232	237	237	237	222	孝感	119	113	120	131	137	141
威海	125	133	142	135	130	118	荆州	138	124	113	120	117	146
日照	224	217	219	218	214	214	黄冈	107	122	104	105	118	132
莱芜	100	115	129	154	149	119	咸宁	145	157	134	134	135	154
临沂	212	216	218	222	226	200	随州	150	165	155	155	154	163
德州	254	254	255	258	258	256	长沙	38	32	28	30	32	32
聊城	245	247	246	239	236	234	株洲	156	169	164	165	161	158
滨州	191	191	191	187	180	183	湘潭	167	193	193	189	185	185
菏泽	251	249	238	245	244	239	衡阳	222	233	227	223	221	227
郑州	67	65	72	78	89	78	邵阳	216	219	107	123	140	143
开封	218	231	220	221	227	236	岳阳	259	260	254	254	250	257
洛阳	213	209	204	203	201	207	常德	230	227	222	217	206	221
平顶山	158	146	161	109	101	152	张家界	93	111	132	124	119	105
安阳	194	170	162	168	170	193	益阳	248	246	245	234	232	246
鹤壁	233	237	235	226	223	233	郴州	186	187	175	171	169	166
新乡	214	208	205	199	198	211	永州	159	152	153	150	153	155
焦作	231	228	212	207	203	228	怀化	165	185	179	183	187	173
濮阳	234	242	231	230	235	238	娄底	249	239	225	229	230	244
许昌	258	255	253	252	251	259	广州	11	10	13	16	17	10
漯河	197	195	197	198	199	206	韶关	76	83	90	92	94	66
三门峡	219	222	228	227	224	226	深圳	5	6	6	6	5	6
南阳	208	166	189	201	211	210	珠海	1	4	4	5	7	1
商丘	207	201	196	205	220	223	汕头	42	50	95	114	124	53
信阳	169	210	203	209	212	212	佛山	25	24	21	22	24	27
周口	239	229	230	236	240	245	江门	90	128	147	147	148	120
驻马店	185	197	176	169	177	202	湛江	252	253	259	259	259	255
武汉	50	46	44	44	44	40	茂名	260	258	260	260	260	261
黄石	149	149	141	146	141	145	肇庆	256	250	249	250	254	249

续表

城市	2014年	2015年	2016年	2017年	2018年	2010年后	城市	2014年	2015年	2016年	2017年	2018年	2010年后
惠州	92	89	84	69	68	76	内江	199	204	180	173	178	199
梅州	109	112	128	136	151	136	乐山	73	92	101	98	100	89
汕尾	242	257	261	261	261	260	南充	103	91	93	102	111	107
河源	195	189	183	182	184	186	宜宾	183	176	168	166	164	184
阳江	229	109	103	115	123	160	雅安	41	40	36	33	38	43
清远	144	163	165	163	168	170	巴中	62	64	69	80	95	71
东莞	7	8	8	8	8	8	资阳	155	156	202	178	176	181
中山	32	41	45	55	61	39	贵阳	18	22	23	29	41	21
潮州	173	207	224	243	246	224	六盘水	236	244	241	225	219	237
揭阳	262	263	263	264	263	264	遵义	178	196	184	190	195	190
云浮	198	226	232	246	252	217	安顺	206	214	213	210	217	191
南宁	56	73	67	68	80	67	昆明	27	25	27	32	36	22
柳州	122	123	140	127	121	125	曲靖	257	248	248	228	215	229
桂林	188	159	173	151	152	175	玉溪	160	164	152	143	139	150
梧州	250	243	250	253	256	254	保山	139	142	138	117	120	106
北海	168	180	186	185	181	162	昭通	255	225	233	233	241	241
防城港	85	97	124	112	105	102	普洱	63	66	62	64	78	54
钦州	223	221	236	244	243	230	西安	20	16	19	20	22	19
贵港	225	223	226	232	239	225	铜川	61	68	52	54	51	49
玉林	217	212	221	220	216	201	宝鸡	157	151	160	162	165	149
百色	128	139	145	157	162	127	咸阳	177	172	182	152	144	161
河池	112	119	133	145	155	124	渭南	114	121	110	118	113	123
海口	15	13	10	12	19	13	延安	71	63	63	73	69	69
三亚	13	14	16	16	16	16	汉中	123	126	137	159	171	128
重庆	91	96	108	106	110	101	榆林	19	67	79	82	81	57
成都	33	28	31	37	54	35	安康	116	116	117	119	122	99
自贡	187	198	198	200	205	194	兰州	40	31	33	35	47	28
攀枝花	44	56	75	83	86	55	嘉峪关	10	12	5	7	6	7
泸州	135	137	144	144	145	153	金昌	23	17	14	10	10	18
德阳	142	161	166	176	175	157	白银	81	77	81	75	74	83
绵阳	54	72	78	89	97	74	天水	110	107	112	100	102	97
广元	30	29	29	31	35	29	武威	34	26	30	25	29	31
遂宁	189	182	195	196	200	196	张掖	69	42	54	51	57	50

续表

城市	2014年	2015年	2016年	2017年	2018年	2010年后	城市	2014年	2015年	2016年	2017年	2018年	2010年后
平凉	48	34	38	56	73	56	石嘴山	74	85	109	104	98	75
酒泉	43	51	49	49	53	38	吴忠	163	179	178	186	190	165
西宁	35	37	43	41	50	37	乌鲁木齐	17	20	18	19	18	14
银川	70	69	87	96	104	72	克拉玛依	3	1	1	2	3	3

附表 18　近五年人民生活指数（上一年 = 100）

城市	2014年	2015年	2016年	2017年	2018年	2010年后	城市	2014年	2015年	2016年	2017年	2018年	2010年后
北京	101.8	102.9	105.6	102.1	101.3	102.8	临汾	103.2	105.3	102.9	97.7	99.2	101.9
天津	102.5	103.9	104.8	103.0	102.3	102.6	呼和浩特	102.1	102.2	104.6	104.4	101.6	103.1
石家庄	103.1	105.7	101.6	99.1	99.0	102.1	包头	103.0	103.5	103.1	100.8	100.7	102.9
唐山	101.9	104.2	104.5	99.1	99.7	102.7	乌海	100.7	102.2	102.0	103.2	101.4	101.5
秦皇岛	107.6	103.8	100.9	97.4	97.7	102.4	赤峰	99.2	105.4	102.1	104.9	101.7	102.8
邯郸	103.6	105.3	104.2	101.0	100.2	102.9	通辽	102.4	91.6	111.2	103.7	100.4	102.5
邢台	103.8	102.9	101.8	97.7	98.2	101.8	呼伦贝尔	99.9	103.2	102.4	105.3	102.2	102.7
保定	106.3	106.1	104.1	100.9	99.0	103.0	沈阳	104.1	103.8	110.2	100.4	102.4	103.7
张家口	103.3	106.6	105.8	98.9	98.7	102.5	大连	104.5	102.5	105.3	100.2	101.4	102.8
承德	101.9	104.2	103.1	97.8	98.8	101.7	鞍山	105.0	104.1	115.2	97.5	103.7	104.4
沧州	103.4	104.1	103.7	99.4	99.9	102.3	抚顺	104.0	104.8	112.9	97.7	102.4	103.5
廊坊	104.2	102.0	105.8	101.9	99.3	103.0	本溪	101.9	101.6	102.2	98.6	102.5	102.6
衡水	103.5	100.6	103.3	98.3	97.3	101.5	丹东	104.7	104.6	105.1	97.9	102.0	103.7
太原	102.8	100.7	99.8	98.5	99.2	101.8	锦州	104.3	105.7	112.2	97.3	101.4	103.6
大同	101.3	102.4	104.4	98.7	100.1	101.8	营口	102.3	105.3	113.5	98.6	101.8	103.2
阳泉	101.1	102.8	101.0	99.0	100.0	100.8	阜新	104.3	108.8	110.9	98.7	103.3	103.6
长治	104.2	103.5	100.1	97.5	100.1	101.5	辽阳	104.8	101.7	115.9	96.4	101.7	103.1
晋城	103.1	102.2	100.5	98.9	100.0	101.4	盘锦	102.4	104.1	111.4	98.1	101.1	102.7
朔州	102.0	107.2	102.5	100.8	101.4	102.3	铁岭	110.0	107.8	111.5	106.0	105.2	106.1
运城	101.5	103.1	102.0	99.3	100.0	102.1	朝阳	103.7	108.9	111.1	97.2	102.3	104.0
忻州	102.5	106.2	83.3	100.8	100.7	100.2	葫芦岛	104.0	106.3	105.6	96.8	100.1	102.5

城市	2014年	2015年	2016年	2017年	2018年	2010年后	城市	2014年	2015年	2016年	2017年	2018年	2010年后
长春	100.7	104.0	101.8	98.8	98.9	101.9	泰州	98.5	102.2	102.1	97.9	98.7	103.4
吉林	106.0	100.0	102.3	103.0	101.1	102.0	宿迁	97.0	103.2	102.3	99.6	99.5	103.2
四平	99.3	103.4	105.2	100.0	100.0	102.0	杭州	102.2	104.3	103.3	99.9	99.2	102.8
辽源	100.2	101.8	103.6	100.4	99.9	101.4	宁波	101.7	103.6	104.7	100.5	100.2	102.5
通化	101.1	106.7	104.5	101.2	100.7	102.6	温州	97.8	102.5	103.3	99.9	99.3	101.5
白山	99.9	103.9	101.7	100.4	100.0	101.0	嘉兴	101.2	106.0	102.5	98.8	99.0	102.5
松原	100.4	103.8	100.1	100.7	100.0	101.7	湖州	101.9	104.3	103.7	100.2	99.5	102.6
白城	100.2	104.3	103.5	101.0	100.3	101.9	绍兴	103.7	104.3	104.7	101.7	100.1	103.6
哈尔滨	103.3	104.6	100.3	100.2	98.7	102.1	金华	107.3	99.5	101.5	100.7	99.5	103.1
齐齐哈尔	103.3	102.7	102.8	101.7	100.6	101.9	衢州	104.4	105.7	104.3	100.0	99.7	102.6
鸡西	106.4	104.7	102.1	99.6	99.6	102.6	舟山	101.1	101.7	104.5	103.2	101.0	102.5
鹤岗	107.5	101.3	104.7	98.8	100.0	102.5	台州	102.4	103.5	103.0	98.8	99.4	102.7
双鸭山	103.7	121.7	101.2	103.4	101.1	103.1	丽水	103.3	104.2	102.7	99.6	98.9	101.4
大庆	104.2	109.8	99.5	100.6	102.6	102.5	合肥	100.0	102.8	103.1	99.8	99.9	102.7
伊春	106.5	105.9	102.8	101.3	100.4	103.1	芜湖	104.2	103.9	101.0	99.4	99.5	102.9
佳木斯	104.6	102.8	102.1	99.4	98.8	101.3	蚌埠	98.4	106.1	99.9	98.6	98.7	101.5
七台河	104.6	102.6	100.2	102.5	101.3	103.5	淮南	101.0	98.0	106.8	98.0	97.1	100.7
牡丹江	100.3	103.5	103.2	98.4	99.5	101.5	马鞍山	101.0	102.2	101.2	98.5	99.4	103.2
黑河	100.7	105.5	98.5	99.3	99.2	100.7	淮北	102.0	100.1	98.9	97.4	99.2	100.8
绥化	104.6	101.5	104.4	99.5	99.3	101.4	铜陵	98.6	95.9	112.1	93.7	96.8	100.2
上海	100.5	105.4	103.8	101.6	101.3	102.9	安庆	102.5	107.6	98.4	98.7	100.4	102.4
南京	99.5	103.3	107.8	100.8	101.0	103.6	黄山	102.5	103.1	103.0	98.8	99.3	102.4
无锡	103.9	102.9	98.4	106.5	101.1	104.2	滁州	102.0	103.8	102.4	98.0	98.5	101.7
徐州	97.7	102.1	103.1	99.2	99.6	103.0	阜阳	102.9	105.2	104.0	97.2	97.3	102.3
常州	101.5	104.5	103.2	100.8	100.6	103.1	宿州	100.6	102.1	102.4	99.3	98.5	101.8
苏州	101.6	103.6	103.9	102.1	101.1	105.3	六安	102.6	107.7	96.5	98.0	99.4	101.7
南通	105.2	105.6	98.4	98.1	98.5	102.9	亳州	101.2	102.1	105.8	97.5	97.9	102.2
连云港	98.1	102.8	103.2	100.5	100.0	102.8	宣城	98.6	105.9	99.4	98.5	98.7	102.3
淮安	98.6	103.7	105.8	99.3	98.4	103.4	福州	102.6	103.3	102.7	99.6	99.5	102.3
盐城	97.5	106.0	102.4	99.4	98.6	103.3	厦门	102.1	102.9	103.5	99.4	99.9	102.4
扬州	97.6	105.5	101.9	99.2	99.7	103.4	莆田	118.0	90.4	103.1	101.0	100.2	102.4
镇江	95.2	101.9	103.4	100.7	100.3	102.7	三明	102.0	101.8	102.3	101.6	101.6	102.2

城市	2014年	2015年	2016年	2017年	2018年	2010年后	城市	2014年	2015年	2016年	2017年	2018年	2010年后
泉州	103.2	102.4	101.3	99.6	99.8	102.2	开封	102.8	100.3	104.7	99.0	98.2	102.7
漳州	103.2	102.5	102.5	100.7	100.1	102.4	洛阳	102.8	103.3	103.6	99.1	99.5	102.6
南平	101.8	107.1	100.6	99.9	99.2	102.1	平顶山	104.0	105.2	101.7	105.9	100.3	103.5
龙岩	99.9	105.6	101.6	100.3	99.7	101.7	安阳	106.0	106.3	104.7	98.9	99.1	103.4
宁德	102.8	102.8	102.0	101.1	100.3	102.6	鹤壁	101.8	102.9	103.3	100.3	100.1	102.2
南昌	98.6	105.3	103.1	99.1	99.5	102.6	新乡	102.5	103.4	103.4	99.8	99.2	102.4
景德镇	104.3	103.5	101.5	101.9	100.1	102.5	焦作	101.9	103.8	106.0	99.6	99.6	102.6
萍乡	102.1	104.2	103.0	99.8	99.4	102.5	濮阳	101.5	102.5	104.5	99.1	98.7	102.0
九江	102.7	103.0	102.1	98.2	98.8	101.8	许昌	102.6	102.6	105.1	99.8	99.3	102.7
新余	103.3	102.4	102.9	101.1	100.3	102.8	漯河	102.2	104.5	101.7	99.2	99.0	103.2
鹰潭	103.0	106.2	101.6	100.3	99.1	103.0	三门峡	103.3	102.9	101.3	99.5	99.6	101.9
赣州	106.1	104.0	103.1	97.2	97.3	102.8	南阳	103.1	109.0	99.7	97.6	97.6	103.2
吉安	103.5	105.1	101.9	99.1	98.6	102.4	商丘	104.3	104.4	103.2	98.1	97.3	102.7
宜春	102.1	105.0	102.3	96.1	98.2	102.2	信阳	121.3	98.7	103.7	98.6	98.4	102.1
上饶	103.5	104.8	102.3	97.6	98.1	102.5	周口	102.2	104.6	102.9	98.3	98.7	102.8
济南	97.8	104.5	104.6	100.8	100.3	102.7	驻马店	107.7	101.9	105.9	100.6	97.9	103.3
青岛	97.8	104.8	102.4	99.8	99.9	102.1	武汉	101.3	103.7	103.9	100.3	100.0	102.9
淄博	99.9	103.5	101.6	100.3	100.5	102.6	黄石	99.8	104.2	103.9	99.1	100.1	102.9
枣庄	97.9	103.1	103.2	99.2	99.7	102.5	十堰	107.9	103.4	102.0	98.3	98.4	102.9
东营	98.3	103.6	103.9	100.7	101.1	102.9	宜昌	104.2	104.3	103.9	100.9	100.2	103.9
烟台	96.9	101.6	102.1	100.5	100.0	102.5	襄阳	107.0	102.1	102.9	100.3	99.9	103.4
潍坊	94.1	100.2	104.3	100.6	100.3	102.6	鄂州	105.5	103.5	104.6	100.3	100.1	103.0
济宁	92.3	101.7	102.0	99.5	99.6	102.4	荆门	103.6	101.5	103.0	99.8	99.5	102.8
泰安	94.9	102.1	102.5	99.1	99.3	102.4	孝感	103.7	104.5	102.0	98.8	98.7	104.0
威海	100.7	101.9	102.5	100.5	100.1	102.2	荆州	103.7	105.0	104.6	99.5	99.6	103.4
日照	98.1	104.4	102.7	99.4	99.4	102.9	黄冈	103.4	102.2	105.8	99.6	98.1	103.7
莱芜	100.9	102.7	101.2	96.7	99.7	102.0	咸宁	104.0	102.5	106.1	99.5	99.4	103.3
临沂	96.1	102.5	102.4	98.5	98.4	102.2	随州	103.6	102.5	104.4	99.4	99.3	102.4
德州	95.4	103.8	102.5	98.6	98.6	102.5	长沙	103.0	104.0	104.0	99.4	99.6	103.0
聊城	94.2	103.1	103.8	100.0	99.7	102.8	株洲	101.9	102.0	103.7	99.8	99.5	102.3
滨州	98.4	103.6	102.7	99.8	99.8	103.3	湘潭	104.3	101.2	102.7	99.7	99.5	102.0
菏泽	95.3	103.9	105.3	98.5	98.3	102.5	衡阳	105.3	100.7	103.7	100.1	99.7	101.9
郑州	102.2	104.0	103.2	98.3	98.2	102.4	邵阳	92.1	102.8	118.0	98.2	97.0	103.0

续表

城市	2014年	2015年	2016年	2017年	2018年	2010年后	城市	2014年	2015年	2016年	2017年	2018年	2010年后
岳阳	97.1	102.1	105.8	100.2	99.9	101.6	北海	103.2	102.3	102.5	99.3	99.3	101.4
常德	94.8	103.7	103.4	100.7	100.1	102.5	防城港	102.9	102.1	100.3	101.2	100.2	102.3
张家界	101.2	101.8	100.6	100.8	100.1	101.6	钦州	101.7	103.9	100.3	98.3	98.7	101.5
益阳	103.6	103.6	103.9	100.2	99.6	102.2	贵港	98.3	104.2	101.4	98.5	98.7	101.9
郴州	100.4	103.1	104.7	100.4	99.6	102.0	玉林	99.7	103.7	101.1	99.9	99.6	101.4
永州	105.0	104.7	103.4	99.4	99.0	102.1	百色	99.0	101.9	102.6	98.2	98.7	101.4
怀化	103.8	101.6	103.7	98.9	98.7	101.6	河池	99.5	103.3	101.6	98.0	98.0	101.9
娄底	104.1	105.5	104.5	98.8	99.2	102.4	海口	100.8	106.2	102.9	97.4	97.2	102.0
广州	103.1	103.5	99.6	98.7	98.1	101.1	三亚	106.4	102.9	100.7	100.5	98.2	102.7
韶关	99.3	102.7	102.8	99.2	99.5	101.4	重庆	100.7	102.9	102.0	100.1	98.8	102.6
深圳	100.2	104.1	105.8	100.1	100.9	103.2	成都	101.8	105.1	101.4	98.6	97.5	102.6
珠海	97.1	98.9	102.3	98.1	99.1	101.7	自贡	105.4	102.0	102.4	99.2	98.1	102.2
汕头	100.3	100.9	96.3	97.2	98.1	100.6	攀枝花	106.4	100.6	100.5	98.5	99.0	101.7
佛山	100.1	102.0	105.9	98.9	98.4	103.1	泸州	103.7	103.2	102.6	99.7	99.1	102.9
江门	100.2	99.0	101.4	99.2	99.3	101.7	德阳	101.3	101.8	102.2	98.5	98.9	101.9
湛江	100.9	102.8	101.2	99.3	98.9	101.5	绵阳	103.4	100.2	103.2	97.4	98.1	101.9
茂名	105.4	103.6	103.0	98.6	98.7	102.3	广元	104.9	103.3	102.5	99.5	99.1	101.8
肇庆	98.8	105.1	103.6	99.2	98.3	101.3	遂宁	104.4	104.0	101.2	98.9	98.8	102.3
惠州	99.8	104.4	105.2	101.6	100.5	102.6	内江	103.5	103.4	105.7	100.6	98.5	102.9
梅州	103.0	104.0	101.3	98.6	97.5	102.2	乐山	105.2	101.0	101.9	99.8	99.1	102.0
汕尾	106.0	97.8	99.1	100.3	98.9	101.9	南充	104.2	106.1	102.9	98.4	98.4	102.5
河源	102.2	104.5	103.4	99.7	98.5	102.0	宜宾	104.0	104.3	104.0	100.2	99.6	102.8
阳江	101.5	120.5	103.9	98.5	98.4	102.9	雅安	106.2	102.1	103.5	100.9	99.5	102.8
清远	103.3	101.9	102.5	100.1	98.9	102.9	巴中	103.6	102.8	103.4	97.4	97.1	102.6
东莞	101.4	100.9	105.0	100.1	100.3	103.5	资阳	104.2	103.6	97.0	103.2	99.2	102.4
中山	100.9	100.4	101.9	98.8	98.9	102.4	贵阳	101.4	100.7	100.5	98.6	97.8	101.5
潮州	104.2	99.3	99.8	97.3	97.9	101.2	六盘水	102.4	102.3	103.6	101.3	100.3	102.7
揭阳	99.4	99.4	102.9	99.8	100.1	102.0	遵义	103.9	101.7	104.0	98.7	97.9	101.9
云浮	101.7	99.8	101.6	97.9	97.3	100.8	安顺	97.7	102.7	103.0	99.5	97.9	101.0
南宁	105.9	100.3	104.9	99.3	98.2	102.2	昆明	99.9	102.4	101.6	98.9	99.4	101.2
柳州	105.0	103.0	101.2	101.7	100.0	102.0	曲靖	88.2	106.0	103.4	102.0	101.2	103.1
桂林	103.4	107.0	101.2	102.2	99.4	102.7	玉溪	102.1	103.5	104.7	100.6	100.0	102.1
梧州	102.8	104.9	101.1	98.8	99.1	102.1	保山	101.6	103.3	103.7	102.5	99.1	100.3

续表

城市	2014年	2015年	2016年	2017年	2018年	2010年后	城市	2014年	2015年	2016年	2017年	2018年	2010年后
昭通	100.6	109.9	101.4	99.0	98.4	102.0	金昌	102.7	107.8	105.5	99.6	102.1	102.8
普洱	107.9	102.6	104.6	99.4	97.9	101.3	白银	105.2	104.8	103.5	100.5	100.5	102.2
西安	100.9	105.3	102.1	97.6	98.0	102.2	天水	99.7	104.4	102.6	101.4	99.1	101.7
铜川	103.1	102.0	106.7	99.5	101.2	102.0	武威	106.4	106.0	101.5	101.4	98.3	103.1
宝鸡	102.0	104.3	102.4	99.0	99.2	101.7	张掖	102.7	109.4	101.1	100.5	98.7	102.3
咸阳	101.0	104.0	101.8	103.3	100.6	102.0	平凉	107.0	105.8	101.7	97.2	97.6	102.6
渭南	101.5	103.0	104.4	99.2	100.1	103.0	酒泉	106.0	100.5	104.0	100.1	100.1	101.5
延安	104.3	105.2	103.7	98.3	100.9	102.6	西宁	103.3	102.6	101.5	100.5	99.0	102.6
汉中	102.7	102.6	102.2	97.3	97.9	100.8	银川	103.4	104.1	101.1	97.7	98.3	101.0
榆林	117.7	89.4	102.2	99.1	99.7	101.9	石嘴山	101.6	101.8	100.0	100.4	100.0	100.3
安康	100.9	104.1	102.9	99.6	99.0	101.3	吴忠	101.6	102.1	102.9	98.3	98.8	101.1
兰州	103.5	104.1	103.0	99.1	98.3	101.5	乌鲁木齐	102.5	101.3	105.2	99.0	100.2	101.3
嘉峪关	97.0	100.5	115.4	97.2	101.9	102.3	克拉玛依	101.3	114.3	99.2	97.7	99.7	102.4

附表 19　近六年人民生活指数（以 1990 年为基期）

城市	2013年	2014年	2015年	2016年	2017年	2018年	城市	2013年	2014年	2015年	2016年	2017年	2018年
北京	199.8	203.4	209.2	220.9	225.7	228.6	沧州	137.1	141.7	147.4	152.9	151.9	150.7
天津	137.5	141.0	146.5	153.5	158.1	161.7	廊坊	169.9	177.0	180.6	191.1	194.6	193.3
石家庄	144.4	148.8	157.3	159.9	158.4	156.9	衡水	166.4	172.1	173.2	179.0	175.9	171.1
唐山	155.4	158.2	164.8	172.3	170.7	170.3	太原	147.0	151.1	152.2	151.9	149.6	148.5
秦皇岛	157.8	169.7	176.1	177.7	173.0	169.1	大同	141.3	143.1	146.5	152.9	151.0	151.1
邯郸	118.2	122.4	128.9	134.3	135.7	135.9	阳泉	143.7	145.3	149.3	150.8	149.2	149.3
邢台	142.3	147.7	151.9	154.6	151.1	148.3	长治	152.2	158.6	164.1	164.3	160.1	160.3
保定	155.4	165.2	175.3	182.4	184.1	182.2	晋城	138.3	142.7	145.8	146.6	145.0	145.0
张家口	131.5	135.9	144.9	153.2	151.5	149.5	朔州	128.5	131.1	140.6	144.0	145.2	147.2
承德	118.1	120.4	125.4	129.3	126.5	125.0	运城	142.7	144.9	149.3	152.4	151.2	151.2

城市	2013年	2014年	2015年	2016年	2017年	2018年	城市	2013年	2014年	2015年	2016年	2017年	2018年
忻州	180.7	185.3	196.7	163.8	165.1	166.2	齐齐哈尔	132.8	137.2	140.9	144.8	147.3	148.2
临汾	129.9	134.1	141.2	145.3	141.9	140.7	鸡西	118.5	126.1	132.0	134.8	134.3	133.8
呼和浩特	133.5	136.3	139.3	145.7	152.1	154.5	鹤岗	123.1	132.3	133.9	140.3	138.5	138.5
包头	139.6	143.8	148.8	153.4	154.6	155.6	双鸭山	116.4	120.7	146.9	148.6	153.6	155.3
乌海	110.5	111.3	113.7	115.9	119.7	121.3	大庆	142.3	148.3	162.8	162.0	163.0	167.3
赤峰	138.2	137.0	144.4	147.5	154.7	157.3	伊春	110.5	117.7	124.6	128.1	129.9	130.3
通辽	108.2	110.8	101.5	112.9	117.1	117.5	佳木斯	99.3	103.9	106.8	109.1	108.5	107.2
呼伦贝尔	109.8	109.7	113.2	115.9	122.1	124.8	七台河	131.5	137.6	141.3	141.6	145.1	147.1
沈阳	127.8	133.1	138.1	152.3	152.9	156.5	牡丹江	131.8	132.2	136.9	141.2	138.9	138.2
大连	148.0	154.6	158.5	166.9	167.3	169.5	黑河	144.8	145.8	153.8	151.6	150.5	149.2
鞍山	134.1	140.8	146.6	169.0	164.7	170.8	绥化	89.8	94.0	95.4	99.6	99.1	98.4
抚顺	110.0	114.4	119.9	135.4	132.3	135.6	上海	174.7	175.6	185.1	192.2	195.3	197.7
本溪	111.1	113.2	115.0	129.0	127.2	130.4	南京	163.4	162.6	168.0	181.0	182.5	184.3
丹东	127.5	133.5	139.9	154.5	151.1	154.1	无锡	223.4	232.1	238.8	235.0	250.3	252.9
锦州	120.8	126.0	133.2	149.4	145.4	147.4	徐州	160.4	156.7	160.0	165.0	163.6	163.0
营口	128.9	131.9	138.9	157.2	155.0	157.7	常州	214.6	217.8	227.6	234.9	236.8	238.1
阜新	107.2	111.8	121.7	134.9	133.1	137.5	苏州	265.2	269.5	279.2	290.0	296.1	299.3
辽阳	132.3	138.6	141.0	163.5	157.6	160.3	南通	192.8	202.9	214.2	210.8	206.8	203.6
盘锦	164.5	168.5	175.5	195.4	191.7	193.8	连云港	153.2	150.3	154.6	159.6	160.4	160.4
铁岭	137.0	150.6	162.5	181.1	191.9	201.9	淮安	193.7	191.0	197.9	209.5	208.0	204.7
朝阳	146.0	151.3	164.8	183.3	178.1	182.3	盐城	175.7	171.3	181.6	185.9	184.7	182.0
葫芦岛	121.5	126.3	134.3	141.8	137.3	137.4	扬州	211.3	206.2	217.6	221.8	220.0	219.4
长春	140.4	141.4	147.0	149.6	147.8	146.3	镇江	209.6	199.6	203.4	210.3	211.8	212.5
吉林	116.0	122.9	122.9	125.7	129.5	130.8	泰州	207.3	204.2	208.6	213.0	208.6	205.9
四平	126.9	126.0	130.3	137.1	137.1	137.1	宿迁	146.6	142.3	146.8	150.2	149.7	148.9
辽源	113.1	113.4	115.4	119.6	120.1	119.9	杭州	239.1	244.4	255.0	263.3	263.0	261.0
通化	122.7	124.1	132.4	138.3	139.9	141.0	宁波	225.3	229.2	237.5	248.7	249.8	250.3
白山	85.6	85.5	88.9	90.4	90.8	90.8	温州	223.2	218.4	223.9	231.2	231.1	229.4
松原	89.2	89.6	93.0	93.1	93.8	93.8	嘉兴	168.2	170.2	180.4	184.9	182.7	180.8
白城	122.1	122.3	127.6	132.0	133.4	133.8	湖州	164.9	168.0	175.2	181.7	182.1	181.3
哈尔滨	137.9	142.5	149.1	149.6	150.0	148.0	绍兴	204.5	212.2	221.4	231.7	235.7	235.8

续表

城市	2013年	2014年	2015年	2016年	2017年	2018年	城市	2013年	2014年	2015年	2016年	2017年	2018年
金华	225.0	241.4	240.1	243.6	245.4	244.3	鹰潭	147.9	152.3	161.7	164.3	164.7	163.3
衢州	185.9	194.0	205.0	213.8	213.8	213.2	赣州	137.1	145.5	151.4	156.1	151.6	147.5
舟山	178.4	180.3	183.4	191.7	197.8	199.7	吉安	142.7	147.7	155.3	158.3	156.8	154.6
台州	200.6	205.5	212.7	219.0	216.3	214.9	宜春	151.0	154.2	161.8	165.6	159.1	156.3
丽水	130.6	134.9	140.6	144.4	144.3	142.7	上饶	126.1	130.5	136.8	140.0	136.7	134.1
合肥	175.8	175.9	180.8	186.5	186.0	185.9	济南	167.9	164.2	171.6	179.5	180.9	181.5
芜湖	133.8	139.4	144.8	146.2	145.3	144.6	青岛	172.0	168.1	176.2	180.5	180.1	179.8
蚌埠	140.7	138.5	146.9	146.8	144.8	142.9	淄博	146.8	146.7	151.8	154.3	154.8	155.5
淮南	114.6	115.7	113.4	121.1	118.7	115.3	枣庄	149.6	146.5	151.0	155.9	154.6	154.1
马鞍山	116.5	117.7	120.2	121.7	119.9	119.2	东营	181.1	178.1	184.4	191.6	193.0	195.1
淮北	138.2	141.0	141.2	139.6	136.0	134.8	烟台	205.5	199.2	202.4	206.7	207.7	207.7
铜陵	127.0	125.3	120.1	134.7	126.3	122.2	潍坊	179.4	168.9	169.3	176.6	177.7	178.3
安庆	149.2	152.9	164.6	162.0	159.8	160.5	济宁	173.7	160.4	163.2	166.4	165.9	164.9
黄山	132.6	135.9	140.0	144.2	142.5	141.4	泰安	161.1	152.8	156.1	159.9	158.6	157.5
滁州	160.6	163.9	170.0	174.2	170.7	168.1	威海	202.9	204.2	208.1	213.4	214.5	214.6
阜阳	212.1	218.4	229.8	238.9	232.1	225.8	日照	174.4	171.1	178.7	183.4	182.3	181.3
宿州	195.6	196.8	200.8	205.7	204.2	201.0	莱芜	160.5	162.0	166.3	168.3	162.7	162.2
六安	177.9	182.5	196.6	189.8	186.0	184.8	临沂	186.5	179.1	183.6	188.0	185.2	182.2
亳州	164.9	167.0	170.4	180.2	175.7	172.0	德州	154.0	146.9	152.5	156.3	154.2	152.0
宣城	149.5	147.5	156.2	155.2	152.9	150.9	聊城	160.7	151.4	156.1	162.1	162.0	161.5
福州	167.4	171.8	177.3	182.2	181.4	180.5	滨州	161.8	159.1	164.9	169.3	169.1	168.7
厦门	215.7	220.2	226.5	234.5	233.0	232.8	菏泽	165.3	157.6	163.7	172.4	169.7	166.8
莆田	232.9	274.7	248.5	256.2	258.8	259.2	郑州	169.4	173.1	180.0	185.8	182.6	179.3
三明	125.0	127.5	129.8	132.8	134.8	137.0	开封	155.3	159.6	160.2	167.8	166.2	163.2
泉州	184.0	189.9	194.4	197.0	196.3	195.8	洛阳	134.0	137.8	142.3	147.5	146.1	145.4
漳州	134.6	138.9	142.4	146.0	147.0	147.1	平顶山	152.2	158.2	166.5	169.4	179.4	180.0
南平	121.5	123.6	132.4	133.2	133.1	132.0	安阳	150.4	159.4	169.5	177.4	175.4	173.8
龙岩	147.2	147.0	155.3	157.7	158.2	157.8	鹤壁	129.4	131.6	135.5	140.0	140.5	140.6
宁德	148.5	152.7	157.0	160.1	161.9	162.3	新乡	141.1	144.6	150.2	155.2	154.9	153.8
南昌	153.0	150.9	158.9	163.9	162.4	161.7	焦作	145.2	148.0	153.5	162.7	162.0	161.4
景德镇	134.7	140.5	145.4	147.6	150.3	150.5	濮阳	146.3	148.4	152.2	159.0	157.6	155.6
萍乡	116.2	118.6	123.6	127.3	126.9	126.2	许昌	155.5	159.6	163.7	172.1	171.6	170.4
九江	130.5	134.0	138.0	140.9	138.3	136.7	漯河	192.8	197.0	205.8	209.3	207.7	205.6
新余	142.3	147.0	150.5	154.9	156.6	157.1	三门峡	146.9	151.7	156.1	158.1	157.2	156.6

续表

城市	2013年	2014年	2015年	2016年	2017年	2018年	城市	2013年	2014年	2015年	2016年	2017年	2018年
南阳	222.1	229.0	249.6	249.0	243.0	237.1	汕头	199.6	200.2	200.8	193.4	188.0	184.5
商丘	175.5	183.0	191.1	197.1	193.3	188.1	佛山	274.0	274.2	279.6	296.1	292.8	288.2
信阳	157.0	190.4	187.9	194.8	192.1	189.0	江门	203.2	203.6	201.6	204.3	202.8	201.3
周口	162.4	166.0	173.6	178.6	175.6	173.4	湛江	134.0	135.2	139.0	140.7	139.8	138.3
驻马店	162.2	174.7	177.9	188.3	189.4	185.4	茂名	135.1	142.5	147.6	152.1	149.9	147.9
武汉	160.3	162.4	168.5	175.0	175.6	176.0	肇庆	136.4	134.8	141.7	146.8	145.6	143.1
黄石	115.6	115.3	120.2	124.9	123.7	123.8	惠州	201.3	200.9	209.7	220.6	224.1	225.2
十堰	179.8	194.1	200.6	204.6	201.1	197.9	梅州	172.2	177.3	184.4	186.8	184.1	179.5
宜昌	185.1	193.0	201.2	209.1	211.0	211.4	汕尾	173.2	183.6	179.7	178.0	178.4	176.4
襄阳	184.8	197.7	201.8	207.7	208.4	208.2	河源	124.6	127.4	133.1	137.7	137.2	135.2
鄂州	137.8	145.4	150.4	157.4	157.9	158.1	阳江	127.2	129.1	155.5	161.6	159.1	156.6
荆门	142.2	147.3	149.5	154.0	153.7	153.0	清远	160.0	165.4	168.6	172.8	173.0	171.1
孝感	155.7	161.4	168.5	171.7	169.9	167.6	东莞	269.6	273.3	275.7	289.5	289.8	290.8
荆州	150.5	156.1	163.9	171.9	171.0	170.4	中山	201.3	203.2	204.1	208.0	205.5	203.2
黄冈	149.9	155.1	158.4	167.6	166.8	163.7	潮州	147.3	153.4	152.4	152.2	148.1	145.0
咸宁	125.3	130.3	133.6	141.8	141.1	140.3	揭阳	136.8	135.9	135.1	139.0	138.8	138.9
随州	142.0	147.0	150.8	157.3	156.4	155.3	云浮	146.4	148.8	148.6	151.0	147.8	143.8
长沙	184.6	190.2	197.9	205.9	204.8	203.9	南宁	154.4	163.5	164.0	172.0	170.9	167.7
株洲	157.3	160.4	163.5	169.6	169.3	168.5	柳州	128.0	134.5	138.5	140.1	142.5	142.4
湘潭	127.8	133.2	134.8	138.4	138.1	137.3	桂林	131.6	136.0	145.5	147.3	150.6	149.7
衡阳	145.2	153.0	154.1	159.8	159.9	159.5	梧州	140.6	144.6	151.7	153.4	151.5	150.2
邵阳	151.5	139.6	143.5	169.4	166.3	161.3	北海	145.5	150.2	153.6	157.4	156.3	155.2
岳阳	138.5	134.4	137.3	145.3	145.5	145.4	防城港	145.9	150.2	153.3	153.7	155.6	155.9
常德	157.1	148.9	154.5	159.8	160.9	161.0	钦州	156.6	159.3	165.6	166.0	163.2	161.1
张家界	151.3	153.1	155.9	156.8	158.0	158.1	贵港	167.9	165.1	171.9	174.3	171.8	169.4
益阳	156.6	162.3	168.0	174.8	175.2	174.4	玉林	159.7	159.3	165.1	167.0	166.8	166.1
郴州	176.4	177.1	182.6	191.1	191.8	191.0	百色	116.3	115.1	117.3	120.3	118.1	116.6
永州	160.3	168.2	176.1	182.1	181.1	179.3	河池	141.5	140.9	145.5	147.9	144.8	142.0
怀化	149.0	154.7	157.1	162.8	161.0	158.9	海口	185.6	187.0	198.7	204.5	199.3	193.7
娄底	146.6	152.7	161.1	168.4	166.3	164.9	三亚	173.4	184.5	189.9	191.2	192.2	188.8
广州	189.7	195.7	202.5	201.7	199.0	195.2	重庆	206.0	207.5	213.5	217.8	218.1	215.5
韶关	162.4	161.3	165.6	170.2	168.8	167.9	成都	204.7	208.4	219.1	222.2	219.1	213.6
深圳	190.8	191.2	199.1	210.7	211.0	213.0	自贡	135.3	142.6	145.4	148.8	147.7	144.9
珠海	224.0	217.4	214.9	219.8	215.7	213.7	攀枝花	121.4	129.1	129.9	130.5	128.6	127.3

续表

城市	2013年	2014年	2015年	2016年	2017年	2018年	城市	2013年	2014年	2015年	2016年	2017年	2018年
泸州	182.5	189.2	195.3	200.5	200.0	198.2	铜川	120.6	124.4	126.9	135.4	134.8	136.4
德阳	151.7	153.8	156.6	160.0	157.6	155.9	宝鸡	126.2	128.7	134.2	137.5	136.2	135.1
绵阳	164.0	169.7	170.0	175.5	171.0	167.7	咸阳	154.5	156.0	162.3	165.2	170.7	171.8
广元	136.3	142.9	147.7	151.3	150.5	149.2	渭南	175.8	178.5	183.8	192.0	190.4	190.5
遂宁	127.1	132.8	138.0	139.7	138.2	136.5	延安	129.3	134.9	142.0	147.3	144.8	146.1
内江	131.2	135.7	140.3	148.4	149.3	147.1	汉中	142.5	146.4	150.2	153.6	149.5	146.4
乐山	139.0	146.2	147.6	150.4	150.1	148.8	榆林	128.2	150.9	134.9	137.9	136.7	136.3
南充	187.4	195.2	207.2	213.3	209.8	206.3	安康	158.9	160.4	167.0	171.9	171.2	169.5
宜宾	144.9	150.7	157.1	163.4	163.7	163.0	兰州	128.7	133.3	138.7	142.9	141.7	139.3
雅安	140.1	148.7	151.8	157.2	158.6	157.8	嘉峪关	145.0	140.6	141.4	163.2	158.6	161.6
巴中	195.6	202.7	208.3	215.5	209.8	203.6	金昌	119.6	122.8	132.4	139.6	139.1	142.0
资阳	152.6	159.0	164.7	159.7	164.8	163.5	白银	111.7	117.5	123.2	127.6	128.2	128.9
贵阳	161.7	164.0	165.2	166.0	163.7	160.0	天水	139.1	138.6	144.7	148.5	150.6	149.2
六盘水	105.1	107.6	110.2	114.1	115.6	115.9	武威	129.9	138.2	146.5	148.8	150.9	148.4
遵义	166.7	173.2	176.2	183.3	180.9	177.1	张掖	122.8	126.0	137.9	139.3	140.0	138.2
安顺	123.0	120.2	123.4	127.0	126.4	123.8	平凉	112.4	120.2	127.3	129.4	125.8	122.8
昆明	154.0	153.8	157.5	160.0	158.3	157.3	酒泉	134.2	142.3	143.0	148.8	148.9	149.1
曲靖	149.7	132.0	139.9	144.7	147.6	149.4	西宁	126.8	131.0	134.4	136.4	137.1	135.8
玉溪	161.4	164.8	170.7	178.6	179.7	179.8	银川	153.1	158.2	164.7	166.6	162.7	160.0
保山	113.3	115.1	118.9	123.3	126.3	125.1	石嘴山	127.3	129.3	131.7	131.6	132.1	132.1
昭通	145.4	146.3	160.7	163.0	161.3	158.8	吴忠	144.0	146.3	149.4	153.8	151.1	149.4
普洱	103.2	111.4	114.3	119.5	118.8	116.3	乌鲁木齐	144.8	148.4	150.4	158.2	156.6	157.0
西安	180.7	182.2	191.8	195.9	191.2	187.5	克拉玛依	92.5	93.7	107.2	106.3	103.8	103.5

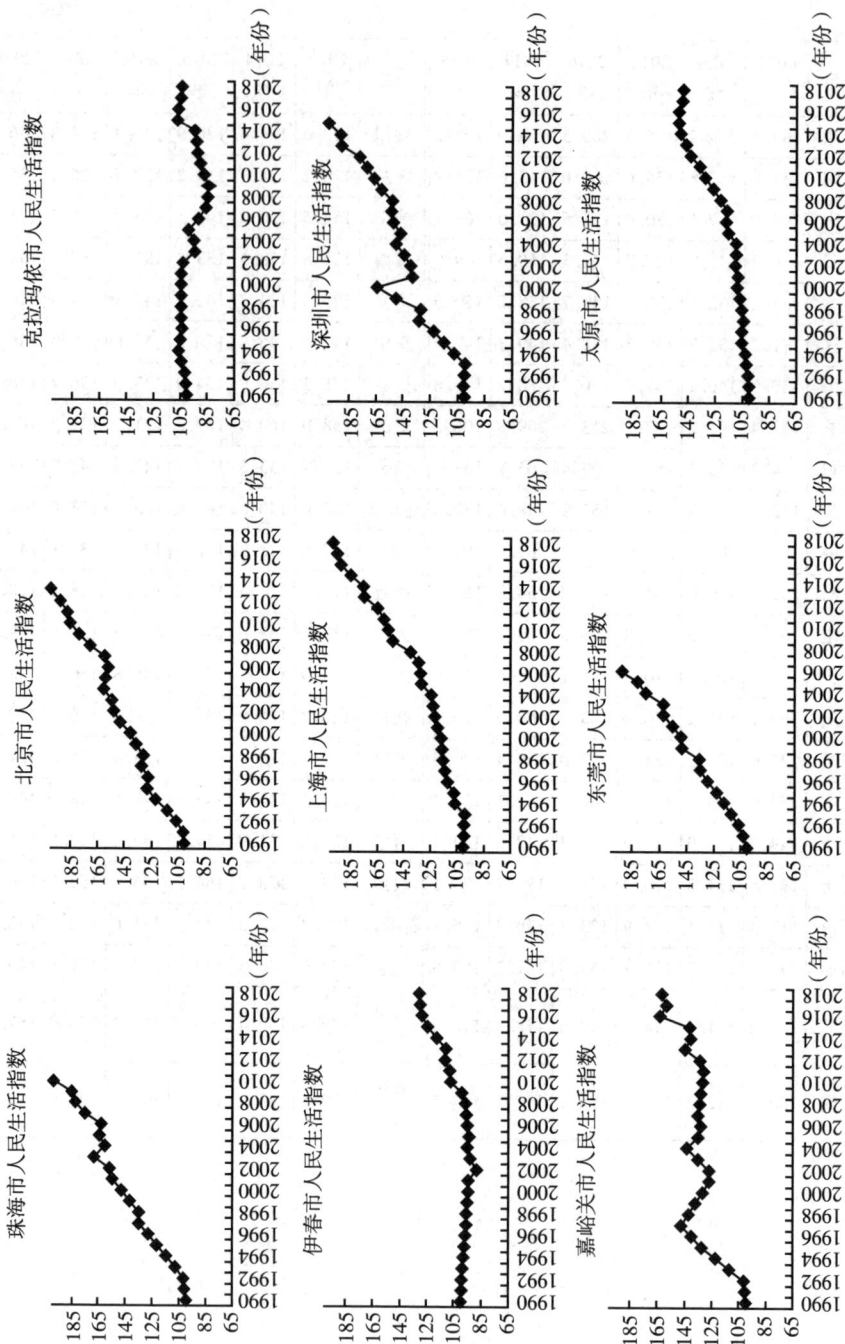

克拉玛依市人民生活指数

深圳市人民生活指数

太原市人民生活指数

北京市人民生活指数

上海市人民生活指数

东莞市人民生活指数

珠海市人民生活指数

伊春市人民生活指数

嘉峪关市人民生活指数

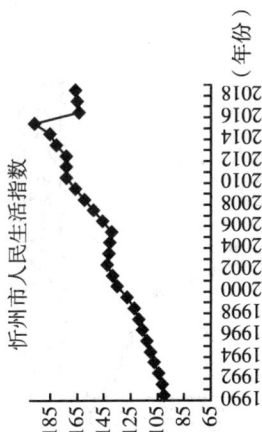

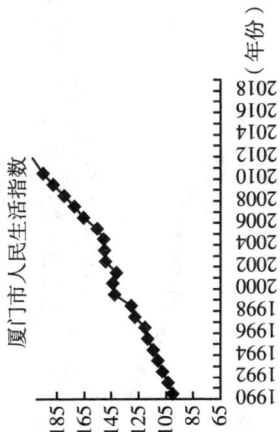

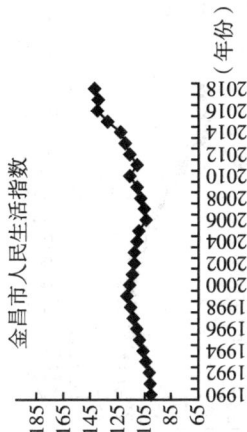

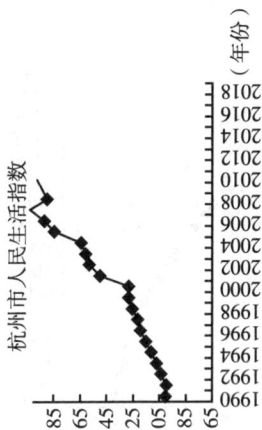

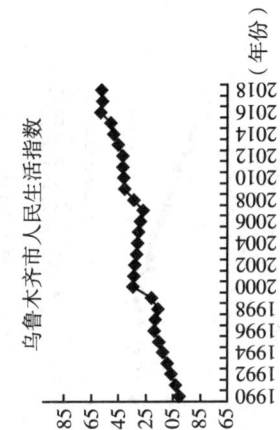

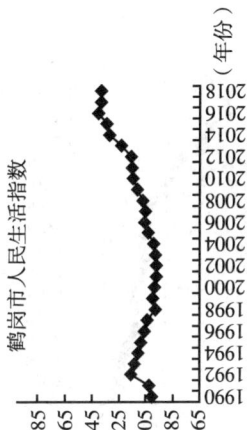

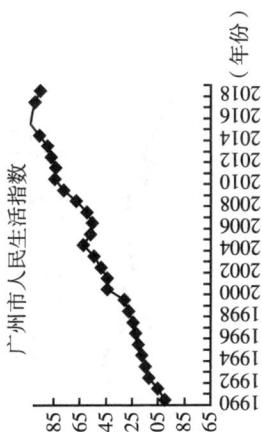

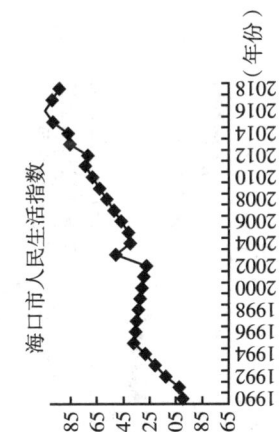

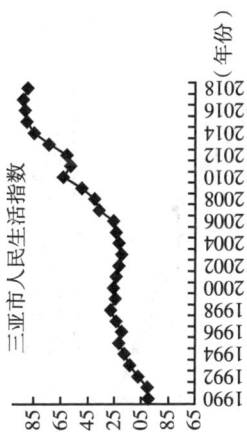

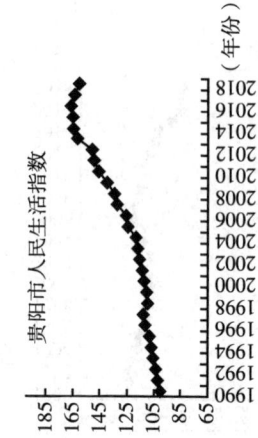

贵阳市人民生活指数

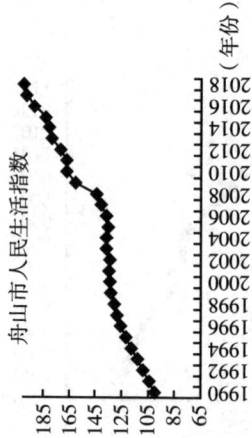

舟山市人民生活指数

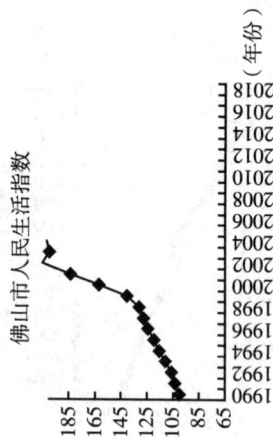

佛山市人民生活指数

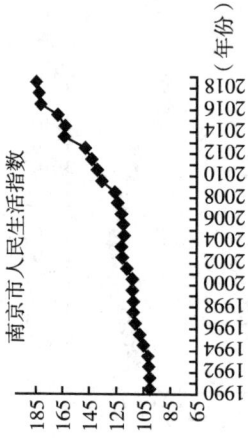

南京市人民生活指数

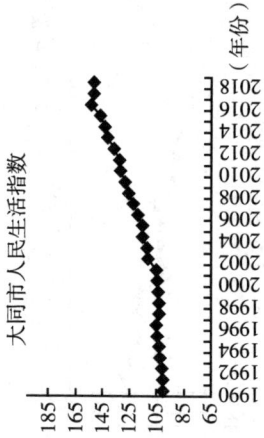

大同市人民生活指数

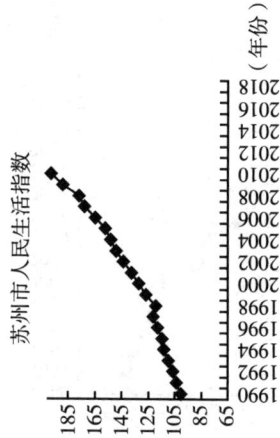

苏州市人民生活指数

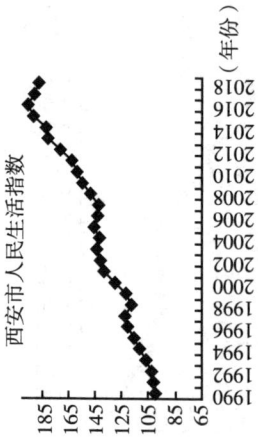

西安市人民生活指数

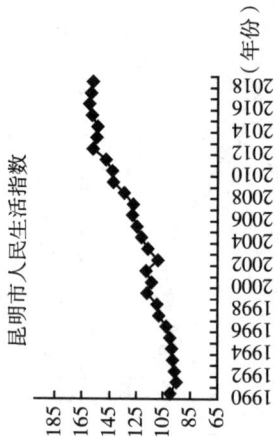

昆明市人民生活指数

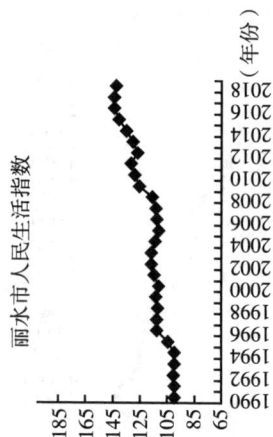

丽水市人民生活指数

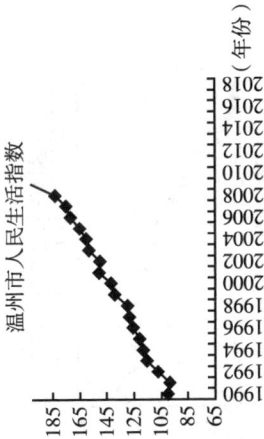

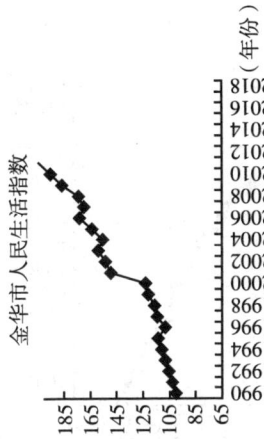

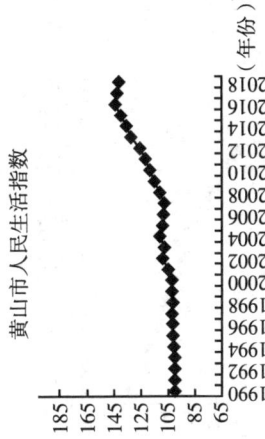

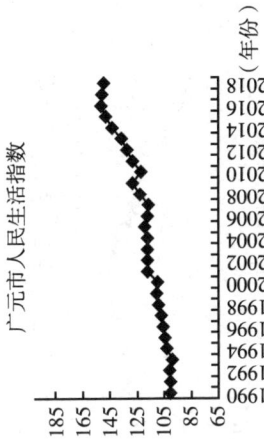

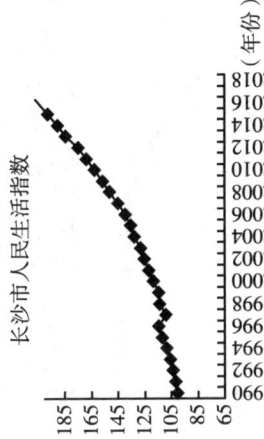

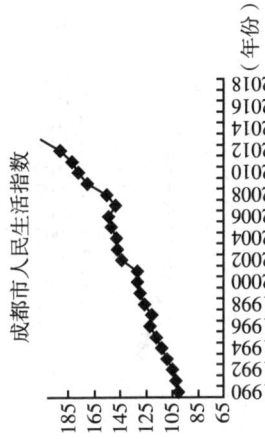

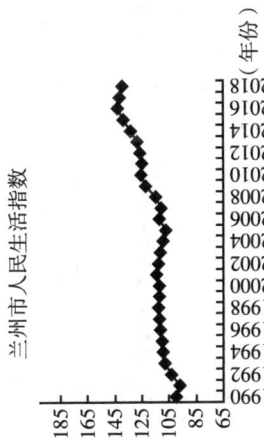

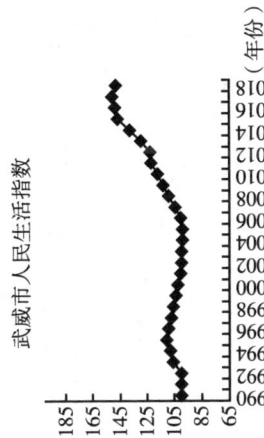

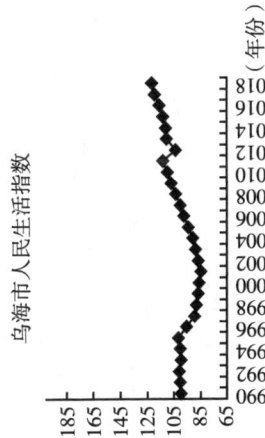

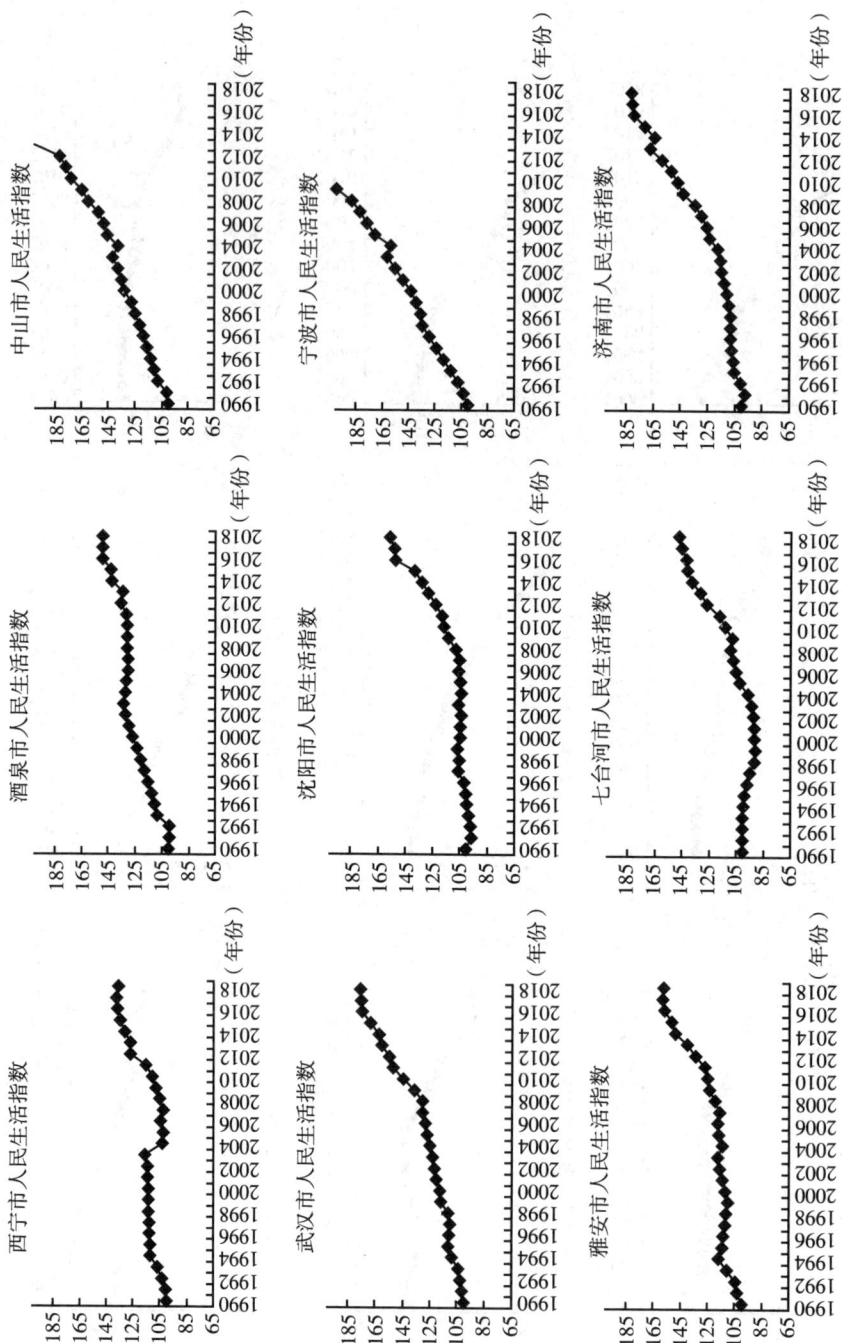

附图 6 排名前 45 的城市人民生活指数

附表 20　近五年环境质量排名

城市	2014年	2015年	2016年	2017年	2018年	2010年后	城市	2014年	2015年	2016年	2017年	2018年	2010年后
北京	236	227	224	226	221	218	大连	96	148	120	146	150	99
天津	231	188	209	207	208	216	鞍山	249	249	200	199	193	199
石家庄	262	251	263	257	252	261	抚顺	173	159	158	165	158	133
唐山	261	262	255	250	249	262	本溪	206	175	156	185	171	176
秦皇岛	174	133	176	237	233	223	丹东	185	198	159	170	174	166
邯郸	252	234	247	242	241	255	锦州	222	200	186	142	141	156
邢台	257	256	260	261	262	264	营口	183	195	141	155	154	145
保定	264	261	258	248	242	259	阜新	212	211	144	157	160	135
张家口	260	254	256	260	259	260	辽阳	190	199	174	186	183	163
承德	158	232	254	259	261	240	盘锦	197	214	197	200	194	179
沧州	251	241	251	255	257	251	铁岭	141	170	124	136	139	113
廊坊	256	257	261	263	263	263	朝阳	79	68	63	71	89	60
衡水	255	239	225	229	236	253	葫芦岛	166	154	152	161	161	123
太原	175	169	221	209	206	189	长春	152	171	104	74	73	107
大同	138	66	122	153	167	159	吉林	172	183	130	121	115	161
阳泉	178	138	242	208	220	196	四平	195	190	160	135	134	155
长治	228	222	243	216	232	230	辽源	181	147	133	137	137	141
晋城	147	184	228	232	239	214	通化	194	144	116	130	133	157
朔州	140	156	205	204	214	191	白山	161	122	112	127	130	134
运城	137	176	196	198	210	180	松原	177	149	135	141	142	154
忻州	250	259	264	264	264	256	白城	135	99	107	123	128	131
临汾	180	203	220	217	237	209	哈尔滨	122	125	82	24	22	47
呼和浩特	124	104	137	87	82	86	齐齐哈尔	18	37	34	54	56	44
包头	202	178	190	120	125	150	鸡西	93	84	86	64	68	73
乌海	145	128	111	129	131	129	鹤岗	90	114	72	90	93	79
赤峰	56	52	41	70	71	63	双鸭山	104	123	78	93	96	83
通辽	159	120	99	114	122	101	大庆	75	80	55	69	72	62
呼伦贝尔	112	89	140	151	151	144	伊春	37	71	64	76	80	51
沈阳	235	223	193	154	144	162	佳木斯	86	94	68	82	85	69

续表

城市	2014年	2015年	2016年	2017年	2018年	2010年后	城市	2014年	2015年	2016年	2017年	2018年	2010年后
七台河	83	98	70	85	91	72	马鞍山	130	160	131	184	189	126
牡丹江	73	38	36	42	42	48	淮北	69	141	180	197	201	125
黑河	64	81	54	68	65	25	铜陵	61	86	171	194	200	105
绥化	123	75	71	50	55	20	安庆	49	77	150	172	185	82
上海	85	118	113	113	120	89	黄山	70	130	192	201	204	152
南京	214	186	183	169	164	169	滁州	72	109	168	189	195	146
无锡	211	202	210	190	181	188	阜阳	36	58	123	143	156	59
徐州	164	205	217	210	212	194	宿州	68	127	164	183	190	106
常州	204	213	214	205	199	201	六安	62	78	56	77	107	70
苏州	184	189	188	179	169	187	亳州	92	151	127	144	157	110
南通	154	180	162	181	173	170	宣城	97	131	175	192	197	122
连云港	119	108	134	180	172	137	福州	14	8	7	7	7	4
淮安	191	215	203	202	196	190	厦门	23	6	15	8	8	6
盐城	200	194	199	203	198	193	莆田	17	13	11	15	15	8
扬州	151	168	170	191	187	175	三明	30	19	10	16	16	12
镇江	163	192	172	187	180	172	泉州	5	10	17	9	9	5
泰州	193	179	166	178	170	182	漳州	22	18	8	14	14	10
宿迁	205	218	207	206	203	202	南平	47	42	16	19	19	16
杭州	213	113	73	81	64	103	龙岩	16	17	5	10	11	9
宁波	59	76	89	65	63	68	宁德	8	7	4	6	6	7
温州	50	65	74	55	54	58	南昌	84	63	114	100	104	95
嘉兴	162	181	90	105	100	121	景德镇	102	95	110	118	114	130
湖州	207	207	198	111	98	164	萍乡	113	85	96	99	102	118
绍兴	217	185	142	95	83	136	九江	109	126	148	116	113	147
金华	143	150	69	79	69	88	新余	118	119	119	124	123	138
衢州	170	174	84	96	84	112	鹰潭	63	70	83	88	88	78
舟山	128	112	60	86	87	87	赣州	99	103	108	112	112	128
台州	139	132	61	72	67	74	吉安	67	73	94	97	97	96
丽水	223	220	121	138	135	173	宜春	81	83	103	109	109	102
合肥	51	88	163	164	163	84	上饶	98	111	98	103	101	100
芜湖	26	45	129	168	177	77	济南	188	204	219	222	205	204
蚌埠	55	87	139	162	179	91	青岛	155	116	109	176	182	158
淮南	66	110	173	193	202	117	淄博	263	264	262	240	235	254

续表

城市	2014年	2015年	2016年	2017年	2018年	2010年后	城市	2014年	2015年	2016年	2017年	2018年	2010年后
枣庄	259	255	240	230	224	242	十堰	226	216	153	148	147	208
东营	239	235	231	234	228	232	宜昌	179	197	194	177	166	203
烟台	110	106	100	214	209	168	襄阳	210	206	202	195	186	217
潍坊	253	243	238	231	225	241	鄂州	208	208	154	149	145	195
济宁	247	250	241	227	222	238	荆门	219	219	165	159	152	205
泰安	216	228	249	223	218	226	孝感	187	187	155	152	149	198
威海	227	225	212	212	207	220	荆州	244	226	204	163	153	215
日照	168	209	218	238	231	222	黄冈	160	163	106	110	116	132
莱芜	240	236	227	225	219	231	咸宁	196	165	149	147	143	186
临沂	237	229	222	219	215	228	随州	245	172	102	106	108	207
德州	242	237	230	235	230	224	长沙	100	97	118	56	50	76
聊城	238	233	233	236	229	236	株洲	209	177	138	80	79	127
滨州	254	244	229	233	226	244	湘潭	182	173	169	101	99	140
菏泽	241	242	216	215	211	227	衡阳	108	96	75	78	78	85
郑州	225	260	257	246	250	248	邵阳	105	92	42	52	59	75
开封	192	196	208	239	240	229	岳阳	153	135	132	83	81	114
洛阳	215	217	239	251	251	233	常德	87	90	115	73	75	98
平顶山	234	258	232	244	243	243	张家界	41	41	46	46	46	54
安阳	246	252	250	245	246	246	益阳	157	140	88	94	95	120
鹤壁	230	246	248	254	254	250	郴州	116	143	95	104	105	104
新乡	232	247	253	256	256	249	永州	133	152	101	108	106	167
焦作	243	253	259	258	258	257	怀化	121	167	91	98	103	111
濮阳	233	245	246	252	253	245	娄底	169	142	81	84	86	115
许昌	224	238	237	249	244	234	广州	58	46	66	28	26	33
漯河	218	230	245	253	255	247	韶关	95	35	47	53	49	55
三门峡	248	248	252	262	260	258	深圳	6	9	19	26	25	15
南阳	203	221	215	220	227	212	珠海	25	30	18	21	20	27
商丘	221	231	234	241	245	237	汕头	11	15	22	36	37	28
信阳	171	201	213	221	223	206	佛山	39	29	37	37	38	38
周口	258	263	235	243	248	252	江门	35	25	33	35	34	37
驻马店	229	240	236	247	247	239	湛江	32	23	20	17	18	34
武汉	220	224	195	174	165	210	茂名	10	16	21	20	23	22
黄石	189	191	167	166	159	192	肇庆	43	43	50	47	51	50

城市	2014年	2015年	2016年	2017年	2018年	2010年后	城市	2014年	2015年	2016年	2017年	2018年	2010年后
惠州	29	40	40	45	47	36	内江	115	107	117	117	110	148
梅州	28	32	30	33	35	35	乐山	117	137	128	126	119	174
汕尾	19	21	24	30	29	26	南充	165	136	187	175	168	219
河源	91	59	85	75	70	71	宜宾	126	82	147	131	126	178
阳江	24	33	39	41	43	40	雅安	78	100	92	91	90	116
清远	15	22	52	51	53	41	巴中	45	56	58	59	61	92
东莞	42	26	35	39	40	46	资阳	77	74	125	128	118	139
中山	53	44	62	63	62	64	贵阳	33	157	67	29	27	31
潮州	34	36	43	44	45	43	六盘水	46	48	31	38	39	30
揭阳	9	20	25	31	31	23	遵义	31	27	51	25	24	19
云浮	21	24	26	32	30	29	安顺	40	31	27	27	28	18
南宁	71	51	29	22	21	39	昆明	12	12	28	5	4	14
柳州	142	67	79	57	52	66	曲靖	4	5	14	4	5	11
桂林	107	61	76	34	33	52	玉溪	7	4	6	13	13	13
梧州	111	62	59	62	58	81	保山	20	11	9	11	10	21
北海	38	28	23	18	17	32	昭通	3	3	3	3	3	3
防城港	65	49	38	43	41	49	普洱	27	14	13	12	12	24
钦州	57	50	32	40	36	42	西安	201	166	223	196	191	221
贵港	44	34	44	48	44	45	铜川	150	105	189	188	192	181
玉林	60	47	53	58	57	67	宝鸡	156	164	211	211	213	213
百色	94	53	45	49	48	57	咸阳	148	146	206	228	238	211
河池	80	55	57	61	60	56	渭南	114	93	181	182	188	171
海口	2	2	2	2	2	2	延安	199	212	179	213	217	225
三亚	1	1	1	1	1	1	汉中	176	155	161	167	178	197
重庆	149	124	146	145	146	142	榆林	186	182	226	224	234	235
成都	167	210	157	107	94	185	安康	103	101	48	60	76	65
自贡	198	145	177	133	132	200	兰州	120	158	201	119	117	97
攀枝花	52	54	87	150	140	153	嘉峪关	146	162	143	160	162	149
泸州	106	91	178	122	121	165	金昌	54	57	65	156	155	80
德阳	144	139	185	139	138	184	白银	48	60	49	67	77	53
绵阳	89	72	145	125	124	151	天水	13	39	12	23	32	17
广元	132	134	136	134	129	183	武威	134	102	97	115	127	94
遂宁	76	79	93	92	92	143	张掖	101	121	126	140	148	108

续表

城市	2014年	2015年	2016年	2017年	2018年	2010年后	城市	2014年	2015年	2016年	2017年	2018年	2010年后
平凉	74	69	80	102	111	61	石嘴山	127	161	184	171	176	93
酒泉	125	129	105	132	136	119	吴忠	136	115	151	173	184	124
西宁	82	117	191	89	74	109	乌鲁木齐	131	153	182	158	175	177
银川	129	193	244	218	216	160	克拉玛依	88	64	77	66	66	90

附表 21　近五年环境质量指数（上一年＝100）

城市	2014年	2015年	2016年	2017年	2018年	2010年后	城市	2014年	2015年	2016年	2017年	2018年	2010年后
北京	97.1	105.6	108.1	102.4	103.1	100.9	临汾	101.6	101.5	101.5	103.4	98.2	101.1
天津	101.7	114.2	101.9	103.0	102.5	102.2	呼和浩特	97.5	106.2	103.1	114.8	105.4	103.8
石家庄	95.2	117.5	96.5	109.8	104.7	101.7	包头	93.6	108.7	105.0	116.7	103.8	103.5
唐山	104.3	104.4	112.8	105.8	102.4	102.0	乌海	98.9	106.8	109.8	102.9	103.9	102.5
秦皇岛	113.5	111.9	99.8	91.5	103.0	102.6	赤峰	109.1	108.4	109.4	98.4	104.5	103.7
邯郸	114.4	110.4	104.2	104.8	101.7	102.0	通辽	93.6	110.0	111.7	102.5	103.2	103.6
邢台	118.2	107.6	102.7	102.0	100.9	101.2	呼伦贝尔	105.1	105.3	101.3	102.3	102.9	103.3
保定	90.9	110.2	110.3	110.6	101.8	102.0	沈阳	94.6	107.3	114.0	110.0	104.8	101.8
张家口	98.1	110.4	105.3	100.1	100.7	100.8	大连	94.0	96.9	111.8	99.9	102.4	101.7
承德	90.6	89.6	100.8	99.2	99.6	101.4	鞍山	87.9	104.5	121.2	102.9	103.8	101.2
沧州	89.3	109.0	104.4	100.4	100.4	100.9	抚顺	95.9	107.2	106.9	102.5	104.3	101.4
廊坊	97.7	107.2	102.4	101.2	100.7	100.9	本溪	99.0	110.5	109.5	99.3	104.6	102.0
衡水	107.4	111.6	111.2	101.9	100.9	102.0	丹东	98.7	103.2	112.5	101.9	102.2	102.3
太原	109.4	106.5	96.1	105.3	103.3	100.8	锦州	88.6	109.2	109.2	110.7	103.8	102.4
大同	118.6	115.7	99.0	98.9	100.6	103.1	营口	93.7	103.3	114.7	102.2	101.8	102.0
阳泉	108.1	111.7	87.4	111.2	99.4	100.3	阜新	93.0	105.1	117.5	102.3	102.3	101.0
长治	107.3	106.8	100.0	109.4	99.4	101.1	辽阳	97.9	103.4	110.3	102.2	102.9	101.2
晋城	119.7	99.0	97.2	102.3	99.4	100.9	盘锦	94.5	102.4	109.2	102.3	102.9	100.9
朔州	119.6	102.1	98.8	102.7	99.8	101.2	铁岭	101.9	100.6	114.1	102.5	102.5	101.6
运城	115.2	99.1	103.1	102.4	99.6	100.9	朝阳	95.5	106.0	111.1	102.3	101.8	103.1
忻州	97.7	97.7	97.6	97.6	98.5	97.9	葫芦岛	94.0	106.8	107.0	102.3	103.0	101.0

城市	2014年	2015年	2016年	2017年	2018年	2010年后	城市	2014年	2015年	2016年	2017年	2018年	2010年后
长春	98.5	102.3	117.1	111.1	104.7	104.8	泰州	88.0	107.4	107.8	102.6	103.4	104.4
吉林	107.6	103.5	115.4	107.0	104.7	104.2	宿迁	92.5	103.1	108.0	102.4	103.2	102.1
四平	97.6	105.7	111.1	110.0	103.9	102.8	杭州	101.1	120.5	117.0	103.4	108.5	104.7
辽源	100.1	110.2	109.3	103.6	103.8	102.7	宁波	107.2	100.2	107.7	110.2	105.6	103.8
通化	95.9	113.1	111.6	103.3	103.1	104.3	温州	112.8	101.3	108.1	110.0	105.5	103.9
白山	96.5	110.2	109.3	103.3	103.7	104.2	嘉兴	108.6	102.8	122.7	102.7	105.1	103.8
松原	102.9	109.6	108.8	103.2	103.4	104.0	湖州	109.5	105.2	108.1	120.1	107.0	103.9
白城	98.6	108.5	107.8	103.0	103.3	105.2	绍兴	96.0	110.4	113.5	114.2	106.5	104.4
哈尔滨	85.7	104.0	116.0	122.9	105.1	104.7	金华	108.6	103.4	122.8	102.9	106.0	104.3
齐齐哈尔	109.3	101.5	105.8	101.4	104.1	104.4	衢州	99.5	104.7	123.3	103.2	106.4	104.1
鸡西	97.3	103.7	110.3	109.3	103.4	103.9	舟山	101.8	105.5	119.6	99.8	104.3	104.1
鹤岗	95.6	99.7	117.0	101.7	103.7	103.6	台州	93.6	105.6	121.3	102.0	106.1	103.7
双鸭山	98.4	101.0	116.7	102.2	104.0	103.3	丽水	86.9	105.7	124.4	101.3	105.6	104.2
大庆	97.7	101.7	116.5	101.7	103.4	103.4	合肥	114.0	96.2	97.5	103.8	103.2	100.2
伊春	103.2	94.9	112.1	102.0	103.7	103.2	芜湖	122.6	100.9	90.6	97.9	101.2	101.1
佳木斯	95.7	101.3	115.8	102.0	103.8	103.7	蚌埠	115.5	97.6	101.0	100.5	100.0	100.6
七台河	97.6	100.6	116.2	101.6	103.3	103.3	淮南	113.3	96.8	98.1	100.5	100.0	100.2
牡丹江	95.1	117.2	105.3	104.5	104.9	104.9	马鞍山	106.6	99.6	111.8	95.4	101.2	100.7
黑河	95.9	99.9	116.9	102.2	104.6	100.7	淮北	115.7	94.6	100.5	100.7	100.6	100.4
绥化	91.6	111.0	111.5	110.3	104.4	101.0	铜陵	112.3	98.2	95.9	100.3	100.4	100.1
上海	105.9	98.8	108.6	105.4	103.1	102.8	安庆	112.9	97.4	97.3	100.4	100.5	100.4
南京	95.2	109.7	107.5	105.8	103.5	102.3	黄山	115.1	95.8	97.5	101.0	101.0	101.9
无锡	95.3	106.8	103.7	108.4	104.0	102.3	滁州	114.2	98.0	98.7	100.8	100.2	101.7
徐州	106.3	98.5	102.4	104.7	102.0	101.0	阜阳	109.9	98.8	96.4	100.7	100.9	100.0
常州	97.2	103.8	104.3	105.5	103.2	102.3	宿州	111.6	95.6	101.1	100.8	101.0	100.1
苏州	101.6	103.9	107.3	104.8	103.7	102.9	六安	116.3	100.0	115.7	100.2	98.5	102.6
南通	100.8	101.0	108.6	101.3	103.6	102.6	亳州	113.0	96.0	110.8	101.2	100.9	100.4
连云港	97.4	105.1	104.1	97.0	103.7	102.2	宣城	102.3	99.6	99.7	100.9	100.5	100.5
淮安	89.1	101.2	108.2	102.7	103.3	102.5	福州	90.5	111.1	105.7	109.8	105.7	103.6
盐城	89.2	106.1	105.5	101.7	103.0	102.1	厦门	104.2	118.1	100.0	111.7	105.9	103.5
扬州	100.9	102.3	105.7	100.3	103.6	102.5	莆田	98.7	109.5	107.6	105.3	105.9	103.3
镇江	96.7	100.8	109.3	101.9	103.5	102.3	三明	101.5	110.7	110.2	105.0	105.5	104.2

城市	2014年	2015年	2016年	2017年	2018年	2010年后	城市	2014年	2015年	2016年	2017年	2018年	2010年后
泉州	110.7	102.6	104.0	111.7	105.5	103.9	开封	107.6	104.2	103.6	95.8	101.0	101.9
漳州	101.2	108.7	110.7	105.0	105.5	103.6	洛阳	102.3	105.0	99.2	99.2	101.7	100.6
南平	101.1	109.6	115.2	105.5	105.6	103.9	平顶山	99.9	95.7	116.4	100.3	101.4	101.6
龙岩	102.4	107.8	112.1	105.2	105.5	104.0	安阳	90.5	103.1	107.4	105.2	101.2	101.9
宁德	101.4	108.2	110.4	105.4	105.7	106.8	鹤壁	101.4	100.2	105.3	101.1	101.6	101.3
南昌	113.4	107.5	99.8	108.2	103.9	104.2	新乡	99.5	100.2	103.8	101.0	101.5	101.1
景德镇	112.5	103.4	106.6	104.6	104.3	104.2	焦作	101.5	99.9	101.9	104.1	101.5	100.9
萍乡	113.7	106.2	109.0	104.4	103.9	104.1	濮阳	101.0	101.0	106.1	101.0	101.3	101.9
九江	116.0	101.3	103.5	111.0	104.5	104.1	许昌	98.0	99.6	106.9	101.5	102.0	101.0
新余	113.2	104.1	107.8	104.8	104.4	103.9	漯河	102.7	99.1	103.9	100.3	101.0	102.6
鹰潭	112.2	102.1	107.0	104.5	104.2	103.6	三门峡	102.1	105.3	104.3	96.8	101.4	100.1
赣州	113.2	102.3	108.0	104.7	104.1	106.0	南阳	98.9	101.2	106.1	101.8	101.3	102.7
吉安	117.8	102.4	106.1	104.8	104.4	104.8	商丘	103.5	99.4	107.4	101.1	100.8	101.1
宜春	112.2	102.5	105.7	104.5	104.2	103.1	信阳	100.1	100.5	103.0	101.2	101.8	102.6
上饶	114.4	101.4	111.0	104.8	104.4	103.6	周口	95.5	100.8	122.0	101.5	100.8	101.0
济南	102.2	102.1	102.1	102.0	106.4	101.0	驻马店	98.9	100.4	108.0	101.2	101.3	101.1
青岛	95.3	109.5	109.3	93.6	101.6	102.3	武汉	106.5	102.6	113.8	106.7	104.7	103.6
淄博	87.1	102.1	112.8	116.7	103.7	101.1	黄石	96.9	104.6	109.9	104.6	104.2	103.5
枣庄	91.1	109.3	112.1	105.9	103.4	101.4	十堰	109.5	107.8	117.1	105.0	103.7	106.1
东营	100.7	103.6	108.6	103.3	103.5	101.1	宜昌	104.9	102.6	106.8	106.3	104.8	103.5
烟台	109.2	103.4	109.6	85.1	103.6	101.5	襄阳	110.4	106.0	107.1	104.8	104.0	104.4
潍坊	95.9	109.7	107.6	105.6	103.4	101.1	鄂州	108.8	105.3	115.4	105.0	103.9	104.9
济宁	95.9	103.9	109.5	106.7	103.3	101.1	荆门	107.6	105.1	115.3	105.1	104.2	104.4
泰安	107.5	99.8	101.8	109.2	103.6	101.0	孝感	108.2	104.9	111.7	104.5	104.1	104.6
威海	102.7	105.1	108.9	103.2	103.5	101.9	荆州	98.1	108.3	112.8	110.7	104.6	104.7
日照	118.8	99.1	102.8	99.4	103.5	101.3	黄冈	105.8	104.1	116.2	104.6	103.3	104.2
莱芜	98.9	104.0	110.1	103.1	103.5	101.1	咸宁	108.0	109.8	109.0	104.6	103.9	103.7
临沂	101.5	104.5	110.2	103.4	103.7	101.5	随州	105.1	121.8	117.9	105.0	103.1	107.4
德州	98.1	104.3	109.0	102.7	103.3	101.6	长沙	107.7	102.9	105.8	119.4	106.1	105.0
聊城	99.8	103.9	107.8	103.1	103.6	101.6	株洲	103.0	110.8	112.3	116.7	104.2	103.9
滨州	105.3	109.7	110.5	102.9	103.5	101.4	湘潭	101.6	106.8	106.3	118.1	104.5	104.0
菏泽	100.0	103.3	113.1	103.4	103.7	101.6	衡阳	110.8	103.7	114.9	104.0	104.1	104.3
郑州	98.9	90.1	110.3	109.6	99.6	101.2	邵阳	111.8	104.3	121.7	104.1	103.5	104.8

续表

城市	2014年	2015年	2016年	2017年	2018年	2010年后	城市	2014年	2015年	2016年	2017年	2018年	2010年后
岳阳	108.4	107.8	107.2	114.0	105.0	104.2	北海	110.7	109.7	108.8	108.1	106.4	105.3
常德	118.3	101.7	105.8	112.6	104.5	104.9	防城港	103.0	110.8	109.1	105.0	105.5	104.2
张家界	124.4	107.0	103.5	105.9	105.1	104.7	钦州	102.9	109.5	110.7	104.7	105.6	104.3
益阳	105.3	107.4	116.4	104.0	104.4	104.7	贵港	107.4	110.7	102.4	104.9	106.0	104.3
郴州	111.2	101.2	115.6	103.7	103.9	103.4	玉林	107.0	110.6	104.9	104.7	105.3	107.4
永州	110.4	101.6	115.5	104.1	104.3	105.5	百色	105.1	113.9	109.1	105.0	105.3	104.3
怀化	103.5	98.2	120.5	104.0	103.7	104.5	河池	103.4	111.3	107.3	105.1	105.5	103.9
娄底	104.0	110.9	118.0	104.2	104.1	104.7	海口	119.9	104.2	119.1	116.1	106.5	105.6
广州	103.2	110.9	102.2	117.9	105.7	104.2	三亚	118.0	101.6	113.2	106.1	105.5	106.5
韶关	102.8	121.8	101.8	105.3	105.3	104.4	重庆	106.2	107.9	103.7	104.4	103.1	102.8
深圳	108.3	104.6	101.6	104.4	105.1	104.2	成都	116.3	98.8	115.4	113.4	107.6	106.0
珠海	105.9	105.4	111.2	104.5	105.7	105.0	自贡	115.8	113.6	101.6	112.9	104.2	105.3
汕头	118.2	106.6	104.3	100.2	104.8	104.3	攀枝花	120.0	105.9	100.7	93.8	105.5	105.6
佛山	105.6	109.2	103.1	106.2	105.2	104.6	泸州	109.1	104.4	95.9	115.0	104.3	106.3
江门	115.7	109.7	103.1	106.3	105.4	104.7	德阳	107.2	105.4	99.6	110.8	104.1	105.3
湛江	110.0	109.1	108.3	107.7	105.5	105.8	绵阳	111.4	106.1	96.8	109.4	104.4	105.7
茂名	112.6	106.4	104.7	105.8	104.4	105.1	广元	110.9	104.6	106.1	106.0	105.0	106.3
肇庆	105.5	107.1	103.9	106.3	104.4	104.9	遂宁	124.3	102.2	107.5	105.3	104.4	107.9
惠州	99.9	104.8	104.7	104.9	104.2	103.9	内江	109.3	104.6	106.9	105.5	104.8	104.7
梅州	113.2	105.9	105.8	106.2	104.2	104.4	乐山	111.3	102.3	107.8	106.0	105.0	106.1
汕尾	112.6	106.3	105.6	105.8	104.4	105.3	南充	111.2	110.1	98.9	105.1	103.7	105.0
河源	112.5	110.3	103.3	106.7	105.3	104.7	宜宾	122.1	109.4	98.8	108.7	104.9	105.6
阳江	112.6	104.6	103.4	105.7	104.5	104.4	雅安	109.0	99.6	111.4	105.4	104.1	104.7
清远	119.5	104.1	97.9	106.4	104.7	104.4	巴中	113.1	102.2	108.0	105.6	105.1	109.0
东莞	119.2	111.0	102.7	105.4	104.1	104.2	资阳	118.1	103.3	101.1	104.9	105.4	106.6
中山	118.6	110.8	101.5	105.9	104.7	104.2	贵阳	101.2	84.1	125.0	117.9	105.6	103.7
潮州	110.7	106.9	103.2	105.9	104.4	104.4	六盘水	101.5	106.3	110.8	104.2	104.7	102.4
揭阳	112.6	104.5	104.2	105.7	104.1	104.5	遵义	99.9	107.9	99.2	115.7	105.0	103.1
云浮	110.1	105.4	106.6	105.6	104.5	105.2	安顺	105.4	109.3	107.7	107.2	104.6	102.0
南宁	100.9	111.8	112.5	109.9	105.7	105.4	昆明	110.8	108.3	99.8	120.4	106.1	105.3
柳州	93.2	116.1	106.9	111.0	105.9	104.4	曲靖	113.1	105.3	99.4	114.4	105.0	105.3
桂林	98.3	111.1	107.0	116.6	105.8	104.5	玉溪	118.4	115.6	97.7	104.6	106.6	104.7
梧州	105.3	111.5	110.4	105.4	105.9	106.4	保山	116.5	111.4	107.5	106.5	106.5	105.6

续表

城市	2014年	2015年	2016年	2017年	2018年	2010年后	城市	2014年	2015年	2016年	2017年	2018年	2010年后
昭通	101.9	101.9	107.8	106.0	105.9	103.3	金昌	111.6	104.6	107.0	88.9	102.9	101.4
普洱	117.4	112.7	107.1	106.7	106.6	105.9	白银	100.8	102.0	111.5	101.6	102.1	103.0
西安	110.9	110.5	95.4	110.6	102.6	104.2	天水	101.2	99.8	116.0	101.8	101.8	104.0
铜川	112.8	109.8	96.2	103.4	101.2	102.5	武威	96.3	107.8	110.6	101.7	102.7	102.6
宝鸡	108.7	103.3	97.8	103.0	101.9	102.6	张掖	100.1	100.7	107.0	101.5	102.5	102.0
咸阳	115.0	104.7	97.2	97.1	100.1	102.3	平凉	94.4	104.3	107.8	101.4	102.0	102.4
渭南	115.7	105.3	96.0	103.0	101.5	103.8	酒泉	101.7	104.0	110.9	101.7	102.4	103.3
延安	121.5	103.1	111.9	96.2	101.7	102.2	西宁	111.6	98.7	96.9	123.3	106.9	105.0
汉中	112.0	108.8	105.1	103.4	100.9	104.1	银川	98.3	95.0	94.7	109.0	103.3	100.2
榆林	115.4	105.9	96.8	103.1	101.1	102.6	石嘴山	85.2	99.3	103.4	105.2	102.2	100.8
安康	108.1	103.0	121.1	103.5	100.2	104.4	吴忠	95.7	106.9	102.2	100.3	100.8	101.3
兰州	97.7	99.1	99.8	119.9	104.3	102.3	乌鲁木齐	99.0	101.2	107.0	107.5	99.8	103.2
嘉峪关	102.6	102.2	109.6	101.3	102.5	102.1	克拉玛依	108.8	108.1	107.5	107.0	104.0	105.0

附表 22　近六年环境质量指数（以 1990 年为基期）

城市	2013年	2014年	2015年	2016年	2017年	2018年	城市	2013年	2014年	2015年	2016年	2017年	2018年
北京	106.2	103.1	108.9	117.6	120.4	124.2	沧州	120.3	107.4	117.1	122.2	122.6	123.1
天津	105.4	107.2	122.4	124.8	128.6	131.9	廊坊	113.5	110.9	118.9	121.8	123.2	124.0
石家庄	101.5	96.6	113.5	109.5	120.2	125.9	衡水	96.0	103.1	115.1	128.1	130.5	131.6
唐山	94.9	99.0	103.3	116.6	123.3	126.3	太原	95.9	104.9	111.7	107.4	113.1	116.9
秦皇岛	108.5	123.1	137.8	137.5	125.8	129.5	大同	107.9	127.9	148.0	146.4	144.9	145.8
邯郸	87.0	99.5	109.9	114.5	120.0	122.0	阳泉	96.0	103.8	115.5	101.3	112.6	112.0
邢台	88.3	104.4	112.4	115.4	117.7	118.7	长治	88.1	94.6	101.0	100.9	110.4	109.8
保定	101.9	92.6	102.1	112.6	124.5	126.8	晋城	99.0	118.4	117.2	113.9	116.6	115.9
张家口	100.4	98.5	108.7	114.5	114.6	115.4	朔州	95.2	113.9	116.3	115.0	118.0	117.8
承德	147.6	133.7	119.8	120.7	119.7	119.3	运城	98.3	113.3	112.3	115.7	118.5	118.0

城市	2013年	2014年	2015年	2016年	2017年	2018年	城市	2013年	2014年	2015年	2016年	2017年	2018年
忻州	108.7	106.2	103.7	101.3	98.8	97.3	哈尔滨	111.9	95.9	99.7	115.6	142.1	149.3
临汾	115.6	117.4	119.2	121.1	125.2	122.9	齐齐哈尔	109.3	119.4	121.2	128.2	130.1	135.5
呼和浩特	111.5	108.7	115.4	119.0	136.6	144.0	鸡西	105.9	103.0	106.8	117.8	128.8	133.2
包头	105.8	99.0	107.6	113.0	131.9	136.9	鹤岗	103.5	99.0	98.7	115.9	117.9	122.2
乌海	106.9	105.8	113.0	124.0	127.7	132.6	双鸭山	96.5	95.0	95.9	111.9	114.4	118.9
赤峰	106.5	116.2	126.0	137.8	135.5	141.6	大庆	107.8	105.2	107.0	124.7	126.9	131.1
通辽	105.5	98.7	108.6	121.2	124.2	128.2	伊春	110.0	113.6	107.8	120.9	123.3	127.9
呼伦贝尔	109.4	115.0	121.1	122.6	125.4	129.1	佳木斯	114.7	109.8	111.2	128.8	131.4	136.4
沈阳	81.2	76.8	82.5	94.0	103.4	108.4	七台河	105.4	102.8	103.4	120.1	122.0	126.0
大连	107.5	101.0	97.9	109.5	109.4	112.0	牡丹江	112.9	107.3	125.8	132.4	138.3	145.2
鞍山	91.3	80.3	83.9	101.7	104.6	108.6	黑河	100.5	96.3	96.2	112.4	115.0	120.2
抚顺	94.3	90.4	96.9	103.6	106.2	110.8	绥化	83.4	76.3	84.7	94.4	104.1	108.7
本溪	98.2	97.3	107.5	117.8	116.9	122.3	上海	106.8	113.1	111.8	121.5	128.0	132.0
丹东	93.0	91.8	94.8	106.6	108.6	111.0	南京	103.8	98.8	108.3	116.4	123.1	127.5
锦州	95.2	84.3	92.1	100.6	111.4	115.7	无锡	107.5	102.5	109.4	113.5	123.0	128.0
营口	92.7	86.8	89.7	102.9	105.1	108.3	徐州	102.5	109.0	107.7	110.2	115.5	117.7
阜新	84.5	78.6	82.9	97.4	99.7	102.0	常州	107.5	104.4	108.4	113.0	119.3	123.1
辽阳	91.5	89.6	92.7	102.2	104.4	107.5	苏州	98.1	99.7	103.6	111.1	116.5	120.8
盘锦	85.1	80.4	82.3	89.9	91.9	94.6	南通	107.6	108.4	109.5	119.0	120.6	125.0
铁岭	93.9	95.7	96.3	109.9	112.4	115.3	连云港	116.6	113.6	119.4	124.3	120.6	125.0
朝阳	110.8	105.8	112.2	124.7	127.6	129.9	淮安	120.6	107.5	108.8	117.8	120.8	124.8
葫芦岛	89.8	84.4	90.1	96.5	98.7	101.7	盐城	109.7	97.8	103.8	109.5	111.4	114.7
长春	96.7	95.2	97.4	114.1	126.8	132.7	扬州	102.9	103.8	106.3	112.3	112.7	116.7
吉林	91.0	97.9	101.3	116.9	125.1	131.0	镇江	110.0	106.2	107.2	117.2	119.5	123.7
四平	81.6	79.7	84.2	93.6	102.9	106.9	泰州	118.0	103.9	111.6	120.3	123.4	127.7
辽源	94.5	94.6	104.3	114.0	118.0	122.6	宿迁	114.1	105.5	108.8	117.5	120.4	124.3
通化	103.2	98.9	111.8	124.8	128.9	132.9	杭州	89.8	90.8	109.4	128.0	132.4	143.6
白山	92.4	89.1	98.2	107.3	110.8	114.9	宁波	101.9	109.1	109.4	117.8	129.8	137.1
松原	83.3	85.7	93.9	102.1	105.4	109.0	温州	99.2	111.9	113.4	122.5	134.7	142.1
白城	105.2	103.7	112.5	121.4	125.0	129.1	嘉兴	90.7	98.5	101.2	124.2	127.5	134.1

续表

城市	2013年	2014年	2015年	2016年	2017年	2018年	城市	2013年	2014年	2015年	2016年	2017年	2018年
湖州	81.6	89.3	94.0	101.6	122.1	130.6	萍乡	95.4	108.4	115.1	125.4	131.0	136.2
绍兴	90.0	86.5	95.5	108.4	123.8	131.9	九江	99.9	115.9	117.4	121.5	134.8	141.0
金华	93.6	101.7	105.2	129.3	133.0	141.0	新余	99.1	112.2	116.8	125.8	131.9	137.7
衢州	90.0	89.6	93.7	115.6	119.3	126.9	鹰潭	101.5	113.9	116.3	124.4	130.0	135.4
舟山	96.9	98.6	104.0	124.4	124.2	129.5	赣州	122.2	138.3	141.5	152.8	160.0	166.6
台州	100.6	94.1	99.4	120.6	123.0	130.5	吉安	103.4	121.9	124.8	132.4	138.7	144.8
丽水	102.9	89.4	94.5	117.5	119.0	125.7	宜春	98.5	110.5	113.3	119.8	125.2	130.4
合肥	98.1	111.9	107.6	104.9	108.9	112.3	上饶	107.4	122.8	124.5	138.3	144.8	151.2
芜湖	102.4	125.6	126.7	114.8	112.4	113.8	济南	108.6	111.0	113.3	115.7	118.0	125.6
蚌埠	100.9	116.5	113.8	114.9	115.6	115.6	青岛	129.7	123.6	135.4	148.0	138.6	140.7
淮南	97.6	110.6	107.0	105.1	105.6	105.6	淄博	106.2	92.5	94.5	106.6	124.4	129.0
马鞍山	96.8	103.2	102.8	114.9	109.6	110.9	枣庄	113.6	103.5	113.1	126.9	134.3	138.9
淮北	92.2	106.8	101.0	101.5	102.3	102.9	东营	99.1	99.8	103.4	112.4	116.0	120.1
铜陵	92.0	103.2	101.4	97.2	97.6	97.9	烟台	115.9	126.6	130.9	143.5	122.1	126.5
安庆	97.0	109.5	106.7	103.9	104.3	104.8	潍坊	102.2	98.0	107.5	115.7	122.2	126.4
黄山	99.4	114.4	109.4	106.9	107.9	109.0	济宁	111.6	107.0	111.2	121.7	129.9	134.2
滁州	99.7	113.9	111.7	110.2	111.2	111.4	泰安	102.0	109.6	109.4	111.4	122.4	126.8
阜阳	99.8	109.6	108.3	104.4	105.1	106.0	威海	112.6	115.6	121.5	132.3	136.5	141.3
宿州	87.4	97.5	93.2	94.2	95.0	95.9	日照	105.8	125.7	124.6	128.1	127.3	131.7
六安	98.1	114.2	114.2	132.1	132.3	130.4	莱芜	110.9	109.8	114.1	125.6	129.4	134.0
亳州	82.4	93.1	89.4	99.0	100.2	101.1	临沂	100.1	101.6	106.2	117.0	121.0	125.5
宣城	96.3	98.5	98.1	97.8	98.6	99.1	德州	110.7	108.6	113.2	123.5	126.8	130.9
福州	102.8	93.0	103.4	109.3	120.0	126.8	聊城	102.4	102.2	106.1	114.4	118.0	122.2
厦门	83.2	86.7	102.3	102.3	114.3	121.0	滨州	95.4	100.4	110.2	121.7	125.3	129.7
莆田	92.3	91.1	99.8	107.4	113.1	119.7	菏泽	101.1	101.1	105.3	119.1	123.1	127.7
三明	93.8	95.2	105.4	116.2	122.0	128.7	郑州	108.0	106.8	96.2	106.2	116.3	115.9
泉州	95.4	105.5	108.3	112.7	125.9	132.8	开封	102.3	110.0	114.7	118.7	113.3	114.9
漳州	89.4	90.5	98.3	108.8	114.3	120.6	洛阳	103.3	105.6	110.9	110.0	109.1	110.9
南平	87.6	88.6	97.2	112.0	118.1	124.6	平顶山	102.0	101.8	97.5	113.5	113.8	115.5
龙岩	93.6	95.8	103.4	115.9	121.9	128.6	安阳	112.3	101.6	104.8	112.6	118.4	119.8
宁德	105.7	107.1	115.9	128.0	135.0	142.7	鹤壁	103.9	105.4	105.6	111.2	112.4	114.2
南昌	103.4	117.3	126.1	125.9	136.2	141.5	新乡	109.6	109.0	109.2	113.4	114.6	116.3
景德镇	106.1	119.5	123.6	131.7	137.8	143.8	焦作	103.1	104.6	104.5	106.5	111.7	113.3

续表

城市	2013年	2014年	2015年	2016年	2017年	2018年	城市	2013年	2014年	2015年	2016年	2017年	2018年
濮阳	97.5	98.4	99.4	105.4	106.5	107.8	娄底	101.8	105.9	116.6	137.6	143.4	149.3
许昌	100.6	98.7	98.3	105.0	106.6	108.7	广州	101.5	104.7	116.1	118.6	139.8	147.8
漯河	101.4	104.2	103.3	107.3	107.6	108.7	韶关	106.7	109.7	133.6	135.9	143.2	150.8
三门峡	90.3	92.2	97.0	101.2	97.9	99.3	深圳	117.8	127.5	133.4	135.6	141.6	148.7
南阳	111.1	109.8	111.2	118.0	120.1	121.7	珠海	114.4	121.2	127.7	142.0	148.4	156.9
商丘	104.6	108.2	107.6	115.6	116.8	117.7	汕头	101.2	119.6	127.5	133.0	133.2	139.6
信阳	104.2	104.3	104.8	107.9	109.1	111.1	佛山	110.8	116.9	127.7	131.6	139.8	147.0
周口	88.2	84.2	84.9	103.6	105.2	106.1	江门	99.5	115.1	126.2	130.0	138.2	145.7
驻马店	105.0	103.8	104.2	112.6	113.9	115.4	湛江	107.5	118.3	129.0	139.8	150.5	158.8
武汉	103.8	110.6	113.4	129.1	137.7	144.2	茂名	138.4	155.8	165.8	173.5	183.5	191.6
黄石	98.9	105.7	110.6	121.6	127.1	132.5	肇庆	109.6	115.6	123.8	128.6	136.7	142.8
十堰	105.1	115.0	124.0	145.1	152.4	158.0	惠州	118.7	118.6	123.5	129.4	135.7	141.5
宜昌	115.0	120.6	123.8	132.2	140.6	147.3	梅州	105.1	118.9	125.9	133.3	141.6	147.5
襄阳	107.3	118.5	125.6	134.5	140.9	146.5	汕尾	113.6	128.0	136.1	143.7	152.0	159.1
鄂州	106.6	115.9	122.0	140.9	147.9	153.7	河源	90.2	101.4	111.9	115.6	123.3	129.9
荆门	113.0	121.6	127.7	147.3	154.7	161.3	阳江	109.0	122.7	128.3	132.6	140.2	146.6
孝感	99.6	107.8	113.0	126.3	132.0	137.4	清远	95.5	114.1	118.7	116.3	123.7	129.5
荆州	105.1	103.2	111.7	126.0	139.4	145.9	东莞	108.5	129.4	143.6	147.4	155.4	161.8
黄冈	133.5	141.2	147.0	170.8	178.6	184.6	中山	92.1	109.3	121.1	123.0	130.2	136.3
咸宁	112.0	121.0	132.9	144.7	151.4	157.3	潮州	117.6	130.1	139.1	143.5	151.9	158.6
随州	132.1	138.8	169.1	199.4	209.4	215.9	揭阳	100.8	113.5	118.6	123.6	130.6	136.0
长沙	117.8	126.9	130.7	138.3	165.2	175.3	云浮	105.4	116.1	122.4	130.5	137.8	143.9
株洲	85.9	88.5	98.0	110.1	128.5	133.9	南宁	118.5	119.6	133.6	150.3	165.2	174.7
湘潭	96.2	97.7	104.4	111.0	131.0	136.9	柳州	110.4	102.9	119.5	127.8	141.9	150.3
衡阳	94.6	104.8	108.7	124.9	129.5	135.2	桂林	113.0	111.1	123.4	132.1	154.0	162.9
邵阳	107.7	120.4	125.5	152.8	159.0	164.6	梧州	110.6	116.5	129.9	143.4	151.2	160.1
岳阳	94.2	102.1	110.0	118.0	134.4	141.1	北海	126.2	139.7	153.2	166.7	180.2	191.7
常德	91.8	108.6	110.5	116.9	131.6	137.5	防城港	113.8	117.2	129.9	141.8	148.9	157.0
张家界	93.6	116.5	124.5	128.9	136.5	143.4	钦州	111.5	114.8	125.6	139.1	145.7	153.8
益阳	98.0	103.1	110.7	128.8	134.0	139.9	贵港	108.8	116.8	129.2	132.3	138.8	147.1
郴州	95.4	106.1	107.4	124.1	128.8	133.8	玉林	127.2	136.2	150.6	158.0	165.5	174.3
永州	116.7	128.9	131.0	151.2	157.4	164.2	百色	101.2	106.4	121.2	132.2	138.9	146.3
怀化	110.9	114.8	112.7	135.7	141.2	146.4	河池	99.7	103.1	114.7	123.1	129.3	136.4

续表

城市	2013年	2014年	2015年	2016年	2017年	2018年	城市	2013年	2014年	2015年	2016年	2017年	2018年
海口	90.8	108.8	113.4	135.2	156.9	167.1	昭通	119.4	121.7	124.0	133.6	141.6	150.1
三亚	121.7	143.7	146.0	165.3	175.4	185.0	普洱	89.3	104.9	118.2	126.6	135.0	143.9
重庆	103.1	109.4	118.1	122.4	127.9	131.9	西安	112.0	124.2	137.3	130.9	144.8	148.6
成都	118.4	137.8	136.1	157.1	178.2	191.7	铜川	109.4	123.4	135.6	130.4	134.8	136.4
自贡	98.0	113.5	128.9	131.0	147.8	154.1	宝鸡	114.2	124.1	128.2	125.3	129.1	131.5
攀枝花	133.5	160.2	169.7	170.9	160.2	168.4	咸阳	115.8	133.2	139.5	135.4	131.8	131.8
泸州	130.5	142.4	148.6	142.6	163.9	170.9	渭南	101.1	117.1	123.2	118.3	121.8	123.6
德阳	126.9	136.0	143.4	142.9	158.3	164.9	延安	85.3	103.7	106.9	119.6	115.1	117.1
绵阳	123.2	137.3	145.6	141.0	154.3	160.9	汉中	97.5	109.2	118.8	124.8	129.1	130.3
广元	116.3	128.9	134.8	143.0	151.6	159.1	榆林	94.2	108.8	115.2	111.5	114.9	116.2
遂宁	109.5	136.1	139.2	149.6	157.5	164.4	安康	123.6	133.7	137.5	166.7	172.5	173.0
内江	124.3	135.8	142.1	151.9	160.3	168.0	兰州	101.1	98.8	98.0	97.8	117.3	122.3
乐山	155.6	173.1	177.2	191.1	202.4	212.5	嘉峪关	95.8	98.3	100.5	110.1	111.5	114.3
南充	116.3	129.4	142.4	140.9	148.1	153.7	金昌	95.3	106.4	111.3	119.1	105.9	108.9
宜宾	112.4	137.2	150.2	148.4	161.2	169.2	白银	106.2	107.1	109.3	121.9	123.8	126.4
雅安	120.9	131.7	131.2	146.1	154.1	160.4	天水	117.3	118.7	118.4	137.3	139.8	142.2
巴中	96.6	109.3	111.7	120.6	127.4	133.9	武威	96.6	93.0	100.2	110.8	112.7	115.8
资阳	136.6	161.2	166.6	168.4	176.7	186.3	张掖	109.1	109.3	110.1	117.8	119.6	122.6
贵阳	96.0	97.2	81.8	102.2	120.5	127.2	平凉	115.0	108.5	113.2	122.0	123.7	126.1
六盘水	87.5	88.8	94.4	104.6	108.9	114.0	酒泉	97.2	98.8	102.7	113.9	115.9	118.7
遵义	90.5	90.3	97.5	96.7	111.9	117.6	西宁	99.9	111.4	110.0	106.5	131.5	140.6
安顺	77.3	81.5	89.1	96.0	102.9	107.7	银川	95.8	94.1	89.5	84.7	92.3	95.3
昆明	93.8	104.0	112.6	112.3	135.3	143.5	石嘴山	112.3	95.6	94.9	98.2	103.3	105.6
曲靖	101.9	115.3	121.4	120.6	138.0	144.9	吴忠	96.6	92.4	98.8	101.0	101.2	102.1
玉溪	109.0	129.1	149.2	145.8	152.5	162.6	乌鲁木齐	110.0	120.0	121.4	124.6	133.9	133.6
保山	93.1	108.5	120.8	129.9	138.4	147.4	克拉玛依	101.0	109.9	118.8	127.7	136.5	142.0

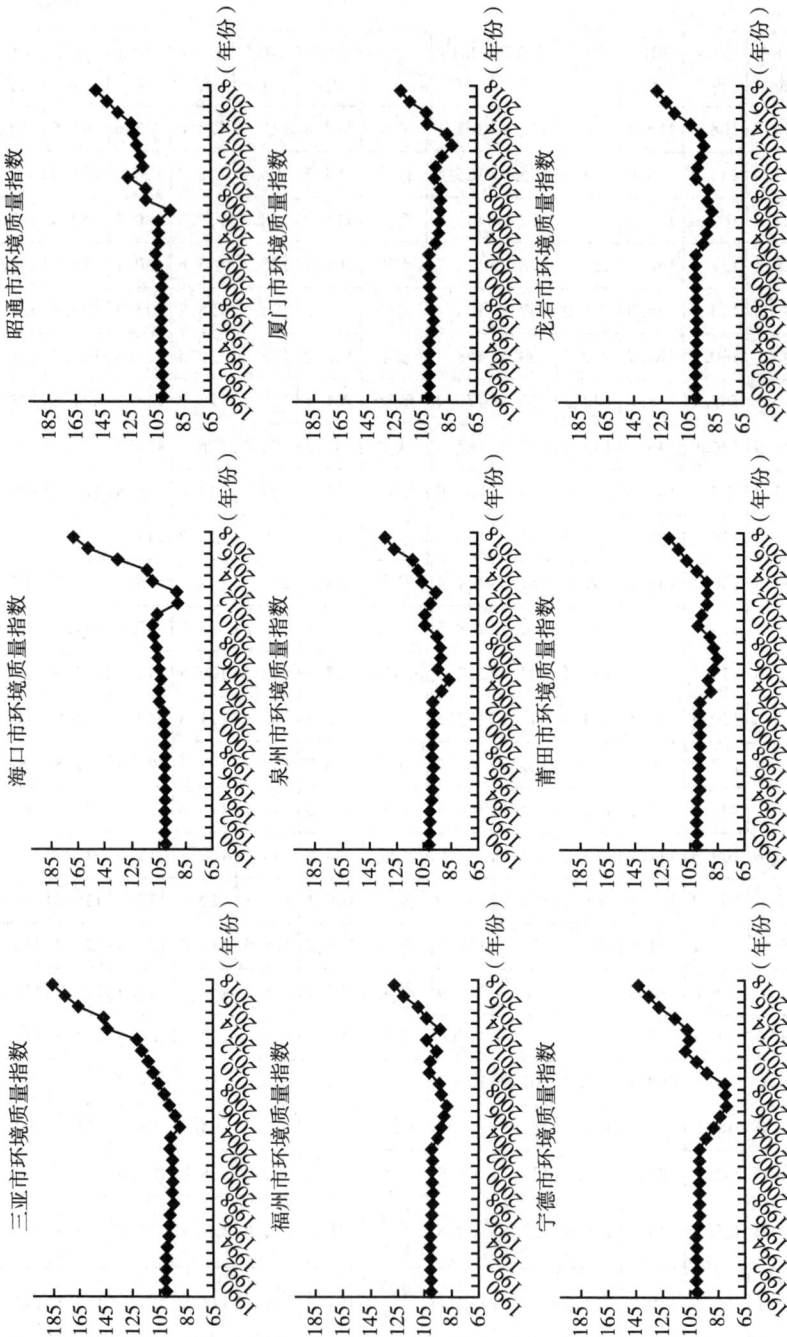

三亚市环境质量指数

海口市环境质量指数

昭通市环境质量指数

福州市环境质量指数

泉州市环境质量指数

厦门市环境质量指数

宁德市环境质量指数

莆田市环境质量指数

龙岩市环境质量指数

三明市环境质量指数

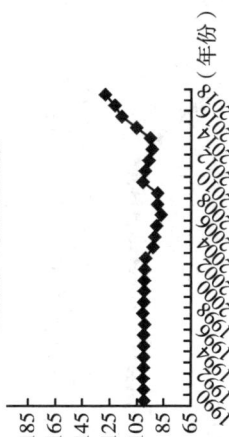

深圳市环境质量指数

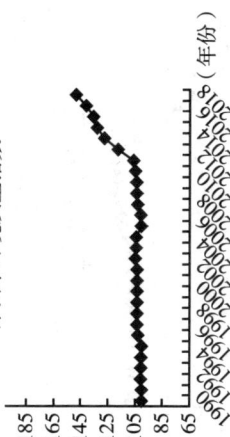

安顺市环境质量指数

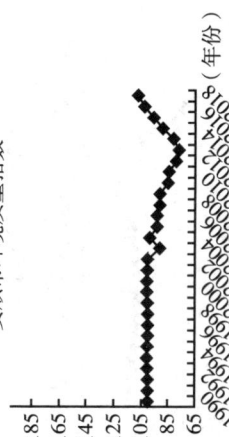

曲靖市环境质量指数

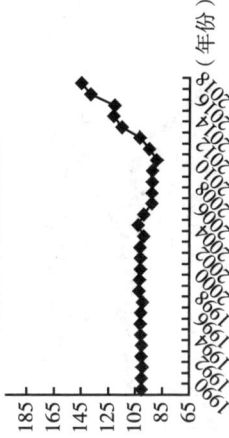

昆明市环境质量指数

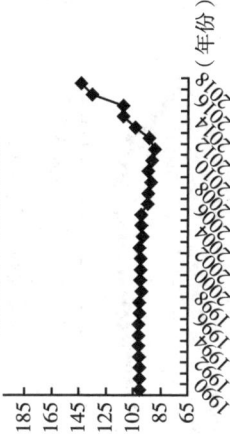

天水市环境质量指数

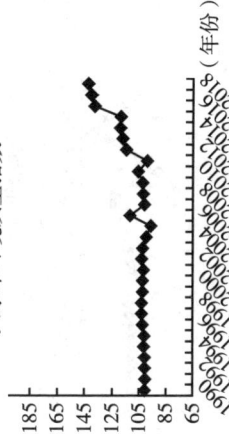

漳州市环境质量指数

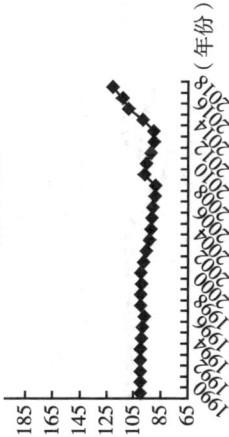

玉溪市环境质量指数

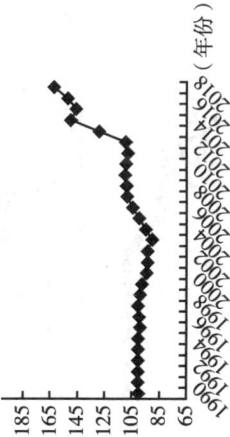

南平市环境质量指数

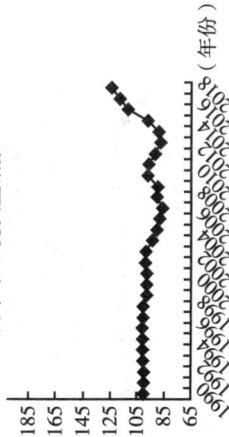

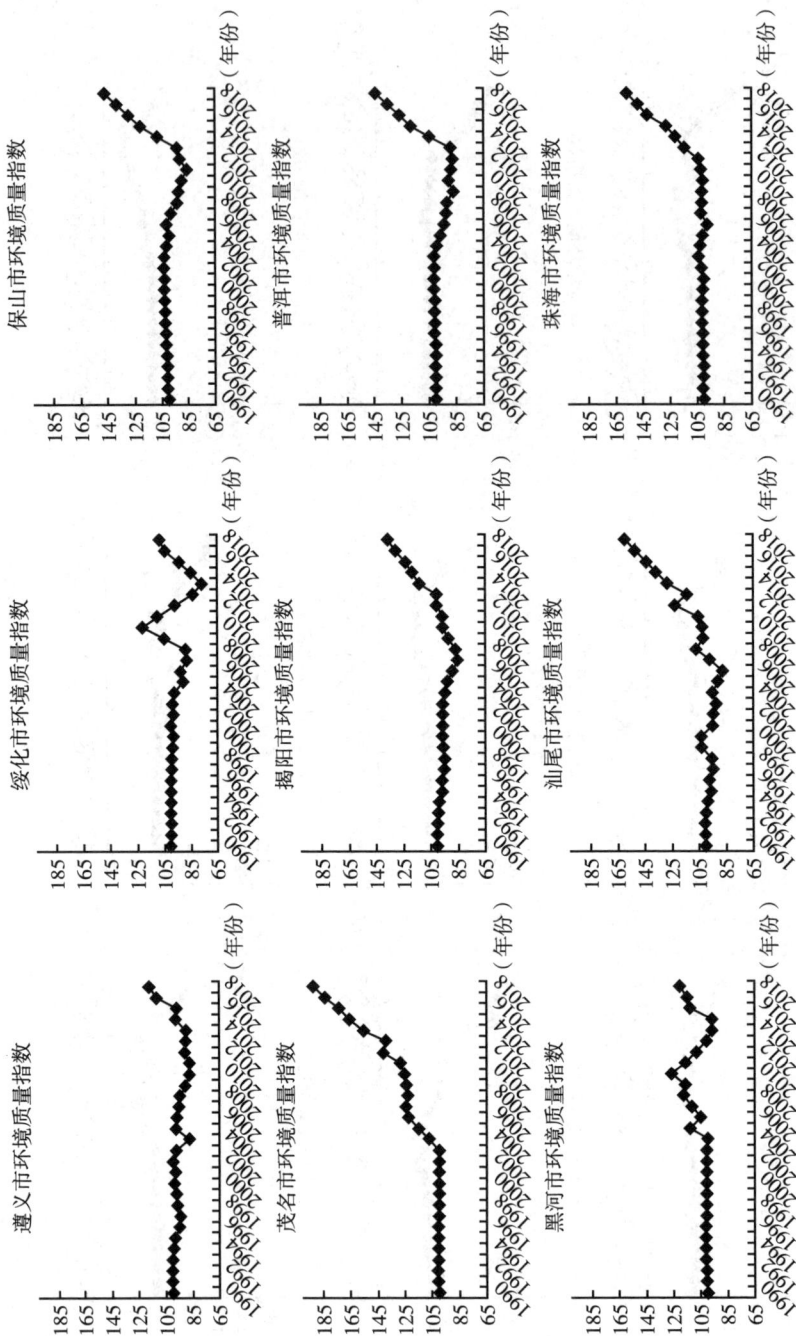

六盘水市环境质量指数

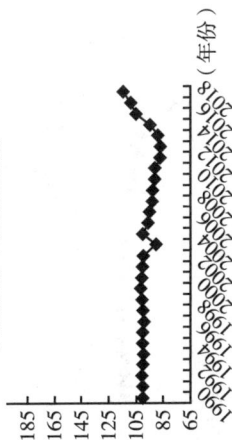

云浮市环境质量指数

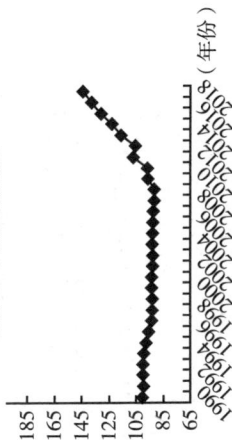

汕头市环境质量指数

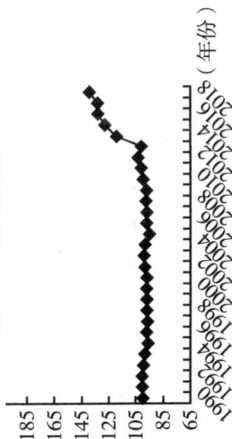

广州市环境质量指数

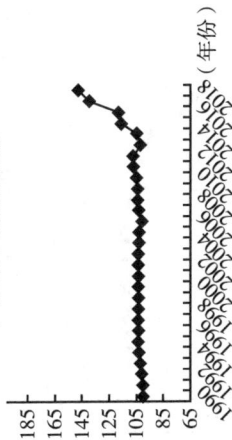

北海市环境质量指数

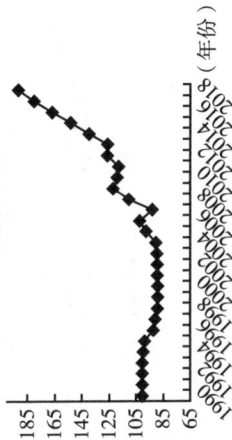

贵阳市环境质量指数

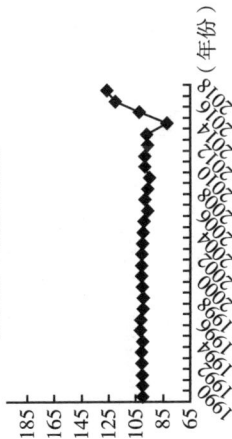

惠州市环境质量指数

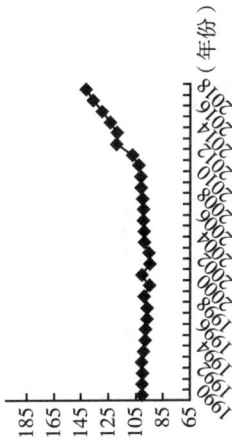

梅州市环境质量指数

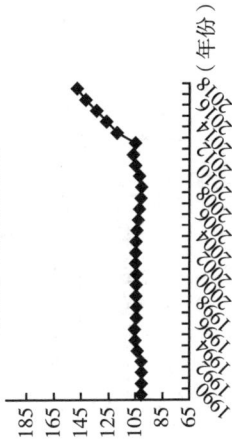

湛江市环境质量指数

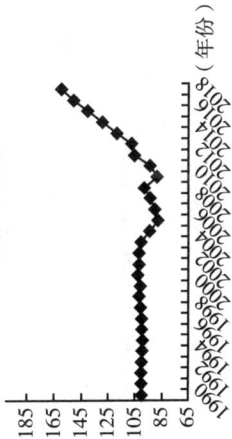

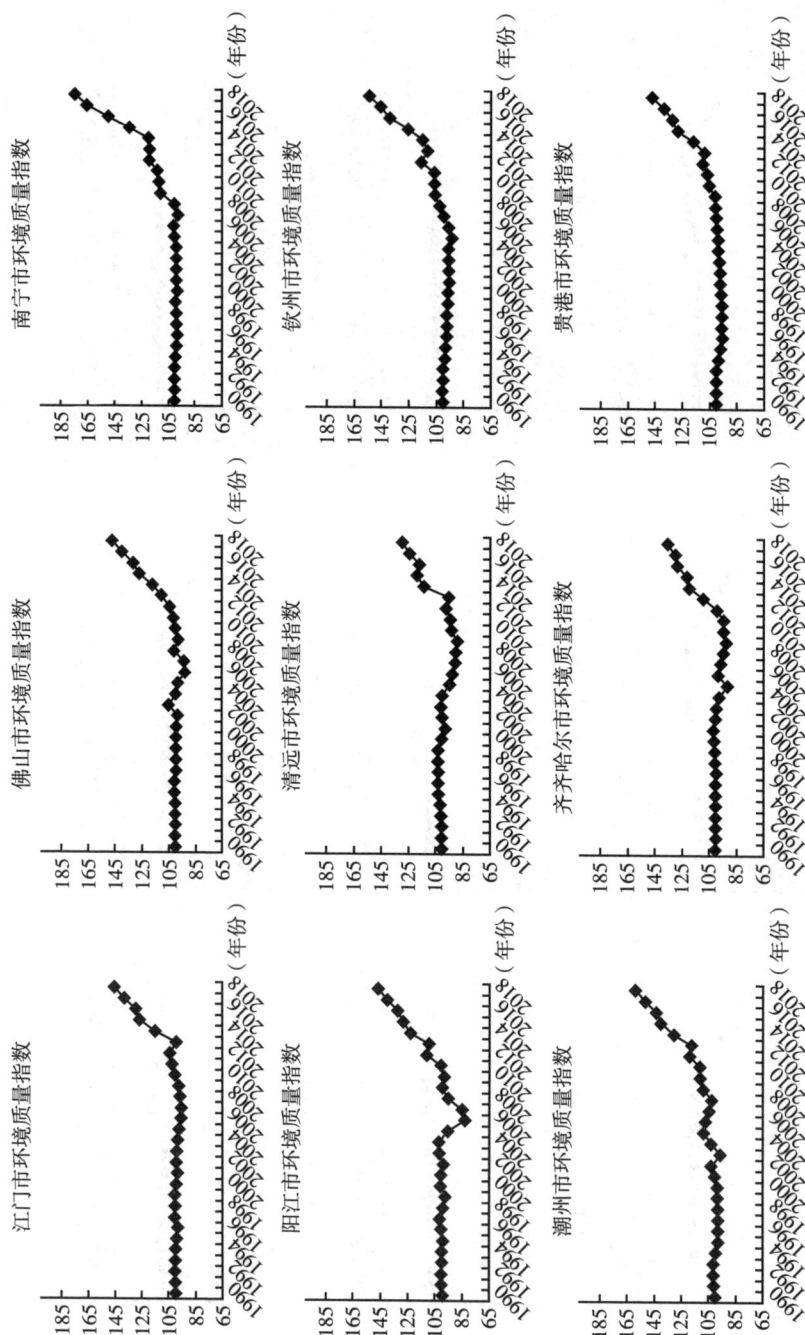

附图 7　排名前 45 的城市环境质量指数

城市发展与结构演进篇

报告12
突破经济增长减速的新要素供给理论、
体制与政策选择*

中国经济增长前沿课题组**

摘　要：　通过引入知识部门，本文在结构上重新定义了生产函数，以此为基础分析中国经济转型的新要素供给作用。研究发现，为了突破结构性减速的阻碍、实现可持续增长，以知识部门为代表的新生产要素供给，成为跨越发展阶段的主导力量。因应城市居民收入提高之后发生的需求升级，知识部门围绕科教文卫体等提升"广义人力资本"消费支出的现代服务业建立起来，知识部门的生产消费过程，也是人力资本提升和创新内生化的过程。知识部门自身不仅具有内生性，而且以其外溢性促进传统工业、服务业部门的发展，有利于促进结构升级，以此打通消费和生产一体化，在不断扩大消费需求的同时推进未来中国创新增长。在物质资本驱动增长动力减弱的困境下，重视消费对广义人力资本的贡献作用，促进消费、生产结构互动升级，是实现发展

---

* 本研究受国家社会科学基金重大招标课题"加快经济结构调整与促进经济自主协调发展研究"（批准文号12&ZD084）、国家社会科学基金重点课题"我国经济增长的结构性减速、转型风险与国家生产系统效率提升路径研究"（批准文号14AJL006）和"中国城市规模、空间聚集与管理模式研究"（批准文号15AJL013）资助。本文发表在《经济研究》2015年第11期。

** 中国经济增长前沿课题组负责人：张平、刘霞辉、袁富华，中国社会科学院经济研究所。执笔人：袁富华、张平、陈昌兵、刘霞辉。参加讨论的人员有裴长洪、张连城、张自然、郭路、黄志刚、吴延兵、赵志君、仲继垠、张磊、张晓晶、常欣、田新民、汪红驹、汤铎铎、李成、王佳、张鹏、张小溪、楠玉、王钰。

突破的关键。

关键词： 消费结构　广义人力资本　知识部门　生产消费一体化

一　引言

立足于发达经济体和追赶经济体增长经验的观察，本文对中国结构性减速时期可持续增长的新要素、新动力及其机制进行了探索，集中体现在对知识部门发生、成长及其主导作用的分析上。

文中知识部门的引入，基于以下事实：发达经济体的有益经验和追赶经济体的阶段跨越均显示，长期增长过程蕴含了两个并行路径，即生产模式的两步跨越和消费模式的两步跨越，且每步跨越都是经济模式特征的重新塑造和效率增进方式的再调整。第一，生产模式的两步跨越。以标准化、物质资本和通用技术为核心的规模化供给的产生，这是第一步生产跨越，作用是摆脱贫困陷阱；第二步跨越是通过知识、技术创造型平台的建设，突破发展的停滞陷阱。第二，消费模式的两步跨越。第一步跨越是经由通用技术生产模式的供给，满足基本物质产品和服务产品的消费需求；第二步跨越是通过广义人力资本积累，带动以消费为主导的增长路径的生成。在实现第二步跨越时，生产模式与消费模式因为都强调知识过程的重要性，两者一体化的趋势越来越清晰。这个阶段，通过广义人力资本的积累，知识部门和知识过程逐渐生成，并且独立的知识部门以其外溢性提升通用技术水平，过滤低层次产业结构，促进整体经济结构的优化升级，经济内生过程由此建立。

立足于知识部门这个核心概念，本文在结构上重新定义了两部门生产函数，即由通用技术部门和知识生产部门构成的生产模型。知识生产部门是为了有效利用广义人力资本而独立存在的部门，这个部门以其内生性、外溢性和主导性，替代通用技术部门成为城市化阶段的创新动力源。通过新函数的定义，本文重新审视了消费在中等收入陷阱突破过程中的地位，认为消费结构或消费模式中归属于广义人力资本的那部分项目，是促成知识部门主导作用的核心成分。

促使我们进行上述思考的原因如下：受前期大规模工业化惯性及认识滞后的影响，在经济转型的关键时期，中国经济增长路径依然以物质资本为主导，在向更高级的生产、消费模式升级过程中，这种路径是不可持续的。为此，需要纳入新认识，包括以下几点：一是必须有新的知识要素供给和市场制度激励，以便突破传统生产过程的结构性减速；二是新的消费需求满足需要建立在知识生产与知识消费一体化过程之上，消费中的广义人力资本是破除消费投资障碍的核心；三是长期增长过程中存在生产模式升级与消费模式升级的协同性。本文认为，制度变革和知识部门发展是中国突破中等收入陷阱和实现可持续增长的两个核心保障。

为论证上述认识，本文组织如下：第二部分是关于中国经济减速状况的分析；第三部分是通用技术与知识生产两部门模型的构建及相关模拟；第四部分考察了中国资源配置制度与新要素供给障碍；第五部分是突破效率瓶颈的制度与政策选择。

二 增长过程的经济减速与突破

（一）增长过程的经济减速与突破的文献综述

立足于增长核算框架，中国经济增长前沿课题组（2012，2013，2014）提出并系统论证了增长过程中的"结构性减速"问题，以此为基础对中国经济增长进行了持续追踪。课题组最新的计算结果表明，中国"结构性减速"挑战依然严峻。一是"十三五"期间劳动力要素供给将出现拐点，且随着城市化率的提升，资本要素供给的增长速度也将下降到个位数。二是产业结构的非效率变动问题突出。随着产业结构的现代化（工业、服务业等现代部门的增加值按可比价计算约占 GDP 的 93%），劳动力从农业部门向现代部门转移的结构性配置效率下降；同时，由于第三产业劳动生产率低于第二产业，导致服务业规模扩张过程中的劳动、资本非效率配置问题突出，并引致整体劳动生产率改进速度下降。三是全要素生产率对经济增长的贡献，从高峰期近30%左右的水平，下降到了目前17%的水平。增长中技术进步作用的下降，一方面是因为受制度改革滞后的抑制，另一方面是因为"干中学"效应的缩小。四是随着"刘易斯拐点"的到来，分配要素开始向劳动者倾斜，劳动产出弹性上升到0.5的水平，进一步强化了减速趋势。五是随着居民收入提高，消费结构中衣食住行等物质性消费支出比重和一般性服务消费支出比重下降，而有益于居民文化素质和生活质量提高的科教文体卫等消费比重上升很快。这种事实可以归纳为，那些带有传统生产和服务特征的"通用技术部门"的收入消费弹性一般小于1%，其消费支出比重不断下降；相对而言，那些有关人的素质提高的"知识部门"的生产服务消费需求弹性一般大于1%，消费比重不断提高，这也引致了工业化物质生产经济向知识经济的转变。

有关"经济减速"的命题，很多文献从TFP、人口红利、资源错配、效率下降等角度分析。从克鲁格曼到艾肯格林再到"中等收入陷阱"的提出，均认为TFP和劳动生产率是经济持续发展的核心动力；人口红利方面的文献，对比较优势结束后人口数量红利如何向人口质量红利转化问题，进行了分析（蔡昉，2015）；资源配置效率下降与制度变革滞后对于发展的阻碍，参见刘世锦等人（2015）、Brandt等人（2013）以及World Bank（2012）等的研究。

有关经济减速的"均值回归"的国际经验比较，近年来也出现大量文献，提出了一系列有意思的命题。减速点的判断，若高速增长到减速增长前的七年最小减速2个百分点，则称之为减速点。前沿差距与收敛时间，即后发国家与发达经济体的差距决定了经济增长回归均值的"时间"。大国赶超与回归均值的互动性原则，因为大国的赶超会引起全球再平衡，因此不能用小国崛起的数据直接比较，而要有互动性原则。阶段性停滞假说，经济增长达到了一定阶段，必然会引起阶段性停滞，包括"贫困陷阱"、"中等收入陷阱"和发达国家长期停滞的"高收入陷阱"理论。这些实证比较由于样本点的选择不同,结论差距比较大,用在中国的分析上更会出现预测结论的不确定 (Eichengreen et al.,2013;Im and Rosenblatt,2013;蔡昉,2013;Pritchett and Summers,2014)。

"卡尔多事实"包含的内生性,本质上已经将经济增长趋势隐含到"均值回归"模型中。实际上,按照增长核算框架计算也是如此。资本和劳动力投入都具有边际收益递减趋势,逐步收敛在一个均衡的轨道中,因此经济发展到任何阶段都会遇到所谓"停滞"的问题。面对这种困境,只有假设技术进步是内生的,即通过技术革命和创新突破当前的均衡状态,否则每个发展阶段都会遇到发展减速的威胁,不断创新才是突破"陷阱"的根本手段。无论要素核算中的"结构性减速"分析、国际比较的"均值回归"分析,还是 TFP 与制度分析,这些研究都是在寻求减速阶段的突破口,都指出只有创新发展才能突破"陷阱"的束缚。

然而,TFP 是一个黑箱,如何真实构造突破增长约束的新增长事实,以及如何实现统计、理论和政策上的可能性,成为当前最为重要的研究领域。当前形成了很多的探索方向 (Romer,1990;Grossman and Helpman,1991;Aghion and Howitt,1992),包括新事实的构建,如"新卡尔多事实"的提出,已经在探索所谓"新要素",即那些能导致规模收益递增的要素,如知识、教育、信息、创意、制度、范围等都是规模收益递增的,这些要素的引入能否抵消传统要素规模收益递减的问题,是突破增长减速的关键;技术创新路径,大多围绕人力资本和熊彼特技术创新过程的内生增长框架探索,强调横向和纵向技术创新的作用;资源错配与制度性改进,希望引进缓解资源错配的制度因素,提出了制度改进促进技术进步贡献的路径;统计方面的进展,与知识生产相联系的新的统计体系也开始跟进 (许宪春,2004),2008年世界银行推出了新的 GDP 核算的 SNA 体系,引入了最为重要的"法定所有权"与"经济所有者"概念,把知识产权产品列入 GDP 中,包括研发、矿产勘探评估、计算机软件和数据库、文学和艺术品原件等,大量归属于人们精神生活的享受型产品也从消费项目列入供给项目,明确了知识消费与生产的一体化过程，在经济转型的考核标准建立上取得了突破；引入了"雇员股票期权"，将期权账号与劳动报酬体系相关联，把原来的资产收益转变成人力资本收入，突出了人这一投入要素的重要性。当然，整个统计体系的改革是复杂的，但是改革核心是重新定义知识生产，这一点非常明确。

上述理论趋势的启示是，对中国而言，现实与理论都需要在三个方面进行突破性分析：一是理论分析中应注重引入新要素供给；二是模型体系中应注重引入知识生产部门，这个部门将驱动中国从传统的通用技术生产模式转型为创新驱动的生产模式；三是资源错配与体制改革，由于大规模工业化后期资源配置效率下降，而传统赶超体制又极大地压抑了创新活动，导致资源错配严重，顺应新增长要求，在制度安排和制度激励上重新设计，才能实现阶段性发展的突破。

（二）中国经济的规模供给效率递减与资源错配

中国经济工业化加速追赶时期面临着三个有利条件：国内外广阔的物质产品需求市场、过剩的劳动力以及比较容易获得的资本（前期是港澳台投资，后期吸引了其他外资）。生产者所做的事情，就是选择利用外部大量生产技术存量，吸收廉价劳动力，先是劳动密集型轻工业的大力发展，后是资本驱动的重化工业的强力推进，用三十多年的时间，走完了规模经济的工业化道路，直至达到国内外物质产品市场需求所能容纳的"技术-生产"边界。

由于中国以切割国际分工低端产业链的方式进行工业化，在劳动密集型工业品的生产方面，国内生产者很少遇到消费和技术的市场约束，生产者的行为主要表现为低成本的技术选择而非高成本的创新，因为外部现有的技术知识足够满足生产需要。可选择使用的技术主要是通用性技术，这种知识大多以显性的编码知识存在，附着于机器设备、生产工艺等产业传递环节之中，且具有竞争均衡的特征。这种知识不同于发达国家内部的垄断性新增知识流。此外，由于服务业的可贸易性相对较低，大量隐性知识也不可能被后发国家获得。

生产者技术选择的行为，决定了整体生产模式规模效率递减的特性。第一，资本效率的持续递减不可避免。通用技术的标准化和竞争性特征与规模经济是相辅相成的，在后发国家中，主要表现为压低要素成本，尤其是劳动力工资，获得利润空间，其后果有两个：一是为了获得较多利润，需要更多的资本投资，结果引致资本收益递减；二是由于通用技术导向竞争均衡，为了保持利润必须长期压制工资。因此，一旦遇到劳动力成本显著上升的趋势，现有技术选择下的生产模式势必崩溃。第二，外生的"干中学"效应下降且与资本效率递减相互叠加，进一步压缩增长空间。通用技术的标准化、规模化意味着资本驱动的生产（不论是轻工业还是重化工业）基本特征是老板兑资金、兑机器，劳动者兑自己的劳动力，劳动者只需要习得必要的操作规程即可。"干中学"过程实际上是半熟练劳动力的培训，因为技术含量高的知识过程已经隐含在设备和工艺中了。规模经济可以提高"干中学"效应，但是规模经济衰减时，"干中学"也会跟着衰减，至少中国现阶段已经出现了上述苗头。结构性减速的发生，很容易打破生产者的高增长幻觉，即高增长伴着高效率，一旦认识到规模经济下高效率外生性这种问题，并进一步认识到通用技术使用对国内知识过程替代的长期危害，那么就需要对转型时期的新动力给予思考。

后发国家与发达国家的差异还表现在消费模式的差异上，这种差异源于生产模式对消费的反作用，因此如何认识消费在理论中的地位，成为结构性减速阶段的重要问题。不同增长阶段消费的经济含义和经济功能不同，在发达经济与不发达经济中，消费不是一个同质的数量或规模的概念，同一国家不同增长阶段的消费动机也不一样。从经济事实的比较看，发达经济阶段消费表现出知识创造的特征，不发达经济阶段更多显现为劳动力再生产特征。前一种情景是本文理论模型的重点分析所在。

现阶段关于中国消费需求不足问题的讨论（方福前，2009；徐朝阳，2014），本质上是模式选择问题，根源于大规模工业化时期"规模化供给"生产方式的生成，及相应增长理论对消费的态度。前文提到，在劳动密集型生产技术的选择和生产规模扩张过程中，存在隐含的外部知识和创新过程对国内知识过程的替代，这种替代不仅表现在生产过程中，更重要的是体现在消费过程基本不存在知识创造动力这一点上，具体表现是，由于大众消费模式基本上处于生产模式的主导之下，消费功能集中于为现有生产模式所需要的低素质、低成本劳动力再生产服务，消费者只是被动吸收物质产品生产。但是，受消费弹性和效用最大化的制约，消费者物质产品（包括传统工业产品和传统服务产品）的需求规模存在边界，最终反作用于现有生产模式，加剧经济减速趋势。

从生产和消费关联角度看，工业化大生产主导的经济增长本身也蕴含着减速趋势。传统农业社会转型为工业社会的动力，来源于通用技术的大规模使用，目的主要是物质需求的满足。但如果要实现工业社会向后工业社会的持续跃迁，单纯依赖资本驱动就行不通了，因为城市化时代物质需求满足之后，消费者选择的主导作用将会凸显，主要体现在居于消费模式高端的消费项，如科教文卫、杂项等，需求弹性变大，比重上升，这些需求直接构成了广义人力资本，并与经济内生动力直接关联。规模化供给的经济模式对内生性动力的抑制，表现为通用技术对研发、新知识流创造等知识过程的替代，在消费从属于规模生产的状态下，消费模式中的广义人力资本价值得不到体现，被迫转化为过度储蓄，或者被再投资于效率递减的通用技术，或者投入泡沫性资产，或者闲置。

（三）中国的突破

结构性减速困境的突破点，不能在现有生产、消费结构中寻求，需要培育知识生产部门这种新的增长力量。

从追赶经济成功经验来看，增长阶段呈现两个并行的路径，即生产模式的两步跨越和消费模式的两步跨越，每一步跨越都是模式特征的重新塑造和效率增进方式的再调整。生产模式的两步跨越，正如前述，是以标准化、物质资本和通用技术为核心的规模化供给模式，目的是实现规模效率、摆脱贫困陷阱，这是第一步生产跨越；第二步跨越是为了突破中等收入陷阱，达成"知识-技术"创造型的效率模式。消费模式的两步跨越，第一步跨越是在消费从属于通用技术生产模式的情况下，通过生产扩张满足基本物质产品和服务产品需求；第二步跨越是通过广义人力资本积累，带动消费主导增长路径的生成，满足高质量物质产品和高层次服务产品需求。

在实现第二步跨越时，生产模式与消费模式因为都强调知识过程的重要性，两者一体化趋势日渐明朗。新部门的产生直接来自消费结构中高端项目活力的激发，反映在广义人力资本中的消费项目，对价值创造直接发生作用并促进独立的知识部门的形成。独立的知识部门以其外溢性，提升通用技术水平，过滤低层次产业结构，促进整体经济结构的优化升级，内生过程由此建立。这种知识过程，直接与新卡尔多事实相对应，新要素包括知识、教育、信息、创意、制度、范围等，成为报酬递增的有力支撑。

三　通用技术与知识生产的两部门模型

第二部分的分析，为把握经济追赶过程的一些关键环节提供了基础。这些环节包括以下几个部分。第一，大规模工业化最终受消费需求的制约而减速，各类物质产品的数量消费存在饱和点，相应效用水平总有达到最大的时候。第二，物质产品（包括传统服务产品）的消费对于知识商品消费的较高替代，只是发生在经济发展水平较低阶段，当物质产品消费效用达到最大化，其对知识、精神商品的替代性越来越小，物质产品消费成为知识、精神商品的互补品。第三，知识、精神商品的消费被看作与物质产品同等重要，必不可少。第四，在这种情况下，消费的性质发生了变化，很大一部分消费行为本身变为人力资本积累和知识过程，生产过程与消费过程合为一体。第五，在服务经济阶段，经济增长由知识生产部门主导，而不再像过去高增长时期那样由物质部门主导。知识生产部门与传统物质生产部门和传统服务部门并存，前者自身创造价值并以其外部性促进传统部门优化升级。消费结构从此一分为二，一部分消费倾向于物质和传统服务业，目的是为了劳动力（L）再生产，典型如衣食住行等；另一部分是直接参与知识过程形成并创造价值，典型如科教文卫等。我们需要建立新的思维框架，重新思考经济在城市化、服务化时代，如何应对要素回报率下降所导致的结构性减速，以及供给结构无法满足需求结构升级需要的问题。为此，需要考虑知识过程接替物质资本驱动主导增长的路径选择。

（一）在结构上定义生产函数

基于发达国家增长经验和成功追赶国家工业化向城市化演替的典型化事实，可以发现，至少在重化工业化向深加工度化持续推进的结构优化升级时期，就有一个独立的知识生产部门快速发展。在这个过程中，农业、工业产出份额越来越小，但效率越来越高，知识生产部门越来越大，同时保持了高生产率和对实体经济的正向外溢性，经济整体越来越依赖知识部门的增长导向。结果是大众消费的发达城市化阶段，消费需求主导了供给，生产与消费一体化过程成为经济活动背景，完全不同于大规模工业化时期供给主导消费、消费从属于生产过程的景象。为了解释这种现象，需要一种基于消费模式、生产模式变化及其相互联系的新的生产函数，我们在这里暂且称之为定义在结构上的生产函数，即除了具备传统生产函数的要素、技术特征外，新的生产函数更多考虑要素变化与其中的生产结构或生产模式，并且与消费结构关系密切。对于这种在结构上定义的生产函数的特征及内涵，有如下逻辑表述，如图1。

1. 生产部门和要素的几个定义

定义1：通用技术部门。我们把从工业化阶段向城市化阶段过渡时日渐缩小，但更有效率的传统物质产品生产部门和传统服务业部门，定义为通用技术部门，包括第一产业部门、第二产业部门以及传统服务业部门，特征是物质产品（包括传统服务产品）的消费弹性越来越低，需求逐步趋向于饱和状态。

定义2：知识生产部门。我们把从工业化阶段向城市化阶段过渡时日渐扩大并最终主导城市化发展的科教文卫等部门，定义为知识生产部门。知识生产部门有两个基本特征：第一，知识生产部门自身的创新活动，外溢到通用技术部门并提高其技术水平，完成基于中间品生产到最终产品生产的横向和纵向技术进步过程，即熊彼特技术进步过程；第二，知识生产部门直接满

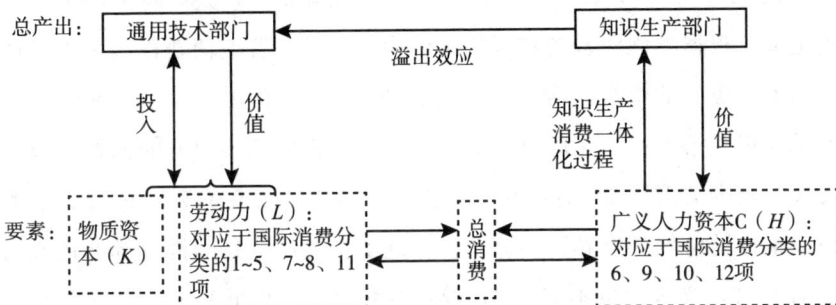

图 1　在结构上定义的生产函数

注：1. 食品饮料；2. 酒精、烟草、麻醉品；3. 服装、鞋类；4. 住房、水电、燃料；5. 家具及住房维护；6. 健康；7. 交通；8. 通信；9. 文化娱乐；10. 教育；11. 餐饮住宿；12. 杂项。以上为消费的国际分类，分类来源于 UNDATA。

足知识消费需求，随着收入的提高，人们精神消费、品质体验性消费等比重不断上升，其消费收入弹性大于 1，这些消费需求抽象出来体现为知识消费，即消费者消费的是凝聚在服务和商品中的知识质量，而不是商品本身，如消费者购买手机，消费的是手机的服务功能而非手机这个形体。基于这种认识，目前我国服务业部门 12 个一级分类中，属于知识部门的有地质勘查业、水利管理业，金融保险业，卫生、体育和社会福利业，教育、文化艺术及广播电影电视业，科学研究和综合技术服务业①。

定义 3：知识消费与知识生产一体化。知识生产的均衡约束条件是知识生产与知识消费一体化，通过互动生产与共同分享完成，互联网是知识生产与消费的互动生产与匹配媒介，知识生产并不一定按现有的生产与消费分离方式来供给与消费，而且更多地采用分享模式（互相交换）来实现。

---

① 这里，我们征引许宪春（2004）对服务业分类的分析：1994 年以后，根据国家质量技术监督局颁布的《国民经济行业分类和代码》和我国资料来源的实际情况，国家统计局对服务业生产核算的分类进行了调整。调整后的产业部门包括 12 个一级分类和 18 个二级分类。这 12 个一级分类是：1. 农林牧渔服务业；2. 地质勘查业、水利管理业；3. 交通运输、仓储及邮电通信业；4. 批发和零售贸易、餐饮业；5. 金融保险业；6. 房地产业；7. 社会服务业；8. 卫生、体育和社会福利业；9. 教育、文化艺术及广播电影电视业；10. 科学研究和综合技术服务业；11. 国家机关、政党机关和社会团体；12. 其他行业。目前仍采用这一分类。

定义 4：广义人力资本 C（H）。我们依据知识生产过程将劳动生产要素重新定义，根据不同消费者在消费结构中所处的位置或消费档次不同，把消费者抽象为极端的两类：第一类作为劳动力（L）存在，活在衣食住行的再生产世界里；第二类在完成第一类基础上进行人的素质提升的消费，即作为广义人力资本的消费 C（H）存在，活在由教育、文化娱乐、体育、情趣等知识或精神的再生产世界里。显然，在现实世界中，每个消费者都是劳动力（L）存在和广义人力资本 C（H）存在的集合体，因此我们的合理抽象进一步假设，如果消费者消费结构中第一类占较大比重，那么他属于劳动力（L）那一类，作为通用技术部门的要素投入存在，与物质资本（K）在生产过程中相联结。相应地，如果消费者消费结构中第二类占较大比重，那么他属于广义人力资本 C（H）那一类，生活在同样能够创造价值的知识和精神世界里。

我们把消费的国际分类 6~12 项中的四项定义为广义人力资本 C（H）：6. 健康；9. 文化娱乐；10. 教育；12. 杂项。余下的消费项定义为劳动力（L）或劳动力再生产：1. 食品饮料；2. 酒精、烟草、麻醉品；3. 服装、鞋类；4. 住房、水电、燃料；5. 家具及住房维护；7. 交通；8. 通信；11. 餐饮住宿。

2. 知识生产部门在新生产函数中的地位

知识生产部门是为了有效开发利用广义人力资本 C（H）的部门，这个部门以其内生性、外溢性和主导性，替代通用技术部门成为增长的动力源泉。突破传统农业社会贫困陷阱需要物质资本大推动，形成了工业化主导之下的经济增长，为了突破中等收入陷阱和结构性减速困境，城市化时代的经济增长同样需要一个龙头部门带动，鉴于城市化阶段大众消费主导增长的特征，这个龙头部门必然与大众消费模式最有活力的部门广义人力资本 C（H）密切相关。易于观察的是，广义人力资本 C（H）的相互作用形成知识过程，具体表现为知识生产与消费的一体化，这个过程自身蕴含了价值创造螺旋，且具有知识外溢性。

比如，从通用技术部门看，随着收入增加，该部门消费支出比重同食品支出比重一样不断下降，而真正消费比重不断提高的是广义人力资本消费比重，广义人力资本消费本质上有现代服务业的供给过程，更一般化的理解就是知识生产与消费一体化的过程。例如，写书现在被定义为知识生产，我看你的书，是消费过程，而且看你的书同时提高我的人力资本，我也因此互动写了本书，你消费了，等等。尤其是在互联网时代，生产者与消费者更趋向于一体化，模糊了工业化时期的分割。

（二）新生产函数的性质

1. 知识部门自身的增值和扩张

基于上述定义，我们给出知识部门自身价值创造的内生机制，即广义人力资本 C（H）越多，作为抽象个体的 C（H）之间的互动联系越大，知识部门扩张的动力就越大。与物质产品（包括传统服务产品）的消费性质不同，广义人力资本 C（H）消费不是"消费掉"，而是体现为知识创造，因为人力资本 C（H）消费不是排他性的物品消费，而是互动性的"人对人"的消费"增进"（共享而非排他），通过交流互换和增进各自知识。消费的本身即生产就是从这个意义上来说的。

因此，当存在广义人力资本 C（H）之间的这种互动时，由于消费过程中生产性的存在，相应的知识部门的产出已经不再是 C（H）的简单加总，而是大于 C（H）的增值。引申的含义是：考虑到经济社会中存在动态的消费结构的变动，当消费模式越来越趋向于知识、精神这种较高层次时，知识部门扩张的动力就越大，其增值潜力也就越大。对于消费者的创造性动机，Korkotsides（2009）等文献认为消费者也像生产者那样，其行为的创造性源自寻求跻身较高消费等级以获得消费利益的愿望，就像生产者在逐利本能驱使下追逐利益一样。

2. 知识部门对于通用部门的溢出效应和过滤作用

首先，假定不存在知识部门的外溢效应，那么通用技术部门主要使用物质资本（K）和劳动力（L）生产，具有传统的 $Y=AF$（K，L）生产函数特征，A 为"干中学"效应。从消费与生产的关系看，消费者对物质产品

（包括传统服务产品）的消费具有饱和性，资本边际效率递减和生产规模刚性约束不可避免。这是传统资本驱动增长的特征，为了保持增长不得不持续增加物质资本（K），压缩消费数量（C），并导致结构性的增长失衡——C越被压低，广义人力资本 C（H）的产生越不可能，消费模式就越来越陷入低层次之中。

知识部门的外溢效应，典型如创新动力的注入，在抵消资本效率递减的负向冲击的同时，不仅有助于提升资本质量，而且有助于增进劳动力（L）的消费和再生产能力，促使更多劳动力（L）转换为广义人力资本 C（H）。其结果是，一方面通用技术生产部门结构升级优化，另一方面知识部门因为新的 C（H）的加入，具有更大的增值潜力。在这个意义上来说知识部门的外溢效应对生产模式具有"过滤效应"和优化功能，知识过程在提升通用技术结构时，过滤了低层次生产环节。

3. 推论

基于上述部门关系及因素动态的分析，我们可以得出以下结论。

第一，必须有新的知识要素供给和市场制度激励，才能突破传统生产过程的结构性减速，条件是新的知识创新部门自身规模收益递增，并通过横向和纵向两个方面促进通用技术部门技术进步。

第二，满足新的消费需求，需要知识生产与知识消费一体化过程，消费中的广义人力资本 C（H）是破除消费投资障碍的核心。

第三，长期增长过程中存在生产模式升级与消费模式升级的协同性。

（三）雁阵增长模式在新生产函数中呈现的情景

结合以上理论分析，我们从通用技术部门和知识生产部门的动态变化角度，拓展雁阵增长模式，核心是把雁阵增长序贯看作知识过程。

拓展1：国际分工中的雁阵模式。发达国家在知识生产部门和溢出效应扩大的同时，逐步淘汰效率低下的通用技术部门的生产环节，这些低效环节漂移到工业化后发国家并与劳动力（L）结合。由此，在发达国家和不发达国家之间，国际分工日益呈现这样的差异——发达国家通过知识生产部门的垄断，一方面强化了传统生产方式和有形商品市场竞争力，另一方面层出不穷的知识、精神产品市场也向世界各地拓展。被动适应发达国家的垄断，后发国家只能在低层次通用技术环节上生存。

拓展2：国内产业升级的雁阵模式。工业化向城市化阶段的转型伴随着生产模式的序贯升级，在大规模工业化阶段，标准化产品生产主要倾向于使用物质资本和劳动力（L）。但是，在重化工业化向深加工度化转换的过程中，知识部门作为独立部门的特征逐渐明朗。

拓展3：以消费结构升级引领生产模式优化。包括两点：第一，与高级化的消费结构相匹配的知识部门具有价值创造的生产特征，因此它的出现是打破传统资本驱动的生产方式的重要表征；第二，消费结构升级对物质产品质量的升级也提出了要求，要求生产模式升级。直观来看，在理想的演替条件下，消费模式存在"劳动密集产品消费—耐用消费品消费—知识技术产品消费"的消费升级，生产模式应当与这种要求相一致。消费结构与生产结构对称性的直观案例，可由图2的产品组合点（a，b，c）表示。

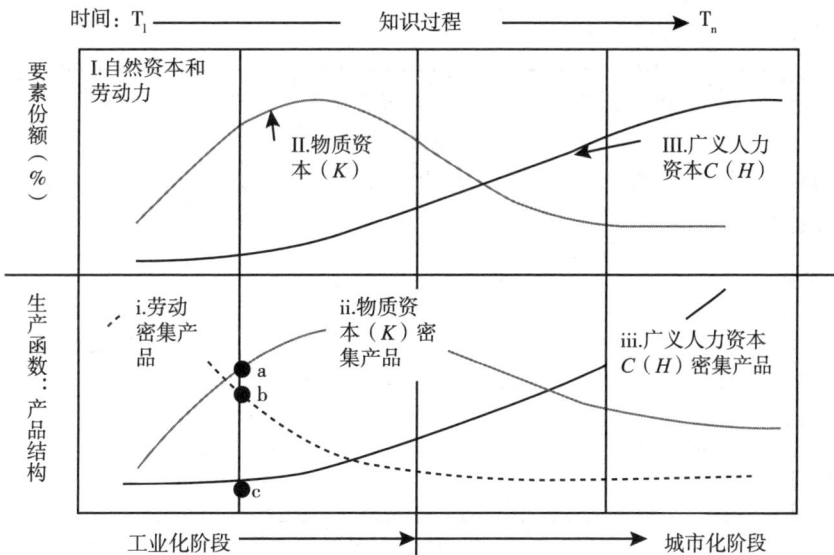

图 2　知识过程与雁阵增长序贯

资料来源：中国经济增长前沿课题组（2012、2013）和 Ozawa（2005）。

（四）广义人力资本和知识部门的再解释

1. 消费结构的雁阵模式

在对知识部门的动态给出进一步说明之前，我们首先对知识部门赖以生成的广义人力资本 $C(H)$ 的一些变化状况给出简要分析。作为消费模式居于高端的那一部分，广义人力资本较大的份额或其相应的消费倾向[①]，在发达国家或发达经济阶段总是比不发达经济更加引人注目。归纳起来，如图3，第一种情景是知识部门最发达的美国，20 世纪 90 年代以来广义人力

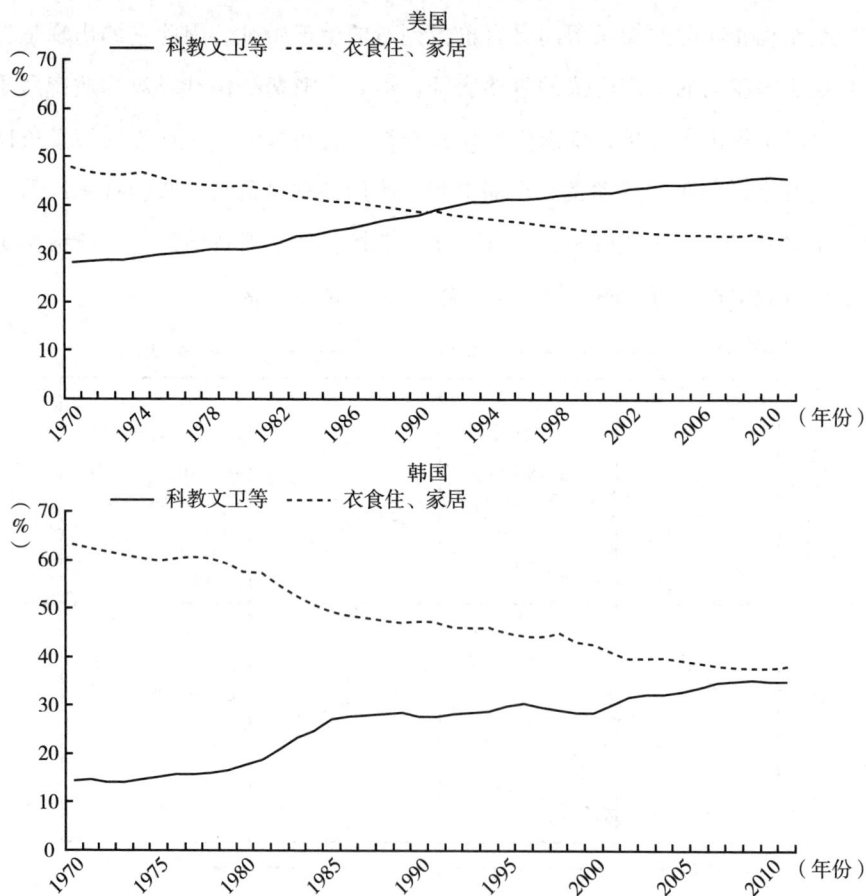

美国
—— 科教文卫等   ······ 衣食住、家居

韩国
—— 科教文卫等   ······ 衣食住、家居

[①] 为方便起见，图 3 中，我们把平均消费倾向约等于消费结构。

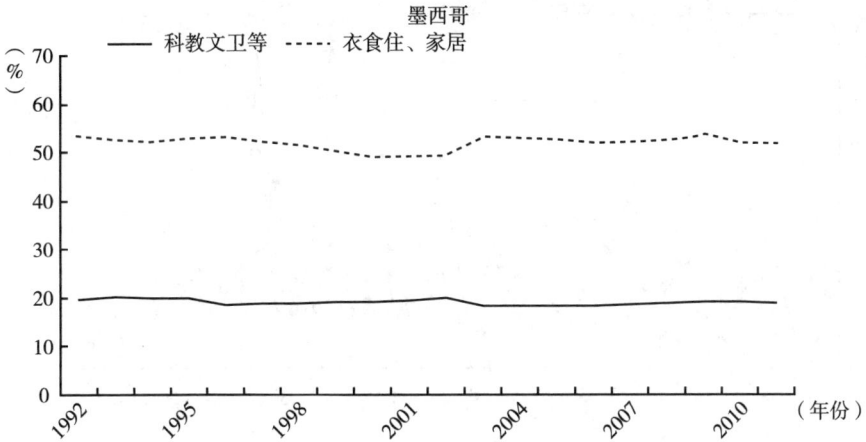

图 3　总消费中劳动力（L）再生产和广义人力资本 C（H）的比重

资料来源：UNDATA。

资本比重已经超过衣食住和家居消费比重，反映了消费模式中知识消费的典型跨越；第二种是以韩国为代表的跨越中等收入陷阱的国家，广义人力资本表现出持续的提升；第三种是拉美中等收入陷阱的情景，可以看出，广义人力资本在消费中的比重处于长期压抑的状态（尽管弹性很大）。图 3 直观显示了生产模式雁阵传递和消费模式雁阵传递的协同性。无论从发达经济体与追赶经济体的对比中，还是从各类经济体各自生产、消费模式的演化中，都可以深切感受到知识消费及其"过滤效应"，从可持续增长的意义上说，通过广义人力资本和知识部门的生成，整体经济效率将得到不断改进。作为图 3 及其经济含义的数据补充，图 4 显示了广义人力资本 C（H）的收入弹性普遍大于等于 1 的情景。这种情景的经济含义是，发达国家成功利用了这种性质并使知识部门的作用有效发挥，经历中等收入陷阱的国家却压抑了这种资源，就像经历贫困陷阱的国家压抑自己的劳动力资源而不知道如何使用那样。显然,在经济追赶国家中，当消费模式升级趋势出现，典型如大学教育消费需求扩大但国内又不能提供足够供给时，教育的"海购"或出国潮就会出现。

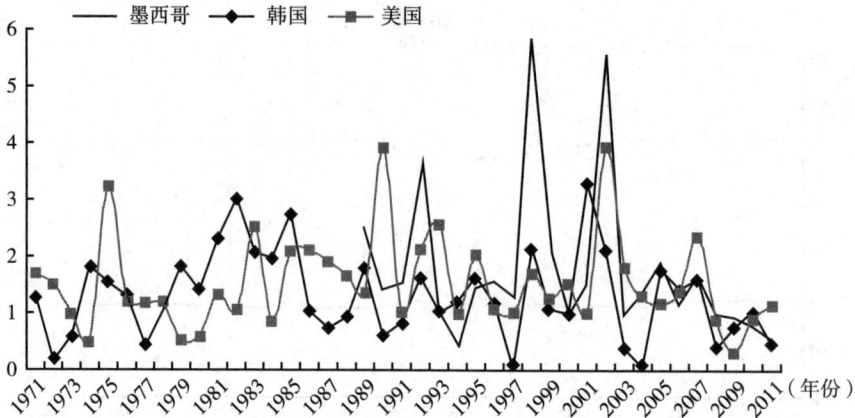

图4 广义人力资本 C（H）变化的收入弹性（绝对值）

资料来源：UNDATA。

2. 知识部门外部性的模拟

(1) 基本模型

类似于 Antonio 和 Robert（1996）的研究，本部分模型构建的思路是：在标准的生产函数基础上，纳入其他的生产型函数；关键环节是将知识生产划分为知识产品生产（供给者）和知识最终产品生产（消费者）。知识产品生产函数为：

$$y_m = AH^\alpha K^\beta, \alpha + \beta = 1$$
$$= A(hL)^\alpha K^\beta$$
$$= Ah^\alpha L^\alpha K^\beta \tag{1}$$

其中，y_m 为知识产品，其生产函数为规模报酬不变；H 为知识产品部门的总人力资本，$H=hL$，h 和 L 分别为知识产品部门的人均人力资本和知识产品部门的劳动力；α 和 β 分别为人力资本和物质资本的知识产品的产出弹性系数。

知识产品通过知识产品生产转变为知识最终产品，直接满足消费者消费。如音乐家举办的音乐会，音乐家举办音乐会演奏自己的作品，音乐家、乐队和音乐厅等举办音乐会形成音乐产品，这就是知识产品的生产；观众在音乐厅享受音乐，这是知识产品转变为知识最终产品。知识产品具有外溢性，知识产品的生产函数为：

$$Y = By_m^\gamma \tag{2}$$

其中，Y 为知识产品的最终产品，体现为消费者的消费价值；γ 为知识产品生产外溢指数，其值受收入分配均等程度及知识产品的消费倾向等因素影响。由式（1）和式（2）得到：

$$Y = BA^\gamma h^{\alpha\gamma} L^{\alpha\gamma} K^{\beta\gamma} \tag{3}$$

由式（3）可得如下的人均知识产品生产函数：

$$\begin{aligned} Y/L &= BA^\gamma h^{\alpha\gamma} L^{\alpha\gamma-1} K^{\beta\gamma} \\ &= BA^\gamma h^{\alpha\gamma} K^{\beta\gamma}/L^{1-\alpha\gamma} \end{aligned} \tag{4}$$

为了分析上的方便，我们做出如下假定：

$$\beta\gamma = 1 - \alpha\gamma \tag{5}$$

由式（4）和式（5）可得到如下的人均资本存量表示的人均知识产品生产函数：

$$\begin{aligned} y &= BA^\gamma h^{\alpha\gamma} k^{\beta\gamma} \\ &= A_T k^{\beta\gamma} \end{aligned} \tag{6}$$

其中，$y = Y/L$；$k = K/L$；$A_T = BA^\gamma h^{\alpha\gamma}$。

式（6）为人均资本存量的知识产品总的生产函数，其函数的凹凸性不仅取决于 β，而且还取决于知识产品生产外溢指数 γ。

通用技术部门的生产函数为：

$$Y_G = A_G L^\alpha K^\beta \tag{7}$$

其中，Y_G 为通用技术部门生产的产品；A_G 为通用技术部门生产的产品的技术水平；L 和 K 分别为投入通用技术部门劳动量和资本存量；α 和 β 分别为劳动力和物质资本的通用产品的产出弹性系数[①]。

---

① 为分析上的方便，我们设定的人力资本和物质资本知识产品的产出弹性系数与劳动力和物质资本的通用产品的产出弹性系数是一致的，这不会影响分析的结论。

由式（7）可得到：

$$y_G = A_G K^\beta / L^{1-\alpha} \qquad (8)$$

其中，$y_G = Y_G/L$ 为人均通用技术部门产品，若 $\alpha + \beta = 1$，则可得到人均资本存量的人均通用技术部门的生产函数为：

$$y_G = A_G k^\beta, 0 < \beta < 1 \qquad (9)$$

式（9）为人均资本存量的人均通用技术部门产品的生产函数，其函数的凹凸性仅取决于 β。

（2）知识生产与通用技术生产的动态演变

由式（6）可知，知识产品总的生产函数可能是向上凹的，只要 $\beta\gamma > 1$；知识产品总的生产函数也可能是向上凸的，只要 $\beta\gamma < 1$；知识产品总的生产函数也可能为直线的，如 $\beta\gamma = 1$。为了分析上的方便，我们仅仅模拟分析 $\beta\gamma = 1$ 和 $\beta\gamma < 1$ 两种情形。

由式（6）和式（9）可得到如下的边际产出：

$$\partial y/\partial k = \beta A_T k^{\beta\gamma-1}, 0 < \beta < 1, \gamma > 0 \qquad (10)$$

$$\partial y_G/\partial k = \beta A_G k^{\beta-1}, 0 < \beta < 1 \qquad (11)$$

知识产品和通用产品这两部门边际产出相等时，由式（10）和式（11）可得到：

$$\partial y_G/\partial k = \beta A_G k^{\beta-1} = \partial y/\partial k = \beta A_T k^{\beta\gamma-1} \qquad (12)$$

由式（12）可得到：

$$k^* = \left(\frac{A_G}{A_T}\right)^{\frac{1}{\beta(\gamma-1)}} \qquad (13)$$

结论 1：知识生产部门倒逼通用技术部门不断提供技术进步。

由式（13）可知，如 $k < k^*$ 时，通用技术部门的边际产出大于知识生产部门边际产出，通用技术部门将会维持；如 $k \geq k^*$ 时，通用技术部门的边际产出小于知识产品边际产出。如知识生产部门是向上凹的，此时通用技术部

门将可能出现两种情形：一是通用技术部门退出生产，这就是前文所指的知识产品部门过滤掉低层次通用产品部门；二是通用技术部门通过技术创新提高通用产品部门的技术水平 A_G，使通用技术部门在新的技术进步下进行生产，从而达到：

$$\partial Y_G / \partial k > \partial y / \partial k \qquad (14)$$

由图 5 可知，知识生产函数为 AK 型的生产函数，从通用生产函数 y_{G1} 到通用生产函数 y_{G2}，技术进步不断增大。当 $k < k_1^*$ 时，通用生产将沿着通用生产函数 y_{G1} 进行生产，此时通用产品资本边际产出大于知识产品资本的边际产出；当 $k_1^* < k < k_2^*$ 时，通用生产将沿着通用生产函数 y_{G2} 进行生产，此时通用产品资本边际产出大于知识产品资本的边际产出；当 $k > k_2^*$ 时，通用生产将沿着通用生产函数 y_{G3} 进行生产，此时通用产品资本边际产出大于知识产品资本的边际产出。这样不断循环，知识生产部门不断倒逼通用技术生产部分进行技术创新，否则通用技术生产部门将会不断萎缩，从而退出市场。这就是知识生产部门以其外溢性提升通用技术水平、过滤低层次产业结构，促进整体经济结构的优化升级。

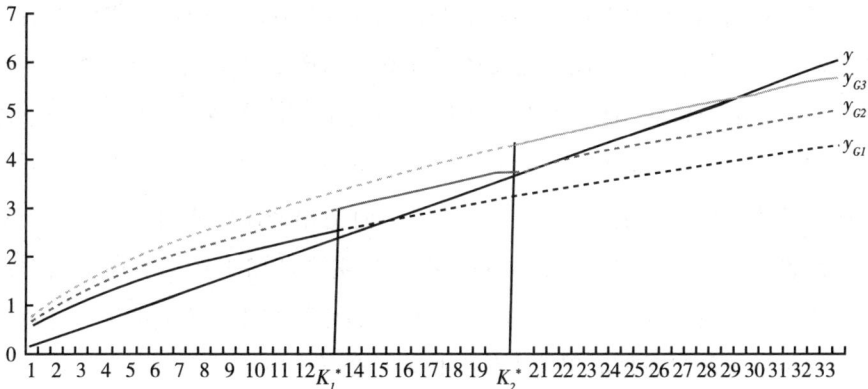

图 5　知识生产部门与通用技术部门产出的动态演变（Ⅰ）

说明：图 5 模拟各参数取值为：$\beta \gamma = 1$，$\beta = 0.57$，$\gamma = 1.75$；图中的横坐标为人均资本存量，纵坐标为知识生产部门和通用技术部门的人均产出量。

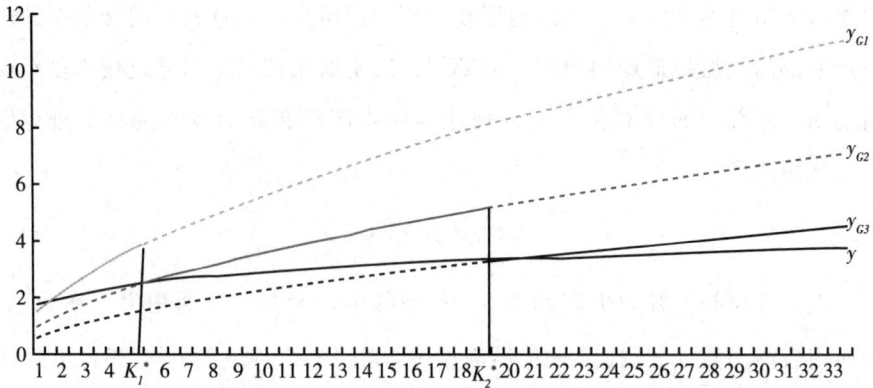

图6 知识生产部门与通用技术部门产出的动态演变（Ⅱ）

说明：图6模拟各参数取值为：$\beta\gamma<1$，$\beta=0.57$，$\gamma=0.4$；图中的横坐标为人均资本存量，纵坐标为知识生产部门和通用技术部门的人均产出量。

结论2：知识生产部门诱导通用技术部门技术进步萎缩。

知识生产部门生产函数向上凸时，此时通用技术部门将可能出现两种情形：一是通用技术部门按原有的技术进步不断扩大规模进行生产；二是通用技术部门为了获取更多的利润采用更为低级的技术扩大生产规模。

由图6可知，知识生产函数为上凸的生产函数，通用生产函数 y_{G1} 至通用生产函数 y_{G2} 的技术进步在不断萎缩。当 $k<k_1^*$ 时，通用生产将沿着通用生产函数 y_{G1} 进行生产，此时通用产品资本边际产出大于知识产品资本的边际产出；当 $k_1^*<k<k_2^*$ 时，通用生产将沿着通用生产函数 y_{G2} 进行生产，此时通用产品资本边际产出大于知识产品资本的边际产出；当 $k>k_2^*$ 时，通用生产将沿着通用生产函数 y_{G3} 进行生产，此时通用产品资本边际产出大于知识产品资本的边际产出。由此可知，在知识生产部门生产函数向上凸情形下，为了获取更多的利润，通用技术部门的技术进步将会不断萎缩。这就出现了知识生产部门诱导通用技术部门技术进步不断萎缩。

四 资源配置制度与新要素供给障碍

我们继续把中国经济增长过程中关键性的制度因素纳入分析，拓展第三部分的理论分析并将其运用到更加具体的现实问题中。基本认识是，在中国经济追赶过程中，政府干预的必要介入及退出滞后，不断强化通用技术的使用和扩散，以至于最终导致对资本驱动模式的路径依赖，由此产生消费抑制和人力资本结构升级的压力，迫使经济在转型阶段徘徊于"投资扩张—效益递减"的怪圈，这种无效率增长削弱了未来发展潜力。为此，需要顺应新阶段的可持续增长要求，把资源有序配置到需求弹性高的知识部门，本质上是决定要可持续的质量还是要不可持续的速度的问题。

经济发展的典型事实是：有计划的政府行动和规模扩张的选择性融资支持；工业化成本的有效控制，包括低利率、低汇率和低工资水平；政府支持的技能积累和有目的的学习能力培养等。由此可以看出，政府行为及与之相关的投资活动，在工业化阶段居于主导地位，且劳动力的使用和技能积累服从于工业化发展需要。换言之，从效率角度看，贯穿资本驱动的生产模式的主线，是对政府干预下的规模经济或规模效率的追求。

物质资本边际收益递减之所以被看成一个重要问题，是因为它发生在中国经济从工业化向城市化过渡的关键时期中，这个"关键"的经济意义是，原有大规模工业化框架下的激励制度和生产模式日渐成为创新要求和转型要求的结构性、系统性障碍，如果这个障碍挪不开，中国面临的结构性减速趋势就将加剧。

（一）资源过度向低效率部门配置，导致通用技术部门挤出新要素供给

我们可以立足于经济部门的横向和纵向关联，细化这种认识①。

从纵向的部门或行业梯度看，现阶段中国工业正处于重化工业化向深加工度化演变的过渡时期，相比日本和韩国的快速转型而言，中国资本驱动的增长方式历时较长，且工业化的外部技术依赖程度较大，因此

_____

① 经济部门纵向与横向关系及其问题的分析，请参见中国经济增长前沿课题组（2014）。

纵向结构优化的内生动力先天不足。这一问题显然与中国工业化过程中的资本配置方式和资源使用方式有关：政府对工业化的超强干预使大量资源向低效率的国有经济部门配置，资源使用方式表现出强烈的"重视物质资本、轻视人力资本"特点。如图7，近十年来，规模以上国有控股工业企业固定资产比重尽管表现出下降趋势，但仍占约50%的比重，相应的投资（或资本支出）比重约为40%；与其资本规模对比鲜明的是，国有控股工业企业资本效率仅为全部规模以上工业企业平均水平的一半。隐含的经济意义是，大量新增投资被持续注入低效率的国有控股部门，即使这些资本的利用效率达到全行业平均水平，也可使工业部门整体效率提高约1/3。此外，选择性融资支持的国有控股工业企业大多集中于重化工业，因此其绩效表现基本代表了中国工业结构升级过程效率不佳的状况。

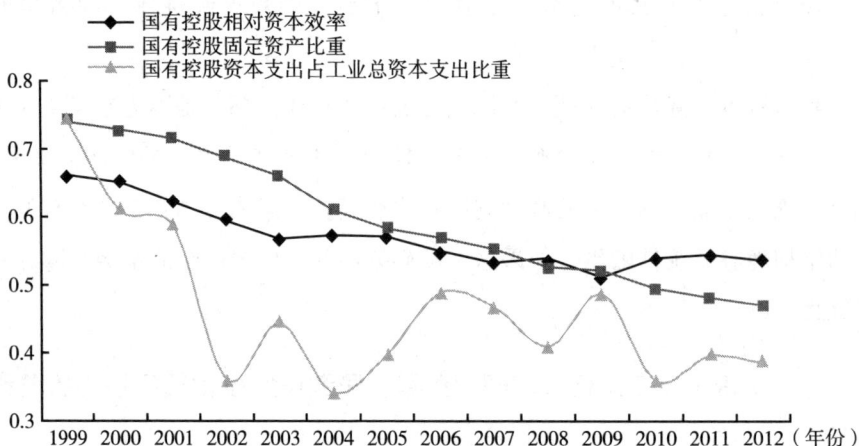

图7　1999~2012年国有控股工业企业资本及资本效率变化状况

注：国有控股工业企业相对资本效率=（国有控股企业工业总产值/规模以上企业工业总产值）÷（国有控股企业固定资产原值/规模以上企业固定资产原值）；国有控股企业固定资产比重=国有控股企业固定资产原值/规模以上企业固定资产原值；资本支出=本年固定资产原值-上年固定资产原值。

资料来源：历年《中国工业经济统计年鉴》、《中国统计年鉴》和2004年的《中国经济普查年鉴》。

从横向的部门或行业联系看，作为工业化向城市化过渡的重要现象，现阶段中国全社会固定资产投资的一半以上涌入传统（低效率）服务业部门，尤其是基础设施和房地产投资。就中国转型时期的物质资本效率来看，本文倾向于认为，全社会总体物质资本效益的下降，不论是短期波动还是长期趋势，均与这种发生在过渡时期的投资配置方式有关。这种认识隐含的一个假设是，中国服务业部门的投资及规模扩张，如果仍然像大规模工业化阶段那样，只注重物质资本数量的配置，就不能为生产提供足够的效率补偿。再者，受其本身可贸易性的限制，传统服务业部门规模扩张能力有限，相应规模效率和"干中学"的"池子"较浅，因此服务经济主导之下的投资增速不可能很快；因此，现有以政府为主导的资本驱动模式，在经济趋向于服务化的过程中将面临更大的发展阻碍。

（二）低层次人力资本壅塞，形成对知识过程的挤出

从投资与消费相联系的角度看，消费从属于规模扩张的生产需要，大致包括两个阶段。第一，低消费、初等人力资本充斥的工业化初期阶段。这个阶段对物质资本积累的强调无可厚非，它不是基于理论假设，而是基于经济现实，投资的目的是开发人口红利，并通过"干中学"过程培育学习能力。此时，压低消费换取物质资本增长的可能性在于，消费仅仅是吃穿住等的简单劳动力再生产，效率改进也只能建立在投资基础上。第二，恩格尔系数降低，中等人力资本比重提高的工业化中期阶段。此时，物质资本积累建立在产品多样化和规模经济之上，增长过程对半熟练劳动力的需求增加，"干中学"效应逐渐趋于最大化，经济走出贫困。这个阶段物质资本积累快速增长，是基于这样的假设：投资对消费的替代，能够实现更高的追赶速度，与低消费水平相应的中等人力资本积累，也能够满足外部技术运用的需要。在这种假设下，虽然恩格尔系数大幅降低，但消费依然被压低在再生产半熟练劳动力的水平上。

到第二阶段后期，工业化规模扩张的体制模式和生产模式已经基本定型，前述资本驱动的效率递减问题将会发生，政策和增长路径也将面

临再次选择，投资与消费的关系需要重新审视。在这个阶段，消费不足导致的人力资本不足问题将会凸显出来，在中国的经济现实中，人力资本不足表现为人力资本结构的扭曲，包括人力资本配置扭曲和中低层次人力资本壅塞。

首先来看低层次人力资本的壅塞问题。我们的前期研究（袁富华等，2015）表明，在工业化的长期追赶过程中，人力资本结构梯度升级，特定时期的产业结构与特定的人力资本梯度对应，三种人力资本模式如下。一是以日本和韩国为代表的模式，表现为高等教育比重大，中等层次人力资本向高等层次人力资本的梯度升级历时短，各层次人力资本质量的提高与数量的普及同步。二是中国模式，经济增长基本以中等层次人力资本为主导，中等教育占人力资本的绝大部分比重。三是以拉美国家为代表的模式，特征是初级教育劳动力的比重较大，中等文化程度的劳动力比重过低。如表1，与日本、韩国比较，中国的主要储蓄者（35～54 岁劳动力）中的中等人力资本比重在工业化过程中迅速上升，2010 年达到 63.7%，而日本、韩国在接近 60% 的水平时，已经发生了向高等教育普及的飞跃。中国的主要储蓄者中，高等人力资本比重在 2010 年还不到 6%，相当于日韩 1970 年代的水平。换句话说，处于工业结构深加工度化升级门槛和工业主导增长向服务业主导增长转型门槛的中国经济，几乎完全由初等和中等教育程度的劳动力支撑，我们认为，这是中国经济转型的重要障碍。因为总体经济创新机制和知识过程的构建，不可能由不到 6% 的受过高等教育的劳动力完成。

再者，随着中国经济服务化时代的来临，体制转型滞后也把垄断及其扭曲带到过渡时期中来，从效率改进角度看，主要表现为垄断下人力资本流动的负向激励效应。一方面，低效率的垄断性生产部门比竞争性生产部门集聚了更多的高等人力资本；另一方面，非生产性的行政事业单位吸引了大部分高端人才。理想情境下，如果这些人力资本在竞争性领域得到有效使用，经济效率改进的前景可能更加具有确定性。

表 1 主要储蓄者（35~54 岁劳动力）中等和高等教育比重

单位：%

	中等教育								
	1970	1975	1980	1985	1990	1995	2000	2005	2010
中国	9.2	14.4	18.5	24.8	29.4	40.8	51.6	58.1	63.7
日本	34.0	38.8	43.5	47.8	51.0	54.2	54.8	49.8	46.1
韩国	18.8	25.8	34.0	43.7	54.2	60.4	61.8	61.4	57.9
	高等教育								
	1970	1975	1980	1985	1990	1995	2000	2005	2010
中国	0.9	1.3	1.6	1.7	2.2	2.7	4.0	4.6	5.5
日本	4.9	9.0	12.6	17.5	21.6	26.3	32.4	39.7	47.2
韩国	5.2	6.7	9.1	11.2	13.7	18.5	24.9	31.1	38.3

资料来源：EDStats，BL2013_ MF_ V1.3（Barro-Lee.com）。

五 制度与政策的体制选择

（一）重新定位转型时期的新增长动力，重视制度改革和知识部门成长这两个关键环节

过去三十多年里，通过制度变革和开发，中国在有效开发人口红利的基础上突破了贫困陷阱，实现了工业化。现阶段中国增长面临的问题，是如何突破中等收入陷阱、有效推进城市化的问题。与以往依靠物质资本积累和廉价劳动力的工业化模式不同，中等收入陷阱突破不仅需要考虑生产供给面的效率，而且需要考虑消费模式的升级及其与生活模式的协同，广义人力资本和知识部门的发展成为新增长动力，更深层次的制度变革就是这种历史条件变化的结果。

改进、增进制度改革和知识部门成长这两个环节的迫切性，在中国进入中等收入阶段所面临的选择中变得更加突出。第一，是要不可持续的高增长，还是要可持续的城市化？如前所述，中国工业化时期的持续高增长是建立在纵向和横向部门分割、资本驱动、廉价劳动力的基础上，通用技术部门

资本效率乃至全要素生产率持续递减，已经成为越来越突出的问题，物质资本高积累推动的工业化越来越不可持续，城市化时期的结构性减速趋势不可避免。为此，可持续的城市化成为突破中等收入陷阱的关键，其中把物质资本投资通过人力资本形成渠道，产生新的增长潜力或许是重中之重。第二，是无视消费结构升级还是顺应消费结构升级？城市化时期，更高的收入水平、更大的开放程度、更紧密的生产消费网络的出现，不仅促进消费结构升级，而且放大消费示范效应的结果，消费中广义人力资本的收入弹性将会变大，并进一步提升知识相关消费的份额。工业化后期，无视消费结构升级规律的消费抑制，是导致掉入中等收入陷阱的主因。第三，消费与人力资本的一体化是理解城市化阶段资本作用的关键。大规模工业化阶段结束后，与城市化和服务业紧密联系的消费将成为新的动力，这种消费是带有结构意义的消费，与广义人力资本相联系的消费成为新的动力。

（二）重新定位政府角色，弱化干预、强化协调

政府干预及由此导致的资源配置扭曲，在中国工业化大推进的过程中带来了效率低下和不可持续问题。为了突破中等收入陷阱，给知识过程和知识部门成长创造环境，就需要弱化政府干预，强化政府在知识网络建设、疏通和新要素培育方面的功能。

第一，打破政府在工业化时期的选择性融资支持机制，明晰市场的资源配置作用。改革的重点在于切实推进政府自身的改革，转变职能，尤其是在政府权力集中的国有经济领域，要彻底推行政企分开；推动国内统一市场的建设，打破人力资源流动，尤其是高层次人力资本流动的制度障碍，解决资本市场、要素流动、基础设施、信息等领域的割裂问题；打破行政干预导致的横向、纵向经济分割，切实发挥经济网络的集聚、关联效应，增强城市化的空间配置效率，疏通知识部门和知识过程的分工深化，创新外溢渠道；建立健全专利保护体系，鼓励国内创新实践。

第二，重视我国现阶段广泛存在的人力资本错配问题，推进科教文卫部门的转型和改革，提高服务业质量。过去三十余年对工业部门增长的强调，

导致对服务业发展的忽视，把服务业作为工业化的辅助部门来发展，导致服务业发展只注重规模，不注重质量和效率，制造业与服务业劳动生产率差距持续拉大。就现实来看，中国现代服务业的很多部门，一部分存在于管制较大的科教文卫等部门，一部分存在于电信、金融、铁路、航运以及水电气等公共服务部门。这些部门以垄断吸引了很大一部分高层次人力资本，但又不能提供较高的生产效率。为此，需要把改革与放松管制相结合，盘活人力资本存量，提升服务业的效率及其外部性，培育核心竞争力。

（三）推进财税金融改革，增进通用技术部门绩效

首先，推进国内工业和服务业领域企业的兼并重组，清理"僵尸企业"。高速增长时期依赖要素驱动成长起来的企业，在经济减速时期由于技术进步滞后面临窘境，其中一部分企业可能已经失去效率增进潜力，或者不能适应创新要求。对这部分企业进行清理以便释放出资源，改善国内产业环境。其次，重组地方债务，资本资源向社会基础设施投资倾斜。顺应城市化发展的要求，适当加大更有益于人力资本增进的教育、文化、医疗保健等社会基础设施的投资，培育可持续增长潜力。为此，中央政府应该按照项目期限、收益率、项目的经济外部性和功能性特点，发行低利率的长期特别国债，购买地方社会基础设施资产，同时推动地方政府的行政和资源配置方式改革。再次，推进金融改革，进行资源配置方式的根本转型。随着中国经济增长阶段向城市化和服务、消费主导增长的转型，大规模工业化时期那种银行信贷主导的资本配置方式，将逐步转向资本市场主导的配置方式，以推动创新能力发展。

参考文献

［1］ Aghion, P., P. Howitt, "A Model of Growth Through Creative Destruction," *Econometrica* 60（2）（1992）.

［2］ Korkotsides, A. S., *Consumer Capitalism* (London: Routledge Frontiers of Political Economy, 2009).

［3］ Brandt, L., Tombe, T. and X. Zhu, "Factor Market Distortions Across Time, Space and Sectors In China," *Review of Economic Dynamics* 16 (1) (2013).

［4］ Ciccone, A., R. E. Hall, "Productivity and the Density of Economic Activity," *The American Economic Review* 86 (1) (1996).

［5］ Eichengreen, B., Park, D. and K. Shin, "Growth Slowdowns Redux: New Evidence on the Middle-Income Trap," *NBER Working Paper* No. 18673 (2013).

［6］ Grossman, G. M., E. Helpman, "Quality Ladders and Product Cycles," *The Quarterly Journal of Economics* 106 (2) (1991).

［7］ Im, F. G., D. Rosenblatt, "Middle-Income Traps: A Conceptual and Empirical Survey," *World Bank Policy Research Working Paper* No. 6594 (2013).

［8］ Ozawa, T., *Institutions, Industrial Upgrading, and Economic Performance in Japan: The 'Flying-Geese' Paradigm of Catch-up Growth* (Northampton, Massachusetts: Edward Elgar Publishing, 2005).

［9］ Pritchett, L., L. H. Summers, "Asiaphoria Meets Regression to the Mean," *NBER Working Paper* No. 20573 (2014).

［10］ Romer, P. M., "Endogenous Technological Change," *Journal of Political Economy* 98 (5) (1990).

［11］ World Bank, *China 2030: Building a Modern, Harmonious, and Creative High Income Society* (Washington D. C.: World Bank, 2012).

［12］ 蔡昉:《理解中国经济发展的过去、现在和将来——基于一个贯通的增长理论框架》,《经济研究》2013 年第 11 期。

［13］ 蔡昉:《靠切实的改革延续人口红利》,《经济日报》2015 年 6 月 4 日, 第 11 版。

［14］ 方福前:《中国居民消费需求不足原因研究——基于中国城乡分省数据》,《中国社会科学》2009 年第 2 期。

［15］ 刘世锦、刘培林、何建武:《把提高生产率作为新常态发展主动力》,《人民日报》2015 年 3 月 31 日。

［16］ 许宪春:《中国服务业核算及其存在的问题研究》,《经济研究》2004 年第 3 期。

［17］ 徐朝阳:《供给抑制政策下的中国经济》,《经济研究》2014 年第 7 期。

［18］ 袁富华、张平、陆明涛:《长期经济增长过程中的人力资本结构——兼论中国人力资本梯度升级问题》,《经济学动态》2015 年第 5 期。

［19］ 中国经济增长前沿课题组:《中国经济长期增长路径、效率与潜在增长水平》,《经济研究》2012 年第 11 期。

［20］ 中国经济增长前沿课题组：《中国经济转型的结构性特征、风险与效率提升路径》，《经济研究》2013 年第 10 期。

［21］ 中国经济增长前沿课题组：《中国经济增长的低效率冲击与减速治理》，《经济研究》2014 年第 12 期。

报告13
增长跨越：经济结构服务化、知识过程和效率模式重塑[*]

袁富华　张平　刘霞辉　楠玉[**]

摘　要： 国际比较表明，中等收入水平向高收入水平的跨越阶段，是充满增长分化的阶段。转型时期存在三个方面的不确定性和风险：（1）工业比重下降的同时伴随工业萧条，城市化成本病阻碍内生增长动力形成；（2）服务业作为工业化分工结果的从属态势不能得到根本扭转，以知识生产配置为核心的服务业要素化趋势不能得到强化，最终导致服务业转型升级无法达成；（3）消费效率补偿环节缺失，知识生产配置和人力资本结构升级路径受阻。我们认为，以知识要素和人力资本要素积累为核心的效率模式重塑，是跨越中等收入阶段的根本任务，面对转型时期的困难，中国应顺应服务业的要素化趋势，在防止服务业盲目扩张和做好工业/服务业协调推进的同时，通过制度改革促进效率模式重塑。

———————————

[*] 本研究受国家社会科学基金重大招标课题"加快经济结构调整与促进经济自主协调发展研究"（批准文号12&ZD084）和"需求结构转换背景下提高消费对经济增长贡献研究（15ZDC011）"，以及国家社会科学基金重点课题"我国经济增长的结构性减速、转型风险与国家生产系统效率提升路径研究"（批准文号14AJL006）和"中国城市规模、空间聚集与管理模式研究"（批准文号15AJL013）资助。本文发表在《经济研究》2016年第10期。

[**] 袁富华、张平、刘霞辉、楠玉，中国社会科学院经济研究所中国经济增长前沿课题组。参加讨论的人员有裴长洪、张连城、王宏淼、张自然、郭路、黄志钢、吴延兵、赵志君、仲继银、张磊、张晓晶、常欣、田新民、汪红驹、汤铎铎、李成、王佳、张鹏、张小溪等。

关键词： 增长门槛　不确定性　知识过程　效率模式重塑

一 引言

对于后发国家大规模工业化之后的经济发展，我们认为，城市化和经济结构服务化阶段是增长能否持续和追赶能否成功的分化阶段，像中国这样的转型国家，增长可能是非连续的，面临着有待艰苦跨越的知识要素积累门槛。增长非连续意味着原有工业化经验在经济结构服务化阶段失灵，并因此成为增长分化和增长不确定性的来源。经济转型面临着以下三方面的不确定性：（1）宏观层面上，一改大规模工业化时期工业主导效率提升的清晰增长路径，服务业主导的增长容易发生工业和服务业协调失灵，其表现是随着城市化率的上升，工业比重下降的同时伴随着工业的萧条，工业化"技术-效率"升级道路阻滞，长期效率改进被替换为短期随机波动；（2）产业层面上，服务业比重持续升高，但以知识过程为核心的服务生产化、服务要素化，即改善要素配置和要素质量的趋势，不能得到强化，导致服务业转型升级路径无法达成，服务业比重增加的同时伴随着人口漂移和鲍莫尔成本病，服务业效率低下；（3）要素供给层面上，作为门槛跨越基石的"人力资本-知识消费"效率补偿环节缺失，知识生产配置和人力资本结构升级路径受阻。

城市化和经济结构服务化导致了国际经济更鲜明的分化或效率差异。本章的实证分析给出了三种情景：一是以 OECD 国家"高劳动生产率、高消费能力、高资本深化能力"为代表的高效率模式；二是拉美国家传统服务业和低层次消费结构主导的"走走停停"的不稳定低效率模式；三是日韩在大规模时期未雨绸缪，提前 15~20 年积累高层次人力资本，进而跨越增长门槛的成功转型情景。国际经验对比表明：（1）经济结构服务化是一种不同于工业化的全新效率模式，服务业比重和消费比重提高不是问题关键，最根本的是基于知识和高层次（熟练工人和高等教育）人力资本要素积累的消费结构升级和服务业品质提升；（2）问题不在于投资继续充当经济增长的动力，问题在于发展中国家是否具备资本深化能力，这个资本深化能力，连同消费能力，就是消费结构升级的促进能力，是实现经济成功追赶的两大动力；（3）对于像中国这样的超大经济体来说，转型时期也是工业化过程的深化时期，在根本的内生效率机制缺失的情况下，不能盲目强调服务业的规模扩张。因此，中国转型时期也是结构升级的缓冲时期，要防止过早的拉美式去工业化，避免增长震荡风险。

"高劳动生产率、高消费能力、高资本深化能力"这个稳定效率三角的建立，与服务生产化和服务业要素化趋势有关。服务业结构的升级，一方面强调服务业的发展应该注重有利于效率改进的教育、研发、知识、信息、产权等部门的杠杆作用，这些以"知识要素生产知识要素"的部门是经济结构服务化的主线（中国经济增长前沿课题组，2015）；另一方面，我们也强调消费的效率动态补偿这一命题，"消费结构升级—人力资本提升和知识创新—效率提升—消费结构升级"这个动态循环至关重要，它是创新和分工深化的基础。

为便于这些理论观点的阐释，行文次序安排如下：第二部分是关于增长非连续和消费效率补偿的典型化事实分析；第三部分提出我们关于增长非连续和增长跨越不确定性的理论观点；第四部分是对服务业要素化趋势的有关命题的阐述；最后是本章结论。

二 增长非连续和增长分化的典型事实

本部分国际比较资料的运用和增长非连续相关事实的观察，植根于两个叠加的经济演化背景，即工业化阶段向城市化阶段的转型以及中等收入阶段向高收入阶段的跃升。增长阶段可以看作特定的历史情景片段，转型即是不同历史情景片段之间的转换。① 如果把不同阶段劳动生产率的状况及其变化

---

① 对于 Kaldor 所主张的经济历史分析，社会学家特别是吉登斯（1998）在其著作中有详尽的分析（第 5 章），吉氏认为所有社会活动都是片段性的，沿着"开始—变迁—结束"的情景展开，一系列变迁重塑已有制度组合。

视为长期增长的重要指标，[①] 那么经济转型可视为低劳动生产率阶段向高效率阶段的演化。结合转型过程的其他因素，两种基本模式又可以表现出更加具体的多种其他情景。低效率模式向高效率模式的演化，广泛存在于发达国家及后发追赶国家的经济过程中，这种变化被经济理论正式表述为转型、因果累积和调整。[②] 在将技术进步、报酬递增和长期增长联系起来的同时，Kaldor（1970，1972，1985）系统化地论述了因果累积理论，在其后的文献，如 Dixon 和 Thirlwall（1975）、Setterfield（1997）进行了更加正式的表述。

基于数据库 PWT8.1，本部分运用以下方法观察经济跨越的一些事实：（1）以美国为比较基准，刻画样本国家 1950~2011 年的相对劳动生产率 $\bar{q}$、相对劳均资本形成（或资本深化）$\bar{k}$，以及相对劳均消费 $\bar{c}$（或者理解为每个劳动力支撑起来的社会消费能力）；（2）运用各国自身的劳动生产率水平 q 和总产出水平 Y，估算 Verdoorn 系数[③] α_Y，或规模报酬捕捉能力，结合支出法国内生产总值核算，运用各国自身的劳动生产率水平 q、总资本形成水平 i 和总居民消费水平 c，估算 Verdoorn 系数 α_i、α_c，估算方程为：

$$\ln\hat{q} = c + \alpha_Y(\ln\hat{Y})$$
$$\ln\hat{q} = c + \alpha_c(\ln\hat{c}) + \alpha_i(\ln\hat{i})$$

样本国家 1950~2011 年相对劳动生产率 $\bar{q}$ 的追赶路径如图 1 所示。

---

① 如 Krugman（1990）认为，生产率不是一切，但长期中它几乎就是一切。

② Hicks（1965）的转型（traverse）描述了两种经济状态之间的转换，被一系列文献重新发现和拓展，如 Kriesler（1999）。

③ Verdoorn 系数是因果累积形式化表述的核心，这个系数基于劳动生产率增长和总产出增长的关系建立起来，用以解释特定效率模式对报酬递增的捕捉能力（夏明，2007）。如果把 Verdoorn 系数与模式转换联系起来，可以对效率模式特征和演进方向给出进一步识别。发达或后发经济体的特定增长历史，以及发达与后发经济体的增长比较，都蕴含了可以进行检验的规模报酬递增因素，从总需求方面来看，随着增长阶段不同，推动规模经济的投资或消费的作用可能不一样。关于这一点，正如 Goodwin 等所指出的那样，比较明确的趋势是，在发达城市化阶段，随着消费占比的提高，效率模式的建立和维持，似乎越来越依赖较高层次的消费结构和消费支出。

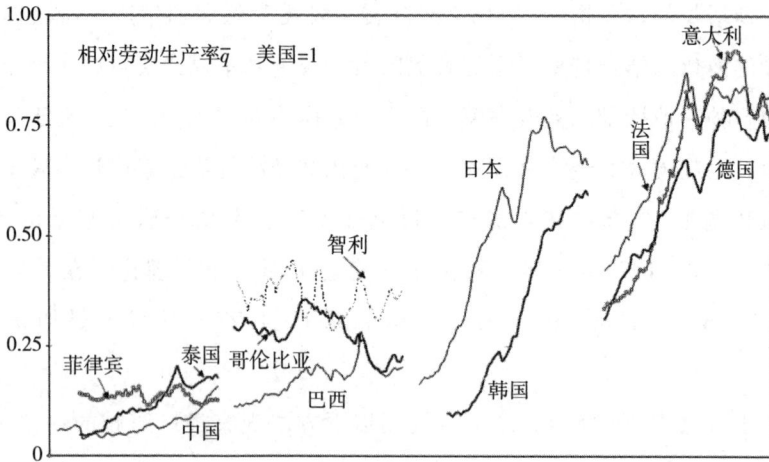

图1　1950~2011年相对劳动生产率 $\bar{q}$ 的追赶路径

资料来源：PWT8.1数据库。

（一）持续效率改进是经济跨越的核心

根据图1显示的相对劳动生产率 $\bar{q}$ 的追赶路径，对高效率模式与低效率模式的具体表现给出说明。总的判断是：第一，在所考察的半个多世纪的样本期中，样本国家整体上表现出S形追赶路径；第二，已经完成追赶的国家如欧洲各国、东亚的日本、韩国表现出显著的S形追赶路径；第三，战后拉美国家历时半个多世纪的调整及震荡，在图1中尤其引人注目；第四，中国及泰国、菲律宾等国家，仍然处于追赶的加速过程中，劳动生产率水平不仅距离发达国家甚远，而且与拉美国家也相差很大。各种具体效率模式的主要特征如下。

1. 法德意高效率模式的恢复与追赶

在二战废墟上重建的欧洲老牌发达国家，它们的制度组织一开始就受现代资本主义的强力塑造，高生产率和高消费是其特征，因此不存在效率模式本质上的转换，所做的只是经济活力的恢复。在 Tibor Scitovsky 眼中，美国（的教育系统）过分注重生产性劳动的创造，缺乏必要训练的美国消费者只会追求快餐式消费，这种狭隘消费主义做派与受过消费训练的欧洲消费品位相差甚远。[①] 言下之意，欧洲老牌资本主义国家对于其消费效率和社会生产效率改进始终保持着信心。

2. 日韩高效率模式建立的尝试与追赶

20 世纪 80 年代，日本经济进入结构性减速，到 90 年代日本觉察到原有工业化模式的问题，于是引发了模仿美国模式或部分收敛且兼顾本国特殊性的政策争论（Dirks et al.，1999）。根据 Lincoln（2001）的观点，日本制度组织，尤其是金融系统，约束了透明公开的货币资本市场的缔造，如存在大量经济社会非正式规则、金融制度多维度交易与利润最大化市场要求的冲突、独立于社会关系纽带的专业化分工不足、经济制度对低效率产业的过度保护和破产惩罚力度不足等。[②] Cargill 和 Sakamoto（2008）明确指出，与工业化经济组织相似的韩国比较起来，日本的改革是滞后的，1998~1999 年的金融危机促使韩国在资本市场和贸易自由化领域实行了全面改革，成为一个近乎完全的开放经济体，市场透明度和公平竞争得到加强。危机后的经济模式重塑，推动了韩国经济效率持续改进，并转变为一个发达经济体（中国经济增长前沿课题组，2014）。

3. 拉美的长期调整与高效率模式建立的受阻

受到初始条件和路径依赖限制，高效率模式无法建立，迫使经济陷入长期调整和震荡，拉美国家是典型。布尔默-托马斯（2000）对拉美发展历史的精辟评述充满了同情、遗憾和迷惘，这些国家仿佛总是在错误的时间做出错误的事情："在出口导向增长实绩最好的国家中，没有一个在内向发展阶段取得成功。实际上，假如阿根廷、智利、古巴和乌拉圭在整个内向发展阶段长期维持 3% 的年增长率，他们在债务危机到来之前就会取得发达国家地位。"[③] 拉美国家调整

---

① 参见 Goodwin et al.（1997）。

② 转引自 Cargill（2008）。

③ 这里的内向发展阶段即二战后进口替代阶段。根据布尔默-托马斯（2000）的评述，大萧条和二战结束了拉美出口导向模式，20 世纪 80 年代债务危机则给内向发展阶段打上句号，进入再次以出口为基础的发展进程。

无法取得实质性成效，是因为源于所有制问题和政策操纵，而拉美国家的国内问题最终导致发展战略的每一次重大调整都会成为收入分配两极分化的加速器，这反过来从根本上削弱了人力资本积累和 TFP 改进。他对拉美国家未来发展的结论是："即使目标是明确的，前进的道路仍不确定。那些在无能、腐败和权贵贪婪方面失足的国家将会受到严厉的惩罚。"

与上述各种情景比较起来，中国、泰国、印尼、菲律宾等新兴工业化国家，仍在低效率模式之下追赶。值得关注的是，中国和泰国这两个快速工业化的国家，在达到拉美劳动生产率水平之前，似乎正面临着调整和效率模式重塑的紧迫性。

表 1　各国各个时期 $\bar{q}$、$\bar{c}$、$\bar{k}$ 变动状况

国家	年份	$\bar{q}$	$\bar{c}$	$\bar{k}$	国家	年份	$\bar{q}$	$\bar{c}$	$\bar{k}$
法国	1960~1970	0.59	0.54	0.80	中国	1991~2007	0.09	0.07	0.12
	1991	0.84	0.80	1.08		2008~2011	0.15	0.09	0.39
意大利	1970~1976	0.62	0.57	0.83	泰国	1980~1992	0.11	0.11	0.13
	1991	0.87	0.77	1.30		1993~1996	0.18	0.13	0.39
德国	1960~1970	0.48	0.40	0.86		1997~2011	0.17	0.14	0.20
	1991	0.74	0.67	1.12	印尼	1980~1997	0.10	0.09	0.09
日本	1970~1980	0.51	0.42	0.87		1998~2011	0.10	0.09	0.10
	1991	0.74	0.56	1.41	菲律宾	1980~1997	0.14	0.14	0.13
韩国	1991~1997	0.47	0.37	0.89		1998~2011	0.13	0.13	0.11
	2008	0.59	0.43	1.05	哥伦比亚	1950~1980	0.30	0.32	0.35
阿根廷	1950~1980	0.15	0.16	0.11		1980~2011	0.26	0.28	0.25
	1980~2011	0.29	0.29	0.27	墨西哥	1950~1980	0.51	0.53	0.54
巴西	1950~1980	0.15	0.15	0.16		1980~2011	0.40	0.40	0.42
	1980~2011	0.20	0.20	0.18	委内瑞拉	1950~1980	0.59	0.44	1.14
智利	1950~1980	0.37	0.45	0.23		1980~2011	0.33	0.28	0.36
	1980~2011	0.34	0.33	0.35					

资料来源：PWT8.1。

接下来根据表 1 中相对劳均消费 $\bar{c}$ 和相对劳均资本形成 $\bar{k}$，对经济追赶的一些统计事实给出说明，进一步明晰各种具体效率模式的内涵。即使撇开初始追赶条件优良的欧洲各国，把注意力集中到日韩两国及与其他低效率国家的对比上，得出的一些事实也足以让人震撼。

事实一：资本深化首先完成追赶，当劳均资本 $\bar{k}$ 达到美国水平的时候，追赶国家劳均消费 $\bar{c}$ 大致相当于美国的 40% ~ 50%，此时追赶过程基本完成，高效率、高消费模式基本建立。比如，日本 1970 ~ 1980 年的 $\bar{k}$ 平均为 0.87，韩国 1991 ~ 1997 年的 $\bar{k}$ 平均为 0.89，两国从各自经济加速开始，到基本达到美国的投资水平，大致都用了 30 年左右的时间，有两点需要特别注意：一是资本深化速度很快，从而避免了向高效率模式过渡时间较长所隐含的潜在震荡风险；二是资本深化大踏步前进的同时，人均消费也以较大的幅度增加，从而形成"资本深化提高—消费提高—劳动生产率提高"的良性循环。这与拉美及东亚发展中国家的情景完全不同。

为了便于理解资本深化持续状况，表 1 同时提供了各个发达国家追赶完成后出现的较高的 $\bar{k}$ 值，如日本在 1991 年达到 1.41。

事实二：经济陷入长期调整，根本原因是国内产权组织和利益集团政策操纵，这种根本性的经济组织约束，使得高效率模式的生成与是否实行经济自由化关联不大。表 1 中拉美国家 1950 ~ 1980 年和 1980 ~ 2011 年两个时期的经济绩效对比表明，债务危机发生后再次以出口为导向的效率模式，在投资、消费和劳动生产率上的表现没有根本好转，有的国家甚至变得更加糟糕。也就是说，20 世纪 80 年代以来拉美国家自由化改革似乎成效甚微，而国内生产资料集中和收入分配极化的加剧，是导致拉美经济调整困难的主要障碍，拉美国家国内的制度缺陷锁定了低效率路径。

事实三：资本深化能力和投资/消费双重效率的发挥至关重要。有必要把 Goodwin（1997）等眼中的"高劳动生产率、高消费"的发达经济模式，拓展为"高劳动生产率、高消费能力、高资本深化能力"的效率三角，拉美国家的长期调整经历表明，构成这个效率三角两足的消费能力和资本深化能力中的任何一角缺失，高效率模式就无法达成。也就是说，高效率模式隐含了投资/消费双重效率问题。关于这一点，我们将在消费效率补偿的分析中展开论述。

（二）规模报酬捕捉能力与消费效率补偿是经济跨越的基础

显著呈现于长期追赶过程中的 S 形路径，蕴含了规模报酬递增的事实。本部分借助于规模报酬捕捉能力的展示，继续充实各种具体效率模式的内容。我们基于图 2 和表 2 进行阐述。

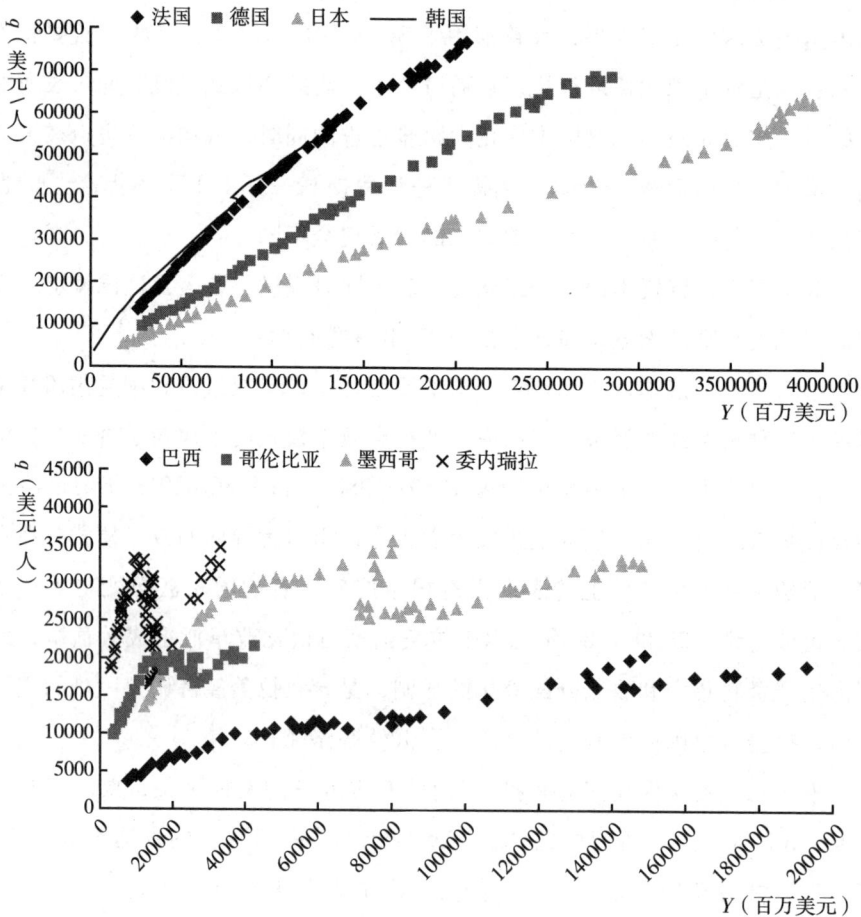

图 2　1950~2011 年各国劳动生产率水平 q 与总产出水平 Y 的散点图

资料来源：PWT8.1。

1. 持续的规模报酬作为一种普遍现象

样本期内各国经济追赶路径，通过劳动生产率水平 q（美元/人）与总产出水平 Y（百万美元）的散点图 2 刻画。

发达国家：在半个多世纪的样本期里，无论是法德等老牌发达国家的经济恢复，还是日韩高效率模式的建立，在这些国家中，伴随着总产出水平提高（ΔY）劳动生产率水平也持续增长（Δq），两者具有近乎线性的统计关系，这些都清晰地呈现了成功追赶经济的活力。

东亚发展中国家：尽管劳均指标处于较低的水平，但计算表明中国（1978 年以来）、泰国、印尼和菲律宾等发展中国家，长期增长过程也呈现出劳动生产率增长与总产出增长的线性关系，在低效率模式中遵从规模报酬递增的经济规律。

拉美国家：相比起来，陷入长期调整和低效率锁定的一些拉美国家，典型如哥伦比亚、墨西哥、委内瑞拉，其劳动生产率改进与（Δq）总产出水平变化（ΔY）之间存在较为显著的非线性关系，在经济规模扩张之路上，规模报酬递增不像发达国家和东亚国家那样贯穿于长期之中，而是在特定样本期才有所表现。

总产出水平 Y 的规模报酬捕捉能力，通过总产出水平 Y 的 Verdoorn 系数 α_Y 展示（见表 2）。[①]

发达国家规模报酬捕捉能力具有稳定性。以 1973 年为界点，在 1950~1973 年和 1973~2011 年两个时期中，发达国家 α_Y 的情况是：美国为 0.62、0.61；法国为 0.90、0.84；德国为 0.85、0.83；意大利为 1.01、0.82；日本：0.90，0.90。东亚发展中国家低效率模式也具有较强规模报酬捕捉能力。比如，中国 1978~2011 年为 1.01，泰国 1970~2011 年为 0.90，菲律宾 1970~2011 年为 1.03，印尼 1970~2011 年为 0.57。

---

① 计量模型为 $\ln \hat{q} = c + \alpha_Y (\ln \hat{Y}) + ARMA (.)$，为节省篇幅，本章只给出 α_Y 的估算结果。

表 2　各国 Verdoorn 系数 α_c、α_i 的估计

国家	1950~1973 年	1973~2011 年
美国	$\ln\hat{q}=c+0.37(\ln\hat{c})+0.10(\ln\hat{i})+AR(1)$ [58.9%]　[17.9%]	$\ln\hat{q}=c+0.51(\ln\hat{c})+0.05(\ln\hat{i})+ARMA(1,1)$ [92.9%]　[7.1%]
法国	$\ln\hat{q}=c+0.81(\ln\hat{c})+0.15(\ln\hat{i})+MA(2)$ [81.5%]　[20.5%]	$\ln\hat{q}=c+0.62(\ln\hat{c})+0.08(\ln\hat{i})+AR(1)$ [84.9%]　[9.3%]
德国	$\ln\hat{q}=c+0.64(\ln\hat{c})+0.19(\ln\hat{i})+AR(2)$ [85.4%]　[22.1%]	$\ln\hat{q}=c+0.47(\ln\hat{c})+0.17(\ln\hat{i})+AR(1)$ [53.0%]　[9.8%]
意大利	$\ln\hat{q}=c+0.87(\ln\hat{c})+0.13(\ln\hat{i})+AR(1)$ [88.1%]　[18.0%]	$\ln\hat{q}=c+0.46(\ln\hat{c})+0.11(\ln\hat{i})+ARMA(1,1)$ [61.0%]　[10.0%]
日本	$\ln\hat{q}=c+0.78(\ln\hat{c})+0.13(\ln\hat{i})+AR(1)$ [82.0%]　[23.1%]	$\ln\hat{q}=c+0.69(\ln\hat{c})+0.15(\ln\hat{i})+ARMA(1,1)$ [90.9%]　[5.1%]
韩国	1960~2011 年	$\ln\hat{q}=c+0.66(\ln\hat{c})+0.09(\ln\hat{i})+ARMA(1,1)$ [85.4%]　[18.9%]
中国	1992~2011 年	$\ln\hat{q}=c+0.62(\ln\hat{c})+0.35(\ln\hat{i})+AR(1)$ [37.6%]　[69.2%]
泰国	1960~1996 年	$\ln\hat{q}=c+0.62(\ln\hat{c})+0.19(\ln\hat{i})+AR(2)$ [65.0%]　　[45.0%]
菲律宾	1980~2011 年	$\ln\hat{q}=c+0.19(\ln\hat{c})+0.19(\ln\hat{i})+MA(1)$ [15.6%]　[69.7%]

注：①方括号［　］内的百分数是居民消费 c 和总投资 i 对 q 的增长的贡献率。

②本表模型残差均通过 LM 检验；R^2 统计量大于 0.95；Verdoorn 系数均在 5% 的水平显著。

2. 消费的效率补偿

消费/投资双重效率模式存在的证据。表 2 中发达国家总投资规模扩张和居民总消费规模扩张之于劳动生产率增长的贡献，蕴含了高效率模式的一些主要特征。第一，消费/投资双重效率模式，效率三角的进一步证据。从发达国家劳动生产率增长的因素来看，投资规模增加和居民消费增加对报酬递增的捕捉能力在长期中显著，由于劳动生产率的消费弹性较投资更大，因此在发达经济的高效率模式中，消费表现出更大的活力。需要注意的是，这样的结论是基于增长率角度，深层次的逻辑是，在高消费能力和高资本深化能力这样的高效率模式中，消费比投资具有更大的效率促进能力，亦即与消费有关的人力资本比物质资本在拓展效率三角方面的功效更大。第二，消费

的效率补偿。比较发达国家 1973 年前后两个样本时期发现，消费规模扩张之于劳动生产率的贡献率一直占绝大部分，特别是发达国家普遍进入结构性减速和城市化成熟期之后，消费对效率的补偿作用和贡献更加显著，由此我们进一步得出事实四。

事实四：*稳定的高效率三角建立在消费/投资一体化的基础上，消费的效率补偿在低增长时期尤其显著①。*

3. 中国所处的增长阶段，以及相似增长阶段的共性

资本驱动单一效率模式存在的证据。在所考察的样本中，与中国处于同一层次的国家是泰国、印尼和菲律宾，这些处在相似增长阶段的国家存在一些共同特征，即资本驱动的特征非常明显。在这些国家中，投资对于规模报酬递增的作用显著，这不同于发达国家 1973 年之前的投资作用，因为高效率模式最终处于较高的资本深化能力主导之下，而且较高的劳均投资使得资本的效率贡献比消费要低。

4. 从长期调整角度理解增长非连续性

消费驱动单一效率模式存在的证据。由于拉美国家劳动生产率存在波动，或者在长期中表现出下降，或者改进速度比较缓慢，在实证分析上尤其要注重经济逻辑的合理性，处理起来比较烦琐，一些结果也没有在表 2 显示。但是从一些国家特定时间段符合经济逻辑的统计检验看，总投资之于劳动生产率的作用不显著，经济增长依赖不稳定的消费支撑。这种判断也符合拉美经济事实，这些国家通常由于缺乏较好的制造业基础和人力资本，不能建立起投资能力和消费能力赖以持续深化、提升的效率模式。对于还没有达到拉美劳动生产率水平和消费水平的中国及其他发展中国家来说，拉美经济调整的持续和举步维艰，无疑是前车之鉴。

---

① 就表 2 中德国和意大利消费贡献率偏低的问题，需要补充几句。Fine 和 Leopold（1990）认为，影响长期增长的因素，除了供给和需求因素，还应包括不可转化为供求的社会组织因素。两国劳动生产率改进的社会组织因素贡献，相对于其他国家较大，这种贡献可以看作促进投资消费一体化的制度性作用，与本章的结论不存在矛盾。

事实五：增长非连续的本质是投资和消费脱节，效率三角的基础因此遭到破坏；无论是单一投资效率模式还是单一消费效率模式，都会导致不可遏制的效率漏出，迫使经济进入充满不确定的长期调整过程，无法实现向高效率模式的持续升级。因此，低效率模式本身具有不稳定性。

三　增长非连续与增长门槛跨越：三类不确定性

旧的效率模式难以调整，发展中国家长期增长过程中生产和消费的脱节有可能导致低效率模式固化，并导致增长非连续现象。对于增长非连续，本章定义为低效率模式向高效率模式演进过程中的长期调整，调整的目的是通过累积新要素实现门槛突破和效率持续改进。这种认识的思想来源有两个：一个是吉登斯结构化理论关于社会转型非连续的见解（吉登斯，1998），另一个是结构主义理论关于拉美经济模式自身缺陷及其困境的见解（ECLA，1951；Furtado，1974；Kay，1989）。从规则、资源如何相互交织和整合经济过程的意义上看，两种认识有一致的地方，而眼下关于中等收入陷阱的广泛讨论，也从一个侧面暗示了增长非连续问题不能回避。这种非连续的具体表现就是跨越中等收入阶段的三个不确定性，这种不确定性构成跨越中等收入的门槛。

（一）不确定性之一：工业化与城市化间的断裂导致增长停滞

传统发展理论关注工业化对贫困陷阱突破和现代增长路径达成的作用。从后发国家的普遍经验来看，长期增长过程中大规模工业化和城市化两阶段的界限比较清晰，直观体现为人口向城市集聚和服务业比重上升。比如，中国经济增长前沿课题组（2012）把中国经济转型的阶段性特征概括为依赖干预、高投资和工业化推动的经济高增长阶段 I 已逐步失去提升效率的动力，以结构调整促进效率提高的增长阶段行将结束；城市化和服务业的发展将开启经济稳速增长阶段 II，效率提高促进结构优化是本阶段的主要特征。对于这种阶段转型，我们的基本观点是，工业化与城市化是两种不同的效率模式，两个发展阶段的主导力量不同。在工业化阶段，集中并有效使用资源是促进经济增长的主导力量，集中化（城市增长极）、规模化和标准化是效率改进的核心；当一个经济体进入城市化发展阶段后，集中使用资源已经失去了基础，多样性的需求、服务业比重上升、技术创新复杂性等都需要市场分散化决策、知识创新和人力资本累积的大幅度提升作为核心动力，促进经济增长。

但问题在于，传统发展理论中强调资本积累推动工业化的效率模式，如果纯粹依赖外生技术进步和初级劳动力要素驱动，那么这种增长方式就会诱发后发国家工业化向城市化转换中的增长非连续和效率改进路径的断裂。换句话说，如果在工业化过程中缺失有远见的内生动力（即知识过程）的培育，而把规模扩张和初级要素驱动运用于城市化阶段，就会出现效率改进路径受阻的问题。相比而言，对于日本为什么比较顺利地实现了产业升级和增长模式转换的问题，Ozawa（2005）认为，日本也曾经历劳动密集、标准化生产分工阶段，并从要素禀赋的使用中获益；其后采用新重商主义政策，抑制流入日本（内向型）的 FDI，且通过购买许可的方式吸收发达国家技术，从而建立起不依赖于西方的本土工业技术。以 20 世纪 60 年代发展半导体为标志，日本步入知识驱动的增长轨道，到 20 世纪 90 年代成为超级技术大国。

从经验比较来看，后发国家的技术进步一方面被跨国公司的分工体系所绑缚，难以自我创新；另一方面也更倾向于（通过引进生产设备）"干中学"的同质化技术进步方式（中国经济增长与宏观稳定课题组，2007、2009），但是从"干中学"的技术进步到异质性的自主创新，实际上仍有很多的不确定性，包括人力资本积累水平、市场需求、资本市场激励、知识产权保护制度、文化、企业盈利模式变化等。正是由于工业化过程中自主学习和知识过程的缺失，在增长转型和城市化阶段，广大后发国家一改大规模工业化阶段工业主导效率提升的清晰增长路径，发生增长分化和工业/服务业协调失灵，其表现是工业比重下降的同时伴随着工业增长的失速，快速的工厂外迁，工业化"技术-效率"升级路径断裂。

（二）不确定性之二：低效服务业蔓延，造成城市的人口漂移和鲍莫尔成本病

转型不确定性直接表现在产业层面，就是服务业作为工业化分工结果的从属态势不能得到根本扭转，以知识过程为核心的服务业要素化趋势不能得到强化，导致以知识生产配置为核心的服务业转型升级路径无法达成，从而加剧服务业增长中的人口漂移和鲍莫尔成本病。

与结构服务化趋势有关的问题，在国内外文献中已经开始受到重视。Herrendorf 等人（2014）、Buera 和 Kaboski（2012）实证了发达经济体人均 GDP 达到 7200~8000 国际元后，服务业随着整体经济增长而增长的现象，服务业就业、增加值等超过制造业，制造业比重呈现倒"U"形趋势，这也是一种普遍规律。从中国经济增长前沿课题组的实证研究得出了三个方面的结论。第一，发达国家的服务业生产率与制造业生产率基本平衡，而发展中国家广泛存在两部门效率非平衡问题，服务业生产率通常低于制造业生产率 50%以上（中国经济增长前沿课题组，2012）。第二，以美国为代表的发达国家的消费结构中包含大量有关广义人力资本提升的服务消费，这一消费甚至超过了物质消费。经济追赶成功的韩国也出现了类似的消费趋势。相反，与广义人力资本有关的消费比重在广大发展中国家，比如拉美国家，则没有显著提升（中国经济增长前沿课题组，2015）。第三，知识消费提升人力资本，获得预期报酬，而人力资本积累有助于激励创新，并提供更多的知识供给（中国经济增长前沿课题组，2015）。

虽然长期增长过程中服务业比重提高的趋势是确定的，但服务业比重的提高却导致一国经济增长减速（袁富华，2012；中国经济增长前沿课题组，2012）。更为严重的是，同样的服务业比重，发达国家与不发达国家的经济效率差别可能很大，而且服务业的不同发展方式可能导致国别间收入差别扩大，这与工业化过程非常不同。因此，结构服务化过程隐含了结构转型路径的不确定性和分化，可能促进经济结构转型升级，推动效率和经济稳定性提高，从而提供更高更好的社会福利；但也可能在提高服务业比重的同时，导

致效率下降和经济不稳定，陷入经济长期徘徊。比如，OECD 国家的结构服务化提升了效率和稳定性，社会福利大幅度提升；拉美虽然拥有同样的高服务业比重，但服务业结构和整体经济效率低下。更值得注意的是，结构服务化加剧了拉美经济震荡，导致社会福利损失严重。

就成功转型而言，结构服务化隐含的增长促进机制有以下几个方面。一是促进协作能力，这是服务化的一个重要方面（Leal，2015），比如发达国家的信息化主导了工业化，行业协作能力提升了效率（谢康等，2016）。二是消费增长和消费结构升级，对更高技术难度的产品服务提出需求，并诱致高技能密集型服务业比重不断上升、低技能服务业比重不断下降（Buera & Kaboski，2012）。三是高技能密集型服务业的价格与高技能人员的报酬溢价相一致，这种溢价构成对人力资本积累和知识生产配置的激励。张平和郭冠清（2016）有关人力资本增进的劳动力再生产的论证（消费作为知识过程起点），也提出了相同的逻辑方向。但是，鉴于增长促进机制的缺失，后发国家在转型乃至经济结构服务化的长期调整过程中，由于无法从根本上扭转对传统和非正规服务业规模扩张的依赖，服务业主导增长往往加剧鲍莫尔成本病，并导致其对低效率增长模式的锁定。具体机制是与工业部门比较起来，传统和非正规服务业生产率的增长率较低甚至停滞，但在恩格尔定律和消费者偏好作用下，发展中国家的服务业仍然持续增长直至达到一个较高水平，基于这一点的国内产业雁阵传递导致无效率的服务业对有效率的工业部门的替代，降低整体经济效率改进潜力。尤其是在服务业部门普遍受到管制的情况下，服务业的高比重伴随着高成本，严重如拉美国家，甚至可能迫使整体经济退化为租金抽取模式。

由于服务业作为知识生产配置载体的作用不能得到发挥，城市化和结构服务化过程依然被"人口漂移"所左右，从农村漂移到城市的初级劳动力从事小商小贩，集中在非正式服务业部门就业，劳动密集服务业作为低素质劳动者的就业蓄水池而存在。布尔默-托马斯（2000）认为，20 世纪 70 年代之后拉美国家迅速的城市化并没有带来实质性的效率改善，人口从农村向城市的快速集聚，城市化过程不过是把农村的失业和贫困问题转变为城市问题。由于城市现代部门和正式部门就业机会增长缓慢，导致城市非正规就业和半失业增加，并进一步拉低了生产率和收入差距。拉美人口漂移状况如表3所示。

表3　拉美6国半失业人口占经济自立人口的百分比（1970年、1980年）

单位：%

国家	1970	1980	国家	1970	1980
阿根廷	22.3	28.2	哥伦比亚	40.0	41.0
巴西	48.3	35.4	墨西哥	43.1	40.4
智利	26.0	29.1	委内瑞拉	42.3	31.1

资料来源：布尔默-托马斯（2000）。

（三）不确定性之三：消费的效率补偿机制缺失

在经济结构服务化过程中，服务业结构升级和服务业增长之于整体经济效率改进的促进作用（对于高效率模式的达成而言），得益于一个根本的嵌入机制，即消费的效率补偿机制，这个机制在传统增长文献中经常受到忽视。经验表明，消费与经济结构服务化往往同时发生，但经济结构服务化阶段效率模式的分化，也是源于消费的效率补偿能力不同。消费的效率补偿机制通过消费结构的升级，促进人力资本升级和服务业结构升级，推动知识过程的形成和高效率模式的重塑。反之，消费结构升级停滞，将导致增长停滞。

以高消费比重支撑的发达国家的持续增长，与消费的效率补偿机制有关，发达国家居民消费中偏向于科教文卫的支出结构可以为这种判断提供资料支撑；但除了日韩等极少数国家外，这种趋势在经济转型国家很少发生。

中国在超高速增长主导的1992~2011年这一时期，投资的飙升使得其效率增长贡献接近于70%，投资拉动导致的生产、消费脱节不仅会影响短期经济的可持续性，典型如现阶段受到广泛关注的产能过剩和"僵尸企业"问题（中国经济增长前沿课题组，2013），而且影响长期增长潜力的培育和低效率模式的改进。一方面，高投资挤出了消费结构升级及相应的规模报酬捕捉机会；另一方面，偏向于资本的分配压抑了消费倾向，这些问题直接反映出供给结构和消费结构失衡。中国偏向于资本驱动的工业化过程，发展到现阶段所导致的问题是单纯注重投资的效率模式，因为过度关注短期投资而失去长期资本深化的能力，这种单一效率模式存在明显的效率漏出。主要表现在以下几个方面。一是为了维持短期增长速度，采用基建、房地产等传统低效率方式，迫使经济进入"增长—低效率—再投资—低效率维持增长"的不良循环。二是低水平居民消费需求限制了市场规模经济边界，从而限制了资本深化边界。三是受惠于旧模式的一部分群体，尤其是大城市的中产者，他们对消费品质量和消费结构有多样化、高级化的真实需求，但是国内产业结构无法满足，最终将这些消费力量驱赶到国外，形成对别国产业效率提升的溢出。

　　经济结构服务化时期，劳动力再生产是以人力资本增进为重心展开，而非工业化时期的劳动力简单再生产。第一，在二元经济向工业化的演进过程中，生活必需品，尤其是物质产品的生产扩张始终居于主导地位，增长重心是物质资本的积累和再生产。同时，为了保证产出扩张所必需的储蓄，消费被压低在简单劳动力再生产的水平，并且从属于物质资本积累和再生产过程。第二，在工业化向发达城市化的演进过程中，消费和服务业主导经济增长，也相应成为生产率增进的重要来源。在这个阶段，以人力资本增进为重心的劳动力再生产成为核心，家庭消费结构中教育支出的扩大，包括政府公共支出中教育费用的增长，成为促进这一再生产循环的主要动力。我们的前期研究表明，发达经济的结构服务化的一个重要特征，就是与公共物品提供有关的消费支出比重提高；并且，从日韩这两个短期内完成城市化转型的国家来看，以消费结构调整促进人力资本结构调整，提前 15～20年实现劳动力中高等教育比重大幅度提升，完成结构服务化赖以推进的高端人力资本储备，对于实现转型的迅速跨越至关重要。相比较而言，拉美国家调整时期过长，正是由于缺少了消费结构升级和人力资本积累这一环节，最终将经济拖入震荡和不稳定的泥潭。至今，除个别国家外，这一问题仍未引起重视。

四　通过效率改进与知识过程消减经济跨越的不确定性

对比国际增长经验和中国经济状况，为了降低增长跨越的不确定性，以下几个调整方向有待明确和探讨。第一，在缺乏内生动力机制的情况下，大踏步进入城市化和经济结构服务化是否可行？也就是说，中国是否需要一个工业化深化的缓冲时期？第二，中国服务业调整方向是什么？第三，消费结构升级为什么重要？

（一）工业化的深化、协调与缓冲

继续征引 Ozawa（2005）的论述，看一下增长门槛跨越时期日本的策略。日本转移低端工业链条始于 20 世纪 60 年代末到 70 年代初，正值大规模工业化临近尾声、国内结构性减速开始发生。当时，低端产业转移是以大规模集中转移的方式展开的，主要是向亚洲地区年轻劳动力比重较大、劳动力低廉的国家转移。这种清理房间式的产业转移，也被称为低端产业链条的再利用。之后，日本在亚洲地区的产业雁阵传递一直持续，逐渐形成国内居于高端、其他国家居于中低端的技术梯度。这种梯度的建立，一方面缓解了日本国内产能过剩的困境，另一方面，产业的国外转移和对其他国家劳动力禀赋的利用促进了国内产业结构优化。总之，日本经济转型的成功，得益于其将国内产业重组和工业化的深化置于国际大背景之下。

以什么样的方式重组工业产业和深化工业化进程，要视经济发展的国内外环境而定，最根本的是认识到工业化向城市化转型的过渡期间，需要有一个工业深化的缓冲期，不能盲目推进城市化，更不能依靠高土地价格作为城市化发展积累的核心战略，这样人为的"去工业化"，没有给工业"技术-效率"升级留有空间与时间。尤其对中国这样的依赖初级要素驱动的工业化国家而言，过早放弃工业化深化这个环节，将面临效率持续改进的支点放在哪里的问题。从产业动态看，工业化丧失动力，就无法推动生产性服务业的发展，服务业效率提升也就失去机会，服务业无法对工业深加工度化提供正向的反馈和促进，因此制造业深化是效率改进的支点。基于以上分析，本章认为转型时期需要给中国工业结构优化提供一个缓冲区间，这个区间包括三方面的内容。第一，利用中国超大经济体的区域潜力，促进区域之间产业雁阵梯度和结构优化。较为发达的省市，以服务业结构升级为核心，推进结构服务化进程；以服务业结构升级作为人力资本积累和知识生产配置的源头，促进产业在区域间的雁阵梯度转移和协作网络发展。第二，工业和服务业的协调。两者协调的关键在于，工业份额的减少应以工业效率提高为前提；服务业比重的增加，以不抑制整体经济效率改进为前提。实际上，对于中国现阶段的转型而言，这是一个非常严苛的条件。明智的举措是，服务业应以结构升级和效率补偿为前提进行发展，否则将会面临拉美式城市化的风险。第三，逐步重构"技术-效率"升级路径，中国制造业升级的另一个重要方面就是要重构一个企业"技术-效率"提升的体制机制，让企业逐步从"干中学"的设备引进与低价竞争的困局中走出来，向着更异质性的自主创新的道路转型，这需要更积极的资本市场激励、知识产权保护、类《拜杜法案》的新规则、人力资本积累等新要素，才能构造一个体制机制，降低技术进步的不确定性成本，让企业自主技术进步得到足够的"创新租金"补偿，激励企业"技术-效率"改进，推动工业升级。

（二）知识过程、效率提升与服务业升级

基于马克卢普（2007）的思想，我们把知识生产、配置及以此为基础的经济效率的循环和改进，称为知识过程。由此，我们在进行高低两种效率模式对比时的一个经验假设是，发达经济阶段的高效率模式，是以服务业结构高级化为基础，这种高级化的重要表现之一就是服务业越来越趋于知识技术密集。换句话说，我们把服务业作为知识过程和人力资本积累的载体来看待，而非像传统经济学理论那样把服务业作为工业部门的分工辅助环节或成本项来看待。这种认识暗含的逻辑是，既然服务业替代工业成为城市化阶段的增长引擎，那么服务业至少要像工业那样提供可持续增长的效率支持，否则高效率模式将难以维持。

　　按照这种认识，发达经济的结构服务化阶段，服务业实际上充当了经济增长的先决条件，知识部门充当了高效率模式运转的先行部门。这种认识产生的经验依据有三个方面。一是服务业主导的经济，由于工业份额的下降乃至趋于一个较小的比重，服务业的效率及其改进潜力决定了经济整体的效率和改进潜力。发生在高等教育、研发部门、信息技术服务部门的知识生产和配置，既是其他服务行业效率改进的决定力量，也是其他国民经济行业效率的决定力量。二是服务业比重上升和服务业结构升级可以认为是知识过程对传统商品（物品和服务）的替代，在此过程中发生的两个替代及国内相应产业雁阵传递的结果是通过知识向工业部门的配置，提升制造品智能化，替代传统人工服务行业；知识技术密集型服务业多样化，知识消费型服务业替代部分传统消费服务业。三是服务业可贸易性提高。依托知识信息网络化发展，服务业贸易性提高，构成对工业贸易份额下降的补偿。尤其值得关注的是，由于知识比传统贸易更具有垄断性，基于知识的服务贸易一旦建立起来，不仅赚钱能力比传统贸易更强，而且垄断和竞争优势也难以在短期内打破。据此可以推测，服务业的可贸易性将加剧国际经济分化，构筑起更高的经济追赶门槛，这种假设也与前文实证部分的一些证据吻合。

　　服务业内部知识部门的增长，促进了服务业要素化趋势的发生。在知识对传统商品替代以及服务业内部的产业结构升级过程中，服务业部门呈现出"要素"的特性，表现在以下四个方面。第一，发达经济阶段，服务业不仅充当了知识生产创造的主要源头，而且与知识生产分配有关的行业份额逐步扩大，这些行业的生产函数日益趋向于人力资本增进的劳动力再生产，即 $H=f(H)$，以人力资本生产更多的人力资本，或者使用人力资本的知识技术（IT）再生产，即 $IT=f(H)$。因此，提高要素生产的知识密集度成为经济服务化的核心。现实中，这些行业包括教育、信息、研发、产权等。由于这种不同于传统工业和传统服务业的生产函数，其根本是建立在"人-人"相互作用的基础上，知识产出的机制也与以往不同，以认知和共享为纽带建立知识网络并据此捕捉报酬机会是其主要功能。第二，服务业地位的变化，与其要素化趋势一致。经济服务化时期，服务业以其在经济中的高比重和知识要素生产供给的重要功能，一改其在大规模工业化阶段的从属和被动分工地位，作为增长的前提条件（或新阶段的先行条件）存在。这种主动性和决定性地位的确立，与知识密集型服务业的要素生产供给功能有关。可以这样认为，一个将人力资本组织起来的知识生产行业，就是一个要素生产的复合体，由它生产出来其他知识要素，并作为生产投入进入其他生产和消费过程。第三，知识密集型服务业获得收入的方式，与单个人力资本要素获得收入的方式相似，收益以溢价形式产生。这种认识可以解释文献中广泛关注的一个迷惑，比如 Petit（1986）认为，不同于工业以成本递减提高生产率，服务业部门的生产率与成本无关。对于知识密集型服务业，由于其收益是以知识资本化之后的溢价方式获得的，溢价直接反映了要素使用的效率改进，因此与成本没有直接关联。换句话说，知识服务的价值或效率增进直接反映在人力资本要素的溢价上，而不像传统生产部门那样，效率增进反映在投入成本的递减上。第四，把发达经济阶段的服务业增长，理解为人力资本增进的劳动力再生产源头，才能突破传统静态的服务业成本病的认识局限。我们的假设是，长期中随着知识和人力资本积累的增加，新的知识过程的建立和人力资本专用特性的开发，需要进行更多的科教文卫投资，只要这种知识投资产生的效率增进可以覆盖成本的增加，那么服务业和整体经济就是有效率的。

（三）消费的效率补偿与增长可持续

消费和服务增长的关键不在于规模、比重，而在于结构升级，尤其是知识过程作用的发挥。在向发达城市化的增长转换时期，可能的路径导向有两条：一条是囿于工业化规模扩张的惯性，服务业的发展以低技能的劳动力再生产为主，另一条是以知识过程为支撑的服务业的增长。在经济结构服务化过程中，服务业规模扩张和比重增加是不可避免的趋势，但是推动这种状况的动力应该是服务业的结构升级，以及消费结构升级与服务业增长的联动。基本品需求满足后，尤其是理论和现实中的丰裕社会到来时，消费者选择日益与多样性、新奇性的心理需求联系起来，特别是服务业。当代知识信息的迅速发展，促进了消费时尚的易变性和快速传播，消费者对新奇的主动、内在的追求，推动消费和服务业结构升级。知识过程在时间和空间上赋予消费效率含义，并体现在知识密集型服务业的要素化趋势中。以"人-人"面对面交流的联合认知和知识共享的行为为例。

情景1：消费把时间资本化。诸如教育、休闲娱乐等行业的消费，已经不是传统理论所认为的瞬时完成，与知识产品相关的消费应该看作一个过程，这是现代生产性服务业的新特征。这与知识生产消费的方式有关，"人-人"面对面交流过程，知识生产者创造、传播，消费者接受吸收知识。在市场交换的情景中，消费者根据信息流（时间上的信息发送）的新奇性支付费用。在这个过程中，消费者根据心理需求的满足程度，对不同的知识流给出愿意支付的价格，高水平的知识产生溢价。

情景2：消费把空间资本化。消费的迂回性，即经济服务化时代的网络化与工业化时代的网络化最大的不同，在于知识信息网络化的作用凸显。因此，发达经济城市化阶段的消费，除实现了时间的资本化外，还实现了空间的资本化，主要是借助因特网提高知识密集型服务业的可贸易性、"人-人"面对面交流距离的拉近等。消费的这种空间资本化，一方面有利于知识流和新奇的传播扩散，提高知识生产率、扩大知识产出；另一方面有利于消费市场分割的细化，使得信息冗余普遍存在的情况下提取定制化服务成为可能，专用性的知识服务和溢价也因此被抽取出来，从而指示了现代服务业结构升级和效率增进的方向。

我们可以这样理解，消费的效率补偿通过两种迂回方式实现。一是，空间（静态）上"人-人"联合认知导致的知识生产配置的分工，主要是知识信息部门的增长。二是，沿着时间知识流的动态增长累积以及知识存量的更新，跨期的人力资本要素的培育需要消费结构升级的支撑，消费结构中科教文卫部门的增长，从知识流的动态增长角度，已经突破了传统静态成本的范畴而具有动态效率。消费结构升级、人力资本升级、服务业结构升级，在促进知识生产配置的同时，不断推动知识链条的延伸，并以此为纽带连接起国民经济的各个部门，在这个过程中，资本深化能力也得到提升。

知识过程的发生、循环和扩展，本质上是物质生产循环向以人为载体的知识循环体系的转换。因此，循环的起点逐步从生产转向消费，通过知识消费、知识网络的互动产生高质量的知识消费服务和创新溢价。知识过程如果不能有效地融合到传统的物质生产循环之中，那么服务业升级转型和以人为主体的知识服务循环体系也将会失去作用。特别是对于经济追赶国家，服务化进程中的效率模式重塑，消费结构升级将面临严重的制度挑战，把握不好就会导致转型失败，这一转变路径具有极高的结构和制度门槛。

五　结论：通过改革提升中国经济效率

工业化向城市化的演进是一种质的飞跃，涉及增长模式的调整和创新动力源泉的培育。在城市化和经济服务化时期，门槛跨越的关键在于通过人力资本积累建立知识过程，这不仅是稳定的效率三角的基础，而且是服务业不同于任何增长阶段的全新特征。经济结构服务化转型包含着三个方面的动力：一是消费者偏好；二是相对价格；三是以消费促进人力资本要素积累，并由此提供动态效率补偿。前两者决定了服务化比重提升，但也注定了增长分化。在后发国家中，大量与人力资本提升有关的知识消费和服务业属于公共产品范畴，通常处于被严格管制的状态。在这种情况下，服务消费的需求偏好拉动，反而导致这些部门供给不足，只有通过相对价格上涨的方式提高供给，这相当于向消费者征收了知识服务行业的垄断租金，由此形成对消费者剩余的剥夺，最终导致大量服务需求外移，国内知识服务体系落后。因此，这一阶段必须进行市场化改革，让知识密集的现代服务业发展起来，并在循环中获得消费的动态效率补偿。服务业结构升级是效率提升的根本，有助于防止增长路径向垄断抽租模式的退化（中国经济增长前沿课题组，2014）。以下几个问题还值得强调。

1. 如何认识服务业发展

国际经验，特别是步入城市化和经济服务化时期的增长经验，把增长分化的情景鲜明呈现在人们面前。如果服务业的发展，仍然沿用大规模工业化的模式，甚至对工业化时期的资源配置方式不做任何调整，而一味强调服务业规模的扩大，则中国经济很有可能陷入类似拉美的长期调整和经济震荡。幸运的是，中国城市化还没有走那么远，因此一些潜在系统性问题仍有机会避免。我们强调服务业的要素化趋势，并以此为服务业结构优化和发展的方向，这个方向的起始点是知识过程的建设，其核心是下述经济循环的着力打造：消费结构升级—高层次（熟练技能和高等教育）人力资本积累—技术知识密集型产业发展—高资本深化能力和高消费能力—消费结构升级。一句话概括，重视服务业转型升级，积累人力资本后劲，为门槛跨越做准备。

2.如何认识政府的作用

不同于工业化以物质资本为核心的再生产过程，城市化时期的消费效率补偿，需要依托人力资本增进的劳动力再生产。知识和人力资本，尤其是高等教育和研发等高端知识和人力资本，具有极高的生产成本、外部性和专用性，离不开公共部门的支持。同时，由于受经济制度、机会成本等因素的影响，人力资本积累对发展中国家来说也是重要门槛。对于这个问题，我们的观点是，比重较高的高等人力资本（连同熟练技能劳动力）应该在15~20年的时间里尽快培育起来，这是减少工业化向城市化和服务业转型时的风险的重要保障。服务业的要素化趋势，及以此为垫脚石的增长跨越，给政府整合资源的方式提出了两个要求：一是改善收入分配；二是重视知识过程建设的投入。这种要求意味着转型时期政府职能需要切实转变，可以这样认为，与产业结构的优化升级相比，经济服务化过程中制度规则完善的作用更加具有基础性。在收入分配方面，拉美经验和日韩经验对比表明，大规模工业化结束至经济服务化形成之间，有一个为期不算很长的缓冲期（20年左右的时间），在这段时期里，日韩快速积累高等人力资本，为城市化的知识过程建设和效率模式重塑开拓空间；拉美则缺少这个环节，直接奔向服务业和消费主导，这是因为国内收入分配差距阻碍了人力资本积累，结果陷入"低人力资本—低消费结构—低效率改进能力"的怪圈。在知识过程建设的投入方面，包括熟练技工培训体系的完善、熟练技术工人晋升激励体系的建设、高端人才体系的建设、政府基础性研发支持体系的建设等。毫无疑问，经济转型时期政府的作用依然重要，这种重要性不是要政府去干预生产和消费决策，而是通过公共支出结构的调整优化，培育经济潜力。一句话概括，经济服务化时期政府要做的事情，集中于疏通知识过程建设渠道，为门槛跨越做准备。

3. 如何认识创新

经济服务化时代中国对增长门槛的跨越和经济追赶，离不开创新，此时创新已经不仅仅是创造发明这种狭义的概念，而是效率模式重建过程所涉及的制度规则的建设和完善、知识生产配置网的建设和完善和消费生产一体化等更加具有综合性和系统性的范畴。原因是经济结构服务化意味着更复杂的经济系统协同、分布创新、高质量人力资本良性激励与循环等，经济增长中的"非竞争性"新要素需要不断生产出来，制度规则、创意、国民对知识的参与和分享水平、教育、信息网络等，逐渐成为效率改进和可持续增长的动力源泉。一句话概括，以网络化为基础的再结构化，是创新发生和门槛跨越的保障。

参考文献

［1］安东尼·吉登斯：《社会的构成：结构化理论大纲》，李康、李猛译，生活·读书·新知三联书店，1998。

［2］弗里茨·马克卢普：《美国的知识生产与分配》，孙耀君译，中国人民大学出版社，2007。

［3］维克托·布尔默-托马斯：《独立以来拉丁美洲的经济发展》，张凡译，中国经济出版社，2000。

［4］夏明：《生产率增长的规模递增效率与经济结构转变——卡尔多-凡登定律对中国经济适用性的检验》，《经济理论与经济管理》2007 年第 1 期。

［5］谢康、肖静华、方程：《协调成本与经济增长：工业化与信息化融合的视角》，《经济学动态》2016 年第 5 期。

［6］袁富华：《长期增长过程的结构性加速与结构性减速：一种解释》，《经济研究》2012 年第 3 期。

［7］张平、郭冠清：《社会主义劳动力再生产、劳动价值创造与分享：理论、证据与政策》，《经济研究》2016 年第 8 期。

[8] 中国经济增长前沿课题组：《中国经济长期增长路径、效率与潜在增长水平》，《经济研究》2012 年第 11 期。

[9] 中国经济增长前沿课题组：《中国经济转型的结构性特征、风险与效率提升路径》，《经济研究》2013 年第 10 期。

[10] 中国经济增长前沿课题组：《中国经济增长的低效率冲击与减速治理》，《经济研究》2014 年第 12 期。

[11] 中国经济增长前沿课题组：《突破经济增长减速的新要素供给理论、体制与政策选择》，《经济研究》2015 年第 11 期。

[12] 中国经济增长与宏观稳定课题组：《劳动力供给效应与中国经济增长路径转换》，《经济研究》2007 年第 10 期。

[13] 中国经济增长与宏观稳定课题组：《城市化、产业效率与经济增长》，《经济研究》2009 年第 10 期。

[14] Buera, F. J., J. P. Kaboski, "The Rise of the Service Economy," *American Economic Review* 102 (6) (2012).

[15] Cargill, T. F., Takayuki Sakamoto, *Japan Since 1980* (Cambridge: Cambridge University Press, 2008).

[16] Dirks, D., Jean-Francois Huchet, T. Ribault, *Japanese Management in the Low Growth Era* (Berlin: Springer, 1999).

[17] Dixon, R., A. P. Thirlwall, "A Model of Regional Growth - Rate Differences on Kaldorian Lines," *Oxford Economic Papers* 27 (2) (1975).

[18] ECLA, *Economic Survey of Latin America 1949* (New York: United Nations Department of Economic Affairs, 1951).

[19] Fine, B., E. Leopold, "Consumerism and the Industrial Revolution?" *Social History* 15 (1) (1990).

[20] Furtado, C., *Underdevelopment and Dependence: The Fundamental Connection* (Cambridge: University of Cambridge, Centre of Latin American Studies, 1974).

[21] Goodwin, N. R., F. Ackerman, D. Kiron, *The Consumer Society* (Washington, D. C.: Island Press, 1997).

[22] Herrendorf, B., R. Rogerson, Á. Valentinyi, "Growth and Structural Transformation," in Philippe Aghion and Steven Durlauf, *Handbook of Economic Growth* (Amsterdam: North-Holland, 2013).

[23] Hicks, J. R., *Capital and Growth* (Oxford: Oxford University Press, 1965).

[24] Kaldor, N., "The Case for Regional Policies," *Scottish Journal of Political Economy* 17 (3) (1970).

[25] Kaldor, N., "The Irrelevance of Equilibrium Economics," *The Economic Journal* 82 (328) (1972).

[26] Kaldor, N. , *Economics without Equilibrium*, (UK： University College of Cardiff Press, 1985) .

[27] Kay, C. , *Latin American Theories of Development and Underdevelopment* (London： Routledge, 1989) .

[28] Kriesler, P. , " Harcourt, Hicks and Lowe： incompatible bedfellows?" in C. Sardoni and P. Kriesler, eds. , *Themes in Political Economy： Essays in Honour of Geoff Harcourt* (London： Routledge, 1999) .

[29] Krugman, P. , *The Age of Diminished Expectations* (Cambridge： The MIT Press, 1990) .

[30] Leal, J. , *Which Sectors Make Poor Countries so Unproductive? A Perspective from Inter-sectoral Linkages* (Mexico City： Banco de Mexico, 2015) .

[31] Lincoln, Edward J. , *Arthritic Japan： The Slow Pace of Economic Reform* (Washington, DC： Brookings Institution Press, 2001) .

[32] Ozawa, T. , *Institutions, Industrial Upgrading, and Economic Performance in Japan： The ' Flying-Geese ' Paradigm of Catch-up Growth* (Northampton, Massachusetts： Edward Elgar Publishing, 2005) .

[33] Petit, P. , *Slow Growth and the Service Economy* (London： Pinter, 1986) .

[34] Setterfield M. , " History versus Equilibrium and the Theory of Economic Growth," *Cambridge Journal of Economics* 21 (3) (1997) .

报告14
结构演进、诱致失灵与效率补偿*

陆江源　张平　袁富华　傅春杨**

摘　要： 中国大规模工业化接近尾声，依赖政府干预的传统增长方式效率下降，工业化时期的诱致机制逐步失灵。通过改善结构条件、提升产业链接强度和投入产出技术效率乘数，有效率的服务业发展将推动 TFP 提升，为经济结构转型的成功提供动力。本文首先计算了基于消耗系数的投入产出关联强度和基于产业链接强度的技术效率乘数，以此为基础对转型效率问题给出了分析。进而运用反事实估计和因素分析方法，研究了中国经济结构效率补偿的路径，发现消除行业要素配置扭曲可提升 44% 的产出。本文的基本结论是，在开放和竞争环境下，中国制造业具有自我矫正能力，而服务业尤其是金融业扭曲严重，资本和劳动要素错配制约了中国经济效率的提升；现阶段，服务业的扭曲和要素错配不但很难提供效率补偿，而且还对实体部门效率提升造成了挤出；中国需要创新体制机制以消除要素配置的扭曲，推动结构优化和高质量发展。

---

* 本文是中国经济增长前沿课题组的研究成果。本文受国家社会科学基金 "中国城市规模、空间聚集与管理模式研究"（批准文号：15AJL013）、"我国经济增长的结构性减速、转型风险与国家生产系统效率提升路径研究"（批准文号：14&AJL006）和 "需求结构转换背景下提高消费对经济增长贡献研究（15ZDC011）" 资助。本文发表在《经济研究》2018 年第 9 期。

** 陆江源，国家发改委经济研究所，邮政编码：100038；电子信箱：jiangyuan_ lu@163.com；张平、袁富华，中国社会科学院经济研究所；傅春杨，北京大学光华管理学院。写作过程参加讨论的人员有高培勇、赵志君、仲继银、常欣、吴延兵、张自然、汤铎铎、陈昌兵、张小溪、付敏杰、陆明涛、张鹏、楠玉等。

关键词：　　诱致机制失灵　　技术效率乘数　　要素配置效率　　效率补偿

一　引言

　　结构条件变化、诱致机制失灵和效率补偿是发展中国家在经济转型时期都必须慎重对待的问题。大规模工业化时期诱致机制失灵将导致效率改进能力下降，需要结构服务化提供补偿，否则经济会陷入转型过程的结构扭曲和震荡，阻碍高质量发展和可持续城市化路径的达成。2015 年以来，中国服务业增加值比重突破 50%，城镇化率接近 60%，城市化和服务业主导的增长格局初步形成。重塑增长路径的新条件、新力量与工业化时期累积的问题交织激荡，转型时期的一些本质问题也因此呈现出来（中国经济增长前沿课题组，2014，2015）。对此，我们的基本认识是：现阶段中国的结构性减速和经济新常态，是在以往大规模工业化诱致机制逐渐消失的背景下发生的，诱致机制失灵和服务业低效率扩张的"非常态"，强化了转型时期的结构扭曲，并对产业部门效率提升造成了挤压。中国需要创新体制机制以消除服务业发展和要素配置的扭曲，激发结构服务化和城市化的效率补偿潜力，推动高质量发展。

　　已有关于经济结构变化的研究，往往侧重于结构转型本身的现象解释和转型结果的分析，过度关注产业结构比重这一表象关系，而忽视了经济结构转型过程中的产业联系变化及联系的乘数效应衰退问题。经济结构的变化虽然具体表现为各产业部类之间的此消彼长，但更深层次的含义还是部类之间的网络化联系的增强和衰弱。与以往文献不同的是，本文主要讨论了经济结构转型中的结构联系和联系崩溃，根本性地研究了转型的诱致机制失灵问题，并就失灵以后所需的效率补偿进行了反事实估计。对于诱致机制及因结构服务化而发生的失灵问题，我们有如下典型化事实作为佐证。第一，从发展阶段变化的普遍表现来看，整体经济的投入产出关联度下降。第二，结构服务化导致投入产出的技术效率乘数下降，经济效率改进的步伐显著变慢。

第三，发达国家城市化和服务业发展采取的效率补偿方式，在发展中国家通常是缺失的。

结合反事实估计研究，我们同时提供了中国转型时期结构扭曲和效率补偿路径的分析。从历史经验及数据分析来看，在开放和竞争环境下，中国制造业扭曲程度较小，但是服务业尤其是金融业严重扭曲，资本和劳动要素错配制约了中国经济效率的提升。数据模拟给出的结论是，假定把文中所述的56个行业的要素价格扭曲完全消除，中国的最终产出可以提高40%以上。对于以上认识的论述，本文组织如下：第二部分陈述了结构条件变化和诱致机制的失灵一些典型化事实；第三部分研究了中国效率补偿的反事实估计；第四部分探讨了中国经济扭曲的原因和改进路径；第五部分进行了全文总结并提出了政策建议。

二　结构条件变化与诱致机制失灵

投资诱致机制及其相应的资本积累和产出扩张，是传统工业化理论的重心。大规模工业化赖以推进的动力，源于产业前后向联系的扩展和自我维持，亦即投资诱致的拉动、推动及其外部经济（赫希曼，1991）。在后向联系的拉动方面，部门或产业的需求诱致要素投入供给的增加；在前向联系的推动方面，部门或行业产出用于其他部门或产业的投入，并以此作为后向联系的增强机制存在。

鉴于拉美国家城市化和中国经济转型呈现的诸多问题，我们更加关注后工业化时期的诱致机制失灵问题。如果城市化的发展不能根据已经发生变化的结构条件进行适应性调整，或者这种调整的步伐缓慢，那么由于诱致机制失灵所导致的问题将不断积累，阻碍城市化的可持续发展。换句话说，当结构服务化接替工业化成为新的增长动力，新的经济环境能否提供效率补偿，将成为经济成功与否的试金石。

遵从通常的分析思路，本部分运用全球投入产出表（WIOD）和OECD的国际投入产出的数据，对诱致机制失灵的典型化事实给出描述，包括两类投入产出关联的计算和评估：（1）基于投入产出表的前后纵向关联，对直接消耗系数和完全消耗系数进行计算、比较，用于直观评判产业结构的上下游关联强度；（2）立足于部门关联强度的计算，对产业技术进步之于整体经济效率改进的效应进行评价，这需要用到所谓"投入产出技术效率乘数"的概念。根据 Hulten 定理（Hulten，1978），投入产出技术效率乘数可以定义为：所有部门技术提高 1% 时整体经济的 TFP 变动的百分比。理论上，产业之间的联系强度越大，乘数效应越强。

投入产出技术效率乘数可以理解为微观部门的技术进步如何影响宏观的 TFP 变化。该指标在不同的文献有不同的称呼，Acemoglu 等人（2012）称之为网络影响估量（Network influence measure），Gabaix（2011）称之为颗粒乘子（Granular multiplier），Feenstra and Hanson（1996）称之为国际分类估量（International fragmentation measure），Kim 等人（2013）说这是生产链长度乘子（Production chain length multiplier），甚至还有人称之为多玛权重（Domar weight）。笔者根据 Jones（2011）和 Baqaee and Farhi（2017a，2017b）将之称为投入产出乘数（Input-output multiplier）。事实上，该乘数傅春杨等人（2018）已有应用，当时被认为是扭曲影响乘子。

（一）典型化事实1：结构服务化过程中，投入产出联系下降

这里征引两类指标，对投入产出关联强度随着增长阶段演进而变化的一般趋势给出描述。一类是赫希曼所谓的诱致强度，即部门或产业发展的前后向联系程度，前向联系指的是特定行业对于下游行业的联系强度，后向联系则是特定行业带动上游行业要素投入扩张、生产结构变化的强度（赫希曼，1991）。另一类是基于投入产出表的消耗系数，包括直接消耗系数，即行业或部门在总产出中直接消耗某一特定行业中间投入的比例，以及完全消耗系数，即行业通过投入产出网络完全消耗某行业中间投入的比例。

1. 赫希曼诱致强度变动趋势的国际比较

我们计算了 20 世纪 70 年代和 20 世纪 90 年代美国和日本国民经济各行业赫希曼诱致强度，并给出了 20 世纪 90 年代到 2011 年美国、日本、西欧

和中国各行业赫希曼诱致强度的对比。从这40年间的发展情况来看，美国、日本和西欧等发达国家和地区制造业的前向联系普遍发生了比较显著的下降，这意味着发达国家的制造业对于下游产业的推动作用减弱，更大比例的产品被用于满足最终需求。从部门比较来看，发达国家服务业的前后向联系程度普遍低于制造业。典型的情景是，在规模经济效率较为突出的重化工业化阶段，得益于重化工业极大的后向联系，经济通常能够获得长时期的持续稳定增长。这些国家重化工业的后向关联程度平均在2011年高达0.8，即1单位的重化工业产出需要0.8单位的其他部门投入，形成对整体经济增长的较强牵引。但是，当进入到服务业主导的城市化阶段时，相对于重化工业较强的后向联系，作为现代经济支柱的服务业的拉动作用明显较弱。例如，金融业为0.4左右，房地产、信息技术、研发、教育、医疗均在0.4以下，这意味着1单位的现代服务业产出对于上游行业的产出需求不到0.4。这种情景意味着，在结构服务化过程中，随着服务业对制造业的替代，较强的一些效率改进诱致环节可能失去。

20世纪90年代开始，中国的持续高速增长得益于重化工业化拉动，累积性的规模扩张一直持续到2012年，之后才进入结构性减速通道。20年的工业化结构性加速，与制造业投资诱致程度的提高密切相关。从数据估算看，中国制造业的前向系数普遍高于发达国家，表明经济过程中有更多的产品用于下游产品生产，相比于发达国家具有更强的制造业产业联系；重化工业的后向联系较强，与发达国家一致。这充分体现了工业生产供给主导的经济特征。另外，中国服务业的后向联系显著高于发达国家，这是服务业作为工业体系分工结果被动扩张的表现。（如果考虑到中国服务业垄断的一个鲜明特征，即政府依靠垄断控制服务业价格，以确保工业化的顺利推行，那么服务业仅仅作为工业化规模化扩张的附属品的特性就更加明显了）。转型时期中国的服务业发展还未真正进入为制造业提供内生动力的发达阶段，业态层次低、生产效率低，同时也是城市化可持续的障碍。

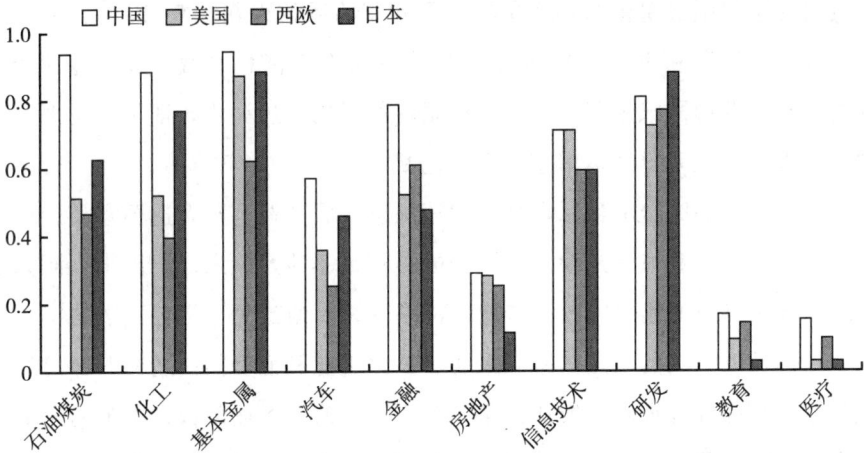

（a）前向联系

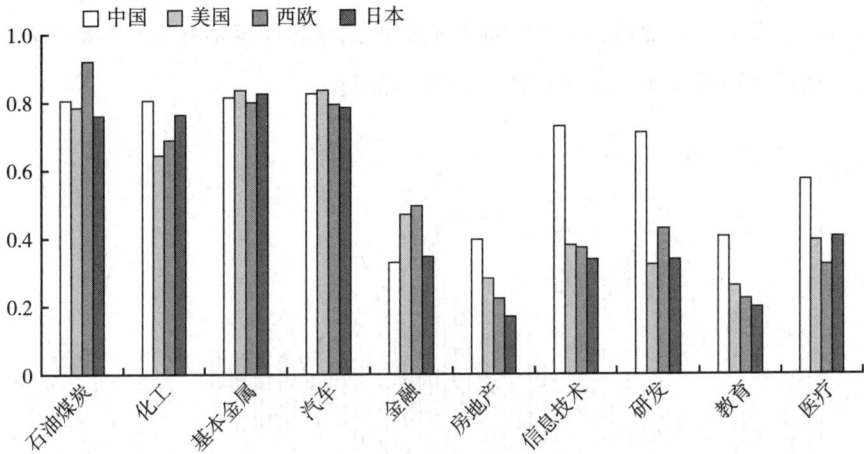

（b）后向联系

图 1　中国和其他国家的前后向联系对比（2011 年）

注：前向联系为中间品产出占总需求的比重，为投入产出表的横向相除；后向联系为中间品投入占总产出的比重，为投入产出表的纵向相除。西欧为英国、法国、德国的平均值。

资料来源：笔者根据 OECD 数据库计算得出。

2. 消耗系数变动趋势的国际比较

中国的行业直接消耗系数普遍大于发达国家。美国和日本的行业制造业平均直接消耗系数在 0.02 左右，服务业在 0.01 左右。而中国的制造业平均直接消耗系数则普遍在 0.025 左右，服务业的系数也在 0.01 以上。中国的信息技术、研发和设备租赁等服务业的平均直接消耗系数更是高达 0.02，远高于同期发达国家水平。直接消耗系数的对比，进一步印证了上文中有关中国投入产出联系比发达国家较强的论断。

中国工业的完全消耗系数大于发达国家，服务业则与发达国家相近。不过，直接消耗系数只是产业一次消费的影响，不涉及投入产出网络，而完全消耗系数可以更好地研究投入产出的网络联系。通过完全消耗系数的国际比较，我们发现中国的农业、基础工业、重化工业和消费品制造业等部门的完全消耗系数都普遍远高于发达国家。图 2 右侧的服务业部分，中国的完全消耗系数与发达国家相近。美国和日本的信息技术、研发、公共管理这些现代服务业的完全消耗系数甚至还要高于中国。原因在于，现代服务业普遍具有前后向联系的加总效应，通过前向和后向的网络化联系提升了产业联系的强度，这种联系不同于工业部门的后向带动机制。

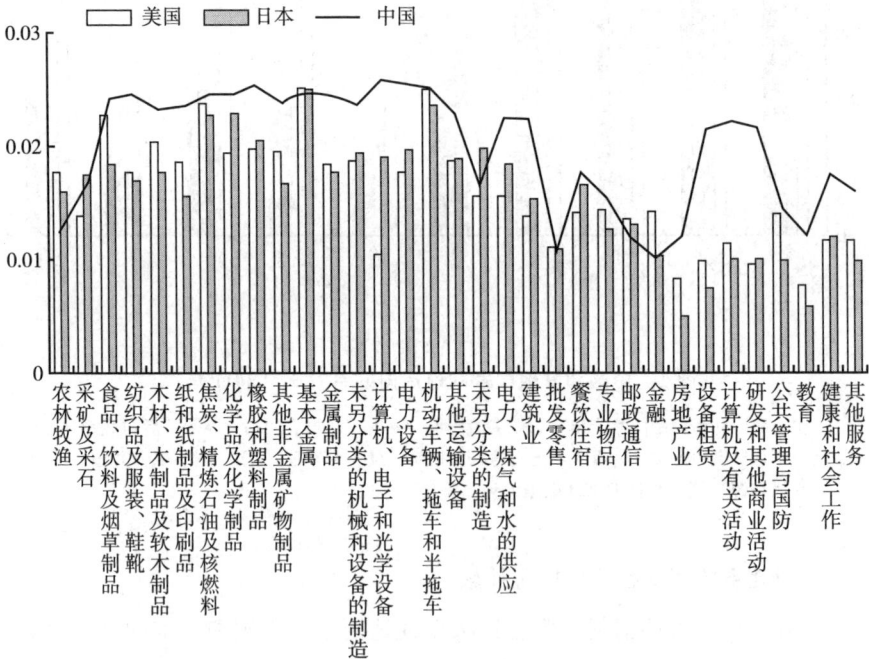

（a）直接消耗系数

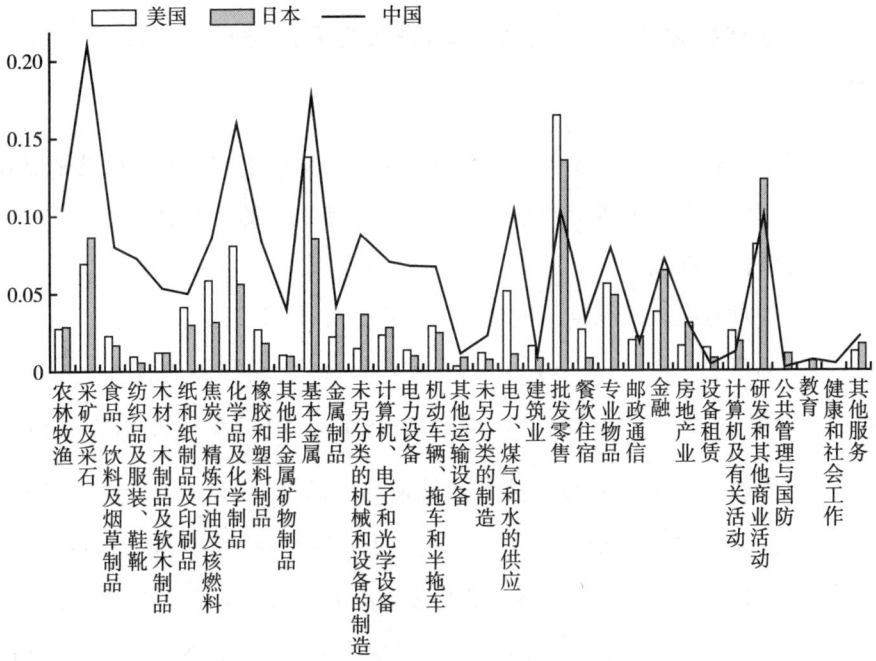

（b）完全消耗系数

图 2　中国与美日的行业平均消耗系数对比（2011 年）

注：行业平均消耗系数为该行业对其他行业的消耗系数的平均值。完全消耗系数是行业通过投入产出网络消耗了某行业产出的比例，表现了该行业与其他行业的联系强度。以 B 为直接消耗系数矩阵，则完全消耗系数矩阵 $A=(I-B)^{-1}-I$。

资料来源：笔者根据 OECD 数据库计算得出。

3. 基本判断

在经济结构转向服务业主导的过程中，制造业的投入产出联系变弱，且服务业的后向联系明显弱于重化工业，经济整体的投入产出纵向网络联系降低。与之相对应的判断是，受到重化工业化的影响和带动，中国具有很高的制造业前后向联系和远高于发达国家的服务业后向联系，体现了工业化生产供给主导的特征。但是，随着经济结构服务化的到来，中国经济结构的诱致机制将发生普遍下降，单靠要素投入驱动、产业选择性政策、非平衡发展等干预资源配置的发展方式越来越不适用。

（二）典型化事实2：结构变动导致投入产出技术效率乘数先升后降

这里运用投入产出技术效率乘数进行分析，深化上文产业关联的数据评估和基本判断。首先要推导出投入产出技术效率乘数的一般表达式。

1. 经济模型环境

在一个具有投入产出结构的经济中，有 N 个部门，部门 i 的生产函数设为一般性的形式：$Q_i = A_i F_i (K_i, L_i, \{x_{i,j}\})$，$A_i$ 代表部门的技术水平，K_i 和 L_i 分别为部门 i 雇用的资本和劳动，$x_{j,i}$ 为部门 j 在成本中使用的部门 i 的产品量。部门总产出分为最终消费和其他部门的中间投入，$Q_i = C_i + \sum_{j=1}^{N} x_{j,i}$，其中 C_i 为部门 i 的最终消费。令 $\sigma_{i,j}$ 为部门 i 的中间投入中部门 j 的投入占比，即 $x_{j,j}/Q_i$。整个经济的最终产品是各部门最终消费量的一次齐次生产函数 $C = F(C_1, \cdots, C_N)$，最终品价格 p_f 设定为1。θ_i 为最终消费中部门 i 的占比，即 $\theta_i = \dfrac{P_i C_i}{Y}$。$Y$ 为家庭要素收入，$Y = C$。

2. 最优化和均衡

最终消费厂商的利润为：$\pi_F = \max F(C_1, \cdots, C_N) - \sum_{i=1}^{N} P_i C_i = 0$；

各部门厂商的利润为：$\pi_i = \max P_i Q_i - (r_i K_i + W_i L_i + \sum P_j x_{i,j}) = 0$；

中间品厂商产品价格为：$P_i = \dfrac{1}{A_i} q_i$，$q_i = min \{rK_i + wL_i + \sum P_j x_{i,j} \mid$

$F_i (K_i, L_i, \{x_{i,j}\}_{j=1,\cdots,N}) \geqslant 1\}$；

最终消费为：$C = rK + wL + \sum_{i=1}^{N} \pi_i$；

要素收入为：$Y = rK + wL = F(C_1, \cdots, C_N) - \sum_{i=1}^{N} \pi_i$；

要素市场的均衡条件为：$\sum_{j=1}^{N} K_i = K$，$\sum_{i=1}^{N} L_i = L$；

产品市场均衡为：$Q_i = C_i + \sum_{i=1}^{N} x_{j,i}$。

3.模型求解方法

模型求解的重点是推导出最终产出变化的表达式，因此我们先对 $Y=rK+wL$ 做对数线性化，得到：

$$d\ln Y = \frac{rK}{Y}(d\ln r + d\ln K) + \frac{wL}{Y}(d\ln w + d\ln L) \tag{1}$$

根据最终品厂商的利润 $\pi_F = \max F(C_1, \cdots, C_N) - \sum_{i=1}^{N} P_i C_i = 0$，和 $F(C_1, \cdots, C_N)$ 是一次齐次函数，借助包络定理可得 $\frac{\partial \ln p_f}{\partial \ln p_i} = P_i \frac{\partial p_f}{\partial p_i} = \frac{p_i c_i}{c} = \theta_i$。经济中最终产品的价格，可以写作各个部门产品价格的函数，$p_f = p(P_1, \cdots, P_N)$，进行对数线性化可得：

$$d\ln p_f = \sum_{i=1}^{N} \frac{\partial \ln p_f}{\partial \ln p_i} d\ln P_i = \sum_{i=1}^{N} \theta_i d\ln P_i \tag{2}$$

接着对产品价格 $P_i = \frac{1}{A_i} q_i$ 进行对数线性化，借助包络定理可以得到：$d\ln P_i = -d\ln A_i + \sum_{i=1}^{n} \sigma_{i,j} d\ln P_j + \alpha_i d\ln r + \beta_i d\ln w$，其中 α_i 表示部门 i 中资本占总资本的比例，β_i 表示该部门劳动占总劳动的比例。这个式子可以改写成以下向量形式：

$$d\ln P = (I-B)^{-1}(-d\ln A + \alpha d\ln r + \beta d\ln w) \tag{3}$$

将（3）式代入（2）式，得到：

$$\sum_{i=1}^{N} m_i(-d\ln A_i + \alpha_i d\ln r + \beta_i d\ln w) = 0 \tag{4}$$

之所以等于 0 是因为最终产出单位化为 1。其中，$\theta^T(I-B)^{-1} = m^T$ 表示经济中各个部门的技术对于最终产出的影响程度，也就是投入产出乘数。

$$\sum_{i=1}^{n} m_i \alpha_i, \sum_{i=1}^{n} m_i \beta_i$$

分别是资本和劳动的回报份额，有

$$\frac{rK}{Y} = \sum_{i=1}^{n} m_i \alpha_i, \frac{wL}{Y} = \sum_{i=1}^{n} m_i \beta_i \tag{5}$$

将（5）式代入（1）式，并结合（4）式的结果，可以得到最终产出的表达式：

$$d\ln Y = m^T d\ln A + \sum_{i=1}^{n} m_i \alpha_i d\ln K + \sum_{i=1}^{n} m_i \beta_i d\ln L$$

命题 1：在一个具有投入产出结构的经济中，最终产出的变化可以写为：$d\ln Y = m^T d\ln A + \sum_{i=1}^{n} m_i \alpha_i d\ln K + \sum_{i=1}^{n} m_i \beta_i d\ln L$，其中 $m^T = \theta^T (I-B)^{-1}$ 即各行业的投入产出技术效率乘数向量。上标 T 表示向量转置。$d\ln A$ 为行业 TFP 增长率，$\sum_{i=1}^{n} m_i \alpha_i$ 和 $\sum_{i=1}^{n} m_i \beta_i$ 分别为资本和劳动产出回报率。

这个命题的含义是，在一个投入产出经济中，最终产出增长率可以分解为资本增长、劳动增长、行业 TFP 的乘数增长效应。当资本和劳动增长一定时，行业 TFP 的增加，将通过投入产出技术效率乘数 m^T 影响总产出增长率 $d\ln Y$。而投入产出技术效率乘数正是衡量经济中投入产出联系强度的理想指标，因为乘数可以进行全行业加总，又可以细分研究某个特定行业的 TFP 变动对全行业的影响。

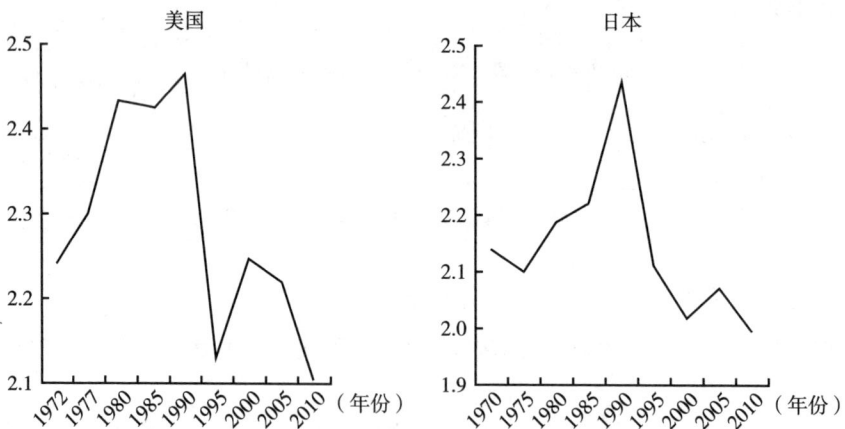

图 3　美国（左）和日本（右）的投入产出技术效率乘数变化

资料来源：笔者根据 OECD 数据库计算得出。

　　从国际经验来看，发达国家的投入产出技术效率乘数均出现先上升后下降的过程。就图 3 列示的样本来看，发达国家在高度成熟和发达的城市化时期，尽管发生了从工业化向经济结构服务化的转换，但服务业发展仍然带动了投入产出技术效率乘数的提升（在 20 世纪 70 年代到 21 世纪前十年整个样本观察期中，投入产出技术效率乘数在 2.0 以上）。例如，从 20 世纪 70 年代到 80 年代，美国和日本的投入产出技术效率乘数提高，到 1990 年达到峰值。20 世纪 90 年代开始出现投入产出技术效率乘数下跌趋势，原因有两点：一是美国和日本技术进步放缓和经济泡沫化；二是制造业外移，破坏了国内产业链的关联。发达国家当前服务业占比基本达到了 80% 左右，工业占比为 10% 左右，进入后服务业时代，技术进步测度和结构分析需要在一个新的框架下进行，有关分析将在下文逐步展开。

　　从产业类别比较来看，中国制造业的投入产出技术效率乘数明显强于欧美日，但服务业相反。美国和日本的投入产出技术效率乘数从 20 世纪 90 年代的 2.4 下降到了目前的 2 左右，与之形成鲜明对比的是，中国投入产出技术效率乘数从 20 世纪 90 年代开始迅速增加，从 2.3 上升到了 2014 年的 2.62。中国从 20 世纪 90 年代开始的重工业化过程，提高了整体经济投入产出的联动效应，具有极强的产出乘数效果，从而维持了那个阶段又高又稳定的经济增长水平。

　　但是，服务业表现出了另一种局面，如图 4 所示，房地产，计算机、信息服务，公共管理和国防，医疗和社会活动，科学研究和发展等行业的投入产出技术效率乘数测算数值，美国明显高于中国。这种现象背后的原因也很直观，中国服务业发展的效率促进作用远远低于美国。根据经济史的流行解释，发达国家服务业的增长是制造业高效率发展之后的另一个高端。隐含的意义是，以知识技术密集为特征的现代服务业的发展，逐渐成为制造业和整体经济效率持续改进的前提条件，从而越来越带有"先行部门"的特征。对于工业化向城市化转型的发展中国家来说，服务业的低端化也可能成为阶段跨越的瓶颈和阻碍，这一问题在中国新常态下已经越来越突出。

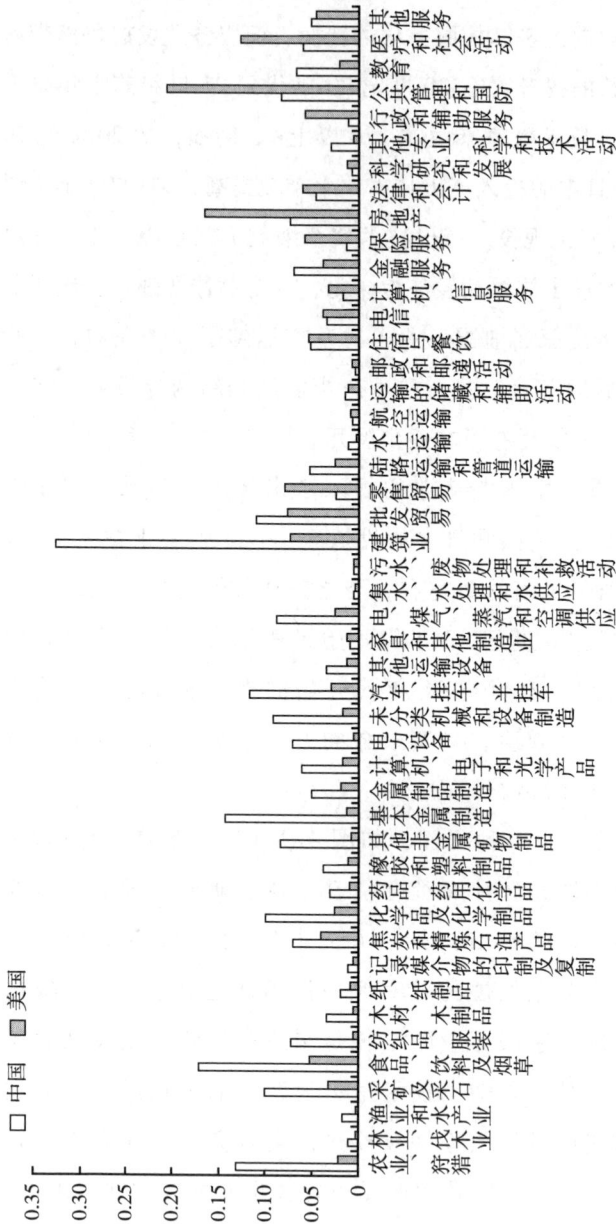

图 4　中国和美国的行业投入产出技术效率乘数对比（2014 年）

资料来源：笔者根据 WIOD 数据库计算得出。

　　从开放角度来看，发达国家通过全球资源再配置弥补乘数下降。我们运用全球投入产出表计算开放条件下要素再配置的投入产出技术效率乘数。以 2014 年为例，相对于封闭条件而言，考虑了国际贸易条件的美国、德国、法国、意大利的投入产出技术效率乘数分别从 1.63、1.55、1.55、1.66 提升到 1.84、1.59、1.59、1.80。中国和韩国的投入产出技术效率乘数则分别从 2.62 和 1.80 下降到 2.24 和 1.59（见图 5）。封闭和开放乘数的这种

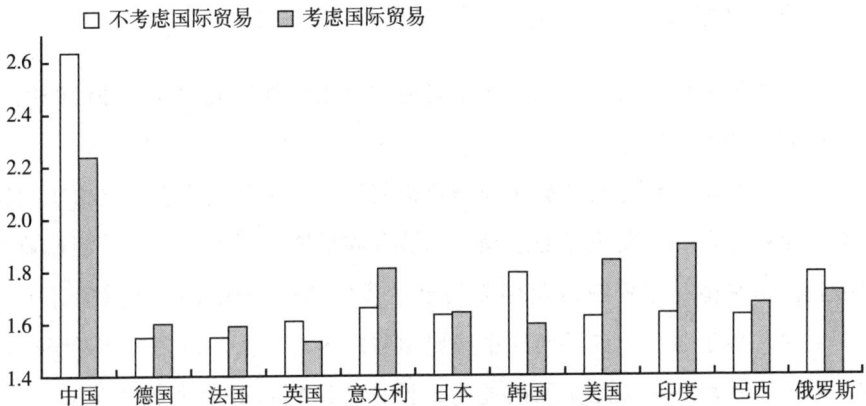

（a）各国投入产出技术效率乘数（2014年）

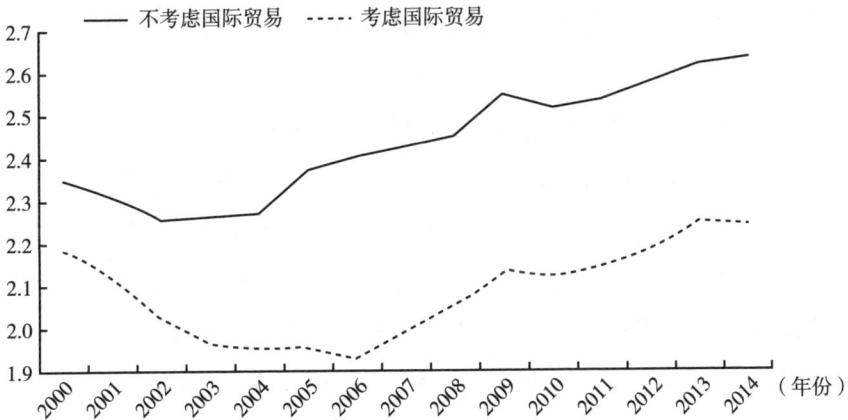

（b）中国历年投入技术效率产出乘数

图 5　投入产出技术效率乘数的国际效应

资料来源：笔者根据 WIOD 数据库计算得出。

差异，源于发达国家有能力通过全球资源再配置来弥补自身投入产出技术效率乘数下降。对于发达国家而言，制造业的生产成本已经很高，国内生产已经进入了不经济阶段，这些国家选择将制造业转移到海外，通过从国外生产、进口廉价中间品和消费品，填充诱致机制缺失环节的不利影响。相比较而言，中国在全球价值链分工中处于加工制造的低端环节，还未完成工业产业链的上移，与发达国家存在很大差距。

（三）典型化事实3：诱致机制失灵与效率补偿

基于上述数据分析，我们把转型时期的诱致机制失灵和效率补偿的主要观点归纳为如下判断。

经济结构服务化导致了赫希曼诱致机制失灵。从工业化生产供给主导转向城市化服务业和消费主导的过程中，消费和投资的再平衡，以及制造业和服务业的再平衡，导致制造业部分甚至主要的增长和效率改进诱致环节缺失。同时，鉴于服务业前后向联系普遍偏弱的内在特征，最终促使经济网络的关联程度下降。相关趋势和问题是，投入产出技术效率乘数的明显下降，意味着行业效率提升对于整体经济的网络乘数效应也减弱了。经济结构联系的这种弱化趋势，使得赫希曼投资诱致机制变得不再有效，经济发生结构性减速。

中国也即将进入诱致机制失灵的阶段，更严重的问题是，服务业的规模化、成本型扩张将加剧失灵带来的风险。受重化工业化向深加工度化和信息化转型滞后的影响，虽然现阶段中国制造业的赫希曼诱致强度和投入产出技术效率乘数都明显高于发达国家，但是经济结构的服务化趋势在中国已经显现，同时鉴于中国服务业弱势的现状以及短期内难以彻底扭转这种弱势的前景，诱致机制失灵所带来的冲击将影响未来较长时期内中国城市化和结构服务化进程。例如，在中国制造业扩张能力开始减弱的转型当口，城市化的进程推动了先导产业向金融业和房地产业的转变。2013~2014年中国的投入产出技术效率乘数结束了上涨趋势，经济结构服务化进程采取了成本扩张型的服务业替代有效率的制造业的路径，这种态势若不能得到矫正，必然造成投入产出技术效率乘数迅速下降，导致经济增速迅速下滑。

诱致机制失灵带来的结构性减速需要进行效率补偿。为了缓解诱致机制失灵引发的增速下降冲击，需要塑造结构服务化过程的效率补偿机制。如果服务业增长仍然以规模化扩张为主，或者在业态高端化方面无所作为，那么城市化将因为无效率的低端服务业的扩张，而导致鲍莫尔成本病，迫使城市化离开发达的现代城市化路径，滑向拉美模式。效率补偿的形式有三种。

一是通过国际贸易进行资源的全球再配置。随着制造业成本的上升，发达国家普遍将生产过程对外转移。比较典型的是"日本制造"的海外投资布局，"德国制造"的东欧投资布局等。将国内中间品生产环节外包到国外、从国外进口廉价中间品的方式，弥补了国内产业联系和投入产出技术效率乘数下降的缺陷，对于城市化时期的可持续增长至关重要。从发达国家经验看，牢牢占据全球价值链分工的顶端位置，获取产品附加值收益，是对国内诱致机制失灵最强大的补偿。

二是通过提高国内资源配置效率。在大规模工业化过程中，非均衡的赫希曼诱致机制促使经济扭曲不断累积。在工业化向城市化的转型时期，随着结构条件的变化，经济和社会再平衡将重塑经济过程。此时，资本和劳动如果不能自由地退出原行业、进入新兴行业的话，将进一步加大扭曲，阻碍效率潜力的培育。在城市化时期，发达国家运用高效市场和制度规则纠正扭曲，以此提高资源配置的效率，部分补偿了因为结构性减速带来的产出下降影响。相对而言，中国大规模工业化的干预体制，在城市化时期对经济结构调整和资源配置效率造成了滞后影响：制造业退潮背景下的国有企业产能过剩、转型不力，大量服务业仍旧处于行政垄断、分割之下，资本和劳动难以充分地市场化流动。

三是通过研发投入，提高产业的附加值率。为了获取微笑曲线的上端位置，发达国家企业的研发投入占比很高。通过持续的研发，提高产业的附加值水平，是发达国家产业阶梯爬升的主要路径。从全球投入产出表来看，中国的产业附加值率只有 32%，而美、日、英、法、德等国的附加值率则都位于 50% 左右。中国研发的 GDP 占比虽然已经很高，但是研发成果的质量和国际化水平仍显不足。例如，中国三方专利①的数量明显低于发达国家，中国每 1 亿美元 GDP 仅有 1 个三方专利，而美英法德等国都分别为 6～10 个。

综上所述，经济结构的服务化导致了工业化诱致机制的失灵，需要重塑有利的条件抵消经济减速的影响。发达国家的结构服务化，从根本上依赖于服务业结构高端化和市场化，立足于产业附加值率和资源配置效率的有效城市化路径，以制造业海外转移的形式填补诱致机制失灵的劣势，并充分发挥价值链攀升的潜力。这些对于中国城市化都是很好的借鉴。

三　中国效率补偿的反事实估计

正如上文所述，中国大规模工业化时期投资诱致机制的建立，是在赶超的偏向性产业政策和限制要素流动的环境下促成的，政府干预和部门或行业的非均衡增长累积了较大扭曲。中国的经济转型和结构服务化趋势，将导致工业化诱致机制失灵。在这种情况下，扭曲矫正就显得意义重大。从数据和经验来看，中国的制造业扭曲程度较小，服务业的扭曲程度反而较高。问题的严重之处在于，诱致机制失灵需要服务业提供效率补偿，但是中国的服务业却处于高度扭曲和效率严重损失状态，这种悖论无疑构成转型和城市化的重大挑战。

事实上，歧视性产业政策和规则导致的经济扭曲，在各国增长过程中都存在。为了服务国家目标和发展战略，无论是美国的信息技术规划战略，还是欧洲的保护性产业政策，乃至日本积极协调的市场经济，在经济的各个行业之间都产生了不同程度的要素价格偏差，这些偏差构成了经济结构的最基本特征。相比较而言，中国的经济扭曲具有更加特殊的历史性和结构性。改

---

① 三方专利是指在美国、欧盟和日本都注册了的专利。

革开放以前，中国实行的是工农业剪刀差的政策，以产品价格和要素价格非市场化差异的形式，服务于工业化追赶的目标。改革开放以后，尽管剪刀差被取消了，但形形色色的产业补贴政策仍然造成价格扭曲。市场化改革的推进和国际化水平的提升，很大程度上减弱了中国制造业的扭曲，但服务业扭曲的体制性原因很难消除。基于扭曲核算模型，这里提供效率补偿的一种反事实估计。

（一）效率补偿的反事实估计模型

在命题 1 模型的基础上，在资本和劳动价格中引入扭曲变量构建模型框架如下。

最终消费厂商的利润为：$\pi_F = \max F\ (C_1,\ \cdots,\ C_N)\ -\sum_{i=1}^{N} P_i C_i = 0$；

各部门的厂商利润为：$\pi_i = \max P_i Q_i - (r_i K_i + w_i L_i + \sum P_j x_{i,j}) = 0$；

产品价格为：$P_i = \dfrac{1}{A_i} q_i$，$q_i = \min\ \{r_i K_i + w_i L_i + \sum P_j x_{i,j} \mid F_i\ (K_i,\ L_i,$ $\{x_{i,j}\}_{j=1,\cdots,N})\ \geqslant 1\}$；

要素市场的均衡条件为：$\sum_{i=1}^{N} K_i = K$，$\sum_{i=1}^{N} r_i K_i = rK$，$r_r = \psi_i r$
$$\sum_{i=1}^{N} L_i = L,\ \sum_{i=1}^{N} w_i L_i = wL,\ w_i = \eta_i w;$$

产品市场均衡条件为：$Q_i = C_i + \sum_{i=1}^{N} x_{j,i}$；

最终消费为：$C = rK + wL + \sum_{i=1}^{N} \pi_i$；

要素收入为：$Y_F = rK + wL = F\ (C_1,\ \cdots,\ C_N)\ -\sum_{i=1}^{N} \pi_i$。

为了简化，每个部门的生产函数 $Q_i = A_i\ (K_i^{\alpha_i} L_i^{\beta_i})^{1-\sigma_i} \prod_{i=1}^{N}\ (x_{i,j})^{\sigma_{i,j}}$，类似地，假设最终产品的生产函数为 $\ln Y = \sum_{i=1}^{N} \theta_i \ln C_i$。其中，$\psi_i$ 和 η_i 分别是每个行业资本、劳动价格的扭曲变量，表现与均衡价格的差异程度。

模型的求解，可以看到除了加入扭曲变量 ψ_i、η_i 和指定生产函数的形式以外，其他的假定与命题 1 都是一致的。因此按照命题 1 对数线性化求解方法（见命题 1），可以获得如下表达式。令 $\ln M_i = (1-\sigma_i)\left[\alpha_i \ln\psi_i + (1-\alpha_i)\ln\eta_i\right]$ 表示要素价格扭曲的总体影响，则最终产出可以写作：

$$\ln Y = m^T(\ln A - \ln M) - \left\{ \begin{array}{l} a\ln\left[\sum(1-\sigma_i)\ m_i\ \dfrac{\alpha_i}{a}\right] + (1-a)\ln \\[3mm] \left[\sum(1-\sigma_i)\ m_i\ \dfrac{\beta_i}{(1-a)}\right] \end{array} \right\} + const$$

通过影响资本和劳动在全行业的配置，要素价格扭曲起到影响整体经济产出效率的作用。通过在模型中加入扭曲变量，上式与命题 1 的公式出现了一些变化。$\ln M$ 就是扭曲变量给经济产出带来的损失效果，m^T 是投入产出技术效率乘数效果。从这个表达式我们可以看出，当投入产出技术效率乘数下降时，只有提高技术进步速度 $\ln A$，或者减弱 $\ln M$ 带来的产出损失，才能减缓经济增速 $\ln Y$ 的下降速率。

我们把扭曲定义为各行业要素价格与均衡价格的偏离程度。扭曲程度的估算步骤如下：运用全球投入产出表（WIOD）的附属社会经济账户（SEA），计算各行业资本和劳动投入；用资本回报除以资本存量得到各行业的资本价格；用劳动回报除以劳动人数得到劳动价格；最后，将行业要素价格除以均衡价格得到各行业的要素扭曲。具体计算方法参见傅春杨等人（2018）的研究。将消除某一类扭曲得到的产出减去初始的产出值，就可以得到这类扭曲带来的产出损失影响：

$$\Delta\ln Y = \ln Y_{消除某行业扭曲} - \ln Y_{不消除任何扭曲}$$

（二）反事实估计：最终产出的效率补偿

运用国际投入产出表（WIOD）2016 年的数据和上述反事实估计方法，得到中国各行业资本、劳动要素价格扭曲全消除以后的产出增长。全行业扭曲消除带来的最终产出增长结果见图 6，中国各行业扭曲消除带来的产出增加见图 7。下面从整体经济和特定行业两个层面展示反事实估计的结果。

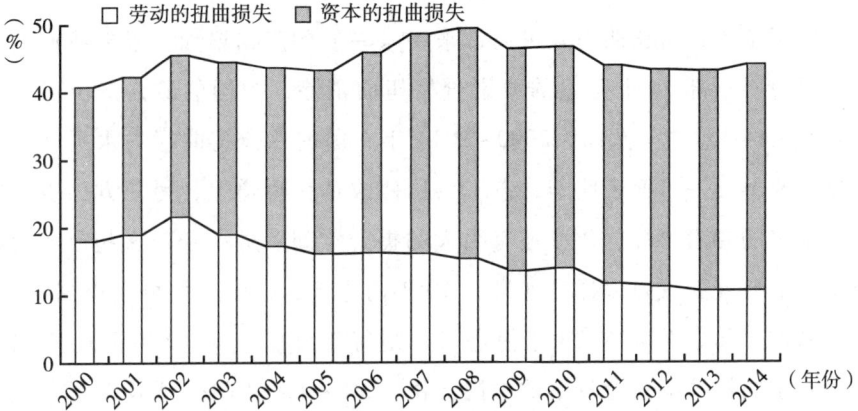

图 6　中国全行业扭曲消除带来的最终产出增长

资料来源：笔者根据 WIOD 数据库计算得出。

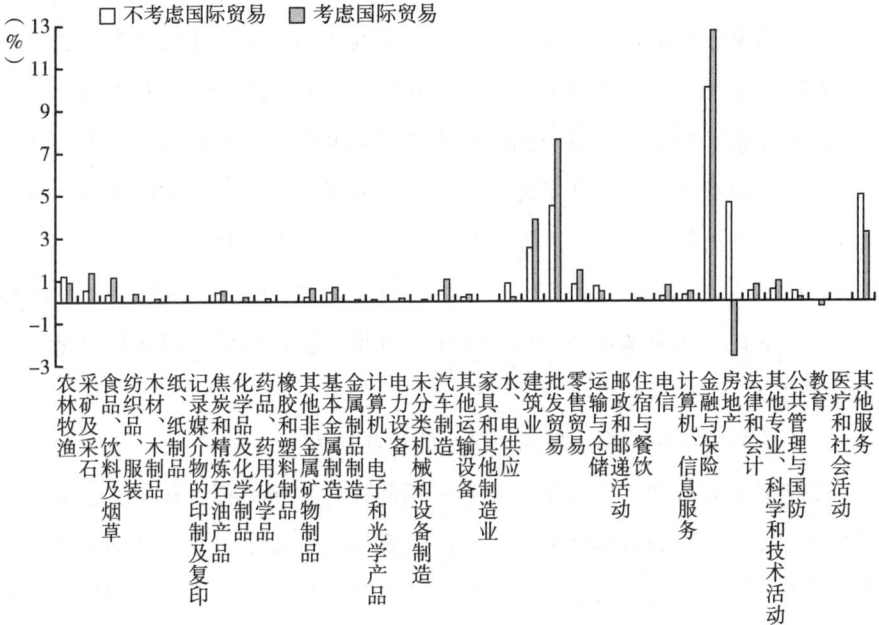

图 7　中国各行业扭曲消除带来的产出增加（2014 年）

资料来源：笔者根据 WIOD 数据库计算得出。

1. 中国整体经济扭曲特征：资本扭曲主导

中国整体经济扭曲消除可以带来 44% 左右的产出增加。根据我们的估算，通过将全部 56 个行业的要素价格扭曲消除，中国的最终产出可以提高 40%~44% 左右。然而，2000~2014 年中国的总体扭曲损失水平并没有明显的改善，一方面表明新常态下供给侧改革任重道远，另一方面也表明中国未来的要素再配置效率还有很大的提升空间。进一步，这些市场化改革带来的要素配置效率提升如果在 10 年内进行，每年平均可以得到 4% 的产出增加，如果分布在 20 年内进行，则每年可以带来 2% 左右的产出增加。对于结构性减速背景下的中国经济，2%~4% 的 GDP 增长率增量是十分可观的。

劳动要素扭曲的损失下降，资本要素扭曲的损失上升。中国各行业的劳动要素扭曲带来的产出损失水平从 2002 年开始下降，并从 2010 年开始显著下降。劳动要素扭曲的产出损失从 2000 年的 18.0% 上升到 2002 年的峰值 22.0% 后一直下降，到 2014 年下降到 10.7%。劳动要素扭曲下降和资本要素扭曲上升相互叠加，导致中国整体扭曲损失并没有多大改善。体制改革增加了劳动力的流动性，提高了低收入群体尤其是农民和农民工的收入，导致了劳动要素的更优化配置，从而降低了扭曲程度。与之相反的是，中国的资本扭曲损失从 2000 年的 22.8% 上升到了 2014 年的 33.5%。事实上，这个阶段中国资本日益向金融业和房地产集中，助推了资产泡沫，挤压了制造业实体融资能力。

2. 中国经济扭曲的行业特性：服务业扭曲巨大

在重化工业时期，中国制造业效率不断提升，扭曲程度较弱。根据上文的扭曲定义，我们的估算结果表明，经过多年开放和市场化改革的实践，中国的制造业扭曲程度已经很低，即使全部消除制造业的要素价格扭曲，也不能带来最终产出显著的增长。这个结论与直观经验相符合。实际上，中国制造业竞争力的提升有目共睹，其投入产出已经形成了完整体系，能够进行大部分环节的工业生产。我们发现，完全消除中国制造业各部门的要素价格扭曲，甚至不能带来 1% 的最终产出增加。

　　服务业尤其是金融业的扭曲损失较大。中国的金融业、房地产、批发贸易、建筑业的扭曲消除，分别可以带来9.7%、4.6%、4.5%、2.5%的产出增加。现阶段金融业和房地产主导的经济模式，极大扭曲了中国的资源配置效率。更严重的是，这种扭曲通过投入产出网络，对上下游其他行业产出和效率改进造成挤出。主要判断是，中国的扭曲效率损失主要存在于服务业部门，尤以金融业、批发贸易、房地产为甚。

　　当前扭曲的服务业很难提供效率补偿。经济结构服务化导致工业化诱致失灵，只有通过服务业提供的效率补偿，才能保持经济的平稳持续发展。与工业化不同，城市化是另外一种特殊的生产函数，这个生产函数的本质体现为有效率的服务业以其提供的知识和生产的外溢效应越来越成为上文所述的制造业和整体经济效率的改进条件。面对效率补偿的要求，中国服务业如果仍旧深陷于管制和扭曲的泥潭，将无法提供资源配置效率和产业创新动力，现有规模化、成本型的扩张模式，无法使服务业成为真正的城市化增长支柱。

　　国际贸易促进扭曲消除效果。利用国别投入产出和全球投入产出，可以对封闭和开放条件下扭曲消除的不同影响进行甄别。国际贸易促进了可贸易部门的扭曲改进，制造业的扭曲消除可以通过贸易份额的扩大和附加值率提高来达成。不可贸易部门的扭曲消除也能带来很大的益处。尽管金融和建筑业属于不可贸易部门，但它们的扭曲消除可以带来上游或者下游可贸易制造业的产出扩张，从而带来总体产出的增加。因此，金融业、批发贸易、建筑业的扭曲消除可以带来12%、7.6%、3.9%的产出增加，远远高于封闭条件。

（三）进一步的评估：经济结构的效率补偿

　　经济扭曲的消除也会影响其他行业的产出份额比例，从而影响整体经济的结构联系强度。为了研究特定行业扭曲对其他行业产出份额的影响，需要对生产函数的形式进行简单的修改。因为柯布道格拉斯形式的模型中，产出份额是固定的，需要修改成常替代弹性（CES）的形式。在上述模型中，生产函数的形式被设定为柯布道格拉斯形式：$Q_i = A_i \left(K_i^{\alpha_i} L_i^{\beta_i} \right)^{1-\sigma_i} \prod_{i=1}^{N} \left(x_{i,j} \right)^{\sigma_{i,j}}$，因此中间品投入的比例在各个行业中是固定的，比如 j 部门的投入 $x_{i,j}$ 在部门 i 总产出中的投入比例就是 $\sigma_{i,j}$。而常替代弹性形式的生产函数放松了这一假定，中间品投入的产出比例将随着产品价格的变化而变化。参考 Enghin Atalay（2017）的研究，我们将生产函数修改为：

$$Q_i = A_i(K_i^\alpha L_i^\beta)^{(1-\sigma_i)} X_i^{\sigma i}, X_i = \left(\sum_{j=1}^n \mu_{i,j}^{\frac{1}{\varepsilon_{M,i}}} x_{i,j}^{1-\frac{1}{\varepsilon_{M,i}}} \right)^{\frac{\varepsilon_{M,i}}{\varepsilon_{M,i}-1}}$$

其中，各部门产品的价格替代弹性为 $\varepsilon_{M,i}$，我们称为中间投入产品价格弹性；$\mu_{i,j}$ 代表部门 j 中间品投入占部门 i 总中间品投入的份额。以上公式只是将中间品投入的形式修改为常替代弹性，资本和劳动投入仍旧是柯布道格拉斯形式，从而可以研究扭曲变化对产出份额的影响。尽管修改了生产函数的设定，但是模型的求解仍旧依照命题 1 中的对数线性化求解方法，推导出最终产出和行业产出份额的表达式，并进行消除扭曲的反事实估计。评估结论如下。

金融业对于其他行业产生了明显的挤压作用。消除了金融业的扭曲以后，金融业自身的产出份额将大幅下降，降幅达 61.3%（相对下降，不是绝对下降），而其他行业的产出份额将得到普遍的提升，提升幅度平均为 4% 左右（见图 8）。事实上，即使与发达国家相比，目前中国经济结构中金融业的比重也是偏高的。2016 年中国金融业占比达到 8.4%，而同期美国为 7.5%，英国为 6.6%，日本为 4.5%，韩国为 5.5%。问题在于，在转型时期，中国金融业不仅依靠扭曲的定价占有了较高的产出比重，而且对其他行业产生了挤压。当前受到广泛关注的实体经济与非实体经济的争论，主要集中于金融业扭曲挤压制造业及其后果的评估。尤其如前文所述，由于中国金融业的后向联系很强、前向联系较弱，高昂而扭曲的资金价格抬高了实体经济的成本，使得制造业的利润不断被侵蚀。诱致机制失灵趋势逐渐显著的情况下，金融业扭曲的网络效应将加剧宏观风险。现代产业体系应该是产业协同发展、互助互进的关系，而不是这种一个行业挤压其他行业的模式。改革中国的金融业，可以使资金效率得到更好提升，向着均衡的产业体系发展。

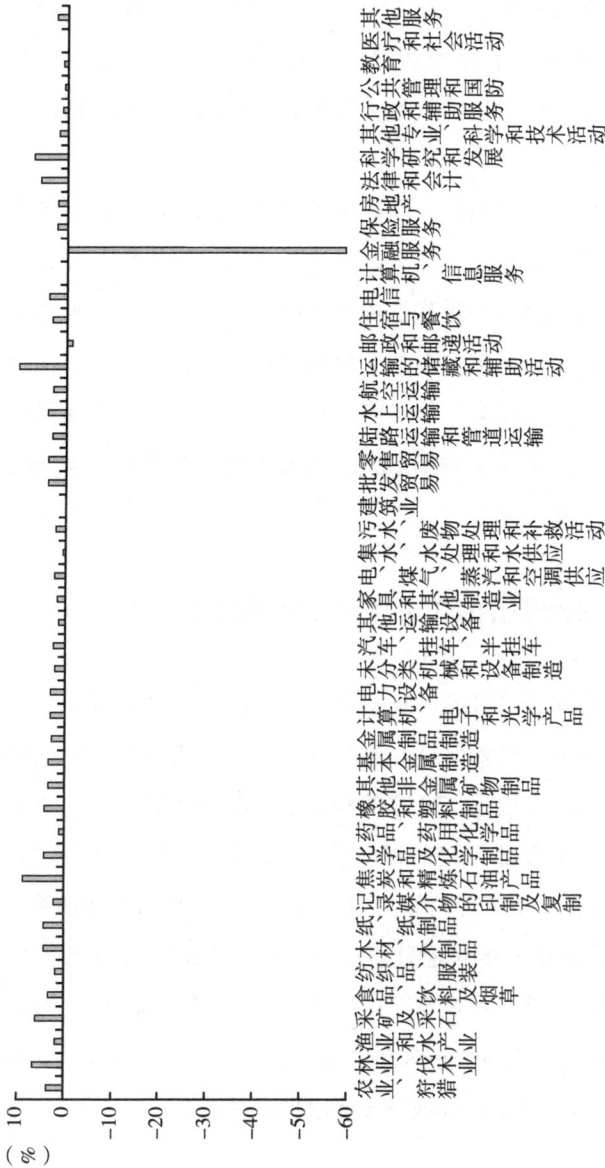

图 8　消除金融业扭曲带来的其他行业产出份额变动（2014 年）

资料来源：笔者根据 WIOD 数据库计算得出。

（%）

服务业扭曲削弱投入产出技术效率乘数。由于服务业的扭曲挤压了制造业部门的份额，因此也相应地削弱了整体经济的投入产出联系，降低了投入产出技术效率乘数。中国金融业的扭曲使得投入产出技术效率乘数下降了0.8%，而房地产的扭曲则使乘数下降了0.35%。金融业和房地产业扭曲的消除，分别可以使中国的投入产出技术效率乘数从原先的2.62提升到2.64和2.63。

总之，中国现阶段金融业和房地产过度繁荣带来的扭曲，严重阻碍了资源配置优化路径，降低了经济效率。在经济结构服务化的过程中放任金融业和房地产业对制造业的挤压，将进一步降低资源的配置效率，不利于人力资本的积累和消费的升级，这是高质量发展的主要瓶颈。通过市场化改革消除这些服务业的扭曲，一方面可以提高整体经济的产出效率，另一方面还可以缓解行业间挤压，提高投入产出技术效率乘数，从而缓解结构演进带来的结构性减速。

四 中国经济扭曲的原因和改革路径

赫希曼诱致机制是特定发展阶段的产物，通过资源配置扭曲实现工业化也是不少后发国家的成功经验。只要保持开放与竞争，这些工业部门在市场的力量下可以自我矫正扭曲，完成生产效率的提升。正如前文讨论的，在大规模工业化时期，中国很多工业部门扭曲程度较小，问题关键在于非贸易部门，特别是金融、住房和科教文卫等部门扭曲明显加大。这些部门是扭曲及结构服务化瓶颈的根本，部门扭曲与要素配置扭曲通过投入产出网络相互增强，阻碍了整个经济"投入-产出"体系的效率提升。对于中国而言，金融业、房地产、科教文卫等服务行业的扭曲来自非市场化、非开放性因素，这些扭曲难以靠开放与竞争来完成自我矫正，需要深化改革才能逐步矫正扭曲。

（一）行政管制和干预导致劳动要素配置扭曲

总体来看，中国近些年的市场化改革，如户籍制度改革，农民工市民化改革等政策措施，在促进劳动力流动性方面卓有成效，具体表现为劳动扭曲带来的产出损失下降，劳动生产率不断提升。与此同时，伴随着经济结构条件的变化，中国低收入劳动力的劳动报酬不断上升，从而带动了中国最终产出中的劳动报酬份额不断上升，从 2007 年的 45.4% 上升到了 2014 年的 55%，已经接近美国和日本等发达国家水平（见图 9）。

　　劳动市场的问题主要集中于行业的限制和体制机制的束缚。一是行业的准入限制。中国公共部门、国有部门、垄断部门的市场化程度较低，准入门槛较高，劳动力进入难度较大。进入这些垄断部门的同等技能劳动力可以获得高于市场回报的收益。中国高、中、低技能劳动力在各行业的收入方差分别为 1.57、2.25、2.96，远高于同期美国、日本、法国等发达国家（方差均在 1 以下，见表 1）。同样技能水平的劳动力，在中国比在其他国家更难发生行业间流动。二是科研事业单位的体制约束。在科研单位，大量高技能劳动力收入偏低，他们的研究成果缺乏市场化的分享机制，丧失了市场化的动力。中国高技能劳动力的行业平均工资是低技能劳动力的 1.73 倍，中等技能是低技能劳动力的 1.21 倍，而这一比值在美国是 2.47 和 1.41。中国高技能劳动力的收入水平被严重低估，导致了这部分劳动力的生产效率损失。不同行业的劳动力分割严重，行业工资差异大；行业内部，由于科层制度的存在，高技能劳动力的收入水平严重低估。行业内外的两种机制共同导致了中国劳动力生产效率的损失。

表 1　技能劳动力工资的方差与比值

国别	高技能 （方差）	中等技能 （方差）	低技能 （方差）	高技能/ 低技能	中等技能/ 低技能
中国	1.57	2.25	2.96	1.73	1.21
美国	0.11	0.16	0.25	2.47	1.41
日本	0.47	0.69	0.94	—	—
法国	0.09	0.09	0.11	—	—

　　注：高技能指大专及本科以上学历的劳动力，中等技能指中专及中学水平的劳动力，低技能指小学及小学以下的劳动力。

　　资料来源：WIOD-SEA。

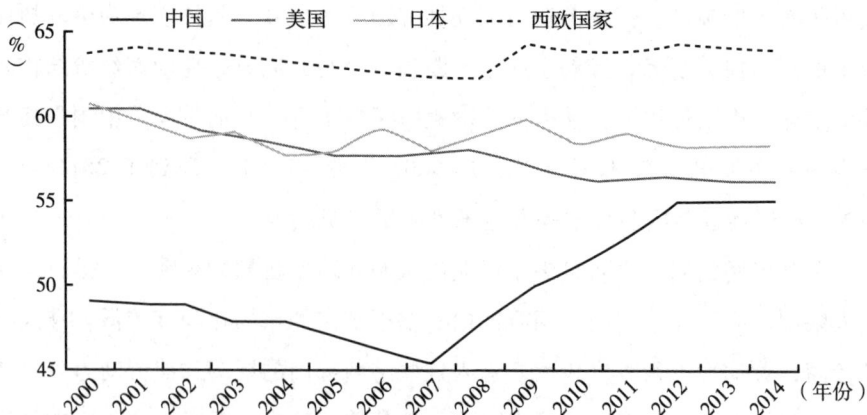

图9　各国劳动报酬份额的变化

资料来源：笔者根据 WIOD 数据库计算得出。

（二）政府主导投资扭曲了资本配置

中国资本配置扭曲主要来源于分割的金融体制和垄断的土地供给机制，这与政府主导投资模式密切联系。迄今为止，政府角色仍旧没有转型为城市化所需要的优质公共服务的提供者，政府主导下的资本配置，更倾向于具有隐形担保的地方投资实体。从货币投放的方式来看，几大国有银行作为资金获取的上游，与下游城市商业银行和农村商业银行形成了资金滴漏层级，其余的金融中介也形成了监管套利式的利益获取群体，这使得实体经济的资金成本要经过层层套利加价。而在贷款发放的一侧，国有企业和地方融资平台等公共实体，由于政府隐形担保可以优先获得资金，民营实体在贷款获取方面则往往处于绝对劣势，造成了资金层面的利益再分配。这种机制一方面造成了地方债务和地方融资平台债务的不断膨胀，另一方面又挤压了实体制造业，进一步放大了扭曲。仅就金融业而言，资本扭曲的值就从 2000 年的 8 飙升到了 2014 年的 40 左右。

（三）改革路径是政府职能转变，从工业化驱动转向城市化服务

中国政府工业化赶超的运作模式，对资本和劳动进行差别化限制，

一定程度上促进了中国工业化进程的制造业发展和产业阶梯爬升。但在工业化后期的城市化阶段，政府主导经济的模式造成了资本和劳动的要素配置扭曲，不利于经济结构的效率提升。中国的改革路径应该是顺应城市化的规律，将政府的职能从投资导向转变为提供优质的公共服务，降低现代服务业的进入门槛和垄断性，提升现代服务业的国际竞争力。政府的支出应该更多集中于教育、医疗和养老等福利领域，并且努力实现公共福利的均等化，为人力资本的积累创造基础条件。政府的职能转变，一方面可以降低劳动和资本的扭曲，提升要素配置的效率；另一方面可以促进人力资本的再生产，提高经济的内生增长能力，最终实现健康可持续的经济发展。

五　结论和政策建议

本文对赫希曼诱致机制失灵和效率补偿的问题给出一个解读。这个解读基于中国大规模工业化结束之后所面临的挑战和重大问题，强调城市化和结构服务化的运作必须以效率补偿为基础。鉴于转型时期供给体系诱致机制失灵这个普遍规律，要实现有效率的城市化，中国亟须在服务业发展过程中提升产业链接强度，据此获得投入产出技术效率乘数的改进，推动 TFP 提升，达到效率补偿效果。本文的主要结论有以下几点。

第一，结构服务化导致了诱致机制失灵。工业化时期的诱致机制基于制造业极强的前后向产业联系，为产业的扩张和经济的快速发展带来了结构性动力。随着经济结构向服务业主导转型，服务业本身的前后向联系明显弱于制造业，制造业的产业联系也明显减弱，这使得经济结构联系下降，结构的产出乘数效应也减弱，工业化时期的诱致机制失灵。

第二，诱致失灵需要进行效率补偿。通过研究发达国家的结构演进路径我们发现，尽管这些国家的经济联系明显下降，投入产出技术效率乘数明显比不上正处于工业化高峰时期的中国，但是发达国家仍旧通过全球要素再配置、提高要素配置效率、投入研发等方式提升了经济效率。这种效率补偿特别体现在它们利用全球要素再配置以提高经济效率这个层面，通过要素配置效率改进提升经济效率的途径也为我们的实证结果所支持。

第三，中国的效率补偿面临着结构性扭曲问题。反事实估计的结论是中国通过消除扭曲可以提升44%的产出，鉴于中国服务业的成本型、规模型发展方式及广泛存在的管制限制，扭曲消除和效率补偿无疑是一个巨大挑战。中国制造业扭曲程度较小，服务业如金融业、房地产、科教文卫等行业存在着严重扭曲，尤其是金融业扭曲损失极大，且对其他行业产生了极大的挤压作用。与产业扭曲相关的资本和劳动要素配置，都存在着效率扭曲问题。

基于以上结论，本文提出如下政策建议。

第一，政府职能从工业化驱动转向城市化服务。工业化赶超型的政府对于推动经济的工业化和现代化水平具有一定的积极性，但是在经济结构转向服务化的过程中，进一步加大了资本和劳动的配置扭曲。要将政府的职能从高速工业化的驱动者转变为高质量城市化服务的提供者。具体而言，政府应该尽量减少差异化的政策安排，减少政府背书的公共投资规模，增加教育、医疗、养老等方面的公共福利支出，努力做到公共福利均等化，促进人力资本升级。

第二，针对产业制定差别化的改革策略。对制造业而言，只要保持市场化的竞争与开放，中国制造业就能具有很强的扭曲纠正能力。但是，服务业这类非贸易和垄断部门，必须进行结构性改革才能实现升级。因此对于制造业部门而言，应该继续推动市场竞争和对外开放，通过市场化的手段来促进制造业自身扭曲的消除，提升制造业部门的产出效率。而对于服务业部门，应该致力于消除行业规制和要素流动的壁垒，降低服务业的垄断收益，减少服务业对制造业部门的挤压作用，促进产业协同发展和服务业效率补偿。

第三，推动中国的价值链攀升和全球要素再配置。中国目前还处于国际代工型国家的阶段，在全球价值链中地位较低。伴随着经济结构的转型，中国应该积极与其他发展中国家进行产能合作，将部分低附加值产业转移到海外，同时保留和开拓高附加值的产业领域，加大链条式创新和分布式创新的力度，努力实现产业价值链的攀升。通过价值链地位的提升和产能转移，中国才能真正加入以全球要素再配置提升自身经济效率的行列。

参考文献

［1］傅春杨、张平、陆江源：《产业要素价格扭曲的效率损失与校正之策——基于全球投入产出表的视角》，《现代经济探讨》2018 年第 3 期。

［2］赫希曼：《经济发展战略》，曹征海、潘照东译，经济科学出版社，1991。

［3］中国经济增长前沿课题组：《中国经济增长的低效率冲击与减速治理》，《经济研究》2014 年第 12 期。

［4］中国经济增长前沿课题组：《突破经济增长减速的新要素供给理论、体制与政策选择》，《经济研究》2015 年第 11 期。

［5］Acemoglu, D., V. M. Carvalho, A. Ozdaglar, and A. Tahbaz-Salehi, "The Network Origins of Aggregate Fluctuations," *Econometrica* 80 (5) (2012) .

［6］Baqaee, D., E. Farhi, "Productivity and Misallocation in General Equilibrium," Working Paper (2017a) .

［7］Baqaee, D., E. Farhi, "The Macroeconomic Impact of Microeconomic Shocks: Beyond Hulten's Theorem," Working Paper (2017b) .

［8］Domar, E. D., "On the measurement of technological change," *The Economic Journal* 71 (284) (1961) .

［9］Enghin Atalay, "How Important Are Sectoral Shocks?" *American Economic Journal: Macroeconomics* 9 (4) (2017) .

［10］Feenstra, R. C., G. H. Hanson, "Globalization, Outsourcing, and Wage Inequality," *American Economic Review* 86 (2) (1996) .

［11］Gabaix, X., "The granular origins of aggregate fluctuations," *Econometrica* 79 (3) (2011) .

［12］Hulten, C. R., "Growth Accounting with Intermediate Inputs," *Review of Economic Studies* 45 (3) (1978) .

［13］Jones, C. I., "Intermediate Goods and Weak Links in the Theory of Economic Development," *American Economic Journal: Macroeconomics* 3 (2) (2011) .

［14］Kim, S. J., H. S. Shin, "Working capital, trade and macro fluctuations," Working Papers 1465 (2013) .

报告15
中等收入阶段跨越之途：国际经验[*]

刘霞辉^{**}

摘　要： 本文在总结若干国家跨越中等收入阶段经验和教训的基础上，提炼出了跨越中等收入阶段的几条经验。基本结论是，要在保证经济平稳增长的基础上，不断提高劳动生产率、加快人力资本提升、保持汇率稳定。按此要求，如果中国能在未来若干年内，保持合理的经济增长速度，并加快改革和经济结构调整步伐，就能跨越中等收入阶段。

关键词： 中等收入阶段　人力资本提升　产业结构优化

经过四十多年的高速经济增长，中国经济已经向高收入阶段迈进。但是，从全球看，能够从中等收入阶段迈入高收入阶段的国家数量很少，大部分国家长期停留在中等收入阶段。本文将分析已经进入和未进入高收入阶段的经济体的经济发展特征，并剖析几个典型国家在经济发展中的成功经验和失败教训，希望能够为跨越中等收入阶段提供启示，为我们所借鉴。

一　高中低收入国家的划分

世界银行在对高中低收入国家进行划分时，综合分析了人均国民收入水

---

* 本文受国家社会科学基金重点课题"中国城市规模、空间聚集与管理模式研究"（批准文号：15AJL013）资助。本文发表在《湖南大学学报》（社会科学版）2018年第3期。

** 刘霞辉，中国社会科学院经济研究所研究员，主要研究方向为经济增长。

平和一系列相关的人文经济发展指标（如国家贫困发生率、婴儿死亡率等指标）。在发现人均国民收入水平与一系列人文经济发展指标存在较为平稳的关系之后，世界银行仅按照各国的人均国民收入作为分类的标准。考虑到通货膨胀等因素的影响，世界银行依据各国（经济体）的价格变化，对设定的人均国民收入分类阈值进行动态调整，形成了历年的分类标准（见表1）。根据此分类标准，世界银行把各国（经济体）划分为低收入、中低收入、中高收入和高收入国家。

表 1　世界银行划分各国发展阶段的界定标准

单位：当年美元价格

年份	低收入标准	中低收入标准	中高收入标准	高收入标准
1987	480 及以下	481～1940	1941～6000	6000 以上
1988	545 及以下	546～2200	2201～6000	6000 以上
1989	580 及以下	581～2335	2336～6000	6000 以上
1990	610 及以下	611～2465	2466～7620	7620 以上
1991	635 及以下	636～2555	2556～7910	7910 以上
1992	675 及以下	676～2695	2696～8355	8355 以上
1993	695 及以下	696～2785	2786～8625	8625 以上
1994	725 及以下	726～2895	2896～8955	8955 以上
1995	765 及以下	766～3035	3036～9385	9385 以上
1996	785 及以下	786～3115	3116～9645	9645 以上
1997	785 及以下	786～3125	3126～9655	9655 以上
1998	760 及以下	761～3030	3031～9360	9360 以上
1999	755 及以下	756～2995	2996～9265	9265 以上
2000	755 及以下	756～2995	2996～9265	9265 以上
2001	745 及以下	746～2975	2976～9205	9205 以上
2002	735 及以下	736～2935	2936～9075	9075 以上
2003	765 及以下	766～3035	3036～9385	9385 以上
2004	825 及以下	826～3255	3256～10065	10065 以上
2005	875 及以下	876～3465	3466～10725	10725 以上
2006	905 及以下	906～3595	3596～11115	11115 以上
2007	935 及以下	936～3705	3706～11455	11455 以上
2008	975 及以下	976～3855	3856～11905	11905 以上

续表

年份	低收入标准	中低收入标准	中高收入标准	高收入标准
2009	995 及以下	996~3945	3946~12195	12195 以上
2010	1005 及以下	1006~3975	3976~12275	12275 以上
2011	1025 及以下	1026~4035	4036~12475	12475 以上
2012	1035 及以下	1036~4085	4086~12615	12615 以上
2013	1045 及以下	1046~4125	4126~12745	12745 以上
2014	1045 及以下	1046~4125	4126~12735	12735 以上
2015	1025 及以下	1026~4035	4036~12475	12475 以上

资料来源：世界银行，http://clata.worldbank.org/about/coiintry-classifications/a-short-history。

整体来看，二战以来全球从中等收入国家跨入发达国家行列的数量不少，从区域分布来看，主要在欧洲和亚洲的东部地区；从时间来看，西欧许多国家在二战结束的 20 年左右大都已经进入发达国家行列，而东亚地区都在 20 世纪 80 年代以后才进入发达国家行列，而且数量较少。

二　两个实例

（一）跨越中等收入阶段的日本

日本在第二次世界大战中付出了沉重代价。二战后，日本逐渐由轻工业向重工业转型，继而又成功完成向第三产业升级，实现了"贸易立国—技术富国—文化强国"的发展路径，科学合理的经济发展方式转型使日本经济长期保持高速增长，仅用十几年时间，日本便从中等收入国家跃升为高收入国家（舒绍福，2012）。日本经济的快速增长使其分别于 20 世纪 60 年代中期和 70 年代进入了中低收入、中高收入阶段。到 20 世纪 80 年代初，日本人均 GDP 突破 1 万美元，在 80 年代中后期跨越了中等收入阶段，步入高收入国家行列，其经验如下。

第一，经济发展方式转型。从 20 世纪 50 年代到 80 年代，日本完成了从轻工业到重工业再到第三产业的转型和升级，实现了由"贸易立国—技术富国—文化强国"的发展路径。在战后国内经济发展需求和国际形势不断变化的条件下，日本先后进行了三次大型的产业结构变革。从20世纪50年代到70年代，日本从以轻工业产品出口的贸易国家，转变为以重工业为主，并且由此推进相关产业发展，促进对外贸易快速发展。1955~1976年，实际GDP增长率有38.4%是由制造业贡献的，制造业在第二产业中居于十分重要的位置。在此期间，交通业、运输业、通信业和一些公共产业也实现了近10%的持续高速增长，推动了制造业的快速发展。20世纪70年代，日本机械行业占出口总额的比重快速增加，机械电子工业逐步发展成为最具国际竞争优势的产业。

20世纪80年代以后，日本将消耗资源和劳动多、会带来重度污染的重化工业向经济落后国家大量转移，同时提倡促进资源消耗量少、污染程度低、附加值较高的知识密集型及服务型产业发展，政府主要以最终消费为目标来促进产业结构的调整。在政策驱动下，以文化创意为发展方向的第三产业比重迅速提升，1980年日本的三次产业占比分别为3.6%、37.7%和58.7%，此时日本政府把服务业作为重要的主导产业来推动本国经济的增长。进入21世纪以后，日本文化产业在GDP中占比接近20%，逐渐成为名副其实的第二大支柱产业。显然，与亚洲大部分国家相比，日本在进入中高收入和高收入国家行列时，产业结构均实现了高度化。

第二，依靠技术创新富国。20世纪80年代以前，日本通过引进他国的先进技术，基本上完成了技术赶超。进入21世纪之前的20年中，在"技术立国"和"科学技术创造立国"的战略引导下，日本的科技创新能力大为增强。同时，日本政府还推行了多种教育政策，推动基础性和中等程度教育大众化，实施教育保障方案，重视职业教育的改革和发展，加强劳动力技术水平，提高法律保证经费的使用效率等。20世纪70年代，日本开设了无线电工业高等专科学校和专修学校，保证了工业急需技术人员的来源。进入80年代以后，日本不断增加对高等教育和研发的投入，政府投入较多资金来推动教育发展，为日本的经济建设培养优秀的储备人才，同时也为产业结构的逐步高端化奠定了基础。在中等收入阶段，日本的研发投入在 GDP 中所占的比重比较大，随着经济的增长，投入也不断增长，研究人员数量持续增加，促使本国科学技术水平逐步提高，推动经济较快增长。1980～2000年，技术进步对日本经济增长贡献率达到 70%以上。

第三，有效解决了劳动力流动和劳动力收入问题。劳动力不仅为国家创造财富，同时也是国家财富的需求方，理解并处理好劳动力与经济社会发展的关系尤为重要。第二次世界大战以后，日本农村生产率不断提高，导致农村出现了大量的剩余劳动力，伴随 20 世纪 50 年代工业的快速蓬勃发展，工业领域对劳动力的需求不断增加，工业部门的工资水平也不断上涨，促使劳动力持续流向工业部门，这解决了农村剩余劳动力问题，也增加了劳动者收入。此外，日本政府在 1960 年推行的"国民收入倍增计划"，通过促进农地的流转推动一定量的农民迁往城市工作生活，还通过振兴区域经济的计划鼓励企业到农村地区投资，为解决农村劳动者工作和收入问题提供了有利条件，进而推动经济不断向前发展。

第四，调整收入分配格局，增强经济社会的公平性。在经济迅速发展阶段，日本的基尼系数也达到了较高程度。20 世纪 50 年代时，日本的基尼系数一度接近 0.5。20 世纪 60 年代，日本经济进入了低迷期。为解决对投资驱动型增长方式的严重依赖、人口红利效应消失以及消费需求不足等一系列难题，日本实施了包括农业改革、最低工资水平、教育公平性政策、促进区域之间和城乡之间均衡发展的"国民收入倍增计划"，使国民收入不断增加，居民消费需求随之增强，民间投资率显著上升。仅用 7 年时间，日本的国民收入就完成了翻倍增长，中等收入群体亦显著扩大。随着日本跃升为高收入国家，在借鉴欧美国家福利政策经验的基础上，建立了适合日本发展的福利保障体系。20 世纪 60 年代，政府还制定了包含年金、医疗、雇佣、劳灾和看护五项内容的社会保险计划，社保支出占国民收入比重也逐年提高。这一系列激励措施使得日本再分配后的基尼系数大幅下降，1979 年，日本的基尼系数降至 0.3 左右。社会福利的提高不仅带动了居民消费力的提升，还促使投资和出口不断增加，为经济增长注入了活力。进入 20 世纪 80 年代以后，日本又着重推行收入、医疗、教育、居住四项基本保障制度。在泡沫经济发生以前，日本基本完成了社会保障体系和社会福利制度建设，这一阶段基尼系数基本稳定在 0.25 左右。同时，日本也积聚了用于抵御经济冲击的力量。此外，日本还采取巨额行政罚款等多项措施来限制垄断，有效地打击了不合理的市场竞争行为，保障了正常的市场经济秩序和良好的市场机制，为经济发展提供了保证。

第五，税收制度改革。首先，政府通过完善所得税和物品税制，促进社会公平和经济发展。中等收入时期，日本以直接税为中心的税收制度，对经济社会发展卓有成效。尤其是个人所得税，政府通过采用较高的超额累进税率，加强对高收入者征税，不断上调最低征税额和工薪所得各项税前扣除额，减轻工薪收入家庭的税负，更好地协调了居民收入分配。在消费税领域，政府对酒税、物品税为主的间接税加大征收力度，对高尔夫用具、大型游艇等高档消费品征收高比例税。在这一阶段，日本政府还大幅提高了继承税比例。其次，政府通过下调法人税率，巩固中小企业税制来推动企业发展壮大，进而带动经济快速增长。再次，政府通过出台大力度定向税收优惠政策，支持经济社会发展。政府推行让利于民众和企业的减税政策，推进社保制度建设的财税改革，促进经济社会的整体繁荣。此外，为加强城市化健康发展和生态环境改善，政府还实施了解决公害和城市拥堵等问题的财税优惠政策。

（二）未能跨越中等收入阶段的巴西

拉美主要国家几乎都在中等收入阶段徘徊了几十年而一直无法跃升为高收入国家，巴西被很多学者视为陷入中等收入陷阱的典型。以下研究分析了巴西等拉美国家的经济特征，Aiyar 等人（2013），Felipe 等人（2012），Bates 等人（2007），沈艳枝（2014），中国社会科学院拉丁美洲研究所课题组（2011）认为原因可以归纳为以下几个方面。

第一，没有适时转变经济增长模式。经验表明，很多发达国家在其经济发展的早期都实施过进口替代工业化模式。无可否认，这一模式在特定的历史条件下可以促进国家的经济发展，但巴西的问题在于长期依赖该模式，长期依靠高投资率和高物质消耗来推进经济增长，没有在合适的历史时期从本国实际情况和世界经济形势出发做出合理调整，导致本国经济缺乏连续性且循环往复，使国家经济难以持续健康增长。他们坚信借助进口替代模式，就能达到西方世界的工业化程度和多样化状态。20世纪70年代第一次石油危机爆发后，巴西如果能借助低廉国际利率的机会适量借债而非大举借债，及时调整经济增长方式，或许债务危机就可以避免，并会产生较好的经济效应。巴西较晚才意识到国际经济形势的逐步改变，也较晚洞察到进口替代模式难以为继。巴西长期实行的进口替代模式，对经济造成了诸多负面影响。首先，对于原本就缺乏资本积累的巴西而言，积极推动资本密集型重工业先行发展的战略与要素禀赋所支持的比较优势原理难以协调。其次，随着进口替代战略实施到第二阶段，替代战略的成本不断加大。再次，产业升级困难，经常项目严重失衡。最后，不惜一切代价工业化的信条对农业部门造成了严重损害。

第二，技术进步受阻。巴西在进入中等收入国家行列后，一些低技术产品的低成本生产优势逐渐消退，在低端市场缺乏对低收入经济体的竞争优势，建立在外源技术基础上的经济增长也会十分有限，限制了产业结构转型升级。由于西方经济体在后工业化时期减少了产业的外部扩散和转移，发展中国家需要努力增强研发能力和技术来推进产业的转型升级。巴西自然资源相对丰富，也不重视对人力资源的开发与升级，最终落入需要自行研发却缺乏自主研发能力的窘境，导致产业结构难以升级。在中高端市场，巴西常常受限于研发能力和人力资源，其产品难以与发达经济体抗衡，在进退两难的情况下，巴西也就逐渐丧失了经济增长的动力，最终导致经济增长受阻。

第三，城市化进程不合理。历史经验表明，为数不多的几个东亚经济体之所以能够成功跨越中等收入阶段，被人们称为亚洲经济奇迹，一个重要因素就是在特定时期，这些经济体的劳动年龄人口抚养比较低和由人口红利带动投资来推动经济持续大幅增长。反观巴西，在一定时期内也先后出现过人口低抚养比等有利的要素禀赋条件，却没有充分利用人口红利的窗口机会，反而出现社会失业率长期居高不下的现象，国家亦不重视人力资本的培养，不但没有为经济发展注入活力，还在一定程度上抑制经济的快速增长。一旦人口红利的窗口开始闭合，巴西面临的是人口老龄化所带来的各种经济社会难题，再难实现向高收入阶段的迈进。巴西在人口资源丰富时期，还出现了大量农村劳动人口和家庭向城市无序涌入的现象。这些人没有固定职业、缺乏稳定收入，成了城市的贫困阶层，对城市产业升级和经济社会各层面的正常运转产生了多方面负面影响。过度的人口城市化引发了贫民集聚、社会治安混乱、失业率大幅上升等一系列城市病，阻碍了经济的持续健康发展。

第四，低效的宏观经济管理、滞后的政治体制改革和政局不稳阻碍经济发展。首先，国家采取不合理的干预手段，要么干预作用过大，抑制市场经济的有效运转，造成经济行为的无序性和寻租腐败现象等；要么干预作用在各种改革中被严重约束，削弱了公共政策对市场失灵进行补充的效果，造成产业、技术等政策缺乏稳定性。其次，国家财政失衡状况在较长的历史时期没能得到根本解决，财政赤字巨大。在 20 世纪 70 年代，巴西出现了明显的财政失衡问题，依靠财政赤字维系经济运行，导致债务急剧增加，通货膨胀居高不下。再次，宏观调控手段利用不当导致经济危机频发，导致投资信心丧失、资金和人力资源流失，对经济持续增长造成较大冲击。最后，巴西历届政府没有对经济社会的中长期发展进行有效规划，国家公共投入和布局没有形成明确目标，政府的公共投融资水平不高，公众预期较差，经济缺活力。

由于上述因素，二战后巴西的政治环境复杂，政局动荡，严重制约了经济发展。经济的发展需要稳定的政治环境和先进的政治体制，这是人所共知的常识。然而，巴西的政治体制常常受到利益集团的干扰和影响，无法与经济的发展相协调。一些利益集团和政党仅考虑经济和财富的增长，很少顾及社会问题、价值取向及权力分配等领域的改革造成的寻租、腐败和投机性活动时有发生，市场配置资源的能力没有得到合理利用，限制市场机制发挥的体制性障碍始终没有得到解决，无法提高资源配置效率。另外，由于政治权力的不断集中，低收入群体的诉求被忽视，一些中等收入阶层的政治参与积极性受到打击，从而加剧了社会矛盾，造成经济增长受阻，在某种程度上促成了极端民族主义性质的政治势力，再次掀起对石油等行业的国有化浪潮，引发一系列经济问题和社会动荡。还有一个较为普遍的现象，一些拉美国家政权更替频繁，军人政变与还政于民交替发生，执政时间长短不一，有的甚至不到两个月。政权更迭导致政策随之改变，政府的经济政策朝令夕改、反复无常，无法为经济发展提供稳定的社会环境，对经济产生了极大的负面影响。

第五，社会财富分配不均和对公民自由发展的公平性处理不当加剧了经济社会矛盾，阻碍经济的发展。巴西长期实行重增长、轻分配的发展方式，不平等现象逐步加剧。20 世纪 70 年代，巴西在步入中等收入水平以后，基尼系数处于 0.4~0.6 的水平，到 20 世纪 90 年代初收入差距扩大，一度达到顶峰，直至今日，包括巴西在内的拉美地区仍被视为世界上最不公平的地区之一。一方面，社会各阶层群体的矛盾和冲突逐步加剧，社会动荡不安，难以为经济发展提供良好的环境；另一方面，由于收入的边际消费倾向递减，有效的社会消费总需求不足，对经济发展造成不利影响。此外，不公平的收入分配机制也从微观经济层面加剧劳动力的无序流动与岗位变换或空缺，使企业不能形成稳定的人力资源系统，弱化了企业创新性，阻碍经济的有序增长。

巴西只是拉美经济的缩影，世界银行 2010 年《稳健的复苏、上升的风险》报告指出，拉美国家在经济发展到一定阶段，在工资不断上升的情况下，仍旧沿用低成本竞争模式，没有积极促进产业价值链的提升，也没有借助知识技术和创新驱动经济增长，导致经济长期徘徊反复，无法步入高收入国家行列。进入 21 世纪，拉美贫困人口占总人口的 44%，10% 的富人与10% 的穷人分别占有国民收入的 48% 与 1.6%，拉美地区的收入分配失衡问题仍然十分严重。失业、贫困和收入分配两极分化等问题导致社会治安形势严峻、内部矛盾尖锐及政治动荡，严重阻碍拉美地区经济的持续稳定发展。如此状况，怎能跨越中等收入阶段。

三　跨越中等收入国家的几点经验

以上两个例子表明，中等收入阶段不是自动跨越的，而且难度不小。下面是我们对上述已跨越和未能跨越中等收入阶段的经济体进行比较得到的几点启示，以期找到中等收入阶段跨越之途。

（一）经济持续稳定增长是中等收入阶段跨越的前提

人均 GDP 增长率的大小在较大程度上能够反映一国经济的发展速度，一国（地区）人均 GDP 增长率的变化程度关系到其经济发展的状态和动向，关系到其经济能否在较低层面快速攀升，能否在达到中等水平后进一步发展或突破障碍而由较低的均衡水平达到较高的均衡状态。这部分我们将重点探讨处于中等收入阶段的两组典型国家的人均 GDP 增长特征。

为分析跨越中等收入阶段国家（地区）人均 GDP 增长率特征，我们根据日本、亚洲四小龙①、葡萄牙、希腊和智利的人均 GDP 增长率数据绘制了图 1。图 1 显示，从 1961～2015 年，8 个国家（地区）的人均 GDP 增速均有 10 年以上超过了 4.5%，除智利外，其他 7 个国家（地区）的人均 GDP 均经历了 10 年以上超过 6% 的高速增长时期。结合图 1 和各国（地区）经济发展史②可知，这种高速增长均在各国（地区）由中等收入阶段向高收入水平提升的过程中出现的，也就是说各国人均 GDP 的快速增长推动了本国（地区）向高收入水平跨越的步伐，并且各国（地区）分别经历了不同的时间段而先后实现了赶超，进入高收入国家（地区）行列。

---

① 日本和亚洲四小龙都经历了中等收入阶段，因此我们将这 5 个经济体添加进来进行分析。

② 根据已有研究可知，日本在 20 世纪 70 年代中期以后步入了高收入行列；新加坡和中国香港在 20 世纪 80 年代中期步入了高收入行列；中国台湾和韩国在 20 世纪 90 年代以后先后步入了高收入行列。

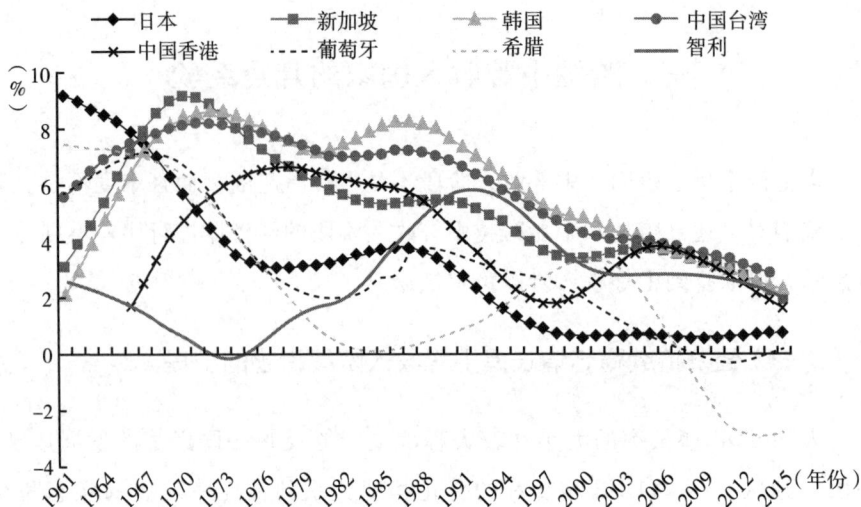

图 1 跨越中等收入阶段经济体人均 GDP 增长率特征

资料来源：世界银行官网。

对于未能跨越中等收入阶段国家的人均 GDP 增长特征，我们可以观察到，1961~2015 年，除了泰国外，其他 7 个国家大部分年份的人均 GDP 增长率都低于 4%，阿根廷、南非和菲律宾的人均 GDP 还出现过不同程度的负向增长。虽然泰国、巴西和马来西亚的人均 GDP 增速在一定时期内高于 5% 甚至达到 7%，但随后又出现了回落，经历了大幅度降低后再也没能越过 4% 的增长界限。近 20 年 8 个国家的人均 GDP 增速几乎均低于 4%，其中阿根廷、巴西和南非的人均 GDP 增速均经历了较大幅度的下降，巴西和南非的人均 GDP 还出现了一定程度的负增长。可见，经济的长期低迷已经难以推动这些国家向高收入阶段跨越。由此可见，4% 以上的长期人均 GDP 增长是中等收入阶段跨越的前提。

（二）劳动生产率持续提升是中等收入阶段跨越的基础

劳动生产率是反映一国（经济体）生产力水平和经济发展程度的关键指标。一些国家的经济发展史表明，一国若仅凭借低成本劳动力、粗放型投资促进经济增长而没有重视对劳动者技能投入、知识水平等方面的积极培养，那么经济的繁荣增长只能暂时掩盖了这种发展方式的潜在弊端和风险。

根据国家的发展情况和数据的可得性，我们选取 6 个未跨越中等收入阶段国家（阿根廷、巴西、墨西哥、泰国、菲律宾、马来西亚）和 7 个跨越中等收入阶段的经济体（日本、葡萄牙、智利、韩国、新加坡、中国香港、中国台湾）为研究对象，利用这些经济体 1991~2014 年的劳动生产率数据绘制了图 2。

总体看，除个别国家外，跨越了中等收入阶段的经济体的劳动生产率普遍高于未跨越中等收入阶段的经济体。其中，跨越中等收入阶段经济体的新加坡和中国香港近 10 年的劳动生产率大大超过了其他国家，并且劳动生产率的增长较为迅速。日本、希腊和葡萄牙借助原有的发展优势，劳动生产率也实现了小幅增长，但希腊的劳动生产率增长具有一定的徘徊震荡性。尽管韩国和智利的原有劳动生产率较为低下，但两国都经历了劳动生产率的快速增长，实现了不同程度的赶超。跨越中等收入阶段经济体的高水平劳动生产率极大地促进了自身的经济增长和发展。

在未跨越中等收入阶段国家组中，除马来西亚的劳动生产率及其增长率可以与上述个别国家相提并论外，其他国家的劳动生产率均处于较低水平，且增长速度较为缓慢。尽管墨西哥的原有基础较好，但是劳动生产率的长期缓慢增长阻碍了其前进步伐。阿根廷的劳动生产率增长经历了一定的徘徊波动，在低速增长中出现了一定程度的进步。泰国和菲律宾的劳动生产率远远低于跨越中等收入的几个经济体，菲律宾的劳动生产率处于低速增长状态，难以实现超越。在陷入中等收入陷阱的国家组中，普遍的低水平劳动生产率限制了这些国家自身的经济增长，阻碍了经济繁荣发展。

（三）人力资本积累

表 2 是两组国家（地区）1955~1990 年的 15 岁及以上年龄人口平均受

图例：
- ◆ 阿根廷
- ■ 巴西
- ▲ 墨西哥
- ✕ 泰国
- 菲律宾
- ● 马来西亚
- 日本
- 韩国
- 新加坡
- 中国香港
- 希腊
- 葡萄牙
- 智利

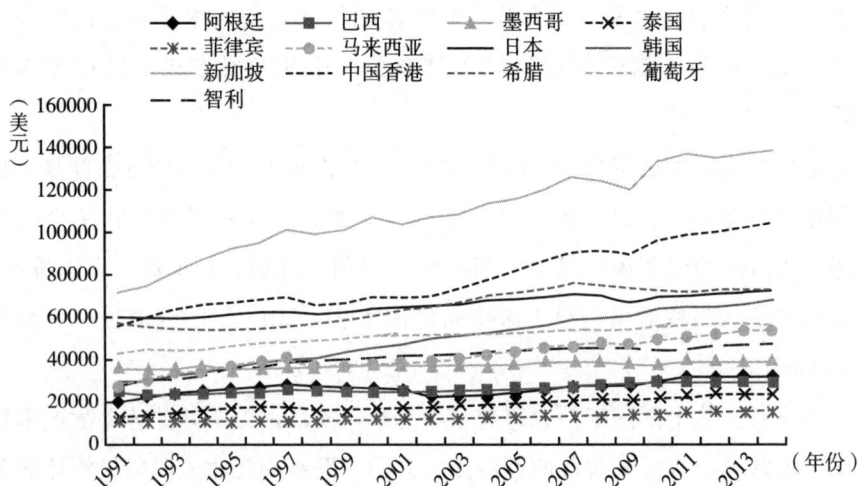

图 2　跨越与未跨越中等收入阶段的国家（经济体）劳动生产率比较

资料来源：世界银行官网。

教育年限数据。从各国（地区）1955～1990 年 15 岁及以上年龄人口平均受教育年限的平均值来看，在跨越中等收入阶段国家（地区）中，除了新加坡的平均受教育年限均值低于 5 以外，其他国家（地区）的平均受教育年限平均值都大于 6.4；在未跨越中等收入阶段的国家（地区）中，除阿根廷和南非的平均受教育年限平均值分别高于 6 和 4.9 以外，其他国家（地区）的平均受教育年限平均值都在 4.9 以下。通过比较两组国家（地区）15 岁及以上年龄人口平均受教育年限的平均值可以发现，大多数未跨越中等收入阶段的国家（地区）的人力资本水平要低于跨越中等收入阶段的国家（地区）的人力资本水平，与跨越中等收入阶段的国家（地区）存在一定差距。其中，人力资本水平均值最低的危地马拉与人力资本水平均值最高的日本相差 6 个点之多，巴西和土耳其也比跨越中等收入阶段的国家（地区）中人力资本水平最低的新加坡低大约 2 个点。

1955～1990 年，跨越中等收入阶段国家（地区）组的教育水平普遍高出未跨越中等收入阶段国家（地区）组大约 2 个点。高人力资本水平是一国（地区）成功跨越中等收入阶段的一个重要条件。

表 2　1955~1990 年跨越与落入中等收入陷阱的国家（地区）平均受教育年限

年份	1955	1960	1965	1970	1975	1980	1985	1990	均值
跨越中等收入阶段的国家（地区）									
日本	7.37	8.01	7.82	8.2	8.74	9.25	9.76	9.97	8.64
希腊	5.51	7.38	6.42	6.53	6.78	7.1	7.89	8.58	7.02
匈牙利	7.32	7.48	7.66	8.15	8.65	9.08	9	8.8	8.27
波兰	5.66	6.04	6.59	7.14	7.59	8.05	8.46	8.5	7.25
智利	5.02	5.22	5.65	6.08	6.56	6.97	7.74	8.4	6.46
韩国	5.13	4.34	5.47	6.34	7.28	8.29	9.14	9.35	6.92
新加坡	3.07	3.66	4.31	5.18	5.02	5.24	5.96	6.63	4.88
中国香港	4.66	4.91	5.71	6.3	6.91	7.97	8.68	9.35	6.81
中国台湾	4.65	4.98	5.47	6.1	6.81	7.61	8.17	8.74	6.57
均值	5.13	5.52	5.86	6.38	6.91	7.51	8.1	8.51	
最大值	7.37	8.01	7.82	8.2	8.74	9.25	9.76	9.97	
最小值	2.92	3.21	3.48	3.79	4.72	5.24	5.96	6.63	
未跨越中等收入阶段的国家（地区）									
阿根廷	5.19	5.67	5.93	6.3	6.85	7.3	7.85	8.34	6.68
巴西	1.76	2.05	2.38	2.81	2.57	2.77	3.78	4.6	2.84
哥伦比亚	2.7	3.07	3.43	3.92	4.35	4.9	5.5	5.99	4.23
玻利维亚	2.79	3.1	3.61	4.01	4.59	5.47	6.37	7.26	4.65
危地马拉	1.41	1.45	1.53	1.76	2.06	2.91	3.21	3.57	2.24
墨西哥	2.59	2.77	3.17	3.56	4.15	4.89	5.73	6.4	4.16
马来西亚	2.38	2.84	3.37	4.17	4.8	5.75	6.71	6.97	4.62
南非	4.31	4.4	4.45	4.6	4.85	5.11	5.11	6.79	4.95
土耳其	1.39	1.77	2.09	2.43	2.92	3.55	4.58	5.01	2.97
均值	2.78	3.06	3.39	3.82	4.26	4.89	5.55	6.22	
最大值	5.19	5.67	5.93	6.3	6.85	7.3	7.85	8.34	
最小值	1.39	1.45	1.53	1.76	2.06	2.77	3.21	3.57	

资料来源：世界银行官网。

（四）汇率保持相对稳定

由于金本位制度和以美元为中心的固定汇率制度存在一些弊端，以及这两种汇率制度下各国汇率缺乏弹性，我们对浮动汇率制度出现以后（1976

年后）各国货币汇率进行分析。选取了未能跨越中等收入阶段的 6 个国家（墨西哥、巴西、阿根廷、泰国、菲律宾、马来西亚）① 和跨越中等收入阶段的 4 个经济体（日本、韩国、新加坡、中国香港）② 的货币在 1976 年以后的汇率数据绘制了图 3。

图 3 显示，在拉美地区，巴西和阿根廷的货币汇率自 1976 年以后经历了巨大的变动，近二十年间，货币贬值幅度达上亿甚至是上百亿。20 世纪 90 年代中期以后，汇率变化才逐渐趋缓。与这两个国家相比，墨西哥的货币贬值幅度较小，但 1980~1990 年，墨西哥比索贬值幅度也达到了几百倍，20 世纪 90 年代中期以后，汇率变化逐步缓和。与货币汇率的剧烈变化相对应，自 1976 年开始，巴西和阿根廷两国的经济均出现了一定程度的下滑，进入 20 世纪 80 年代，两国经济发生了强烈震荡，经济开始了"失去的十年"，汇率的剧烈变动对经济产生了强烈冲击。在此期间，随着比索的大幅贬值，墨西哥的经济也进入了较长的低迷期。与上述三个拉美国家的货币汇率变动不同，菲律宾的货币汇率变化相对缓和，迄今为止，该国货币汇率基本都在 10 倍区间缓慢贬值，但该国汇率波动幅度仍然大于其他几个国家。马来西亚和泰国的货币汇率波动幅度比较微小，甚至低于个别发达国家货币汇率波动程度。

---

① 墨西哥在 1989 年由对美元的固定汇率制转向爬行钉住汇率制，1991 年末又转为"爬行钉住美元+浮动区间"的汇率制度；1994~1995 年金融危机爆发，1995 年墨西哥比索开始实行自由浮动汇率制。巴西在 1993~1999 年间，都使用了向下爬行钉住汇率制度，1999 年金融危机后，巴西放弃了有管理的浮动汇率制，走向自由浮动汇率制度。2002 年初，阿根廷在严重的货币投机危机压力下放弃了实行 11 年的货币局制度，开始实行有管理的浮动汇率制度。自 1984 年起，泰铢采用钉住汇率制，钉住以美元为主的一篮子货币；1997 年亚洲金融危机爆发后，泰国政府宣布放弃钉住汇率制度；1999 年以后，泰国实行浮动汇率制度。1980~1984 年和 1985~1994 年间，马来西亚分别实行钉住汇率制度和中间汇率制度；自1995 年起，马来西亚开始实行浮动汇率制度。菲律宾在 1980~1989 年间实行中间汇率制度，1990 年以后采用浮动汇率制度。
② 日本从 20 世纪 80 年代起一直实行浮动汇率制度。韩国在 1982~1997 年间实行有管理的浮动汇率制度；1997 年以后，开始实行浮动汇率制度。新加坡在 1987~1989 年间实行有管理的浮动汇率制度；1990~1994 年，新加坡又重新实行了钉住汇率制；1995 年以后，新加坡采用浮动汇率制度。香港在 1935 年开始实行与英镑关联的联系汇率制度，到 1974 年时改为浮动汇率制度；1983 年香港再次启用联系汇率制度，并将美元作为联系货币，迄今为止，香港仍旧保持这种汇率制度。

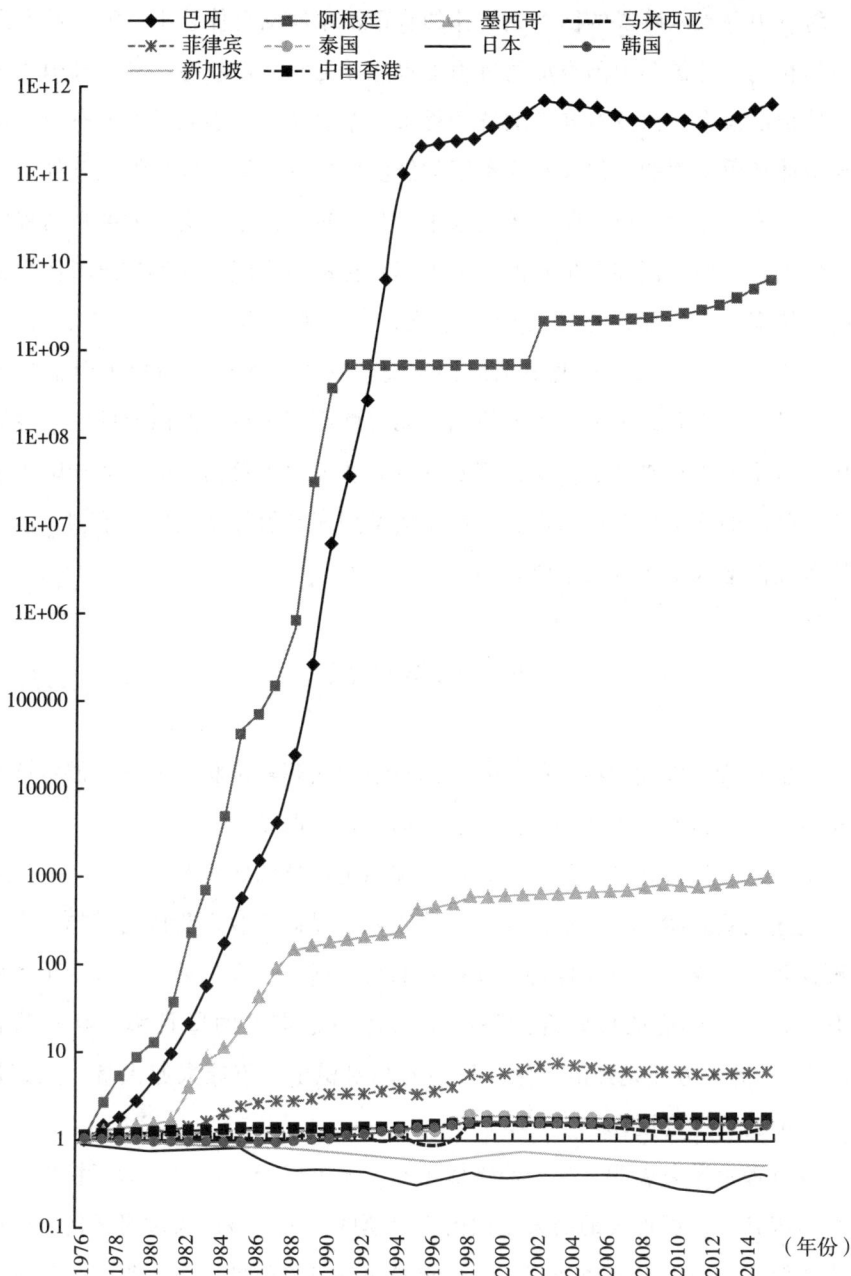

图 3　各国名义汇率值波动性比较

　　注：图中各国货币汇率数据采用以美元为锚货币的直接标价法；为便于比较，每种货币各年份汇率以 1976 年为基数（1976 年汇率等于 1）进行换算。

跨越中等收入阶段的四个经济体的货币汇率波动总体较小，但变动方向却不尽相同。韩国和中国香港的货币汇率总体处于升值状态，其中韩国货币的升值幅度偏大，而日本和新加坡的货币汇率总体呈现小幅贬值的态势。四个经济体货币汇率的小幅波动为本国的经济发展创造了良好的外在条件。

在未能跨越中等收入阶段的国家中，几个拉美国家的货币汇率贬值程度十分惊人，其中巴西和阿根廷的货币汇率变化极为剧烈，远远超出墨西哥比索的贬值程度。然而，与拉美国家相比，东南亚的几个国家（马来西亚、菲律宾和泰国）货币汇率贬值幅度都不高。其中，菲律宾的货币贬值幅度偏大，马来西亚和泰国的货币贬值幅度相对微小。可见，东南亚的三个发展中国家货币汇率相对稳定，对经济发展没有造成太多负面影响。对于陷入中等收入陷阱的几个拉美国家而言，汇率的剧烈变动给经济发展以重创，使这些国家经济陷入中等收入陷阱。

四　政策建议

以上经验是供我们参考的，就中国目前的实际经济状况而言，借鉴这些经验后，要实施的政策我们认为最重要的是以下两条。

第一，应保持合理的经济增长速度和稳定审慎的宏观政策。

上述经验表明，一个经济体从中等收入阶段向高收入阶段的跨越，有一个硬性要求，就是经济要保持长期稳定的持续增长。我们认为它有两个方面的含义，一方面是从长期看经济必须保持一定水平的增长率，经验值在4%~5%；另一方面是经济要保持长期的相对稳定，不能大起大落，尤其是汇率不能出现过度波动。

现有理论研究表明，一个经济体出现大幅度的经济波动，除了特殊的国外冲击因素外，更重要的因素是国内不审慎的宏观经济政策。对任何一个处于中等收入阶段的经济体而言，在追求较快经济增长的同时，很容易受到国内外因素的影响，而导致经济出现不合理的波动，尤其是汇率和国际收支容易出现问题，这一点拉美国家表现非常明显。要处理好增长和波动之间的关系，一条重要的原则是宏观经济政策必须要审慎稳定。追求过高的经济增长目标和过大的社会发展规划，都很容易出现经济政策的不稳定，从而对宏观经济稳定产生大的冲击。为此，我们建议，中国在经历了 40 多年的快速经济增长以后，今后若干年内，宏观经济政策更应该追求经济运行的平稳，而不应该过度刺激。按照我们的测算，在中国已有的经济条件下，未来 30 年左右，保持 4% 以上的经济增长率是完全可能的，所以稳定而审慎的宏观经济政策，符合国情的社会发展规划（尤其是社会保障体系）是中国能否顺利跨越中等收入阶段的重要环节。

第二，要通过供给侧结构性改革，重塑经济关系，保持经济体系的活力。

中国已经进入工业化的中后期和城市化的中期阶段，未来我们也将以城市作为经济活动的主要场所。以城市作为载体的经济集聚，将重塑社会关系，重新定义产业结构。在这样的背景下，我们在工业化时期实现的许多政策都需要改变，特别是国家、企业和个人之间的经济激励需要重塑。我们现在实施的供给侧结构性改革，就是实现这一目标的重要途径。过去 40 多年的高速经济增长，是在重塑经济主体之间的经济利益的基础上实现的，其最大特征是国家、企业和个人之间的激励是相容的，也就是只要达到一个比较高的经济增长水平，各方利益都能得到保障。在目前新的经济环境下，要达到以前的经济增长水平已经不可能了，所以各方的利益需要重塑，在国民财富分配中，各个利益主体应处于什么样的位置需要慎重考虑。在城市化水平不断提升的同时，人力资本和技术创新在经济增长中的作用越来越大，而投资的作用在下降，这就需要国家在税收、收入分配、社会保障等方面进行深度改革，以调整经济主体之间的利益关系，使得各方都能发挥积极性，在新的平台上实现激励相容。

在未来几年，中国供给侧结构性改革取得相应的进展，我们坚信中国一定能进入高收入阶段。

参考文献

［1］舒绍福：《日本如何成功跨越"中等收入陷阱"》，新华网，2012 年 8 月。

［2］Aiyar S.，Duval R.，Puy D.，Wu Y. Q.，Zhang L. M.，"Growth Slowdowns and the Middle-Income Trap," *IMF Working Paper* 13/71（2013）.

［3］Felipe，J.，A. Abdon，U. Kumar，"Tracking the Middle-Income Trap: What Is It, Who Is in It, and Why," *Levy Economics Institute of Bard College Working Paper* 715（2012）.

［4］Bates，Robert H.，Coatsworth，John H.，Williamson，Jeffrey G.，"Lost Decades: Postindependence Performance in Latin America and Africa," *The Journal of Economic History* 67（4）（2007）.

［5］沈艳枝：《要素投入与巴西经济增长》，南京大学出版社，2014。

［6］中国社会科学院拉丁美洲研究所课题组：《拉美国家发展模式的变革与影响》，《当代世界与社会主义》2011 年第 2 期。

图书在版编目（CIP）数据

中国城市规模、空间聚集与管理模式研究：转向服务型政府的理论研究和政策选择 / 张自然等著. --北京：社会科学文献出版社，2022.9

ISBN 978-7-5228-0231-2

Ⅰ.①中… Ⅱ.①张… Ⅲ.①城市化-研究-中国 Ⅳ.①F299.21

中国版本图书馆 CIP 数据核字（2022）第 099299 号

中国城市规模、空间聚集与管理模式研究
——转向服务型政府的理论研究和政策选择

著　　者 / 张自然 等

出 版 人 / 王利民
组稿编辑 / 周　丽
责任编辑 / 方　丽　张丽丽
责任印制 / 王京美

出　　版 / 社会科学文献出版社·城市和绿色发展分社（010）59367143
地址：北京市北三环中路甲 29 号院华龙大厦　邮编：100029
网址：www.ssap.com.cn
发　　行 / 社会科学文献出版社（010）59367028
印　　装 / 北京联兴盛业印刷股份有限公司

规　　格 / 开　本：787mm×1092mm　1/16
印　张：47　字　数：712 千字
版　　次 / 2022 年 9 月第 1 版　2022 年 9 月第 1 次印刷
书　　号 / ISBN 978-7-5228-0231-2
定　　价 / 198.00 元

读者服务电话：4008918866